GUIDES DALLOZ

LE GUIDE DES RÉFÉRÉS ADMINISTRATIFS

ET DES AUTRES PROCÉDURES D'URGENCE DEVANT LE JUGE ADMINISTRATIF

TROISIÈME ÉDITION

À JOUR AU
1ER NOVEMBRE
2022

OLIVIER LE BOT
Professeur de droit public
à l'Université d'Aix-Marseille

DALLOZ

ISBN 978-2-247-20795-4

10, Place des Vosges
Tour Lefebvre Dalloz
92400 Courbevoie
SERVICE CLIENTÈLE
+33 (0)1 40 92 20 85
src-dalloz@lefebvre-dalloz.fr

www.editions-DALLOZ.fr

@Dalloz_Action

LE GUIDE DES RÉFÉRÉS ADMINISTRATIFS

ET DES AUTRES PROCÉDURES D'URGENCE DEVANT LE JUGE ADMINISTRATIF

Sommaire

TABLE DES MATIÈRES

Table des matières

LIVRE PRÉLIMINAIRE

0. Introduction

SECTION 0

Orienteur

TITRE

01. Observations générales

010.09 Pourquoi des référés ? En droit judiciaire privé comme en contentieux administratif, les procédures de référé répondent au besoin de traiter rapidement une question que la procédure juridictionnelle normale mettrait trop de temps à prendre en considération. Elles représentent un « recours au juge pour faire statuer sur-le-champ »[1], offrant ainsi au justiciable « l'avantage de l'économie de temps »[2]. Comme cela était souligné dès l'Ancien régime, le référé « C'est le rapport fait au magistrat d'un fait qui exige une prompte décision »[3]. La rapidité représente ainsi l'essence du référé et le distingue des procédures normales[4].

Dans les procédures ordinaires, en effet, l'instruction et le jugement des recours obéissent à des règles complexes et des formalités contraignantes destinées à contrebalancer le déséquilibre des parties en présence. Ces exigences, notamment le caractère écrit de la procédure et l'intervention d'une formation collégiale, permettent à la juridiction de statuer en toute sérénité après une instruction complète et un examen approfondi du dossier contentieux. Ce formalisme représente, pour le justiciable, une garantie de bonne justice. Néanmoins, le respect de ces règles prend du temps et ralentit nécessairement le cours de la procédure. L'objectif de la célérité contentieuse s'accommodant difficilement du formalisme habituel de l'instruction et du jugement des requêtes, il a fallu définir un régime procédural adapté à l'objectif d'intervention rapide du juge administratif. C'est tout l'objet des procédures de référé.

010.10 Origine des référés. En France, la première institution que l'on peut rapprocher d'un référé véritable fut instaurée par un édit royal du 22 janvier 1685 organisant la procédure du Châtelet. Inspirée de la pratique du lieutenant civil du Châtelet de Paris, cette procédure réunissait deux des caractères essentiels qui sont l'essence même du référé : une procédure simplifiée, mise en œuvre en cas d'urgence[5]. Elle fut par la suite codifiée aux articles 806 à 811 du Code de procédure civile de 1806.

1. R. Jacquelin, « L'évolution de la procédure administrative » (2nde partie), *RD publ.* 1903. 14.
2. F. Courivaud, *Des référés. Principes de compétence et de procédure*, Imprimerie Blais et Roy, 1900, p. 11.
3. G. Guyot (dir.), *Répertoire universel et raisonné de jurisprudence civile, criminelle, canonique et bénéficiale*, t. 52, J. Dorez (Panckoucke), 1782, p. 344.
4. V. P. Estoup, *La pratique des procédures rapides. Référés, ordonnances sur requête, procédures d'injonction, procédures à jour fixe et abrégées*, 2e éd., Litec, 1998, p. 28.
5. V. l'article 6 de cet édit : « quand il s'agira de la liberté de personnes qualifiées ou constituées en charge, de celle des marchands et négociants emprisonnés à la veille de plusieurs fêtes consécutives ou des jours auxquels on n'entre pas au Châtelet ; lorsqu'on demandera la mainlevée de marchandises prêtes à être envoyées et dont les voitures seront chargés ou qui peuvent dépérir ; du paiement que des hôteliers ou des ouvriers demandent à des étrangers pour des nourritures et fournitures d'habits, ou autres choses nécessaires ; lorsqu'on réclamera des dépôts, gages, papiers ou autres effets divertifs, *si le lieutenant civil le juge ainsi à propos pour le bien de la justice, il pourra ordonner que les parties comparaîtront le jour même dans son hôtel pour y être entendues et être par lui ordonné par provision ce qu'il estimera juste, sans aucunes vacations ni frais à son égard* ».

S'agissant du contentieux administratif, les procédures d'urgence sont apparues plus tardivement[1]. Elles présentaient la particularité de faire coexister deux mécanismes. Premier en date, le sursis à exécution a été instauré par l'article 3 du décret du 22 juillet 1806. Le second à voir le jour, le référé administratif, s'est pour sa part développé en trois phases : il est d'abord apparu dans la pratique du conseil de préfecture de la Seine ; il fut ensuite consacré par la loi du 22 juillet 1889 mais au profit des seuls conseils de préfecture ; il fut enfin étendu au Conseil d'État par l'article 34 de l'ordonnance n° 45-1708 du 31 juillet 1945, passé inaperçu à l'époque.

010.11 Urgence à intervenir. L'urgence fonde et justifie la rapidité d'intervention du juge dans les référés administratifs et les autres procédures marquées par une particulière célérité.

Soit l'urgence est pour ainsi dire présumée pour le prononcé de tel type de mesure ou décision : injonction à l'administration de mettre un logement à la disposition d'une personne qui en est dépourvue, examen des garanties proposées par le contribuable, prononcé d'une expertise... Dans ce cas, le requérant n'a pas à justifier de l'urgence, c'est-à-dire de la nécessité d'obtenir rapidement une décision juridictionnelle. Le législateur a posé que tel type de contentieux, du fait de ses caractères, doit toujours être réglé de façon rapide.

Soit l'urgence constitue un droit d'accès au prononcé d'une mesure : c'est uniquement si le requérant justifie, dans son cas particulier, d'une situation d'urgence qu'il aura droit au prononcé d'une telle mesure (c'est-à-dire à l'intervention du juge administratif de l'urgence à la place du juge administratif de droit commun). Tel est le cas pour le référé-suspension, le référé-liberté et le référé-mesures utiles : c'est uniquement si le requérant établit le besoin d'obtenir rapidement une mesure, dans son cas particulier, que l'accès au juge de l'urgence sera justifié ; à défaut il devra attendre l'intervention du juge du fond statuant selon la procédure normale.

010.12 Deux formes de référés. Il convient de distinguer deux catégories de référés : d'un côté les référés au sens classique, accessoires et provisoires, d'un autre les référés au fond, lesquels constituent des actions en justice à part entière (c'est-à-dire des procédures conduisant le juge à se prononcer sur la violation d'une norme juridique par une décision définitive) mais jugées de façon accélérée. Alors que les authentiques référés constituent l'accessoire d'une action en justice, les référés au fond présentent un caractère autonome et constituent par eux-mêmes des actions en justice. Ce critère apparaît ainsi déterminant pour opérer le départ entre les procédures classiques de référé et les référés au fond.

Les référés au sens classique excluent que le juge saisi soit amené à statuer sur le fond du droit. L'objet de son intervention consiste à aménager provisoirement la situation litigieuse dans l'attente du jugement d'une affaire par le juge du principal, autrement dit à préserver les intérêts du requérant dans l'attente du résultat de l'exercice d'une action en justice. À l'image du référé-suspension, ce sont des procé-

1. Sur l'origine historique du référé devant les juridictions judiciaire et administrative, v. respectivement Y. Strickler, *Le juge des référés, juge du provisoire*, thèse, Strasbourg, 1993, p. XIII-XXV – C. Gabolde, « Pour un véritable référé administratif », *D.* 1949. 172 – v. égal^{t} O. Gérard, *Des origines des référés et des principes de compétence en cas d'urgence en droit français*, thèse, Paris, 1886, 232 p.

dures accessoires qui permettent de demander au juge des mesures provisoires sans trancher le fond du droit. Ainsi, les authentiques procédures de référé présentent trois caractères : elles sont l'accessoire d'une action en justice, laissent intact le fond du droit et conduisent au prononcé de mesures provisoires.

À l'inverse, certaines procédures d'urgence amènent le juge à statuer sur le fond d'une prétention et n'ont de référé que le nom. Ces voies de droit présentent trois caractéristiques qui les distinguent des référés classiques : elles sont autonomes, amènent le juge à trancher le fond du droit et conduisent au prononcé de mesures définitives.

Ces procédures se sont d'abord développées en droit judiciaire privé : les textes qui les prévoient énonçaient, selon les cas, que les litiges auxquels elles s'appliquent étaient jugés « en la forme des référés », « en la forme prévue pour les référés » ou « comme en matière de référé ». Aujourd'hui, le code de procédure civile les désigne plus communément sous le vocable de « procédure accélérée au fond »[1]. De semblables procédures ont été introduites en droit du contentieux administratif à partir des années 1980 avec le référé audiovisuel, la procédure de contestation des arrêtés de reconduite à la frontière et le référé précontractuel. La doctrine privatiste leur a donné le nom de « référés au fond »[2]. Les auteurs désignent « sous ce vocable singulier – comme associant deux concepts antinomiques – les instances poursuivies en la forme des référés, mais tendant en réalité à obtenir une décision "au principal" et en tout cas une décision autre que provisoire »[3]. Il s'agit en réalité de procès au principal jugés dans des conditions de très grande rapidité. Le référé « en la forme » n'emprunte que la forme du référé : la procédure est celle du référé ; pour le reste la décision obéit aux règles du contentieux du principal. En d'autres termes, le juge se conforme à la procédure allégée du référé tout en se comportant en juge du principal. Il exerce l'office d'un juge du fond et prononce des mesures définitives.

Il résulte notamment de cette distinction que si les dispositions de l'article 6 § 1 de la Convention européenne des droits de l'homme ne sont normalement pas applicables aux authentiques référés (v. s[s] n° 120.11), elles le sont en revanche aux référés au fond, ainsi qu'en a par exemple a jugé le Conseil d'État pour le référé précontractuel[4].

1. Y. Strickler, « De la forme des référés à la procédure accélérée au fond », *JCP G* 2019, Doctr. 928.
2. P. Estoup, préc., p. 145.
3. P. Estoup, préc., p. 145.
4. V. par ex. CE 15 juin 2001, Synd. intercommunal d'adduction d'eau potable (SIAEP) de Saint-Martin-de-Ré, req. n° 228856, *Lebon T.* 1040 ; *RDI* 2001. 378, obs. C. Bergeal.

TITRE

02. La réforme du 30 juin 2000

020.09 Situation antérieure. La loi du 30 juin 2000, relative au référé devant les juridictions administratives[1], entrée en vigueur le 1er janvier 2001, a constitué un tournant dans l'histoire des référés administratifs. Avant cette date, le juge administratif ne disposait ni d'une culture de l'urgence, ni d'un cadre procédural adapté au traitement rapide ou provisoire des affaires nécessitant une célérité de l'intervention juridictionnelle[2]. Ces insuffisances, qui se manifestaient particulièrement pour le sursis à exécution (v. ss no 220.12), avaient conduit le législateur à mettre en place, à partir de 1976, de nombreuses procédures à juge unique, ponctuelles et juxtaposées, qui dérogeaient au droit commun du sursis afin d'en faciliter et d'en accélérer le prononcé. Ces procédures, toutefois, n'avaient fait que complexifier l'état du droit sans apporter de réponse satisfaisante à l'incapacité chronique du juge administratif à répondre aux situations d'urgence.

020.10 Conditions d'une réforme. Le véritable changement est intervenu au début des années 1990, avec l'introduction en droit du contentieux administratif de deux procédures d'urgence à juge unique entièrement nouvelles : d'une part la procédure de contestation des arrêtés de reconduite à la frontière par la loi du 10 janvier 1990, d'autre part celle du référé précontractuel par la loi du 4 janvier 1992 (v. ss nos 410.09 s.).

S'agissant de la reconduite à la frontière, le juge saisi devait se prononcer en 48 heures à compter de l'enregistrement de la requête. À l'occasion de ce contentieux massif, et qui a impliqué tous les membres de la juridiction administrative, « on a pu percevoir qu'un magistrat statuant seul, cela pouvait fonctionner ; que l'introduction de l'oralité à l'audience, cela pouvait fonctionner ; que l'introduction du contradictoire par le biais de l'oralité à l'audience, cela pouvait fonctionner ; et que des délais très brefs et face à des sujets délicats pouvaient être honorés par le juge »[3].

Le référé précontractuel a lui aussi profondément bouleversé la procédure administrative contentieuse en raison de la rapidité d'intervention du juge et, surtout, de l'étendue de ses pouvoirs. Selon les termes de la loi, le juge peut « ordonner », « suspendre », « annuler », « supprimer » (v. ss nos 414.31 s.). Ces prérogatives sont considérables et parfois supérieures à celles que notre droit reconnaît au juge du principal. Comme l'affirmait Roland Drago, « jamais on n'aurait pu concevoir que

1. L. no 2000-597, 30 juin 2000, relative au référé devant les juridictions administratives, *JO* 1er juill., p. 9948 (entrée en vigueur le 1er janvier 2001).
2. Sur l'état du droit antérieur à la loi du 30 juin 2000, v. les références citées par R. Chapus, *Droit du contentieux administratif*, Montchrestien, 13e éd., 2008, nos 1530 à 1532.
3. D. Labetoulle, « La genèse de la loi du 30 juin 2000 », *in* P. Wachsmann (dir.), *Le nouveau juge administratif des référés. Réflexions sur la réforme opérée par la loi du 30 juin 2000*, colloque 6 décembre 2000, Presses universitaires de Strasbourg, 2002, p. 16 – dans le même sens, v. J.-P. Denizet, « Les reconduites à la frontière », *LPA* 14 mars 2001, no 52, p. 14 : indiquant que « les reconduites à la frontière ont bouleversé la culture traditionnelle du juge administratif tout en démontrant que celui-ci, pourvu qu'on le dote de moyens suffisants, savait s'adapter au changement ».

de tels pouvoirs seraient un jour conférés au juge administratif »[1]. L'auteur précisait que « dans les autres États de l'Union, les contrats en cause relèvent du juge judiciaire et, pour ce juge, les pouvoirs qui lui sont conférés en application des directives n'ont rien d'anormal. En France, ces contrats sont de la compétence du juge administratif et c'est pourquoi la portée théorique de la réforme a tant d'importance avec des conséquences induites insoupçonnables »[2].

Chacune à leur manière, ces deux procédures ont contribué à l'émergence d'une culture de l'urgence dans la juridiction administrative et démontré sa capacité à assumer dans des délais extrêmement brefs des pouvoirs parfois très importants. Elles ont créé les conditions de la réforme du 30 juin 2000. Il manquait un événement déclencheur : ce fut l'arrêt du Tribunal des conflits du 12 mai 1997.

020.11 **Événement déclencheur : l'arrêt du 12 mai 1997.** Dans la nuit du 8 au 9 août 1996, le cargo *Félix* fait escale dans le port de Honfleur en Normandie. Le commandant du navire signale aux autorités de police la présence à son bord de deux passagers clandestins de nationalité marocaine, MM. Ben Salem et Taznaret, dépourvus des documents exigés pour l'entrée sur le territoire français. Le 9 août au matin, les services de contrôle de l'immigration prennent à l'encontre de ces deux personnes des décisions de refus d'entrée, conformément aux dispositions de l'ordonnance du 2 novembre 1945 relative aux conditions d'entrée et de séjour des étrangers en France[3]. Mais ils s'écartent ensuite des prescriptions de ce texte, dont l'article 35 *quater* prévoit que l'étranger qui arrive en France par voie ferroviaire, maritime ou aérienne et qui n'est pas autorisé à entrer sur le territoire français est maintenu, pendant le temps strictement nécessaire à son départ, dans une zone d'attente délimitée par le préfet dans l'enceinte de la gare, du port ou de l'aéroport. Apparemment pour des raisons pratiques, l'administration choisit – de façon évidemment irrégulière – de consigner les deux passagers clandestins à bord du *Félix*[4]. Un dispositif de surveillance est mis en place sur le quai afin de faire échec à toute tentative de débarquement jusqu'au départ du navire prévu pour la soirée du 10 août. L'armateur, auquel s'associent MM. Ben Salem et Taznaret, saisit alors le juge des référés du tribunal de grande instance de Paris par la voie d'une assignation d'heure à heure, en lui demandant d'enjoindre à l'administration de mettre fin au maintien à bord et de placer les intéressés en zone d'attente. Le préfet de police dépose un déclinatoire de compétence. Le juge des référés statue le jour même en reconnaissant l'existence d'une voie de fait. Il fonde son intervention sur l'article 136 du Code de procédure pénale, qui attribue aux tribunaux judiciaires une compétence exclusive « dans tous

1. R. Drago, « Un nouveau juge administratif », *in Jean Foyer, auteur et législateur. Écrits en hommage à Jean Foyer*, Puf, 1997, p. 460.
2. R. Drago, « Un nouveau juge administratif », préc., p. 460.
3. Ord. n° 45-2658, 2 nov. 1945, relative a l'entrée et au séjour des étrangers en France et portant création de l'office national d'immigration, *JO* 4 nov., p. 7225.
4. Une telle mesure est illégale puisqu'elle prive l'étranger des garanties qui lui sont accordées lorsqu'il est placé en zone d'attente. Lorsqu'elle procède à l'exécution forcée d'une décision de refus d'entrée opposée à un étranger arrivant par voie aérienne, ferroviaire ou maritime, l'administration est tenue de procéder au placement en zone d'attente à l'exclusion de toute autre modalité.

les cas d'atteinte à la liberté individuelle »[1]. Le juge rejette par conséquent le déclinatoire de compétence adressé par le préfet et sursoit à statuer jusqu'à l'intervention de la décision du Tribunal des conflits. Neuf mois plus tard, le juge des conflits réglera la question de compétence en faveur de la juridiction administrative[2].

Pour affirmer qu'il n'appartenait qu'aux juridictions de l'ordre administratif de connaître du litige, le juge répartiteur écarte successivement deux terrains de compétence judiciaire. Le Tribunal des conflits indique, en premier lieu, que les dispositions de l'article 136 du Code de procédure pénale « ne sauraient être interprétées comme autorisant les tribunaux judiciaires à faire obstacle à l'exécution des décisions prises par l'administration en dehors des cas de voie de fait ». Or, relève-t-il en second lieu, les mesures ici contestées ne présentent pas ce caractère ; elles « ne sont pas insusceptibles de se rattacher au pouvoir d'exécution forcée des décisions de refus d'entrée sur le territoire français que le législateur a conféré à l'administration ». En effet, indique le juge répartiteur, « il ressort des dispositions de l'article 5 de l'ordonnance [...] du 2 novembre 1945 que le législateur a attribué en principe à l'administration le pouvoir de procéder à l'exécution forcée des décisions d'éloignement et de celles prononçant un refus d'entrée qu'elle est amenée à prendre au titre de la police des étrangers ». Dans ces conditions, et « à les supposer mêmes illégales, les mesures prises en l'espèce à l'encontre de MM. Ben Salem et Taznaret n'étaient pas manifestement insusceptibles d'être rattachées à un pouvoir appartenant à l'administration ». La solution retenue par le Tribunal des conflits n'était pas en elle-même innovante : elle s'inscrivait dans une jurisprudence du Tribunal qui, depuis 1994[3], subordonnait la caractérisation d'une voie de fait à la condition que l'administration ait manifestement agi en dehors de toute habilitation légale[4].

Pour autant, cette décision ne passa pas inaperçue. Rendue sous la présidence du garde des Sceaux, elle fut suivie de la démission d'un membre du Tribunal des conflits et provoqua une crise de légitimité de la juridiction administrative.

La première raison expliquant l'écho inhabituel donné à cette affaire, y compris dans la grande presse[5], est qu'il fallut l'intervention du ministre de la Justice en personne pour départager les membres du Tribunal. La question de compétence avait d'abord été soumise au Tribunal des conflits lors de sa séance du 13 janvier 1997, « qui devait aboutir à un partage égal des voix et à la nécessité de recourir à la prési-

1. TGI Paris, ord., 9 août 1996, *Gaz. Pal.* 1997. 2. 395.
2. T. confl. 12 mai 1997, préfet de police de Paris c/TGI de Paris, aff. *Ben Salem* et *Taznaret*, dite « des Marocains d'Honfleur », *Lebon* 528 ; *AJDA* 1997. 635 ; *AJDA* 1997. 575, Chron. D. Chauvaux et T.-X. Girardot ; *D.* 1997. 567, note A. Legrand ; *RFDA* 1997. 514, concl. J. Arrighi de Casanova ; *RTD civ.* 1998. 181, obs. J. Normand ; *Gaz. Pal.* 1997. 2. 737, rapp. P. Sargos, obs. S. Petit ; *JCP* 1997. II. 22861, rapp. P. Sargos ; *LPA* 1998, n° 8, p. 15, note J.-P. Markus ; *Gaz. Pal.* 1997. I. concl. 386, note S. Petit.
3. T. confl. 20 juin 1994, Madaci et Youbi, *Lebon* 603 ; *AJDA* 1994. 556 ; *AJDA* 1994. 496, Chron. C. Maugüé et L. Touvet ; *D.* 1995. 193, note P. Didier ; *D.* 1995. 193 ; *D.* 1994. 212 ; *D.* 1995. 193, note P. Didier.
4. Cette exigence ne concernait traditionnellement que la voie de fait par manque de droit, et non la voie de fait par manque de procédure. Néanmoins, le Tribunal des conflits reviendra rapidement à sa jurisprudence antérieure en limitant l'exigence d'une atteinte commise par l'administration en dehors de l'exercice de ses pouvoirs aux seules voies de fait par manque de procédure.
5. V. *Le Monde*, 14, 16 et 24 mai 1997.

dence du garde des Sceaux, ministre de la Justice »[1]. Bien que prévue par les textes à l'époque en cas de partage des voix, une telle intervention n'en revêtait pas moins un caractère exceptionnel[2].

Ensuite, fait sans précédent, la décision a été suivie de la démission d'un membre du Tribunal, le conseiller-rapporteur Sargos, magistrat à la Cour de cassation. Ce dernier avait conclu dans son rapport à la compétence judiciaire et entendait mettre fin à ses fonctions en raison d'une règle de répartition jugée excessivement favorable à la compétence des juridictions de l'ordre administratif, voire à la préservation des intérêts de l'administration.

Enfin et surtout, l'arrêt a « ému les milieux juridiques en jetant ostensiblement le doute sur la capacité du juge administratif à traiter correctement le contentieux de l'urgence lorsque les droits fondamentaux de l'individu étaient en cause »[3]. En principe, le règlement d'une question de compétence ne devrait pas avoir d'incidence sur la garantie des droits du plaideur. Mais dans cette affaire, reconnaître la compétence de la juridiction administrative revenait en même temps à admettre la totale inefficacité des voies procédurales offertes aux requérants et l'absence de protection juridictionnelle de leurs droits et libertés. En effet, dépourvus de décision préalable, les requérants n'étaient pas recevables à agir directement devant le juge administratif. Pour pouvoir introduire un recours contentieux, il leur fallait, au préalable, susciter une prise de position de l'administration et, le cas échéant, attendre l'intervention d'une décision implicite de rejet à l'issue d'un délai de quatre mois. En outre, seul un recours pour excès de pouvoir pouvait valablement être introduit contre la décision de refus. En effet, une demande de sursis à exécution ou de suspension provisoire aurait, en vertu de la jurisprudence *Amoros*, été déclarée irrecevable. Quant au référé, il attribuait certes un pouvoir d'injonction au juge administratif mais celui-ci ne pouvait être mis en œuvre pour faire obstacle à l'exécution d'une décision administrative. La seule voie ouverte contre cette décision était donc celle du recours pour excès de pouvoir. Or, les délais qu'implique le respect du contradictoire et l'obligation de statuer en formation collégiale excluaient que le tribunal prononce à brève échéance l'annulation de la mesure. Faute de procédure adéquate, « l'administration avait donc pu impunément éluder la loi imposant la rétention dans une zone d'attente des étrangers auxquels l'entrée sur le territoire français est interdite. Le vide juridique existant quant aux procédures d'urgence devenait alors apparent et menaçait la crédibilité même de la justice administrative dans le domaine si sensible des libertés »[4].

La décision a provoqué une crise de légitimité de la juridiction administrative en raison de son inaptitude à assurer une défense rapide et efficace des droits et libertés.

1. P. Sargos, rapp. préc., *Gaz. Pal.* 1997. 737.
2. Durant toute l'histoire du Tribunal des conflits, seule une dizaine d'affaires ont conduit le garde des Sceaux à exercer sa fonction de juge répartiteur.
3. F. Moderne, « Le référé-liberté devant le juge administratif », *in* P. Wachsmann (dir.), *Le nouveau juge administratif des référés. Réflexions sur la réforme opérée par la loi du 30 juin 2000*, colloque 6 décembre 2000, Presses universitaires de Strasbourg, 2002, p. 133.
4. P. Wachsmann, « Une révolution dans les rapports entre le juge et l'administration ? », *in* P. Wachsmann (dir.), *Le nouveau juge administratif des référés. Réflexions sur la réforme opérée par la loi du 30 juin 2000*, colloque préc., p. 97.

À travers la critique de son efficacité, et donc de son utilité pour les justiciables, c'est l'existence même de la justice administrative qui se trouvait visée. Au lendemain de la décision du Tribunal des conflits, des magistrats de l'ordre judiciaire réclamaient purement et simplement sa disparition[1]. Au Palais-Royal, on était conscient du « risque de déstabilisation »[2] que comportait pour la justice administrative la crise ouverte par la décision du 12 mai 1997[3]. Sous peine que la crise ne s'amplifie et n'en vienne à menacer l'existence même de la justice administrative, il devenait nécessaire de remédier au problème de l'incapacité du juge administratif à intervenir en urgence. La crise ne pouvait être endiguée que par une intervention législative dotant le juge administratif d'une procédure et de pouvoirs lui permettant de répondre efficacement aux situations d'urgence.

Des propositions en ce sens sont formulées dans les jours qui suivent la décision du Tribunal des conflits[4]. M. Arrighi de Casanova avait d'ailleurs lancé un appel à l'attention du législateur dans ses conclusions sur l'arrêt du 12 mai 1997, déclarant que « Si les procédures applicables par le juge compétent en vertu des principes fondamentaux régissant la dualité de juridiction sont insuffisamment commodes, il revient aux pouvoirs publics de réfléchir à leur adaptation »[5].

En l'absence de réaction des pouvoirs publics, le Conseil d'État a pris l'initiative d'une réforme dont il supervisera le déroulement jusqu'à son terme.

020.12 **Mise en œuvre de la réforme.** Un groupe de travail constitué au sein du Conseil d'État, à l'initiative de son vice-président, fut chargé de réfléchir aux améliorations envisageables[6]. Le rapport du groupe de travail fut remis au garde des Sceaux au cours du mois de mai 1998.

1. L'Association professionnelle des magistrats demandait que l'on réfléchisse « à la disparition des deux ordres de juridiction, une curiosité dans le paysage judiciaire européen » (*Le Monde*, 16 mai 1997).
2. P. Wachsmann, « Une révolution dans les rapports entre le juge et l'administration ? », *in* P. Wachsmann (dir.), *Le nouveau juge administratif des référés. Réflexions sur la réforme opérée par la loi du 30 juin 2000*, colloque préc., p. 106.
3. À l'époque où a surgi la polémique, l'ethnologue Bruno Latour avait été autorisé à réaliser une ethnographie du Conseil d'État. De façon tout à fait exceptionnelle et durant plusieurs mois, il a bénéficié d'un laissez-passer lui permettant de circuler librement au sein de l'institution. De ce travail d'observation et d'analyse est né l'ouvrage *La fabrique du droit*. Bruno Latour y relate notamment les événements de mai 1997, décrivant avec un grand luxe de détails la façon dont est vécue, de l'intérieur, la crise déclenchée par la décision du Tribunal des conflits, ainsi que la stratégie mise en place par le Conseil d'État pour l'endiguer (v. B. Latour, *La fabrique du droit. Une ethnographie du Conseil d'État*, « La Découverte », 2002, p. 44-55).
4. Solon, « Un émoi à côté de la plaque », *Le Monde*, 24 mai 1997, p. 19.
5. *RFDA* 1997. 523, concl. J. Arrighi de Casanova.
6. Par une lettre du 31 octobre 1997 (v. *RFDA* 2000. 954), le vice-président du Conseil d'État demandait au groupe de travail d'« identifier les hypothèses dans lesquelles, en l'état des textes et de la jurisprudence, le juge administratif n'est pas en mesure de répondre de façon satisfaisante aux besoins des justiciables ». Il lui revenait ensuite de proposer des mesures de réforme propres à rendre ce droit plus simple et plus efficace. Le groupe de travail, institué par arrêté du 7 novembre 1997 (*RFDA* 2000. 954), était composé de huit membres du Conseil d'État, quatre magistrats des juridictions du fond et deux professeurs d'Université (René Chapus et Bernard Pacteau). Aux termes de ses travaux, le groupe de travail a élaboré un rapport et préparé des avant-projets de textes traduisant ses propositions ainsi que les variantes examinées (v. Rapp. du groupe de travail du Conseil d'État sur les procédures d'urgence, *RFDA* 2000. 941).

Le gouvernement a d'abord procédé à une concertation auprès des organisations professionnelles de magistrats et d'avocats. Il a ensuite piloté des réunions à caractère interministériel afin d'harmoniser les points de vue de toutes les administrations centrales. Le projet de loi n° 269 *relatif au référé devant les juridictions administratives* fut adopté en Conseil des ministres le 17 mars 1999 et déposé le jour même sur le bureau du Sénat.

De manière générale, la phase législative s'est caractérisée par un large consensus parlementaire dépassant les clivages politiques. Bien qu'adopté après réunion de la commission mixte paritaire, le texte ne suscita, en général, que des désaccords relativement minimes entre le Sénat et l'Assemblée nationale, qui laissèrent intacte l'économie du dispositif gouvernemental. Finalement, le texte fut adopté par le Parlement en quinze mois. « Cet étalement du processus d'élaboration paraît interminable pour un texte sur le principe duquel se dégageait un consensus, et dont le contenu apparaissait à première vue essentiellement technique »[1]. Pourtant, il s'agit d'« un délai *raisonnable*, surtout si l'on se souvient (outre l'encombrement des Assemblées) de la difficulté d'adoption de plusieurs autres grandes réformes juridiques administratives, et surtout contentieuses, des vingt dernières années »[2].

Le texte définitif fut adopté à une large majorité par les deux assemblées, par le Sénat le 21 juin 2000[3], par l'Assemblée nationale le 22 juin 2000[4]. La loi fut promulguée par le Président de la République le 30 juin 2000, sans saisine du Conseil constitutionnel.

Cette promulgation marquait l'achèvement d'une réforme pensée par le Conseil d'État, voulue par le gouvernement et votée par le Parlement.

1. M. Fouletier, « La loi du 30 juin 2000 relative au référé devant les juridictions administratives », *RFDA* 2000. 964.
2. B. Pacteau, « Vu de l'intérieur : loi du 30 juin 2000, une réforme exemplaire », *RFDA* 2000. 959 (souligné).
3. *JO Sénat CR*, 21 juin 2000, p. 4226.
4. *JOAN CR*, 22 juin 2000, p. 5808.

TITRE

03. Un contentieux de masse

030.09 **Un volume important.** En 2021, le contentieux de l'urgence a représenté 19 % du contentieux portés devant les tribunaux administratifs (46 517 demandes, sur un total de 241 286), et même 43 % si l'on y inclut le contentieux de l'éloignement (49 898 demandes) et celui des OQTF (8 424). Il présente donc tous les caractères d'un contentieux de masse.

030.10 **Un volume en augmentation.** Dans une perspective dynamique, la progression du volume de ce contentieux est également frappante : moins de 15 000 décisions (hors contentieux de l'éloignement) en 2001 : plus de 45 000 en 2021. Cette augmentation s'explique par trois facteurs :

- la progression du contentieux administratif lui-même, dont le contentieux de l'urgence a suivi l'accroissement ;
- la création du recours Dalo, qui donne lieu à environ 8 000 demandes chaque année ;
- la sollicitation croissante du juge de l'urgence.

L'augmentation du contentieux de l'éloignement est encore plus importante : moins de 8 000 décisions en 2001 ; près de 50 000 en 2021.

Si l'on s'attache aux procédures les plus utilisées, quatre grands groupes peuvent être distingués :

- le contentieux de l'éloignement (près de 50 000 demandes en 2021) ;
- les référés d'urgence (16 558 demandes en référé-suspension, 8 923 en référé-liberté et 11 970 en référé-mesures utiles) ;
- le recours Dalo (8 424 demandes en 2021) ;
- les autres procédures (3 919 demandes en référé-expertise, 2 641 en référé-constat, environ 1 000 demandes en référé précontractuel et 1 000 en référé-provision).

TITRE

04. Le référé sur tous les fronts

040.09 **Envol des référés administratifs.** Le « vol d'aigle » du juge des référés a débuté en procédure civile dans les années 1990[1] avant de s'étendre à la juridiction administrative après la réforme de 2000[2]. Cette montée en puissance se manifeste par la sollicitation croissante dont il fait l'objet et sa tendance à remplacer le juge du fond.

040.10 **Une sollicitation croissante.** Le juge administratif des référés est appelé à intervenir dans un nombre toujours plus grand de contentieux : en matière économique (interdiction de commercialisation d'un véhicule[3], conflit entre les taxis et les VTC[4]), en matière sportive (réduction du nombre de clubs passant de la Ligue 2 à la Ligue 1[5]), en matière politique et sociale (affaire *Dieudonné*, affaire *Lambert*, « salles de shoot »[6], burkini, migrants, état d'urgence, crise sanitaire). Le juge est sommé de trancher le contentieux au moment où il surgit.

Cette sollicitation du juge administratif sur des problèmes épineux ou des affaires soulevant des enjeux majeurs n'est pas nouvelle : l'histoire de la juridiction administrative est jalonnée de décisions l'amenant à se prononcer sur des questions sensibles ou importantes. La nouveauté tient au fait que le juge administratif s'en trouve aujourd'hui saisi dès leur apparition.

Auparavant, il statuait des mois et le plus souvent des années après l'édiction de l'acte contesté. Les esprits s'étaient refroidis et le juge avait pour lui le temps de la réflexion. Il intervenait à l'abri des passions en disposant d'un recul sur la situation.

Désormais, il intervient au cours de l'action, alors que l'acte en cause vient d'être édicté ou que la situation litigieuse est en train de se produire. Lorsque l'affaire présente un caractère médiatique, cela a pour effet d'exposer le juge et de le soumettre à des pressions. Comme l'a souligné le vice-président du Conseil d'État, « lorsqu'il descend de l'Olympe dans l'arène de l'actualité, le juge peut rencontrer les pressions et les passions de l'opinion publique et des médias et il s'expose, par-là, à de nouveaux défis »[7].

040.11 **Le remplacement du juge du fond.** Une deuxième manifestation de la montée en puissance du juge administratif des référés tient au fait qu'il est susceptible de se substituer au juge du fond dans certains contentieux.

1. H. Le Foyer de Costil, « Le vol d'aigle du juge des référés », in *Études offertes à Pierre Bellet*, Litec, 1991, p. 344.
2. V. le titre de la chronique d'Aurélie Bretonneau et Jean Lessi : « Référés : l'irrésistible ascension », *AJDA* 2014. 1484.
3. CE, ord., 27 août 2013, S[té] Mercedez-Benz France, req. n° 370831, NP.
4. CE, ord., 5 févr. 2014, SAS Allocab, req. n° 374524, NP ; *AJDA* 2014. 661, étude M. Lombard, S. Nicinski et E. Glaser ; *RJEP* 2014. 31, note A. Bretonneau (p[t] 16).
5. CE, ord., 14 août 2015, SASP Red Star FC, req. n° 391931, NP ; *D.* 2016. 510, obs. Centre de droit et d'économie du sport.
6. TA Paris, ord., 31 oct. 2013, Assoc. Parents contre la drogue, req. n° 1314533/9, NP ; *D.* 2013. 2701.
7. J.-M. Sauvé, *Bilan de quinze années d'urgence devant le juge administratif*, 5e éd. des États généraux du droit administratif, 26 juin 2015 (www.conseil-etat.fr).

Cela n'a rien que de très normal dans les procédures présentant un caractère autonome, tels le référé-liberté, le référé-mesures utiles ou le référé-provision. L'introduction de ces procédures n'étant pas conditionnée par l'engagement d'un recours au fond, elles sont de nature à permettre le règlement de l'intégralité d'un litige, rendant ainsi inutile l'intervention ultérieure d'un juge du fond[1]. C'est toujours le cas (en principe) pour le référé-liberté : le prononcé d'une mesure de sauvegarde éteint le litige et, en général, il ne reste plus de matière dont le juge du fond pourrait être saisi. L'éviction du juge du fond est également fréquente pour le référé-provision : en effet, il n'y a plus lieu de former un recours en plein contentieux si la somme réclamée a été accordée par le juge des référés. De la même manière, la substitution au juge du principal peut se produire en référé-mesures utiles : si l'on s'en tient à l'une des principales applications de cette procédure, à savoir l'expulsion d'un occupant sans titre du domaine public à la demande de la collectivité publique concernée, il n'y a plus lieu de saisir le juge du fond d'une demande de libération du domaine si cette mesure a été ordonnée en référé.

Il arrive d'observer un tel mouvement d'éviction du juge du fond par le juge des référés pour la procédure du référé-suspension, alors même que celle-ci constitue l'accessoire à un recours principal. Tel est le cas lorsque le juge se trouve saisi de mesures ayant un effet limité dans le temps (de quelques jours à quelques mois). Que le juge ait fait droit ou non à la demande de suspension, il aura eu le dernier mot car le juge du fond ne statuera qu'une fois que l'acte attaqué aura produit tous ses effets, et donc sans effet utile (hormis, le cas échéant, sur le plan indemnitaire). De même, si en conséquence d'une suspension ordonnée par le juge des référés, l'administration modifie un règlement pour en retirer l'une de ses dispositions, les conclusions au fond dirigées contre celles-ci deviennent sans objet[2]. Comme le résumaient Aurélie Bretonneau et Jean Lessi, « dans les domaines particulièrement propices aux procédures d'urgence parce que tout s'y joue à la fois rapidement et de manière irréversible, le centre de gravité du débat contentieux a tout naturellement tendance à se déplacer au stade du référé, de sorte qu'à supposer que le juge saisi du principal trouve ensuite à statuer, les effets juridiques de sa décision se trouvent le plus souvent dépourvus de portée pratique »[3].

Un phénomène de remplacement du juge du fond par le juge des référés est donc bien à l'œuvre. Il convient toutefois de ne pas surestimer son ampleur : il ne concerne qu'une partie du contentieux et a en toute hypothèse vocation à demeurer minoritaire. Les référés n'ont pas vocation à remplacer les procédures au fond : si tout est urgence, alors plus rien ne l'est[4].

1. Sur cette question : F. Blanco, « Les référés au fond de la loi du 30 juin 2000 », *AJDA* 2020. 1336.
2. CE 4 déc. 2013, Assoc. France Nature Environnement, req. n° 357839, *Lebon T.* ; *AJDA* 2014. 1722, note F. Blanco ; *AJDA* 2013. 2464.
3. A. Bretonneau et J. Lessi, « Référés : l'irrésistible ascension », *AJDA* 2014. 1484.
4. En ce sens : F. Moderne, « Vers la banalisation des procédures d'urgence », *RFDA* 2007. 91.

TITRE

05. Le référé en droit comparé

050.03 Bibliographie indicative.

> **Ouvrage.** Société de législation comparée, *Rapport du groupe de travail sur les procédures d'urgence*, 2014 (Allemagne, Brésil, Colombie, Espagne, États-Unis, Mexique, Pérou, Québec, Royaume-Uni, Suède, Venezuela)[1].

> **Articles.** U. Bick, « Le recours juridictionnel en référé (*Eilrechtsschutz*) », *RFDA* 2016. 627 ; I. Ndam, « L'urgence en matière de référé en droit camerounais », *RRJ* 2015. 1353 ; F. Barque, « Le juge et les référés administratifs en Espagne », *RDLF* 2015. Chron. nº 22.

050.09 Traits généraux. En droit comparé, la demande visant à l'obtention d'une mesure provisoire relève souvent de la compétence de la formation de jugement saisi du recours au fond et non d'un juge spécifique comme c'est le cas en France.

Les conditions d'octroi d'une mesure sont assez proches de celles prévalant en France pour le référé-suspension, à savoir le doute sur la légalité de la décision et le risque qu'elle génère un préjudice difficilement réparable.

Quant au cadre procédural, il varie beaucoup d'un pays à un autre, tant au niveau des conditions d'introduction de la demande qu'à celui des règles régissant l'instruction de celle-ci.

1. www.legiscompare.fr/web/IMG/pdf/Rapport_du_groupe_sur_les_Procedures_ d_urgence-_SLC.pdf

LIVRE

1. Règles procédurales communes

SECTION 0

Orienteur

100.00 Plan du livre.

100.09 **Faible nombre.** Les règles procédurales communes à l'ensemble des référés administratifs sont extrêmement peu nombreuses. Cela s'explique par l'hétérogénéité qui caractérise ces voies de droit au niveau de l'introduction et de l'instruction des demandes, des pouvoirs du juge et des voies de recours ouvertes. Un fonds commun de règles contentieuses peut néanmoins être exposé.

TITRE

11. Engagement du recours

110.09 Règles générales de présentation de la requête. La demande en référé doit satisfaire aux conditions habituelles de présentation des requêtes figurant à l'article R. 411-1 du CJA. Aussi doit-elle :

- indiquer les nom et domicile des parties ;
- contenir l'exposé des faits et moyens ;
- énoncer les conclusions soumises au juge.

110.10 Dispense de décision préalable. Dans la mesure où la demande de référé porte parfois sur une situation précontentieuse, le requérant n'est pas tenu de lier le contentieux préalablement à l'introduction du recours. La dispense de décision préalable est de portée générale à l'exception du référé-suspension (ainsi que du déféré-suspension qui en constitue une variante). Elle permet à l'intéressé d'agir en référé alors même qu'il ne pourrait, faute de décision expresse ou implicite, saisir la juridiction d'une action au fond. Cette dispense évite au requérant d'attendre un éventuel refus de l'administration (lequel n'intervient, sauf dérogation, qu'à l'expiration d'un délai de deux mois suivant la demande qui lui est adressée) lorsque des mesures urgentes sont nécessaires.

110.11 Présentation d'une question prioritaire de constitutionnalité (QPC). L'article 23-3 de l'ordonnance du 7 novembre 1958 portant loi organique sur le Conseil constitutionnel prévoit qu'une juridiction saisie d'une question prioritaire de constitutionnalité « peut prendre les mesures provisoires ou conservatoires nécessaires » et qu'elle peut statuer « sans attendre la décision relative à la question prioritaire de constitutionnalité si la loi ou le règlement prévoit qu'elle statue dans un délai déterminé ou en urgence ». Sur le fondement de ces dispositions, l'auteur d'une demande en référé est recevable à saisir le juge administratif des référés d'une QPC (v. s^s^ nº 211.161). Il devra, comme l'exigent les dispositions de l'article R. 771-3 du CJA, présenter la QPC par un mémoire distinct de sa requête en référé.

TITRE

12. Jugement du recours

120.09 Jugement en principe par un juge unique. Les requêtes en référé sont, sauf cas particulier (v. ss no 523.54 pour le recours contre une OQTF lorsque l'étranger se présente libre, et ss no 860.11 pour le référé « suspension des professionnels de santé »), jugées par un magistrat statuant seul.

120.10 Faculté de renvoi à une formation collégiale. Le juge des référés ne constitue pas une juridiction autonome distincte du tribunal. Il n'est qu'une formation de jugement de celui-ci. Dans la mesure où il représente une émanation de la juridiction dont il relève, le juge des référés dispose toujours de la faculté de renvoyer à la formation collégiale « le jugement des demandes qui lui paraissent présenter des difficultés graves et susceptibles d'une discussion sérieuse »[1]. Cette possibilité de renvoi est de portée générale. Elle est également reconnue dans la procédure civile (C. pr. civ., art. 487).

La décision de renvoi à la formation collégiale « n'est pas de nature à être contestée devant le juge d'appel »[2]. Elle constitue une mesure d'administration de la justice insusceptible de faire l'objet d'un recours devant le juge d'appel ou de cassation[3]. En revanche, la décision que prendra la formation collégiale suite à ce renvoi sera soumise aux mêmes voies de recours que si elle avait été prise par le juge des référés.

En pratique, le renvoi à une formation collégiale est rare. Il intervient uniquement lorsque les questions qu'appelle à trancher l'affaire soumise au juge unique soulèvent des difficultés sérieuses.

En cas de renvoi à une formation collégiale, celle-ci statue après audition d'un rapporteur public. Des conclusions portant sur des affaires distinctes peuvent, le cas échéant, faire l'objet d'une jonction. Si en vertu de l'article L. 7 du Code de justice administrative (CJA), des conclusions doivent être présentées sur chaque affaire, celles-ci peuvent néanmoins être jointes en cas de nécessité et, notamment, en cas d'urgence. Il appartient au rapporteur public, dans une telle hypothèse, de distinguer clairement les solutions qu'il préconise pour chacun des litiges[4].

1. CE, sect., 13 juill. 1956, secr. d'État à la Reconstruction c/Piéton-Guibout, req. no 37649, *Lebon* 338, concl. J. Chardeau ; *AJDA* 1956. 321, concl. ; *AJDA* 1956. 339, Chron. J. Fournier et G. Braibant ; *RD publ.* 1957. 296, note M. Waline.
2. CE, sect., 13 juill. 1956, secr. d'État à la Reconstruction c/Piéton-Guibout, req. no 37649, préc.
3. V. par ex., pour le contentieux de la reconduite à la frontière : CE 10 déc. 1997, préfet de police, req. no 170529, NP - CE 6 nov. 2000, Kanoute, req. no 220825, *Lebon*.
4. V. par ex., concluant sur deux espèces, concl. L. Touvet sur l'arrêt *commune de Venelles*, concernant un référé-liberté, lu le jour même (CE, sect., 18 janv. 2001, Cne de Venelles et Morbelli, req. no 229247, *Lebon* 18 ; *AJDA* 2001. 153, Chron. M. Guyomar et P. Collin ; *D.* 2002. 2227, obs. R. Vandermeeren ; *GAJA*, 21e éd., 2017, no 98 ; *RFDA* 2001. 378, concl. L. Touvet ; *RFDA* 2001. 681, note M. Verpeaux ; *RGCT* 2001. 783, concl. ; *CJEG* 2001. 161, concl. ; *JCP* 2001. I. 318, Chron. C. Boiteau ; *LPA* 12 févr. 2001, no 30, note N. Chahid-Nouraï et C. Lahami-Depinay ; *Procédures* 2001, comm. no 73, obs. S. Deygas ; *RD publ.* 2002. 752, Chron. C. Guettier ; *Dr. adm.* 2001, comm. no 155, obs. L.T. ; *Coll. terr.* 2001, comm. no 85, note J. Moreau), et sur l'arrêt *Confédération nationale des radios libres*, concernant un référé-suspension, lu le lendemain (CE, sect., 19 janv. 2001, Confédération nationale des radios libres, req. no 228815, *Lebon* 29, concl. L. Touvet ; *AJDA* 2001. 150, Chron. M. Guyomar et P. Collin ; *RFDA* 2001. 378, concl. L. Touvet ; *D.* 2001. 1414, note B. Seiller ; *D.* 2002. 2220, obs. R. Vandermeeren ; *GACA*, 5e éd., 2016, no 11 ; *CJEG* 2001. 161, concl.).

La circonstance que les parties ont été informées du renvoi de l'affaire à une formation collégiale dessaisit de manière définitive le juge des référés. Celui-ci ne peut, « dès lors qu'il s'est dessaisi de l'affaire au profit de la formation collégiale et que cette décision a été portée à la connaissance des parties par l'envoi de l'avis d'audience correspondant, reprendre ses prérogatives de juge des référés et statuer par voie d'ordonnance »[1].

120.11 Application de l'article 6 § 1 de la Convention EDH. L'article 6 § 1 de la Convention européenne des droits de l'homme ne s'applique à une procédure d'urgence que si la mesure prononcée « est déterminante pour le droit ou l'obligation de caractère civil en jeu, quelle que soit la durée pendant laquelle elle a été en vigueur »[2].

Pour les référés au fond, cette condition est toujours satisfaite, ce qui justifie l'application à leur égard des garanties énoncées par l'article 6 § 1.

Pour les autres référés, le critère retenu par la Cour de Strasbourg commande que l'appréciation se fasse procédure par procédure, voire espèce par espèce. Le Conseil d'État, toutefois, ne s'est pas encore engagé dans cette appréciation au cas par cas.

120.12 Moyens de communication audiovisuelle dans les TA d'outre-mer. Les dispositions du CJA propres aux tribunaux administratifs d'outre-mer ouvrent la faculté qu'un magistrat statue à distance s'il est simultanément affecté dans plusieurs tribunaux administratifs et que sa venue à une audience n'est pas matériellement possible dans les délais requis. L'audience se tient alors en utilisant les équipements de communication audiovisuelle installée dans les deux tribunaux concernés. Sur ce point, la jurisprudence exclut en principe la possibilité d'utiliser le téléphone mis sur haut-parleur : d'une part, l'usage du téléphone ne permet que la transmission de messages sonores et non visuels ; d'autre part, il ne garantit pas le respect des normes prévues par les dispositions de l'article 2 de l'arrêté du 9 septembre 2005. Ce n'est qu'« à titre exceptionnel » que le juge peut s'affranchir de l'obligation d'une transmission à la fois sonore et visuelle et seulement « dans l'hypothèse particulière où, compte tenu du délai nécessaire pour mettre en place un dispositif de communication audiovisuelle ou pour organiser le déplacement du ou des magistrats concernés, il ne pourrait plus statuer utilement sur la requête dont il est saisi »[3].

1. CAA Paris, 29 juin 2010, Région Île-de-France, req. n° 09PA05737, NP ; *AJDA* 2010. 2071 : concernant un référé-provision.
2. CEDH, gr. ch., 15 oct. 2009, Micallef c/Malte, req. n° 17056/06, § 85, *AJDA* 2010. 997, Chron. J.-F. Flauss ; *RTD civ.* 2010. 285, obs. J.-P. Marguénaud.
3. CE 24 oct. 2018, Société Hélène et fils, req. n° 419417, *Lebon T.* ; *Dr. adm.* 2019, comm. 13, note G. Eveillard.

TITRE

13. Contenu et autorité de la décision

130.09 **Mentions propres aux ordonnances.** La décision prise en référé doit comporter les mentions propres aux ordonnances (v. s^s n°s 214.41 s.) – ou les mentions propres aux jugements si elle revêt la nature d'un jugement (v. s^s n° 214.41).

130.10 **Absence d'autorité de la chose jugée.** Les référés (au sens classique) n'amènent pas le juge à aborder le fond du droit. En conséquence, « les décisions du juge des référés n'ont pas, au principal, l'autorité de la chose jugée ». Cette formule, d'abord utilisée pour les référés d'urgence (v. s^s n° 214.181), a par la suite été étendue à tous les référés[1].

Ainsi, en tant qu'elle présente un caractère réversible, une ordonnance de référé ne peut être regardée comme passée en force de chose jugée, notamment pour l'application d'une loi de validation (v. s^s n° 334.102 [référé-provision]).

130.11 **Dispense de prononcé en audience.** En vue d'accélérer la prise d'effet des ordonnances, l'article R. 742-6 du CJA prévoit que « les ordonnances sont réputées prononcées dès leur signature »[2].

1. V. CE 11 déc. 2015, C^{ne} de Colmar, req. n° 383625, *Lebon* ; *AJDA* 2015. 2407 ; *AJCT* 2016. 276, obs. G. Le Chatelier ; *BJCL* 2016. 147, obs. B. Poujade, concl. V. Daumas (référé-provision).
2. CJA, R. 742-6, mod. par décret n° 2020-1404, 18 nov. 2020, *JO* 19 nov. 2020.

LIVRE

2. Les référés d'urgence

SECTION 0

Orienteur

200.00 Plan du livre.

200.03 Bibliographie indicative.

• Sur l'ancien état du droit

> **Ouvrages.** C. Huglo, *La pratique des référés administratifs devant le tribunal administratif, la cour administrative et le Conseil d'État*, Litec, 1993 ; O. Dugrip, *L'urgence contentieuse devant les juridictions administratives*, Puf, 1991.

• Sur la loi du 30 juin 2000

> **Articles.** O. Dugrip, « Les procédures d'urgence : l'économie générale de la réforme », *RFDA* 2002. 246 ; M.-C. Rouault, « La loi du 30 juin 2000 : un petit pas vers un traitement efficace de l'urgence par le juge administratif », *D.* 2001. 398 ; M. Fouletier, « La loi du 30 juin 2000 relative au référé devant les juridictions administratives », *RFDA* 2000. 963 ; B. Pacteau, « Vu de l'intérieur : loi du 30 juin 2000, une réforme exemplaire », *RFDA* 2000. 959 ; R. Vandermeeren, « La réforme des procédures d'urgence devant le juge administratif », *AJDA* 2000. 706 ; C. Morlot-Dehan, « La réforme des procédures d'urgence devant le juge administratif », *LPA* 4 sept. 2000, n° 176, p. 4 ; C. Clément, « Le juge administratif des référés : un véritable juge de l'urgence après la loi du 30 juin 2000 », *LPA* 10 août 2000, n° 159, p. 6 ; J.-M. Favret, « Les procédures d'urgence devant le juge administratif après la loi du 30 juin 2000 », *Dr. adm.* 2000, Chron. n° 11.

• Sur son application

> **Encyclopédies.** *Rép. contentieux administratif*, v° « Référés d'urgence : règles communes », par M. de Momsembernard ; O. Le Bot, « Référé. Organisation. Dispositions générales », *J.-Cl. Justice adm.*, fasc. n° 50.

> **Ouvrages.** P. Cassia, *Les référés administratifs d'urgence*, LGDJ, coll. « Systèmes Droit », 2003, 198 p. ; J. Gourdou et A. Bourrel, *Les référés d'urgence devant le juge administratif*, L'Harmattan, « La justice au quotidien », 2003, 112 p. – Coll., *Les référés administratifs : 20 ans après*, Dalloz, « Grand Angle », 2020 – B. Huglo, M. Babes et Ch. Huglo, *Guide pratique des référés administratifs*, Berger-Levrault, « Les indispensables », 2021.

> **Articles.** X. Domino et A. Bretonneau, « Dix ans d'urgence », *AJDA* 2011. 1369 ; Colloque de la Conférence nationale des présidents des juridictions administratives, « Premier bilan de la réforme des procédures d'urgence dans le

contentieux administratif », *RFDA* 2007. 37 s. ; Colloque « Les référés en matière administrative. Les 15 ans de la loi du 30 juin 2000 relative au référé devant les juridictions administratives », *JCP Adm.* 2016, nos 51-52 – Coll., « Référés d'urgence et modernisation de la justice administrative. Regards sur la loi du 30 juin 2000 » (Colloque Sciences Po, 6 juin 2012), *Dr. adm.* 2010, ét. 16 – C. Lantero, « La loi du 30 juin 2000 relative au référé devant les juridictions administratives. Bilan critique d'une réforme exemplaire. Présentation et quelques réflexions sur les concurrences et complémentarités du juge des référés et du juge du fond », *RFDA* 2021. 639 – B. Stirn, « Le succès et les défis du référé. Le point de vue du juge », *RFDA* 2021. 649 ; V. Gury, « Le succès et les défis du référé. Le point de vue du praticien », *RFDA* 2021. 652 – B. Pouchoux et Th. Perroud, « Vers une justice par ordonnance ? L'idée d'un référé général de la procédure administrative préalable », *RFDA* 2021. 692 – Colloque Conseil d'État, « Le référé : les 20 ans de la justice administrative de l'urgence », 28 nov. 2019 [en ligne] – A. Jacquemet-Gauché, « Responsabilité et référés : une confrontation féconde », *AJDA* 2017. 1816 – Yaki-RomYaki-Roman, « Référés d'urgence et collectivités territoriales : quinze ans de légalité en temps réel », *AJCT* 2017. 64.

200.09 **Notion.** L'expression « référés d'urgence » désigne les référés pour lesquelles l'urgence constitue une condition de mise en œuvre de la mesure sollicitée. Ces référés sont au nombre de trois :

- référé-suspension (CJA, art. L. 521-1) ;
- référé-liberté (CJA, art. L. 521-2) ;
- référé-mesures utiles (CJA, art. L. 521-3).

TITRE

21. Les règles communes

SECTION 0

Orienteur

210.00 Plan du titre.

211. Engagement du référé

SECTION 0

Orienteur

211.00 Plan du chapitre.

211.02 Jurisprudence de référence.

> L'exécutif d'une personne morale peut représenter celle-ci devant le juge des référés sans habilitation de l'organe délibérant
CE, sect., 18 janv. 2001, C^ne^ de Venelles et Morbelli, req. n° 229247, *Lebon* 18.

> Le juge ne peut recourir à la procédure de tri après avoir lancé une instruction contradictoire
CE, sect., 26 févr. 2003, S^té^ Les belles demeures du Cap-Ferrat, req. n° 249264, *Lebon* 65.

211.04 Questions essentielles.

> Le juge administratif des référés peut-il intervenir lorsque la compétence de la juridiction administrative est incertaine ? v. s^s^ n° 211.12

> Le demandeur peut-il saisir le juge des référés par une requête sommaire ? v. s^s^ n° 211.33

> Le ministère d'avocat est-il obligatoire ? v. s^s^ n° 211.34

> Une demande en référé peut-elle intervenir dans une matière concernée par une procédure spécifique ? v. s^s^ n°s 211.81 s.

> Un requérant peut-il présenter plusieurs demandes en référé dans une même requête ? v. s^s^ n°s 211.131 s.

> Une QPC peut-elle être présentée dans une instance de référé ? v. s^s^ n°s 211.161 s.

SECTION 1

Compétence

§ 1

Compétence de la juridiction administrative

211.11 Compétence en référé liée à la compétence au fond. La compétence du juge des référés est limitée aux matières ressortissant à la compétence au fond du tribunal. En effet, le juge des référés n'étant qu'une émanation du tribunal, sa compétence matérielle est toujours tributaire de la juridiction dont il relève. Selon le Conseil d'État, le juge administratif ne peut être saisi d'un recours tendant à la mise en œuvre de l'une des procédures régies par le livre V du CJA « que pour autant que le litige principal auquel se rattache ou est susceptible de se rattacher la mesure d'urgence qu'il lui est demandé de prescrire, n'échappe pas manifestement à la compétence de la juridiction administrative »[1]. En d'autres termes, et conformément à une règle classique du droit processuel, la compétence en matière de référé suit la compétence au fond[2].

La compétence matérielle se détermine à partir du litige principal : celui auquel se rapporte ou est susceptible de se rapporter, au fond, la demande en référé. Ce litige principal peut n'être qu'éventuel ; il le sera fréquemment en matière de référé-liberté et de référé-mesures utiles puisque les demandes présentées sur le fondement des articles L. 521-2 et L. 521-3 du CJA ne sont pas l'accessoire d'un recours principal et ne sont pas conditionnées par le dépôt d'un recours au fond. Il est seulement exigé qu'en cas de saisine, un juge administratif soit compétent pour se prononcer sur la situation litigieuse.

211.12 Compétence apparente. Les règles de compétence s'apprécient plus souplement en matière de référé. En ce domaine, en effet, la règle de compétence est affirmée comme une simple potentialité : la jurisprudence exige seulement que la demande n'échappe pas « manifestement » à la compétence de la juridiction administrative[3]. Il s'ensuit que le juge des référés n'a pas à s'interroger de manière aussi approfondie sur sa compétence que lors d'un recours au fond. La simple possibilité d'une compétence au fond du tribunal doit ainsi bénéficier au demandeur. Le juge peut statuer sur la demande en référé dès lors que le litige éventuel auquel elle se rattache n'est pas manifestement étranger à la compétence de la juridiction administrative[4].

211.13 Incompétence du juge des référés en cas d'incompétence manifeste de la juridiction administrative. Si le litige est manifestement insusceptible de se rattacher à un litige entrant dans la compétence de la juridiction administrative, le juge des référés doit se déclarer incompétent.

Ainsi doit-il décliner sa compétence lorsque le litige relève de façon certaine de la compétence judiciaire. Tel est le cas, par exemple, lorsque le requérant conteste :

– les suites données par l'administration fiscale suite à un redressement en matière de droits d'enregistrement[5] ;

– les conditions dans lesquelles il a fait l'objet de mesures d'incarcération et de contrôle judiciaire au cours de la procédure d'extradition engagée à son encontre[6] ;

1. CE 29 oct. 2001, Raust, req. n° 237132, *Lebon T.* 1090.
2. V., sous l'état du droit antérieur, CE, sect., 25 janv. 1980, Sotem, req. n° 11514, *Lebon* 49 ; *AJDA* 1980. 615, concl. M. Rougevin-Baville – pour la procédure civile, v. Civ. 18 déc. 1872, *DP* 1873. I. 129 – Civ. 22 oct. 1974, *D.S.* 1975. IR 7.
3. CE 29 oct. 2001, Raust, req. n° 237132, *Lebon T.* 1090 – CE, ord., 20 janv. 2005, req. n° 276475, C[ne] de Saint-Cyprien, *Lebon T.* 1022.
4. Pour un exemple caractéristique : CE, ord. 4 avr. 2019, Société France Télévisions, req. n° 429370, *Lebon* ; *JCP Adm.* 2019, n° 2265, Chron. O. Le Bot ; *LPA* 28 juin 2019, n° 129, p. 6, note F. Chaltiel.
5. CE 29 oct. 2001, Raust, req. n° 237132, *Lebon T.* 1090.
6. CE, ord., 30 janv. 2003, Smaali, req. n° 253668, NP.

– les décisions prises par une association de sauvegarde de l'enfance ayant été mandatée par le juge des enfants pour réaliser une enquête concernant la situation d'un mineur[1] ;

– l'acte d'un organisme de droit privé[2] ;

– la délibération d'un jury admettant des candidats dans un centre régional de formation professionnelle des avocats[3].

Le juge des référés doit également décliner sa compétence si l'acte attaqué relève du contrôle exclusif du Conseil constitutionnel. Il ne peut, par exemple, connaître d'un décret de convocation des membres élus du Conseil supérieur des Français de l'étranger[4].

Plus généralement, il doit décliner sa compétence si le litige ne relève pas des matières relevant de son champ de compétence[5].

§ 2

Compétence au sein de la juridiction administrative

211.21 Caractère autonome ou accessoire du référé. La détermination de la juridiction administrative compétente dépend du caractère autonome ou accessoire du référé.

Le référé-suspension, qui représente un recours accessoire à un recours principal en annulation ou en réformation, doit être porté devant la juridiction saisie de ces conclusions au fond : tribunal administratif, cour administrative d'appel ou Conseil d'État (v. s[s] n° 221.12).

Le référé-liberté et le référé-mesures utiles, qui représentent des recours autonomes, doivent être introduits devant la juridiction qui serait compétente en premier ressort si un recours au fond était introduit : soit le tribunal administratif, soit le Conseil d'État mais en aucun cas une cour administrative d'appel (v. s[s] n° 231.21 pour le référé-liberté, et s[s] n° 241.12 pour le référé-mesures utiles).

211.22 RAPO. En cas de RAPO, le recours relève de la juridiction compétente pour connaître de la décision prise sur recours préalable, qui se substitue à la décision initiale. Ainsi, lorsqu'un recours administratif a été formé contre la décision d'un conseil départemental d'une profession de santé, devant le conseil national, la demande en référé-suspension ou en référé-liberté relève non pas du tribunal administratif mais du Conseil d'État[6].

211.23 Rejet par ordonnance des demandes relevant d'une autre juridiction administrative. Lorsqu'un référé d'urgence relève de la compétence d'une autre juridiction administrative, le juge saisi n'a pas l'obligation de transmettre la demande au juge compétent. Par dérogation aux dispositions du titre V du livre III du Code de

1. CE, ord., 12 mai 2003, Pichaut, req. n° 256729, NP.
2. CE, ord., 13 nov. 2001, Marcilhacy, req. n° 239510, *Lebon T.* 1095.
3. CE 29 juill. 2002, d'Alesio, req. n° 240806, *Lebon T.* 851 ; *AJDA* 2002. 1136.
4. CE, ord., 22 sept. 2004, Hoffer, req. n°s 272347 et 372378, NP.
5. V. p. ex., pour un acte de gouvernement (en l'occurrence la nomination d'un membre du Conseil constitutionnel), CE, ord., 21 janv. 2022, M. Pelé, req. n° 460456, *Lebon T.*
6. CE 28 févr. 2019, M. de Montferrat, req. n° 426952, *Lebon T.*

justice administrative (qui l'obligent à transmettre le dossier à la juridiction compétente), l'article R. 522-8-1 prévoit que « le juge des référés qui entend décliner la compétence de la juridiction rejette les conclusions dont il est saisi par voie d'ordonnance ».

211.24 Cassation de l'ordonnance entachée d'incompétence territoriale (évocation). Après avoir cassé pour incompétence l'ordonnance rendue par le juge des référés, le Conseil d'État peut statuer lui-même sur la demande de l'intéressé, sans renvoyer au juge des référés du tribunal administratif normalement compétent[1].

SECTION 2

Recevabilité

§ 1

Conditions relatives à la requête

211.31 Saisine par voie de requête. En vertu de l'article R. 522-1 du CJA, le juge des référés est saisi par voie de requête. L'article R. 411-1 ajoute que la requête doit comporter les éléments indispensables à l'identification de l'auteur de la demande (nom et domicile). Elle doit être écrite et signée de son auteur. Elle peut être déposée directement au greffe de la juridiction, adressée par voie postale ou envoyée par Télérecours (pour les justiciables ayant accès à cette application). L'article R. 522-3 précise que « lorsqu'elle est adressée par voie postale, elle l'est par lettre recommandée ».

211.32 Mention qu'il s'agit d'un référé. L'article R. 522-3 du CJA prévoit que la requête, ainsi que l'enveloppe qui la contient doivent porter la mention « référé ». Lorsque la requête est adressée par Télérecours, « son auteur signale son urgence en sélectionnant la mention "référé" dans la rubrique correspondante » (CJA, art. R. 522-3, al. 2).

Le respect de cette formalité n'est pas prescrit à peine d'irrecevabilité de la demande mais a seulement pour objet d'attirer l'attention du greffe du tribunal sur l'existence d'un référé urgent et à traiter comme tel. S'il arrive au juge de relever qu'une requête ne porte pas la mention prévue par cette disposition[2], cette absence n'est nullement sanctionnée sur le terrain de la recevabilité[3]. Son omission expose tout au plus le requérant au risque d'un traitement moins rapide de sa demande si le greffe ne s'aperçoit pas immédiatement de la présence d'un référé d'urgence.

211.33 Motivation. La requête doit être motivée. Conformément à la règle générale de l'article R. 411-1 du CJA, elle doit contenir l'exposé des faits et moyens ainsi que l'énoncé des conclusions soumises au juge. Le juge des référés dispose d'un pouvoir pour interpréter les termes de la requête, spécialement lorsqu'elle est présentée sans ministère d'avocat. Pour autant, la mise en œuvre de ce pouvoir d'interprétation ne doit pas conduire à dénaturer des conclusions. Commet, par exemple, une dénaturation le magistrat qui s'estime saisi d'une demande en référé alors que la requête ne

1. CE 12 juill. 2002, min. de l'Économie c/Bodin, req. n° 245436, *Lebon T.* 855 ; *AJDA* 2002. 1176.
2. V. par ex. CE, ord., 8 août 2003, Synd. de la magistrature, req. n° 259217, NP.
3. CE, ord., 21 déc. 2018, Cherney, req. n° 426292, NP.

comporte pas de conclusions susceptibles d'être regardées comme tendant à la mise en œuvre de l'une des procédures prévues par le titre II du livre V du CJA[1].

De façon plus spécifique, l'article R. 522-1 impose au demandeur en référé de « justifier de l'urgence de l'affaire ». Dans sa demande, le requérant doit mettre en avant tous les éléments qui permettent de justifier la nécessité d'obtenir à bref délai le prononcé d'une mesure (mesure de suspension, mesure de sauvegarde ou mesure utile).

La motivation de la demande revêt une importance capitale puisqu'elle détermine l'orientation vers l'instruction contradictoire ou le rejet immédiat par la procédure de tri. Par conséquent, il appartient au demandeur de présenter au juge des référés un dossier complet dès l'enregistrement du recours. Sa demande doit être accompagnée des justifications appropriées et comporter une argumentation démontrant que les conditions d'octroi sont satisfaites. Le demandeur qui réserve des arguments pour la suite de la procédure s'expose à un rejet immédiat et sans instruction de sa demande (v. s^s n° 213.93).

211.34 Ministère d'avocat. Le 1er alinéa de l'article R. 522-5 du CJA dispose que « les demandes tendant à ce que le juge des référés prescrive une mesure en application de l'article L. 521-2 sont dispensées de ministère d'avocat ». Le référé-liberté bénéficie ainsi d'une dispense générale de ministère d'avocat.

Le deuxième alinéa de l'article R. 522-5 prévoit, conformément à une jurisprudence constante[2], que les autres demandes ne bénéficient d'une telle dispense que si elles se rattachent à des litiges pour lesquels ce ministère n'est pas obligatoire. Ainsi, le référé-suspension et le référé-mesures utiles ne sont dispensés du ministère d'avocat que si le recours principal est lui-même dispensé de cette exigence.

Devant le juge des référés du Conseil d'État (statuant comme juge d'appel ou juge de première instance), un système visant à faciliter l'accès à la justice a été mis en place. Dès lors que le juge a décidé de mettre la demande à l'instruction, le bureau des référés informe le requérant par téléphone ou courriel qu'un avocat aux Conseils peut le représenter sans frais lors de l'audience publique. S'il souhaite bénéficier de ce service, il lui suffit de prendre contact avec l'Ordre des avocats aux Conseils, lequel le mettra en relation avec l'avocat au Conseil d'État de permanence, qui assurera la défense de ses intérêts pour la suite de la procédure et le représentera lors de l'audience de référé. Comme l'indiquait le président Stirn : « De même qu'il y a toujours un juge des référés de permanence, il y a toujours un avocat de permanence qui, si l'une des parties le souhaite, peut prendre la parole à l'audience en se chargeant du dossier au titre de sa mission d'officier ministériel »[3].

S'agissant de l'utilisation de Télérecours, celle-ci est obligatoire pour les avocats y compris pour les référés d'urgence. Sont seuls dispensés de cette obligation, en vertu du 2e alinéa de l'article R. 522-3, les mandataires non encore inscrits dans cette application[4].

1. CE 29 juill. 2002, Helmbacher, req. n° 243454, *Lebon* 305 ; *AJDA* 2003. 47.
2. CE, sect., 12 oct. 1956, Saporta, *Lebon* 366.
3. B. Stirn, « Référés d'urgence et modernisation de la justice administrative. Regards sur la loi du 30 juin 2000 » (Colloque Sciences Po, 6 juin 2012), *Dr. adm.* 2010, ét. 16, § 7.
4. CE, ord., 17 nov. 2017, M. Assane, req. n° 415439, *Lebon T.* ; *Procédures* 2018, comm. 31, obs. S. Deygas.

211.35 Dispense d'obligation de notification en matière d'urbanisme. Les dispositions de l'article R. 600-1 du Code de l'urbanisme (anc. art. L. 600-3), qui imposent au requérant de notifier à l'auteur de la décision et au titulaire de l'autorisation les recours formés à l'encontre des décisions relatives à l'occupation ou à l'utilisation du sol régies par le Code de l'urbanisme, ne sont pas opposables à l'auteur d'une demande en référé[1]. Dans le cas du référé-suspension, la demande principale demeure en revanche soumise à l'obligation de notification, sous peine d'irrecevabilité des conclusions aux fins de suspension[2]. Sous l'état du droit antérieur, il avait été jugé que la demande de sursis à exécution devait faire l'objet de cette notification[3]. Des considérations tenant à l'efficacité des procédures d'urgence ont justifié l'abandon de cette jurisprudence.

211.36 Aménagement ou dispense de recours administratif préalable. Les formalités concernant les recours administratifs préalables obligatoires ont été adaptées à l'urgence. Le demandeur en référé-suspension est tenu de former ce recours administratif mais il est autorisé à saisir le juge des référés sans attendre la réponse de l'administration (v. s^s n°s 221.141 s.). Le demandeur en référé-liberté se trouve pour sa part purement et simplement dispensé de cette formalité (v. s^s n° 231.56).

211.37 Réitération d'une demande. Dans la mesure où les ordonnances de référé sont dépourvues d'autorité de la chose jugée au principal, le fait que le juge des référés ait donné acte d'un désistement, même qualifié de désistement d'action, ne peut faire obstacle à ce que la même partie réitère ultérieurement devant le juge des référés une demande tendant aux mêmes fins, si elle s'y estime fondée[4].

De la même manière, la circonstance que le juge des référés a rejeté une première demande de suspension présentée sur le fondement de l'article L. 521-1 ne fait pas obstacle à ce que la même partie saisisse ce juge d'une nouvelle demande ayant le même objet, notamment en soulevant des moyens ou en faisant valoir des éléments nouveaux, alors même qu'ils auraient pu lui être soumis dès sa première saisine[5].

Néanmoins, en pratique, la multiplication des demandes a le don d'irriter le juge. Il apparaît donc préférable de n'introduire qu'une seule et unique requête, complète et soignée dès le début, notamment sur la condition d'urgence.

211.38 Transmission à la formation collégiale des conclusions de fond. Si le juge des référés est saisi de conclusions au fond, en plus ou à la place des conclusions en référé, il lui appartient, si leur examen ressortit de la compétence de la juridiction dont il relève, non pas d'en prononcer le rejet mais de transmettre ces conclusions

1. V., en référé-suspension : CE 21 juin 2002, Assoc. seine-et-marnaise pour la sauvegarde de la nature, req. n° 200000, NP - CE 29 juill. 2002, Thierry, req. n° 237370, NP ; *Constr.-urb.* 2002, comm. n° 284, obs. P. Cornille.
2. CE 15 mai 2001, C^{ne} de Loches, req. n° 231802, NP ; *AJDA* 2001. 465, Chron. M. Guyomar et P. Collin ; *RDI* 2001. 403, obs. L. Derepas.
3. CAA Lyon, 13 févr. 1996, Bussaud et a., req. n° 95LY00874, *Lebon* ; *BJDU* 1996/1. 57, concl. Gailleton.
4. CE 28 déc. 2012, Chakour, req. n° 353459, *Lebon T.* ; *AJDA* 2013. 8.
5. CE 29 juin 2020, SCI Eaux Douces, req. n° 435502, *Lebon T.* ; *JCP Adm.* 2020, n° 2226, Chron. O. Le Bot ; *BJDU* 2020. 452, concl. M. Sirinelli.

au tribunal statuant en formation collégiale[1]. L'ordonnance par laquelle le juge des référés transmet ces conclusions à la formation collégiale est susceptible d'appel[2].

§ 2

Conditions relatives au requérant

A

Capacité et intérêt à agir

211.41 Capacité à agir. Les règles relatives à la capacité à agir en référé sont celles applicables aux recours au fond.

Il s'ensuit que la requête en référé ne peut être introduite au nom et pour le compte d'un chien (visé par une mesure d'euthanasie) dès lors que « seules les personnes physiques ou morales peuvent ester en justice »[3].

De même, la requête introduite par un mineur non émancipé est en principe entachée d'irrecevabilité[4] – sauf, dans le référé-liberté, si les circonstances de l'espèce justifient le prononcé d'une mesure de sauvegarde[5] (tel est le cas lorsqu'un mineur étranger isolé sollicite un hébergement d'urgence[6] ou qu'un enfant mineur se retrouve provisoirement placé en zone d'attente[7]).

211.42 Intérêt donnant qualité pour agir. Dans les référés d'urgence comme dans les autres procédures contentieuses, le demandeur doit faire état d'un intérêt à agir. Comme s'il formait un recours au fond, il doit faire valoir un intérêt direct et personnel lui donnant qualité pour agir. Le juge s'assure du respect de cette exigence en contrôlant si le requérant peut être atteint par les effets de l'acte ou du comportement qu'il critique. À défaut, la recevabilité de la demande n'est pas admise.

B

Règles de représentation

211.51 Autorisation d'agir au nom d'une personne morale. Dans les référés d'urgence, le juge administratif applique avec un certain libéralisme les règles relatives à la représentation des personnes morales.

1. CE 23 mars 1990, Bergeron, req. n° 102119, NP - CE 27 avr. 1998, Zaman, req. n° 163738, *Lebon T.* - v. égal[t], pour les référés d'urgence : CE 23 mai 2001, Baudoin, req. n° 232498, *Lebon T.* 1135 - CE 29 juill. 2002, Helmbacher, req. n° 243454, *Lebon* 305 ; *AJDA* 2003. 47 : après annulation de l'ordonnance par laquelle le juge des référés a dénaturé les conclusions du requérant en s'estimant saisi d'une demande en référé alors que ne lui était soumise qu'une demande au fond, le Conseil d'État renvoie l'affaire non pas au juge des référés mais au tribunal statuant au fond.
2. CAA Lyon, 7 déc. 1994, SCA du Petit Poscros, req. n° 94LY00720, *Lebon*.
3. TA Strasbourg, ord., 23 mars 2002, Welsch, req. n° 0201013, NP.
4. CE 30 déc. 2011, Boiguile, req. n° 350458, *Lebon T.*
5. CE 30 déc. 2011, Boiguile, préc.
6. CE, ord., 12 mars 2014, Kaibo, req. n° 375956, *Lebon T.* ; *AJDA* 2014. 588 ; *AJDA* 2014. 1284, note O. Le Bot ; *D.* 2015. 450, obs. O. Boskovic, S. Corneloup, F. Jault-Seseke, N. Joubert et K. Parrot ; *AJDI* 2015. 752, étude F. Zitouni ; *AJ fam.* 2014. 251, obs. S. Slama ; *RDSS* 2014. 531, note H. Rihal et A. Cavaniol - CE 27 juill. 2016, Dp[t] du Nord c/Badiaga, req. n° 400055, *Lebon* ; *AJDA* 2016. 1543 ; *AJDA* 2016. 2115, concl. J. Lessi ; *D.* 2017. 261, obs. O. Boskovic, S. Corneloup, F. Jault-Seseke, N. Joubert et K. Parrot ; *AJCT* 2016. 634, obs. C. Teixeira.
7. CE, ord., 29 sept. 2004, min. de l'Intérieur, de la Sécurité intérieure et des Libertés locales c/Aubame, req. n° 272584, NP.

Dans les procédures au fond, les requérants qui représentent une personne morale sont en principe tenus de produire l'autorisation d'agir en justice au nom de celle-ci conformément aux règles fixées par la loi ou par le statut de la personne morale.

Ces règles sont appliquées avec une rigueur moindre dans les référés d'urgence. Compte tenu de la nature même de ces recours, le Conseil d'État admet la possibilité pour le représentant d'une personne morale de prendre part à la procédure sans autorisation préalable de l'organe délibérant.

Ainsi le maire peut présenter une demande en référé-liberté au nom de sa commune même s'il n'a pas obtenu de son conseil municipal une autorisation d'agir[1]. De même, le président d'un conseil général peut se pourvoir au nom du département sans avoir à en demander l'autorisation à l'assemblée délibérante[2].

Les mêmes principes s'appliquent aux demandes introduites par les personnes morales de droit privé. Eu égard aux particularités de la procédure de référé, les recours peuvent être présentés par les représentants des personnes morales requérantes sans délibération de leurs organes collégiaux[3]. *A fortiori*, le président d'une association peut agir sur autorisation du conseil d'administration alors que ses statuts exigent une délibération de l'assemblée générale[4]. La même jurisprudence s'applique aux personnes morales ayant la qualité d'intervenants (v. s^s n° 211.73).

211.52 Représentation de l'État. Les dispositions relatives à la représentation de l'État devant les juridictions administratives sont appliquées avec une certaine souplesse aux instances en référé.

La jurisprudence admet qu'une administration centrale de l'État soit représentée à l'audience non pas par le ministre mais par le préfet ou son représentant. Le juge des référés a rappelé « qu'il résulte des dispositions des articles R. 431-9 et R. 431-10 du Code de justice administrative que, lorsque le litige dont est saisi une juridiction administrative est né de l'activité d'une administration centrale de l'État, la défense de celui-ci incombe en principe au ministre dont relève cette administration » et précisé « qu'aucune exception à cette règle n'est prévue s'agissant des procédures de référé ». Après avoir cité l'article L. 5 du CJA, aux termes duquel « les exigences du

1. CE, sect., 18 janv. 2001, Morbelli, maire de la C^ne^ de Venelles, req. n° 229247, *Lebon* 18 ; *AJDA* 2001. 153, Chron. M. Guyomar et P. Collin ; *D.* 2002. 2227, obs. R. Vandermeeren ; *GAJA*, 21e éd., 2017, n° 98 ; *RFDA* 2001. 378, concl. L. Touvet ; *RFDA* 2001. 681, note M. Verpeaux ; *LPA* 12 févr. 2001, n° 30, note N. Chahid-Nouraï et C. Lahami-Depinay ; *Procédures* 2001, comm. n° 73, obs. S. Deygas ; *RD publ.* 2002. 752, Chron. C. Guettier ; *Dr. adm.* 2001, comm. n° 155, obs. L.T. ; *Coll. terr.* 2001, comm. n° 85, note J. Moreau ; *RGCT* 2001. 783, concl. ; *CJEG* 2001. 161, concl. : l'arrêt reprend une solution consacrée sous l'état du droit antérieur (CE, sect., 28 nov. 1980, ville de Paris c/Éts Roth, req. n° 17732, *Lebon* 446, concl. J.-P. Costa ; *AJDA* 1981. 86, Chron. M.-A. Feffer et M. Pinault ; *JCP* 1981. 19645, note A. Chaminade).
2. CE, ord., 29 avr. 2004, Dpt du Var, req. n° 266902, NP.
3. CE, ord., 19 août 2002, Front national et Institut de formation des élus locaux (Iforel), req. n° 249666, *Lebon* 311 ; *AJDA* 2002. 1017, note X. Braud ; *D.* 2002. 2452, et les obs. – CE 14 mars 2003, Assoc. Air pur environnement, req. n° 251335, *Lebon T.* – CE 13 déc. 2005, C^ne^ de Cabriès, req. n° 280329, *Lebon T.* ; *AJDA* 2006. 718, note C. Cans ; *RDI* 2006. 153, obs. P. Soler-Couteaux.
4. CE 13 nov. 2002, Assoc. Alliance pour les droits de la vie, req. n° 248310, *Lebon* 393 ; *AJDA* 2002. 1506, concl. D. Chauvaux ; *D.* 2003. 89, note H. Moutouh ; *GADS* 2010, n°s 18-19 ; *Dr. adm.* 2003/1, comm. n° 22, obs. J.-M. Février ; *LPA* 3 avr. 2003, n° 67, p. 8, note P. Pauvert.

contradictoire sont adaptées à celles de l'urgence », le Conseil d'État affirme que les exigences de l'urgence « peuvent justifier que, même dans le cas où le litige concerne une administration centrale de l'État, la représentation de celui-ci à l'audience soit assurée par le préfet ou son représentant » (sans pour autant « dispenser le juge des référés de communiquer la requête au ministre »)[1]. Appliquant cette solution, le Conseil d'État a censuré une ordonnance rendue à la suite d'une procédure irrégulière, le juge des référés du tribunal administratif, saisi d'une demande de suspension d'arrêtés ordonnant l'expulsion du requérant, ayant refusé de laisser le préfet s'exprimer au nom du ministre[2].

En revanche, l'exercice d'une voie de recours devant le Conseil d'État appartient exclusivement au ministre. L'appel formé par un préfet est irrecevable lorsque le ministre de l'Intérieur, informé de son introduction, ne s'en est pas approprié les termes[3]. L'irrecevabilité est néanmoins couverte lorsque le ministre de l'Intérieur s'approprie les conclusions et les moyens de la requête d'appel[4] ou du pourvoi en cassation[5] formé par le préfet.

211.53 Représentation des personnes physiques. La représentation des personnes physiques obéit au droit commun de la procédure administrative contentieuse. Les dispositions générales de l'article R. 732-1 du CJA (pour les tribunaux et les cours) et de l'article R. 733-3 du même code (pour le Conseil d'État), ne permettant la présentation d'observations orales que par les parties et leurs avocats, ont donc vocation à s'appliquer.

Les parties peuvent être représentées par un avocat, ce qui n'exclut pas qu'elles prennent elles-mêmes la parole si elles sont présentes à l'audience de référé. Seuls les avocats aux Conseils peuvent représenter les parties devant le Conseil d'État, ce qui exclut qu'un avocat à la Cour puisse prendre la parole lors de l'audience[6]. Le juge des référés a également rappelé, toujours en application des règles du droit commun, que la seule qualité de partenaire de pacte civil de solidarité ne confère pas de mandat pour agir au nom du fils de son partenaire[7].

Le Conseil d'État a néanmoins admis, « eu égard à la nature particulière des procédures d'urgence régies par le livre V du Code de justice administrative et à l'intérêt qui s'attache à ce que le débat contradictoire [...] soit organisé dans des délais com-

1. CE, ord., 28 août 2002, min. de l'Intérieur, de la Sécurité intérieure et des Libertés locales c/Koudjil, req. n° 249828, *Lebon T.* 851.
2. CE 24 sept. 2003, min. de l'Intérieur c/Boutida, req. n° 253441, *Lebon T.* 912 ; *AJDA* 2004. 166.
3. CE, ord., 7 mai 2003, préfet de l'Hérault, req. n° 256208, NP.
4. CE, ord., 26 avr. 2005, préfet de la Seine-Saint-Denis c/M'Lamali, req. n° 279842, *Lebon T.* 1034.
5. CE, sect., 28 févr. 2001, préfet des Alpes-Maritimes, req. n° 229562, *Lebon* 110 ; *AJDA* 2001. 461, Chron. M. Guyomar et P. Collin ; *D.* 2002. 2222, obs. R. Vandermeeren ; *GACA*, 5e éd., 2016, n° 12 ; *RFDA* 2001. 399, concl. P. Fombeur ; *Coll. terr.* 2001, comm. n° 126, note T. Célerier ; *BDEI* 2001. 9, note A. Seban ; *RD publ.* 2001. 758, obs. C. Guettier.
6. CE, ord., 24 févr. 2006, Assoc. interdépartementale et intercommunale pour la protection du lac de Sainte-Croix et de son environnement, req. n° 289394, *Lebon T.* 1013 ; *AJDA* 2006. 1003.
7. CE, ord., 21 févr. 2003, Maillot, req. n° 254290, *Lebon T.* 914.

patibles avec l'urgence de l'affaire », que l'épouse du bénéficiaire d'un permis de construire pouvait être entendue lors de l'audience en l'absence de celui-ci[1].

C

Aide juridictionnelle

211.61 Aide juridictionnelle demandée par le requérant. Le juge des référés peut, compte tenu de l'urgence et des revenus déclarés par le requérant, admettre provisoirement ce dernier à l'aide juridictionnelle[2].

211.62 Aide juridictionnelle demandée par le défendeur. Lorsqu'il est saisi d'une demande d'aide juridictionnelle en défense, le juge des référés a, sauf demande dilatoire, obligation d'y statuer, en reportant l'audience[3].

D

Intervention des tiers

211.71 Deux conditions. La célérité avec laquelle le juge des référés statue n'empêche nullement les interventions des tiers. En application des critères dégagés dans le droit commun du contentieux administratif, la recevabilité de l'intervention est soumise à une double condition. D'une part, l'intervenant doit justifier d'un intérêt à ce qu'il soit fait droit aux conclusions de l'auteur du recours[4] ou, au contraire, à ce qu'elles soient rejetées[5]. D'autre part, l'intervention doit contenir des conclusions par lesquelles son auteur s'associe à celles présentées par l'une ou l'autre des parties à l'instance. En effet, n'ayant pas la qualité de partie à l'instance, il n'est pas recevable à présenter des conclusions distinctes de celles-ci[6]. De même, l'intervention ne peut être admise lorsque l'intéressé se borne à faire siens les moyens de la requête sans s'associer, avant que l'instruction ne soit close, aux conclusions de l'une des parties[7].

1. CE 1er oct. 2001, Copède, req. n° 234908, *Lebon T.* 1119 ; *RDI* 2002. 167, obs. L. Derepas ; *BJDU* 2001. 465, concl. H. Mitjaville.
2. V. par ex. TA Rennes, 22 oct. 2001, Vassilev, req. n° 013089, NP - CE, ord., 6 janv. 2005, Landu-Diambu, req. n° 276105, NP.
3. CE 7 mars 2012, Olivry, req. n° 352367, *Lebon T.* ; *AJDA* 2012. 525 ; *JCP Adm.* 2012. 2204, note H. Pauliat.
4. V. par ex. CE, ord., 12 janv. 2001, Mme Hyacinthe, req. n° 229039, *Lebon* 12 ; *AJDA* 2001. 589, note J. Morri et S. Slama ; *D.* 2001. 526, et les obs. : admettant l'intervention du Gisti au soutien d'un requérant étranger - CE 29 mars 2002, SCI Stéphaur et a., req. n° 243338, *Lebon* 117 ; *AJDA* 2003. 345, note P. Grosieux ; *RFDA* 2003. 370, étude T. Pez ; *RFDA* 2003. 386, note Y. Lequette ; *D.* 2002. 2080, note J.-C. Zarka ; *D.* 2003. 1115, note R. Martin ; *BJCL* 2002. 93, concl. T. Olson : admettant l'intervention de la Confédération générale du logement au soutien de propriétaires victimes de squatters.
5. V. par ex. CE, ord., 9 déc. 2005, Allouache et a., req. n° 287777, *Lebon* ; *AJDA* 2006. 1875, étude T.-X. Girardot ; *D.* 2006. 12 ; *RTD civ.* 2006. 80, obs. R. Encinas de Munagorri : admettant l'intervention d'un particulier domicilié dans un département ayant connu des violences urbaines auxquelles le régime de l'état d'urgence a pour but de mettre un terme.
6. CE, ord., 3 janv. 2003, Belminar, req. n° 253045, *Lebon T.* 927 ; *AJDA* 2003. 953, note J.-P. Markus.
7. CE, ord., 9 déc. 2005, Allouache et a., req. n° 287777, *Lebon* 562 ; *AJDA* 2006. 1875, étude T.-X. Girardot ; *D.* 2006. 12 ; *RTD civ.* 2006. 80, obs. R. Encinas de Munagorri - CE, ord., 11 avr. 2006, Tefaarere, req. n° 292029, *Lebon* 197 ; *AJDA* 2006. 794.

211.72 Exigence spécifique en référé-suspension. Eu égard à son caractère accessoire par rapport au litige principal, une intervention, aussi bien en demande qu'en défense, n'est recevable au titre d'une procédure de référé-suspension qu'à la condition que son auteur soit également intervenu dans le cadre de l'action principale[1].

Cette exigence est satisfaite dans deux cas de figure pour une intervention au soutien du demandeur en référé : d'une part si l'intervenant a lui-même formé un recours principal contre l'acte dont la suspension est demandée, d'autre part s'il s'est associé aux conclusions du demandeur à cette fin[2].

Dans le cas d'une intervention au soutien du défendeur en référé, l'exigence est satisfaite si l'intervenant a la qualité de défendeur dans l'instance principale ou s'il a la qualité d'intervenant en défense dans le cadre de celle-ci.

211.73 Représentation d'une personne morale intervenante. La jurisprudence libérale sur la représentation des personnes morales en référé (v. s[s] n° 211.51) a été transposée aux intervenants. La circonstance que le représentant d'un intervenant ne justifie pas d'un mandat l'habilitant à s'exprimer au nom de la personne qu'il représente n'est pas de nature à entacher la procédure d'irrégularité[3]. Cette solution est justifiée par deux considérations : d'une part « la nature même de l'action en référé », qui ne peut être intentée qu'en cas d'urgence et ne permet de prendre que des mesures provisoires ; d'autre part « l'intérêt qui s'attache à l'exercice de la contradiction au cours de l'audience publique de référé ».

§ 3

Articulation avec les autres procédures juridictionnelles

A

Jeu limité de l'exception de recours parallèle

211.81 Sanction par l'irrecevabilité. Le mécanisme de l'exception de recours parallèle conduit à l'irrecevabilité d'une demande en référé lorsqu'il existe une procédure spécifique plus favorable au demandeur et ayant un objet similaire.

1

Principe : absence d'exception de recours parallèle

211.91 Règle. En principe, un référé d'urgence peut être engagé alors même que le requérant dispose d'une procédure spécifique pour contester les effets d'un acte ou d'un comportement déterminé.

211.92 Applications. En dépit de l'existence du référé-suspension, spécialement institué pour obtenir la suspension de l'exécution des décisions administratives, le requérant peut rechercher et obtenir le prononcé de cette mesure sur le fondement de l'article L. 521-2 du CJA (v. s[s] n° 231.55).

De même, et nonobstant la procédure qui lui est spécialement ouverte par les articles L. 911-4 et L. 911-5 du CJA, le requérant est recevable à contester par la voie

1. CE, ord., 14 sept. 2010, French Data Network, req. n° 342406, NP – CE 10 avr. 2013, Fédération Réseau Sortir du Nucléaire et a., req. n° 367014, *Lebon T.* ; *AJDA* 2013. 772.
2. CE, ord., 11 oct. 2007, Belbachir, req. n° 309369, *Lebon T.* 1009.
3. CE 4 juin 2012, La Poste, req. n° 347563, *Lebon T.* ; *AJDA* 2012. 1137.

du référé-liberté l'inexécution totale ou partielle d'une décision rendue par une juridiction administrative (v. s[s] n° 231.55).

2
Exception : obligation d'emprunter le recours plus favorable

a
Référé-suspension et référé-liberté

211.101 Présentation. Le mécanisme de l'exception de recours parallèle trouvera à s'appliquer aux référés suspension et liberté dans l'hypothèse particulière où le recours spécialement institué par la loi bénéficie d'un effet suspensif[1]. Dans un tel cas, l'introduction du recours suffit à elle seule à obtenir (de plein droit) la suspension des effets de l'acte attaqué. Dans la mesure où cette voie de droit est très avantageuse pour le requérant, elle épuise les possibilités qu'il a de s'adresser au juge pour faire valoir ses prétentions. Par conséquent, le demandeur se voit interdire l'accès au référé et est tenu d'utiliser la voie de recours à caractère suspensif.

211.102 Décision de reconduite à la frontière. L'irrecevabilité des référés-suspension et liberté en présence d'un recours à effet suspensif a été consacrée dans le contentieux de la reconduite à la frontière[2]. En ce domaine, le législateur a prévu une voie de droit particulière. L'existence « de cette voie particulière de recours, avec l'effet suspensif qui s'y attache, fait obstacle à ce qu'une décision de reconduite fasse l'objet d'une demande de suspension devant le juge des référés, que ce soit sur le fondement de l'article L. 521-1 du Code de justice administrative ou au titre de la procédure de protection particulière instituée par l'article L. 521-2 de ce code »[3]. L'exclusion concerne :

- l'arrêté de reconduite ;
- la décision distincte fixant le pays de destination du ressortissant étranger lorsque le recours contre cet acte est formé en même temps que celui contre la mesure de reconduite[4] (la décision fixant le pays de renvoi pourra en revanche faire l'objet d'une demande de suspension si l'arrêté de reconduite n'a fait l'objet d'aucune contestation ou que cette contestation a été rejetée sans qu'aient été tranchés les litiges relatifs à la décision fixant le pays de destination[5]) ;

1. V., pour l'énoncé de ce critère : CE 13 oct. 2003, S[té] Ekima International, req. n° 257365, *Lebon T.* 918 ; *AJDA* 2004. 47 ; *D.* 2004. 1705, obs. X. Prétot et D. Chelle : indiquant « que les décisions portant refus d'autoriser l'ouverture d'un établissement le dimanche sont justiciables de la procédure instituée par l'article L. 521-1 du Code de justice administrative dès lors que l'effet suspensif qui, en vertu de l'article L. 221-8 du Code du travail, s'attache aux recours pour excès de pouvoir contre les décisions prévues aux articles L. 221-6 et L. 221-7 du même code ne s'applique qu'aux recours formés contre des décisions accordant une autorisation d'ouverture dominicale ».
2. CE 21 nov. 2001, Zhary, req. n° 238214, *Lebon T.* 1125 - CE, ord., 14 mai 2003, Méliani, req. n° 256808, *Lebon T.* 913 - CE, ord., 29 sept. 2004, préfet de la Marne, req. n° 272552, *Lebon T.* 829 ; *AJDA* 2005. 398 - CE, ord., 14 janv. 2005, Bondo, req. n° 276123, *Lebon T.* 915 ; *AJDA* 2005. 1360, note O. Lecucq ; *Dr. adm.* 2005, comm. n° 68, note V. Tchen.
3. CE, ord., 14 mai 2003, Méliani, req. n° 256808, *Lebon T.* 913.
4. CE, ord., 3 oct. 2003, Gasmi, req. n° 260745, *Lebon T.* 917.
5. CE 14 oct. 2002, Yediayli, req. n° 243938, *Lebon T.* ; *AJDA* 2003. 301.

– les mesures par lesquelles l'arrêté de reconduite est mis à exécution (le recours contre ces mesures étant dépourvu d'effet suspensif[1]). Dans ce dernier cas, c'est uniquement si survient un changement dans les circonstances de droit ou de fait entre la décision de reconduite et sa mise à exécution que l'intéressé peut utilement agir par la voie du référé[2]. Le changement de circonstances peut résulter d'une décision du Conseil d'État ayant annulé une mesure de reconduite pour violation de l'article 3 de la Convention européenne des droits de l'homme au motif que la requérante est particulièrement menacée et court des risques pour sa sécurité en cas de retour dans son pays d'origine[3], ou encore de la naissance d'un enfant lorsque l'épouse du requérant est de nationalité française[4].

211.103 Obligation de quitter le territoire français (OQTF). Les dispositions du Ceseda et du CJA prévoient que le recours formé devant le juge administratif contre un refus de séjour ou un refus de délivrance ou de renouvellement d'un titre de séjour, assorti d'une obligation de quitter le territoire français, a un effet suspensif sur cette seule obligation. Par conséquent, elles « n'ont ni pour objet ni pour effet de priver les requérants de la possibilité de présenter une demande de suspension à l'encontre de la décision de refus de séjour, de refus de délivrance ou de renouvellement d'un titre de séjour dans les conditions énoncées aux articles L. 521-1 et L. 521-2 du Code de justice administrative »[5].

En revanche, la demande en référé-suspension ou en référé-liberté formée contre l'OQTF elle-même ou toute autre mesure d'éloignement (par exemple une réadmission vers un autre État membre de l'Union européenne[6]) est en principe irrecevable. Il ne peut en aller autrement que dans le cas où les mesures par lesquelles il est procédé à l'exécution de l'OQTF « comportent des effets qui, en raison de changements dans les circonstances de droit ou de fait depuis l'intervention de cet arrêté, excèdent le cadre qu'implique normalement sa mise à exécution »[7]. Tel est notamment le cas dans l'hypothèse où, postérieurement à l'OQTF, une demande d'asile est présentée[8] ou une pathologie médicale nécessitant un traitement en France est décelée[9].

De même, le placement en rétention administrative d'un étranger faisant l'objet depuis moins d'un an d'une OQTF a pour objet de mettre à exécution la décision prononçant cette obligation et ne peut être regardé comme constituant ou révélant

1. CE, avis, 26 mai 1995, Mme Yilmaz, req. n° 164880, *Lebon* 216 ; *D.* 1996. 96, obs. F. Julien-Laferrière ; *LPA* 9 août 1995, concl. B. du Marais.
2. V. la rédaction particulièrement explicite de CE, ord., 14 janv. 2005, Bondo, req. n° 276123, *Lebon T.* 915 ; *AJDA* 2005. 1360, note O. Lecucq ; *Dr. adm.* 2005, comm. n° 68, note V. Tchen.
3. CE, ord., 14 janv. 2005, Bondo, req. n° 276123, *Lebon T.* 915 ; *AJDA* 2005. 1360, note O. Lecucq ; *Dr. adm.* 2005, comm. n° 68, note V. Tchen.
4. CE, ord., 21 févr. 2005, Najemi, req. n° 277520, NP.
5. CE 28 nov. 2007, Towo Menjadeu, req. n° 305285, *Lebon T.* 1009 ; *AJDA* 2007. 2290.
6. CE, sect., 30 déc. 2013, Bashardost, req. n° 367533, *Lebon* ; *AJDA* 2014. 4 ; *Rev. crit. DIP* 2015. 355, note P. Klötgen.
7. CE, sect., 30 déc. 2013, Bashardost, req. n° 367533, préc. – CE, ord., 8 mars 2016, Larhouati, req. n° 397206, *Lebon T.* ; *AJDA* 2016. 523.
8. CE, ord., 11 juin 2012, Zitouni, req. n° 360043, NP.
9. CE, ord., 11 juin 2015, min. de l'Intérieur c/Khizaneishvili, req. n° 390704, *Lebon T.* ; *AJDA* 2015. 1186 ; *AJDA* 2015. 2042, note L. Fermaud ; *JCP Adm.* 2016, n° 2076, note G. Marti.

une nouvelle décision comportant obligation de quitter le territoire, qui serait susceptible de faire l'objet d'une demande de suspension devant le juge des référés. Il appartient toutefois à l'administration de ne pas mettre à exécution l'obligation de quitter le territoire si un changement dans les circonstances de droit ou de fait a pour conséquence de faire obstacle à la mesure d'éloignement[1].

211.104 Opposition aux titres de perception. Les recours formés contre les états exécutoires émis par les collectivités publiques ont un effet suspensif, lequel joue même sans texte[2]. Il s'ensuit l'irrecevabilité de la demande en référé-suspension ou en référé-liberté dirigée contre ces titres de recettes[3]. Le rejet par le tribunal du recours formé contre un état exécutoire lui restitue son caractère exécutoire et lève, par suite, l'irrecevabilité de la requête en référé[4]. Il en va de même dans l'hypothèse où la décision du tribunal rejetant le recours fait l'objet d'un appel, l'exercice de cette voie de recours ne conservant pas l'effet suspensif du recours formé contre un titre exécutoire[5].

Il faut noter que l'effet suspensif du recours contre les titres de recette peut être écarté par le législateur dans certains domaines particuliers[6]. Les titres concernés pourront, dans cette hypothèse, faire l'objet d'une demande en référé-suspension ou en référé-liberté.

211.105 Autres domaines. L'irrecevabilité, qui donne lieu à l'essentiel de ses applications dans le domaine du droit des étrangers et de l'opposition à état exécutoire, revêt une portée générale. Elle a vocation à s'appliquer à toutes les hypothèses (qui demeurent toutefois rares) où le recours formé devant la juridiction administrative bénéficie d'un effet suspensif. Ainsi, dans la mesure où l'arrêté portant évacuation de résidences mobiles peut être contesté par une voie de recours spécifique à caractère suspensif, un référé-liberté dirigé à son encontre serait irrecevable (sur cette procédure, v. ss nos 850.09 s.). En revanche, l'arrêté portant évacuation d'un campement, qui ne bénéficie pas d'un recours à caractère suspensif, peut utilement être contesté par la voie du référé-liberté[7].

À une reprise, le juge des référés a étendu l'irrecevabilité à une situation où le recours spécialement institué par la loi, sans revêtir un caractère suspensif, devrait

1. CE 18 nov. 2009, min. de l'Immigration, de l'Intégration, de l'Identité nationale et du Développement solidaire c/Ournid, req. n° 326569, *Lebon* ; *AJDA* 2010. 851, note O. Lecucq ; *D.* 2010. 2868, obs. O. Boskovic, S. Corneloup, F. Jault-Seseke, N. Joubert et K. Parrot.
2. CE 19 juin 1985, Cne des Angles, req. n° 61917, *Lebon* 194 ; *RFDA* 1986. 837, concl. M. Roux.
3. CE 28 nov. 2003, CH Félix Guyon, req. n° 249737, *Lebon T.* 917 ; *AJDA* 2004. 615 - CE, ord., 18 août 2006, Bénassy, req. n° 295334, *Lebon T.* 1011 ; *AJDA* 2006. 2087.
4. Solution dégagée sous l'empire du sursis à exécution : CAA Lyon, 18 mai 1992, Duhamel, NP ; *AJDA* 1993. 102, Chron. J.-P. Jouguelet, J.-F. Gipoulon et P. Cadenat ; *Dr. adm.* 1992, comm. n° 387 - CE, avis, sect., 5 mai 1995, SARL Laiterie Fromarsac, req. n° 163224, *Lebon* 196 ; *AJDA* 1995. 583 ; *RFDA* 1996. 130, concl. H. Savoie.
5. CAA Lyon, 18 mai 1992, Duhamel, NP ; *AJDA* 1993. 102, Chron. J.-P. Jouguelet, J.-F. Gipoulon et P. Cadenat ; *Dr. adm.* 1992, comm. n° 387 - CE, avis, sect., 5 mai 1995, SARL Laiterie Fromarsac, req. n° 163224, *Lebon* 196 ; *AJDA* 1995. 583 ; *RFDA* 1996. 130, concl. H. Savoie.
6. Ainsi, l'article L. 555-2 du CJA permet au président du tribunal administratif, statuant en référé, de lever le caractère suspensif d'une opposition à titre exécutoire en application de certaines mesures de consignation prévues par le Code de l'environnement. Sur cette procédure, v. ss nos 880.09 s.
7. CE, ord., 5 avr. 2011, Ciurar, req. n° 347949, *Lebon T.* ; *AJDA* 2011. 1389, note J.-F. Calmette ; *D.* 2011. 1995, obs. P. Bonfils et A. Gouttenoire ; *AJCT* 2011. 250.

néanmoins être introduit et jugé très rapidement. Il concerne la contestation des résultats de l'élection du président de la Polynésie française, l'article 70 de la loi organique n° 2004-192 du 27 février 2004 organisant une voie de droit spécifique qui enferme l'introduction du recours dans un délai de cinq jours et impartit au Conseil d'État statuant en formation collégiale de statuer à bref délai sur la requête. Compte tenu des caractères de ce recours et du domaine dans lequel il intervient, « la voie de droit ainsi ouverte aux intéressés fait en principe obstacle à ce que puisse être utilement mise en œuvre la procédure de suspension en référé prévue par les dispositions précitées de l'article L. 521-1 du Code de justice administrative ». Le juge des référés précise « qu'il n'en va autrement que dans le cas où les irrégularités susceptibles d'entacher les opérations électorales seraient d'une gravité telle que celles-ci devraient être tenues pour inexistantes, ce qui imposerait alors que le juge des référés puisse en constater la nullité sans délai »[1].

211.106 **Cas particulier de la décision du bureau d'aide juridictionnelle.** La décision prise par le bureau d'aide juridictionnelle, qui revêt le caractère d'une décision administrative, ne peut faire l'objet d'une demande en référé[2]. L'irrecevabilité du référé à son égard est justifiée par les garanties particulières entourant l'examen des droits des demandeurs (examen de la demande d'aide juridictionnelle par un organisme collégial, composé de magistrats ou de membres de la juridiction administrative et possibilité d'un recours devant le président de la juridiction compétente). Pour le juge des référés, « les garanties particulières qui entourent ainsi l'examen des droits des intéressés au bénéfice de l'aide juridictionnelle sont exclusives d'autres voies de recours que celles prévues par la loi »[3].

b
Référé-mesures utiles

211.111 **Irrecevabilité en présence d'une procédure plus favorable.** La situation du référé-mesures utiles est différente de celle des articles L. 521-1 et L. 521-2 du CJA à deux égards : d'une part, il peut être dirigé contre une personne privée ; d'autre part, il ne peut avoir pour objet la suspension d'une décision. Le jeu de l'exception de recours parallèle n'est pas pour autant exclu à son égard. Il pourrait trouver à s'appliquer, y compris en cas de recours dirigé contre une personne privée, lorsque la procédure spéciale instituée par la loi est de nature à garantir une satisfaction plus rapide qu'une intervention juridictionnelle (v. s^s n° 241.36).

B
Possibilité de présenter simultanément plusieurs référés

211.121 **Cumul d'actions et exigence de requêtes distinctes.** Un justiciable dispose de la faculté, dans un même litige, de saisir le juge des référés de plusieurs demandes

1. CE, ord., 19 nov. 2004, Conroy, req. n° 274089, *Lebon*.
2. CE 22 janv. 2003, Issa M'Trengoueni, req. n° 244177, *Lebon T.* ; *AJDA* 2003. 1182 - CE, ord., 5 juill. 2005, Ekouta, req. n° 281974, *Lebon T.* 1024.
3. CE, ord., 5 juill. 2005, Ekouta, req. n° 281974, préc.

reposant sur des fondements distincts. Il lui appartient toutefois, dans ce cas de figure, de présenter chaque demande par une requête spécifique.

1 Une seule procédure par requête

a Affirmation de l'exigence

211.131 Jurisprudence *Philippart et Lesage*. Le justiciable ne peut, par une requête unique, saisir le juge administratif de conclusions relevant de deux (ou plus) procédures de référé. Dans l'arrêt *Philippart et Lesage*, le Conseil a affirmé que la requête présentée au titre d'une procédure de référé ne peut, à titre subsidiaire, alternatif ou combiné, comporter de conclusions relevant d'une autre procédure de référé[1].

211.132 Justifications. Avant l'affirmation de cette solution, le juge des référés du Conseil d'État avait accepté qu'un justiciable puisse le saisir au titre de deux procédures de référé (en l'occurrence un référé-suspension et un référé-liberté) au moyen d'une seule et unique requête[2]. L'abandon de cette solution et l'exigence de requêtes distinctes ont été justifiés par les difficultés que risquait de générer la coexistence, au sein d'une même requête, de deux référés soumis à des règles procédurales différentes.

La première difficulté résulte de la différence quant au délai de jugement : 48 heures pour le référé-liberté, dans les meilleurs délais pour le référé-suspension. À moins qu'il n'estime pouvoir rejeter sans instruction la demande en référé-liberté, le juge devra tenir une audience sous 48 heures. Si la demande n'est pas accueillie sur ce terrain, il faudra prolonger l'instruction et prévoir éventuellement une nouvelle audience dans le cadre du référé-suspension.

La seconde difficulté résulte de la différence concernant les voies de recours ouvertes contre la décision rendue par le premier juge après audience publique. La décision rendue sur le fondement de l'article L. 521-2 du CJA peut être contestée par la voie de l'appel, l'ordonnance prononcée par le juge du référé-suspension par la voie de la cassation. Par conséquent, « si le juge statue par une même décision prise après audience publique sur des demandes relevant des deux formes de référé – ce qu'il sera le plus souvent conduit à faire s'il a été saisi par une requête unique – un recours devant le Conseil d'État relèvera pour partie d'une formation collégiale et pour partie du président de la section »[3].

Au regard des différences procédurales opposant ainsi les deux référés, la Section a expressément exclu la possibilité de cumul. Après avoir relevé que les demandes formées devant le juge des référés sur le fondement de l'article L. 521-1 sont présentées, instruites, jugées et, le cas échéant, susceptibles de recours selon des règles distinctes

1. CE, sect., 28 févr. 2001, Philippart et Lesage, req. n°s 230112 et 230520, *Lebon* 112 ; *RFDA* 2001. 390, concl. D. Chauvaux ; *D.* 2002. 2225, obs. R. Vandermeeren.
2. CE, ord., 31 janv. 2001, Assoc. Promouvoir, req. n° 229484, *Lebon T.* 1097 (conclusions examinées dans une même décision) – CE, ord., 15 févr. 2001, Perrier, req. n° 230318, NP *et* CE, ord., 14 mars 2001, Perrier, req. n° 230318, NP (conclusions examinées dans deux décisions distinctes et successives).
3. D. Chauvaux, concl. sur CE, sect., 28 févr. 2001, Philippart et Lesage, req. n°s 230112 et 230520, *RFDA* 2001. 392.

de celles applicables aux demandes présentées sur le fondement de l'article L. 521-2, le Conseil affirme que ces demandes ne peuvent être présentées simultanément dans une même requête. Cette jurisprudence, confirmée par la suite[1], revêt une portée générale. Elle ne connaît que deux exceptions limitées concernant la présentation d'un référé-suspension avec un référé « étude d'impact » ou un référé « enquête publique » (v. s[s] n° 221.42).

b
Sanction de l'exigence

211.141 Irrecevabilité d'ordre public. Cette irrecevabilité se rapportant à la compétence du juge, elle revêt un caractère d'ordre public[2].

211.142 Jurisprudence initiale. Lorsque se présente au juge des référés une requête contenant des conclusions présentées au titre de deux procédures de référé, le Conseil d'État a d'abord considéré qu'il lui appartenait de déterminer le fondement principal de la demande et non pas de rejeter en bloc le recours comme irrecevable[3]. Il devait statuer sur les conclusions présentant un caractère principal et écarter celles présentant un caractère subsidiaire.

Si le requérant indiquait expressément que l'une des demandes présente un caractère subsidiaire, le juge statuait sur les conclusions présentées à titre principal[4]. Si, en revanche, le demandeur n'avait pas précisé clairement le fondement principal de la demande, il appartenait au juge des référés de préciser la portée de celle-ci au vu de tous les éléments d'appréciation dont il dispose[5].

Dans la décision *SNUDI-FO du Maine-et-Loire*[6], le juge a identifié trois critères d'interprétation de la demande.

Le premier correspond aux « termes des conclusions ».

Le deuxième critère correspond à « l'ensemble de l'argumentation ». Le juge des référés en a fait application dans une ordonnance du 5 août 2003. D'un côté, la requérante faisait mention de l'atteinte grave et immédiate, « au sens de l'article L. 521-2 du Code de justice administrative », à la liberté du travail. D'un autre côté, sa requête, intitulée « référé-suspension », mentionnait qu'était remplie la double

1. CE, ord., 10 avr. 2001, Synd. national unifié des directeurs, des instituteurs, des professeurs des écoles de l'enseignement public Force ouvrière (Snudi-FO) du Maine-et-Loire, req. n° 232336, *Lebon T.* 1090 – CE, ord., 5 août 2003, Assoc. des fonctionnaires reclassés de France Télécom, req. n° 259184, NP – CE, ord., 7 août 2003, Gharmoul, req. n° 259242, NP.
2. CE 17 mars 2008, Najjar c/Établissement public national d'enseignement et de formation professionnelle agricoles de Nouvelle-Calédonie, req. n° 306461, *Lebon T.* ; *AJDA* 2008. 1285.
3. CE 27 août 2001, Abdoulaye, req. n° 236164, NP.
4. CE, sect., 28 févr. 2001, Philippart et Lesage, req. n°s 230112 et 230520, *Lebon* 112 ; *RFDA* 2001. 390, concl. D. Chauvaux ; *D.* 2002. 2225, obs. R. Vandermeeren.
5. CE, ord., 10 avr. 2001, Synd. national unifié des directeurs, des instituteurs, des professeurs des écoles de l'enseignement public Force ouvrière (Snudi-FO) du Maine-et-Loire, req. n° 232336, *Lebon T.* 1090 – CE 27 août 2001, Abdoulaye, req. n° 236164, NP – CE 29 juill. 2002, ville de Nice, req. n° 243686, *Lebon* 299 ; *AJDA* 2002. 926, note J.-D. Dreyfus ; *RDI* 2003. 76, obs. J.-D. Dreyfus ; *Contrats Marchés publ.* 2002, comm. n° 229, note J.-P. Piétri ; *BCMP* n° 20, 2003, p. 7-12, note B. Gonand ; *Coll. terr.* 2002, comm. n° 241, note T. Celerier.
6. CE, ord., 10 avr. 2001, Synd. national unifié des directeurs, des instituteurs, des professeurs des écoles de l'enseignement public Force ouvrière (Snudi-FO) du Maine-et-Loire, req. n° 232336, *Lebon T.* 1090.

condition relative à l'urgence et à l'existence d'un moyen propre à créer un doute sérieux sur la légalité de la décision dont elle demandait la suspension. Eu égard à l'ensemble de l'argumentation, la requête a été interprétée comme comportant à titre principal des conclusions fondées sur l'article L. 521-1 et, à titre subsidiaire, des conclusions présentées sur le fondement de l'article L. 521-2[1]. Inversement, le demandeur qui soutient l'existence d'une atteinte à deux libertés fondamentales et forme appel après le rejet de sa requête par le premier juge, doit être regardé comme se fondant sur les dispositions de l'article L. 521-2[2].

Le troisième critère permettant de déterminer le fondement principal de la demande peut résider dans « la circonstance qu'aucune requête en annulation ou en réformation d'une décision administrative n'a été présentée ». Le référé-liberté constitue un recours autonome, le référé-suspension un recours accessoire. En l'absence de requête principale en annulation ou en réformation, le demandeur est réputé agir sur le fondement de l'article L. 521-2[3]. À l'inverse, la qualification de référé-suspension est privilégiée lorsque le requérant a formé un recours en annulation contre la décision dont il demande la suspension par la voie du référé[4].

Le Conseil d'État avait précisé que le juge des référés, qui a l'obligation de statuer sur l'ensemble des conclusions dont il est saisi, devait expressément déclarer irrecevables les conclusions présentées à titre subsidiaire et ne pouvait les rejeter par prétérition[5].

211.143 Durcissement de la jurisprudence. La jurisprudence s'est par la suite durcie. Désormais, le juge des référés a la faculté et non plus l'obligation de statuer sur la requête comportant des conclusions relevant de deux procédures de référé[6]. Il est libre, soit de déclarer la requête irrecevable dans son ensemble, soit de statuer sur la demande « expressément présentée à titre principal » et de n'opposer l'irrecevabilité qu'à celle présentée à titre subsidiaire.

En outre, lorsque le juge des référés a accepté d'examiner une requête contenant des conclusions relevant de deux procédures de référé, et que les voies de recours spécifiques à chacune d'entre elle relèvent de juridictions différentes (cour administrative d'appel pour l'un, Conseil d'État pour l'autre, comme c'est le cas lorsque le demandeur a présenté devant le premier juge des conclusions relevant à la fois du référé-provision et du référé-mesures utiles), le juge d'appel ou de cassation appelé à statuer sur cette voie de recours doit déclarer la requête irrecevable dans son ensemble[7]. Lorsque la requête n'établit pas de hiérarchie entre des conclusions relevant de procédures distinctes, le Conseil d'État, après annulation de l'ordonnance et évoca-

1. CE, ord., 5 août 2003, Assoc. des fonctionnaires reclassés de France Télécom, req. n° 259184, NP.
2. CE, ord., 7 août 2003, Gharmoul, req. n° 259242, NP.
3. CE, ord., 10 avr. 2001, Synd. national unifié des directeurs, des instituteurs, des professeurs des écoles de l'enseignement public Force ouvrière (Snudi-FO) du Maine-et-Loire, req. n° 232336, *Lebon T.* 1090.
4. CE, ord., 4 août 2003, Assoc. Agora, req. n° 259110, NP.
5. CE 6 mars 2002, Sté des pétroles Shell, req. n° 241534, *Lebon T.* 852 ; *RDI* 2002. 270, obs. L. Derepas.
6. CE 9 avr. 2004, Synd. national FO des personnels de préfecture, req. n° 258376, *Lebon T.* 815.
7. CE 21 mai 2003, SARL Pico, req. n° 249541, *Lebon T.* 911 ; *JCP Adm.* 2003, n° 1676, obs. J. Moreau - CE 15 avr. 2005, Sté Saria Industrie Sud-Est, req. n° 267298, NP.

tion du dossier, ne statuera sur aucune de ces conclusions et déclarera l'ensemble de la requête irrecevable[1].

2

Possibilité de requêtes simultanées

211.151 Action sur plusieurs fondements. Le demandeur en référé peut introduire simultanément ou successivement plusieurs actions contre un acte ou un agissement déterminé. En l'absence de dispositions contraires, il est en effet loisible aux requérants d'agir sur plusieurs terrains et, notamment, d'agir à la fois par le biais du référé-suspension et du référé-liberté. Le juge des référés n'oppose pas d'irrecevabilité lorsqu'il est saisi, le même jour, de deux requêtes : l'une fondée sur l'article L. 521-1 du CJA, l'autre sur l'article L. 521-2 (v. s^s^ nº 231.54). Un référé-liberté peut donc être engagé concomitamment à un référé-suspension.

De manière analogue, le référé-liberté et l'action en exécution de la chose jugée peuvent être exercés simultanément. Le fait d'avoir actionné le juge de l'exécution sur le fondement de l'article L. 911-4 ne fait pas obstacle à ce que l'intéressé présente au juge du référé-liberté une demande d'injonction destinée à remédier à l'inexécution persistante de la chose jugée[2].

§ 4

Présentation d'une QPC

211.161 Recevabilité d'une QPC. Il résulte des dispositions des articles 23-1, 23-3 et 23-5 de l'ordonnance nº 58-1067 du 7 novembre 1958 portant loi organique sur le Conseil constitutionnel et de celles du livre V du CJA qu'une question prioritaire de constitutionnalité peut être soulevée devant le juge des référés saisi sur le fondement de l'article L. 521-1[3] ou sur celui de l'article L. 521-2[4]. Il appartient au requérant de présenter la QPC par un mémoire distinct de sa requête en référé, conformément aux dispositions de l'article R. 771-3 du CJA.

211.162 Office du juge des référés saisi d'une QPC. Le caractère prioritaire de la QPC ne s'étend pas aux questions ayant trait à la compétence de la juridiction, à la recevabilité de la requête ou à l'appréciation de la condition d'urgence. Il s'ensuit que le juge des référés peut rejeter les conclusions dont il est saisi pour incompétence, irrecevabilité de la requête ou défaut d'urgence sans avoir à examiner la QPC[5]. En revanche, s'il rejette une requête comme mal fondée (c'est-à-dire ne répondant

1. CE 21 mai 2003, SARL Pico, req. nº 249541, *Lebon T.* 911 ; *JCP Adm.* 2003, nº 1676, obs. J. Moreau.
2. CE, ord., 11 juin 2002, Aït Oubba, req. nº 247649, *Lebon T.* 869 ; *AJDA* 2002. 764, note L. Tavernier.
3. CE, ord., 21 oct. 2010, Conférence nationale des présidents des unions régionales des médecins libéraux, req. nº 343527, *Lebon* ; *AJDA* 2010. 2021.
4. CE, ord., 16 juin 2010, Diakité, req. nº 340250, *Lebon* ; *AJDA* 2010. 1355, Chron. S.-J. Liéber et D. Botteghi ; *ibid.* 1662, note O. Le Bot ; *Constitutions* 2010. 399, obs. J. Barthélemy et L. Boré ; *RTD eur.* 2010. 975, Chron. D. Ritleng, J.-P. Kovar et A. Bouveresse ; *JCP* 2010, nº 739, note P. Cassia.
5. CE, ord., 21 oct. 2010, Conférence nationale des présidents des unions régionales des médecins libéraux, req. nº 343527, *Lebon* ; *AJDA* 2010. 2021 : développant et précisant la solution consacrée *in* CE, ord., 16 juin 2010, Diakité, req. nº 340250, préc. – V., dans le même sens, CE, ord., 19 nov. 2011, Benzoni, req. nº 344014, *Lebon T.*

pas aux conditions d'octroi) ou « manifestement mal fondée » (selon la procédure de tri de l'article L. 522-3), il doit au préalable statuer sur la QPC[1].

En raison de l'ordre d'examen ainsi défini, il appartient au juge de se prononcer sur les questions de compétence, de recevabilité ainsi que sur la condition d'urgence avant d'examiner une éventuelle QPC[2].

Lorsqu'une requête n'est pas rejetée sur l'un de ces fondements, le juge se prononce, en l'état de l'instruction, sur la transmission ou sur le renvoi de la QPC[3]. Après avoir, le cas échéant, fait droit à la demande de transmission ou de renvoi[4], le juge des référés fait usage des pouvoirs que lui confèrent les articles L. 521-1 ou L. 521-2 du CJA si les conditions posées par ces dispositions sont remplies[5]. S'il estime que ces conditions ne sont pas satisfaites, il rejette en principe la requête ; il dispose toutefois de la faculté de ne pas rejeter la requête à ce stade, préférant surseoir à statuer dans l'attente de la décision du Conseil constitutionnel[6], notamment si celui-ci a informé les parties qu'il statuerait très rapidement sur la QPC[7].

Le juge rejetant une demande de référé pour défaut d'urgence est réputé avoir implicitement refusé de transmettre la QPC présentée accessoirement à celle-ci[8]. Il s'ensuit, dès lors qu'un requérant n'est pas recevable à présenter en cassation une QPC rigoureusement identique à celle qu'il avait posée devant les premiers juges[9],

1. CE 16 janv. 2015, Lehuédé, req. n° 374070, *Lebon T.* ; *AJDA* 2015. 77.
2. CE 27 févr. 2013, S[té] Promogil, req. n° 364751, *Lebon T.* ; *AJDA* 2013. 436 ; *LPA* 8 avr. 2013, n° 70, p. 10, comm. O. Le Bot.
3. CE, ord., 16 juin 2010, Diakité, req. n° 340250, préc. - CE, ord., 21 oct. 2010, Conférence nationale des présidents des unions régionales des médecins libéraux, req. n° 343527, préc.
4. Pour le premier renvoi réalisé en référé (en l'occurrence en référé-liberté), v. CE, sect., 11 déc. 2015, Domenjoud, req. n° 395009, *Lebon* ; *AJDA* 2016. 247, Chron. L. Dutheillet de Lamothe et G. Odinet ; *AJDA* 2015. 2404 ; *AJCT* 2016. 202, étude J.-C. Jobart ; *RFDA* 2016. 105, concl. X. Domino ; *RFDA* 2016. 123, note A. Roblot-Troizier ; *LPA* 8 mars 2016, n° 48, p. 8 à 15, note O. Le Bot.
5. CE, ord., 16 juin 2010, Diakité, req. n° 340250, préc. - CE, ord., 21 oct. 2010, Conférence nationale des présidents des unions régionales des médecins libéraux, req. n° 343527, préc. - pour un ex. (en référé-suspension), v. CE, ord., 22 juill. 2016, Schreuer, req. n° 400913, *Lebon T.* ; *AJDA* 2016. 2079 ; *Constitutions* 2016. 621, Chron. G. Valdelièvre ; *Gaz. Pal.* 6 déc. 2016, n° 43, p. 40, Chron. X. Domino et A. Bretonneau.
6. CE, sect., 11 déc. 2015, Domenjoud, req. n° 395009 (art. 4 du dispositif), *Lebon* ; *AJDA* 2016. 247, Chron. L. Dutheillet de Lamothe et G. Odinet ; *AJDA* 2015. 2404 ; *AJCT* 2016. 202, étude J.-C. Jobart ; *RFDA* 2016. 105, concl. X. Domino ; *RFDA* 2016. 123, note A. Roblot-Troizier ; *LPA* 8 mars 2016, n° 48, p. 8 à 15, note O. Le Bot.
7. CE, ord., 29 mai 2017, Assoc. « En marche ! », req. n° 410833, *Lebon* (p[t] 9) ; *AJDA* 2017. 1142 ; *Gaz. Pal.* 2017, n° 25, 4 juill. 2017, p. 32, Chron. X. Domino : « eu égard à la date de la transmission de la question prioritaire de constitutionnalité au Conseil constitutionnel et au calendrier prévisionnel d'examen de cette question indiqué par le Conseil constitutionnel aux parties, qui est compatible avec la remise en cause des durées d'émission mentionnées dans la décision litigieuse, il n'y a lieu ni d'examiner immédiatement les autres moyens de la requête, tirés de la violation d'engagements internationaux de la France, ni d'ordonner une mesure conservatoire. Il est, dès lors, sursis à statuer sur le surplus de la requête en référé dans l'attente de la décision du Conseil constitutionnel ». Celle-ci interviendra deux jours plus tard : Cons. const. 31 mai 2017, déc. n° 2017-651 QPC, *AJDA* 2017. 1142 ; *D.* 2017. 1126.
8. CE 29 avr. 2013, Agopian, req. n° 366058, *Lebon T.* ; *AJDA* 2013. 952.
9. CE 1er févr. 2011, SARL Prototype Technique Industrie (Prototech), req. n° 342536, *Lebon* 24 ; *AJDA* 2011. 197 ; *AJDA* 2011. 1209, note P.-O. Caille.

que l'auteur de la demande en référé, dans un tel cas de figure, ne peut renouveler sa QPC en cassation[1].

En revanche, la circonstance que le juge des référés du Conseil d'État a décidé de ne pas renvoyer une QPC au Conseil constitutionnel ne fait pas obstacle à ce que le Conseil d'État, statuant au contentieux sur le fond de l'affaire, décide de renvoyer la même QPC au Conseil constitutionnel[2].

211.163 **Office du juge de cassation.** Lorsque le Conseil d'État est saisi d'un pourvoi dirigé contre une ordonnance par laquelle le juge des référés du tribunal administratif a rejeté, sur le fondement des articles L. 521-1 ou L. 522-3 du CJA, la demande qui lui était soumise, pour incompétence de la juridiction administrative, irrecevabilité ou défaut d'urgence, le juge de cassation peut, si une QPC est alors soulevée pour la première fois devant lui, rejeter le pourvoi qui lui est soumis et décider de ne pas transmettre la QPC au Conseil constitutionnel, et ce en jugeant, dans le délai de trois mois prévu par l'article 23-5 de l'ordonnance du 7 novembre 1958, que l'ordonnance attaquée a pu, régulièrement et à bon droit, opposer, selon le cas, l'incompétence de la juridiction administrative, l'irrecevabilité de la demande ou le défaut d'urgence[3].

De même, saisi d'un pourvoi contre le rejet d'une demande en référé pour défaut d'urgence emportant refus de transmettre une QPC à l'occasion duquel le requérant conteste ce refus de transmission, le juge de cassation qui estime, au stade de la procédure d'admission des pourvois, qu'aucun moyen sérieux n'est de nature à justifier l'admission du pourvoi, peut, les griefs d'inconstitutionnalité étant par suite inopérants, rejeter la contestation du refus de transmission[4].

212. Juge des référés

SECTION 0

Orienteur

212.00 Plan du chapitre.

212.02 Jurisprudence de référence.

> Conditions d'intervention d'un même magistrat, en des qualités différentes, sur une affaire donnée, au regard du principe d'impartialité

CE, sect., avis, 12 mai 2004, C[ne] de Rogerville, req. n° 265184, *Lebon* 223 (magistrat exerçant successivement la fonction de juge des référés puis celle de juge du fond).

CE, sect., 12 mai 2004, Hakkar, req. n° 261826, *Lebon* 224 (magistrat exerçant successivement

1. CE 29 avr. 2013, Agopian, req. n° 366058, *Lebon T.* ; *AJDA* 2013. 952.
2. CE 3 oct. 2016, Galaoui, req. n° 397744, *Lebon T.* ; *D.* 2017. 667, obs. Centre de droit et d'économie du sport (OMIJ-CDES) ; *Gaz. Pal.* 6 déc. 2016, n° 43, p. 40, Chron. X. Domino et A. Bretonneau.
3. CE 28 janv. 2022, Subirat, req. n° 457987, *Lebon* ; *Dr. adm.* 2022, comm. 21, note G. Eveillard.
4. CE 1er févr. 2022, Dupuch, req n° 457121, *Lebon*.

la fonction de juge de l'aide juridictionnelle puis celle de juge des référés).

212.03 Bibliographie indicative.

> **Articles.** J. Raymond, « Le juge des référés peut-il être impartialement juge des successivités », *JCP Adm.* 2008. 2046 ; P. Cassia, « Le juge administratif des référés et le principe d'impartialité », *D.* 2005. 1182 ; K. Butéri, « La participation du juge des référés à la formation de jugement au fond », *D.* 2004. 2856 – A. Sayede Hussein, « L'impartialité objective du juge administratif des référés : un principe aux contours imprécis », *RFDA* 2021. 701 – A. Minet-Leleu, « Impartialité et juge administratif des référés », *Dr. adm.* 2019, ét. 14 – M. Morales, « L'office du juge du référé-liberté à l'épreuve du principe d'impartialité », *RDP* 2018. 116.

212.09 Nécessité du juge unique. Le recours à la formule du juge unique est indispensable pour assurer la célérité de l'instance et garantir un traitement rapide des demandes. En effet, le recours à la formation collégiale est une source d'allongement des procédures et, par voie de conséquence, alourdit le traitement des affaires. La volonté d'aller vite - ou très vite s'agissant des demandes en référé-liberté - a donc conduit le législateur à déroger au principe traditionnel de la collégialité, aujourd'hui consacré à l'article L. 3 du CJA. Depuis la loi du 30 juin 2000, et conformément aux préconisations du groupe de travail du Conseil d'État ayant préparé la réforme[1], le juge des référés est un magistrat statuant seul et sans conclusions d'un rapporteur public.

SECTION 1

Qualité de juge des référés

212.11 Juge unique. Le juge des référés est un juge unique. Il statue seul sans audition d'un rapporteur public. L'article L. 522-1 alinéa 3 du Code de justice administrative prévoit en effet que « l'audience se déroule sans conclusions du rapporteur public », cette dispense concernant tous les niveaux de juridiction.

Il a pu être souligné que l'absence de collégialité expose au risque d'une plus grande subjectivité du juge. Un avocat déplorait ainsi : « Il peut arriver que pour une même affaire, plusieurs juges des référés statuent très différemment, faisant entrer en considération des éléments tenant à la personnalité même du magistrat. Ceci augmente l'incertitude qui peut peser sur le sort d'une requête »[2].

Pour autant, le juge des référés n'est pas un juge isolé. Outre la faculté, qui lui est toujours ouverte de renvoi à une formation collégiale, trois éléments sont de nature à exclure tout isolement du juge des référés. Premièrement, celui-ci a tout loisir, en cas de difficulté, de consulter officieusement ses collègues. Dans la pratique, il n'est pas rare que de manière informelle, il fasse part à ces derniers des hésitations rencontrées sur un dossier et procède ainsi à des échanges de vue avant de prendre sa décision. Deuxièmement, il peut bénéficier, pour ses recherches et pour la rédaction des décisions, du concours d'assistants de justice et d'assistants du contentieux. Troisièmement, au Conseil d'État, une réunion hebdomadaire des juges des référés, qui précède celle de la *troïka*, permet d'arrêter des lignes de solutions communes.

1. Rapp. du groupe de travail du Conseil d'État sur les procédures d'urgence, *RFDA* 2000. 949.
2. Ch Pouly, « Référés d'urgence et modernisation de la justice administrative. Regards sur la loi du 30 juin 2000 » (Colloque Sciences Po, 6 juin 2012), *Dr. adm.* 2010, ét. 16, § 22.

Chaque mardi, cette réunion rassemble le président et les trois présidents adjoints de la Section du contentieux (qui sont quatre des cinq juges permanents des référés), rejoints à cette occasion par le cinquième juge des référés de la semaine. Cette rencontre hebdomadaire et institutionnalisée favorise une harmonisation de la jurisprudence en la matière[1]. En outre, durant les premiers mois de l'épidémie de covid-19, une « *task-force* » regroupant 17 juges du Conseil d'État a été constituée en son sein : se réunissant deux fois par semaine, elle permettait de soumettre à une discussion informelle et dans une collégialité très large les questions soulevées par les innombrables demandes dont le juge des référés se trouvait saisi[2].

212.12 Juge expérimenté. L'affaiblissement des garanties apportées aux justiciables par l'absence de rapporteur public et de collégialité a été tempéré par l'exigence d'un grade et d'une expérience minimale. L'article L. 511-2 du CJA réserve en effet la qualité de juge des référés aux présidents de tribunaux administratifs et de cours administratives d'appel ainsi qu'aux magistrats qu'ils désignent à cet effet et qui, sauf absence ou empêchement, ont une ancienneté minimale de deux ans et ont atteint au moins le grade de premier conseiller.

Un magistrat qui n'a pas atteint le grade de premier conseiller a qualité pour statuer comme juge des référés en cas d'absence ou d'empêchement de ceux de ses homologues remplissant la double condition d'âge et d'ancienneté posée par l'article L. 511-2[3].

Pour les litiges relevant de la compétence du Conseil d'État en appel ou en premier et dernier ressort, la qualité de juge des référés est dévolue au président de la Section du contentieux ainsi qu'aux conseillers d'État qu'il désigne à cet effet. Durant les premiers temps de la réforme, seuls les présidents adjoints de la Section du contentieux remplissaient cette tâche à temps plein aux côtés du président de la Section du contentieux. Une fois la phase d'acclimatation achevée, les principales difficultés procédurales ayant été tranchées, d'autres conseillers d'État ont été associés à l'exercice de la fonction de juge des référés, spécialement les présidents de chambres. Les affaires sont réparties au sein de la juridiction en fonction des matières dans lesquelles elles interviennent.

212.13 Possibilité de renvoi à une formation collégiale. Si le juge des référés est en principe un magistrat statuant seul, la collégialité peut néanmoins réapparaître à la faveur d'une affaire complexe ou appelant à régler une question de principe. Deux modalités sont prévues.

La première correspond à l'attribution de l'affaire à une formation de trois juges – parfois appelée la « chambre des référés »[4]. Le troisième alinéa de l'article L. 511-2

1. Sur ces différents éléments, v. B. Genevois, « Entretien avec Franck Moderne et Pierre Delvolvé », *RFDA* 2007. 2 – B. Stirn, « Juge des référés, un nouveau métier pour le juge administratif », *in Juger l'administration, administrer la justice. Mélanges en l'honneur de Daniel Labetoulle*, Dalloz, 2007, p. 795-801, spéc[t] p. 799-801.
2. V. le *Rapport public du Conseil d'État pour 2020*, La Documentation française, p. 95 s.
3. CE, ord., 20 janv. 2005, req. n° 276475, C[ne] de Saint-Cyprien, *Lebon T.* 1022.
4. CE, ord., 7 oct. 2016, Hicheur, req. n° 403552, NP ; *AJDA* 2016. 1901 ; *D.* 2016. 2068, et les obs. ; *D.* 2016. 2272, entretien C. Haguenau-Moizard (p[t] 5).

du CJA, introduit par la loi n° 2016-483 du 20 avril 2016 (art. 62)[1], dispose que « lorsque la nature de l'affaire le justifie, le président du tribunal administratif ou de la cour administrative d'appel ou, au Conseil d'État, le président de la section du contentieux peut décider qu'elle sera jugée, dans les conditions prévues au présent livre, par une formation composée de trois juges des référés ». Aux termes de l'article R. 511-1, créé par le décret n° 2016-1480 du 2 novembre 2016 (art. 13)[2], « la composition de la formation statuant en référé est fixée pour chaque affaire, au Conseil d'État, par le président de la section du contentieux et, dans les autres juridictions, par leur président »[3]. La décision rendue par cette formation est regardée comme une « ordonnance » rendue par « le » juge des référés[4]. En outre, la formation de trois juges est considérée comme « n'ayant pas le caractère d'une formation collégiale » au sens des dispositions de l'article L. 522-1 aux termes duquel : « sauf renvoi à une formation collégiale, l'audience se déroule sans conclusions du rapporteur public »[5]. Il en résulte que cette formation statue sans l'audition d'un rapporteur public.

La seconde modalité consiste en un renvoi de l'affaire à une formation de jugement ordinaire statuant « dans les conditions de droit commun » (CJA, art. L. 511-2, al. 3). Le renvoi est décidé par le juge des référés. Celui-ci constituant non pas un tribunal distinct mais seulement une émanation de la juridiction dont il relève, il a toujours la possibilité de se dessaisir d'une affaire au profit d'une formation collégiale statuant après audition du rapporteur public (v. s^s n° 120.10). La décision de renvoi ne peut pas être discutée (v. s^s n° 120.10). Le renvoi peut être opéré au profit d'une formation ordinaire[6] ou supérieure (assemblée[7], section[8]). Dans la pratique, le renvoi à une formation collégiale demeure exceptionnel devant

1. L. n° 2016-483, 20 avr. 2016, relative à la déontologie et aux droits et obligations des fonctionnaires, *JO* 21 avr.
2. Décr. n° 2016-1480, 2 nov. 2016, portant modification du Code de justice administrative (partie réglementaire), *JO* 4 nov.
3. Pour une critique de l'absence de critères présidant à la détermination des juges appelés à siéger, v. M. Bouleau, « Choisir les juges ? », *JCP Adm.* 2016. Act. 974 : soulignant que le pouvoir discrétionnaire reconnu au chef de juridiction lui permet d'orienter le sens de la décision à rendre en fonction des personnes qu'il choisit pour siéger.
4. CE, ord., 28 juill. 2016, Abdeslam, req. n° 401800, NP ; *AJDA* 2016. 1602 ; *AJDA* 2016. 2052, note M. Sztulman ; *D.* 2016. 1808, entretien E. Péchillon ; *AJ pénal* 2016. 502, obs. D. Aubert (p^t 2).
5. CE, ord., 28 juill. 2016, Abdeslam, req. n° 401800, préc. (p^t 3).
6. Pour un renvoi à une formation de deux chambres réunies, v. CE 20 juin 2016, Assoc. citoyenne intercommunale des populations concernées par le projet d'aéroport de Notre-Dame-des-Landes et a., req. n° 400364, *Lebon T.* ; *AJDA* 2016. 1262.
7. V., à propos de l'arrêt des soins à un patient, CE, ass., 14 févr. 2014, Lambert, req. n° 375081, *Lebon* ; *AJDA* 2014. 1293 ; *AJDA* 2014. 1669 ; *AJDA* 2014. 1484, Chron. A. Bretonneau et J. Lessi, note D. Truchet ; *D.* 2014. 1856, et les obs., note D. Vigneau ; *D.* 2014. 2021, obs. A. Laude ; *D.* 2015. 755, obs. J.-C. Galloux et H. Gaumont-Prat ; *AJ fam.* 2014. 396, obs. A. Dionisi-Peyrusse ; *RFDA* 2014. 657, concl. R. Keller ; *RFDA* 2014. 702, note P. Delvolvé ; *RDSS* 2014. 1101, note D. Thouvenin.
8. CE, sect., 18 janv. 2001, Morbelli, maire de la C^ne de Venelles, req. n° 229247, *Lebon* 18 ; *AJDA* 2001. 157 ; *AJDA* 2001. 153, Chron. M. Guyomar et P. Collin ; *D.* 2002. 2227, obs. R. Vandermeeren ; *GAJA*, 21e éd., 2017, n° 98 ; *RFDA* 2001. 681, note M. Verpeaux ; *RFDA* 2001. 378, concl. L. Touvet ; *RGCT* 2001. 783, concl. ; *CJEG* 2001. 161, concl. ; *JCP* 2001. I. 318, Chron. C. Boiteau ; *LPA* 12 févr. 2001, n° 30, note N. Chahid-Nouraï et C. Lahami-Depinay ; *Procédures* 2001. comm. n° 73, obs. S. Deygas ; *RD publ.* 2002. 752, Chron. C. Guettier ; *Dr. adm.* 2001. comm. n° 155, obs. L.T. ; *Coll. terr.* 2001. comm. n° 85, note J. Moreau.

les juridictions du premier degré. Certaines décisions du juge des référés du Conseil d'État mentionnent néanmoins que la décision juridictionnelle de premier ressort attaquée a été rendue non pas à juge unique mais par le tribunal administratif statuant en formation collégiale[1].

Le juge des référés du Conseil d'État procède au renvoi lorsqu'il est confronté à un problème juridique complexe ou une question de principe concernant notamment les conditions d'octroi d'un référé (notion de liberté fondamentale[2], urgence[3]) ou son régime procédural[4]. Le renvoi peut également être mis en œuvre pour éviter de trancher seul une question moralement difficile[5] ou pour donner plus de solennité à la réaffirmation d'une jurisprudence constante frontalement méconnue par l'administration[6].

La possibilité ouverte par la loi du 20 avril 2016 d'attribuer l'affaire à une formation de trois juges devrait considérablement diminuer la mise en œuvre de cette seconde modalité.

SECTION 2

Impartialité du juge des référés

§ 1

Conditions de l'impartialité

212.21 Conditions. Les interventions successives d'un magistrat administratif sur une même affaire ne sont exclues qu'à la double condition de porter sur le même acte et d'avoir donné lieu, lors de sa première décision, à un préjugement de celui-ci.

1. V. ainsi CE 8 mars 2001, Ricque, req. n° 231086, *Lebon T.* 1130 – CE, ord., 19 juin 2002, Hoffer, req. n° 247884, NP.
2. CE, sect., 18 janv. 2001, Morbelli, maire de la C^ne^ de Venelles, req. n° 229247, *Lebon* 18 ; *AJDA* 2001. 153, Chron. M. Guyomar et P. Collin ; *D.* 2002. 2227, obs. R. Vandermeeren ; *GAJA*, 21e éd., 2017, n° 98 ; *RFDA* 2001. 681, note M. Verpeaux ; *RFDA* 2001. 378, concl. L. Touvet ; *RGCT* 2001. 783, concl. ; *CJEG* 2001. 161, concl. ; *JCP* 2001. I. 318, Chron. C. Boiteau ; *LPA* 12 févr. 2001, n° 30, note N. Chahid-Nouraï et C. Lahami-Depinay ; *Procédures* 2001, comm. n° 73, obs. S. Deygas ; *RD publ.* 2002. 752, Chron. C. Guettier ; *Dr. adm.* 2001, comm. n° 155, obs. L.T. ; *Coll. terr.* 2001, comm. n° 85, note J. Moreau.
3. CE, sect., 19 janv. 2001, Confédération nationale des radios libres, req. n° 228815, *Lebon* 29, concl. L. Touvet ; *AJDA* 2001. 150, Chron. M. Guyomar et P. Collin ; *RFDA* 2001. 378, concl. L. Touvet ; *D.* 2001. 1414, note B. Seiller ; *D.* 2002. 2220, obs. R. Vandermeeren ; *GACA*, 5e éd., 2016, n° 11 ; *CJEG* 2001. 161, concl.
4. CE, sect., 28 févr. 2001, Philippart et Lesage, req. n°s 230112 et 230520, *Lebon* 112 ; *RFDA* 2001. 390, concl. D. Chauvaux ; *D.* 2002. 2225, obs. R. Vandermeeren : concernant la possibilité de faire coexister dans une même requête des conclusions reposant sur des fondements distincts.
5. V., à propos de l'arrêt des soins à un patient, CE, ass., 14 févr. 2014, Lambert, req. n° 375081, *Lebon* ; *AJDA* 2014. 1293 ; *AJDA* 2014. 1669 ; *AJDA* 2014. 1484, Chron. A. Bretonneau et J. Lessi, note D. Truchet ; *D.* 2014. 1856, et les obs., note D. Vigneau ; *D.* 2014. 2021, obs. A. Laude ; *D.* 2015. 755, obs. J.-C. Galloux et H. Gaumont-Prat ; *AJ fam.* 2014. 396, obs. A. Dionisi-Peyrusse ; *RFDA* 2014. 657, concl. R. Keller ; *RFDA* 2014. 702, note P. Delvolvé ; *RDSS* 2014. 1101, note D. Thouvenin.
6. V. par ex., rappelant à l'autorité administrative le caractère obligatoire des décisions prises par le juge des référés : CE, sect., 5 nov. 2003, Assoc. Convention vie et nature pour une écologie radicale, req. n° 259339, *Lebon* 444, concl. F. Lamy ; *AJDA* 2003. 2253, Chron. F. Donnat et D. Casas ; *AJDA* 2003. 2225, tribune P. Cassia ; *GACA*, 5e éd., 2016, n° 66 ; *RFDA* 2004. 601, concl. F. Lamy ; *RTD eur.* 2004. 333, Chron. D. Ritleng ; *RTD eur.* 2004. 363, Chron. J. Dutheil de La Rochère, N. Grief et E. Saulnier ; *Dr. adm.* 2004, comm. n° 34, obs. M. Vialettes ; *JCP* 2004. I. 164, note P. Cassia.

§ 2

Juge du fond puis juge des référés

212.31 Articulation. Dans le cadre de l'article L. 521-1 du Code de justice administrative, le Conseil d'État a dû déterminer si un magistrat ayant fait partie de la formation de jugement annulant une décision administrative pouvait se prononcer ultérieurement, en tant que juge des référés, sur la demande de suspension de la décision prise à la suite de cette annulation. Le Conseil d'État a conclu à l'affirmative dans la mesure où la cause du litige n'est tout simplement pas la même dans chacune des deux hypothèses : au fond et en référé, le juge ne statue pas sur le même acte administratif. Dans ces conditions, affirme le Conseil, aucune disposition législative ou réglementaire ni aucun principe ne s'opposent à ce qu'un même magistrat connaisse successivement de la demande au fond et de la requête en référé[1]. Il ne s'agit pas, à proprement parler, d'un cumul sur une même affaire. La question se posant de manière identique pour la procédure du référé-liberté, la solution dégagée au titre de l'article L. 521-1 doit trouver à s'appliquer pleinement à l'article L. 521-2.

Une autre configuration concerne l'intervention d'un même magistrat sur un recours au fond puis, après annulation du jugement rendu sur celui-ci (par un juge d'appel ou de cassation), sur une demande de suspension portant sur la même décision administrative. Dans cette hypothèse, dans la mesure où le jugement initial n'existe plus juridiquement, la circonstance qu'un magistrat ait siégé dans la formation au fond ne fait pas obstacle à ce qu'il se prononce en qualité de juge des référés sur la demande de suspension[2].

§ 3

Juge des référés puis juge du fond

212.41 Juge des référés puis juge du fond. Ce cas de figure correspond à un cumul, c'est-à-dire à une intervention successive d'un même juge, en deux qualités différentes, sur une affaire déterminée[3].

Le Conseil d'État a admis le cumul des fonctions pour la procédure du référé-suspension. Dans l'avis *commune de Rogerville* du 12 mai 2004[4], le Conseil rappelle tout d'abord l'office du juge du référé-suspension : « saisi sur le fondement de l'article

1. CE 9 avr. 2004, min. de l'Agriculture c/Olard, req. n° 263508, *Lebon* 172 ; *AJDA* 2004. 1429, note S. Hul.
2. CE 8 avr. 2019, Association Koenigshoffen Demain, req. n° 426820, *Lebon T.* ; *RDI* 2019. 356, obs. P. Soler-Couteaux.
3. V. K. Butéri, « La participation du juge des référés à la formation de jugement au fond », *D.* 2004. 2856.
4. CE, sect., avis, 12 mai 2004, C^ne^ de Rogerville, req. n° 265184, *Lebon* 223, concl. E. Glaser ; *AJDA* 2004. 1354, Chron. C. Landais et F. Lenica ; *D.* 2004. 1561, et les obs. ; *D.* 2005. 26, obs. P.-L. Frier ; *D.* 2005. 1182, Chron. P. Cassia ; *GACA*, 5e éd., 2016, n° 4 ; *RFDA* 2004. 723, concl. E. Glaser ; *JCP Adm.* 2004, n° 1392, note S. Hul ; *LPA* 18 oct. 2004, Chron. F. Melleray ; *RD publ.* 2005. 547, note C. Guettier ; v. égalt K. Butéri, « La participation du juge des référés à la formation de jugement au fond », *D.* 2004. 2586 ; *JCP Adm.* 2008, n° 2046, étude J. Raymond. Avant que le Conseil d'État ne rende cet avis, la cour administrative d'appel de Bordeaux, appelée à se prononcer sur la question, avait conclu à l'incompatibilité des deux fonctions (CAA Bordeaux, 18 nov. 2003, Brada, NP ; *AJDA* 2004, concl. J.-L. Rey ; *LPA* 22 août 2005, n° 166, p. 6, note C. Morlot-Dehan). Cette solution avait été critiquée par un magistrat administratif (D. Lanz, « Quelques réflexions d'un praticien à propos d'un arrêt de la cour administrative d'appel de Bordeaux », *AJDA* 2004. 521-526).

L. 521-1 du Code de justice administrative d'une demande tendant à ce qu'il prononce, à titre provisoire et conservatoire, la suspension d'une décision administrative, le juge des référés procède dans les plus brefs délais à une instruction succincte - distincte de celle au vu de laquelle le juge saisi du principal statuera ». Il affirme ensuite : « eu égard à la nature de l'office ainsi attribué au juge des référés - et sous réserve du cas où il apparaîtrait, compte tenu notamment des termes mêmes de l'ordonnance, qu'allant au-delà de ce qu'implique nécessairement cet office, il aurait préjugé l'issue du litige - la seule circonstance qu'un magistrat a statué sur une demande tendant à la suspension de l'exécution d'une décision administrative n'est pas, par elle-même, de nature à faire obstacle à ce qu'il se prononce ultérieurement sur la requête en qualité de juge du principal ». Ainsi, le principe d'impartialité n'est pas méconnu lorsqu'un magistrat qui connaît successivement d'une affaire en qualité de juge des référés puis en celle de juge du fond n'a pas clairement pris position sur le fond de celle-ci dans son ordonnance de référé[1]. En revanche, le principe est méconnu lorsqu'un magistrat rejette une demande de suspension en raison de la tardiveté du recours au fond puis rejette sur le même fondement (par ordonnance de l'article R. 222-1) ce recours au fond[2].

La motivation de l'avis *commune de Rogerville* limite strictement la portée de la solution à la seule procédure du référé-suspension. Néanmoins, sa transposition au référé-liberté est parfaitement envisageable. Au regard de la réserve relativement au préjugement de l'issue du litige par le juge des référés, il semble possible de distinguer deux hypothèses distinctes. La première est celle dans laquelle le juge du référé-liberté a rejeté la demande faute d'atteinte grave et manifestement illégale à une liberté fondamentale. Dans ce cas, il n'a pas pris position sur le fond du droit. Si un recours vient à être formé devant le juge du principal, rien ne s'oppose à ce que le magistrat ayant statué en référé puisse siéger au sein de la formation de jugement. La seconde hypothèse concerne le cas où le juge des référés, soit a constaté l'existence d'une atteinte manifestement illégale à une liberté fondamentale, soit a relevé l'existence d'une illégalité manifeste mais rejeté la demande au motif qu'une autre des conditions d'octroi n'était pas satisfaite. Dans ce cas, le juge des référés a appréhendé le fond du droit et la réserve de l'avis *commune de Rogerville* lui est pleinement applicable. Si un recours au fond a été introduit dans la même affaire, le principe d'impartialité fait obstacle à ce que le magistrat ayant connu de la demande en référé fasse partie de la formation collégiale qui en connaîtra.

212.42 Juge du référé-provision puis rapporteur public. Ni le principe d'impartialité ni aucune règle générale de procédure ne s'opposent à ce qu'un membre d'une juridiction administrative qui a statué en tant que juge du référé-provision exerce ensuite les fonctions de rapporteur public lors de l'examen de l'affaire par la juridiction du fond[3].

1. CE 29 avr. 2009, Synd. intercommunal pour la destruction d'ordures ménagères et la production d'énergie, req. n° 312344, *Lebon T.* ; *AJDA* 2009. 909.
2. CE 30 janv. 2017, Colombo, req. n° 394206, *Lebon T.* ; *AJDA* 2017. 749, concl. X. Domino.
3. CE 5 juill. 2017, Ménec, req. n° 402481, *Lebon T.*

§ 4

Juge de l'aide juridictionnelle puis juge des référés

212.51 Articulation. Le Conseil d'État a repris les principes de l'avis *commune de Rogerville* dans l'hypothèse du cumul entre les fonctions de juge des référés et celles de juge saisi d'une demande de bénéfice de l'aide juridictionnelle[1]. Il réserve l'hypothèse où, dans sa décision sur l'aide juridictionnelle, le juge des référés aurait préjugé l'issue du litige. Cela peut survenir relativement à l'appréciation de l'une des conditions posées pour l'admission à l'aide juridictionnelle, en l'occurrence la condition selon laquelle la requête ne doit pas être « manifestement irrecevable » ou « dénuée de fondement ».

Par rapport aux situations précédentes, la question du cumul se pose en des termes différents puisque la décision portant sur une demande d'aide juridictionnelle est une décision administrative et non juridictionnelle[2]. En outre, il est préférable que le juge des référés tranche lui-même la question de l'admission à l'aide juridictionnelle dans l'ordonnance de référé et non pas par deux décisions successives[3].

§ 5

Juge des référés puis juge des référés

212.61 Juge du référé-suspension puis juge du référé-suspension. Un magistrat peut intervenir à deux reprises dans un même litige en qualité de juge des référés à condition de ne pas avoir préjugé dans sa première décision la solution qu'il donne à celui-ci dans sa seconde décision.

En matière de référé-suspension, le Conseil d'État a affirmé « qu'eu égard à la nature de l'office du juge des référés appelé à statuer sur une demande de suspension d'une décision administrative, la circonstance que le même magistrat se trouve ultérieurement amené à se prononcer sur une nouvelle demande de suspension de *la même décision* est, par elle-même, sans incidence sur la régularité de l'ordonnance statuant sur cette requête »[4]. De même, eu égard à la nature de l'office attribué au juge des référés par l'article L. 521-1 du Code de justice administrative, la seule circonstance pour un juge d'avoir statué sur une première demande en référé-suspension ne fait pas obstacle à ce que ce même juge statue en cette même qualité sur une autre demande en référé-suspension émanant du même requérant et tendant à la suspension d'une *décision ultérieure* survenue dans le cadre du même litige[5].

Il en va différemment dans l'hypothèse où, « allant au-delà de ce qu'implique nécessairement cet office », le juge aurait « préjugé l'issue du litige »[6]. Une illustra-

1. CE, sect., 12 mai 2004, Hakkar, req. nº 261826, *Lebon* 224 ; *AJDA* 2004. 1354, Chron. C. Landais et F. Lenica ; *D.* 2004. 1501, et les obs. ; *D.* 2005. 1182, Chron. P. Cassia ; *GACA*, 5ᵉ éd., 2016, nº 4 ; *RFDA* 2004. 713, concl. I. de Silva ; *RD publ.* 2005. 543, note C. Guettier.
2. CE 22 janv. 2003, Issa M'Trengoueni, req. nº 244177, *Lebon T.* ; *AJDA* 2003. 1182 - CE, ord., 5 juill. 2005, Ekouta, req. nº 281974, *Lebon T.* 1024.
3. V. par ex., procédant de la sorte : CE, ord., 6 janv. 2005, Landu-Diambu, req. nº 276105, NP (admission au bénéfice de l'aide juridictionnelle, rejet des conclusions principales).
4. CE 2 nov. 2005, Fayant, req. nº 279660, *Lebon* 466 ; *AJDA* 2006. 327, note P. Cassia.
5. CE 18 févr. 2005, *Tréhot*, req. nº 268952, *Lebon T.* 1023 ; *AJDA* 2005. 911 - CE 17 avr. 2008, Caisse des dépôts et consignations gérant la Caisse nationale de retraite des agents des collectivités locales, req. nº 307866, *Lebon T.* ; *AJDA* 2008. 838 ; *AJFP* 2009. 52 ; *Dr. adm.* 2008/11, comm. nº 156, obs. E. Glaser.
6. CE 2 nov. 2005, Fayant, req. nº 279660, *Lebon* 466 ; *AJDA* 2006. 327, note P. Cassia.

tion peut être donnée en référé-suspension avec l'arrêt *Fayant*. Par une ordonnance du 25 février 2005, le juge des référés avait rejeté la demande de suspension d'un permis de construire pour irrecevabilité, tout en indiquant au requérant que les conditions d'octroi étaient satisfaites. Saisi d'une nouvelle demande assortie des pièces attestant de sa recevabilité, le même juge des référés a ordonné le 17 mars 2005 la suspension du permis de construire attaqué, en se fondant sur les mêmes éléments que ceux énoncés dans sa précédente ordonnance. Dès lors, « en indiquant par avance la solution qui pourrait être réservée à une nouvelle demande de suspension », le juge des référés « doit être regardé comme ayant méconnu le principe d'impartialité »[1].

212.62 Juge du référé-provision puis juge du référé-suspension. En application des principes posés dans l'avis contentieux *Commune de Rogerville*, méconnaît le principe d'impartialité le juge des référés ordonnant sur le fondement de l'article L. 521-3 l'expulsion d'un occupant du domaine public alors qu'il s'est déjà prononcé, par une précédente ordonnance rendue au titre de la procédure du référé-provision (CJA, art. R. 541-6), sur l'existence d'un titre d'occupation du domaine public[2].

212.63 Juge du référé-liberté puis juge du référé-suspension ou juge du fond. La motivation de l'avis *Commune de Rogerville* limite strictement la portée de la solution à la seule procédure du référé-suspension. Néanmoins, les mêmes principes s'appliquent au référé-liberté, ainsi que l'a affirmé le Conseil d'État dans un arrêt du 13 mars 2019[3]. Selon le Conseil, « eu égard à la nature de l'office respectivement attribué au juge des référés par les articles L. 521-1 et L. 521-2 du code de justice administrative, la circonstance qu'un juge des référés a rejeté comme manifestement mal fondée une demande tendant, sur le fondement de l'article L. 521-2, à ce que soit ordonnée une mesure provisoire afin de faire cesser l'atteinte grave et manifestement illégale qui serait portée par une autorité administrative à une liberté fondamentale ne fait pas, à elle seule, obstacle à ce que le même juge des référés statue ultérieurement sur la demande présentée par le même requérant sur le fondement de l'article L. 521-1, tendant à la suspension de l'exécution d'une décision prise par la même autorité administrative dans le cadre du même différend. Il en va ainsi même lorsque la première demande en référé a été rejetée par application des dispositions de l'article L. 522-3 du code de justice administrative » (pt 3).

Aussi convient-il de distinguer deux hypothèses. La première est celle dans laquelle le juge du référé-liberté a rejeté la demande faute d'atteinte grave et manifestement illégale à une liberté fondamentale. Dans ce cas, il n'a pas pris position sur le fond du droit. Si un recours vient à être formé devant le juge du principal, ou

1. CE 2 nov. 2005, Fayant, req. n° 279660, *Lebon* 466 ; *AJDA* 2006. 327, note P. Cassia – pour d'autres applications, v. CAA Nantes, 10 nov. 2005, La Poste c/Floch, req. n° 04NT01203, NP ; *AJDA* 2006. 511 ; *JCP Adm.* 2006, n° 1084, note S. Hul – CAA Versailles, 14 avr. 2008, Hamadi, req. n° 06VE01149, NP ; *AJDA* 2008. 1510 ; *AJFP* 2008. 255, et les obs. ; *BJCL* 2008. 602, concl. S. Davesne.
2. CE 7 déc. 2006, Sene c/SNCF, req. n° 294218, *Lebon T.* 1008, 1021 ; *AJDA* 2007. 551 ; *BJCL* 2007. 113, concl. P. Collin ; *Contrats marchés publ.* 2007, comm. n° 55, obs. J.-P. Piétri.
3. CE 13 mars 2019, Pouliquen, req. n° 420514, *Lebon T.* ; *JCP Adm.* 2019, n° 2222, Chron. O. Le Bot ; *Procédures* 2019, comm. 178, obs. S. Deygas.

qu'un référé-suspension est introduit, rien ne s'oppose à ce que le magistrat ayant statué en référé-liberté puisse en connaître. La seconde hypothèse concerne le cas où le juge des référés, soit a constaté l'existence d'une atteinte manifestement illégale à une liberté fondamentale, soit a relevé l'existence d'une illégalité manifeste mais rejeté la demande au motif qu'une autre des conditions d'octroi n'était pas satisfaite. Dans ce cas, le juge des référés a appréhendé le fond du droit et la réserve de l'avis « Commune de Rogerville » lui est pleinement applicable. Si un recours au fond a été introduit dans la même affaire, le principe d'impartialité fait obstacle à ce que le magistrat ayant connu de la demande en référé fasse partie de la formation collégiale qui en connaîtra.

212.64 **Juge du référé précontractuel puis juge du référé-suspension.** Un même magistrat peut successivement intervenir comme juge du référé précontractuel puis juge du référé-suspension : d'abord prononcer l'annulation de la procédure de passation d'un contrat (CJA, art. L. 551-1), puis statuer sur une demande de suspension de l'exécution du marché attribué après reprise de la procédure de passation[1].

Toutefois, le magistrat qui a pris position sur un point de droit dans un référé précontractuel ne peut ensuite statuer comme juge des référés sur la même question. Ainsi, « eu égard aux pouvoirs du juge du référé précontractuel », le magistrat qui s'est prononcé sur la question de la précision de l'objet du marché dans le cadre de cette procédure ne peut ensuite se prononcer à nouveau sur cette question au titre de l'article L. 521-1 du CJA sans méconnaître le principe d'impartialité[2].

§ 6

Autres configurations

212.71 **Intervention lors de l'enquête publique puis juge des référés.** Dans le cas où le président du tribunal administratif est intervenu, en application de l'article R. 123-20 du code de l'environnement, à l'issue de l'enquête publique et de la remise du rapport de la commission d'enquête pour demander à cette dernière de compléter ses conclusions afin que soient mieux appréhendées les raisons pour lesquelles elle a émis un avis favorable, en dépit des réserves formulées dans son rapport, cette intervention, qui ne portait, conformément à l'article R. 123-20 du code de l'environnement, que sur la nécessité de compléter l'avis de la commission d'enquête et non sur le bien-fondé de cet avis et des réserves émises, ne faisait pas obstacle à ce que le président du tribunal, sans méconnaître le principe d'impartialité, se prononce, en qualité de juge des référés, sur la demande de la communauté de communes tendant à la suspension de l'exécution de la décision préfectorale ayant, sur le fondement de l'article L. 153-25 du code de l'urbanisme, suspendu l'entrée en vigueur du PLU[3].

1. CE 19 janv. 2015, Sté Ribière, req. n° 385634, *Lebon T.* ; *AJDA* 2015. 132 ; *AJCT* 2015. 220, obs. S. Hul ; *JCP Adm.* 2015, n° 2150, note J. Martin ; *BJCP* 2015. 229, concl. G. Pellissier ; *LPA* 2015, n° 70, p. 18, note D. Connil ; *BJCL* 2015. 228, obs. P. Cassia, concl.
2. CE 3 févr. 2010, Communauté de communes de l'Arc Mosellan, req. n° 330237, *Lebon T.* ; *AJDA* 2010. 1085, note H. Gérard.
3. CE 30 déc. 2020, Cté de cnes de la Ténarèze, req. n° 441075, *Lebon T.* ; *BJDU* 2021. 151, concl. S. Hoynck, note F. Poulet ; *RDI* 2021. 305, note J.-Ph Strebler.

212.72 Conseiller de l'administration puis juge des référés. Lorsqu'un préfet édicte un acte après avoir consulté le tribunal administratif lors de son élaboration (CJA, art. R. 212-1), le magistrat administratif ayant contribué à l'avis rendu ne peut connaître de la demande en référé dirigé contre cet acte[1].

212.73 Juge des référés ayant un lien avec l'une des parties. Le principe d'impartialité est méconnu lorsqu'un juge des référés statue dans une procédure où l'avocat de la défense avait été l'avocat de ce magistrat lors de son divorce[2].

212.74 Récusation du juge des référés. Les parties peuvent présenter une demande de récusation du juge des référés saisi de la requête (une demande de récusation de tous les juges des référés de la juridiction est en revanche sans objet[3]). La demande de récusation est examinée par un juge des référés appartenant à la même juridiction que le magistrat qui en fait l'objet ; il n'est pas nécessaire qu'elle le soit par une formation collégiale[4]. La récusation est prononcée s'il existe « une raison sérieuse de mettre en doute son impartialité » (CJA, art. L. 721-1)[5].

SECTION 3

Office du juge des référés

212.81 Définition légale. L'office du juge des référés est défini en ces termes par l'article L. 511-1 du CJA : « le juge des référés statue par des mesures qui présentent un caractère provisoire. Il n'est pas saisi du principal ». Cette définition emporte notamment des conséquences sur l'étendue du contrôle de cassation auquel procède le Conseil d'État (v. s^s n°s 225.91 s. pour le référé-suspension) et sur la possibilité pour le juge des référés de contrôler la conventionnalité de la loi (v. s^s n° 222.821).

212.82 Prendre des mesures provisoires. La mission du juge des référés est conçue comme tendant, non pas à trancher un différend mais à aménager provisoirement la situation des parties ou à préserver la situation du requérant dans l'attente d'un jugement au fond. Dans certains cas, en particulier pour les référés liberté et mesures utiles, il se présente davantage comme un substitut à un jugement au fond. Les mesures prises seront toutefois, y compris dans cette hypothèse, réputées réversibles.

1. CE 7 août 2008, Assoc. des Terres minées, req. n° 312022, *Lebon T.* ; *AJDA* 2008. 1569 : un magistrat avait concouru à l'avis rendu par un tribunal administratif, saisi par la voie de l'article R. 212-1 du CJA de la question de savoir si, à la suite de l'annulation d'un arrêté autorisant une société à exploiter une installation classée, une mise en demeure assortie de prescriptions provisoires pouvait être adressée à cette société. L'ordonnance par laquelle ce même magistrat, statuant en tant que juge des référés sur une demande formée par une association contre cet arrêté, qui met en demeure la société de régulariser sa situation et l'autorise provisoirement à fonctionner, a été prise en méconnaissance du principe d'impartialité.
2. CE 28 déc. 2009, Sylvanise, req. n° 322603, *Lebon T.* ; *AJDA* 2010. 13.
3. CE, ord., 6 févr. 2015, SARL Les Productions de la Plume, req. n° 387757, *Lebon T.* ; *AJDA* 2015. 1249 ; *JCP Adm.* 2015, n° 2246, Chron. O. Le Bot.
4. CE, ord., 6 févr. 2015, SARL Les Productions de la Plume, req. n° 387757, préc.
5. Condition non satisfaite dans l'ordonnance précitée, rendue incidemment à une instance principale en référé-liberté (à savoir : CE, ord., 6 févr. 2015, C^ne de Cournon d'Auvergne, req. n° 387726, *Lebon* ; *AJDA* 2015. 1658, note E. Saillant-Maraghni ; *D.* 2015. 544, note B. Quiriny).

212.83 Ne pas statuer sur le fond du droit. À la différence du juge du fond, le juge des référés n'est pas censé aborder le fond du droit. Statuant seul, au terme d'une instruction accélérée et sans audition d'un rapporteur public, il n'a pas pour vocation normale de trancher une contestation juridique. La situation est quelque peu différente dans le cas du référé-liberté, le juge des référés étant invité, par la loi elle-même, à statuer sur une illégalité *manifeste* (v. s^s n°s 232.181 s.).

212.84 Ne pas faire jurisprudence. En raison de la célérité de son intervention, il n'appartient pas au juge des référés de faire jurisprudence en tranchant des questions de fond présentant un caractère inédit[1].

212.85 Prendre en compte l'ensemble des éléments de l'instruction. Le juge des référés « doit se déterminer au vu de l'instruction menée devant lui, sans que la charge de la preuve incombe plus particulièrement au demandeur »[2]. Par suite, il ne saurait être reproché à un juge des référés d'avoir jugé que la requérante n'établissait pas qu'elle se serait présentée à la police de l'air et des frontières avec ses enfants alors qu'il résulte, en tout état de cause, de l'instruction menée en appel et notamment des indications recueillies lors de l'audience de référé, que l'intéressée ne s'est jamais présentée accompagnée de ses deux enfants aux différentes convocations qui lui avaient été successivement remises en vue de mettre à exécution sa réadmission vers un autre État européen[3].

213. Jugement du référé

SECTION 0

Orienteur

213.00 Plan du chapitre.

Sect. 1 Rejet sans instruction des demandes vouées à l'échec

Sect. 2 Jugement accéléré des demandes présentant un intérêt sérieux

213.02 Jurisprudence de référence.

> Les dispositions de l'article 6 § 1 de la Convention européenne des droits de l'homme ne s'appliquent pas aux référés d'urgence

CE, sect., 28 févr. 2001, Casanovas, req. n° 229163, *Lebon* 108.

213.03 Bibliographie indicative.

> **Articles.** L. Erstein, « Instruction des référés », *RFDA* 2007. 64 ; G. Goudouin, « L'oralité dans la procédure de référé », *RFDA* 2007. 68 ; G. Marchesini, « À propos de la compétence du juge de l'urgence. L'application de l'article L. 522-3 du CJA dans le contentieux de la voie de fait », *AJDA* 2005. 1663 ; J. Raymond, « Le rôle de l'audience dans la procédure du référé-suspension », *JCP Adm.* 2005. 1054 ; G. Ferulla, « Le tri », *RRJ* 2003/5. 3063 ; L. Richer, « L'instance de référé d'urgence », *RFDA* 2002. 269.

213.04 Questions essentielles.

> Dans quels cas le juge des référés peut-il rejeter la demande par une ordonnance de tri, sans instruction ni audience ? v. s^s n°s 213.51 s.

1. En référé-suspension, v. s^s n° 222.811 – En référé-liberté, v. s^s n° 232.186.
2. CE, ord., 19 nov. 2010, Edisultanova, req. n° 344372, *Lebon T.* ; *AJDA* 2010. 2288.
3. CE, ord., 19 nov. 2010, Edisultanova, req. n° 344372, préc.

> Dans quel délai est jugée la demande en référé ? v. s[s] n°s 213.21 et 213.132
> Une partie peut-elle invoquer de nouveaux moyens, de nouvelles conclusions ou de nouvelles pièces lors de l'audience ? v. s[s] n°s 213.171 s.
> L'audience de référé peut-elle se tenir en l'absence d'une partie ? v. s[s] n° 213.192

213.09 Jonctions. Des requêtes relatives à une même procédure de référé peuvent être jointes pour qu'il y soit statué par une seule décision. Ainsi, le Conseil d'État a pu joindre deux requêtes présentées par un même requérant sur le fondement de l'article L. 521-3 du CJA[1]. De même, lorsqu'une requête en référé-liberté et une requête en référé-suspension présentées devant le Conseil d'État portent sur un même litige, il est possible au juge des référés de les joindre pour y statuer par une seule décision[2]. Une telle possibilité est exclue pour le juge des référés du premier degré, dès lors que les conclusions présentées au titre de l'article L. 521-2 et celles introduites sur le fondement de l'article L. 521-2 ne relèvent pas des mêmes voies de recours (v. s[s] n° 211.132). La jonction est possible uniquement devant le juge des référés du Conseil d'État, dans la mesure où ses décisions sont par hypothèse insusceptibles de recours.

213.10 Inapplicabilité de l'article 6 § 1 de la convention EDH. Au regard de l'article L. 511-1 du CJA, le juge des référés ne tranche pas de contestation : il ne statue pas sur le fond du droit et ne prend que des mesures provisoires (v. s[s] n°s 212.81 s.). Il en résulte, conformément à une jurisprudence européenne classique[3] et dans le prolongement de la solution prévalant sous l'état du droit antérieur[4], que les stipulations de l'article 6 § 1 de la Convention européenne des droits de l'homme, de même que celles de son article 13, ne sont pas regardées comme applicables aux règles procédurales régissant les référés d'urgence[5].

Cette solution pourrait être remise en cause, pour le référé-liberté, au regard de la jurisprudence européenne plus récente (v. s[s] n° 120.11).

213.11 Tri ou instruction. Lorsqu'il connaît d'une demande présentée au titre d'un référé d'urgence, la première fonction du juge des référés est d'effectuer un tri des requêtes. Les requêtes sans intérêt sont écartées par une procédure sommaire, sans instruction ni audience. Les demandes qui ne sont pas écartées à ce stade sont instruites rapidement et jugées dans un délai très bref (de l'ordre de quelques jours à quelques semaines selon la procédure engagée et le degré d'urgence de l'affaire).

1. CE 7 mai 2002, S[té] d'équipements de Tahiti et des îles (Setil), req. n° 240529, NP.
2. V. par ex. CE, ord., 7 sept. 2001, Féd. nationale des syndicats du personnel des industries électrique et gazière CFTC, req. n°s 237915 et 237916 - CE, ord., 2 déc. 2002, Pez, req. n°s 2252157 et 2252158 - CE, ord., 22 sept. 2004, Hoffer, req. n°s 272347 et 372378, NP.
3. V. par ex. CEDH 13 janv. 2000, Apis c/Slovaquie, req. n° 39754-98.
4. V. CE 11 mars 1996, SCI du domaine des Figuières, req. n° 161112, *Lebon* 71 (pour le référé) et CE 14 déc. 1992, Lanson, req. n° 130261, *Lebon T.* 1217 ; *RFDA* 1993. 791, concl. S. Lasvignes (pour le sursis à exécution).
5. CE, sect., 28 févr. 2001, Casanovas, req. n° 229163, *Lebon* 108 ; *AJDA* 2001. 971, note I. Legrand et L. Janicot ; *AJDA* 2001. 465, Chron. M. Guyomar et P. Collin ; *D.* 2002. 2229, obs. R. Vandermeeren ; *AJFP* 2001. 55 ; *RFDA* 2001. 399, concl. P. Fombeur ; *RD publ.* 2001. 761, Chron. C. Guettier ; *Coll. terr.* 2001, comm. n° 134, note J. Moreau - CE 19 oct. 2001, SCI du Clos, req. n° 234090, NP - CE 29 oct. 2003, C[ne] du Ferré, req. n° 257586, NP : déclarant inopérant le moyen tiré de la violation des dispositions conventionnelles.

Option tri/instruction

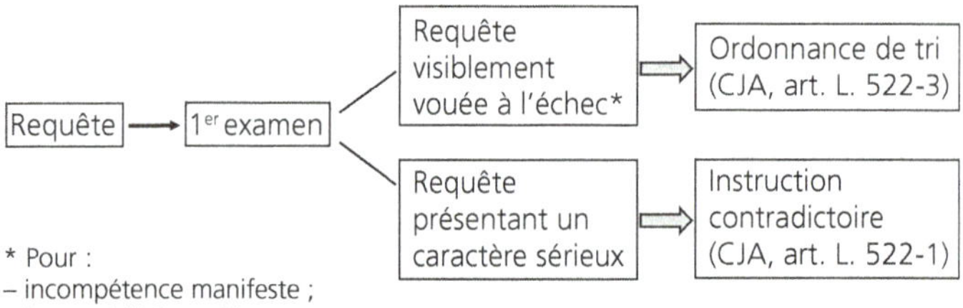

* Pour :
- incompétence manifeste ;
- irrecevabilité manifeste ;
- absence de bien-fondé manifeste ;
- défaut d'urgence.

SECTION 1

Rejet sans instruction des demandes vouées à l'échec

213.21 Tri des requêtes. Le juge des référés rejette immédiatement les demandes qui n'ont visiblement aucune chance de succès. L'ordonnance de tri est rendue sans instruction et au seul vu de la requête. Elle peut être contestée par la voie d'un recours en cassation.

§ 1

Existence d'un filtre préalable

213.31 Filtrage des requêtes. Le groupe de travail du Conseil d'État a « admis dès le départ qu'il devrait y avoir, au tout début de la procédure, un "filtrage" qui conduirait à distinguer les requêtes qui seraient instruites dans le cadre de la procédure d'urgence, parce que la connotation d'urgence y est manifeste, parce que la requête est sérieuse, parce qu'elle est recevable et puis que, de l'autre côté, il y aurait les requêtes qui ne seraient pas marquées par l'urgence ou qui ne seraient pas recevables ou qui seraient dépourvues de caractère sérieux »[1]. La première tâche du juge des référés consiste donc à identifier immédiatement les demandes dignes d'intérêt et celles qui, au vu de la requête, sont visiblement vouées à l'échec. Il doit, dès réception des requêtes, opérer le départ entre celles qui présentent un intérêt et celles qui sont dépourvues de toute possibilité de réussite. Au cours des travaux préparatoires, le garde des Sceaux avait déclaré que « le tri de l'urgence [...] sera la première fonction du juge de l'urgence. Celui-ci devra déterminer, dans le cadre d'un premier examen, les requêtes qui, pour des raisons tenant à l'urgence, à la compétence, à la recevabilité ou au fond, seront manifestement dénuées de toutes chances de succès »[2]. Les parlementaires ont été convaincus par la nécessité d'un tel mécanisme. Les rapporteurs sur le projet de loi relatif au référé devant les juridictions administratives ont souligné que le tri permet de régler immédiatement « les affaires dont le sort est cer-

1. D. Labetoulle, « La genèse de la loi du 30 juin 2000 », *in* P. Wachsmann (dir.), *Le nouveau juge administratif des référés. Réflexions sur la réforme opérée par la loi du 30 juin 2000*, colloque 6 décembre 2000, Presses universitaires de Strasbourg, 2002, p. 21-22.
2. E. Guigou, *JO déb. AN*, CR séance 14 déc. 1999, p. 10930.

tain »[1] et ainsi d'éviter « que le juge des référés ne soit confronté à un afflux de demandes mal fondées ou non urgentes »[2].

Du point de vue d'une bonne administration de la justice, le tri est très important car il permet au juge d'évacuer rapidement les demandes pour lesquelles le rejet apparaît d'emblée certain et inéluctable. En autorisant le juge à procéder à un filtrage des requêtes selon leur intérêt, il évite un encombrement inutile des juridictions par les requêtes qui n'ont aucune chance de prospérer. En effet, à vouloir traiter toutes les demandes de manière approfondie, le juge ne pourrait pas statuer avec la célérité requise sur celles qui justifient réellement son intervention. En épargnant au juge une perte de temps inutile pour les requêtes dénuées de pertinence, ce procédé favorise la rapidité d'intervention du juge dans les cas qui le justifient réellement.

213.32 Deux procédures de jugement. Selon son intérêt, la demande soumise au juge des référés peut être jugée selon deux procédures différentes. Les requêtes qui présentent un intérêt suffisamment sérieux pour justifier un approfondissement seront instruites contradictoirement et jugées après tenue d'une audience publique (celle-ci présentant toutefois un caractère facultatif, en principe, dans le cadre du référé-mesures utiles). Cette première hypothèse correspond à la procédure de droit commun : celle de l'article L. 522-1 du CJA. En revanche, les demandes qui sont visiblement vouées à l'échec et ne méritent pas que le juge y consacre du temps sont jugées sans instruction ni audience. Cette seconde hypothèse correspond à la procédure dérogatoire, dite procédure « de tri » : celle de l'article L. 522-3.

213.33 *Option* entre le tri et l'instruction. Lorsqu'une demande parvient au juge des référés, celui-ci se trouve devant une alternative. Il doit choisir le fondement sur lequel il va rendre sa décision : l'article L. 522-1 du CJA si la requête est sérieuse, l'article L. 522-3 si la requête n'a pas la moindre chance de succès. Il décide soit de lancer l'instruction contradictoire, soit de rejeter la demande par une ordonnance de tri. Il s'agit de deux procédures exclusives ; le choix de recourir à l'une ou l'autre présente un caractère irréversible, ainsi que l'a affirmé le Conseil d'État dans l'arrêt *SARL Les Belles demeures du Cap-Ferrat*. Dans un considérant de principe, la Section a posé la règle selon laquelle la procédure de droit commun en référé, mentionnée à l'article L. 522-1, était distincte de celle des ordonnances de tri organisée par l'article L. 522-3. Elle en a tiré la conséquence que, lorsque le juge des référés entame une procédure de droit commun en lançant le débat contradictoire entre les parties ou en les convoquant à une audience publique, il ne lui est plus possible de se raviser pour rejeter finalement la demande par une ordonnance de tri. La solution, dégagée pour les référés-suspension et liberté[3], vaut aussi naturellement pour le référé-mesures utiles[4].

1. F. Colcombet, Rapp. AN n° 2002, p. 55.
2. R. Garrec, Rapp. Sénat n° 380, p. 69.
3. CE, sect., 26 févr. 2003, Sté Les belles demeures du Cap Ferrat, req. n° 249264, *Lebon* 65 ; *AJDA* 2003. 498, Chron. F. Donnat et D. Casas ; *GACA*, 5e éd., 2016, n° 54 ; *RDI* 2003. 373, obs. A. Robineau-Israël ; *JCP* 2003. 10094, note J. Duval et V. Guinot ; *Coll. terr.* 2003. comm. n° 110, obs. T. Célérier – L'arrêt a été confirmé not. par CE 23 avr. 2003, Cne de Roquebrune-Cap-Martin, req. n° 251946, *Lebon T.* 912 ; *BJDU* 2003. 279, concl. F. Séners ; *Constr.-Urb.* 2003. comm. n° 192, obs. N. Rousseau.
4. CE 27 mai 2015, Aubert, req. n° 386195, *Lebon T.* ; *AJDA* 2015. 1070 ; *JCP Adm.* 2015, n° 2305, Chron. O. Le Bot.

Elle constitue un revirement par rapport à l'arrêt *Breucq* du 16 février 2001[1]. Dans cette décision, le Conseil d'État avait considéré « que le juge des référés pouvait faire application de la procédure de tri, alors même qu'il avait engagé la procédure contradictoire en communiquant la requête au défendeur ». Cette solution était justifiée par des raisons de commodité : certains tribunaux administratifs avaient en effet choisi de confier au greffe le soin de lancer la procédure de l'article L. 522-1 avant même qu'un magistrat n'examine le dossier ; ils se réservaient toutefois la possibilité d'user ensuite de la procédure de l'article L. 522-3 et de statuer par une ordonnance de tri. L'abandon de cette solution a été justifié par les termes mêmes du Code de justice administrative. L'article L. 522-3 dispose que le juge peut prendre une ordonnance de tri s'il estime, « au vu de la demande », qu'elle est dépourvue de succès. Cette disposition montre bien que le législateur n'a pas entendu permettre au juge des référés de se faire progressivement une conviction sur les chances de succès de la demande. Il doit opiner d'emblée alors même qu'aucune procédure contradictoire n'a encore débuté. En outre, il serait assez curieux que le juge des référés doive attendre le mémoire en défense pour s'apercevoir que la demande est à l'évidence dépourvue de toute chance de succès. S'il ne peut affirmer que les conditions d'une procédure de tri sont réunies, il doit alors y renoncer immédiatement et définitivement. Le juge des référés entache son ordonnance d'une irrégularité s'il rejette la requête par une ordonnance de tri après avoir lancé la procédure contradictoire[2].

Il en va différemment lorsque, après que la procédure a été engagée, intervient un désistement ou un évènement rendant sans objet la requête. Dans ce cas, le juge des référés peut, dans le cadre de son office, donner acte du désistement ou constater un non-lieu sans tenir d'audience. La décision qu'il rend, qui n'entre dans aucune des hypothèses mentionnées par l'article L. 522-3 du CJA, est susceptible d'appel devant le juge des référés du Conseil d'État si elle a été rendue en référé-liberté[3].

§ 2

Mise en œuvre du tri

A

Champ d'application de la procédure de tri

213.41 Référés d'urgence. La procédure de tri de l'article L. 522-3 du CJA est susceptible d'être mise en œuvre à l'égard des requêtes introduites sur le fondement des articles L. 521-1, L. 521-2 et L. 521-3.

213.42 Demande de réexamen. La demande de réexamen présentée sur le fondement de l'article L. 521-4 du CJA peut être rejetée par la procédure de tri de l'article L. 522-3[4].

1. CE 16 févr. 2001, Breucq, req. n° 229246, *Lebon T.* 1092 ; *AJDA* 2001. 465, Chron. M. Guyomar et P. Collin ; *RFDA* 2001. 669, concl. D. Chauvaux.
2. V. par ex. CE 13 juin 2003, Assoc. de défense de la vallée du Loing, req. n° 252542, NP.
3. CE 1er avr. 2019, M. Amalou, req. n° 426228, *Lebon T.*
4. CE, ord., 28 sept. 2001, Synd. national des ingénieurs et des cadres de l'aviation civile (Snicac), req. n° 238201, *Lebon T.* 1103 - CE 5 avr. 2004, SARL Restaurant Côte d'Azur, req. n° 260574, *Lebon T.* 829.

213.43 Référés « étude d'impact », « enquête publique » et « évaluation environnementale ». Dans la mesure où le référé « étude d'impact » (v. s^{s} n°s 821.09 s.) est soumis aux règles procédurales applicables aux référés d'urgence, la procédure de tri peut être mise en œuvre à son égard[1]. Cette solution devrait, pour la même raison, s'étendre aux référés « enquête publique » (v. s^{s} n°s 822.09 s.) et « évaluation environnementale » (v. s^{s} n°s 823.09 s.).

B

Hypothèses de recours au tri

213.51 Deux hypothèses. Aux termes de l'article L. 522-3 du CJA, la procédure de tri peut être mise en œuvre dans deux hypothèses distinctes : d'une part lorsque « la demande ne présente pas un caractère d'urgence », d'autre part lorsqu'il apparaît « manifeste, au vu de la demande, que celle-ci ne relève pas de la compétence de la juridiction administrative, qu'elle est irrecevable ou qu'elle est mal fondée ».

1

Défaut d'urgence

213.61 Présentation. La première hypothèse de tri concerne le défaut d'urgence. La loi n'exige pas que l'absence d'urgence présente un caractère « manifeste ». Ce motif de rejet confère par voie de conséquence une importante marge de manœuvre au juge des référés.

213.62 Illustrations. S'il demeure moins utilisé que le second chef de rejet, le tri au titre de l'absence d'urgence donne néanmoins lieu à de nombreuses applications. Par exemple, le dispositif de dépistage de la consommation de drogue au lycée français de Bangkok ayant fonctionné au cours de l'année scolaire sans donner lieu à des difficultés, le juge des référés considère que « l'indication, par une note du proviseur en date du 3 septembre 2001, que ce dispositif serait reconduit au cours de l'année scolaire 2001-2002 ne peut être regardée comme créant une situation d'urgence »[2]. De même, il n'y a pas d'urgence à suspendre l'exécution de dispositions mises en œuvre depuis plus de dix-sept ans[3].

Le juge peut rejeter une demande sur le fondement de l'article L. 522-3 si l'argumentation développée par le requérant sur l'urgence est insuffisamment probante[4].

213.63 Cas où l'urgence est présumée. Le juge du tri peut-il rejeter pour défaut d'urgence une requête dirigée contre un acte bénéficiant d'une présomption d'urgence ? (sur le mécanisme de la présomption d'urgence, v. s^{s} n° 222.251). Le Conseil

1. CE 14 mars 2001, C^{ne} de Goutrens, req. n° 230134, *Lebon* 126 ; *AJDA* 2001. 465, Chron. M. Guyomar et P. Collin ; *D.* 2001. 1364, et les obs. ; *RFDA* 2001. 832, concl. D. Chauvaux ; *BJDU* 2001. 104, concl. D. Chauvaux ; *RD publ.* 2001. 15, concl.
2. CE, ord., 10 sept. 2001, Hartmann, req. n° 238020, NP - pour d'autres applications, v. not. CE, ord., 2 sept. 2002, Sopena, req. n° 249944, NP - CE, ord., 21 janv. 2003, C^{ne} des Angles, req. n° 253421, NP - CE, ord., 6 nov. 2003, S^{té} coordination en véhicules accidentés et en pièces de remploi, req. n° 261489, NP - CE, ord., 7 avr. 2003, Saez, req. n° 266279, NP - CE, ord., 16 févr. 2005, SARL Médiation et arguments, req. n° 277584, NP - CE, ord., 9 mars 2006, Selafa mandataires judiciaires associés, req. n° 290642, NP.
3. CE, ord., 21 janv. 2002, Auto-école Bergson, req. n° 242051, NP.
4. CE, ord., 12 juill. 2001, M'Hamdi, req. n° 248507, NP.

d'État l'a exclu dans le cas d'une décision de préemption contestée par l'acquéreur évincé[1]. La solution paraît concerner tous les cas de présomption d'urgence. Même si, au vu de la requête, le juge est convaincu de la nécessité de renverser dans un cas d'espèce la présomption d'urgence, il ne peut rejeter la demande de suspension sur ce fondement qu'au vu des observations présentées par l'administration sur ce point, uniquement donc selon la procédure contradictoire de l'article L. 522-1.

213.64 **Conception du défaut d'urgence.** Le juge retient une conception large de ce motif de tri. Celui-ci concerne tout d'abord, et naturellement, les demandes ne présentant pas un caractère d'urgence. Mais il recouvre aussi, plus largement, les demandes qui ne nécessitent pas une intervention rapide du juge. C'est le cas, notamment, du recours formé contre une décision ayant épuisé ses effets et se trouvant, par conséquent entachée d'irrecevabilité. Ainsi, dans une ordonnance *Oulai Doué*, le juge des référés du Conseil d'État relève que l'arrêté contesté devant le premier juge a cessé de produire ses effets au jour de l'introduction de la requête d'appel. Au lieu de rejeter la demande d'appel comme manifestement irrecevable, le juge affirme qu'elle doit être rejetée comme ne satisfaisant pas à la condition d'urgence énoncée à l'article L. 521-2 du Code de justice administrative[2]. Dans le même sens, le Conseil d'État a affirmé que le juge des référés ne commet pas d'erreur de droit en rejetant une demande pour défaut d'urgence « alors même qu'il aurait pu décider qu'il n'y avait pas lieu de statuer sur la demande »[3].

2
Incompétence, irrecevabilité ou caractère mal fondé

213.71 **Évidence requise.** La seconde hypothèse de tri concerne les demandes qui ne relèvent pas de la compétence de la juridiction administrative, sont irrecevables ou mal fondées. Conformément à la lettre de l'article L. 522-3 du CJA, cette hypothèse ne peut s'appliquer que si l'incompétence juridictionnelle, l'irrecevabilité de la demande ou le défaut de pertinence de l'argumentation présente un caractère évident. L'irrecevabilité, l'incompétence ou l'absence de bien-fondé de la requête est regardée comme manifeste dès l'instant où elle ressort clairement et sans ambiguïté des pièces du dossier. Pour satisfaire à cette exigence, elle n'a pas en elle-même à présenter un caractère grossier[4]. La jurisprudence offre des applications variées de ces trois motifs de rejet.

1. CE 26 janv. 2005, Clech, req. n° 273955, NP ; *AJDA* 2005. 742 ; *BJDU* 2005. 146, obs. J.-C. Bonichot.
2. CE, ord., 16 avr. 2002, Oulai Doué, req. n° 245140, NP – v. dans le même sens : CE, ord., 26 avr. 2004, Souloumiac, req. n° 266849, NP : la requête, enregistrée le 23 avril 2004 au secrétariat du contentieux du Conseil d'État, tendait à enjoindre à l'administration d'autoriser la requérante à se présenter aux épreuves d'un concours organisé le 20 avril. La requête est entachée d'irrecevabilité. Le juge la rejette néanmoins sur le motif de l'absence d'urgence.
3. CE 30 déc. 2002, Urban, req. n° 248895, *Lebon T.* 864 ; *RDI* 2003. 202, obs. P. Soler-Couteaux.
4. V. N. Boulouis, concl. sur CE 4 nov. 2005, ville de Dijon, req. n° 278895, *AJDA* 2005. 2421 : indiquant que « si le juge des référés rejette une demande, par application de la procédure de tri, sur le terrain de la compétence, cela ne doit pas être pour la raison qu'il s'estime grossièrement incompétent mais parce que l'évidence des pièces du dossier lui dicte de se déclarer incompétent sans qu'il soit besoin d'une procédure contradictoire ». En l'espèce, adhérant à cette lecture, le Conseil d'État règle de manière inédite une question juridique complexe concernant la compétence juridictionnelle pour connaître d'un litige entre Gaz de France et une commune relatif à la possibilité pour celle-ci d'avoir accès aux contrats dits « réglementés ».

213.72 Incompétence manifeste. Ne relève manifestement pas de la compétence de la juridiction administrative :

- le recours formé contre une décision juridictionnelle[1] ou visant l'exercice par une autorité de prérogatives indissociables de la mise en œuvre de ses fonctions juridictionnelles[2] ;

- la demande dirigée contre un acte de gouvernement[3] ;

- la requête formée contre une mesure d'ordre individuel relative à l'attribution d'un avantage de retraite au titre d'un régime relevant de la Caisse nationale d'assurance vieillesse[4] ;

- le recours dirigé contre la décision du président de l'Assemblée nationale constatant l'ajournement des travaux de cette assemblée[5] ;

- le litige portant sur les conditions dans lesquelles le requérant a fait l'objet de mesures d'incarcération et de contrôle judiciaire au cours de la procédure d'extradition engagée à son encontre[6] ;

- le litige mettant en cause les rapports de droit privé entre un service public industriel et commercial et un usager[7].

Alors que l'article L. 522-3 limite ce premier chef de tri aux demandes qui ne relèvent pas de la compétence « de la juridiction administrative », le juge des référés du Conseil d'État en a admis la mise en œuvre pour les requêtes qui, relevant de la compétence de l'ordre juridictionnel administratif, ont néanmoins été portées devant une juridiction administrative territorialement incompétente[8].

1. Décision rendue par une juridiction administrative générale : CE, ord., 11 juin 2003, Rousselle, req. n° 257494, NP ; CE, ord., 30 juin 2003, Lecomte, req. n° 257914, NP ; CE, ord., 29 juin 2005, Portier, req. n° 281928, NP - par une juridiction administrative spéciale : CE, ord., 11 déc. 2003, Allag, req. n° 262549, NP (décision de la Commission de recours des réfugiés) - par une juridiction pénale : CE, ord., 3 avr. 2001, Murat, req. n° 232012, NP ; CE, ord., 14 août 2003, Castelli, req. n° 259457, NP - ou encore par une juridiction civile : CE, ord., 28 févr. 2005, Vuillet, req. n° 277999, NP.
2. CE 14 déc. 2004, Bahloul, req. n° 275073, *Lebon T.* 828 ; *AJDA* 2005. 742 : demande visant à ce qu'il soit enjoint à un chef de juridiction de mettre au rôle une affaire.
3. CE, ord., 7 nov. 2001, Tabaka, req. n° 239761, *Lebon T.* 789 ; *RD publ.* 2001. 1645, note P. Jan ; *LPA* 22 mars 2002, n° 59, p. 15, note O. Curtil : à propos de l'abstention du Président de la République à déférer une loi au Conseil constitutionnel - CE, ord., 14 mars 2003, Brossollet, req. n° 255101, NP : décret du Président de la République tendant à soumettre deux projets de loi constitutionnelle au Parlement réuni en Congrès - CE, ord., 8 sept. 2005, Gaiffe, req. n° 284832, NP : demande visant à enjoindre au gouvernement de déposer un projet de loi devant l'une ou l'autre assemblée qui compose le Parlement.
4. CE, ord., 31 déc. 2002, Bakayoko, req. n° 252977, NP.
5. CE, ord., 9 avr. 2002, Catsiapis, req. n° 244924, NP.
6. CE, ord., 30 janv. 2003, Smaali, req. n° 253668, NP.
7. CE 4 nov. 2005, ville de Dijon, req. n° 278895, *Lebon T.* 1023 ; *AJDA* 2005. 2421, concl. N. Boulouis ; *Contrats Marchés publ.* 2006/1. 21, note Ph. Kovar : litige entre Gaz de France et une commune relatif à la possibilité pour celle-ci d'avoir accès aux contrats dits « réglementés ».
8. CE, ord., 13 mai 2003, Castelli, req. n° 256745, NP : affirmant « que si la juridiction administrative n'est pas manifestement incompétente pour connaître de la demande de M. Castelli, en revanche celle-ci ne relève pas de la compétence en premier et dernier ressort du Conseil d'État et doit par suite être rejetée selon la procédure de tri prévue par l'article L. 522-3 du Code de justice administrative » - V., dans le même sens : CE, ord., 18 juill. 2003, SARL Le Picadilly, req. n° 258569, NP.

213.73 Irrecevabilité manifeste. S'agissant des demandes manifestement irrecevables, le juge des référés a par exemple qualifié comme telles :

- la demande d'annulation d'une décision administrative[1] ;
- la demande formée hors délai[2] ;
- ou encore la demande tendant au prononcé d'une injonction qui aurait des effets en tous points identiques à une annulation[3].

213.74 Demande manifestement mal fondée. La notion de demande manifestement mal fondée est entendue de façon particulièrement large par le juge des référés.

Elle comprend, tout d'abord, les demandes qui ne satisfont pas à une ou plusieurs des conditions d'octroi des articles L. 521-1, L. 521-2 ou L. 521-3 du CJA. Par exemple, le juge des référés a pu affirmer « que les conditions de mise en œuvre de l'article L. 521-2 du Code de justice administrative n'étant manifestement pas remplies, les conclusions correspondantes doivent être rejetées par application de l'article L. 522-3 du même code »[4].

La notion de requête mal fondée est appréhendée plus largement puisqu'elle recouvre également, dans la jurisprudence administrative, les requêtes qui, pour une raison quelconque, sont insusceptibles d'aboutir. C'est le cas de la demande qui repose sur des éléments manquant en fait[5], qui ne repose sur aucun moyen[6] ou qui est dépourvue d'objet à la date de son introduction[7]. De façon plus surprenante, peuvent également être considérées comme mal fondées les requêtes qui ne peuvent aboutir pour une raison tenant à la compétence ou à la recevabilité, donc relevant des deux précédents chefs de tri[8].

C
Procédure de tri

1
Juridictions concernées

213.81 Juge de première instance. Au sein de la juridiction administrative, la procédure de tri de l'article L. 522-3 du CJA peut être mise en œuvre par le juge saisi en première instance, qu'il s'agisse du juge des référés du tribunal administratif ou du juge des référés du Conseil d'État. L'appréciation à porter pour l'application de cette disposition « est fonction de la nature des éléments de droit et de fait dont le juge des référés

1. CE, ord., 11 août 2005, Millan, req. n° 283995, NP.
2. CE 26 déc. 2013, min. de l'Intérieur c/Bamgbopa, req. n° 372207, NP.
3. CE, ord., 1er mars 2001, Paturel, req. n° 230794, *Lebon T.* 1134.
4. CE, ord., 15 févr. 2001, Perrier, req. n° 230318, NP.
5. CE, ord., 15 janv. 2001, Charlery-Adele, req. n° 229162, *Lebon* 14.
6. CE, ord., 28 mai 2002, Génération écologie, req. n° 247329, NP.
7. CE, ord., 16 mars 2001, Commission de propagande du canton de Grimaud, req. n° 231336, *Lebon T.* 1135.
8. V. par ex. CE, ord., 29 nov. 2002, Assoc. des entraîneurs de chevaux de course et a., req. n° 251921, NP : regardant comme mal fondée la requête tendant à suspendre l'effet d'un jugement rendu par un tribunal des affaires de sécurité sociale alors qu'il est manifeste qu'une telle demande ne relève pas de la compétence de la juridiction administrative – V., dans le même sens, CE, ord., 17 janv. 2006, SCI Le Gambetta, req. n° 289047, NP.

a connaissance »[1]. Cela signifie que l'appréciation réalisée par le juge est tributaire de l'argumentation développée par le requérant à l'appui de sa demande. Une motivation insuffisamment précise et convaincante expose son auteur à un rejet immédiat.

213.82 Juge d'appel du Conseil d'État (référé-liberté). L'article L. 522-3 du CJA peut également être utilisé par le juge d'appel du référé-liberté. Il lui appartient, pour la mise en œuvre de cette disposition, « de prendre en compte les éléments recueillis par le juge de premier degré » dans le cadre de la procédure contradictoire écrite et orale qu'il a diligentée[2]. Par exemple, dans une ordonnance du 22 octobre 2001, le juge d'appel s'appuie expressément sur les résultats de l'audience publique qui s'est tenue devant le premier juge. Il affirme, pour rejeter la demande, qu'« il résulte de l'instruction et notamment des déclarations faites à l'audience publique tenue par le juge des référés du tribunal administratif de Caen par le président du syndicat mixte, que le terrain des requérants est sur le point de leur être restitué »[3].

Le juge d'appel peut rejeter comme manifestement mal fondée une demande d'appel[4]. Il peut de même rejeter comme manifestement irrecevable l'appel interjeté devant le Conseil d'État hors délai[5] ou alors que la décision contestée devant le premier juge a épuisé ses effets[6].

213.83 Juge des référés d'une cour administrative d'appel (référé-suspension). Le juge des référés d'une cour administrative d'appel devant laquelle est introduit un recours au fond peut, dans le cadre d'un référé-suspension qui en constitue l'accessoire, rejeter par une ordonnance de tri la requête présentée sur le fondement de l'article L. 521-1 du CJA[7].

2
Procédure sans instruction

213.91 Procédure simplifiée. Lorsque la demande soumise au juge entre dans le champ de la procédure de tri, l'article L. 522-3 du CJA organise une « procédure simplifiée »[8] sans instruction ni audience :

1. CE, ord., 15 janv. 2001, Charlery-Adele, req. n° 229162, *Lebon* 14 - CE, ord., 26 janv. 2001, Gunes, req. n° 229954, *Lebon* 38 - CE, ord., 9 févr. 2001, Fauvet, req. n° 230136, *Lebon* 55 - CE, ord., 8 févr. 2001, Guillou, req. n° 229948, *Lebon T.* 1129 - CE, ord., 30 mars 2001, Schoettl, req. n° 231963, NP - CE, ord., 21 mars 2001, Rahal, req. n° 231531, NP - CE, ord., 2 mars 2001, Dauphine, req. n° 230798, NP - CE, ord., 18 oct. 2001, Assoc. groupe local Cimade Montpellier, req. n° 239071, NP - CE, ord., 22 oct. 2001, Gonidec et Brocas, req. n° 239165, NP - CE, ord., 6 sept. 2002, Tetaahi, req. n° 250120, NP.
2. V. les décisions citées note précédente.
3. CE, ord., 22 oct. 2001, Gonidec et Brocas, req. n° 239165, NP.
4. CE, ord., 22 mars 2001, Cne d'Éragny-sur-Oise, req. n° 231463, *Lebon T.* 1134 ; *RGCT* 2001. 965, Chron. J.-C. Ricci - CE, ord., 10 avr. 2001, Synd. national unifié des directeurs, des instituteurs, des professeurs des écoles de l'enseignement public Force ouvrière (Snudi-FO) du Maine-et-Loire, req. n° 232336, *Lebon T.* 1090 - CE, ord., 9 juill. 2001, Boc, req. n° 235696, NP : requérants manifestement mal fondés à demander l'annulation de l'ordonnance par laquelle le premier juge a rejeté leurs conclusions tendant au prononcé d'une injonction qui aurait des effets en tous points identiques à une annulation - CE, ord., 23 mai 2001, Jacques VII, req. n° 239884, NP.
5. CE, ord., 16 mai 2002, Auto-école SOS permis, req. n° 246813, NP.
6. CE, ord., 29 oct. 2001, SARL Objectif, req. n° 239443, NP.
7. V. par ex. CAA Paris, ord., 27 mars 2012, Sté International Hostel, req. n° 12PA00742, NP.
8. CE, ord., 12 janv. 2001, Hyacinthe, req. n° 229039, *Lebon* 12 ; *AJDA* 2001. 589, note J. Morri et S. Slama ; *D.* 2001. 526, et les obs. - CE 28 déc. 2001, Lodama, req. n° 232132, NP.

– en vertu de l'article R. 522-10, le juge est dispensé de l'obligation de notifier la requête au défendeur (inapplication de l'article R. 522-4), de convoquer les parties à l'audience (inapplication de l'article R. 522-6) et de communiquer préalablement les moyens d'ordre public soulevés par le juge (inapplication de l'article R. 611-7[1]) ;

– conformément à l'article R. 522-2, le juge n'a pas à inviter les requérants à procéder à une quelconque régularisation ;

– enfin, le juge n'a pas à attendre la production d'un mémoire complémentaire annoncé par le requérant[2]. Selon la formule de l'article L. 522-3, il statue « au vu de la requête ».

L'ordonnance de tri étant rendue « au vu de la requête », le juge ne peut se baser sur des éléments extérieurs à celle-ci, telles que des informations « relayées par les médias »[3].

213.92 Intérêt pour le juge. En permettant au juge de faire l'économie d'une instruction contradictoire et d'une audience publique, l'article L. 522-3 du CJA permet le prononcé d'une décision – par hypothèse de rejet – dans un délai très bref. Tout l'intérêt du tri est là, dans cette facilité et rapidité d'utilisation puisque la décision intervient dans les jours qui suivent l'introduction de la requête, voire le jour même de son introduction[4]. En épargnant au juge une perte de temps inutile, elle lui permet d'intervenir avec la célérité requise dans les cas qui le commandent réellement.

213.93 Conséquence pour le requérant. L'existence du tri montre l'impérieuse nécessité pour les justiciables de motiver leur requête de la façon la plus convaincante possible dès l'introduction de la requête, cette rédaction conditionnant l'organisation d'une instruction contradictoire et d'une procédure orale sur le fondement de l'article L. 522-1 du CJA. Le juge se fonde parfois expressément sur la faiblesse de l'argumentation développée par le requérant pour rejeter sa demande selon la procédure de tri[5].

3
Ordonnance de tri

213.101 Mentions obligatoires. La décision de tri rendue sur le fondement de l'article L. 522-3 du CJA doit comporter certaines mentions obligatoires propres aux ordonnances (v. s[s] n°s 214.41 s.). Elle est toutefois dispensée, du fait de sa nature, des mentions suivantes :

– convocation à l'audience ;
– preuve de l'accomplissement du contradictoire ;
– formule exécutoire.

1. CE 23 nov. 2005, Boisset, req. n° 280208, NP.
2. CE, ord., 3 janv. 2003, Belminar, req. n° 253045, *Lebon T.* 927 ; *AJDA* 2003. 953, note J.-P. Markus – CE, ord., 20 juin 2003, Pascal, req. n° 257827, NP – CE, ord., 5 sept. 2003, Keller, req. n° 259991, NP – CE, ord., 7 juill. 2004, Abdallah, req. n° 269571, NP – CE, ord., 8 juill. 2004, *Dia*, req. n° 269651, NP – CE, ord., 13 oct. 2004, Merabet, req. n° 273068, NP.
3. CE 13 déc. 2017, Pica-Picard, req. n° 415207, *Lebon T.* ; *AJDA* 2018. 1046, note D. Roman ; *JCP Adm.* 2018, n° 2141, Chron. O. Le Bot.
4. V. par ex. CE, ord., 15 févr. 2001, Perrier, req. n° 230318, NP.
5. V. par ex. CE, ord., 10 janv. 2002, Massal, req. n° 241746, NP.

L'ordonnance de tri peut également se prononcer sur certaines questions accessoires telles la condamnation du requérant à une amende pour recours abusif (v. s[s] n° 214.82).

213.102 Mention de l'article L. 522-3 du CJA. Il arrive que le juge des référés mette en œuvre la procédure de tri sans mentionner le texte de l'article L. 522-3 du CJA ni les conditions de son application. Dans une telle hypothèse, le recours à la procédure de tri se déduit de l'absence de convocation des parties à une audience[1]. Lorsque le juge ne met pas en œuvre la procédure de l'article L. 522-1, c'est, nécessairement, qu'il applique celle de l'article L. 522-3. À cet égard, le Conseil d'État ne censure pas la décision qui met en œuvre la procédure de tri sans faire mention de l'article L. 522-3[2].

213.103 Motivation du rejet. L'ordonnance de tri doit, en vertu de l'article L. 522-3 du CJA, être motivée. L'examen des arguments du demandeur doit apparaître dans les motifs de la décision et l'on doit tenir pour insuffisante une simple affirmation sans explication spécifique. Un juge des référés qui vise les mémoires produits, analyse les moyens invoqués, cité les dispositions dont il fait application et relève qu'aucun moyen ne paraît propre à créer un doute sérieux quant à la légalité de la décision dont la suspension est demandée, motive suffisamment son ordonnance, sans qu'il soit tenu d'expliciter davantage pourquoi il estime la demande manifestement mal fondée[3].

213.104 Communication de l'ordonnance. L'ordonnance de tri n'a pas à être communiquée à l'administration puisque, par hypothèse, il n'y a pas de défendeur. Elle fera l'objet d'une notification au seul requérant. Néanmoins, il est loisible au juge des référés d'adresser, « pour information », une copie de sa décision aux autorités intéressées[4].

4
Pratique du tri

213.111 Un quart des requêtes triées. En tant qu'il conditionnait pour une part importante le succès de la réforme du 30 juin 2000, l'article L. 522-3 du CJA a été présenté par le président Labetoulle comme une disposition « à manier sans complexe »[5]. Les cas de mises en œuvre du tri se sont stabilisés à un taux situé entre 20 et 25 %.

213.112 Une procédure peu appréciée des requérants. De manière générale, le tri est peu apprécié des justiciables et de leurs avocats[6]. Il est vrai que cette procédure présente un caractère expéditif et, en l'absence d'audience publique, affaiblit les garanties auxquelles a habituellement droit le requérant. En outre, dans le cas du référé-

1. V. par ex. CE, ord., 29 avr. 2002, Joana, req. n° 245658, NP.
2. CE 23 avr. 2003, SARL Siminvest, req. n° 251989, *Lebon* 178 ; *Dr. adm.* 2003, comm. n° 133, note P. Cassia.
3. CE 19 nov. 2003, Guillot, req. n° 258318, *Lebon T.* 914 ; *AJDA* 2004. 615.
4. V. par ex. CE, ord., 1er juin 2001, Ploquin, req. n° 234321, *Lebon T.* 1126 – CE, ord., 20 nov. 2002, Deloose, req. n° 251803, NP.
5. D. Labetoulle, « La genèse de la loi du 30 juin 2000 », *in* P. Wachsmann (dir.), *Le nouveau juge administratif des référés. Réflexions sur la réforme opérée par la loi du 30 juin 2000*, colloque 6 déc. 2000, Presses universitaires de Strasbourg, 2002, p. 22.
6. V. P. Moukoko, « La procédure de tri devant le juge des référés », *JCP* 2006. II. 10100 – Ch. Pouly, « Référés d'urgence et modernisation de la justice administrative. Regards sur la loi du 30 juin 2000 » (Colloque Sciences Po, 6 juin 2012), *Dr. adm.* 2010, étude 16, § 21.

liberté, elle prive le demandeur de la possibilité de former un appel devant le juge des référés du Conseil d'État, la voie de la cassation étant seule ouverte contre les ordonnances de tri (v. s^s n° 235.31).

213.113 Procédure offrant des garanties aux requérants. Les inconvénients que présente la procédure de tri pour les justiciables doivent être relativisés.

D'une part, elle ne prive pas le demandeur de toute garantie dans la mesure où la procédure de tri doit, en vertu de l'article L. 522-3 du CJA, donner lieu à une ordonnance de rejet « motivée ».

D'autre part, la procédure de tri peut se révéler favorable au demandeur à plusieurs titres. En fonction de la motivation du rejet, le requérant pourra tout d'abord, dans un délai plus bref que lors d'un référé suivi d'une audience, présenter une nouvelle demande. L'ordonnance de rejet, par ses motifs, indiquera le problème qui se pose, et permettra le cas échéant au demandeur d'y remédier. Le jour même du rejet de sa requête pour une irrecevabilité dont le motif lui est indiqué, il peut présenter une nouvelle demande en reformulant par exemple ses conclusions ou en produisant une copie du recours au fond. Il n'est enfermé, pour ce faire, dans aucun délai. D'un point de vue concret, les effets sont à peu près les mêmes que si le juge des référés l'avait invité à régulariser la requête. Il peut également présenter une nouvelle requête mieux motivée. En cas de rejet pour défaut d'urgence, il est parfois possible de mieux l'établir dans une nouvelle demande assortie d'explications et de justifications appropriées. Même dans le pire des cas, celui où aucune régularisation n'est possible, un rejet sans instruction aura le mérite de ne pas exposer le requérant à une demande de remboursement des frais irrépétibles de l'adversaire. Et en toute hypothèse, une éventuelle erreur commise par le juge du premier degré dans la mise en œuvre de la procédure de tri peut être rectifiée devant le Conseil d'État.

§ 3

Recours contre les ordonnances de tri

213.121 Cassation. Les ordonnances de tri du juge des référés d'un tribunal administratif (ou, le cas échéant, d'une cour administrative d'appel dans le cas d'un référé-suspension) peuvent être contestées par la voie de la cassation. Cette voie de recours est la seule ouverte contre les ordonnances de tri de l'article L. 522-3 du CJA, y compris, a jugé le Conseil d'État, dans les hypothèses où la requête a été introduite devant le premier juge sur le fondement de l'article L. 521-2 (v. s^s n° 235.31).

SECTION 2

Jugement accéléré des demandes présentant un intérêt sérieux

213.131 Mise à l'instruction en l'absence de tri. Si la demande passe le filtre du tri, c'est-à-dire présente un intérêt suffisamment sérieux, elle est mise à l'instruction et jugée de manière accélérée.

213.132 Délai de jugement. Lorsque le juge a opté pour la procédure de l'article L. 522-1 du CJA, la loi lui impartit de statuer « dans les meilleurs délais » au titre du référé-suspension et du référé-mesures utiles (CJA, art. L. 511-1) et dans un délai de 48 heures pour le référé-liberté. Le délai moyen de jugement est de 3 à 5 jours pour le référé-liberté selon les années, de 20 jours pour le référé-suspension et de 25 jours pour le référé-mesures utiles.

213.133 Conciliation entre célérité et contradiction. Pour le juge, l'obligation de statuer dans un délai bref - ou très bref - après l'enregistrement de la requête nécessite d'instruire avec célérité les demandes présentées sur le fondement des articles L. 521-1, L. 521-2 et L. 521-3 du CJA. Pour que le juge des référés puisse statuer rapidement et au vu d'un dossier étayé, il lui appartient d'organiser une instruction efficace dans un laps de temps très bref. Astreint à statuer dans un délai resserré, il ne saurait pour autant sacrifier la qualité de son information ni méconnaître les exigences de la contradiction.

La conciliation entre le principe du contradictoire et l'impérieuse célérité est expressément prévue par l'article L. 5 du CJA, aux termes duquel « Les exigences de la contradiction sont adaptées à celles de l'urgence ». Cette conciliation est mise en œuvre par l'article L. 522-1 alinéa 1 du CJA, prévoyant que le juge statue « au terme d'une procédure contradictoire écrite *ou orale* ». L'organisation d'une phase orale, c'est-à-dire la tenue d'une audience publique est obligatoire pour le référé-suspension et le référé-liberté (CJA, art. L. 522-1, al. 2). Elle est, en revanche, facultative dans le cadre du référé-mesures utiles, sauf lorsque cette voie de droit est engagée pour obtenir l'expulsion d'un occupant sans titre du domaine public (v. ss no 243.52).

L'audience permet de conjuguer l'information du juge et des parties avec la rapidité de l'instruction. L'oralité permet « de respecter le caractère contradictoire de la procédure plus rapidement que toute procédure écrite et d'éclairer plus complètement le juge sur la mesure à prendre »[1].

Techniquement, la seule exigence qui s'impose au juge préalablement à l'audience consiste à communiquer la requête introductive d'instance au défendeur. Pour le reste, l'instruction peut se dérouler exclusivement à l'audience. Il en résulte qu'une fois la requête admise et communiquée au défendeur, l'instruction peut ensuite revêtir un caractère purement oral.

213.134 Instruction et charge de la preuve. Une fois l'affaire mise à l'instruction, la charge de la preuve ne pèse pas plus particulièrement sur le demandeur. Le juge des référés doit se déterminer au vu de l'ensemble des éléments produits devant lui (v. ss no 212.85).

213.135 Deux phases. Après transmission de la requête au défendeur et convocation des parties, un échange de mémoires écrits va le plus souvent précéder la tenue de l'audience. La clôture de l'instruction n'intervient qu'à l'issue de celle-ci.

§ 1

Phase liminaire de l'instruction

A

Deux formalités préalables

213.141 Transmission de la requête au défendeur. L'article R. 522-4 du CJA impose au juge des référés de procéder à une notification immédiate de la requête au défen-

1. Rapp. du groupe de travail du Conseil d'État sur les procédures d'urgence, *RFDA* 2000. 950.

deur et de lui fixer un délai de réponse des plus brefs. Il existe une obligation de principe de communiquer la requête introductive d'instance et de fixer un délai de réponse. Aucune mesure ne peut être régulièrement prescrite sans que le défendeur ait été avisé et mis à même de présenter ses observations (ce qu'il fera, le cas échéant, lors de l'audience). Les exigences de la contradiction sont satisfaites par la seule transmission de la requête, celle-ci s'effectuant, vu l'urgence, par fax ou Télérecours.

En revanche, le juge ne peut statuer avant l'expiration du délai donné au défendeur pour produire ses observations. Comme l'avait affirmé le juge du déféré-liberté, « ce n'est qu'à l'expiration de ce délai qu'il peut, nonobstant l'absence de telles observations, régulièrement statuer »[1].

L'article R. 522-4 prévoit que les délais fixés doivent être « rigoureusement observés », faute de quoi il est passé outre sans mise en demeure. Le juge des référés peut régulièrement statuer même si l'administration ne produit pas d'observations écrites et n'est pas représentée à l'audience[2].

La procédure est entachée d'irrégularité si, lors de la transmission de la requête au défendeur, la juridiction fixe un délai de 15 jours pour présenter ses observations tout en mentionnant les dispositions de droit commun des articles R. 611-3 et R. 613-1 du CJA. En effet, ces dispositions sont relatives à la clôture de l'instruction et prévoient la possibilité, pour le président de la formation de jugement, de clore l'instruction par la prise d'une ordonnance ou la communication aux parties de la date de l'audience. Elles ne sont pas applicables aux référés d'urgence. La procédure est irrégulière dès lors « que l'indication, dans la notification faite [au défendeur], de cette référence erronée, a pu lui faire croire qu'une mesure de clôture de l'instruction interviendrait, par ordonnance ou par communication de la date de l'audience à venir, avant que le juge des référés statue sur sa requête »[3].

213.142 Convocation à l'audience. L'article R. 522-6 du CJA dispose que « les parties sont convoquées sans délai et par tous moyens à l'audience ». La convocation des parties s'effectue, en pratique, par Télérecours, voire fax et téléphone.

Les parties doivent être régulièrement convoquées à l'audience. La procédure est entachée d'irrégularité si la convocation parvient à une partie postérieurement à la date à laquelle s'est tenue l'audience[4]. Le juge des référés du Conseil d'État a également sanctionné l'absence de convocation d'une administration centrale par un juge du premier degré[5].

Eu égard au délai imparti au juge pour statuer, les parties ne sont pas fondées à se plaindre de la brièveté des délais qui leur sont fixés. Les exemples les plus caractéristiques concernent le référé-liberté. Ainsi, l'administration peut valablement être

1. CE, ord., 13 juill. 1999, C^ne^ de Monétier-les-Bains, req. n° 210348, *Lebon* 246.
2. CE, ord., 22 mars 2002, min. de la Justice c/Caze, req. n° 244279, *Lebon T.* 852.
3. CE 8 mars 2006, Quard, req. n° 279787, NP ; *AJDA* 2006. 951.
4. CE 9 juill. 2003, C^ne^ de Toulon, req. n° 255171, NP : requête et convocation à l'audience reçues par le défendeur le 19 février par lettre recommandée, pour une audience devant se tenir le 17 février.
5. CE, ord., 28 août 2002, min. de l'Intérieur, de la Sécurité intérieure et des Libertés locales c/Koudjil, req. n° 249828, *Lebon T.* 851.

convoquée pour une audience devant se tenir le lendemain de la convocation[1]. De même, le requérant ne peut invoquer la violation du principe du contradictoire lorsque le juge décide de tenir audience le lendemain de l'introduction de sa requête[2]. Le Conseil d'État a considéré que le juge d'appel pouvait convoquer le défendeur pour une audience devant se tenir l'après-midi même[3]. Il a en revanche censuré, toujours en référé-liberté, une ordonnance d'un juge du premier degré procédant de manière comparable[4]. Tout est donc affaire de circonstances. C'est uniquement lorsque les données de l'affaire paraissent commander une intervention immédiate qu'un délai extrêmement bref sera admis.

Des délais de convocation relativement resserrés peuvent également être accordés aux parties dans les deux autres référés d'urgence : par exemple une convocation la veille de l'audience dans un référé-mesures utiles où l'administration requérante demandait l'expulsion d'un occupant sans titre du domaine public[5].

213.143 Affaire en état d'être jugée. En vertu de l'article R. 522-7 du CJA, l'affaire est en état d'être jugée dès lors que la requête a été notifiée au défendeur et que les parties ont été convoquées à l'audience publique.

213.144 Non-lieu à statuer ou désistement. Le juge des référés qui a engagé la procédure contradictoire de l'article L. 522-1 du CJA peut ne pas la conduire à son terme et, notamment, ne pas tenir d'audience publique, lorsqu'il est amené à constater un non-lieu à statuer ou donner acte d'un désistement[6].

B

Instruction écrite préalable

213.151 Possibilité d'une instruction écrite préalable. Une fois ces formalités accomplies, deux cas de figure peuvent se présenter. Tout d'abord, le défendeur peut choisir, comme il en a la faculté, de ne pas produire d'observations écrites et de développer l'ensemble de son argumentation lors de l'audience. Dans cette hypothèse, la phase orale de la procédure n'est pas précédée d'une phase écrite. En pratique toutefois, ce premier cas de figure se rencontre de façon tout à fait exceptionnelle. Dans l'écrasante majorité des affaires, le défendeur réplique par écrit à la requête intro-

1. CE, ord., 22 mars 2002, min. de la Justice c/Caze, req. n° 244279, *Lebon T.* 852 - CE, ord., 23 janv. 2013, C^ne^ de Chirongui, req. n° 365262, *Lebon* ; *AJDA* 2013. 199 ; *JCP Adm.* 2013, n° 2047, note H. Pauliat ; *JCP Adm.* 2013, n° 2048, note O. Le Bot - TA Versailles, ord., 12 juill. 2014, Haddar, req. n° 1404939 ; *AJCT* 2014. 558, obs. P. Rouquet.
2. CE, ord., 10 oct. 2003, Sagnard, req. n° 260867, NP.
3. CE 27 juill. 2001, Haddad, req. n° 231889, NP - On relèvera que sous l'état du droit antérieur, la jurisprudence relative au référé regardait comme insuffisant un délai de deux jours accordé au défendeur pour répliquer à la requête : CE 28 avr. 1989, *Gaz. Pal.* 21 juill. 1989, p. 3 - Il en allait de même dans le sursis à exécution : CE 11 mai 1977, Melki, *Dr. adm.* 1977, comm. n° 236 ; *RD publ.* 1978. 293.
4. CE 22 avr. 2010, min. de la Justice c/Mbarek, req. n° 338662, *Lebon T.* ; *AJDA* 2010. 929 ; *D.* 2011. 1306, obs. J.-P. Céré, M. Herzog-Evans et E. Péchillon ; *AJ pénal* 2010. 299, obs. E. Péchillon ; *RSC* 2010. 645, Chron. P. Poncela.
5. CE 30 sept. 2002, Laffrechine, req. n° 238682, *Lebon T.* 877 ; *AJDA* 2003. 102 ; *BJCL* 2003. 26, concl. G. Bachelier.
6. CE 25 mai 2010, SAS Therabel Lucien Pharma, req. n° 338996, *Lebon T.* ; *AJDA* 2010. 1613.

ductive d'instance, permettant ainsi que l'audience de référé soit précédée d'une instruction contradictoire.

Les échanges de mémoires qui s'y déroulent sont soumis au principe du contradictoire et aux dispositions de l'article R. 522-4 alinéa 2 du CJA prévoyant que « les délais les plus brefs sont donnés aux parties pour fournir leurs observations. Ils doivent être rigoureusement observés, faute de quoi il est passé outre sans mise en demeure ». En application du principe du contradictoire, il appartient au juge des référés de mettre le requérant à même de prendre connaissance du mémoire produit en défense. En effet, le Conseil d'État fait obligation au juge des référés, lorsqu'il met en œuvre la procédure de l'article L. 522-1, « de communiquer au demandeur par tous moyens, notamment en le mettant à même d'en prendre connaissance à l'audience publique, les observations de la partie adverse », cette communication devant être établie par les pièces du dossier, notamment par les visas de la décision ou par le procès-verbal de l'audience publique[1]. La procédure est régulière même si le mémoire en défense est communiqué au demandeur au début de l'audience, et cela quel que soit le temps mis par l'administration défenderesse pour produire ses observations écrites[2]. Lorsque les observations écrites en défense sont produites au cours de l'audience ou peu de temps avant, il revient au juge des référés « d'apprécier au cas par cas, en tenant compte notamment de ce que lui demande l'autre partie, qui peut souhaiter faire valoir des éléments nouveaux qu'elle n'était pas en mesure d'invoquer précédemment, s'il y a lieu soit de suspendre l'audience ou de différer la clôture de l'instruction à une date postérieure à celle-ci, soit au contraire de ne pas le faire »[3].

Une fois que la requête introductive d'instance et, le cas échéant, le mémoire en défense ont été transmis aux différentes parties, les exigences découlant de la contradiction sont moins contraignantes. Alors même que le défendeur n'a pas reçu communication de l'un des mémoires produits par le requérant, le principe du contradictoire n'est pas méconnu lorsque « le juge des référés [...] ne s'est pas fondé [...] sur des arguments de fait ou de droit auxquels [le défendeur] n'aurait pas été mis en mesure de répondre »[4].

213.152 Pratique d'une instruction écrite préalable. En pratique, l'administration respecte le plus souvent les délais qui lui sont fixés par le bureau des référés pour produire ses observations écrites. Elle met ainsi le requérant en mesure de prendre connaissance de son argumentation et, le cas échéant, d'y répliquer avant la tenue de l'audience. Durant le laps de temps (parfois bref) dont elles disposent avant l'audience, les parties peuvent échanger plusieurs mémoires écrits. Lorsque l'audience se tient

1. CE 5 nov. 2004, Assoc. pour la sauvegarde du patrimoine martiniquais, req. n° 260229, *Lebon T.* 816 ; *AJDA* 2005. 55 ; *RDI* 2005. 140, obs. P. Soler-Couteaux ; *BJDU* 2004/6. 471, obs. J.-C. Bonichot – v. *contra* CE, ord., 3 juin 2005, Olziibat, req. n° 281001, *Lebon T.* 776 ; *AJDA* 2005. 2196 ; *RTD eur.* 2006. 301, Chron. D. Ritleng : estimant la procédure régulière devant le premier juge alors même que le requérant n'a pas reçu communication des observations présentées en défense.
2. CE, ord., 22 mars 2001, Cne d'Éragny-sur-Oise, req. n° 231463, *Lebon T.* 1134 ; *RGCT* 2001. 965, Chron. J.-C. Ricci.
3. CE 18 oct. 2006, Synd. des copropriétaires de l'immeuble « Les jardins d'Arago », req. n° 294096, *Lebon T.* 1008 ; *AJDA* 2007. 46, concl. C. Devys ; *RDI* 2006. 510, obs. P. Soler-Couteaux.
4. CE 27 juill. 2001, Cne de Meudon, req. n° 231991, *Lebon T.* 1115 ; *RDI* 2001. 542, obs. P. Soler-Couteaux.

dans les jours qui suivent l'enregistrement de la requête, il n'est pas rare qu'elles produisent et répliquent en quelques heures aux arguments de la partie adverse. Cela permet de parfaire l'instruction avant l'audience de référé, pour une meilleure information du juge et des parties. La phase écrite n'est donc pas purement formelle. Elle conserve une réelle importance dans le déroulement de l'instruction. Dans le référé-suspension et le référé-liberté, elle se trouve systématiquement complétée par une phase orale.

§ 2

Phase orale de l'instruction

A

Principe de l'audience publique

213.161 Tenue de l'audience. La tenue d'une audience est obligatoire, en vertu de l'article L. 522-1 alinéa 2 du CJA, lorsque le juge intervient au titre des articles L. 521-1 et L. 521-2. Elle est en revanche facultative au titre de l'article L. 521-3, sauf lorsque la mesure utile demandée tend à ordonner l'expulsion d'un occupant sans titre du domaine public (v. s^{s} n° 243.52).

La tenue d'une audience a été rendue facultative durant certains épisodes de la crise-covid[1].

213.162 Publicité de l'audience. Qu'elle revête un caractère facultatif ou obligatoire, l'audience doit présenter un caractère public en vertu de l'article L. 6 du Code de justice administrative. Le non-respect de cette publicité des débats entraînerait l'irrégularité de l'ordonnance consécutive.

La dérogation au principe de la publicité de l'audience n'est possible qu'aux conditions fixées par l'article L. 731-1 du CJA : « par dérogation aux dispositions de l'article L. 6, le président de la formation de jugement peut, à titre exceptionnel, décider que l'audience aura lieu ou se poursuivra hors la présence du public, si la sauvegarde de l'ordre public ou le respect de l'intimité des personnes ou de secrets protégés par la loi l'exige ». Avant même l'entrée en vigueur de cette disposition, un juge des référés avait pu tenir une audience à huis clos afin de préserver l'intimité de la requérante atteinte d'un grave trouble neurologique[2]. L'article L. 731-1 a, par exemple, été appliqué à une personne ayant fait l'objet d'une perquisition administrative : l'intéressé a présenté une demande de huis clos en mettant en avant le respect de sa vie privée ; il a été fait droit à sa demande ; l'audience s'est en conséquence poursuivie hors la présence du public[3].

B

Audience intégrée à l'instruction

213.171 Audience publique partie intégrante de l'instruction. L'article R. 522-8 du Code de justice administrative prévoit que l'instruction est close, au plus tôt, à

1. Ord. n° 2020-305, 25 mars 2020, *JO* 26 mars 2020, art. 9.
2. TA Marseille, ord., 22 janv. 2004, req. n° 04427/0, NP.
3. CE, ord., 10 févr. 2016, req. n° 396744, NP – v. égal^{t}, pour une assignation à résidence, TA Lille, ord., 8 juill. 2016, Benarous, req. n° 1604978, NP.

l'issue de l'audience. Dans les procédures de droit commun, l'instruction est en principe close, au plus tard, trois jours francs *avant* l'audience (CJA, art. R. 613-2). Elle est donc close, dans les procédures ordinaires, au moment où se déroule la phase orale (CJA, art. R. 613-11). La place faite à l'oralité dans les référés d'urgence résulte du report de la date de clôture de l'instruction par rapport aux règles ordinaires. Par conséquent, les parties ont tout loisir pour y présenter des arguments, produire des pièces et préciser ou reformuler leurs conclusions.

213.172 Moyens. Lors de l'audience de référé, « il est loisible aux parties d'invoquer tout moyen de droit ou de fait »[1].

Les parties peuvent présenter des moyens entièrement nouveaux, c'est-à-dire qui n'avaient pas été développés ni même évoqués dans les mémoires écrits. La solution finalement retenue par le juge peut donc parfaitement s'appuyer sur des arguments apparus à l'audience. Il est parfaitement concevable, d'un point de vue juridique, que le défendeur développe l'ensemble de son argumentation lors de l'audience. Tel fut le cas dans l'affaire *Deperthes*. L'administration n'avait pas produit d'observations en défense mais, le jour de l'audience, le représentant du ministère de l'Intérieur a produit un décret du 13 janvier 1947 donnant une base légale à la décision attaquée. Le juge des référés s'est fondé sur ce texte pour rejeter la requête[2]. Une telle pratique, qui manque singulièrement de *fair-play* et oblige le requérant à répliquer en temps réel, est fort heureusement inhabituelle.

Des moyens de fait peuvent également être exposés pour la première fois au cours de l'audience : « dès lors qu'ils portent sur des faits antérieurs aux décisions administratives critiquées, des éléments peuvent utilement être produits devant le juge pour y être contradictoirement débattus, alors même que l'administration n'en avait pas eu connaissance avant de prendre ces décisions ». Ainsi, dans l'ordonnance *Sulaimanov*, des demandeurs d'asile ont pu apporter au cours de la procédure de référé des précisions sur les risques de persécution auxquels ils étaient exposés dans leur pays, et écarter les doutes que l'administration faisait valoir quant à leur origine tchétchène[3].

213.173 Pièces. Les parties peuvent produire des pièces complémentaires au cours de l'audience, quel que soit leur volume ou leur pertinence. Dans l'affaire *Tibéri*, le juge des référés a souhaité, au cours de l'audience, que le document précisant les modalités d'un débat politique soit versé au dossier et a demandé au représentant du bureau des référés que cette pièce soit aussitôt communiquée aux parties présentes à cette audience[4]. Une société peut également produire des documents comptables afin d'établir la réalité d'un préjudice économique[5].

1. CE, ord., 20 janv. 2005, Cne de Saint-Cyprien, req. n° 276475, *Lebon T.* 1022.
2. CE, ord., 9 janv. 2001, Deperthes, req. n° 228928, *Lebon* 1.
3. CE, ord., 25 mars 2003, min. de l'Intérieur, de la Sécurité intérieure et des Libertés locales c/Sulaimanov, req. n° 255237 *Lebon* 146 ; *AJDA* 2003. 1662, note O. Lecucq.
4. CE, ord., 24 févr. 2001, Tibéri, req. n° 230611, *Lebon* 85 ; *D.* 2001. 1748, note R. Ghévontian ; *RFDA* 2001. 629, note B. Maligner (comprenant un compte rendu détaillé de l'audience) ; *CCE* 2001, comm. n° 51, obs. G. Decocq et A. Lepage.
5. CE, ord., 14 févr. 2013, Lailler, req. n° 365459, *Lebon T.* ; *D.* 2013. 628, note O. Le Bot.

213.174 Conclusions. L'audience permet aux parties de préciser leurs conclusions.

Cela permet au requérant de reformuler ses conclusions initiales afin de ne pas se heurter à une fin de non-recevoir tirée de la méconnaissance des dispositions de l'article L. 511-1 du CJA. Le requérant peut ainsi indiquer que ses conclusions aux fins d'injonction doivent être regardées comme tendant à ce qu'il soit enjoint à l'autorité administrative, non de délivrer les visas sollicités, mais de procéder à un réexamen de la demande de visas[1].

Le requérant va pouvoir également clarifier des conclusions, par exemple en précisant que la demande visant à obtenir le sursis à exécution de l'ordonnance attaquée doit être entendue comme tendant à son annulation[2].

Le demandeur peut également ajouter de nouvelles conclusions[3].

Il peut enfin abandonner certaines conclusions, par exemple celles tendant à obtenir le versement d'une provision[4].

213.175 Importance de l'audience. L'audience joue un rôle essentiel dans les référés d'urgence. Elle représente « un moment décisif pour préciser les éléments du litige, discerner les questions délicates, esquisser des solutions »[5].

L'importance de l'audience de référé dans l'établissement des faits a d'ailleurs suscité une pratique au niveau du Conseil d'État : pour parfaire sa connaissance du dossier, le rapporteur chargé de l'instruction du recours au fond assiste systématiquement à l'audience de référé qui se tient, le cas échéant, dans la même affaire.

La juridiction apprécie d'être prévenue si une partie n'est pas en mesure de se rendre à l'audience.

C

Déroulement de l'audience

213.181 Absence de formalisme. L'audience publique se déroule sans formalisme particulier, dans un esprit proche de la procédure civile. Aucune solennité ne préside à son déroulement. Généralement, le juge des référés résume l'affaire, entend les parties et, le cas échéant, leur demande toute précision complémentaire afin d'avoir une connaissance la plus complète du dossier[6].

S'agissant du Conseil d'État, l'audience se tient le plus souvent dans une salle spéciale (la salle Odent) dont la disposition est nettement différente d'une salle d'audience classique. La procédure se déroule autour d'une grande table rectangulaire. Les parties sont assises de part et d'autre de celle-ci, leurs documents disposés

1. CE, ord., 18 févr. 2005, Launay et Benfdil, req. n° 277579, NP - CE, ord., 25 mars 2005, Soumbou, req. n° 278823, NP.
2. CE, ord., 6 janv. 2005, Landu-Diambu, req. n° 276105, NP.
3. V. par ex. CE, ord., 27 mai 2005, Section française de l'Observatoire international des prisons et a., req. n° 280866, *Lebon* 232 ; *AJDA* 2005. 1579, note A. Rainaud ; *D.* 2006. 1078, obs. J.-P. Céré, M. Herzog-Evans et E. Péchillon.
4. CE, ord., 14 mars 2005, Gollnisch, req. n° 278435, *Lebon* 103 ; *AJDA* 2005. 1633, note L. Burgorgue-Larsen ; *AJFP* 2005. 222, et les obs.
5. B. Stirn, « Juge des référés, un nouveau métier pour le juge administratif », *in Juger l'administration, administrer la justice. Mélanges en l'honneur de Daniel Labetoulle*, Dalloz, 2007, p. 799.
6. Pour un compte-rendu d'audience particulièrement détaillé : O. Dufour, « Affaire Iquioussen : Peut-on expulser un imam pour des "propos insidieux" ? », *Actu-juridique.fr*, 26 août 2022 [en ligne].

devant elles. Le juge se place en bout de table pour diriger l'audience. Il arrive que l'audience se tienne non pas dans la salle Odent mais dans la salle du contentieux, en particulier en cas de forte affluence.

Dans les tribunaux administratifs, l'audience se tient, soit dans une salle de réunion, soit dans une salle d'audience.

213.182 Échange entre le juge et les parties. Les parties - si elles sont présentes - peuvent tour à tour s'exprimer et échanger leurs observations en temps réel. Elles sont en mesure de répondre sans formalisme aux questions du juge des référés et d'exposer oralement leurs positions respectives. Chacune peut répliquer sans délai aux arguments de l'autre ; le juge confronte leurs positions. Les débats tenus au cours de l'audience publique permettent d'éclairer le juge de façon concrète sur les aspects matériels de l'affaire et ainsi d'obtenir des éléments complémentaires par rapport à ceux qui ressortent des mémoires écrits.

Il n'est pas rare que les échanges opérés sous l'égide du juge permettent aux parties de se rapprocher. « Saisi d'un litige qui n'est pas encore cristallisé, le juge fait ainsi office de médiateur, de conciliateur ou de quasi-arbitre entre les parties »[1].

213.183 Audition de tiers. Toute personne utile ou intéressée peut être entendue par le juge des référés. Ainsi dans l'affaire *Tibéri*, l'ordonnance souligne que la chaîne de télévision Canal +, qui était un tiers à l'instance, a « fait savoir, tant par divers courriers antérieurs à l'audience de référé qu'au cours de celle-ci », que deux candidats à la mairie de Paris à qui l'organisation d'un débat était refusée par la chaîne « pourraient s'exprimer le lendemain, au même horaire » que celui prévu pour les candidats des deux principales formations politiques[2].

213.184 Suspension d'audience. Le juge des référés peut suspendre l'audience pour permettre à une partie de prendre connaissance et de réagir à un élément produit par l'autre partie.

Tel est notamment le cas dans l'hypothèse d'une production tardive du recours principal devant le juge du référé-suspension. Il revient à ce dernier, « lorsque la copie de la demande au fond est produite au cours de l'audience, d'apprécier au cas par cas, en tenant compte notamment de ce que lui demande le défendeur, qui peut souhaiter faire valoir des éléments nouveaux qu'il n'était pas en mesure d'invoquer précédemment, s'il y a lieu soit de suspendre l'audience ou de différer la clôture de l'instruction à une date postérieure à celle-ci, soit au contraire de ne pas le faire »[3].

Le juge dispose de la même faculté lorsque le mémoire en défense est produit au cours de l'audience ou peu de temps avant celle-ci[4].

1. J.-M. Sauvé, *Bilan de quinze années d'urgence devant le juge administratif*, 5e édition des États généraux du droit administratif, 26 juin 2015, p. 6 (www.conseil-etat.fr).
2. CE, ord., 24 févr. 2001, Tibéri, req. n° 230611, *Lebon* 85 ; *D.* 2001. 1748, note R. Ghévontian ; *RFDA* 2001. 629, note B. Maligner ; *CCE* 2001, comm. n° 51, obs. G. Decocq et A. Lepage.
3. CE 30 juin 2004, Cne de Bertrange, req. n° 264295, *Lebon T.* 818 ; *AJDA* 2004. 1839.
4. CE 18 oct. 2006, Synd. des copropriétaires de l'immeuble « Les jardins d'Arago », req. n° 294096, *Lebon T.* 1008 ; *AJDA* 2007. 46, concl. C. Devys ; *RDI* 2006. 510, obs. P. Soler-Couteaux.

213.185 Mention dans l'ordonnance. Le juge mentionne parfois que des éléments ont été précisés, complétés[1] ou confirmés[2] à l'audience, ou encore que les questions qu'il a posées ont permis d'établir l'absence ou l'existence d'une décision donnée[3].

Il peut également relever que l'audience n'a pas apporté d'éléments nouveaux par rapport à ceux contenus dans les mémoires écrits. Dans l'ordonnance *Lidl*, le juge relève que la société requérante a allégué l'existence d'une urgence « sans apporter, *en particulier au cours de l'audience du 22 mars 2001*, le moindre élément concret d'appréciation »[4].

Le juge peut expressément se fonder sur les précisions données par l'administration lors de l'audience publique pour conclure au caractère infondé de la demande[5].

D

Caractère contradictoire de l'audience

213.191 Exigences de la contradiction. Les exigences de la contradiction s'imposent au stade de l'audience publique en vertu des dispositions des articles L. 5 et L. 522-1 du Code de justice administrative. L'ensemble des éléments versés aux débats doivent avoir fait « l'objet d'échanges contradictoires au cours de la procédure écrite ou lors de l'audience publique »[6]. Cela implique que le juge ne prenne en considération que les informations dont les parties ont eu connaissance et ont pu débattre dans la plus parfaite égalité.

La procédure est irrégulière si une pièce produite par une partie au cours de l'audience est prise en considération sans que l'ordonnance ou le procès-verbal d'audience fasse mention que cette pièce a été communiquée à l'autre partie au cours de la phase orale de la procédure (afin qu'elle soit mise en mesure d'en contester les énonciations)[7]. Le juge ne saurait en effet valablement fonder sa solution sur une pièce qui n'a pas été communiquée avant l'audience, ni au cours des débats.

Plus largement, le juge ne saurait « fonder sa décision sur un élément avancé par l'une des parties qui n'a pu faire l'objet d'aucune discussion par l'autre »[8]. Ainsi, le juge des référés entache son ordonnance d'irrégularité lorsque, saisi d'une demande de suspension d'un arrêté préfectoral déclarant d'utilité publique un projet routier, il se fonde exclusivement sur l'affirmation du préfet selon laquelle l'ordonnance

1. CE, ord., 12 nov. 2001, min. de l'Intérieur c/Farhoud, req. n° 239792, *Lebon T.* 1126 - CE, ord., 27 nov. 2002, SCI Résidence du théâtre, req. n° 251898, *Lebon T.* 874 ; *AJDA* 2003. 457 ; *D.* 2003. 808 ; *RFDA* 2003. 386, note Y. Lequette - CE, ord., 10 août 2001, Assoc. « La Mosquée » et a., req. n° 237004, *Lebon T.* 1133.
2. CE, ord., 2 nov. 2001, SNC Costes, req. n° 239617, NP - CE, ord., 14 mars 2003, Cne d'Évry, req. n° 254827, *Lebon T.* 931 - CE, ord., 22 mai 2003, Cne de Théoule-sur-Mer, req. n° 256848, *Lebon* 232 - CE, ord., 17 déc. 2003, Eurl Écosphère et SARL Général services applications, req. n° 262471, *Lebon* 519 - CE, ord., 3 mars 2021, Ordre des avocats du Barreau de Montpellier, req. n° 449764, NP ; *JCP Adm.* 2021, n° 2169, Chron. O. Le Bot.
3. CE, ord., 13 févr. 2001, Sté Golden Harvest Zelder, req. n° 228962, *Lebon T.* 1118.
4. CE, ord., 23 mars 2001, Sté Lidl, req. n° 231559, *Lebon* 154 ; *RDI* 2001. 275, obs. P. Soler-Couteaux ; *RGCT* 2001. 967, Chron. J.-C. Ricci ; *BJDU* 2001. 111, obs. J.-C. Bonichot.
5. V. par ex. CE, ord., 4 sept. 2003, Thanattikul, req. n° 259821, *Lebon T.* 928.
6. CE, ord., 22 mai 2003, Cne de Théoule-sur-Mer, req. n° 256848, *Lebon* 232.
7. CE, ord., 26 mars 2002, Sté Route Logistique Transports, req. n° 244426, *Lebon* 114.
8. CE 3 juin 2002, Belikian, req. n° 241553, *Lebon T.* 854.

d'expropriation avait été prise et était devenue définitive, sans avoir mis le demandeur à même d'en discuter[1].

213.192 Exigences satisfaites en l'absence d'une partie. La communication des pièces à l'audience est valable même si la partie concernée est absente. Sur le fondement de l'article L. 521-1 du CJA, le Conseil d'État a affirmé que le juge des référés ne commet pas d'irrégularité « en se fondant sur des éléments qui ont été apportés par l'une des parties au cours de l'audience publique et dont l'autre partie n'a pu avoir connaissance faute pour elle d'avoir été présente ou représentée lors de l'audience »[2]. La présence à l'audience publique des parties et de leurs avocats apparaît, dès lors, déterminante. L'instruction se prolongeant et, parfois même, se déroulant pour l'essentiel au cours de celle-ci, la partie qui ne prend pas la peine de se rendre à l'audience s'expose au risque que des pièces et des moyens nouveaux soient produits sans pouvoir y répliquer. Elle en assume, le cas échéant, les conséquences. En l'absence de toute défense de l'administration, les allégations du requérant seront réputées établies. Ainsi, dans l'affaire *Caze*, en l'absence de toute défense de l'administration, le premier juge a statué au vu des seules allégations du requérant, lesquelles pouvaient donner à penser que le centre de détention où était incarcéré l'intéressé avait retenu des courriers qu'il entendait faire parvenir à diverses autorités administratives ou judiciaires ou qui lui avaient été adressés par de telles autorités[3].

213.193 Requérant placé sous la contrainte. Il arrive que l'auteur du recours saisisse le juge des référés alors qu'il se trouve placé sous un régime de contrainte par l'autorité administrative. Tel est le cas lorsqu'il se trouve détenu dans un établissement pénitentiaire ou assigné à résidence sous l'empire de la législation sur l'état d'urgence. L'intéressé doit-il, dans ce cas de figure, se voir reconnaître un droit de se rendre à l'audience pour y développer ses prétentions ?

Dans le cas d'un détenu, la présence de l'intéressé n'est pas requise. Non seulement le détenu peut se faire représenter par son avocat mais, en outre, son transfert d'un établissement pénitentiaire vers le tribunal administratif constitue une opération lourde nécessitant la mobilisation de forces de l'ordre. Il a néanmoins pu arriver, de façon tout à fait exceptionnelle, que le juge des référés ordonne l'extraction d'un détenu afin de pouvoir l'entendre lors de l'audience[4].

S'agissant des personnes assignées à résidence sur le fondement de la loi de 1955 sur l'état d'urgence[5], la pratique est la suivante : l'intéressé doit demander un sauf-

1. CE 3 juin 2002, Belikian, req. n° 241553, préc.
2. CE 29 janv. 2003, Sté Chourgnoz SAS, req. n° 249499, *Lebon T.* 912 ; *RDI* 2003. 384, obs. A. Robineau-Israël.
3. CE, ord., 22 mars 2002, min. de la Justice c/Caze, req. n° 244279, *Lebon T.* 852 - v. égalt CE 15 mai 2002, Baudoin, req. n° 239487, NP : le requérant, placé d'office dans un établissement hospitalier, affirmait s'être vu refuser la possibilité d'envoyer du courrier et de communiquer avec les autorités administratives et judiciaires. L'administration n'ayant pas produit d'observations, l'existence de cette interdiction est réputée établie - v. égalt, à propos de « manœuvres » d'un préfet regardées comme « plausibles » faute de défense produite par celui-ci, TA Guadeloupe, ord., 15 oct. 2013, Joachin, req. n° 1301488, NP ; *Dr. adm.* 2014. comm. 14, note R. Catalan.
4. TA Poitiers, ord., 28 juill. 2014, Dubois, req. n° 1402202, NP.
5. L. n° 55-385, 3 avr. 1955, relative à l'état d'urgence, *JO* 7 avr.

conduit à l'autorité administrative, lequel lui « est généralement accordé »[1]. Qu'en est-il s'il ne l'est pas ? Dans ses conclusions sur l'arrêt *Domenjoud*, le rapporteur public avait envisagé que le juge des référés saisi puisse, « dans le cadre de son office », ordonner la délivrance d'un sauf-conduit[2]. À défaut de cette autorisation (soit que l'administration l'ait refusée, soit que le juge n'ait pas ordonné sa délivrance), le requérant ne peut se rendre à l'audience si celle-ci doit se tenir à un horaire où il est tenu de se présenter au commissariat : la présence au poste de police prévaut sur la participation à l'audience[3]. Une audience de référé se tenant dans de telles circonstances est-elle irrégulière ? Tout semble dépendre des circonstances. Dans une affaire où l'intéressé avait été représenté à l'audience par son avocat, il a été jugé « que, dans les circonstances de l'espèce [...], la circonstance, pour regrettable qu'elle soit, que [le requérant] n'ait pas été autorisé à assister en personne à l'audience des référés n'a pas entaché d'irrégularité l'ordonnance attaquée »[4]. La référence aux circonstances de l'espèce semble impliquer qu'il pourrait en aller différemment dans d'autres situations.

213.194 **Communication des moyens d'ordre public.** L'article R. 522-9 du CJA oblige le juge à provoquer les observations des parties sur les moyens d'ordre public qu'il relève d'office. Il peut s'acquitter de cette obligation à l'audience mais la communication doit alors être mentionnée dans la décision[5]. Toutefois, l'article R. 522-9 ne s'applique pas « dans le cas où [...] le juge se borne à fonder sa décision sur le fait que les conclusions qui lui sont soumises excèdent l'étendue des pouvoirs qui lui sont conférés par la loi et notamment par l'article L. 511-1 du Code de justice administrative »[6].

§ 3

Clôture de l'instruction

213.201 **Deux possibilités.** La clôture de l'instruction ne peut intervenir qu'après l'audience[7].

À l'issue de l'audience, deux hypothèses sont envisagées par l'article R. 522-8 du Code de justice administrative[8]. En principe, le juge clôt immédiatement l'instruc-

1. B. Cazeneuve, ministre de l'Intérieur, audition par le Comité de suivi de l'état d'urgence, 2 févr. 2015 (www.senat.fr/compte-rendu-commissions/20160201/suivi.html).
2. X. Domino, concl. sur CE, sect., 11 déc. 2015, Domenjoud, req. n° 395009, *Lebon* ; *RFDA* 2016. 105.
3. Pour la conséquence d'une présentation tardive au commissariat, v. L. Borredon, « État d'urgence : un assigné en garde à vue pour avoir assisté à son référé-liberté », 8 déc. 2015 (delinquance.blog.lemonde.fr/2015/12/08/etat-durgence-un-assigne-en-garde-a-vue-pour-avoir-assiste-a-son-refere-liberte).
4. CE, ord., 7 oct. 2016, Hicheur, req. n° 403552, NP ; *AJDA* 2016. 1901 ; *D.* 2016. 2068, et les obs. ; *D.* 2016. 2272, entretien C. Haguenau-Moizard (pt 5).
5. V. par ex. CE 27 juill. 2001, Sté foncière MFC, req. n° 233718, *Lebon* 417 ; *D.* 2002. 2231, obs. R. Vandermeeren.
6. CE, ord., 14 févr. 2003, Fouzi, req. n° 254185, *Lebon T.* 912.
7. CE 20 mai 2016, Sté O Rêve, req. n° 391104, *Lebon T.* ; *AJDA* 2016. 1040 ; *JCP Adm.* 2016, n° 2306, Chron. O. Le Bot (pt 3) : le juge des référés entache son ordonnance d'irrégularité en clôturant l'instruction avant l'audience à laquelle les parties ont été convoquées.
8. On rappellera qu'il n'y a pas de clôture de l'instruction lorsque le juge constate un non-lieu à statuer ou donne acte d'un désistement.

tion. Il peut toutefois différer cette clôture à une date ultérieure si un complément d'information lui paraît nécessaire.

A

Clôture immédiate

213.211 Clôture en cas d'information suffisante. S'il s'estime suffisamment informé à l'issue de l'audience, le juge clôt l'instruction. C'est l'hypothèse normale postérieurement à l'audience.

213.212 Réouverture en cas de production d'un élément nouveau. Le juge sera tenu de rouvrir l'instruction si une note en délibéré produite après l'audience apporte des éléments nouveaux susceptibles de modifier son appréciation.

En ce sens, le Conseil d'État a précisé « que lorsqu'il est saisi, postérieurement à l'audience ou, s'il a différé la clôture de l'instruction, à la date qu'il a fixée, d'une pièce nouvelle émanant d'une des parties à l'instance, qu'elle s'intitule ou non "note en délibéré", il appartient dans tous les cas au juge des référés d'en prendre connaissance avant de rendre son ordonnance ; que, s'il a toujours la faculté, dans l'intérêt d'une bonne justice, de rouvrir l'instruction et de soumettre au débat contradictoire les éléments contenus dans la pièce produite, il n'est tenu de le faire, à peine d'irrégularité de son ordonnance, que si ce document contient soit l'exposé d'une circonstance de fait dont la partie qui l'invoque n'était pas en mesure de faire état avant la clôture de l'instruction et que le juge ne pourrait ignorer sans fonder sa décision sur des faits matériellement inexacts, soit d'une circonstance de droit nouvelle ou que le juge devrait relever d'office »[1]. En outre, « à l'effet de permettre aux parties de s'assurer de la régularité de la procédure au regard de ces exigences, la ou les productions postérieures à l'audience doivent figurer au dossier de la procédure »[2] mais elles n'ont pas à figurer dans l'ordonnance si elles ne contiennent pas d'éléments nouveaux[3]. La note en délibéré peut être produite aussi bien par le requérant, pour établir le bien-fondé de sa demande[4], que par le défendeur qui cherche à obtenir son rejet[5]. Cette exigence ne s'applique pas aux seules notes en délibéré *stricto sensu* ; elle s'impose également aux écrits produits avant la clôture de l'instruction mais qui

1. CE 14 nov. 2003, Rouger-Pelatan, req. n° 258519, *Lebon T.* 913 – v. CE 10 déc. 2001, Assoc. Gabas Nature Patrimoine, req. n° 237973, *Lebon T.* 1126 ; *RDI* 2002. 272, obs. L. Derepas : censurant l'ordonnance rendue sans réouverture de l'instruction alors qu'avait été produite après l'audience une pièce susceptible de modifier l'appréciation du juge (en l'occurrence un constat d'huissier dont il ressort que les parcelles en cause sont à l'état de bois alors que le juge s'est fondé sur la circonstance qu'elles étaient défrichées).
2. CE, ord., 2 mai 2006, Amiraleva, alias Kirilova, ép. Koulayeva, req. n° 292910, *Lebon T.* ; *AJDA* 2006. 956 – CE 30 déc. 2009, Bohnert, req. n° 327334, *Lebon T.* ; *AJDA* 2010. 1103.
3. CE 14 nov. 2003, Rouger-Pelatan, req. n° 258519, *Lebon T.* 913 : transposant aux référés la jurisprudence de droit commun relative aux notes en délibéré (CE 12 juill. 2002, Leniau, req. n° 236125, *Lebon* 278 ; *AJDA* 2003. 2243, étude E. Gherardi ; *D.* 2002. 2916 ; *GACA*, 3e éd., 2011, n° 62 ; *RFDA* 2003. 307, concl. D. Piveteau).
4. V. par ex. CE 10 déc 2001, Assoc. Gabas Nature Patrimoine, req. n° 237973, *Lebon T.* 1126 ; *RDI* 2002. 272, obs. L. Derepas.
5. V. par ex. CE, ord., 2 mai 2006, Amiraleva, alias Kirilova, ép. Koulayeva, req. n° 292910, *Lebon T.* ; *AJDA* 2006. 956 (juge des référés s'étant fondé sur un mémoire en défense produit postérieurement à l'audience pour rejeter la requête).

n'aurait été communiquées à l'autre partie qu'à l'issue de celle-ci : « lorsqu'il décide de communiquer, après la clôture de l'instruction, un mémoire qui a été produit par les parties avant ou après celle-ci, le juge des référés doit être regardé comme ayant rouvert l'instruction »[1].

Le principe du contradictoire est méconnu si le juge se fonde sur un élément produit après l'audience sans l'avoir communiqué à l'autre partie. Tel est le cas lorsqu'il se fonde sur des documents et des pièces que l'administration n'avait pas été en mesure de verser plus tôt au dossier. Ces documents n'ayant pas fait l'objet d'une communication à la demanderesse alors que les énonciations qu'ils comportent ont été prises en compte par le juge des référés, l'ordonnance est intervenue à la suite d'une procédure irrégulière[2]. Le juge des référés qui soumet au débat contradictoire une note en délibéré doit différer la clôture de l'instruction et fixer pour cette dernière une nouvelle date de clôture[3].

Une illustration peut être donnée en référé-liberté avec l'affaire *Ouakid*[4]. Le requérant a produit, le lendemain de l'audience publique du 30 avril 2002, un mémoire présentant des éléments de nature à modifier l'appréciation du juge sur la proportionnalité de la mesure d'expulsion dont il était l'objet. M. Ouakid indiquait avoir fait preuve d'une réelle volonté de réinsertion et que la mesure d'expulsion avait été prise sur la base de faits matériellement inexacts. Au vu de ces éléments, susceptibles de modifier son appréciation, le juge a convoqué les parties à une nouvelle audience publique qui s'est tenue le 2 avril. Il ressort de la rédaction de sa décision que le juge s'est fondé sur ces nouveaux éléments pour admettre l'existence d'une atteinte grave et manifestement illégale à une liberté fondamentale. La décision ne mentionnant pas les dispositions de l'article R. 522-8, on peut en déduire que le juge n'avait pas décidé de différer la clôture de l'instruction à l'issue de l'audience du 30 avril 2002. C'est le contenu du mémoire produit par le requérant le lendemain de celle-ci qui a justifié de rouvrir l'instruction et de tenir une nouvelle audience. Lorsqu'il décide, comme dans cette hypothèse, de communiquer après la clôture de l'instruction un mémoire qui a été produit par les parties avant ou après celle-ci, le juge des référés doit être regardé comme ayant rouvert l'instruction. Il lui appartient alors, sauf à fixer une nouvelle audience, d'informer les parties de la date et, le cas échéant, de l'heure à laquelle l'instruction sera close, et il ne saurait rendre son ordonnance tant que l'instruction est ainsi rouverte[5]. Ainsi, la communication d'un mémoire postérieurement à l'audience ou à la clôture d'instruction a pour effet

1. CE 26 sept. 2009, garde des Sceaux, min. de la Justice c/Théron, req. n° 359479, *Lebon* ; *AJDA* 2012. 1826 ; *AJ pénal* 2012. 558.
2. CE, ord., 2 mai 2006, Amiraleva, alias Kirilova, ép. Koulayeva, req. n° 292910, préc.
3. CE 5 déc. 2007, Assoc. Transparence, req. n° 304799, *Lebon T.* 1005 ; *AJDA* 2007. 2347 : est entachée d'irrégularité l'ordonnance qui rejette une demande de suspension pour absence de moyen propre à créer un doute sérieux, alors que l'une des deux notes comportait un moyen qui n'est mentionné ni dans les visas ni dans les motifs – CE 26 sept. 2009, garde des Sceaux, min. de la Justice c/Théron, req. n° 359479, *Lebon* ; *AJDA* 2012. 1826 ; *AJ pénal* 2012. 558.
4. CE, ord., 7 mai 2002, min. de l'Intérieur c/Ouakid, req. n° 245659, *Lebon T.* 870.
5. CE 26 sept. 2009, garde des Sceaux, min. de la Justice c/Théron, req. n° 359479, *Lebon* ; *AJDA* 2012. 1826 ; *AJ pénal* 2012. 558.

de rouvrir l'instruction, et le juge ne peut rendre son ordonnance sans clore à nouveau l'instruction[1].

B

Clôture différée

213.221 Trois modalités. S'il estime que l'instruction doit se poursuivre, le juge des référés dispose de trois possibilités. Les deux premières sont reconnues par l'article R. 522-8 du CJA. Elles consistent à renvoyer l'affaire à une nouvelle audience et à autoriser les parties à échanger des compléments d'information. Le juge peut, par ailleurs, exiger des parties la production d'informations complémentaires au titre de ses pouvoirs généraux d'instruction.

213.222 Renvoi à une nouvelle audience devant le juge. Si le juge des référés considère que l'instruction doit se poursuivre devant lui, il peut décider de renvoyer l'affaire à une autre audience. En cas de renvoi à une autre audience, qui se tiendra en principe à juge unique, ou exceptionnellement en formation collégiale (avec conclusions d'un rapporteur public), l'article R. 522-8 alinéa 2 du CJA prévoit que l'instruction est rouverte. Cette possibilité peut être mise en œuvre par le juge :

- pour compléter son information lorsque les pièces du dossier sont insuffisantes pour statuer en l'état, ou si des éléments factuels doivent être clarifiés avant le prononcé de la décision[2] ;
- pour laisser à une partie un délai suffisant pour répondre à un élément important et complexe produit au cours de l'audience[3] ;
- pour auditionner le requérant retenu en zone d'attente par l'administration[4].

213.223 Complément d'information entre les parties. Si le juge estime que l'instruction doit se poursuivre entre les parties, il peut différer la clôture de celle-ci et autoriser les protagonistes à échanger des compléments d'information. Ce procédé est particulièrement souple : il permet au juge « de différer la clôture de l'instruction à une date postérieure dont il avise les parties par tous moyens. Dans ce dernier cas, les productions complémentaires déposées après l'audience et avant la clôture de

1. Pour une confirmation, v. CE 26 mai 2021, M. Frangi et autres, req. n° 436902, *Lebon T.* ; *JCP Adm.* 2021, n° 2260, Chron. O. Le Bot ; *BJDU* 2021. 291, concl. S. Hoynck : arrêt soulignant que le juge « ne saurait, en toute hypothèse, rendre son ordonnance tant que l'instruction est en cours sans entacher la procédure d'irrégularité ».
2. V. par ex. CE, ord., 12 nov. 2001, Cne de Montreuil-Bellay, req. 239840, *Lebon* 551 ; *Dr. adm.* 2002, comm. n° 41, note M. Lombard – CE, ord., 14 juin 2002, Sté Benzi et Di Terlizzi, req. n° 246724, *Lebon T.* 868 : instruction différée de 15 jours afin de permettre aux parties de se rapprocher en vue de procéder à une vérification contradictoire dans les locaux du Cemagref ; à l'issue de celle-ci, la société requérante a reconnu que le modèle visé par l'arrêté contesté est bien celui qui a fait l'objet des essais sur lesquels est fondée la mesure d'interdiction.
3. CE 30 juin 2004, Cne de Bertrange, req. n° 264295, *Lebon T.* 818 ; *AJDA* 2004. 1839 : production, au cours de l'audience, de la copie du recours au fond dans une audience de référé-suspension – CE 18 oct. 2006, Synd. des copropriétaires de l'immeuble « Les jardins d'Arago », req. n° 294096, *Lebon T.* 1008 ; *AJDA* 2007. 46, concl. C. Devys ; *RDI* 2006. 510, obs. P. Soler-Couteaux : production en début d'audience du mémoire en défense.
4. CE, ord., 12 déc. 2005, Ngamissimi, req. n° 287718, NP.

l'instruction peuvent être adressées directement aux autres parties, sous réserve, pour la partie qui y procède, d'apporter au juge la preuve de ses diligences » (CJA, art. R. 522-8, al. 1). Afin d'accélérer la procédure, les parties peuvent, durant cette phase de prolongation de l'instruction, échanger directement entre elles les pièces et les mémoires, sous réserve d'apporter au juge la preuve de leurs diligences. Traditionnellement, cela se faisait habituellement en joignant au mémoire déposé à la juridiction le bordereau du fax adressé à la partie adverse avec la mention : « réception ok ». Désormais, les échanges peuvent se faire par voie électronique (courriel[1] ; l'utilisation de Télérecours pouvant également être envisagée[2]).

Cette possibilité de clôture de l'instruction au-delà de l'audience est utile lorsque le juge entend obtenir des pièces ou des informations supplémentaires[3] ou, en ce qui concerne le respect du contradictoire, pour permettre à la partie adverse de répondre à une régularisation[4], un moyen ou à un document complexe produit au cours de l'audience publique[5]. Le procédé permet également de mettre en cause un tiers postérieurement à l'audience[6]. Ces éléments seront le cas échéant pris en compte sans qu'il soit nécessaire de tenir une nouvelle audience.

213.224 Demandes d'informations par le juge. Le juge peut exiger des parties qu'elles lui fournissent une pièce, un document ou une information postérieurement à l'audience. Il diffère alors la clôture de celle-ci et, à réception de ce nouvel élément, le soumet au débat contradictoire[7].

1. V., par ex., CE, ord., 7 avr. 2016, Gheorghe, req. n° 398286, *Lebon T.* ; *AJDA* 2016. 700 : évoquant un courriel récapitulatif.
2. Le décret n° 2012-1437 du 21 décembre 2012, qui fixe les règles d'utilisation de Télérecours, ne vise toutefois que « les notifications et communications des mémoires, des mesures d'instruction, des convocations et des avis ». Il ne mentionne pas l'utilisation de cette application pour les échanges postérieurs à l'audience.
3. V. par ex. CE, ord., 12 mai 2005, Zerbib, req. n° 279011, *Lebon T.* 1031 ; *RTD com.* 2005. 561, obs. N. Rontchevsky : soulignant que la situation patrimoniale du requérant a notamment été établie par plusieurs documents « produits à la suite de l'audience ».
4. CE 30 juin 2004, Cne de Bertrange, req. n° 264295, *Lebon T.* 818 ; *AJDA* 2004. 1839 : évoquant cette possibilité en référé-suspension lorsque la production de la requête principale en annulation ou en réformation n'intervient seulement qu'au cours de l'audience.
5. V. par ex. CE, ord., 7 avr. 2004, Kilicikesen, req. n° 266085, *Lebon* 164 ; *JCP Adm.* 2004, n° 1554, note E. Tawil – CE, ord., 14 avr. 2005, Benbehar, req. n° 279340, NP – CE, ord., 15 avr. 2003, Le Garff, req. n° 256023, NP : référence à l'utilisation de la procédure devant le juge du premier degré.
6. CE, ord., 7 avr. 2016, Gheorghe, req. n° 398286, *Lebon T.* ; *AJDA* 2016. 700 : recours d'occupants sans titre contre l'arrêté municipal prescrivant l'évacuation d'un campement. À la suite de l'audience, le juge met en cause deux autorités : d'une part, le ministre des Affaires sociales, afin qu'il communique les éléments en sa possession sur les conditions dans lesquelles les personnes évacuées ont été relogées, d'autre part, l'agence régionale de santé afin d'obtenir des informations sur la situation sanitaire du campement.
7. V., par ex., CE, ord., 7 avr. 2016, Gheorghe, req. n° 398286, préc. : juge ayant demandé aux parties la production de pièces complémentaires – CE, ord., 30 juill. 2015, Section française de l'Observatoire international des prisons (OIP-SF) et ordre des avocats au barreau de Nîmes, req. n° 392043, cons. 16 et visas, *Lebon* ; *AJDA* 2015. 1567 ; *AJDA* 2015. 2216, note O. Le Bot : supplément d'instruction de 24 heures afin que la maison d'arrêt de Nîmes indique les mesures déjà mises en œuvre parmi celles préconisées par la commission départementale de sécurité – CE, ord., 2 mars 2021, Barbion, req. n° 449514, NP ; *AJDP* 2021. 219, note J. Falxa.

214. Décision du juge des référés

SECTION 0

Orienteur

214.00 Plan du chapitre.

214.02 Jurisprudence de référence.

> L'ordonnance de référé revêt un caractère obligatoire et doit être exécutée par l'administration

CE, sect., 5 nov. 2003, Convention vie et nature pour une écologie radicale, req. n° 259339, *Lebon* 444.

214.03 Bibliographie indicative.

> Articles. C. Broyelle, « Les mesures ordonnées en référé », *RFDA* 2007. 73 ; B. Plessix, « Le caractère provisoire des mesures prononcées en référé », *RFDA* 2007. 78 ; P. Cassia, « L'autorité de la chose ordonnée en référé », *JCP* 2004. I. 164.

214.04 Questions essentielles.

> Le demandeur en référé peut-il être condamné à une amende pour recours abusif ? v. s^s n° 214.82

> Le juge des référés ayant prononcé une condamnation sous astreinte est-il compétent pour liquider cette astreinte ? v. s^s n° 214.121

214.09 Clôture de l'instruction et prononcé du jugement. Une fois que l'instruction est close, le débat contradictoire entre les parties est venu à son terme ; le juge est en mesure de statuer sur la demande. Il fixe alors une date ou une heure indicative à laquelle il rendra sa décision.

214.10 Contenu et prise d'effet. Rendues avec célérité, les décisions du juge des référés n'en doivent pas moins comporter certaines mentions obligatoires. Lorsque les conditions d'octroi sont satisfaites, le juge peut accélérer la prise d'effet de sa décision pour que la mesure ordonnée produise au plus vite ses effets. Son ordonnance fera, le cas échéant, l'objet d'une transmission à certaines autorités et, une fois les formalités accomplies, présentera un caractère obligatoire et exécutoire.

SECTION 1

Contenu de la décision

§ 1

Mentions obligatoires

214.21 Motivation. Que la demande remplisse ou non les conditions d'octroi, elle doit toujours faire l'objet d'une motivation (v. s^s n°s 224.11 s. pour le référé-suspension ; s^s n°s 234.11 s. pour le référé-liberté, et s^s n°s 244.21 s. pour le référé-mesures utiles). Elle doit, en outre, comporter certaines mentions obligatoires.

A

Mention de la convocation à l'audience

214.31 Exigence. Lorsque le juge a statué selon la procédure de l'article L. 522-1 du CJA, il doit mentionner la convocation des parties à l'audience. En effet, en disposant que « les parties sont convoquées sans délai et par tous moyens à l'audience », l'article R. 522-6 implique que le juge des référés fasse mention de la convocation régulière des parties, sous peine d'irrégularité de sa décision[1].

214.32 Mise en œuvre. L'exigence de convocation à l'audience est regardée comme satisfaite lorsque l'ordonnance mentionne que les parties ont été entendues au cours de l'audience publique, leur présence impliquant nécessairement qu'elles ont été régulièrement convoquées. En effet, dès lors qu'il ressort des mentions de l'ordonnance attaquée que les représentants des parties ont été entendus lors de l'audience publique tenue par le juge des référés, le moyen tiré de ce que cette ordonnance ne ferait pas la preuve par ses mentions de la convocation régulière des parties à l'audience doit en tout état de cause être écarté[2].

B

Mentions propres aux ordonnances

214.41 Éléments obligatoires. Les éléments que le juge a l'obligation de mentionner dans sa décision ou dans le procès-verbal d'audience sont déterminés par l'article R. 522-11 du CJA. Cette disposition impose que l'ordonnance comporte les mentions définies dans le chapitre II du titre IV du livre VII du Code de justice administrative, intitulé « dispositions propres aux ordonnances ».

Lorsque la décision est rendue par une formation collégiale, les dispositions générales du chapitre Ier du titre IV du livre VII retrouvent à s'appliquer. Les principales différences concernent l'obligation de mentionner que le rapporteur et le rapporteur public ont été entendus (CJA, art. R. 741-2, al. 3) et de faire apparaître la date de l'audience et la date à laquelle la décision a été prononcée (CJA, art. R. 741-2, al. 4).

1

Éléments de forme et de procédure

214.51 Publicité des audiences. L'article R. 742-1 du CJA rend applicable l'obligation de mentionner que l'audience a été publique. Dès lors qu'une ordonnance ne comporte pas la mention que l'audience a été publique, et en l'absence de tout élément au dossier permettant d'estimer qu'elle l'a effectivement été, la procédure est entachée d'irrégularité[3].

214.52 Parties, visas et date. En vertu de l'article R. 742-2 du CJA, l'ordonnance doit mentionner le nom des parties.

L'ordonnance doit également mentionner le visa des dispositions dont elle fait application. Les dispositions appliquées doivent être mentionnées soit dans les visas

1. CE 5 déc. 2001, Thomas, req. n° 233604, *Lebon T.* 1119.
2. CE 15 mars 2006, Cne de Trelans c/Reversat, req. n° 283476, *Lebon T.* ; *AJDA* 2006. 1004.
3. CE 16 nov. 2009, min. de l'Immigration, de l'Intégration, de l'Identité nationale et du Développement solidaire et assoc. collectif Respect, req. n° 328826, *Lebon T.*

de l'ordonnance, soit dans ses motifs, à défaut de quoi la décision rendue est entachée d'irrégularité[1]. Lorsque le juge des référés rejette une demande, il est réputé faire application des textes dont le demandeur se prévalait expressément. Par suite, son ordonnance doit mentionner ces textes, soit dans l'analyse des moyens, soit dans les textes visés, soit dans les motifs[2]. Par dérogation, le Conseil d'État ne censure pas la décision qui met en œuvre la procédure de tri sans faire mention de l'article L. 522-3[3].

Enfin, l'ordonnance doit faire apparaître la date à laquelle elle a été signée.

214.53 **Mention « Au nom du peuple français ».** Conformément à l'article R. 742-3 du CJA, l'ordonnance débute par les mots « au nom du peuple français ». Cette exigence constitue l'application particulière du principe énoncé par l'article L. 2 du Code de justice administrative aux termes duquel « Les jugements sont rendus au nom du peuple français ».

214.54 **Qualité de juge des référés.** L'article R. 742-3 du CJA précise que l'ordonnance indique, à la suite de la mention « au nom du peuple français », la qualité de son signataire. Cette exigence fait écho à l'article L. 10 du Code de justice administrative, aux termes duquel les jugements « mentionnent le nom des juges qui les ont rendus ».

Les ordonnances n'ont pas à faire état de la délégation que le juge des référés a reçue du président du tribunal administratif[4].

L'exigence tenant à la qualité du signataire est appliquée avec une certaine souplesse dans le cadre du référé : elle est regardée comme satisfaite si le nom du magistrat apparaît dans la minute de l'ordonnance alors même que l'exemplaire remis au requérant puis l'expédition revêtue de la formule exécutoire qui lui a été ensuite notifiée ne font pas apparaître le nom de ce magistrat[5].

214.55 **Signature.** L'article R. 742-5 du CJA précise que « la minute de l'ordonnance est signée *du seul* magistrat qui l'a rendue ». Le moyen tiré du défaut de signature de l'ordonnance attaquée par le greffier doit donc être écarté[6]. La circonstance que l'ordonnance a en outre été signée par un agent du greffe est sans incidence sur sa

1. CE 22 août 2002, Assoc. éducation labellée vers l'insertion sociale par l'autonomie, req. n° 246717, NP ; *AJDA* 2002. 1190.
2. CE 19 févr. 2007, Priolo, req. n° 297260, *Lebon T.* 1012 ; *AJDA* 2007. 458.
3. CE 23 avr. 2003, SARL Siminvest, req. n° 251989, *Lebon* 178 ; *Dr. adm.* 2003, comm. n° 133, note P. Cassia.
4. CE, ord., 20 juill. 2004, Mzimba, req. n° 270044, NP : la décision précise que les mentions des décisions juridictionnelles font foi jusqu'à preuve du contraire. Par suite, la mention, dans une ordonnance, de la qualité de juge des référés du magistrat qui l'a rendue suffit, en l'absence de tout commencement de preuve contraire, à établir la qualité de ce magistrat – Dans le même sens, CE 29 juin 2005, Cne de la Seyne-sur-Mer, req. n° 267992, *Lebon T.* ; *AJDA* 2005. 1792, note A. Ruellan – CE 26 janv. 2005, Sté CDM, req. n° 273111, NP ; *AJDA* 2005. 841, concl. S. Verclytte.
5. CE, ord., 11 oct. 2001, Tabibou, req. n° 238917, *Lebon T.* 1133.
6. CE 8 août 2001, Soares dos Santos, req. n° 234589, NP – CE 6 mars 2006, Cne de Roquebrune-sur-Argens, req. n° 283909, *Lebon T.* 1009.

régularité[1]. Aucune disposition n'impose la signature du magistrat qui a rendu l'ordonnance pour l'ampliation de cette ordonnance notifiée aux parties[2].

214.56 Absence de mention des détails de la procédure écrite. Le Conseil d'État a rappelé « qu'aucune disposition du Code de justice administrative, ni aucune règle générale de procédure n'imposent que les ordonnances prises par le juge des référés [...] portent la mention de l'ensemble des diligences accomplies par le juge pour garantir le déroulement contradictoire de la procédure, notamment la date de notification au défendeur de la requête et le délai qui lui a été imparti pour produire ses observations en défense »[3].

214.57 Structure. Les visas de l'ordonnance se présentent généralement en trois parties : d'abord l'exposé des différentes conclusions du requérant ; ensuite un compte rendu des arguments du demandeur et du défendeur ; enfin la mention des textes sur lesquels s'appuie le juge des référés.

Dans les motifs de la décision, le juge expose les faits et circonstances ayant donné lieu à sa saisine puis apprécie, au regard du droit applicable, si les conditions d'octroi d'une mesure sont satisfaites.

L'article R. 742-4 du CJA prévoit que le dispositif de l'ordonnance soit divisé en articles et précédé du mot « ordonne ».

214.58 Note en délibéré. À la différence des dispositions de l'article R. 741-2 du CJA relatives à la mention des notes en délibéré, celles de l'article R. 742-2, seules applicables aux mentions que doivent comporter les ordonnances de référé en ce qui concerne les productions des parties, ne prescrivent pas au juge des référés de viser les productions qui interviennent après la clôture de l'instruction[4]. La présence de la note en délibéré dans le dossier de procédure suffit à réputer que le juge en a pris connaissance. Il n'a pas à mentionner dans son ordonnance l'ensemble des notes en délibéré produites par une partie.

2
Conclusions et moyens

214.61 Conclusions. L'article R. 742-2 du CJA impose au juge l'analyse des conclusions. Le juge des référés a l'obligation de viser *l'ensemble* des conclusions des parties, quand bien même la requête comporte des conclusions irrecevables en ce qu'elles tendent à l'annulation de la décision attaquée[5].

L'ordonnance de référé doit en principe porter mention de l'ensemble des mémoires produits avant la clôture de l'instruction. Toutefois, l'omission du visa d'un tel mémoire n'est pas, par elle-même, de nature à l'entacher d'irrégularité lors-

1. CE 2 avr. 2004, Sté Sogea, req. n° 257599, *Lebon T.* 811 ; *Contrats Marchés publ.* 2004, comm. n° 119, note J.-P. Piétri.
2. CE 27 juill. 2001, Haddad, req. n° 231889, NP.
3. CE 14 nov. 2003, Rouger-Pelatan, req. n° 258519, *Lebon T.* 913.
4. CE 30 déc. 2009, Bohnert, req. n° 327334, *Lebon T.* ; *AJDA* 2010. 1103.
5. CE 12 juin 2002, Cne de Fauillet et a., req. n° 246618, *Lebon* 215 ; *AJDA* 2002. 590, Chron. F. Donnat et D. Casas ; *BJCL* 2002. 279, concl. F. Séners : ordonnance de référé entachée d'irrégularité dès lors le juge n'a pas répondu aux conclusions présentées à titre principal par la commune requérante tendant à l'annulation de l'acte attaqué.

que celui-ci ne comporte pas de conclusions nouvelles[1] ou plus largement d'éléments nouveaux[2].

Le juge a également l'obligation de statuer sur la recevabilité des conclusions aux fins d'intervention qui peuvent être présentées[3].

L'article R. 742-2 n'a pas pour effet d'imposer au juge des référés d'analyser ou de mentionner, *dans les visas* de sa décision, les moyens développés par les parties à l'appui de leurs conclusions. Le juge doit toutefois y répondre, en tant que de besoin, au titre de la motivation de son ordonnance[4].

214.62 Moyens. En ce qui concerne précisément les moyens, la jurisprudence exige, sous peine d'irrégularité de la décision rendue, qu'ils soient tous analysés[5].

Le juge doit tout d'abord mentionner les moyens exposés dans les mémoires écrits – et y répondre. Il doit également mentionner et analyser les moyens invoqués au cours de l'audience publique lorsque ceux-ci « n'ont pas été soulevés au cours de la procédure écrite »[6].

Pour autant, ni l'article R. 742-2 du Code de justice administrative (applicable en matière de référé en vertu de l'article R. 222-11 du même code), ni aucune autre disposition de ce code n'impose au juge des référés de mentionner dans ses visas les moyens invoqués par les parties lors de l'audience publique[7]. Les moyens développés oralement ne devront donc figurer dans l'ordonnance que s'ils constituent des moyens *nouveaux*[8]. De même, l'absence de mention dans l'ordonnance d'un moyen invoqué par le requérant n'entache pas celle-ci d'irrégularité si le moyen en cause présente un caractère inopérant[9].

S'agissant des données factuelles, le juge n'a pas à citer dans les visas ou les motifs de son ordonnance les arguments ou la description des faits qui accompagnent les moyens[10].

Enfin, lorsque la requête est rejetée pour absence d'urgence, le juge des référés « n'est pas tenu d'analyser les moyens relatifs à la légalité de la décision » ; dans cette hypothèse, « il lui appartient seulement, afin, notamment, de mettre le juge de cassation en mesure d'exercer son contrôle, de faire apparaître les raisons de droit et de fait pour lesquelles il considère que l'urgence ne justifie pas la suspension de l'acte attaqué »[11].

1. CE 21 mars 2008, Sté immobilière de commerce et d'industrie, req. n° 310680, *Lebon T.* ; *AJDA* 2008. 1156, concl. A. Courrèges.
2. CE 11 août 2009, Assistance publique des hôpitaux de Marseille, req. n° 325791, NP.
3. CE, ord., 16 déc. 2005, Kabengera et assoc. Forum réfugiés, req. n° 287905, NP.
4. CE 4 oct. 2004, Roels, req. n° 265162, *Lebon T.* 816 ; *AJDA* 2005. 271, note L. Givord.
5. CE 15 mai 2002, Baudoin, req. n° 239487, NP.
6. CE 26 oct. 2001, Aiguebonne, req. n° 234300, *Lebon T.* 1119 ; *BJDU* 2002. 43, concl. S. Austry.
7. CE, ord., 2 déc. 2005, Eurl Maryloup Marée, req. n° 287533, NP.
8. V. dans les procédures de droit commun, et concernant les mémoires écrits : CE 21 juill. 1972, élections municipales de Xanton-Chassenon, req. n° 83801, *Lebon* 582.
9. CE 17 déc. 2008, Zanzi, req. n° 316411, *Lebon T.* ; *AJDA* 2008. 2428 ; *D.* 2009. 102, obs. A. Vincent.
10. CE 12 juill. 2002, Oulai Doué, req. n° 245141, NP.
11. CE 26 sept. 2001, Sté de transports « La Mouette », req. n° 231978, *Lebon T.* 1120.

C

Instruction différée et moyens d'ordre public

214.71 **Mentions de l'instruction différée ou rouverte et de la communication des moyens d'ordre public.** L'article R. 522-11 du CJA exige que l'ordonnance indique, le cas échéant, qu'il a été fait application des dispositions de l'article R. 522-8 (clôture de l'instruction différée ou instruction rouverte) et R. 522-9 (moyen d'ordre public communiqué à l'audience).

214.72 **Mentions non requises en cas d'établissement d'un procès-verbal d'audience.** Ces mentions ne sont pas requises lorsqu'il a été dressé, sous la responsabilité du juge des référés, un procès-verbal de l'audience signé par celui-ci et par l'agent chargé du greffe de l'audience (CJA, art. R. 522-11, al. 1er). En principe, la rédaction du procès-verbal ne représente pour le juge qu'une faculté. Elle devient obligatoire et le procès-verbal doit être versé au dossier en cas de renvoi de l'affaire à une formation collégiale (CJA, art. R. 522-11, al. 2). En dehors de cette hypothèse, la technique du procès-verbal d'audience n'est en pratique pas utilisée.

§ 2

Questions accessoires

214.81 **Questions annexes.** S'il y a lieu, la décision fera état du règlement de certaines questions accessoires à l'objet du litige.

214.82 **Amende pour recours abusif.** La décision mentionnera, le cas échéant, que le requérant a été condamné au versement d'une amende pour recours abusif. Le juge des référés a la possibilité d'assortir le rejet de la requête d'une condamnation à une amende pour recours abusif au titre de l'article R. 741-12 du CJA. Le juge des référés avait été admis à utiliser ce procédé sous l'état du droit antérieur[1]. Afin de prévenir et d'éviter une sollicitation excessive et fantaisiste du juge des référés, la commission des lois du Sénat a souhaité que le juge des référés « *prononce plus systématiquement l'amende pour recours abusif*, dans tous les cas où le requérant présente des demandes abusives par leur nombre, leur caractère répétitif ou systématique »[2]. Le juge des référés condamne ainsi le requérant qui le saisit de façon manifestement peu pertinente, par exemple :

- en demandant de constater l'inexistence du juge d'instruction[3] ou des magistrats de l'ordre judiciaire[4] ;

- en demandant de suspendre le décret du 14 juin 1997 ayant nommé Jean-Éric Schoettl Secrétaire général du Conseil constitutionnel[5].

Le juge condamne également à une telle amende les requérants qui, après un rejet de leur requête comme manifestement mal fondée, reviennent le saisir

1. CE 10 mai 1989, SA des Ets Laurent, req. n° 96810, *Lebon* 848.
2. R. Garrec, Rapp. Sénat n° 380, p. 68 (souligné).
3. CE, ord., 28 oct. 2002, Lecomte, req. n° 251086, NP.
4. CE, ord., 8 nov. 2002, Chaumont, req. n° 251377, NP.
5. CE, ord., 23 mai 2005, Hoffer, req. n° 280703, NP.

des mêmes conclusions en développant une argumentation strictement identique[1].

Ne font obstacle au prononcé d'une amende pour recours abusif :

- ni la circonstance que la requête est présentée par l'intermédiaire d'un avocat aux Conseils[2] ;

- ni la circonstance que le juge des référés se prononce sans faire usage de la procédure de tri, « le caractère abusif de la demande pouvant notamment apparaître au cours de l'instruction ou de l'audience publique »[3].

214.83 Frais non compris dans les dépens et aide juridictionnelle. L'ordonnance peut indiquer que le juge s'est prononcé sur les frais non compris dans les dépens[4] ou sur une demande d'aide juridictionnelle[5].

§ 3

Rédaction de la décision

214.91 Mesures d'exécution de la décision. Il arrive régulièrement que le juge des référés opte pour une rédaction particulièrement soignée et directive des motifs de ses ordonnances. Il s'agit, par ce biais, de guider et d'orienter l'autorité administrative (voire les personnes privées pour certaines applications du référé-mesures utiles) dans l'exécution de ses décisions. La rédaction volontairement pédagogique de ses décisions vise à s'assurer d'une correcte application de celles-ci par ses destinataires. L'objectif, pour un juge qui présente la particularité d'agir en temps réel, est d'optimiser l'efficacité de son intervention à un moment où il est encore temps d'agir sur les comportements litigieux.

Les considérants de la décision, et parfois même le dispositif de celles-ci, exposent minutieusement ce que l'administration ou le particulier doit faire pour se conformer à la décision de justice en l'espèce et ne pas retomber sous le coup d'une nouvelle censure juridictionnelle à l'avenir. Le juge oriente ainsi le destinataire de la décision en lui indiquant la marche à suivre. En détaillant les obligations qui s'imposent à lui, il prévient toute difficulté susceptible d'entraver une exécution correcte et immédiate de sa décision.

214.92 Compréhension de la décision. Cet effort d'explication permet également au juge des référés de compenser « la relative "brutalité" de ses décisions »[6]. Elle favorise, sinon une adhésion à la solution retenue, du moins une meilleure compréhen-

1. CE, ord., 15 juill. 2003, Bidalou, req. n° 1258371, NP - CE, ord., 31 juill. 2003, Bidalou, req. n° 259032, NP - CE, ord., 8 août 2003, Synd. de la magistrature, req. n° 259217, NP - CE, ord., 2 juill. 2004, Hoffer, req. n° 269149, NP - CE, ord., 1er déc. 2004, Winter, req. n° 274705, NP - CE, ord., 19 août 2005, Gaiffe, req. n° 284216, NP - CE, ord., 25 janv. 2006, Tueche, req. n° 289305, NP.
2. CE, ord., 21 janv. 2003, Cne des Angles, req. n° 253421, NP.
3. CE 23 janv. 2008, Mazo, req. n° 308591, *Lebon T.* ; *AJDA* 2008. 175.
4. V. par ex. CE, sect., 28 févr. 2001, Philippart et Lesage, req. nos 230112 et 230520, *Lebon* 112 ; *D.* 2002. 2225, obs. R. Vandermeeren ; *RFDA* 2001. 390, concl. D. Chauvaux.
5. V. par ex. CE, ord., 6 janv. 2005, Landu-Diambu, req. n° 276105, NP : admission au bénéfice de l'aide juridictionnelle, rejet des conclusions principales.
6. M. Guyomar et P. Collin, Chron. ss CE, sect., 30 oct. 2001, min. de l'Intérieur c/Tliba, *AJDA* 2001. 1050.

sion de celle-ci. En rendant une décision plus lisible et plus compréhensible, le juge contribue à mieux la faire accepter.

214.93 Aspects formels de la rédaction. Le « Vade-mecum sur la rédaction des décisions de la juridiction administrative », publié par le Conseil d'État en 2018, détaille sur une dizaine de pages la structure, le style et le contenu que doivent épouser les décisions rendues en référé[1].

§ 4

Condamnation sous astreinte

A

Prononcé de l'astreinte

214.101 Fondement. Lorsque le juge des référés prononce une injonction (injonction à titre principal dans le cas du référé-mesures utiles et du référé-liberté, injonction en complément d'une mesure de suspension dans le cadre du référé-suspension), il peut décider, dès son prononcé, d'assortir sa décision d'une astreinte sur le fondement des dispositions générales de l'article L. 911-3 du CJA. Cette possibilité était déjà reconnue au juge des référés sous l'état du droit antérieur à la réforme du 30 juin 2000[2].

214.102 Opportunité. Le juge des référés dispose d'un pouvoir d'appréciation pour prononcer une astreinte. Il se détermine au regard des circonstances de chaque espèce et n'est jamais tenu de la prononcer. Il use de cette faculté lorsqu'il redoute de se heurter à une résistance de l'administration (ou du particulier pour certaines applications du référé-mesures utiles). À défaut, le juge ne prononce pas l'astreinte. Il peut même expressément affirmer « qu'en raison des assurances données par l'administration lors de l'audience, il n'y a pas lieu d'assortir cette injonction d'une astreinte »[3]. Le prononcé d'une astreinte est fréquent dans le domaine du référé-mesures utiles ; il est plus rare dans celui des référés suspension et liberté.

214.103 Point de départ. Si le juge n'a pas fixé de point de départ à l'astreinte, celle-ci ne pourra être liquidée[4]. Le juge des référés distingue deux situations pour déterminer le point de départ de l'astreinte.

Lorsque la partie condamnée dispose d'un délai pour exécuter la décision, le juge fait coïncider le point de départ de l'astreinte avec l'expiration du délai dont dispose la partie condamnée pour s'y conformer. L'astreinte court alors à compter de l'expiration du délai qui lui a été fixée pour exécuter la décision[5].

1. Conseil d'État, « Vade-mecum sur la rédaction des décisions de la juridiction administrative », 2018, annexe V, p. 57-66 [en ligne].
2. CE, sect., 13 juill. 1956, OPHLM du Dp[t] de la Seine, req. n° 37656, *Lebon* 343, concl. J. Chardeau ; *AJDA* 1956. 312, concl. ; *AJDA* 1956. 398, Chron. J. Fournier et G. Braibant ; *RD publ.* 1957. 296, note M. Waline.
3. CE, ord., 26 avr. 2005, min. de l'Intérieur, de la Sécurité intérieure et des Libertés locales c/M'Lamali, req. n° 279842, *Lebon T.* 1034.
4. CE 3 juin 2009, Huet, req. n° 313198, *Lebon T.* ; *AJDA* 2009. 1125.
5. CE 29 juill. 2002, CH d'Armentières, req. n° 243500, *Lebon* 307 ; *AJDA* 2002. 1451, note J.-D. Dreyfus ; *RDI* 2003. 78, obs. J.-D. Dreyfus ; *JCP* 2003. 10002, note J.-C. Zarka ; *BJCP* 2002. 470, concl. P. Collin.

En revanche, lorsque la partie condamnée doit s'exécuter « sans délai », comme c'est le cas en matière d'expulsion d'occupants du domaine public, le juge a pour habitude de différer le point de départ de l'astreinte d'un mois (généralement pour des particuliers)[1], de 8 jours (le plus souvent pour des entreprises)[2] ou encore de 72 heures (par exemple pour le cas d'élus territoriaux occupant les locaux de leur collectivité)[3]. Toutefois, il lui arrive parfois, même dans ce cas de figure où aucun délai d'exécution n'est accordé, de condamner sous astreinte dès notification de la décision[4].

B

Taux de l'astreinte

214.111 Critères. Une fois décidé le principe d'une astreinte, le juge dispose d'une grande liberté pour fixer le taux de celle-ci. Il se détermine en fonction du but qu'elle se propose d'atteindre, à savoir contraindre son destinataire à l'exécution. Le juge peut prendre en considération la gravité des conséquences d'une inexécution pour le requérant, la capacité de résistance financière de la partie condamnée ou encore le caractère répété des manquements constatés. Le montant fait l'objet d'une appréciation au cas par cas, qui tient compte de l'ensemble des circonstances de l'affaire. Le taux de l'astreinte est fixé par jour de retard.

214.112 Astreinte à l'encontre de l'administration. Le taux de l'astreinte est en général modéré lorsqu'il a pour destinataire une administration publique. Par exemple :

- 15 euros par jour de retard pour restituer un titre de séjour en cours de validité à son titulaire[5] ;
- 100 euros par jour de retard pour apporter le concours de la force publique à l'exécution d'une décision ordonnant l'évacuation de squatters[6] ;
- 150 euros par jour de retard pour restituer aux requérants les documents d'identité qui leur ont été illégalement retirés[7] ou pour achever, sous les 15 jours, l'instruction de la demande de la requérante et de lui délivrer dès notification de l'ordonnance un récépissé valant autorisation de séjour[8] ;

1. CE 25 janv. 2006, Cne de La Souche, req. n° 284878, *Lebon T.* 1021 ; *AJDA* 2006. 231 - CE 6 avr. 2001, min. de l'Éducation nationale c/Cros Decam, req. n° 230000, *Lebon* 180 ; *D.* 2002. 2230, obs. R. Vandermeeren.
2. CE, sect., 16 mai 2003, SARL Icomatex, req. n° 249880, *Lebon* 228 ; *AJDA* 2003. 1156, Chron. F. Donnat et D. Casas ; *D.* 2003. 1482, et les obs. ; *JCP Adm.* 2003, n° 1674, note J. Moreau ; *LPA* 24 mars 2003, n° 60, p. 4, concl. G. Bachelier ; *BJCL* 2003. 579.
3. CE, ord., 24 nov. 2004, Flosse, req. n° 247123, *Lebon T.* 829.
4. CE 1er oct. 2007, Agence foncière et technique de la région parisienne (AFTRP), req. n° 299464, *Lebon T.* 1016 ; *AJDA* 2007. 1904.
5. CE, ord., 8 nov. 2001, Kaigisiz, req. n° 239734, *Lebon* 545.
6. CE 29 mars 2002, SCI Stéphaur et a., req. n° 243338, *Lebon* 117 ; *AJDA* 2003. 345, note P. Grosieux ; *D.* 2003. 1115, note R. Martin ; *RFDA* 2003. 370, étude T. Pez ; *RFDA* 2003. 386, note Y. Lequette ; *BJCL* 2002. 93, concl. T. Olson - CE, ord., 27 nov. 2002, SCI Résidence du théâtre, req. n° 251898, *Lebon T.* 874 ; *AJDA* 2003. 457 ; *D.* 2003. 808 ; *RFDA* 2003. 386, note Y. Lequette.
7. CE, ord., 2 avr. 2001, min. de l'Intérieur c/Cts Marcel, req. n° 231965, *Lebon* 167.
8. CE, ord., 12 nov. 2001, min. de l'Intérieur c/Bechar, req. n° 239794, *Lebon T.* 1132 - CE 7 mai 2003, Boumaiza, req. n° 250002, NP.

– 300 euros par jour de retard pour délivrer une demande d'autorisation provisoire de séjour lorsque l'administration a commis une négligence grave[1].

La fixation du montant de l'astreinte à un taux relativement faible s'explique par une volonté de ne pas pénaliser le contribuable et par l'importante capacité financière des collectivités publiques. À leur égard, le principe de l'astreinte compte davantage que le taux appliqué.

214.113 Astreinte à l'encontre d'une personne privée ou d'un EPIC. Le taux de l'astreinte est plus élevé lorsque l'injonction a pour destinataire une personne privée ou un établissement public à caractère industriel et commercial.

Dans le cadre de l'article L. 521-3 du CJA, par exemple, le taux de l'astreinte est variable selon les circonstances :

– 200 euros par jour de retard s'agissant de l'injonction adressée à un couple de libérer un immeuble devant être réaménagé par la commune en gîte rural[2] ;

– 250 euros par jour de retard pour l'ordre d'enlever un kiosque implanté sur le domaine public[3] ou libérer un local commercial occupé sans titre dans le hall d'une gare[4] ;

– 300 euros par jour de retard pour l'injonction adressée à des élus d'une assemblée territoriale de libérer les locaux qu'ils occupent irrégulièrement (condamnation solidaire)[5] ;

– 500 euros par jour de retard dans le cas de l'injonction adressée au cocontractant de l'administration de procéder aux travaux de dépose et de câblage en souterrain d'un réseau[6] ;

– 1 000 euros par jour de retard dans le cas de l'injonction à une société gérant un centre d'archives de restituer à un hôpital les archives médicales que celui-ci lui avait confiées par un contrat venu à expiration[7] ;

– 1 500 euros par jour de retard pour l'ordre adressé à un ancien concessionnaire de remonte-pente de remettre à la commune tous les moyens nécessaires au fonctionnement du service public de l'entretien et de la sécurité des pistes de ski[8] ;

– 10 000 euros par jour de retard pour l'ordre adressé à Crédit mutuel Arkéa de communiquer des documents à la Confédération nationale du Crédit mutuel[9].

Le montant peut être très élevé lorsque l'astreinte vise un établissement public à caractère industriel et commercial. Ainsi dans l'affaire *Société Outremer Finance Lim-*

1. CE, ord., 21 déc. 2004, Luzolo Kondé, req. n° 275361, NP.
2. CE 25 janv. 2006, C^ne^ de La Souche, req. n° 284878, *Lebon T.* 1021 ; *AJDA* 2006. 231.
3. CE 10 mai 2004, Blanc, req. n° 258935, NP.
4. CE 1er oct. 2007, Agence foncière et technique de la région parisienne (AFTRP), req. n° 299464, *Lebon T.* 1016 ; *AJDA* 2007. 1904.
5. CE, ord., 24 nov. 2004, Flosse, req. n° 247123, *Lebon T.* 829.
6. CE 9 juill. 2008, S^té^ Rhône Vision Câble, req. n° 309878, *Lebon T.* ; *AJDA* 2008. 1412.
7. V. par ex. CE 29 juill. 2002, CH d'Armentières, req. n° 243500, *Lebon* 307 ; *AJDA* 2002. 1451, note J.-D. Dreyfus ; *RDI* 2003. 78, obs. J.-D. Dreyfus ; *JCP* 2003. 10002, note J.-C. Zarka ; *BJCP* 2002. 470, concl. P. Collin.
8. CE 9 déc. 1988, S^té^ « Les téléphériques du massif du Mont-Blanc », req. n° 92211, *Lebon* 438 ; *AJDA* 1989. 272, obs. X. Prétot.
9. CE 13 déc. 2016, Confédération nationale du Crédit Mutuel, req. n° 403418, NP ; *Revue de Droit Bancaire et Financier* mai 2017, n° 3, p. 36, note Th. Samin et S. Torck.

ited, le juge du référé-liberté a enjoint à Aéroports de Paris, sous astreinte de 50 000 euros par jour de retard à compter de la notification de la décision, de mettre fin à l'immobilisation d'un aéronef[1].

214.114 Augmentation mécanique du taux de l'astreinte. Il a pu arriver que le taux de l'astreinte soit déterminé par palier avec une augmentation de ce taux pour chaque période d'inexécution. Ainsi, un juge du référé-liberté a ordonné à un département de proposer au requérant « une solution d'hébergement, incluant le logement et la prise en charge des besoins alimentaires quotidiens de l'intéressé, dans un délai de 72 heures, sous astreinte de 500 euros par jour de retard ». Il ajoutait qu'au-delà de ce délai, « l'astreinte sera portée à 1 000 euros par jour de retard puis, en l'absence d'exécution dans un délai supplémentaire d'une semaine, à 2 000 euros par jour de retard, jusqu'à l'entière exécution du jugement »[2].

C
Liquidation de l'astreinte

214.121 Compétence. La compétence pour liquider l'astreinte revient au juge des référés qui l'a prononcé[3] (ou, le cas échéant, au juge des référés statuant en appel dans le cas du référé-liberté[4]). Ne fait pas obstacle à la compétence du juge des référés la circonstance que la liquidation de l'astreinte ne revêt pas un caractère provisoire. En effet, selon le Conseil d'État, l'astreinte vise à assurer l'exécution de l'ordonnance de référé mais ne constitue pas, par elle-même, une mesure de référé. Elle ne saurait donc être soumise à l'obligation de présenter un caractère conservatoire[5].

214.122 Mise en œuvre. Le juge procède à la liquidation de l'astreinte, soit d'office, soit à la demande d'une partie « s'il constate que les mesures qu'il avait prescrites n'ont pas été exécutées »[6]. La liquidation est subordonnée à la seule inexécution de l'injonction. Si l'administration s'est exécutée dans le délai fixé, il n'y a pas lieu de procéder à la liquidation de l'astreinte. Si elle ne s'est pas exécutée dans le délai imparti, le juge liquide l'astreinte[7] ou plutôt *peut* liquider l'astreinte (il lui est en

1. CE 2 juill. 2003, Sté Outremer Finance Ltd, req. n° 254536, *Lebon* 306 ; *AJDA* 2003. 1780, concl. G. Bachelier ; *RTD civ.* 2004. 324, obs. P. Crocq ; *JCP Adm.* 2003, n° 1384, note J.M. ; *JCP* 2004. I. 125, note H. Périnet-Marquet ; *JCP* 2003. II. 10180, note J. Martin et P.-Y. Nauleau.
2. TA Lille, ord., 6 mai 2016, Badiaga, req. n° 1603124, NP - confirmé par CE 27 juill. 2016, Dpt du Nord c/Badiaga, req. n° 400055, *Lebon* ; *AJDA* 2016. 1543 ; *AJDA* 2016. 2115, concl. J. Lessi ; *D.* 2017. 261, obs. O. Boskovic, S. Corneloup, F. Jault-Seseke, N. Joubert et K. Parrot ; *AJCT* 2016. 634, obs. C. Teixeira.
3. V. CE 21 mai 2003, Petit, req. n° 252872, *Lebon T.* 934 ; *AJDA* 2003. 1520 : référé-mesures utiles - CE, ord., 5 sept. 2003, Keller, req. n° 259991, NP *et* CE 19 févr. 2009, Synd. autonome de la fonction publique territoriale de La Réunion (SAFPTR), req. n° 324864, *Lebon T.* ; *AJDA* 2009. 401 : référé-liberté - CE 5 avr. 2004, Cne de Bagnères-de-Luchon, req. n° 260152, NP : référé-suspension.
4. CE, ord., 3 déc. 2015, Assoc. musulmane El Fath et a., req. n° 394333, *Lebon T.* ; *AJDA* 2015. 2350 ; *JCP Adm.* 2016, n° 2116, Chron. O. Le Bot ; *AJDA* 2016. 385, note E. Debaets.
5. CE 14 nov. 1997, Communauté urbaine de Lyon, req. n° 165540, *Lebon* 421 ; *AJDA* 1998. 60, concl. J. Arrighi de Casanova.
6. CE 21 mai 2003, Petit, req. n° 252872, *Lebon T.* 934 ; *AJDA* 2003. 1520.
7. CE 29 mars 2002, SCI Stéphaur et a., req. n° 243338, *Lebon* 117 ; *AJDA* 2003. 345, note P. Grosieux ; *D.* 2003. 1115, note R. Martin ; *RFDA* 2003. 370, étude T. Pez ; *RFDA* 2003. 386, note Y. Lequette ; *BJCL* ➢

effet loisible de « la modérer ou la supprimer, même en cas d'inexécution constatée, compte tenu notamment des diligences accomplies par l'administration en vue de procéder à l'exécution de la chose jugée »[1]). En cas de liquidation de l'astreinte, cette décision donne naissance à une véritable dette portant sur une somme d'argent, effective et exigible, que l'administration doit payer. Selon l'article L. 911-8 du CJA, le juge « peut décider qu'une part de l'astreinte ne sera pas versée au requérant » ; cette part est alors affectée au budget de l'État[2]. En l'absence de précision dans la décision de liquidation, l'astreinte est versée dans son intégralité au requérant[3].

Il n'y a pas lieu de liquider l'astreinte si le retard dans l'exécution de la décision n'est pas imputable à la partie condamnée mais à l'administration bénéficiaire de la décision. Tel est le cas, par exemple, lorsque le retard dans la restitution d'archives médicales résulte de l'absence de réponse de l'hôpital à la demande de la société gestionnaire quant aux modalités de cette restitution[4].

En cas d'infirmation de l'ordonnance de référé-suspension par le juge du principal, la condamnation sous astreinte qu'elle comportait disparaît pour l'avenir car elle perd sa base juridique[5]. En revanche, ses effets passés ne sont pas remis en cause. Il s'ensuit, en conséquence de la finalité de l'astreinte (qui est « de contraindre la personne qui s'y refuse à exécuter les obligations qui lui ont été assignées par une décision de justice ») que celle-ci peut être liquidée pour la période au cours de laquelle elle produisait effets si la personne condamnée n'a pas exécuté les obligations mises à sa charge durant cette période[6].

214.123 Procédure. Si la liquidation intervient à la demande d'une des parties, le juge du référé-suspension et le juge du référé-liberté ne peut liquider une astreinte ou assurer l'exécution d'une précédente ordonnance qu'après avoir tenu une audience publique[7]. Il peut néanmoins en ordonner le rejet au titre de la procédure de tri de l'article L. 522-3[8]. Si le juge statue d'office et constate qu'il n'y a pas lieu de liquider l'astreinte, il n'a pas à tenir audience[9].

➢ 2002. 93, concl. T. Olson : astreinte d'un montant de 3 000 euros, la décision, assortie d'une astreinte de 100 euros par jour de retard, n'ayant été exécutée qu'au bout d'un mois – CE 28 juill. 2004, SARL Icomatex, req. n° 249880, NP : astreinte d'un montant de 13 200 euros, l'occupant sans titre du domaine public, condamné le 16 mai 2003 sous astreinte de 150 euros par jour de retard, n'ayant libéré les lieux que le 9 septembre 2003, soit plus de trois mois après la notification de l'ordonnance le 4 juin 2003.

1. CE, ord., 3 déc. 2015, Assoc. musulmane El Fath et a., req. n° 394333, *Lebon T.* ; *AJDA* 2015. 2350 ; *JCP Adm.* 2016, n° 2116, Chron. O. Le Bot ; *AJDA* 2016. 385, note E. Debaets.
2. Sur l'absence d'inconstitutionnalité de cette affectation, v. Cons. const. 6 mars 2015, M. Jean de M., n° 2014-455 QPC ; *AJDA* 2015. 479 ; *D.* 2015. 570 ; *Constitutions* 2015. 256, Chron. O. Le Bot.
3. CE 27 sept. 2002, SCI Stéphaur, req. n° 243338, NP, préc. – v., par ex., CE, ord., 3 déc. 2015, Assoc. musulmane El Fath et a., req. n° 394333, *Lebon T.* ; *AJDA* 2015. 2350 ; *JCP Adm.* 2016, n° 2116, Chron. O. Le Bot ; *AJDA* 2016. 385, note E. Debaets.
4. CE 27 juin 2003, CH d'Armentières, req. n° 243500, *Lebon* 307.
5. CE 24 mai 2017, Sté Investaq Énergie, req. n° 403569, *Lebon T.* ; *AJDA* 2017. 1147 ; *Énergie - Environnement - Infrastructures* 2017, comm. 72, note Ph. Tosi (pt 3).
6. CE 24 mai 2017, Sté Investaq Énergie, req. n° 403569, préc., pt 3.
7. V. par ex. CE 28 juill. 2004, Sté Outremer Finance Ltd, req. n° 254536, NP.
8. V. par ex., CE, ord., 5 sept. 2003, Keller, req. n° 259991, NP.
9. CE, ord., 21 déc. 2004, Herman Luzolo Kondé, req. n° 275361, NP.

L'exigence de tenir une audience publique pour la liquidation de l'astreinte ne s'impose pas au titre du référé-mesures utiles, que le juge statue d'office ou à la demande des parties. Il en va ainsi dans tous les contentieux, y compris celui de l'expulsion des occupants sans titre (alors même que celui-ci est soumis, pour l'instance initiale, à l'obligation de tenir audience : v. s^s n° 243.52)[1]. Le juge a toutefois l'obligation de respecter le principe du contradictoire. Celui-ci est méconnu lorsque, d'une part, l'indication portée dans la notification du mémoire en défense ne permettait pas au requérant, en l'absence de date déterminée, de connaître le délai dans lequel il était autorisé à produire ses observations en réplique et que, d'autre part, en l'absence d'audience, il n'a pas été mis en mesure d'exposer éventuellement celles-ci avant que le juge statue[2].

214.124 Majoration. En cas de mauvaise volonté persistante de l'administration, le juge des référés pourra, à cette occasion, majorer le taux de l'astreinte initialement prévu afin d'obtenir la correcte exécution de sa décision[3]. Par exemple, le propriétaire d'un bateau stationnant sans autorisation sur un quai du Rhône à Lyon, le juge des référés, saisi par la communauté urbaine de Lyon, a procédé à la liquidation provisoire de l'astreinte (condamnant ainsi les occupants au paiement de la somme de 5 000 euros), maintenue l'injonction faite aux intéressés d'évacuer le domaine public fluvial et doublé, pour l'avenir, le montant de l'astreinte due par jour de retard[4].

214.125 Modification des mesures. Le juge de l'exécution saisi, sur le fondement des dispositions de l'article L. 911-7 du CJA, aux fins de liquidation d'une astreinte précédemment prononcée, n'a pas le pouvoir de remettre en cause les mesures décidées par le dispositif de la décision juridictionnelle dont l'exécution est demandée[5].

214.126 Voies de recours. Le Conseil d'État a précisé que « les voies de recours ouvertes contre les ordonnances du juge des référés prononçant la liquidation d'une astreinte qu'il a lui-même prononcée sont les mêmes que celles ouvertes contre les ordonnances prononçant l'astreinte »[6] :

- appel pour le référé-liberté[7] ;
- cassation pour le référé-suspension et le référé-mesures utiles[8].

1. CE 27 mai 2015, Cie nationale du Rhône, req. n° 385235, *Lebon T.* ; *AJDA* 2015. 1072.
2. CE 27 mai 2015, Cie nationale du Rhône, req. n° 385235, préc.
3. CE 5 sept. 2011, min. de l'Intérieur, de l'Outre-mer, des Collectivités territoriales et de l'Immigration c/ Medina Bermudez, req. n° 351710, *Lebon T.* ; *AJDA* 2012. 115, note K.-H. Voizard.
4. CE 14 nov. 1997, Communauté urbaine de Lyon, req. n° 165540, *Lebon* 421 ; *AJDA* 1998. 60, concl. J. Arrighi de Casanova.
5. CE 5 sept. 2011, min. de l'Intérieur, de l'Outre-mer, des Collectivités territoriales et de l'Immigration c/ Medina Bermudez, req. n° 351710, *Lebon T.* ; *AJDA* 2012. 115, note K.-H. Voizard – CE, ord., 3 déc. 2015, Assoc. musulmane El Fath et a., req. n° 394333, *Lebon T.* ; *AJDA* 2015. 2350 ; *JCP Adm.* 2016, n° 2116, Chron. O. Le Bot ; *AJDA* 2016. 385, note E. Debaets.
6. CE 21 mai 2003, Petit, req. n° 252872, *Lebon T.* 934 ; *AJDA* 2003. 1520.
7. CE, ord., 5 sept. 2003, Keller, req. n° 259991, NP.
8. CE 21 mai 2003, Petit, req. n° 252872, *Lebon T.* 934 ; *AJDA* 2003. 1520.

SECTION 2

Prise d'effet de la décision

214.131 Dispense de prononcé en audience. En vue d'accélérer la prise d'effet des ordonnances, l'article R. 742-6 du CJA prévoit que « les ordonnances sont réputées prononcées dès leur signature »[1].

214.132 Principe : ordonnance exécutoire à compter de sa notification. En principe, conformément aux règles habituelles, le caractère exécutoire de l'ordonnance prend effet à partir du jour où la partie qui doit s'y conformer en reçoit notification (CJA, art. R. 522-13). En vertu de l'article R. 522-12, celle-ci doit s'effectuer « sans délai et par tous moyens ». Il a été jugé qu'une notification par fax était régulière : s'il n'est pas contesté, le rapport d'émission de télécopie relatif à la notification d'une ordonnance de référé fait courir le délai de cassation contre cette ordonnance[2]. De même, la notification à un ministre dont ne relève pas l'administration intéressée au litige fait néanmoins courir contre l'État le délai de recours contre l'ordonnance de référé[3].

214.133 Exception : ordonnance exécutoire dès son prononcé. Dans l'objectif d'accélérer la prise d'effet de la décision, l'article R. 522-13 alinéa 2 du CJA prévoit que le juge administratif des référés peut, à l'image de son homologue judiciaire, décider que l'ordonnance « sera exécutoire aussitôt qu'elle aura été rendue », et donc avant même sa notification[4]. Le juge mentionne alors dans le dispositif de l'ordonnance ce caractère immédiatement exécutoire[5].

L'article R. 522-13 alinéa 3 prévoit que « si l'urgence le commande, le dispositif de l'ordonnance, assorti de la formule exécutoire prévue à l'article R. 751-1, est communiqué sur place aux parties, qui en accusent réception »[6]. Lorsque les conditions d'octroi sont satisfaites, ces procédés permettent d'accélérer le moment auquel son destinataire exécutera les mesures ordonnées par le juge des référés.

1. CJA, R. 742-6, mod. par décr. n° 2020-1404, 18 nov. 2020.
2. CE 18 déc. 2002, min. de l'Intérieur, de la Sécurité intérieure et des Libertés locales c/SARL Le Méditerranée, req. n° 249887, *Lebon T.* 851.
3. CE 19 nov. 2003, min. de l'Agriculture c/Assoc. Puy-de-Dôme Nature Environnement, req. n° 256454, *Lebon T.* 933 ; *AJDA* 2004. 559.
4. L'article 489 alinéa 2 du Code de procédure civile prévoit qu'« en cas de nécessité, le juge peut ordonner que l'exécution aura lieu au seul vu de la minute ».
5. V. par ex. CE, ord., 19 août 2002, Front national et Institut de formation des élus locaux (Iforel), req. n° 249666, *Lebon* 311 ; *AJDA* 2002. 1017, note X. Braud ; *D.* 2002. 2452, et les obs. - CE 9 avr. 2004, Vast, req. n° 263759, *Lebon* 173 ; *RFDA* 2004. 778, concl. S. Boissard ; *Dr. adm.* 2004, comm. n° 98, note M. Lombard ; *JCP Adm.* 2004, n° 1318, note M.-C. Rouault ; *JCP Adm.* 2004, n° 1319, note J. Moreau ; *Gaz. Pal.* 2005. 391, note D. Linotte et J.-L. Pissaloux ; *CCE* 2004, étude J. Fraysinnet ; *Coll. terr.* 2004, comm. n° 120, note L. Derridj - CE, ord., 11 avr. 2006, Tefaarere, req. n° 292029, *Lebon* 197 ; *AJDA* 2006. 794 - CE, ord., 1er août 2002, Assoc. France nature environnement (FNE), req. n° 248988, *Lebon* 861 ; *AJDA* 2002. 1140, note L. Fontbaustier ; *Europe* 2003/2, comm. n° 64, obs. E. Saulnier.
6. V. par ex. CE 8 mars 2001, Ricque, req. n° 231086, *Lebon T.* 1130.

SECTION 3

Transmission de la décision à certaines autorités

214.141 Transmission obligatoire. L'article R. 522-14 du CJA prévoit, dans un certain nombre de cas, la transmission sans délai d'une copie de la décision au procureur de la République ou au trésorier-payeur général.

214.142 Mesures concernées. Les décisions concernées sont celles par lesquelles le juge des référés ordonne (au titre de l'article L. 521-1 ou au titre de l'article L. 521-2) une mesure de suspension ou, saisi sur le fondement de l'article L. 521-4, modifie ou met fin à la suspension. Il en va de même lorsque le Conseil d'État prononce la cassation d'une telle décision.

214.143 Actes concernés. Les actes concernés, en cas de suspension, par l'obligation de transmission sont les suivants :

- décision accordant un permis de construire (transmission au procureur de la République) ;
- décision accordant un permis d'aménager ou de démolir (transmission au procureur de la République) ;
- mesure de police (transmission au procureur de la République) ;
- acte constituant une pièce justificative du paiement de dépenses publiques (transmission au trésorier-payeur général du département).

SECTION 4

Autorité de la décision

§ 1

Caractère exécutoire et obligatoire

A

Affirmation de la force exécutoire et obligatoire des ordonnances de référé

214.151 Décision de justice. La décision prise en référé est, comme toute décision de justice[1], exécutoire et obligatoire.

214.152 Force exécutoire. L'ordonnance de référé est revêtue de la même force exécutoire qu'un jugement au fond. Elle doit être exécutée, conformément au principe qui gouverne la mise en œuvre des décisions de justice, rappelé à l'article L. 11 du Code de justice administrative, disposant que « les jugements sont exécutoires ». Au surplus, l'article R. 522-13 alinéa 2 du CJA dispose que le juge des

1. V., reconnaissant cette qualité aux ordonnances de référé : CE, sect., 5 nov. 2003, Assoc. Convention vie et nature pour une écologie radicale, req. n° 259339, *Lebon* 444, concl. F. Lamy ; *AJDA* 2003. 2253, Chron. F. Donnat et D. Casas ; *AJDA* 2003. 2225, tribune P. Cassia ; *GACA*, 5e éd., 2016, n° 66 ; *RFDA* 2004. 601, concl. F. Lamy ; *RTD eur.* 2004. 333, Chron. D. Ritleng ; *RTD eur.* 2004. 363, Chron. J. Dutheil de La Rochère, N. Grief et E. Saulnier ; *Dr. adm.* 2004, comm. n° 34, obs. M. Vialettes ; *JCP* 2004. I. 164, note P. Cassia - CE 26 oct. 2005, Gollnisch, req. n° 279189, *Lebon* 443 - CE, ord., 8 août 2008, Cne de Ceyrat, req. n° 319547, NP.

référés peut décider que sa décision « sera exécutoire aussitôt qu'elle aura été rendue ». La formule exécutoire, prévue à l'article R. 751-1 du Code de justice administrative, doit en outre figurer dans le dispositif de l'ordonnance (CJA, art. R. 522-13, al. 3)[1].

214.153 Force obligatoire. L'ordonnance de référé est également dotée d'une force obligatoire qui s'impose aux parties. Cette force obligatoire est notamment rappelée à l'article R. 522-13 du CJA, qui utilise l'expression « doit s'y conformer » pour qualifier l'autorité de l'ordonnance de référé sur les parties. L'administration est tenue de s'y soumettre et de la respecter.

Dans un arrêt *Association convention vie et nature pour une écologie radicale*, le Conseil d'État a dû rappeler avec solennité l'autorité qui s'attache aux décisions prises en référé[2]. Cet arrêt intervient à la suite de plusieurs décisions du ministre de l'Écologie méconnaissant de façon caractérisée deux mesures de suspension ordonnées par le juge des référés sur le fondement de l'article L. 521-1 du Code de justice administrative. Le contentieux débute le 21 juillet 2003 avec un arrêté du ministre de l'Écologie fixant des dates d'ouverture de la chasse en contrariété plus que probable avec la directive européenne du 2 avril 1979 relative à la conservation des oiseaux sauvages. Saisi d'un référé-suspension contre cette décision, le juge des référés fait rapidement droit à la demande des requérants[3]. Peu importe au ministre de l'Écologie qui édicte immédiatement un arrêté quasiment identique au précédent et tout aussi probablement illégal, arrêté que le juge des référés suspend également[4]. Le ministre n'hésite toutefois pas à récidiver deux jours après cette seconde suspension. Pour faire cesser cette « pantomime »[5], la demande de suspension formée contre ce troisième arrêté a été confiée à la Section pour une réaffirmation ferme des caractères exécutoire et obligatoire des ordonnances de référé.

B

Conséquences de la force exécutoire et obligatoire des ordonnances de référé

214.161 Obligation de respecter la décision. La force obligatoire des ordonnances de référé implique d'en respecter les motifs et le dispositif.

1. Pour ce qui est du droit judiciaire privé, l'article 514 du Code de procédure civile déclare exécutoires « de droit » les ordonnances de référé.
2. CE, sect., 5 nov. 2003, Assoc. Convention vie et nature pour une écologie radicale, req. n° 259339, *Lebon* 444, concl. F. Lamy ; *AJDA* 2003. 2253, Chron. F. Donnat et D. Casas ; *AJDA* 2003. 2225, tribune P. Cassia ; *GACA*, 5e éd., 2016, n° 66 ; *RFDA* 2004. 601, concl. F. Lamy ; *RTD eur.* 2004. 333, Chron. D. Ritleng ; *RTD eur.* 2004. 363, Chron. J. Dutheil de La Rochère, N. Grief et E. Saulnier ; *Dr. adm.* 2004, comm. n° 34, obs. M. Vialettes ; *JCP* 2004. I. 164, note P. Cassia.
3. CE, ord., 4 août 2003, Assoc. pour la protection des animaux sauvages, req. n° 258778, NP ; *RTD eur.* 2004. 333, Chron. D. Ritleng ; *RTD eur.* 2004. 363, Chron. J. Dutheil de La Rochère, N. Grief et E. Saulnier.
4. CE, ord., 19 août 2003, Convention vie et nature pour une écologie radicale, req. n° 259340, NP ; *RTD eur.* 2004. 333, Chron. D. Ritleng ; *RTD eur.* 2004. 363, Chron. J. Dutheil de La Rochère, N. Grief et E. Saulnier.
5. F. Melleray, « Chronique de contentieux administratif n° II », *LPA* 20 avr. 2004, n° 79, pt 3.

En cas de suspension d'une décision positive, l'administration ne peut légalement reprendre la même décision sans qu'il ait été remédié au vice que le juge des référés avait pris en considération pour prononcer sa décision[1].

En cas de suspension d'une décision de rejet (tel un refus de permis de construire), l'administration ne peut opposer un nouveau refus à l'administré en se fondant sur un motif que le juge a regardé comme étant d'une illégalité douteuse. Ainsi que l'a posé la Section, « lorsque le juge des référés a retenu comme propre à créer, en l'état de l'instruction, un doute sérieux quant à la légalité de ce refus un moyen dirigé contre les motifs de cette décision, l'autorité administrative ne saurait, eu égard à la force obligatoire de l'ordonnance de suspension, et sauf circonstances nouvelles, rejeter de nouveau la demande en se fondant sur les motifs en cause »[2].

214.162 Obligation d'exécuter la décision. L'administration ou le particulier condamné est juridiquement tenue d'exécuter la décision prise par le juge des référés. Corrélativement, le bénéficiaire de la mesure est en droit d'exiger sa correcte exécution par la personne condamnée. Il peut, au besoin, demander la mise en œuvre des dispositions de droit commun de l'article L. 911-4 et L. 911-5 du Code de justice administrative.

214.163 Demande d'exécution (CJA, art. L. 911-4). Le demandeur qui a obtenu d'un juge des référés du premier degré le prononcé d'une mesure peut s'adresser au tribunal dont ce juge relève en cas d'inexécution de la mesure prescrite. Bien que le texte de l'article L. 911-4 du CJA fasse seulement référence au « jugement » du tribunal administratif et à l'« arrêt » de la cour administrative d'appel, le Conseil d'État en a admis l'application aux procédures de référé dans une décision *Van Bentum Plasse et Plasse*[3]. Il a également précisé, dans cette même décision, « que la procédure prévue par l'article L. 911-4 du Code de justice administrative se rattache à la même instance contentieuse que celle qui a donné lieu à la décision juridictionnelle dont il est demandé au juge d'assurer l'exécution ; qu'ainsi les voies de recours ouvertes contre la décision prise en application de cet article sont les mêmes que celles qui sont prévues contre la décision dont il est demandé au juge d'assurer l'exécution ».

En l'espèce, par une ordonnance du 26 avril 2001, le juge des référés du tribunal administratif de Marseille avait enjoint à un maire de prendre, dans un délai de 48 heures, une mesure de police ordonnant l'exécution de travaux sur le mur longeant la propriété des requérants afin qu'il soit remédié au péril créé par la dégrada-

1. CE, sect., 5 nov. 2003, Assoc. Convention vie et nature pour une écologie radicale, req. n° 259339, *Lebon* 444, concl. F. Lamy ; *AJDA* 2003. 2253, Chron. F. Donnat et D. Casas ; *AJDA* 2003. 2225, tribune P. Cassia ; *GACA*, 5e éd., 2016, n° 66 ; *RFDA* 2004. 601, concl. F. Lamy ; *RTD eur.* 2004. 333, Chron. D. Ritleng ; *RTD eur.* 2004. 363, Chron. J. Dutheil de La Rochère, N. Grief et E. Saulnier ; *Dr. adm.* 2004. comm. n° 34, obs. M. Vialettes ; *JCP* 2004. I. 164, note P. Cassia – L'effet est similaire, sur ce point, à une annulation pour excès de pouvoir, qui fait obstacle à ce qu'une nouvelle décision soit fondée sur les motifs censurés par le juge (CE, ass., 4 janv. 1952, Sieur Lhomme, *Lebon* 15).
2. CE, sect., 7 oct. 2016, Cne de Bordeaux, req. n° 395211, *Lebon* 409 (pt 4) ; *AJDA* 2016. 1895 ; *AJDA* 2016. 2155, Chron. L. Dutheillet de Lamothe et G. Odinet ; *RDI* 2017. 42, obs. P. Soler-Couteaux ; *AJCT* 2017. 106, obs. P. Peynet ; *RFDA* 2016. 1177, concl. X. de Lesquen ; *JCP Adm.* 2017, n° 2125, Chron. O. Le Bot ; *JCP G* 2016, n° 1360, note P. Cassia ; *Procédures* 2016, comm. 386, obs. S. Deygas.
3. CE 29 oct. 2003, Van Bentum Plasse et Plasse, req. n° 259440, *Lebon T.* 956 ; *AJDA* 2004. 511.

tion de ce mur. Par jugement du 1er juillet 2003, le tribunal administratif de Marseille a rejeté la demande présentée par les requérants tendant à ce que soit assurée l'exécution de l'ordonnance du 26 avril 2001 en application de l'article L. 911-4. Pour justifier son rejet, le tribunal se fonde sur ce que la mesure prescrite a été correctement exécutée. Elle consistait en la mise en place d'un périmètre de sécurité autour du mur ainsi qu'en la pose d'un film de protection, non en sa démolition et sa reconstruction. Les requérants relèvent appel de cette décision devant le Conseil d'État[1]. Celui-ci indique que dès le lendemain du prononcé de l'ordonnance du 26 avril 2001, le maire de Forcalquier a pris un arrêté interdisant l'accès à ce mur pendant toute la durée des travaux de remise en état et que ces travaux ont consisté à reconstruire la partie du mur qui s'était effondrée et à édifier plusieurs contreforts de nature à garantir la stabilité de l'ouvrage. Pour le Conseil d'État, « le maire a ainsi pris des mesures conservatoires correspondant à celles ordonnées par l'ordonnance du 26 avril 2001 ». Si les requérants soutiennent que des pierres sont récemment tombées du mur, le Conseil souligne qu'« il n'est, en tout état de cause, pas établi que ces incidents résulteraient d'une incomplète exécution des travaux ordonnés par le juge des référés ». Dès lors, les requérants ne sont pas fondés à soutenir que la commune n'aurait pas exécuté l'ordonnance du 26 avril 2001.

Un autre exemple particulièrement topique peut être mentionné, dans lequel le juge de l'exécution vérifie une à une si les treize injonctions prononcées à l'encontre de l'administration ont bien été exécutées par celle-ci[2].

Le Conseil d'État a précisé qu'une demande d'exécution d'une décision juridictionnelle ne peut porter que sur l'éventuelle abstention de l'administration, observée à la date à laquelle statue le juge de l'exécution, de prendre les mesures prescrites à la suite de l'injonction, « et non sur l'éventuelle réitération des difficultés, qui relèvent d'un litige distinct ». Il en va en particulier ainsi lorsqu'est demandée, en application des dispositions de l'article L. 911-4, l'exécution de mesures ordonnées par le juge des référés sur le fondement de l'article L. 521-2, mesures qui ne peuvent avoir légalement pour objet que d'assurer la sauvegarde d'une liberté fondamentale dans une situation d'urgence impliquant en principe qu'une mesure soit ordonnée dans les quarante-huit heures. Il appartient à cet égard à la partie intéressée de saisir le juge de l'exécution « dans un délai approprié à l'office du juge des référés »[3]. En l'espèce, a été jugée tardive la demande d'exécution se rapportant à une ordonnance rendue deux ans plus tôt.

Le recours contre une ordonnance du juge des référés du tribunal administratif statuant sur une demande tendant à l'exécution d'une ordonnance de référé-liberté de ce même tribunal relève de l'appel[4].

1. En l'espèce, la décision concerne l'exécution d'une ordonnance rendue sur le fondement de l'article L. 521-2 du CJA. Conformément à l'article L. 523-1 du code, elle doit être contestée par la voie d'un l'appel porté, par dérogation à la compétence de droit commun des cours administratives d'appel, devant le Conseil d'État.
2. CE 11 févr. 2022, OIP, req. n° 452354, NP.
3. CE 24 déc. 2021, Section française de l'Observatoire international des prisons, req. n° 435622, *Lebon T.* ; *Procédures* 2022, comm. 82, note S. Deygas.
4. CE 26 juill. 2018, Khartychev et Khartycheva, req. n° 417826, *Lebon T.*

214.164 Astreinte *a posteriori* (CJA, art. L. 911-5). Si le juge des référés n'a pas assorti les mesures ordonnées d'une astreinte, le demandeur peut saisir le Conseil d'État au titre de l'article L. 911-5 du CJA afin que soit prononcée une astreinte contre l'administration récalcitrante. Lorsque la demande d'exécution porte sur une ordonnance rendue par le juge des référés du Conseil d'État, son examen relève de ce juge[1]. Celui-ci statue au vu de l'instruction menée par la Section du rapport et des études.

Le rejet s'impose lorsque l'autorité compétente a pris « les mesures nécessaires pour assurer l'exécution de la décision »[2]. Le juge est dispensé de l'obligation de tenir une audience s'il estime qu'il n'y a pas lieu de prononcer une injonction sous astreinte[3].

§ 2

Absence d'autorité de la chose jugée au principal

A

Affirmation de l'absence d'autorité de la chose jugée au principal des ordonnances de référé

1

Notion d'autorité de chose jugée

214.171 Deux dimensions. L'autorité de la chose jugée est une « qualité » ou un « attribut » de la décision juridictionnelle. Telle qu'elle nous vient du droit romain, elle se définit comme la présomption de vérité attachée à la décision de justice – *res judicata pro veritate habetur* – et a pour effet d'interdire aux parties de recommencer le procès – *non bis in idem*.

214.172 Dimension positive. Positivement, l'autorité de la chose jugée est une qualité qui s'attache à la vérification juridictionnelle : ce qui est jugé s'impose comme l'expression de la vérité. Le dispositif de la décision est considéré comme la vérité définitive quant au point de droit tranché. Les parties peuvent dès lors l'invoquer. À toutes fins utiles, la situation juridique est désormais telle qu'elle a été définie par le dispositif du jugement.

214.173 Dimension négative. Négativement, l'autorité de la chose jugée empêche la remise en cause du jugement. Celui-ci devient incontestable : il lie définitivement le juge qui l'a prononcé, les parties ainsi que les autres tribunaux. Ce qui fait l'objet d'un jugement est soustrait aux contestations futures. Cet effet procédural s'impose au juge et aux parties.

D'une part, le juge ne peut pas revenir sur sa décision. La litispendance prend fin, le juge est dessaisi du dossier. Il lui est interdit de remettre en cause la décision, de statuer de nouveau sur une affaire déjà tranchée. Ses pouvoirs sont épuisés[4] et toute

1. CE 5 juin 2015, Sté Bernheim Dreyfus & Co et a., req. n° 389790, *Lebon T.*
2. CE 13 juin 2003, Chakir, req. n° 243615, *Lebon* 253 ; *BJCL* 2003. 675, concl. I. de Silva.
3. CE 5 juin 2015, Sté Bernheim Dreyfus & Co et a., req. n° 389790, *Lebon T.*
4. CE 14 déc. 1979, Pointe, req. n° 10755, *Lebon T.* 845.

modification apportée ultérieurement au dispositif du jugement serait contraire à l'autorité de la chose jugée[1].

D'autre part, pour les parties, l'effet négatif de l'autorité de la chose jugée consiste en l'interdiction de demander le rejugement d'une affaire. Une telle demande est irrecevable qu'elle soit présentée devant le même juge ou devant un autre juge.

2

Autorité de la chose jugée atténuée en référé

214.181 Refus d'une autorité de la chose jugée au principal. L'autorité de la chose jugée « au principal » est réservée aux décisions juridictionnelles qui règlent le fond d'un litige de façon définitive. Cela suppose non seulement que le juge statue au principal mais, en outre, que sa décision ne puisse pas être remise en cause. Or, l'article L. 511-1 du CJA, qui définit l'office du juge des référés, prévoit que celui-ci statue par des mesures provisoires sans être saisi du principal. Le Conseil d'État en a déduit que les décisions du juge des référés « n'ont pas au principal, l'autorité de la chose jugée »[2].

214.182 Reconnaissance d'une autorité de la chose jugée au provisoire. La jurisprudence antérieure à la loi du 30 juin 2000 déniait toute autorité de chose jugée aux décisions prises en matière de sursis à exécution et de référé. Le Conseil avait ainsi affirmé « que l'autorité de la chose jugée ne peut s'attacher à une ordonnance de référé ou à l'arrêt rendu sur un appel dirigé contre une telle ordonnance, lesdites décisions ayant un caractère provisoire et ne faisant aucun préjudice au principal »[3]. La règle valait également pour les jugements et arrêts prononçant le sursis à exécution des décisions administratives. Selon la formule du Conseil d'État, ces jugements « sont nécessairement rendus en l'état de l'instruction à la date à laquelle ils interviennent et sans pouvoir préjuger le fond du droit » ; par conséquent ils ne sont « en aucun cas » revêtus de l'autorité de la chose jugée[4].

À l'image du droit judiciaire privé[5], le Conseil d'État parle désormais de l'autorité de la chose jugée « au principal »[6], admettant implicitement mais nécessairement l'idée d'une autorité de la chose jugée « au provisoire ». Elle signifie qu'en l'absence d'élément nouveau (que tout intéressé peut faire valoir par la procédure de réexamen : v. s^s^ n°s 215.71 s.), la décision du juge des référés s'impose à lui-même

1. CE 19 déc. 1855, Laboureix, *Lebon* 753 - CE 30 janv. 1867, C^ne^ de Villamblain, *Lebon* 112.
2. CE, sect., 5 nov. 2003, Assoc. Convention vie et nature pour une écologie radicale, req. n° 259339, *Lebon* 444, concl. F. Lamy ; *AJDA* 2003. 2253, Chron. F. Donnat et D. Casas ; *AJDA* 2003. 2225, tribune P. Cassia ; *GACA*, 5e éd., 2016, n° 66 ; *RFDA* 2004. 601, concl. F. Lamy ; *RTD eur.* 2004. 333, Chron. D. Ritleng ; *RTD eur.* 2004. 363, Chron. J. Dutheil de La Rochère, N. Grief et E. Saulnier ; *Dr. adm.* 2004, comm. n° 34, obs. M. Vialettes ; *JCP* 2004. I. 164, note P. Cassia.
3. CE, sect., 3 oct. 1958, S^té^ des autocars garonnais, *Lebon* 468.
4. CE, sect., 9 déc. 1983, ville de Paris, req. n° 30665, *Lebon* 499, concl. B. Genevois.
5. L'article 288 alinéa 1 du Code de procédure civile dispose que « l'ordonnance de référé n'a pas, au principal, l'autorité de la chose jugée ».
6. CE, sect., 5 nov. 2003, Assoc. Convention vie et nature pour une écologie radicale, req. n° 259339, *Lebon* 444, concl. F. Lamy ; *AJDA* 2003. 2253, Chron. F. Donnat et D. Casas ; *AJDA* 2003. 2225, tribune P. Cassia ; *GACA*, 5e éd., 2016, n° 66 ; *RFDA* 2004. 601, concl. F. Lamy ; *RTD eur.* 2004. 333, Chron. D. Ritleng ; *RTD eur.* 2004. 363, Chron. J. Dutheil de La Rochère, N. Grief et E. Saulnier ; *Dr. adm.* 2004, comm. n° 34, obs. M. Vialettes ; *JCP* 2004. I. 164, note P. Cassia.

comme aux parties. Le juge des référés est lié par sa propre décision ; il est dessaisi du litige et ne peut revenir sur son ordonnance sauf élément nouveau. Les parties peuvent quant à elles se prévaloir de la décision et en obtenir exécution.

La doctrine parle parfois d'« autorité de la chose ordonnée » pour désigner cette force s'attachant aux ordonnances de référé[1].

B

Conséquences de l'absence d'autorité de la chose jugée au principal des ordonnances de référé

214.191 **Possibilité pour le juge des référés de revenir sur sa décision en cas d'élément nouveau.** L'absence d'autorité de la chose jugée au principal de l'ordonnance de référé autorise le juge des référés à revenir sur une mesure ordonnée si une personne intéressée fait valoir devant lui un élément nouveau selon la procédure de réexamen de l'article L. 521-4 du CJA (v. s[s] n°s 215.71 s.).

214.192 **Juge du fond non lié par la solution donnée en référé.** L'absence d'autorité de la chose jugée au principal de l'ordonnance de référé a pour conséquence que le juge du fond n'est pas lié par la solution donnée en référé. Cette solution s'applique tant pour le fond du litige que pour une éventuelle QPC. La circonstance que le juge des référés du Conseil d'État a décidé de ne pas renvoyer une telle question au Conseil constitutionnel ne fait pas obstacle à ce que le Conseil d'État, statuant au contentieux sur le fond de l'affaire, décide de renvoyer la même QPC au Conseil constitutionnel[2].

Juridiquement, l'absence d'autorité de la chose jugée au principal de l'ordonnance de référé est valable pour les trois référés d'urgence. Elle a notamment été affirmée pour le référé-liberté[3] mais, dans le cadre de cette procédure, présente une dimension très théorique. Dans la mesure où le juge de l'article L. 521-2 du CJA statue sur une illégalité manifeste, il est en pratique improbable que le juge du fond éventuellement appelé à statuer à sa suite sur le même litige ne relève pas une illégalité simple là où le juge du référé-liberté aurait constaté une illégalité manifeste. En droit, le juge du fond n'est pas lié par la solution donnée en référé-liberté et peut juger dans un sens différent. En pratique toutefois, une divergence entre les deux juges apparaît difficilement envisageable puisqu'elle supposerait que le juge du fond regarde comme légal un acte que le juge du référé-liberté a regardé comme manifestement illégal (v. s[s] n°s 232.181 s.).

En pratique, le principe selon lequel le juge du principal n'est pas lié par la position du juge des référés concerne presque exclusivement le référé-suspension, seul référé d'urgence à présenter un caractère accessoire à un recours au fond. Le juge du fond statuant sur la requête principale en annulation ou en réformation n'est en aucun cas limité par la solution retenue en référé. Il peut considérer que la requête

1. P. Cassia, « L'autorité de la chose ordonnée en référé », *JCP* 2004. I. 164.
2. CE 3 oct. 2016, Galaoui, req. n° 397744, *Lebon T.* ; *D.* 2017. 667, obs. Centre de droit et d'économie du sport (OMIJ-CDES) ; *Gaz. Pal.* 6 déc. 2016, n° 43, p. 40, Chron. X. Domino et A. Bretonneau.
3. CE 5 mars 2008, Bermond, req. n° 288540, *Lebon T.* ; *AJDA* 2008. 1334, note S. Deliancourt ; *BJCL* 2008. 257, concl. J.-P. Thiellay.

principale est recevable alors que le juge des référés l'avait déclaré irrecevable[1]. De même, le juge du fond peut rejeter la demande d'annulation d'un acte alors le juge des référés avait fait droit à la demande de suspension de celui-ci[2].

214.193 Irrecevabilité du recours dans l'intérêt de la loi. Le recours dans l'intérêt de la loi constitue une voie de recours exceptionnelle, ouverte exclusivement aux ministres, visant à éviter qu'un jugement ou un arrêt ne fasse jurisprudence en tant qu'il repose sur des motifs erronés en droit. Dans la mesure où il fait obstacle à l'autorité de la chose jugée, il est irrecevable contre les ordonnances de référé, qui en sont dépourvues[3].

215. Voies de recours ouvertes contre la décision

SECTION 0

Orienteur

215.00 Plan du chapitre.

Sect. 1 Recours en cassation

Sect. 2 Réexamen

215.02 Jurisprudence de référence.

> Tout intéressé peut invoquer à l'appui de sa demande de réexamen un moyen de fait ou de droit qu'il aurait déjà pu faire valoir lors de l'instance de référé

CE 10 avr. 2002, Réby, req. n° 241039, *Lebon* 133 (moyen de fait).

CE 26 juin 2002, Charlois-Duméril, req. n° 242703, *Lebon* 226 (moyen de droit).

215.03 Bibliographie indicative.

> **Articles.** S. H. Assem, « Le référé-réexamen devant le juge administratif : quinze ans de mise en œuvre aléatoire », *LPA* 2016, n° 114, p. 10 ; P. Cassia, « Le référé-réexamen devant le juge administratif. Premières applications et difficultés d'interprétation de l'article L. 521-4 du Code de justice administrative », *JCP* 2003. I. 151.

1. CE, sect., 9 déc. 1983, ville de Paris, req. n° 30665, *Lebon* 499, concl. B. Genevois : le tribunal administratif avait opposé l'irrecevabilité à la demande de sursis au motif que les décisions attaquées, non détachables de l'exécution d'un contrat, ne pouvaient faire l'objet d'un recours pour excès de pouvoir. Le jugement rendu sur la demande de sursis étant dépourvu de l'autorité de la chose jugée, le Conseil d'État affirme que « cette motivation ne faisait pas obstacle à ce que le même tribunal, statuant sur les demandes d'annulation des mêmes décisions, en admette la recevabilité ».
2. Pour une illustration, v. CE, sect., 11 juill. 2001, Sté Trans-Éthylène, req. n° 231692, *Lebon* ; *Envir.* 2002, comm. n° 29, note P.-J. Baralle (décision du juge des référés admettant un doute sérieux quant à la légalité de la décision attaquée) et CE 24 oct. 2001, Cne de Marennes, req. n° 228543, *Lebon T.* ; *Envir.* 2002, comm. n° 56, note D. Deharbe (décision du juge du fond rejetant la demande d'annulation de cette décision) – v. de même CE, ord., 9 juill. 2001, Assoc. fédérative régionale pour la protection de la nature Haut-Rhin, req. n° 234555, *Lebon T.* (décision du juge des référés admettant un doute sérieux quant à la légalité de la décision attaquée) et CE 30 déc. 2002, Assoc. fédérative régionale pour la protection de la nature Haut-Rhin, req. n° 232752, NP ; *Envir.* 2003, comm. n° 28, note L. Benoit (décision du juge du fond rejetant la demande d'annulation de cette décision).
3. CE 14 sept. 2007, min. de la Jeunesse c/Sté Vacances éducatives, req. n° 300911, *Lebon T.* ; *AJDA* 2008. 51, note A. Ciaudo ; *RTD civ.* 2008. 71, note P. Deumier.

215.04 Questions essentielles.

> Sous quel délai est examiné un recours en cassation formé contre une ordonnance de référé ? v. s[s] n° 215.54

> À quelles conditions le juge des référés peut-il revenir sur sa décision pour mettre fin ou modifier une mesure initialement ordonnée ? v. s[s] n°s 215.71 s.

215.09 Recours en interprétation. Une ordonnance de référé peut faire l'objet d'un recours en interprétation s'il émane d'une partie à l'instance ayant abouti au prononcé de la décision dont l'interprétation est sollicitée et dans la seule mesure où il peut être valablement argué que cette décision est obscure ou ambiguë[1].

215.10 Deux possibilités de contestation. Qu'elles aient été jugées selon la procédure de tri de l'article L. 522-3 du CJA ou selon la procédure de l'article L. 522-1, les décisions rendues par le juge du référé-suspension (devant un tribunal administratif ou devant une cour administrative d'appel[2]) et par le juge du référé-mesures utiles peuvent faire l'objet d'un pourvoi en cassation. Il en va de même des ordonnances rendues par le juge du référé-liberté selon la procédure de tri (les décisions rendues par le juge du référé-liberté d'un tribunal administratif selon la procédure de l'article L. 522-1 peuvent, pour leur part, faire l'objet d'un appel et non d'un recours en cassation).

Une seconde voie est ouverte aux parties pour contester et remettre en cause une décision : la procédure de réexamen de l'article L. 521-4 permet de demander au juge des référés de modifier ou de mettre fin à une mesure ordonnée sur le fondement des articles L. 521-1, L. 521-2 ou L. 521-3. Cette seconde voie est donc limitée à la contestation des décisions (d'un tribunal administratif, d'une cour administrative d'appel ou du Conseil d'État) qui font droit à la demande.

SECTION 1

Recours en cassation

215.21 Décisions concernées. La procédure de cassation concerne les décisions suivantes :

- ordonnances de l'article L. 521-1 du CJA rendues par le juge des référés d'un tribunal administratif ou d'une cour administrative d'appel (qu'elles aient été rendues selon la procédure de tri ou selon la procédure de l'article L. 522-1) ;
- ordonnances de l'article L. 521-2 rendues par le juge des référés d'un tribunal administratif selon la procédure de tri ;
- ordonnances de l'article L. 521-3 rendues par le juge des référés d'un tribunal administratif (qu'elles aient été rendues selon la procédure de tri ou selon la procédure de l'article L. 522-1) ;
- ordonnances de l'article L. 521-4 rendues relativement à un référé-suspension ou à un référé-mesures utiles, ou encore relativement à un référé-liberté lorsque la demande de réexamen afférente est rejetée selon la procédure de tri.

1. CE, ord., 4 juill. 2001, Marza, req. n° 235295, *Lebon T.* : conditions non satisfaites.
2. V. (impl.) CE 14 mars 2003, Assoc. Air pur environnement, req. n° 251335, *Lebon T.*

En revanche, et bien évidemment, une ordonnance rendue par le juge des référés du Conseil d'État ne peut faire l'objet d'un recours en cassation[1].

§ 1

Procédure du pourvoi

A

Introduction du pourvoi

215.31 Délai pour agir. L'exercice du pourvoi en cassation est enfermé par l'article R. 523-1 du CJA dans un délai de 15 jours (CJA, art. R. 523-1 : « le pourvoi en cassation contre les ordonnances rendues par le juge des référés en application des articles L. 521-1, L. 521-3, L. 521-4 et L. 522-3 est présenté dans les quinze jours de la notification qui en est faite en application de l'article R. 522-12 »).

Le délai court à compter de la notification régulière de la décision. En cas de notification d'une ordonnance de référé par télécopie, le rapport d'émission, s'il n'est pas contesté, fait courir le délai de recours contre cette ordonnance[2]. En présence d'une erreur de notification dans les délais de recours, le délai de droit commun de deux mois court en lieu et place du délai spécial de 15 jours[3]. Lorsque la demande est dirigée contre une administration d'État, la notification au seul préfet alors qu'elle aurait dû l'être au ministre responsable ne déclenche pas le délai de recours[4]. En revanche, la notification à un ministre dont ne relève pas l'administration intéressée au litige fait néanmoins courir vis-à-vis de l'État le délai de recours contre l'ordonnance de référé[5].

Conformément à la jurisprudence antérieure en matière de référé[6], le délai de recours constitue un délai franc[7], qui peut être augmenté des délais de distance[8].

Le pourvoi en cassation est recevable si la requête parvient au greffe du contentieux par voie de télécopie dans le délai imparti, et cela même si le dossier complet du pourvoi, dûment signé, ne parvient par voie postale qu'à une date ultérieure[9].

Lorsque l'aide juridictionnelle est refusée au requérant qui en a demandé le bénéfice pour se pourvoir en cassation contre une ordonnance du juge des référés, le délai de quinze jours imparti à l'intéressé se trouve prorogé jusqu'à l'expiration du mois dont il dispose pour contester la décision qui lui a refusé le bénéfice de l'aide juridic-

1. CE, ord., 27 févr. 2013, Brillault, req. n° 366323, *Lebon T.*
2. CE 18 déc. 2002, min. de l'Intérieur, de la Sécurité intérieure et des Libertés locales c/SARL Le Méditerranée, req. n° 249887, *Lebon T.* 851 – Cette solution avait été admise dans le contentieux de la reconduite à la frontière : v. CE 22 mars 2000, préfet de l'Isère c/Bouchalta, req. n° 204960, *Lebon T.* 1149.
3. CE 28 févr. 1996, Sté LVM, req. n° 154358, NP.
4. CE, ord., 28 oct. 2010, min. de l'Immigration c/Youssoupov, req. n° 343893, *Lebon T.* ; *AJDA* 2010. 2134 ; *D.* 2012. 390, obs. O. Boskovic, S. Corneloup, F. Jault-Seseke, N. Joubert et K. Parrot.
5. CE 19 nov. 2003, min. de l'Agriculture c/Assoc. Puy-de-Dôme Nature Environnement, req. n° 256454, *Lebon T.* 933 ; *AJDA* 2004. 559.
6. CE 18 nov. 1991, Pérochon, req. n° 119163, *Lebon T.* ; *LPA* 11 déc. 1991, p. 4, concl. O. Fouquet.
7. CE 23 mai 2001, Baudoin, req. n° 232498, *Lebon T.* 1135 : référé-liberté – CE 28 mai 2001, Sté Codiam, req. n° 230692, *Lebon T.* 1136 : référé-mesures utiles – CE 5 nov. 2001, min. de l'Intérieur, req. n° 235496, NP : référé-suspension.
8. CE 29 nov. 2002, Arakino, req. n° 247518, *Lebon* 422 ; *AJDA* 2003. 1072.
9. CE 12 juill. 2002, min. de la Défense c/Talarmain, req. n° 244690, *Lebon T.*

tionnelle. Ce délai est interrompu lorsque, dans ce mois, l'intéressé présente une demande de nouvelle délibération ou forme un recours contre la décision de refus d'aide juridictionnelle[1].

215.32 Ministère d'avocat aux Conseils. Conformément aux règles régissant la procédure de cassation devant le Conseil d'État, le ministère d'avocat au Conseil d'État et à la Cour de cassation est obligatoire, y compris lorsque l'auteur du pourvoi conteste une ordonnance de référé-liberté. En effet, la dispense d'avocat prévue par l'article R. 522-5 du CJA pour le référé-liberté ne joue pas à ce stade de la procédure. En l'absence de disposition contraire, la règle générale de l'article R. 821-3 du CJA trouve donc à s'appliquer. Faute pour l'auteur du pourvoi de satisfaire à cette exigence, sa requête est rejetée comme irrecevable[2], à moins que n'intervienne une régularisation postérieurement à l'introduction du pourvoi[3].

215.33 Pourvoi présenté par le ministre. S'il est formé au nom de l'État, le recours en appel ou en cassation doit être présenté par le ministre. Un pourvoi formé par un préfet est régularisé par le ministre s'il s'en approprie les conclusions et les moyens[4].

215.34 Absence d'obligation de notification dans le contentieux de l'urbanisme. Un pourvoi en cassation est recevable alors même qu'il n'a pas été notifié aux autres parties selon la règle prévue à l'article R. 600-1 du Code de l'urbanisme (anc. art. L. 600-3)[5].

215.35 Absence d'obligation d'indiquer la nature de référé. La règle de l'article R. 522-3 du CJA, qui impose à l'auteur de la demande en référé que la demande ainsi que l'enveloppe qui la contient porte la mention « référé », ne s'applique pas au pourvoi en cassation[6].

215.36 Demande devant conserver un objet. La demande doit conserver un objet à la date de son introduction devant le Conseil d'État (sous peine d'irrecevabilité de la demande) ou au jour de son examen par la formation compétente (sous peine de non-lieu à statuer). Ainsi, le juge de cassation a relevé l'irrecevabilité du pourvoi :

– visant à ce qu'il soit enjoint à la commission électorale de ne pas distribuer les circulaires et bulletins de vote de deux candidats ayant obtenu au premier tour de

1. CE 28 déc. 2005, Mesah Timin, req. n° 274401, *Lebon T.* 1032.
2. CE 28 févr. 2001, Catsiapis, req. n° 229458, NP - CE 25 avr. 2001, Pause, req. n° 230315, NP - CE 16 mai 2001, Mafille, req. n° 231197, NP.
3. CE 16 mars 2001, Brun et a., req. n° 231003, NP.
4. CE, sect., 28 févr. 2001, préfet des Alpes-Maritimes, req. n° 229562, *Lebon* 110 ; *AJDA* 2001. 461, Chron. M. Guyomar et P. Collin ; *AJDA* 2001. 465, Chron. M. Guyomar et P. Collin ; *D.* 2002. 2222, obs. R. Vandermeeren ; *GACA*, 5e éd., 2016, n° 12 ; *RFDA* 2001. 399, concl. P. Fombeur ; *Coll. terr.* 2001, comm. n° 126, note T. Célerier ; *BDEI* 2001. 9, note A. Seban ; *RD publ.* 2001. 758, obs. C. Guettier - v. de même, pour un recours en appel : CE, ord., 26 avr. 2005, min. de l'Intérieur c/M'Lamali, req. n° 279842, *Lebon T.* 1034.
5. CE 9 mai 2001, Delivet et Samzun, req. n° 231076, *Lebon T.* 1103 ; *AJDA* 2001. 465, Chron. M. Guyomar et P. Collin ; *RDI* 2001. 399, obs. P. Soler-Couteaux ; *RDI* 2002. 269, obs. L. Derepas ; *BJDU* 2010. 287, concl. S. Austry ; *LPA* 22 janv. 2003, n° 16, p. 12, note N. Nahmias.
6. CE 15 juin 2001, min. de l'Économie c/Sisqueille, req. n° 230578, *Lebon* 263.

scrutin un nombre de voix insuffisant et ne pouvant, par conséquent, se maintenir au second tour[1] ;

- dirigé contre une ordonnance suspendant une décision de retenue sur traitement, lorsque ladite décision a été exécutée postérieurement à cette ordonnance et antérieurement à l'introduction du pourvoi (exécution illégale, relève le Conseil d'État, car intervenue en dépit de l'ordonnance prononçant la suspension)[2] ;

- enregistré au secrétariat du contentieux du Conseil d'État le 24 mai 2002 alors que l'arrêté préfectoral contesté ordonnait la réquisition du requérant du 18 au 20 mai 2002[3] ;

- enregistré le 5 septembre 2003, alors que décision attaquée devant le premier juge, prononçant la fermeture d'une aire d'hébergement jusqu'au 29 août 2003, avait épuisé ses effets[4].

215.37 Requalification et transmission des « appels ». Lorsque le demandeur forme un « appel » contre une ordonnance de tri, le Conseil d'État requalifie sa demande en pourvoi en cassation[5].

La requalification de l'appel en un pourvoi ne nécessite pas d'ordonnance du juge des référés déclinant sa compétence pour en connaître. L'acte par lequel le président de la Section du contentieux réoriente cette requête vers une sous-section, dans le cadre des pouvoirs qu'il tient de l'article R. 822-1 du CJA, constitue une mesure d'administration de la justice qui n'a pas à être motivée[6].

La cour administrative d'appel saisie d'un recours contre une ordonnance de tri doit transmettre celui-ci au Conseil d'État et non le rejeter comme manifestement irrecevable[7]. La date à retenir pour déterminer la recevabilité du recours en cassation est celle de son enregistrement au secrétariat de la juridiction qui, incompétemment saisie, procède à la transmission du dossier[8].

215.38 Argumentation du pourvoi. À l'appui de son pourvoi, le requérant doit critiquer un élément sur lequel s'est fondée l'ordonnance attaquée.

215.39 Intervention des tiers. La personne physique ou morale partie à l'instance devant le juge des référés du tribunal administratif a qualité pour se pourvoir en cassation contre l'ordonnance attaquée. Dès lors, elle n'est pas recevable à présenter une demande d'intervention devant le juge de cassation[9].

1. CE 16 mars 2001, Brun et a., req. n° 231003, NP.
2. CE 17 mars 2010, min. de l'Éducation nationale, porte parole du gouvernement c/Jousset, req. n° 331383, *Lebon T.* ; *AJDA* 2010. 587, obs. M.-C. de Montecler.
3. CE 29 juill. 2002, Talhouarne, req. n° 247222, NP.
4. CE 12 déc. 2003, Cne de Neuville-aux-Bois, req. n° 260057, *Lebon T.* 916.
5. CE, sect., 28 févr. 2001, Casanovas, req. n° 229163, *Lebon* 108 ; *AJDA* 2001. 971, note I. Legrand et L. Janicot ; *AJDA* 2001. 465, Chron. M. Guyomar et P. Collin ; *D.* 2002. 2229, obs. R. Vandermeeren ; *AJFP* 2001. 55 ; *RFDA* 2001. 399, concl. P. Fombeur ; *RD publ.* 2001. 761, Chron. C. Guettier ; *Coll. terr.* 2001, comm. n° 134, note J. Moreau - CE 16 mai 2001, Mafille, req. n° 231197, NP - CE 28 mai 2001, Raut, req. n° 230888, *Lebon T.* 1126 - CE 7 mai 2003, Boumaiza, req. n° 250002, NP.
6. CE, sect., 28 févr. 2001, Casanovas, req. n° 229163, *Lebon* 108, préc.
7. CE 21 nov. 2001, Akriche, req. n° 236952, *Lebon T.* 1093.
8. CE 21 nov. 2001, Akriche, req. n° 236952, préc.
9. CE 1er mars 2004, Socquet-Juglard, req. n° 258505, *Lebon T.* 818 ; *RDI* 2004. 220, obs. P. Soler-Couteaux.

215.40 Pièces nouvelles non invocables. Pour contester l'appréciation des pièces du dossier à laquelle le juge des référés s'est livré, le requérant ne peut utilement se prévaloir devant le juge de cassation de pièces nouvelles qui n'ont pas été produites en première instance ; il lui appartient, s'il estime disposer d'éléments nouveaux, d'utiliser la procédure prévue par l'article L. 521-4 du CJA[1].

B

Jugement du pourvoi

215.51 Filtre préalable. Conformément aux règles habituellement applicables, le pourvoi n'est examiné que s'il ne fait pas l'objet d'un rejet au stade de la procédure préalable d'admission.

215.52 Instruction du pourvoi. Le délai de quinze jours prévu à l'article R. 611-23 du CJA pour la production d'un mémoire complémentaire en cassation de référé est un délai franc[2].

215.53 Formation compétente. La compétence du juge de cassation en matière de référés est dévolue aux formations collégiales du Conseil d'État, sauf hypothèse de rejet par ordonnance présidentielle[3].

215.54 Délai de jugement. Deux situations doivent être distinguées selon que l'ordonnance attaquée a été jugée selon la procédure de l'article L. 522-1 du CJA (après instruction contradictoire et audience) ou suivant la procédure de l'article L. 522-3 (ordonnance de tri). Dans le premier cas, aucun délai n'est imparti au Conseil d'État pour statuer sur le pourvoi. Dans le second cas, un délai d'un mois est fixé au juge de cassation par l'article R. 532-2 du CJA[4]. Pour les référés d'urgence, le délai moyen d'examen d'un recours en cassation est d'environ 4 mois.

215.55 Arrêt du juge de cassation. L'arrêt du juge de cassation prend la forme d'une décision de rejet ou d'une décision d'annulation.

Le Conseil d'État rejette le pourvoi si aucun moyen de cassation n'est fondé. Lorsqu'un moyen est fondé, un rejet peut néanmoins intervenir lorsque les circonstances de l'espèce permettent au juge de cassation de procéder à une substitution de motifs, la substitution s'opérant à faits constants. Ainsi, dans l'arrêt *Soares dos Santos*, le Conseil affirme que les conclusions soumises au premier juge excédant la compétence du juge des référés, « ce motif, qui n'implique l'appréciation d'aucune circonstance de fait, doit être substitué à celui retenu par l'ordonnance attaquée, dont il justifie le dispositif »[5].

1. CE 2 juin 2003, ville de Montpellier c/Chong, req. n° 253854, *Lebon T.* ; *GACA*, 2e éd., 2009, n° 20 ; *RDI* 2003. 469, obs. A. Robineau-Israël.
2. CE 20 févr. 2013, Cne d'Allauch, req. n° 362201, *Lebon T.* ; *AJDA* 2013. 958.
3. V. par ex. CE, ord., 20 sept. 2010, Lesebos, req. n° 341667, NP.
4. CJA, art. R. 523-2 : « Lorsqu'un pourvoi en cassation est exercé contre une ordonnance rendue en application de l'article L. 522-3, le Conseil d'État se prononce dans un délai d'un mois ».
5. CE 8 août 2001, Soares dos Santos, req. n° 234589, NP – v. égalt CE 22 mai 2002, Épx Fofana, req. n° 242193, *Lebon* 175 : pour rejeter le pourvoi dirigé contre une ordonnance de tri rendue en matière de référé-liberté, le Conseil d'État substitue aux motifs retenus par le juge des référés celui tiré de ce que les circonstances de l'espèce ne font apparaître aucune atteinte grave et manifestement illégale portée à une liberté fondamentale par une personne morale de droit public dans l'exercice d'un de ses pouvoirs – CE 29 nov. 2002, Arakino, req. n° 247518, *Lebon* 422 ; *AJDA* 2003. 1072.

Lorsqu'un moyen est fondé, le juge de cassation peut annuler en partie ou en totalité l'ordonnance attaquée. En matière de référés d'urgence, la pratique du Conseil d'État consiste habituellement à évoquer le dossier sans renvoyer à la juridiction du fond. Cette solution évite de retarder la procédure par le renvoi à un nouveau juge, permettant ainsi de statuer immédiatement sur des questions qui par nature doivent être résolues le plus rapidement possible. Des cassations avec renvoi sont néanmoins observées de manière plus fréquente qu'auparavant[1]. Par nature, il n'y a pas lieu à renvoi lorsque la demande présentée devant le juge des référés était irrecevable[2].

§ 2

Objet et étendue du contrôle de cassation

215.61 Éléments contrôlés. Le juge de cassation vérifie la régularité externe et la régularité interne de l'ordonnance faisant l'objet du pourvoi.

215.62 Absence d'examen des motifs surabondants. Lorsque le juge des référés a mentionné un motif surabondant dans son appréciation de l'urgence, le juge de cassation ne peut accueillir le moyen dirigé contre celui-ci[3]. En revanche, il pourra bien entendu contrôler le motif principal sur lequel le juge s'est fondé pour reconnaître ou refuser l'urgence à prononcer la mesure sollicitée.

SECTION 2

Réexamen

§ 1

Présentation du mécanisme

A

Pouvoir de revenir sur une mesure ordonnée

215.71 Modulation de la mesure en cas d'élément nouveau. Une fois qu'il a statué, et le cas échéant ordonné la mesure sollicitée, le juge des référés est dessaisi du litige. Il ne peut, de sa propre initiative, remettre en cause sa décision[4]. La procédure de réexamen de l'article L. 521-4 du CJA lui permet néanmoins, en cas d'« élément nouveau », de revenir sur sa décision sans méconnaître l'autorité qui s'y attache. L'article L. 521-4 dispose que « saisi par toute personne intéressée, le juge des référés peut, à tout moment, au vu d'un élément nouveau, modifier les mesures qu'il avait ordonnées ou y mettre fin ». Ce mécanisme permet ainsi au juge des référés de

1. CE 8 mars 2010, Djoudar, req. n° 331115, *Lebon T.* ; *AJDA* 2010. 473.
2. CE 6 avr. 2001, min. de l'Économie c/SA Fields service, req. n° 229672, *Lebon T.* 1123.
3. CE 25 juill. 2001, Union nationale inter-universitaire, req. n° 233456, NP.
4. V., en matière civile : Civ. 1re, 3 oct. 1984, *JCP* 1984. IV. 338 - Civ. 2e, 25 juin 1986, *Bull. civ.* II, n° 100 - dans sa version initiale, le projet de loi relatif au référé devant les juridictions administratives donnait au juge des référés le pouvoir de reconsidérer « d'office » les mesures qu'il avait prononcées. Le Sénat estima qu'un système d'« auto-réexamen » serait une source d'insécurité juridique et il résolut de l'écarter (*JO déb. Sénat*, CR séance 8 juin 1999, p. 3754).

modifier ou de mettre fin à une mesure prescrite au titre d'un référé-suspension, liberté ou mesure utile si une personne fait état d'un élément nouveau.

215.72 Origine du mécanisme. La faculté d'un réexamen, permettant au juge de reconsidérer sa position, a été conçue comme une conséquence du caractère provisoire des mesures ordonnées en référé. En mettant en avant « le caractère provisoire et modulable » des décisions rendues par le juge des référés, le groupe de travail a prévu que « toute personne intéressée pourrait demander au juge des référés d'adapter, de modifier, de mettre fin, aux mesures qu'il avait ordonnées rapidement, au vu de l'évolution de la situation, d'une argumentation - notamment en défense - plus nourrie, ou des éléments apportés par l'approfondissement de l'instruction »[1].

L'instauration de ce mécanisme répondait principalement à deux objectifs. En accordant au juge des référés la possibilité de moduler ou de supprimer les mesures qu'il ordonne, elle visait tout d'abord à limiter la pression pesant sur ce dernier lorsqu'il prend sa décision initiale et, ainsi, à favoriser l'octroi des mesures sollicitées en référé. Le législateur entendait éviter que le juge soit paralysé par la crainte d'une erreur due à une information partielle ou à la rapidité de l'instruction. Il s'agissait ensuite de limiter les effets préjudiciables que pourrait avoir l'ordonnance de référé pour un tiers qui n'aurait pas eu la possibilité matérielle d'intervenir eu égard à la brièveté du délai d'instruction.

Dans son essence, l'article L. 521-4 reprend, en l'élargissant, une possibilité qui existait déjà avant la réforme du 30 juin 2000. En s'inspirant de la procédure applicable en droit judiciaire privé[2], le juge administratif des référés s'était en effet reconnu la possibilité de revenir sur sa décision en cas de « circonstances nouvelles »[3]. Le champ d'application de l'article L. 521-4 est plus large puisqu'il utilise la notion d'« élément nouveau ».

215.73 Nature. Juridiquement, le réexamen constitue une voie de recours, plus exactement une voie de rétractation dans la mesure où la demande est formée devant le juge qui a rendu la décision (comme l'est le recours en interprétation, le recours en rectification d'erreur matérielle ou la tierce opposition).

Il ne s'agit pas d'un recours initial mais bien d'une voie de recours. Dans ces conditions, il est impropre de parler de « référé-réexamen » et préférable d'évoquer la « demande » de réexamen.

B

Différences avec une voie de recours classique

215.81 Sept différences. Il est possible d'identifier sept principales différences entre les voies de recours classiques (appel et cassation) et le réexamen.

1. Rapp. du groupe de travail du Conseil d'État sur les procédures d'urgence, *RFDA* 2000. 951.
2. L'article 488 du Code de procédure civile dispose que l'ordonnance de référé « ne peut être modifiée ou rapportée en référé qu'en cas de circonstance nouvelle ».
3. CE 24 févr. 1982, Sté Entreprise industrielle et financière pour les travaux publics et le bâtiment et a., req. n° 31581, *Lebon* 87 - CE 29 mars 1985, Cne de Sisteron, req. n° 62390, *Lebon T.* 727.

215.82 **Objet.** En premier lieu, les voies de recours classiques sont destinées à corriger une éventuelle erreur commise par le juge des référés. Le réexamen, lui, a pour objet d'adapter la décision initiale à un élément nouveau.

215.83 **Décisions concernées.** En deuxième lieu, les voies de recours habituelles concernent aussi bien les décisions d'admission que les décisions de rejet. Le réexamen, en revanche, ne peut être exercé qu'à l'encontre d'une décision d'admission.

215.84 **Délai pour agir.** En troisième lieu, la demande d'appel ou de cassation doit être introduite dans les 15 jours qui suivent la notification de la décision alors que l'exercice du réexamen n'est enfermé dans aucun délai. Il peut être déclenché « à tout moment » selon le texte de l'article L. 521-4 du CJA.

215.85 **Juridictions concernées.** En quatrième lieu, appel et cassation, par hypothèse, ne sont pas ouverts contre les décisions du juge des référés du Conseil d'État mais uniquement contre l'ordonnance rendue par un juge d'un tribunal administratif ou d'une cour administrative d'appel. Le réexamen, pour sa part, peut être dirigé, non seulement contre une ordonnance de tribunal ou de cour, mais aussi contre une décision du juge des référés du Conseil d'État.

215.86 **Auteur de la demande.** En cinquième lieu, seules les parties peuvent agir par le biais d'un recours en appel ou en cassation, alors que tout intéressé peut présenter une demande de réexamen.

215.87 **Juge compétent.** En sixième lieu, la demande d'appel ou de cassation est formée devant le juge supérieur, donc le Conseil d'État pour les référés. La décision de réexamen est soumise au juge qui a rendu la décision dont le réexamen est demandé.

215.88 **Existence d'une voie de recours.** En septième et dernier lieu, à la différence de la décision prise sur exercice d'une voie de recours, la décision prise en réexamen peut, si elle est prise par le juge des référés d'un tribunal administratif, être contestée selon les voies de recours ouvertes contre l'ordonnance initiale (CJA, art. L. 523-1, al. 2).

C
Application aux référés d'urgence

215.91 **Réexamen limité aux référés d'urgence.** La mise en œuvre de l'article L. 521-4 du CJA est limitée aux trois référés d'urgence (référé-suspension, référé-liberté, référé-mesures utiles). Il ne s'applique pas aux autres procédures[1].

215.92 **Extension aux référés « étude d'impact » et « enquête publique ».** L'application de l'article L. 521-4 du CJA a été étendue au référé « étude d'impact » (v. s[s] n°s 821.09 s.). Dans la mesure où les demandes de suspension d'une autorisation ou d'une décision d'approbation d'un projet d'aménagement présentées au titre de cette procédure obéissent aux règles procédurales applicables aux référés d'urgence,

1. CE 20 déc. 2006, SNC Cannes Esterel, req. n° 283352, *Lebon T.* 1006 ; *AJDA* 2007. 6 : pour le référé-provision – CAA Lyon, 1er avr. 2004, S[té] Limoge Revillon, req. n° 03LY01843, *Lebon T.* 809 : pour le référé-instruction.

notamment au niveau des voies de recours[1], le mécanisme de l'article L. 521-4 peut être utilisé à l'encontre des décisions prises sur ce fondement[2]. Il pourrait, pour la même raison, être mis en œuvre pour le référé « enquête publique » et le référé « évaluation environnementale ».

§ 2

Conditions de mise en œuvre

215.101 Deux conditions. Les conditions de mise en œuvre de cette procédure – et, par conséquent, les possibilités de remise en cause par le juge des référés de la mesure ordonnée – sont strictement encadrées.

A

Une décision d'admission

215.111 Une mesure ordonnée. Conformément au texte de l'article L. 521-4 du CJA, qui confère au juge le pouvoir de modifier ou de mettre fin aux mesures « qu'il avait *ordonnées* », le réexamen ne peut être mis en œuvre que si la décision initiale édictait une mesure. Il en résulte que cette procédure ne peut pas être utilisée lorsqu'aucune mesure n'a été ordonnée. La demande de réexamen présentée contre une décision rejetant une demande en référé est irrecevable[3], à moins qu'elle ne soit, par bienveillance, requalifiée en une nouvelle demande de référé[4].

215.112 Une mesure continuant à produire des effets. Le litige doit conserver un objet lorsqu'est présentée la demande de réexamen.

Tel n'est pas le cas lorsque la décision administrative concernée par l'ordonnance de référé a été modifiée ou abrogée[5] ou lorsque, dans le cas du référé-suspension, le juge du fond a statué sur la requête au principal.

1. CE 14 mars 2001, Cne de Goutrens, req. n° 230134, *Lebon* 126 ; *AJDA* 2001. 465, Chron. M. Guyomar et P. Collin ; *D.* 2001. 1364, et les obs. ; *RFDA* 2001. 832, concl. D. Chauvaux ; *BJDU* 2001. 104, concl. D. Chauvaux ; *RD publ.* 2001. 15, concl.
2. CE 21 déc. 2001, Établissement public pour l'aménagement de la région de La Défense (Epad), req. n° 232084, *Lebon* 654 ; *RDI* 2002. 273, obs. P. Soler-Couteaux.
3. CE 12 avr. 2002, Sté Brasil Tropical, req. n° 242979, NP – CE 17 mai 2002, Cne de Proville, req. n° 239266, NP – CE, ord., 13 oct. 2004, Hoffer, req. n° 273046, *Lebon T.* 816 – CE, ord., 25 mai 2005, Bedecarrax, req. n° 280778 – CE, ord., 9 juill. 2007, Beaujan, req. n° 307054, NP – Contrairement à cette jurisprudence et en contradiction avec le texte de l'article L. 521-4, un juge des référés du Conseil d'État a considéré que le réexamen pouvait être mis en œuvre alors même qu'aucune mesure n'avait été ordonnée. Il a ainsi été affirmé, dans une espèce où les conditions d'octroi énoncées par l'article L. 521-2 n'étaient pas satisfaites, que « la présente ordonnance ne fait pas obstacle à ce que les requérants, dans le cas où une décision sur leur demande n'interviendrait pas dans des délais rapprochés ou en raison d'éléments nouveaux relatifs à la situation de leurs enfants, saisissent à nouveau le juge des référés sur le fondement de l'article L. 521-4 du Code de justice administrative » : CE, ord., 13 janv. 2006, Rasamoelina, req. n° 288434, NP.
4. CE, ord., 13 oct. 2004, Hoffer, req. n° 273046, *Lebon T.* 816 : demande de réexamen requalifiée en nouvelle demande de référé-suspension.
5. CE, ord., 28 sept. 2001, Synd. national des ingénieurs et des cadres de l'aviation civile (Snicac), req. n° 238201, *Lebon T.* 1103 – À la suite d'une suspension ordonnée sur le fondement de l'article L. 521-1 (CE, ord., 23 août 2001, Synd. national des ingénieurs et des cadres de l'aviation civile [Snicac], req. n° 236386, *Lebon T.* 1103), l'administration a adopté une nouvelle décision se substituant à la mesure suspendue. La mesure tendant à ce qu'il soit mis fin à cette suspension est par suite sans objet.

En revanche, la circonstance qu'en exécution de l'injonction prononcée à son encontre par une première ordonnance rendue sur le fondement de l'article L. 521-3 du Code de justice administrative, le requérant a évacué les locaux qu'il occupait ne rend pas sans objet ses conclusions dirigées contre l'ordonnance ultérieure par laquelle le juge des référés a rejeté sa demande tendant à ce qu'il soit mis fin, en application de l'article L. 521-4 du même code, à cette mesure d'expulsion[1].

B
Un élément nouveau

215.121 Appréhension large de la notion. Le demandeur doit faire valoir à l'appui de sa demande de réexamen un « élément nouveau ». La lecture que la jurisprudence a donnée de cette notion a mis en lumière l'existence de deux modes d'utilisation tout à fait distinct du réexamen :

- le réexamen à l'initiative du défendeur, qui a perdu ;
- le réexamen à l'initiative du requérant, qui a gagné.

1
L'élément nouveau en cas de réexamen à l'initiative du défendeur

215.131 Deux formes. Dans la première forme d'utilisation du réexamen, l'administration défenderesse a perdu dans l'instance initiale et souhaite que le juge revienne sur sa décision pour la modifier ou la supprimer. Dans ce cadre, l'élément nouveau est un argument de fait ou de droit susceptible de remettre en cause l'appréciation portée par le juge des référés sur les conditions d'octroi d'une mesure sollicitée (notamment la condition d'urgence[2]). Une ou plusieurs des conditions d'octroi, initialement regardées comme satisfaites, ne peuvent plus être considérées comme remplies au regard du nouvel élément produit. Plus concrètement, dans cette variante l'élément nouveau peut être une circonstance nouvelle ou une information nouvelle.

a
Circonstance nouvelle

215.141 Changement de fait ou de droit. La notion d'élément nouveau recouvre tout d'abord la circonstance nouvelle, celle qui ne se produit ou ne se révèle que postérieurement à l'ordonnance attaquée. Ont été regardés comme tels :

- l'octroi d'un permis modificatif au requérant dont le premier permis de construire avait fait l'objet d'une suspension[3] ;
- la circonstance que le requérant (qui a obtenu, par une précédente ordonnance, la suspension d'une décision refusant de le nommer sur un poste de magistrat à La Réunion) s'apprête à être nommé sur un poste de magistrat, devenu vacant entretemps, se trouvant sur l'île de La Réunion[4] ;

1. CE 5 avr. 2004, SARL Restaurant Côte d'Azur, req. n° 260574, *Lebon T.* 829.
2. CE 2 juill. 2010, CCI de Marseille-Provence, req. n° 339677, *Lebon*.
3. CE 24 févr. 2003, Perrier, req. n° 251928, *Lebon* 50 ; *BJDU* 2003. 271, concl. L. Vallée – CE 27 juill. 2005, Trautman, req. n° 277612, NP.
4. CE, ord., 20 sept. 2002, min. de la Justice c/Ozoux, req. n° 249894, *Lebon T.*

– la production d'un avenant conclu entre la commune et le demandeur d'un permis de construire établissant le nombre de places de stationnement pour l'opération de construction projetée[1].

b

Information nouvelle

215.151 **Information de fait ou de droit.** La notion d'élément nouveau couvre également l'information qui existait au moment où le juge a statué mais qui n'a pas été portée à sa connaissance en temps utile. L'information aurait pu être produite lors de l'instruction, c'est-à-dire dès la première saisine, mais l'intéressé s'est abstenu, a négligé ou n'a pas eu le temps de l'invoquer. Il peut s'agir aussi bien de faits que de moyens juridiques.

215.152 **Information portant sur un fait juridique.** L'information nouvelle peut porter sur un fait. À cet égard, la seule circonstance que les éléments produits devant le juge des référés auraient déjà été à la disposition de la personne intéressée lors de l'instruction de la demande de suspension et qu'ils n'auraient pas été invoqués en temps utile ne fait pas obstacle à ce qu'ils soient invoqués ultérieurement au soutien d'une demande présentée sur le fondement de l'article L. 521-4 du CJA[2]. À l'inverse, la jurisprudence judiciaire refuse de reconnaître le caractère de « circonstances nouvelles » – notion plus étroite – à des faits que le requérant s'était abstenu d'invoquer[3].

À l'appui de sa demande de réexamen, l'administration peut, par exemple après une première ordonnance suspendant un arrêté d'expulsion, produire des « notes blanches » des services de renseignements généraux justifiant de lever la mesure de suspension initialement prescrite[4]. De même, une commune peut réaliser des photographies de nature à démontrer que l'affichage du permis de construire dont l'exécution a été suspendue était visible depuis la voie publique[5]. Elle peut également produire des éléments établissant que l'acte contesté avait cessé de produire ses effets au moment où sa suspension a été ordonnée et, par conséquent, qu'il ne pouvait valablement faire l'objet d'une telle mesure[6].

215.153 **Information portant sur un moyen juridique.** L'information peut correspondre à un moyen de droit.

Il est ainsi possible de faire usage de l'article L. 521-4 du CJA au vu d'un moyen nouveau, alors même que ce moyen aurait pu être présenté dès la première saisine. Tel est le cas du moyen (invoqué par l'administration) tiré de ce que le recteur d'aca-

1. V. la décision du Conseil d'État confirmant cette dernière mesure : CE 2 juill. 2008, Synd. des copropriétaires de la résidence Le Rond-point des pistes 1, req. n° 312836, *Lebon T.* ; *AJDA* 2008. 1361.
2. CE 10 avr. 2002, Mlle Réby, req. n° 241039, *Lebon* 133 ; *JCP* 2003. IV. 1115, obs. M.-C. Rouault.
3. Civ. 3e, 3 oct. 1984, *Bull. civ.* III, n° 125.
4. CE 4 oct. 2004, min. de l'Intérieur, de la Sécurité intérieure et des Libertés locales c/Bouziane, req. n° 266948, NP ; *AJDA* 2005. 98, note O. Lecucq ; *D.* 2004. 2763, et les obs.
5. CE 2 juin 2003, ville de Montpellier c/Chong, req. n° 253854, *Lebon T.* 925 ; *GACA*, 2e éd., 2009, n° 20 ; *RDI* 2003. 469, obs. A. Robineau-Israël ; *BJDU* 2003. 296, concl. J.-H. Stahl.
6. CE 26 mars 2012, Assoc. des habitants des quartiers sud et maraîchers de Colmar, req. n° 350834, *Lebon T.* ; *AJDA* 2012. 1741, note S. Traoré (pour une présentation détaillée de cette décision, v. s[s] n° 225.113).

démie est en situation de compétence liée pour prononcer l'ajournement d'un professeur des écoles stagiaire, de sorte que le moyen retenu par la première ordonnance, fondé sur l'existence d'une erreur manifeste d'appréciation, est inopérant et ne peut ainsi faire naître un doute sérieux sur la légalité de cette décision. Le juge des référés commet une erreur de droit lorsqu'il rejette cette demande en estimant que le moyen invoqué par l'administration n'était pas un élément nouveau au sens de l'article L. 521-4 mais un moyen qu'il lui appartenait de faire valoir devant le juge des référés initialement saisi de la demande de suspension ou devant le juge de cassation[1].

Faisant usage de cette faculté, tout intéressé peut par exemple faire valoir à l'appui de la demande de réexamen d'une mesure ordonnée sur le fondement de l'article L. 521-1 l'irrecevabilité du recours principal[2]. L'irrecevabilité du recours principal constituant un moyen d'ordre public dans le cadre du référé-suspension, cela signifie qu'il est possible de mettre en œuvre l'article L. 521-4 du CJA pour corriger l'erreur commise par le juge des référés en ne soulevant pas d'office un tel moyen lors de sa première décision.

215.154 Intérêt pratique pour l'administration. Le réexamen constitue un procédé commode pour l'administration défenderesse qui a échoué en référé. Elle lui offre une seconde chance si elle n'a pas été en mesure de présenter une bonne défense dans l'instance initiale pour telle ou telle raison (l'agent spécialisé était absent, les pièces n'étaient pas disponibles, elle manquait de temps, etc.).

2
L'élément nouveau en cas de réexamen à l'initiative du demandeur

215.161 Absence d'exécution de l'ordonnance de référé. Le réexamen à l'initiative du requérant constitue une utilisation qui n'avait pas été envisagée au moment de la création de la procédure et qui a été admise par la jurisprudence. Elle correspond à l'hypothèse dans laquelle le requérant a gagné dans l'instance initiale (le juge a prononcé une mesure) mais l'administration n'exécute pas la décision. Cette inexécution est regardée par la jurisprudence comme un élément nouveau au sens de l'article L. 521-4 du CJA[3]. Le juge peut alors compléter la mesure initiale par une injonction ou une astreinte destinée à en assurer l'exécution.

§ 3
Procédure

215.171 Juge compétent. S'agissant du référé-liberté, la demande introduite sur le fondement de l'article L. 521-4 du CJA doit être présentée devant le juge des référés

1. CE 26 juin 2002, Charlois-Duméril, req. n° 242703, *Lebon* 226 ; *AJDA* 2002. 1030.
2. CE 1er mars 2004, Socquet-Juglard, req. n° 258505, *Lebon T.* 818 ; *RDI* 2004. 220, obs. P. Soler-Couteaux.
3. CE 27 juill. 2015, AP-HP, req. n° 389007, *Lebon* ; *AJDA* 2015. 1515 ; *JCP Adm.* 2016, n° 2069, Chron. O. Le Bot ; *Procédures* 2015, comm. 312, obs. S. Deygas : si l'exécution d'une ordonnance prononçant une mesure de référé peut être recherchée dans les conditions définies par les articles L. 911-4 et L. 911-5 du CJA, « l'existence de cette voie de droit ne fait pas obstacle à ce qu'une personne intéressée demande au juge des référés, sur le fondement de l'article L. 521-4 du même code, de compléter la mesure de suspension demeurée sans effet par une injonction et une astreinte destinée à en assurer l'exécution » – Pour des exemples d'application : TA Melun, ord., 8 févr. 2017, Roux, req. n° 1700239, NP : référé-mesures utiles – TA Marseille, ord., 20 janv. 2017, Sani, req. n° 1700354, NP : référé-liberté.

qui a ordonné la mesure dont le réexamen est demandé. Le juge compétent est celui qui, en dernier lieu, a connu du litige. Il s'ensuit que la demande est portée devant le juge des référés du tribunal administratif si sa décision n'a pas fait l'objet d'un appel. Elle doit être introduite auprès du juge des référés du Conseil d'État si la décision contestée émane de sa juridiction. L'article L. 523-1 alinéa 2 du Code de justice administrative prévoit qu'en cas d'appel d'une ordonnance de première instance adoptée sur le fondement du L. 521-2, le juge des référés du Conseil d'État « exerce le cas échéant les pouvoirs prévus à l'article L. 521-4 ». La solution est identique à celle dégagée pour l'exécution des décisions de la juridiction administrative au titre de l'article L. 911-4[1].

S'agissant du référé-suspension et du référé-mesures utiles, la demande de réexamen doit être présentée devant le premier juge, et cela dans tous les cas :

- lorsque son ordonnance n'a pas fait l'objet d'un recours en cassation ;
- lorsque son ordonnance a fait l'objet d'un recours en cassation qui a été rejeté[2] ;
- lorsque son ordonnance a fait l'objet d'un recours en cassation qui a été accueilli sans renvoi, le Conseil d'État ayant, après évocation de l'affaire, prononcé la mesure de référé : alors même que la mesure a été ordonnée par le juge des référés du Conseil d'État, c'est à la juridiction saisie du recours principal (qui peut n'être qu'éventuel dans le cas du référé-mesures utiles) qu'il appartient de connaître de la demande de réexamen[3].

215.172 Saisine. Le juge qui a rendu la décision doit être expressément saisi d'une demande de réexamen. Il ne peut revenir de sa propre initiative sur les mesures ordonnées. Aux termes de l'article L. 521-4 du CJA, la demande peut émaner de « toute personne intéressée », c'est-à-dire outre les parties à l'instance initiale, les tiers qui peuvent avoir intérêt à la modification de l'ordonnance[4]. La demande peut notamment être présentée par l'administration[5]. Elle peut également être présentée par un tiers recevable à former une tierce opposition et simultanément à un recours en tierce opposition[6].

215.173 Conclusions reconventionnelles. Toute personne intéressée peut présenter, à l'occasion d'une instance engagée par une autre partie sur le fondement de l'article L. 521-4 du CJA, des conclusions reconventionnelles « tendant à ce que soient

1. CE, sect., avis, 13 mars 1998, Vindevogel, req. n° 190751, *Lebon* 78 ; *AJDA* 1998. 408, Chron. F. Raynaud et P. Fombeur.
2. CE 21 déc. 2001, Établissement public pour l'aménagement de la région de La Défense (Epad), req. n° 232084, *Lebon* 654 ; *RDI* 2002. 273, obs. P. Soler-Couteaux.
3. CE 30 déc. 2009, Cne de Sucy-en-Brie, req. n° 333704, *Lebon T.* ; *AJDA* 2010. 1601, note P.-H. Job.
4. Par exemple, dans le contentieux de la préemption, le vendeur qui n'a pas été appelé à l'instance peut présenter une demande de réexamen contre la décision ayant suspendue la décision de préemption : CE 24 juill. 2019, SCI Madeleine, req. n° 428552, *Lebon T.* ; *RDI* 2019. 481, note M. Revert ; *BJDU* 2020. 123, concl. Ch. Touboul.
5. CE 5 sept. 2011, min. de l'Intérieur, de l'Outre-mer, des Collectivités territoriales et de l'Immigration c/ Medina Bermudez, req. n° 351710, *Lebon T.* ; *AJDA* 2012. 115, note K.-H. Voizard.
6. CE, ord., 16 déc. 2005, Fondation Hector Otto, req. n° 286593, NP.

autrement modifiées » les mesures ordonnées par le juge des référés[1]. Toutefois, de telles conclusions ne sont pas recevables lorsqu'elles tendent à faire obstacle à l'exécution de décisions administratives distinctes de celles qui avaient été initialement soumises au juge des référés[2].

215.174 Délai. L'exercice du réexamen n'est pas enfermé dans un quelconque délai : il peut être déclenché « à tout moment » selon le texte de l'article L. 521-4 du CJA.

215.175 Deux procédures. La demande de réexamen peut être rejetée par la procédure de tri de l'article L. 522-3 du CJA[3]. Lorsqu'elle est jugée selon la procédure de l'article L. 522-1, elle devra être précédée d'une instruction contradictoire et d'une audience publique si elle porte sur un référé-suspension ou un référé-liberté (ou encore, par extension, un référé-mesures utiles visant à l'expulsion d'occupants sans titre du domaine public). L'article L. 522-1 impose en effet la tenue d'une audience publique chaque fois qu'il est demandé au juge des référés « de prononcer les mesures visées aux articles L. 521-1 et L. 521-2, *de les modifier ou d'y mettre fin* ».

§ 4

Décision de réexamen

215.181 Deux possibilités. Lorsque la demande de réexamen est fondée, le juge peut modifier la mesure initialement ordonnée ou y mettre fin.

215.182 Modifier la mesure initialement ordonnée. Le réexamen peut tout d'abord conduire à une modification des mesures initiales, soit pour les étendre, soit pour les restreindre. Le juge appelé à modifier la mesure ordonnée dispose de pouvoirs strictement identiques à ceux du juge saisi de la demande initiale.

Il en résulte deux conséquences. D'une part, la mesure ordonnée sur réexamen doit présenter un caractère provisoire[4]. D'autre part, le juge du référé-suspension statuant sur réexamen ne peut prononcer une injonction qui excède ce qu'implique la mesure de suspension initialement ordonnée. S'il lui est loisible d'assortir la mesure de suspension initialement ordonnée d'une injonction, cette injonction ne peut aller au-delà de ce qu'implique cette mesure[5].

215.183 Mettre fin à la mesure initialement ordonnée. Le juge peut également mettre fin à la mesure ordonnée, c'est-à-dire faire cesser ses effets pour l'avenir. Ainsi, le juge du réexamen peut annuler la suspension d'un acte ordonnée par le juge du

1. CE 2 juill. 2010, CCI de Marseille-Provence, req. n° 339677, *Lebon*.
2. CE 2 juill. 2010, CCI de Marseille-Provence, req. n° 339677, préc.
3. CE, ord., 28 sept. 2001, Synd. national des ingénieurs et des cadres de l'aviation civile (Snicac), req. n° 238201, *Lebon T.* 1103 - CE 5 avr. 2004, SARL Restaurant Côte d'Azur, req. n° 260574, *Lebon T.* 829.
4. CE 20 oct. 2004, min. de l'Agriculture c/Jaboulet, req. n° 266724, *Lebon T.* 853 ; *AJDA* 2004. 2295 : affirmant l'application des prescriptions de l'article L. 511-1 du CJA aux mesures prises sur le fondement de l'article L. 521-4.
5. CE 8 févr. 2006, Cne de Sainte-Maxime, req. n° 276047, NP ; *AJDA* 2006. 780 ; *BJCL* 2006. 288, concl. T. Olson, obs. P. Cassia : par une première ordonnance, le juge des référés saisi sur le fondement de l'article L. 521-1 avait suspendu l'arrêté municipal prescrivant l'euthanasie d'un chien. Cette mesure de suspension impliquait qu'il ne soit pas procédé à l'euthanasie de l'animal, mais nullement que celui-ci soit restitué à son propriétaire. Par suite, le même juge saisi sur le fondement de l'article L. 521-4 ne peut ordonner cette restitution.

référé-suspension et, par voie de conséquence, mettre fin à cette mesure[1]. Une telle décision rend sans objet le pourvoi en cassation formé contre l'ordonnance ayant prononcé la mesure initiale[2]. Ne pouvant mettre fin à une mesure que pour l'avenir, le juge du réexamen ne peut, lorsqu'une astreinte a été prononcée par une première décision, et ensuite liquidée, revenir sur les effets de celle-ci en enjoignant qu'il soit mis fin à cette liquidation[3].

Lorsqu'il fait droit à une demande de réexamen et lève une mesure de suspension initialement ordonnée sur le fondement de l'article L. 521-1 du Code de justice administrative, « le juge des référés peut, lorsqu'il est à nouveau saisi des moyens déjà examinés par lui dans l'ordonnance prise en application de l'article L. 521-1 du même code, se prononcer sur ces moyens par référence à sa première ordonnance sans entacher sa décision d'insuffisance de motivation, dès lors que la motivation de la première ordonnance était elle-même suffisante et que l'argumentation présentée dans l'instance aux fins de réexamen n'appelait pas de nouvelles précisions »[4].

215.184 Mesure dépendant de la variante de réexamen. Dans la première variante de réexamen, le juge met le plus souvent fin à la mesure initiale. Dans la seconde, il modifie la mesure initiale en la précisant ou en la musclant.

§ 5

Voies de recours

215.191 Cassation ou appel. Les voies de recours s'apprécient en fonction des règles applicables à la première demande. Le juge des référés du Conseil d'État a affirmé « que les ordonnances modificatives rendues par le juge des référés en application des dispositions de l'article L. 521-4 du CJA participent de la même nature que celle des ordonnances ainsi modifiées, lesquelles font l'objet de voies de recours distinctes selon qu'elles sont rendues sur le fondement des articles L. 521-1 ou L. 521-2 du code »[5]. La voie de recours est donc :

- celle de la cassation pour le référé-suspension ;
- celle de la cassation pour le référé-mesures utiles ;

1. CE 24 févr. 2003, Perrier, req. n° 251928, *Lebon* 50 ; *BJDU* 2003. 271, concl. L. Vallée : pour la suspension d'un permis de construire – CE 4 oct. 2004, min. de l'Intérieur, de la Sécurité intérieure et des Libertés locales c/Bouziane, req. n° 266948, NP ; *AJDA* 2005. 98, note O. Lecucq ; *D.* 2004. 2763, et les obs. : pour la suspension d'un arrêté d'expulsion.
2. CE 21 janv. 2009, Sté Recherches et développements éoliens, req. n° 320227, NP.
3. CE 27 juin 2007, Synd. intercommunal des communes alimentées par les canaux de la Siagne et du Loup, req. n° 295453, *Lebon T.* 1008 ; *AJDA* 2007. 1330 : le Conseil d'État indique que « lorsqu'est ordonnée par le juge des référés une mesure, assortie d'une astreinte, qui n'est pas exécutée et qu'il procède ensuite à la liquidation de l'astreinte, celle-ci ne perd pas sa base légale du seul fait qu'il est mis fin ultérieurement, sur le fondement de l'article L. 521-4 du Code de justice administrative, à la mesure qu'il avait préalablement ordonnée ». Ainsi, s'il est loisible au juge des référés saisi d'une demande de liquidation de modifier le taux de l'astreinte, son affectation ou de refuser de procéder à la liquidation, il ne peut sans erreur de droit, une fois la liquidation opérée, mettre fin aux effets de celle-ci.
4. CE 2 juill. 2008, Synd. des copropriétaires de la résidence Le Rond-point des pistes 1, req. n° 312836, *Lebon T.* ; *AJDA* 2008. 1361.
5. CE, ord., 7 nov. 2003, SA d'habitations à loyer modéré trois vallées, req. n° 261475, *Lebon T.* 911.

– celle de l'appel dans le cas d'une demande de réexamen examinée par le juge du référé-liberté après instruction et audience[1] ;

– celle de la cassation dans le cas d'une demande de réexamen rejetée par le juge du référé-liberté selon la procédure de tri.

215.192 Pourvoi conservant un objet. Lorsque deux pourvois en cassation ont été formés dans une même affaire, l'un à l'encontre de la première ordonnance (ordonnant l'expulsion d'un occupant du domaine public sur le fondement de l'article L. 521-3), l'autre à l'encontre de la seconde ordonnance (rejetant la demande de réexamen de cette mesure), le pourvoi dirigé contre la seconde décision devient sans objet si la première a été annulée en cassation[2].

215.193 Contrôle du juge de cassation. Le juge de cassation contrôle la régularité externe de la décision, l'erreur de droit[3] et la dénaturation. En revanche, en considérant comme nouveau un élément produit devant lui, le juge des référés se livre à une appréciation souveraine qui, en l'absence de dénaturation, ne peut être discutée devant le juge de cassation[4].

215.194 Décision du juge de cassation. Lorsque, après avoir censuré l'ordonnance par laquelle le juge des référés a rejeté la demande de modification des mesures qu'il avait prononcées, le Conseil d'État règle l'affaire au titre de la procédure de référé engagée, il lui appartient seulement d'examiner les moyens invoqués devant le tribunal administratif et devant lui dans le cadre de l'instance fondée sur l'article L. 521-4[5].

§ 6

Mécanisme sous-utilisé

215.201 Faible pratique. On observe, dans la pratique du contentieux, que la possibilité de réexamen est très peu utilisée. En matière civile, « les juges des référés déclarent être rarement, voire jamais, saisis d'une demande relevant de l'article 488, alinéa 2, du Nouveau Code de procédure civile »[6]. La pratique du réexamen apparaît également faible devant les juridictions administratives : à peine quelques dizaines de décisions par an sur l'ensemble des juridictions.

215.202 Tactique contentieuse. À la suite du prononcé d'une mesure, les justiciables doivent avoir le réflexe de saisir le juge des référés en cas d'élément nouveau de nature à permettre sa remise en cause. Pour cela, les avocats et les services juridiques des collectivités publiques doivent inviter leurs clients et les autres services administratifs à revenir vers eux dans les hypothèses où survient un changement dans les cir-

1. CE, ord., 6 janv. 2022, Ministre de l'intérieur c/M. Friday, req. n° 459750, *Lebon T.* ; *Procédures* 2022, comm. 81, note S. Deygas.
2. CE 6 juill. 2009, Guerrero c/Dpt du Doubs, req. n° 321221, *Lebon T.* ; *AJDA* 2009. 1400 ; *AJFP* 2009. 316, et les obs.
3. CE 26 juin 2002, Charlois-Duméril, req. n° 242703, *Lebon* 226 ; *AJDA* 2002. 1030.
4. CE 10 avr. 2002, Mlle Réby, req. n° 241039, *Lebon* 133 ; *JCP* 2003. IV. 1115, obs. M.-C. Rouault.
5. CE 24 févr. 2003, Perrier, req. n° 251928, *Lebon* 50 ; *BJDU* 2003. 271, concl. L. Vallée.
6. Y. Strickler, *Le juge des référés, juge du provisoire*, thèse, Strasbourg, 1993, p. 471.

constances de droit ou de fait, ou qu'apparaît, ultérieurement à l'audience, un argument qui faute de temps n'avait pu être produit lors de celle-ci.

215.203 **Tactique contentieuse.** Par le biais du réexamen, il est possible de contester une ordonnance de référé dans des conditions moins onéreuses et nettement plus rapides qu'un recours en cassation.

TITRE

22. Le référé-suspension

SECTION 0

Orienteur

220.00 Plan du titre.

220.01 Texte applicable.

CJA, art. L. 521-1.

220.03 Bibliographie indicative.

• Références générales

> **Encyclopédies.** *Rép. contentieux administratif*, v° « Référés d'urgence : le référé-suspension », par M. de Monsembernard – J. Gourdou, « Référé-suspension », *J.-Cl. Justice adm.*, fasc. n° 52.

> **Articles.** R. Vandermeeren, « Le référé-suspension », *RFDA* 2002. 250.

• Applications particulières

> **Articles.** C. Paillard, « Le référé-suspension », *JCP Adm.* 2016, n° 2336 ; B. Stirn, « Droit du sport et juge des référés », *AJDA* 2007. 1627 ; B. Legros, « Le Conseil d'État, juge de la suspension des sanctions de l'AMF », *LPA* juill. 2006, n° 151 ; L. Dardalhon, « L'usage des référés à l'encontre des décisions d'exercice du droit de préemption », *AJDA* 2005. 2277 ; J. Monas, « Référé-suspension et contentieux précontractuel », *AJDA* 2004. 1116 ; C. Castaing, « La mise en œuvre du principe de précaution dans le cadre du référé-suspension », *AJDA* 2003. 2290 ; M.-C. Bergerès, « L'utilisation du référé-suspension en matière fiscale », *Dr. fisc.* 2003. 684 ; C. Debouy, « La suspension des décisions en matière d'urbanisme par la procédure du référé administratif », *CJEG* 2002. 65 ; G. Marcou, « Le référé administratif et les collectivités territoriales », *LPA* 14 mai 2001, p. 43 – D. Costa, « Le référé-suspension à l'épreuve du temps », *AJDA* 2020. 1348 – J.-L. Oki, « Référé-suspension et actes réglementaires d'urbanisme », *RDI* 2018. 261 – C. Rouiller, « Référé-suspension et juge du fond, approche statistique », *RDP* 2018. 141 – R. Bonnefont, « Le référé-suspension : l'exemple de l'urbanisme », *AJCT* 2017. 75.

220.05 Documents pratiques.

– Pour un exemple de dossier contentieux en matière de référé-suspension contre un permis de construire, v. s[s] n° 910.10.

– Pour un exemple de dossier contentieux en matière de référé-suspension contre un acte de droit souple (contentieux économique), v. s[s] n° 910.11.

220.06 Chiffres clés.

Jusqu'en 2017, le nombre de référés-suspension introduits chaque année devant les tribunaux administratifs se situait autour de 10 000. Il est passé à 12-13 000 en 2018-2020, et a bondi à 16 000 en 2021.

Le taux de réussite se situe aux alentours de 20 %.

Le délai de jugement moyen est inférieur à trois semaines (18 jours, en moyenne, entre 2016 et 2021).

220.09 Nature : un recours accessoire. Le référé-suspension représente un recours accessoire à un recours principal en annulation ou en réformation. Il ne peut donc être engagé de façon autonome mais seulement en complément d'un recours pour excès de pouvoir ou d'un recours de plein contentieux. Le recours principal tend à l'annulation ou la réformation de l'acte attaqué ; le référé-suspension vise à la suspension provisoire de celui-ci dans l'attente du jugement au principal. La décision prise revêt ainsi la nature d'un jugement avant-dire droit.

220.10 Objet : paralyser provisoirement les effets d'une décision administrative en attendant le jugement au fond. Si les conditions d'octroi sont satisfaites, la mesure ordonnée conduit à neutraliser provisoirement les effets d'une décision administrative en attendant qu'il soit statué sur la requête au principal.

La vocation de cette voie de droit consiste ainsi à préserver l'effet utile du recours au fond ; à faire en sorte que, lorsque le juge du principal intervient, son action ne soit pas privée d'utilité : l'annulation d'un permis de construire ne sert à rien si la construction illégalement autorisée est entièrement achevée ; est tout autant dépourvue d'intérêt l'annulation de la fermeture administrative d'une entreprise (ordonnée à tort) si la société visée a été entre-temps contrainte de déposer le bilan. Dans de telles hypothèses, la suspension (prononcée dans un délai de quelques semaines, voire de quelques jours) permet de préserver la portée de l'annulation ou de la réformation qui sera prise, le cas échéant, par le juge du principal.

Le prononcé d'une telle mesure n'est pas anodin : elle vient en effet contrarier la force exécutoire dont bénéficie de plein droit toute décision administrative dès son entrée en vigueur. En suspendant son exécution, le juge fait échec au principe du caractère exécutoire des décisions administratives, principe qualifié par le Conseil d'État de « règle fondamentale du droit public »[1], cette qualification rare témoignant de la considération qui lui est portée.

220.11 Un tempérament au caractère non suspensif des recours. La faculté reconnue au juge de geler provisoirement les effets d'un acte administratif constitue un tempérament nécessaire à l'absence d'effet suspensif des recours devant la juridiction administrative. Consacré dans le titre préliminaire du CJA[2], le caractère non suspensif des recours repose sur une volonté de sécuriser l'action administrative. Parce que les collectivités publiques agissent dans l'intérêt général, leurs actes ne doivent pas se retrouver subitement privés d'effets par le seul exercice d'une action contentieuse, c'est-à-dire de façon automatique et instantanée sans un examen au moins superficiel de leur légalité. C'est au regard de cette exigence qu'en principe, l'introduction d'un recours devant la juridiction administrative ne fait pas obstacle à l'exécution d'une décision. C'est uniquement si les conditions d'octroi de l'article L. 521-1 sont satisfaites que le juge administratif peut, à titre dérogatoire, en neutraliser provisoirement les effets.

220.12 État du droit antérieur. Le référé-suspension reprend, en assouplissant ses conditions d'octroi et en remédiant aux carences de son régime procédural, l'ancien mécanisme du sursis à exécution des décisions administratives.

1. CE, ass., 2 juill. 1982, Huglo, req. n° 25288, *Lebon* 257, concl. J. Biancarelli.
2. CJA, art. L. 4 : « sauf dispositions législatives spéciales, les requêtes n'ont pas d'effet suspensif s'il n'en est autrement ordonné par la juridiction ».

Codifié, avant la réforme du 30 juin 2000, à l'article R. 118 du Code des tribunaux administratifs et des cours administratives d'appel, ce mécanisme (dont l'origine remonte à l'article 3 du décret du 22 juillet 1806) permettait au juge administratif de surseoir à l'exécution d'une décision administrative contre laquelle un recours au fond était engagé. Le fonctionnement du sursis à exécution était particulièrement insatisfaisant du fait, d'une part, d'une procédure ne favorisant pas la célérité de l'intervention juridictionnelle et, d'autre part, d'une lecture particulièrement restrictive de ses deux conditions d'octroi. La notion de « moyen sérieux et de nature à fonder l'annulation de l'acte attaqué » était assimilée à celle de moyen fondé, ce qui conduisait à réserver le prononcé du sursis au cas où l'annulation paraissait certaine et après un examen approfondi de la requête. La notion de préjudice difficilement réparable était assimilée à celle de conséquences difficilement réversibles dans les faits et insusceptibles de compensation monétaire. Selon la formule du président Gazier, le sursis n'était autre chose qu'une « grâce »[1]. Quant à la procédure, le sursis ne pouvait être accordé que par une formation collégiale après une instruction écrite et une audience tenue dans des conditions ordinaires, ce qui portait à un délai de six mois la durée moyenne des instances. S'il y avait véritablement urgence, la décision intervenait trop tard. Et si dans l'intervalle l'acte avait produit tous ses effets, le tribunal était tenu de constater le non-lieu à statuer, réduisant ainsi à néant l'intérêt de cette voie de droit. L'inefficacité du dispositif avait conduit le législateur à mettre en place, à partir de 1976, de nombreuses procédures à juge unique, ponctuelles et juxtaposées, qui dérogeaient au droit commun du sursis (notamment en dispensant son auteur de la condition d'urgence) afin d'en faciliter et d'en accélérer le prononcé. L'institution de ces procédures demeurait toutefois insatisfaisante dans la mesure où celles-ci ne couvraient qu'un nombre limité de domaines et aboutissaient, en se multipliant, à une complexification du droit.

220.13 Texte de l'article L. 521-1 du Code de justice administrative. Le référé-suspension représente aujourd'hui la procédure d'urgence de droit commun. Il comporte deux alinéas rédigés comme suit :

« Quand une décision administrative, même de rejet, fait l'objet d'une requête en annulation ou en réformation, le juge des référés, saisi d'une demande en ce sens, peut ordonner la suspension de l'exécution de cette décision, ou de certains de ses effets, lorsque l'urgence le justifie et qu'il est fait état d'un moyen propre à créer, en l'état de l'instruction, un doute sérieux quant à la légalité de la décision » (al. 1er).

« Lorsque la suspension est prononcée, il est statué sur la requête en annulation ou en réformation de la décision dans les meilleurs délais. La suspension prend fin au plus tard lorsqu'il est statué sur la requête en annulation ou en réformation de la décision » (al. 2).

1. Cité par O. Dugrip, « Les procédures d'urgence : l'économie générale de la réforme », *RFDA* 2002. 246.

221. Engagement du référé-suspension

SECTION 0

Orienteur

221.00 Plan du chapitre.

Sect. 1 Compétence

Sect. 2 Recevabilité

221.02 Jurisprudence de référence.

> Le référé-suspension peut être mis en œuvre dans le contentieux fiscal

CE, sect., 25 avr. 2001, min. de l'Économie c/ SARL Janfin, req. n° 230166, *Lebon* 197.

> Un acte préparatoire, telle l'ouverture d'une procédure par l'administration fiscale, ne peut donner lieu à une demande de suspension

CE, sect., 27 mai 2002, min. de l'Économie c/ SARL Grey Diffusion, req. n° 241670, *Lebon* 186.

> Dans les hypothèses où un recours administratif doit précéder le recours contentieux, une demande de suspension est recevable dès que le recours administratif a été formé

CE, sect., 12 oct. 2001, Sté des Produits Roche, req. n° 237376, *Lebon* 463.

> Une demande de suspension est recevable contre une mesure de résiliation du contrat

CE, sect., 21 mars 2011, ville de Béziers, req. n° 304806, *Lebon*.

221.04 Questions essentielles.

> La demande de suspension peut-elle être présentée à titre autonome ? v. ss nos 221.121 s.
> Dans quel délai une demande de suspension doit-elle être introduite ? v. ss n° 221.202
> Une demande de suspension peut-elle être présentée accessoirement à un recours en cassation ? v. ss n° 221.204

221.09 Application des règles communes aux référés d'urgence. Le référé-suspension est soumis aux règles de compétence et de recevabilité applicables à tout référé d'urgence (sur ces règles, v. ss nos 211.11 s.). L'engagement de la demande est également régi par certaines règles de recevabilité propres à cette procédure.

SECTION 1

Compétence

221.11 Compétence de la juridiction administrative. Le principe applicable à tout référé d'urgence s'applique naturellement à l'article L. 521-1 du CJA : le juge des référés n'est compétemment saisi sur le fondement de cette disposition que lorsque la demande qui lui est présentée n'est pas « manifestement » insusceptible de se rattacher à un litige relevant de la compétence de la juridiction administrative[1].

1. CE 16 févr. 1996, SARL Bretagne Desosse, req. n° 165537, *Lebon* 44 - CE 30 déc. 2002, Cne de Pont-Audemer c/Assoc. de sauvegarde des patrimoines de la Basse Seine, req. n° 248787, *Lebon T.* 876 ; *BJCL* 2003. 352, concl. P. Collin - CE 22 oct. 2010, Pustwo, req. n° 335051, *Lebon* ; *AJDA* 2011. 562, note P. Caille ; *AJCT* 2011. 198, obs. D. Dutrieux.

Le juge des référés est ainsi compétent :

- pour connaître d'une décision concernant la relation entre la France et l'Italie mais n'ayant pas manifestement la nature d'un acte de gouvernement (en l'occurrence la décision du ministre de l'Équipement refusant de mettre en œuvre diverses procédures d'information ou de concertation préalablement à la réalisation de travaux dans le tunnel du Mont-Blanc)[1] ;
- pour connaître d'une décision prise par un organisme qui n'est « pas manifestement insusceptible d'être qualifié d'organisme chargé d'une mission de service public administratif »[2].

Il n'est en revanche pas compétent :

- pour connaître d'une décision prise par un organisme de droit privé[3] ;
- pour connaître d'une décision dont la nature d'acte de gouvernement est certaine (en l'occurrence la décision des autorités françaises autorisant les avions militaires d'États tiers à emprunter l'espace aérien français)[4] ;
- pour statuer sur une décision de l'inspecteur du travail constatant l'absence d'accord relatif à la participation des salariés au sein de l'entreprise[5].

221.12 Compétence au sein de la juridiction administrative. La demande de référé-suspension doit être présentée devant la juridiction administrative compétente pour connaître du recours principal auquel elle se rattache[6] :

- tribunal administratif si le litige principal relève de la compétence au fond du tribunal administratif ;
- cour administrative d'appel si le litige principal est pendant devant une cour administrative d'appel[7] (la demande de suspension étant recevable même si l'appel ne porte que sur le désistement prononcé par le jugement contesté du tribunal administratif[8]) ;
- Conseil d'État dans deux hypothèses : d'une part si le litige principal relève de la compétence directe du Conseil d'État[9], d'autre part si, ayant cassé un arrêt de cour

1. CE 5 nov. 2001, Assoc. pour le respect du site du Mont-Blanc, req. n° 232685, *Lebon* 535. Devant le Conseil d'État, le défendeur soutenait que la décision présentait la nature d'un acte de gouvernement dont l'examen conduirait le juge administratif à s'immiscer dans les relations entre la France et l'Italie. La nature d'acte de gouvernement n'apparaissant pas évidente, l'incompétence alléguée du juge administratif n'était pas manifeste. Celui-ci devait, par conséquent, se reconnaître compétent pour statuer sur la demande.
2. CE 21 mai 2003, Sté Logirep, req. n° 256160, NP.
3. CE, ord., 13 nov. 2001, Marcilhacy, req. n° 239510, *Lebon T.* 1095.
4. CE 10 avr. 2003, Comité contre la guerre en Irak, req. n° 255905, *Lebon T.*
5. CE 18 juin 2003, Messak, req. n° 254727, *Lebon T.* ; *AJDA* 2003. 1997.
6. CE, ord., 29 mars 2002, Bonny, req. n° 244523, *Lebon* 119 : indiquant qu'« une demande de suspension fondée sur l'article L. 521-1 du Code de justice administrative doit, à raison de son lien avec une demande d'annulation, être portée devant la juridiction saisie au fond de ces conclusions d'annulation ».
7. CE, ord., 29 mars 2002, Bonny, req. n° 244523, *Lebon* 119 - CE 20 avr. 2005, ville de Lille, req. n° 278186, NP.
8. CE 16 juill. 2010, ville de Paris, req. n° 318757, *Lebon T.* ; *AJDA* 2010. 1458 ; *RDI* 2010. 512, obs. P. Soler-Couteaux.
9. CE, ord., 21 mars 2001, Synd. de lutte pénitentiaire de l'union régionale Antille-Guyane, req. n° 231087, *Lebon*.

administrative d'appel et décidé de régler l'affaire au fond, le Conseil d'État rend une décision avant dire droit sans mettre fin à l'instance[1].

Au regard de ce qui précède, lorsqu'un recours au principal relève de la compétence d'un tribunal administratif, la demande en référé-suspension doit être portée devant ce tribunal et non devant le juge des référés du Conseil d'État[2]. De même, lorsque le recours au principal relève de la compétence du tribunal administratif de Versailles, la demande en référé-suspension doit être présentée devant cette juridiction et non devant le tribunal administratif de Paris[3].

Le juge incompétemment saisi rejette la requête par voie d'ordonnance sans transmettre le dossier à la juridiction qu'il estime compétente (v. s^s^ n° 211.23). Il lui est loisible d'indiquer au requérant la juridiction devant laquelle il convient de présenter la demande en référé[4].

221.13 Président de la Section du contentieux saisi d'une question de compétence sur le recours principal. Le président d'un tribunal administratif peut, par voie d'ordonnance, transmettre une requête au fond au président de la Section du contentieux du Conseil d'État pour que celui-ci règle la question de compétence. Une telle transmission ne fait pas obstacle à ce que le juge des référés dudit tribunal administratif déclare la juridiction administrative incompétente pour connaître de la requête aux fins de suspension[5]. L'ordonnance par laquelle le président de la Section du contentieux attribue à un tribunal administratif le jugement d'une requête au fond n'a pas autorité de la chose jugée quant à la compétence de la juridiction administrative et ne peut donc être utilement invoquée par un requérant pour soutenir que cette juridiction serait compétente[6].

SECTION 2

Recevabilité

§ 1

Règles générales de recevabilité

A

Intérêt à agir

221.21 Obligation d'être concerné par l'acte. Le requérant doit justifier d'un intérêt à demander l'annulation ou la réformation de l'acte attaqué. Ainsi, ne justifie pas d'un intérêt à agir :

1. CE 6 mars 2002, Kansoy, req. n° 233877, *Lebon T.*
2. CE, ord., 12 mai 2003, Féd. nationale des syndicats libres de la Poste et de France Télécom, req. n° 256164, *Lebon T.* : à propos d'un refus d'abroger un arrêté d'expulsion.
3. TA Paris, ord., 5 juill. 2001, Mohamed, req. n° 01.09671, NP.
4. V. par ex. CE, ord., 21 mars 2001, Synd. de lutte pénitentiaire de l'union régionale Antille-Guyane, req. n° 231087, *Lebon* - TA Paris, ord., 5 juill. 2001, Mohamed, req. n° 01.09671, NP.
5. CE 24 juin 2002, Opac de Saône-et-Loire, req. n° 242647, *Lebon T.* 855.
6. CE 24 juin 2002, Opac de Saône-et-Loire, req. n° 242647, préc. : annulation de l'ordonnance de référé en tant qu'elle a rejeté comme portées la demande devant une juridiction incompétente.

– le groupement dont le champ d'intervention est national alors qu'il conteste une décision dont le champ d'application est localisé (demande d'annulation de l'ouverture d'une station-service)[1] ;

– le justiciable demandant la suspension des décrets relatifs à l'état d'urgence alors que les mesures litigieuses ne s'appliquent pas en Polynésie française où il réside[2].

221.22 **Intérêt à agir dans le recours en contestation de la validité du contrat.** Pour être recevables à contester un contrat administratif par le biais d'un recours en contestation de sa validité, les tiers doivent justifier d'un intérêt pour agir tenant à ce qu'ils soient « susceptibles d'être lésés dans leurs intérêts de façon suffisamment directe et certaine par la passation ou les clauses » du contrat[3].

Une société ne justifie pas, en sa seule qualité de société susceptible d'intervenir comme sous-traitante d'un candidat évincé, d'un intérêt lésé pouvant la rendre recevable à contester la validité du contrat en cause. En revanche, elle justifie d'un tel intérêt lorsque l'offre d'un des candidats évincés reposait sur la technologie que fournit cette société[4].

B

Ministère d'avocat

221.31 **Devant le juge des référés.** En vertu des dispositions de l'article R. 522-5 du CJA, le référé-suspension n'est dispensé du ministère d'avocat que si le recours principal est lui-même dispensé de cette exigence.

221.32 **Devant le juge de cassation.** En tout état de cause, le pourvoi en cassation formé à l'encontre d'un référé-suspension doit être introduit par un avocat au Conseil d'État et à la Cour de cassation (v. ss no 215.32).

C

Requête fondée sur les seules dispositions de l'article L. 521-1 du CJA

221.41 **Principe.** En application de la jurisprudence *Philippart et Lesage* (v. ss nos 211.131 s.), la requête ne doit pas contenir de conclusions demandant la mise en œuvre d'une autre procédure de référé : référé-liberté[5] ; référé précontractuel[6], référé-

1. CE, ord., 11 sept. 2002, Conseil national des professionnels de l'automobile, req. n° 249546, *Lebon T.* 856.
2. CE, ord., 14 nov. 2005, Hoffer, req. n° 286837, *AJDA* 2006. 501, note Ph. Chrestia.
3. CE, ass., 4 avr. 2014, Dpt de Tarn-et-Garonne, req. n° 358994, *Lebon* 70 ; *AJDA* 2014. 764 ; *AJDA* 2014. 1035 ; *AJDA* 2014. 945, tribune S. Braconnier, Chron. A. Bretonneau et J. Lessi ; *D.* 2014. 1179, obs. M.-C. de Montecler, note M. Gaudemet et A. Dizier ; *RDI* 2014. 344, obs. S. Braconnier ; *AJCT* 2014. 375, obs. S. Dyens , *AJCT* 2014. 380, interview S. Hul ; *AJCT* 2014. 434, Pratique O. Didriche ; *AJCT* 2015. 32, Pratique S. Hul ; *AJCA* 2014. 80, obs. J.-D. Dreyfus ; *RFDA* 2014. 425, concl. B. Dacosta ; *RFDA* 2014. 438, note P. Delvolvé ; *RTD com.* 2014. 335, obs. G. Orsoni ; *Rev. UE* 2015. 370, étude G. Eckert.
4. CE 14 oct. 2015, région Réunion, req. n° 391183, *Lebon* ; *AJDA* 2015. 1949 ; *RDI* 2015. 583, obs. S. Braconnier ; *AJCT* 2016. 115, obs. S. Hul ; *Dr. adm.* 2015. comm. 75, note F. Hoffmann.
5. CE, sect., 28 févr. 2001, Philippart et Lesage, req. nos 230112 et 230520, *Lebon* 112 ; *RFDA* 2001. 390, concl. D. Chauvaux ; *D.* 2002. 2225, obs. R. Vandermeeren.
6. CE 29 juill. 2002, ville de Nice, req. n° 243686, *Lebon* 299 ; *AJDA* 2002. 926, note J.-D. Dreyfus ; *RDI* 2003. 76, obs. J.-D. Dreyfus ; *Contrats Marchés publ.* 2002, comm. n° 229, note J.-P. Piétri ; *BCMP* n° 20, 2003, p. 7-12, note B. Gonand ; *Coll. terr.* 2002, comm. n° 241, note T. Celerier.

provision[1]. La requête doit, en d'autres termes, être présentée sur le seul fondement des dispositions de l'article L. 521-1 du CJA, faute de quoi elle risque d'être déclarée irrecevable dans son ensemble (v. s[s] n°s 211.141 s.).

221.42 Exception. Une exception est prévue pour les procédures spéciales de suspension que sont le référé « étude d'impact », le référé « enquête publique » et le référé « évaluation environnementale ». Dans la mesure où elles ont le même objet que la procédure de suspension de droit commun et ont vocation à être fréquemment mise en œuvre en même temps que celle-ci, le Conseil d'État admet qu'une requête puisse contenir des conclusions relevant à la fois du référé-suspension et d'une de ces procédures particulières de suspension (v. s[s] n° 821.23 pour le référé « étude d'impact » et s[s] n° 822.23 pour le référé « enquête publique »).

D

Exception de recours parallèle en cas de recours suspensif

1

Principe : absence d'exception de recours parallèle

221.51 Exception de recours parallèle exclue. En principe, le jeu de l'exception de recours parallèle est exclu. Cela signifie qu'un référé-suspension peut être engagé dans un domaine couvert par une procédure spécifique de référé.

221.52 Contentieux contractuel. L'existence du référé précontractuel (CJA, art. L. 551-1) n'exclut pas l'engagement d'un référé-suspension contre les actes se rapportant à la passation ou à l'exécution d'un contrat, par exemple :

- contre la délibération d'un jury de concours composé de représentants d'une commune et d'une agence foncière classant les offres formulées en vue de la réalisation d'une opération d'aménagement[2] ;
- contre la résiliation d'une convention d'occupation du domaine public[3].

221.53 Contentieux fiscal. L'existence du référé fiscal ne fait pas obstacle à la recevabilité du référé-suspension contre des décisions d'imposition dans la mesure où les deux procédures présentent des objets distincts, ne sont pas soumises aux mêmes conditions et emportent des effets différents. La voie du référé-suspension peut ainsi être utilisée pour demander la suspension :

- des articles du rôle ou des avis de mise en recouvrement[4] ;

1. CE, ord., 12 août 2004, Appiah, req. n° 274877, *Lebon T.* 810.
2. CE 29 avr. 2002, S[té] Apsys International, req. n° 240272, *Lebon* 158 ; *AJDA* 2002. 419, Chron. M. Guyomar et P. Collin ; *RDI* 2002. 337, obs. P. Soler-Couteaux ; *BJCP* 2002. 395, concl. C. Bergeal ; *Dr. adm.* 2002, comm. n° 121, obs. A. Ménéménis ; *RDI* 2002. 337, obs. P. Soler-Couteaux : acte détachable d'un contrat de droit privé.
3. CE 22 mai 2002, S[té] française du radiotéléphone (SFR), req. n° 236223, NP.
4. CE, sect., 25 avr. 2001, min. de l'Économie c/SARL Janfin, req. n° 230166, *Lebon* 197, concl. G. Bachelier ; *AJDA* 2001. 465, Chron. M. Guyomar et P. Collin ; *GAJF*, 5e éd., 2009, n° 63 ; *RFDA* 2001. 837, concl. G. Bachelier ; *RFDA* 2002. 991, note J. Clerckx ; *Dr. fisc.* 2001. 959, concl. ; *RJF* 2001. 611, Chron. J. Maïa ; *LPA* 27 juill. 2001, n° 149, p. 6, note J.-M. Février – Solution consacrée sous l'empire du sursis à exécution : CE, sect., 17 déc. 1976, Mme L., req. n° 1692, *Lebon* 555 et CE 13 juin 1984, min. du Budget c/Masse, req. n° 46392, *Lebon* 209 : qui soulignait que la procédure du sursis de paiement « n'a ni le même objet ni le même effet que le sursis à exécution [...] et n'est pas soumise aux mêmes conditions ».

– des mesures de poursuite dont le contribuable fait l'objet de la part du comptable pour le recouvrement des impôts (décision par laquelle le trésorier-payeur général a refusé au requérant de lever la saisie-vente de son mobilier et la saisie de somme d'argent sur son compte bancaire[1] ; commandement de payer[2]) ;

– du rejet implicite par le comptable du Trésor de la demande d'un contribuable tendant à l'application de l'article R. 277-1 du LPF (constitution de garanties prévue par cette disposition à hauteur de sommes appréhendées avant la réclamation et dans les limites prévues par l'article L. 277 du même code), privant ainsi le contribuable de la possibilité de bénéficier effectivement du sursis de paiement en ce qui concerne ces sommes[3].

En revanche, la lettre du comptable invitant le contribuable à constituer des garanties n'est pas un acte détachable de la procédure de sursis de paiement et ne peut donc pas faire l'objet d'une demande de référé-suspension[4].

2

Dérogation : exception de recours parallèle en cas de recours suspensif

221.61 Exception de recours parallèle retenue. Le jeu de l'exception de recours parallèle trouve à s'appliquer, par dérogation, dans le cas où la voie de droit particulière instituée par le législateur présente un caractère suspensif. En effet, dans les cas où le législateur a prévu un recours à caractère suspensif, l'introduction du recours suffit à elle seule à obtenir de plein droit la suspension des effets de l'acte attaqué. Dans la mesure où cette voie de droit est très avantageuse pour le requérant, elle épuise les possibilités qu'il a de s'adresser au juge pour faire valoir ses prétentions. Par conséquent, le demandeur se voit interdire l'accès au référé et est tenu d'utiliser la voie de recours à caractère suspensif (v. s[s] n°s 211.101 s.).

E

Demande présentant un objet à la date de son introduction

221.71 Nécessité d'un objet. Pour être recevable, la demande en référé-suspension doit présenter un objet au jour où elle est introduite. Cette exigence emporte l'irrecevabilité de trois types de demandes.

En premier lieu, est irrecevable la demande en référé-suspension dirigée contre une décision suspendue automatiquement par l'exercice d'un recours à effet suspensif (v. s[s] n°s 211.101 s.).

1. CE 30 nov. 2001, Dion, req. n° 234654, *Lebon T.* 906 ; *Dr. fisc.* 2002, comm. n° 11, concl. E. Mignon (sol. impl.).
2. CE 10 avr. 2002, S[té] Import-Export du Velay, req. n° 241604, *Lebon* 128 ; *BDCF* 2002/7. 48, concl. G. Bachelier.
3. CE, ord., 13 juin 2007, Soppelsa, req. n° 306252, *Lebon* ; *AJDA* 2007. 1217 ; *RJF* 2007. 806, Chron. J. Burguburu. Il est également loisible au contribuable, dans une telle hypothèse, de proposer spontanément des garanties au comptable du Trésor à hauteur des sommes appréhendées avant la réclamation et de saisir le juge du référé fiscal du refus de ces garanties né, dans ce cas, du silence gardé par le comptable pendant deux mois (v. s[s] n°s 610.12 s.).
4. CE 30 juin 2003, S[té] Éthypharm, req. n° 255489, *Lebon T.* 920 ; *RJF* 11/03, n° 1312, concl. P. Collin.

En deuxième lieu, la demande de suspension est irrecevable dans l'hypothèse (pour le moins rare) où la juridiction statue sur le recours au fond avant la demande de suspension[1].

En troisième lieu, est irrecevable la demande en référé dirigée contre une décision entièrement exécutée à la date de l'introduction du recours, c'est-à-dire ayant épuisé tous ses effets[2]. Une telle décision peut toujours faire l'objet d'une annulation[3] (qui permettra le cas échéant, l'allocation d'une réparation) mais elle ne peut faire l'objet d'une suspension. Dans le cas où l'objet de la demande disparaît postérieurement à l'introduction du recours et avant que le juge statue, celui-ci constatera le non-lieu à statuer sur la demande de suspension (v. s[s] n°s 224.41 s.).

221.72 Exemples de décisions entièrement exécutées. Dans la jurisprudence administrative, est regardée comme une décision entièrement exécutée (justifiant, selon le moment où cette exécution complète intervient, l'irrecevabilité de la demande ou le non-lieu à statuer) :

- la décision ayant ordonné la rétention d'un étranger si cette mesure a pris fin[4] ;
- la décision de conclure un marché si le contrat a été conclu[5] (cette conclusion étant regardée comme intervenue par la seule signature de l'acte d'engagement[6]) ;
- le permis de construire si les travaux autorisés par le permis sont achevés[7] (la solution valant également pour un permis de démolir si la démolition est intervenue) ;
- l'arrêté interruptif de travaux alors que cet arrêté a été abrogé[8] ;
- l'autorisation de défrichement si le défrichement est intervenu[9] ;

1. V. CE 20 juin 2016, Assoc. citoyenne intercommunale des populations concernées par le projet d'aéroport de Notre-Dame-des-Landes et a., req. n° 400364, *Lebon T.* ; *AJDA* 2016. 1262 (p[t] 11).
2. V. par ex. CE, ord., 22 févr. 2001, Moret, req. n° 230408, *Lebon T.* 1098 : requête introduite le 17 février 2001 contre la décision de convoquer une commission pour les 9 et 26 janvier 2001.
3. V. par ex., à propos d'un arrêté de péril entièrement exécuté : CE, sect., 12 oct. 1984, Hirsch, req. n° 87636, *Lebon* 328.
4. CE, ass., 18 juin 1976, Konaté, req. n° 2714, *Lebon* 321 ; *AJDA* 1976. 582, concl. B. Genevois ; *D.* 1977. 38, note B. Pacteau – CE, ord., 15 mars 2002, min. de l'Intérieur c/Benkhira, req. n° 236539, *Lebon T.* 854.
5. CE 12 mars 1986, min. de la Culture c/Cusenier, req. n° 76147, *Lebon T.* 662 ; *AJDA* 1986. 258, concl. J. Massot – CE 23 nov. 2001, Dp[t] de la Haute-Garonne et S[té] Véga, req. n° 235475, NP : irrecevabilité de la demande de suspension dirigée contre une décision de la commission d'appel d'offres retenant une offre et en écartant une autre – Même solution pour un contrat de transaction : CE 17 mai 2006, C[ne] de Jonquières, req. n° 281509, *Lebon T.* 864 ; *AJDA* 2006. 1390, concl. E. Glaser.
6. CE 27 nov. 2002, région Centre, req. n° 248050, *Lebon T.* 854 ; *BJCP* 2003. 150, concl. G. Le Chatelier – CE 28 mai 2003, S[té] PK7-Certimonis, req. n° 251719, *Lebon T.* 916 : la décision de la commission d'appel d'offres de retenir l'offre d'une entreprise est regardée comme entièrement exécutée en cas de signature du marché – Même solution pour la modification d'un contrat ; la décision de l'assemblée délibérante autorisant l'exécutif à signer l'avenant est regardée comme entièrement exécutée dès la signature de celui-ci : CE 9 févr. 2004, Sem de la Lozère (Selo), req. n° 258369, *Lebon T.* 817 ; *AJDA* 2004. 1046.
7. CE, sect., 11 oct. 1963, Aguzou, *Lebon* 485 ; *AJDA* 1963. 626, Chron. J. Fourré et M. Puybasset ; *AJDA* 1963. 630, note G. Braibant – CE 14 janv. 2011, Sdis de l'Isère, req. n° 319146, NP : le permis est regardé comme entièrement exécuté lorsque sont achevés les travaux de construction auquel se rapporte le permis, c'est-à-dire le gros œuvre et les aménagements et revêtements extérieurs. Les travaux d'aménagement intérieur ne sont pas pris en compte pour apprécier le caractère exécuté ou non du permis de construire dans la mesure où ils sont étrangers à l'autorisation de construire.
8. CE 16 oct. 2019, M. Melio, req. n° 423275, *Lebon T.* ; *RDI* 2019. 646, note M. Revert ; *JCP Adm.* 2020, n° 2023, note F. Polizzi ; *BJDU* 2020. 23, concl. A. Iljic ; *Dr. adm.* 2020, comm. 10, note C. Cubaynes.
9. CE 13 mars 1963, Bernière, *Lebon* 166.

– la décision de préemption à la double condition que le transfert de propriété au profit de la commune ait été prononcé et que celle-ci se soit acquittée de la somme due[1] ;

– la décision d'une personne publique de vendre une parcelle relevant de son domaine privé, dès lors que la vente a été conclue[2] ;

– la décision applicable pour une durée déterminée et étant parvenue à son terme (autorisation temporaire de déversement en mer de certains déchets[3] ; fermeture temporaire d'un débit de boissons[4]) ;

– l'autorisation d'occupation temporaire de propriétés pour les besoins de travaux publics si les travaux sont achevés[5] ;

– une autorisation de licenciement si l'employeur a déjà notifié au salarié son licenciement[6] (la demande devenant sans objet dès *l'envoi* de la notification[7]) et cela même si, postérieurement au licenciement, la juridiction prud'homale a prescrit la réintégration de l'intéressé avec effet rétroactif[8] ;

– une autorisation de transfert du contrat de travail d'un salarié protégé si la décision lui a été notifiée[9] ;

– la décision de licencier un agent contractuel de droit privé si la décision lui a été notifiée[10] ;

– le refus de renouveler le contrat d'un agent contractuel de droit privé lorsque le terme du contrat est dépassé[11] ;

– les résultats d'admissibilité d'un concours si les épreuves d'admission ont pris fin (et ce quand bien même les résultats du concours n'ont pas acquis de caractère définitif)[12] ;

1. CE 4 févr. 1994, Gallenmuller, req. n° 139705, *Lebon T.* ; *BJDU* 2/94. 106, concl. Fraticci : le transfert de propriété n'est pas suffisant pour regarder la décision de préemption comme ayant été entièrement exécutée. Il faut également qu'il y ait eu paiement du prix.
2. CE 29 avr. 2013, Synd. d'agglomération nouvelle du Val d'Europe et C[ne] de Chessy, req. n° 364058, *Lebon T.* ; *AJDA* 2013. 953 ; *RDI* 2013. 478, obs. N. Foulquier ; *JCP Adm.* 2013, n° 2327, note J.-F. Giacuzzo.
3. CE 23 juill. 1976, S[té] Azote et produits chimiques, req. n° 1328, NP ; *RD publ.* 1977. 726.
4. CE 14 mai 1975, Bouchal, req. n° 97513, *Lebon* 298.
5. CE 4 janv. 1978, Arnal, req. n° 4783, NP : ligne électrique construite et mise sous tension au jour où le juge statue.
6. CE, sect., 16 déc. 1977, Lehodey, req. n° 4895, *Lebon* 508 ; *AJDA* 1978. 514, note J.-P. Machelon ; *Dr. soc.* 1978. 112, concl. M.-A. Latournerie ; *D.* 1979, note J.-P. Duprillot ; *JCP* 1979. 19057, note F. Moderne – CE 2 juill. 2003, Lefebvre, req. n° 244435, *Lebon T.* 916 ; *AJDA* 2003. 2223.
7. CE 17 déc. 2009, S[té] CM-CIC Asset Management, req. n° 327259, *Lebon T.* ; *AJDA* 2010. 639 ; *RDT* 2010. 311, obs. P. Bourdon.
8. CE 19 déc. 2012, Caisse régionale de crédit agricole mutuel de la Guadeloupe, req. n° 361271, *Lebon T.*
9. CE 27 juin 2005, Assoc. Établissement régional Léo Lagrange de Rhônes-Alpes-Auvergne, req. n° 277048, *Lebon T.* 1024 ; *AJDA* 2005. 1862.
10. CE 17 avr. 2008, Banque de France, req. n° 301751, *Lebon T.*
11. CE 10 juill. 2006, région Guadeloupe, req. n° 290017, *Lebon T.* 1015 ; *AJDA* 2006. 1473.
12. CE, ord., 19 juin 2001, Mme Barège, req. n° 234360, *Lebon* 273. Le juge ajoute que son ordonnance « ne fait pas obstacle à ce que la requérante, si elle s'y croit fondée, conteste la légalité des résultats » par un recours au fond et présente, à titre accessoire, une demande de suspension. Ce que la requérante fera, avec succès, obtenant la suspension des résultats du concours (CE, ord., 11 juill. 2001, Mme Barège, req. n° 235603, *Lebon T.* 1115).

– la décision de redoublement d'un élève si l'élève a repris sa scolarité dans la classe redoublée[1] ;

– la décision de privatiser des autoroutes si la totalité des titres ont été cédés et que l'acquéreur a transmis un ordre irrévocable de virement correspondant au prix de ces titres sur les comptes de leurs détenteurs[2] ;

– la décision de l'Autorité de la concurrence autorisant une concentration si cette concentration a été réalisée[3] ;

– l'ordonnance prise sur le fondement de l'article 38 de la Constitution une fois intervenue sa ratification par le parlement[4].

221.73 Exemples de décisions non entièrement exécutées. N'est pas regardée comme une décision entièrement exécutée (et, par suite, ne fait pas encourir à la requête l'irrecevabilité ou le non-lieu à statuer) :

– la décision d'expulsion d'un ressortissant étranger dès lors que cette décision est permanente et, par suite, ne cesse pas de produire ses effets à compter de sa mise à exécution[5] ;

– la décision homologuant la grille tarifaire de France Télécom pour une offre promotionnelle qui n'est pas expirée[6] ;

– la décision ordonnant la fermeture au public d'un site de spectacles, du seul fait que la commission de sécurité, après avoir constaté la réalisation des travaux, a délivré un avis (par lui-même sans effet) favorable à l'ouverture du public[7] ;

– la décision autorisant l'exportation vers l'Inde et le démantèlement d'un navire militaire dès lors que celui-ci n'est pas encore arrivé à destination[8] ;

– la déclaration d'utilité publique, alors même que l'ordonnance d'expropriation est devenue définitive, dès lors que l'article L. 12-5 du Code de l'expropriation permet de remettre en cause cette ordonnance devant le juge de l'expropriation en cas d'annulation de la déclaration d'utilité publique par le juge administratif[9] ;

1. CE 27 janv. 2016, Husser, req. n° 393478, *Lebon T.*
2. CE, ord., 13 mars 2006, Bayrou, req. n° 291138, *Lebon T.* 1017 ; *RFDA* 2006. 1147, concl. E. Glaser.
3. CE 27 nov. 2013, Sté Wienerberger, req. n° 373066, *Lebon T.* : en revanche, recevabilité de la demande en tant qu'elle porte sur le respect des engagements qui trouveront à s'appliquer dans les cinq prochaines années.
4. CE, ord., 9 avr. 2018, Confédération générale du travail, req. n° 417333, *Lebon T.*
5. CE, ass., 18 juin 1976, Konaté, req. n° 2714, *Lebon* 321 ; *AJDA* 1976. 582, concl. B. Genevois ; *D.* 1977. 38, note B. Pacteau : la décision d'expulsion n'épuise pas ses effets avec le départ de l'étranger. Elle fait obstacle, tant qu'elle reste en vigueur, à son retour régulier en France. Par conséquent, la mise à exécution d'une décision d'expulsion ne saurait conduire à regarder cette mesure comme ayant été entièrement exécutée.
6. CE 20 oct. 2003, Sté Louis Dreyfus Communication, req. n° 260477, *Lebon T.* 921.
7. CE 1er mars 2004, Cne de Cussac-Fort-Médoc, req. n° 260549, *Lebon T.* 817. En l'absence d'une nouvelle décision mettant fin à la mesure de fermeture, une demande de suspension de l'arrêté initial conserve un objet.
8. CE 15 févr. 2006, Assoc. Ban Asbestos France, req. n° 288801, *Lebon* 78 ; *AJDA* 2006. 761, note J.-M. Pontier ; *D.* 2006. 530 ; *Dr. envir.* 2006/3. 53, concl. Y. Aguila ; *RD publ.* 2006. 1671, note Y. Iliopoulou ; *Europe* 2006/4, comm. n° 123, note P. Cassia ; *JCP* 2006. I. 150, Chron. B. Plessix.
9. CE 3 nov. 2006, Synd. intercommunal d'assainissement du Dpt du Nord, req. n° 293794, *Lebon T.* 1010 ; *RDI* 2007. 263, obs. L. Marion : le Conseil d'État revient sur la solution antérieure (CE 6 juill. 1962, Letot, *Lebon* 461) compte tenu des nouvelles dispositions de l'article L. 12-5 du Code de l'expropriation.

– la décision de préemption en cas d'intervention au cours de la procédure d'un accord amiable sur le prix[1] ;

– la décision de préemption en cas de renonciation du propriétaire à l'aliénation de son bien[2] ;

– la décision de préemption si le transfert de propriété a été opéré à la date à laquelle le juge statue, celui-ci pouvant toujours, dans cette hypothèse, prendre des mesures destinées à préserver l'effet utile de l'intervention du juge du fond[3]. Le juge des référés peut en effet empêcher la collectivité publique titulaire du droit de préemption de faire usage de certaines des prérogatives qui s'attachent au droit de propriété de nature à éviter que l'usage ou la disposition qu'elle fera de ce bien jusqu'à ce qu'il soit statué sur le litige au fond rendent irréversible la décision de préemption. C'est uniquement si la collectivité publique dispose du bien, par exemple en le revendant à un tiers ou en lui apportant une transformation substantielle (par la réalisation du projet d'intérêt général objet de la préemption) que la décision de préemption pourra être regardée comme entièrement exécutée[4].

221.74 Contentieux fiscal (sursis de paiement). Le dépôt d'une demande de sursis de paiement rend irrecevable une demande de référé-suspension dirigée contre la décision d'imposition[5]. En effet, lorsque le contribuable a régulièrement déposé la demande de sursis visée au premier alinéa de l'article L. 277 du Livre des procédures fiscales et tant que le comptable n'a pas rejeté, dans les formes prévues par l'article R. 277-1 du même livre, les garanties proposées par l'intéressé à l'appui de cette demande, l'impôt dont le contribuable réclame le dégrèvement ou la réduction n'est plus exigible et ne peut donner lieu à la prise de mesures conservatoires. Il suit de là que le dépôt régulier d'une demande tendant, sur le fondement de l'article L. 277 du LPF, à ce qu'il soit sursis au paiement d'une imposition prive d'objet les conclusions tendant à la suspension, sur le fondement de l'article L. 521-1 du CJA, de la mise en recouvrement de cette même imposition, lorsque la saisine du juge des référés est antérieure au dépôt de la demande de sursis. De telles conclusions sont irrecevables lorsqu'elles sont présentées après le dépôt régulier d'une demande de sursis de paiement mais avant que le comptable chargé du recouvrement de l'imposition en cause ait rejeté, dans les formes prévues par l'article R. 277-1 du LPF, les garanties proposées par le contribuable à l'appui de sa demande de sursis. Il ne peut en être autrement que dans le cas où le recouvrement de l'imposition litigieuse a d'ores et déjà fait l'objet de mesures d'exécution forcée[6].

1. CE 23 juill. 2003, Sté Atlantique terrains, req. n° 254837, *Lebon T.* 818 ; *AJDA* 2004. 102, note J.-P. Demouveaux ; *BJDU* 2003/6. 422, concl. P. Fombeur, obs. J.-C. Bonichot.
2. CE 12 nov. 2007, Sté Globe Invest, req. n° 295798, *Lebon T.* 1009 ; *AJDA* 2007. 2176 ; *RDI* 2008. 167, obs. P. Soler-Couteaux.
3. CE 23 juin 2006, Sté Actilor, req. n° 289549, *Lebon* 304 ; *AJDA* 2006. 2026, note R. Graëffly ; *AJDI* 2007. 150, obs. J.-F. Struillou ; *RDI* 2006. 398, obs. P. Soler-Couteaux ; *RDI* 2006. 400, obs. P. Soler-Couteaux ; *BJDU* 2006/5. 358, concl. C. Devys, obs. J.-C. Bonichot.
4. CE 23 juin 2006, Sté Actilor, req. n° 289549, préc.
5. CE 30 juill. 2003, Sté Laboratoires Legras, req. n° 254905, *Lebon T.* 917 ; *Dr. fisc.* 2004, comm. n° 230, concl. P. Collin – CE 23 févr. 2004, min. de l'Économie c/SA Tekelec Airtronic, req. n° 259260, NP.
6. CE 30 juill. 2003, Sté Laboratoires Legras, req. n° 254905, *Lebon T.* 917 ; *Dr. fisc.* 2004, comm. n° 230, concl. P. Collin – CE 23 févr. 2004, min. de l'Économie c/SA Tekelec Airtronic, req. n° 259260, NP.

§ 2

Règles de recevabilité spécifiques au référé-suspension

221.81 Trois conditions spécifiques. Le référé-suspension doit être dirigé contre une décision administrative, par une demande accessoire à un recours principal en annulation ou en réformation. La requête en référé-suspension doit en outre être distincte du recours au fond introduit simultanément ou antérieurement à celle-ci.

A

Recours formé contre une décision administrative

1

Exigence d'un acte décisoire

221.91 Contestation d'un acte. Ayant pour objet de paralyser les effets d'un acte administratif, le mécanisme de l'article L. 521-1 du CJA suppose, par hypothèse, l'existence d'un tel acte. L'exigence imposée au requérant de diriger son recours contre un acte administratif, et de produire cet acte, découle de la notion de suspension comme de la finalité de ce mécanisme.

221.92 Un acte décisoire. Le juge des référés ne peut « suspendre une mesure prise par l'administration qu'à la condition que celle-ci ait un caractère décisoire »[1]. Le Conseil d'État reprend la notion de décision administrative telle qu'elle prévaut en excès de pouvoir, ce qui conduit à écarter du champ de l'article L. 521-1 du CJA les mesures qui en sont exclues (telles les mesures d'ordre intérieur[2]) et à l'ouvrir à celles qui y sont incluses.

221.93 Preuve de son existence. Il incombe au demandeur, à peine d'irrecevabilité, d'établir l'existence de la décision dont il demande la suspension[3]. Celle-ci peut également ressortir des pièces du dossier[4].

2

Champ d'application de la notion de décision

221.101 Champ d'application large. Toute la variété des actes administratifs décisoires est justiciable du référé-suspension.

221.102 Décision expresse et décision implicite. La requête en référé-suspension peut être dirigée contre une décision expresse, qu'elle soit nommée (décret, arrêté...) ou innommée, écrite ou verbale. Elle peut également viser à la suspension d'une décision implicite[5].

1. CE, ord., 28 nov. 2007, Mezzan, req. n° 310286, *Lebon T.* ; *AJDA* 2007. 2411.
2. CE 27 mai 2009, Miloudi, req. n° 322148, *Lebon* ; *AJDA* 2009. 1076.
3. CE 12 mars 1986, min. de la Culture c/Cusenier, req. n° 76147, *Lebon T.* 662 ; *AJDA* 1986. 258, concl. J. Massot.
4. CE 12 mars 1986, min. de la Culture c/Cusenier, préc.
5. CE 20 déc. 2005, Meyet, req. n° 288253, *Lebon* ; *AJDA* 2006. 1875, étude T.-X. Girardot : solution déjà admise sous l'empire du sursis à exécution (CE 14 déc. 1979, Cne de Fontanil-Cornillon, req. n° 15529, *Lebon* 473). Rappelons que la décision implicite naît du silence conservé par l'administration durant un délai de deux mois face à une demande qui lui a été préalablement adressée.

Par exemple, dans le contentieux des retards à examiner une demande de visa, un délai d'attente de plus de deux mois sans être convoqué est assimilé à un refus implicite, pouvant être déféré au juge administratif[1].

221.103 Décision formelle et décision révélée. La décision peut être formelle, contenue dans une prise de position de l'autorité administrative. Elle peut également être révélée par ses agissements, ou déduite des faits de l'espèce[2]. Ainsi, la décision de construire une passerelle est révélée par l'exécution des travaux de construction de cette passerelle[3]. De même, l'accord donné à des travaux par le ministre de l'Équipement est révélé par l'ensemble du dossier et en particulier par une lettre d'un préfet qui y fait référence[4].

221.104 Décision positive et décision négative. La requête en référé-suspension peut, très classiquement, être dirigée contre une décision positive (qui édicte ou abroge une réglementation, accorde un avantage, attribue une licence, délivre un permis...). Elle peut également, et cela constitue une innovation de la loi du 30 juin 2000, être dirigée contre une décision négative, c'est-à-dire une décision de rejet ou de refus. L'article L. 521-2 du CJA prévoit en effet la possibilité d'ordonner la suspension d'« une décision administrative, *même de rejet* ». Cette précision a été voulue pour contourner la jurisprudence *Amoros*, qui interdisait au juge administratif d'accorder le sursis à exécution d'une décision de rejet[5]. Cette jurisprudence se justifiait par l'absence de pouvoir d'injonction du juge administratif, la suspension d'un refus se traduisant nécessairement par une obligation « de faire » adressée par le juge à l'administration. Depuis l'entrée en vigueur de la loi du 30 juin 2000 le 1er janvier 2001 (et même quelques jours plus tôt, le changement ayant été anticipé par le Conseil d'État[6]), le juge des référés peut suspendre une décision de rejet, le prononcé de cette mesure étant assorti de l'indication des obligations qui en découlent pour l'administration[7] (v. ss no 224.172).

221.105 Décision réglementaire, décision individuelle, décision d'espèce. La demande de référé-suspension peut tendre à la suspension d'un règlement :

- règlement intérieur d'un conseil municipal[8] ;

1. CE 9 juin 2022, Amiry, req. no 457936, *Lebon T.* ; *JCP Adm.* 2022, no 2241, Chron. O. Le Bot.
2. V., sous l'empire du sursis à exécution : CE 12 mars 1986, min. de la Culture c/Cusenier, req. no 76147, *Lebon T.* 662 ; *AJDA* 1986. 258, concl. J. Massot.
3. CE 21 déc. 2001, Établissement public pour l'aménagement de la région de La Défense (Epad), req. no 232084, *Lebon* 654.
4. CE 27 juill. 2001, De Gouttes, req. no 230851, *Lebon T.* 1047.
5. CE, ass., 23 janv. 1970, min. d'État chargé des affaires sociales c/Amoros, req. no 77861, *Lebon* 51 ; *AJDA* 1970. 609, Chron. D. Labetoulle et P. Cabanes.
6. CE, sect., 20 déc. 2000, Ouatah, req. no 206745, *Lebon* 643, concl. F. Lamy ; *AJDA* 2001. 146, Chron. M. Guyomar et P. Collin ; *RFDA* 2001. 371, concl. ; *LPA* 19 mars 2001, no 55, p. 8, note F. Mallol.
7. V. par ex. CE, sect., 28 févr. 2001, Philippart et Lesage, req. nos 230112 et 230520, *Lebon* 112 ; *D.* 2002. 2225, obs. R. Vandermeeren ; *RFDA* 2001. 390, concl. D. Chauvaux : suspension du refus d'exercer la profession de chirurgien-dentiste dans un immeuble où exerçait déjà un confrère et injonction à l'autorité compétente de délivrer sous un délai de huit jours une autorisation provisoire d'installation.
8. V. par ex. CE 10 avr. 2009, Cne de Vif, req. no 319971, NP ; *AJDA* 2009. 1656, note M. Verpeaux.

- document d'urbanisme[1].

Elle peut également être dirigée contre une décision individuelle :

- octroi d'un permis de construire[2] ;
- nomination d'un fonctionnaire[3] ;
- sanction[4] ;
- retrait d'un permis de conduire[5] ;
- décision accordant le concours de la force publique à l'exécution d'une décision de justice[6] ;
- commandement de payer une imposition[7] ;
- mise en recouvrement de l'imposition[8] ;
- mise en demeure (en l'occurrence une mise en demeure adressée à une société qui constate une infraction, fixe un délai et menace la société de poursuites judiciaires et de sanctions pénales[9]).

La demande de suspension peut être dirigée contre une décision d'espèce, par exemple la décision par laquelle l'Autorité des marchés financiers choisit de rendre publique une décision de sanction prise à l'encontre d'une société[10].

221.106 Contrats. La demande en référé-suspension peut être dirigée contre un contrat, accessoirement à un recours principal en contestation de sa validité (recours « Tarn-et-Garonne »[11]). Ainsi que l'affirmait le rapporteur public Bertrand da

1. V. par ex. CE 11 janv. 2006, Assoc. de défense du site caussolois, req. n° 282217, NP ; *BJDU* 2006. 59, concl. F. Séners.
2. V. par ex. CE 1er oct. 2001, Copède, req. n° 234908, *Lebon T.* 1119 ; *RDI* 2002. 167, obs. L. Derepas ; *BJDU* 2001. 465, concl. H. Mitjaville.
3. V. par ex. CE, ord., 6 août 2002, Ozoux, req. n° 248393, *Lebon T.* 865 ; *AJDA* 2002. 245, note W. Yeng-Seng.
4. V. par ex. CE, ord., 11 févr. 2005, Barre, req. n° 276376, *Lebon* 42 ; *AJDA* 2005. 854 ; *D.* 2005. 2601, obs. Y. Reinhard et S. Thomasset-Pierre ; *RTD com.* 2005. 561, obs. N. Rontchevsky.
5. V. par ex. CE 10 déc. 2001, min. de l'Intérieur c/Pérignon, req. n° 234896, *Lebon T.* 1110.
6. CE 30 juin 2010, min. de l'Intérieur, de l'Outre-mer et des Collectivités territoriales c/Épx Ben Amour, req. n° 332259, *Lebon* ; *AJDA* 2011. 568, note J. Le Gars ; *D.* 2011. 1509, obs. A. Leborgne ; *AJDI* 2011. 421, Chron. F. Zitouni ; *BJCL* 2010. 625, concl. J.-P. Thiellay.
7. CE 10 avr. 2002, Sté Import-Export du Velay, req. n° 241604, *Lebon* 128 ; *BDCF* 2002/7. 48, concl. G. Bachelier.
8. CE, sect., 25 avr. 2001, min. de l'Économie c/SARL Janfin, req. n° 230166, *Lebon* 197, concl. G. Bachelier ; *AJDA* 2001. 465, Chron. M. Guyomar et P. Collin ; *GAJF*, 5e éd., 2009, n° 63 ; *RFDA* 2001. 837, concl. G. Bachelier ; *RFDA* 2002. 991, note J. Clerckx ; *Dr. fisc.* 2001. 959, concl. ; *RJF* 2001. 611, Chron. J. Maïa ; *LPA* 27 juill. 2001, n° 149, p. 6, note J.-M. Février.
9. CE 23 févr. 2011, Sté Chazal, req. n° 339826, *Lebon T.* ; *AJDA* 2011. 420 ; *AJCT* 2011. 251 – sur le caractère d'actes faisant grief de mises en demeure, v. CE, sect., 25 janv. 1991, Confédération nationale des associations catholiques et a., req. n° 103143, *Lebon* 30 ; *AJDA* 1991. 362, Chron. R. Schwartz et C. Maugüé ; *RFDA* 1991. 285, concl. B. Stirn ; *RDSS* 1991. 228, étude J.-M. Auby.
10. CE, ord., 14 déc. 2006, Sté Bourse Direct SA, req. n° 298912, *Lebon T.* 1010 ; *AJDA* 2007. 550.
11. CE, ass., 4 avr. 2014, Dpt de Tarn-et-Garonne, req. n° 358994, *Lebon* 70 ; *AJDA* 2014. 764 ; *AJDA* 2014. 1035 ; *AJDA* 2014. 945, tribune S. Braconnier, Chron. A. Bretonneau et J. Lessi ; *D.* 2014. 1179, obs. M.-C. de Montecler, note M. Gaudemet et A. Dizier ; *RDI* 2014. 344, obs. S. Braconnier ; *AJCT* 2014. 375, obs. S. Dyens ; *AJCT* 2014. 380, interview S. Hul ; *AJCT* 2014. 434, Pratique O. Didriche ; *AJCT* 2015. 32, Pratique S. Hul ; *AJCA* 2014. 80, obs. J.-D. Dreyfus ; *RFDA* 2014. 425, concl. B. Dacosta ; *RFDA* 2014. 438, note P. Delvolvé ; *RTD com.* 2014. 335, obs. G. Orsoni ; *Rev. UE* 2015. 370, étude G. Eckert (pt 2) : précisant « que les requérants peuvent éventuellement assortir leur recours d'une ➢

Costa, le juge administratif a « fait l'effort de regarder le contrat comme une décision administrative, au sens et pour l'application de l'article L. 521-1 du Code de justice administrative »[1].

Ainsi, « lorsque l'urgence le justifie et qu'il est fait état d'un moyen propre à faire naître un doute sérieux quant à la légalité de ce contrat et conduire à la cessation de son exécution ou à son annulation, eu égard aux intérêts en présence, il peut ordonner la suspension de son exécution »[2]. Comme cela a pu être relevé[3], il est rarissime que le juge fasse droit à une demande de suspension d'un contrat[4].

221.107 Acte se rapportant à la passation ou à l'exécution d'un contrat. La demande en référé-suspension peut tendre à la suspension d'un acte se rapportant à la passation ou à l'exécution du contrat :

- soit accessoirement à un recours de plein contentieux, si l'acte relève de la pleine juridiction ;
- soit accessoirement à un recours pour excès de pouvoir, s'il présente un caractère détachable[5].

221.108 Sursis à statuer sur une demande. Revêt également la nature de décision justiciable du référé-suspension la décision par laquelle l'administration sursoit à statuer sur une demande qui lui est adressée :

- sursis à statuer sur une demande d'autorisation de construire[6] ;
- sursis à statuer sur la demande de délivrance d'un certificat de capacité[7].

3
Irrecevabilité du référé-suspension en l'absence de décision

221.111 Sanction. Les conclusions à fin de suspension ne sont pas recevables lorsque le requérant « ne justifie de l'existence d'aucune décision expresse ou implicite »[8].

➢ demande tendant, sur le fondement de l'article L. 521-1 du Code de justice administrative, à la suspension de l'exécution du contrat ».

1. B. da Costa, concl. sur CE, ass., 4 avr. 2014, Dpt de Tarn-et-Garonne, req. n° 358994, préc., *RFDA* 2014. 425.
2. CE 14 oct. 2015, région Réunion, req. n° 391183, *Lebon* ; *AJDA* 2015. 1949 ; *RDI* 2015. 583, obs. S. Braconnier ; *AJCT* 2016. 115, obs. S. Hul ; *Dr. adm.* 2015. comm. 75, note F. Hoffmann (pt 1).
3. J. Gourdou et P. Terneyre, « Peut-on améliorer les référés en matière contractuelle ? », *AJDA* 2014. 2055.
4. V. néanmoins, pour des applications positives, CE 16 nov. 2009, min. de l'Immigration, de l'Intégration, de l'Identité nationale et du Développement solidaire et Assoc. collectif Respect, req. n° 328826, *Lebon T.* ; *AJDA* 2009. 2141 - CE 10 oct. 2018, Communauté intercommunale Réunion Est, req. n° 419406, NP ; *Dr. adm.* 2019, comm. 1, note V.W Issop et C. Bardon ; *AJDA* 2019. 225, note S. Douteaud ; *BJCP* 2020. 93, étude M. Rioux - CE 15 févr. 2021, Cne de Toulon, req. n° 445488, NP ; *AJCT* 2021. 315, note L. Roulet ; *Contrats et Marchés publics* 2021, comm. 160, note J. Dietenhoeffer ; *JCP Adm.* 2021, n° 2124, note S. Hul.
5. CE 29 avr. 2002, Sté Apsys International, req. n° 240272, *Lebon* 158 ; *AJDA* 2002. 419, Chron. M. Guyomar et P. Collin ; *RDI* 2002. 337, obs. P. Soler-Couteaux ; *BJCP* 2002. 395, concl. C. Bergeal ; *Dr. adm.* 2002, comm. n° 121, obs. A. Ménéménis : délibération d'un jury de concours composé de représentants d'une commune et d'une agence foncière classant les offres formulées en vue de la réalisation d'une opération d'aménagement.
6. CE 9 oct. 2002, Cne d'Aix-en-Provence, req. n° 244783, *Lebon T.* 857 ; *AJDA* 2003. 350 ; *RDI* 2003. 113, obs. L. Derepas ; *BJDU* 2002. 356, concl. F. Séners ; *Coll. terr.* 2002, comm. n° 40, obs. T. Célérier - CE 23 janv. 2004, Cne de Meyreuil, req. n° 257779, NP ; *BJDU* 2004. 63, concl. I. de Silva.
7. CE 16 févr. 2004, Naudet, req. n° 261110, *Lebon T.* 820.
8. CE, ord., 31 janv. 2001, Assoc. Promouvoir, req. n° 229484, *Lebon T.* 1097.

221.112 Illustrations. Faute de satisfaire à l'exigence d'une décision préalable, la requête fondée sur l'article L. 521-1 du CJA est irrecevable lorsqu'elle est dirigée contre :

- un comportement ou un agissement de l'administration, par exemple l'exécution de travaux[1] ;

- une prétendue décision dont l'existence n'est pas établie par le requérant ni révélée par les pièces du dossier[2] ;

- un acte non décisoire (mesure d'ordre intérieur[3] ; acte préparatoire[4] ; expression d'une intention[5]) ;

- un acte dépourvu d'effet (par exemple un acte préparatoire à une élection professionnelle qui a été édicté après la tenue des élections[6]) ;

- une abstention, à l'exclusion de toute décision expresse ou implicite[7].

B

Recours accessoire à un recours principal en annulation ou en réformation

221.121 Caractère accessoire du référé-suspension. La demande de suspension n'est recevable que si elle accompagne un recours principal en annulation ou en réformation de la décision attaquée, laquelle, bien entendu, doit être la même devant le juge

1. CE 3 mars 1976, Établissement Vissol-Giraud, req. n° 523, NP ; *RD publ.* 1976. 1375.
2. CE, ord., 31 janv. 2001, Assoc. Promouvoir, req. n° 229484, *Lebon T.* 1097 : refus prétendu du ministre de la Culture d'exécuter une décision du Conseil d'État annulant le visa d'exploitation d'un film et qui serait révélé par la prochaine commercialisation du film.
3. CE 27 mai 2009, Miloudi, req. n° 322148, *Lebon* ; *AJDA* 2009. 1076 – Solution identique sous l'empire du sursis à exécution : CE 12 mars 1986, min. de la Culture c/Cusenier, req. n° 76147, *Lebon T.* 662 ; *AJDA* 1986. 258, concl. J. Massot.
4. CE, sect., 27 mai 2002, min. de l'Économie c/SARL Grey Diffusion, req. n° 241670, *Lebon* 186 ; *D.* 2002. 2030 ; *RJF* 2002. 547, Chron. L. Olléon ; *RJF* 2002. 666, concl. J. Coutial : demande de présentation d'une caution par l'administration fiscale, cette mesure constituant l'ouverture d'une procédure engagée dans l'attente de la décision que l'administration fiscale prendra sur l'existence et le montant du droit à remboursement du contribuable – CE, ord., 21 mai 2002, Ozoux, req. n° 245502, NP : projet de nomination d'un magistrat.
5. CE, ord., 22 mars 2001, Meyet, req. n° 231631, NP : souhait du Premier ministre que les membres de son gouvernement n'exercent pas en même temps des fonctions de maire – CE 29 juill. 2002, C^ne^ de Chamonix-Mont-Blanc, req. n° 247358, NP ; *AJDA* 2002. 1248 : communiqué du ministre des Transports qui se borne à annoncer les termes d'une décision à venir concernant le calendrier de réouverture du tunnel du Mont-Blanc – CE, ord., 24 août 2009, Université Paris VIII-Vincennes Saint-Denis, req. n° 330259, NP : lettre du ministre de l'Enseignement supérieur demandant à une université de lancer des consultations préalables avant l'adoption d'une éventuelle décision sur la suppression d'une filière.
6. CE 31 mai 2012, S^té^ Avis Location de voitures, req. n° 354186, *Lebon* ; *AJDA* 2012. 1759 ; *D.* 2012. 1556.
7. CE, ord., 20 déc. 2005, Meyet, req. n° 288253, *Lebon* 586 ; *AJDA* 2006. 1875, étude T.-X. Girardot. Par une lettre en date du 25 novembre 2005, dont il a été accusé réception le 28 novembre, le requérant a adressé au Président de la République une demande qu'il soit mis fin à l'état d'urgence. Le délai de deux mois à l'expiration duquel naît une décision implicite de rejet n'étant pas expiré, le requérant ne justifie, à la date d'introduction de sa requête, d'aucune décision expresse ou implicite. Sa requête est donc prématurée, faute de prise de position de l'administration.

du fond et devant le juge des référés[1]. L'absence de recours au fond est sanctionnée par l'irrecevabilité du référé-suspension[2].

221.122 Recours au fond concernés. Le Conseil d'État assimile à une requête en annulation le recours en déclaration d'inexistence[3]. Par suite, la requête en référé-suspension peut être l'accessoire :

- d'un recours en annulation (hypothèse la plus fréquente) ;
- d'un recours en réformation (par exemple dans le contentieux fiscal[4]) ;
- d'un recours en déclaration d'inexistence[5].

221.123 Recours formé et recevable. Les conclusions aux fins de suspension ne sont recevables que si le recours principal a été formé et est lui-même recevable.

1
Exigence d'un recours principal formé

a
Portée de l'exigence en l'absence de recours administratif préalable obligatoire

221.131 Requête au fond introduite au plus tard au jour où le juge statue. Dans l'hypothèse normale (celle où la saisine de la juridiction administrative n'a pas été précédée d'un recours administratif préalable), la requête en référé-suspension n'est recevable que si un recours au fond a été formé devant la juridiction, antérieurement ou concomitamment à la demande de suspension. Faisant preuve de libéralisme, le juge des référés admet être d'abord saisi de la demande en référé (sans recours au fond) à condition que le recours au principal lui parvienne (c'est-à-dire soit formé) avant la date à laquelle il statue[6].

b
Portée de l'exigence en présence d'un recours administratif préalable obligatoire

221.141 Règles adaptées. Dans l'hypothèse où la recevabilité du recours principal est subordonnée, par un texte législatif ou réglementaire, à l'exercice d'un recours administratif préalable et à l'intervention de la décision provoquée par ce recours,

1. CE 31 mars 2003, Union nationale de l'apiculture française, req. n° 254638, *Lebon T.* ; *AJDA* 2003. 1388, note S. Boussard : irrecevabilité des conclusions dirigée contre une autorisation dès lors que le recours au fond est dirigé, non pas contre l'autorisation elle-même mais contre le refus d'abroger cette autorisation – v. égal[t] TA Lyon, ord., 17 juin 2002, Aubry, req. n° 0202562, NP.
2. V. par ex. TA Lyon, ord., 12 juin 2001, Assoc. pour la sauvegarde du Sud-Ouest lyonnais, req. n° 0101877, NP.
3. CE 26 janv. 2007, C[ne] de Neuville-sur-Escaut, req. n° 297969, *Lebon T.* 1009 ; *AJDA* 2007. 229 ; *AJDA* 2007. 1206 ; *BJCL* 2007. 126, concl. L. Derepas ; *JCP Adm.* 2007, n° 2058, note P. Caille.
4. CE, sect., 25 avr. 2001, min. de l'Économie c/SARL Janfin, req. n° 230166, *Lebon* 197, concl. G. Bachelier ; *AJDA* 2001. 465, Chron. M. Guyomar et P. Collin ; *GAJF*, 5e éd., 2009, n° 63 ; *RFDA* 2001. 837, concl. G. Bachelier ; *RFDA* 2002. 991, note J. Clerckx ; *Dr. fisc.* 2001. 959, concl. ; *RJF* 2001. 611, Chron. J. Maïa ; *LPA* 27 juill. 2001, n° 149, p. 6, note J.-M. Février – v. égal[t] CE 29 janv. 2003, Joulin, req. n° 248788, *Lebon T.* 922.
5. CE 26 janv. 2007, C[ne] de Neuville-sur-Escaut, req. n° 297969, *Lebon T.* 1009 ; *AJDA* 2007. 229 ; *AJDA* 2007. 1206 ; *BJCL* 2007. 126, concl. L. Derepas ; *JCP Adm.* 2007, n° 2058, note P. Caille.
6. CE 15 oct. 2004, C[ne] d'Andeville, req. n° 266176, *Lebon T.* 817 ; *AJDA* 2004. 2414 ; *Dr. adm.* 2005, n° 2, p. 22, note E.G. : précisant « que le juge des référés ne peut opposer une irrecevabilité sur le fondement de ces dispositions que si, à la date à laquelle il se prononce sur une requête tendant à la suspension d'une décision au titre de la procédure de référé, il n'a pas été saisi par ailleurs, d'une requête à fin d'annulation ou de réformation de la décision dont la suspension est demandée ».

l'accomplissement de cette formalité retarde de plusieurs mois la possibilité de former un recours devant la juridiction administrative. Aussi le Conseil d'État a-t-il dispensé le demandeur en référé de ce délai d'attente en adaptant les règles applicables[1]. Deux temps doivent être distingués dans la procédure.

221.142 **Premier temps : introduction de la demande en référé sans recours au fond.** Dès lors qu'il a engagé les démarches nécessaires auprès de l'administration (c'est-à-dire qu'il a introduit auprès d'elle le recours administratif préalable), le requérant peut immédiatement saisir le juge des référés sur le fondement de l'article L. 521-1 du CJA. Il n'a pas à saisir la juridiction d'un recours au fond contre la décision initiale (laquelle n'existe au demeurant que jusqu'à l'intervention de la décision prise sur le recours préalable obligatoire, qui viendra s'y substituer). Aucune autre formalité n'est requise que la production d'une copie du recours administratif[2]. À défaut de produire la copie du recours administratif lors de la saisine du juge des référés, la demande introduite sur le fondement de l'article L. 521-1 est irrecevable[3]. En revanche, dès lors que cette unique formalité a été accomplie, la voie du référé-suspension est ouverte sans attendre la naissance d'une décision de rejet du recours administratif[4].

La solution est valable dans tous les contentieux, y compris en matière fiscale. L'article R. 190-1 du LPF institue une obligation de recours administratif préalable en la matière. Le contribuable n'est recevable à saisir le juge de l'impôt de conclusions tendant à la décharge d'une imposition à laquelle il a été assujetti qu'à la condition d'avoir saisi l'administration d'une réclamation préalable et attendu qu'elle se prononce sur celle-ci. Toutefois, en application de la jurisprudence *Société des Produits Roche*[5], une demande en référé-suspension peut être introduite « sans attendre que l'administration ait statué sur la réclamation préalable obligatoire, et alors même que le juge de l'impôt ne peut être saisi au fond, dès lors que l'intéressé justifie, en en produisant une copie, qu'il a introduit une telle réclamation dans les formes et délais prévus à l'article R. 190-1 du Livre des procédures fiscales »[6].

Si la suspension est ordonnée, elle ne vaudra que jusqu'à l'intervention de la décision provoquée par le recours administratif, ou pour une période plus courte si le juge des référés en décide ainsi[7].

1. CE, sect., 12 oct. 2001, Sté des Produits Roche, req. n° 237376, *Lebon* 463 ; *AJDA* 2002. 123, Chron. M. Guyomar et P. Collin ; *D.* 2002. 2226, obs. R. Vandermeeren ; *GACA*, 5e éd., 2016, n° 10 ; *RFDA* 2002. 315, concl. P. Fombeur ; *JCP* 2002. 10020, note D. Cristol ; *LPA* 14 déc. 2001, n° 249, p. 17, note J.-M. Février ; *RD publ.* 2002. 773, obs. C. Guettier – arrêt annoncé par CE, ord., 26 avr. 2001, Fondation Lenval, req. n° 231870, *Lebon* 221.
2. CE, ord., 9 août 2004, Yilmaz, req. n° 270860, *Lebon T.* 816 ; *AJDA* 2004. 2414.
3. CE, ord., 28 juill. 2003, Villelegier, req. n° 258142, *Lebon T.* 915 ; *AJDA* 2003. 2279 ; *AJFP* 2003. 54.
4. CE, ord., 26 avr. 2001, Fondation Lenval, req. n° 231870, *Lebon* 221 ; *RDSS* 2001. 752, obs. M. Cormier.
5. CE, sect., 12 oct. 2001, Sté des Produits Roche, req. n° 237376, *Lebon* 463 ; *AJDA* 2002. 123, Chron. M. Guyomar et P. Collin ; *D.* 2002. 2226, obs. R. Vandermeeren ; *GACA*, 5e éd., 2016, n° 10 ; *RFDA* 2002. 315, concl. P. Fombeur ; *JCP* 2002. 10020, note D. Cristol ; *LPA* 14 déc. 2001, n° 249, p. 17, note J.-M. Février ; *RD publ.* 2002. 773, obs. C. Guettier.
6. CE 6 nov. 2002, SA Le Micocoulier, req. n° 246830, *Lebon* 378 ; *AJDA* 2003. 140, note J.-P. Markus ; *D.* 2003. 1719, note D. Boccara ; *RJF* 2003. 7, concl. G. Bachelier.
7. CE, sect., 12 oct. 2001, Sté des Produits Roche, req. n° 237376, *Lebon* 463 ; *AJDA* 2002. 123, Chron. M. Guyomar et P. Collin ; *D.* 2002. 2226, obs. R. Vandermeeren ; *GACA*, 5e éd., 2016, n° 10 ; *RFDA* ➢

221.143 Second temps : intervention de la décision administrative prise sur recours préalable. Lorsque la décision explicite ou implicite provoquée par le recours intervient, l'auteur de la demande en référé se trouve devant une alternative.

S'il est satisfait par la décision prise, l'administration ayant fait droit à sa demande, il peut en rester là. La décision prise sur recours se substituant à la décision initiale, la demande de suspension dirigée contre celle-ci devient sans objet (devant le juge des référés dans l'hypothèse où celui-ci pas encore statué[1] ; devant le juge de cassation lorsqu'un pourvoi a été formé contre la décision du premier juge[2]), entraînant soit l'irrecevabilité de cette demande, soit le non-lieu à statuer.

Si le requérant n'est pas satisfait pas la décision prise, il peut poursuivre son action en contestant la décision provoquée par le recours administratif[3]. Il n'a pas, pour ce faire, à présenter une nouvelle demande, la jurisprudence lui permettant d'inscrire sa demande en référé dans la continuité de l'instance déjà introduite. Il lui suffit, pour couvrir l'irrecevabilité, de présenter contre la décision prise à l'issue du recours administratif « d'une part, de nouvelles conclusions tendant à sa suspension, d'autre part, une requête tendant à son annulation »[4].

221.144 Hypothèse d'un recours hiérarchique. Dans l'hypothèse où le recours administratif doit être porté devant une autorité différente de celle ayant pris la décision initiale, l'autorité ayant pris la première décision se trouve dessaisie au profit de l'autorité hiérarchique. Il en résulte deux conséquences. D'une part, le juge des référés ne peut faire droit à la demande au seul vu du moyen tiré de l'incompétence de l'auteur de l'acte[5]. La décision de l'autorité hiérarchique se substituant à celle de l'autorité initiale, le vice d'incompétence sera automatiquement purgé. La même solution s'applique au moyen tiré de l'insuffisance de motivation de la décision initiale[6]. D'autre part, le juge des référés ne peut adresser une injonction à l'encontre de l'auteur de la décision initiale[7]. Cette injonction pourra en revanche être adressée à l'autorité hiérarchique.

➢ 2002. 315, concl. P. Fombeur ; *JCP* 2002. 10020, note D. Cristol ; *LPA* 14 déc. 2001, n° 249, p. 17, note J.-M. Février ; *RD publ.* 2002. 773, obs. C. Guettier – solution valable dans le contentieux fiscal : CE 6 nov. 2002, SA Le Micocoulier, req. n° 246830, *Lebon* 378 ; *AJDA* 2003. 140, note J.-P. Markus ; *D.* 2003. 1719, note D. Boccara ; *RJF* 2003. 7, concl. G. Bachelier.

1. CE, ord., 24 nov. 2005, Jeddi, req. n° 286733, *Lebon T.* 1023.
2. CE 8 juill. 2005, min. de la Santé c/agence régionale de l'hospitalisation de Paca, req. n° 264366, *Lebon T.* 1030 ; *AJDA* 2005. 2453, Chron. C. Landais et F. Lenica.
3. V. par ex., en matière fiscale : CE 28 mai 2004, Lassus, req. n° 261289, *Lebon T.* 819 ; *BDCF* 2004/8. 46, concl. F. Séners.
4. CE, ord., 20 juill. 2006, Ndobo Leng, req. n° 294741, *Lebon T.*
5. CE, ord., 30 août 2005, Nzaou, req. n° 284004, *Lebon T.* 1030 ; *AJDA* 2005. 2453, Chron. C. Landais et F. Lenica.
6. CE, ord., 20 févr. 2006, Akter, req. n° 289823, NP.
7. CE 8 juill. 2005, min. de la Santé c/agence régionale de l'hospitalisation de Paca, req. n° 264366, *Lebon T.* 1030 ; *AJDA* 2005. 2453, Chron. C. Landais et F. Lenica : irrecevabilité de la demande de suspension de la décision initiale et, par voie de conséquence, des conclusions aux fins d'injonction dirigées contre l'autorité ayant édicté cette décision.

2
Exigence d'un recours principal recevable

a
Exigence de recevabilité du recours au fond

221.151 Principe. La requête en référé-suspension n'est recevable que si le recours principal dont elle constitue l'accessoire est lui-même recevable. Lorsqu'une décision ne peut être contestée par la voie d'un recours en annulation ou en réformation, la requête en référé-suspension qui en est l'accessoire doit être déclarée irrecevable par le juge des référés.

221.152 Exemples de recours au fond irrecevables. La demande introduite sur le fondement de l'article L. 521-1 du CJA est déclarée irrecevable si le recours au fond :

- présente un caractère tardif, étant introduit après l'expiration du délai de recours contentieux[1] ;
- est engagé de façon prématurée dans le contentieux du recouvrement, faute qu'un acte de poursuite ait été pris à l'encontre du contribuable requérant[2] ;
- est dirigé contre un acte non justiciable (mesure d'ordre intérieur, acte préparatoire, acte de gouvernement...) ;
- a été formé par un requérant qui ne justifie pas d'un intérêt à agir[3] ;
- dirigé contre une autorisation d'urbanisme, n'a pas été notifié à l'auteur de la décision et au titulaire de l'autorisation[4].

221.153 Mesures d'exécution du contrat. Un recours est en principe irrecevable s'il vise à l'annulation des mesures prises par l'administration à l'encontre de son cocontractant (mesures d'application du contrat, mesures de modification du contrat et, surtout, mesures de résiliation de celui-ci). En effet, le juge administratif n'ayant pas le pouvoir d'annuler ces mesures[5] (il peut seulement rechercher si celles-ci sont intervenues dans des conditions ouvrant au profit du cocontractant un droit à indemnité), la demande en référé-suspension qui en est l'accessoire est également

1. CE 6 mars 2002, Besombes, req. n° 238478, *Lebon* 78 ; *AJDA* 2002. 802, note F. Crouzatier-Durand ; *RDI* 2002. 342, obs. L. Derepas ; *BJDU* 2002. 121, concl. R. Schwartz – CE 25 mai 2005, C[ne] de Banon, req. n° 270273, *Lebon T.* 1015 ; *AJDA* 2005. 1702 ; *RDI* 2005. 352, obs. P. Soler-Couteaux – CE 23 févr. 2004, S[té] Juwi Énergie Éolienne, req. n° 262430, *Lebon T.* 912 ; *AJDA* 2004. 1559.
2. CE 15 juin 2001, min. de l'Économie c/Sisqueille, req. n° 230578, *Lebon* 263 : le Conseil d'État indique « que la contestation formée par [l'intéressé] au titre du contentieux du recouvrement devant le trésorier-payeur général était, en l'absence d'acte de poursuite, prématurée », conduisant à l'irrecevabilité « de sa demande au tribunal administratif tendant à l'annulation de cette décision ». Il ajoute « que la circonstance que, postérieurement à cette contestation, un acte de poursuite ait été pris, n'est pas de nature à régulariser la contestation de [l'intéressé] devant le trésorier-payeur général ».
3. CE 5 nov. 2004, Assoc. Bretagne littoral environnement urbanisme, req. n° 264819, NP ; *AJDA* 2005. 109 : l'association requérante, ayant un objet national, ne justifie pas d'un intérêt lui donnant qualité pour agir contre un permis de construire d'une maison individuelle. Sa demande d'annulation « étant irrecevable, sa demande de suspension de l'exécution de ces décisions [...] ne pouvait qu'être rejetée » – v. égal[t] CE, ord., 21 juin 2005, Hoffer, req. n° 281700, NP.
4. CE 15 mai 2001, C[ne] de Loches, req. n° 231802, NP ; *AJDA* 2001. 465, Chron. M. Guyomar et P. Collin ; *RDI* 2001. 403, obs. L. Derepas.
5. Jurispr. constante – v. not. CE 20 févr. 1868, Goguelot, *Lebon* 198 – CE 26 nov. 1969, S[té] civile L. et P. Vincent Frères, req. n° 73610, *Lebon* 539 : résiliation de travaux publics.

irrecevable. Dès lors, est irrecevable la demande de suspension dirigée contre la décision par laquelle une personne publique refuse d'agréer un sous-traitant[1] ou interrompt l'exécution d'une prestation prévue par un marché à bon de commande[2].

Deux séries d'exceptions à cette irrecevabilité ont été admises par la jurisprudence. D'une part, le référé-suspension dirigé contre une décision de résiliation est recevable si la demande porte sur un contrat de recrutement d'un agent public[3], un contrat d'occupation du domaine public[4] ou un contrat imposant au cocontractant de réaliser des investissements qui ne peuvent être amortis que sur une longue durée[5], trois hypothèses dans lesquelles le Conseil d'État a reconnu qu'un recours pour excès de pouvoir pouvait valablement être formé. D'autre part, le Conseil d'État a admis que si, en principe, les parties à un contrat administratif ne peuvent pas demander au juge l'annulation d'une mesure d'exécution de ce contrat, mais seulement une indemnisation du préjudice qu'une telle mesure leur a causé, elles peuvent, « eu égard à la portée d'une telle mesure d'exécution, former devant le juge du contrat un recours de plein contentieux contestant la validité de la résiliation de ce contrat et tendant à la reprise des relations contractuelles »[6]. Un tel recours, y compris si le contrat en cause est relatif à des travaux publics, doit être formé par la partie qui entend demander la reprise des relations contractuelles, dans un délai de deux mois à compter de la date à laquelle elle a été informée de la mesure de résiliation[7]. De telles conclusions « peuvent être assorties d'une demande tendant, sur le fondement des dispositions de l'article L. 521-1 du Code de justice administrative, à la suspension de l'exécution de la résiliation, afin que les relations contractuelles soient provisoirement reprises »[8] (sur l'appréciation des conditions d'urgence et de doute sérieux dans cette hypothèse, v. respectivement s[s] n°s 222.714 et 222.834).

b
Exigence appréciée par le juge des référés, au besoin d'office

221.161 Irrecevabilité invoquée par le défendeur ou soulevée d'office par le juge. Il appartient au juge des référés de s'assurer de la recevabilité du recours principal, à la demande du défendeur ou d'office.

Lorsque la requête principale « est irrecevable, il appartient au juge des référés, saisi en défense d'un moyen tiré de cette irrecevabilité, de rejeter la demande de suspension »[9].

1. CE 4 déc. 2002, S[té] Eurovia Méditerranée, req. n° 244134, NP ; *RDI* 2003. 277, obs. M. Degoffe et J.-D. Dreyfus ; *BJCP* 2003. 154, concl. G. Le Chatelier.
2. CE 25 oct. 2013, région Languedoc-Roussillon, req. n° 369806, *Lebon T.* ; *AJDA* 2013. 2124 ; *RDI* 2014. 42, obs. R. Noguellou ; *AJCT* 2014. 115, obs. S. Hul.
3. V. par ex. CE, ord., 17 déc. 2004, Zabjesky, req. n° 274587, NP.
4. V. par ex. CE 22 mai 2002, S[té] française du radiotéléphone (SFR), req. n° 236223, NP.
5. CE 30 sept. 2009, C[ne] de Saint-Pol-sur-Ternoise, req. n° 326230, NP.
6. CE, sect., 21 mars 2011, ville de Béziers, req. n° 304806, *Lebon* ; *AJDA* 2011. 670, Chron. A. Lallet ; *D.* 2011. 954, obs. M.-C. de Montecler ; *GAJA*, 21e éd., 2017, n° 110 ; *GACA*, 5e éd., 2016, n° 8 ; *RDI* 2011. 270, obs. S. Braconnier ; *AJCT* 2011. 291, obs. J.-D. Dreyfus ; *RFDA* 2011. 507, concl. E. Cortot-Boucher ; *RFDA* 2011. 518, note D. Pouyaud.
7. CE, sect., 21 mars 2011, ville de Béziers, req. n° 304806, préc.
8. CE, sect., 21 mars 2011, ville de Béziers, req. n° 304806, préc.
9. CE 15 mai 2001, C[ne] de Loches, req. n° 231802, NP ; *AJDA* 2001. 465, Chron. M. Guyomar et P. Collin ; *RDI* 2001. 403, obs. L. Derepas.

Dans l'hypothèse où le défendeur fait valoir une fin de non-recevoir à la demande de suspension (tirée, en l'occurrence, de ce que la requête principale en annulation a été introduite après l'expiration du délai de recours contentieux), le juge des référés commet une erreur de droit s'il écarte ce moyen en estimant qu'il ne lui appartient pas de rechercher si la requête en annulation est recevable[1]. Il entache également son ordonnance d'irrégularité s'il s'abstient de répondre à un tel moyen[2].

Lorsque la requête principale est irrecevable, il incombe au juge des référés de soulever d'office l'irrecevabilité de la requête en annulation si cette irrecevabilité « ressort des pièces du dossier qui lui est soumis et n'est pas susceptible d'être couverte en cours d'instance »[3]. Ainsi, le juge des référés ne doit soulever d'office un moyen tiré de l'irrecevabilité du recours au fond qu'à deux conditions. D'une part, l'irrecevabilité des conclusions aux fins d'annulation doit ressortir des pièces dossier. D'autre part, elle ne doit pas être susceptible d'être couverte en cours d'instance, ce qui inclut les irrecevabilités relatives au délai pour agir, à l'acte attaqué ou à l'obligation de notification pour les recours dirigés contre les autorisations d'urbanisme (v. ss no 221.152 pour des illustrations) mais exclus du champ de ce moyen d'ordre public les irrecevabilités susceptibles de régularisation (par exemple celle portant sur le ministère d'avocat). Il appartient au juge de cassation de soulever d'office, et aux mêmes conditions, une irrecevabilité qui ne l'aurait pas été par le juge des référés[4].

221.162 Irrecevabilité propre à la requête au principal. Le juge des référés n'oppose l'irrecevabilité de la demande principale que dans l'hypothèse où celle-ci est propre à la requête en annulation[5]. Lorsque l'irrecevabilité vaut aussi bien pour les conclusions aux fins d'annulation que pour la demande de suspension, le juge se prononce sur la fin de non-recevoir au titre de la recevabilité de la requête en référé[6]. Tel est le cas, notamment, lorsque la requête porte sur un acte insusceptible de recours[7].

221.163 Irrecevabilité invoquée postérieurement par tout intéressé. Dans le cas où une mesure de suspension est prononcée, toute personne intéressée peut, si elle s'y croit fondée, lui demander, sur le fondement de l'article L. 521-4 du CJA, de mettre fin à cette suspension « en invoquant l'irrecevabilité de la demande d'annulation »[8].

221.164 Définition, en référé, des conditions de recevabilité des recours au fond. Le contrôle exercé par le juge des référés sur la recevabilité du recours au fond peut

1. CE 15 mai 2001, Cne de Loches, req. no 231802, préc.
2. CE 25 mai 2005, Cne de Banon, req. no 270273, *Lebon T.* 1015 ; *AJDA* 2005. 1702 ; *RDI* 2005. 352, obs. P. Soler-Couteaux.
3. CE 1er mars 2004, Socquet-Juglard, req. no 258505, *Lebon T.* 818 ; *RDI* 2004. 220, obs. P. Soler-Couteaux.
4. CE 10 déc. 2004, min. de la Défense c/Vergne, req. no 263072, *Lebon T.* 818 ; *AJDA* 2005. 1242, note P. Cassia ; *RFDA* 2005. 123, concl. F. Donnat.
5. CE 23 févr. 2011, Sté Chazal, req. no 339826, *Lebon T.* ; *AJDA* 2011. 420 ; *AJCT* 2011. 251.
6. CE 23 févr. 2011, Sté Chazal, req. no 339826, préc.
7. CE 2 déc. 2015, École centrale de Lyon, req. no 386979, *Lebon T.* ; *AJDA* 2016. 736, note C. Roux ; *AJDA* 2015. 2350 ; *AJCT* 2016. 266, obs. R. Bonnefont.
8. CE 1er mars 2004, Socquet-Juglard, req. no 258505, *Lebon T.* 818 ; *RDI* 2004. 220, obs. P. Soler-Couteaux.

l'amener, si la question se pose, à préciser ou à clarifier les règles régissant l'introduction de ces recours, voire à innover par rapport à la jurisprudence applicable[1].

C

Présentation par une requête distincte du recours principal

1

Requête en référé distincte du recours principal

221.171 Deux exigences. Concrètement, le demandeur doit saisir la juridiction administrative de deux requêtes : un recours principal d'une part, un recours en référé d'autre part. Il doit également joindre à sa demande en référé une copie du recours principal. Ces deux exigences sont énoncées par l'article R. 522-1 du CJA, prévoyant qu'« À peine d'irrecevabilité, les conclusions tendant à la suspension d'une décision administrative ou de certains de ses effets doivent être présentées par requête distincte de la requête à fin d'annulation ou de réformation et accompagnées d'une copie de cette dernière ».

a

Juridiction administrative saisie de deux recours

221.181 Exigence d'introduire deux requêtes. La juridiction administrative compétente pour connaître du recours au fond et de la demande en référé doit être saisie de deux requêtes : l'une, principale, aux fins d'annulation ou de réformation de la décision attaquée ; l'autre, accessoire, aux fins de suspension de cette décision et fondée sur les dispositions de l'article L. 521-1 du CJA.

1. O. Le Bot, « La détermination, par le juge des référés, des conditions de recevabilité des recours au fond », *in* V. Donnier et B. Lapérou (dir.), *La régulation par le juge de l'accès au prétoire*, Dalloz, 2013, p. 91-102 - pour des illustrations, v. CE 15 avr. 2005, Assoc. des citoyens et contribuables de la communauté de commune de Saane-et-Vienne (ACSV), req. n° 273398, *Lebon T.* 1012 ; *RDI* 2005. 350, obs. P. Soler-Couteaux ; *Dr. adm.* 2005, comm. n° 109, note P. Cassia ; *BJCL* 2005. 197, concl. F. Séners : précisant les critères d'appréciation de l'intérêt à agir contre l'arrêté autorisant la construction d'éoliennes - CE 30 mai 2007, S[té] Morillon Corvol Rhône Méditerranée, req. n° 297035, *Lebon* ; *RJEP* 2007. 369, note D. Moreau : précisant le point de départ du délai de recours contre l'arrêté autorisant l'exploitation d'une carrière - CE, ass., 14 déc. 2007, Payet, req. n° 306432, *Lebon* ; *AJDA* 2008. 128, Chron. J. Boucher et B. Bourgeois-Machureau ; *D.* 2008. 820, note M. Herzog-Evans ; *ibid.* 1015, obs. J.-P. Céré, M. Herzog-Evans et E. Péchillon ; *RFDA* 2008. 104, concl. C. Landais ; *RD publ.* 2008. 658, Chron. C. Guettier ; *LPA* 3 juin 2008, n° 111, p. 10, note M. Canedo-Paris : qualifiant la décision de soumettre un détenu à des rotations de sécurité d'acte susceptible de recours, alors qu'elle était jusque-là regardée comme une mesure d'ordre intérieur - CE, ass., 16 juill. 2007, S[té] Tropic Travaux Signalisation, req. n° 291545, *Lebon* 360 ; *AJDA* 2007. 1577, Chron. F. Lenica et J. Boucher ; *AJDA* 2007. 1497, tribune S. Braconnier ; *AJDA* 2007. 1777, tribune J.-M. Woehrling ; *D.* 2007. 2500, note D. Capitant ; *GACA*, 5e éd., 2016, n° 69 ; *Mélanges Genevois* 2008. 977, étude B. Seiller ; *RDI* 2007. 429, obs. J.-D. Dreyfus ; *RDI* 2008. 42, obs. R. Noguellou ; *RDI* 2009. 246, obs. R. Noguellou ; *RFDA* 2007. 696, concl. D. Casas ; *RFDA* 2007. 917, étude F. Moderne ; *RFDA* 2007. 923, note D. Pouyaud ; *RFDA* 2007. 935, étude M. Canedo-Paris ; *RTD civ.* 2007. 531, obs. P. Deumier ; *RTD eur.* 2008. 835, Chron. D. Ritleng, A. Bouveresse et J.-P. Kovar : ouvrant une nouvelle voie de recours au profit des tiers au contrat - CE 30 mai 2012, SARL Promotion de la restauration touristique (Proresto), req. n° 357151, *Lebon* ; *AJDA* 2012. 1087 ; *AJDA* 2012. 1593, note A. Dizier ; *AJCT* 2012. 501, obs. S. Hul : posant que l'exercice d'un recours administratif ne produit pas d'effet prorogatoire dans un « recours Béziers II ».

Il n'appartient pas au juge des référés de remédier de sa propre initiative à cette irrecevabilité, en enregistrant sous deux numéros distincts une requête par laquelle le requérant demande à la fois l'annulation et la suspension de l'acte attaqué[1].

L'auteur du recours ne peut former ces deux demandes au moyen d'une seule et unique requête. Dépourvue de caractère autonome, la demande de suspension est *a fortiori* irrecevable si elle est introduite sans qu'un recours principal ait été formé.

221.182 Exigence d'ordre public sanctionnée par l'irrecevabilité. Il résulte des dispositions de l'article R. 522-1 du CJA « qu'une requête à fin de suspension est atteinte d'une irrecevabilité d'ordre public lorsque le requérant n'a pas introduit une requête à fin d'annulation ou de réformation »[2].

La présentation des conclusions au principal et des conclusions en référé dans une seule et unique requête, ou l'absence pure et simple de tout recours au fond, sont sanctionnées par l'irrecevabilité de la demande en référé. Cette irrecevabilité présentant un caractère d'ordre public, la demande pourra être rejetée suivant la procédure de tri sans que son auteur ne soit invité à régulariser.

b
Production devant le juge des référés d'une copie du recours au fond

221.191 Exigence d'une copie du recours principal. Il appartient à l'auteur de la demande en référé de produire, à l'appui de celle-ci, une copie du recours principal en annulation ou en réformation.

221.192 Exigence sanctionnée par l'irrecevabilité. L'absence de production d'une copie du recours principal doit amener le juge des référés à constater l'irrecevabilité de la demande en référé à condition, d'une part, que cette irrecevabilité-ci ait été invoquée par le défendeur et, d'autre part, qu'elle n'ait pas été régularisée. Le Conseil d'État a précisé que cette régularisation pouvait intervenir au cours de l'audience[3]. Dans un tel cas de figure, il revient au juge « d'apprécier au cas par cas, en tenant compte notamment de ce que lui demande le défendeur, qui peut souhaiter faire valoir des éléments nouveaux qu'il n'était pas en mesure d'invoquer précédemment, s'il y a lieu soit de suspendre l'audience ou de différer la clôture de l'instruction à une date postérieure à celle-ci, soit au contraire de ne pas le faire »[4].

Dans l'hypothèse où l'irrecevabilité a été soulevée par le défendeur et n'a pas été régularisée par le requérant par la production d'une copie du recours principal, le juge des référés doit constater l'irrecevabilité quand bien même la demande d'annulation et la demande de suspension ont été enregistrées le même jour au greffe du tribunal administratif et communiquées aux défendeurs, de sorte que ceux-ci avaient nécessairement reçu une copie de la demande d'annulation[5]. La solution est sévère dès lors que le recours principal a été porté à la connaissance de l'autre partie.

1. CE 26 janv. 2007, Assoc. La Providence, req. n° 297991, *Lebon T.* 1009 ; *AJDA* 2007. 872.
2. CE 29 avr. 2002, C^ne^ de Montsapey c/Prallet, req. n° 236633, *Lebon T.* 916.
3. CE 30 juin 2004, C^ne^ de Bertrange, req. n° 264295, *Lebon T.* 818 ; *AJDA* 2004. 1839.
4. CE 30 juin 2004, C^ne^ de Bertrange, préc.
5. CE 29 avr. 2002, C^ne^ de Montsapey c/Prallet, req. n° 236633, *Lebon T.* 916 – CE 12 févr. 2003, CCAS de la C^ne^ de Castanet-Tolosan et C^ne^ de Castanet-Tolosan, req. n° 249205, *Lebon T.* 918 ; *AJDA* 2003. 1182.

Le juge des référés fait ici preuve d'un excès de formalisme en liant la possibilité d'une régularisation d'office à l'absence d'irrecevabilité opposée par le défendeur.

221.193 Exigence ne présentant pas un caractère d'ordre public. L'exigence de produire devant le juge des référés une copie du recours principal ne présente pas un caractère d'ordre public[1]. Il en résulte trois conséquences.

En premier lieu, il n'appartient pas au juge de soulever d'office une irrecevabilité tenant à l'absence de production de cette copie.

En deuxième lieu, lorsque le défendeur n'a pas soulevé cette irrecevabilité, le juge peut ne pas opposer de fin de non-recevoir s'il constate que la demande au fond a bien été adressée au tribunal administratif. Dans ce cas, et afin de respecter le caractère contradictoire de l'instruction, il appartient au juge de transmettre le recours principal au défendeur[2] sous peine d'entacher la procédure d'irrégularité[3]. Il devra en outre faire référence à la requête principale dans son ordonnance, en la mentionnant le cas échéant dans les visas[4].

En troisième lieu, dans l'hypothèse où elle n'a pas été soulevée en première instance, l'irrecevabilité tenant à l'absence de production d'une copie du recours au fond devant le juge des référés ne peut être invoquée pour la première fois en cassation[5].

2
Requête en référé concomitante ou postérieure au recours principal

221.201 Requête en référé introduite concomitamment au recours principal. Habituellement, la demande en référé-suspension est introduite en même temps que le recours principal. Par deux requêtes adressées ou déposées le même jour à la juridiction administrative compétente, le demandeur saisi le juge du fond d'un recours principal et le juge des référés d'une demande de suspension.

221.202 Requête en référé introduite postérieurement au recours principal (référé « en cours d'instance »). La demande de suspension peut être présentée postérieurement à l'introduction du recours principal. Elle peut être introduite dans le courant de l'instance principale, à tout moment de la procédure et sans condition de délai, c'est-à-dire même après l'expiration du délai de recours contentieux[6]. Cette faculté est bienvenue car il peut arriver que l'urgence à suspendre une décision n'apparaisse qu'en cours d'instance. Un changement d'attitude du défendeur au cours de l'ins-

1. CE 29 avr. 2002, C^ne de Montsapey c/Prallet, req. n° 236633, *Lebon T.* 916.
2. CE 12 févr. 2003, CCAS de la C^ne de Castanet-Tolosan et C^ne de Castanet-Tolosan, req. n° 249205, *Lebon T.* 918 ; *AJDA* 2003. 1182.
3. CE 3 mars 2004, S^té Ploudalmezeau Breiz Avel, req. n° 259001, *Lebon* 123 ; *AJDA* 2004. 1143, note S. Hul ; *D.* 2005. 34 ; *D.* 2005. 26, obs. P.-L. Frier ; *RTD eur.* 2005. 687, Chron. D. Ritleng : l'absence de versement au dossier de la requête au fond entache la procédure d'irrégularité, « le défendeur n'ayant pas été mis en mesure de discuter les moyens invoqués au soutien de la requête à fin d'annulation ».
4. CE 17 févr. 2006, S^té Valco, req. n° 277166, *Lebon T.* 1011 ; *AJDA* 2006. 838. Si les visas de l'ordonnance mentionnent l'existence de la requête au fond, le juge des référés ne peut plus rejeter la demande de suspension comme irrecevable.
5. CE 29 avr. 2002, C^ne de Montsapey c/Prallet, req. n° 236633, *Lebon T.* 916 – CE 29 avr. 2002, Ofpra c/ Audiat, req. n° 240647, NP.
6. V. par ex. CE, ord., 15 nov. 2005, S^té Fiducial Audit, req. n° 286665, *Lebon T.* 1028.

tance principale peut également conférer une utilité à une demande de suspension, par exemple si l'administration exprime son intention d'exécuter une décision alors qu'elle avait jusque-là consenti à la différer[1].

Dans la mesure où il peut présenter une demande en référé-suspension à tout moment de la procédure, l'auteur du recours au fond est autorisé à introduire sa requête en référé pour la première fois devant la juridiction d'appel[2]. Il peut également renouveler devant la juridiction d'appel une demande de référé-suspension rejetée en première instance[3]. Il a tout intérêt à le faire lorsque le tribunal administratif rejette son recours au fond (notamment par voie d'ordonnance présidentielle) avant que le juge de cassation n'ait encore statué sur le pourvoi dirigé contre l'ordonnance rejetant sa demande de suspension. En effet, dans un tel cas de figure, le juge de cassation oppose, faute d'objet du litige, un non-lieu à statuer sur ce pourvoi[4].

221.203 **Requête en référé introduite antérieurement au recours principal.** Le juge des référés admet que la requête en référé-suspension soit introduite avant le recours au fond. Il est toutefois nécessaire, sous peine d'irrecevabilité, que le recours au principal soit formé avant la date à laquelle il statue sur la demande en référé[5].

221.204 **Requête en référé introduite à l'occasion d'un pourvoi.** Le Conseil d'État ne peut connaître de conclusions en référé-suspension présentées pour la première fois à l'occasion d'un pourvoi en cassation. En effet, dans une telle hypothèse, le Conseil d'État est saisi non pas d'un recours dirigé contre un acte administratif mais contre un acte juridictionnel[6].

Une demande ne pourra être présentée pour la première fois « que dans le cas où, ayant annulé l'arrêt de la cour administrative d'appel et ayant décidé de régler l'affaire au fond en application des dispositions de l'article L. 821-2 du [CJA], le Conseil d'État rend une décision avant dire droit sans mettre fin à l'instance »[7]. Dans un tel cas, le Conseil d'État statue en effet comme juge du fond saisi d'un recours principal en annulation ou en réformation et non plus comme juge de cassation.

D

Délai d'introduction de la demande (contentieux de l'urbanisme)

221.211 **Introduction avant la cristallisation des moyens.** Un recours dirigé contre une décision de non-opposition à déclaration préalable ou contre un permis de

1. Hypothèse évoquée par R. Chapus, *Droit du contentieux administratif*, 13e éd., Montchrestien, 2008, n° 1564.
2. CAA Lyon, 30 janv. 2001, Féd. professionnelle indépendante de la police (FPIP), req. n° 01LY00033, *Lebon T.* ; *AJDA* 2001. 904, note J. Berthoud – CE, ord., 29 mars 2002, Bonny, req. n° 244523, *Lebon* 119.
3. CE, ord., 29 mars 2002, Bonny, req. n° 244523, *Lebon* 119.
4. CE, sect., 23 nov. 2001, Aberbri, req. n° 233104, *Lebon* 575 ; *RFDA* 2002. 335, concl. E. Prada-Bordenave ; *JCP* 2002. II. 10090, note S. Damarey ; *RD publ.* 2002. 777, obs. C. Guettier.
5. CE 15 oct. 2004, Cne d'Andeville, req. n° 266176, *Lebon T.* 817 ; *AJDA* 2004. 2414 ; *Dr. adm.* 2005, n° 2, p. 22, note E.G.
6. CE 6 mars 2002, Kansoy, req. n° 233877, *Lebon T.* – CE 12 juin 2002, Leroy, req. n° 247442, *Lebon T.* – CE, ord., 28 nov. 2008, Richard Schulte-Herrbrüggen, req. n° 322390, *Lebon T.* ; *AJDA* 2008. 2427.
7. CE 6 mars 2002, Kansoy, req. n° 233877, *Lebon T.*

construire, d'aménager ou de démolir ne peut être assorti d'une requête en référé-suspension que jusqu'à l'expiration du délai fixé pour la cristallisation des moyens soulevés devant le juge saisi en premier ressort[1].

Ainsi, le requérant ne peut déposer une requête en référé-suspension qu'avant l'expiration du délai de cristallisation des moyens. La cristallisation prend effet, soit par l'intervention d'une ordonnance prise sur le fondement des dispositions de droit commun[2], soit par la communication aux parties du premier mémoire en défense[3]. La demande de suspension présentée après cette cristallisation est irrecevable[4].

222. Conditions d'octroi du référé-suspension

SECTION 0

Orienteur

222.00 Plan du chapitre.

Sect. 1 Urgence
Sect. 2 Doute sérieux sur la légalité de l'acte

222.02 Jurisprudence de référence.

> L'urgence s'analyse en un préjudice suffisamment grave et immédiat

CE, sect., 19 janv. 2001, Confédération nationale des radios libres, req. n° 228815, *Lebon* 29.

> L'urgence s'appréciant globalement, le juge doit mettre en balance l'urgence à suspendre et l'urgence à exécuter

CE, sect., 28 févr. 2001, préfet des Alpes-Maritimes, req. n° 229562, *Lebon* 110.

> Le risque de contentieux récurrents contre une décision ne fait pas naître l'urgence à en suspendre l'exécution

CE, sect., 18 déc. 2002, Migaud, req. n° 251934, *Lebon* 484.

222.03 Bibliographie indicative.

• Sur l'urgence

> **Articles.** J. Raymond, « L'urgence, une condition essentielle du référé-suspension », *JCP Adm.* 2003. 1935 ; B. Caviglioli, « Le recours au bilan dans l'appréciation de l'urgence », *AJDA* 2003. 642 ; V. Ogier-Bernaud, « Le référé-suspension et la condition d'urgence », *RFDA* 2002. 284 – A. Sayede Hussein, « L'appréciation prétorienne de la condition d'urgence en matière de référé », *RRJ* 2017. 765 – M. Cornille et L. Manetti, « Référés et urbanisme ou l'histoire d'un mariage fragile », *Constr.-Urb.* 2020, ét. 8.

• Sur le doute sérieux

> **Articles.** P. Cassia, « L'examen de la légalité en référé-suspension et en référé-liberté », *RFDA* 2007. 45 ; C. Groulier, « Contrôle de conventionnalité de la loi et référé. De quelques doutes sérieux sur la jurisprudence Carminati », *AJDA* 2007. 1274 ; R. Abraham, « L'application des traités internationaux et l'office du juge des référés administratifs », *Mélanges Labetoulle*,

1. C. urb., art. L. 600-3, al. 1er ; ajouté par L. n° 2018-1021, 23 nov. 2018, art. 80.
2. CJA, art. R. 611-7-1.
3. C. urb., art. R. 600-5 - CE 25 sept. 2019, Fosses (Cne), req. n° 429680, *Lebon T.* ; *BJDU* 2019. 410, concl. R. Decout-Paolini.
4. CE 6 oct. 2021, Mme Maillard et autres, req. n° 445733, *Lebon T.* ; *BJDU* 2021. 60, concl. Ph. Ranquet ; *JCP Adm.* 2022, n° 2061, Chron. O. Le Bot.

Dalloz, 2007, p. 1 ; T.-X. Girardot, « Le retour de la loi écran devant le juge des référés », *AJDA* 2006. 1875.

222.04 Questions essentielles.

> Le demandeur qui se trouve dans une situation illégale peut-il obtenir la suspension d'une décision qui lui est défavorable ? v. s[s] n° 222.122

> Une saisine très rapide du juge est-elle indispensable pour satisfaire à la condition d'urgence ? v. s[s] n° 222.221

> Le demandeur est-il toujours tenu de prouver l'urgence qu'il allègue ? v. s[s] n°s 222.231 s.

> Le juge des référés doit-il être certain de l'illégalité de l'acte attaqué pour en prononcer la suspension ? v. s[s] n° 222.771

> Le juge des référés peut-il contrôler la conventionnalité de la loi qui sert de fondement à l'acte attaqué ? v. s[s] n° 222.821

> Le juge des référés doit-il examiner tous les moyens dans le contentieux de l'urbanisme ? v. s[s] n° 222.832

222.09 Tactique contentieuse pour l'administration. L'autorité administrative ne doit pas se contenter de répondre sur le fond, c'est-à-dire l'absence de doute sérieux. Il est recommandé de privilégier, en défense, une réponse sur la condition d'urgence, et ce à travers deux axes :

- d'une part, établir qu'il n'y a pas d'urgence à suspendre ;
- d'autre part, montrer qu'il y a urgence à exécuter.

222.10 Deux conditions. L'article L. 521-1 du CJA subordonne la possibilité d'obtenir la suspension d'une décision administrative à deux conditions cumulatives. Le demandeur doit d'abord justifier de l'urgence à obtenir la suspension de cette décision sans pouvoir attendre l'intervention du jugement au fond. Il doit également faire valoir, à l'encontre de la décision attaquée, un ou plusieurs moyens de nature à faire naître un doute sérieux quant à sa légalité.

222.11 Deux conditions assouplies par rapport au sursis. Il demeure utile de rappeler, malgré les années qui se sont écoulées depuis l'entrée en vigueur de la réforme du 30 juin 2000, que les conditions requises dans le cadre du référé-suspension ont été nettement assouplies par rapport à celles prévalant sous l'empire du sursis à exécution (sur ces conditions, v. s[s] n° 220.12). Il est nécessaire de conserver à l'esprit ce changement et les raisons qui y ont présidé. En substituant aux exigences antérieures les conditions d'urgence et de doute sérieux, la volonté du législateur était en effet de rendre plus rapide et plus aisé le prononcé de mesures de suspension.

222.12 Deux conditions cumulatives. La suspension ne peut être ordonnée que lorsque les deux conditions énoncées par l'article L. 521-1 du CJA se trouvent cumulativement satisfaites. Il s'ensuit que le juge des référés rejette la requête lorsque l'une des deux conditions fait défaut sans avoir à rechercher si l'autre est satisfaite. En l'absence d'urgence, il n'y a pas lieu de se prononcer sur l'exigence de doute sérieux[1].

1. CE, sect., 14 mars 2001, min. de l'Intérieur c/Ameur, req. n° 229773, *Lebon* 123 ; *AJDA* 2001. 465, Chron. M. Guyomar et P. Collin ; *D.* 2001. 1364, et les obs. ; *RFDA* 2001. 673, concl. I. de Silva - CE 30 nov. 2001, SA Kerry, req. n° 233327, *Lebon T.* 1110 ; *AJDI* 2002. 232, obs. R. Hostiou ; *RDI* 2002. 135, obs. F. Donnat.

En l'absence de doute sérieux, le rejet s'impose sans que le juge n'ait à se prononcer sur la condition d'urgence[1].

222.13 Deux conditions autonomes. Les conditions de doute sérieux et d'urgence sont en principe autonomes. Il en résulte que, habituellement, l'urgence ne peut dériver du doute sérieux sur la légalité d'un acte[2].

Il existe néanmoins des hypothèses où, à titre dérogatoire, le constat d'un doute sérieux va contribuer à la reconnaissance de l'urgence. Les cas les plus significatifs concernent le contentieux des concours de la fonction publique. Par exemple, après avoir retenu un doute sérieux quant à la légalité de la décision organisant les épreuves d'un concours dont les inscriptions sont encore ouvertes, en tant qu'elle exclut certaines catégories de candidats, le juge reconnaît l'urgence à en suspendre l'exécution « en raison de l'intérêt qui s'attache à ce qu'il puisse être remédié par l'autorité administrative dans les meilleurs délais aux irrégularités susceptibles d'affecter le déroulement d'un concours de recrutement d'agents publics »[3]. Toujours dans le contentieux des concours, le juge des référés du Conseil d'État a rejeté une demande de suspension en indiquant que l'urgence, si elle avait été mieux argumentée, aurait pu « résulter notamment du caractère patent des irrégularités invoquées »[4]. Une autre application peut être mentionnée, dans le contentieux de l'urbanisme cette fois. Après avoir affirmé que le refus d'un maire d'ordonner l'interruption de travaux était entaché d'un doute sérieux quant à sa légalité (dès lors que les travaux se trouvaient entrepris malgré la péremption du permis), le juge des référés affirme que la décision « en cause permettant l'édification sans permis d'une construction, la condition posée par l'article L. 521-1 du Code de justice administrative relative à l'urgence doit être regardée comme remplie »[5]. Enfin, dans le prolongement de la jurisprudence *Simmenthal* exigeant l'efficacité du droit de l'Union européenne, le doute sérieux quant à la compatibilité d'un acte avec le droit de l'Union est en soi constitutif d'une situation d'urgence (v. s[s] n° 222.93).

1. CE 16 févr. 2001, Breucq, req. n° 229246, *Lebon T.* 1092 ; *AJDA* 2001. 465, Chron. M. Guyomar et P. Collin ; *RFDA* 2001. 669, concl. D. Chauvaux – CE 9 mai 2001, S[té] Chep France SA, req. n° 231320, *Lebon* 230.
2. V. CE, ord., 31 août 2005, Assoc. des utilisateurs et distributeurs de l'agrochimie européenne, req. n° 282418, NP : affirmant très explicitement « que la condition d'urgence exigée par l'article L. 521-1 du Code de justice administrative est distincte du point de savoir si les moyens invoqués sont propres à faire naître, en l'état de l'instruction, un doute sérieux quant à la légalité de la décision contestée » – v. égal[t] CE, ord., 18 sept. 2006, S[té] Le Gambetta, req. n° 297401, NP – CE 29 déc. 2004, C[ne] de Vidauban, req. n° 266234, NP ; *RDI* 2005. 145, obs. P. Soler-Couteaux – CE 28 déc. 2005, Synd. CFDT Interco du Territoire de Belfort, req. n° 281909, *Lebon T.* ; *AJFP* 2006. 83.
3. CE, ord., 6 juill. 2001, Conseil national de l'Ordre des médecins, req. n° 235050, *Lebon* 334 ; *AJFP* 2002. 51, note F.-G. Bertrand.
4. CE, ord., 16 mai 2002, Jaffrain, req. n° 246586, *Lebon* 175 ; *BJCL* 2004. 30, concl. F. Séners.
5. CE 9 mai 2001, Delivet et Samzun, req. n° 231076, *Lebon T.* 1103 ; *AJDA* 2001. 465, Chron. M. Guyomar et P. Collin ; *RDI* 2001. 399, obs. P. Soler-Couteaux ; *RDI* 2002. 269, obs. L. Derepas ; *BJDU* 2010. 287, concl. S. Austry ; *LPA* 22 janv. 2003, n° 16, p. 12, note N. Nahmias.

SECTION 1

Urgence

222.21 Condition première. Pour que le juge fasse droit à une demande de suspension, il faut tout d'abord, selon le texte de l'article L. 521-1 du CJA, que « l'urgence le justifie ». Habituellement, cette exigence est la première à être examinée par le juge car elle exprime l'essence et constitue la raison d'être de cette procédure. En outre, écarter une demande de suspension au titre de l'urgence dispense le juge de prendre parti sur les moyens invoqués.

222.22 Condition appréciée au jour où le juge statue. L'urgence s'apprécie non à la date d'introduction de la requête mais au jour où le juge des référés est appelé à se prononcer sur celle-ci[1].

222.23 Condition relative et évolutive. L'urgence est une notion relative, qui dépend étroitement des circonstances de l'espèce et de l'argumentation du requérant. Telle décision, qu'il n'est pas urgent de suspendre dans une espèce donnée, pourra satisfaire à cette exigence dans une affaire proche ou dans laquelle le requérant présente une démonstration plus convaincante de la réalité et de l'étendue de son préjudice.

En outre, l'urgence d'une situation peut évoluer dans le temps : n'étant pas caractérisée à un moment donné, elle peut le devenir à la faveur d'un changement de circonstances. Ainsi, le juge des référés qui rejette l'urgence à suspendre la décision autorisant l'ouverture d'une jardinerie, faute « que cette ouverture soit imminente » (notamment parce qu'aucun permis de construire n'a été obtenu ni même demandé) peut inviter le requérant à le saisir de nouveau « si l'ouverture au public de la "jardinerie" devenait imminente avant » l'examen au fond de la requête en annulation[2]. De même, alors qu'il n'est en principe pas urgent de suspendre un texte en vigueur depuis des années, la suspension d'un arrêté municipal interdisant la propagande au moyen de véhicules équipés de haut-parleurs peut devenir urgente du fait de la proximité des élections[3].

222.24 Condition exigeante. L'urgence est une notion exigeante qui requiert, pour être reconnue, l'existence de circonstances particulières. Les plaideurs ne doivent pas perdre de vue cette exigence et voir de l'urgence dans n'importe quelle situation. Comme l'a affirmé le président Labetoulle, « le référé n'est pas une voie rapide pour requérants impatients »[4]. Seule une situation qui le justifie réellement rend légitime l'utilisation de la procédure dérogatoire de l'article L. 521-1 du CJA en attendant qu'il soit statué au fond sur un recours contentieux de droit commun.

1. V. CE, ord., 31 oct. 2001, Dourel, req. n° 239050, *Lebon* 527 : pour le juge de première instance - CE 24 nov. 2006, O'Dru, req. n° 277981, *Lebon T.* 1014 ; *AJDA* 2006. 2312 ; *RDI* 2007. 262, obs. L. Marion : pour le Conseil d'État statuant comme juge des référés après cassation d'une ordonnance.
2. CE, ord., 15 févr. 2001, Assoc. Hautes-Alpes Demain, req. n° 230312, *Lebon T.* 1111.
3. V., en référé-liberté, CE, ord., 11 juin 2012, Cne de l'Étang salé, req. n° 360024, *Lebon T.* ; *AJDA* 2012. 1190.
4. D. Labetoulle, « Le référé nouveau est arrivé », *AJDA* 2001. 211.

§ 1

Définition jurisprudentielle de l'urgence

222.31 Une intervention nécessaire avant celle du juge du fond. L'urgence se définit, dans le référé-suspension, au regard du caractère accessoire de ce recours, dont l'objet est d'obtenir des mesures strictement provisoires dans l'attente d'un jugement au fond. Pour qu'il y ait urgence, il est nécessaire que l'écoulement du temps risque de préjudicier gravement aux intérêts du demandeur avant que le juge du fond puisse assurer leur protection. À défaut, l'intervention du juge de l'urgence ne se justifierait pas puisque le tribunal statuant au fond et dans les formes habituelles pourrait prendre dans les délais requis les mesures nécessaires. Dans cette procédure, l'urgence naît de la nécessité de sauvegarder des droits et intérêts menacés dans l'attente du jugement au fond.

La situation doit être pressante, le demandeur devant faire état d'une « urgence justifiant que, *sans attendre le jugement de la requête au fond*, l'exécution de la décision soit suspendue »[1]. Lorsqu'il est saisi sur le fondement de l'article L. 521-1 du CJA, le juge des référés vérifie ainsi que le juge du fond ne pourra pas statuer avant que la décision attaquée ait produit des effets difficilement réversibles.

Le Conseil d'État a explicité la notion d'urgence dans l'arrêt *Confédération nationale des radios libres*, en affirmant que la condition d'urgence à laquelle est subordonné le prononcé d'une mesure de suspension doit être regardée comme remplie lorsque la décision administrative contestée « préjudicie de manière suffisamment grave et immédiate à un intérêt public, à la situation du requérant ou aux intérêts qu'il entend défendre »[2]. L'urgence s'analyse ainsi en un préjudice (portée à la situation du requérant, aux intérêts qu'il entend défendre ou à l'intérêt public) qui doit être suffisamment grave et immédiat.

A

Un préjudice

222.41 Préjudice en rapport avec l'acte attaqué. L'urgence s'analyse en un préjudice particulier, devant être suffisamment grave et immédiat. Le préjudice invoqué doit en outre être en rapport avec l'objet de l'acte attaqué. Ainsi, le requérant demandant la délivrance d'une carte de séjour mention « vie privée et familiale » n'est pas fondé à mettre en avant les conséquences d'un refus sur la poursuite d'études supérieures[3]. Dans un tel cas de figure, l'urgence pourrait être reconnue, le cas échéant, si l'intéressé demandait le renouvellement d'une carte de séjour mention « étudiant ».

222.42 Préjudice résultant de l'acte attaqué (ou d'un acte rendu possible par celui-ci). La condition d'urgence « s'apprécie au regard des effets de la décision attaquée »[4].

1. CE, sect., 19 janv. 2001, Confédération nationale des radios libres, req. n° 228815, *Lebon* 29, concl. L. Touvet ; *AJDA* 2001. 150, Chron. M. Guyomar et P. Collin ; *D.* 2001. 1414, note B. Seiller ; *D.* 2002. 2220, obs. R. Vandermeeren ; *GACA*, 5e éd., 2016, n° 11 ; *RFDA* 2001. 378, concl. L. Touvet ; *CJEG* 2001. 161, concl.
2. CE, sect., 19 janv. 2001, Confédération nationale des radios libres, req. n° 228815, préc.
3. CE 3 nov. 2006, min. de l'Intérieur c/Oujoura, req. n° 291066, *Lebon T.* 1013.
4. CE 31 mars 2014, Cne de Mios, req. n° 368003, NP ; *BJCP* 2014. 359, concl. N. Escaut, obs. P. Cassia (pt 5).

Toutefois, « l'existence, au moment où le juge des référés statue, d'une autre décision, rendue possible par la première et préjudiciant à la situation des requérants, est au nombre des éléments dont il lui appartient de tenir compte à cet effet »[1]. Ainsi, saisi d'une demande dirigée contre la décision d'incorporer un terrain dans le domaine communal, le juge a pu en l'espèce prendre en compte la décision ultérieurement prise par la commune de vendre ce bien.

222.43 Trois formes possibles de préjudice. Pour que l'urgence soit reconnue, le juge exige que la décision contestée préjudicie :

- à la situation du requérant ;
- aux intérêts qu'il entend défendre ;
- ou à un intérêt public.

1
Préjudice porté à la situation du requérant

222.51 Préjudice matériel et préjudice moral. Le Conseil d'État distingue, s'agissant du préjudice porté à la situation du requérant, les atteintes de nature financière et les atteintes d'ordre moral[2].

a
Première forme : atteintes de nature financière

222.61 Prise en compte du préjudice financier. Le préjudice résultant de l'exécution de l'acte attaqué peut être d'ordre exclusivement financier. Cette solution, qui semble tomber sous le coup de l'évidence, représente pourtant une innovation notable de la réforme du 30 juin 2000. Sous l'ancien état du droit, le préjudice n'était pas reconnu lorsqu'il pouvait être effacé par l'allocation d'une somme d'argent. En conséquence, le juge refusait de surseoir à l'exécution des décisions présentant un objet exclusivement financier[3]. Dès l'entrée en vigueur de la loi du 30 juin 2000, le Conseil d'État a affirmé expressément l'abandon de cette conception. Dans l'arrêt *Confédération nationale des radios libres*, la Section du contentieux indique que si l'exigence d'un préjudice suffisamment grave et immédiat est satisfaite, la condition d'urgence requise par l'article L. 521-1 du CJA peut être regardée comme remplie « alors même que cette décision n'aurait un objet ou des répercussions que purement financiers et que, en cas d'annulation, ses effets pourraient être effacés par une réparation pécuniaire »[4].

222.62 Illustrations. L'urgence à suspendre une décision ayant des répercussions financières a par exemple étant retenue dans le cas :

1. CE 31 mars 2014, C^ne^ de Mios, req. n° 368003, préc. (p^t^ 5).
2. V. CE 29 juill. 2002, maison d'enfants Marie Caizergues c/Vidal, req. n° 244100, NP : faisant référence à ces deux chefs de préjudice en indiquant « que la mesure litigieuse ne porte pas atteinte de manière grave, directe et immédiate aux intérêts *matériels* ou *moraux* » du requérant auquel a été refusée une nomination à un poste de cadre.
3. CE, sect., 18 juin 1954, Garreau, *Lebon* 367.
4. CE, sect., 19 janv. 2001, Confédération nationale des radios libres, req. n° 228815, *Lebon* 29, concl. L. Touvet ; *AJDA* 2001. 150, Chron. M. Guyomar et P. Collin ; *D.* 2001. 1414, note B. Seiller ; *D.* 2002. 2220, obs. R. Vandermeeren ; *GACA*, 5e éd., 2016, n° 11 ; *RFDA* 2001. 378, concl. L. Touvet ; *CJEG* 2001. 161, concl.

– de la perte de son traitement par un fonctionnaire (du fait de son exclusion temporaire[1], de son placement en disponibilité d'office[2] ou de la suspension du versement de son traitement[3]) ;

– d'une sanction pécuniaire infligée par l'Autorité des marchés financiers[4] ;

– de l'ouverture au public d'une jardinerie faisant concurrence aux activités des requérants[5] ;

– du refus de régulariser la situation d'une jardinerie fonctionnant depuis plusieurs années sans autorisation d'exploitation, l'intervention de ce refus rendant plus probable, d'une part, l'engagement de poursuites pouvant aboutir à la confiscation des marchandises offertes à la vente, d'autre part, une action en référé devant la justice civile[6] ;

– de la délibération d'un conseil municipal qui a pour effet de faire obstacle à l'exploitation de surfaces agricoles par l'intéressé[7] ;

– de l'arrêté préfectoral qui en créant une communauté de communes, prive les communes requérantes des ressources fiscales transférées[8].

222.63 Effets anti-concurrentiels. Le juge des référés du Conseil d'État a précisé que les effets anti-concurrentiels d'une décision administrative sont susceptibles de caractériser une situation d'urgence[9].

Ainsi, l'urgence à suspendre un refus de mise sur le marché d'un médicament peut être reconnue « si, eu égard à la nature particulière de la spécialité en cause et à l'état de la concurrence, le refus d'autorisation de mise sur le marché risque d'exclure durablement la société d'un marché en développement rapide, en créant au profit des autres entreprises du secteur un avantage concurrentiel qu'il sera long, difficile et coûteux de réduire ou d'éliminer »[10].

Le droit des réseaux illustre la façon dont le juge des référés apprécie les effets anti-concurrentiels d'une décision administrative sur un marché ou sur un opérateur (v. ss no 222.551).

222.64 Appréciation au niveau de l'entreprise et non du groupe. En raison de l'autonomie juridique et financière dont une société dispose comme toute personne morale, il n'appartient pas, « en principe », au juge des référés, lorsqu'une décision a

1. CE 6 avr. 2001, France Télécom, req. no 230338, *Lebon T.* 1114 ; *AJDA* 2001. 465, Chron. M. Guyomar et P. Collin ; *D.* 2001. 1517.
2. CE, ord., 18 déc. 2001, Rücklin, req. no 240061, *Lebon* 650.
3. CE, ord., 22 juin 2001, Creurer, req. no 234434, *Lebon T.* 1018.
4. CE, ord., 11 févr. 2005, Barre, req. no 276376, *Lebon* 42 ; *AJDA* 2005. 854 ; *D.* 2005. 2601, obs. Y. Reinhard et S. Thomasset-Pierre ; *RTD com.* 2005. 561, obs. N. Rontchevsky.
5. CE, ord., 27 juin 2001, Gaec Le Haut-de-l'Isle, req. no 234089, *Lebon T.* 1115.
6. CE, ord., 1er juill. 2002, SARL Centre de jardinage Castelli Nice, req. no 247625, *Lebon* 257.
7. CE 15 mars 2006, Cne de Trelans c/Reversat, req. no 283476, *Lebon T.* 1009 ; *AJDA* 2006. 1004.
8. CE 5 juill. 2004, Cne de Ria-Sirach, req. no 264867, *Lebon T.* ; *AJDA* 2004. 2411 ; *BJCL* 2004. 582, concl. F. Séners – v. égalt, pour un arrêté autorisant l'adhésion de communes à une nouvelle communauté de communes : CE 28 déc. 2005, Cne de Poigny, req. no 281849, *Lebon T.* 598 ; *AJDA* 2006. 60 ; *Dr. adm.* 2006/4, com. no 56, note E. Glaser.
9. CE, ord., 19 janv. 2004, Sté T-Online France, req. no 263012, *Lebon T.* 822 ; *AJDA* 2004. 1476, note S. Nicinski : condition d'urgence non satisfaite en l'espèce.
10. CE, ord., 17 mars 2004, Sté Teva Classics, req. no 264910, *Lebon T.* 821.

des répercussions financières sur une société, de tenir compte des capacités financières de ses actionnaires ou de son appartenance à un groupe pour apprécier si cette décision préjudicie de manière suffisamment grave et immédiate à sa situation[1].

b
Seconde forme : atteintes d'ordre moral

222.71 Prise en compte du préjudice non financier. Le préjudice porté à la situation du requérant peut revêtir un caractère non financier. Plusieurs motifs de troubles ont été retenus par le juge des référés comme caractérisant une situation d'urgence. Ces considérations sont parfois admises seules mais elles viennent généralement s'ajouter à un préjudice d'ordre financier.

222.72 Conditions de vie du requérant et de sa famille. Les hypothèses où l'urgence est reconnue en dehors de tout préjudice financier résultent essentiellement d'atteintes portées aux conditions de vie du requérant et de sa famille.

Elle concerne surtout des décisions individuelles intervenant dans le contentieux de la fonction publique. L'urgence a ainsi été reconnue s'agissant :

– d'une décision privant un fonctionnaire de toute activité et le « placardisant » dans son administration de détachement[2] ;

– d'un refus de muter un fonctionnaire sur l'île de Réunion où réside sa famille[3] ;

– d'un refus d'accorder la protection juridique à un fonctionnaire civil[4] ou militaire[5].

Des illustrations peuvent également être citées en dehors du contentieux de la fonction publique. Ainsi le juge des référés a-t-il reconnu l'urgence :

– à suspendre le permis de construire délivré à un voisin dès lors que l'exécution des travaux projetés, susceptibles d'être entreprise à tout moment, aurait pour effet de remplacer la clôture existante par un mur d'une hauteur de 3 mètres 50[6] ;

– à suspendre le refus de raccorder au réseau électrique le terrain sur lequel le requérant et sa famille ont installé la caravane qui leur sert d'habitation, « eu égard aux effets de la décision attaquée sur les conditions de vie du requérant »[7] ;

– à suspendre la décision du préfet refusant de délivrer un duplicata de permis de conduire, « eu égard aux conséquences résultant de la décision dont la suspension est demandée sur la vie personnelle et professionnelle [du requérant] »[8].

1. CE 21 sept. 2016, Synd. intercommunal pour les transports urbains de la région de Valenciennes, req. n° 398231, *Lebon T.* ; *AJCT* 2017. 103, obs. S. Hul ; *Contrats et Marchés publics* 2016, comm. 268, obs. M. Ubaud-Bergeron.
2. CE, ord., 1er févr. 2002, Fréhel, req. n° 241204, *Lebon T.* 866.
3. CE, ord., 6 août 2002, Ozoux, req. n° 248393, *Lebon T.* 865 ; *AJDA* 2003. 245, note W. Yeng-Seng.
4. CE 14 déc. 2007, Juhan, req. n° 307950, *Lebon T.* 1005 ; *AJDA* 2007. 2409 ; *AJFP* 2008. 136, concl. C. Landais, obs. R. Fontier – CE 12 janv. 2004, Devoge, req. n° 256204, *Lebon T.* 821 ; *AJDA* 2004. 1318.
5. CE, ord., 18 sept. 2003, Villelegier, req. n° 259772, *Lebon T.* 924 ; *AJDA* 2003. 2098, note M.-C. de Montecler.
6. CE 28 déc. 2001, Cne de Béziers, req. n° 237137, *Lebon T.* ; *RDI* 2002. 274, obs. P. Soler-Couteaux.
7. CE 12 déc. 2003, Cancy, req. n° 257794, NP ; *AJDA* 2003. 725, note P. Sablière – CE 5 avr. 2004, Cne de Pertuis, req. n° 261009, *Lebon* 156 ; *AJDA* 2004. 1492, note P. Sablière.
8. CE 5 déc. 2005, Mann Singh, req. n° 278133, *Lebon* 544 ; *AJDA* 2006. 211, concl. D. Chauvaux ; *D.* 2006. 11.

En revanche, il n'y a pas urgence à suspendre un refus d'agrément en vue de l'adoption d'un enfant dès lors que cette décision « ne prive pas [les intéressés], qui sont âgés de 42 ans et ne font pas état d'un projet abouti concernant un enfant en particulier, de toute possibilité d'adopter un enfant, eu égard notamment aux motifs de cette décision et aux limites d'âge posées par les législations des pays d'adoption, malgré les délais inhérents tant au jugement de leur requête au fond qu'à la procédure internationale d'adoption »[1].

222.73 Santé. L'urgence peut résulter des menaces que l'acte attaqué est susceptible de faire peser sur la santé du requérant. Ainsi, le juge des référés a considéré, au regard d'exigences nutritionnelles, qu'il y avait urgence à suspendre l'acte par lequel une commune subordonne le bénéfice des exonérations de paiement et des réductions de tarif pour la restauration scolaire à la production d'une carte de séjour par chaque parent de nationalité étrangère. Le juge des référés reconnaît une situation d'urgence « compte tenu de l'importance financière des refus de réduction de tarif ou d'exonération du paiement du prix de la cantine, pour des familles aux revenus extrêmement modestes et eu égard au risque qu'ainsi certains jeunes enfants soient privés du seul repas véritablement équilibré de la journée »[2]. La santé de la requérante a également été prise en compte, à côté d'autres éléments, dans le cas d'une professeure de collège se voyant imposer un complément de service dans une autre commune mal desservie par les transports en commun. Pour conclure à l'existence d'une situation d'urgence, le juge relève l'éloignement des deux collèges, le fait que l'intéressée ne possède pas le permis de conduire, la dégradation de son état de santé liée aux longues marches et à la longueur des transports en commun auxquelles elle est contrainte[3].

222.74 Poursuite d'études universitaires. L'urgence peut résulter de l'entrave apportée à l'accès à une formation universitaire ou à la poursuite de celle-ci. Ainsi, justifient d'une situation d'urgence les requérants ayant obtenu des résultats suffisants pour accéder à une formation de masseur-kinésithérapeute mais s'étant vu refuser cet accès sur la base de « quotas » fixés au niveau national par une décision qui n'a pas été rendue publique et en l'absence de laquelle l'établissement compétent aurait pu autoriser leur inscription[4]. De même, un certificat de résidence en qualité d'étudiant ayant été initialement délivré à un ressortissant étranger, le juge des référés a considéré qu'il y a urgence à suspendre le refus de renouvellement de ce certificat « en raison de l'intérêt qui s'attache pour [le requérant] à ce qu'il puisse poursuivre son cycle universitaire »[5].

222.75 Préjudice moral d'une personne morale. Reprenant une solution consacrée dans le contentieux indemnitaire[6], le juge des référés admet qu'une personne morale

1. CE 12 juill. 2004, Dpt des Yvelines, req. n° 268890, *Lebon T.* 822 ; *AJDA* 2004. 2459, note H. Rihal ; *BJCL* 2004. 690, concl. E. Prada-Bordenave.
2. TA Marseille, ord., 21 janv. 2002, Sow, req. n° 017590, NP ; *AJDA* 2002. 362, note P. Blacher ; *Dr. adm.* 2002/4, comm. n° 70.
3. TA Versailles, ord., 16 oct. 2001, S.-B., NP ; *AJFP* 2002. 56, obs. F. Berguin.
4. CE, ord., 5 oct. 2001, Bouvet, req. n° 238238, *Lebon T.* 1115.
5. CE 27 mars 2006, Kaci, req. n° 283409, *Lebon T.* 899 ; *AJDA* 2006. 1212, concl. I. de Silva.
6. CE, sect., 4 nov. 1966, min. de l'Intérieur c/Sté Le Témoignage Chrétien, *Lebon* 584 : atteinte à la liberté de la presse du fait de la saisie irrégulière d'un journal.

puisse subir un préjudice moral. Une société propriétaire d'un cirque a ainsi été regardée comme affectée par une mesure ordonnant l'abattage d'un animal lui appartenant[1].

2

Préjudice porté aux intérêts défendus par le requérant

222.81 Notion. La situation constitutive d'une situation d'urgence peut prendre la forme d'un préjudice porté aux « intérêts » que le requérant « entend défendre ».

Jusqu'à présent, ont été regardés comme tels des mesures affectant des intérêts *collectifs* :

- intérêts collectifs pris en charge par une association ;
- intérêts collectifs défendus par une organisation syndicale ou professionnelle.

L'urgence pourra ainsi être reconnue lorsque l'acte attaqué préjudicie de façon suffisamment grave et immédiate à l'intérêt collectif que le groupement, au regard de ses statuts, s'est donné pour mission de défendre.

La formule jurisprudentielle se veut toutefois plus large que la seule prise en compte des intérêts d'un groupement. Ce chef de préjudice pourrait dès lors être retenu dans d'autres situations, par exemple celle où le requérant conteste une mesure d'euthanasie prise à l'encontre d'un animal en faisant valoir l'intérêt de préserver son existence[2].

222.82 Illustrations. Le juge vérifie si l'acte attaqué préjudicie aux intérêts défendus par le groupement requérant. Il a ainsi considéré qu'il y avait urgence :

- pour un syndicat, à obtenir la suspension de la décision par laquelle l'administration modifie les organes représentatifs du personnel d'une société (remplacement du comité d'entreprise par huit comités d'établissement et un comité central d'entreprise) dès lors que cette modification est de nature « à affecter les conditions dans lesquelles ces institutions représentatives du personnel sont en mesure d'assurer pleinement la mission qui leur est confiée par la loi dans l'intérêt de l'ensemble des salariés »[3] ;
- pour une association de protection de l'environnement, à obtenir la suspension d'arrêtés relatifs à l'ouverture de la chasse aux oiseaux sauvages[4] ;
- pour une association de sauvegarde et de valorisation du patrimoine, à obtenir la suspension d'un permis de construire autorisant une construction susceptible de porter atteinte au caractère des lieux avoisinants[5] ;

1. CE 27 févr. 2013, Sté Promogil, req. n° 364751, *Lebon T.* ; *AJDA* 2013. 436 ; *LPA* 8 avr. 2013, n° 70, p. 10, comm. O. Le Bot.
2. Ce cas de figure avait été évoqué – et retenu – par le rapporteur public dans ses conclusions sur CE 27 févr. 2013, Sté Promogil, req. n° 364751, *Lebon T.* ; *AJDA* 2013. 436 ; *AJDA* 2013. 1870, note F. Blanco ; *LPA* 8 avr. 2013, n° 70, p. 10, comm. O. Le Bot.
3. CE, ord., 11 juill. 2001, Féd. des services CFDT, req. n° 234822, NP – v. égalt CE 23 nov. 2005, *CGT-FO*, req. n° 286440, *Lebon* 523 ; *D.* 2005. 2972.
4. CE, ord., 1er août 2002, Assoc. France nature environnement (FNE), req. n° 248988, *Lebon* 861 ; *AJDA* 2002. 1140, note L. Fontbaustier ; *Europe* 2003/2, comm. n° 64, obs. E. Saulnier.
5. CE 13 déc. 2005, Cne de Cabriès, req. n° 280329, *Lebon T.* ; *AJDA* 2006. 718, note C. Cans ; *RDI* 2006. 153, obs. P. Soler-Couteaux.

– pour une association dont l'objet statutaire est « la défense de la vie et les droits qui sont attachés à toute vie humaine », à obtenir la suspension d'une décision autorisant l'importation de cellules-souches humaines d'origine embryonnaire[1] ;

– pour une association de protection de l'environnement et de la santé publique, à obtenir la suspension de la décision autorisant l'exportation vers l'Inde et le démantèlement du porte-avions Clemenceau[2] ;

– pour des groupements de parents d'élève et d'enseignants, à obtenir la suspension de la décision du ministre de l'Éducation nationale relatif à la mise en place d'un enseignement bilingue par immersion en langues régionales dans les écoles, collèges et lycées « langues régionales » (écoles Diwan)[3] ;

– pour une association qui se donne pour mission de promouvoir les valeurs judéo-chrétiennes, à obtenir la suspension du visa d'exploitation du film « Le pornographe »[4].

3
Préjudice porté à un intérêt public

222.91 Préjudice rarement retenu. L'urgence peut résulter du préjudice suffisamment grave et immédiat porté à un intérêt public. Cette troisième forme de préjudice, toutefois, est rarement admise par le juge des référés.

222.92 Préjudice en rapport avec l'exécution de l'acte. L'intérêt public invoqué par le requérant n'est opérant que s'il est en rapport avec l'exécution de l'acte dont la suspension est demandée. Il ne saurait être trop général et, en particulier, ne peut reposer sur des considérations liées à la bonne administration de la justice. Ainsi, ne peut être pris en compte par le juge des référés :

– l'intérêt public s'attachant à prévenir la multiplication de contentieux récurrents[5] ;

– la perspective de multiplication des contestations administratives et contentieuses qui seraient suscitées par l'illégalité de l'acte attaqué[6] ;

1. CE 13 nov. 2002, Assoc. Alliance pour les droits de la vie, req. n° 248310, *Lebon* 393 ; *AJDA* 2002. 1506, concl. D. Chauvaux ; *D.* 2003. 89, note H. Moutouh ; *GADS* 2010, n° 18-19 ; *Dr. adm.* 2003/1, comm. n° 22, obs. J.-M. Février ; *LPA* 3 avr. 2003, n° 67, p. 8, note P. Pauvert.
2. CE 15 févr. 2006, Assoc. Ban Asbestos France, req. n° 288801, *Lebon* 78 ; *AJDA* 2006. 761, note J.-M. Pontier ; *D.* 2006. 530 ; *Dr. envir.* 2006/3. 53, concl. Y. Aguila ; *RD publ.* 2006. 1671, note Y. Iliopoulou ; *Europe* 2006/4, comm. n° 123, note P. Cassia ; *JCP* 2006. I. 150, Chron. B. Plessix.
3. CE, ord., 15 juill. 2002, Unsa éducation, req. n° 248203, *Lebon T.* 861.
4. CE, ord., 30 oct. 2001, Assoc. Promouvoir, req. n° 239253, *Lebon* 525.
5. CE 4 nov. 2002, Cormont, req. n° 249091, *Lebon T.* 862.
6. CE, sect., 18 déc. 2002, Migaud, req. n° 251934, *Lebon* 484 ; *D.* 2003. 314 ; *RFDA* 2003. 520, note Y. Gaudemet ; *RFDA* 2004. 966, concl. J.-H. Stahl ; *BDCF* 2003/5. 57, concl. J.-H. Stahl : l'argumentation présentée par le requérant, tirée de ce que l'exécution de la décision du ministre de l'Économie mettant fin au mécanisme de la « TIPP flottante » qu'il conteste pourrait conduire de nombreux consommateurs de produits pétroliers à engager une action indemnitaire et porterait ainsi une atteinte grave et immédiate aux intérêts de l'État qui aurait à faire face à cet afflux de contestations contentieuses et à réparer les conséquences financières de l'illégalité de sa décision, « n'est pas, par elle-même, de nature à caractériser une situation d'urgence au sens de l'article L. 521-1 du Code de justice administrative ».

– la nécessité de prévenir les conséquences d'une éventuelle annulation contentieuse[1] ;

– la nécessité de faire respecter l'autorité de la chose jugée[2] ;

– les difficultés que pourrait créer pour les bénéficiaires de la décision contestée la perspective d'une possible annulation de cette décision[3].

En revanche, dans le cas d'une demande de suspension dirigée contre une décision ministérielle relative aux tarifs des produits pétroliers, est opérant et peut être pris en compte par le juge des référés l'intérêt général qui s'attache à ce que l'économie nationale ne soit pas gravement perturbée par les variations du cours du pétrole[4]. De même, le juge des référés a admis que l'urgence pouvait découler du risque de désorganisation d'un service, en reconnaissant l'intérêt général qui s'attache à ce que le parquet auprès duquel un procureur était affecté fonctionne dans de bonnes conditions. Il a toutefois exclu l'urgence dans le cas d'espèce, aucune situation d'urgence ne découlant des conséquences que la mutation du procureur entraînerait sur le service, « eu égard aux pouvoirs de modulation dans le temps des effets de sa décision qui permettent au juge administratif de tenir compte, notamment, des inconvénients de la rétroactivité d'une annulation »[5].

222.93 Violation du droit de l'Union européenne. Dans une décision du 14 février 2013, le juge des référés du Conseil d'État a affirmé « que l'intérêt public commande, pour les motifs énoncés au point 4 » (point de la décision ayant établi l'existence d'un doute sérieux quant à la compatibilité de l'acte attaqué avec une directive de l'Union européenne) « que soient prises les mesures provisoires nécessaires pour faire cesser immédiatement l'atteinte aux droits conférés par l'ordre juridique de l'Union européenne »[6]. Il en

1. CE 13 juin 2005, C^ne^ de Saint-Amand-les-Eaux, req. n° 277296, *Lebon* 243 ; *AJDA* 2005. 1319 : annulation pour erreur de droit de l'ordonnance dans laquelle le juge des référés a estimé qu'il y avait urgence à suspendre l'exécution d'une décision de préemption au motif que « les conséquences négatives d'une mesure de suspension seraient, dans les circonstances de l'espèce, de peu d'incidence pour la commune alors que cette mesure lui permettrait de faire l'économie de frais exposés en pure perte si la décision de préemption venait à être annulée ».
2. CE 3 oct. 2003, Pillods, req. n° 256336, *Lebon T.* 921 ; *AJDA* 2004. 166 : annulation de l'ordonnance dans laquelle le juge des référés s'est fondé, pour admettre l'urgence à suspendre la décision préfectorale accordant à un tiers l'autorisation de transférer son officine de pharmacie, sur la circonstance que le juge administratif avait annulé la plupart des autorisations préfectorales antérieurement accordées à l'intéressé et a estimé que la suspension de la nouvelle autorisation préfectorale de transfert était nécessaire pour faire respecter l'autorité de la chose jugée.
3. CE 30 juill. 2003, C^ne^ de Paulhac, req. n° 254904, *Lebon T.* 922 ; *AJDA* 2004. 110 : annulation de l'ordonnance dans laquelle le juge des référés s'est fondé, pour reconnaître l'urgence à suspendre les délibérations relatives à la répartition de biens communaux, « non sur l'atteinte grave et immédiate que l'exécution des délibérations litigieuses portait à leur situation ou aux intérêts que les demandeurs entendaient défendre, mais sur les conséquences que l'illégalité de ces délibérations pourrait avoir sur la situation des agriculteurs bénéficiaires de la répartition des biens communaux ».
4. CE, sect., 18 déc. 2002, Migaud, req. n° 251934, *Lebon* 484 ; *D.* 2003. 314 ; *RFDA* 2003. 520, note Y. Gaudemet ; *RFDA* 2004. 966, concl. J.-H. Stahl ; *BDCF* 2003/5. 57, concl. J.-H. Stahl ; *CJEG* 2003. 299, concl.
5. CE 12 sept. 2012, Courroye, req. n° 361699, *Lebon T.* ; *AJDA* 2012. 1662.
6. CE, ord., 14 févr. 2013, Lailler, req. n° 365459, *Lebon T.* ; *D.* 2013. 628, note O. Le Bot (cons. n° 6) : décision revenant sur CE 2 juill. 2010, S^té^ Air France, req. n° 340699, *Lebon T.* ; *RTD eur.* 2011. 492, obs. J.-P. Kovar : affirmant que l'urgence ne peut dériver de « l'intérêt public qui s'attache au respect du droit communautaire, dont l'invocation ne traduit pas en soi l'existence d'une situation d'urgence ».

résulte que le doute sérieux sur la compatibilité d'une norme française avec le droit de l'Union européenne doit être regardé comme caractérisant à lui seul une situation d'urgence. Cette solution est une conséquence de la jurisprudence *Simmenthal*, qui confère au juge national le pouvoir d'écarter toute disposition nationale contraire au droit de l'Union « au moment même » de l'application de celui-ci[1].

222.94 Urgence retenue. L'urgence résultant du préjudice porté à un intérêt public a été retenue à plusieurs reprises par le juge des référés. Le juge des référés a ainsi reconnu l'urgence à suspendre :

– la décision de dérembourser un médicament, en raison des conséquences de cette mesure sur la santé publique[2] ;

– le refus d'un maire d'organiser une réunion du conseil municipal, en raison de l'atteinte ainsi portée à la liberté du débat démocratique[3] ;

– la décision réintégrant un secrétaire général à la tête des services d'une commune, du fait des conséquences de cette mesure sur le bon fonctionnement du service[4] ;

– une autorisation préfectorale de remblaiement d'une ancienne carrière, ces travaux étant de nature à porter un dommage grave et irréversible à un site naturel de grand intérêt, sans que le remblaiement soit indispensable pour la sécurité des usagers ou l'accueil de déchets inertes en Île-de-France[5] ;

– un texte réglementaire entaché d'une erreur matérielle substantielle (urgence à suspendre une ordonnance codifiant par erreur une disposition abrogée – disposition ayant pour effet de prohiber l'usage des cartes de crédit et d'assortir leur méconnaissance d'une amende fiscale importante – en raison « tant [d]es inconvénients que ces dispositions présentent pour la vie économique que [de] l'intérêt général qui s'attache à ce que cessent sans délai d'apparaître comme faisant partie de l'ordre juridique des dispositions qui après avoir été abrogées n'y ont été réintroduites que du fait d'une erreur matérielle »[6] ; urgence également à suspendre un décret sur les enseignes publicitaires dont il résulte, alors que telle n'était pas l'intention du gouvernement, que ces enseignes ne seront plus soumises à aucune restriction de surface et de hauteur à compter du 1er juillet 2012, eu égard tant aux « inconvénients

1. CJCE 9 mars 1978, Simmenthal, aff. C-106/77, pt 22 : étendu au juge de l'urgence par CJCE 19 juin 1990, Factortame, C-213/89, pt 20 – V., dans le même sens, Cons. const. 12 mai 2010, n° 2010-605 DC, sur les jeux de hasard, cons. 14 et CE 14 mai 2010, Rujovic, req. n° 312305, *Lebon* ; *AJDA* 1355, Chron. S.-J. Liéber et D. Botteghi ; *D.* 2010. 1229, Chron. P. Fombeur ; *ibid.* 1234, Chron. P. Cassia et E. Saulnier-Cassia ; *RFDA* 2010. 458, note P. Gaïa ; *ibid.* 709, concl. J. Burguburu ; *ibid.* 2011. 377, Chron. L. Clément-Wilz, F. Martucci et C. Mayeur-Carpentier ; *Cah. Cons. const.* 2010. 63, étude D. Simon et A. Rigaux ; *Constitutions* 2010. 389, obs. A. Levade ; *ibid.* 2011. 117, obs. V. Tchen ; *Rev. crit. DIP* 2011. 1, étude D. Simon.
2. CE, ord., 13 juin 2016, Sté Menarini France, req. n° 399765, *Lebon T.* ; *AJDA* 2016. 1264 ; *JCP Adm.* 2016, n° 2306, Chron. O. Le Bot.
3. CE 5 mars 2001, Saez, req. n° 230045, *Lebon* ; *GAJA*, 21e éd., 2017, n° 98 ; *Coll. terr.*, juill. 2001. 4, concl. L. Touvet.
4. CE 14 nov. 2003, Riou, req. n° 250899, *Lebon T.* 915.
5. CE 24 juill. 2009, min. d'État, min. de l'Écologie, de l'Énergie, du Développement durable et de l'Aménagement du territoire, Sté Valoise SAS, req. n° 319836, *Lebon T.*
6. CE, ord., 20 mars 2001, Synd. national des horlogers, bijoutiers, joailliers, orfèvres et spécialistes de l'art de la table Saint-Éloi, req. n° 230462, *Lebon* 142 ; *RTD civ.* 2001. 688, obs. N. Molfessis.

résultant de l'absence de toute restriction de surface et de hauteur pour ces enseignes à compter du 1er juillet 2012 » que de « l'intérêt général qui s'attache à ce que des dispositions entachées d'une erreur matérielle aussi substantielle n'entrent pas en vigueur »[1]) ;

- la décision organisant les épreuves d'un concours, « en raison de l'intérêt qui s'attache à ce qu'il puisse être remédié par l'autorité administrative dans les meilleurs délais aux irrégularités susceptibles d'affecter le déroulement d'un concours de recrutement d'agents publics »[2] ;

222.95 Urgence non retenue. Le Conseil d'État a reconnu, sans en faire application dans les circonstances litigieuses, que l'urgence à suspendre pouvait provenir :

- de la protection de la sécurité routière[3] ;
- de l'intérêt pour les étudiants de bénéficier d'un service public de qualité[4].

B
Un préjudice suffisamment grave

1
Notion de gravité du préjudice

222.101 Intensité. La notion de gravité suffisante du préjudice renvoie au niveau d'intensité de celui-ci. La décision attaquée, par ses effets, doit excéder les sujétions et inconvénients découlant habituellement de l'activité administrative et qu'un administré doit normalement accepter. Au-delà d'un certain seuil, et en tenant compte du comportement du requérant, le dommage peut être qualifié de « suffisamment grave ». Pour satisfaire à cette exigence, l'acte en cause doit hypothéquer de façon substantielle ou durable la situation du requérant (ou encore les intérêts qu'il entend défendre ou l'intérêt général) et celui-ci ne doit pas, par son comportement, avoir contribué à cette situation préjudiciable.

2
Critères jurisprudentiels de la gravité du préjudice

222.111 Deux critères. Pour apprécier la gravité suffisante du préjudice, le juge des référés prend en compte le comportement du requérant et l'impact de la décision attaquée.

a
Comportement du requérant

222.121 Demandeur responsable de l'urgence. L'urgence invoquée par le requérant ne sera pas reconnue lorsque le préjudice dont il se prévaut lui est exclusivement imputable. En d'autres termes, le requérant ne doit pas être responsable de l'urgence

1. CE 8 juin 2012, France nature environnement, req. n° 359570, *Lebon T.* ; *AJDA* 2012. 1135 ; *Constitutions* 2012. 651, obs. N. Huten.
2. CE, ord., 6 juill. 2001, Conseil national de l'Ordre des médecins, req. n° 235050, *Lebon* 334 ; *AJFP* 2002. 51, note F.-G. Bertrand.
3. V. (impl.) CE 27 oct. 2006, Dpt des Bouches-du-Rhône c/Juste, req. n° 294338, *Lebon T.* 1015 ; *AJDA* 2006. 2096 ; *AJDA* 2006. 2471 ; *BJCL* 2007. 58, concl. T. Olson.
4. CE 13 févr. 2003, Joyaux, req. n° 253439, NP.

qu'il allègue. Tel est le cas lorsqu'un agent public dépose tardivement une demande de congé administratif auprès de son supérieur. Celui-ci n'a d'autre choix que de se prononcer lui aussi tardivement sur la demande, de telle sorte que le refus qu'il oppose à l'intéressé lui parvient à une date postérieure à celle demandée pour le début du congé. Le requérant soutient, devant le juge des référés, que l'urgence ressort de la réception tardive du refus de l'administration. Le Conseil d'État, toutefois, refuse de reconnaître l'urgence dans la mesure où la réception tardive de la décision attaquée « ne provenait pas du temps excessif qu'aurait pris l'administration pour traiter cette demande mais du dépôt tardif, exclusivement imputable à [la requérante] de cette demande »[1]. Il en va de même d'un restaurant qui, avant même d'avoir obtenu le permis de construire nécessaire à la transformation d'un local aux fins d'y exercer l'activité de restauration projetée, contracte des emprunts pour financer l'acquisition des murs et du fonds de commerce et les investissements d'aménagement des locaux, et embauche quatre salariés à cette même fin. La situation d'urgence dont se prévaut le restaurant est donc liée à sa « propre imprudence » et n'est pas de nature à justifier la suspension du refus de permis de construire qui lui a été opposé[2].

222.122 Demandeur dans une situation illégale. L'urgence ne peut être caractérisée si le requérant s'est placé dans une situation illégale. Il en va ainsi, par exemple, lorsqu'une société entend ouvrir un commerce sans avoir demandé et obtenu l'autorisation d'exploitation exigée par la loi. La décision du maire refusant d'autoriser les travaux d'aménagement intérieur et de lever les scellés apposés sur la porte du magasin peut certes causer un préjudice à son propriétaire. Mais, faute pour la société d'être en règle avec la législation sur l'urbanisme commercial, l'urgence ne saurait, « en tout état de cause », être reconnue[3].

Cette solution, qui oppose au demandeur l'irrégularité de sa situation, n'est pas applicable lorsque la décision dont la suspension est demandée vise à régulariser la situation de l'intéressé. Tel est le cas du commerce fonctionnant depuis plusieurs années sans autorisation d'exploitation et contestant, devant le juge des référés, le refus de lui délivrer une autorisation permettant de régulariser sa situation[4].

222.123 Anticipation insuffisante d'une somme à payer. Lorsque les textes font peser sur le requérant l'obligation de payer une somme d'argent dont il ne connaît pas encore le montant exact mais qui est certaine dans son principe, l'urgence ne pourra le cas échéant être caractérisée que pour la partie de cette somme que l'intéressé ne pouvait raisonnablement prévoir. À l'inverse, la partie de la somme dont le montant était prévisible ne répondra pas à cette condition.

Tel est le cas, notamment, lorsqu'un opérateur ne provisionne pas suffisamment sa contribution à un service universel. L'obligation pesant sur un opérateur de télécommunications de contribuer au financement du service universel des

1. CE 23 avr. 2003, min. de l'Économie c/Theate, req. n° 252755, NP ; *AJDA* 2011. 874 ; *RDI* 2011. 413, obs. P. Soler-Couteaux ; *AJCT* 2011. 422, obs. G. Forest.
2. CE 23 janv. 2008, Cne de Puget-sur-Argens, req. n° 307939, NP.
3. CE 8 juin 2001, Sté Lidl, req. n° 231561, NP ; *RDI* 2001. 544, obs. P. Soler-Couteaux.
4. CE, ord., 1er juill. 2002, SARL Centre de jardinage Castelli Nice, req. n° 247625, *Lebon* 257.

télécommunications découle directement de l'article L. 35-3 du Code des postes et communications électroniques. Ainsi, alors même que certaines dispositions réglementaires de ce code relatives au financement du service universel ont été déclarées incompatibles avec le droit communautaire par un arrêt de la Cour de justice des communautés européennes, un opérateur ne pouvait, dans sa gestion, ni faire abstraction de ce qu'il devait assumer cette charge, ni s'abstenir de prendre à cet égard toutes dispositions utiles telles que la constitution d'une provision. Dès lors, la condition d'urgence posée par l'article L. 521-1 ne peut « être tenue pour remplie que si et dans la mesure où la somme qui lui est demandée excède celle que, dans le cadre d'une gestion normale, elle devait normalement prévoir en fonction, notamment, de son activité, du montant mis à sa charge [l'année précédente] et des conséquences qui pouvaient être tirées de l'arrêt de la Cour de justice des communautés européennes ». En l'espèce, l'Autorité de régulation des télécommunications avait notifié à l'opérateur requérant une obligation de payer d'un montant de 3 millions 600 000 euros. Le juge des référés reconnaît l'urgence à suspendre cette décision pour la part de cette somme que l'opérateur pouvait raisonnablement prévoir (1 800 000 euros, soit la moitié). Il refuse en revanche l'urgence à suspendre pour la part que cet opérateur aurait dû prévoir et provisionner. On notera que, pour parvenir à ce chiffre, le juge des référés s'est basé sur une étude établie à la demande de divers opérateurs de télécommunication pour apprécier les conséquences à tirer de l'arrêt de la CJCE[1].

222.124 **Emploi à la discrétion du gouvernement.** Les individus nommés sur un emploi à la discrétion du gouvernement peuvent se trouver révoqués du jour au lendemain, en particulier en cas d'alternance politique. Cette précarité, inhérente à la nature des fonctions exercées, est acceptée – ou en tout cas connue – des intéressés. Le risque de perdre son emploi à la faveur d'une élection présidentielle fait partie du statut. Eu égard à ce statut particulier, la personne remerciée à la suite d'une alternance politique ne subit par, sauf circonstances particulières, un préjudice pouvant être regardé comme « grave »[2].

b
Impact de la décision sur l'intérêt concerné

222.131 **Effet substantiel ou limité de la décision.** Le préjudice dont l'effet est limité sera regardé comme ne satisfaisant pas à l'exigence de gravité. Tel est le cas, en tout état de cause, lorsque la décision ne produit aucun effet sur le requérant et ne modifie en rien sa situation[3]. Il en va de même si la décision n'est pas applicable (par exemple, dans le cas d'une instruction, faute d'avoir été publiée[4]). La gravité suffi-

1. CE, ord., 8 nov. 2002, S^té^ Tiscali Télécom, req. n° 250813, *Lebon* 387 ; *AJDA* 2003. 250, note T. Tuot ; *Gaz. Pal.* 2003/267-268. 27, note D. Gazagne.
2. CE, ord., 13 juin 2017, Drouin, req. n° 410542, *Lebon T.* ; *AJDA* 2017. 1256 (p^t^ 6).
3. CE, ord., 22 juin 2001, Creurer, req. n° 234434, *Lebon T.* 1018 : aucune urgence ne justifie que soit suspendue la décision mettant fin à l'affectation du requérant à un collège de Futuna, dès lors que l'intéressé, rapatrié en France, ne conteste pas ne pas être médicalement en mesure de reprendre ses fonctions à Futuna.
4. CE, ord., 19 déc. 2016, La Cimade, service œcuménique d'entraide, req. n° 405471, *Lebon T.*

sante du préjudice sera en revanche reconnue lorsque la décision attaquée porte un préjudice substantiel ou durable à la situation du requérant, aux intérêts qu'il entend défendre ou à l'intérêt général.

Intérêt du requérant

222.141 Situation gravement affectée. Le requérant ne satisfait pas à l'exigence de gravité du préjudice lorsque l'acte attaqué ne provoque qu'une simple gêne ou un désagrément, même importants. À titre d'exemple, l'urgence n'est pas reconnue dans l'hypothèse où l'acte attaqué, relatif à l'obtention du brevet de pilote d'hélicoptère, porte non pas sur une activité professionnelle mais sur une activité de loisirs[1].

222.142 Préjudice financier. Dans le cas où le demandeur fait état d'un préjudice financier, le juge apprécie la gravité de celui-ci en tenant compte de l'impact de l'acte attaqué sur sa situation financière. L'urgence sera regardée comme satisfaite lorsque le requérant doit faire face à une perte financière ou à un manque à gagner difficilement supportables au regard du niveau de ses ressources et de l'état de son patrimoine. Le juge prend également en compte l'importance de ses charges et, pour une entreprise, la viabilité de sa situation économique.

Ainsi, l'urgence a été regardée comme satisfaite s'agissant de la décision :

- qui prive un fonctionnaire pendant plusieurs mois du traitement auquel il a droit[2] ;
- qui notifie à un opérateur de télécommunication, le 26 juillet, une obligation de payer, en deux échéances fixées respectivement au 20 août et au 20 septembre, la somme de 3 millions 600 000 euros, alors que cette société « se trouv[e] dans une situation financière difficile ». Toutefois, dans la mesure où la contribution de l'opérateur au service universel de télécommunication est prévue par la loi, le juge des référés ne reconnaît l'urgence à suspendre cette obligation de payer, d'un montant plus élevé que prévu, que pour la part de celle-ci que l'opérateur ne pouvait raisonnablement prévoir (soit 1 800 000 euros, sur les 3 600 000 euros exigés)[3] ;
- qui place le requérant dans l'impossibilité de poursuivre son activité professionnelle[4].

À l'inverse, l'urgence est regardée comme n'étant pas satisfaite dans le cas :

- d'un arrêté préfectoral ordonnant à une société de mettre en place des dispositifs de surveillance en continu d'ouvrages miniers, dès lors que l'acte attaqué « ne

1. CE, ord., 19 sept. 2001, Jeandot, req. n° 237328, *Lebon T.* 1112 : ajoutant « qu'au demeurant, si du fait de la décision dont il demande la suspension, [le requérant] vient à perdre le bénéfice du certificat d'aptitude théorique dont il est présentement titulaire, il ne sera pas pour autant privé de la possibilité de se présenter à nouveau à ces épreuves théoriques ».
2. CE 6 avr. 2001, France Télécom, req. n° 230338, *Lebon T.* 1114 ; *AJDA* 2001. 465, Chron. M. Guyomar et P. Collin ; *D.* 2001. 1517 - CE, ord., 22 juin 2001, Creurer, req. n° 234434, *Lebon T.* 1018.
3. CE, ord., 8 nov. 2002, Sté Tiscali Télécom, req. n° 250813, *Lebon* 387 ; *AJDA* 2003. 250, note T. Tuot ; *Gaz. Pal.* 2003/267-268. 27, note D. Gazagne.
4. V. par ex. CE, sect., 28 févr. 2001, Philippart et Lesage, req. nos 230112 et 230520, *Lebon* 112 ; *D.* 2002. 2225, obs. R. Vandermeeren ; *RFDA* 2001. 390, concl. D. Chauvaux - CE 19 oct. 2001, Bail, req. n° 234352, *Lebon* 447 ; *Dr. adm.* 2002/1, comm. n° 14, note R. Schwartz - CE 31 mai 2002, Dpt du Loiret, req. n° 243058, NP - CE 16 févr. 2004, Naudet, req. n° 261110, *Lebon T.* 820 - CE 15 mars 2006, Cne de Trelans c/Reversat, req. n° 283476, *Lebon T.* 1009 ; *AJDA* 2006. 1004.

saurait avoir par lui-même pour effet de contraindre la société à des dépenses incompatibles avec la poursuite de son activité »[1] ;

- d'une décision faisant seulement obstacle à l'augmentation du chiffre d'affaires d'une société, à moins que cette décision (lui refusant la commercialisation d'un produit) risque d'exclure durablement la société d'un marché en développement rapide dont les autres concurrents vont profiter[2] ;

- d'une mise en recouvrement d'impositions lorsque le montant des sommes demandées est inférieur aux disponibilités de la société requérante[3].

222.143 Préjudice non financier. L'exigence de gravité du préjudice n'est pas remplie dans l'hypothèse où l'acte attaqué :

- éloigne un fonctionnaire de son lieu de travail[4] ou fait obstacle à une possibilité de s'en rapprocher[5] ;

- empêche le requérant de faire valoir immédiatement son droit d'être admis à la retraite[6].

De telles situations ne sont pas par elles-mêmes, en l'absence de circonstance particulière, constitutives d'une situation d'urgence.

En revanche, le volet gravité du préjudice est par exemple satisfait lorsque la décision litigieuse :

- refuse de muter un fonctionnaire sur l'île de La Réunion où réside sa famille[7] ;

- refuse de raccorder au réseau électrique le terrain sur lequel le requérant et sa famille ont installé la caravane qui leur sert d'habitation[8] ;

- refuse de renouveler le certificat de résidence d'un étudiant étranger, faisant ainsi obstacle à la poursuite de son cycle universitaire[9].

Intérêt collectif

222.151 Absence de gravité. La condition d'urgence n'est pas satisfaite, s'agissant du préjudice porté aux intérêts collectifs qu'une association ou un syndicat entend défendre, dans le cas :

1. CE, ord., 29 oct. 2001, SA Lormines, req. n° 238270, *Lebon T.* 1118.
2. CE, ord., 17 mars 2004, Sté Teva Classics, req. n° 264910, *Lebon T.* 821.
3. CE 10 févr. 2017, Sté Pimiento Music, req. n° 404291, *Lebon T. ; Revue de droit fiscal* 2017. 52, concl. M.-A. Nicolazo de Barmon.
4. CE 10 avr. 2002, Araye, req. n° 238471, NP : décision attaquée conduisant le requérant à exercer provisoirement ses fonctions dans un établissement situé à une vingtaine de kilomètres de son domicile et à devoir rendre compte de son activité à un autre directeur de section d'enseignement général professionnel adapté.
5. CE 28 juin 2004, Espagne, req. n° 26034, *Lebon T.* 821.
6. CE 26 nov. 2003, min. de l'Économie c/Terlutte, req. n° 259120, *Lebon T.* 922 ; *AJDA* 2004. 339, concl. S. Boissard ; *RTD eur.* 2004. 333, Chron. D. Ritleng ; *RTD eur.* 2004 363, Chron. J. Dutheil de La Rochère, N. Grief et E. Saulnier.
7. CE, ord., 6 août 2002, Ozoux, req. n° 248393, *Lebon T.* 865 ; *AJDA* 2002. 245, note W. Yeng-Seng ; *AJDA* 2002. 1408.
8. CE 12 déc. 2003, Cancy, req. n° 257794, NP ; *AJDA* 2003. 725, note P. Sablière - CE 5 avr. 2004, Cne de Pertuis, req. n° 261009, *Lebon* 156 ; *AJDA* 2004. 1492, note P. Sablière.
9. CE 27 mars 2006, Kaci, req. n° 283409, *Lebon T.* 899 ; *AJDA* 2006. 1212, concl. I. de Silva.

– d'un arrêté ministériel d'extension d'un accord professionnel ayant pour effet d'accroître le taux d'une cotisation patronale, dès lors que cette cotisation ne porte sur la masse salariale qu'au taux de 0,9 %[1] ;

– d'une contestation portant sur la différence entre le montant des primes d'agents relevant d'un même corps, dès lors que la différence observée est très faible[2] ;

– d'un arrêté relatif aux périodes de chasse, dès lors que la fermeture de celle-ci doit intervenir dans un délai de 3 jours[3].

222.152 Gravité. La condition d'urgence a par exemple été reconnue, dans son volet gravité, s'agissant d'une demande de suspension :

– formée par syndicat contre une décision de nature à affecter les conditions dans lesquelles les institutions représentatives du personnel sont en mesure d'assurer leur mission[4] ;

– introduite par une association ayant pour objet la sauvegarde et la valorisation du patrimoine, contre un permis de construire autorisant une construction susceptible de porter atteinte au caractère des lieux avoisinants[5] ;

– présentée par une association se donnant pour mission de promouvoir les valeurs judéo-chrétiennes, contre la délivrance d'un visa d'exploitation pour le film « Le pornographe »[6].

Intérêt public

222.161 Gravité. La condition d'urgence a été regardée comme satisfaite dans le cas :

– du refus d'un maire d'organiser une réunion du conseil municipal, en raison de l'atteinte ainsi portée à la liberté du débat démocratique[7] ;

– d'une ordonnance codifiant par erreur une disposition abrogée (disposition ayant pour effet de prohiber l'usage des cartes de crédit et d'assortir leur méconnaissance d'une amende fiscale importante), en raison tant des « inconvénients que ces dispositions présentent pour la vie économique que [de] l'intérêt général qui s'attache à ce que cessent sans délai d'apparaître comme faisant partie de l'ordre juridique des dispositions qui après avoir été abrogées n'y ont été réintroduites que du fait d'une erreur matérielle »[8] ;

1. CE, sect., 19 janv. 2001, Confédération nationale des radios libres, req. n° 228815, *Lebon* 29, concl. L. Touvet ; *AJDA* 2001. 150, Chron. M. Guyomar et P. Collin ; *D.* 2001. 1414, note B. Seiller ; *D.* 2002. 2220, obs. R. Vandermeeren ; *GACA*, 5e éd., 2016, n° 11 ; *RFDA* 2001. 378, concl. L. Touvet ; *CJEG* 2001. 161, concl.
2. CE, ord., 11 avr. 2011, Synd. Lutte pénitentiaire de l'union régionale Antilles-Guyane, req. n° 232189, *Lebon T.* 1006.
3. CE, ord., 5 févr. 2004, Ligue pour la protection des oiseaux, req. n° 264011, *Lebon T.* 822 ; *RTD eur.* 2005. 687, Chron. D. Ritleng.
4. CE, ord., 11 juill. 2001, Féd. des services CFDT, req. n° 234822, NP – v. égalt CE 23 nov. 2005, CGT-FO, req. n° 286440, *Lebon* 523 ; *D.* 2005. 2972.
5. CE 13 déc. 2005, Cne de Cabriès, req. n° 280329, *Lebon T.* ; *AJDA* 2006. 718, note C. Cans ; *RDI* 2006. 153, obs. P. Soler-Couteaux.
6. CE, ord., 30 oct. 2001, Assoc. Promouvoir, req. n° 239253, *Lebon* 525.
7. CE 5 mars 2001, Saez, req. n° 230045, *Lebon* ; *GAJA*, 21e éd., 2017, n° 98 ; *Coll. terr.*, juill. 2001. 4, concl. L. Touvet.
8. CE, ord., 20 mars 2001, Synd. national des horlogers, bijoutiers, joailliers, orfèvres et spécialistes de l'art de la table Saint-Éloi, req. n° 230462, *Lebon* 142 ; *RTD civ.* 2001. 688, obs. N. Molfessis.

– d'une décision organisant les épreuves d'un concours, « en raison de l'intérêt qui s'attache à ce qu'il puisse être remédié par l'autorité administrative dans les meilleurs délais aux irrégularités susceptibles d'affecter le déroulement d'un concours de recrutement d'agents publics »[1].

222.162 Absence de gravité. Si l'urgence peut résulter de l'intérêt général qui s'attache à ce que l'économie nationale ne soit pas gravement perturbée par les variations du cours du pétrole, elle n'est pas satisfaite, faute de gravité suffisante du préjudice, s'agissant de la décision de supprimer la TIPP flottante, « eu égard à l'effet limité du mécanisme stabilisateur sur le prix à la consommation des carburants »[2].

C
Un préjudice suffisamment immédiat

1
Notion d'immédiateté du préjudice

222.171 Temporalité du préjudice. L'exigence que l'acte en cause génère un préjudice suffisamment immédiat signifie que l'acte attaqué doit d'ores et déjà produire des effets préjudiciables ou être sur le point d'en produire à très brève échéance.

Le juge prend en compte différents paramètres dans l'appréciation de cette condition. Ces critères ne représentent pas à proprement parler des conditions nécessaires à la reconnaissance de l'immédiateté du préjudice. Ils représentent pour le juge des indices, une grille d'analyse que le juge applique à l'essentiel des demandes de suspension et qui, mises en œuvre de façon non dogmatique, peuvent être adaptées ou assouplies en présence de circonstances particulières.

2
Critères jurisprudentiels de l'immédiateté du préjudice

222.181 Quatre critères. De manière générale, l'exigence d'immédiateté nécessitera, pour être regardée comme satisfaite :

- que l'acte attaqué produise par lui-même des effets préjudiciables ;
- que ces effets soient imminents ou déjà constitués ;
- et qu'ils se manifestent avant l'intervention du juge du fond.

En outre, le manque de diligence du requérant à saisir la juridiction administrative sera de nature à faire douter de l'immédiateté du préjudice invoqué.

a
Acte produisant par lui-même des effets préjudiciables

222.191 Principe. Le volet immédiateté de la condition d'urgence n'est satisfait que si l'acte attaqué porte atteinte par lui-même à l'intérêt invoqué par le requérant. Lorsque l'acte en cause se limite à rendre possible une situation préjudiciable mais

1. CE, ord., 6 juill. 2001, Conseil national de l'Ordre des médecins, req. n° 235050, *Lebon* 334 ; *AJFP* 2002. 51, note F.-G. Bertrand.
2. CE, sect., 18 déc. 2002, Migaud, req. n° 251934, *Lebon* 484 ; *D.* 2003. 314 ; *RFDA* 2003. 520, note Y. Gaudemet ; *RFDA* 2004. 966, concl. J.-H. Stahl ; *BDCF* 2003/5. 57, concl. J.-H. Stahl.

ne la génère pas lui-même, le juge ne reconnaît pas l'urgence à en suspendre les effets. Ainsi, le juge des référés considère qu'il n'y a pas d'urgence à suspendre :

- l'autorisation d'ouverture d'une jardinerie, celle-ci ne pouvant intervenir sans la construction préalable, ou la transformation - le cas échéant après demande et obtention d'un permis de construire - du ou des bâtiments appelés à abriter les installations correspondantes[1] ;
- l'autorisation d'ouverture d'un multiplex, le bâtiment devant abriter le cinéma n'étant pas encore construit et le permis de construire n'ayant pas encore été délivré[2] ;
- une déclaration d'utilité publique en vue d'établir des servitudes pour la construction d'une ligne électrique, la DUP ne permettant pas, à elle seule, l'instauration de ces servitudes (lesquelles ne peuvent être instituées que par arrêté ministériel)[3] ;
- la délibération du conseil municipal décidant du principe de la vente d'un bien acquis depuis moins de dix ans par l'exercice du droit de préemption, sans information de l'acquéreur évincé, dès lors que ce n'est qu'après la mise en œuvre d'un processus de vente par adjudication que l'article L. 213-11 du Code de l'urbanisme fait obligation à la commune de procéder à cette information[4] ;
- la délibération d'un conseil municipal manifestant l'intention de préempter qui, faute d'indication sur le prix auquel la commune entend acquérir le bien dans le délai de deux mois prescrit par l'article R. 213-8 du Code de l'urbanisme, ne peut avoir pour effet de s'opposer à ce que le compromis de vente conclu par le requérant soit mis à exécution[5] ;
- la décision du ministre de la Culture offrant au requérant d'acquérir une œuvre en sa possession, dès lors « que cette notification, qui ne prive pas la requérante de son bien, n'est que la première étape de la procédure » permettant cette acquisition[6] ;
- la décision ministérielle prévoyant, dans le cadre de la mise en place du passeport biométrique, l'installation dans 2 000 communes de stations d'enregistrement des données personnelles, dès lors que le dispositif ne sera effectif que dans 11 mois et ne commencera à se déployer qu'à compter de l'adoption d'une loi ayant pour objet de fixer les compensations financières que recevront les communes accueillant ces stations[7] ;

1. CE, ord., 15 févr. 2001, Assoc. Hautes-Alpes Demain, req. n° 230312, *Lebon T.* 1111.
2. CE 1er févr. 2001, Combret, req. n° 228875, NP.
3. CE 14 mars 2001, Cne de Goutrens, req. n° 230134, *Lebon* 126 ; *AJDA* 2001. 465, Chron. M. Guyomar et P. Collin ; *D.* 2001. 1364, et les obs. ; *RFDA* 2001. 832, concl. D. Chauvaux ; *BJDU* 2001. 104, concl. D. Chauvaux ; *RD publ.* 2001. 15, concl. - CE, ord., 24 févr. 2006, Assoc. interdépartementale et intercommunale pour la protection du lac de Sainte-Croix et de son environnement, req. n° 289394, *Lebon T.* 1013 ; *AJDA* 2006. 1003 - v. égalt CE, ord., 26 déc. 2002, Assoc. pour la protection des intérêts de Cazaubon-Barbotan, req. n° 252332, NP ; *AJDA* 2003. 674, note R. Hostiou : arrêté déclarant d'utilité publique les travaux nécessaires à la réalisation d'un itinéraire à grand gabarit entre Bordeaux et Toulouse, pour le transport des pièces d'un très gros porteur.
4. CE 15 juin 2001, ville de Nice c/Dutto, req. n° 231104, *Lebon T.* 1111 ; *RDI* 2001. 539, obs. L. Derepas.
5. CE 16 mai 2001, Cne de Saint-Suliac, req. n° 229739, *Lebon* 240 ; *D.* 2001. 2000 ; *RDI* 2001. 402, obs. L. Derepas - CE 9 avr. 2004, SCI Abimar, req. n° 262660, *BJDU* 2004. 305, concl. C. Devys.
6. CE 5 nov. 2003, Godefroy Durand Ruel, req. n° 258168, *Lebon T.* 923 ; *AJDA* 2004. 511.
7. CE, ord., 28 juill. 2008, Assoc. pour la promotion de l'image, req. n° 317878, NP.

– la décision par laquelle le préfet fixe les limites du périmètre d'usage de consommation exceptionnel (PUCE) dès lors que cette décision ne vaut pas, à elle seule, autorisation pour les établissements commerciaux implantés dans ce périmètre d'occuper du personnel le dimanche mais se borne à délimiter un périmètre au sein duquel des dérogations au repos dominical pourront être, le cas échéant, ultérieurement accordées, si les conditions fixées par la loi sont satisfaites[1] ;

– le refus d'abroger un décret instaurant une contravention de 5e classe pouvant conduire au prononcé d'une condamnation à l'encontre du requérant, dès lors que la possibilité d'une condamnation repose sur de simples éventualités et que, dans l'hypothèse où il contreviendrait à ces dispositions, le requérant pourrait inviter la juridiction pénale à en apprécier la légalité par la voie de l'exception[2].

222.192 **Exception en présence de circonstances particulières.** Un acte qui ne préjudicie pas, par lui-même, à la situation du requérant ou à l'intérêt qu'il invoque peut, en présence de circonstances particulières, être considéré comme satisfaisant à l'exigence d'immédiateté du préjudice[3]. Ainsi, la condition d'urgence peut être regardée comme satisfaite, « sous réserve de faire état de circonstances propres à la justifier », dans le cas où l'acte en cause est une décision portant approbation d'un document d'urbanisme, « alors même que les projets dont le document litigieux permet la réalisation sont soumis à la délivrance ultérieure d'autorisations individuelles »[4].

222.193 **Refus de délivrer une autorisation d'urbanisme de régularisation.** Dans l'hypothèse où la demande de suspension est dirigée contre un refus de délivrer une autorisation d'urbanisme permettant la régularisation d'une construction irrégulièrement réalisée, le juge des référés doit prendre en compte, dans son appréciation de l'urgence, le risque de démolition d'office par l'autorité administrative en cas de condamnation à démolir prononcée par une juridiction judiciaire[5].

b
Effets imminents ou déjà constitués

222.201 **Exigence d'effets imminents ou constitués.** Le volet d'immédiateté du préjudice ne peut être satisfait que lorsque l'acte commence à produire ses effets ou est sur le point d'en produire.

222.202 **Exigence satisfaite.** Cette exigence est satisfaite dans le cas :

– du règlement définissant les conditions de recevabilité des dossiers à un concours de la fonction publique, dès lors que la date de clôture des inscriptions est pro-

1. CE 17 nov. 2010, min. du Travail, de la Solidarité et de la Fonction publique c/GIE des commerçants du centre commercial régional de Belle-Épine, req. n° 339295, *Lebon T.*
2. CE, ord., 20 nov. 2001, Snider, req. n° 240101, *Lebon T.* 1113.
3. V., réservant cette hypothèse : CE 5 nov. 2003, Godefroy Durand Ruel, req. n° 258168, *Lebon T.* 923 ; *AJDA* 2004. 511.
4. CE 11 janv. 2006, Assoc. de défense du site caussolois, req. n° 282217, NP ; *AJDA* 2006. 565 ; *BJDU* 2006. 59, concl. F. Séners.
5. CE 5 mai 2006, Sté SCEA La Frenaie, req. n° 285655, *Lebon T.* 1014.

che et que ce règlement contient une irrégularité à laquelle il convient de remédier en temps utile[1] ;

- du refus d'admettre un candidat à se présenter à un concours de la fonction publique dont les épreuves d'admissibilité doivent se tenir dans moins d'une semaine[2] ;

- de l'acte arrêtant la liste des candidats admis à un concours, dès lors que ces derniers « sont sur le point d'être nommés dans un emploi public »[3] ;

- de l'arrêté fixant les modalités d'une élection devant se tenir dans quatre jours[4] ;

- de l'acte dont le maintien en vigueur s'oppose au renouvellement d'une autorisation arrivant très prochainement à son terme[5] ;

- de l'arrêté prévoyant que l'administration pourra prendre possession de l'immeuble exproprié dans un délai d'un mois[6].

222.203 Exigence non satisfaite. L'exigence d'immédiateté n'est pas satisfaite lorsque l'acte attaqué entrera en vigueur plusieurs mois après l'introduction de la requête. En cette hypothèse, la demande en référé-suspension ne satisfait pas à la condition d'urgence du fait de son caractère prématuré. Tel est le cas de la demande de suspension présentée en février contre un acte entrant en vigueur en juillet[7].

De même, « l'unique circonstance invoquée par le requérant, selon laquelle la ratification par le Parlement de l'ordonnance [attaquée] aura pour conséquence de priver d'objet le recours pour excès de pouvoir qu'il a introduit par ailleurs contre cette ordonnance, ne saurait être constitutive d'une situation d'urgence entrant dans le champ des prévisions de l'article L. 521-1 du Code de justice administrative »[8].

c
Acte générant des effets préjudiciables avant l'intervention du juge du fond

222.211 Acte produisant des effets avant l'intervention du juge du fond. Le juge des référés regarde comme un élément favorable à la reconnaissance de l'urgence la cir-

1. CE, ord., 6 juill. 2001, Conseil national de l'Ordre des médecins, req. n° 235050, *Lebon* 334 ; *AJFP* 2002. 51, note F.-G. Bertrand. Le règlement, datant du 18 avril, fixe la clôture des inscriptions au 10 juillet et le début des épreuves au 6 novembre. Après avoir constaté que l'exclusion des médecins du champ des personnes admises à concourir faisait naître un doute sérieux quant à la légalité de l'acte, le juge des référés estime « qu'en raison de l'intérêt qui s'attache à ce qu'il puisse être remédié par l'autorité administrative dans les meilleurs délais aux irrégularités susceptibles d'affecter le déroulement d'un concours de recrutement d'agents publics, il est satisfait au jour du prononcé de la présente ordonnance à la condition d'urgence posée par l'article L. 521-1 du Code de justice administrative ».
2. CE, ord., 8 nov. 2002, Lechevallier, req. n° 251301, *Lebon T.* 868 ; *AJDA* 2003. 511 : épreuves devant se tenir les 13 et 14 novembre.
3. CE, ord., 11 juill. 2001, Barège, req. n° 235603, *Lebon T.* 1115.
4. CE, ord., 31 août 2001, Féd. CFTC Santé-sociaux, req. n° 236937, *Lebon T.* : on relèvera que le juge des référés n'oppose pas au requérant la tardiveté de sa requête pour dénier l'urgence. L'arrêté, publié le 6 juin, fixe la date des élections au 4 septembre. Il a fait l'objet d'une demande de suspension le 6 août.
5. CE, ord., 26 avr. 2001, Fondation Lenval, req. n° 231870, *Lebon* 221 ; *RDSS* 2001. 752, obs. M. Cormier.
6. CE 25 mai 2005, Sté Résimo, req. n° 275864, *Lebon* 210 ; *AJDA* 2005. 2125, note F. Bouyssou ; *AJDI* 2006. 40 ; *RDI* 2005. 272, obs. F. Donnat.
7. CE, ord., 28 févr. 2001, Union syndicale Groupe des 10, req. n° 229881, *Lebon T.* 1108 ; *RDSS* 2001. 867, note C. Willmann.
8. CE, ord., 11 avr. 2001, Hoffer, req. n° 232358, *Lebon T.* 1111.

constance que le juge du fond ne sera pas en mesure de statuer avant que la décision ait produit des effets préjudiciables. Tel est le cas :

- de l'autorisation d'ouverture d'une jardinerie risquant de préjudicier gravement aux intérêts économiques d'un concurrent avant l'intervention du juge du fond[1] ;

- de la décision fixant le nombre de places offertes pour le recrutement d'ingénieurs de l'aviation civile sur titres et dont la formation débutera avant que le juge du fond n'ait eu le temps de statuer sur la requête principale[2].

222.212 Acte ne produisant pas d'effets avant l'intervention du juge du fond. Le volet immédiateté de la condition d'urgence n'est pas rempli lorsque l'acte n'aura produit aucun effet préjudiciable avant l'intervention du juge du fond. Ainsi, il n'y a pas d'urgence à suspendre :

- la décision dont les effets ne se feront pas sentir avant un délai d'un an alors que, dans ce délai, le juge du fond « se sera normalement prononcé sur les conclusions de la requérante tendant à l'annulation de la décision dont la suspension est demandée au juge des référés »[3] ;

- l'arrêté portant approbation d'un avenant à la convention nationale des médecins généralistes, dès lors que la décision au fond « sera rendue [...] à une date antérieure à celle qui peut être raisonnablement envisagée pour toute mise en œuvre effective de ce dispositif »[4] ;

- la décision autorisant un concurrent à ouvrir un centre commercial dès lors qu'en l'état de l'instruction, il paraît raisonnable que le Conseil d'État se sera prononcé sur la requête principale tendant à l'annulation des décisions de la Commission nationale d'équipement commercial avant l'ouverture du centre commercial concerné[5] ;

- la mise en recouvrement d'impositions dès lors que le montant des sommes demandées est inférieur aux disponibilités de la société requérante et n'est donc pas de nature à générer un préjudice irréversible avant que le juge du fond, qui a audiencé l'affaire à un mois, ait pu statuer sur celui-ci[6].

222.213 Intervention imminente du juge du fond. Pour refuser de reconnaître l'immédiateté du préjudice, le juge des référés va parfois prendre en compte, à côté d'autres éléments et le plus souvent à titre surabondant, la circonstance que la requête principale sera examinée dans un délai « relativement bref »[7] d'un mois[8] ou de l'ordre de quelques mois[9].

1. CE, ord., 27 juin 2001, Gaec Le Haut-de-l'Isle, req. n° 234089, *Lebon T.* 1115.
2. CE, ord., 23 août 2001, Synd. national des ingénieurs et des cadres de l'aviation civile (SNICAC), req. n° 236386, *Lebon T.*
3. CE, ord., 24 avr. 2001, Sté Produits Roche, req. n° 231401, *Lebon T.* 1111.
4. CE, ord., 12 avr. 2002, Conseil national de l'Ordre des médecins, req. n° 244436, *Lebon* 153.
5. CE, ord., 9 nov. 2001, SA Guimatho, req. n° 239675, NP.
6. CE 10 févr. 2017, Sté Pimiento Music, req. n° 404291, *Lebon T.* ; *Revue de droit fiscal* 2017. 52, concl. M.-A. Nicolazo de Barmon.
7. CE, ord., 19 sept. 2003, Sté Cora Belgique, req. n° 260199, *Lebon T.* 922.
8. CE 10 févr. 2017, Sté Pimiento Music, req. n° 404291, *Lebon T.* ; *Revue de droit fiscal* 2017. 52, concl. M.-A. Nicolazo de Barmon.
9. CE, ord., 26 déc. 2002, Assoc. pour la protection des intérêts de Cazaubon-Barbotan, req. n° 252332, NP ; *AJDA* 2003. 674, note R. Hostiou : moins de 6 mois – CE, ord., 24 févr. 2006, Assoc. interdéparte-➢

Il convient toutefois de manier ce critère avec précaution. À moins que la date d'audience devant le juge du fond soit d'ores et déjà fixée, il est préférable que le juge des référés prenne en compte la durée d'intervention du juge du principal à titre purement surabondant. En effet, une instruction envisagée comme courte peut très bien s'avérer plus longue que ce qui avait été initialement envisagé. Dans un tel cas de figure, un refus de reconnaître l'urgence basé sur la seule imminence d'intervention du juge du fond prête le flanc à la critique[1]. Le juge des référés du Conseil d'État a lui-même reconnu qu'il existait « des aléas inhérents à l'instruction », « résultant en particulier du déroulement des échanges contradictoires entre les parties » qui pouvaient conduire à modifier l'appréciation de l'urgence - dans le cadre d'une demande de réexamen - lorsque le délai d'intervention du juge du fond s'avérait finalement plus long que prévu[2].

222.214 Jugement au fond enserré dans un délai. Le juge des référés tient compte, dans l'appréciation de l'urgence, du délai qui peut être imparti au juge du fond pour statuer sur le recours au principal[3].

d
Diligence du requérant

222.221 Énoncé du critère. Si l'empressement du demandeur à s'adresser à la juridiction administrative n'est pas pris en compte par le juge des référés dans la reconnaissance de l'immédiateté du préjudice, sa lenteur à le saisir est en revanche de nature à faire obstacle à la reconnaissance de celle-ci. En effet, le juge des référés répugne à reconnaître l'urgence à suspendre lorsque le requérant n'a pas fait preuve de diligence dans l'introduction de ses recours. Il considère que la lenteur dont le requérant a fait preuve dans la formation de sa requête principale et dans l'introduction de sa demande en référé jette le doute sur l'immédiateté du préjudice subi.

222.222 Diligence dans l'introduction du recours au fond. Le juge tient compte, tout d'abord, de la diligence avec laquelle le requérant a engagé son recours au fond. En raison du bref délai de deux mois dont dispose les justiciables pour former un recours devant la juridiction administrative, rares sont les demandes à être rejetées

➢ mentale et intercommunale pour la protection du lac de Sainte-Croix et de son environnement, req. n° 289394, *Lebon T.* 1013 ; *AJDA* 2006. 1003 : 5 mois.

1. V. CE 11 oct. 2004, Assoc. des familles pour le droit à une vie décente, req. n° 272895, NP : estimant qu'il n'y a pas d'urgence à suspendre la décision attaquée (une circulaire relative à la date d'ouverture du droit aux prestations familiales en faveur des enfants titulaires du certificat médical délivré à la suite d'un regroupement familial) « au regard du délai dans lequel le recours pour excès de pouvoir de l'association requérante sera jugé au fond ». Le juge se fonde sur cette seule circonstance pour exclure l'urgence. La décision au fond n'interviendra toutefois... qu'un an et demi plus tard (CE 24 mars 2006, Assoc. des familles pour le droit à une vie décente, req. n° 272894, NP).
2. CE 2 juill. 2010, CCI de Marseille-Provence, req. n° 339677, *Lebon* : absence de modification de l'appréciation en l'espèce, dans la mesure où le délai supposé d'intervention de juge du fond avait été retenu par le juge à titre secondaire.
3. CE 22 févr. 2012, Sté France Télécom, req. n° 356207, *Lebon T.* : à propos du délai de 3 mois, imparti au Conseil d'État par l'article L.O. 6243-4 du CGCT, pour juger le recours au fond introduit contre certaines catégories d'actes de l'assemblée délibérante de la collectivité d'outre-mer de Saint-Barthélemy au titre des compétences qu'elle exerce dans le domaine de la loi.

pour tardiveté de la requête au principal. Les décisions dans lesquelles le juge des référés refuse de reconnaître l'immédiateté du préjudice, en raison de la lenteur à introduire le recours au fond, correspondent à des hypothèses où le comportement du requérant était en contradiction manifeste avec l'invocation de l'urgence à suspendre (l'intéressé n'ayant introduit sa requête qu'à l'extrême limite du délai de recours contentieux et annonçant la production d'un mémoire complémentaire qui n'intervient finalement que 4 à 5 mois plus tard, retardant d'autant l'instruction et le jugement de la demande)[1]. En revanche, dans une hypothèse normale où le requérant agit dans le délai de recours contentieux, aucune diligence particulière ne sera exigée dans l'appréciation de l'urgence. Ainsi, le juge des référés accepte de reconnaître l'urgence à suspendre, sans opposer au requérant une quelconque tardiveté de ses requêtes, lorsque celui-ci le saisit, deux mois après la publication de l'acte attaqué (soit à l'extrême limite du délai de recours contentieux) pour contester une décision dont les effets doivent intervenir dans moins d'un mois[2]. De même, l'introduction de requêtes en annulation et aux fins de suspension un peu plus d'un mois après la publication du décret approuvant le code de déontologie des commissaires aux comptes ne révèle pas « un quelconque défaut de diligence de la part des requérants et ceci alors même que le projet dont est issu le décret a été porté à la connaissance de la profession » huit mois plus tôt[3].

222.223 Diligence dans l'introduction du référé-suspension. Le juge tient compte, également, de la diligence avec laquelle le requérant a présenté sa demande de suspension. L'intéressé ne saurait sérieusement invoquer l'urgence à suspendre lorsqu'il présente soudainement une demande en référé, plusieurs mois après avoir introduit son recours au fond, sans justifier d'élément nouveau dont il n'aurait pu avoir connaissance à cette occasion ni d'un changement de circonstance qui serait survenu depuis l'introduction de celui-ci[4].

Pour autant, le critère tenant à la diligence du requérant dans l'introduction de sa demande de suspension n'est pas absolu. L'absence d'empressement à former une demande de suspension ne conduit pas automatiquement à exclure l'urgence.

En premier lieu, le critère tenant à la diligence du requérant n'est pas pris en compte par le juge des référés (sauf dérogation liée aux circonstances particulières de l'espèce) lorsqu'il existe une présomption d'urgence. Ainsi, l'urgence à suspendre un permis de construire, qui est présumée par le juge (v. s[s] n° 222.261), demeure caractérisée dans l'hypothèse où le requérant n'a présenté sa demande de suspension que

1. CE, ord., 6 nov. 2003, Assoc. AC !, req. n° 261518, *Lebon T.* 921 ; *AJDA* 2004. 729 - CE, ord., 26 déc. 2002, Assoc. pour la protection des intérêts de Cazaubon-Barbotan, req. n° 252332, NP ; *AJDA* 2003. 674, note R. Hostiou - CE, ord., 14 sept. 2001, Van de Walle, req. n° 238110, *Lebon T.* 1013 - CE, ord., 9 déc. 2002, Synd. unifié des impôts, req. n° 252233, *Lebon* 451 ; *AJDA* 2003. 1072.
2. CE, ord., 31 août 2001, Féd. CFTC Santé-sociaux, req. n° 236937, *Lebon T.* : recours enregistrés le 6 août contre l'arrêté en date du 6 juin fixant les modalités d'une élection prévue pour le 4 septembre.
3. CE, ord., 26 janv. 2006, S[té] KPMG, req. n° 288461, *Lebon T.* 1013 ; *RFDA* 2006. 463, concl. Y. Aguila ; *RFDA* 2006. 483, note F. Moderne.
4. CE, ord., 15 nov. 2005, S[té] Fiducial Audit, req. n° 286665, *Lebon T.* 1028 - CE 19 sept. 2006, Féd. de snowboard, req. n° 297407, NP - v. égal[t] CE, ord., 19 déc. 2002, Jacquemin, req. n° 252553, *Lebon T.* 863.

plusieurs mois après la délivrance du permis et l'enregistrement du recours au fond[1].

En deuxième lieu, l'écoulement d'un certain délai avant la présentation de la demande de suspension n'est pas sanctionné lorsque l'urgence ne s'est révélée qu'en cours d'instance : l'hypothèse est celle où une situation donnée, initialement non urgente, le devient à la faveur d'un changement de circonstance de fait ou de droit, ou de la prise de connaissance d'une information nouvelle, justifiant ainsi l'introduction en cours d'instance d'une demande en référé[2].

En troisième lieu, le retard à agir peut être compensé par l'importance du préjudice causé. Tel est le cas dans une hypothèse où une infirmière libérale a attendu trois mois avant de saisir le juge des référés contre une décision de déconventionnement lui faisant perdre l'intégralité de sa clientèle[3].

§ 2

Établissement de l'urgence

222.231 Deux modes d'établissement de l'urgence. Il appartient normalement au requérant de prouver l'urgence qu'il allègue. Le demandeur est toutefois libéré de la charge de la preuve lorsqu'il conteste un acte à l'égard duquel le Conseil d'État a reconnu une présomption d'urgence.

A

Urgence justifiée par le demandeur

222.241 Rôle central du demandeur. En principe, c'est-à-dire en dehors des hypothèses où le Conseil d'État a reconnu une présomption d'urgence, il appartient au requérant de démontrer que la condition d'urgence est satisfaite. La charge de la preuve incombe au demandeur en vertu des dispositions générales de l'article R. 522-1 du CJA, prévoyant que « la requête visant au prononcé de mesures d'urgence doit [...] justifier de l'urgence de l'affaire ».

222.242 Nécessité d'éléments précis et circonstanciés. L'urgence étant normalement établie « compte tenu des justifications fournies par le requérant »[4], il appartient à celui-ci d'accorder une attention particulière à la motivation de cette exigence. Il doit faire état, dès sa requête introductive d'instance, d'éléments précis et circonstanciés de nature à convaincre le juge de la pertinence de sa demande. Il lui revient d'exposer des éléments de fait concrets, chiffrés le cas échéant, étayés par des documents justificatifs établissant la réalité de son préjudice (par exemple des élé-

1. CE 14 mars 2003, Assoc. Air pur environnement, req. n° 251335, *Lebon T.* - CE 21 oct. 2005, Marel, req. n° 280188, NP ; *BJDU* 2006. 55, concl. H. Mitjaville.
2. V. par ex., formulant cette réserve : CE, ord., 19 déc. 2002, Jacquemin, req. n° 252553, *Lebon T.* 863 - CE, ord., 6 nov. 2003, Assoc. AC !, req. n° 261518, *Lebon T.* 921 ; *AJDA* 2004. 729 - CE, ord., 15 nov. 2005, Sté Fiducial Audit, req. n° 286665, *Lebon T.* 1028.
3. CE 5 juin 2002, Battalla, req. n° 241659, NP.
4. CE, sect., 19 janv. 2001, Confédération nationale des radios libres, req. n° 228815, *Lebon* 29, concl. L. Touvet ; *AJDA* 2001. 150, Chron. M. Guyomar et P. Collin ; *D.* 2001. 1414, note B. Seiller ; *D.* 2002. 2220, obs. R. Vandermeeren ; *GACA*, 5e éd., 2016, n° 11 ; *RFDA* 2001. 378, concl. L. Touvet ; *CJEG* 2001. 161, concl.

ments de comptabilité[1]). Une motivation insuffisante de l'urgence expose le requérant à un rejet immédiat de sa demande par la procédure de tri, sans instruction ni audience et donc sans possibilité d'apporter des justifications complémentaires par la suite.

222.243 Urgence exclue en l'absence d'éléments précis. L'urgence ne peut être reconnue lorsque les éléments mis en avant par l'auteur de la demande sont trop abstraits ou généraux, ou ne sont pas assortis des précisions suffisantes. Tel est le cas lorsque :

- le requérant se borne à faire valoir « les inconvénients liés [...] au délai prévisible de jugement de sa requête tendant à l'annulation de la délibération » attaquée (en l'occurrence la délibération d'un jury de concours fixant la liste des candidats admis)[2] ;
- le requérant se borne à faire valoir que l'acte dont la suspension est demandée ne pourra bientôt plus faire l'objet d'un recours au fond du fait d'une validation législative[3] ou, dans le cas d'une ordonnance, d'une ratification par le législateur[4] ;
- la commune requérante se borne à affirmer que la passation d'un marché par le syndicat intercommunal dont elle est membre compromettrait « gravement l'équilibre financier du syndicat et de la commune, sans apporter aucune justification à l'appui de cette affirmation d'ailleurs contredite par le [syndicat] »[5] ;
- l'association requérante se borne à soutenir que les arrêtés régissant la filière universitaire d'accès à l'école polytechnique « mettraient en cause le principe d'égal accès aux établissements d'enseignement supérieur et aux emplois publics et que la sécurité juridique commande de prévenir les effets d'une éventuelle annulation contentieuse des épreuves d'admission en cours afférentes à cette filière »[6] ;
- le syndicat requérant « évoque, de façon générale, les inconvénients d'une situation qu'elle estime illégale », sans justifier concrètement de l'urgence qui s'attacherait à la suspension de la décision attaquée[7] ;
- le contribuable requérant, auquel l'administration fiscale réclame la somme de 200 000 euros, n'apporte au juge des référés aucune précision sur la valeur de son patrimoine, ce qui ne permet pas de rapprocher le montant des impositions litigieuses des montants qu'il est susceptible de mobiliser à court terme ni, par suite, d'établir que la mise en recouvrement de cette somme risque d'entraîner pour lui des conséquences à la fois graves et immédiates[8].

222.244 Exclusion de la motivation par référence. Il appartient au requérant, dans sa justification de l'urgence, de présenter dans son mémoire l'ensemble des éléments pertinents. Le demandeur ne peut faire l'économie de cette démonstration, ou d'une

1. CE, ord., 14 févr. 2013, Lailler, req. n° 365459, *Lebon T.* ; *D.* 2013. 628, note O. Le Bot.
2. CE, ord., 16 mai 2002, Jaffrain, req. n° 246586, *Lebon* 175 ; *BJCL* 2004. 30, concl. F. Séners.
3. CE 5 sept. 2001, Synd. des autonomes Midi-Pyrénées FNSA-PTT, req. n° 237495, *Lebon T.* 1112.
4. CE, ord., 9 nov. 2006, Birk-Levy, req. n° 298553, *Lebon T.* 1013 ; *AJDA* 2006. 2150.
5. CE 28 mai 2004, Cne de Mittersheim, req. n° 259983, *Lebon T.* 820, concl. inédites F. Seners.
6. CE, ord., 4 mai 2001, Assoc. pour l'égalité républicaine à l'École polytechnique, req. n° 232120, NP.
7. CE, ord., 1er juin 2001, Union régionale CFTC-PTT de Lorraine, req. n° 234020, NP.
8. CE 3 avr. 2006, Godart, req. n° 286609, NP.

partie de celle-ci, en renvoyant à un document antérieurement produit devant l'autorité administrative à l'occasion de la procédure administrative ayant conduit à l'adoption de la décision attaquée, dans lequel il exposait le préjudice qui allait selon lui résulter de cette décision. Le juge des référés du Conseil d'État l'a clairement affirmé dans une ordonnance relative à une demande de suspension dirigée contre l'autorisation d'ouverture d'un centre commercial délivré par la Commission nationale d'équipement commercial. Les sociétés requérantes invoquaient l'atteinte à un intérêt public en soutenant, d'une part, que le projet autorisé a pour effet de provoquer un écrasement de la petite entreprise et du commerce de proximité, d'autre part qu'il conduit à créer une situation quasi-monopolistique au profit du pétitionnaire. Les sociétés requérantes n'apportaient aucune précision de nature à étayer leurs allégations mais renvoyaient, pour des développements plus détaillés sur ces éléments, à un document qu'elles avaient produit devant l'autorité administrative. En réponse à cette motivation par référence, le juge des référés indique qu'il ne lui appartient pas « de rechercher lui-même, comme l'y invitent les deux sociétés requérantes, ces éléments dans les observations, jointes au dossier, produites par elles devant la commission nationale d'équipement commercial, s'agissant d'un document versé à l'occasion de la procédure administrative antérieure à la décision contestée »[1].

B
Urgence présumée par le juge

1
Mécanisme de la présomption d'urgence

222.251 Présomption reconnue par la jurisprudence. La jurisprudence relative à l'article L. 521-1 du CJA a posé que les demandes de suspension dirigées contre un certain nombre d'actes administratifs satisfont en principe à la condition d'urgence[2]. Les présomptions d'urgence reconnues par le Conseil d'État concernent des actes créant une situation difficilement réversible. Elles conduisent à faire réputer remplie la condition d'urgence à leur égard. Les décisions mentionnent que telle catégorie d'acte crée « en principe », en raison de son objet et de sa portée, une situation d'urgence. Précisons que le Conseil d'État n'emploie le terme de « présomption d'urgence » que lorsqu'il contrôle, comme juge de cassation, une possible erreur de droit commise par le juge des référés dans un litige concerné par une telle présomption[3].

222.252 Présomption reconnue par la loi. Il est arrivé, à deux reprises, qu'une présomption d'urgence soit posée par le législateur.

1. CE, ord., 19 sept. 2003, S^té^ Cora Belgique, req. n° 260199, *Lebon T.* 922.
2. Solution annoncée par CE, ord., 12 janv. 2001, S^té^ L'armement Pétrel, req. n° 228967, NP : après avoir relevé que la demande de suspension « ne justifie pas de l'urgence de l'affaire », le juge précise que celle-ci « ne résulte pas davantage de l'objet et de la portée de l'arrêté [attaqué] ».
3. V. par ex., utilisant cette expression : CE 21 oct. 2005, Marel, req. n° 280188, NP ; *BJDU* 2006. 55, concl. H. Mitjaville – CE 7 févr. 2007, C^ne^ de Laval-du-Tarn, req. n° 287741, *Lebon T.* ; *AJDA* 2007. 335 ; *BJCL* 2007. 262, concl. F. Séners – CE 17 déc. 2010, Andrieux, req. n° 340177, NP – CE 25 mai 2011, Hamine c/Établissement public foncier de l'Ouest Rhône-Alpes (Épora), req. n° 344734, NP.

La première est intervenue par la loi du 21 juillet 2016[1], qui a introduit à l'article 14-1 de la loi du 3 avril 1955 relative à l'état d'urgence[2] un alinéa 2 ainsi rédigé : « la condition d'urgence est présumée satisfaite pour le recours juridictionnel en référé formé contre une mesure d'assignation à résidence ». Cette disposition reprend une présomption d'urgence qui avait été reconnue par la jurisprudence en référé-liberté (v. s[s] n°s 232.413 s.) en en étendant le champ d'application à toutes les procédures de référé[3].

La seconde présomption législative a été introduite par la loi ÉLAN, reprenant une présomption jurisprudentielle relative aux recours contre les autorisations d'urbanisme[4].

222.253 **Présomption libérant le requérant de la charge de la preuve.** Le requérant qui conteste un acte concerné par une présomption d'urgence se trouve libéré de la charge de la preuve. Par suite, il n'est pas tenu en principe de justifier de circonstances particulières constitutives d'une situation d'urgence. Le Conseil d'État censure pour erreur de droit l'ordonnance dans laquelle le juge des référés a mis à la charge du requérant le soin de faire la preuve de la réalité de l'urgence alors que l'acte attaqué bénéficiait d'une présomption d'urgence[5].

222.254 **Présomption simple.** La présomption d'urgence est une présomption simple. Elle présente un caractère réfragable et peut être renversée si les circonstances particulières de l'espèce commandent de l'écarter. Il appartient au juge des référés, dans cette hypothèse, d'exposer dans son ordonnance les éléments qui le conduisent en l'espèce à ne pas retenir la présomption[6].

Une présomption d'urgence ne pourra être renversée que si, en défense, l'administration fait état d'éléments justifiant d'en écarter l'application dans les circonstances de l'espèce. Il lui appartient d'établir, soit l'absence d'urgence à suspendre (la présomption en cause n'étant pas pertinente dans le cas présent faute d'atteinte grave et immédiate aux intérêts invoqués), soit l'urgence à exécuter[7]. Par exemple, la présomption d'urgence reconnue dans l'hypothèse d'une demande de suspension dirigée contre un permis de construire pourra être écartée « au cas où le pétitionnaire ou l'autorité qui a délivré le permis justifient de circonstances particulières, qui peuvent tenir à l'intérêt s'attachant à ce que la construction projetée soit édifiée sans délai ou au caractère aisément réversible des travaux autorisés par la décision litigieuse »[8]. La présomption d'urgence sera maintenue, et la condition d'urgence regardée comme

1. L. n° 2016-987, 21 juill. 2016, prorogeant l'application de la loi n° 55-385 du 3 avril 1955 relative à l'état d'urgence et portant mesures de renforcement de la lutte antiterroriste, *JO* 22 juill.
2. L. n° 55-385, 3 avr. 1955, instituant un état d'urgence et en déclarant l'application en Algérie, *JO* 7 avr., p. 3479.
3. V. O. Le Bot, « Prorogation de l'état d'urgence et mesures de lutte antiterroriste », *AJDA* 2016. 1914.
4. V. s[s] n° 222.261.
5. CE 1er oct. 2001, Meddah, req. n° 234918, NP.
6. CE 28 mars 2011, Paraiso, req. n° 343472, NP : le juge de cassation affirme « qu'en ne retenant pas la présomption d'urgence applicable [...] sans exposer les éléments qui le conduisaient en l'espèce à l'écarter, le juge des référés a entaché son ordonnance d'une erreur de droit ».
7. CE 7 févr. 2007, C[ne] de Laval-du-Tarn, req. n° 287741, *Lebon T.* ; *AJDA* 2007. 335 ; *BJCL* 2007. 262, concl. F. Séners.
8. CE 9 févr. 2011, Chastanet, req. n° 338831, NP.

remplie, lorsque l'administration – ou également le pétitionnaire dans le cas d'un permis de construire[1] – « ne fait état d'aucune circonstance particulière » de nature à faire échec à la présomption d'urgence[2], ou lorsque les circonstances particulières invoquées par celle-ci ne sont pas suffisantes, soit pour dénier l'urgence à suspendre, soit pour reconnaître l'urgence à exécuter[3]. Lorsque l'administration fait valoir des circonstances particulières afin de renverser la présomption d'urgence, il appartient au juge « d'examiner si celles-ci sont de nature à écarter la présomption d'urgence »[4].

Le juge du tri ne peut, au seul vu de la requête, renverser une présomption d'urgence (v. s^{s} n° 213.63).

2
Décisions concernées par la présomption d'urgence

a
Présomption d'urgence reconnue

222.261 Octroi d'un permis de construire. Eu égard au caractère difficilement réversible de la construction d'un bâtiment, l'urgence est en principe reconnue lorsque la demande de suspension porte sur un arrêté accordant un permis de construire[5] (sur

1. CE 9 juin 2004, Magniez, req. n° 265457, *Lebon T.* 821 – CE 20 avr. 2005, ville de Lille, req. n° 278186, NP – CE 15 juin 2007, Arnaud, req. n° 300208, *Lebon T.* 1010 ; *AJDA* 2007. 1215 – CE 9 févr. 2011, Chastanet, req. n° 338831, NP.
2. CE 13 nov. 2002, Hourdin, req. n° 248851, *Lebon* ; *AJDA* 2003. 695 ; *RDI* 2003. 205, obs. P. Soler-Couteaux ; *BJDU* 2002/6. 460, concl. J.-H. Stahl, obs. J.-C. Bonichot ; *Constr.-urb.* 2003/4. 22, obs. P. Cornille : décision de préemption – CE 7 févr. 2007, C^{ne} de Laval-du-Tarn, req. n° 287741, *Lebon T.* ; *AJDA* 2007. 335 ; *BJCL* 2007. 262, concl. F. Séners : vente de terrains d'une section de commune – CE 9 juin 2004, Magniez, req. n° 265457, *Lebon T.* 821 : octroi d'un permis de construire – CE 28 mars 2011, Paraiso, req. n° 343472, NP : refus de renouvellement de titre de séjour.
3. CE 14 nov. 2007, SCI du Marais, req. n° 305620, *Lebon T.* ; *AJDA* 2007. 2175 ; *RDI* 2008. 63, obs. P. Soler-Couteaux : indiquant « que, si la commune [titulaire du droit de préemption] invoque la nécessité pour elle d'implanter sur la parcelle litigieuse le siège de la communauté de communes [...], cette seule circonstance, à la supposer établie, ne constitue pas une situation particulière susceptible de faire obstacle à ce qu'une situation d'urgence soit reconnue au profit de [l'acquéreur évincé] » – CE 12 nov. 2009, S^{té} Comilux et S^{té} Chavest, req. n° 327451, *Lebon T.* ; *AJDA* 2009. 2143 ; *AJDI* 2010. 737, obs. A. Lévy ; *RDI* 2010. 120, obs. P. Soler-Couteaux : décision de préemption – CE 20 avr. 2005, ville de Lille, req. n° 278186, NP : permis de construire.
4. CE 7 févr. 2007, C^{ne} de Laval-du-Tarn, req. n° 287741, *Lebon T.* ; *AJDA* 2007. 335 ; *BJCL* 2007. 262, concl. F. Séners : entache son ordonnance d'une erreur de droit le juge qui retient l'urgence à suspendre résultant d'une présomption sans se prononcer sur les circonstances invoquées par le défendeur pour établir l'absence d'urgence « estimant ainsi, implicitement mais nécessairement, que la présomption d'urgence à suspendre la décision litigieuse était irréfragable » – V., dans le même sens : CE 20 avr. 2005, ville de Lille, req. n° 278186, NP.
5. V. (impl.) CE 27 juill. 2001, C^{ne} de Meudon, req. n° 231991, *Lebon T.* 1115 ; *RDI* 2001. 542, obs. P. Soler-Couteaux et CE 27 juill. 2001, C^{ne} de Tulle, req. n° 230231, *Lebon T.* 1115 (2 arrêts) ; *RDI* 2001. 542, obs. P. Soler-Couteaux ; *BJDU* 2001. 381, concl. D. Chauvaux – v. (expl.) CE 9 juin 2004, Magniez, req. n° 265457, *Lebon T.* 821 – CE 20 avr. 2005, ville de Lille, req. n° 278186, NP – CE 21 oct. 2005, Marel, req. n° 280188, NP ; *BJDU* 2006. 55, concl. H. Mitjaville : précisant « que la construction d'un bâtiment autorisée par un permis de construire présente un caractère difficilement réversible et que, par suite, lorsque la suspension d'un permis de construire est demandée sur le fondement des dispositions de l'article L. 521-1 du Code de justice administrative, la condition d'urgence est en principe satisfaite » – CE 15 juin 2007, Arnaud, req. n° 300208, *Lebon T.* 1010 ; *AJDA* 2007. 1215 – CE 9 févr. 2011, Chastanet, req. n° 338831, NP.

le champ d'application et la portée de cette présomption, v. s^s n° 222.461). Cette présomption jurisprudentielle a été reprise par le législateur. Le second alinéa de l'article L. 600-3 du code de l'urbanisme énonce en effet, depuis la loi ÉLAN, qu'en cas de demande de suspension dirigée contre une décision de non-opposition à déclaration préalable ou contre un permis de construire, d'aménager ou de démolir, « La condition d'urgence prévue à l'article L. 521-1 du code de justice administrative est présumée satisfaite ».

222.262 **Non-opposition à déclaration préalable.** Eu égard au caractère difficilement réversible d'une construction autorisée par une décision de non-opposition à déclaration préalable, la condition d'urgence doit en principe être constatée lorsque les travaux vont commencer ou ont déjà commencé sans être pour autant achevés[1]. Cette présomption a été reprise par le législateur[2].

222.263 **Octroi d'un permis d'aménager.** La condition d'urgence est en principe regardée comme satisfaite lorsque la demande de suspension porte sur un permis d'aménager délivré à un lotisseur sur le fondement de l'article L. 442-2 du Code de l'urbanisme[3]. Cette présomption a été reprise par le législateur[4].

222.264 **Arrêté de cessibilité.** La demande de suspension dirigée contre un arrêté de cessibilité satisfait en principe à la condition d'urgence[5].

La reconnaissance de cette présomption est justifiée par trois considérations. Elle repose d'abord sur l'objet d'un arrêté de cessibilité : cet acte ouvre une procédure de six mois durant laquelle le préfet peut saisir le juge de l'expropriation. La présomption s'explique ensuite par les effets d'un tel acte pour les propriétaires concernés : intervenant à la suite de la DUP, il rend possible la dernière phase de l'expropriation, qui se traduira par le transfert du bien à une collectivité publique. Enfin, elle est justifiée par la brièveté des délais applicables : une fois l'arrêté pris, la saisine du juge de l'expropriation peut intervenir à tout moment ; et une fois celui-ci saisi, il statue dans un délai de 15 jours (son ordonnance emportant extinction immédiate des droits des anciens propriétaires). Il résulte de ces caractéristiques que l'intervention de l'arrêté de cessibilité crée par lui-même une situation d'urgence à l'égard du propriétaire exproprié, dans la mesure où il ouvre un processus conduisant à la privation imminente de son bien.

La présomption existe « alors même que l'ordonnance du juge de l'expropriation procédant au transfert de propriété est intervenue »[6]. La justification de cette présomption, après que le transfert a eu lieu, ne réside alors plus dans l'imminence du

1. CE 25 juill. 2013, SARL Lodge At Val, req. n° 363537, *Lebon T.* ; *AJDA* 2013. 1603 ; *AJDI* 2013. 781.
2. V. s^s n° 222.261.
3. CE 3 juill. 2009, Lelin, req. n° 321634, *Lebon T.* ; *AJDA* 2009. 1345.
4. V. s^s n° 222.261.
5. CE 5 déc. 2014, Le Breton, req. n° 369522, *Lebon T.* ; *AJDA* 2015. 583, note F. Priet ; *AJDA* 2014. 2394 ; *AJDI* 2015. 25, Chron. S. Gilbert ; *RDI* 2015. 65, obs. R. Hostiou ; *Dr. adm.* 2015. comm. 26, note G. Eveillard ; *JCP Adm.* 2015, n° 2103, Chron. O. Le Bot – CE 27 janv. 2021, Établissement public foncier de la Vendée et autre, req. n° 437237, *Lebon T.* ; *RDI* 2021. 213, note R. Hostiou ; *JCP Adm.* 2015, n° 2103, Chron. O. Le Bot.
6. CE 27 janv. 2021, Établissement public foncier de la Vendée et autre, req. n° 437237, *Lebon T.* ; *RDI* 2021. 213, note R. Hostiou ; *JCP Adm.* 2015, n° 2103, Chron. O. Le Bot.

transfert du bien mais dans le risque que des travaux débutent sur celui-ci. Une suspension ordonnée à ce stade constitue en effet un signal pour l'expropriant : elle montre que la décision présente une fragilité juridique et s'expose au risque d'être annulée ; si tel est le cas, il devra remettre le terrain en l'état ou indemniser le propriétaire. La solution est en outre cohérente avec une décision antérieure jugeant que la demande de suspension d'une DUP conserve un objet alors même que l'ordonnance d'expropriation est devenue définitive[1]. Dans la mesure où il n'y a pas lieu de tenir compte du caractère définitif de l'ordonnance du juge de l'expropriation au stade de la recevabilité, il n'y a pas davantage lieu de tenir compte de l'intervention de cette ordonnance au stade de l'appréciation de l'urgence.

Dans tous les cas, la présomption d'urgence peut être renversée dans le cas où l'expropriant justifie de circonstances particulières, « en particulier si un intérêt public s'attache à la réalisation rapide du projet qui a donné lieu à l'expropriation »[2].

222.265 **Délivrance d'une autorisation de travaux.** La condition d'urgence est en principe regardée comme satisfaite lorsque la demande de suspension porte sur une autorisation de travaux pour construire, aménager ou modifier un établissement recevant du public (ERP)[3].

222.266 **Ordre de démolir un bâtiment et permis de démolir.** Eu égard à la gravité des conséquences qu'emporte, par sa nature même, une décision prescrivant la démolition de bâtiments, la condition d'urgence doit en principe être présumée lorsque le propriétaire de l'immeuble qui en est l'objet en demande la suspension[4].

La délivrance d'un permis de démolir bénéficie, de la même manière, d'une présomption d'urgence[5].

222.267 **Décision préfectorale ayant suspendu l'entrée en vigueur d'un PLU et demandé des modifications de ce plan.** Est présumée satisfaire à la condition d'urgence la demande de suspension dirigée contre la décision préfectorale ayant suspendu l'entrée en vigueur d'un PLU et demandé des modifications de ce plan[6].

222.268 **Décision de préemption contestée par l'acquéreur évincé.** Le juge des référés estime qu'« eu égard à l'objet d'une décision de préemption et à ses effets vis-à-vis de l'acquéreur évincé, la condition d'urgence doit en principe être constatée lorsque celui-ci en demande la suspension »[7]. La présomption joue même lorsqu'il n'y a pas d'accord sur le prix et que, par conséquent, aucun transfert de propriété n'est

1. CE 3 nov. 2006, Syndicat intercommunal d'assainissement du Nord, req. n° 293794, *Lebon T.*
2. CE 5 déc. 2014, Le Breton, req. n° 369522, préc.
3. CE 28 déc. 2001, SARL Tourangerie, req. n° 238600, NP.
4. CE 18 nov. 2009, min. de la Santé c/S^té^ La méridionale des Bois et Matériaux, req. n° 327909, *Lebon T.* ; *AJDA* 2010. 974.
5. V. s^s^ n° 222.261.
6. V. s^s^ n° 222.502.
7. CE 13 nov. 2002, Hourdin, req. n° 248851, *Lebon* 396 ; *AJDA* 2003. 695 ; *RDI* 2003. 205, obs. P. Soler-Couteaux ; *BJDU* 2002. 460, concl. J.-H. Stahl - CE 23 janv. 2006, C^ne^ de Blauzac, req. n° 284788, NP ; *AJDA* 2006. 1006 ; *Rev. sociétés* 2006. 798, note N. Mathey - CE 12 nov. 2009, S^té^ Comilux et S^té^ Chavest, req. n° 327451, *Lebon T.* ; *AJDA* 2009. 2143 ; *AJDI* 2010. 737, obs. A. Lévy ; *RDI* 2010. 120, obs. P. Soler-Couteaux : indiquant que la société requérante « bénéficie, en sa qualité d'acquéreur évincé, d'une présomption d'urgence ».

intervenu à la date de la décision de préemption[1]. Elle cesse en revanche de s'appliquer lorsque l'acquéreur est entré en possession du bien ou du droit objet de la décision de préemption litigieuse[2].

222.269 Vente de terrains d'une section de commune. Le juge des référés a affirmé qu'« eu égard à l'objet d'une délibération d'un conseil municipal décidant la vente de terrains d'une section de commune et à ses effets à l'égard des membres de la section qui en ont la propriété collective, la condition d'urgence doit en principe être regardée comme remplie lorsque ces derniers demandent la suspension d'un tel acte »[3].

222.270 Dissolution d'un organisme. Le juge des référés considère que l'acte portant dissolution d'un organisme crée par lui-même une situation d'urgence. L'urgence est ainsi présumée pour la dissolution :

- d'une chambre des métiers[4] ;
- d'un établissement public de coopération intercommunale[5].

222.271 Modification des compétences d'un EPCI. Quand un arrêté préfectoral a pour objet de modifier la répartition des compétences entre une collectivité territoriale et un groupement de collectivités territoriales ou entre deux groupements de collectivités territoriales, la condition d'urgence à laquelle est subordonné l'octroi d'une mesure de suspension en application de l'article L. 521-1 du CJA doit en principe, « eu égard à la nature de cette décision », être regardée comme remplie[6].

222.272 Exécution d'un contrat malgré une injonction de ne pas signer. Lorsqu'une collectivité publique a signé un marché malgré l'injonction du juge du référé précontractuel d'en suspendre la signature, et que l'entreprise évincée introduit sur le fondement de l'article L. 521-1 du CJA un référé tendant à la suspension de l'exécution du marché (comme elle en a la faculté[7]), la condition d'urgence est présumée établie[8].

1. CE 26 janv. 2005, SCI Chopin-Leturc, req. n° 272126, *Lebon T.* 1030 ; *AJDA* 2005. 623 ; *BJDU* 2005. 142, concl. C. Devys.
2. CE 27 avr. 2011, SARL LB prestations de services, req. n° 342329, *Lebon T.* ; *AJDA* 2011. 874 ; *RDI* 2011. 413, obs. P. Soler-Couteaux ; *AJCT* 2011. 422, obs. G. Forest.
3. CE 7 févr. 2007, C^ne^ de Laval-du-Tarn, req. n° 287741, *Lebon T.* ; *AJDA* 2007. 335 ; *BJCL* 2007. 262, concl. F. Séners.
4. CE, ord., 11 juill. 2001, chambre des métiers de Haute-Corse, req. n° 235001, *Lebon T.* 1105.
5. CE 28 déc. 2005, Synd. intercommunal de Lens-Avion, req. n° 283249, *Lebon T.* 1029 ; *AJDA* 2006. 63 ; *BJCL* 2006. 144, concl. E. Glaser ; *Dr. adm.* 2006/4, comm. n° 67, note E. Glaser – CE 17 mars 2017, min. de l'Intérieur c/Communauté de communes du Cordais et du Causse, req. n° 404891, *Lebon T.* ; *AJDA* 2017. 607 (p^t^ 3).
6. CE 30 déc. 2009, Sivu du centre social intercommunal rural, req. n° 328184, *Lebon T.* 893 ; *AJDA* 2010. 6 – CE 17 mars 2017, min. de l'Intérieur c/Communauté de communes du Cordais et du Causse, req. n° 404891, *Lebon T.* ; *AJDA* 2017. 607 (p^t^ 3).
7. CE, ass., 16 juill. 2007, S^té^ Tropic Travaux Signalisation, req. n° 291545, *Lebon* 360 ; *AJDA* 2007. 1577, Chron. F. Lenica et J. Boucher ; *AJDA* 2007. 1497, tribune S. Braconnier ; *AJDA* 2007. 1777, tribune J.-M. Woehrling ; *D.* 2007. 2500, note D. Capitant ; *GACA*, 5e éd., 2016, n° 69 ; *Mélanges Genevois* 2008. 977, étude B. Seiller ; *RDI* 2007. 429, obs. J.-D. Dreyfus ; *RDI* 2008. 42, obs. R. Noguellou ; *RDI*. 2009. 246, obs. R. Noguellou ; *RFDA* 2007. 696, concl. D. Casas ; *RFDA* 2007. 917, étude F. Moderne ; *RFDA* 2007. 923, note D. Pouyaud ; *RFDA* 2007. 935, étude M. Canedo-Paris ; *RTD civ.* 2007. 531, obs. P. Deumier ; *RTD eur.* 2008. 835, Chron. D. Ritleng, A. Bouveresse et J.-P. Kovar.
8. CE 6 mars 2009, S^té^ Biomérieux, req. n° 324064, *Lebon* ; *AJDA* 2009. 455 ; *BJCP* 2009. 231, concl. N. Boulouis ; *JCP Adm.* 2009, n° 2107, obs. F. Linditch.

222.273 Refus de renouvellement ou retrait d'un titre de séjour. Le Conseil d'État considère que lorsque l'intéressé se trouve en situation régulière au moment où intervient la décision, la condition d'urgence « sera en principe constatée dans le cas d'un refus de renouvellement du titre de séjour, comme d'ailleurs d'un retrait de celui-ci »[1].

222.274 Mesure d'expulsion pouvant être exécutée à tout moment. Le Conseil d'État a affirmé « qu'eu égard à son objet et à ses effets, une décision prononçant l'expulsion d'un étranger du territoire français porte, en principe, par elle-même atteinte de manière grave et immédiate à la situation de la personne qu'elle vise et crée, dès lors, une situation d'urgence justifiant que soit, le cas échéant, prononcée la suspension de cette décision »[2]. Cette présomption d'urgence ne joue que lorsque la mesure d'expulsion peut être exécutée à tout moment[3]. Il s'ensuit qu'elle ne s'applique pas lorsque la mesure d'expulsion est assortie d'une assignation à résidence sur le fondement de l'article L. 523-5 du Ceseda « dès lors que, dans un tel cas, la mesure d'expulsion ne peut en tout état de cause être exécutée qu'après l'intervention d'une décision d'abrogation de la décision d'assignation à résidence, laquelle ne peut être prise qu'en cas de faits nouveaux constitutifs d'un comportement préjudiciable à l'ordre public »[4]. Elle s'applique en revanche lorsque l'arrêté d'expulsion est assorti d'une assignation à résidence prononcée selon les modalités de l'article L. 523-3 du Ceseda dès lors que, dans ce cas de figure, l'arrêté d'expulsion peut être exécuté à tout moment[5].

222.275 Mise à l'isolement d'un détenu. Sous l'influence de la jurisprudence européenne et afin d'éviter une condamnation par la Cour de Strasbourg pour ineffectivité des voies de recours, le Conseil d'État a reconnu que, « eu égard à son objet et à ses effets sur les conditions de détention, la décision plaçant d'office à l'isolement une personne détenue ainsi que les décisions prolongeant éventuellement un tel placement, prises sur le fondement de l'article 726-1 du code de procédure pénale, portent en principe, sauf à ce que l'administration pénitentiaire fasse valoir des circonstances particulières, une atteinte grave et immédiate à la situation de la personne détenue, de nature à créer une situation d'urgence justifiant que le juge administratif des référés, saisi sur le fondement de l'article L. 521-1 du code de justice administrative, puisse ordonner la suspension de leur exécution s'il estime remplie l'autre condition posée par cet article »[6].

1. CE, sect., 14 mars 2001, min. de l'Intérieur c/Ameur, req. n° 229773, *Lebon* 123 ; *AJDA* 2001. 465, Chron. M. Guyomar et P. Collin ; *D.* 2001. 1364, et les obs. ; *RFDA* 2001. 673, concl. I. de Silva.
2. CE 26 sept. 2001, min. de l'Intérieur c/Mesbahi, req. n° 231204, *Lebon* 428 - CE 2 oct. 2002, Hakkar, req. n° 243685, *Lebon T.* 863 ; *AJDA* 2003. 150 ; *AJDA* 2002. 1180.
3. CE 18 févr. 2008, min. de l'Intérieur c/Idrissi, req. n° 306238, *Lebon T.*
4. CE 18 févr. 2008, min. de l'Intérieur c/Idrissi, req. n° 306238, préc.
5. CE 18 févr. 2008, min. de l'Intérieur c/Idrissi, req. n° 306238, préc.
6. CE 7 juin 2019, Mme Madani, req. n° 426772, *Lebon T.* ; *AJDA* 2019. 2137, concl. A. Iljic ; *Gaz. Pal.* 14 janv. 2020, p. 21, note M. Kamal-Girard ; *JCP Adm.* 2019, n° 2265, Chron. O. Le Bot ; *AJDP* 2019. 459, note J. Falxa - Arrêt revenant sur la jurisprudence antérieure refusant la reconnaissance de cette présomption : CE 29 déc. 2004, min. de la Justice c/Attou, req. n° 268826, *Lebon T.* 821 ; *AJDA* 2005. 511 ; *AJ pénal* 2005. 164, obs. J.-P. Céré ; *RSC* 2006. 423, obs. P. Poncela ; *Gaz. Pal.* 20-22 mars 2005. 10, concl. F. Donnat ; *Dr. adm.* 2005/5, comm. n° 75, note F. Donnat - CE 26 janv. 2007, Khider, req. n° 299267, *Lebon T.* 1010 ; *AJDA* 2007. 767 - CE 1er févr. 2012, Khider, req. n° 350899, *Lebon T.* 912.

222.276 Refus de poursuivre la prise en charge d'un jeune majeur. Eu égard aux effets particuliers d'une décision refusant de poursuivre la prise en charge, au titre des deux derniers alinéas de l'article L. 222-5 du code de l'action sociale et des familles, d'un jeune jusque-là confié à l'aide sociale à l'enfance, « la condition d'urgence doit en principe être constatée lorsqu'il demande la suspension d'une telle décision de refus »[1]. Cette présomption d'urgence concerne l'hypothèse dans laquelle un département décide de stopper la prise en charge d'un jeune majeur. Sa reconnaissance se justifie par le fait que la mesure expose l'intéressé à un risque important de précarisation et d'errance faute d'hébergement et d'accompagnement adapté.

b
Présomption d'urgence non reconnue

222.281 Urbanisme. Dans le domaine de l'urbanisme, la présomption d'urgence n'a pas été reconnue :

- pour une décision portant approbation d'un document d'urbanisme[2] ;
- pour une décision de préemption contestée par le propriétaire du bien préempté[3] ;
- pour le refus de dresser un procès-verbal pour méconnaissance des prescriptions d'un permis de construire[4].

222.282 Fonction publique. En matière de fonction publique, la présomption d'urgence n'a pas été reconnue :

- pour la décision de ne pas publier la vacance d'un emploi de fonctionnaire[5] ;
- pour la notation d'un agent public[6] ;
- pour le refus de l'administration d'assurer la protection d'un fonctionnaire au titre de l'article 11 de la loi du 13 juillet 1983[7].

222.283 Refus d'abroger un arrêté d'expulsion. Pour le Conseil d'État, l'intéressé qui demande la suspension d'un refus d'abroger un arrêté d'expulsion prononcé à son encontre doit justifier de circonstances particulières permettant d'établir la réalité de l'urgence, celle-ci n'étant pas présumée à cet égard[8].

222.284 Assignation à résidence d'un étranger en instance d'éloignement. Les mesures d'assignation à résidence prises à l'encontre des ressortissants étrangers en instance d'éloignement ne sauraient être regardées comme créant par elles-mêmes

1. CE 21 déc. 2018, M. Diakhaby, req. n° 421323, *Lebon T.* ; *AJDA* 2019. 998, note H. Rihal ; *JCP Adm.* 2019, n° 2077, Chron. O. Le Bot.
2. CE 11 janv. 2006, Assoc. de défense du site caussolois, req. n° 282217, NP ; *AJDA* 2006. 565 ; *BJDU* 2006. 59, concl. F. Séners : affirmant qu'« il ne saurait être présumé que l'exécution d'une décision portant approbation d'un document d'urbanisme crée une situation d'urgence ».
3. CE 14 nov. 2003, Colladant, req. n° 258248, *Lebon T.* 924 ; *AJDA* 2004. 895 ; *RDI* 2004. 215, obs. P. Soler-Couteaux.
4. V. s[s] n° 222.492.
5. CE 28 juin 2004, Espagne, req. n° 26034, *Lebon T.* 821.
6. CE 6 déc. 2004, min. de l'Économie c/Diascorn, req. n° 265848, *Lebon T.* 821 ; *AJDA* 2005. 342.
7. CE 12 janv. 2004, Devoge, req. n° 256204, *Lebon T.* 821 ; *AJDA* 2004. 1318.
8. CE 2 févr. 2004, Karker, req. n° 258280, *Lebon T.* 821.

une situation d'urgence au sens de l'article L. 521-1 du CJA[1]. Il en va ainsi même dans l'hypothèse où les intéressés sont accompagnés d'enfants mineurs, cette circonstance n'étant pas, à elle seule, de nature à caractériser une situation d'urgence[2].

222.285 Refus d'admission au séjour d'un demandeur d'asile relevant d'un pays sûr ou dont la demande d'asile est manifestement abusive ou frauduleuse. Il résulte de l'article L. 742-6 du Ceseda que la décision par laquelle le préfet refuse, en application des dispositions des 2° à 4° de l'article L. 741-4 du même code, d'admettre au séjour un demandeur d'asile, bien qu'elle ait pour conséquence de priver d'effet suspensif l'éventuel recours qu'il pourra former devant la Cour nationale du droit d'asile contre la décision de l'Ofpra si celle-ci rejette sa demande d'asile, n'a aucun effet propre sur son droit au séjour jusqu'à l'intervention de la décision de l'Ofpra. Dès lors, une telle décision ne porte pas, par elle-même, une atteinte suffisamment grave et immédiate à la situation du demandeur d'asile pour que la condition d'urgence à laquelle est subordonné l'octroi d'une mesure de suspension en application de l'article L. 521-1 du CJA soit, sauf circonstances particulières, toujours regardée comme remplie[3].

222.286 Suspension d'un maire. Saisi comme juge de cassation d'une ordonnance rejetant la demande de suspension dirigée contre la mesure préfectorale suspendant provisoirement un maire de ses fonctions, le Conseil d'État considère que le juge des référés n'a pas commis d'erreur de droit « en ne relevant pas que la nature de l'acte attaqué, et plus particulièrement son caractère irréversible, devait le conduire à présumer l'urgence qu'il y avait à en suspendre l'exécution »[4].

222.287 Retrait d'un EPCI. Ne bénéficie pas d'une présomption d'urgence la demande de suspension dirigée contre un arrêté préfectoral autorisant une commune à se retirer d'un EPCI[5]. En effet, l'arrêté autorisant une commune à se retirer d'un EPCI pour adhérer à un autre EPCI ne fait que modifier le périmètre de l'établissement. Les effets d'une telle mesure ne sont pas par eux-mêmes et automatiquement graves. Ils peuvent l'être dans certains cas (par exemple celui où la commune contribuait de façon importante au budget de l'EPCI) et ne pas l'être dans d'autres. L'appréciation de la gravité de cette mesure nécessite donc une appréciation au cas par cas, ce qui exclut la reconnaissance automatique de l'urgence.

222.288 Arrêté de carence. Un arrêté préfectoral, pris sur le fondement de l'article L. 309-9-1 du CCH, ayant pour objet de constater la carence d'une commune à respecter son objectif de construction de logements sociaux sur une période triennale ne crée pas, par lui-même, une situation d'urgence à l'égard de cette commune[6].

1. CE, ord., 27 août 2012, Gisti, req. n° 361402, *Lebon T.*, cons. n° 3.
2. CE, ord., 27 août 2012, Gisti, req. n° 361402, préc., cons. n° 3.
3. CE 20 févr. 2012, min. de l'Intérieur c/Anyanwu, req. n° 353150, *Lebon T.*
4. CE 7 juill. 2004, Mamère, req. n° 268974, NP ; *JCP Adm.* 2004, n° 1527, note E. Glaser et F. Séners.
5. CE 7 févr. 2020, Communauté de communes Coeur d'Ostrevent, req. n° 428919, *Lebon T.* ; *JCP Adm.* 2020, n° 2082, concl. L. Cytermann ; *JCP Adm.* 2020, n° 2159, Chron. O. Le Bot.
6. CE 3 oct. 2018, Commune de Neuilly-sur-Seine, req. n° 418700, *Lebon T.* ; *AJDA* 2018. 2298, concl. C. Barrois de Sarigny ; *JCP Adm.* 2019, n° 2077, Chron. O. Le Bot.

222.289 Relèvement de la vitesse autorisée sur une voie routière. Le Conseil d'État estime qu'« en jugeant que tout relèvement de la vitesse maximale autorisée pour la circulation était, par principe, de nature à réduire la sécurité routière et en en déduisant qu'un tel relèvement était constitutif d'une situation d'urgence, le juge des référés [...] a commis une erreur de droit »[1].

222.290 Validation d'un accord collectif ou d'un plan de sauvegarde de l'emploi. Le juge des référés ne commet pas d'erreur de droit en estimant que la condition d'urgence ne devait pas, par principe, être regardée comme remplie dans le cas où est demandée la suspension de l'une des décisions prévues à l'article L. 1233-57-1 du Code du travail validant un accord collectif ou homologuant un document de l'employeur relatifs à un plan de sauvegarde de l'emploi[2].

§ 3

Appréciation de l'urgence

222.301 Mise en balance des intérêts. Le juge des référés saisi d'une demande de suspension sur le fondement de l'article L. 521-1 du CJA doit apprécier l'urgence non seulement *in concreto* mais aussi de manière objective et globale. En d'autres termes, pour qualifier l'urgence ou l'absence d'urgence de la situation, le juge ne doit pas centrer son analyse sur les seuls intérêts du requérant (intérêt particulier, intérêt collectif ou intérêt général). Il doit également tenir compte des intérêts susceptibles de s'opposer à la reconnaissance de l'urgence (intérêt général ou intérêt des tiers). Cette appréciation est dite « globale » dès lors que le juge intègre dans son analyse l'ensemble des intérêts en présence. L'urgence à prononcer une mesure de suspension doit ainsi être confrontée avec l'urgence qu'il peut exister à ne pas prononcer cette mesure. En cas de bilan défavorable au requérant, l'intérêt général dont le défendeur a la charge ou la prise en compte de l'intérêt des tiers pourra faire obstacle à la reconnaissance de l'urgence.

A

Confrontation des intérêts en présence

1

Pesée des intérêts en jeu

222.311 Jurisprudence *préfet des Alpes-Maritimes*. L'appréciation globale de l'urgence a été consacrée par le Conseil d'État dans un arrêt de section du 28 février 2001, *préfet des Alpes-Maritimes*[3]. Le Conseil rappelle d'abord, en reprenant la formule de

1. CE 27 oct. 2006, Dp^t des Bouches-du-Rhône c/Juste, req. n° 294338, *Lebon T.* 1015 ; *AJDA* 2006. 2096 ; *AJDA* 2006. 2471 ; *BJCL* 2007. 58, concl. T. Olson.
2. CE 21 févr. 2014, Comité d'entreprise de la S^té IPL Atlantique et a., req. n° 374409, *Lebon T.* ; *AJDA* 2014. 424 ; *D.* 2014. 1115, obs. P. Lokiec et J. Porta ; *RDT* 2014. 353, Chron. C. Mayeur-Carpentier.
3. CE, sect., 28 févr. 2001, préfet des Alpes-Maritimes, req. n° 229562, *Lebon* 110 ; *AJDA* 2001. 461, Chron. M. Guyomar et P. Collin ; *AJDA* 2001. 465, Chron. M. Guyomar et P. Collin ; *D.* 2002. 2222, obs. R. Vandermeeren ; *GACA*, 5e éd., 2016, n° 12 ; *RFDA* 2001. 399, concl. P. Fombeur ; *Coll. terr.* 2001, comm. n° 126, note T. Célerier ; *BDEI* 2001. 9, note A. Seban ; *RD publ.* 2001. 758, obs. C. Guettier.

l'arrêt *Confédération nationale des radios libres*[1], « qu'il appartient au juge des référés d'apprécier concrètement, compte tenu des justifications fournies par le requérant, si les effets de l'acte litigieux sont de nature à caractériser une urgence justifiant que, sans attendre le jugement de la requête au fond, l'exécution de la décision soit suspendue ». Il ajoute « qu'il lui appartient également, l'urgence s'appréciant objectivement et compte tenu de l'ensemble des circonstances de chaque espèce, de faire apparaître dans sa décision tous les éléments qui, eu égard notamment à l'argumentation des parties, l'ont conduit à considérer que la suspension demandée revêtait un caractère d'urgence ».

En conséquence de cette approche, la Section annule l'ordonnance du juge des référés ayant prononcé, à la demande d'associations de protection de l'environnement, la suspension de l'exécution d'un arrêté préfectoral autorisant une société à exploiter un centre de stockage de déchets ménagers sur le territoire d'une commune située dans le département des Alpes-Maritimes. Le Conseil d'État indique que l'urgence devant « s'apprécier globalement et objectivement », il incombait au juge des référés de prendre en considération non seulement les conséquences de l'arrêté litigieux sur l'environnement, comme le souhaitaient les associations intéressées, mais également, comme le demandait le préfet, « les conséquences qu'une suspension pourrait avoir immédiatement sur les conditions d'élimination des déchets dans le département des Alpes-Maritimes ». En l'espèce, le Conseil confronte deux intérêts généraux : la protection de la salubrité publique et le respect de l'environnement. Il estime que l'urgence à éliminer les déchets l'emporte sur les risques éventuels que le fonctionnement de la décharge pourrait faire courir à l'environnement.

222.312 Bilan des urgences. Il résulte de la jurisprudence *préfet des Alpes-Maritimes*[2] que le juge des référés ne peut limiter son contrôle de l'urgence à la prise en compte des seuls intérêts du requérant. Il lui appartient de réaliser un bilan des urgences en confrontant l'urgence du demandeur à obtenir le prononcé d'une mesure de suspension et l'urgence à ce que son exécution soit poursuivie (dans l'intérêt général ou dans celui de tiers). Le juge est ainsi conduit à mettre en balance l'urgence à prononcer la mesure de suspension sollicitée et l'urgence à poursuivre l'exécution de l'acte litigieux. Il confronte le préjudice mis en avant par le requérant et le préjudice que subirait l'administration défenderesse ou les tiers si la décision attaquée était suspendue. Il intègre dans son analyse de l'urgence l'ensemble des circonstances de l'espèce : celles de nature à faire reconnaître l'urgence et celles de nature à exclure l'urgence.

222.313 Obligation du juge. Ce mode d'appréciation de l'urgence constitue une obligation pour le juge des référés. Le Conseil d'État a indiqué que « l'urgence [...] *doit* s'apprécier objectivement et globalement »[3], ou encore que « l'urgence *doit* être appré-

1. CE, sect., 19 janv. 2001, Confédération nationale des radios libres, req. n° 228815, *Lebon* 29, concl. L. Touvet ; *AJDA* 2001. 150, Chron. M. Guyomar et P. Collin ; *RFDA* 2001. 378, concl. L. Touvet ; *D.* 2001. 1414, note B. Seiller ; *D.* 2002. 2220, obs. R. Vandermeeren ; *GACA*, 5e éd., 2016, n° 11 ; *CJEG* 2001. 161, concl.
2. CE, sect., 28 févr. 2001, préfet des Alpes-Maritimes, req. n° 229562, préc.
3. CE, sect., 28 févr. 2001, préfet des Alpes-Maritimes, req. n° 229562, préc.

ciée objectivement et compte tenu de l'ensemble des circonstances de l'espèce »[1]. Par conséquent, il ne saurait être fait grief au juge des référés de s'être acquitté de cette obligation en prenant en compte, dans l'appréciation de l'urgence, « l'intérêt public de la décision dont la suspension était demandée »[2].

Il arrive que le juge fasse apparaître nettement dans sa décision la confrontation des intérêts en présence. Il examine, dans un premier temps, l'intérêt mis en avant par le demandeur puis, dans un second, les considérations susceptibles de s'y opposer. Il reconnaît l'urgence à suspendre du demandeur, et se prononce ensuite sur l'exigence d'une urgence à exécuter plus impérieuse[3]. Une telle rédaction, toutefois, ne se rencontre que rarement. Le plus souvent, l'intérêt s'opposant à l'urgence du demandeur n'est mentionné par le juge que comme un élément contribuant, parmi d'autres, à relativiser l'urgence mise en avant par celui-ci ou plus largement à faire regarder comme non remplie l'urgence invoquée[4]. En toute hypothèse, le juge des référés doit légalement justifier sa décision quant à l'intérêt susceptible de s'opposer à la suspension[5].

2
Identification des intérêts en jeu

222.321 Deux acteurs. Les intérêts susceptibles de s'opposer à la mesure de suspension (l'intérêt général, et plus exceptionnellement l'intérêt des tiers au litige) sont définis par le défendeur et par les éléments versés au dossier.

a
Urgence à exécuter invoquée par le défendeur

222.331 Rôle du défendeur. Le juge des référés va d'abord lire l'urgence « au regard des justifications apportées, dans la demande et *de l'argumentation présentée en défense* »[6]. Il en résulte que l'argumentation du défendeur mettant en avant l'urgence à exécuter la décision attaquée présente un caractère opérant ; le juge des

1. CE 13 sept. 2001, Féd. CFDT des syndicats de banques et sociétés financières, req. n° 237773, *Lebon* - CE 5 nov. 2001, C[ne] du Cannet-des-Maures, req. n° 234396, *Lebon* 540 ; *RDI* 2002. 168, obs. L. Derepas ; *BJDU* 2002. 48, concl. L. A.-F. Roul - CE 3 avr. 2006, SA Placoplâtre, req. n° 291023, *Lebon* 181 ; *AJDI* 2006. 755, note R. Hostiou.
2. CE 30 nov. 2001, SA Kerry, req. n° 233327, *Lebon T.* 1110 ; *AJDI* 2002. 232, obs. R. Hostiou ; *RDI* 2002. 135, obs. F. Donnat.
3. CE, ord., 19 oct. 2001, S[té] Capral, req. n° 238204, *Lebon* - CE 10 déc. 2001, min. de l'Intérieur c/Pérignon, req. n° 234896, *Lebon T.* 1110.
4. V. par ex. CE, sect., 22 févr. 2002, S[té] des pétroles Shell c/min. de l'Aménagement du territoire et de l'Environnement, req. n° 235345, *Lebon* 59 ; *CJEG* 2002. 454, concl. F. Lamy - CE, ord., 19 janv. 2004, S[té] T-Online France, req. n° 263012, *Lebon T.* 822 ; *AJDA* 2004. 1476, note S. Nicinski - CE, ord., 28 août 2002, S[té] des agrégés de l'Université, req. n° 249769, *Lebon T.* 422 - CE, ord., 5 mars 2001, Synd. des travailleurs corses, req. n° 230681, *Lebon T.*
5. CE 12 nov. 2007, min. de l'Agriculture c/SARL André Giraud, req. n° 304753, *Lebon T.* 1012 ; *AJDA* 2008. 265.
6. CE, sect., 25 avr. 2001, Assoc. des habitants du littoral du Morbihan c/C[ne] de Baden, req. n° 230025, *Lebon* 220 ; *AJDA* 2001. 465, Chron. M. Guyomar et P. Collin ; *RDI* 2001. 396, obs. P. Soler-Couteaux ; *RFDA* 2001. 849, concl. F. Lamy ; *RDI* 2001. 396, obs. P. Soler-Couteaux - CE 26 sept. 2001, S[té] de transports « La Mouette », req. n° 231978, *Lebon T.* 1120 - CE 7 juill. 2004, Schneitter, req. n° 264456, *Lebon T.* 820.

référés entache son ordonnance d'une insuffisance de motivation s'il refuse ou s'abstient d'y répondre[1].

Le défendeur doit développer une argumentation précise et circonstanciée en faisant état d'éléments permettant de s'opposer à l'urgence mise en avant par le demandeur. Si le dossier ne révèle pas une urgence à exécuter la décision et que le défendeur ne met en avant aucune circonstance de nature à contredire l'urgence mise en avant par le demandeur, la condition d'urgence sera appréciée par le juge au regard des seuls éléments produits par ce dernier.

222.332 Invocation d'un intérêt public opérant. L'intérêt public (voir l'intérêt de tiers) invoqué par l'administration ne peut être pris en compte par le juge dans son appréciation de l'urgence que s'il présente un caractère opérant. Ainsi, lorsque la juridiction judiciaire a ordonné l'évacuation d'occupants sans titre d'un immeuble, l'administration ne peut faire valoir l'incidence qu'aurait l'expropriation de l'immeuble concerné sur la situation de ses occupants et le péril sanitaire qu'ils encourent, dès lors que la déclaration d'utilité publique contestée « ne comporte pas par elle-même des effets sur la situation » de ces derniers[2].

b
Urgence à exécuter soulevée par le juge

222.341 Office du juge. Dans son bilan de l'urgence, le juge n'est pas limité par les arguments du requérant et de l'administration défenderesse. Selon la formule jurisprudentielle, l'urgence s'apprécie « eu égard *notamment* à l'argumentation des parties »[3]. Il en résulte que le juge des référés peut d'office soulever l'urgence à ne pas ordonner la mesure de suspension alors même que celle-ci n'aurait pas été opposée par le défendeur. Cela ne peut être le cas que lorsque l'urgence à ne pas suspendre résulte des pièces du dossier, notamment des motifs de l'acte attaqué ou encore de l'objet du litige[4].

Il semblerait que la prise en compte de l'urgence à ne pas suspendre, lorsque celle-ci ressort des pièces du dossier, représente une obligation pour le juge des référés. En effet, le juge de cassation a censuré (au titre de la dénaturation) l'ordonnance du

1. CE, sect., 28 févr. 2001, préfet des Alpes-Maritimes, req. n° 229562, *Lebon* 110 ; *AJDA* 2001. 461, Chron. M. Guyomar et P. Collin ; *AJDA* 2001. 465, Chron. M. Guyomar et P. Collin ; *D.* 2002. 2222, obs. R. Vandermeeren ; *GACA*, 5e éd., 2016, n° 12 ; *RFDA* 2001. 399, concl. P. Fombeur ; *Coll. terr.* 2001, comm. n° 126, note T. Célerier ; *BDEI* 2001. 9, note A. Seban ; *RD publ.* 2001. 758, obs. C. Guettier – CE 5 nov. 2001, Cne du Cannet-des-Maures, req. n° 234396, *Lebon* 540 ; *RDI* 2002. 168, obs. L. Derepas ; *BJDU* 2002. 48, concl. L. A.-F. Roul – CE 10 déc. 2001, Cne de Saint-Jean-de-Luz, req. n° 235818, *Lebon T.* 1110 ; *BJDU* 2001. 469, concl. F. Séners ; *JCP* 2002, n° 10051, obs. J.-C. Zarka.
2. CE 25 mai 2005, Sté Résimo, req. n° 275864, *Lebon* 210 ; *AJDA* 2005. 2125, note F. Bouyssou ; *AJDI* 2006. 40 ; *RDI* 2005. 272, obs. F. Donnat.
3. CE, sect., 28 févr. 2001, préfet des Alpes-Maritimes, req. n° 229562, *Lebon* 110 ; *AJDA* 2001. 461, Chron. M. Guyomar et P. Collin ; *AJDA* 2001. 465, Chron. M. Guyomar et P. Collin ; *D.* 2002. 2222, obs. R. Vandermeeren ; *GACA*, 5e éd., 2016, n° 12 ; *RFDA* 2001. 399, concl. P. Fombeur ; *Coll. terr.* 2001, comm. n° 126, note T. Célerier ; *BDEI* 2001. 9, note A. Seban ; *RD publ.* 2001. 758, obs. C. Guettier.
4. V., à propos d'un refus de permis de construire, CE 23 avr. 2003, SARL Siminvest, req. n° 251989, *Lebon* ; *Dr. adm.* 2003, comm. n° 133, note P. Cassia : demande de suspension rejetée pour absence d'urgence selon la procédure de tri de l'article L. 522-3 du CJA, donc au seul vu de la requête, le juge s'appuyant sur les motifs du refus de permis de construire, « liés à la sécurité des personnes et à la salubrité publique ».

juge des référés qui avait fait droit à la demande de suspension de fouilles archéologiques présentée par la société requérante sans prendre en compte l'intérêt général qui s'attachait à la réalisation de ces fouilles[1].

222.342 Urgence à exécuter au vu de la requête. Le Conseil d'État a admis que le juge des référés puisse réaliser un bilan des urgences au stade de la procédure de tri, c'est-à-dire prendre en considération l'intérêt à ne pas prononcer la mesure et rejeter ainsi pour absence d'urgence au seul vu de la requête[2]. Toutefois, cette solution ne s'applique pas lorsque l'acte en cause est concerné par une présomption d'urgence[3]. Dans une telle hypothèse, le juge des référés ne peut se fonder sur l'absence d'urgence pour rejeter une demande de suspension par la procédure de tri (v. s[s] n° 213.63).

222.343 Urgence à exécuter au vu du dossier. L'urgence à exécuter peut être relevée d'office par le juge lorsque celui-ci statue après instruction contradictoire et audience publique (c'est-à-dire selon la procédure de l'article L. 522-1 du CJA). Il peut, de sa propre initiative, prendre en considération l'urgence à ne pas suspendre alors même qu'aucune considération d'intérêt général n'a été mise en avant par le défendeur. Le juge des référés du Conseil d'État a par exemple procédé de la sorte dans une ordonnance du 1er février 2008[4]. La requérante, nommée substitut du procureur à l'issue de sa formation à l'École nationale de la magistrature, demandait la suspension de deux sanctions prises à son encontre : l'une prononçant son exclusion définitive de l'école, l'autre lui retirant la qualité de magistrat. Le juge des référés considère que la condition d'urgence est remplie pour la première décision dans la mesure où elle prive la requérante de rémunération. Il considère qu'elle n'est pas satisfaite pour la seconde en relevant, de lui-même, une considération d'intérêt général non mise en avant par le garde des Sceaux : « eu égard à l'objet du litige qui, sur le fond, a trait à la condition de bonne moralité prévue par le statut de la magistrature, l'intérêt général lié au bon fonctionnement du service public de la justice s'oppose à l'entrée en fonction de [la requérante] en qualité de magistrat, avant qu'il ne soit statué sur le fond du litige »[5].

B

Résultat de la confrontation des intérêts

222.351 Deux possibilités. Le juge réalise un arbitrage entre les intérêts en conflit et fait prévaloir celui qu'il regarde comme étant le plus important dans les circonstances litigieuses. La confrontation des intérêts mis en avant par le requérant et des intérêts auxquels ils sont susceptibles de s'opposer peut déboucher sur deux situations[6]. La balance peut d'abord pencher du côté du requérant et, par voie de consé-

1. CE 25 juill. 2008, min. de la Culture c/S[té] Élite Invest, req. n° 314707, *Lebon T.* ; *AJDA* 2008. 1522 ; *JCP Adm.* 2008, n° 2233, obs. J.-M. Pontier.
2. CE 23 avr. 2003, SARL Siminvest, req. n° 251989, *Lebon* 178 ; *Dr. adm.* 2003. comm. n° 133, note P. Cassia.
3. CE 26 janv. 2005, Clech, req. n° 273955, NP ; *AJDA* 2005. 742 ; *BJDU* 2005. 146, obs. J.-C. Bonichot.
4. CE, ord., 1er févr. 2008, Tacite, req. n° 311939, NP ; *AJDA* 2008. 1167.
5. Pour la décision rendue au principal, v. CE, sect., 1er oct. 2010, Tacite, req. n° 311938, *Lebon* ; *AJDA* 2010. 1856 ; *D.* 2010. 2373, obs. M.-C. de Montecler ; *AJFP* 2011. 141, note S. Alpha Ndiaye.
6. En l'absence d'opposition, c'est-à-dire lorsque l'ensemble des intérêts coïncident, il n'y a pas lieu à bilan et l'urgence est admise.

quence, justifier la reconnaissance de l'urgence. Elle peut également être favorable au défendeur et, par suite, faire obstacle à sa reconnaissance.

1

Bilan favorable au requérant : urgence reconnue

222.361 Absence ou insuffisance des intérêts s'opposant à la suspension. La condition d'urgence est regardée comme remplie lorsque l'urgence à suspendre, justifiée par le requérant ou présumée, ne se heurte à aucune considération tirée de l'intérêt général ou de l'intérêt des tiers. Il en va de même lorsque la considération susceptible de s'y opposer n'apparaît pas suffisamment importante pour prévaloir sur l'urgence à suspendre, et cela que le préjudice invoqué par le requérant se rapporte à un intérêt particulier[1], un intérêt collectif[2] ou un intérêt public[3].

222.362 Illustrations. À titre d'exemple, le bilan des urgences est défavorable à l'administration défenderesse lorsque celle-ci invoque une menace non avérée pour la santé publique. Il a en été jugé ainsi à propos d'une demande de suspension dirigée contre un arrêté municipal s'opposant à l'installation d'antennes-relais. Le juge des référés considère que l'urgence à suspendre, résultant de l'intérêt public qui s'attache à la couverture du territoire national par le réseau de téléphonie mobile, doit prévaloir, faute d'étude établissant le risque de telles antennes sur la santé publique, sur l'urgence (éventuelle) à exécuter[4]. De même, la protection de la santé publique n'exclut pas l'urgence à suspendre l'arrêté ordonnant l'abattage de deux éléphants suspectés d'être contaminés par la tuberculose, dès lors que des moyens existent pour « prévenir efficacement les risques de contamination, au moins pendant la période nécessaire à l'examen par le tribunal administratif [...] de la demande tendant à l'annulation de cet arrêté »[5].

Un bilan identique s'impose lorsque l'administration invoque en défense, pour justifier l'urgence à exécuter l'ordonnance n° 2005-892 du 2 août 2005 relative à l'aménagement des règles de décompte des effectifs des entreprises, un objectif de sauvegarde de l'emploi qui s'avère en l'espèce insuffisant pour contredire l'urgence à en suspendre l'exécution. L'ordonnance litigieuse permet, pour l'application des dispositions du Code du travail subordonnant leur application à une condition d'effectif, d'exclure les salariés âgés de moins de vingt-six ans du décompte de cet effectif. Le Conseil d'État estime que l'application de cette mesure « porte une atteinte suffi-

1. V. par ex. CE, ord., 19 oct. 2001, Sté Capral, req. n° 238204, *Lebon* - CE, sect., 22 févr. 2002, Sté des pétroles Shell c/min. de l'Aménagement du territoire et de l'Environnement, req. n° 235345, *Lebon* 59 ; *CJEG* 2002. 454, concl. F. Lamy - CE, ord., 12 mai 2005, Zerbib, req. n° 279011, *Lebon T.* 1031 ; *RTD com.* 2005. 561.
2. V. par ex. CE 23 nov. 2005, CGT-FO, req. n° 286440, *Lebon* 523 ; *D.* 2005. 2972.
3. CE 13 nov. 2002, Sté française de radiotéléphone (SFR), req. n° 244773, NP - CE 2 juill. 2008, Sté française de radiotéléphone (SFR), req. n° 310548, *Lebon* 260 ; *AJDA* 2008. 1359 ; *D.* 2009. 2448, obs. F.-G. Trébulle ; *RDI* 2008. 493, obs. F.-G. Trébulle.
4. CE 13 nov. 2002, Sté française de radiotéléphone (SFR), req. n° 244773, NP - CE 2 juill. 2008, Sté française de radiotéléphone (SFR), req. n° 310548, *Lebon* 260 ; *AJDA* 2008. 1359 ; *D.* 2009. 2448, obs. F.-G. Trébulle ; *RDI* 2008. 493, obs. F.-G. Trébulle.
5. CE 27 févr. 2013, Sté Promogil, req. n° 364751, *Lebon T.* ; *AJDA* 2013. 436 ; *LPA* 8 avr. 2013, n° 70, p. 10, comm. O. Le Bot.

samment grave et immédiate » aux intérêts que le syndicat requérant entend défendre. Il en déduit « qu'ainsi, et alors même que le ministre de l'Emploi, de la Cohésion sociale et du Logement fait valoir que la mesure contestée a été inspirée par l'objectif de favoriser l'emploi, la condition tenant à l'urgence doit être regardée comme remplie »[1].

2
Bilan défavorable au requérant : urgence refusée

222.371 Prévalence de l'urgence à exécuter sur l'urgence à suspendre. Le bilan des urgences est défavorable au demandeur, et la condition d'urgence n'est pas remplie lorsque l'intérêt (public, collectif ou des tiers) commandant d'exécuter la décision prévaut sur l'intérêt (particulier, collectif ou public) invoqué par le requérant en faveur de sa suspension.

a
Prévalence d'un intérêt public sur l'intérêt particulier du requérant

222.381 Santé publique. L'impératif de protection de la santé publique exclut l'urgence à suspendre :

– des décisions relatives à l'abattage d'animaux d'élevage dans le cadre de la lutte contre la fièvre aphteuse, en dépit du préjudice financier que ces décisions génèrent pour les agriculteurs et industriels concernés[2] ;

– la décision modifiant la notice d'utilisation d'un médicament en tant qu'elle étend cette modification aux génériques du médicament concerné : la société qui produit le médicament avait demandé la modification de la notice mais s'oppose à ce que cette modification s'étende aux génériques du médicament en cause ; l'urgence à suspendre est refusée dans la mesure où l'information des utilisateurs du médicament générique, « qui répond à un impératif de santé publique, serait compromise par la mesure de suspension demandée »[3].

222.382 Sécurité routière. Dans le contentieux du retrait de permis de conduire, la protection de la sécurité routière peut faire obstacle à la reconnaissance de l'urgence. Ainsi, la décision par laquelle un préfet informe un transporteur routier de la perte de validité de son permis de conduire et lui enjoint de restituer ce titre « porte une atteinte grave et immédiate à l'exercice de sa profession ». Néanmoins, dans les circonstances de l'espèce, cette décision « répond, eu égard à la gravité et au caractère répété des infractions au Code de la route commises par l'intéressé sur une brève période de temps, à des exigences de protection et de sécurité routière ». Le Conseil d'État en déduit « que, dans ces conditions, la condition d'urgence, qui doit s'apprécier objectivement et globalement, n'est pas remplie »[4].

1. CE 23 nov. 2005, CGT-FO, req. n° 286440, *Lebon* 523 ; *D.* 2005. 2972.
2. CE, ord., 2 avr. 2001, Communauté d'agglomération de Laval, req. n° 231874, NP – CE 15 mars 2006, min. de l'Agriculture c/Gaec de Beauplat, req. n° 286648, *Lebon T.* ; *AJDA* 2006. 1063.
3. CE, sect., 12 oct. 2001, S[té] des Produits Roche, req. n° 237376, *Lebon* 463 ; *AJDA* 2002. 123, Chron. M. Guyomar et P. Collin ; *D.* 2002. 2226, obs. R. Vandermeeren ; *GACA*, 5e éd., 2016, n° 10 ; *RFDA* 2002. 315, concl. P. Fombeur ; *JCP* 2002. 10020, note D. Cristol ; *LPA* 14 déc. 2001, n° 249, p. 17, note J.-M. Février ; *RD publ.* 2002. 773, obs. C. Guettier.
4. CE 10 déc. 2001, min. de l'Intérieur c/Pérignon, req. n° 234896, *Lebon T.* 1110.

De même, il n'y a pas d'urgence à suspendre la décision préfectorale retirant à une société l'agrément du contrôle technique des véhicules, dès lors qu'« eu égard à la gravité des manquements aux règles en vigueur commis par cette société et établis par l'administration, la poursuite de ses activités était susceptible de porter une atteinte grave et immédiate aux exigences de la sécurité routière »[1].

222.383 **Sécurité des consommateurs.** Alors même que la décision d'interdire la commercialisation de certains produits euphorisants affecte l'intérêt des producteurs, des distributeurs et des consommateurs de ces produits, il n'y a pas d'urgence à en ordonner la suspension dès lors que cette mesure vise à assurer la sécurité des consommateurs[2].

222.384 **Sécurité publique.** Si la décision de soumettre un détenu à des « rotations de sécurité », consistant en des changements d'affectation fréquents afin de prévenir les tentatives d'évasion, porte atteinte aux conditions de détention de l'intéressé, elle répond en l'espèce, « eu égard aux tentatives d'évasion répétées de l'intéressé, à sa dangerosité et à sa catégorie pénale, à des exigences de sécurité publique ». Par suite, la condition d'urgence posée par l'article L. 521-1 du CJA ne saurait être regardée comme remplie[3].

222.385 **Loyauté du marché financier et protection des investisseurs.** Saisi d'une demande de suspension de la décision par laquelle l'Autorité des marchés financiers a retiré au requérant sa carte professionnelle, le juge des référés du Conseil d'État a estimé « qu'eu égard, d'une part à la gravité des manquements reprochés [à l'intéressé], qui n'en conteste pas la matérialité, et d'autre part aux considérations d'intérêt général, relatives à la loyauté du marché et à la protection des épargnants et investisseurs », la condition d'urgence ne peut être regardée comme remplie[4].

222.386 **Fonctionnement du service public.** La décision modifiant les règles relatives au temps de travail des personnels concourant directement à la mise en circulation de l'euro ne crée pas une situation d'urgence « eu égard aux exigences qui s'attachent à la bonne exécution des opérations afférentes à cette mise en circulation »[5]. De même, des arrêtés ministériels fixant des programmes scolaires ayant été annulés, pour vice de forme, par le Conseil d'État, la suspension des arrêtés ministériels pris pour combler le vide créé par cette annulation contentieuse aurait pour effet d'interrompre la continuité des enseignements dispensés aux élèves des classes concernées et « porterait à l'intérêt général qui s'attache à cette continuité une atteinte excédant les inconvénients, dont la gravité n'est pas établie, qu'invoque

1. CE 31 juill. 2009, min. de l'Écologie c/S[té] Contrôlauto Saint-Pierre, req. n° 323931, NP : annulation de l'ordonnance du juge des référés ayant retenu l'urgence à suspendre au motif que la décision portait une atteinte grave et immédiate à la poursuite des activités de la société requérante.
2. CE, ord., 29 févr. 2008, Synd. national des entreprises gaies, req. n° 312707, NP.
3. CE, ass., 14 déc. 2007, Payet, req. n° 306432, *Lebon* ; *AJDA* 2008. 128, Chron. J. Boucher et B. Bourgeois-Machureau ; *D.* 2008. 820, note M. Herzog-Evans ; *D.* 2008. 1015, obs. J.-P. Céré, M. Herzog-Evans et E. Péchillon ; *RFDA* 2008. 104, concl. C. Landais ; *RD publ.* 2008. 658, Chron. C. Guettier ; *LPA* 3 juin 2008, n° 111, p. 10, note M. Canedo-Paris.
4. CE, ord., 24 janv. 2002, Hannoun, req. n° 240717, *Lebon T.* 864 ; *D.* 2002. 1278, note J.-C. Zarka.
5. CE, ord., 13 sept. 2001, Féd. CFDT des syndicats de banques et sociétés financières, req. n° 237773, *Lebon* 422.

[le requérant] ». Dans ces circonstances, la condition d'urgence requise par l'article L. 521-1 du CJA ne peut être regardée comme remplie[1].

222.387 Protection de sites naturels. Alors même qu'elle fait obstacle à la réalisation de l'installation industrielle projetée par la société requérante, il n'y a pas d'urgence à suspendre la délibération d'un conseil municipal révisant son plan d'occupation des sols afin de le rendre compatible avec un projet d'intérêt général tendant à la préservation d'une zone naturelle, « eu égard à l'intérêt public qui s'attache à l'exécution immédiate de la délibération attaquée »[2]. De même, si le rejet par le préfet de sa demande de permis de construire une éolienne comporte pour le pétitionnaire des conséquences dommageables, du fait du retard qu'elle implique pour la réalisation de son projet et la perception par lui des revenus qu'il escompte en retirer, ainsi que des risques que ce retard peut entraîner sur la prise en compte de son projet par Électricité de France (EDF), l'octroi du permis sollicité et l'installation de l'éolienne, avant l'intervention du jugement à rendre sur la légalité de la décision préfectorale, « porterait atteinte à l'intérêt public qui s'attache à la protection contre une atteinte non justifiée de la zone naturelle dans laquelle [l'intéressé] souhaite l'installer ». Le Conseil d'État en déduit « que, dans ces conditions, l'urgence, qui doit [...] s'apprécier globalement, ne justifie pas la suspension de ladite décision »[3]. Dans le même sens, le Conseil d'État a refusé l'urgence à suspendre la délibération d'un conseil municipal approuvant la réalisation d'une aire d'accueil des gens du voyage après avoir mis en perspective, d'un côté, la nécessité de « prévenir les atteintes à la salubrité publique et les conflits de voisinage qui peuvent résulter de rassemblements de gens du voyage en l'absence d'un accueil organisé sur le territoire de la commune », et d'un autre côté le « faible intérêt paysager du terrain d'assiette du projet ». L'urgence à exécuter apparaissant plus importante que l'urgence à suspendre, « la suspension de la délibération litigieuse ne présente pas un caractère d'urgence au sens de l'article L. 521-1 du Code de justice administrative »[4].

222.388 Réalisation de fouilles archéologiques. Saisi d'une demande de suspension dirigée contre un arrêté préfectoral prescrivant une opération de fouilles archéologiques préventives sur un terrain, le Conseil d'État affirme « que si l'arrêté [litigieux] est de nature à différer la réalisation de l'opération immobilière projetée par la société [requérante], il n'apparaît pas, en l'état de l'instruction, qu'eu égard à l'intérêt public qui s'attache [...] à la réalisation d'une fouille archéologique sur le terrain concerné, l'urgence justifie la suspension de cet arrêté »[5].

1. CE, ord., 28 août 2002, S[té] des agrégés de l'Université, req. n° 249769, *Lebon T.* 422.
2. CE 5 nov. 2001, C[ne] du Cannet-des-Maures, req. n° 234396, *Lebon* 540 ; *RDI* 2002. 168, obs. L. Derepas ; *BJDU* 2002. 48, concl. L. A.-F. Roul.
3. CE 25 nov. 2002, min. de l'Équipement c/Astoul, req. n° 248423, *Lebon T.* 862 ; *AJDA* 2003. 1290, note P.-P. Danna ; *BJDU* 2002. 472, concl. C. Maugüé ; *Dr. adm.* 2003/2, comm. n° 50, obs. C. Maugüé.
4. CE 10 déc. 2001, C[ne] de Saint-Jean-de-Luz, req. n° 235818, *Lebon T.* 1110 ; *BJDU* 2001. 469, concl. F. Séners ; *JCP* 2002, n° 10051, obs. J.-C. Zarka : annulation de l'ordonnance du premier juge ayant retenu l'urgence en se fondant exclusivement sur le risque de défrichement prochain de la parcelle boisée de la zone d'assiette du projet.
5. CE 25 juill. 2008, min. de la Culture c/S[té] Élite Invest, req. n° 314707, *Lebon T.* ; *AJDA* 2008. 1522 ; *JCP Adm.* 2008, n° 2233, obs. J.-M. Pontier.

b

Prévalence d'un intérêt public sur l'intérêt collectif invoqué par le requérant

222.391 **Ordre public.** À propos d'un refus de l'administration pénitentiaire de mettre fin immédiatement au placement de détenus dans le quartier disciplinaire d'une maison d'arrêt, un juge des référés a pu tenir compte à bon droit, pour juger que la condition d'urgence n'était pas remplie, « d'une part, de la situation invoquée par l'association requérante » (faisant état d'un taux d'occupation de 130 % et de la vétusté des locaux), « d'autre part, de l'intérêt public tenant à la sauvegarde de l'ordre public invoqué par l'administration » (en particulier la nécessité de disposer d'un quartier disciplinaire pour les détenus sanctionnés pour des actes d'une particulière gravité)[1].

c

Prévalence d'un intérêt public sur un autre intérêt public invoqué par le requérant

222.401 **Respect du droit de l'Union européenne.** Saisi d'une demande de suspension dirigée contre une décision ministérielle prévoyant, dans le cadre de la mise en place du passeport biométrique prescrite par le droit de l'Union européenne, l'installation dans 2 000 communes de stations d'enregistrement des données personnelles, le juge des référés confronte deux intérêts généraux pour conclure à l'absence d'urgence. Il affirme que « l'intérêt public lié à la préservation des deniers publics tel qu'il est invoqué, ne saurait prévaloir sur celui qui s'attache à ce que la France se conforme au règlement communautaire du 13 décembre 2004 qui lui impose de se mettre en mesure de délivrer à compter de l'été 2009, des passeports intégrant des données biométriques »[2].

d

Prévalence d'un intérêt collectif sur un autre intérêt collectif invoqué par le requérant

222.411 **Continuité du fonctionnement des institutions représentatives du personnel.** Saisi d'une demande de suspension de la décision par laquelle le directeur régional du travail et des transports a fixé la liste des établissements de la société Air France dans lesquels un comité d'établissement doit être institué en vue du prochain renouvellement du comité d'entreprise, le juge retient deux considérations pour conclure à l'absence d'urgence :

– d'une part la nature du litige, qui se limite à la création d'un établissement pour la Corse distinct de celui de la région Méditerranée ;

– d'autre part « l'intérêt que présente pour les salariés d'Air France la continuité du fonctionnement des institutions représentatives du personnel », dès lors que la suspension de cette décision aurait pour effet de priver les salariés d'Air France d'institutions représentatives du personnel dans l'attente du jugement au principal[3].

1. CE 9 avr. 2008, Assoc. française de l'Observatoire international des prisons, req. n° 311707, NP ; *AJDA* 2008. 1447, note J. Birnbaum.
2. CE, ord., 28 juill. 2008, Assoc. pour la promotion de l'image, req. n° 317878, NP.
3. CE, ord., 5 mars 2001, Synd. des travailleurs corses, req. n° 230681, *Lebon T.*

§ 4

Illustration et critères de l'urgence par type de contentieux

A

Urbanisme

1

Décision de préemption

a

Situation de l'acquéreur évincé

222.421 Urgence présumée. Le juge des référés estime qu'« eu égard à l'objet d'une décision de préemption et à ses effets vis-à-vis de l'acquéreur évincé, la condition d'urgence doit en principe être constatée lorsque celui-ci en demande la suspension »[1]. La présomption joue même lorsqu'il n'y a pas d'accord sur le prix et que, par conséquent, aucun transfert de propriété n'est intervenu à la date de la décision de préemption[2]. Elle cesse en revanche de s'appliquer lorsque l'acquéreur est entré en possession du bien ou du droit objet de la décision de préemption litigieuse[3].

222.422 Caducité de la promesse de vente. La circonstance que la promesse de vente comporte une clause de caducité dont le délai est atteint ou dont la mise en œuvre résulterait de l'exercice par la commune de son droit de préemption « n'est pas de nature, par elle-même, à priver de tout caractère d'urgence la suspension de la décision de préemption, cette clause ne faisant pas obstacle à ce que, d'un commun accord, les parties donnent suite aux engagements contenus dans la promesse au-delà du délai prévu ». Il peut ainsi subsister pour l'acquéreur évincé une urgence à obtenir la suspension de la décision de préemption[4].

222.423 Renversement de la présomption. La présomption d'urgence reconnue au bénéfice de l'acquéreur évincé étant une présomption simple, elle peut être renversée si l'administration fait état de circonstances particulières « tenant par exemple, s'agissant du droit de préemption urbain, à l'intérêt s'attachant à la réalisation rapide du projet qui a donné lieu à l'exercice du droit de préemption ou, s'agissant

1. CE 13 nov. 2002, Hourdin, req. n° 248851, *Lebon* 396 ; *AJDA* 2003. 695 ; *RDI* 2003. 205, obs. P. Soler-Couteaux ; *BJDU* 2002. 460, concl. J.-H. Stahl – CE 26 janv. 2005, Clech, req. n° 273955, NP ; *AJDA* 2005. 742 ; *BJDU* 2005. 146, obs. J.-C. Bonichot – CE 23 nov. 2005, C^ne^ de Pont de l'Arche, req. n° 280574, NP ; *AJDA* 2006. 217 – CE 23 janv. 2006, C^ne^ de Blauzac, req. n° 284788, NP ; *AJDA* 2006. 1006 ; *Rev. sociétés* 2006. 798, note N. Mathey – CE 12 nov. 2009, S^té^ Comilux et S^té^ Chavest, req. n° 327451, *Lebon T.* ; *AJDA* 2009. 2143 ; *AJDI* 2010. 737, obs. A. Lévy ; *RDI* 2010. 120, obs. P. Soler-Couteaux : indiquant que la société requérante « bénéficie, en sa qualité d'acquéreur évincé, d'une présomption d'urgence ».
2. CE 26 janv. 2005, SCI Chopin-Leturc, req. n° 272126, *Lebon T.* 1030 ; *AJDA* 2005. 623 ; *BJDU* 2005. 142, concl. C. Devys.
3. CE 27 avr. 2011, SARL LB prestations de services, req. n° 342329, *Lebon T.* ; *AJDA* 2011. 874 ; *RDI* 2011. 413, obs. P. Soler-Couteaux ; *AJCT* 2011. 422, obs. G. Forest.
4. CE 31 mai 2007, SCI Russie, req. n° 298545, *Lebon T.* 1011 ; *AJDA* 2007. 1104 ; *RDI* 2007. 366, obs. P. Soler-Couteaux : confirmant et précisant CE 13 nov. 2002, Hourdin, req. n° 248851, *Lebon* ; *AJDA* 2003. 695 ; *RDI* 2003. 205, obs. P. Soler-Couteaux ; *BJDU* 2002/6. 460, concl. J.-H. Stahl, obs. J.-C. Bonichot ; *Constr.-urb.* 2003/4. 22, obs. P. Cornille, et CE 22 avr. 2005, ville de Choisy-le-Roi, req. n° 274054, NP ; *RDI* 2005. 355, obs. P. Soler-Couteaux ; *BJDU* 2005. 424, concl. J.-H. Stahl.

du droit de préemption dans les espaces naturels sensibles, aux nécessités de l'intervention rapide de mesures de protection de milieux naturels fragiles »[1].

Ainsi, la demande de suspension présentée par l'acquéreur évincé satisfait à la condition d'urgence lorsque l'administration « ne fait état d'aucune circonstance particulière caractérisant la nécessité pour elle de réaliser immédiatement le projet qui a motivé l'exercice du droit de préemption »[2] ou lorsque les circonstances qu'elle invoque n'apparaissent pas suffisantes pour faire échec à la présomption d'urgence. N'ont pas été regardées comme suffisantes pour renverser la présomption d'urgence l'invocation, par la commune :

- de la nécessité pour elle d'implanter sur la parcelle litigieuse le siège de la communauté de communes[3] ;

- des projets en cours de réalisation sur la parcelle contiguë et de la dynamique générale de développement du quartier[4] ;

- de la nécessité pour elle de réaliser au plus vite l'opération en vue de laquelle le droit de préemption a été exercé sur un immeuble qui se trouve en zone d'aménagement concerté et qui lui donne une occasion unique de poursuivre son programme d'extension de parc de logements sociaux, ces éléments n'étant « pas constitutifs de circonstances particulières caractérisant la nécessité pour elle de réaliser immédiatement ladite opération alors, au surplus, que la décision de préemption ne vise pas la délibération [...] approuvant le dossier de réalisation de la zone et ne mentionne pas dans ses motifs la volonté de réaliser cette opération »[5].

222.424 Cas particuliers. Deux cas particuliers doivent être mentionnés.

D'une part, lorsque le propriétaire du bien préempté renonce, implicitement ou explicitement, à son aliénation, empêchant ainsi la collectivité publique titulaire du droit de préemption de l'acquérir, « l'urgence ne peut être regardée comme remplie au profit de l'acquéreur évincé que si celui-ci fait état de circonstances caractérisant la nécessité pour lui de réaliser à très brève échéance le projet qu'il envisage sur les parcelles considérées »[6].

D'autre part, si la collectivité publique titulaire du droit de préemption ne respecte pas le délai qui lui est imparti par l'article L. 213-14 du code de l'urbanisme pour payer ou consigner le prix d'acquisition, « la décision de préemption ne peut

1. CE 29 juin 2020, SCI Eaux Douces, req. n° 435502, *Lebon T.* ; *JCP Adm.* 2020, n° 2226, Chron. O. Le Bot ; *BJDU* 2020. 452, concl. M. Sirinelli.
2. CE 13 nov. 2002, Hourdin, req. n° 248851, *Lebon* ; *AJDA* 2003. 695 ; *RDI* 2003. 205, obs. P. Soler-Couteaux ; *BJDU* 2002/6. 460, concl. J.-H. Stahl, obs. J.-C. Bonichot ; *Constr.-urb.* 2003/4. 22, obs. P. Cornille.
3. CE 14 nov. 2007, SCI du Marais, req. n° 305620, *Lebon T.* ; *AJDA* 2007. 2175 ; *RDI* 2008. 63, obs. P. Soler-Couteaux.
4. CE 12 nov. 2009, Sté Comilux et Sté Chavest, req. n° 327451, *Lebon T.* ; *AJDA* 2009. 2143 ; *AJDI* 2010. 737, obs. A. Lévy ; *RDI* 2010. 120, obs. P. Soler-Couteaux.
5. CE 22 avr. 2005, ville de Choisy-le-Roi, req. n° 274054, NP ; *RDI* 2005. 355, obs. P. Soler-Couteaux ; *BJDU* 2005. 424, concl. J.-H. Stahl.
6. CE 29 juin 2020, SCI Eaux Douces, req. n° 435502, *Lebon T.* ; *JCP Adm.* 2020, n° 2226, Chron. O. Le Bot ; *BJDU* 2020. 452, concl. M. Sirinelli.

plus être exécutée et le vendeur peut aliéner librement son bien, de sorte que la condition d'urgence n'est, en tout état de cause, pas remplie »[1].

b
Situation du propriétaire du bien préempté

222.431 Urgence à prouver. Le propriétaire du bien préempté justifie de l'urgence à obtenir la suspension de la décision de préemption lorsqu'il établit devant le juge un besoin urgent de liquidités pour faire face à ses charges, par exemple :

– le « besoin de vendre rapidement son immeuble, afin de s'acquitter de ses obligations fiscales relatives aux droits de succession »[2] ;

– lorsque d'une part la vente de l'immeuble permettra à l'un des deux associés d'une SCI « de dégager des revenus nécessaires pour faire face à ses dépenses alors que, pour des raisons de santé, il a cessé toute activité professionnelle mais ne pourra pas percevoir de pension » avant plusieurs mois, et que, d'autre part, « la décision de préemption risque de faire perdre à la SCI la possibilité de réaliser la promesse de vente signée pour un montant de 835 000 euros alors que la décision de préemption propose un prix de cession de 424 600 euros »[3].

c
Décision de préemption incomplète et délibération décidant du principe d'une préemption

222.441 Exigence d'immédiateté du préjudice. Le juge des référés refuse de reconnaître l'urgence à suspendre en l'absence d'effet immédiat de la mesure relative à l'exercice du droit de préemption.

222.442 Délibération décidant du principe d'une revente. Ainsi, il n'y a pas d'urgence à suspendre la délibération du conseil municipal décidant du principe de la vente d'un bien acquis depuis moins de dix ans par l'exercice du droit de préemption, sans information de l'acquéreur évincé, dès lors que ce n'est qu'après la mise en œuvre d'un processus de vente par adjudication que l'article L. 213-11 du Code de l'urbanisme fait obligation à la commune de procéder à cette information[4].

222.443 Absence d'indication sur le prix. De même, la condition d'urgence n'est pas satisfaite, faute d'immédiateté du préjudice, lorsque la commune a manifesté son intention de préempter sans indiquer dans le délai de 2 mois (prescrit par l'article R. 213-8 du Code de l'urbanisme) le prix auquel elle entend acquérir le bien et que,

1. CE 29 juin 2020, SCI Eaux Douces, req. n° 435502, *Lebon T.* ; *JCP Adm.* 2020, n° 2226, Chron. O. Le Bot ; *BJDU* 2020. 452, concl. M. Sirinelli. Tel était le cas en l'espèce. Le département n'ayant ni payé ni consigné le prix d'acquisition dans le délai de 4 mois prévu par l'article L. 213-14, la décision de préemption ne faisait plus obstacle à la réalisation de la vente au profit de la SCI Eaux douces. Par suite, le juge estime que la condition d'urgence posée par l'article L. 521-1 du CJA ne peut être regardée comme remplie.
2. CE 14 nov. 2003, Colladant, req. n° 258248, *Lebon T.* 924 ; *AJDA* 2004. 895 ; *RDI* 2004. 215, obs. P. Soler-Couteaux.
3. CE 22 avr. 2005, ville de Choisy-le-Roi, req. n° 274054, NP ; *RDI* 2005. 355, obs. P. Soler-Couteaux ; *BJDU* 2005. 424, concl. J.-H. Stahl.
4. CE 15 juin 2001, ville de Nice c/Dutto, req. n° 231104, *Lebon T.* 1111 ; *RDI* 2001. 539, obs. L. Derepas.

par suite, sa décision ne peut avoir pour effet de s'opposer à ce que le compromis de vente conclu par la société requérante soit mis à exécution[1].

2
Autorisation d'urbanisme

a
Sursis à exécution

222.451 Décision de sursis à exécution sur une demande de permis de construire. Il appartient au juge des référés, saisi de conclusions à fin de suspension d'une décision de surseoir à statuer sur une demande de permis de construire, « d'apprécier et de motiver l'urgence, compte tenu de l'incidence immédiate du sursis à statuer sur la situation concrète de l'intéressé »[2]. La condition d'urgence est notamment regardée comme satisfaite lorsque cette décision est susceptible d'entraîner la levée de la promesse de vente[3].

b
Délivrance d'une autorisation d'urbanisme

222.461 Octroi d'un permis de construire. Eu égard au caractère difficilement réversible de la construction d'un bâtiment, l'urgence est en principe reconnue lorsque la demande de suspension porte sur un arrêté accordant un permis de construire[4], alors même que le requérant n'a pas « explicitement développé les motifs de l'urgence qui s'attachait à la suspension du permis de construire »[5] ou qu'il n'a présenté une demande de suspension que plusieurs mois après la délivrance de celuici[6]. Il en va ainsi alors même que la construction litigieuse, intervenant dans un domaine particulier (tel que la construction d'éoliennes), est soumise à une obligation légale de remise en état des lieux au terme de l'exploitation des installations en cause[7].

S'agissant de son champ d'application, la présomption d'urgence s'applique lorsque les travaux « vont commencer ou ont déjà commencé sans être pour autant achevés »[8]. Elle commence à jouer lorsque les travaux ont commencé, vont com-

1. CE 16 mai 2001, Cne de Saint-Suliac, req. n° 229739, *Lebon* 240 ; *D.* 2001. 2000 ; *RDI* 2001. 402, obs. L. Derepas – CE 9 avr. 2004, SCI Abimar, req. n° 262660, NP ; *BJDU* 2004. 305, concl. C. Devys.
2. CE 23 janv. 2004, Cne de Meyreuil, req. n° 257779, NP ; *BJDU* 2004. 63, concl. I. de Silva – V., dans le même sens, CE 12 juin 2013, Cne de Lambesc, req. n° 358922, *Lebon T.* ; *AJDA* 2013. 1250 ; *Constr.-Urb.* 2013. comm. 118, obs. P. Cornille : un sursis à statuer ne crée une situation d'urgence que si le requérant justifie, en invoquant des circonstances particulières, que cette décision affecte gravement sa situation.
3. CE 23 janv. 2004, Cne de Meyreuil, req. n° 257779, préc.
4. V. ss n° 222.261.
5. CE 25 oct. 2002, Cne du Thoronet, req. n° 243702, NP ; *AJDA* 2003. 351.
6. CE 14 mars 2003, Assoc. Air pur environnement, req. n° 251335, *Lebon T.* - CE 21 oct. 2005, Marel, req. n° 280188, NP ; *BJDU* 2006. 55, concl. H. Mitjaville – CE 6 oct. 2021, Mme Maillard et autres, req. n° 445733, *Lebon T.* ; *BJDU* 2021. 60, concl. Ph. Ranquet ; *JCP Adm.* 2022, n° 2061, Chron. O. Le Bot.
7. CE 29 janv. 2008, Sté EDF c/Assoc. Forum des Monts d'Orb, req. n° 307870, *Lebon T.* ; *AJDA* 2008. 221 ; *BJDU* 2008. 63, concl. N. Escaut : l'obligation de démantèlement en fin d'exploitation est sans incidence sur le caractère difficilement réversible de la construction.
8. CE 9 juin 2004, Magniez, req. n° 265457, *Lebon T.* 821 – CE 20 avr. 2005, ville de Lille, req. n° 278186, NP - CE 13 janv. 2006, Assoc. Transparence, req. n° 275021, NP - CE 15 juin 2007, Arnaud, req. n° 300208, *Lebon T.* 1010 ; *AJDA* 2007. 1215 – CE 9 févr. 2011, Chastanet, req. n° 338831, NP.

mencer ou « sont susceptibles de commencer »[1]. La présomption s'applique même si le début des opérations porte sur l'abattage d'arbres, qui aurait pu être réalisé sans autorisation administrative préalable[2]. La présomption cesse de jouer lorsque les travaux sont achevés, ou du moins que les travaux objet de la contestation sont achevés[3].

La présomption s'applique quelle que soit la qualité du requérant[4] : voisin[5], association[6] ou encore gestionnaire de la voie publique[7].

La présomption peut être renversée « au cas où le pétitionnaire ou l'autorité qui a délivré le permis justifient de circonstances particulières, qui peuvent tenir à l'intérêt s'attachant à ce que la construction projetée soit édifiée sans délai ou au caractère aisément réversible des travaux autorisés par la décision litigieuse »[8]. Ainsi, la présomption d'urgence peut-elle être renversée, et l'urgence reconnue :

- lorsque les travaux autorisés consistent en des travaux de restauration nécessaires pour garantir la sauvegarde d'un immeuble classé au titre des monuments historiques[9] ;

- pour l'autorisation de construire un centre d'hébergement modulaire compte tenu de son caractère provisoire (il sera démonté au bout de trois ans) et du contexte d'urgence sociale résultant d'une insuffisance des capacités d'accueil[10] ;

- pour une décision autorisant la construction d'une passerelle le long d'un bâtiment existant dès lors que cette passerelle, de faible dimension, vise à permettre un accès des personnes handicapées au bâtiment et que, en regard, la requérante fait seulement valoir en termes généraux que cet ouvrage offrira à ses utilisateurs un point de vue sur sa propriété et pourra être la source de désagréments[11] ;

- pour une décision autorisant la rénovation d'un stade, dès lors que l'exécution de cette décision « ne donnera lieu, pendant les six premiers mois, qu'à des travaux d'installation des équipements et de préparation du chantier et, d'autre part, qu'un report supplémentaire de la date d'ouverture du chantier de rénovation du stade [...] entraînerait un coût financier considérable pour la [commune], notamment du fait

1. CE 17 déc. 2010, Andrieux, req. n° 340177, NP.
2. CE 9 juin 2004, Magniez, req. n° 265457, *Lebon T.* 821.
3. CE 26 juin 2002, Demblans, req. n° 240487, *Lebon T.* 863 ; *AJDA* 2002. 766 ; *RDI* 2002. 4 32, obs. P. Soler-Couteaux : construction pour l'essentiel terminée, seul l'enduit extérieur prévu par le permis de construire n'étant pas encore réalisé : absence d'urgence, alors même « que l'objet du litige portait sur le principe même de l'implantation de la construction dans une partie non urbanisée de la commune ».
4. CE 16 janv. 2008, Conseil général de la Haute-Garonne, req. n° 305696, NP.
5. CE 27 juill. 2001, Cne de Meudon, req. n° 231991, *Lebon T.* 1115 ; et CE 27 juill. 2001, Cne de Tulle, req. n° 230231, *Lebon T.* 1115 ; *RDI* 2001. 542, obs. P. Soler-Couteaux ; *BJDU* 2001. 381, concl. D. Chauvaux.
6. CE 13 janv. 2006, Assoc. Transparence, req. n° 275021, NP - CE 29 janv. 2008, Sté EDF c/Assoc. Forum des Monts d'Orb, req. n° 307870, *Lebon T.* ; *AJDA* 2008. 221 ; *BJDU* 2008. 63, concl. N. Escaut.
7. CE 16 janv. 2008, Conseil général de la Haute-Garonne, req. n° 305696, NP.
8. CE 9 févr. 2011, Chastanet, req. n° 338831, NP. V., confirmant le maintien du caractère réfragable de la présomption après sa reconnaissance législative par la loi ÉLAN, CE 26 mai 2021, M. Frangi et autres, req. n° 436902, *Lebon T.* ; *JCP Adm.* 2021, n° 2260, Chron. O. Le Bot ; *BJDU* 2021. 291, concl. S. Hoynck.
9. CE 28 sept. 2011, SCI 30 rue de Thionville, req. n° 345699, *Lebon T.* ; *AJDA* 2011. 1868.
10. TA Paris, ord., 22 avr. 2016, Coordination pour la sauvegarde du bois de Boulogne, req. n° 1604896, *AJDA* 2016. 813.
11. CE 22 mars 2010, Seghier, req. n° 324763, *Lebon T.* ; *AJDA* 2010. 646.

du préjudice subi par les entreprises bénéficiaires des contrats conclus pour l'opération, et risquerait de compromettre la réalisation du projet, alors que le stade ne peut, en l'état, accueillir de compétitions sportives dans des conditions conformes aux normes nationales et européennes en la matière »[1].

En revanche, la présomption d'urgence est maintenue lorsque ni l'administration ni le pétitionnaire n'invoquent de circonstances particulières[2], ou lorsque les circonstances particulières invoquées sont insuffisantes. N'ont pas été regardées comme des circonstances suffisantes pour renverser cette présomption la circonstance, invoquée par la commune :

– que l'exploitation de l'installation classée a été autorisée par arrêté préfectoral et qu'elle constitue un progrès technique pour la préservation de l'environnement[3] ;

– que les sept éoliennes autorisées par le permis « présentaient à la fois un intérêt public national et un intérêt public local pour la commune »[4] ;

– que l'arrêt des travaux emporterait un risque d'éboulement alors que, d'une part, la poursuite de l'exécution du permis n'a pas pour objet de pallier ce risque et, d'autre part, que la suspension de son exécution ne ferait obstacle ni à la mise en œuvre par le pétitionnaire de toute mesure nécessaire pour prévenir les risques résultant du chantier engagé, ni à l'adoption par les autorités compétentes de mesures appropriées pour prévenir toute atteinte à la sécurité publique[5].

222.462 **Décision de non-opposition à déclaration préalable.** Eu égard au caractère difficilement réversible d'une construction autorisée par une décision de non-opposition à déclaration préalable, la condition d'urgence doit en principe être constatée lorsque les travaux vont commencer ou ont déjà commencé sans être pour autant achevés[6].

La présomption peut être renversée « notamment dans le cas où le bénéficiaire de l'arrêté justifie du caractère limité des travaux en cause ou de l'intérêt s'attachant à la réalisation rapide du projet envisagé »[7].

C
Retrait ou refus

222.471 **Retrait d'un permis de construire.** Il n'y a pas d'urgence à suspendre un retrait de permis de construire lorsque le requérant invoque uniquement un risque – inavéré – de péremption du permis. En effet, dans la mesure où une décision de retrait du permis de construire a pour effet d'interrompre le délai de péremption de deux ans du permis de construire, jusqu'à ce que le tribunal administratif se soit pro-

1. CE 20 avr. 2005, ville de Lille, req. n° 278186, NP : relevant en outre que le jugement sur le fond « devrait intervenir dans un délai n'excédant pas quatre mois ».
2. CE 9 juin 2004, Magniez, req. n° 265457, *Lebon T.* 821 – CE 17 déc. 2010, Andrieux, req. n° 340177, NP.
3. CE 13 janv. 2006, Assoc. Transparence, req. n° 275021, NP.
4. CE 29 janv. 2008, Sté EDF c/Assoc. Forum des Monts d'Orb, req. n° 307870, *Lebon T.* ; *AJDA* 2008. 221 ; *BJDU* 2008. 63, concl. N. Escaut.
5. CE 16 févr. 2011, Copropriété « Les Bleuets » et copropriété « Primevère », req. n° 341422, *Lebon T.* ; *AJDA* 2011. 358 ; *RDI* 2011. 350, obs. P. Soler-Couteaux ; *AJCT* 2011. 203, obs. R. Bonnefont.
6. V. ss n° 222.262.
7. CE 25 juill. 2013, SARL Lodge At Val, req. n° 363537, préc.

noncé au fond sur la légalité de cette décision, l'urgence à suspendre ne peut résulter de l'invocation par le demandeur d'un risque de péremption[1].

222.472 Refus d'un permis de construire. L'urgence à suspendre un refus de permis de construire n'est pas présumée. En conséquence, il appartient au requérant demandant la suspension d'un tel refus de faire état d'éléments justifiant l'atteinte grave et immédiate que cette décision porte à sa situation ou aux intérêts qu'il invoque.

Dans l'hypothèse où le requérant parvient à justifier d'une atteinte grave et immédiate, l'urgence à exécuter peut néanmoins faire obstacle à la reconnaissance de l'urgence à suspendre. Ainsi, si le rejet par le préfet de sa demande de permis de construire une éolienne comporte pour le pétitionnaire des conséquences dommageables, du fait du retard qu'elle implique pour la réalisation de son projet et la perception par lui des revenus qu'il escompte en retirer ainsi que des risques que ce retard peut entraîner sur la prise en compte de son projet par Électricité de France (EDF), l'octroi du permis sollicité et l'installation de l'éolienne, avant l'intervention du jugement à rendre sur la légalité de la décision préfectorale, « porterait atteinte à l'intérêt public qui s'attache à la protection contre une atteinte non justifiée de la zone naturelle dans laquelle [l'intéressé] souhaite l'installer ». Le Conseil d'État en déduit « que, dans ces conditions, l'urgence, qui doit [...] s'apprécier globalement, ne justifie pas la suspension de ladite décision »[2].

De même, le juge tend à reconnaître l'urgence à suspendre un refus de permis de construire lorsqu'une promesse de vente (ou de bail à long terme) a été conclue sous condition suspensive d'obtention d'un permis de construire et que la caducité de la promesse est imminente[3].

A également été reconnue l'urgence à suspendre un refus de permis de construire :

– en raison des circonstances de l'espèce résultant notamment de l'ancienneté de la demande de permis de construire et de l'existence de refus successifs annulés par les jugements devenus définitifs[4] ;

– eu égard à l'obligation contractuelle imposée par l'assureur du propriétaire, aux termes de laquelle le versement du solde de l'indemnité d'assurance destinée à la reconstruction du bâtiment en cause lui serait versé à condition que celle-ci soit achevée dans un délai de deux ans à compter de la date du sinistre, compte tenu du risque financier encouru par le requérant et du temps nécessaire pour mener à bien la reconstruction[5].

1. CE 30 juill. 2003, min. de l'Équipement c/Thenault, req. n° 255368, *Lebon T.* 923 ; *AJDA* 2004. 47 ; *BJDU* 2003. 411, concl. C. Maugüé.
2. CE 25 nov. 2002, min. de l'Équipement c/Astoul, req. n° 248423, *Lebon T.* 862 ; *AJDA* 2003. 1290, note P.-P. Danna ; *BJDU* 2002. 472, concl. C. Maugüé ; *Dr. adm.* 2003/2, comm. n° 50, obs. C. Maugüé.
3. PAR EX. : CE 14 oct. 2009, Sté Eurovia Lorraine, req. n° 327930, NP ; – ÉGALEMENT, en l'absence de condition suspensive mais privant la propriétaire de la moitié de ses revenus : CE 29 janv. 2010, Lagravère, req. n° 330480, NP.
4. CE 9 mai 2001, Scy-Chazelles (Cne), req. n° 230705, NP ; – DANS LE MÊME SENS : CE 1er oct. 2008, Soliers (Cne), req. n° 315865, NP.
5. CE 25 mai 2011, Berck-sur-Mer (Cne), req. n° 342124, NP.

222.473 Refus d'un permis de démolir. Il n'y a pas d'urgence à suspendre le refus de permis de démolir :

– lorsque le requérant invoque que son obtention est nécessaire pour la réalisation d'une construction autorisée par un permis de construire, alors que le risque allégué de péremption du permis de construire n'est pas encouru en l'espèce[1] ;

– lorsque le requérant invoque l'éventualité de la perte du bénéfice de la promesse de vente, alors que ledit refus entraîne le maintien des effets de la condition suspensive et non pas la caducité de la promesse de vente[2].

222.474 Refus de délivrer une autorisation d'urbanisme de régularisation. Dans l'hypothèse où la demande de suspension est dirigée contre un refus de délivrer une autorisation d'urbanisme permettant la régularisation d'une construction irrégulièrement réalisée, le juge des référés doit prendre en compte, dans son appréciation de l'urgence, le risque de démolition d'office par l'autorité administrative en cas de condamnation à démolir prononcée par une juridiction judiciaire[3].

222.475 Opposition à une antenne-relais. La couverture du territoire par le réseau de téléphonie mobile constituant une priorité nationale, l'urgence est très facilement reconnue en cas de recours dirigé par un opérateur contre un refus d'installation qui lui est opposé. Ainsi, satisfait à la condition d'urgence, en raison de l'intérêt général qui s'attache à cette couverture :

– la décision d'un maire de s'opposer à une déclaration de travaux en vue d'installer une antenne-relais de téléphonie mobile[4] ;

– ou la décision imposant des conditions à l'installation d'antennes-relais dans un périmètre de 100 mètres autour de certains établissements[5].

L'urgence à suspendre de telles décisions ne vaut toutefois que pour l'établissement du réseau et non, en l'état actuel de celui-ci, pour son amélioration[6].

222.476 Opposition à une clôture. L'urgence à suspendre une opposition à déclaration préalable n'est pas présumée. En conséquence, il appartient au requérant demandant la suspension d'une telle décision de faire état d'éléments justifiant l'atteinte grave et immédiate que cette décision porte à sa situation ou aux intérêts qu'il invoque. L'urgence est par exemple reconnue à propos d'une opposition à un

1. CE 8 avr. 2009, SCI Saint-Cloud-Gounod, req. n° 317990, *Lebon T.* ; *AJDA* 2009. 739 ; *RDI* 2009. 499, obs. P. Soler-Couteaux.
2. CE 8 avr. 2009, SCI Saint-Cloud-Gounod, préc. : promesse de vente d'un terrain assortie d'une condition suspensive relative à l'obtention d'un permis de démolir la construction qu'il supporte, condition dont il est stipulé qu'elle est consentie dans l'intérêt exclusif de l'acquéreur.
3. CE 5 mai 2006, Sté SCEA La Frenaie, req. n° 285655, *Lebon T.* 1014.
4. CE 13 nov. 2002, Sté française de radiotéléphone (SFR), req. n° 244773, NP – CE 2 mars 2012, Sté Orange France, req. n° 352013, *Lebon T.* ; *AJDA* 2012. 465 ; *RDI* 2012. 297, obs. P. Soler-Couteaux – CE 24 juill. 2019, Sté Free mobile, req. n° 426475, NP – CE 24 févr. 2022, Société Hivory, req. n° 454047, *Lebon T.*
5. CE 2 juill. 2008, Sté française de radiotéléphone (SFR), req. n° 310548, *Lebon* 260 ; *AJDA* 2008. 1359 ; *D.* 2009. 2448, obs. F.-G. Trébulle ; *RDI* 2008. 493, obs. F.-G. Trébulle.
6. CE 4 avr. 2005, Sté française de radiotéléphone (SFR), req. n° 267388, *Lebon T.* 1028 : absence d'urgence à suspendre la décision en cause, « eu égard à la couverture intégrale du territoire de la commune » concernée.

projet de clôture, lorsqu'il apparaît que la pose de la clôture, objet de la déclaration est indispensable à l'activité de l'entreprise[1].

d

Permis d'aménager et permis de démolir

222.481 Octroi d'un permis d'aménager. La condition d'urgence est en principe regardée comme satisfaite lorsque la demande de suspension porte sur un permis d'aménager délivré à un lotisseur sur le fondement de l'article L. 442-2 du Code de l'urbanisme[2].

222.482 Octroi d'un permis de démolir. La condition d'urgence est présumée satisfaite en cas de demande de suspension dirigée contre un permis de démolir[3].

e

Établissement recevant du public

222.491 Présomption d'urgence. La condition d'urgence est en principe regardée comme satisfaite lorsque la demande de suspension porte sur une autorisation de travaux pour construire, aménager ou modifier un établissement recevant du public (ERP)[4].

222.492 Refus de dresser un procès-verbal. S'agissant de l'exécution d'une décision par laquelle une autorité administrative refuse de dresser le procès-verbal prévu à l'article L. 480-1 du code de l'urbanisme pour constater la méconnaissance par un commencement de travaux des prescriptions du permis de construire au titre duquel ils sont réalisés, « la condition d'urgence ne saurait être regardée comme étant par principe satisfaite »[5]. Il en résulte qu'en cas de demande de suspension dirigée contre un tel refus, la condition d'urgence continue de s'apprécier au cas par cas au regard des justifications avancées par le demandeur. Cette solution doit être approuvée car la décision contestée repose seulement sur l'allégation par le requérant d'une méconnaissance des règles d'urbanisme et non le constat avéré d'une telle violation. À la différence des décisions pour lesquelles une présomption d'urgence a été reconnue, le refus de dresser le procès-verbal d'infraction ne produit pas toujours les mêmes effets car ceux-ci dépendent de la régularité ou de l'irrégularité des travaux mis en œuvre. Pour cette raison, l'effet du refus contesté ne peut être apprécié en soi mais seulement au regard des circonstances de chaque espèce, plus exactement en considération de l'existence, au moins apparente, d'une méconnaissance des règles d'urbanisme. Cette considération justifie à elle seule un examen au cas par cas de la condition d'urgence et s'oppose à la reconnaissance d'une présomption d'urgence.

1. CE 21 oct. 2009, Auboin, req. n° 331053, NP.
2. V. s^s^ n° 222.263.
3. V. s^s^ n° 222.266.
4. CE 28 déc. 2001, SARL Tourangerie, req. n° 238600, NP.
5. CE 23 sept. 2019, M. Pétré, req. n° 424270, *Lebon T.* ; *BJDU* 2019. 404, concl. A. Iljic ; *JCP Adm.* 2020, n° 2036, Chron. O. Le Bot.

3
Document d'urbanisme

222.501 Condition d'urgence non satisfaite en l'absence de justification suffisante. Le Conseil d'État ne reconnaît pas l'urgence à suspendre l'entrée en vigueur d'une carte communale dans l'hypothèse où l'association requérante « ne fournit aucun élément de nature à en établir la gravité et l'immédiateté » et que les atteintes irréversibles aux zones agricoles et aux zones boisées qu'elle allègue « ne ressortent pas davantage des pièces du dossier »[1]. De manière générale, l'exigence d'immédiateté fera très souvent obstacle à la reconnaissance de l'urgence.

222.502 Demande préfectorale de modification du plan. Le Conseil d'État a reconnu une présomption d'urgence en cas de référé-suspension dirigé contre une décision préfectorale suspendant l'entrée en vigueur d'un PLU et demandant des modifications sur le fondement de l'article L. 153-25 du code de l'urbanisme[2]. Cette présomption résulte de ce que l'exécution du plan est différée tant que la commune ou l'EPCI qui en est l'auteur ne lui a pas apporté les modifications demandées par le préfet.

4
Démolition d'un bâtiment

222.511 Ordre de démolir un bâtiment. Eu égard à la gravité des conséquences qu'emporte, par sa nature même, une décision prescrivant la démolition de bâtiments, la condition d'urgence doit en principe être présumée lorsque le propriétaire de l'immeuble qui en est l'objet en demande la suspension[3].

5
Raccordement au réseau électrique

222.521 Urgence à raccorder une caravane servant d'habitation. Il y a urgence à suspendre le refus de raccorder au réseau de distribution d'électricité le terrain sur lequel le requérant et sa famille ont installé la caravane qui leur sert d'habitation « eu égard aux effets de la décision attaquée sur les conditions de vie du requérant »[4].

6
Logements sociaux

222.531 Arrêté de carence. Ne bénéficie pas d'une présomption d'urgence la demande de suspension dirigée contre un arrêté préfectoral constatant la carence d'une commune à respecter son objectif de construction de logements sociaux[5].

1. CE 11 janv. 2006, Assoc. de défense du site caussolois, req. n° 282217, NP ; *AJDA* 2006. 565 ; *BJDU* 2006. 59, concl. F. Séners.
2. CE 30 déc. 2020, Cté de cnes de la Ténarèze, req. n° 441075, *Lebon T.* ; *BJDU* 2021. 151, concl. S. Hoynck, note F. Poulet ; *RDI* 2021. 305, note J.-Ph Strebler.
3. CE 18 nov. 2009, min. de la Santé c/Sté La méridionale des Bois et Matériaux, req. n° 327909, *Lebon T.* ; *AJDA* 2010. 974.
4. CE 12 déc. 2003, Cancy, req. n° 257794, NP ; *AJDA* 2003. 725, note P. Sablière – v. égalt CE 5 avr. 2004, Cne de Pertuis, req. n° 261009, *Lebon* 156 ; *AJDA* 2004. 1492, note P. Sablière.
5. V. ss n° 222.288.

B
Fonction publique

1
Accès à la fonction publique

222.541 Concours d'accès à la fonction publique. Le juge ne reconnaît pas l'urgence à suspendre la délibération d'un jury fixant la liste des candidats admis à concourir lorsque le requérant « se borne à faire valoir les inconvénients liés, tant pour lui-même que pour l'ensemble des candidats, au délai prévisible de jugement de sa requête tendant à l'annulation de cette délibération »[1]. En revanche, le juge des référés a reconnu l'urgence à suspendre :

– la décision organisant les épreuves d'un concours, en tant qu'elle fixe un délai insuffisant aux intéressés pour faire acte de candidature[2] ;

– la décision relative aux résultats d'un concours, afin de permettre à l'autorité administrative de remédier en temps utile aux irrégularités ayant pu affecter son déroulement[3].

Il a également indiqué que l'urgence à suspendre la délibération d'un jury de concours fixant la liste des candidats admis pouvait « résulter notamment du caractère patent des irrégularités invoquées et de l'urgence à organiser de nouvelles épreuves en vue de ne pas retarder l'affectation des candidats admis dans les postes auxquels ils sont destinés »[4].

Dans l'hypothèse où le juge des référés est saisi d'un litige relatif à la régularité du déroulement en cours d'un concours, il « peut suspendre l'exécution d'une décision antérieure à la délibération finale du jury, à la double condition que l'illégalité invoquée – satisfaisant à la condition du doute sérieux – soit de nature à entraîner celle de ladite délibération et qu'il puisse y être remédié, par voie de conséquence de la suspension prononcée, par une nouvelle décision de nature à rétablir la régularité du déroulement de ce concours dans le respect des droits de chacun des candidats ». Tel n'est pas le cas lorsque le requérant conteste la régularité de la composition du jury du concours après l'achèvement de la première épreuve. La condition d'urgence n'est pas satisfaite dans la mesure où « la suspension demandée des opérations du concours, par elle-même insusceptible de lever les incertitudes touchant à la question de légalité ainsi soulevée, ne permettrait pas à l'administration, sauf à porter atteinte à la situation des candidats retenus pour les épreuves finales, d'organiser un nouveau concours avant même le prononcé d'un jugement au fond »[5].

222.542 Refus de publier la vacance d'un poste. La requérante qui conteste la décision de ne pas publier la vacance d'un emploi ne justifie pas d'une situation

1. CE, ord., 16 mai 2002, Jaffrain, req. n° 246586, *Lebon* 175 ; *BJCL* 2004. 30, concl. F. Séners.
2. CE, ord., 26 avr. 2001, Synd. Lutte pénitentiaire de l'union régionale Antilles-Guyane, req. n° 232869, *Lebon T.* 1095.
3. CE, ord., 6 juill. 2001, Conseil national de l'Ordre des médecins, req. n° 235050, *Lebon* 334 ; *AJFP* 2002. 51, note F.-G. Bertrand.
4. CE, ord., 16 mai 2002, Jaffrain, req. n° 246586, *Lebon* 175 ; *BJCL* 2004. 30, concl. F. Séners.
5. CE, ord., 27 févr. 2003, Attar, req. n° 254013, *Lebon* 67.

d'urgence en mettant en avant qu'elle réside loin de son lieu de travail et que l'emploi qui se libère serait plus proche de son domicile[1].

222.543 Nomination d'un agent. La nomination d'un agent comme directeur de cabinet du maire, pour exercer en réalité les fonctions de directeur général des services alors que cet emploi est déjà occupé par le requérant, caractérise une situation d'urgence, la persistance de cette situation étant « de nature à compromettre le bon fonctionnement des services municipaux, à créer une grave insécurité juridique et à préjudicier aux intérêts » du requérant[2].

222.544 Réintégration d'un agent. Le juge des référés a reconnu l'urgence à suspendre la réintégration du secrétaire général d'une commune « eu égard aux effets d'une telle réintégration sur le bon fonctionnement des services municipaux »[3].

222.545 Transfert d'un contrat de travail. Il y a urgence à suspendre la décision transférant le contrat de travail d'un agent d'une chambre de commerce à une commune après la reprise en régie des installations portuaires au sein desquelles il travaillait, dès lors que l'intéressé ne perçoit ni revenu ni indemnités : d'une part, aucun traitement ne lui est versé (ni par la chambre de commerce, ni par la commune), d'autre part, il est privé de toute possibilité de percevoir une allocation pour perte d'emploi dans la mesure où il ne justifie d'aucune mesure de licenciement[4].

2
Situation dans la fonction publique

222.551 Mutation. L'urgence n'est pas reconnue, en l'absence de circonstances particulières, en cas de mutation dans l'intérêt du service d'un agent :

– d'un département vers un département voisin, alors même que l'épouse du requérant exerce son activité professionnelle dans le premier département[5] ;

– vers un nouvel établissement d'enseignement, ce qui place son lieu de travail à 20 km de son domicile[6] ;

– lorsque cette mutation, de Toulouse vers Paris, et concernant un officier, est prise à l'expiration d'une période de trois ans constituant le temps de présence minimum dans une résidence et que son épouse vient d'obtenir sa mutation à Paris[7] ;

– ayant la qualité de magistrat du parquet, vers un poste à Paris alors que l'intéressé envisageait de bénéficier d'une disponibilité pour exercer la profession d'avocat dans un cabinet parisien, dès lors que ce projet professionnel présente un caractère

1. CE 28 juin 2004, Espagne, req. n° 26034, *Lebon T.* 821.
2. CE 29 juill. 2002, Scribe, req. n° 240966, *Lebon T.* 860 ; *AJDA* 2002. 930, note M.-C. de Montecler.
3. CE 14 nov. 2003, Riou, req. n° 250899, *Lebon T.* 915.
4. CE 14 mai 2003, CCI de Nîmes-Uzès-Bagnols-le-Vigan, req. n° 245628, *Lebon T.* 924 ; *AJFP* 2003. 6, et les obs. ; *RTD eur.* 2003. 661, Chron. D. Ritleng ; *BJCL* 2003. 670, concl. G. Le Chatelier.
5. CE 22 févr. 2002, Office national des forêts (ONF), req. n° 235574, *Lebon T.* 864.
6. CE 10 avr. 2002, Araye, req. n° 238471, NP.
7. CE, ord., 27 juill. 2001, Médard, req. n° 235463, *Lebon T.* 1112 : indiquant « que les désagréments matériels, professionnels et familiaux invoqués par [le requérant] à l'encontre de ce changement de résidence ne sont pas de nature à justifier l'urgence de suspendre l'exécution d'une mesure normalement prévisible par cet officier ».

récent et incertain et, à compter de la mise en disponibilité, n'empêchera l'exercice de la profession d'avocat pendant cinq ans que dans le ressort de la cour d'appel de Paris[1].

222.552 Refus de mutation. Le requérant, affecté en Métropole, et vivant de ce fait loin de sa famille qui demeure sur l'île de La Réunion, justifie de l'urgence à obtenir la suspension de la décision refusant sa mutation sur un poste ouvert sur l'Île de La Réunion et nommant sur ce poste un autre agent[2].

222.553 Fin d'affectation. Aucune urgence ne justifie que soit suspendue la décision mettant fin à l'affectation du requérant à un collège de Futuna, dès lors que l'intéressé, rapatrié en France, n'est pas médicalement en mesure de reprendre ses fonctions à Futuna[3].

222.554 Placement en disponibilité d'office. Il y a urgence à suspendre le placement d'une universitaire en disponibilité d'office dès lors que cette mesure fait obstacle à ce que lui soit versé son traitement de professeur des universités[4].

222.555 Défaut de versement d'un traitement. Le juge a reconnu l'urgence à suspendre le défaut de versement à un fonctionnaire du traitement auquel il a droit, l'intéressé, placé en congé de longue maladie, pouvant prétendre à la perception de son plein traitement pendant une durée d'un an[5].

222.556 « Placardisation ». Le juge des référés reconnaît l'urgence à suspendre la « placardisation » d'un agent au sein de son administration de détachement, tant pour l'intérêt du service que pour celui de l'agent concerné qui a subi, du fait de cette mesure, des troubles graves dans ses conditions d'existence[6].

222.557 Décision concernant un fonctionnaire détaché. Un agent d'État détaché en Polynésie française pour une période de deux ans n'établit pas l'urgence qu'il y aurait à suspendre le refus de reconnaître la localisation en Polynésie du centre de ses intérêts moraux et matériels en soutenant que ce refus le priverait d'un droit à un deuxième séjour. D'une part, ce fonctionnaire n'a, à l'expiration de sa période de détachement, aucun droit au renouvellement de son détachement. D'autre part, le refus du ministre n'a ni pour objet, ni pour effet d'empêcher l'intéressé de solliciter le renouvellement de ce détachement[7].

222.558 Refus d'accorder la protection juridique. Le refus de l'administration d'accorder à l'un de ses fonctionnaires la protection juridique est regardée comme générant une situation d'urgence :

1. CE 12 sept. 2012, Courroye, req. n° 361699, *Lebon T.* ; *AJDA* 2012. 1662.
2. CE, ord., 6 août 2002, Ozoux, req. n° 248393, *Lebon T.* 865 ; *AJDA* 2002. 245, note W. Yeng-Seng.
3. CE, ord., 22 juin 2001, Creurer, req. n° 234434, *Lebon T.* 1018.
4. CE, ord., 18 déc. 2001, Rücklin, req. n° 240061, *Lebon* 650.
5. CE, ord., 22 juin 2001, Creurer, req. n° 234434, *Lebon T.* 1018.
6. CE, ord., 1er févr. 2002, Fréhel, req. n° 241204, *Lebon T.* 866.
7. CE 25 nov. 2002, min. de l'Outre-mer c/Bance, req. n° 249336, *Lebon T.* 864 ; *AJDA* 2003. 694.

– lorsque l'intéressé, enseignant-chercheur, fait l'objet d'une mise en cause dans un document anonyme largement diffusé (l'accusant d'heures complémentaires fictives) sans que le président d'université n'y ait apporté de démenti[1] ;

– lorsque l'intéressé, agent d'un Crous, est victime de harcèlement et de discrimination de la part d'un autre agent[2] ;

– lorsque l'intéressé, militaire de carrière, est engagé dans une procédure l'exposant à des dépenses auxquelles il n'est pas en mesure de faire face, le refus opposé compromettant ainsi la possibilité pour lui d'assurer sa défense dans des conditions satisfaisantes[3].

222.559 Modification des règles relatives au temps de travail. La décision modifiant les règles relatives au temps de travail des personnels concourant directement à la mise en circulation de l'euro ne crée pas une situation d'urgence « eu égard aux exigences qui s'attachent à la bonne exécution des opérations afférentes à cette mise en circulation »[4].

3
Sortie de la fonction publique

222.561 Exclusion temporaire. Il y a urgence à suspendre la décision d'exclusion temporaire du service d'un agent, cette mesure étant de nature à affecter gravement ou à bouleverser « les conditions d'existence de l'intéressé » et ne pouvant le cas échéant être annulée par le juge de l'excès de pouvoir qu'après son entière exécution[5].

222.562 Exclusion définitive. Il y a urgence à suspendre :

– la décision de révocation d'un fonctionnaire « compte tenu de la perte de revenu que sa révocation allait entraîner et de ses conséquences sur les conditions de vie [du requérant] et de sa famille »[6] ;

– la résiliation par une université du contrat de recrutement d'un professeur associé, qui a pour effet de priver l'intéressé « de l'essentiel de ses ressources »[7].

L'agent radié des cadres et demandant la suspension de cette mesure n'est pas tenu de fournir des précisions sur les ressources et les charges de son foyer[8].

222.563 Refus de faire droit à une demande de démission. Une militaire de carrière a demandé au juge des référés la suspension de la décision du ministre ayant rejeté sa

1. CE 14 déc. 2007, Juhan, req. n° 307950, *Lebon T.* 1005 ; *AJDA* 2007. 2409 ; *AJFP* 2008. 136, concl. C. Landais, obs. R. Fontier.
2. CE 12 janv. 2004, Devoge, req. n° 256204, *Lebon T.* 821 ; *AJDA* 2004. 1318.
3. CE, ord., 18 sept. 2003, Villelegier, req. n° 259772, *Lebon T.* 924 ; *AJDA* 2003. 2098, note M.-C. de Montecler.
4. CE, ord., 13 sept. 2001, Féd. CFDT des syndicats de banques et sociétés financières, req. n° 237773, *Lebon* 422.
5. CE 6 avr. 2001, France Télécom, req. n° 230338, *Lebon T.* 1114 ; *AJDA* 2001. 465, Chron. M. Guyomar et P. Collin ; *D.* 2001. 1517 : mesure d'exclusion temporaire de six mois dont trois mois avec sursis – CE 27 mars 206, La Poste, req. n° 284760, NP : mesure d'exclusion temporaire de deux ans, assortie d'un sursis partiel d'un an.
6. CE 15 mai 2002, maison de retraite de Lurcy-Levis, req. n° 241124, NP ; *AJDA* 2002. 766 – CE 24 juill. 2009, Gonçalves, req. n° 325638, NP ; *AJDA* 2009. 1516 ; *AJFP* 2010. 104, note R. Fontier.
7. CE, ord., 17 déc. 2004, Zabjesky, req. n° 274587, NP.
8. CE 24 juill. 2009, Gonçalves, req. n° 325638, NP ; *AJDA* 2009. 1516 ; *AJFP* 2010. 104, note R. Fontier.

demande de démission en faisant valoir que ce refus, s'il n'était pas suspendu, ferait obstacle à ce qu'elle puisse donner suite à une proposition d'embauche en qualité de pilote pour une compagnie aérienne privée. Le juge estime « que, pour dommageable qu'elle soit, cette impossibilité ne porterait pas atteinte de manière grave et immédiate à la situation de l'intéressée, laquelle continue à bénéficier de son emploi ». Par suite, la décision de refus du ministre n'est pas constitutive d'une situation d'urgence[1].

C
Étrangers

222.571 Expulsion. La décision d'expulsion porte en principe par elle-même atteinte de manière grave et immédiate à la situation de l'intéressé[2] (sur l'étendue de cette présomption, v. s[s] n° 222.274).

222.572 Refus de visa. Le refus de délivrer un visa d'entrée en France en qualité de conjoint d'un ressortissant français ne caractérise pas une situation d'urgence dans le cas où le demandeur, de nationalité tunisienne, « ne justifie pas en quoi la décision de refus de visa dont il demande la suspension lui cause un préjudice suffisamment grave et immédiat d'autant que son épouse, qui a la double nationalité, française et tunisienne, l'a, selon ses dires, rejoint à Djerba et vit à ses côtés »[3]. De même, sauf circonstance particulière, il n'y a pas d'urgence à suspendre une décision refusant un visa à une mère titulaire d'une autorisation de regroupement familial, dès lors que l'enfant est régulièrement scolarisé dans son pays d'origine avec ses frères et sœurs et que son père ne fait état d'aucune difficulté l'empêchant d'assumer l'entretien et l'éducation de celui-ci[4].

222.573 Refus d'octroi d'un titre de séjour. Dans le cas d'un refus de délivrer un titre de séjour, l'urgence s'apprécie « compte tenu de l'incidence immédiate du refus de titre de séjour sur la situation concrète de l'intéressé »[5]. Il appartient au requérant « de justifier de circonstances particulières caractérisant la nécessité pour lui de bénéficier à très bref délai d'une mesure provisoire dans l'attente d'une décision juridictionnelle statuant sur la légalité de la décision litigieuse »[6]. Dans la mesure où la procédure de reconduite à la frontière emporte suspension automatique de la décision de reconduite, « la seule circonstance que l'intéressé peut se trouver dans l'un des cas où [...] le préfet peut décider sa reconduite à la frontière n'est pas, par elle-même, de nature à caractériser une situation d'urgence ouvrant au juge des référés le pouvoir de prononcer la suspension du refus de titre de séjour en application des dispositions de l'article L. 521-1 du Code de justice administrative »[7].

1. CE 5 août 2009, min. de la Défense c/Gagnolet, req. n° 321773, NP.
2. CE 26 sept. 2001, min. de l'Intérieur c/Mesbahi, req. n° 231204, *Lebon* 428 - CE 2 oct. 2002, Hakkar, req. n° 243685, *Lebon T.* 863 ; *AJDA* 2003. 150 ; *AJDA* 2002. 1180.
3. CE, ord., 24 nov. 2005, Jeddi, req. n° 286733, *Lebon T.* 1023.
4. CE 23 janv. 2006, Issolah, req. n° 284700, *Lebon T.* 1013.
5. CE, sect., 14 mars 2001, min. de l'Intérieur c/Ameur, req. n° 229773, *Lebon* 123 ; *AJDA* 2001. 465, Chron. M. Guyomar et P. Collin ; *D.* 2001. 1364, et les obs. ; *RFDA* 2001. 673, concl. I. de Silva.
6. CE, sect., 14 mars 2001, min. de l'Intérieur c/Ameur, req. n° 229773, préc.
7. CE, sect., 14 mars 2001, min. de l'Intérieur c/Ameur, req. n° 229773, préc.

222.574 Refus de renouvellement et retrait d'un titre de séjour. Lorsque l'intéressé se trouve en situation régulière au moment où intervient la décision, la condition d'urgence « sera en principe constatée dans le cas d'un refus de renouvellement du titre de séjour, comme d'ailleurs d'un retrait de celui-ci »[1]. L'administration doit faire état de circonstances particulières en défense pour renverser la présomption[2].

La présomption d'urgence ne semble pas jouer s'agissant du refus de renouveler un certificat de résidence pour un étudiant en cours de cycle universitaire. Le requérant devra, dans ce cas de figure, faire valoir des circonstances particulières pour justifier de l'urgence[3].

222.575 Extradition. L'urgence à suspendre un décret de remise du requérant aux autorités italiennes est caractérisée lorsque, « eu égard aux remises de peine prévues par la loi italienne, le décret [attaqué] accordant l'extension de son extradition pour l'exécution d'une peine de 10 ans de réclusion [...], constitue à ce jour le seul obstacle à sa libération »[4].

222.576 Décision fixant le pays de destination d'un étranger condamné à une peine d'interdiction du territoire. Le juge des référés a reconnu l'urgence, dans les circonstances de l'espèce, à suspendre l'arrêté préfectoral fixant la Côte d'Ivoire comme pays de destination de l'étranger condamné à une peine d'interdiction du territoire français[5].

D
Activité économique

1
Réglementation et régulation

222.581 Accès au réseau. Les conditions d'accès des fournisseurs d'accès à Internet au réseau local ont été fixées par l'opérateur historique France Télécom, propriétaire des réseaux, sous le contrôle de l'Autorité de régulation des télécommunications (ART) et du ministère de l'Économie. Les décisions prises ont donné lieu à un contentieux dont les enseignements, notamment sur l'appréciation de l'urgence, ne se limitent pas au domaine de l'Internet mais concernent également le droit des réseaux et plus largement le droit de la concurrence et de la régulation.

En 2003, le juge des référés a été saisi d'une décision ministérielle homologuant la décision tarifaire de France Télécom relative à la promotion des offres concernant l'ADSL pour une période déterminée. La société requérante faisait valoir, en faveur de l'urgence, que la décision attaquée allait profiter, du fait de la situation qui est la

1. CE, sect., 14 mars 2001, min. de l'Intérieur c/Ameur, req. n° 229773, préc.
2. CE 11 déc. 2002, Chebbaki, req. n° 246524, *Lebon T.* 866 : présomption non renversée faute de circonstance particulière.
3. V. par ex., satisfaisant à cette exigence : CE 27 mars 2006, Kaci, req. n° 283409, *Lebon T.* 899 ; *AJDA* 2006. 1212, concl. I. de Silva : un certificat de résidence en qualité d'étudiant ayant été initialement délivré à un ressortissant étranger, le juge des référés a considéré qu'il y a urgence à suspendre le refus de renouvellement de ce certificat « en raison de l'intérêt qui s'attache pour [le requérant] à ce qu'il puisse poursuivre son cycle universitaire ».
4. CE, ord., 4 sept. 2001, Gelli, req. n° 237106, *Lebon T.* 1116.
5. CE 24 févr. 2003, Fadiga, req. n° 243603, *Lebon T.* 924.

sienne, à l'opérateur historique. Le juge des référés du Conseil d'État indique « que l'urgence doit s'apprécier, dans les circonstances de l'espèce, en tenant compte, d'une part, des caractéristiques propres au marché des télécommunications, notamment la rapidité des évolutions techniques et commerciales, d'autre part, des conditions dans lesquelles doit s'y développer, conformément aux objectifs fixés par les directives communautaires applicables, une concurrence entre l'opérateur historique et de nouveaux entrants, au nombre desquels figure la société requérante, enfin, de ce que l'offre tarifaire homologuée prendra fin le 31 décembre 2003 ». La condition d'urgence est reconnue comme remplie, la promotion accordée conférant un privilège à l'opérateur historique par rapport aux nouveaux entrants, et cela d'autant plus « que la suspension demandée ne fait nullement obstacle à l'intervention de nouvelles promotions tarifaires de la part des différents acteurs du marché, dans l'intérêt des usagers et du développement de l'ADSL »[1].

Le juge des référés a par la suite été saisi de la décision précisant le mode de fixation des tarifs proposés par France Télécom pour l'accès partiellement dégroupé à la boucle locale[2]. Était une nouvelle fois invoquée, à l'encontre de cette décision, l'atteinte portée à la concurrence du fait d'un avantage conféré à l'opérateur historique sur les autres opérateurs. Le juge des référés affirme « que lorsque [...] sont invoqués pour justifier une situation d'urgence, les effets anticoncurrentiels d'une décision administrative, de tels effets doivent être caractérisés et susceptibles d'affecter durablement la structure concurrentielle du marché en cause ». La condition d'urgence n'est pas satisfaite en l'espèce, en l'absence d'effet immédiat de la décision attaquée, celle-ci reportant à une décision ultérieure le mode de fixation du tarif pour l'accès totalement dégroupé à la boucle locale[3].

Il a également été jugé qu'un opérateur ne justifie pas de l'urgence à obtenir la suspension d'une décision de l'ART homologuant l'offre tarifaire de France Télécom dès lors que les autres sociétés du secteur ont pu s'adapter aux contraintes qu'elle génère et que l'intérêt général serait affecté par le prononcé d'une suspension[4].

222.582 Activité des VTC. Un décret qui impose aux voitures de tourisme avec chauffeur (VTC) un délai d'attente de quinze minutes entre la réservation du véhicule et la prise en charge du client crée une situation d'urgence pour les entreprises du secteur. Le juge des référés relève « que le délai dans lequel un taxi ou une voiture de tourisme avec chauffeur est en mesure d'assurer la prise en charge de sa clientèle, en cas de réservation en vue d'un départ aussi rapide que possible, constitue un élément décisif d'attractivité commerciale, notamment dans le cadre des contrats passés avec les grandes entreprises ». Il estime « que le délai minimal de quinze minutes imposé par le décret contesté crée pour les sociétés requérantes, notamment sur le marché parisien où ces sociétés sont en mesure de proposer, concurremment aux

1. CE 20 oct. 2003, Sté Louis Dreyfus Communication, req. n° 260477, *Lebon T.* 921.
2. CE, ord., 23 août 2005, Assoc. française des opérateurs de réseaux et services de télécommunications, req. n° 283266, *Lebon T.* 1029.
3. CE, ord., 23 août 2005, Assoc. française des opérateurs de réseaux et services de télécommunications, req. n° 283266, préc.
4. CE, ord., 19 janv. 2004, Sté T-Online France, req. n° 263012, *Lebon T.* 822 ; *AJDA* 2004. 1476, note S. Nicinski.

taxis, des délais d'intervention nettement inférieurs à quinze minutes, un risque important de perte de clientèle et constitue un obstacle sérieux à leur développement ». Le juge affirme enfin « qu'eu égard aux particularités du marché sur lequel interviennent les sociétés requérantes, qui sont en croissance rapide, fortement concurrentielle, et sur lequel les entreprises qui se créent ou se développent sont en situation de constitution de clientèle, de création de réseaux de chauffeurs affiliés, ou de levée de fonds pour la constitution de flottes de véhicules ou de dispositifs informatiques de réservation, une telle disposition, de nature à affecter sérieusement leur rentabilité et leurs parts de marché, est susceptible de porter à leur situation économique et financière une atteinte grave et immédiate »[1].

222.583 **Étiquetage des produits.** Une société justifie de l'urgence à obtenir la suspension d'un décret relatif à l'étiquetage des denrées alimentaires, adopté pour la transposition d'une directive européenne, qui impose de divulguer la formule exacte – telle qu'elle résulterait de l'indication en pourcentage du poids de chacune des matières premières – de la composition des aliments. D'une part, ses concurrents seraient à même de connaître et d'utiliser les formules ainsi rendues publiques, affectant les droits qu'elle tient de son savoir-faire et de ses secrets de fabrique. D'autre part, l'entrée en vigueur des réglementations édictées pour la transposition de cette directive ayant été différée dans d'autres État européens, son application en France entraînerait une grave distorsion des conditions de concurrence. Enfin, l'intérêt général tiré de la protection de la santé publique ne fait pas obstacle à la reconnaissance de l'urgence à suspendre dès lors que les autorités administratives de contrôle disposent déjà de la possibilité d'accéder à toutes informations utiles sur le poids respectif des matières premières entrant dans la composition des éléments en cause[2].

222.584 **Déremboursement de médicaments.** Une société pharmaceutique ne justifie pas de l'urgence à obtenir la suspension de l'arrêté décidant de cesser de rembourser certains médicaments et, par suite, interdisant de faire de la publicité sur ceux-ci, dès lors que les médicaments en cause ne représentent que 1,5 % de son chiffre d'affaires. Si la société requérante fait également valoir l'intérêt public qui s'attache à ce que les assurés sociaux reçoivent une information sur les médicaments qui vont faire l'objet d'un déremboursement et le fait que l'exécution de l'arrêté qu'elle conteste n'est pas de nature à contribuer au rééquilibrage des comptes sociaux, elle n'apporte aucun élément précis au soutien de ces allégations, alors que d'une part, les spécialités en cause pourront faire l'objet de publicité après leur déremboursement et que d'autre part, elles ne justifient nullement les reports de prescriptions qu'elles invoquent[3].

1. CE, ord., 5 févr. 2014, SAS Allocab, req. n° 374524, NP ; *AJDA* 2014. 661, étude M. Lombard, S. Nicinski et E. Glaser ; *RJEP* 2014. 31, note A. Bretonneau (p[t] 16).
2. CE, ord., 29 oct. 2003, S[té] Techna SA, req. n° 260768, *Lebon* 422 ; *AJDA* 2004. 540, note A.-E. Courrier ; *D.* 2005. 34 ; *D.* 2005. 26, obs. P.-L. Frier ; *D.* 2005. 859, Chron. A. Louvaris ; *RTD eur.* 2004. 333, Chron. D. Ritleng ; *RTD eur.* 2004. 363, Chron. J. Dutheil de La Rochère, N. Grief et E. Saulnier ; *CJEG* 2004. 31, note P. Cassia.
3. CE, ord., 2 mars 2006, S[té] Sanofi Aventis France, req. n° 290330, NP.

En revanche, la décision du ministre de la Santé de dérembourser un médicament dans un délai de trois mois alors que plus de six mois sont nécessaires pour modifier les habitudes de prescription des médecins caractérise une situation d'urgence. Une telle mesure porte en effet une atteinte grave et immédiate à la santé publique en menaçant de priver les patients de l'accès à un traitement adapté[1].

222.585 **Règles d'exercice d'une profession.** Saisi d'une demande de suspension dirigée contre le décret du 16 novembre 2005 approuvant le code de déontologie de la profession de commissaire aux comptes, le juge des référés relève que les effets entraînés par l'application des dispositions contestées du code de déontologie se situent dans un contexte général caractérisé par un recentrage d'ores et déjà engagé de l'activité des sociétés spécialisées « vers les fonctions de contrôle légal des comptes et non plus de conseil ainsi que par un accroissement sensible de la masse des honoraires liés à l'activité de contrôle légal ». Si l'application des dispositions contestées « affecte l'activité des sociétés requérantes, les conséquences qui en résultent ne sont pas, en l'état, d'une gravité telle que puisse être regardée comme remplie la condition d'urgence posée par l'article L. 521-1 du Code de justice administrative, alors surtout que les requêtes en annulation dont est saisi le Conseil d'État sont susceptibles d'être examinées par une formation de jugement collégiale dans un délai qui ne devrait pas excéder trois mois »[2].

222.586 **Modalités d'une autorisation d'émettre.** La modification, par le Conseil supérieur de l'audiovisuel, des modalités d'attribution d'une fréquence radio, a pour effet de priver la société de radio qui en est actuellement titulaire du bénéfice d'une reconduction de celle-ci sans concurrence. Pour le juge des référés du Conseil d'État, cette décision affecte sa situation de façon suffisamment directe et immédiate pour que la condition d'urgence soit tenue pour remplie, et ce alors même que l'autorisation dont elle est actuellement titulaire est encore valable pendant plusieurs mois et qu'il est possible à la requérante de participer à l'appel aux candidatures en cours pour l'attribution, notamment, de la fréquence dont elle dispose[3].

2
Autorisation et refus d'autorisation

222.591 **Opération de concentration assortie de prescriptions.** Une opération de concentration peut être autorisée sous réserve du respect d'engagements par les entreprises parties à la concentration. Lorsque la demande de suspension est présentée postérieurement à la réalisation de la concentration, l'urgence s'apprécie seulement au regard des engagements en cause. Le juge apprécie si ces engagements sont, en raison de leur insuffisance ou de leur inadéquation, de nature à permettre une atteinte grave et immédiate à la concurrence sur le marché en cause ou à la situation de la société requérante au point de justifier qu'il fasse usage des pouvoirs qu'il tient

1. CE, ord., 13 juin 2016, Sté Menarini France, req. n° 399765, *Lebon T.* ; *AJDA* 2016. 1264 ; *JCP Adm.* 2016, n° 2306, Chron. O. Le Bot.
2. CE, ord., 26 janv. 2006, Sté KPMG, req. n° 288461, *Lebon T.* 1013 ; *RFDA* 2006. 463, concl. Y. Aguila ; *RFDA* 2006. 483, note F. Moderne.
3. CE, ord., 26 mars 2002, SA Prodif Méditerranée FM, req. n° 243391, *Lebon T.* 865.

de l'article L. 521-1 du CJA pour ordonner la suspension de leur exécution en tant qu'ils ne comporteraient pas des injonctions plus adaptées à la nécessité de prévenir les effets anticoncurrentiels de l'opération[1].

222.592 **Autorisation d'ouverture d'un centre commercial.** Lorsque la demande de suspension porte sur une autorisation délivrée au titre de la législation sur l'équipement commercial, « ni l'imminence de l'ouverture au public du magasin ou du centre commercial autorisés, ni la perspective d'une concurrence accrue entre grandes surfaces ne peuvent à elles seules caractériser une situation d'urgence ». Le tiers qui conteste la délivrance d'une autorisation d'ouverture à un concurrent doit « apporter les éléments objectifs et précis de nature à démontrer, notamment, la gravité de l'atteinte portée à sa situation économique – qui peut être différente selon qu'il s'agit de l'exploitant d'une petite entreprise de commerce particulièrement exposée à cette concurrence nouvelle ou au contraire d'une société de grande distribution déjà fortement implantée – ou aux intérêts publics en cause »[2].

L'urgence à suspendre n'est pas caractérisée lorsque les sociétés requérantes, qui exploitent des centres commerciaux à proximité du projet autorisé « n'apportent aucun élément, relatif notamment au chiffre d'affaires ou à l'emploi, de nature à démontrer que cette ouverture porte gravement atteinte à leur situation économique »[3].

En revanche, le juge des référés a reconnu l'urgence à suspendre la décision accordant à une entreprise avec laquelle les sociétés requérantes sont en concurrence l'autorisation d'ouvrir une jardinerie, dès lors que cette décision est « de nature à porter gravement préjudice aux intérêts économiques d'au moins certains des requérants » avant que le juge du fond ne soit en mesure de statuer sur la requête principale[4].

222.593 **Refus d'ouverture d'un centre commercial.** Un centre commercial fonctionnant depuis plusieurs années sans autorisation d'exploitation et s'exposant de ce fait à de lourdes sanctions justifie de l'urgence à obtenir la suspension de la décision de la Commission nationale d'équipement commercial refusant la régularisation de sa situation[5].

222.594 **Refus de mise sur le marché d'un médicament.** Si le refus de délivrer une autorisation de mise sur le marché d'un médicament a pour effet de priver la société à laquelle le refus est opposé de la possibilité d'augmenter son chiffre d'affaires à la hauteur de la part de marché dont elle vise l'obtention, et donc de dégager une marge sur ces ventes qui permettrait d'améliorer le résultat de la société, « un tel préjudice potentiel, en l'absence de difficultés économiques et financières affectant la situation d'ensemble de la société, ne caractérise pas à lui seul une situation d'urgence au sens des dispositions précitées de l'article L. 521-1 du Code de justice administrative ». Il peut en aller autrement « si, eu égard à la nature particulière de la spécialité

1. CE 27 nov. 2013, S^té^ Wienerberger, req. n° 373066, *Lebon T.*
2. CE, ord., 19 sept. 2003, S^té^ Cora Belgique, req. n° 260199, *Lebon T.* 922.
3. CE, ord., 19 sept. 2003, S^té^ Cora Belgique, req. n° 260199, préc.
4. CE, ord., 27 juin 2001, Gaec Le Haut-de-l'Isle, req. n° 234089, *Lebon T.* 1115.
5. CE, ord., 1er juill. 2002, SARL Centre de jardinage Castelli Nice, req. n° 247625, *Lebon* 257.

en cause et à l'état de la concurrence, le refus d'autorisation de mise sur le marché risque d'exclure durablement la société d'un marché en développement rapide, en créant au profit des autres entreprises du secteur un avantage concurrentiel qu'il sera long, difficile ou coûteux de réduire ou d'éliminer »[1].

222.595 Refus d'un ordre professionnel d'autoriser l'installation de l'un de ses membres. Le juge reconnaît l'urgence à suspendre la décision du Conseil national de l'Ordre des chirurgiens-dentistes refusant d'autoriser les requérants à exercer leur profession dans un immeuble où exerce déjà un confrère, dès lors que cette décision fait obstacle à la poursuite de leur activité professionnelle[2].

222.596 Retrait d'un agrément en qualité d'assistante maternelle. La décision d'un département retirant à la requérante son agrément en qualité d'assistante maternelle caractérise une situation d'urgence dans la mesure où elle « a pour effet de priver le foyer de [l'intéressée], qui comprend quatre personnes, d'une part substantielle de ses ressources, qui ne sont pas très élevées ». Si le département invoque l'intérêt public qui s'attache à la protection des enfants accueillis au domicile de la requérante, il ne fonde sa démonstration que sur une lettre de dénonciation non étayée par la moindre enquête administrative ou judiciaire et relatant des faits qui sont expressément contredits par l'intéressée. Dès lors, le département « n'établit pas que l'intérêt public qui s'attache à la protection des enfants accueillis au domicile de l'intéressée justifierait l'atteinte grave portée à la situation de [la requérante] et de sa famille »[3].

222.597 Sursis à statuer sur une demande de certificat d'exercice. Le juge des référés considère qu'il y a urgence à suspendre le sursis à statuer sur une demande de délivrance du certificat de capacité prévu à l'article L. 241-6 du Code rural, dès lors que cette décision préfectorale a pour effet de mettre le requérant dans l'impossibilité de continuer à exercer son activité professionnelle et de provoquer une diminution de plus d'un tiers de ses revenus[4].

222.598 Autorisation du travail dominical. En l'absence d'immédiateté du préjudice, la décision par laquelle le préfet fixe les limites du périmètre d'usage de consommation exceptionnel (PUCE) ne crée par une situation d'urgence pour les enseignes susceptibles d'être affectées par l'ouverture de magasins concurrents le dimanche. En effet, cette décision ne vaut pas, à elle seule, autorisation pour les établissements commerciaux implantés dans ce périmètre d'occuper du personnel le dimanche mais se borne à délimiter un périmètre au sein duquel des dérogations au repos dominical pourront être, le cas échéant, ultérieurement accordées, si les conditions fixées par la loi sont satisfaites[5].

1. CE, ord., 17 mars 2004, Sté Teva Classics, req. n° 264910, *Lebon T.* 821.
2. CE, sect., 28 févr. 2001, Philippart et Lesage, req. nos 230112 et 230520, *Lebon* 112 ; *D.* 2002. 2225, obs. R. Vandermeeren ; *RFDA* 2001. 390, concl. D. Chauvaux : intéressés ayant résilié le bail de leur ancien cabinet et ayant conclu un nouveau bail dans l'immeuble où exerce déjà un confrère.
3. CE 31 mai 2002, Dpt du Loiret, req. n° 243058, NP.
4. CE 16 févr. 2004, Naudet, req. n° 261110, *Lebon T.* 820.
5. CE 17 nov. 2010, min. du travail, de la Solidarité et de la Fonction publique c/GIE des commerçants du centre commercial régional de Belle-Épine, req. n° 339295, *Lebon T.*

3
Sanction des opérateurs économiques

222.601 Blâme. Il n'y a pas d'urgence à suspendre un blâme prononcé par l'Autorité des marchés financiers lorsque le requérant :

- ne fait pas état d'éléments précis et circonstanciés établissant que cette sanction est à l'origine d'un préjudice grave et immédiat[1] ;
- ne fait état d'aucun élément précis[2].

222.602 Amende. L'urgence à suspendre une sanction pécuniaire prononcée par l'Autorité des marchés financiers est reconnue :

- lorsque le montant de la sanction (800 000 euros en l'espèce) correspond à plusieurs années de revenus de l'intéressé et qu'il devrait, pour s'en acquitter, céder tout ou la plus grande partie de son patrimoine[3] ;
- pour une sanction pécuniaire de près de 4 millions d'euros, en raison du préjudice qu'elle cause à l'intéressé[4] ;
- pour une sanction pécuniaire d'un montant de 50 000 euros, alors même que son paiement pourrait faire l'objet d'un étalement, dès lors que l'intéressé, père de trois enfants, n'a plus de revenus et n'est pas assujetti à l'impôt sur le revenu[5].

222.603 Interdiction d'exercer. Il y a urgence à suspendre l'interdiction prononcée par l'Autorité des marchés financiers à l'encontre d'un individu, d'exercer pendant une durée de cinq ans l'une quelconque des activités à l'occasion desquelles l'intéressé a commis les manquements retenus. Le juge des référés estime « qu'en effet, cette décision fait directement obstacle à ce qu'il puisse retrouver un emploi correspondant à son domaine de compétence qui est celui d'un spécialiste ». Confrontant cette urgence à suspendre avec l'urgence à exécuter, le juge précise « qu'en l'espèce, aucune considération tenant à l'intérêt général ne s'oppose à une suspension de la décision d'interdiction d'exercer dont il a été l'objet »[6]. En revanche, il n'y a pas d'urgence à suspendre la décision par laquelle l'Autorité des marchés financiers a retiré au requérant sa carte professionnelle « eu égard, d'une part à la gravité des manquements reprochés [à l'intéressé], qui n'en conteste pas la matérialité, et d'autre part aux considérations d'intérêt général, relatives à la loyauté du marché et à la protection des épargnants et investisseurs »[7].

4
Autres décisions

222.611 Interdiction d'importation d'un appareil. Le bilan des urgences est favorable au demandeur lorsque les motifs de sécurité publique mis en avant par l'administration ou ressortant des pièces du dossier n'apparaissent pas suffisamment

1. CE, ord., 11 févr. 2005, Sté Europe Finance et Industrie, req. n° 288537, NP.
2. CE, ord., 11 févr. 2005, Barre, req. n° 276376, *Lebon* 42 ; *AJDA* 2005. 854 ; *D.* 2005. 2601, obs. Y. Reinhard et S. Thomasset-Pierre ; *RTD com.* 2005. 561, obs. N. Rontchevsky.
3. CE, ord., 11 févr. 2005, Barre, req. n° 276376, préc.
4. CE, ord., 24 janv. 2002, Hannoun, req. n° 240717, *Lebon T.* 864 ; *D.* 2002. 1378, note J.-C. Zarka.
5. CE, ord., 12 mai 2005, Zerbib, req. n° 279011, *Lebon T.* 1031 ; *RTD com.* 2005. 561.
6. CE, ord., 12 mai 2005, Zerbib, req. n° 279011, préc.
7. CE, ord., 24 janv. 2002, Hannoun, req. n° 240717, *Lebon T.* 864 ; *D.* 2002. 1278, note J.-C. Zarka.

importants pour s'opposer au prononcé de la mesure sollicitée. Le raisonnement du juge apparaît très clairement dans une ordonnance du 19 octobre 2004. Saisi d'une demande de suspension dirigée contre la décision interdisant l'importation d'un appareil dénommé « Boulder-Buster », le juge des référés raisonne en deux temps. Dans un premier temps, il reconnaît l'urgence à suspendre de la société requérante, importateur exclusif pour la France de cet appareil, dont les ventes représentent plus de la moitié de son chiffre d'affaires. Dans la mesure où « cette interdiction compromet à brève échéance l'existence même de l'entreprise », la décision attaquée porte « une atteinte grave et immédiate à sa situation ». Dans un second temps, le juge confronte cette urgence à suspendre avec l'urgence à exécuter invoquée par l'autorité administrative. Il relève « que si l'administration soutient, en défense, que l'emploi de ces appareils présente des dangers pour la sécurité des travailleurs qui les utilisent, elle ne fait état que de trois accidents, dont un bénin, dont il résulte de l'instruction qu'ils sont imputables à une imprudence ou à un usage de l'outil dans des conditions non conformes aux prescriptions du fabricant ». L'urgence à suspendre l'emporte sur l'urgence à exécuter dès lors « que, si regrettables que soient ces accidents, ils ne sont pas à eux seuls, eu égard au nombre d'appareils en service en France depuis 1996, notamment dans un certain nombre de services publics pour l'exécution de travaux en milieu rocheux ou sous-marin, de nature à établir que l'interdiction prononcée répond à un impératif de sécurité publique qui serait compromis par la mesure de suspension demandée »[1].

222.612 **Obligation de réaliser des aménagements dans une station-service.** L'urgence à suspendre est caractérisée dans le cas d'un arrêté préfectoral imposant à une station-service des aménagements spéciaux très coûteux alors que le risque d'accident que ces aménagements visent à prévenir est extrêmement faible[2].

222.613 **Suspension d'un praticien hospitalier de l'exercice de sa spécialité.** Un praticien hospitalier justifie de l'urgence à obtenir la suspension de la décision par laquelle un hôpital l'a suspendu de l'exercice de sa spécialité, faisant obstacle à ce qu'il exerce toute activité médicale au sein de l'établissement, en l'absence de justification tirée de l'intérêt de la santé publique et de tout risque pour les patients[3].

222.614 **Allotissement des terres d'une section de commune exploitées par un agriculteur.** La délibération d'un conseil municipal procédant à l'allotissement de terres d'une section de commune sous la forme de baux emphytéotiques crée, pour l'agriculteur qui les exploite, une situation d'urgence dès lors qu'elle « a pour effet de faire obstacle à l'exploitation de ces terres par l'intéressé »[4].

222.615 **Charges imposées à une société chargée de mettre fin à l'exploitation de mines.** Par arrêté préfectoral, une société concessionnaire de mines de fer s'est vue imposée d'une part l'installation de dispositifs de surveillance et de contrôle en

1. CE, ord., 19 oct. 2001, S[té] Capral, req. n° 238204, *Lebon*.
2. CE, sect., 22 févr. 2002, S[té] des pétroles Shell c/min. de l'Aménagement du territoire et de l'Environnement, req. n° 235345, *Lebon* 59 ; *CJEG* 2002. 454, concl. F. Lamy.
3. CE 19 oct. 2001, Bail, req. n° 234352, *Lebon* 447 ; *Dr. adm.* 2002/1, comm. n° 14, note R. Schwartz.
4. CE 15 mars 2006, C[ne] de Trelans c/Reversat, req. n° 283476, *Lebon T.* 1009 ; *AJDA* 2006. 1004.

continu dans les zones à risques, d'autre part la mise en œuvre dans les mêmes zones de réseaux de nivellement. Le juge des référés du Conseil d'État affirme « que la circonstance que l'arrêté querellé imposerait des mesures coûteuses à la société requérante alors qu'elle est privée de produit d'exploitation, n'est pas, dans le contexte d'arrêt de l'exploitation et des charges dévolues de ce fait à la société [requérante], de nature à justifier l'urgence, dès lors que le coût des travaux ordonnés par les préfets n'apparaît pas excessif par rapport aux dépenses incombant à une société chargée de mettre fin à l'exploitation de mines, dont le capital est possédé par des sociétés disposant de recettes d'exploitation tirées de leur propre activité »[1].

E

Collectivités territoriales et établissements publics

1

Vie du conseil municipal

222.621 Refus de convoquer le conseil municipal. Le refus d'un maire de convoquer son conseil municipal, à la demande de conseillers municipaux, en vue de délibérer sur le remplacement éventuel des délégués de la commune au conseil d'une communauté d'agglomération, crée une situation d'urgence dès lors que le délai maximum d'un mois imparti par le législateur « pour faire respecter l'exigence de liberté du débat démocratique au sein des conseils municipaux » était en l'espèce « largement dépassé »[2].

222.622 Disposition du règlement intérieur relative aux droits des conseillers municipaux. Saisi d'une demande de suspension dirigée contre la disposition du règlement intérieur d'un conseil municipal limitant les droits des conseillers municipaux de poser des questions, le Conseil d'État exclut l'urgence dès lors « que la seule circonstance, alléguée par les requérants, qu'une réunion du conseil municipal doive se tenir prochainement ne saurait en tout état de cause suffire pour établir que les dispositions précitées du règlement intérieur pourraient être de nature à porter une atteinte grave et immédiate au droit d'expression des élus municipaux »[3].

2

Exercice du mandat local

222.631 Retrait de la qualité d'élu local. La décision par laquelle un préfet dénie à un élu local la qualité de membre du conseil régional, après lui avoir conféré cette qualité trois mois plus tôt, crée une situation d'urgence « eu égard à la protection qui doit être assurée à la qualité de membre de l'organe délibérant d'une collectivité territoriale »[4].

1. CE, ord., 29 oct. 2001, SA Lormines, req. n° 238270, *Lebon T.* 1118.
2. CE 5 mars 2001, Saez, req. n° 230045, *Lebon* ; *GAJA*, 21e éd., 2017, n° 98 ; *Coll. terr.*, juill. 2001. 4, concl. L. Touvet.
3. CE 10 avr. 2009, Cne de Vif, req. n° 319971, NP ; *AJDA* 2009. 1656, note M. Verpeaux.
4. CE 25 sept. 2001, Bulard, req. n° 237775, *Lebon T.* 1117.

3
Intercommunalité

222.641 Transfert de compétence. Saisi d'une demande de suspension dirigée contre l'arrêté préfectoral créant une communauté de communes, le Conseil d'État estime « qu'eu égard au transfert de compétences et de ressources fiscales opéré au détriment des communes requérantes par l'arrêté [litigieux] [...], et en l'absence de toute argumentation de la communauté de communes sur l'éventuelle atteinte à des intérêts publics qui résulterait de la suspension de l'arrêté [en cause], la condition d'urgence définie par l'article L. 521-1 du Code de justice administrative [...] doit être regardée comme remplie »[1].

222.642 Modification de la répartition des compétences. Quand un arrêté préfectoral a pour objet de modifier la répartition des compétences entre une collectivité territoriale et un groupement de collectivités territoriales ou entre deux groupements de collectivités territoriales, la condition d'urgence à laquelle est subordonné l'octroi d'une mesure de suspension en application de l'article L. 521-1 du CJA doit en principe, « eu égard à la nature de cette décision », être regardée comme remplie[2].

222.643 Retrait d'un EPCI. Ne bénéficie pas d'une présomption d'urgence la demande de suspension dirigée contre un arrêté préfectoral autorisant une commune à se retirer d'un EPCI[3].

4
Dissolution d'un établissement public

222.651 Urgence présumée. L'urgence est présumée pour la décision de dissolution d'un établissement public. Il s'ensuit qu'en l'absence de circonstance particulière, il y a urgence à suspendre la dissolution :
- d'une chambre des métiers[4] ;
- d'un établissement public de coopération intercommunale[5].

5
Réglementation de la circulation automobile

222.661 Protection de la sécurité routière. Le Conseil d'État a reconnu que l'urgence à suspendre une décision, au titre du préjudice porté à un intérêt public, pouvait résulter de la protection de la sécurité routière. Il a fourni des critères en indiquant « que les incidences sur la sécurité d'une décision augmentant la vitesse maximale autorisée sur une voie routière doivent être appréciées notamment au regard du tracé de cette voie, de son environnement et des aménagements dont elle a fait l'objet »[6].

1. CE 5 juill. 2004, C^ne^ de Ria-Sirach, req. n° 264867, NP ; *AJDA* 2004. 2411 ; *BJCL* 2004. 582, concl. F. Séners.
2. CE 30 déc. 2009, Sivu du centre social intercommunal rural, req. n° 328184, *Lebon T.* 893 ; *AJDA* 2010. 6.
3. V. s^s^ n° 222.287.
4. CE, ord., 11 juill. 2001, Chambre des métiers de Haute-Corse, req. n° 235001, *Lebon T.* 1105.
5. CE 28 déc. 2005, Synd. intercommunal de Lens-Avion, req. n° 283249, *Lebon T.* 1029 ; *AJDA* 2006. 63 ; *BJCL* 2006. 144, concl. E. Glaser ; *Dr. adm.* 2006/4, comm. n° 67, note E. Glaser.
6. CE 27 oct. 2006, Dp^t^ des Bouches-du-Rhône c/Juste, req. n° 294338, *Lebon T.* 1015 ; *AJDA* 2006. 2096 ; *AJDA* 2006. 2471 ; *BJCL* 2007. 58, concl. T. Olson : le Conseil d'État annule pour erreur de droit l'ordonnance du juge des référés estimant que tout relèvement de la vitesse autorisée pour la circulation est, par ➢

6
Vente de terrains d'une section de commune

222.671 **Urgence présumée.** Eu égard « à l'objet d'une délibération d'un conseil municipal décidant la vente de terrains d'une section de commune et à ses effets à l'égard des membres de la section qui en ont la propriété collective », la condition d'urgence « doit en principe être regardée comme remplie lorsque ces derniers demandent la suspension d'un tel acte ». La présomption peut être renversée « dans les cas où l'administration justifie de circonstances particulières, impliquant notamment l'urgence à exécuter la décision, ou démontre l'absence de gravité de l'atteinte portée aux intérêts du ou des requérants »[1]. Tel n'est pas le cas dans l'hypothèse où la commune fait valoir que le terrain objet de la vente n'est pas exploité, que la vente n'affecte pas le patrimoine de la section puisque le prix de la cession n'a pas été contesté et qu'aucun des requérants ne souhaite acquérir ce bien. Pour le juge de cassation, « ces circonstances ne suffisent pas à écarter la présomption d'urgence qui s'attache en principe à la suspension de la délibération du conseil municipal décidant la vente de terrains d'une section de commune, alors que [les intéressés] font pour leur part valoir que l'un d'entre eux souhaite prendre en location cette parcelle et qu'ils vont perdre définitivement les fruits d'un terrain qui, même dans les conditions actuelles d'inexploitation, peut permettre l'affermage au bénéfice des membres de la section, la chasse et la cueillette »[2].

F
Autres contentieux

1
Permis de conduire

222.681 **Critères généraux.** Dans le cas du retrait d'un permis de conduire, ou de la décision constatant la perte de validité du permis de conduire suite à la perte de tous ses points et enjoignant à son titulaire de restituer ce titre, l'urgence ne peut être satisfaite par le requérant qu'à la condition d'établir, données concrètes à l'appui, la nécessité – et non pas seulement l'utilité – d'utiliser son véhicule à des fins professionnelles.

222.682 **Absence d'urgence.** Ne justifie pas de l'urgence à obtenir la restitution immédiate de son permis de conduire le consul honoraire des Pays-Bas pour la région Midi-Pyrénées, qui n'établit pas devoir utiliser un véhicule pour l'exercice de ses fonctions[3]. Il en va de même pour le requérant exerçant la profession de pianiste : si l'intéressé « est appelé à se déplacer régulièrement avec son instrument pour donner des cours ou des concerts, il ne résulte pas de l'instruction que l'exercice de cette activité ou un autre motif nécessite la restitution immédiate à l'intéressé de son permis de conduire »[4].

➢ principe, de nature à réduire la sécurité routière et déduisant qu'un tel relèvement est toujours constitutif d'une situation d'urgence.

1. CE 7 févr. 2007, Cne de Laval-du-Tarn, req. n° 287741, *Lebon T.* ; *AJDA* 2007. 335 ; *BJCL* 2007. 262, concl. F. Séners.
2. CE 7 févr. 2007, Cne de Laval-du-Tarn, req. n° 287741, préc.
3. CE 23 mars 2001, min. de l'Intérieur c/Courtois de Viçose, req. n° 230055, NP.
4. CE 23 mai 2001, Garosi, req. n° 232309, NP.

222.683 Urgence. Le juge des référés a reconnu l'urgence à suspendre l'arrêté préfectoral prononçant la suspension provisoire d'un permis de conduire lorsque, à l'expiration de la période fixée pour cette mesure, le titulaire du permis continu d'être privé de son droit de conduire[1].

Il y a également urgence à suspendre la décision par laquelle l'autorité administrative a refusé au requérant l'échange de son permis de conduire tunisien contre un permis de conduire français dès lors que l'intéressé, qui a été embauché par une société de transport pour exercer une activité de conducteur accompagnateur « justifie que l'exécution de la décision contestée affecte de manière grave et immédiate sa situation professionnelle », et ce sans que l'autorité administrative ne justifie d'un intérêt public s'attachant à ce que cette décision conserve tous ses effets jusqu'à ce qu'il soit statué sur la demande d'annulation[2].

Il en va de même lorsque le requérant exerce la profession de chauffeur de taxi[3].

L'urgence pourrait également être reconnue en cas de concordance entre l'intérêt particulier du requérant et une considération d'intérêt général. Tel serait par exemple le cas, eu égard aux impératifs de protection des patients, dans l'hypothèse d'un médecin qui serait le seul praticien à desservir une zone rurale.

222.684 Sécurité routière. Dans le contentieux du retrait de permis de conduire, la protection de la sécurité routière peut faire obstacle à la reconnaissance de l'urgence.

Ainsi, la décision par laquelle un préfet informe un transporteur routier de la perte de validité de son permis de conduire et lui enjoint de restituer ce titre « porte une atteinte grave et immédiate à l'exercice de sa profession ». Néanmoins, dans les circonstances de l'espèce, cette décision « répond, eu égard à la gravité et au caractère répété des infractions au Code de la route commises par l'intéressé sur une brève période de temps, à des exigences de protection et de sécurité routière ». Le Conseil d'État en déduit « que, dans ces conditions, la condition d'urgence, qui doit s'apprécier objectivement et globalement, n'est pas remplie »[4].

De même, il n'y a pas d'urgence à suspendre la décision préfectorale retirant à une société l'agrément du contrôle technique des véhicules, dès lors qu'« eu égard à la gravité des manquements aux règles en vigueur commis par cette société et établis par l'administration, la poursuite de ses activités était susceptible de porter une atteinte grave et immédiate aux exigences de la sécurité routière »[5].

2
Environnement et énergie

222.691 Décisions relatives à la chasse. Dans le contentieux des arrêtés fixant les dates d'ouverture et de fermeture de la chasse, le juge des référés apprécie l'urgence, et spécialement l'exigence de gravité, en confrontant le nombre d'animaux susceptibles d'être tués au nombre d'animaux composant l'espèce concernée. Il s'appuie,

1. CE, ord., 7 juin 2004, Dubus, req. n° 264946, *Lebon T.* 822 ; *AJDA* 2004. 1726.
2. CE 8 févr. 2012, Azaiez, req. n° 350881, *Lebon T.* ; *AJDA* 2012. 727.
3. CE 13 mars 2009, Tiene, req. n° 322303, NP.
4. CE 10 déc. 2001, min. de l'Intérieur c/Pérignon, req. n° 234896, *Lebon T.* 1110.
5. CE 31 juill. 2009, min. de l'Écologie c/Sté Contrôlauto Saint-Pierre, req. n° 323931, NP.

pour cela, sur les données scientifiques existantes[1]. La condition d'urgence est remplie lorsque l'arrêté fixant la période de chasse aura, en raison des dates qu'il fixe ou des espèces qu'il concerne[2], une incidence sur une proportion significative des animaux composant l'espèce. Elle ne sera pas regardée comme satisfaite dans le cas contraire[3].

222.692 Autres décisions relatives à l'environnement. Le juge des référés a reconnu l'urgence à suspendre :

- l'arrêté autorisant la plantation de vignes sur des parcelles répertoriées par l'État comme des sites protégés au sens de la directive Natura 2000[4] ;
- l'ouverture d'une déchèterie, « eu égard aux nuisances et au trouble de jouissance que la déchèterie projetée est susceptible de causer aux personnes habitant dans son voisinage, ainsi qu'au risque de dégradation du site qu'elle comporte »[5] ;
- le refus du préfet d'engager la procédure d'expropriation pour risque naturel majeur prévue à l'article L. 561-1 du Code de l'environnement[6] ;
- la décision autorisant l'exportation de l'ex-porte-avions Clemenceau en vue de son démantèlement et son désamiantage, eu égard au caractère irréversible de ces opérations[7].

222.693 Animaux. Le juge des référés a reconnu l'urgence à suspendre :

- l'arrêté préfectoral ordonnant l'abattage de deux éléphantes du parc de la tête d'Or, à Lyon, eu égard à la perte qui en résulterait pour la société qui en est propriétaire[8] ;
- l'arrêté ministériel interdisant l'utilisation de produits chlorés dans les delphinariums, eu égard aux risques pour la santé des animaux[9].

222.694 Autorisation unique. Dans le régime de l'autorisation environnementale unique, chaque autorisation est distincte des autres. Ainsi, dans le cas où une autori-

1. CE, ord., 5 févr. 2004, Ligue pour la protection des oiseaux, req. n° 264011, *Lebon T.* 822 ; *RTD eur.* 2005. 687, Chron. D. Ritleng.
2. CE, ord., 1er août 2002, Assoc. France nature environnement (FNE), req. n° 248988, *Lebon* 861 ; *AJDA* 2002. 1140, note L. Fontbaustier ; *Europe* 2003/2, comm. n° 64, obs. E. Saulnier - CE, ord., 5 févr. 2004, Ligue pour la protection des oiseaux, req. n° 264011, *Lebon T.* 822 ; *RTD eur.* 2005. 687, Chron. D. Ritleng.
3. CE, ord., 8 févr. 2007, Assoc. France Nature Environnement, req. n° 300858, *Lebon T.* ; *AJDA* 2007. 333 - CE 5 juin 2007, Assoc. pour la protection des animaux sauvages, req. n° 303525, *Lebon T.* ; *BJCL* 2008. 96, concl. contraires M. Guyomar.
4. CE, ord., 9 juill. 2001, Assoc. fédérative régionale pour la protection de la nature du Haut-Rhin, req. n° 234555, *Lebon T.* 1105.
5. CE 27 juill. 2001, Sivom du canton de Boulogne-sur-Gesse, req. n° 233907, NP.
6. CE 16 févr. 2004, min. de l'Écologie c/SARL Le Panoramic et SCI Les Rameirols, req. n° 260811, *Lebon T.* 822 ; *AJDA* 2004. 1103 : le refus d'engager cette procédure à l'égard du terrain de camping qu'exploitent les sociétés requérantes cause à celles-ci un préjudice financier grave et immédiat, alors même que l'indemnité d'expropriation ne pourrait être versée qu'au terme d'une procédure de longue durée.
7. CE 15 févr. 2006, Assoc. Ban Asbestos France, req. n° 288801, *Lebon* 78 ; *AJDA* 2006. 761, note J.-M. Pontier ; *D.* 2006. 530 ; *Dr. envir.* 2006/3. 53, concl. Y. Aguila ; *RD publ.* 2006. 1671, concl., note Y. Iliopoulou ; *Europe* 2006/4, comm. n° 123, note P. Cassia ; *JCP* 2006. I. 150, Chron. B. Plessix.
8. CE 27 févr. 2013, Sté Promogil, req. n° 364751, *Lebon T.* ; *AJDA* 2013. 436 ; *LPA* 8 avr. 2013, n° 70, p. 10, comm. O. Le Bot.
9. CE, ord., 1er août 2017, Société Marineland, req. n° 412211, NP ; *AJDA* 2017. 2152, note L. Peyen.

sation environnementale vaut à la fois autorisation au titre de la législation sur les ICPE et permis de construire au sens du code de l'urbanisme, la présomption d'urgence attachée aux demandes de suspension formée contre les permis de construire ne concerne que les dispositions de l'autorisation en tant qu'elle porte permis de construire. Par suite, dans le cas d'un pourvoi en cassation dirigé contre une ordonnance du juge des référés rejetant la demande de suspension d'une autorisation unique d'exploiter une ICPE, dans la mesure où le permis de construire est divisible des autres autorisations que l'autorisation unique comporte, le moyen tiré de l'erreur de droit commise par le juge des référés à n'avoir pas appliqué la présomption d'urgence en matière d'urbanisme est inopérant à l'appui du pourvoi en tant qu'il conteste l'appréciation de l'urgence s'agissant des autres parties de l'autorisation unique[1].

222.695 Prise en compte des manquements antérieurs. Dans le cadre de son appréciation globale de l'urgence au vu de la situation d'espèce, le juge des référés peut, sans commettre d'erreur de droit, tenir compte, en complément des risques induits pour des espèces protégées et de l'imminence de la réalisation de travaux, de la circonstance que les sociétés bénéficiaires de l'arrêté en cause avaient fait l'objet d'une procédure de manquement et d'une mise en demeure du fait des conditions d'exécution d'une précédente dérogation prise en application des dispositions de l'article L. 411-2 du code de l'environnement et que les mesures d'évitement, de réduction et de compensation prévues par la dérogation litigieuse pourraient également ne pas être respectées par les sociétés requérantes[2].

222.696 Délibération de la CRE. La demande de suspension dirigée contre la délibération de la Commission de régulation de l'énergie (CRE) interprétant la portée de la clause de suspension pour cause de force majeure des accords-cadres conclus avec EDF pour l'accès régulé à l'électricité nucléaire historique (ARENH) ne satisfait pas à la condition d'urgence dans la mesure où la délibération, d'une part, a seulement pour conséquence de reporter la mise en œuvre de cette clause jusqu'à ce que le juge compétent se prononce, sans qu'il soit démontré que les pertes encourues par les fournisseurs mettent leur survie en péril dans ce délai, et, d'autre part, ne fait pas obstacle à la négociation avec EDF de modalités dérogatoires de mise en œuvre des obligations des parties tenant compte de circonstances particulières[3].

3
Fiscalité

222.701 Critères. En matière fiscale, le juge des référés apprécie l'urgence en mettant en balance le montant de l'imposition réclamée avec les capacités financières du

1. CE 11 avr. 2018, Confédération paysanne du Lot et autres, req. n° 412773, *Lebon T.* ; *BDEI* 2018. 3, concl. L. Dutheillet de Lamothe ; *RDI* 2018. 364, obs. M. Revert.
2. CE 25 mai 2018, SAS PCE et autre, req. n° 413267, *Lebon T.* ; *Dr. env.* 2019. 13, ét. G. Audrain-Demy ; *Dr. env.* 2019. 343, note M. Clemendot et A. Vermersch ; *Dr. env.* 2019. 338, concl. S. Hoynck.
3. CE, ord., 17 avr. 2020, Association Française indépendante de l'électricité et du gaz (AFIEG) et Association Nationale des Opérateurs Détaillants en Énergie (A.N.O.D.E), req. n° 439949, *Lebon T* ; *AJDA* 2020. 1740, note A. Peny.

requérant. Pour vérifier si la condition d'urgence est satisfaite, « le juge des référés doit apprécier la gravité des conséquences que pourrait entraîner, à brève échéance, l'obligation de payer sans délai l'imposition ou les mesures mises en œuvre ou susceptibles de l'être pour son recouvrement, eu égard aux capacités du contribuable à acquitter les sommes qui lui sont demandées »[1].

Les mêmes critères prévalent dans l'hypothèse où le contribuable bénéficie du mini-sursis et, par suite, que le comptable n'est autorisé à prendre à son encontre que des mesures conservatoires. Le Conseil d'État a en effet affirmé « que, dans le cas d'un contribuable auquel le sursis de paiement a été refusé en raison de l'insuffisance des garanties offertes, mais qui bénéficie, en conséquence, des dispositions [...] du troisième alinéa de l'article L. 277 du Livre des procédures fiscales, lesquelles n'autorisent le comptable qu'à prendre des mesures conservatoires, la condition d'urgence peut être remplie si ce contribuable justifie, devant le juge des référés, qu'une mesure de cette nature risque d'entraîner pour lui, à brève échéance, des conséquences graves »[2].

222.702 Illustrations. L'urgence est caractérisée lorsque, compte tenu de la situation financière de l'entreprise, marquée par des déficits importants, le paiement de l'impôt peut entraîner la cessation de paiement et la liquidation judiciaire de la société[3]. En revanche, l'urgence n'est pas admise pour une décision d'imposition à laquelle les requérants peuvent faire face et qui les contraint seulement, pour pouvoir s'en acquitter, de céder des valeurs mobilières à un court il est vrai très inférieur à leur valeur d'achat[4].

4
Contrat public

222.711 Attribution d'un contrat public. C'est à bon droit qu'un juge du premier degré a conclu à l'absence d'urgence à suspendre la décision du directeur d'un hôpital d'attribuer à une société le marché de nettoyage des locaux de l'établissement, « dès lors qu'une décision de suspension ne pourrait en l'espèce que porter une atteinte grave au bon fonctionnement de ce service »[5]. L'urgence à prononcer l'exécution du contrat prévaut en l'espèce sur l'urgence à prononcer la suspension de cette décision.

En revanche, le juge des référés a retenu l'urgence à suspendre un marché signé avec plusieurs associations en vue de l'assistance aux étrangers placés en rétention, dès lors que l'exécution du marché litigieux ne permettrait pas de garantir que les étrangers en rétention seront en mesure d'exercer effectivement leurs droits par une

1. CE, sect., 25 avr. 2001, min. de l'Économie c/SARL Janfin, req. n° 230166, *Lebon* 197, concl. G. Bachelier ; *AJDA* 2001. 465, Chron. M. Guyomar et P. Collin ; *GAJF*, 5e éd., 2009, n° 63 ; *RFDA* 2001. 837, concl. G. Bachelier ; *RFDA* 2002. 991, note J. Clerckx ; *Dr. fisc.* 2001. 959, concl. ; *RJF* 2001. 611, Chron. J. Maïa ; *LPA* 27 juill. 2001, n° 149, p. 6, note J.-M. Février – v. égalt CE 29 janv. 2003, Joulin, req. n° 248788, *Lebon T.* 922.
2. CE, sect., 25 avr. 2001, min. de l'Économie c/SARL Janfin, req. n° 230166, préc.
3. CE, sect., 25 avr. 2001, min. de l'Économie c/SARL Janfin, req. n° 230166, préc.
4. CE 7 juill. 2004, Schneiter, req. n° 264456, *Lebon T.* 820 ; *BDCF* 11/2004. 58, concl. G. Goulard.
5. CE 24 juin 2002, Sté Laser, req. n° 242376, *Lebon T.* 857 ; *RDI* 2002. 407, obs. J.-D. Dreyfus ; *BJCP* 2002. 465, concl. C. Bergeal.

aide et un soutien juridique spécifiques, et eu égard à la nature particulière des prestations du marché, qui concernent des personnes privées de liberté[1].

222.712 Refus d'attribution d'un contrat public. Le juge des référés a reconnu l'urgence à suspendre :

- les décisions du préfet refusant d'attribuer au requérant une concession d'exploitation de cultures marines et faisant droit, dans le même temps, à des demandes d'attribution de concessions présentées par des tiers[2] ;

- les décisions du ministre de l'Intérieur de ne pas retenir l'offre de l'Imprimerie nationale pour l'attribution du marché de fourniture de passeports électroniques et de choisir l'offre d'une entreprise concurrente, dès lors que l'exécution des décisions contestées rendrait plus difficile la réalisation de son plan de redressement et affecterait l'emploi au sein de celle-ci[3].

222.713 Conclusion d'un contrat administratif (recours Tarn-et-Garonne). Lorsqu'une demande de suspension est formée, accessoirement à un recours Tarn-et-Garonne, par des élus locaux contre un contrat conclu par la collectivité dont ils relèvent, « pour apprécier si la condition d'urgence est remplie, le juge des référés peut prendre en compte tous éléments, dont se prévalent ces requérants, de nature à caractériser une atteinte suffisamment grave et immédiate à leurs prérogatives ou aux conditions d'exercice de leur mandat, aux intérêts de la collectivité ou du groupement de collectivités publiques dont ils sont les élus ou, le cas échéant, à tout autre intérêt public »[4].

222.714 Résiliation d'un contrat. Selon l'arrêt *ville de Béziers II*[5], il incombe au juge des référés saisi de conclusions tendant à la suspension d'une mesure de résiliation, après avoir vérifié que l'exécution du contrat n'est pas devenue sans objet, de mettre en balance deux éléments pour apprécier la condition d'urgence :

- d'une part « les atteintes graves et immédiates que la résiliation litigieuse est susceptible de porter à un intérêt public ou aux intérêts du requérant, notamment à la situation financière de ce dernier ou à l'exercice même de son activité » (la perte de chiffre d'affaires entraînée par la mesure devant être rapportée aux autres éléments d'activité de l'entreprise, notamment son chiffre d'affaires global[6]) ;

- d'autre part « l'intérêt général ou l'intérêt de tiers, notamment du titulaire d'un nouveau contrat dont la conclusion aurait été rendue nécessaire par la résilia-

1. CE 16 nov. 2009, min. de l'Immigration c/Cimade et a., req. n° 328826, *Lebon T.* ; *AJDA* 2009. 2141 ; *BJCP* 2010. 49, concl. N. Boulouis ; *Contrats Marchés publ.* 2010, comm. n° 43, obs. J.-P. Piétri.
2. CE 9 avr. 2004, min. de l'Agriculture c/Olard, req. n° 263508, *Lebon* 172 ; *AJDA* 2004. 1429, note S. Hul.
3. CE 3 mars 2006, Sté François-Charles Oberthur Fiduciaire, req. n° 287960, *Lebon T.* ; *AJDA* 2006. 519.
4. CE 18 sept. 2017, M. Humbert et autres, req. n° 408894, *Lebon T.* ; *BJCL* 2017. 634, note A. Fitzjean et O. Cobhthaigh ; *BJCL* 2017. 630, concl. G. Pellissier.
5. CE, sect., 21 mars 2011, ville de Béziers, req. n° 304806, *Lebon* ; *AJDA* 2011. 670, Chron. A. Lallet ; *D.* 2011. 954, obs. M.-C. de Montecler ; *GAJA*, 21e éd., 2017, n° 110 ; *GACA*, 5e éd., 2016, n° 8 ; *RDI* 2011. 270, obs. S. Braconnier ; *AJCT* 2011. 291, obs. J.-D. Dreyfus ; *RFDA* 2011. 507, concl. E. Cortot-Boucher ; *RFDA* 2011. 518, note D. Pouyaud.
6. CE 9 mai 2012, région Champagne-Ardenne, req. n° 356209, *Lebon T.* ; *RDI* 2012. 404, obs. R. Noguellou.

tion litigieuse, qui peut s'attacher à l'exécution immédiate de la mesure de résiliation ».

La condition d'urgence est par exemple regardée comme satisfaite lorsque le cocontractant a essentiellement comme ressources financières celles provenant de l'exécution de la convention (la résiliation étant ainsi susceptible de porter une atteinte grave et immédiate à sa situation financière ainsi que de menacer sa pérennité) et que la reprise immédiate des relations contractuelles n'est pas susceptible de porter atteinte aux droits des tiers (dès lors que le service assuré par le cocontractant a été repris en régie par l'administration)[1].

Selon l'arrêt *ville de Béziers II*, le juge du fond n'ordonnera pas la reprise des relations contractuelles si les conclusions sont devenues sans objet ou si une telle reprise présenterait des conséquences excessives pour les autres intérêts en jeu. La première hypothèse est celle où les conclusions deviennent sans objet : tel est le cas, en particulier, lorsque la convention résiliée est parvenue à son terme[2]. La seconde hypothèse, également évoquée par l'arrêt *ville de Béziers II*, est celle où une décision de reprise des relations contractuelles serait de nature « à porter une atteinte excessive à l'intérêt général » ou « aux droits du titulaire d'un nouveau contrat dont la conclusion aurait été rendue nécessaire par la résiliation litigieuse ». Le Conseil d'État a posé qu'il en va de même lorsque le contrat auquel se rapporte la mesure de résiliation est entaché d'invalidité, ce dont il lui appartient de s'assurer – en exerçant l'office d'un juge du « recours Béziers I » – si un tel moyen est soulevé devant lui ou si une invalidité ressort manifestement des pièces du dossier[3]. Le Conseil d'État a transposé cette solution au référé : dans le cas où une irrégularité « est invoquée » devant le juge des référés ou « ressort manifestement des pièces du dossier » qui lui est soumis, « tenant au caractère illicite du contenu du contrat ou à un vice d'une particulière gravité relatif notamment aux conditions dans lesquelles les parties ont donné leur consentement » (et qui, en conséquence, pourrait donner lieu à une annulation selon un « recours Béziers I » en contestation de la validité du contrat), « il lui incombe d'apprécier, en l'état de l'instruction et à la date à laquelle il statue, si cette irrégularité serait de nature à conduire le juge du contrat, s'il était saisi d'un recours de plein contentieux contestant la validité de ce contrat, à prononcer, après avoir vérifié que sa décision ne porterait pas une atteinte excessive à l'intérêt général, la résiliation du contrat ou son annulation ». S'il estime « qu'il existe un doute sérieux sur la validité du contrat, il doit, quels que soient les vices dont la mesure de résiliation est, le cas échéant, entachée, rejeter les conclusions tendant à la reprise des relations contractuelles »[4].

1. CE 17 juin 2015, C^ne^ d'Aix-en-Provence, req. n° 388433, *Lebon T.* ; *AJDA* 2015. 2127 ; *AJCT* 2015. 531, obs. J.-D. Dreyfus ; *RFDA* 2015. 930, concl. G. Pellissier ; *JCP Adm.* 2015, n° 2358, note J. Martin ; *BJCP* 2015. 381, concl. G. Pellissier.
2. CE 23 mai 2011, Sté d'aménagement d'Isola 2000, req. n° 323468, *Lebon T.* – CE 1er avr. 2015, Sté Almeria, req. n° 380721, NP ; *AJDA* 2015. 1249.
3. CE 1er oct. 2013, Sté Espace Habitat Construction, req. n° 349099, *Lebon T.*, cons. 9 ; *AJDA* 2013. 1943 ; *AJDA* 2013. 2275, note J.-F. Giacuzzo ; *RDI* 2014. 46, obs. N. Foulquier ; *AJCT* 2013. 571, obs. S. Hul.
4. CE 17 juin 2015, Sté Les Moulins, req. n° 389044, *Lebon T.*, cons. 4 ; *AJDA* 2015. 1237 ; *AJDA* 2015. 2504, note F. Lombard ; *RFDA* 2015. 933, concl. B. Bohnert ; *JCP Adm.* 2016, n° 2030, note J. Martin ; *Contrats Marchés publ.* 2015. comm. 222, obs. J.-P. Piétri ; *JCP Adm.* 2015. 2305, Chron. O. Le Bot.

5
Biens

222.721 Arrêté de cessibilité. La demande de suspension dirigée contre un arrêté de cessibilité satisfait en principe à la condition d'urgence[1]. Cette présomption d'urgence peut être renversée dans le cas où l'expropriant justifie de circonstances particulières, « en particulier si un intérêt public s'attache à la réalisation rapide du projet qui a donné lieu à l'expropriation »[2]. Avant l'instauration de cette présomption, le Conseil d'État avait refusé l'urgence à suspendre l'arrêté de cessibilité pris en application du décret portant déclaration d'utilité publique des travaux du TGV « Est européen » dès lors que l'intérêt public plaidait en faveur d'une réalisation rapide de l'opération d'aménagement[3].

De même, il n'y a pas d'urgence à suspendre un arrêté de cessibilité auquel aucune suite ne peut être donnée, le transfert de propriété ayant été rejeté par le juge de l'expropriation, faisant ainsi obstacle à la réalisation des travaux[4].

222.722 Déclaration d'utilité publique. La déclaration d'utilité publique en vue de la construction de lignes électriques ne caractérise pas une situation d'urgence dès lors que cette déclaration ne permet pas, en elle-même, l'institution de servitudes en vue de la réalisation de ces lignes[5].

En revanche, le propriétaire d'un immeuble exproprié justifie de l'urgence à obtenir la suspension de l'acte déclarant d'utilité publique l'expropriation, en raison du caractère irrémédiable des opérations devant y être réalisées (destruction de l'immeuble et construction de nouveaux logements)[6]. Aucune urgence à exécuter, tirée de la situation des occupants et du péril sanitaire qu'ils encourent ne pouvait en l'espèce être prise en compte dès lors que l'évacuation de ces derniers avait été ordonnée par la juridiction judiciaire et ne résultait donc pas de la décision attaquée.

6
Adoption et aide sociale

222.731 Refus d'agrément (adoption). Un couple s'étant vu refuser l'agrément en vue de l'adoption d'un enfant fait valoir, devant le juge des référés, que le refus qui leur a été opposé compromet de manière quasiment définitive, eu égard à leur âge, leurs chances de pouvoir adopter un enfant. Le juge estime que ce refus ne saurait être regardé comme portant à la situation des requérantes une atteinte suffisam-

1. V. s[s] n° 222.264.
2. CE 5 déc. 2014, Le Breton, req. n° 369522, préc.
3. CE 3 avr. 2006, SA Placoplâtre, req. n° 291023, *Lebon* 181 ; *AJDA* 2006. 795 ; *AJDI* 2006. 755, note R. Hostiou.
4. CE 17 mai 2002, C[ne] de Proville, req. n° 238868, NP.
5. CE 14 mars 2001, C[ne] de Goutrens, req. n° 230134, *Lebon* 126 ; *AJDA* 2001. 465, Chron. M. Guyomar et P. Collin ; *D.* 2001. 1364, et les obs. ; *RFDA* 2001. 832, concl. D. Chauvaux ; *BJDU* 2001. 104, concl. D. Chauvaux ; *RD publ.* 2001. 15, concl. - CE, ord., 24 févr. 2006, Assoc. interdépartementale et intercommunale pour la protection du lac de Sainte-Croix et de son environnement, req. n° 289394, *Lebon T.* 1013 ; *AJDA* 2006. 1003.
6. CE 25 mai 2005, S[té] Résimo, req. n° 275864, *Lebon* 210 ; *AJDA* 2005. 2125, note F. Bouyssou ; *RDI* 2005. 272, obs. F. Donnat ; *AJDI* 2006. 40, note R. Hostiou - CE 24 nov. 2006, O'Dru, req. n° 277981, *Lebon T.* 1014 ; *AJDA* 2006. 2312 ; *RDI* 2007. 262, obs. L. Marion.

ment grave et immédiate pour revêtir un caractère d'urgence dès lors qu'il « ne prive pas [les intéressés], qui sont âgés de 42 ans et ne font pas état d'un projet abouti concernant un enfant en particulier, de toute possibilité d'adopter un enfant, eu égard notamment aux motifs de cette décision et aux limites d'âge posées par les législations des pays d'adoption, malgré les délais inhérents tant au jugement de leur requête au fond qu'à la procédure internationale d'adoption »[1].

222.732 **Refus de poursuivre la prise en charge d'un jeune majeur.** Bénéficie d'une présomption d'urgence la demande de suspension dirigée contre le refus du département de poursuivre la prise en charge d'un jeune majeur[2].

7

Droit syndical

222.741 **Objectif de sauvegarde de l'emploi insuffisant pour écarter l'urgence.** L'ordonnance n° 2005-892 du 2 août 2005 relative à l'aménagement des règles de décompte des effectifs des entreprises permettait, pour l'application des dispositions du Code du travail subordonnant leur application à une condition d'effectif, d'exclure les salariés âgés de moins de vingt-six ans du décompte de cet effectif. Le Conseil d'État estime que l'application de cette mesure « porte une atteinte suffisamment grave et immédiate » aux intérêts que le syndicat requérant entend défendre. Il en déduit « qu'ainsi, et alors même que le ministre de l'Emploi, de la Cohésion sociale et du Logement fait valoir que la mesure contestée a été inspirée par l'objectif de favoriser l'emploi, la condition tenant à l'urgence doit être regardée comme remplie »[3].

8

Détenus

222.751 **Mise à l'isolement.** Bénéficie d'une présomption d'urgence la demande de suspension dirigée contre la mise à l'isolement d'un détenu[4].

9

Sport

222.761 **Sanction.** Eu égard aux effets d'une interdiction provisoire prise à l'encontre d'une athlète professionnelle de participer à toute manifestation sportive, notamment au Marathon de Paris prévu deux jours plus tard, qui constitue une étape importante de son calendrier sportif, la condition d'urgence doit être regardée comme remplie[5].

1. CE 12 juill. 2004, Dpt des Yvelines, req. n° 268890, *Lebon T.* 822 ; *AJDA* 2004. 2459, note H. Rihal ; *BJCL* 2004. 690, concl. E. Prada-Bordenave.
2. V. ss n° 222.276.
3. CE 23 nov. 2005, CGT-FO, req. n° 286440, *Lebon* 523 ; *D.* 2005. 2972.
4. V. ss n° 222.275.
5. CE, ord., 12 avr. 2019, Calvin, req. n° 429645, NP ; Cahiers de droit du sport, 1er déc. 2019, n° 53, p. 148, note M. Peltier.

SECTION 2

Doute sérieux sur la légalité de l'acte

§ 1

Notion de moyen propre à créer un doute sérieux

222.771 **Une illégalité qui n'a pas à être certaine.** En substituant à la notion de « moyen » sérieux, applicable sous l'empire du sursis à exécution, la condition d'un « doute » sérieux sur la légalité de l'acte, le législateur du 30 juin 2000 a redéfini l'office du juge saisi d'une demande de suspension.

Sous l'ancien état du droit, le moyen sérieux était regardé comme un moyen fondé, un moyen conduisant de façon certaine à l'annulation de l'acte attaqué par le juge du fond. Dès lors, le juge saisi d'une telle demande ne prenait aucun risque et n'ordonnait le sursis que si l'illégalité de l'acte en cause ne faisait aucun doute. En conséquence de cette pratique extrêmement prudente du juge du sursis, il n'est quasiment jamais arrivé qu'un juge du fond tranche dans un sens différent de celui du juge du sursis.

En modifiant la terminologie applicable, le législateur a souhaité libérer l'intervention du juge des référés en mettant en relief la spécificité de son office par rapport à celui du juge du fond. L'assouplissement réalisé vise à « bien marquer que le juge administratif peut suspendre l'exécution d'une décision administrative sans avoir de certitude sur le caractère fondé des moyens d'annulation »[1]. Le juge des référés n'a pas à analyser les moyens invoqués d'une façon aussi approfondie que le juge du fond, ni à acquérir la certitude que l'un des moyens est fondé. Il se prononce dans le cadre de son office, sans craindre d'être ultérieurement désavoué par le juge du fond. Alors que celui-ci prend position sur l'illégalité d'un acte après une instruction approfondie, le juge des référés statue seulement sur une illégalité apparente et en l'état de l'instruction, « à l'issue d'un contradictoire ramassé et limité, où tant lui que les parties n'ont pas le temps de tout approfondir »[2]. Le doute sérieux étant plus facile à établir que l'illégalité, il est parfaitement possible que le juge du principal rejette la demande d'annulation d'un acte ayant fait l'objet d'une mesure de suspension. Comme l'a souligné le président Labetoulle, « il n'est pas du tout anormal que le juge du fond tranche dans un sens différent de celui dans lequel le juge des référés s'est prononcé »[3]. Un acte dont la légalité est simplement douteuse peut tout à fait, après une instruction complète, ne pas apparaître illégal[4].

1. Rapp. du groupe de travail du Conseil d'État sur les procédures d'urgence, *RFDA* 2000. 945.
2. L. Dutheillet de Lamothe et G. Odinet, « L'existence du permis de construire provisoire », *AJDA* 2016. 2155 – Dans le même sens, Franck Moderner soulignait qu'il « se trouve être le juge de l'évidence, celle qui correspond à une première analyse nécessairement superficielle » (F. Moderne, « Vers la banalisation des procédures d'urgence », *RFDA* 2007. 91).
3. D. Labetoulle, « L'activité contentieuse du Conseil d'État en 2003. Entretien n° 1 », *Dr. adm.* 2004. 7.
4. V. CE, sect., 11 juill. 2001, Sté Trans-Éthylène, req. n° 231692, *Lebon* ; *Envir.* 2002, comm. n° 29, note P.-J. Baralle (décision du juge des référés admettant un doute sérieux quant à la légalité de la décision attaquée) et CE 24 oct. 2001, Cne de Marennes, req. n° 228543, *Lebon T.* ; *Envir.* 2002, comm. n° 56, note D. Deharbe (décision du juge du fond rejetant la demande d'annulation de cette décision) – v. de même CE, ord., 9 juill. 2001, Assoc. fédérative régionale pour la protection de la nature Haut-Rhin, req. n° 234555, *Lebon T.* (décision du juge des référés admettant un doute sérieux quant à la légalité de la ➢

L'approche statistique le confirme : une étude ayant comparé les décisions rendues par le Conseil d'État au fond et en référé dans 134 affaires a révélé que le juge du fond optait pour une solution différente du juge des référés dans 31 % des cas. L'étude apportait trois précisions complémentaires. Premièrement, en cas de rejet pour défaut d'urgence, le fond différait du référé dans 35 % des cas. Deuxièmement, en cas de rejet pour défaut de doute sérieux, le fond différait du référé dans 17 % des cas. Troisièmement, lorsque le juge avait retenu le doute sérieux, le fond différait dans 13 % des cas[1]. Les divergences apparaissent donc plus limitées lorsque le juge des référés s'est expressément prononcé sur la condition relative au doute sérieux que lorsqu'il a rejeté la requête pour défaut d'urgence.

222.772 Une illégalité qui doit être vraisemblable. En un mot, l'illégalité nécessaire au prononcé d'une mesure de suspension doit être une illégalité vraisemblable ou une illégalité apparente.

La notion de doute est subjective. Centrée sur le ressenti du juge, elle renvoie à une appréciation personnelle. L'un des moyens invoqués doit faire naître un doute ou une hésitation dans son esprit.

L'exigence que ce doute soit « sérieux » vient durcir, et en un sens objectiviser cette condition. Il est exigé que le juge considère que l'illégalité soit plus que probable (mais nullement qu'il ait une certitude sur celle-ci).

Ainsi, le juge des référés fait droit à la demande de suspension (à condition que la condition d'urgence soit également satisfaite) lorsqu'il estime que l'un des moyens invoqués est susceptible d'entraîner l'annulation ou la réformation de la décision. Saisi, par exemple, d'une demande de suspension d'un décret, le juge vérifie si l'un des moyens invoqué est « de nature à faire sérieusement douter de la légalité de ce décret »[2].

§ 2

Incidence des moyens invoqués dans le recours au principal

222.781 Absence d'examen des moyens développés dans le recours au fond. Le juge des référés statue au regard des seuls moyens invoqués dans la requête en référé sans avoir à prendre en considération les moyens soulevés dans le recours au fond[3].

➢ décision attaquée) et CE 30 déc. 2002, Assoc. fédérative régionale pour la protection de la nature Haut-Rhin, req. n° 232752, NP ; *Envir.* 2003, comm. n° 28, note L. Benoit (décision du juge du fond rejetant la demande d'annulation de cette décision) – v. CE, ord., 19 mai 2005, Sté Fiducial Informatique et Fiducial expertise, req. n° 279697, *Lebon T.* 334 ; *AJDA* 2005. 2167, Chron. C. Landais et F. Lenica ; *D.* 2005. 1552, obs. E. Chevrier ; *RTD com.* 2006. 49, obs. G. Orsoni : suspension de la décision – CE 13 févr. 2006, Sté Fiducial Informatique et Sté Fiducial Expertise, req. n° 279180, *Lebon* 66 ; *RFDA* 2006. 702, concl. E. Glaser : rejet du recours au fond.

1. C. Rouiller, « Référé-suspension et juge du fond, approche statistique », *RDP* 2018. 141.
2. CE, ord., 21 oct. 2010, Conférence nationale des présidents des unions régionales des médecins libéraux, req. n° 343527, *Lebon* ; *AJDA* 2010. 2021.
3. CE 19 févr. 2003, Cave coopérative Les Remparts, req. n° 251495, NP : le juge des référés ne commet pas d'erreur de droit en rejetant la demande de suspension de la décision attaquée « sans analyser ni répondre aux moyens invoqués dans la demande tendant à l'annulation de cette décision, présentée devant le tribunal administratif [...] et jointe à la demande de suspension ».

222.782 Possibilité de se fonder sur un moyen non développé dans le recours au fond. Le Conseil d'État admet « que le juge des référés, saisi d'une demande de suspension de l'exécution d'une décision administrative, peut retenir un moyen propre à créer un doute sérieux quant à sa légalité qui n'a pas été soulevé à l'appui de la demande à fin d'annulation ou de réformation de cette décision »[1]. Le rapporteur public justifiait ainsi cette solution : « si le requérant fait état d'un moyen dans le cadre de l'instance en référé, il n'est pas douteux qu'il entende le soulever dans le cadre de son recours pour excès de pouvoir. Il n'y a donc pas de raison sérieuse d'interdire au juge des référés d'en tenir compte »[2].

Cette solution connaît toutefois une limite logique résultant de la jurisprudence *Intercopie*. Le moyen présenté dans la seule requête en référé est inopérant lorsqu'il se rattache à une cause juridique qui n'aurait pas été invoquée avant l'expiration du délai de recours contentieux (et, par suite, ne serait donc pas recevable à l'appui du recours au fond)[3]. Il en va bien entendu différemment si le moyen présente un caractère d'ordre public, auquel cas il pourra être développé dans la seule requête en référé à l'expiration du délai de recours contentieux, quand bien même il relève d'une cause juridique distincte des moyens développés dans la requête au principal[4].

§ 3

Moyens devant être retenus

222.791 Obligation de relever d'office un moyen d'ordre public. Le juge a l'obligation de relever d'office un moyen d'ordre public qui est propre à créer, en l'état de l'instruction, un doute sérieux sur la légalité de la décision attaquée[5]. Le moyen doit ressortir des pièces du dossier soumis au juge des référés sans qu'il ait à porter d'appréciation sur les faits[6]. Le juge de cassation relève d'office l'erreur de droit commise par le juge des référés qui n'a pas retenu un moyen d'ordre public dont il était saisi[7].

§ 4

Moyens susceptibles d'être retenus

222.801 Moyens de légalité externe et moyens de légalité interne. Le moyen propre à créer un doute sérieux sur la légalité de l'acte attaqué peut aussi bien être un moyen

1. CE 30 déc. 2002, Sté Cottage Wood, req. n° 249860, *Lebon T.* 867 ; *BJDU* 2003. 122, concl. D. Chauvaux.
2. D. Chauvaux, concl. sur CE 30 déc. 2002, Sté Cottage Wood, req. n° 249860, préc.
3. CE 30 déc. 2002, Sté Cottage Wood, req. n° 249860, préc.
4. CE 30 déc. 2002, Sté Cottage Wood, req. n° 249860, préc.
5. CE, sect., 16 mai 2001, Duffaut, req. n° 230631, *Lebon* 241 ; *AJDA* 2001. 465, Chron. M. Guyomar et P. Collin ; *D.* 2002. 2223, obs. R. Vandermeeren ; *RD publ.* 2001. 769, obs. C. Guettier : l'arrêt reprend la solution retenue sous l'empire du sursis à exécution (CE, sect., 28 juin 1974, Gallet, req. n° 92321, *Lebon*).
6. CE, sect., 16 mai 2001, Duffaut, req. n° 230631, *Lebon* 241 ; *AJDA* 2001. 465, Chron. M. Guyomar et P. Collin ; *D.* 2002. 2223, obs. R. Vandermeeren ; *RD publ.* 2001. 769, obs. C. Guettier – CE 27 mars 2006, Dauga, req. n° 284853, NP : absence d'erreur de droit lorsque le moyen d'ordre public, en l'occurrence l'incompétence de l'auteur de l'acte, ne ressortait pas des pièces du dossier.
7. CE 5 déc. 2005, Mann Singh, req. n° 278133, *Lebon* 544 ; *AJDA* 2006. 211, concl. D. Chauvaux ; *D.* 2006. 11 : illégalité commise par un préfet en faisant application d'une circulaire du ministre de l'Intérieur, relative au permis de conduire, entachée d'incompétence.

de légalité externe (incompétence de l'auteur de l'acte, vice de forme ou de procédure substantiel[1]) qu'un moyen de légalité interne (violation de la loi ou détournement de pouvoir).

222.802 **Moyens tirés de la méconnaissance de dispositions de droit interne ou de droit supranational.** Le moyen peut être tiré de la violation de normes de droit interne (Constitution, loi, règlement, règles jurisprudentielles). Il peut aussi résulter de l'incompatibilité des dispositions de droit interne avec le droit supranational (sous réserve des limites résultant de la jurisprudence *Carminati* : v. s^s n° 222.821) :

- moyen tiré de l'incompatibilité de la circulaire n° 2005-80 du 6 décembre 2005 du ministre des Transports, imposant la fourniture d'une photo tête nue pour l'établissement du permis de conduire, avec plusieurs stipulations de la Convention européenne des droits de l'homme[2] ;
- moyen tiré de l'incompatibilité des dispositions combinées des articles 92 B II et 167 *bis* du CGI avec l'article 43 du traité CE protégeant la liberté d'établissement[3] ;
- moyen invoqué à l'appui d'un recours contre le texte de transposition d'une directive, tiré de la contrariété de cette directive avec les stipulations du traité CE[4].

222.803 **Illégalité invoquée par voie d'action ou par voie d'exception.** Le moyen propre à créer un doute sérieux sur la légalité de la décision attaqué peut être un moyen tiré de l'exception d'illégalité du texte ayant servi de base à la décision[5].

222.804 **Commandement de payer une imposition.** Le requérant qui conteste un commandement de payer une imposition doit faire valoir, à l'appui de sa demande, « un moyen propre à créer, en l'état de l'instruction, un doute sérieux quant à l'existence de l'obligation de payer, au montant de la dette compte tenu des paiements effectués, à l'exigibilité de la somme réclamée ou à tout autre motif ne remettant pas en cause l'assiette ou le calcul de l'impôt »[6].

§ 5

Moyens insusceptibles d'être retenus

222.811 **Moyen incompatible avec l'office restreint du juge des référés.** Eu égard à son office, consistant à statuer seul, dans l'urgence et sur une illégalité vraisemblable, il n'appartient pas en principe au juge des référés de faire jurisprudence dans la réponse apportée aux moyens du recours. S'il lui est loisible d'interpréter de

1. V. par ex. CE 9 févr. 2009, Assoc. Réseau Diabète du Val d'Oise, req. n° 320288, *Lebon T.* : moyen tiré d'une insuffisance de motivation.
2. CE, ord., 6 mars 2006, Assoc. United Sikhs et Mann Singh, req. n° 289947, *Lebon* 111 ; *AJDA* 2006. 521 ; *D.* 2006. 881.
3. CE 28 mai 2004, Lassus, req. n° 261289, *Lebon T.* 819 ; *Dr. fisc.* 2004, comm. n° 801, concl. F. Séners.
4. CE, ord., 29 oct. 2003, S^{té} Techna SA, req. n° 260768, *Lebon* 422 ; *AJDA* 2004. 540, note A.-E. Courrier ; *D.* 2005. 34 ; *D.* 2005. 26, obs. P.-L. Frier ; *D.* 2005. 859, Chron. A. Louvaris ; *RTD eur.* 2004. 333, Chron. D. Ritleng ; *RTD eur.* 2004. 363, Chron. J. Dutheil de La Rochère, N. Grief et E. Saulnier ; *RJEP* 2004. 31, note P. Cassia.
5. CE 30 août 2001, Djaoui, req. n° 237721, *Lebon T.* 1100 – CE 4 avr. 2005, S^{té} française de radiotéléphone (SFR), req. n° 267388, *Lebon T.* 1028.
6. CE 10 avr. 2002, S^{té} Import-Export du Velay, req. n° 241604, *Lebon* 128 ; *BDCF* 2002/7. 48, concl. G. Bachelier.

manière inédite des dispositions ou d'apporter des solutions provisoires à des problèmes juridiques nouveaux (auxquels le juge du fond n'aurait pas encore été confronté), il lui est en revanche défendu de s'écarter d'une jurisprudence établie ou de faire droit à un moyen lui demandant de reconnaître une nouvelle règle jurisprudentielle.

Ainsi, il n'appartient pas au juge des référés de faire droit à un moyen dont l'admission suppose de contredire une jurisprudence établie. Si les juridictions de première instance et d'appel ont un rôle à jouer lorsqu'ils appellent le Conseil d'État à reconsidérer une jurisprudence, le juge des référés n'apparaît pas l'instance la plus légitime pour opérer un revirement. Il lui appartient donc de s'en tenir strictement à la jurisprudence du Conseil d'État[1].

De même, ne peut être pris en considération par le juge des référés le moyen tiré de la violation d'un principe général du droit dont le requérant demande la consécration et qui ne figure pas au nombre des principes dont l'existence est reconnue par la jurisprudence[2].

222.812 Moyen inopérant. Le juge des référés ne peut prendre en compte comme étant propre à créer un doute sérieux un moyen inopérant ou qui ne donnera pas satisfaction au requérant. Tel est le cas :

- du moyen tiré de l'illégalité du permis initial, en cas de contestation d'un permis de construire délivré sur le fondement de l'article L. 111-3 du Code de l'urbanisme qui permet la reconstruction à l'identique des bâtiments démolis[3] ;
- des moyens tirés de l'incompétence de l'autorité ayant résilié le contrat de recrutement d'un professeur d'université associé ainsi que de vices de forme et de procédure, lorsque le décret régissant ces contrats d'association prévoit la résiliation « de plein droit » de ces derniers dans l'hypothèse où un professionnel associé à mi-temps cesse – comme c'est le cas en l'espèce – d'exercer une activité professionnelle autre que l'enseignement[4] ;
- du moyen tiré de l'incompétence d'une commune à déléguer la gestion d'un port de plaisance dès lors qu'« il ne pourrait résulter de ce moyen, à le supposer fondé, que l'obligation pour la commune de rejeter toute candidature à la gestion du port qui lui est présentée »[5] ;
- du moyen tiré, pour un refus de permis de visite d'une personne détenue, de la méconnaissance des principes constitutionnels et conventionnels régissant la matière répressive, dès lors qu'une telle décision ne revêt pas le caractère d'une punition (mais d'une mesure de police administrative)[6].

1. CE 9 déc. 2005, min. des Transports c/Vidot, req. n° 282525, *Lebon T.* 941 : commet une erreur de droit le juge des référés qui se joint à la jurisprudence dissidente de juridictions du fond au lieu d'appliquer la jurisprudence du Conseil d'État.
2. CE, ord., 21 oct. 2005, Assoc. Aides, req. n° 285577, *Lebon* 438 ; *AJDA* 2006. 944, note H. Rihal ; *AJDA* 2006. 1875, étude T.-X. Girardot.
3. CE 5 mars 2003, Lepoutre, req. n° 252422, *Lebon* 116 ; *RDI* 2003. 371, obs. A. Robineau-Israël ; *BJDU* 2003. 13, concl. J.-H. Stahl.
4. CE, ord., 17 déc. 2004, Zabjesky, req. n° 274587, NP.
5. CE 30 déc. 2002, C^ne^ de Bandol, req. n° 247668, NP.
6. CE 20 févr. 2013, Théron, req. n° 364081, *Lebon T.* ; *AJDA* 2013. 444.

§ 6

Moyens pouvant être retenus dans certains cas

222.821 Moyen tiré de l'inconventionnalité de la loi (jurisprudence *Carminati*). Le juge des référés peut apprécier la conventionnalité d'un règlement administratif[1]. En revanche, parce qu'elle met en cause la souveraineté de la loi, la possibilité d'accueillir un moyen tiré de l'inconventionnalité d'un texte législatif a été strictement encadrée pendant près d'une quinzaine d'années.

Le point de départ de cette jurisprudence correspond à la décision *Carminati* du 30 décembre 2012. Le Conseil d'État y posait le caractère inopérant, en référé, du moyen tiré de l'incompatibilité de la loi servant de base légale à l'acte administratif attaqué[2]. Cette jurisprudence a par la suite connu un double assouplissement.

Le premier a consisté à exclure son application du champ du droit de l'Union européenne. Le juge des référés a ainsi été autorisé à examiner le moyen tiré de l'incompatibilité de la loi au regard de dispositions de droit de l'Union[3]. Ce moyen est de nature à faire naître un doute sérieux sur la légalité de l'acte attaqué si la loi qui lui sert de fondement est manifestement incompatible avec les exigences découlant du droit de l'Union européenne[4]. Lorsqu'un moyen tiré de la méconnaissance du droit de l'Union européenne a justifié que le Conseil d'État statuant au contentieux renvoie une question préjudicielle à la Cour de justice, le juge des référés saisi du même moyen doit regarder celui-ci comme propre à créer un doute sérieux sur la légalité de l'acte[5].

Le second assouplissement apporté à la jurisprudence *Carminati* a consisté à limiter son application aux questions de conventionnalité présentant un caractère inédit. Le juge des référés a en effet été autorisé à retenir le doute sérieux sur la légalité de l'acte attaqué lorsque l'inconventionnalité de la loi avait déjà été établie par la jurisprudence, c'est-à-dire soit par une décision du Conseil d'État statuant au fond, soit par un arrêt de la Cour de justice de l'Union européenne statuant sur renvoi préjudiciel[6].

Finalement, cette jurisprudence, critiquée au sein même du Conseil d'État[7], a été abandonnée en référé-liberté[8]. Cet abandon a vocation à être étendu au référé-suspension.

1. CE 18 déc. 2015, S^té^ routière Chambard et min. du Logement, de l'Égalité des territoires et de la Ruralité c/C^ne^ de la Sône, req. n° 389238, *Lebon T.* ; *AJDA* 2015. 2468.
2. CE 30 déc. 2002, min. de l'Aménagement du territoire c/Carminati, req. n° 240430, *Lebon* 510 ; *AJDA* 2003. 1065, note O. Le Bot ; *Dr. adm.* 2003, comm. n° 74, obs. M. G. ; *Coll. terr.*, comm. n° 55, note L. Erstein.
3. CE, ord., 16 juin 2010, Diakité, req. n° 340250, *Lebon* ; *AJDA* 2010. 1355, Chron. S.-J. Liéber et D. Botteghi ; *ibid.* 1662, note O. Le Bot ; *Constitutions* 2010. 399, obs. J. Barthélemy et L. Boré ; *RTD eur.* 2010. 975, Chron. D. Ritleng, J.-P. Kovar et A. Bouveresse ; *JCP* 2010, n° 739, note P. Cassia.
4. CE, ord., 27 août 2012, Gisti, req. n° 361402, *Lebon T.*, cons. n° 10 : solution initialement dégagée pour le référé-liberté (CE, ord., 16 juin 2010, Diakité, req. n° 340250, préc.).
5. CE 23 nov. 2005, CGT-FO, req. n° 286440, *Lebon* 523 ; *D.* 2005. 2972.
6. CE, ord., 21 oct. 2005, Assoc. Aides, req. n° 285577, *Lebon* 438 ; *AJDA* 2006. 944, note H. Rihal ; *AJDA* 2006. 1875, ét. T.-X. Girardot.
7. V. T.-X. Girardot, « Le retour de la loi écran devant le juge des référés. La jurisprudence *Carminati* confirmée par le juge des référés du Conseil d'État », *AJDA* 2006. 1875 – R. Abraham, « L'application des traités internationaux et l'office du juge des référés administratifs », *Juger l'administration, administrer la justice. Mélanges en l'honneur de Daniel Labetoulle*, Dalloz, 2007, p. 1.
8. V. s^s^ n° 232.175.

222.822 Moyens opérants en cas de demande portant sur un refus d'abrogation. Lorsque le juge des référés est saisi d'une demande de suspension de la décision par laquelle l'administration a refusé d'abroger une décision dont la mise en œuvre est imminente, l'urgence qui s'attache à ce que cette décision soit suspendue « n'est, en tout état dc cause, susceptible d'être établie que dans la mesure où le ou les moyens retenus par le juge des référés seraient de nature, eu égard à leur portée, à justifier non seulement la suspension de la décision de rejet de la demande d'abrogation, mais aussi l'injonction adressée à l'administration de suspendre [la décision] [...] à une échéance immédiate et sans nouvel examen préalable par les autorités compétentes de la demande d'abrogation »[1].

§ 7

Examen des moyens

222.831 Prise en compte des faits antérieurs à la décision, même ignorés par l'administration. Le juge des référés peut prendre en compte des indications attestant des faits antérieurs à la décision dont la suspension est demandée, même si ces éléments n'ont pas été portés à la connaissance de l'administration avant qu'elle se prononce[2]. Ainsi, est propre à créer un doute sérieux sur la légalité de la décision d'une commission de recevabilité des demandes d'admission à concourir, le moyen tiré de ce que, alors qu'un candidat n'était pas titulaire de diplômes sanctionnant une formation technico-professionnelle, il ressort des indications portées à la connaissance du juge des référés, mais dont la commission n'était pas informée avant de décider, que le candidat avait suivi des stages pratiques qui lui avaient donné une formation technique dans le domaine concerné[3].

222.832 Examen de tous les moyens dans le contentieux de l'urbanisme. Écartant la pratique dite de l'économie de moyens, qui veut que le juge administratif ne retienne qu'un seul moyen, même si plusieurs autres sont fondés, pour annuler un acte ou prononcer sa suspension, l'article L. 600-4-1 du Code de l'urbanisme oblige le juge des référés à se prononcer sur l'ensemble des moyens de la requête qu'il estime susceptibles de fonder la suspension en l'état du dossier.

Le juge des référés peut retenir un moyen et affirmer expressément que les autres ne sont pas de nature à faire naître un doute sérieux[4]. Il peut aussi retenir un moyen et écarter les autres par prétérition. En effet, le Conseil d'État considère que l'article L. 600-4-1 du Code de l'urbanisme n'oblige pas le juge des référés à écarter explicitement les moyens qu'il estime non susceptibles de faire naître un doute sérieux sur la légalité de l'acte. Lorsqu'il suspend une autorisation d'urbanisme en se fondant sur un seul des moyens invoqués, il est réputé avoir « implicitement mais nécessairement écarté l'ensemble des autres moyens soulevés devant lui »[5].

1. CE 31 mars 2003, Union nationale de l'apiculture française, req. n° 254638, *Lebon T.* ; *AJDA* 2003. 1388, note S. Boussard.
2. CE, ord., 8 nov. 2002, Lechevallier, req. n° 251301, *Lebon T.* 868 ; *AJDA* 2003. 511.
3. CE, ord., 8 nov. 2002, Lechevallier, req. n° 251301, préc.
4. V. par ex. CE 21 déc. 2001, Sté Fun Music Center, req. n° 237133, NP.
5. CE 5 déc. 2001, Sté Intertouristik holiday, req. n° 237294, *Lebon T.* 1100 ; *RDI* 2002. 247, obs. L. Derepas ; *Dr. adm.* 2002/6, comm. n° 108, obs. C. Maugüé.

222.833 Admission d'un commencement de preuve par l'administration dans le contentieux des retraits de permis de conduire. Le juge du référé-suspension peut se contenter d'un commencement de preuve apporté par l'administration lorsqu'une décision de retrait de points d'un permis de conduire est contestée par le moyen tiré du non-respect de l'obligation d'information prévue par l'article L. 223-3 du Code de la route[1].

Il résulte des dispositions des articles L. 223-3 et R. 223-2 du Code de la route que l'auteur d'une infraction entraînant retrait de points doit être informé qu'il encourt un retrait de points si la réalité de l'infraction est établie. Il appartient à l'administration d'apporter la preuve, par tout moyen, qu'elle a satisfait à cette obligation d'information qui constitue une garantie essentielle donnée à l'auteur de l'infraction pour lui permettre d'en contester la réalité et d'en mesurer les conséquences sur la validité de son permis, et conditionne dès lors la régularité de la procédure suivie et, partant, la légalité du retrait de points[2].

Le juge du référé-suspension peut toutefois légalement estimer, eu égard à son office, que le moyen tiré de ce que l'intéressé n'aurait pas reçu l'information prévue par les articles L. 223-3 et R. 223-3 du Code de la route n'est pas propre à créer, en l'état de l'instruction, un doute sérieux quant à la légalité de la décision de retrait de points lorsque ce moyen repose sur les seules assertions du requérant et que ces dernières sont utilement contestées par un commencement de preuve apporté par l'administration.

En revanche, le juge estime que la condition relative au doute sérieux est satisfaite si le ministre de l'Intérieur n'apporte aucun élément prouvant que l'intéressé a reçu l'information légalement exigée[3].

222.834 Appréciation du doute sérieux dans le contentieux de la résiliation (« Béziers II »). Pour déterminer si un moyen est propre à créer, en l'état de l'instruction, un doute sérieux sur la validité de la mesure de résiliation d'un contrat, « il incombe au juge des référés d'apprécier si, en l'état de l'instruction, les vices invoqués paraissent d'une gravité suffisante pour conduire à la reprise des relations contractuelles et non à la seule indemnisation du préjudice résultant, pour le requérant, de la résiliation »[4]. Cette exigence a été regardée comme satisfaite, dans une espèce, à propos d'un moyen tiré de ce que les fautes invoquées par l'administration seraient infondées[5].

1. CE 7 déc. 2005, Salem, req. n° 280985, *Lebon T.* 1030.
2. Le Conseil d'État juge que si l'information n'a pas été dispensée au moment prévu par la loi, le ministre de l'Intérieur ne peut pas légalement procéder au retrait de points (CE, avis, 22 nov. 1995, Charton, req. n° 171045, *Lebon* 345). Il estime également qu'il incombe à l'administration d'apporter la preuve qu'elle s'est acquittée de l'obligation d'information (CE, avis, 28 juill. 2000, Boullay, req. n° 220301, *Lebon* 345).
3. CE 13 mars 2009, Tiene, req. n° 322303, NP.
4. CE, sect., 21 mars 2011, ville de Béziers, req. n° 304806, *Lebon* ; *AJDA* 2011. 670, Chron. A. Lallet ; *D.* 2011. 954, obs. M.-C. de Montecler ; *GAJA*, 21e éd., 2017, n° 110 ; *GACA*, 5e éd., 2016, n° 8 ; *RDI* 2011. 270, obs. S. Braconnier ; *AJCT* 2011. 291, obs. J.-D. Dreyfus ; *RFDA* 2011. 507, concl. E. Cortot-Boucher ; *RFDA* 2011. 518, note D. Pouyaud.
5. CE 17 juin 2015, Cne d'Aix-en-Provence, req. n° 388433, *Lebon T.* ; *AJDA* 2015. 2127 ; *AJCT* 2015. 531, obs. J.-D. Dreyfus ; *RFDA* 2015. 930, concl. G. Pellissier ; *JCP Adm.* 2015, n° 2358, note J. Martin ; *BJCP* 2015. 381, concl. G. Pellissier.

Un second critère d'appréciation a par la suite été ajouté : pour déterminer s'il y a lieu de faire droit à la demande de reprise à titre provisoire des relations contractuelles, « il incombe au juge d'apprécier, eu égard à la gravité des vices constatés et, le cas échéant, à celle des manquements du requérant à ses obligations contractuelles, ainsi qu'aux motifs de la résiliation, si une telle reprise n'est pas de nature à porter une atteinte excessive à l'intérêt général et, eu égard à la nature du contrat en cause, aux droits du titulaire d'un nouveau contrat dont la conclusion aurait été rendue nécessaire par la résiliation ». Si tel est le cas, il doit, « quels que soient les vices dont la mesure de résiliation est, le cas échéant, entachée, rejeter les conclusions tendant à une telle reprise des relations contractuelles »[1]. En l'espèce, une commune avait résilié pour faute une convention de délégation de service public d'un camping aux motifs que le délégataire n'avait pas réalisé les investissements contractuellement prévus, que de nombreuses plaintes d'usagers avaient été déposées et que le délégataire avait omis de collecter la taxe de séjour, refusé de pratiquer les tarifs validés par la commune et failli à sa mission en matière de sécurité, d'entretien et de nettoyage. Le Conseil d'État estime que la matérialité d'une partie des faits reprochés à la société n'apparaît pas, en l'état de l'instruction, sérieusement contestable. Dans ces conditions, si la société requérante soutient que les fautes commises n'auraient pas atteint un degré de gravité tel qu'il justifiât une résiliation aux torts exclusifs de celle-ci, « une reprise des relations contractuelles à titre provisoire serait, en tout état de cause, dans les circonstances de l'espèce, de nature à porter une atteinte excessive à l'intérêt général » (p^t 7).

La jurisprudence a précisé que l'existence d'un motif d'intérêt général s'opposant à la reprise des relations contractuelles ne peut être appréciée indépendamment de la gravité des vices affectant la mesure de résiliation. Aussi, entache son ordonnance d'erreur de droit le juge des référés qui se borne, pour rejeter la demande de suspension de la décision d'une commune résiliant un contrat relatif à l'exploitation de parcs de stationnement, à juger, après avoir relevé que la société requérante soutenait que cette décision était entachée de plusieurs vices, que la reprise provisoire des relations contractuelles serait, en tout état de cause, de nature à porter une atteinte excessive à l'intérêt général tenant à la volonté de la commune de s'engager dans une nouvelle politique et une gestion plus dynamique du stationnement sur son territoire. Le juge aurait dû rechercher si les vices invoqués par la société à l'encontre de la mesure de résiliation étaient d'une gravité suffisante pour conduire à la reprise des relations contractuelles et non à la seule indemnisation de la société, c'est-à-dire si, eu égard à leur gravité et, le cas échéant, à celle des manquements de la société à ses obligations contractuelles, ainsi qu'aux motifs de la résiliation, une telle reprise n'était pas de nature à porter une atteinte excessive à l'intérêt général[2].

1. CE 16 nov. 2016, C^ne d'Erstein, req. n° 401321, *Lebon T.* (p^t 6) ; *AJDA* 2016. 2249 ; *AJCT* 2017. 214, obs. S. Hul ; AJ *Contrat* 2017. 42, obs. J.-D. Dreyfus ; Contrats et Marchés publics 2017, comm. 27, obs. M. Ubaud-Bergeron.
2. CE 25 janv. 2019, Société Uniparc Cannes, req. n° 424846, *Lebon T.* ; *BJCL* 2019. 133, concl. G. Pellissier ; *JCP Adm.* 2019, n° 2080, note S. Hul ; *AJCP* 2019. 70, note X. Bigas et J. Leron ; *AJDA* 2019. 1231, note R. Souche ; *AJCT* 2019. 244, obs S. Defix ; *Contrats et Marchés publics* 2019, comm. 134, obs. G. Eckert.

§ 8

Neutralisation d'un motif illégal et substitution de motifs

222.841 Décision reposant sur une pluralité de motifs : neutralisation d'un motif illégal. La jurisprudence *Dame Perrot*[1], applicable aux procédures au fond et concernant l'hypothèse où une décision est fondée explicitement sur plusieurs motifs, a été transposée au référé-suspension par le Conseil d'État. En vertu de cette jurisprudence, le juge de l'excès de pouvoir, s'il estime devoir censurer un ou plusieurs des motifs justifiant la décision, vérifie, avant d'en prononcer l'annulation, que l'administration n'aurait pas pu prendre la même décision en se fondant sur les motifs non censurés. De la même manière, le juge du référé-suspension peut rejeter une demande, alors même qu'il existe un doute sérieux sur la légalité d'un motif de la décision attaquée, dès lors qu'un autre motif est de nature à la justifier légalement[2]. En revanche, il fait droit à la demande de suspension lorsqu'il ne résulte pas de l'instruction que l'autorité administrative aurait pris une décision identique alors que des moyens dirigés contre certains des motifs la justifiant sont propres à créer un doute sérieux quant à sa légalité[3].

222.842 Décision reposant sur un motif illégal : remplacement par un motif légal (substitution de motifs). Qu'elle ait agi en situation de compétence liée ou dans un cas de compétence discrétionnaire, l'administration peut présenter devant le juge du fond une demande de substitution de motifs, afin que soit substitué au motif illégal ayant justifié la décision, un autre motif permettant de justifier légalement celle-ci au moment où elle a été prise[4]. La faculté de procéder à une substitution de motifs a été étendue par le Conseil d'État à la procédure du référé-suspension[5]. L'administration peut faire valoir devant le juge des référés que la décision dont il lui est demandé de suspendre l'exécution « est légalement justifiée par un motif, de droit ou de fait, autre que celui initialement indiqué, mais également fondé sur la situation existant à la date de cette décision ». Il appartient alors au juge des référés, après avoir mis à même l'auteur de la demande, dans des conditions adaptées à l'urgence, de présenter ses observations sur la substitution ainsi sollicitée, « de rechercher s'il ressort à l'évidence des données de l'affaire, en l'état de l'instruction, que ce motif est susceptible de fonder légalement la décision et que l'administration aurait pris la même décision si elle s'était fondée initialement sur ce motif ». Dans l'affirmative, « et à condition que la substitution demandée ne prive pas le requérant d'une garantie

1. CE, ass., 12 janv. 1968, min. de l'Économie et des Finances c/Perrot, req. n° 70951, *Lebon* 39 ; *AJDA* 1968. 179, concl. Kahn.
2. CE 4 juin 2004, Nessi, req. n° 264902, NP ; *BJDU* 2004. 218, concl. C. Devys : refus de permis de construire fondé sur plusieurs motifs dont un seul est de nature à faire naître un doute sérieux.
3. CE, ord., 12 mai 2005, Zerbib, req. n° 279011, *Lebon T.* 1031 ; *RTD com.* 2005. 561, obs. N. Rontchevsky : à propos d'une sanction prononcée par l'Autorité des marchés financiers en méconnaissance des droits de la défense.
4. CE, sect., 6 févr. 2004, Hallal, req. n° 240560, *Lebon* 48, concl. I. de Silva ; *AJDA* 2004. 436, Chron. F. Donnat et D. Casas ; *D.* 2005. 35 ; *D.* 2005. 26, obs. P.-L. Frier ; *GACA*, 5e éd., 2016, n° 68 ; *RFDA* 2004. 740, concl. I. de Silva ; *RD publ.* 2005. 530, Chron. C. Guettier.
5. CE 15 mars 2004, Cne de Villasavary, req. n° 261130, *Lebon* 132 ; *AJDA* 2004. 1311, concl. D. Chauvaux.

procédurale liée au motif substitué, le juge des référés peut procéder à cette substitution pour apprécier s'il y a lieu d'ordonner la suspension qui lui est demandée »[1].

Lorsque le juge, saisi d'un moyen en ce sens, constate qu'une autorité administrative s'est déclarée à tort incompétente pour connaître d'une demande, l'administration ne peut utilement lui demander de procéder à une substitution de motifs, laquelle ne saurait, en tout état de cause, remédier au vice entachant la décision[2].

§ 9

Exemples de moyen propre à créer un doute sérieux

222.851 **Illustrations.** Peuvent être cités, à titre d'exemple et sans prétendre à l'exhaustivité, certaines situations dans lesquelles le requérant parviendra avec facilité à faire reconnaître l'existence d'un doute sérieux quant à la légalité de l'acte attaqué. Ces illustrations correspondent à des cas de figure où l'illégalité alléguée apparaît assez certaine. Dans la mesure où il n'est exigé de l'article L. 521-1 du CJA ni une illégalité évidente ni même une illégalité établie mais seulement une illégalité probable, ces exemples n'épuisent pas les hypothèses, au demeurant infinies, dans lesquelles un moyen peut être regardé comme propre à créer un doute sérieux quant à la légalité de l'acte attaqué.

222.852 **Mesures similaires annulées en excès de pouvoir.** Le juge nourrit aisément un doute sérieux sur la légalité de l'acte attaqué lorsque le moyen invoqué à son encontre est « identique à celui retenu par le Conseil d'État pour annuler en excès de pouvoir » des mesures similaires[3]. À l'inverse, lorsque les arguments développés à l'appui de la demande de suspension sont analogues à des moyens qui ont déjà été invoqués – et rejetés – par le juge de l'excès de pouvoir, le juge des référés tiendra compte de cette circonstance pour refuser d'y faire droit[4].

222.853 **Méconnaissance objective d'une règle textuelle ou jurisprudentielle.** Le doute sérieux est retenu sans difficulté lorsque l'acte attaqué méconnaît objectivement une règle textuelle ou jurisprudentielle. Tel est le cas lorsque l'administration :

- procède au retrait d'un acte créateur de droit à l'expiration du délai dans lequel ce retrait peut intervenir[5] ;
- autorise la construction d'éoliennes sans avoir porté à la connaissance du public les résultats de l'étude d'impact[6] ;
- refuse d'abroger un retrait d'agrément pris eu égard à la condamnation du titulaire de celui-ci alors que cette condamnation a été exclue du bulletin n° 2 de son casier judiciaire[7] ;

1. CE 15 mars 2004, Cne de Villasavary, req. n° 261130, préc.
2. CE, ord., 16 mai 2007, Joseph, req. n° 304966, *Lebon T.* ; *AJDA* 2007. 1044 ; *AJDA* 2007. 1819, note C. Raux : refus de visa d'entrée en France d'un étranger lorsque la commission de recours a irrégulièrement décliné sa compétence.
3. CE, ord., 5 oct. 2001, Bouvet, req. n° 238238, *Lebon T.* 1115.
4. CE, ord., 8 avr. 2003, Cne Les Angles, req. n° 254929, NP.
5. CE 14 oct. 2002, SARL Détroit, req. n° 246583, NP.
6. CE 3 mars 2004, Sté Ploudalmezeau Breiz Avel, req. n° 259001, *Lebon* 123 ; *AJDA* 2004. 1143, note S. Hul ; *D.* 2005. 34 ; *D.* 2005. 26, obs. P.-L. Frier ; *RTD eur.* 2005. 687, Chron. D. Ritleng.
7. CE 29 juill. 2002, min. de l'Équipement c/Rose, req. n° 240887, *Lebon* ; *AJDA* 2003. 48.

– refuse de convoquer un organe délibérant dans une hypothèse où cette convocation est obligatoire[1] ;

– interdit la vente sur internet de médicaments sans prescription médicale alors qu'une directive de l'Union européenne pose clairement la liberté de vente en ligne de ces médicaments[2] ;

– prend une mesure de police sans avoir entendu au préalable la personne visée[3].

222.854 **Acte reposant sur une base textuelle reconnue illégale.** Il est aisé de faire naître un doute sérieux quant à la légalité de l'acte lorsque celui-ci a pour base légale un texte dont l'illégalité ou l'inconventionnalité a été établie. Tel est le cas lorsque l'acte attaqué repose sur une disposition législative ou réglementaire déclarée incompatible avec le droit de l'Union européenne par le Conseil d'État[4] ou par la Cour de justice de l'Union européenne[5], ou suspectée de l'être au point d'avoir fait l'objet d'un renvoi préjudiciel par le Conseil d'État statuant au contentieux[6] ou par une autre Cour suprême européenne[7].

222.855 **Fragilité du fondement juridique.** Est de nature à faire naître un doute sérieux quant à la légalité de l'acte le moyen tiré de ce qu'une autorité publique ne peut légalement fonder sa décision sur des dispositions en cours d'examen au Parlement[8].

222.856 **Contradiction avec une décision antérieure.** Est retenue comme propre à créer un doute sérieux la décision d'autoriser la plantation de vignes sur des terrains alors que ceux-ci ont été répertoriés dans une précédente décision comme sites remarquables au sens de la directive Natura 2000[9]. Il en va de même lorsque l'autorité administrative autorise l'exécution de travaux de construction d'un pont deux fois plus haut et plus long que dans le projet déclaré d'utilité publique[10].

1. CE 5 mars 2001, Saez, req. n° 230045, *Lebon* ; *GAJA*, 21e éd., 2017, n° 98 ; *Coll. terr.*, juill. 2001. 4 : convocation d'un conseil municipal prescrite au maire par l'article L. 2121-9 du CGCT.
2. CE, ord., 14 févr. 2013, Lailler, req. n° 365459, *Lebon T.* ; *AJDA* 2013. 1140 ; *D.* 2013. 628, et les obs., note O. Le Bot ; *RTD eur.* 2013. 888, obs. A. Bouveresse.
3. CE 27 févr. 2013, Sté Promogil, req. n° 364751, *Lebon T.* ; *AJDA* 2013. 436 ; *LPA* 8 avr. 2013, n° 70, p. 10, comm. O. Le Bot.
4. TA Lyon, ord., 23 mai 2003, Murzeau, req. n° 0301752, NP ; *AJDA* 2003. 1786, note J.-P. Markus ; *AJFP* 2003. 43, et les obs.
5. CE, ord., 8 nov. 2002, Sté Tiscali Télécom, req. n° 250813, *Lebon* 387 ; *AJDA* 2003. 250, note T. Tuot ; *Gaz. Pal.* 2003/267-268. 27, note D. Gazagne.
6. CE 23 nov. 2005, CGT-FO, req. n° 286440, *Lebon* 523 ; *D.* 2005. 2972.
7. CE, ord., 29 oct. 2003, Sté Techna SA, req. n° 260768, *Lebon* 422 ; *AJDA* 2004. 540, note A.-E. Courrier ; *D.* 2005. 34 ; *D.* 2005. 26, obs. P.-L. Frier ; *D.* 2005. 859, Chron. A. Louvaris ; *RTD eur.* 2004. 333, Chron. D. Ritleng ; *RTD eur.* 2004. 363, Chron. J. Dutheil de La Rochère, N. Grief et E. Saulnier ; *CJEG* 2004. 31, note P. Cassia : renvoi opéré par la *High Court* britannique.
8. CE 13 nov. 2002, Assoc. Alliance pour les droits de la vie, req. n° 248310, *Lebon* 393 ; *AJDA* 2002. 1506, concl. D. Chauvaux ; *D.* 2003. 89, note H. Moutouh ; *GADS* 2010, nos 18-19 ; *Dr. adm.* 2003/1, comm. n° 22, obs. J.-M. Février ; *LPA* 3 avr. 2003, n° 67, p. 8, note P. Pauvert.
9. CE, ord., 9 juill. 2001, Assoc. fédérative régionale pour la protection de la nature du Haut-Rhin, req. n° 234555, *Lebon T.* 1105.
10. CE 3 juill. 2002, Cne de Beauregard-de-Terrasson et a., req. n° 245236, *Lebon* 258 ; *AJDA* 2002. 751, concl. D. Chauvaux.

222.857 Erreur manifeste d'appréciation. Le juge retient l'existence d'un doute sérieux quant à la légalité de l'acte attaqué lorsque l'appréciation de l'administration apparaît entachée d'une erreur manifeste au regard d'une jurisprudence établie du Conseil d'État. Tel est le cas lorsque l'autorité administrative révoque l'un de ses agents alors que celui-ci n'a commis qu'un délit mineur[1].

222.858 Mesure de police non proportionnée. Le juge retient l'existence d'un doute sérieux sur la légalité de l'arrêté municipal qui interdit, pendant la Coupe du monde de football, l'utilisation de drapeaux de nationalité étrangère lorsque cette utilisation est réalisée de façon ostentatoire et dans des conditions générant un trouble à l'ordre public. Il estime que « le moyen tiré du caractère non proportionné de l'interdiction édictée par l'arrêté litigieux au regard des nécessités de l'ordre public, dès lors qu'il n'est pas établi que celui-ci ne pouvait pas être assuré dans les mêmes conditions par des moyens moins contraignants, est de nature à faire naître un doute sérieux quant à la légalité de la décision attaquée »[2].

222.859 Refus de prise en charge d'un jeune majeur. Saisi d'une demande de suspension de l'exécution d'un refus de prise en charge par le service de l'aide sociale à l'enfance (ASE) d'un jeune majeur de moins de 21 ans éprouvant des difficultés d'insertion sociale, il appartient au juge des référés de rechercher si, à la date à laquelle il se prononce, la situation de l'intéressé fait apparaître, en dépit de la marge d'appréciation dont dispose le président du conseil départemental, un doute sérieux quant à la légalité d'un défaut de prise en charge[3].

223. Jugement du référé-suspension

SECTION 0

Orienteur

223.00 Plan du chapitre.

Sect. 1 Rejet sans instruction
Sect. 2 Jugement de la demande après instruction contradictoire
Sect. 3 Désignation d'un médiateur

223.09 Règles procédurales des référés d'urgence. La requête introduite sur le fondement de l'article L. 521-1 du CJA est soumise aux règles procédurales applicables aux autres référés d'urgence (v. s^s^ n°s 213.09 s.).

223.10 Délai de jugement. En vertu des dispositions générales de l'article L. 511-1 du CJA, le juge des référés « se prononce dans les meilleurs délais ». En pratique, les demandes présentées sur le fondement de l'article L. 521-1 sont jugées dans un délai de 20 jours. Les dispositions de l'article L. 511-1, qui imposent au juge des référés de

1. CE 15 oct. 2004, C^ne^ d'Andeville, req. n° 266176, *Lebon T.* 817 ; *AJDA* 2004. 2414 ; *Dr. adm.* 2005, n° 2, p. 22, note E.G.
2. TA Nice, ord., 4 juill. 2014, Ligue des droits de l'homme, req. n° 1402820, NP.
3. CE 22 juill. 2020, Ville de Paris, req. n° 435974, *Lebon T.* ; *AJDA* 2021. 34, note H. Rihal.

statuer avec diligence sur les demandes dont il est saisi, « n'ont ni pour objet ni pour effet de faire du délai dans lequel il statue une condition de la régularité de l'ordonnance rendue ». Par suite, la circonstance que l'ordonnance soit intervenue à une date privant le requérant de la possibilité de faire valoir l'urgence de la suspension demandée n'est pas de nature à entacher d'irrégularité cette décision[1].

Le juge du référé-suspension peut statuer très rapidement si les circonstances l'exigent. Par exemple, le Conseil d'État, saisi le 11 avril d'une sanction prise le 9 avril par une fédération sportive à l'encontre d'un athlète, lui interdisant de participer à toute compétition sportive, notamment au marathon de Paris prévu le 14, a suspendu la décision attaquée le lendemain de sa saisine[2].

223.11 Deux procédures. La demande en référé-suspension peut, comme tout référé d'urgence, être jugée selon deux procédures différentes : soit celle du tri, soit celle de l'instruction contradictoire.

SECTION 1

Rejet sans instruction

223.21 Ordonnance de tri. La requête peut être rejetée, sans instruction ni audience, selon la procédure de l'article L. 522-3 du CJA. Conçue pour écarter rapidement les requêtes visiblement vouées à l'échec, cette procédure est mise en œuvre dans les hypothèses et dans les formes prévues par l'article L. 522-3 (v. s[s] n°s 213.41 s.). Ont par exemple été rejetées sur ce fondement :

- faute d'urgence, la demande tendant à la suspension d'une décision devant très prochainement faire l'objet d'un examen au fond par le juge de l'excès de pouvoir[3] ;
- pour incompétence manifeste, la demande dirigée non pas comme un acte administratif mais contre une décision juridictionnelle[4] ;
- comme manifestement irrecevable, la demande présentée sans qu'un recours au fond ait été introduit[5] ou dirigée contre une décision ayant cessé de produire ses effets[6] ;
- comme manifestement mal fondée, la demande développant des moyens dénués de pertinence au regard des dispositions applicables[7].

SECTION 2

Jugement de la demande après instruction contradictoire

223.31 Deux phases. Lorsque le juge du référé-suspension considère que la requête mérite d'être instruite, c'est-à-dire qu'elle n'a pas été écartée par la procédure de tri,

1. CE 6 mars 2002, SARL Trans-Côte, req. n° 240457, *Lebon T.* 851.
2. CE, ord., 12 avr. 2019, Calvin, req. n° 429645, NP ; *Cahiers de droit du sport*, 1er déc. 2019, n° 53, p. 148, note M. Peltier.
3. CE 11 oct. 2004, Assoc. des familles pour le droit à une vie décente, req. n° 272895, NP.
4. CE 12 juin 2002, Leroy, req. n° 247442, *Lebon T.* : en l'occurrence un arrêt de cour administrative d'appel faisant l'objet d'un pourvoi.
5. CE, ord., 2 sept. 2005, Mohamed Daroueche, req. n° 284524, NP.
6. CE, ord., 13 mars 2006, Bayrou, req. n° 291138, *Lebon T.* 1017 ; *RFDA* 2006. 1147, concl. E. Glaser.
7. CE, ord., 21 mai 2002, Rousseau, req. n° 247008, *Lebon T.*

elle est mise à l'instruction et jugée selon une procédure contradictoire écrite et orale commune à l'ensemble des référés d'urgence (v. s[s] n°s 213.131 s. pour la présentation détaillée de son déroulement).

223.32 Urbanisme : pas de sursis à statuer pour permettre une régularisation. Eu égard à son intervention en urgence, il n'appartient pas au juge des référés de surseoir à statuer pour permettre la régularisation de l'autorisation d'urbanisme contestée[1]. Ce pouvoir, prévu par l'article L. 600-5-1 du Code de l'urbanisme, ne peut être exercé que par le juge du fond.

SECTION 3

Désignation d'un médiateur

223.41 Faculté. Selon le tribunal administratif de Strasbourg, le juge des référés qui entrevoit la possibilité d'une résolution amiable du litige dont il est saisi a, tout comme le juge du fond (CJA, art. L. 213-7), la possibilité d'inviter les parties à mettre en œuvre une médiation. Dans ce cas, il sursoit à statuer en attendant l'issue de la médiation[2].

224. Décision du juge du référé-suspension

SECTION 0

Orienteur

224.00 Plan du chapitre.

224.02 Jurisprudence de référence.

> Le juge doit motiver la condition d'urgence, en droit et en fait, compte tenu des éléments produits par les parties

CE, sect., 25 avr. 2001, Assoc. des habitants du littoral du Morbihan c/C[ne] de Baden, req. n° 230025, *Lebon* 220.

> Le juge des référés, qui estime que la condition relative au doute sérieux est remplie, n'a pas à motiver sa décision de façon aussi approfondie qu'un juge du fond

CE, sect., 11 juill. 2001, S[té] Trans-Éthylène, req. n° 231692.

224.04 Questions essentielles.

> Un requérant peut-il obtenir la suspension d'une partie seulement des dispositions ou des effets de la décision attaquée ? v. s[s] n°s 224.81 s.

> À quel moment une mesure de suspension va-t-elle prendre fin ? v. s[s] n°s 224.111 s.

1. CE 22 mai 2015, SCI Paolina, req. n° 385183, *Lebon T.* ; *AJDA* 2015. 1022 ; *RDI* 2015. 433, obs. P. Soler-Couteaux ; *AJCT* 2015. 547, obs. R. Bonnefont ; *BJDU* 2015. 349, concl. M. Vialettes ; *LPA* 9 juin 2015, n° 136, note P.-L. Niel.
2. TA Strasbourg, ord., 13 sept. 2018, Henry, req. n° 1805318, NP ; *AJCT* 2018. 461, obs. T. Goutal.

> Le juge peut-il prononcer une injonction de sa propre initiative ou doit-il être expressément saisi de conclusions en ce sens ? v. s[s] n°s 224.171 s.

> Une autorisation délivrée par l'administration à la suite d'une ordonnance de référé présente-t-elle, comme cette ordonnance, un caractère provisoire ? v. s[s] n°s 224.211 s.

224.09 Règles communes aux référés d'urgence. La décision rendue sur le fondement de l'article L. 521-1 du CJA suit le régime applicable à tout référé d'urgence quant à son contenu, au déploiement de ses effets et à l'autorité qui lui est reconnue (sur ces règles, v. s[s] n°s 214.09 s.)

SECTION 1

Motivation de la décision

§ 1

Motivation relative à l'urgence

224.11 Étendue de l'exigence de motivation. Il appartient au juge des référés, afin, notamment, de mettre le juge de cassation en mesure d'exercer son contrôle, « de faire apparaître les raisons de droit et de fait pour lesquelles soit il considère que l'urgence justifie la suspension de l'acte attaqué, soit il estime qu'elle ne la justifie pas »[1]. Le respect de cette exigence s'apprécie « au regard des justifications apportées, dans la demande et de l'argumentation présentée en défense »[2].

224.12 Confrontation des intérêts. L'urgence s'appréciant objectivement et compte tenu de l'ensemble des circonstances de chaque espèce, il appartient au juge des référés de faire apparaître dans sa décision tous les éléments qui, eu égard notamment à l'argumentation des parties, l'ont conduit à considérer que la suspension demandée revêtait un caractère d'urgence[3]. Le juge des référés entache son ordonnance d'une insuffisance de motivation s'il refuse ou s'abstient de répondre à l'argumentation du défendeur mettant en avant l'urgence à exécuter la décision[4].

224.13 Exclusion des motivations stéréotypées. Le juge des référés entache son ordonnance d'une insuffisance de motivation lorsqu'il reconnaît l'urgence à obtenir la suspension demandée sans préciser les considérations sur lesquelles il se fonde. Ainsi, ne satisfait pas à l'exigence de motivation l'ordonnance qui se borne à indiquer :

- que « la condition d'urgence est satisfaite »[5] ;

1. CE, sect., 25 avr. 2001, Assoc. des habitants du littoral du Morbihan c/C[ne] de Baden, req. n° 230025, *Lebon* 220 ; *AJDA* 2001. 465, Chron. M. Guyomar et P. Collin ; *RFDA* 2001. 849, concl. F. Lamy ; *RDI* 2001. 396, obs. P. Soler-Couteaux.
2. CE, sect., 25 avr. 2001, Assoc. des habitants du littoral du Morbihan c/C[ne] de Baden, req. n° 230025, préc.
3. CE, sect., 28 févr. 2001, préfet des Alpes-Maritimes, req. n° 229562, *Lebon* 110 ; *AJDA* 2001. 461, Chron. M. Guyomar et P. Collin ; *AJDA* 2001. 465, Chron. M. Guyomar et P. Collin ; *D.* 2002. 2222, obs. R. Vandermeeren ; *GACA*, 5e éd., 2016, n° 12 ; *RFDA* 2001. 399, concl. P. Fombeur ; *Coll. terr.* 2001, comm. n° 126, note T. Célerier ; *BDEI* 2001. 9, note A. Seban ; *RD publ.* 2001. 758, obs. C. Guettier.
4. CE, sect., 28 févr. 2001, préfet des Alpes-Maritimes, req. n° 229562, préc. - CE 5 nov. 2001, C[ne] du Cannet-des-Maures, req. n° 234396, *Lebon* 540 ; *RDI* 2002. 168, obs. L. Derepas ; *BJDU* 2002. 48, concl. L. A.-F. Roul - CE 10 déc. 2001, C[ne] de Saint-Jean-de-Luz, req. n° 235818, *Lebon T.* 1110 ; *BJDU* 2001. 469, concl. F. Séners ; *JCP* 2002, n° 10051, obs. J.-C. Zarka.
5. CE 27 juill. 2001, C[ne] de Tulle, req. n° 230231, *Lebon T.* 1115 ; *RDI* 2001. 542, obs. P. Soler-Couteaux - v. égal[t] CE 21 nov. 2001, min. de l'Intérieur c/Lyamani, req. n° 229809, *Lebon T.* 1120.

– que le requérant « justifie de l'existence d'une situation d'urgence en invoquant l'intérêt général et le préjudice qu'il subirait du fait de l'exécution de la décision », sans préciser la nature dudit préjudice ni répondre à l'argumentation en défense relative aux conséquences qu'une suspension de l'autorisation d'exploiter une officine aurait sur la situation de son bénéficiaire[1].

§ 2

Motivation relative au doute sérieux

A

Absence de doute sérieux

224.21 **Nécessité d'une analyse des moyens.** Il appartient au juge des référés qui rejette une demande de suspension au motif qu'il n'est pas fait état d'un moyen propre à créer, en l'état de l'instruction, un doute sérieux quant à la légalité de la décision attaquée, d'analyser soit dans les visas, soit dans les motifs de celle-ci, les moyens développés au soutien de la demande de suspension, afin, notamment, de mettre le juge de cassation en mesure d'exercer son contrôle[2]. Le juge des référés doit procéder à un résumé au moins sommaire des moyens. Il ne peut condenser ceux-ci de façon excessive[3].

224.22 **Admission d'une motivation sommaire.** Lorsque le juge des référés considère qu'aucun des moyens invoqués n'est de nature à faire naître un doute sérieux quant à la légalité de la décision attaquée, il peut se contenter d'indiquer, dans son ordonnance, que le requérant « n'invoque à l'appui de sa requête aucun moyen propre à créer un doute sérieux quant à la légalité de la décision »[4]. L'admission d'une formule stéréotypée n'a pas pour effet de dispenser le juge d'une analyse des moyens invoqués. Elle le dispense d'avoir à énoncer un à un ces moyens et d'expliciter pour chacun d'eux les raisons pour lesquelles il les écarte. La seule exigence est que tous soient pris en compte par le juge des référés, dans les visas de sa décision ou dans les motifs de celle-ci, afin de garantir aux parties que tous les arguments ont été analysés.

B

Existence d'un doute sérieux

224.31 **Identification du ou des moyens retenus.** S'il fait droit à la suspension demandée, le juge des référés doit mentionner « avec précision » le moyen propre à créer, en l'état de l'instruction, un doute sérieux quant à la légalité de la décision attaquée[5].

1. CE 12 avr. 2002, Boyer, req. n° 242158, NP.
2. CE 22 nov. 2002, C^{ne} de Beaulieu-sur-Mer, req. n° 244138, *Lebon T.* ; *AJDA* 2003. 734, note J.-P. Markus et F. Sempé – CE 7 mai 2008, Assoc. Comité de sauvegarde du site de Clarency Valensole, req. n° 306333, NP.
3. CE 4 juin 2004, Nessi, req. n° 264902, NP ; *BJDU* 2004. 218, concl. C. Devys : requérant invoquant, d'une part, un moyen tiré de l'absence d'avis du Sdis, d'autre part un moyen tiré de l'erreur de qualification juridique à s'être fondé sur l'insuffisance des protections contre l'incendie. Le juge des référés entache son ordonnance d'une insuffisance de motivation en condensant ces deux moyens dans une formule indiquant que le requérant soutient « qu'il n'y avait pas de risque incendie ».
4. CE 14 mars 2001, Aalilouch, req. n° 230268, *Lebon* 128 ; *AJDA* 2001. 465, Chron. M. Guyomar et P. Collin – CE 7 mai 2008, Assoc. Comité de sauvegarde du site de Clarency Valensole, req. n° 306333, NP.
5. CE, sect., 20 déc. 2000, Ouatah, req. n° 206745, *Lebon* 643, concl. F. Lamy ; *AJDA* 2001. 146, Chron. M. Guyomar et P. Collin ; *RFDA* 2001. 371, concl. ; *LPA* 19 mars 2001, n° 55, p. 8, note F. Mallol – CE ➢

Lorsque plusieurs moyens sont invoqués au titre de l'erreur de droit par le requérant, le juge des référés entache son ordonnance d'une insuffisance de motivation s'il ne désigne pas le moyen justifiant la suspension demandée mais se borne « à affirmer que le moyen tiré de l'erreur de droit était de nature à créer un doute sérieux sur la légalité de la décision » litigieuse[1]. De même, est insuffisamment motivée, faute de désigner avec suffisamment de précision les moyens retenus par le juge des référés, une ordonnance suspendant l'exécution d'un acte administratif, motif pris du caractère sérieux des moyens tirés de la motivation erronée de cet acte et de l'exception d'illégalité de la délibération sur le fondement de laquelle il avait été pris, dès lors que plusieurs moyens d'illégalité étaient invoqués à l'encontre de cette délibération, tirés tant de ce qu'elle serait intervenue au terme d'une procédure irrégulière que de son illégalité interne[2].

224.32 Mention des éléments sur lesquels le juge se fonde. Tenu de mentionner le moyen propre à créer un doute sérieux, le juge des référés doit également indiquer les considérations de droit et de fait sur lesquels il fonde ce doute.

Pour autant, dans la mesure où il motive un doute et non pas un moyen sérieux, il n'est pas exigé du juge des référés une motivation comparable à celle attendue d'un juge du fond. Ainsi a été regardé comme ayant suffisamment motivé son ordonnance le juge des référés qui, pour ordonner la suspension d'un arrêté préfectoral autorisant le passage d'une canalisation d'un produit toxique et inflammable à proximité de propriétés, se fonde sur l'insuffisance des mesures de sécurité, compte tenu des caractéristiques du terrain pour les propriétés concernées et compte tenu de la proximité d'habitations[3]. Selon la même logique, le juge des référés peut retenir un moyen invoqué par le requérant sans se prononcer explicitement sur le moyen soulevé en défense et contestant son bien-fondé[4].

224.33 Contentieux de l'urbanisme. Lorsque le juge des référés suspend une décision d'urbanisme en ne se prononçant que sur un seul moyen, il est réputé, compte tenu de l'article L. 600-4-1 du Code de l'urbanisme, écarter implicitement mais nécessairement les autres moyens (v. s^s n°s 222.832 s.).

SECTION 2

Non-lieu à statuer

224.41 Office du juge. Le juge des référés apprécie au jour où il statue si la demande introduite sur le fondement de l'article L. 521-1 du CJA conserve un objet. Dans le cas où la demande de suspension a perdu son objet et que le litige

➢ 23 juin 2006, min. des Transports c/Collignon, req. n° 290261, *Lebon T.* 1016 ; *AJDA* 2006. 1806 : rappelant l'obligation de désigner « avec précision celui ou ceux de ces moyens dont le juge des référés a considéré qu'ils créaient un doute sérieux quant à la légalité de la décision attaquée ».

1. CE 14 mars 2001, min. de l'Intérieur c/Massamba, req. n° 229864, *Lebon T.* 1099.
2. CE 23 juin 2006, min. des Transports c/Collignon, req. n° 290261, *Lebon T.* ; *AJDA* 2006. 1806.
3. CE, sect., 11 juill. 2001, S^té Trans-Éthylène, req. n° 231692, *Lebon* ; *Envir.* 2002, comm. n° 29, note P.-J. Baralle : décision rendue aux conclusions contraires de Christine Maugüé qui exigeait du premier juge une motivation plus développée.
4. CE 6 avr. 2001, France Télécom, req. n° 230338, *Lebon T.* 1114 ; *D.* 2001. 1517 ; *Gaz. Pal.* 2005. 53, note D. Linotte.

ressortit à sa compétence, il est tenu de constater, au besoin d'office, la disparition de son objet[1]. Toutefois, lorsque le requérant conclut expressément au non-lieu à statuer, de telles conclusions, qui sont équivalentes à un désistement, priment sur toute autre question. Il appartient alors au juge des référés de donner acte de ce désistement[2].

224.42 **1re hypothèse : décision entièrement exécutée.** Lorsque la décision attaquée a cessé de produire ses effets en cours d'instance ou a été entièrement exécutée depuis l'introduction de la demande en référé, le juge prononce le non-lieu à statuer (sur la notion de décision entièrement exécutée, v. ss nos 221.71 s.).

Ce cas de figure, devenu rare en première instance, se limite aujourd'hui pour l'essentiel à des hypothèses de saisine tardive résultant d'un manque de diligence du requérant. Tel est le cas de la requête introduite le 10 juin contre un refus d'admission à un concours dont les épreuves ont lieu les 11 et 12 juin. Le juge, malgré la célérité dont il a fait preuve, n'a pas été mis en mesure d'intervenir suffisamment tôt. Statuant le 12 juin, il n'a pu que constater le non-lieu à statuer[3].

La procédure ayant été plus longue, l'hypothèse d'un non-lieu à statuer du fait de l'exécution complète de la décision se rencontre plus fréquemment en cassation.

224.43 **2e hypothèse : intervention du jugement au principal.** La demande de suspension présentant un caractère accessoire, elle perd son objet dans l'hypothèse où le recours principal est jugé avant que le juge des référés n'ait pu statuer sur celle-ci. Le juge des référés constate alors le non-lieu à statuer, que le recours au fond ait été accueilli[4] ou rejeté[5].

224.44 **3e hypothèse : satisfaction en cours d'instance.** Le juge prononce le non-lieu à statuer si intervient en cours d'instance une nouvelle décision de l'administration donnant satisfaction au demandeur. Tel est le cas :

– de l'arrêté repoussant la date-clôture d'inscription à un concours, le précédent arrêté étant attaqué par le requérant en ce qu'il accordait un délai insuffisant pour présenter un dossier[6] ;

– de l'instruction donnée par le ministre à l'autorité consulaire de délivrer le visa initialement refusé[7] ;

– de la décision déclarant la requérante admise à un concours de la fonction publique dont elle contestait les résultats[8] ;

1. CE, ord., 21 mars 2006, Backenstrass, req. n° 291139, *Lebon T.* 1010 ; *AJDA* 2006. 1462 – CE 10 juill. 2006, région Guadeloupe, req. n° 290017, *Lebon T.* 1015 ; *AJDA* 2006. 1473.
2. CE, ord., 21 mars 2006, Backenstrass, req. n° 291139, *Lebon T.* 1010 ; *AJDA* 2006. 1462.
3. CE, ord., 12 juin 2002, Barranger, req. n° 247731, NP.
4. CE 10 juill. 1974, Bissirier, req. n° 93131, *Lebon* 409.
5. CE, sect., 11 juin 1982, Le Duff, req. n° 36143, *Lebon* 220.
6. CE, ord., 26 avr. 2001, Synd. Lutte pénitentiaire de l'union régionale Antilles-Guyane, req. n° 232869, *Lebon T.* 1095.
7. CE, ord., 30 avr. 2002, Amarti, req. n° 245125, *Lebon T.* – CE, ord., 21 mars 2006, Backenstrass, req. n° 291139, *Lebon T.* 1011 ; *AJDA* 2006. 1462.
8. CE, ord., 31 oct. 2001, Dourel, req. n° 239050, *Lebon* 527.

– de l'abrogation par le préfet de l'arrêté contesté de refus de titre de séjour, le préfet ayant en outre délivré une autorisation provisoire de séjour dans l'attente d'un titre de séjour[1].

Le juge des référés s'assure que la décision litigieuse donne entièrement satisfaction au requérant. En cas de recours contre un permis de construire, tel est le cas de la décision retirant le permis attaqué, mais non de celle qui se borne seulement à le modifier[2].

SECTION 3

Prononcé d'une mesure de suspension

§ 1

Obligations du juge

224.51 Prononcer une mesure si les conditions d'octroi sont satisfaites. Sous l'état du droit antérieur à la loi du 30 juin 2000, le juge administratif s'était reconnu le pouvoir de ne pas prononcer le sursis à exécution d'une décision administrative, à titre exceptionnel, alors même que les conditions posées par les textes se trouvaient satisfaites[3]. À une reprise (et une seule), un juge des référés du Conseil d'État a affirmé le maintien de ce pouvoir d'appréciation sous l'empire du référé-suspension[4].

Il est possible d'émettre des réserves sur le bien-fondé et la consistance de cette solution. D'une part, on ne voit pas sur quel fondement et au nom de quelle considération le juge se reconnaîtrait le pouvoir de ne pas faire droit à une demande de suspension alors que le requérant satisfait aux deux conditions légales permettant de bénéficier d'une telle mesure. La seule considération susceptible de faire obstacle au prononcé d'une mesure semble reposer sur l'intérêt général (ou un autre intérêt) qu'il pourrait y avoir à ne pas prononcer la mesure de suspension sollicitée. Or, ces intérêts se trouvent déjà pris en compte par le juge dans son bilan des urgences (v. s^s n°s 222.301 s.). Si aucune urgence à exécuter n'a été relevée par le juge à cette occasion, il est plus qu'improbable qu'elle lui apparaisse à l'issue de l'examen des deux conditions d'octroi. D'autre part, cette solution n'a pas été mise en œuvre à une seule reprise par le juge des référés du Conseil d'État.

Désormais, la prise en compte de l'intérêt à ne pas suspendre intervient au titre de l'appréciation de l'urgence, non au moment du prononcé de la mesure[5]. L'indication, à l'article L. 521-1 du CJA, que le juge « peut » suspendre ne renvoie pas à une

1. CE 4 mars 2009, Achour, req. n° 320241, *Lebon T.* ; *AJDA* 2009. 1334.
2. CE 6 mars 2002, Besombes, req. n° 238478, *Lebon* 78 ; *AJDA* 2002. 802, note F. Crouzatier-Durand ; *RDI* 2002. 342, obs. L. Derepas ; *BJDU* 2002. 121, concl. R. Schwartz.
3. CE, ass., 13 févr. 1976, Assoc. de sauvegarde du quartier Notre-Dame à Versailles, req. n° 99708, *Lebon* 100 ; *AJDA* 1976. 300, Chron. M. Nauwelaers et L. Fabius ; *GADU*, 4e éd. 1996, n° 28 ; *Rev. adm.* 1976. 380, concl. M. Morisot.
4. CE, ord., 15 juin 2001, Sté Robert Nioche et ses fils SA, req. n° 230637, *Lebon T.* 1120.
5. V. TA Strasbourg, 13 janv. 2012, Garnon, req. n° 1105781, NP : la décision évoque la formule de l'ordonnance « Robert Nioche » à côté de celle relative à l'appréciation globale de l'urgence mais, dans la prise en compte de l'intérêt général à ne pas suspendre, ne la distingue nullement de celle-ci, montrant ainsi son caractère inutile et superfétatoire.

faculté de celui-ci (suspendre ou ne pas suspendre) mais a pour objet de définir son pouvoir, en lui reconnaissant en l'occurrence un pouvoir de suspendre les effets d'une décision.

224.52 **Statuer dans la limite des conclusions.** Le Conseil d'État a indiqué « que, même lorsqu'il se prononce dans une matière relevant du plein contentieux, le juge des référés ne peut statuer que dans la limite des conclusions qui lui sont soumises ». Par suite il ne peut, de sa propre initiative, ordonner une mesure d'expertise sur le fondement des articles L. 521-3 et R. 532-1 du CJA[1].

224.53 **Statuer dans la limite de son pouvoir.** Eu égard à l'article L. 511-1 du CJA, disposant que le juge des référés statue par des mesures qui présentent un caractère provisoire, le juge du référé-suspension ne peut annuler une décision ni ordonner la réparation des conséquences dommageables qui en résulte[2].

§ 2

Modalités de la suspension

A

Suspension pour l'avenir

224.61 **Absence d'effet rétroactif.** Du fait de son caractère provisoire, la suspension d'une décision administrative « n'emporte pas les mêmes conséquences qu'une annulation prononcée par le juge administratif, laquelle a une portée rétroactive »[3]. La mesure de suspension ne prend effet que pour l'avenir : les effets passés de l'acte ne peuvent être remis en cause par le juge des référés.

224.62 **Illustrations en droit de la fonction publique.** Dans le cas d'une décision administrative ayant suspendu le versement du traitement d'un agent, la suspension de cette mesure emporte pour l'administration l'obligation de reprendre le versement du traitement à compter de la date où elle reçoit notification de la décision juridictionnelle. En revanche, les effets passés de la décision administrative n'étant pas remis en cause, il ne saurait être enjoint à l'administration de procéder à un rattrapage du traitement pour la période ayant couru entre la prise d'effet de la décision en cause et la suspension de son exécution[4].

De même, dans le cas où le juge des référés suspend une mesure d'éviction d'un agent public, « il appartient à l'autorité administrative, pour assurer l'exécution de la décision juridictionnelle, de prononcer la réintégration de l'agent à la date de ladite notification et de tirer toutes les conséquences de cette réintégration »[5]. Dans le cas où l'administration n'a pas procédé immédiatement à cette réintégration, il lui revient d'allouer à l'intéressé une somme calculée en tenant compte de l'ensemble des rémunérations dont il a été privé depuis la date de notification de l'ordonnance

1. CE 29 juill. 2002, min. de l'Équipement c/Clerissi, req. n° 244754, *Lebon T.* 867 ; *AJDA* 2003. 255.
2. CE, ord., 7 avr. 2008, Maralde, req. n° 314822, NP.
3. CE 13 juin 2003, Chakir, req. n° 243615, *Lebon* 253 ; *BJCL* 2003. 675, concl. I. de Silva - CE 22 juill. 2011, min. de l'Éducation nationale c/Pratdessus, req. n° 341731, NP.
4. CE 22 juill. 2011, min. de l'Éducation nationale c/Pratdessus, req. n° 341731, préc.
5. CE 13 juin 2003, Chakir, req. n° 243615, *Lebon* 253 ; *BJCL* 2003. 675, concl. I. de Silva.

de suspension, en excluant les indemnités liées à l'exercice effectif du service, « sans préjudice des conséquences qui devront être tirées de la décision par laquelle il sera statué sur la requête en annulation ou en réformation »[1].

B
Suspension totale ou partielle

1
Suspension totale

224.71 Neutralisation de l'ensemble de l'acte. La suspension totale consiste à suspendre la décision attaquée dans l'ensemble de ses dispositions. Elle représente la modalité de suspension la plus fréquemment rencontrée.

2
Suspension partielle

a
Notion et variantes

224.81 Neutralisation d'une partie de l'acte. La suspension partielle consiste à suspendre certaines dispositions seulement ou certains effets de la décision attaquée. Cette faculté, reconnue sous l'ancien état du droit[2], est consacrée par le texte de l'article L. 521-1 du CJA, qui reconnaît au juge des référés le pouvoir d'ordonner la suspension de la décision attaquée « ou de certains de ses effets ».

224.82 Suspension partielle à la demande du requérant. La suspension partielle peut intervenir à la demande du requérant, lorsque celui-ci souhaite que soient suspendues les dispositions de la décision qui lui sont défavorables et que continuent à être appliquées, afin de pouvoir s'en prévaloir, les dispositions qui lui sont favorables. Par exemple, le bénéficiaire d'un permis de construire assorti de prescriptions demande au juge des référés la suspension non pas de l'intégralité de la décision attaquée mais des seules prescriptions dont l'autorisation de construire est assortie. Ou encore un syndicat demande – et obtient – la suspension de tel article de l'arrêté ministériel contesté[3].

Le juge des référés ne peut faire droit à une demande de suspension partielle que si les dispositions dont la suspension est demandée sont divisibles du reste de l'acte attaqué[4]. À l'inverse, lorsque l'acte forme un tout indivisible, la demande de suspension partielle sera rejetée comme irrecevable. Le requérant qui présente des conclusions aux fins de suspension partielle doit être attentif à cette exigence afin de ne pas

1. CE 13 juin 2003, Chakir, req. n° 243615, préc.
2. CE 17 juill. 1936, Mouvement social français des Croix-de-feu, *Lebon* 789 ; *D.* 1937. 77, concl. H. Detton : faculté de prononcer le sursis partiel de la décision attaquée.
3. CE, ord., 31 août 2001, Féd. CFTC Santé-sociaux, req. n° 236937, *Lebon T.* : soulignant « que les conclusions des fédérations requérantes doivent être regardées comme tendant à la suspension des dispositions du seul article 19 de l'arrêté du 6 juin 2001 », et ne prononçant la suspension que de ce seul article.
4. CE, ord., 12 févr. 2001, Assoc. France Nature Environnement, req. n° 229797, *Lebon* 56 : reprenant une exigence consacrée sous l'empire du sursis à exécution (CE 28 sept. 1990, Durand, req. n° 112649, *Lebon T.* 923 : refus d'accueillir, faute de divisibilité de la décision attaquée, la demande de sursis partiel d'une décision de révocation d'un fonctionnaire avec suspension des droits à pension).

s'exposer à un rejet de l'ensemble de sa requête pour irrecevabilité. Il peut être prudent, à cet égard, de présenter à titre principal des conclusions à fin de suspension partielle et, à titre subsidiaire, des conclusions à fin de suspension totale (qui permettront d'éviter l'irrecevabilité de la demande en cas d'indivisibilité de l'acte attaqué).

224.83 Suspension partielle à l'initiative du juge. La suspension partielle peut être décidée par le juge lorsqu'il résulte de l'instruction que les conditions d'octroi ne sont satisfaites que pour certaines dispositions de la décision attaquée (détachables du reste de celle-ci). La mesure de suspension ne concernera alors que les dispositions de l'acte qui satisfont aux conditions énoncées à l'article L. 521-1 du CJA. Le juge des référés a par exemple fait usage de cette faculté dans une ordonnance du 30 novembre 2001[1]. L'administration avait interdit la mise sur le marché d'une embarcation nautique faisant courir à ses utilisateurs un risque de noyade du fait de la forme incurvée du guidon. Sa décision, toutefois, visait également les embarcations dont le guidon est de forme droite. Le danger ne concernant que les embarcations de la première catégorie, le juge suspend la mesure litigieuse en tant qu'elle intègre dans son champ d'application les embarcations relevant de la seconde catégorie. De même, saisi d'une demande dirigée contre une décision de préemption portant sur quatre parcelles différentes, le juge des référés peut ne suspendre les effets de la décision attaquée que pour la seule parcelle satisfaisant à la condition d'urgence[2]. La même technique s'applique lorsque la demande de suspension, dirigée contre une décision de l'Autorité des marchés financiers infligeant au requérant une sanction pécuniaire et lui retirant sa carte professionnelle, ne répond aux conditions de l'article L. 521-1 que pour la première mesure. Le juge suspend la décision attaquée en tant qu'elle comporte une sanction pécuniaire et rejette le surplus des conclusions[3]. Un autre exemple peut être cité avec le cas d'un recours dirigé contre une mesure d'éviction d'un agent de la fonction publique : « eu égard à l'ensemble des circonstances de l'espèce », le juge ordonne la suspension de cette décision en tant seulement qu'elle a pour effet de priver l'intéressé de sa rémunération et de la jouissance de son logement de fonction[4]. De même, saisi d'une demande de suspension dirigée contre un arrêté prescrivant la mise à l'isolement d'éléphants suspectés d'être contaminés par la tuberculose et ordonnant leur abattage, le juge des référés suspend la mesure d'abattage et laisse appliquées les dispositions sur la mise à l'isolement[5].

1. CE, ord., 30 nov. 2001, SARL LP Diffusion, req. n° 239445, *Lebon T.* 1107 : indiquant « que les requérants ne sont fondés à demander la suspension de l'exécution de l'arrêté [attaqué] qu'en tant que son champ d'application excède les embarcations nautiques [...] dont les poignées de guidon ont une forme semi-circulaire ».
2. CE 23 juill. 2003, Sté Atlantique Terrains, req. n° 254837, *Lebon T.* 925 ; *BJDU* 2003. 422, concl. P. Fombeur.
3. CE, ord., 24 janv. 2002, Hannoun, req. n° 240717, *Lebon T.* 864 ; *D.* 2002. 1378, note J.-C. Zarka.
4. CE 29 avr. 2010, Matelly, req. n° 338462, *Lebon T.* ; *AJDA* 2010. 927 ; *AJFP* 2011. 108, étude J. Piednoir.
5. CE 27 févr. 2013, Sté Promogil, req. n° 364751, *Lebon T.* ; *AJDA* 2013. 436 ; *LPA* 8 avr. 2013, n° 70, p. 10, comm. O. Le Bot - pour d'autres exemples de suspension partielle, v. CE, ord., 26 avr. 2001, Fondation Lenval, req. n° 231870, *Lebon* 221 ; *RDSS* 2001. 752, obs. M. Cormier - CE, ord., 8 nov. 2002, Sté Tiscali Télécom, req. n° 250813, *Lebon* 387 ; *AJDA* 2003. 250, note T. Tuot ; *Gaz. Pal.* 2003/267-268. 27, note D. Gazagne.

La lettre de l'article L. 521-1 autorise le juge des référés à suspendre certains des « effets » de la décision attaquée, l'expression étant plus large qu'une référence aux « dispositions » de celle-ci. Au regard de cette terminologie, le juge des référés a pu décider que la suspension d'une décision de préemption (opérée en vue de réaliser des travaux de consolidation et d'aménagement des berges d'une rivière) « ne fait pas obstacle à ce que la commune prenne les mesures conservatoires qui s'avéreraient nécessaires, notamment en poursuivant les travaux de consolidation des berges qu'elle a entrepris »[1]. De même, saisi d'une demande dirigée contre un arrêté autorisant le port autonome du Havre à faire procéder à des travaux d'extension, le juge des référés a suspendu cette décision non pas dans son intégralité mais « pour la partie de ces opérations qui nécessitent des opérations préalables de déminage et de débombage »[2]. Dans le cas où un opérateur s'était vu notifié par l'Autorité de régulation des télécommunications une obligation de payer la somme de 3 millions 600 000 euros au titre de sa contribution au service universel des télécommunications, le juge des référés n'a suspendu cette décision que pour la partie de cette somme qui n'était pas raisonnablement prévisible (et qui, par conséquent, satisferait seule à la condition d'urgence)[3]. La possibilité de suspendre certains « effets » de la décision prend ici tout son relief. En effet, la décision ne comportait pas à proprement parler plusieurs dispositions : elle ne se présentait pas comme une obligation de payer deux fois la somme de 1 million 800 000 euros. C'est le juge des référés qui, sur la base d'une étude établie par des experts, est parvenu à ce chiffre d'1 million 800 000 euros pour suspendre dans cette proportion la décision attaquée.

De la même manière, un arrêté ministériel relatif aux cétacés a pu être suspendu « en tant » seulement qu'il interdit l'utilisation de produits chlorés dans les delphinariums[4].

b

Suspension partielle en matière d'urbanisme

224.91 Arrêté préfectoral s'opposant à l'entrée en vigueur du PLU. Dans le cas où le préfet, sur le fondement de l'article L. 153-25 du code de l'urbanisme, suspend l'entrée en vigueur d'un PLUI et demande des modifications de ce plan, l'exécution du PLU est différée tant que la commune ou l'EPCI qui en est l'auteur ne lui a pas apporté les modifications demandées par le préfet. Dès lors que le juge des référés, saisi d'une demande de suspension de la décision du préfet prise sur le fondement de ces dispositions, estime qu'un moyen est propre à créer un doute sérieux sur la légalité de l'une des demandes de modification du PLU, il lui appartient de suspendre la décision préfectorale contestée en tant qu'elle a enjoint à la commune ou à l'EPCI d'apporter la modification en cause[5]. Méconnaît par conséquent son office le juge

1. CE 18 juill. 2006, Bessac, req. n° 291569, *Lebon T.* 1015 ; *RDI* 2006. 397, obs. P. Soler-Couteaux.
2. CE, ord., 28 juin 2001, Assoc. Robin des Bois, req. n° 233938, *Lebon* 289.
3. CE, ord., 8 nov. 2002, Sté Tiscali Télécom, req. n° 250813, *Lebon* 387 ; *AJDA* 2003. 250, note T. Tuot ; *Gaz. Pal.* 2003/267-268. 27, note D. Gazagne.
4. CE, ord., 1er août 2017, Société Marineland, req. n° 412211, NP ; *AJDA* 2017. 2152, note L. Peyen.
5. CE 30 déc. 2020, Cté de cnes de la Ténarèze, req. n° 441075, *Lebon T.* ; *BJDU* 2021. 151, concl. S. Hoynck, note F. Poulet ; *RDI* 2021. 305, note J.-Ph Strebler.

des référés qui estime de nature à créer un doute sérieux quant à la légalité de la décision attaquée le moyen dirigé contre l'une des modifications demandées mais rejette l'ensemble des conclusions dont il est saisi au motif que le préfet aurait pris la même décision s'il n'avait retenu que les autres motifs qui lui paraissaient de nature à fonder légalement sa décision[1].

224.92 **Décision de préemption.** Lorsque le juge des référés suspend une décision de préemption, cette mesure a pour conséquence, selon les cas[2] :

- non seulement de faire obstacle au transfert de propriété ou à la prise de possession du bien préempté au bénéfice de la collectivité publique titulaire du droit de préemption ;
- mais également de permettre au propriétaire et à l'acquéreur évincé de mener la vente à son terme, sauf si le juge décide de limiter la suspension au premier de ces effets.

C

Durée de la suspension

1

Début de la suspension

224.101 **Suspension immédiate.** En principe, le juge prévoit que la suspension de la décision attaquée prend effet sans délai. Il indique dans le dispositif de son ordonnance, sans précision de date, que « la décision [litigieuse] est suspendue »[3]. Cette formule signifie que la décision est suspendue immédiatement, la mesure ne prenant toutefois effet qu'à partir du moment où l'ordonnance est notifiée à l'auteur de la décision[4].

224.102 **Suspension différée.** À titre exceptionnel, le juge peut différer dans le temps la prise d'effet de la suspension ordonnée. Ainsi, le juge des référés du Conseil d'État a pu différer d'une journée la prise d'effet d'une mesure de suspension afin de permettre aux intéressés d'en être informé en temps utile[5]. En revanche, un juge des référés ne peut tout à la fois constater dans sa décision que l'urgence est justifiée et différer d'un an les effets de la suspension qu'il ordonne[6].

1. CE 30 déc. 2020, C[té] de c[nes] de la Ténarèze, req. n° 441075, préc.
2. CE 4 avr. 2018, Métropole de Lyon, req. n° 412423, NP ; *RDI* 2018. 406, note R. Decout-Paolini - CE 19 avr. 2022, Commune de Mandelieu-la-Napoule, req. n° req. n° 442150, *Lebon T.*
3. V. par ex. CE, sect., 28 févr. 2001, Philippart et Lesage, req. n°s 230112 et 230520, *Lebon* 112 ; *D.* 2002. 2225, obs. R. Vandermeeren ; *RFDA* 2001. 390, concl. D. Chauvaux.
4. CE 13 juin 2003, Chakir, req. n° 243615, *Lebon* 253, *BJCL* 2003. 675, concl. I. de Silva : indiquant que la mesure de suspension « ne prend effet qu'à la date à laquelle la décision juridictionnelle ordonnant la suspension est notifiée à l'auteur de la décision administrative contestée ».
5. CE, ord., 2 févr. 2009, Assoc. pour la protection des animaux sauvages, req. n° 324321, *Lebon* ; *AJDA* 2009. 232 : statuant le 2 février, le juge des référés diffère au lendemain de sa décision la prise d'effet de la mesure de suspension de l'arrêté du 19 janvier 2009 fixant au 10 février la date de fermeture de la chasse. Le juge des référés affirme que si la suspension s'impose, « il y a lieu, pour permettre aux chasseurs d'être informés en temps utile de ce changement de l'état de droit, de donner effet à la suspension à compter du 3 février 2009 », « ce léger délai » étant « justifié par l'intérêt général ».
6. CE 15 juin 2001, Tonguino, req. n° 230623, *Lebon* 267 : à propos du déconventionnement d'un médecin généraliste par la caisse primaire d'assurance-maladie.

2
Fin de la suspension

a
Fin de la suspension prévue dans l'ordonnance initiale

224.111 Nécessité d'un terme. La suspension de l'acte attaqué est limitée dans le temps, le juge neutralisant provisoirement les effets de celle-ci. Il s'ensuit que la mesure prononcée comporte nécessairement un terme à l'intervention duquel elle cessera de produire ses effets. En vertu des dispositions de l'article L. 521-1 alinéa 2 du CJA, « la suspension prend fin au plus tard lorsqu'il est statué sur la requête principale en annulation ou en réformation de la décision ». Deux situations peuvent ainsi se présenter.

224.112 Première situation : intervention du jugement au principal. Habituellement, le juge des référés ordonne la suspension de l'acte attaqué jusqu'à la décision de la juridiction saisie du recours au principal (selon les cas : jugement du tribunal administratif, arrêt de la cour administrative d'appel ou décision du Conseil d'État). Lorsque le Conseil d'État suspend une décision après avoir cassé l'ordonnance d'un juge du premier degré ou d'un juge d'appel, la mesure produit ses effets jusqu'à l'intervention du jugement du tribunal administratif saisi du recours au fond ou de la cour administrative d'appel devant laquelle est pendant le litige au principal.

224.113 Seconde situation : fixation d'une date antérieure au jugement au principal. Le juge des référés peut fixer un terme plus rapproché à la mesure ordonnée et prévoir que la suspension cessera de produire ses effets avant que n'intervienne la décision au principal. Il peut ainsi ordonner une suspension pour une durée limitée dans le temps, par exemple :

- un mois, dans le cas d'un refus d'autorisation opposé par le CSA, ce délai étant destiné à permettre aux requérants de compléter leur demande d'autorisation[1] ;

- quatre mois, dans le cas de la décision autorisant l'importation de cellules-souches embryonnaires, le juge des référés du Conseil d'État estimant que la décision du tribunal administratif saisi de la requête au principal interviendra dans ce délai[2] ;

- jusqu'à ce que le préfet ait de nouveau statué sur la demande de renouvellement, en cas de suspension du refus de renouveler un certificat de résidence en qualité d'étudiant[3] ;

- en cas de suspension de la décision autorisant le port autonome du Havre à faire procéder à des travaux d'extension du port, faute qu'aient été réalisées les opérations préalables de déminage et de débombage des engins de guerre présent dans la

1. CE, ord., 26 mars 2002, SA Prodif Méditerranée FM, req. n° 243391, *Lebon T.* 865.
2. CE 13 nov. 2002, Assoc. Alliance pour les droits de la vie, req. n° 248310, *Lebon* 393 ; *AJDA* 2002. 1506, concl. D. Chauvaux ; *D.* 2003. 89, note H. Moutouh ; *GADS* 2010, n°s 18-19 ; *Dr. adm.* 2003/1, comm. n° 22, obs. J.-M. Février ; *LPA* 3 avr. 2003, n° 67, p. 8, note P. Pauvert.
3. CE 27 mars 2006, Kaci, req. n° 283409, *Lebon T.* 899 ; *AJDA* 2006. 1212, concl. I. de Silva : indiquant que la décision refusant au requérant le renouvellement du certificat de résidence en qualité d'étudiant est suspendue jusqu'à ce que le préfet « ait de nouveau statué sur sa demande et, au plus tard, jusqu'à ce qu'il ait été statué au fond sur sa demande d'annulation ».

zone, jusqu'à l'achèvement de ces opérations « dûment constaté par les autorités compétentes »[1].

224.114 Hypothèse d'un recours administratif préalable. La mesure de suspension doit nécessairement comporter un terme. Il en résulte que lorsque le juge des référés est saisi d'une demande de suspension d'une décision ayant fait l'objet d'un recours administratif préalable obligatoire et que les conditions d'octroi sont réunies, la suspension cessera de produire ses effets au plus tard au jour où interviendra la décision administrative statuant sur le recours administratif préalable (ou à une date antérieure fixée par le juge le cas échéant)[2].

224.115 Célérité dans le jugement de la requête au principal. L'article L. 521-1 alinéa 2 du CJA dispose que « lorsque la suspension est prononcée, il est statué sur la requête en annulation ou en réformation de la décision dans les meilleurs délais ».

De façon exceptionnelle, il a pu arriver que le recours au principal et la demande de suspension soient examinés lors de la même audience. En ce cas, la juridiction statue en premier sur les conclusions au fond, ce qui rend sans objet les conclusions présentées sur le fondement de l'article L. 521-1[3].

b
Fin de la suspension avancée ou différée par une décision postérieure

224.121 Fin de la suspension avancée par le juge du réexamen. Saisi d'une demande de réexamen, le juge des référés qui a suspendu l'exécution d'une décision a la possibilité de mettre fin à cette mesure si une personne intéressée fait valoir devant lui un élément nouveau (v. s^s n°s 215.71 s.).

224.122 Fin de la suspension différée par le juge du principal. Le juge statuant sur la requête principale a la possibilité, à titre exceptionnel, de différer dans le temps la fin de la mesure de suspension. Le Conseil d'État a rappelé « que le rejet d'une requête tendant à l'annulation d'un acte dont l'exécution a été suspendue par le juge administratif statuant en référé a en principe pour effet que cet acte trouve ou retrouve application dès le prononcé de cette décision juridictionnelle ». Toutefois, indique-t-il, « s'il apparaît que cet effet est de nature, compte tenu des difficultés de tous ordres qui peuvent en résulter et auxquelles l'administration ne serait pas en état de parer immédiatement elle-même, à porter atteinte au principe de sécurité juridique, notamment dans le cas où, comme en l'espèce, la suspension a été prononcée avant tout début d'exécution d'un acte prévoyant une période transitoire dont le terme est

1. CE, ord., 28 juin 2001, Assoc. Robin des Bois, req. n° 233938, *Lebon* 289.
2. CE, sect., 12 oct. 2001, S^té des Produits Roche, req. n° 237376, *Lebon* 463 ; *AJDA* 2002. 123, Chron. M. Guyomar et P. Collin ; *D.* 2002. 2226, obs. R. Vandermeeren ; *GACA*, 5e éd., 2016, n° 10 ; *RFDA* 2002. 315, concl. P. Fombeur ; *JCP* 2002. 10020, note D. Cristol ; *LPA* 14 déc. 2001, n° 249, p. 17, note J.-M. Février ; *RD publ.* 2002. 773, obs. C. Guettier.
3. V. CE 20 juin 2016, Assoc. citoyenne intercommunale des populations concernées par le projet d'aéroport de Notre-Dame-des-Landes et a., req. n° 400364, *Lebon T.* ; *AJDA* 2016. 1262. Après avoir tenu une audience le 14 juin 2016, le juge des référés du Conseil d'État a décidé de ne pas se prononcer sur la demande de suspension et de renvoyer son examen à une formation collégiale. Il a été prévu que la demande de suspension serait examinée le lundi 20 juin 2016, en même temps que la demande d'annulation de ce décret, lors d'une audience publique.

depuis lors écoulé, il appartient au juge administratif, le cas échéant d'office, d'apprécier, en prenant en compte tant les difficultés susmentionnées que l'intérêt général qui s'attache à l'entrée en vigueur des nouvelles dispositions, s'il y a lieu de décider que sa décision de rejet, en tant qu'elle met fin à la suspension précédemment prononcée, ne prendra effet qu'à une date ultérieure qu'il détermine et, en ce cas, de prescrire la publication de sa décision au *Journal officiel de la République française* »[1].

Cette faculté de prolonger dans le temps l'effet de la mesure de suspension est mise en œuvre de façon tout à fait exceptionnelle. Elle peut l'être que le juge du principal fasse droit à la demande au principal[2] ou qu'il la rejette[3].

224.123 Indifférence des mesures d'exécution sur la fin de la suspension. Seule la juridiction administrative peut mettre fin à une mesure de suspension (par l'intervention du jugement au principal, par la voie du réexamen, ou par annulation de l'ordonnance de référé par le juge de cassation)[4]. L'adoption par l'autorité administrative des mesures qu'implique son exécution ne met pas un terme à la suspension ordonnée.

§ 3

Obligation de l'administration : exécuter la décision

224.131 Obligation d'exécution. L'administration est tenue d'exécuter correctement et complètement la mesure de suspension prise par le juge des référés (sur l'obligation d'exécuter les ordonnances de référé, v. ss nos 214.151 s.).

A

Suspension d'une décision positive

224.141 Mesure suffisante. Dans bien des cas, la suspension d'une décision positive est à elle seule suffisante et ne requiert pas de mesures d'exécution. Elle n'appelle alors de la part de la puissance publique qu'une obligation d'abstention, une obligation de ne pas méconnaître, par ses actes et ses agissements, ce qui a été jugé en référé.

224.142 Interdiction de prendre une décision identique. Lorsqu'une décision positive a été suspendue sur le fondement de l'article L. 521-1 du CJA, « l'administration

1. CE, sect., 27 oct. 2006, Sté Techna, req. n° 260767, *Lebon* 451 ; *AJDA* 2006. 2385, Chron. C. Landais et F. Lenica ; *D.* 2007. 621, note P. Cassia ; *RFDA* 2007. 265, concl. F. Séners ; *RFDA* 2007. 596, Chron. T. Rambaud et A. Roblot-Troizier ; *RTD civ.* 2007. 72, obs. P. Deumier ; *JCP Adm.* 2007, n° 2001, note F. Melleray.
2. CE 14 mai 2014, Sté Addmedica, req. n° 363195, *Lebon T.* ; *AJDA* 2014. 1955, note D. Connil ; *JCP Adm.* 2014, n° 2329, Chron. O. Le Bot : suspension prolongée jusqu'à l'intervention d'une nouvelle décision administrative.
3. CE 29 janv. 2014, Conseil national des professions de l'automobile, branche professionnelle des recycleurs de l'automobile, req. n° 360791, *Lebon T.* : suspension prolongée pour une durée de trois mois.
4. CE, sect., 5 nov. 2003, Assoc. Convention vie et nature pour une écologie radicale, req. n° 259339, *Lebon* 444, concl. F. Lamy ; *AJDA* 2003. 2253, Chron. F. Donnat et D. Casas ; *AJDA* 2003. 2225, tribune P. Cassia ; *GACA*, 5e éd., 2016, n° 66 ; *RFDA* 2004. 601, concl. F. Lamy ; *RTD eur.* 2004. 333, Chron. D. Ritleng ; *RTD eur.* 2004. 363, Chron. J. Dutheil de La Rochère, N. Grief et E. Saulnier ; *Dr. adm.* 2004, comm. n° 34, obs. M. Vialettes ; *JCP* 2004. I. 164, note P. Cassia.

ne saurait légalement reprendre une même décision sans qu'il ait été remédié au vice que le juge des référés avait pris en considération pour prononcer la suspension »[1]. L'édiction d'une décision identique[2], ou qui ne remédie qu'à une partie des vices identifiés[3] méconnaît l'autorité qui s'attache aux ordonnances de référé et se trouve par suite entachée d'erreur de droit. En d'autres termes, après suspension d'une première décision, l'administration qui souhaite adopter une nouvelle décision ayant un objet semblable devra tenir « compte de la chose décidée par le juge des référés »[4].

224.143 Interdiction des agissements conduisant à nier la mesure de suspension. En cas de suspension d'une décision positive, l'administration ne peut adopter un comportement conduisant à nier la portée de cette mesure. Ainsi, lorsque le juge des référés suspend un arrêté municipal interdisant à toute personne l'accès à une parcelle, la suspension de cette mesure implique que la commune n'entrave pas l'accès à celle-ci. La commune méconnaît l'autorité de l'ordonnance de référé (et, dans les circonstances de l'espèce, porte atteinte au droit de propriété et à la liberté d'entreprendre) en faisant installer « d'imposants rochers » à l'entrée de la parcelle concernée, interdisant matériellement tout accès à celle-ci[5].

224.144 Adoption d'une mesure modificative. L'autorité administrative ne peut être regardée comme méconnaissant l'autorité de l'ordonnance de référé lorsque, à la suite de la suspension d'un permis de construire, elle délivre au pétitionnaire un permis de construire modificatif ne remédiant qu'à une partie seulement des vices sur lesquels le juge des référés s'est fondé pour prononcer cette mesure[6]. En effet, dans un tel cas de figure, l'administration ne délivre pas un nouveau permis susceptible d'exécution mais se contente d'apporter des corrections au permis initial. Si, après une première suspension, la commune délivrait au pétitionnaire un nouveau permis en ne remédiant qu'à certains des vices relevés, l'autorité de l'ordonnance de référé serait méconnue. Mais lorsque la commune délivre un permis de construire modificatif, elle ne peut être regardée comme ayant pris la même décision que celle ayant fait l'objet de la mesure de suspension ni, par suite, comme ayant méconnu l'autorité de l'ordonnance de référé.

224.145 Éviction d'un agent public. Lorsque le juge des référés suspend une décision ayant pour objet l'éviction du service d'un agent public, il appartient à l'autorité

1. CE, sect., 5 nov. 2003, Assoc. Convention vie et nature pour une écologie radicale, req. n° 259339, préc.
2. CE, sect., 5 nov. 2003, Assoc. Convention vie et nature pour une écologie radicale, req. n° 259339, préc. : à propos d'un arrêté ministériel relatif aux périodes de chasse.
3. TA Rennes, 10 mai 2007, C[ne] de Vannes, req. n° 0602902, *Lebon T.* ; *RFDA* 2007. 1086, concl. N. Tronel : à propos d'un arrêté préfectoral portant réquisition d'un aérodrome pour l'organisation d'une *rave-party*.
4. CE, ord., 2 févr. 2009, Assoc. pour la protection des animaux sauvages, req. n° 324321, *Lebon* ; *AJDA* 2009. 232 : indiquant, après suspension d'un arrêté ministériel en tant qu'il autorisait la chasse de certaines espèces en contrariété avec le droit de l'Union européenne, « que cette suspension a nécessairement pour effet d'obliger le ministre compétent, pour autoriser la chasse aux espèces en cause à l'avenir, à prendre un nouvel arrêté, tenant compte de la chose décidée par le juge des référés ».
5. CE, ord., 8 août 2008, C[ne] de Ceyrat, req. n° 319547, NP : injonction du juge du référé-liberté de procéder à l'enlèvement des rochers installés à l'entrée de la parcelle.
6. CAA Versailles, 20 déc. 2007, C[ne] d'Andrésy, req. n° 05VE01421, *Lebon T.* 1006 ; *JCP Adm.* 2008, n° 2037, obs. G. Pellissier.

administrative, pour assurer l'exécution de cette mesure, « de prononcer la réintégration de l'agent à la date de ladite notification et de tirer toutes les conséquences de cette réintégration, notamment en allouant à l'intéressé, dans le cas où l'administration n'a pas procédé immédiatement à cette réintégration, une somme calculée en tenant compte de l'ensemble des rémunérations dont il a été privé depuis la date de notification de l'ordonnance de suspension, en excluant les indemnités liées à l'exercice effectif du service, sans préjudice des conséquences qui devront être tirées de la décision par laquelle il sera statué sur la requête en annulation ou en réformation »[1].

224.146 **Décision de préemption.** Lorsque le juge des référés suspend l'exécution d'une décision de préemption, cette mesure a pour conséquence, selon les cas, non seulement de faire obstacle à la prise de possession du bien préempté au bénéfice de la collectivité publique titulaire du droit de préemption, mais également de permettre aux signataires de la promesse de vente de mener la vente à son terme, sauf si le juge, faisant usage du pouvoir que lui donnent ces dispositions de ne suspendre que certains des effets de l'acte de préemption, décide de limiter la suspension à la première des deux catégories d'effets susmentionnées[2].

224.147 **Imposition.** La suspension sur le fondement de l'article L. 521-1 du CJA de la mise en recouvrement n'implique la constitution d'aucune garantie par le contribuable. Il en résulte que lorsqu'une garantie a été constituée par le contribuable à l'appui de la demande de sursis de paiement, l'administration doit lui restituer la somme consignée[3].

B

Suspension d'une décision de rejet

224.151 **Mesures d'exécution.** La suspension d'une décision de rejet a par elle-même un effet purement platonique. Son exécution nécessite, en conséquence, l'adoption de mesures par l'autorité administrative.

224.152 **Suspension du refus de délivrance ou de renouvellement d'un titre de séjour.** Lorsque le juge du référé-suspension suspend une décision ayant rejeté une demande de délivrance ou de renouvellement de titre de séjour émanant d'un ressortissant étranger, ce dernier ne peut, en raison même de la suspension de la décision,

1. CE 13 juin 2003, Chakir, req. n° 243615, *Lebon* 253 ; *BJCL* 2003. 675, concl. I. de Silva.
2. CE 23 juill. 2003, S[té] Atlantique terrains, req. n° 254837, *Lebon T.* 818 ; *AJDA* 2004. 102, note J.-P. Demouveaux ; *BJDU* 2003/6. 422, concl. P. Fombeur, obs. J.-C. Bonichot – pour des ex., v. TA Paris, ord., 15 oct. 2008, SCI L'île d'Ylang-Ylang, req. n° 0814530, NP : obstacle à la prise de possession du bien par la collectivité publique et autorisation des particuliers à finaliser la vente – TA Rennes, ord., 17 mars 2004, Guillerm, req. n° 0400757, NP : obstacle à la prise de possession du bien par la collectivité publique et autorisation des signataires de la promesse de vente à « mener la vente à son terme, ceci à leurs risques et périls, compte tenu du caractère provisoire de la mesure de suspension » – TA Paris, ord., 6 avr. 2016, SCCV du 56, rue de l'Église, req. n° 1603812/9, NP : « dans les circonstances de l'espèce, il y a lieu de limiter les effets de la suspension à l'obstacle mis à la prise de possession et au transfert de propriété de l'immeuble du 56, rue de l'Église au bénéfice de la ville de Paris ; qu'il n'y a, en revanche, pas lieu de permettre aux signataires de la promesse de vente de mener la vente à son terme ».
3. CE 25 mai 2005, Rondy, req. n° 257873, *Lebon T.* 1024 ; *Dr. fisc.* 2005, comm. n° 587, concl. F. Donnat.

être regardé comme se trouvant dans une situation irrégulière sur le territoire français. En conséquence, l'autorité administrative « a l'obligation, aussi longtemps que la suspension ordonnée produit effet, de le munir d'une autorisation provisoire de séjour ». La suspension prononcée « ne l'oblige cependant pas à reconstituer rétroactivement la situation administrative du demandeur », que ce soit à la date d'intervention de la décision administrative, dont les effets ne se trouvent paralysés que provisoirement, ou même à celle de la notification qui lui est faite de la décision juridictionnelle de suspension. Indépendamment de la délivrance d'une autorisation provisoire de séjour, « il appartient à l'autorité administrative, au vu du ou des moyens servant de fondement à la mesure de suspension, de procéder à un nouvel examen de la situation du requérant sans attendre la décision du juge saisi au principal, en fonction de l'ensemble des circonstances de droit et de fait au jour de ce réexamen ». Il en va ainsi « alors même que le juge des référés n'aurait pas précisé de façon explicite les obligations découlant pour l'administration de la mesure de suspension qu'il a prescrite »[1].

L'exécution d'une ordonnance prononçant la suspension d'un refus de renouvellement d'autorisation de séjour, assortie d'une injonction de réexamen de la demande, n'implique pas, dans le cas où l'étranger aurait, dans l'intervalle, été remis à des autorités étrangères, que les autorités françaises prennent des mesures propres à assurer son réacheminement en France, dès lors que le réexamen de sa demande ne nécessite pas qu'il se présente de nouveau à la préfecture et que son réacheminement ne devra intervenir que dans l'hypothèse d'une nouvelle décision faisant droit à cette demande[2].

SECTION 4

Mesure complémentaire : prononcé d'une injonction d'exécution

224.161 Ordre adressé à l'administration. Le juge des référés peut, de sa propre initiative ou à la demande du requérant, assortir la mesure de suspension d'une injonction d'exécution. L'injonction est en principe dirigée contre l'auteur de l'acte suspendu. Néanmoins, lorsque le juge des référés suspend une décision prise sur recours administratif préalable obligatoire, il ne peut adresser d'injonction à l'encontre de l'autorité ayant pris la décision initiale[3].

1. CE, ord., 9 janv. 2006, min. d'État, min. de l'Intérieur et de l'Aménagement du territoire c/Daaji, req. n° 288745, *Lebon T.* 1011.
2. CE 13 juin 2012, min. de l'Intérieur, de l'Outre-mer, des Collectivités territoriales et de l'Immigration, req. n° 357712, *Lebon T.* ; *AJDA* 2012. 1189 ; *D.* 2013. 324, obs. O. Boskovic, S. Corneloup, F. Jault-Seseke, N. Joubert et K. Parrot : solution rendue en référé-liberté.
3. CE 8 juill. 2005, min. de la Santé c/agence régionale de l'hospitalisation de Paca, req. n° 264366, *Lebon T.* 1030 ; *AJDA* 2005. 2453, Chron. C. Landais et F. Lenica : l'exercice d'un recours administratif préalable obligatoire, qui donnera lieu à une décision se substituant à la décision administrative initiale, a pour effet de dessaisir l'autorité administrative auteur de cette décision initiale. Dès lors, commet une erreur de droit le juge des référés qui, saisi d'une demande tendant à la suspension de l'exécution de la décision administrative initiale après que le justiciable a exercé le recours administratif obligatoire, prononce une injonction à l'encontre de l'autorité administrative qui en est l'auteur.

§ 1

Injonction d'exécution en cas de suspension d'une décision de rejet

224.171 **Injonction prononcée à la demande du requérant.** Le requérant peut présenter des conclusions aux fins d'injonction sur le fondement des dispositions générales du livre IX du CJA (art. L. 911-1 et L. 911-2)[1]. Il appartient au juge des référés de statuer sur ces conclusions[2].

224.172 **Injonction prononcée d'office.** Depuis la loi du 23 mars 2019[3], le juge peut prononcer d'office des injonctions d'exécution, c'est-à-dire même s'il n'a pas été saisi d'une demande en ce sens présentée par le requérant. Il peut donc assortir la mesure de suspension d'une injonction d'exécution dès lors qu'il l'estime utile.

Auparavant, la jurisprudence lui avait reconnu cette possibilité, mais uniquement pour la suspension des décisions de rejet[4].

224.173 **Exemples d'injonction.** Lorsque l'autorité compétente se trouve dans une situation de compétence liée pour tirer les conséquences de la mesure de suspension, le juge lui enjoint de prendre une décision dans un sens déterminé. Il a par exemple enjoint :

– à un ordre professionnel de délivrer aux requérants dans un délai de huit jours une autorisation provisoire d'installation dans l'immeuble où ils entendent exercer leur activité professionnelle[5] ;

– à un maire d'ordonner l'interruption de travaux de construction entrepris au vu d'un permis de construire périmé[6] ;

– à un préfet de restituer au requérant son permis de conduire dans un délai de quinze jours[7] ;

– au ministre de l'Éducation nationale de « régulariser sans délai la situation financière [du requérant], dans les conditions fixées par la présente ordonnance » et de lui « transmettre sans délai les originaux de ses bulletins de salaire depuis le mois de mars 2000 »[8] ;

1. CE 15 avr. 2005, Sté Socrate, req. n° 271600, *Lebon* 1024.
2. CE 15 avr. 2005, Sté Socrate, req. n° 271600, préc.
3. Loi n° 2019-222, 23 mars 2019, *JO* 24 mars 2019.
4. CE 27 juill. 2001, min. de l'Emploi et de la Solidarité c/Vedel, req. n° 232603, *Lebon* 416 ; *D.* 2001. 2725 : transposant au référé-suspension la solution dégagée pour la procédure du sursis à exécution la veille de l'entrée en vigueur de la loi du 30 juin 2000 (CE, sect., 20 déc. 2000, Ouatah, req. n° 206745, *Lebon* 643, concl. F. Lamy ; *AJDA* 2001. 146, Chron. M. Guyomar et P. Collin ; *RFDA* 2001. 371, concl. ; *LPA* 19 mars 2001, n° 55, p. 8, note F. Mallol). V. également CE 15 avr. 2005, Sté Socrate, req. n° 271600, *Lebon* 1024.
5. CE, sect., 28 févr. 2001, Philippart et Lesage, req. nos 230112 et 230520, *Lebon* 112 ; *D.* 2002. 2225, obs. R. Vandermeeren ; *RFDA* 2001. 390, concl. D. Chauvaux.
6. CE 9 mai 2001, Delivet et Samzun, req. n° 231076, *Lebon T.* 1103 ; *AJDA* 2001. 465, Chron. M. Guyomar et P. Collin ; *RDI* 2001. 399, obs. P. Soler-Couteaux ; *RDI* 2002. 269, obs. L. Derepas ; *BJDU* 2001. 287, concl. S. Austry ; *LPA* 22 janv. 2003, n° 16, p. 12, note N. Nahmias.
7. CE, ord., 7 juin 2004, Dubus, req. n° 264946, *Lebon T.* 822 ; *AJDA* 2004. 1726.
8. CE, ord., 22 juin 2001, Creurer, req. n° 234434, *Lebon T.* 1018.

– à un ministre de saisir une formation administrative du Conseil d'État, dans un délai de trois mois, d'un projet de décret destiné à assurer l'application de dispositions législatives[1].

Dans l'hypothèse où l'autorité compétente dispose d'un pouvoir d'appréciation pour tirer les conséquences de la mesure de suspension, le juge des référés se trouve dans une situation comparable à celle du juge du fond saisi d'une demande d'injonction au titre de l'article L. 911-2 du CJA. Dans un tel cas de figure, il ne peut enjoindre à l'administration d'adopter une décision déterminée mais, seulement, de statuer de nouveau sur la demande dont elle était saisie, dans un délai déterminé[2]. Ainsi, le juge des référés a pu ordonner à l'administration :

– de statuer de nouveau, dans un délai d'un mois, sur une demande de permis de construire[3] ;

– de réexaminer, dans un délai de quinze jours, la demande de renouvellement d'un certificat de résidence présentée par le requérant et, « dans l'attente de cette décision, de délivrer à l'intéressé un récépissé de demande de titre de séjour »[4] ;

– de réexaminer, dans un délai d'un mois, les demandes de mutation présentées par plusieurs magistrats sur deux postes à pourvoir[5] ;

– de « procéder, dans les conditions fixées par les motifs de la présente ordonnance et dans le délai d'un mois à compter de la notification de celle-ci, au réexamen de la situation » d'un fonctionnaire privé de toute attribution[6] ;

– de réexaminer, dans un délai d'un mois, la demande de délivrance d'un certificat de capacité[7].

1. CE, ord., 24 déc. 2001, Assoc. Aidop, req. n° 240713, *Lebon* 671 : enjoignant « au ministre de l'Emploi et de la Solidarité de saisir la section sociale du Conseil d'État du projet de décret destiné à assurer l'application du premier alinéa de l'article L. 4311-13 du Code de la santé publique, dans un délai qui ne saurait excéder trois mois à compter de la notification de la présente ordonnance ».
2. V. par ex. CE 18 avr. 2008, min. de l'Intérieur c/Iufelbaum, req. n° 306700, NP ; *AJDA* 2008. 1678 : le juge des référés ne peut enjoindre à l'administration de délivrer au requérant une autorisation provisoire de séjour en qualité de demandeur d'asile ; il peut en revanche lui enjoindre de procéder au réexamen des demandes d'asile présentées par l'intéressé – Une motivation explicite a été développée *in* CE 23 janv. 2002, ville de Nantes, req. n° 237333, *Lebon* 17 : le Conseil d'État établit un parallèle avec le pouvoir du juge du fond en indiquant « que l'annulation contentieuse du refus de l'autorité administrative de renouveler le contrat à durée déterminée qui la lie à un de ses agents ne saurait impliquer l'obligation pour celle-ci de renouveler ce contrat ; qu'ainsi, si le juge des référés, saisi d'une demande de suspension d'un tel refus qui satisfait aux conditions posées par l'article L. 521-1 du Code de justice administrative, peut suspendre cette décision et enjoindre à l'administration de statuer à nouveau sur la demande de renouvellement, il ne saurait en revanche imposer le maintien provisoire de relations contractuelles au-delà du terme du contrat en cours ». Ce qui est interdit au juge de l'exécution statuant au fond l'est *a fortiori* au juge des référés.
3. CE 9 mai 2001, Cne de Scy-Chazelles, req. n° 230705, NP ; *RDI* 2001. 400, obs. P. Soler-Couteaux.
4. CE 27 mars 2006, Kaci, req. n° 283409, *Lebon T.* 899 ; *AJDA* 2006. 1212, concl. I. de Silva – pour un refus de visa, v. CE, ord., 27 janv. 2003, Rafik, req. n° 252274, *Lebon T.* 820.
5. CE, ord., 6 août 2002, Ozoux, req. n° 248393, *Lebon T.* 865 ; *AJDA* 2002. 245, note W. Yeng-Seng.
6. CE, ord., 1er févr. 2002, Fréhel, req. n° 241204, *Lebon T.* 866 – v. égalt, pour un fonctionnaire privé de toute rémunération, CE, ord., 22 juin 2001, Creurer, req. n° 234434, *Lebon T.* 1018.
7. CE 16 févr. 2004, Naudet, req. n° 261110, *Lebon T.* 820.

§ 2

Injonction d'exécution en cas de suspension d'une décision positive

224.181 Injonction prononcée à la demande du requérant ou sur initiative du juge. Lorsque le juge des référés suspend une décision positive, il peut assortir d'office cette mesure d'une injonction d'exécution depuis la loi du 23 mars 2019[1] ayant modifié en ce sens les articles L. 911-1 ou L. 911-2 du CJA[2]. Une telle injonction peut donc être prononcée, soit à la demande du requérant, soit de sa propre initiative par le juge.

À ce titre, le juge des référés a par exemple enjoint :

– à un concessionnaire d'autoroute, de s'abstenir d'entreprendre des travaux ou de cesser ces travaux s'ils ont commencé[3] ;

– au ministre de la Santé de reporter la date prévue pour le déremboursement de médicaments[4] ;

– à l'Autorité des marchés financiers, après avoir suspendu la décision par laquelle elle prononçait une sanction à l'encontre du requérant, d'insérer sur son site Internet une mention indiquant que cette décision était suspendue[5].

Saisi de conclusions aux fins d'injonction sur le fondement de l'article L. 911-2, le juge des référés a par exemple enjoint :

– au ministre de la Santé de statuer, dans un délai de deux mois, sur la demande de la requérante tendant à la délivrance de l'autorisation d'exercer la biologie médicale[6] ;

– à un maire de reprendre l'instruction d'une déclaration préalable de travaux[7] ;

– au ministre de l'Immigration de réexaminer dans un délai de 15 jours une demande de visas[8].

224.182 Possibilité d'un rappel des mesures à prendre. Antérieurement à la loi du 23 mars 2019, c'est-à-dire lorsque le juge ne pouvait pas assortir d'une injonction la suspension d'une décision positive sans avoir été saisi de conclusions en ce sens, il lui était en revanche loisible d'indiquer les mesures dont les textes prescrivent l'adoption en conséquence de la suspension ordonnée. Cette aide à l'exécution s'analyse en un guide non contraignant, une information sur les mesures à prendre. Elle n'emporte pas pour l'administration une obligation de s'y conformer. L'autorité compétente a néanmoins l'assurance qu'en suivant ces mesures, elle évitera l'écueil d'une exécution incorrecte ou incomplète de la décision.

1. V. s^{s} n° 224.172.
2. Avant cette loi, le juge ne pouvait assortir d'une injonction la suspension d'une décision positive qu'à la condition d'avoir été saisi de conclusions en ce sens : CE 27 juill. 2001, min. de l'Emploi et de la Solidarité c/Vedel, req. n° 232603, *Lebon* 416 ; *D.* 2001. 2725.
3. CE 3 juill. 2002, C^{ne} de Beauregard-de-Terrasson et a., req. n° 245236, *Lebon* 258 ; *AJDA* 2002. 751, concl. D. Chauvaux.
4. CE, ord., 13 juin 2016, S^{té} Menarini France, req. n° 399765, *Lebon T.* ; *AJDA* 2016. 1264 ; *JCP Adm.* 2016, n° 2306, Chron. O. Le Bot.
5. CE, ord., 12 mai 2005, Zerbib, req. n° 279011, *Lebon T.* 1031 ; *RTD com.* 2005. 561, obs. N. Rontchevsky.
6. CE 26 nov. 2012, Heurte, req. n° 355060, *Lebon T.*
7. CE 29 juin 2012, C^{ne} de Fontenay-sous-Bois, req. n° 357513, NP.
8. CE, ord., 11 mai 2009, Wunda Diuntuta, req. n° 326430, NP.

Le Conseil d'État a ainsi reconnu au juge, « en tenant compte de l'objet du litige, du moyen retenu comme sérieux et de l'urgence propre à l'affaire qui lui est soumise », le pouvoir « de rappeler de sa propre initiative les mesures que [les] textes imposent à l'administration partie au litige de prendre pour assurer l'exécution de la suspension qu'il prononce »[1].

Par exemple, après avoir suspendu la décision du ministre de l'Éducation nationale fixant la liste des établissements habilités à délivrer un titre d'ingénieur, en tant qu'elle omettait le Conservatoire national des arts et métiers, le juge des référés précise « que la mise en œuvre de cette suspension impliquera dans les circonstances de l'espèce – où, ainsi qu'il a été dit, le ministre indique que l'omission contestée résulte d'une erreur matérielle – que le ministre de l'Éducation nationale complète et rectifie la liste publiée au *Journal officiel* du 22 février 2001, et prenne toute disposition appropriée, notamment par une insertion au *Journal officiel*, pour porter cette rectification à la connaissance des intéressés, dans l'attente de l'arrêté qui sera pris en application du décret du 22 mars 2001 »[2].

Le guide d'exécution proposé par le juge des référés ne peut excéder le simple rappel de ces mesures et, sous couvert d'information de l'administration, contenir de véritables injonctions. Le juge de cassation a ainsi annulé l'ordonnance du juge des référés qui, après suspension d'un permis de construire, prescrivait à l'administration de s'assurer sans délai de l'arrêt du chantier et, dans le cas contraire, de rédiger un procès-verbal d'infraction et d'édicter un arrêté interruptif de travaux[3].

La reconnaissance au profit du juge du pouvoir de prononcer d'office des injonctions a conduit à limiter l'intérêt de ce procédé.

§ 3

Interdiction des injonctions d'exécution non provisoires

224.191 Exigence d'un caractère provisoire des mesures prescrites. L'article L. 511-1 du CJA dispose que « le juge des référés statue par des mesures qui présentent un caractère provisoire ». Le juge des référés n'est pas le juge du fond. « Il ne peut ordonner qu'une mesure provisoire, précisément parce qu'il n'a pas jugé que la décision était illégale, mais seulement qu'elle semblait illégale »[4].

Ainsi, si le juge des référés ne peut enjoindre l'administration de titulariser un agent, il peut en revanche lui ordonner de réexaminer la demande de l'intéressé ou de reconduire son contrat dans l'attente d'une solution au fond du litige[5]. De même, si le juge des référés peut enjoindre à l'administration de statuer à nouveau sur la demande de renouvellement d'un contrat à durée déterminée, il ne saurait en revanche imposer le maintien provisoire de relations contractuelles au-delà du terme du contrat en cours[6]. Pareillement, il peut enjoindre au préfet de réexaminer une

1. CE 9 mai 2005, SCI Pauline, req. n° 269452, *Lebon* 194 ; *RDI* 2005. 354, obs. P. Soler-Couteaux.
2. CE, ord., 18 mai 2001, Benazet, req. n° 232784, *Lebon T.*
3. CE 9 mai 2005, SCI Pauline, req. n° 269452, *Lebon* 194 ; *RDI* 2005. 354, obs. P. Soler-Couteaux.
4. E. Glaser, concl sur CE 13 févr. 2006, Cne de Fontenay-le-Comte, req. n° 285184, *AJDA* 2006. 1126 ; *AJFP* 2006. 223 ; *BJCL* 2006. 293.
5. CE 13 févr. 2006, Cne de Fontenay-le-Comte, req. n° 285184, préc.
6. CE 23 janv. 2002, ville de Nantes, req. n° 237333, *Lebon* 17.

demande de concours de la force publique mais ne peut lui ordonner d'apporter ce concours[1].

Selon la même logique, le juge des référés ne peut :

- ordonner à l'administration la délivrance d'une autorisation dont les effets ne seraient pas provisoires mais définitifs (par exemple une autorisation de défrichement, « eu égard au caractère irréversible d'une opération de défrichement »[2]) ;

- ordonner la réalisation de l'enquête prévue par l'article 5-7 du décret n° 82-453 du 28 mai 1982[3] (enquête devant être réalisée par le chef de service lorsque des représentants du CHSCT émettent un avis de danger grave et immédiat)[4].

On peut s'interroger sur le caractère réellement provisoire de certaines injonctions prononcées par le juge des référés du Conseil d'État, par exemple :

- l'injonction de réunir un conseil municipal[5] ;

- ou encore l'injonction adressée à un ministre de saisir la Section sociale du Conseil d'État d'un projet de décret[6].

224.192 Possibilité d'ordonner la délivrance d'une autorisation provisoire. Le juge des référés peut ordonner à l'administration de faire droit provisoirement à la demande du requérant, jusqu'à ce qu'il ait été procédé au réexamen de sa demande ou jusqu'à l'intervention du jugement au fond. Ainsi, le juge des référés a pu ordonner à l'administration :

- de délivrer une autorisation provisoire de séjour à un étranger aussi longtemps que la suspension du refus de délivrance ou de renouvellement de celui-ci produit effet[7] ;

- d'accorder une autorisation provisoire d'installation à un chirurgien-dentiste[8] ;

- d'admettre le requérant dans une école de formation de l'administration à titre provisoire, jusqu'à l'intervention du jugement au fond, « afin de préserver, à titre conservatoire, les droits [que le requérant] tient de sa réussite aux épreuves d'admission dont les résultats ont une durée de validité limitée »[9]. En revanche, l'injonction d'admettre un agent dans une telle école excède la compétence du juge des référés si l'ordonnance ne confère pas un caractère provisoire à cette admission[10].

1. CE 1er juin 2017, SCI La Marne Fourmies, req. n° 406103, *Lebon T.* ; *AJDA* 2017. 1892, note A. Perrin (pt 3).
2. CE 20 oct. 2004, min. de l'Agriculture c/Jaboulet, req. n° 266724, *Lebon T.* 853 ; *AJDA* 2004. 2295.
3. Décr. n° 82-453, 28 mai 1982, relatif à l'hygiène et à la sécurité du travail ainsi qu'à la prévention médicale dans la fonction publique, *JO* 30 mai, p. 1737.
4. CE 23 oct. 2015, min. du Travail, de l'Emploi, de la Formation professionnelle et du Dialogue social c/ Synd. départemental CGT des agents Direccte 76 et a., req. n° 386649, *Lebon T.* ; *AJDA* 2016. 131.
5. CE 5 mars 2001, Saez, req. n° 230045, *Lebon* ; *GAJA*, 21e éd., 2017, n° 98 ; *Coll. terr.* juill. 2001. 4, concl. L. Touvet.
6. CE, ord., 24 déc. 2001, Assoc. Aidop, req. n° 240713, *Lebon* 671.
7. CE, ord., 9 janv. 2006, min. d'État, min. de l'Intérieur et de l'Aménagement du territoire c/Daaji, req. n° 288745, *Lebon T.* 1011.
8. CE, sect., 28 févr. 2001, Philippart et Lesage, req. nos 230112 et 230520, *Lebon* 112 ; *D.* 2002. 2225, obs. R. Vandermeeren ; *RFDA* 2001. 390, concl. D. Chauvaux.
9. CE 20 mai 2009, min. de la Défense, req. n° 317098, *Lebon T.* ; *AJDA* 2009. 1623, note M.-C. Runavot ; *AJFP* 2009. 230, et les obs.
10. CE 20 mai 2009, min. de la Défense, req. n° 317098, préc.

§ 4

Injonction assortie d'une astreinte

224.201 **Règles communes.** Lorsque le juge du référé-suspension adresse une injonction à l'encontre de l'administration, il peut décider, dès son prononcé, d'assortir sa décision d'une astreinte (sur les conditions, la procédure et le régime de l'astreinte, v. s^s^ n°s 214.101 s.).

224.202 **Illustration.** Le juge des référés a assorti d'une astreinte l'injonction adressée au Premier ministre de saisir une formation administrative du Conseil d'État d'un projet de décret nécessaire à l'entrée en vigueur de dispositions législatives. Il a prévu que le ministre de l'Emploi et de la Solidarité portera à la connaissance du secrétariat du contentieux du Conseil d'État les mesures prises pour assurer l'exécution de l'injonction. Dans l'hypothèse où le ministre de l'Emploi et de la Solidarité ne justifie pas de la saisine de la Section sociale du Conseil d'État dans le délai prescrit, il est prononcé à l'encontre de l'État une astreinte de 150 euros par jour jusqu'à la date à laquelle l'ordonnance aura reçu exécution[1].

§ 5

Portée de la décision administrative faisant droit à une demande suite à une injonction de réexaminer celle-ci

224.211 **Portée provisoire.** Lorsque l'administration ne prend une décision faisant droit à la demande d'un administré qu'en vue d'assurer l'exécution de l'ordonnance par laquelle un juge des référés a suspendu l'exécution de la décision de refus initiale et enjoint à l'autorité administrative de procéder à un réexamen de la demande, une telle décision revêt « par sa nature même un caractère provisoire » jusqu'à ce qu'il soit statué sur le recours en annulation présenté parallèlement à la demande en référé[2].

224.212 **Conséquence sur l'objet du litige.** La décision prise par l'administration en exécution de l'ordonnance de référé et faisant droit à la demande d'un administré (par exemple la délivrance d'un permis de construire ou l'admission du requérant à faire valoir ses droits à la retraite) ne prive d'objet, du fait de son caractère provisoire, ni le recours en annulation dirigée contre la décision initiale[3], ni le pourvoi en cassation formé contre cette ordonnance[4].

1. CE, ord., 24 déc. 2001, Assoc. Aidop, req. n° 240713, *Lebon* 671 : astreinte non liquidée, le ministre s'étant exécuté dans les délais (CE, ord., 7 juin 2002, Assoc. Aidop, req. n° 240713, NP).
2. CE 11 août 2005, Baux, req. n° 281486, *Lebon T.* 1030 ; *AJDA* 2006. 712, note S. Slama - CE 26 sept. 2005, Barritault, req. n° 255656, *Lebon T.* 1030 ; *AJDA* 2005. 1872 - CE 26 nov. 2003, min. de l'Économie c/Terlutte, req. n° 259120, *Lebon T.* 922 ; *AJDA* 2004. 339, concl. S. Boissard ; *RTD eur.* 2004. 333, Chron. D. Ritleng ; *RTD eur.* 2004. 363, Chron. J. Dutheil de La Rochère, N. Grief et E. Saulnier - CE 13 juill. 2007, C^ne^ de Sanary-sur-mer, req. n° 294721, *Lebon T.* ; *AJDA* 2007. 1441 ; *RDI* 2007. 454, obs. P. Soler-Couteaux.
3. CE 26 sept. 2005, Barritault, req. n° 255656, *Lebon T.* 1030 ; *AJDA* 2005. 1872 : admission de l'intéressé à faire valoir ses droits à la retraite.
4. CE 26 nov. 2003, min. de l'Économie c/Terlutte, req. n° 259120, *Lebon T.* 922 ; *AJDA* 2004. 339, concl. S. Boissard ; *RTD eur.* 2004. 333, Chron. D. Ritleng ; *RTD eur.* 2004. 363, Chron. J. Dutheil de La Rochère, N. Grief et E. Saulnier : admission de l'intéressé à faire valoir ses droits à la retraite - CE 13 juill. 2007, C^ne^ de Sanary-sur-Mer, req. n° 294721, *Lebon T.* ; *AJDA* 2007. 1441 ; *RDI* 2007. 454, obs. P. Soler-Couteaux : délivrance d'un permis de construire.

224.213 Conséquence sur les droits reconnus à l'intéressé. Les droits reconnus par l'administration, en conséquence d'une injonction prononcée par le juge des référés, présentent pour l'intéressé un caractère précaire et réversible. Ces droits demeurent exposés à une remise en cause :

- par le juge des référés lui-même statuant selon la procédure de réexamen de l'article L. 521-4 du CJA ;
- par le juge du fond statuant sur la requête au principal ;
- voire par le juge de cassation si un pourvoi a été formé à l'encontre de cette ordonnance.

Le Conseil d'État a ainsi posé, dans une formule de principe, « qu'une décision intervenue pour l'exécution de l'ordonnance par laquelle le juge des référés d'un tribunal administratif a suspendu l'exécution d'un acte administratif revêt, par sa nature même, un caractère provisoire jusqu'à ce qu'il soit statué sur le recours en annulation présenté parallèlement à la demande en référé ; [...] il en est notamment ainsi lorsque l'administration décide, à l'issue du réexamen faisant suite à la décision de suspension d'un refus prise par le juge des référés, de faire droit à la demande ; [...] eu égard à son caractère provisoire, une telle décision peut être remise en cause par l'autorité administrative »[1].

Ainsi, lorsque l'administration concède une pension de retraite avec bonification en exécution d'une injonction prononcée par le juge des référés, et que le juge du réexamen revient par la suite sur son injonction en tant qu'elle concerne la bonification, l'autorité administrative est fondée à remettre en cause rétroactivement la bonification accordée[2]. En l'espèce, le juge des référés avait suspendu le refus opposé à un fonctionnaire d'inclure dans les bases de liquidation de sa pension de retraite la bonification d'un an par enfant, prévue au b) de l'article L. 12 du Code des pensions civiles et militaires de retraite, et enjoint à l'administration de réexaminer sa demande. En exécution de cette ordonnance, l'intéressé avait été radié des cadres et une pension avec jouissance immédiate et bonification lui avait été accordée. Le juge des référés, saisi par l'administration en application de l'article L. 521-4 du CJA, a mis fin à la suspension précédemment ordonnée, en tant que l'injonction dont elle était assortie portait sur la bonification litigieuse. Par un nouvel arrêté, le ministre de l'Économie a révisé la pension de l'intéressé pour en exclure cette bonification et a décidé le recouvrement des sommes perçues entre-temps à ce titre. Pour contester cette décision, l'intéressé se prévalait de l'article L. 55 du Code des pensions civiles et militaires, qui prévoit que la pension est définitivement acquise et ne peut être révisée ou supprimée que dans les conditions qu'il fixe. Le Conseil d'État n'examine pas si ces conditions sont en l'espèce remplies dans la mesure où l'invocation de cette

1. CE, sect., 7 oct. 2016, C^{ne} de Bordeaux, req. n° 395211, *Lebon* 409 (p^{t} 5) ; *AJDA* 2016. 1895 ; *AJDA* 2016. 2155, Chron. L. Dutheillet de Lamothe et G. Odinet ; *RDI* 2017. 42, obs. P. Soler-Couteaux ; *AJCT* 2017. 106, obs. P. Peynet ; *RFDA* 2016. 1177, concl. X. de Lesquen ; *JCP Adm.* 2017, n° 2125, Chron. O. Le Bot ; *JCP G* 2016, n° 1360, note P. Cassia – CE 17 mai 2017, Leonardi, req. n° 397053, *Lebon T.* ; *AJDA* 2017. 1086 (p^{t} 6).
2. CE 21 mars 2008, Juan, req. n° 281995, *Lebon T.* ; *AJDA* 2008. 616 ; *JCP Adm.* 2008, n° 2107, concl. A. Courrèges.

disposition est en l'espèce inopérante. L'article L. 55 ne porte en effet que sur une pension « définitivement acquise », ce qui n'est pas le cas d'une pension concédée en exécution d'une ordonnance de référé « qui revêt par sa nature même un caractère provisoire ».

Il en va de même lorsque le juge des référés, après avoir suspendu un refus de permis de construire, ordonne à la commune de réexaminer la demande présentée par le pétitionnaire. Si la commune délivre un permis en exécution de cette injonction, ce permis revêt une portée provisoire. Il pourra par conséquent être retiré par la commune en cas de remise en cause de la solution arrêtée en référé (par le juge de cassation, le juge du fond ou le juge des référés lui-même selon la procédure de l'article L. 521-4)[1].

La conséquence est la même pour une ordonnance ayant suspendu la révocation d'un agent public et ordonné sa réintégration provisoire. En cas d'infirmation (là encore par le juge de cassation, le juge du fond ou le juge des référés) de l'ordonnance de référé, si les sommes versées à titre de rémunération ne peuvent être remises en cause (sauf absence de service fait), en revanche, une indemnité versée à raison du départ à la retraite de l'intéressé pourra être récupérée. En effet, si l'intéressé n'avait pas été réintégré, il n'aurait pas eu droit à cette indemnité (car il n'aurait pas été formellement admis à la retraite). Dans la mesure où la réintégration se trouve ultérieurement remise en cause, le droit à cette indemnité de départ disparaît (elle perd son fondement juridique) ; sa restitution peut donc être ordonnée par la personne publique[2]. La situation est identique lorsque le juge des référés suspend l'exécution d'une mesure excluant du service un agent public et enjoint à l'administration de réintégrer cet agent[3]. La décision de réintégration prise à la suite d'une telle injonction « peut être retirée » par l'autorité administrative si le recours au fond formé contre la décision d'exclusion est finalement rejeté. L'administration peut également retirer « l'ensemble des mesures prises dans le cadre du déroulement de la carrière de l'intéressé entre sa réintégration et la notification à l'administration du jugement rejetant la demande d'annulation ». Cette faculté se trouve toutefois assortie de deux limites. D'une part, l'administration ne peut retirer les mesures « qui se bornent à tirer les conséquences du service fait ». D'autre part, afin de préserver la stabilité des situations constituées, le Conseil d'État pose, comme il l'avait fait dans l'arrêt « Ville de Bordeaux », que le retrait ne peut intervenir que « dans un délai raisonnable, qui ne peut, dans un tel cas, excéder quatre mois à compter de la date à laquelle le jugement rejetant la demande d'annulation a été notifié à l'administration ». Ce délai, identique au délai de retrait de droit commun, permet d'assurer une conciliation entre deux éléments opposés : d'un côté le caractère provisoire des mesures prises en exécution d'une ordonnance de référé ; d'un autre la nécessité de sécuriser la situation du requérant passé un certain délai.

1. CE, sect., 7 oct. 2016, C[ne] de Bordeaux, req. n° 395211, préc.
2. CE 17 mai 2017, Leonardi, req. n° 397053, *Lebon T.* ; *AJDA* 2017. 1086.
3. CE 23 mai 2018, Ministre de l'Intérieur c/Makhlouf, req. n° 416313, *Lebon T.* ; *JCP Adm.* 2018, n° 2333, Chron. O. Le Bot ; *Procédures* 2018, comm. 274, obs. N. Chiflot.

SECTION 5

Effets d'une décision de rejet

224.221 Effet sur le recours au fond. Créé par le décret n° 2018-617 du 17 juillet 2018, l'article R. 612-5-2 du CJA dispose qu'en cas de rejet d'un référé-suspension pour absence de doute sérieux sur la légalité de l'acte attaqué, « il appartient au requérant [...] de confirmer le maintien de sa requête à fin d'annulation ou de réformation dans un délai d'un mois à compter de la notification de ce rejet », à défaut de quoi « le requérant est réputé s'être désisté ». Il ajoute que la notification de l'ordonnance de rejet du référé doit mentionner qu'en l'absence de confirmation du maintien de sa requête dans le délai d'un mois, le requérant sera réputé s'être désisté[1].

Un arrêt rendu par le Conseil d'État le 24 juin 2022 a apporté deux précisions sur la mise en œuvre de ce mécanisme[2] auquel les demandeurs doivent être particulièrement attentifs.

La première concerne les formes dans lesquelles la confirmation doit intervenir. Le Conseil d'État indique que le maintien de la requête au principal doit être fait « par un écrit dénué d'ambiguïté » (p^t 3). Aussi n'est-il pas exigé que cette confirmation intervienne par un mémoire distinct mais seulement que l'écrit par lequel le requérant exprime ou manifeste sa volonté de maintenir son recours au fond soit clair et dépourvu d'ambiguïté. Le Conseil ajoute que si le requérant « produit, dans le délai d'un mois, un nouveau mémoire au soutien de sa requête à fin d'annulation ou de réformation, ce mémoire vaut confirmation du maintien de cette requête » (p^t 3). Il en résulte que la seule production d'un nouveau mémoire, dans l'instance au fond, est interprétée comme exprimant la volonté du requérant de maintenir ses conclusions en annulation ou en réformation, et fait ainsi obstacle à ce qu'il soit donné acte de son désistement.

La seconde précision apportée par l'arrêt porte sur les voies de recours ouvertes lorsque le tribunal a appliqué à tort ce mécanisme, c'est-à-dire a donné acte du désistement du requérant alors que celui-ci avait confirmé le maintien de son recours au fond dans le délai d'un mois suivant le rejet de sa demande de suspension. Devant le tribunal administratif, l'ordonnance donnant acte de ce désistement peut être contestée tant par les voies de recours ordinaires que par le recours en rectification d'erreur matérielle. Devant le Conseil d'État, seule est ouverte la voie du recours en rectification d'erreur matérielle à l'exclusion du recours en révision.

En cas de contestation en appel de l'ordonnance prenant acte du désistement d'un requérant, en application des dispositions de l'article R. 612-5-2, il incombe au juge d'appel, saisi de moyens en ce sens, de vérifier que le requérant avait effectivement présenté une demande de suspension de l'exécution de la décision litigieuse qui a été rejetée pour défaut de moyen propre à créer un doute sérieux sur sa légalité, qu'il a régulièrement reçu la notification de cette ordonnance l'informant qu'il lui appartenait dans le délai d'un mois de confirmer le maintien de sa requête à fin

1. On notera qu'un mécanisme similaire existait sous l'empire du sursis à statuer : v. CTACAA, art. R. 122-1, créé par le décret n° 97-563 du 29 mai 1997. Sur la compatibilité de ce dispositif avec le droit au recours, v. CE 29 juill. 1998, Syndicat des avocats de France, req. n° 188715, *Lebon*.
2. CE 24 juin 2022, M. Cassia, req. n° 460898, *Lebon T.* ; *JCP Adm.* 2022, n° 2241, Chron. O. Le Bot.

d'annulation ou de réformation de ladite décision, sous peine de désistement, et qu'il s'est abstenu de le faire dans le délai ainsi imparti, sous réserve, le cas échéant, de l'invocation d'une impossibilité légitime[1].

225. Voies de recours ouvertes contre la décision

SECTION 0

Orienteur

225.00 Plan du chapitre.

225.02 Jurisprudence de référence.

> Le juge de cassation exerce un contrôle retenu de l'erreur de droit sur les ordonnances de référé

CE, sect., 29 nov. 2002, Communauté d'agglomération de Saint-Étienne Métropole, req. nº 244727, *Lebon* 421.

225.03 Bibliographie indicative.

> **Articles.** O. Coutard, « Le contrôle de l'erreur de droit sur le doute sérieux du juge des référés – ou le contrôle "élastique" », *Mélanges Labetoulle*, Dalloz, 2007, p. 201 – A. Sayede Hussein, « La cassation administrative des décisions de référé Un bilan jurisprudentiel mitigé », *JCP Adm.* 2020, ét. 2047.

225.09 Recours en rectification d'erreur matérielle. Le requérant peut former le recours en rectification d'erreur matérielle régi par l'article R. 833-1 du CJA. Le jugement de la requête au fond prive d'objet le recours en rectification d'erreur matérielle dirigé contre l'ordonnance de référé-suspension rendue au sujet de la décision faisant l'objet de la requête[2].

225.10 Tierce opposition. La tierce opposition est possible en matière de référé-suspension[3]. Conformément à l'article R. 832-1 du CJA, codifiant sur ce point la jurisprudence administrative, toute personne peut former tierce opposition à une décision juridictionnelle à deux conditions : d'une part cette décision préjudicie à ses droits ; d'autre part, ni cette personne ni ceux qu'elle représente n'ont été présents ou appelés dans l'instance ayant abouti à la décision contestée. Le Conseil d'État a précisé la première condition dans un arrêt du 4 avril 2012[4]. En l'espèce, l'Assurance-maladie avait pris une décision identique à l'égard de deux sociétés pharmaceutiques (en l'occurrence une décision modifiant le taux de participation aux frais d'acquisition d'une spécialité pharmaceutique). Une seule société a demandé – et obtenu – la suspension de la décision prise à son égard. L'autre société, qui n'a pas contesté la même décision prise à son encontre, se retrouve dans une situation moins favorable et forme, en conséquence, une tierce opposition contre

1. CAA Marseille, 3 juin 2021, Centre hospitalier d'Alès-Cévennes, req. nº 20MA04848, NP.
2. CE 7 juill. 2004, Lipp, req. nº 242494, *Lebon T.* 825.
3. CE 10 déc. 2004, Sté Résotim, req. nº 270267, *Lebon T.* ; *AJDA* 2005. 782, note A.-M. Mazetier.
4. CE 4 avr. 2012, Sté Cephalon France, req. nº 356401, *Lebon* ; *AJDA* 2012. 734.

l'ordonnance de suspension. Le Conseil d'État estime que ce recours n'est pas recevable : alors même que l'ordonnance litigieuse peut avoir des effets sur la situation concurrentielle entre les deux sociétés, la société requérante ne justifie pas pour autant d'un droit qu'elle aurait tenu directement de la décision administrative et auquel l'ordonnance contestée aurait préjudicié.

D'un point de vue procédural, le juge qui a rendu une ordonnance de référé peut valablement statuer sur la tierce opposition ouverte à l'encontre de celle-ci[1] (solution justifiée par le fait qu'aucune règle générale de procédure, et notamment pas le principe d'impartialité, ne fait obstacle à ce qu'un recours en tierce opposition, qui doit être porté devant la juridiction dont émane la décision juridictionnelle dont la rétractation est demandée, soit jugé par la formation de jugement ou le juge qui a rendu cette décision).

225.11 Cassation et réexamen. Quel que soit le sens de la décision (admission ou rejet), l'ordonnance rendue par le juge des référés d'un tribunal administratif ou d'une cour administrative d'appel peut faire l'objet d'un pourvoi en cassation. Lorsque le juge a fait droit à la demande de suspension, la mesure ordonnée peut également faire l'objet d'une demande de réexamen.

SECTION 1

Recours en cassation

§ 1

Procédure du pourvoi

225.21 Contestation d'une ordonnance d'un tribunal administratif ou d'une cour administrative d'appel. Une ordonnance rendue par le juge des référés d'un tribunal administratif ou d'une cour administrative d'appel au titre de l'article L. 521-1 du CJA peut faire l'objet d'un pourvoi en cassation. Il en va ainsi, en application de l'article L. 523-1, pour les décisions d'admission comme pour les décisions de rejet, que celles-ci interviennent au titre de la procédure de l'article L. 522-3 (ordonnance de tri) ou de l'article L. 521-1 (ordonnance rendue après instruction).

225.22 Règles communes. Les règles de compétence, de recevabilité et plus largement de procédure sont celles applicables à tout référé d'urgence (sur ces règles, v. s^s n°s 215.31 s.).

225.23 Sursis à exécution de l'ordonnance attaquée. Le Conseil d'État, saisi d'un pourvoi en cassation dirigé contre une ordonnance par laquelle un juge des référés a suspendu l'exécution d'une décision administrative peut, en application de l'article R. 821-5 du CJA, ordonner qu'il soit sursis à l'exécution de cette ordonnance si elle risque d'entraîner des conséquences difficilement réparables et si les moyens invoqués paraissent, en l'état de l'instruction, sérieux et de nature à justifier, outre l'annulation de l'ordonnance, l'infirmation de la solution retenue par le juge des référés[2].

1. CE 10 déc. 2004, Sté Résotim, req. n° 270267, *Lebon T.* ; *AJDA* 2005. 782, note A.-M. Mazetier.
2. CE 29 mars 2002, min. de l'Économie c/SARL Grey Diffusion, req. n° 241670, *Lebon* 116 ; *GACA*, 5e éd., 2016, n° 25 ; *Dr. fisc.* 2002, comm. n° 57, concl. J. Courtial.

225.24 Demande devant conserver un objet. La demande doit conserver un objet au moment de l'introduction du pourvoi, et celui-ci doit perdurer au jour où le juge de cassation statue, à peine d'irrecevabilité dans le premier cas, et de non-lieu à statuer dans le second (sur la notion d'objet du litige en référé-suspension, v. s^s n°s 221.71 s. et s^s n°s 224.42 s.). Le juge de cassation constate le non-lieu à statuer sur le pourvoi :

– lorsque la décision attaquée fait l'objet d'un jugement au fond postérieurement à l'introduction du pourvoi (le juge de cassation constate le non-lieu à statuer en cas de jugement d'annulation[1] comme de décision de rejet[2], alors même que le jugement de rejet a été frappé d'appel devant la cour administrative d'appel[3]) ;

– lorsque la décision attaquée est retirée[4] ;

– lorsque la décision attaquée a cessé de produire ses effets[5], alors même que l'administration a procédé à l'exécution de celle-ci malgré la suspension ordonnée par le juge des référés[6] ;

– lorsque le pourvoi est dirigé contre une ordonnance suspendant le refus de délivrer un permis de construire délivré postérieurement à celle-ci, alors même que ce permis fait l'objet d'un recours devant le tribunal administratif[7] ;

– lorsque le pourvoi est dirigé contre une ordonnance suspendant une décision de refus et enjoignant à l'administration de réexaminer la situation de l'intéressé dès lors que consécutivement à ce réexamen l'administration a pris une nouvelle décision de refus (laquelle s'est substituée à la précédente décision dont la suspension avait été ordonnée)[8] ;

– lorsque le pourvoi est dirigé contre une ordonnance prononçant la suspension d'une décision administrative et qu'une nouvelle ordonnance, intervenue postérieurement en application de l'article L. 521-4, a mis fin à la suspension, alors même « que cette seconde ordonnance ne serait pas devenue définitive »[9] ;

– lorsque le pourvoi est dirigé contre une ordonnance rejetant la demande de suspension d'un acte, et que par une nouvelle ordonnance intervenue postérieurement,

1. CE 24 oct. 2001, Fayolle et C^ne du Cannet-des-Maures, req. n° 233035, *Lebon T.* 1122.
2. CE, sect., 23 nov. 2001, Aberbri, req. n° 233104, *Lebon* 575 ; *RFDA* 2002. 335, concl. E. Prada-Bordenave ; *JCP* 2002. II. 10090, note S. Damarey ; *RD publ.* 2002. 777, obs. C. Guettier.
3. CE, sect., 23 nov. 2001, Aberbri, req. n° 233104, préc.
4. CE 27 juill. 2001, SA Sollac-Lorraine, req. n° 234146, *Lebon* 418 – CE 23 juin 2014, S^té Castel Invest, req. n° 366498, *Lebon T.*
5. CE 12 févr. 2003, C^ne de Sainte-Maxime, req. n° 249498, *Lebon T.* 925 ; *AJDA* 2003. 1406 ; *BJCL* 2003. 287, concl. S. Austry : décision du chef de service suspendant un agent pour une durée d'un mois ;- CE 12 déc. 2003, C^ne de Neuville-aux-Bois, req. n° 260057, *Lebon T.* 916 :irrecevabilité du pourvoi enregistré le 5 septembre 2003 dès lors que la décision attaquée devant le premier juge, prononçant la fermeture d'une aire d'hébergement jusqu'au 29 août 2003, avait épuisé ses effets ;- CE 17 juin 2019, Centre hospitalier de Valenciennes, req. n° 426558, *Lebon T.* : sanction disciplinaire dont la période d'exécution aurait, en l'absence de suspension, pris fin à la date à laquelle le Conseil d'État statue ;- CE 17 juin 2019, Ministre de l'action et des comptes publics c/Sociétés Smoke House, req. n° 427921, *Lebon T.* : décision de fermeture temporaire d'un établissement dont la période d'exécution a pris fin à la date à laquelle le Conseil d'État statue.
6. CE 17 janv. 2007, min. de l'Intérieur c/C^ne de Vannes, req. n° 294789, NP ; *AJDA* 2007. 484, concl. T. Olson.
7. CE 30 sept. 2002, C^ne de Villejuif, req. n° 242850, *Lebon T.* 863 ; *AJDA* 2003. 103.
8. CE 16 déc. 2008, Conseil régional de l'Ordre des architectes de Paca, req. n° 312325, *Lebon T.*
9. CE 5 avr. 2004, Sanchis, req. n° 260149, *Lebon T.* 824.

le juge des référés a décidé de suspendre partiellement l'acte litigieux : il n'y a pas lieu de statuer sur les conclusions tendant à l'annulation de la première ordonnance en tant qu'elle concerne la partie de l'acte ayant été suspendue, et alors même que la nouvelle ordonnance n'est pas encore devenue définitive[1] ;

- lorsque le pourvoi est dirigé contre une ordonnance suspendant des décisions de procéder à retenue sur rémunération alors que ces décisions ont été entièrement exécutées postérieurement à l'introduction du pourvoi[2] ;

- si la décision implicite ou explicite statuant sur un RAPO intervient après que le juge des référés a statué sur la demande de suspension de la décision initiale, à laquelle elle se substitue[3] ;

- si le litige porte sur la détermination des clubs appelés à participer à un championnat alors que le championnat a commencé à la date à laquelle le juge statue[4].

En revanche, la demande de suspension dirigée contre l'arrêté autorisant l'importation de cellules-souches d'origine embryonnaire conserve un objet malgré l'importation en France de ces cellules dans l'hypothèse où la décision d'autorisation est subordonnée à la réalisation ultérieure de travaux de recherche non encore exécutés[5]. De même, en raison du caractère provisoire de l'ordonnance de référé, lorsque l'administration ne prend une décision faisant droit à la demande d'un administré qu'en vue d'assurer l'exécution de l'ordonnance par laquelle un juge des référés a suspendu l'exécution de la décision de refus initiale et enjoint à l'autorité administrative de procéder à un réexamen de la demande, une telle décision ne prive pas d'objet le pourvoi en cassation formé contre cette ordonnance[6].

Doit enfin être mentionné le cas particulier du pourvoi formé contre une ordonnance de suspension lorsque l'administration réexamine postérieurement la situation litigieuse sur injonction du juge et édicte une nouvelle décision. En principe, l'édiction de cette décision ne prive pas d'objet le pourvoi. Il en va toutefois autrement lorsque l'ordonnance a suspendu l'exécution d'une décision implicite de refus faute de production des motifs, et ce alors même que l'injonction de réexamen était assortie d'une astreinte[7].

1. CE 10 déc. 2003, Sté Tarmac-Granulats, req. n° 260402, *Lebon T.* 915.
2. CE 17 mars 2010, min. de l'Éducation nationale c/Redon, req. n° 331382, *Lebon T.* ; *AJDA* 2010. 587, obs. M.-C. de Montecler ; *AJFP* 2010. 220, obs. Ch. F.
3. CE 17 déc. 2021, M. Rouxel, req. n° 453344, *Lebon T.*
4. CE 1er juill. 2020, Fédération française de football, req. n° 433079, *Lebon T.*
5. CE 13 nov. 2002, Assoc. Alliance pour les droits de la vie, req. n° 248310, *Lebon* 393 ; *AJDA* 2002. 1506, concl. D. Chauvaux ; *D.* 2003. 89, note H. Moutouh ; *GADS* 2010, nos 18-19 ; *Dr. adm.* 2003/1, comm. n° 22, obs. J.-M. Février ; *LPA* 3 avr. 2003, n° 67, p. 8, note P. Pauvert.
6. CE 26 nov. 2003, min. de l'Économie c/Terlutte, req. n° 259120, *Lebon T.* 922 ; *AJDA* 2004. 339, concl. S. Boissard ; *RTD eur.* 2004. 333, Chron. D. Ritleng ; *RTD eur.* 2004. 363, Chron. J. Dutheil de La Rochère, N. Grief et E. Saulnier : décision faisant droit à la demande initiale de l'intéressé de faire valoir ses droits à la retraite – CE 13 juill. 2007, Cne de Sanary-sur-mer, req. n° 294721, *Lebon T.* ; *AJDA* 2007. 1441 ; *RDI* 2007. 454, obs. P. Soler-Couteaux : décision faisant droit à la demande initiale de délivrance d'un permis de construire.
7. CE 28 déc. 2017, Ministre de l'environnement, de l'énergie et de la mer c/Société Gazonor, req. n° 406147, *Lebon T.* ; *JCP Adm.* 2018, n° 2171, concl. L. Dutheillet de Lamothe.

225.25 Recevabilité des conclusions. Il résulte d'une jurisprudence constante que l'auteur du pourvoi a la possibilité de ne contester devant le juge de cassation qu'une partie seulement du dispositif d'une décision juridictionnelle, dès lors que cette partie est divisible du reste du dispositif. Il en va ainsi « des injonctions dont peuvent être assorties les décisions prononçant la suspension de l'exécution d'un acte administratif », alors même que l'auteur du pourvoi ne conteste pas la mesure de suspension elle-même mais uniquement l'injonction dont elle est assortie[1].

L'auteur du pourvoi peut présenter des conclusions demandant, d'une part, l'annulation de la mesure de suspension et, d'autre part, et par voie de conséquence, l'annulation de la condamnation prononcée à son encontre au titre des frais irrépétibles. Lorsque la demande ne présente plus d'objet au moment de l'introduction du pourvoi, les conclusions aux fins de suspension sont irrecevables. Par suite, si le requérant a demandé l'annulation par voie de conséquence de la condamnation au titre des frais irrépétibles sans invoquer aucune méconnaissance des dispositions de l'article L. 761-1 du CJA, les conclusions dirigées contre la mise en œuvre de cet article ne peuvent être accueillies. Le juge de cassation estime toutefois, dans une telle hypothèse, « qu'il appartiendra, le cas échéant, à [la partie condamnée] de demander au juge du fond de tenir compte, pour des motifs d'équité, du montant des sommes mises à sa charge par le juge des référés lorsqu'il se prononcera sur la légalité de la mesure litigieuse et statuera alors sur l'application devant lui de l'article L. 761-1 du Code de justice administrative »[2].

225.26 Recevabilité des moyens nouveaux. Les moyens soulevés pour la première fois en cassation sont irrecevables, sauf s'il s'agit de moyens d'ordre public. Dès lors que l'irrecevabilité tenant à l'absence de production d'une copie du recours au fond devant le juge des référés ne présente pas un caractère d'ordre public, elle ne peut, dans l'hypothèse où elle n'a pas été soulevée en première instance, être invoquée pour la première fois en cassation[3].

225.27 Moyens devant être soulevés d'office. Le juge de cassation doit soulever d'office les moyens présentant un caractère d'ordre public. Ainsi, il lui appartient de soulever d'office :

- l'irrecevabilité de la requête principale, lorsque celle-ci ressort des pièces du dossier[4] ;
- le moyen tiré de ce que le juge des référés aurait dû prononcer un non-lieu à statuer, lorsque celui-ci ressort des pièces du dossier qui lui est soumis[5] ;
- le moyen tiré de l'incompétence de l'auteur de l'acte lorsque celle-ci ressortait des pièces du dossier du juge des référés sans qu'il eût à porter d'appréciation sur les

1. CE 13 févr. 2006, Cne de Fontenay-le-Comte, req. n° 285184, *Lebon T.* 1015 ; *AJDA* 2006. 1126 ; *AJFP* 2006. 223 ; *BJCL* 2006. 293, concl. E. Glaser.
2. CE 12 déc. 2003, Cne de Neuville-aux-Bois, req. n° 260057, *Lebon T.* 916 - CE 22 nov. 2004, France Télécom, req. n° 257329, NP.
3. CE 29 avr. 2002, Cne de Montsapey c/Prallet, req. n° 236633, *Lebon T.* 916 - CE 29 avr. 2002, Ofpra c/ Audiat, req. n° 240647, NP.
4. CE 10 déc. 2004, min. de la Défense c/Vergne, req. n° 263072, *Lebon T.* 818 ; *AJDA* 2005. 1242, note P. Cassia ; *RFDA* 2005. 123, concl. F. Donnat.
5. CE 10 juill. 2006, région Guadeloupe, req. n° 290017, *Lebon T.* 1015 ; *AJDA* 2006. 1473.

faits et qui entachait la base légale de la décision faisant l'objet de la demande de suspension[1].

225.28 Juge des référés ayant relevé plusieurs moyens propres à créer un doute sérieux. Lorsque le juge des référés a prononcé la suspension en retenant plusieurs moyens propres à créer un doute sérieux, le juge de cassation ne censurera que les seuls motifs erronés de l'ordonnance. Par suite, et dans la mesure où un seul motif « suffit à justifier l'ordonnance de suspension », l'ordonnance ne sera pas annulée si l'un des moyens retenu par le premier juge était régulier[2]. Selon la même logique, l'ordonnance ne sera pas annulée si l'un des moyens retenus par le juge des référés comme propre à créer un doute sérieux n'est pas contesté en cassation[3].

Selon la même logique, lorsqu'un juge des référés, après avoir par une première ordonnance regardé deux moyens comme propres à créer un doute sérieux quant à la légalité d'un permis de construire, juge, par une seconde ordonnance rendue sur le fondement de l'article L. 521-4 du code de justice administrative, que l'un de ces moyens n'était plus de nature à justifier la suspension du permis litigieux, la censure de l'autre motif retenu par le juge des référés dans sa première ordonnance suffit à entraîner l'annulation de cette ordonnance, sans qu'il y ait lieu, pour le juge de cassation, de se prononcer sur le bien-fondé des moyens du pourvoi dirigés contre le motif ultérieurement abandonné par le juge des référés[4].

225.29 Article L. 600-4-1 du Code de l'urbanisme et office du juge de cassation. L'article L. 600-4-1 du Code de l'urbanisme fait obligation au juge des référés de se prononcer sur l'ensemble des moyens de la requête lorsque l'acte dont la suspension est demandée intervient dans le contentieux de l'urbanisme. Le Conseil d'État considère que si l'obligation résultant des dispositions de l'article L. 600-4-1 « s'impose au juge saisi, en première instance ou en appel, de conclusions tendant à l'annulation ou à la suspension d'un acte intervenu en matière d'urbanisme, elle est sans incidence sur l'office du juge de cassation, auquel il appartient seulement de vérifier, d'une part, que le juge soumis à son contrôle ne s'est pas soustrait à cette obligation, d'autre part, que l'un au moins des moyens reconnus comme fondés par la décision qui lui est déférée justifie légalement le dispositif de cette dernière »[5].

§ 2

Objet et étendue du contrôle de cassation

225.31 Éléments contrôlés. Le juge de cassation vérifie la régularité externe et la régularité interne de l'ordonnance faisant l'objet du pourvoi.

1. CE, sect., 16 mai 2001, Duffaut, req. n° 230631, *Lebon* 241 ; *AJDA* 2001. 465, Chron. M. Guyomar et P. Collin ; *D.* 2002. 2223, obs. R. Vandermeeren ; *RD publ.* 2001. 769, obs. C. Guettier.
2. CE 23 nov. 2005, Veber, req. n° 279968, *Lebon T.* 1032 ; *AJDA* 2006. 335 – v. de même, lorsque l'un des deux motifs retenu est entaché de dénaturation et que l'autre est régulier : CE 27 août 2001, ville de Rennes, req. n° 236374, *Lebon T.* 1100 ; *RDI* 2002. 165, obs. L. Derepas.
3. CE 1er mars 2004, Socquet-Juglard, req. n° 258505, *Lebon T.* 818 ; *RDI* 2004. 220, obs. P. Soler-Couteaux.
4. CE 5 juin 2020, Société M2B et société SCCV Villa Bali, req. n° 431994, *Lebon T.* ; *BJCL* 2021. 105, concl. V. Villette.
5. CE 1er mars 2004, Socquet-Juglard, req. n° 258505, préc.

A

Régularité externe de l'ordonnance

225.41 Procédure. Le juge de cassation s'assure du respect par le premier juge des exigences procédurales. Il sanctionne par exemple l'absence de communication d'un moyen d'ordre public[1].

225.42 Mentions de l'ordonnance. Au titre du contrôle de cassation, le Conseil d'État contrôle que l'ordonnance attaquée comporte l'ensemble des mentions requises. A par exemple été sanctionnée l'absence de mention des dispositions législatives et réglementaires dont l'ordonnance a fait application[2].

225.43 Motivation. Le juge de cassation contrôle la motivation des ordonnances. Il vérifie si le juge des référés a suffisamment motivé sa décision concernant les deux conditions d'octroi d'une mesure de suspension : urgence et doute sérieux sur la légalité de la décision (sur l'exigence de motivation et des illustrations de motivation regardées comme suffisantes ou insuffisantes par le juge de cassation, v. ss nos 224.11 s. pour la condition d'urgence et ss nos 224.21 s. pour la condition de doute sérieux[3]). L'absence de mention dans l'ordonnance d'un moyen inopérant « n'a pas le caractère d'une insuffisance de motivation et n'est pas de nature à affecter la régularité de celle-ci[4] ».

B

Régularité interne de l'ordonnance

225.51 Exactitude matérielle des faits, dénaturation et erreur de droit. S'agissant de la régularité interne de la décision, sont susceptibles d'être censurées par le juge de cassation l'inexactitude matérielle des faits, la dénaturation et l'erreur de droit[5].

1

Exactitude matérielle des faits

225.61 Matérialité des faits. Le juge de cassation vérifie si le juge des référés s'est fondé sur des faits matériellement exacts[6].

2

Dénaturation

225.71 Absence de contrôle de l'appréciation. Le juge de cassation ne contrôle pas les appréciations auxquelles se livre le juge des référés. Ces appréciations sont souveraines et ne peuvent donc, en l'absence de dénaturation, être discutées à l'appui d'un

1. CE 2 sept. 2002, Cne de Marignane, req. n° 243333, NP.
2. CE 22 août 2002, Assoc. éducation labellée vers l'insertion sociale par l'autonomie, req. n° 246717, NP.
3. Sur l'étendue du contrôle de cassation sur la motivation de ces deux conditions, v. S. Verclytte, concl. sur CE 26 janv. 2005, Sté CDM, req. n° 273111, *AJDA* 2005. 841.
4. CE 17 déc. 2008, Zanzi, req. n° 316411, *Lebon T.* ; *AJDA* 2008. 2428 ; *D.* 2009. 102, obs. A. Vincent.
5. V. CE 16 févr. 2001, Breucq, req. n° 229246, *Lebon T.* 1092 ; *AJDA* 2001. 465, Chron. M. Guyomar et P. Collin ; *RFDA* 2001. 669, concl. D. Chauvaux.
6. CE 6 avr. 2001, France Télécom, req. n° 230338, *Lebon T.* 1114 ; *AJDA* 2001. 465, Chron. M. Guyomar et P. Collin ; *D.* 2001. 1517.

pourvoi. Ainsi, relève du pouvoir souverain du juge des référés l'appréciation portée sur :

- la recevabilité de la requête au fond[1] ;
- la condition relative à l'urgence[2] ;
- la condition relative au doute sérieux[3].

225.72 Absence de contrôle de la qualification juridique des faits. Le juge de cassation ne contrôle pas, en l'absence d'erreur de droit, la qualification juridique à laquelle le juge des référés est susceptible de se livrer pour juger que les moyens qui lui sont soumis ne sont pas de nature à faire naître un doute sérieux quant à la légalité de la décision attaquée[4]. En revanche, il a censuré la qualification juridique erronée à laquelle s'était livré un juge des référés en estimant que des sociétés exploitant deux supermarchés ne justifiaient pas d'un intérêt à agir contre le refus de résilier une convention d'aménagement prévoyant la disparition de ces centres commerciaux[5].

225.73 Contrôle de la dénaturation. Le juge de cassation exerce un contrôle de la dénaturation des conclusions et de la dénaturation des faits de l'espèce. Est entachée de dénaturation :

- l'ordonnance relevant qu'une construction autorisée par un permis de construire est presque achevée alors que le bâtiment n'est ni hors d'eau ni hors d'air[6] ;
- l'ordonnance relevant, contrairement à ce qui ressortait des écritures du requérant, que ce dernier ne contestait pas que la décision attaquée, prononçant sa mutation, était fondée sur les nécessités du service[7] ;
- l'ordonnance indiquant que les travaux entrepris pouvaient, compte tenu de leur importance, être regardés comme constitutifs d'un commencement de travaux au sens de l'article R. 421-32 du Code de l'urbanisme alors qu'il ressort des pièces du dossier qu'il n'existait, sur l'ensemble du terrain, pas de travaux apparents, de maté-

1. CE 7 mai 2003, C^ne^ d'Esparon-de-Verdon, req. n° 248431, *Lebon T.* 925 ; *AJDA* 2003. 1520 : indiquant « que c'est par une appréciation souveraine des faits de l'espèce, qui n'est entachée d'aucune dénaturation ni erreur de droit, que le juge des référés a écarté l'argumentation de la commune tirée, au double motif que l'association requérante ne justifierait pas de son intérêt à agir et n'aurait pas régulièrement notifié sa requête en application de l'article L. 600-3 du Code de l'urbanisme, de l'irrecevabilité de la requête tendant à l'annulation du permis de construire litigieux ».
2. CE, sect., 25 avr. 2001, Assoc. des habitants du littoral du Morbihan c/C^ne^ de Baden, req. n° 230025, *Lebon* 220 ; *AJDA* 2001. 465, Chron. M. Guyomar et P. Collin ; *RFDA* 2001. 849, concl. F. Lamy ; *RDI* 2001. 396, obs. P. Soler-Couteaux : condition d'urgence regardée par le juge des référés comme non remplie – CE 6 avr. 2001, France Télécom, req. n° 230338, *Lebon T.* 1114 ; *AJDA* 2001. 465, Chron. M. Guyomar et P. Collin ; *D.* 2001. 1517 : condition d'urgence regardée par le juge des référés comme remplie.
3. CE 27 août 2001, ville de Rennes, req. n° 236374, *Lebon T.* 1100 ; *RDI* 2002. 165, obs. L. Derepas : juge des référés ayant retenu un moyen comme étant propre à créer un doute sérieux – CE 14 mars 2001, Aalilouch, req. n° 230268, *Lebon* 128 ; *AJDA* 2001. 465, Chron. M. Guyomar et P. Collin : juge des référés n'ayant pas retenu de moyen propre à créer un doute sérieux.
4. CE, sect., 16 mai 2001, min. de l'Économie c/Rival, req. n° 230980, *Lebon* 243 ; *AJDA* 2001. 465, Chron. M. Guyomar et P. Collin ; *AJDA* 2001. 468, Chron. M. Guyomar et P. Collin – CE 20 nov. 2002, C^ne^ de Sète, req. n° 242856, *Lebon T.* 858.
5. CE 8 déc. 2004, S^té^ Eiffel Distribution, req. n° 270432, *Lebon T.* 804.
6. CE 21 oct. 2005, Marel, req. n° 280188, NP ; *BJDU* 2006. 55, concl. H. Mitjaville.
7. CE 10 avr. 2002, Araye, req. n° 238471, NP.

riels ou même d'engins de chantier et qu'à une date proche de la péremption du permis de construire, l'implantation de la construction était seulement matérialisée par des piquets de bois[1] ;

– l'ordonnance retenant l'absence d'urgence à suspendre un arrêté préfectoral fixant des prescriptions spéciales applicables à l'exploitation d'une station-service alors qu'il avait constaté, d'une part, que l'exécution des prescriptions imposées impliquait, soit la réalisation de « travaux importants », soit l'arrêt de l'exploitation de la station-service et, d'autre part, que selon une étude de dangers établie, les risques de fuite de carburant étaient « extrêmement improbables »[2] ;

– l'ordonnance retenant l'urgence à suspendre le refus d'accorder à la requérante un congé administratif alors que la demande d'obtention a été présentée par celle-ci à l'expiration des délais légaux[3] ;

– l'ordonnance retenant l'urgence à suspendre un permis de construire, lorsque la construction litigieuse est pour l'essentiel terminée, seul l'enduit extérieur restant à réaliser, alors que l'objet du litige porte sur le principe même de l'implantation de la construction dans une partie non urbanisée de la commune[4] ;

– l'ordonnance refusant de reconnaître l'urgence à suspendre une délibération modifiant un plan d'occupation des sols (modifiant notamment le classement d'une parcelle dont le requérant est propriétaire) en se fondant, d'une part, sur le délai écoulé entre la date d'acquisition et la délibération en litige et sur le fait que le règlement contesté n'a pas pour effet de priver de toute valeur le terrain, qui reste constructible à diverses conditions, et d'autre part sur ce que d'éventuels permis de construire pourront être ultérieurement contestés sur le fondement des illégalités prétendues de la délibération querellée, alors que le requérant présentait devant lui les éléments montrant l'ancienneté de ses projets de construction sur la parcelle en cause pour laquelle il a obtenu un permis de construire, ultérieurement contesté devant le tribunal administratif, et invoquait le caractère grave et immédiat de l'atteinte portée à ses intérêts par un changement de classement de la parcelle qui rend impossible le projet de construction pour lequel il a acquis la parcelle[5].

3
Erreur de droit

225.81 Contrôle à géométrie variable. Le contrôle de l'erreur de droit en référé-suspension a pu être qualifié d'« élastique »[6]. Il présente un caractère restreint sur la condition de doute sérieux, et un caractère normal sur les autres éléments.

1. CE 9 mai 2001, Delivet et Samzun, req. n° 231076, *Lebon T.* 1103 ; *AJDA* 2001. 465, Chron. M. Guyomar et P. Collin ; *RDI* 2001. 399, obs. P. Soler-Couteaux ; *RDI* 2002. 269, obs. L. Derepas ; *BJDU* 2001. 287, concl. S. Austry ; *LPA* 22 janv. 2003, n° 16, p. 12, note N. Nahmias.
2. CE, sect., 22 févr. 2002, Sté des pétroles Shell c/min. de l'Aménagement du territoire et de l'Environnement, req. n° 235345, *Lebon* 59 ; *CJEG* 2002. 454, concl. F. Lamy.
3. CE 23 avr. 2003, min. de l'Économie c/Theate, req. n° 252755, NP.
4. CE 26 juin 2002, Demblans, req. n° 240487, *Lebon T.* 863 ; *AJDA* 2002. 766 ; *RDI* 2002. 4 32, obs. P. Soler-Couteaux.
5. CE 10 janv. 2003, SCI Rotanna, req. n° 248458, *Lebon T.* 923.
6. O. Coutard, « Le contrôle de l'erreur de droit sur le doute sérieux du juge des référés – ou le contrôle "élastique" », *Mélanges Labetoulle*, Dalloz, 2007, p. 201.

a

Contrôle restreint sur la condition relative au doute sérieux

225.91 Principe et justifications d'un contrôle restreint. Dans un premier temps, la Section du contentieux avait opté, aux conclusions contraires de son rapporteur public, pour un contrôle de l'erreur de droit normal sur l'exigence relative au doute sérieux[1]. Le Conseil d'État avait choisi d'aligner le degré de contrôle des ordonnances de référé sur celui des arrêts de cour administrative d'appel, procédant ainsi à un contrôle d'une intensité comparable à celui mis en œuvre par le juge de cassation dans les procédures au fond. Lorsque le moyen retenu par le premier juge soulevait une difficulté sérieuse de pur droit, sur laquelle aucun juge du fond n'avait encore eu l'occasion de se prononcer, le Conseil d'État n'hésitait pas à examiner le bien-fondé du moyen et à trancher de manière définitive la question de droit qui se posait. Ainsi, c'est en référé qu'il a cerné plus précisément la notion de « poursuites pénales » au sens de l'article 30 de la loi du 13 juillet 1983[2] ou qu'il a interprété une condition d'âge posée par un texte pour se présenter à un concours[3]. Cette solution, qui niait le particularisme de l'office du juge des référés, aboutissait à « interdire au juge de la suspension d'avoir un doute sérieux sur une question de pur droit [4]». Il pouvait être fait grief à ce dernier d'avoir commis une erreur sur une question que la jurisprudence n'avait pas encore tranchée alors que son office particulier (dominé par la notion de doute sérieux et le principe de l'examen sommaire de la légalité de la décision) lui commandait simplement de proposer une interprétation provisoire du droit applicable.

Aussi un revirement est-il intervenu avec l'arrêt du 29 novembre 2002, *Communauté d'agglomération de Saint-Étienne métropole*, dans lequel le Conseil d'État adapte le contrôle de l'erreur de droit à l'office du juge des référés[5]. Si, saisi de ce moyen, le juge de cassation contrôle l'erreur de droit commise par le juge des référés sur la condition de doute sérieux, il ne doit le faire qu'en tenant compte de la nature de l'office attribué au juge des référés par les articles L. 511-1 et L. 521-1 du CJA. Dans cette affaire, la portée d'un article équivoque (l'article L. 2333-67 du CGCT) n'ayant pas encore été définie de manière précise par la jurisprudence, le juge des référés en a proposé une interprétation. Se limitant à un contrôle de l'erreur de droit restreint, le juge de cassation respecte le raisonnement du premier juge en se gardant d'examiner de manière approfondie la disposition en cause ou de fixer une interprétation définitive de celle-ci. Le Conseil n'exclut pas que le juge des référés ait commis une erreur de droit en retenant cette interprétation. Toutefois, l'erreur éventuellement commise

1. CE, sect., 16 mai 2001, min. de l'Économie c/Rival, req. n° 230980, *Lebon* 243 ; *AJDA* 2001. 468, Chron. M. Guyomar et P. Collin.
2. CE 3 mai 2002, La Poste c/Fabre, req. n° 239436, *Lebon* ; *AJFP* 2002. 55.
3. CE 27 mai 2002, CNRS, req. n° 245740, *Lebon T.* ; *AJDA* 2002. 1143, concl. R. Schwartz ; *RFDA* 2003. 334, note D. Dalmas et S. Valcke.
4. L. Vallée, concl. sur CE, sect., 29 nov. 2002, Communauté d'agglomération de Saint-Étienne Métropole, req. n° 244727, *BDCF* 2/03, n° 28, p. 36.
5. CE, sect., 29 nov. 2002, Communauté d'agglomération de Saint-Étienne Métropole, req. n° 244727, *Lebon* 421 ; *AJDA* 2003. 278, Chron. F. Donnat et D. Casas ; *GACA*, 5e éd., 2016, n° 14 ; *Just. & cass.* 2005. 261, concl. L. Vallée ; *BDCF* 2/03, n° 28, p. 36-43, concl. L. Vallée.

ne constituant pas une erreur flagrante, elle ne saurait être censurée en cassation de référé (mais uniquement, le cas échéant, lors de l'examen d'une décision au fond).

En application de la jurisprudence *Communauté d'agglomération de Saint-Étienne métropole*, le juge de cassation exerce un contrôle restreint de l'erreur de droit portant sur la condition de doute sérieux. Ce contrôle retenu de l'erreur de droit est justifié par « l'office du juge des référés », lequel est distinct de l'office du juge du fond et doit par conséquent conduire à un contrôle adapté aux spécificités de ce dernier. Dans la mesure où le juge des référés ne tranche pas le fond du litige mais se prononce sur l'existence d'un « doute sérieux », le contrôle de cassation doit être minimal ou sommaire, limité à la censure des erreurs de droit manifestes. Seules les erreurs traduisant une faille évidente dans son raisonnement seront sanctionnées. Si le juge de cassation a simplement un doute sur la justesse d'une interprétation donnée en référé mais qu'aucune erreur évidente ne peut être relevée, cette situation ne sera pas de nature à justifier la censure de l'ordonnance attaquée.

225.92 Conséquences du contrôle restreint. Le Conseil d'État reconnaît une sorte de « droit à l'erreur » au juge des référés.

Lorsque plusieurs interprétations d'un texte sont envisageables et que le sens de celui-ci n'a pas encore été fixé par le juge du fond, le juge des référés peut proposer une lecture de ce texte sans être contrôlé sur ce point par le juge de cassation, et par suite sans crainte d'être contredit par celui-ci[1]. Son interprétation ne pourra être censurée, le cas échéant, que par le juge statuant au fond et nullement, sauf erreur de droit flagrante, par le juge de cassation. De manière significative, le juge de cassation refuse de censurer pour erreur de droit deux décisions estimant, à propos d'un moyen identique (tiré de ce que l'article L. 111-6 du Code de l'urbanisme ne donne pas compétence au maire pour s'opposer à une demande de raccordement d'une caravane au réseau électrique), l'une que ce moyen n'était pas propre à créer un doute sérieux[2], et l'autre que ce moyen était propre à créer un doute sérieux[3].

De même, le juge de cassation refuse de censurer des raisonnements dont seule une analyse approfondie pourrait révéler qu'ils sont, le cas échéant, entachés d'une erreur de droit. Si en l'état de l'instruction, le raisonnement retenu ne méconnaît pas la jurisprudence du Conseil d'État, celui-ci refusera de pousser plus en avant l'analyse et de censurer la décision rendue. Par exemple, le Conseil d'État a refusé de censurer, « eu égard à l'office du juge des référés » :

– l'ordonnance ne retenant pas comme propre à créer un doute sérieux le moyen tiré de ce que l'occupation privative du domaine public par les petits trains touristiques aux fins d'y circuler et d'y stationner ne pouvait être soumise à la délivrance d'une autorisation municipale, au motif que le stationnement prolongé de rames de

1. CE 15 oct. 2004, Cne de Pointe-à-Pitre, req. n° 266496, *Lebon T.* ; *BJCL* 2004. 776, concl. M.-H. Mitjaville.
2. CE 12 déc. 2003, Cancy, req. n° 257794, NP ; *AJDA* 2003. 725, note P. Sablière ; *BJDU* 2004. 9, concl. F. Séners.
3. CE 5 avr. 2004, Cne de Pertuis, req. n° 261009, *Lebon* 156 ; *AJDA* 2004. 1492, note P. Sablière ; *BJDU* 2004. 272, concl. F. Séners ; *RJEP* 2004. 481, note E. Crépey.

18 mètres de long pour embarquer les passagers et leur permettre de prendre des photographies dans des endroits déterminés de Nice et notamment sur la Promenade des Anglais ne pouvait être assimilé à un usage normal de la voie publique ouverte à tous les usagers[1] ;

- l'ordonnance retenant comme propre à créer un doute sérieux le moyen tiré de ce que le permis de construire serait entaché de fraude, lorsque l'architecte en chef des monuments historiques indique ne pas avoir émis l'avis requis pour sa délivrance[2] ;

- l'ordonnance regardant comme propre à créer un doute sérieux le moyen tiré de l'absence de signature de l'avis médical rendu dans le cadre d'une procédure de délivrance d'un titre de séjour, alors que l'article R. 4127-76 du Code de la santé publique dispose que « tout certificat, ordonnance, attestation ou document délivré par un médecin doit [...] permettre l'identification du praticien dont il émane et être signé par lui »[3] ;

- l'ordonnance retenant comme propre à créer un doute sérieux le moyen tiré du manque de base légale de la décision de la Fédération française de la montagne suspendant l'un de ses athlètes de toute compétition pour une durée de dix mois, pour avoir masqué le logo de la fédération lors de compétitions officielles[4].

Cette souplesse dans le contrôle ne vaut qu'en l'absence de décision au fond fixant de façon définitive une interprétation. Lorsqu'une telle décision existe ou intervient, et que le juge des référés n'a pas retenu la solution qu'elle consacre, son ordonnance sera censurée pour erreur de droit. Il en va ainsi même lorsque la solution méconnue par le juge des référés est intervenue postérieurement à son ordonnance, donc après que celui-ci a statué[5].

225.93 Éléments contrôlés. Le juge de cassation fait porter son contrôle de l'erreur de droit en référé-suspension sur deux points.

Il contrôle, en premier lieu, l'erreur de droit manifeste commise par le juge des référés dans un raisonnement ou dans l'interprétation d'un texte. Tel est le cas de l'ordonnance qui méconnaît une jurisprudence bien établie du Conseil d'État. À ce

1. CE 14 juin 2010, Sté des trains touristiques G. Eisenreich, req. n° 330152, NP.
2. CE 1er juill. 2010, Cne d'Eygalières, req. n° 334727, NP.
3. CE 16 juin 2008, min. de l'Intérieur c/Abrogoua, req. n° 295226, NP.
4. CE 30 juill. 2008, Féd. française de la montagne et de l'escalade c/Chabot, req. n° 304813, NP.
5. CE 12 oct. 2005, Sté Placoplâtre, req. n° 277300, *Lebon T.* 1032 ; *AJDA* 2005. 2474, concl. Y. Aguila : dans cette affaire, un juge des référés avait, par une ordonnance du 21 janvier 2005, considéré comme impropre à créer un doute sérieux le moyen tiré de la méconnaissance d'un décret de 1977 susceptible de plusieurs interprétations. Un arrêt d'assemblée intervenu le 8 juillet 2005 a fixé l'interprétation de ce texte dans un sens contraire à celui retenu par le juge des référés (CE, ass., 8 juill. 2005, Sté Alusuisse-Lonza-France, req. n° 247976, *Lebon* ; *AJDA* 2005. 1829, Chron. C. Landais et F. Lenica ; *D.* 2005. 3075, note B. Quiriny ; *RFDA* 2006. 375, note B. Plessix). Si le juge de cassation s'était prononcé avant cet arrêt, il aurait pu nourrir un doute sur la justesse de l'interprétation retenue mais, en application de la jurisprudence *Communauté d'agglomération de Saint-Étienne Métropole*, n'aurait pas relevé d'erreur de droit. Se prononçant postérieurement à cet arrêt, il doit prendre en considération cet arrêt en conséquence de l'effet rétroactif de la jurisprudence (CE 14 juin 2004, SCI Saint-Lazare, req. n° 238199, *Lebon T.* 563 ; *RDI* 2004. 462, obs. P. Soler-Couteaux). Il apprécie ainsi la rectitude d'un raisonnement juridique, et le censure, à l'aune d'une jurisprudence qui n'existait pas au moment où le juge des référés s'est prononcé.

titre, le juge de cassation censure par exemple l'ordonnance dans laquelle le juge des référés :

- refuse de regarder comme propre à créer un doute sérieux le moyen tiré de ce que l'arrêté accordant un permis de construire méconnaît les dispositions relatives au nombre d'emplacements de stationnement figurant en annexe au règlement du plan d'occupation des sols de la commune[1] ;

- refuse de regarder comme propre à créer un doute sérieux le moyen tiré de ce que le jugement judiciaire prononçant une interdiction du territoire, sur lequel est fondé l'arrêté préfectoral attaqué fixant le pays de destination, ne revêt pas un caractère exécutoire en raison du pourvoi en cassation formé à son encontre[2] ;

- refuse de regarder comme propre à créer un doute sérieux le moyen tiré de ce que la décision refusant à un agent atteint d'un handicap le bénéfice des dispositions de l'article 27-II de la loi du 11 janvier 1984, alors que le bénéfice de ces dispositions dépend de la qualité de personne handicapée[3] ;

- refuse de regarder comme propre à créer un doute sérieux le moyen tiré de ce que le préfet ne pouvait pas légalement surseoir à statuer à une demande d'octroi d'un certificat de capacité à l'exercice d'une profession, alors qu'un tel pouvoir ne lui est pas reconnu par un texte[4] ;

- regarde comme propre à créer un doute sérieux le moyen tiré de ce qu'aucune disposition législative ou réglementaire n'autorise le maire de Paris à donner délégation de signature à son directeur de cabinet alors que celui-ci est expressément reconnu comme possible délégataire à l'article L. 2511-27 du CGCT[5] ;

- regarde comme propre à créer un doute sérieux le moyen tiré de ce que l'autorité administrative ne peut procéder au retrait d'un acte au-delà d'un délai de quatre mois, alors que l'acte litigieux, en ce qu'il a été obtenu par fraude, peut être retiré nonobstant l'expiration de ce délai[6] ;

- refuse de regarder le principe de précaution comme un motif d'intérêt général pouvant justifier la résiliation d'une convention d'occupation du domaine public[7] ;

- pour apprécier le caractère suffisamment précis du projet en vue duquel une décision de préemption a été prise, se place, non à la date de cette décision mais à celle de la déclaration d'intention d'aliéner[8].

1. CE 14 mai 2003, SCI Florine, req. n° 251370, NP ; *BJDU* 2003. 383, concl. G. Le Chatelier.
2. CE 24 févr. 2003, Fadiga, req. n° 243603, *Lebon T.* 924 : le juge de cassation affirme « qu'en ne retenant pas ce moyen comme de nature à faire naître un doute sérieux sur la légalité de la décision attaquée, alors que l'existence de ce pourvoi n'était pas contestée par le préfet, le juge des référés, *eu égard à l'office que lui attribuent les articles L. 511-1 et L. 521-1 du Code de justice administrative*, a commis une erreur de droit ».
3. CE 8 nov. 2010, Mahdi, req. n° 338555, NP.
4. CE 16 févr. 2004, Naudet, req. n° 261110, *Lebon T.* 820.
5. CE 16 sept. 2005, ville de Paris, req. n° 280202, *Lebon T.* 1032 ; *AJDA* 2005. 1757 ; *BJCL* 2005. 708, concl. F. Séners.
6. CE 3 avr. 2006, Sivom de l'Amana, req. n° 285656, *Lebon T.* ; *AJDA* 2006. 1403.
7. CE 19 mai 2003, Sté SPM Télécom, req. n° 251850, *Lebon T.* 926 ; *AJDA* 2003. 1519.
8. CE 15 déc. 2004, Cne de Saint-Hilaire-la-Gravelle, req. n° 270278, *Lebon T.* 825 ; *RDI* 2005. 146, obs. P. Soler-Couteaux.

Le juge de cassation contrôle, en second lieu, l'erreur de droit commise par le juge des référés sur l'application d'un texte. Il en va ainsi lorsque le juge :

- applique à un litige un texte qui ne lui est pas applicable[1] ;
- retient comme propre à créer un doute sérieux un moyen inopérant[2] ;
- regarde comme applicable une disposition législative dont la prise d'effet est subordonnée à l'intervention d'un décret qui n'a pas encore été édicté[3] ;
- applique à un agent public une disposition sur la transformation d'un contrat à durée déterminée en contrat à durée indéterminée en appréciant les conditions qu'elle pose non pas, comme l'impose la loi, à la date de *publication* de celle-ci mais à la date de la demande de *renouvellement* de son contrat par l'agent[4].

225.94 Dérogation exceptionnelle au contrôle restreint. Il arrive que le juge de cassation s'autorise exceptionnellement, pour des raisons d'opportunité, à exercer un contrôle normal sur la condition relative au doute sérieux, afin de fixer l'interprétation de dispositions législatives et réglementaires[5].

b
Contrôle normal sur les éléments autres que le doute sérieux

225.101 Contrôle non retenu. Le juge de cassation exerce un contrôle entier de l'erreur de droit sur les éléments autres que le doute sérieux.

225.102 Compétence de la juridiction administrative. Le juge de cassation exerce un contrôle normal de l'erreur de droit sur les questions relatives à la compétence de la juridiction administrative. Ainsi, le Conseil d'État a pu trancher une question juridique complexe concernant la compétence juridictionnelle pour connaître d'un litige entre Gaz de France et une commune relatif à la possibilité pour celle-ci d'avoir accès aux contrats dits « réglementés » et, par suite, censurer pour erreur de droit le juge des référés qui avait réglé cette question dans un sens opposé[6]. De même, le juge

1. CE 28 mai 2003, min. de l'Équipement c/Assoc. de défense du littoral de la plaine de Grimaud, req. n° 252617, *Lebon T.* 926 : en estimant que le moyen tiré de la méconnaissance des dispositions de l'article L. 146-6 du Code de l'urbanisme était propre à créer un doute sérieux quant à la légalité d'un arrêté autorisant l'occupation temporaire d'immeubles sur le fondement des dispositions de l'article 1er de la loi du 29 décembre 1892, alors qu'une telle occupation temporaire n'entre pas dans le champ d'application de l'article L. 146-6, le juge des référés commet une erreur de droit.
2. CE 5 mars 2003, Lepoutre, req. n° 252422, *Lebon* 116 ; *RDI* 2003. 371, obs. A. Robineau-Israël ; *BJDU* 2003. 13, concl. J.-H. Stahl : moyen tiré de l'illégalité du permis initial lorsque la contestation porte sur un permis de construire délivré sur le fondement de l'article L. 111-3 du Code de l'urbanisme.
3. CE 13 oct. 2003, min. de la Santé, de la Famille et des Personnes handicapées, req. n° 258020, *Lebon T.* 919 ; *AJDA* 2004. 166.
4. CE 19 sept. 2011, min. d'État, garde des Sceaux, min. de la Justice et des Libertés c/Choquet, req. n° 343178, *Lebon T.* ; *AJDA* 2011. 1764.
5. V. par ex. CE 15 févr. 2006, Assoc. Ban Asbestos France, req. n° 288801, *Lebon* 78 ; *AJDA* 2006. 761, note J.-M. Pontier ; *D.* 2006. 530 ; *Dr. envir.* 2006/3. 53, concl. Y. Aguila ; *RD publ.* 2006. 1671, note Y. Iliopoulou ; *Europe* 2006/4, comm. n° 123, note P. Cassia ; *JCP* 2006. I. 150, Chron. B. Plessix : sur la notion de déchet au sens du règlement européen n° 259/93 – CE 7 févr. 2005, Sté Soleil d'Or, req. n° 264315, *Lebon T.* 1131 ; *AJDA* 2005. 623 : sur la distinction, en droit de l'urbanisme, entre la notion de « construction » et celle « d'extension de l'urbanisation ».
6. CE 4 nov. 2005, ville de Dijon, req. n° 278895, *Lebon T.* 1023 ; *AJDA* 2005. 2421, concl. N. Boulouis ; *Contrats Marchés publ.* 2006/1. 21, note Ph. Kovar.

de cassation a précisé en référé la notion de lieu d'affectation d'un agent, qui détermine la compétence territoriale au sein de la juridiction administrative, et censuré pour erreur de droit l'ordonnance dans laquelle le juge des référés s'était fondé sur un critère différent de celui précisé en cassation[1].

225.103 Recevabilité de la requête. Le juge de cassation exerce un contrôle normal de l'erreur de droit sur les éléments portant sur la recevabilité du recours au fond et de la requête en référé. Il a ainsi contrôlé :

- le critère retenu par un juge du premier degré pour apprécier l'intérêt à agir contre un arrêté autorisant la construction d'éoliennes[2] ;

- l'interprétation retenue par le juge des référés sur les dispositions de l'article L. 514-6 du Code de l'environnement relatif au point de départ du délai de recours contre l'arrêté autorisant l'exploitation d'une carrière[3] ;

- l'interprétation donnée par le juge des référés des articles R. 421-39, A. 421-7 et R. 490-7 du Code de l'urbanisme, pour déterminer les modalités d'affichage d'un permis de construire de sept éoliennes situées sur des parcelles différentes[4] ;

- la qualification d'acte préparatoire donnée à la décision par laquelle un service ou organisme à la disposition duquel est mis un fonctionnaire notifie à ce dernier qu'il ne demande pas le renouvellement de sa mise à disposition[5] ;

- la qualification de mesure d'ordre intérieur d'une décision de changement d'affectation entre établissements pénitentiaires[6].

225.104 Condition d'urgence. Commet une erreur de droit le juge des référés :

- qui reconnaît l'urgence à suspendre la délivrance d'un titre de séjour « sans rechercher si la requérante justifiait de circonstances particulières caractérisant la nécessité pour elle de bénéficier de la suspension demandée »[7] ;

- qui considère que la circonstance que le permis de construire litigieux a été obtenu par fraude suffit à constituer l'urgence[8] ;

1. CE 27 avr. 2006, Frisson, req. n° 282377, *Lebon T.* 933 ; *AJDA* 2006. 1572.
2. CE 15 avr. 2005, Assoc. des citoyens et contribuables de la communauté de communes de Saane-et-Vienne (ACSV), req. n° 273398, *Lebon T.* 1012 ; *RDI* 2005. 350, obs. P. Soler-Couteaux ; *Dr. adm.* 2005, comm. n° 109, note P. Cassia ; *BJCL* 2005. 197, concl. F. Séners.
3. CE 30 mai 2007, Sté Morillon Corvol Rhône Méditerranée, req. n° 297035, *Lebon* ; *RJEP* 2007. 369, note D. Moreau.
4. CE 23 févr. 2004, Sté Juwi énergie éolienne, req. n° 262430, *Lebon T.* 9112 ; *AJDA* 2004. 1559 ; *RJEP* 2004. 295, note Th. Tuot.
5. CE 15 oct. 2003, Condado, req. n° 256165, *Lebon T.* 895 : ordonnance censurée pour erreur de droit, la mesure étant qualifiée par le juge de cassation d'acte faisant grief.
6. CE 27 mai 2009, Miloudi, req. n° 322148, *Lebon* ; *AJDA* 2009. 1076 : en l'espèce, commet une erreur de droit le juge des référés qui considère qu'une décision de changement d'affectation d'une maison centrale proche du domicile de la famille du détenu à une maison centrale située à plus de 800 km de ce domicile est une mesure d'ordre intérieur alors que cette décision rend plus difficile l'exercice par le détenu de son droit à conserver une vie familiale en détention et est, de ce fait, susceptible de porter atteinte à un droit fondamental de l'intéressé.
7. CE, sect., 14 mars 2001, min. de l'Intérieur c/Ameur, req. n° 229773, *Lebon* 123 ; *AJDA* 2001. 465, Chron. M. Guyomar et P. Collin ; *D.* 2001. 1364, et les obs. ; *RFDA* 2001. 673, concl. I. de Silva.
8. CE 29 déc. 2004, Cne de Vidauban, req. n° 266234, NP ; *RDI* 2005. 145, obs. P. Soler-Couteaux.

– qui ne procède pas à une appréciation globale de l'urgence[1] ;

– qui se fonde, pour reconnaître l'urgence à suspendre, sur la nécessité de prévenir les conséquences d'une éventuelle annulation de la décision litigieuse[2] ;

– qui se fonde, pour écarter l'urgence à suspendre la décision mettant fin à la scolarité du requérant, non pas sur les effets de l'exécution de cette décision compte tenu des justifications apportées par les parties, mais sur les effets susceptibles de résulter d'une annulation de cette décision pour un motif d'illégalité externe[3] ;

– qui écarte l'urgence à suspendre une décision d'opposition à la construction d'une antenne de téléphonie mobile en se fondant, d'une part, sur l'étendue de la couverture de la zone par *d'autres* réseaux que celui de l'opérateur concerné par la décision et, d'autre part, sur la possibilité pour ce dernier d'utiliser les relais des autres opérateurs, alors qu'il n'existe pas d'obligation de partage des sites ou des pylônes entre les opérateurs[4] ;

– qui met à la charge du requérant l'établissement de l'urgence dans une hypothèse où celle-ci est présumée[5] ;

– qui prend en compte un intérêt public dépourvu de rapport avec l'exécution de l'acte attaqué[6].

SECTION 2

Demande de réexamen

225.111 Procédure de l'article L. 521-4 du CJA. La procédure de réexamen permet au juge de référés de revenir sur sa décision en cas d'élément nouveau. L'article L. 521-4 du CJA lui permet en effet de modifier sa décision ou d'y mettre fin lorsqu'une personne intéressée fait valoir devant lui un élément nouveau (sur cette procédure et ses conditions de mise en œuvre, v. s[s] n°s 215.71 s.).

225.112 Applications positives. L'élément nouveau mis en avant par l'auteur de la demande de réexamen peut consister, par exemple, à faire valoir l'irrecevabilité du recours principal[7]. Si les conditions d'octroi sont satisfaites, le juge peut modifier la mesure ordonnée ou y mettre fin. Ainsi, le juge du réexamen peut annuler la suspension d'un acte par le juge du référé-suspension et, par voie de conséquence, mettre fin à cette mesure[8]. Une telle décision rend sans objet le pourvoi en cassation formé contre l'ordonnance ayant prononcé la mesure initiale[9].

1. CE 25 nov. 2002, min. de l'Équipement c/Astoul, req. n° 248423, *Lebon T.* 862 ; *AJDA* 2003. 1290, note P.-P. Danna ; *BJDU* 2002. 472, concl. C. Maugüé ; *Dr. adm.* 2003/2, comm. n° 50, obs. C. Maugüé.
2. CE 13 juin 2005, C[ne] de Saint-Amand-les-Eaux, req. n° 277296, *Lebon* 243 ; *AJDA* 2005. 1319.
3. CE 2 avr. 2003, Elbenna, req. n° 253146, NP.
4. CE 2 mars 2012, S[té] Orange France, req. n° 352013, *Lebon T.* ; *AJDA* 2012. 465 ; *RDI* 2012. 297, obs. P. Soler-Couteaux.
5. CE 1er oct. 2001, Meddah, req. n° 234918, NP.
6. CE 3 oct. 2003, Pillods, req. n° 256336, *Lebon T.* 921 ; *AJDA* 2004. 166.
7. CE 1er mars 2004, Socquet-Juglard, req. n° 258505, *Lebon T.* 818 ; *RDI* 2004. 220, obs. P. Soler-Couteaux.
8. V. par ex. CE 24 févr. 2003, Perrier, req. n° 251928, *Lebon* 50 ; *BJDU* 2003. 271, concl. L. Vallée : pour la suspension d'un permis de construire – CE 4 oct. 2004, min. de l'Intérieur, de la Sécurité intérieure et des Libertés locales c/Bouziane, req. n° 266948, NP ; *AJDA* 2005. 98, note O. Lecucq ; *D.* 2004. 2763, et les obs. : pour la suspension d'un arrêté d'expulsion.
9. CE 21 janv. 2009, S[té] Recherches et développements éoliens, req. n° 320227, NP.

225.113 Illustrations. L'intérêt de ce mécanisme peut être illustré par une affaire concernant un refus de permis de construire. Par une ordonnance du 27 juin 2007, le juge des référés du tribunal administratif de Grenoble a, à la demande des syndicats de copropriétaires requérants, suspendu l'exécution de l'arrêté du 20 février 2007 par lequel le maire avait délivré à une société un permis de construire un bar, restaurant, discothèque, en jugeant qu'était de nature à créer un doute sérieux sur la légalité de cette décision le moyen tiré du caractère insuffisant du nombre de places de stationnement prévues. Saisi par cette société sur le fondement de l'article L. 521-4 du CJA, le juge des référés a, dans un premier temps, confirmé sa décision par une ordonnance du 23 août 2007 puis, saisi à nouveau, a mis fin aux effets de cette suspension par une ordonnance du 17 janvier 2008[1] (la production d'un avenant conclu entre la commune et le demandeur établissant le nombre de stationnements pour l'opération de construction projetée).

Une seconde illustration peut être fournie avec une décision du 26 mars 2012[2]. Le 28 juin 2010, un conseil municipal a adopté un plan d'alignement concernant une rue de la commune. Sur recours des riverains, le juge des référés a suspendu le 31 mai 2011 l'exécution de ce plan. Postérieurement à cette décision, la commune a saisi le juge d'une demande de réexamen en faisant valoir qu'au moment où la suspension a été ordonnée, l'acte avait cessé de produire ses effets. À l'appui de cet argument, elle produit des attestations du trésorier principal ainsi que des certificats d'inscription au livre foncier confirmant que, dès le mois de mars 2011, les propriétaires concernés par le plan d'alignement avaient été indemnisés de cette expropriation indirecte. Ayant indemnisé les propriétaires comme en matière d'expropriation (ainsi que l'exige l'article L. 112-2 du Code de la voirie routière), la commune devait être regardée comme ayant définitivement pris possession des parcelles litigieuses à cette date. La suspension, ordonnée postérieurement à celle-ci, portait donc sur un acte ayant cessé de produire ses effets. Par ordonnance du 27 juin 2011, le juge des référés a donc fait droit à la demande de réexamen et mis fin, sur le fondement de l'article L. 521-4, à la mesure de suspension initialement ordonnée.

1. V. la décision du Conseil d'État confirmant cette dernière mesure : CE 2 juill. 2008, Synd. des copropriétaires de la résidence Le Rond-point des pistes 1, req. n° 312836, *Lebon T.* ; *AJDA* 2008. 1361.
2. CE 26 mars 2012, Assoc. des habitants des quartiers sud et maraîchers de Colmar, req. n° 350834, *Lebon T.* ; *AJDA* 2012. 1741, note S. Traoré.

TITRE

23. Le référé-liberté

SECTION 0

Orienteur

230.00 Plan du titre.

230.01 Texte applicable.

CJA, art. L. 521-2.

230.03 Bibliographie indicative.

> **Encyclopédies.** *Rép. contentieux administratif*, v° « Référés d'urgence : le référé-liberté », par M. de Monsembernard ; B. Faure, « Référé. Juge administratif statuant en urgence. Référé-liberté », *J.-Cl. Justice adm.*, fasc. n° 51.

> **Ouvrage.** O. Le Bot, *La protection des libertés fondamentales par la procédure du référé-liberté*, LGDJ, 2007, 672 p.

> **Articles.** O. Le Bot, « L'utilisation du référé-liberté par les collectivités territoriales », *AJDA* 2016. 592 ; M. Afroukh, « Référé-liberté et Convention européenne des droits de l'homme », *RFDA* 2016. 685 ; G. Eveillard, « 15 ans de mise en œuvre du référé-liberté », *JCP Adm.* 2016, n° 2337 ; J. Schmitz, « Le juge du référé-liberté à la croisée des contentieux de l'urgence et du fond », *RFDA* 2014. 502 ; X. Dupré de Boulois, « Le référé-liberté pour autrui », *AJDA* 2013. 2137 ; S. Pugeault, « Le juge administratif des référés, gardien des libertés », *Mélanges Normand*, Litec, 2003, p. 411 ; C. Botoko-Claeysen, « Le référé-liberté vu par les juges du fond. Analyse des premières décisions de dix tribunaux administratifs », *AJDA* 2002. 1046 ; G. Bachelier, « Le référé-liberté », *RFDA* 2002. 261 ; F. Moderne, « Le référé-liberté devant le juge administratif », *in Le nouveau juge administratif des référés. Réflexions sur la réforme opérée par la loi du 30 juin 2000* (dir. P. Wachsmann), Presses universitaires de Strasbourg, 2002, p. 131 ; O. Le Bot, « Vingt ans de référé-liberté », *AJDA* 2020. 1342 ; O. Le Bot, « Le référé-liberté est-il victime de son succès ? », *RFDA* 2021. 657 – M. Gkegka, « Les atteintes aux libertés fondamentales dans le cadre du référé-liberté », *RDP* 2021. 173 – C. Malverti et Cyrille Beaufils, « Le référé en liberté », *AJDA* 2020. 1154 – C. Fridriech, « Le référé-liberté en carence de l'administration », *RDP* 2018. 1297 – O. Le Bot, « Les référés-libertés et mesures utiles, alternatives à un recours en responsabilité ? », *AJDA* 2017. 1826 – S. Gauché, « À la recherche du recours effectif : responsabilité et référés en droit pénitentiaire », *AJDA* 2017. 1837 – Ch. Tukov, « Le référé-liberté administratif, élément structurant de la modification de la répartition des compétences entre les deux ordres de juridiction », *Procédures* 2016, ét. 9.

230.05 Documents pratiques.

– Pour un exemple de dossier contentieux en matière de référé-liberté contre l'interdiction d'un rassemblement, v. s^{s} n° 910.13.

– Pour un exemple de dossier contentieux en matière de référé-liberté contre une assignation à résidence (état d'urgence), v. s^{s} n° 910.12.

230.06 Chiffres clés.

La tendance est nettement à l'augmentation : moins de 2 000 affaires par an jusqu'en 2008, environ 3 000 affaires par an entre 2009 et 2016, puis une explosion après cette date avec 4 000 demandes en 2017, 5 000 en 2018, 7 000 en 2019, 6 000 en 2020, 9 000 en 2021. Le taux de réussite était faible au cours des premières années, aux alentours de 10 %. Il est bien supérieur depuis 2010, autour de 25 %.

Le délai moyen de jugement oscille entre 4 et 5 jours selon les années.

230.09 Objet. Codifié à l'article L. 521-2 du CJA, le référé-liberté vise au prononcé d'une mesure de sauvegarde dans les situations particulières où l'administration porte à une liberté fondamentale une atteinte grave et manifestement illégale. Le Conseil d'État qualifie cette voie de droit de procédure « exceptionnelle »[1] ou « particulière »[2] en raison tant de la sévérité de ses conditions de mise en œuvre que de l'originalité de son mécanisme procédural. À la rigueur des conditions d'octroi répondent en effet, en contrepartie, la facilité d'engagement du recours, l'étendue des pouvoirs du juge et la rapidité de son intervention.

230.10 Appellation. La procédure instaurée par l'article L. 521-2 du CJA doit être qualifiée de référé-liberté fondamentale ou « référé-liberté »[3]. La dénomination de référé-injonction, qui lui a un temps été donnée par la pratique, est à exclure. D'une part, le juge statuant sur ce fondement ne prononce pas exclusivement des injonctions mais peut également prendre des mesures de suspension. D'autre part, il n'est pas le seul juge des référés à détenir un pouvoir d'injonction à titre principal (v. par ex. s^s^ n°s 244.81 s., pour le référé-mesures utiles, et s^s^ n°s 414.51 s., pour le référé précontractuel).

230.11 Origine. Le référé-liberté a été créé par l'article 6 de la loi n° 2000-597 du 30 juin 2000. La procédure, entièrement nouvelle, a été instaurée pour remédier à l'incapacité du juge administratif à assurer en urgence la défense des libertés fondamentales et, ce faisant, à mettre un terme aux invocations abusives de la voie de fait devant les tribunaux judiciaires et aux admissions complaisantes de celle-ci par le juge civil des référés.

230.12 Le référé-liberté dans le rapport du groupe de travail. Au sein du groupe de travail du Conseil d'État, c'est sous l'angle du pouvoir d'injonction qu'est apparu le référé-liberté. L'absence d'un tel pouvoir y est présentée comme une lacune ; sa reconnaissance au profit du juge de l'urgence comme une solution. Ainsi, c'est de l'idée de référé-injonction qu'est né le référé-liberté.

Le groupe de travail partait d'un constat : la limitation des pouvoirs d'injonction du juge des référés représente une grave lacune dans la protection que la juridiction administrative apporte aux justiciables. « Dans les hypothèses d'agissements matériels, de comportements administratifs irréguliers, de carence, voire même de décisions purement négatives – toutes hypothèses pour lesquelles le mécanisme de sursis à exécution s'avère inadapté –, l'absence de pouvoirs d'injonction adéquats prive les justiciables d'une intervention utile et efficace, en urgence, du juge administratif »[4].

1. CE, ord., 15 mars 2002, Delaplace, req. n° 244078, *Lebon* 105 – CE, ord., 29 mars 2002, Bonny, req. n° 244523, *Lebon* 119.
2. V. not. CE, sect., 30 oct. 2001, min. de l'Intérieur c/Tliba, req. n° 238211, *Lebon* 523 ; *AJDA* 2001. 1054, Chron. M. Guyomar et P. Collin ; *AJDA* 2001. 1058 ; *GACA*, 5e éd., 2016, n° 15 ; *RFDA* 2002. 324, concl. I. de Silva.
3. V., employant cette expression : CE 9 mai 2011, Magalhaes Gomes, req. n° 346785, *Lebon T.* ; *AJDA* 2011. 992 ; *Constitutions* 2011. 551, Chron. O. Le Bot – La même expression, sans le tiret : CE, ord., 22 déc. 2012, Section française de l'Observatoire international des prisons, req. n° 364584, *Lebon* ; *AJDA* 2013. 12 ; *JCP* 2013, n° 87, note O. Le Bot – CE, ord., 30 juill. 2015, Section française de l'Observatoire international des prisons (OIP-SF) et ordre des avocats au barreau de Nîmes, req. n° 392043, *Lebon* ; *AJDA* 2015. 1567 ; *AJDA* 2015. 2216, note O. Le Bot ; *JCP Adm.* 2016, n° 2069, Chron. O. Le Bot (p^t^ 3).
4. « Rapport du groupe de travail du Conseil d'État sur les procédures d'urgence », *RFDA* 2000. 944.

Afin de remédier à ces insuffisances, il est apparu essentiel « d'accompagner la rénovation du sursis à exécution par un accroissement des pouvoirs d'injonction confiés au juge administratif de l'urgence »[1]. L'objectif était de permettre au juge administratif « d'intervenir de façon efficace dans les situations où ne sont pas en cause des décisions administratives aisément identifiables, c'est-à-dire dans les situations où la simple suspension de l'exécution d'une décision administrative ne suffit pas à garantir les droits des justiciables. Ce "référé-injonction" permettrait au juge administratif d'ordonner à toutes parties en cause, y compris aux autorités administratives, de prendre toutes mesures conservatoires utiles »[2]. En raison de l'étendue de ces prérogatives, il « est apparu nécessaire d'encadrer ce pouvoir d'injonction et de le cantonner aux hypothèses d'agissements administratifs graves et manifestement illégaux : pour que le juge, statuant en référé, c'est-à-dire seul et dans l'urgence, intervienne en faisant usage de pouvoirs exorbitants du droit commun, il faut que l'illégalité commise se caractérise par sa gravité et son évidence »[3].

La question du champ d'application de cette procédure a fait l'objet d'importants débats au sein du groupe de travail. Conformément à la méthode définie par le groupe de travail lors de sa mise en place, consistant non pas à décider mais à éclairer des choix et à présenter des options, deux variantes de référé-injonction ont été envisagées : d'une part, la protection des libertés fondamentales, d'autre part, la « très grande urgence ». L'avant-projet de loi reposant sur une conception extensive du domaine de la loi envisage ainsi deux systèmes alternatifs à son article 3[4] :

- Variante 1 : « dans le cas où, du fait de l'administration, une atteinte grave et manifestement illégale est portée à une liberté fondamentale, le juge des référés, saisi d'une demande en ce sens justifiée par l'urgence, peut ordonner toutes mesures nécessaires de sauvegarde ».

- Variante 2 : « sous réserve des dispositions de l'article précédent [relatif à la procédure de référé-suspension], le juge des référés peut, en cas d'urgence et sur simple requête qui sera recevable même en l'absence de décision administrative préalable, ordonner toute mesure qui ne se heurte à aucune contestation sérieuse et que justifie la nécessité de protéger l'exercice d'un droit ou d'une liberté mis en cause par un acte ou un comportement de l'autorité administrative. À la demande de tout intéressé, il peut y être mis fin à tout moment ».

Selon le président Labetoulle, l'alternative se présentait en ces termes : « ou bien un champ d'application très étendu mais où naturellement les pouvoirs du juge des référés auraient peut-être été moins marqués, ou, au contraire, un champ d'application plus restreint et des pouvoirs plus forts »[5]. La première formule, limitée à la seule protection des libertés fondamentales, permettrait au juge de prononcer toute mesure de sauvegarde. La seconde, concernant l'ensemble des droits et libertés,

1. Art. cit., *RFDA* 2000. 947.
2. Art. cit., *RFDA* 2000. 947.
3. Art. cit., *RFDA* 2000. 947.
4. Art. cit., annexe n° 4, *RFDA* 2000. 955.
5. D. Labetoulle, « La genèse de la loi du 30 juin 2000 », *in* P. Wachsmann (dir.), *Le nouveau juge administratif des référés. Réflexions sur la réforme opérée par la loi du 30 juin 2000*, colloque 6 décembre 2000, Presses universitaires de Strasbourg, 2002, p. 20.

n'autoriserait le juge à prononcer une mesure qu'en l'absence de contestation sérieuse. La majorité du groupe de travail a marqué une nette préférence pour la première solution. Quatre considérations ont été déterminantes dans ce choix[1]. Tout d'abord, l'hypothèse de l'atteinte à une liberté fondamentale lui a paru correspondre aux situations dans lesquelles l'intervention urgente du juge des référés, avec des pouvoirs très étendus, était la plus justifiée. Ensuite, dans la plupart des cas, l'intervention du juge des référés correspondra à des situations nées de décisions administratives, à l'égard desquelles le référé-suspension, éventuellement accompagné de la mise en œuvre du pouvoir d'injonction résultant de la loi du 8 février 1995, suffira à rétablir les justiciables dans leurs droits. De plus, assigner à cette procédure un champ d'application plus large risquait d'attirer dans l'orbite du référé la plus grande part du contentieux administratif au détriment des garanties de qualité qu'offrent les jugements rendus au fond par une formation collégiale après une instruction écrite. Enfin, le groupe de travail redoutait qu'une trop large extension des pouvoirs du juge des référés ne conduise à un nombre de saisines excessif débordant les capacités de traitement de la juridiction administrative.

Des deux variantes de référé-injonction proposées par le groupe de travail, le gouvernement a retenu la formule stricte : celle d'un référé « élargi dans ses potentialités mais circonscrit dans son domaine »[2]. Le choix ainsi fait, les termes du débat qui y ont présidé ont été pris en compte lors des premiers temps d'application de cette procédure pour déterminer sa place et interpréter ses conditions de mise en œuvre. Aujourd'hui encore, ces éléments demeurent présents à l'esprit des membres du Conseil d'État lorsque se pose une question ayant trait au champ du référé-liberté. Ils représentent des référents sur la vocation de cette procédure et la façon dont elle a été conçue.

230.13 Procédure attractive. Le référé-liberté constitue une procédure particulièrement attractive pour les plaideurs. Il y a à cela quatre raisons principales.

La première tient à la souplesse de son déclenchement. Son engagement, en effet, n'est pas subordonné à l'exercice d'un recours au fond ni, le cas échéant, d'un recours administratif préalable obligatoire. Il n'est pas soumis au ministère d'avocat et peut donc être exercé par le justiciable lui-même. Surtout, il n'est pas subordonné à l'existence d'une décision administrative et peut ainsi être mis en œuvre contre de simples situations.

Son attrait tient également à la brièveté du délai imparti au juge pour statuer puisque celui-ci doit rendre sa décision dans un délai de 48 heures.

Le troisième atout du référé-liberté réside dans les pouvoirs conférés au juge puisqu'il peut, aux termes de l'article L. 521-2, « ordonner toutes mesures nécessaires à la sauvegarde d'une liberté fondamentale ».

L'attrait du référé-liberté résulte enfin du domaine concerné, celui des « libertés fondamentales », expression dont l'invocation suffit à elle seule à donner une certaine ampleur au recours. Le requérant, sensible au caractère moral d'une condamnation

1. « Rapport du groupe de travail du Conseil d'État sur les procédures d'urgence », *RFDA* 2000. 948.
2. B. Pacteau, *Contentieux administratif*, Puf, coll. « Droit fondamental », 7e éd., 2005, n° 278 - v. V. Tardy, « Le projet de réforme de la procédure de référé », *LPA* 1998, n° 148, p. 7.

prononcée sur ce fondement, peut rechercher par ce biais ce qui lui apparaîtra comme une sanction quelque peu solennelle ou exemplaire d'un comportement administratif.

Cette attractivité du référé-liberté a conduit les plaideurs à se tourner, en masse, vers cette procédure. Il s'est développé avec le temps ce que l'on pourrait appeler un « réflexe référé-liberté », entendu comme un recours quasi-automatique à cette procédure dès qu'apparaît à une personne physique ou morale une situation qu'elle juge choquante, inacceptable ou simplement insatisfaisante et qu'elle souhaite, parce qu'elle n'est pas en adéquation avec ses valeurs, sa vision du monde ou ses intérêts, voir disparaître au plus vite.

230.14 Nature du référé-liberté. Les caractéristiques très particulières du référé-liberté rendent malaisées la qualification de cette voie de droit et la détermination de sa nature.

S'il a pu être soutenu que le référé-liberté constitue un référé au fond (comme, par exemple, le référé précontractuel, où le juge peut notamment « annuler » une procédure de passation et « supprimer » des clauses destinées à figurer dans le contrat), le rattachement de l'article L. 521-2 à cette catégorie se heurte à plusieurs limites. Certes, cette voie de droit présente un caractère autonome et, à travers l'exigence d'une illégalité manifeste, amène le juge à statuer – à l'instar d'un juge du principal – sur la violation d'une norme juridique. Néanmoins, la procédure est considérée comme soumise à l'article L. 511-1 qui lui interdit de prononcer des mesures juridiquement définitives que sont l'annulation et la réparation. Surtout, elle relève de l'article L. 521-4 permettant au juge, à la demande de tout intéressé, de revenir sur sa décision en cas d'élément nouveau. Si la mise en œuvre de cette faculté de réexamen est souvent impossible en référé-liberté (l'exécution de la mesure ordonnée mettant fin au litige en l'espace de quelques heures ou de quelques jours), on trouve néanmoins des cas dans lesquels celle-ci a été mise en œuvre avec succès et a abouti à la remise en cause, par cette voie, d'une mesure de sauvegarde initialement ordonnée[1]. Il résulte de ce caractère juridiquement provisoire et potentiellement réversible des mesures prises en référé-liberté l'impossibilité d'assimiler cette procédure à un référé au fond.

Concernant sa place dans la structure du contentieux administratif, il est parfois affirmé que le référé-liberté constituerait un recours de plein contentieux. Une telle qualification se heurte toutefois à deux limites. D'une part, le juge du référé-liberté ne dispose pas d'un pouvoir de réformation. S'il peut choisir la mesure qu'il convient d'ordonner, il ne peut toutefois décider à la place de l'administration. D'autre part, il peut être saisi contre des actes réglementaires alors que le recours de pleine juridiction n'est recevable qu'à l'encontre de décisions individuelles (et de contrats). Si l'on souhaite inscrire le référé-liberté dans la distinction des contentieux, celui-ci présente davantage, dans la mesure où le juge statue sur une illégalité, une logique d'excès de pouvoir.

Toutefois, il ne paraît pas indispensable d'inscrire cette procédure dans une distinction des contentieux à bien des égards dépassée[2]. De manière générale, raisonner

1. V. s[s] n° 235.123.
2. V. H. Lepetit-Collin et A. Perrin, « La distinction des recours contentieux en matière administrative. Nouvelles perspectives », *RFDA* 2011. 813.

en termes de classification des recours apparaît de nature à donner de la réalité du droit positif une vision plus exacte et nuancée, d'autant que nombre de recours ne relèvent ni de l'un ni de l'autre. C'est le cas du recours en interprétation, du recours en homologation d'une transaction ou encore du recours en *exequatur*. C'est encore le cas du référé-liberté : il ne relève ni de l'excès de pouvoir ni du plein contentieux mais d'une autre catégorie de recours (celle des référés), au sein de laquelle il présente des caractéristiques particulières pouvant conduire à le regarder comme un recours *sui generis*.

Si l'on souhaite doctrinalement le rattacher à une catégorie existante, celui-ci relève sans conteste de la famille des *amparos* ordinaires, dont il partage toutes les caractéristiques[1].

231. Engagement du référé-liberté

SECTION 0

Orienteur

231.00 Plan du chapitre.

Sect. 1 Compétence
Sect. 2 Recevabilité

231.04 Questions essentielles.

> Le juge peut-il connaître d'agissements assimilables à des voies de fait ? v. s[s] n° 231.12

> Le juge peut-il être saisi en l'absence de décision expresse ou implicite de l'administration ? v. s[s] n° 231.32

> L'introduction de la demande est-elle enfermée dans un délai déterminé ? v. s[s] n° 231.57

231.09 Facilité d'engagement du recours. Le législateur a fait du référé-liberté un recours extrêmement aisé à introduire. Aux aménagements reconnus à tout référé d'urgence en matière de compétence et de recevabilité (sur ces règles, v. s[s] n°s 211.11 s.) ont été ajoutées certaines dérogations propres à faciliter – et ce faisant accélérer – l'introduction des requêtes.

SECTION 1

Compétence

§ 1

Compétence de la juridiction administrative

231.11 Compétence matérielle. Le principe applicable à tout référé d'urgence s'applique naturellement à l'article L. 521-2 du CJA : le juge des référés n'est compé-

1. Pour une présentation de celles-ci : R. A. Brewer-Carias, « La justice constitutionnelle et le pouvoir judiciaire », in *Études de droit public comparé*, Bruylant, 2001, p. 1074-1075 ; H. Nogueira Alcalá, « El Recurso de Protección en el Contexto del Amparo de los Derechos Fundamentales Latinoamericano e Interamericano », *Revista Ius et Praxis*, 2007, p. 75-134.

temment saisi sur le fondement de cette disposition que lorsque la demande qui lui est présentée n'est pas manifestement insusceptible de se rattacher à un litige relevant de la compétence de la juridiction administrative.

Le juge des référés s'est ainsi déclaré compétent :

- pour connaître de la décision prise par la Ligue nationale de football d'attribuer des droits d'exploitation exclusifs pour la diffusion de certaines compétitions sportives[1] ;
- pour connaître du refus d'une commune de mettre une salle municipale à la disposition d'un parti politique[2].

Il n'est en revanche pas compétent :

- pour ordonner des mesures relatives à l'instruction d'un pourvoi en cassation, telles la communication aux parties d'un moyen relevé d'office, la fixation d'une date d'audience ou la saisine à titre préjudiciel de la Cour de justice des Communautés européennes, lesquelles concernent « non l'activité d'une autorité administrative mais le déroulement d'une procédure juridictionnelle »[3] ;
- pour connaître d'un contentieux interne à un parti politique[4] ;
- pour connaître de contestations relatives au contenu ou à la rédaction d'actes de l'état civil[5] ou à un redressement en matière de droits d'enregistrement[6], ces matières relevant de la compétence exclusive du juge judiciaire ;
- pour statuer sur un décret de convocation des électeurs, l'acte relevant de la compétence exclusive du Conseil constitutionnel[7] ;
- pour ordonner au Conseil constitutionnel de délivrer une notification à un individu l'ayant saisi[8] ;
- pour ordonner au ministère des Affaires étrangères l'exécution d'une décision du Tribunal pénal international pour le Rwanda, dès lors que la constatation de l'existence d'une éventuelle défaillance d'un État appartient, en vertu de la résolution 955 (1994) du 8 novembre 1994 du Conseil de sécurité des Nations Unies, au juge qui a ordonné la mesure dont l'inexécution est invoquée[9].

231.12 Compétence en matière de voie de fait. L'article L. 521-2 du CJA subordonne l'intervention du juge des référés à la circonstance que l'administration ait porté atteinte à une liberté fondamentale « dans l'exercice de ses pouvoirs ». Cette exigence devait limiter la compétence du juge administratif des référés en matière de voie de fait. Telle était la volonté du législateur mais la rédaction de cette disposition, comme son interprétation par le Conseil d'État ont conduit à en neutraliser la portée.

1. CE, ord., 18 mars 2002, GIE Sport libre et a., req. n° 244081, *Lebon* 106 ; *D.* 2002. 1240, et les obs.
2. CE, ord., 19 août 2002, Front national et Institut de formation des élus locaux (Iforel), req. n° 249666, *Lebon* 311 ; *AJDA* 2002. 1017, note X. Braud ; *D.* 2002. 2452, et les obs.
3. CE, ord., 17 janv. 2006, SCI Le Gambetta, req. n° 289047, NP.
4. TA Paris, ord., 27 nov. 2014, Murat, req. n° 1428724/9, NP : impossibilité pour un adhérent de participer à l'élection interne du président de l'UMP.
5. CE, ord., 4 févr. 2005, Bellarbi, req. n° 277213, NP.
6. CE 29 oct. 2001, Raust, req. n° 237132, *Lebon T.* 1090.
7. CE, ord., 22 sept. 2004, Hoffer, req. n° 272347, NP.
8. CE, ord., 6 juin 2016, Bidalou, req. n° 400382, NP.
9. CE, ord., 19 oct. 2009, Nzabonimana, req. n° 332584, *Lebon* ; *AJDA* 2010. 510, note M. Poujol ; *RFDA* 2010. 201, Chron. C. Santulli.

En limitant la compétence du juge du référé-liberté aux atteintes commises par l'administration dans l'exercice de ses pouvoirs, le législateur entendait maintenir la voie de fait hors de portée du juge administratif. Rappelons que la voie de fait est une théorie jurisprudentielle qui, de façon dérogatoire, permet au juge civil de connaître d'agissements de l'administration et d'adresser à celle-ci des injonctions pour la prévenir ou y mettre un terme. Deux conditions sont requises pour la caractériser[1]. D'une part, l'administration doit porter atteinte à la liberté individuelle ou prendre une mesure aboutissant à l'extinction d'un droit de propriété. D'autre part, il est nécessaire que l'administration soit sortie de la légale, la voie « de droit » :

- soit en procédant à l'exécution forcée d'une décision sans que les conditions requises à cette fin ne soient réunies (voie de fait dite « par manque de procédure ») ;

- soit en prenant une décision manifestement insusceptible de se rattacher à un de ses pouvoirs (voie de fait dite « par manque de droit »).

Le législateur du 30 juin 2000 entendait exclure l'intervention du juge administratif dans ces deux hypothèses, mais la restriction qu'il a instituée à cet effet est dépourvue de portée.

D'une part, la lettre de l'article L. 521-2 ne soustrait pas à sa compétence la voie de fait par manque de procédure, qui n'est pas soumise à l'exigence d'une atteinte portée par l'administration « en dehors de l'exercice de ses pouvoirs ». L'exécution forcée d'une décision administrative peut fort bien être irrégulière mais relever néanmoins des pouvoirs de l'administration. Par conséquent, le juge du référé-liberté est compétent pour connaître d'une mesure d'exécution forcée accomplie par l'administration dans l'exercice de ses pouvoirs mais dans des conditions irrégulières[2].

D'autre part, s'agissant de la voie de fait par manque de droit, le juge des référés a décidé de s'affranchir de la formule limitant sa compétence aux atteintes commises par l'administration « dans l'exercice de ses pouvoirs ». Il a en effet affirmé, de manière générale, qu'il appartenait au juge du référé-liberté de faire cesser une atteinte grave et manifestement illégale portée à une liberté fondamentale, « quand bien même cette atteinte aurait le caractère d'une voie de fait »[3]. Cette décision ne fait qu'offi-

1. T. confl. 17 juin 2013, Bergoend c/Sté ERDF Annecy Léman, req. n° 3911, *Lebon* ; *AJDA* 2013. 1245 ; *AJDA* 2013. 1568, Chron. X. Domino et A. Bretonneau ; *D.* 2014. 1844, obs. B. Mallet-Bricout et N. Reboul-Maupin ; *AJDI* 2014. 124, étude S. Gilbert ; *RFDA* 2013. 1041, note P. Delvolvé (définition resserrée de la voie de fait) - pour l'ancienne définition, plus large, v. par ex., T. confl. 23 oct. 2000, Boussadar, req. n° 3227, *Lebon* 775 ; *AJDA* 2001. 143, Chron. M. Guyomar et P. Collin ; *D.* 2001. 2332, concl. J. Sainte-Rose - T. confl. 23 mai 2005, Haut-commissaire de la République en Polynésie française c/Président de l'Assemblée de la Polynésie française, req. n° 3452, *Lebon* 659 ; *AJDA* 2005. 1151 - T. confl. 12 déc. 2005, Haut-commissaire de la République en Polynésie française, *Lebon* 659.
2. CE, ord., 23 mars 2001, Sté Lidl, req. n° 231559, *Lebon* 154 ; *RDI* 2001. 275, obs. P. Soler-Couteaux ; *RGCT* 2001. 967, Chron. J.-C. Ricci ; *BJDU* 2001. 111, obs. J.-C. Bonichot : maintien de scellés sur un bâtiment commercial, pour infraction à la législation d'urbanisme, malgré le classement des poursuites par le parquet.
3. CE, ord., 23 janv. 2013, Cne de Chirongui, req. n° 365262, *Lebon* ; *AJDA* 2013. 199 ; *JCP Adm.* 2013, n° 2047, note H. Pauliat ; *JCP Adm.* 2013, n° 2048, note O. Le Bot.

cialiser une pratique qui conduisait le juge administratif des référés à connaître d'agissements constitutifs de voie de fait, par exemple :

- le retrait de documents d'identité en dehors de tout motif d'ordre public[1] ;

- la mesure par laquelle, sans qu'aucune disposition ne l'y autorise, un maire reconnaît à tout véhicule une liberté d'accès et de stationnement sur une voie *privée*[2] ;

- la décision par laquelle un maire ordonne à ses services l'ouverture systématique des courriers adressés à certains conseillers municipaux[3] ;

- le fait pour l'administration, après avoir vendu un bien à un particulier, de le lui « reprendre » sur la base d'un texte qui certes, lui reconnaît un tel pouvoir, mais a été abrogé il y a plus de dix ans[4].

§ 2

Compétence au sein de la juridiction administrative

231.21 Critère de la compétente territoriale. La demande en référé-liberté « relève du juge qui a compétence pour connaître soit du recours en annulation formé contre l'acte administratif contesté dans le cadre de la procédure de référé, soit du recours susceptible d'être introduit à la suite d'un agissement de l'administration entrant dans le champ des prévisions de l'article L. 521-2 »[5].

231.22 Mise en œuvre. La demande doit être présentée devant la juridiction qui serait compétente en première instance si un recours au fond était introduit[6]. Ainsi, la compétence revient en principe au juge des référés des tribunaux administratifs et, lorsque le litige ressortit de la compétence directe du Conseil d'État, à celle du juge des référés du Conseil d'État[7].

231.23 Compétence exclusive du juge de premier ressort. Le référé-liberté présentant un caractère autonome, la demande ne peut jamais être soumise directement à un juge d'appel ou de cassation quels que soient les liens existants avec des procédures pendantes devant ces juges[8].

1. CE, ord., 2 avr. 2001, min. de l'Intérieur c/Cts Marcel, req. n° 231965, *Lebon* 167.
2. CE, ord., 10 sept. 2003, Cne d'Hyères-les-Palmiers, req. n° 260015, NP.
3. CE 9 avr. 2004, Vast, req. n° 263759, *Lebon* 173 ; *Dr. adm.* 2004, comm. n° 98, note M. Lombard ; *RFDA* 2004. 778, concl. S. Boissard ; *JCP Adm.* 2004. 1318, note M.-C. Rouault ; *JCP Adm.* 2004. 1319, note J. Moreau ; *Gaz. Pal.* 2005. 391, note D. Linotte et J.-L. Pissaloux ; *Com. com. électr.* 2004, étude J. Fraysinnet ; *Coll. terr.* 2004, comm. n° 120, note L. Derridj - Comp. T. confl. 10 déc. 1956, Randon, *Lebon* 592, concl. Guionin : jugeant que l'administration agit en dehors de l'exercice de ses pouvoirs en décidant simplement de retarder l'acheminement de certains courriers.
4. CE 2 févr. 2004, Abdallah, req. n° 260100, *Lebon* 16 ; *D.* 2005. 34 ; *D.* 2005. 26, obs. P.-L. Frier ; *RFDA* 2004. 772, concl. S. Boissard - Comp. Com. 25 févr. 1992, *Bull. civ.* IV, n° 91 : voie de fait constituée lorsque l'administration procède à une saisie de marchandises en se référant à un texte non encore en vigueur.
5. CE, ord., 26 mai 2006, Conroy, req. n° 293605, *Lebon T.* ; *AJDA* 2006. 1136.
6. CE, ord., 11 avr. 2006, Tefaarere, req. n° 292029, *Lebon* 197 ; *AJDA* 2006. 794 - CE, ord., 26 mai 2006, Conroy, req. n° 293605, *Lebon T.* ; *AJDA* 2006. 1136.
7. CE, ord., 28 sept. 2001, Caillat et a., req. n° 238534, NP - CE, ord., 31 oct. 2001, Synd. CFTC des agents du Centre national de la fonction publique territoriale, req. n° 239555, NP.
8. CE, ord., 29 mars 2002, Bonny, req. n° 244523, *Lebon* 119.

SECTION 2

Recevabilité

§ 1

Situation contestée

231.31 Une situation juridique. L'article L. 521-2 du CJA vise de manière générale, sans précision ni limitation, « l'atteinte » à une liberté fondamentale. Est donc exigée une *situation* d'atteinte, sans référence à l'origine ou à la forme de celle-ci. Tout ce qui naît de l'activité ou de l'inactivité de l'administration peut faire l'objet d'une demande en référé-liberté sans se heurter à la traditionnelle exigence d'une décision préalable[1]. Même lorsque la demande en référé-liberté est dirigée contre une décision, le requérant est dispensé de l'obligation de produire cette décision[2]. Le demandeur peut ainsi agir *sans délai* dès qu'une atteinte se produit.

En outre, le juge du référé-liberté ne s'intéresse pas à l'acte ou au comportement considéré isolément mais s'attache à la situation juridique à laquelle celui-ci donne naissance. Il envisage cette situation comme un tout formé d'un ensemble d'actes et, le cas échéant, d'actions ou d'abstentions. En d'autres termes, le juge du référé-liberté est juge des situations juridiques et non pas juge des actes. Il tient compte de toutes les données d'une situation juridique, prenant en considération l'ensemble des effets juridiques issus de la volonté de l'administration sans s'arrêter à un acte déterminé[3]. Pour admettre la recevabilité d'une demande introduite sur le fondement de l'article L. 521-2, seul compte le fait qu'une situation juridique soit constituée, et perdure au jour où le juge des référés est appelé à statuer.

231.32 Le champ étendu des actes et comportements attaquables. Les mesures susceptibles d'être déférées au juge du référé-liberté sont extrêmement variées. La situation litigieuse peut provenir :

– d'une **décision positive**, écrite ou verbale[4], à caractère individuel ou réglementaire :

• l'arrêté préfectoral fixant le pays de destination pour l'exécution d'une mesure d'interdiction judiciaire du territoire[5] ;

1. V. TA Versailles, ord., 19 sept. 2015, Assoc. Avocats sans frontières, req. n° 1506153, NP ; *AJDA* 2015. 1722 ; *AJCT* 2016. 43, obs. P. Noual (p[t] 2) : soulignant « que l'absence de décision administrative formalisée [...] n'entache pas d'irrecevabilité la requête présentée en application des dispositions de l'article L. 521-2 du Code de justice administrative ».
2. CE 4 mai 2016, Da Cunha, req. n° 396332, *Lebon T.* ; *AJDA* 2016. 928 ; *JCP Adm.* 2016, n° 2306, Chron. O. Le Bot.
3. CE 9 déc. 2003, Aguillon et a., req. n° 262186, *Lebon* 497 ; *AJDA* 2004. 1138, note O. Le Bot ; *D.* 2004. 538, et les obs. ; *AJFP* 2004. 148, obs. C. Moniolle ; *RFDA* 2004. 306, concl. J.-H. Stahl ; *RFDA* 2004. 311, note P. Cassia ; *RDSS* 2004. 298, étude D. Boulmier ; *Dr. soc.* 2004. 172, concl. ; *JCP* 2004. II. 10076, note X. Prétot ; *JCP Adm.* 2004, n° 1096, note D. Maillard Desgrees du Loû ; *Dr. ouvr.* 2004. 184, note M. Panigel-Nennouche.
4. Pour un ex. de décision verbale, v. CE, ord., 31 oct. 2013, Assoc. Droit au logement Paris et environs, req. n° 1315396/9, NP : interdiction verbale d'une manifestation.
5. CE, ord., 27 mars 2001, min. de l'Intérieur c/Djalout, req. n° 231735, *Lebon* 158 ; *JCP* 2002. II. 10003, note F. Lichère.

• l'arrêté préfectoral prononçant l'immobilisation de véhicules de transports[1] ;

• l'arrêté ministériel prononçant l'expulsion d'un ressortissant étranger[2] ;

• l'arrêté municipal réglementant l'accès et la circulation dans une zone industrielle[3] ;

• ou encore l'arrêté municipal interdisant l'accès à un bâtiment communal et ordonnant sa démolition[4] ;

– d'une **décision négative** :

• refus de mettre une salle communale à la disposition du demandeur[5] ;

• refus d'inscrire un enfant dans un établissement scolaire[6] ;

• refus d'attribuer un emplacement sur le domaine public accueillant la Foire du Trône[7] ;

• ou encore refus de convoquer un conseil municipal[8] ;

– d'un **comportement positif** (une action ou un agissement de la puissance publique) :

• le retrait – puis la rétention matérielle – des cartes nationales d'identité et passeports des membres d'une famille[9] ;

• le fait, pour un établissement public de coopération intercommunale, d'intervenir dans les compétences des communes membres[10] ;

• la suppression par une commune, à l'occasion de travaux de réfection d'une chaussée et de trottoirs, de l'accès à des locaux utilisés comme garages ou entrepôts et l'apposition de potelets empêchant l'accès à ces locaux[11] ;

• l'exécution de travaux de réfection et d'aménagement sur une voie privée[12] ;

• l'implantation d'un dessableur sur une bande de terrain appartenant à un particulier[13] ;

• l'incorporation d'une parcelle privée dans un terrain de golf géré par une personne publique[14] ;

1. CE, ord., 9 avr. 2001, Belrose et a., req. n° 232208, *Lebon T.* 1126.
2. CE, sect., 30 oct. 2001, min. de l'Intérieur c/Tliba, req. n° 238211, *Lebon* 523 ; *AJDA* 2001. 1054, Chron. M. Guyomar et P. Collin ; *RFDA* 2002. 324, concl. I. de Silva ; *GACA*, 5ᵉ éd., 2016, n° 15 – CE, ord., 10 août 2001, min. de l'Intérieur c/Saddouki, req. n° 236969, NP.
3. CE, ord., 5 juill. 2001, Cne de Montreuil-Bellay, req. n° 235387, NP.
4. CE, ord., 10 août 2001, Assoc. « La Mosquée » et a., req. n° 237004, *Lebon T.* 1133.
5. CE, ord., 2 mars 2001, Dauphine, req. n° 230798, NP.
6. CE, ord., 9 juill. 2001, Boc, req. n° 235696, NP.
7. CE, ord., 6 avr. 2001, Lapere et a., req. n° 232135, NP.
8. CE, sect., 18 janv. 2001, Morbelli, maire de la Cne de Venelles, req. n° 229247, *Lebon* 18 ; *AJDA* 2001. 153, Chron. M. Guyomar et P. Collin ; *D.* 2002. 2227, obs. R. Vandermeeren ; *GAJA*, 21ᵉ éd., 2017, n° 98 ; *RFDA* 2001. 378, concl. L. Touvet ; *RFDA* 2001. 681, note M. Verpeaux ; *RGCT* 2001. 783, concl. ; *CJEG* 2001. 161, concl. ; *JCP* 2001. I. 318, Chron. C. Boiteau ; *LPA* 12 févr. 2001, n° 30, note N. Chahid-Nouraï et C. Lahami-Depinay ; *Procédures* 2001, comm. n° 73, obs. S. Deygas ; *RD publ.* 2002. 752, Chron. C. Guettier ; *Dr. adm.* 2001, comm. n° 155, obs. L.T. ; *Coll. terr.* 2001, comm. n° 85, note J. Moreau.
9. CE, ord., 2 avr. 2001, min. de l'Intérieur c/Cts Marcel, req. n° 231965, *Lebon* 167.
10. CE 12 juin 2002, Cne de Fauillet et a., req. n° 246618, *Lebon* 215 ; *AJDA* 2002. 590, Chron. F. Donnat et D. Casas ; *BJCL* 2002. 279, concl. F. Séners.
11. CE, ord., 31 mai 2001, Cne d'Hyères-les-Palmiers, req. n° 234226, *Lebon* 253.
12. CE, ord., 20 juill. 2001, Cne de Mandelieu-la-Napoule, req. n° 236196, *Lebon* 388.
13. CE, ord., 21 août 2001, Manigold, req. n° 237385, NP.
14. CE, ord., 22 oct. 2001, Gonidec et Brocas, req. n° 239165, NP.

• la rétention d'un aéronef[1] ;

• ou encore l'accomplissement d'un acte médical[2] ;

– d'un **comportement négatif** (une abstention ou une carence de l'administration à accomplir une action déterminée) :

• inscrire un film sur la liste des films à caractère pornographique[3] ;

• prendre les mesures propres à favoriser l'accès au logement[4] ;

• mettre fin à l'état d'urgence[5] ;

• prendre des mesures claires, précises et légales au titre des contrôles aux frontières[6] ;

• apporter le concours de la force publique[7] ;

• entreprendre les travaux de réfection d'un chemin permettant d'accéder à une discothèque[8] ;

• garantir le pluralisme sur la chaîne privée Canal +[9] ;

• installer un médecin dans ses fonctions de praticien hospitalier[10] ;

• prendre les mesures propres à assurer la situation sanitaire d'un centre pénitentiaire[11] ou d'un bidonville[12] ;

• ou encore donner acte de la démission d'un ministre du gouvernement de la Polynésie française[13].

1. CE 2 juill. 2003, Sté Outremer Finance Ltd, req. n° 254536, *Lebon* 306 ; *AJDA* 2003. 1780, concl. G. Bachelier ; *RTD civ.* 2004. 324, obs. P. Crocq ; *JCP Adm.* 2003, n° 1384, note J.M. ; *JCP* 2004. I. 125, note H. Périnet-Marquet ; *JCP* 2003. II. 10180, note J. Martin et P.-Y. Nauleau.
2. CE, ord., 16 août 2002, Feuillatey, req. n° 249552, *Lebon* 309 ; *D.* 2004. 602, obs. J. Penneau ; *GADS* 2010, nos 9-10 ; *RFDA* 2003. 528, étude A. Dorsner-Dolivet ; *RTD civ.* 2002. 781, obs. J. Hauser ; *Droit, Déontologie & Soin* 2002. 416, note L. Ouatah ; *LPA* 26 mars 2003, n° 61, p. 4, note C. Clément ; *JCP* 2002. II. 10184, note P. Mistretta ; *Gaz. Pal.* 2002. I. p. 1729-1731, note Y. Lachaud ; *JCP Adm.* 2002, n° 1022, note A. Mersch ; *RCA* 2002, Chron. n° 21, note S. Porchy-Simon ; *Dr. adm.* 2002, comm. n° 188, note E. Aubin ; *RGDM* 2003. 97, note B. Mathieu ; *RGDM* 2003. 143, note A. Garay ; *Dr. fam.* 2003, comm. n° 11, note S. Mouton.
3. CE, ord., 31 janv. 2001, Assoc. Promouvoir, req. n° 229484, *Lebon T.* 525.
4. CE, ord., 3 mai 2002, Assoc. de réinsertion sociale du Limousin et a., req. n° 245697, *Lebon* 168 ; *AJDA* 2002. 818, note E. Deschamps.
5. CE, ord., 9 déc. 2005, Allouache et a., req. n° 287777, *Lebon* 562 ; *AJDA* 2006. 1875, étude T.-X. Girardot ; *D.* 2006. 12 ; *RTD civ.* 2006. 80, obs. R. Encinas de Munagorri.
6. CE, ord., 2 juin 2020, LDH, req. n° 440449, NP ; *RTDE* 2020. 949, Chron. A. Bouveresse.
7. CE 29 mars 2002, SCI Stéphaur et a., req. n° 243338, *Lebon* 117 ; *AJDA* 2003. 345, note P. Grosieux ; *RFDA* 2003. 370, étude T. Pez ; *RFDA* 2003. 386, note Y. Lequette ; *D.* 2002. 2080, note J.-C. Zarka ; *D.* 2003. 1115, note R. Martin ; *BJCL* 2002. 93, concl. T. Olson.
8. CE, ord., 5 mars 2001, SARL Club 2000, req. n° 230889, *Lebon T.* 1130.
9. CE, ord., 24 févr. 2001, Tibéri, req. n° 230611, *Lebon* 85 ; *D.* 2001. 1748, note R. Ghévontian ; *RFDA* 2001. 629, note B. Maligner ; *CCE* 2001, comm. n° 51, obs. G. Decocq et A. Lepage.
10. CE, ord., 13 mai 2002, CH de Valence c/Nouri, req. n° 246551, NP.
11. CE, ord., 22 déc. 2012, Section française de l'Observatoire international des prisons, req. n° 364584, *Lebon* ; *AJDA* 2013. 12 ; *JCP* 2013, n° 87, note O. Le Bot.
12. CE, ord., 23 nov. 2015, min. de l'Intérieur et Cne de Calais, req. n° 394540, *Lebon* ; *AJDA* 2016. 556, note J. Schmitz ; *AJDA* 2015. 2238 ; *D.* 2016. 336, obs. O. Boskovic, S. Corneloup, F. Jault-Seseke, N. Joubert et K. Parrot ; *RDSS* 2016. 90, note D. Roman et S. Slama ; *Envir.* 2016. comm. 23, note L. Peyen ; *JCP Adm.* 2016, n° 2116, Chron. O. Le Bot – CE 31 juill. 2017, Cne de Calais, req. n° 412125, *Lebon*.
13. CE, ord., 11 avr. 2006, Tefaarere, req. n° 292029, *Lebon* 197 ; *AJDA* 2006. 794.

231.33 Exigence d'effets juridiques. Si le domaine des actes et comportements susceptibles de recours est large, l'on ne saurait pour autant admettre que n'importe quel acte, agissement ou abstention puisse être déféré au juge du référé-liberté. La mesure contestée devant lui doit, quelle qu'en soit la nature, avoir des effets, des implications ou des répercussions juridiques.

Ainsi, une simple intention ne saurait donner lieu à l'engagement d'un référé-liberté. Un simple souhait, par lui-même sans incidence, ne peut être poursuivi par la voie de l'article L. 521-2 du CJA. Ainsi, le juge affirme qu'« en exprimant le souhait que les membres de son gouvernement n'exercent pas en même temps des fonctions de maire, le Premier ministre n'a édicté aucune règle de droit positif et n'a porté atteinte à aucune liberté fondamentale »[1]. En l'absence d'incidence juridique, la mesure attaquée est entachée d'irrecevabilité. Dans le même sens, le juge a affirmé que ne figurent pas au nombre des agissements ou actes administratifs visés par les dispositions de l'article L. 521-2 « les déclarations par lesquelles un membre du gouvernement définit devant l'une ou l'autre assemblée parlementaire les orientations de son action ». Il suit de là que les propos tenus par le ministre de l'Intérieur devant l'Assemblée nationale au sujet des mesures d'éloignement du territoire qu'il entend prendre ou faire prendre à l'encontre des ressortissants étrangers ayant été condamnés pour avoir participé à certaines violences urbaines « ne sont pas, par eux-mêmes, justiciables de la procédure instituée par l'article L. 521-2 du Code de justice administrative »[2].

En application de cette même exigence, l'administré qui conteste un refus et non une abstention ne peut utilement agir en l'absence de prise de position de l'autorité administrative sur sa situation. Le requérant qui conteste un refus, et non une abstention de l'administration, doit produire une décision expresse ou implicite de refus à l'appui de son recours. Selon le juge des référés, l'instruction et le jugement des requêtes présentées sur le fondement de l'article L. 521-2 ne sauraient se substituer à l'instruction et au prononcé d'une décision administrative. Dans le cas où l'atteinte à une liberté fondamentale résulte selon le requérant du refus de l'administration de faire droit à une demande, « celui-ci n'est fondé à se prévaloir d'une telle atteinte que s'il est en mesure de justifier devant le juge des référés de l'existence même d'une décision de rejet de cette demande »[3].

231.34 Demande présentant un objet. La demande en référé-liberté doit, à peine d'irrecevabilité, présenter un objet au jour de son introduction. Conserve un objet la demande dirigée :

– contre un arrêté de réquisition de personnels grévistes lorsque la mesure a été prolongée par un arrêté adopté postérieurement[4] ;

1. CE, ord., 22 mars 2001, Meyet, req. n° 231601, *Lebon T.* 1130 – v. égal[t] CE, ord., 18 oct. 2001, Assoc. groupe local Cimade Montpellier, req. n° 239071, NP.
2. CE, ord., 12 nov. 2005, Assoc. SOS racisme-Touche pas à mon pote, req. n° 286832, *Lebon* 496 ; *AJDA* 2005. 2153.
3. CE, ord., 7 nov. 2003, SA d'HLM trois vallées, req. n° 261475, *Lebon T.* 911 – pour une application, v. CE, ord., 13 sept. 2004, Salif X. et Yayah X., req. n°s 271609 et 271707.
4. CE 9 déc. 2003, Aguillon et a., req. n° 262186, *Lebon* 497 ; *AJDA* 2004. 1138, note O. Le Bot ; *D.* 2004. 538, et les obs. ; *AJFP* 2004. 148, obs. C. Moniolle ; *RFDA* 2004. 306, concl. J.-H. Stahl ; *RFDA* 2004. 311, note P. Cassia ; *RDSS* 2004. 298, étude D. Boulmier ; *Dr. soc.* 2004. 172, concl. ; *JCP* 2004. II. ➢

- contre une mesure d'éloignement du territoire en tant qu'elle fixe le pays de renvoi, malgré l'exécution de cette mesure[1] ;

- contre la mise à exécution d'une OQTF, « dès lors qu'elle est présentée sur le fondement de l'article L. 521-2 du Code de justice administrative qui est destiné à protéger les libertés fondamentales en permettant au juge des référés d'ordonner toute mesure nécessaire à cette fin »[2] ;

- contre l'arrêté ordonnant l'évacuation d'un campement, malgré l'évacuation des lieux par les forces de l'ordre (sauf si tous les équipements qui y avaient été installés ont à cette occasion été détruits)[3].

En revanche, la disparition de l'objet du litige entraîne, selon le moment auquel elle intervient, soit l'irrecevabilité de la demande, soit le non-lieu à statuer. Tel est le cas :

- lorsque les mesures nécessaires ont été prises (par exemple le préfet a exécuté une décision judiciaire prescrivant l'expulsion d'occupants sans titre[4]) ;

- lorsque la demande, dirigée contre une mesure de rétention prise par l'autorité administrative pour une durée de 48 heures, est maintenue par l'autorité judiciaire à l'expiration de celle-ci[5].

231.35 Irrecevabilité d'une demande présentée à la dernière minute. Lorsque la demande porte sur un acte dont les effets sont limités dans le temps, par exemple l'interdiction d'un spectacle ou d'une manifestation, la requête ne doit pas parvenir à la juridiction à la dernière minute. En effet, le juge doit disposer d'un délai d'au minimum plusieurs heures pour instruire et juger la demande. Une requête qui lui parvient juste avant le moment où doit se tenir l'activité en cause ne lui permet pas de statuer matériellement sur celle-ci et, par conséquent, sera rejetée[6].

§ 2

Requérant

231.41 Dispense de ministère d'avocat. En application des dispositions de l'article R. 522-5 du CJA, les requêtes en référé-liberté sont dispensées du ministère d'avocat. La dispense est valable tant devant le juge du premier degré que devant le juge d'appel. Elle ne s'étend pas, en revanche, aux recours en cassation. Lorsque le juge des référés du Conseil d'État est saisi en premier et dernier ressort ou en appel, les requérants bénéficient pour la phase orale de la procédure (et uniquement à compter de celle-ci) d'un service de permanence gratuit mis à leur disposition par l'Ordre des avocats aux Conseils (v. s[s] n° 211.34).

➢ 10076, note X. Prétot ; *JCP Adm.* 2004, n° 1096, note D. Maillard Desgrees du Loû ; *Dr. ouvrier* 2004. 184, note M. Panigel-Nennouche.

1. CE 18 juin 2010, Sefta, req. n° 332916, *Lebon T.*
2. CE, ord., 30 janv. 2009, Benotsmane, req. n° 324344, *Lebon T.* ; *AJDA* 2009. 184.
3. CE, ord., 7 avr. 2016, Gheorghe, req. n° 398286, *Lebon T.* ; *AJDA* 2016. 700.
4. CE 17 févr. 2015, Maguères, req. n° 387804, *Lebon T.* ; *AJDA* 2015. 905.
5. CE, ord., 12 sept. 2007, Benamara, req. n° 309317, *Lebon T.* ; *AJDA* 2007. 1734.
6. Le juge prononcera un non-lieu à statuer. La solution retenue sur ce point quant à la recevabilité de la requête d'appel (v. s[s] n° 235.108) est en effet transposable à celle de la requête introductive d'instance.

231.42 Intérêt à agir. Comme dans les autres procédures contentieuses, le demandeur doit faire état d'un intérêt direct et personnel lui donnant qualité à agir. Le juge s'assure du respect de cette exigence en contrôlant si le requérant peut être atteint par les effets de l'acte ou du comportement qu'il critique. À défaut, la recevabilité de la demande n'est pas admise. En application de cette exigence, le juge considère qu'une personne ne résidant pas dans les départements concernés par l'état d'urgence ne subit pas les effets de cette mesure et, par conséquent, est irrecevable à agir faute de justifier d'un intérêt[1].

Cet intérêt s'apprécie de façon plus souple qu'en référé-suspension : « eu égard à l'objet et aux caractéristiques du référé liberté, l'intérêt à saisir le juge des référés sur le fondement de l'article L. 521-2 du Code de justice administrative est subordonné à des conditions particulières et différentes de celles qui s'appliquent pour le référé-suspension »[2]. Alors que le référé-suspension est dirigé contre un acte, le référé-liberté permet de contester une situation. Il en résulte une appréciation de l'intérêt à agir adaptée à cette spécificité : l'intérêt ne se détermine pas par rapport à une décision mais en référence à une situation plus globale. Ainsi, l'auteur d'une demande en référé-liberté justifie d'un intérêt à agir s'il est susceptible d'être affecté, ou même seulement concerné par la situation qu'il conteste. Le juge des référés en a tiré la conséquence que l'Ordre des avocats au barreau de Marseille était recevable à contester la situation sanitaire prévalant dans le centre pénitentiaire des Baumettes dans la mesure où il « regroupe des avocats directement appelés à exercer leur office » au sein de ce centre pénitentiaire[3].

231.43 Recours du préfet. Sans être, par hypothèse, directement et personnellement affecté par les effets d'un acte administratif, le représentant de l'État peut néanmoins avoir un intérêt à déférer au juge administratif les actes des autorités décentralisées portant gravement atteinte aux libertés. Dans le silence du texte, le juge des référés du Conseil d'État a admis que le préfet puisse former un référé-liberté contre un acte d'une collectivité locale[4]. L'existence d'une procédure spécifique de « déféré-liberté » (v. s^{s} n°s 711.101 s.), ouverte uniquement contre les actes, ne fait pas obstacle à la reconnaissance de sa qualité à agir au titre du référé-liberté.

§ 3

Requête

231.51 Recours autonome. Le référé-liberté étant un recours autonome, il n'a pas à être joint à une action principale. Dès lors que « la recevabilité d'une demande fondée sur l'article L. 521-2 n'est pas subordonnée à l'existence de conclusions au fond »[5], le demandeur peut agir alors qu'aucune action n'est engagée devant le juge

1. CE, ord., 9 déc. 2005, Allouache et a., req. n° 287777, *Lebon* 562 ; *AJDA* 2006. 1875, étude T.-X. Girardot ; *D.* 2006. 12 ; *RTD civ.* 2006. 80, obs. R. Encinas de Munagorri.
2. CE, ord., 22 déc. 2012, Section française de l'Observatoire international des prisons, req. n° 364584, *Lebon* ; *AJDA* 2013. 12 ; *JCP* 2013, n° 87, note O. Le Bot.
3. CE, ord., 22 déc. 2012, Section française de l'Observatoire international des prisons, req. n° 364584, préc.
4. CE, ord., 20 juill. 2001, C^{ne} de Mandelieu-la-Napoule, req. n° 236196, *Lebon* 388.
5. CE, ord., 29 mars 2002, Bonny, req. n° 244523, *Lebon* 119.

du principal. Un juge des référés entache son ordonnance d'une erreur de droit en jugeant que les conclusions présentées sur le fondement de l'article L. 521-2 sont irrecevables faute d'être précédées d'une requête au fond[1].

231.52 Précision des conclusions. Lorsque le requérant déclare saisir le juge des référés par voie de « référé-liberté », sans indiquer le fondement juridique de sa demande, celle-ci doit être regardée comme présentée sur le fondement de l'article L. 521-2 du Code de justice administrative[2]. De même, lorsqu'une requête est expressément fondée sur l'article L. 521-2 et invoque des moyens tirés de ce que la décision attaquée porte une atteinte grave et manifestement illégale à une liberté fondamentale, elle doit être regardée comme une demande en référé-liberté et ce, alors même que le requérant introduit simultanément un recours pour excès de pouvoir contre cette décision et ne demande au juge des référés que d'en suspendre l'exécution[3]. À l'inverse, le juge dénature les conclusions du requérant en interprétant une requête en annulation comme une demande fondée sur l'article L. 521-2, pour le simple motif que cette requête portait la mention « urgence absolue »[4].

231.53 Requête fondée sur les seules dispositions de l'article L. 521-2 du CJA. En application de la jurisprudence *Philippart et Lesage* (v. ss nos 211.131 s.), la requête ne doit pas contenir de conclusions demandant la mise en œuvre d'une autre procédure de référé : référé-suspension[5], référé-mesures utiles[6], référé précontractuel[7]. La requête doit, en d'autres termes, être présentée sur le seul fondement des dispositions de l'article L. 521-2 du CJA.

231.54 Requêtes simultanées. Si le demandeur ne peut, dans une même requête, présenter des conclusions fondées sur l'article L. 521-2 du CJA et des conclusions relevant d'une autre procédure de référé, rien n'interdit d'introduire simultanément deux demandes en référé dès lors que chacune d'elles figure dans une requête distincte. Il lui est ainsi possible de saisir le juge des référés par deux requêtes déposées le même jour au greffe de la juridiction, l'une sur le fondement de l'article L. 521-2 et l'autre sur le fondement de l'article 521-1[8]. De manière analogue, le référé-liberté et l'action en exécution de la chose jugée peuvent être exercés concomitamment. Le

1. CE 4 févr. 2005, Zairi, req. n° 267723, NP.
2. CE, ord., 21 août 2004, Rousselle, req. n° 271370, NP.
3. CE 4 févr. 2005, min. de l'Intérieur, de la Sécurité intérieure et des Libertés locales c/Rezai, req. n° 270407, NP.
4. CE 23 mai 2001, Baudoin, req. n° 232498, *Lebon T.* 1135.
5. CE, sect., 28 févr. 2001, Philippart et Lesage, req. nos 230112 et 230520, *Lebon* 112 ; *D.* 2002. 2225, obs. R. Vandermeeren ; *RFDA* 2001. 390, concl. D. Chauvaux.
6. CE 8 oct. 2001, Sanches Cardoso, req. n° 233638, *Lebon T.* 1091 - CE 6 mars 2002, Sté des pétroles Shell, req. n° 241534, *Lebon T.* 852 ; *RDI* 2002. 270, obs. L. Derepas.
7. CE 29 juill. 2002, ville de Nice, req. n° 243686, *Lebon* 299 ; *AJDA* 2002. 926, note J.-D. Dreyfus ; *RDI* 2003. 76, obs. J.-D. Dreyfus ; *Contrats Marchés publ.* 2002, comm. n° 229, note J.-P. Piétri ; *BCMP* n° 20, 2003, p. 7-12, note B. Gonand ; *Coll. terr.* 2002, comm. n° 241, note T. Celerier.
8. V. CE, ord., 22 mars 2001, Meyet, req. n° 231601, *Lebon T.* 1130 (référé-liberté) et CE, ord., 22 mars 2001, Meyet, req. n° 231631, NP (référé-suspension) - CE, ord., 16 mai 2005, Rondeau, req. n° 280427, *Lebon T.* 1027 (référé-suspension) et CE, ord., 16 mai 2005, Rondeau, req. n° 280423, NP (référé-liberté) - CE, ord., 27 mai 2005, Mernissi, req. n° 280612, NP (référé-suspension) et CE, ord., 27 mai 2005, Mernissi, req. n° 280613, NP (référé-liberté).

fait d'avoir actionné le juge de l'exécution sur le fondement de l'article L. 911-4 du CJA ne fait pas obstacle à ce que l'intéressé présente au juge du référé-liberté une demande d'injonction destinée à remédier à l'inexécution persistante de la chose jugée[1].

231.55 Exception de recours parallèle. En principe, un référé-liberté peut être engagé alors même que le requérant dispose d'une procédure spécifique pour contester les effets d'un acte ou d'un comportement déterminé. Ainsi, en dépit de l'existence du référé-suspension, spécialement institué pour obtenir la suspension de l'exécution des décisions administratives, le requérant peut rechercher et obtenir le prononcé de cette mesure sur le fondement de l'article L. 521-2 du Code de justice administrative[2]. De même, et nonobstant la procédure qui lui est spécialement ouverte par les articles L. 911-4 et L. 911-5 du CJA, le requérant est recevable à contester par la voie du référé-liberté l'inexécution totale ou partielle d'une décision rendue par une juridiction administrative[3]. Enfin, rien n'exclut l'application du référé-liberté en matière contractuelle. L'existence de procédures spécifiques de référé ne représente pas un obstacle à l'introduction d'une demande sur le fondement de l'article L. 521-2 du CJA, au stade de la passation du contrat[4] ou à celui de son exécution.

Le jeu de l'exception de recours parallèle, en principe écarté, trouvera toutefois à s'appliquer dans l'hypothèse particulière où le recours spécialement institué par la loi bénéficie d'un effet suspensif (v. s^s n°s 211.101 s.).

231.56 Dispense de recours administratif préalable. Les demandes introduites sur le fondement de l'article L. 521-2 du CJA n'ont pas à être précédées d'un recours administratif, y compris dans les cas où celui-ci revêt un caractère obligatoire. Il en a été jugé ainsi concernant une sanction disciplinaire prononcée à l'encontre d'un détenu[5] ou encore d'une contestation du recouvrement d'impositions mises à la charge d'un contribuable[6].

231.57 Délai pour agir. Deux situations doivent être distinguées s'agissant du délai pour agir. Lorsque le requérant conteste un comportement de l'autorité administrative non formalisé dans une décision, aucune condition de délai ne saurait lui être opposée. En effet, l'article R. 421-1 du CJA, qui enferme dans un délai de deux mois les recours pouvant être introduits devant la juridiction administrative, vise uniquement les « décisions » de l'administration. Ainsi, des personnes victimes d'un agissement de l'administration, tel le retrait et la rétention de leurs documents

1. CE, ord., 11 juin 2002, Aït Oubba, req. n° 247649, *Lebon T.* 869.
2. CE, ord., 27 mars 2001, min. de l'Intérieur c/Djalout, req. n° 231735, *Lebon* 158 ; *JCP* 2002. II. 10003, note F. Lichère.
3. CE, ord., 8 nov. 2001, Kaigisiz, req. n° 239734, *Lebon* 545 – CE, ord., 9 janv. 2006, min. d'État, min. de l'Intérieur et de l'Aménagement du territoire c/Daaji, req. n° 288745, *Lebon T.* 1011.
4. CE, ord., 12 avr. 2006, S^té Pau Loisirs, req. n° 292255, NP.
5. CE, ord., 10 févr. 2004, min. de la Justice c/Soltani, req. n° 264182, NP ; *RSC* 2006. 423, obs. P. Poncela ; *JCP* 2004, n° 10125, note E. Massat : exigence de recours préalable posée par l'art. D. 250-5 du Code de procédure pénale.
6. CE, ord., 26 juill. 2007, Renoult, req. n° 307710, NP.

d'identité, sont recevables à contester cette mesure plusieurs mois après l'intervention de celle-ci[1].

Lorsque le requérant conteste formellement une décision, la situation est longtemps demeurée incertaine. Si l'article R. 421-1 a en principe vocation à s'appliquer, cette disposition est contrebalancée par la qualité de juge des situations, et non juge des actes, du juge du référé-liberté. La question a finalement été tranchée dans un arrêt du 17 mars 2010, précisant « que la procédure instaurée par l'article L. 521-2 du Code de justice administrative ne subordonne la saisine du juge des référés au respect d'aucun délai »[2]. Il en résulte qu'aucune condition de délai n'est opposable au requérant au stade de la recevabilité, que l'intéressé conteste un acte ou un comportement. La plus grande diligence est néanmoins recommandée dans l'introduction de la requête. Si l'attente pour agir ne peut *à elle seule* exclure l'urgence[3], elle représentera un élément défavorable au demandeur dans l'appréciation de celle-ci.

231.58 Demande relative aux conditions de détention. Afin d'assurer l'articulation avec la procédure prévue à l'article 803-8 du code de procédure pénale, qui permet au juge judiciaire de prendre certaines mesures lorsqu'un détenu se plaint de conditions indignes de détention, il est imposé que la requête formée devant le juge administratif par une personne détenue et relative à ses conditions de détention « mentionne si le juge judiciaire a été saisi en application de cette procédure ». De même, lorsque cette saisine intervient en cours de procédure, « le requérant en informe sans délai le juge administratif »[4].

232. Conditions d'octroi du référé-liberté

SECTION 0

Orienteur

232.00 Plan du chapitre.

232.02 Jurisprudence de référence.

> Le juge retient une conception relativement large de la notion de liberté fondamentale

CE, sect., 18 janv. 2001, Morbelli, maire de la commune de Venelles, req. n° 229247, *Lebon* 18 (libre administration des collectivités territoriales qualifiée de liberté fondamentale).

> Les conditions d'octroi du référé-liberté sont plus exigeantes que celles du référé-suspension

CE, sect., 30 oct. 2001, min. de l'Intérieur c/ Tliba, req. n° 238211, *Lebon* 523.

> La condition d'urgence n'est remplie que si la sauvegarde d'une liberté nécessite le

1. CE, ord., 2 avr. 2001, min. de l'Intérieur c/Cts Marcel, req. n° 231965, *Lebon* 167.
2. CE 17 mars 2010, Larkhawi, req. n° 332585, *Lebon T.* ; *AJDA* 2010. 585.
3. CE 17 mars 2010, Larkhawi, req. n° 332585, préc.
4. CJA, art. R. 559-1.

prononcé d'une mesure dans un délai de 48 heures

CE, ord., 28 févr. 2003, C[ne] de Pertuis c/Pellenc, req. n° 254411, *Lebon* 68.

> L'atteinte à une liberté peut résulter des motifs d'une décision administrative

CE, sect., 28 févr. 2001, Casanovas, req. n° 229163, *Lebon* 108.

232.03 Bibliographie indicative.

• Notion de liberté fondamentale

> **Articles.** P. Wachsmann, « L'atteinte grave à une liberté fondamentale », *RFDA* 2007. 58 ; G. Glénard, « Les critères d'identification d'une liberté fondamentale au sens de l'article L. 521-2 du CJA », *AJDA* 2003. 2008 ; F. Brenet, « La notion de liberté fondamentale au sens de l'article L. 521-2 du CJA », *RD publ.* 2003. 1535 ; L. Favoreu, « La notion de liberté fondamentale devant le juge administratif des référés », *D.* 2001. 1739.

• Mise en œuvre de la procédure pour certaines libertés

> **Articles.** C. Billet, « Le droit à la vie dans le cadre du référé-liberté », *Dr. adm.* 2015. Étude 5 ; C. Bainvel et s. Papapolychroniou, « Le refus d'exécution des décisions d'expulsion devant le juge du référé-liberté », *AJDI* 2015. 108 ; L. Corre, « Les "droits-créances" et le référé-liberté », *Dr. adm.* 2012, étude n° 3 ; V. Haïm, « Référé-liberté et administration des collectivités territoriales », *AJDA* 2005. 810 ; J. Trémeau, « Le référé-liberté, instrument de protection du droit de propriété », *AJDA* 2003. 653 ; N. Jacquinot, « La liberté d'entreprendre dans le cadre du référé-liberté : un cas à part ? », *AJDA* 2003. 658 ; T. Pez, « Le droit de propriété devant le juge administratif du référé-liberté », *RFDA* 2003. 370 ; O. Le Bot, « Libre administration des collectivités territoriales et référé-liberté », Mélanges André Roux, Dalloz, 2022, p. 277 – Ch. Amson, « Le Conseil d'État et l'exercice du culte », *Gaz. Pal.* 2 févr. 2021, n° 5, p. 21 – M. Kamal-Girard, « Contester une décision de mise à l'isolement devant le juge des référés », *AJDA* 2020. 2484 – Th. Bombard, « Les maires et le déconfinement, ou le déploiement du droit à l'éducation en référé », *AJCT* 2020. 542 – M. Bahouala, « Dignité humaine et référé-liberté font-ils bon ou remue-ménage ? », *AJCT* 2019. 557 – A. Jennequin, « Les référés administratifs d'urgence à l'épreuve des décisions pénitentiaires », *RDLF* 2017, Chron. n° 37, 18 déc. 2017 – N. Font, « Référé-liberté et harcèlement moral dans la fonction publique », *AJCT* 2017. 70.

• Covid

> M. Bartolucci, « Le pouvoir d'injonction du juge administratif revisité par les circonstances exceptionnelles de la crise sanitaire du Covid-19 », *LPA* 17 juill. 2020, n° 143, p. 9 – Ch. Putti, « Le "juge de l'urgence" face à l'urgence sanitaire : le recours inégal aux données scientifiques par le juge du référé-liberté », *LPA* 31 oct. 2021, p. 6 – C. Broyelle, « Regard sur le référé-liberté à l'occasion de la crise sanitaire », *AJDA* 2020. 1355 – P. Delvolvé, « Sur deux ordonnances de référé-liberté (22 mars 2020-18 mai 2020) », *RFDA* 2020. 641 – B. Stirn, « Le référé et le virus », *RFDA* 2020. 634 – J. Schmitz, « Le juge administratif des référés dans l'urgence sanitaire des prisons », *AJDA* 2020. 1298.

232.04 Questions essentielles.

> Les libertés fondamentales sont-elles invocables par des personnes publiques ? v. s[s] n° 232.62

> Les droits-créances sont-ils protégés par la procédure du référé-liberté ? v. s[s] n° 232.61

232.09 Conditions cumulatives. Les conditions d'octroi énoncées à l'article L. 521-2 du CJA revêtent un caractère cumulatif[1]. Il en résulte deux conséquences. D'une part, le juge ne peut prononcer une mesure de sauvegarde que si toutes les condi-

1. CE, ord., 12 janv. 2001, Hyacinthe, req. n° 229039, *Lebon* 12 ; *AJDA* 2001. 589, note J. Morri et S. Slama ; *D.* 2001. 526, et les obs.

tions sont satisfaites[1], ce dont il doit le cas échéant s'assurer de sa propre autorité[2]. D'autre part, lorsque l'une des conditions d'octroi fait défaut, le juge peut rejeter la demande sans qu'il soit besoin « de se prononcer [...] sur le point de savoir si les autres conditions mises à l'application de l'article L. 521-2 du code précité sont remplies »[3].

232.10 Conditions draconiennes. Le référé-liberté est conçu pour des situations que l'on peut qualifier de graves, le cantonnement de cette procédure à des situations exceptionnelles se traduisant par la rigueur de ses conditions d'engagement. Non seulement une liberté fondamentale doit être mise en cause – ce qui exclut le recours à cette procédure pour sanctionner de simples illégalités. Mais, en outre, la loi exige que l'atteinte qui y est portée présente un caractère grave, manifestement illégal, et que le demandeur justifie de l'urgence à obtenir dans un délai très bref le prononcé d'une mesure de sauvegarde. Ces conditions, extrêmement exigeantes, limitent à des situations relativement rares, car exceptionnelles, les possibilités d'obtenir satisfaction au moyen de cette procédure.

232.11 Conditions plus sévères qu'en référé-suspension. Les conditions d'octroi rigoureuses énoncées à l'article L. 521-2 font du référé-liberté une procédure plus exigeante que celle du référé-suspension. Dans l'arrêt *Tliba* du 30 octobre 2001, le Conseil d'État a solennellement affirmé, après avoir cité les dispositions de l'article L. 521-1 et celles de l'article L. 521-2 du Code de justice administrative, qu'« à la différence d'une demande de suspension présentée sur le fondement de l'article L. 521-1 de ce code, à laquelle il peut être satisfait s'il est justifié d'une situation d'urgence et de l'existence d'un doute sérieux quant à la légalité de la décision contestée, une demande présentée au titre de la procédure particulière de l'article L. 521-2 implique, pour qu'il y soit fait droit, qu'il soit justifié, non seulement d'une situation d'urgence, mais encore d'une atteinte grave portée à la liberté fondamentale invoquée ainsi que de l'illégalité manifeste de cette atteinte »[4]. La mise en perspective des deux procédures répond à une finalité précise : montrer que le référé-liberté est seul soumis à une exigence d'atteinte grave à une liberté fondamentale[5], et que l'appréciation de la légalité[6] et de l'urgence[7] y est plus stricte. Non seulement les conditions de l'article L. 521-2 qui ont leur pendant à l'article L. 521-1 (urgence, illégalité) sont conçues de manière plus stricte mais, en outre, cette procédure est

1. V. par ex. CE, ord., 21 nov. 2005, C[ne] de Lyon, req. n° 287112, *Lebon T.* 1039.
2. CE, ord., 22 mars 2001, C[ne] d'Éragny-sur-Oise, req. n° 231463, *Lebon T.* 1134 ; *RGCT* 2001. 965, Chron. J.-C. Ricci.
3. CE, ord., 26 janv. 2001, Gunes, req. n° 229954, *Lebon* 38.
4. CE, sect., 30 oct. 2001, min. de l'Intérieur c/Tliba, req. n° 238211, *Lebon* 523 ; *AJDA* 2001. 1054, Chron. M. Guyomar et P. Collin ; *GACA*, 5e éd., 2016, n° 15 ; *RFDA* 2002. 324, concl. I. de Silva.
5. CE, ord., 5 mars 2002, Fikry, req. n° 243725, *Lebon T.* 872 – CE, ord., 15 mars 2002, Delaplace, req. n° 244078, *Lebon* 105 – CE, ord., 27 janv. 2003, Kartbouh, req. n° 253603, NP – CE, ord., 6 juin 2003, Benmessaoud, req. n° 257429, NP – CE, ord., 28 juin 2004, Bernat, req. n° 269141, NP.
6. CE, sect., 30 oct. 2001, min. de l'Intérieur c/Tliba, req. n° 238211, *Lebon* 523 ; *AJDA* 2001. 1054, Chron. M. Guyomar et P. Collin ; *GACA*, 5e éd., 2016, n° 15 ; *RFDA* 2002. 324, concl. I. de Silva.
7. CE, ord., 28 févr. 2003, C[ne] de Pertuis, req. n° 254411, *Lebon* 68 ; *AJDA* 2003. 1171, note P. Cassia et A. Béal ; *GACA*, 5e éd., 2016, n° 13 ; *JCP Adm.* 2003, n° 1584, note J.-P. Quillien.

soumise à des exigences - présence d'une liberté fondamentale, atteinte grave portée à celle-ci - dont est dispensé le référé-suspension. Aussi le requérant est-il expressément invité à se pourvoir sur le fondement de l'article L. 521-1 du Code de justice administrative lorsqu'il ne satisfait pas aux conditions énoncées à son article L. 521-2, faute pour lui de justifier d'une atteinte grave à une liberté fondamentale[1], d'une situation d'urgence extrême[2] ou d'une illégalité manifeste[3].

232.12 Option avec le référé-suspension. Il résulte de la plus grande rigueur du référé-liberté qu'un justiciable disposant d'une décision a tout intérêt à introduire sa demande sur le fondement de l'article L. 521-1 du CJA, y compris dans les hypothèses où il s'estime victime d'une atteinte à ses libertés fondamentales. Il obtiendra, à des conditions plus simples à satisfaire, une mesure de suspension assortie, le cas échéant, d'une injonction d'exécution[4]. De ce fait, c'est essentiellement en présence d'un comportement, non formalisé dans une décision, que la voie du référé-liberté présentera son principal intérêt. Lorsqu'il dispose d'une décision qui cristallise le litige, la valeur ajoutée d'une action en référé-liberté est pour ainsi dire nulle, sinon pour obtenir une décision plus rapidement, une condamnation symbolique de la personne publique poursuivie et une satisfaction présentant un caractère plus pérenne (le

1. CE, ord., 5 mars 2002, Fikry, req. n° 243725, *Lebon T.* 872 - CE, sect., 18 janv. 2001, Morbelli, maire de la C^ne^ de Venelles, req. n° 229247, *Lebon* 18 ; *AJDA* 2001. 153, Chron. M. Guyomar et P. Collin ; *D.* 2002. 2227, obs. R. Vandermeeren ; *GAJA*, 21e éd., 2017, n° 98 ; *RFDA* 2001. 378, concl. L. Touvet ; *RFDA* 2001. 681, note M. Verpeaux ; *RGCT* 2001. 783, concl. ; *CJEG* 2001. 161, concl. ; *JCP* 2001. I. 318, Chron. C. Boiteau ; *LPA* 12 févr. 2001, n° 30, note N. Chahid-Nouraï et C. Lahami-Depinay ; *Procédures* 2001, comm. n° 73, obs. S. Deygas ; *RD publ.* 2002. 752, Chron. C. Guettier ; *Dr. adm.* 2001, comm. n° 155, obs. L.T. ; *Coll. terr.* 2001, comm. n° 85, note J. Moreau - CE, ord., 15 mars 2002, Delaplace, req. n° 244078, *Lebon* 105 - CE, ord., 27 juin 2002, CH général de Troyes, req. n° 248076, *Lebon* 228 ; *AJDA* 2002. 965 note E. Royer ; *AJFP* 2002. 50, obs. J.M. - CE, ord., 6 juin 2003, Benmessaoud, req. n° 257429, NP - CE, ord., 28 juin 2004, Bernat, req. n° 269141, NP.
2. V. par ex. CE, ord., 28 févr. 2003, C^ne^ de Pertuis, req. n° 254411, *Lebon* 68 ; *AJDA* 2003. 1171, note P. Cassia et A. Béal ; *GACA*, 5e éd., 2016, n° 13 ; *JCP Adm.* 2003, n° 1584, note J.-P. Quillien - CE, ord., 19 mars 2003, S^té^ Eurl La Cour des miracles, req. n° 255191, NP - CE, ord., 23 juill. 2003, Ducastel, req. n° 258678, NP - CE, ord., 29 oct. 2003, S^té^ Eurl « Il était une fouace », req. n° 261304, NP - CE, ord., 4 févr. 2004, C^ne^ d'Yvrac, *Lebon T.* 828 - CE, ord., 9 août 2004, Yilmaz, *Lebon T.* 816 - CE, ord., 18 févr. 2005, Launay et Benfdil, req. n° 277579, NP - CE, ord., 15 mars 2005, Sossou, req. n° 278502, NP - CE, ord., 6 avr. 2007, C^ne^ de Saint Gaudens, req. n° 304361, *Lebon T.* ; *AJDA* 2007. 831 - CE, ord., 9 mars 2007, Guiot et Section française de l'Observatoire international des prisons, req. n° 302182, *Lebon T.* ; *AJDA* 2007. 1367, note T. Gründler ; *AJ pénal* 2007. 191, obs. E. Péchillon ; *RSC* 2007. 350, Chron. P. Poncela.
3. CE, ord., 29 oct. 2004, Ben Habhab, req. n° 273612, NP.
4. V. par ex. CE, sect., 28 févr. 2001, Philippart et Lesage, req. n°s 230112 et 230520, *Lebon* 112 ; *D.* 2002. 2225, obs. R. Vandermeeren ; *RFDA* 2001. 390, concl. D. Chauvaux : la Section du contentieux accorde, au titre de l'article L. 521-1, la mesure précédemment refusée au titre de l'article L. 521-2 faute d'atteinte manifestement illégale à une liberté fondamentale (CE, ord., 9 févr. 2001, Philippart et Lesage, req. n° 230112, NP) - v. égal^t^ CE 5 mars 2001, Saez, req. n° 230045, *Lebon* ; *GAJA*, 21e éd., 2017, n° 98 ; *Coll. terr.* juill. 2001. 4, concl. L. Touvet : les requérants obtiennent, sur le fondement de l'article L. 521-1, une mesure de suspension refusée sur le fondement de l'article L. 521-2 faute de mise en cause d'une liberté fondamentale (CE, sect., 18 janv. 2001, Morbelli, maire de la C^ne^ de Venelles, req. n° 229247, *Lebon* 18 ; *AJDA* 2001. 153, Chron. M. Guyomar et P. Collin ; *D.* 2002. 2227, obs. R. Vandermeeren ; *GAJA*, 21e éd., 2017, n° 98 ; *RFDA* 2001. 378, concl. L. Touvet ; *RFDA* 2001. 681, note M. Verpeaux ; *RGCT* 2001. 783, concl. ; *CJEG* 2001. 161, concl. ; *JCP* 2001. I. 318, Chron. C. Boiteau ; *LPA* 12 févr. 2001, n° 30, note N. Chahid-Nouraï et C. Lahami-Depinay ; *Procédures* 2001, comm. n° 73, obs. S. Deygas ; *RD publ.* 2002. 752, Chron. C. Guettier ; *Dr. adm.* 2001, comm. n° 155, obs. L.T. ; *Coll. terr.* 2001, comm. n° 85, note J. Moreau).

caractère autonome du référé-liberté excluant l'intervention d'un juge du fond susceptible, le cas échéant, de remettre en cause la mesure ordonnée en référé).

En cas de situation pressante mais ne répondant pas aux conditions de l'article L. 521-2, il est recommandé de se tourner vers le référé-suspension en surmotivant l'urgence. Si l'urgence apparaît particulièrement forte, la pratique est en effet d'audiencer à huit jours au lieu de quinze, ce qui permet d'obtenir une décision dans un délai relativement bref. Le Conseil d'État semble être favorable à cette bonne pratique[1].

232.13 **Conditions plus sévères qu'en référé-mesures utiles.** Lorsque le requérant entend contester un comportement de l'administration non formalisé dans une décision, il peut agir au moyen tant du référé-liberté que du référé-mesures utiles. La procédure de l'article L. 521-3 connaît de conditions d'octroi plus souples et permet au juge d'exercer un pouvoir d'injonction à titre principal. Ainsi, une situation qui ne relève pas des prévisions exigeantes de l'article L. 521-2 peut le cas échéant être utilement combattue par celle de l'article L. 521-3. Il arrive que le juge des référés, saisi sur le fondement de l'article L. 521-2 d'une espèce ne répondant pas aux conditions qu'il énonce, invite le requérant à le saisir de la même affaire sur le fondement de l'article L. 521-3[2].

232.14 **Conditions appréciées au jour du jugement.** Le juge se place à la date où il statue pour apprécier le bien-fondé de la demande de référé. Cela signifie qu'il se place au jour de l'audience, et non au jour de sa saisine – ni au jour de l'expiration du délai de 48 heures qui lui est imparti pour statuer[3] – pour apprécier si les conditions d'octroi d'une mesure sollicitée au titre de l'article L. 521-2 du CJA sont satisfaites. Il en va ainsi de la condition d'urgence[4] comme des autres conditions[5].

232.15 **Deux séries de conditions.** Les conditions énoncées à l'article L. 521-2 du CJA sont rassemblées par la pratique contentieuse autour de deux blocs : d'une part l'atteinte grave et manifestement illégale portée à une liberté fondamentale, d'autre part l'urgence à obtenir une mesure de sauvegarde.

SECTION 1
Atteinte grave et manifestement illégale à une liberté fondamentale

232.21 **Trois exigences.** L'article L. 521-2 du CJA exige que l'administration ait « porté une atteinte grave et manifestement illégale » à une liberté fondamentale. Les trois exigences contenues dans cette formule (mise en cause d'une liberté fonda-

1. V. C. Malverti et C. Beaufils, « Le référé en liberté », *AJDA* 2020. 1154, préconisant « d'accélérer l'examen de la demande » dont le juge du référé-suspension est saisi « lorsque la situation l'exige ».
2. V. ainsi : CE, ord., 26 oct. 2010, Beaumont, req. n° 350081, *Lebon T.* ; *AJDA* 2012. 434, note G. Eveillard ; *AJDA* 2011. 2096 : à propos du fonctionnement défectueux d'un bracelet électronique – CE, ord., 9 oct. 2015, Cne de Chambourcy, req. n° 393895, *Lebon* ; *AJDA* 2015. 1888 ; *AJDA* 2015. 2388, note N. Foulquier ; *Dr. adm.* 2016. comm. 2, note M. Cornille ; *JCP Adm.* 2016, n° 2116, Chron. O. Le Bot : à propos d'une atteinte au droit de propriété ; *JCP Adm.* 2015, n° 2360, note H. Pauliat.
3. CE, ord., 19 juin 2002, Hoffer, req. n° 247884, NP.
4. CE, ord., 30 mars 2001, Schoettl, n° 231963, NP - CE, ord., 13 nov. 2002, Harlant, req. n° 251611, *Lebon T.* 875 ; *AJDA* 2003. 575.
5. CE, ord., 8 juin 2005, Cne de Houilles, req. n° 281084, *Lebon T.* 1036 ; *AJDA* 1851, note S. Hul.

mentale, atteinte grave portée à celle-ci, illégalité manifeste de l'atteinte) sont parfois envisagées séparément dans les ordonnances de référé. Ces conditions étant distinctes[1], le juge peut rejeter la requête introduite sur le fondement de l'article L. 521-2 pour absence de mise en cause d'une liberté fondamentale[2], de gravité de l'atteinte[3] ou d'illégalité manifeste de celle-ci[4].

232.22 Unité de la formule. Toutefois, il est fréquent que le juge des référés admette[5] ou rejette[6] en bloc l'« atteinte grave et manifestement illégale à une liberté fondamentale » sans apprécier de façon séparée chacune des exigences contenues dans cette formule. Cette solution se justifie dans la mesure où il est demandé au juge d'apprécier par ce biais une forme particulière d'atteinte : l'atteinte à une liberté fondamentale, caractérisée par son illégalité manifeste et sa gravité. La loi envisage comme un tout ces conditions en les liant étroitement dans la formule de l'article L. 521-2. Elle n'exige pas, d'un côté, une atteinte grave à une liberté fondamentale et, d'un autre, une illégalité manifeste. Ces exigences sont reliées par la conjonction de coordination « et », laquelle signifie qu'il doit exister une relation entre l'illégalité de l'atteinte et la gravité de celle-ci[7]. Elles peuvent, dès lors, s'apprécier simultanément.

232.23 Justification par le requérant. Il appartient au demandeur de faire la preuve de l'atteinte grave et manifestement illégale à une liberté fondamentale qu'il allègue. Une motivation insuffisante l'expose au rejet de la requête dès la procédure de tri.

1. Ainsi, une mesure peut porter atteinte à une liberté fondamentale sans présenter un caractère manifestement illégal (CE, sect., 30 oct. 2001, min. de l'Intérieur c/Tliba, req. n° 238211, *Lebon* 523 ; *AJDA* 2001. 1054, Chron. M. Guyomar et P. Collin ; *GACA*, 5e éd., 2016, n° 15 ; *RFDA* 2002. 324, concl. I. de Silva - CE, ord., 29 sept. 2004, min. de l'Intérieur, de la Sécurité intérieure et des Libertés locales c/Aubame, req. n° 272584, NP - CE, ord., 9 déc. 2004, Cne de Béziers, req. n° 274852, NP - CE, ord., 9 avr. 2001, Belrose et a., req. n° 232208, *Lebon T.* 1126). Inversement, elle peut être entachée d'illégalité sans être constitutive d'une atteinte grave à une liberté fondamentale (CE, ord., 12 nov. 2001, Cne de Montreuil-Bellay, req. 239840, *Lebon* 551 : *Dr. adm.* 2002, comm. n° 41, note M. Lombard).
2. CE, ord., 9 févr. 2001, Philippart et Lesage, req. n° 230112, NP.
3. CE, ord., 12 nov. 2001, Cne de Montreuil-Bellay, req. 239840, *Lebon* 551 ; *Dr. adm.* 2002, comm. n° 41, note M. Lombard.
4. CE, ord., 9 avr. 2001, Belrose et a., req. n° 232208, *Lebon T.* 1126 - CE, sect., 30 oct. 2001, min. de l'Intérieur c/Tliba, req. n° 238211, *Lebon* 523 ; *AJDA* 2001. 1054, Chron. M. Guyomar et P. Collin ; *GACA*, 5e éd., 2016, n° 15 ; *RFDA* 2002. 324, concl. I. de Silva - CE, ord., 29 sept. 2004, min. de l'Intérieur, de la Sécurité intérieure et des Libertés locales c/Aubame, req. n° 272584, NP - CE, ord., 9 déc. 2004, Cne de Béziers, req. n° 274852, NP.
5. V. par ex. CE 12 juin 2002, Cne de Fauillet et a., req. n° 246618, *Lebon* 215 ; *AJDA* 2002. 590, Chron. F. Donnat et D. Casas ; *BJCL* 2002. 279, concl. F. Séners - CE, ord., 12 nov. 2001, min. de l'Intérieur c/ Bechar, req. n° 239794, *Lebon T.* 1132 - CE 9 avr. 2004, Vast, req. n° 263759, *Lebon* 173 ; *Dr. adm.* 2004, comm. n° 98, note M. Lombard ; *RFDA* 2004. 778, concl. S. Boissard ; *JCP Adm.* 2004, n° 1318, note M.-C. Rouault ; *JCP Adm.* 2004, n° 1319, note J. Moreau ; *Gaz. Pal.* 2005. 391, note D. Linotte et J.-L. Pissaloux ; *CCE* 2004, étude J. Fraysinnet ; *Coll. terr.* 2004, comm. n° 120, note L. Derridj.
6. V. par ex. CE, ord., 23 mai 2001, Jacques VII, req. n° 233941, NP - CE, ord., 20 févr. 2002, Ploquin, req. n° 243234, NP - CE, ord., 19 juill. 2001, Sté générale bâtiment et habitation (SGBH), req. n° 248742, NP - CE, ord., 4 oct. 2002, Rousselle, req. n° 250744, NP.
7. V. CE, ord., 12 nov. 2001, Cne de Montreuil-Bellay, req. 239840, *Lebon* 551 ; *Dr. adm.* 2002, comm. n° 41, note M. Lombard : « il résulte tant des termes de l'article L. 521-2 que du but dans lequel la procédure qu'il instaure a été créée que *doit exister un rapport direct entre l'illégalité* relevée à l'encontre de l'autorité administrative et *la gravité de ses effets* au regard de l'exercice de la liberté fondamentale en cause ».

232.24 Présentation. Pour tenir compte du caractère distinct des conditions, et afin de faire ressortir pour chacune d'entre elles les caractéristiques qui lui sont propres, les exigences tenant à la mise en cause d'une liberté fondamentale, à la gravité de l'atteinte et à l'illégalité manifeste de celle-ci feront l'objet d'une présentation séparée. En conséquence de l'unité de la formule, il conviendra ensuite d'exposer des exemples où celles-ci ont été regardées comme étant toutes satisfaites, afin d'illustrer le type de situations dans lesquelles cette procédure a vocation à être utilisée.

§ 1
Mise en cause d'une « liberté fondamentale »

A
Présence nécessaire d'une liberté fondamentale

232.31 Champ d'application du référé-liberté. La procédure de l'article L. 521-2 du Code de justice administrative a pour vocation exclusive la sauvegarde des « libertés fondamentales ». Par conséquent, la présence d'une telle liberté représente un préalable indispensable à l'intervention du juge. Le rejet s'impose lorsque la décision contestée par ce biais « ne met en cause aucune liberté fondamentale et, ainsi, n'entre pas dans le champ d'application de l'article L. 521-2 »[1].

232.32 Moyen d'ordre public. Notion centrale de l'article L. 521-2 du CJA, la notion de liberté fondamentale en délimite le champ d'application et constitue, à ce titre, un moyen d'ordre public. Il en résulte, d'une part, que la question de l'existence d'une liberté fondamentale peut être discutée à tout moment de la procédure, y compris pour la première fois devant le juge d'appel[2]. Dans la mesure où ce moyen tient au champ d'application de la loi, il en résulte, d'autre part, que le juge administratif des référés est tenu, le cas échéant, de soulever d'office la question de l'existence d'une liberté fondamentale[3].

B
Détermination jurisprudentielle des libertés fondamentales

232.41 Rôle du juge dans la définition de la notion. La notion de liberté fondamentale n'ayant pas été définie par le législateur (et ayant « même une origine hasardeuse »[4]), c'est au juge qu'est revenu le soin d'en déterminer le contenu. L'approche qui préside à l'appréhension de la notion est à la fois large, autonome et casuistique.

1. CE, ord., 9 févr. 2001, Philippart et Lesage, req. n° 230112, NP.
2. CE, sect., 30 oct. 2001, min. de l'Intérieur c/Tliba, req. n° 238211, *Lebon* 523 ; *AJDA* 2001. 1058 ; *AJDA* 2001. 1054, Chron. M. Guyomar et P. Collin ; *GACA*, 5e éd., 2016, n° 15 ; *RFDA* 2002. 324, concl. I. de Silva.
3. CE, ord., 8 sept. 2005, min. de la Justice c/Bunel, req. n° 284803, *Lebon* 388 ; *AJDA* 2006. 376, note M. Laudijois ; *D.* 2006. 124, note X. Bioy ; *Mélanges Favoreu* 2007. 1577, étude L. Gay ; *AJ pénal* 2005. 377, obs. M. Herzog-Evans ; *RSC* 2006. 423, obs. P. Poncela ; *Dr. adm.* 2005, comm. n° 159 ; *LPA* 16 nov. 2005, n° 228, p. 6, note C. Clément ; *RJPF* 2006. 12, note E. Putman ; *Gaz. Pal.* 12 mars 2006, p. 37, note J.-L. Pissaloux ; *RSC* 2006. 423, Chron. P. Poncela.
4. D. Labetoulle, « Référés d'urgence et modernisation de la justice administrative. Regards sur la loi du 30 juin 2000 » (Colloque Sciences Po, 6 juin 2012), *Dr. adm.* 2010, ét. 16, § 14.

232.42 Définition large. Le Conseil d'État a clairement opté pour une approche large des libertés fondamentales. L'arrêt *commune de Venelles*, rendu dès les premières applications de la nouvelle procédure, illustre cette volonté en consacrant comme liberté fondamentale le principe de libre administration des collectivités territoriales, soit un principe institutionnel, qui plus est reconnu au bénéfice d'une personne morale de droit public. La volonté de donner son plein effet au référé-liberté, et l'existence de garde-fou à une utilisation banalisée de cette procédure (du fait de la rigueur des conditions d'octroi) sont à l'origine de l'acception englobante retenue par le juge administratif.

232.43 Démarche autonome. Pour l'identification des libertés fondamentales, le juge administratif refuse de s'appuyer sur une doctrine prédéfinie ou de délimiter la notion par référence au sens qui lui est attribué dans d'autres procédures. Le juge des référés se donne sa propre définition des libertés fondamentales. Indifférent aux qualifications et définitions données ici ou là, il précise dans ses décisions que la norme dont la qualification est demandée est ou n'est pas une liberté fondamentale « au sens de » l'article L. 521-2 du Code de justice administrative[1]. Il signifie, par cette locution, que son approche est indépendante de toute construction théorique et de toute qualification textuelle et jurisprudentielle.

232.44 Approche casuistique. Refusant d'arrêter une définition générale des libertés fondamentales, le juge des référés opte pour une approche casuistique de la notion. Il reconnaît ou dénie l'existence d'une liberté fondamentale au cas par cas, en fonction des demandes de qualification des requérants. Soucieux de ne pas s'enfermer dans un cadre rigide et prédéfini, il détermine au fil de ses décisions les libertés fondamentales qu'il entend protéger dans le cadre de l'article L. 521-2 du CJA. Ce n'est que lorsque la question de l'éligibilité d'une norme à cette procédure se pose que le juge va la trancher.

232.45 Liberté fondamentale par détermination de la loi. D'un point de vue théorique, il serait envisageable que le législateur reconnaisse lui-même des libertés fondamentales au sens de l'article L. 521-2 du CJA. Ces libertés fondamentales par détermination de la loi pourraient notamment être consacrées lorsque le juge a dénié cette qualité à une norme juridique (qu'il s'agisse d'un droit, d'une liberté, d'un principe ou d'un objectif) mais que le législateur estime opportun de l'inclure dans le champ du référé-liberté.

Cette proposition a été formulée à une reprise, en l'occurrence à propos du droit à l'environnement. L'absence d'effet direct d'une telle norme pouvait faire obstacle à ce que le juge la reconnaisse comme une liberté fondamentale au sens de l'article

1. V. par ex. CE, sect., 30 oct. 2001, min. de l'Intérieur c/Tliba, req. n° 238211, *Lebon* 523 ; *AJDA* 2001. 1054, Chron. M. Guyomar et P. Collin ; *GACA*, 5e éd., 2016, n° 15 ; *RFDA* 2002. 324, concl. I. de Silva – CE, ord., 25 avr. 2002, Sté Saria Industries, req. n° 245414, *Lebon* 155 ; *Dr. envir.* 2002, comm. n° 99, note B. Busson ; *Envir.* 2002, comm. n° 109, note A. Faro – CE, ord., 1er mars 2002, Bonfils, req. n° 243651, *Lebon* 69 ; *RTD com.* 2002. 669, obs. G. Orsoni – CE 29 mars 2002, SCI Stéphaur et a., req. n° 243338, *Lebon* 117 ; *AJDA* 2003. 345, note P. Grosieux ; *RFDA* 2003. 370, étude T. Pez ; *RFDA* 2003. 386, note Y. Lequette ; *D.* 2003. 1115, note R. Martin ; *D.* 2002. 2080, note J.-C. Zarka ; *BJCL* 2002. 93, concl. T. Olson – CE, ord., 3 mai 2005, Confédération française des travailleurs chrétiens, req. n° 279999, *Lebon T.* 1034 ; *AJDA* 2005. 972 ; *D.* 2005. 1465, note T. Guillemin.

L. 521-2. Néanmoins, la reconnaissance d'une liberté fondamentale « par détermination de la loi » l'aurait contraint à l'y intégrer. Telle est l'idée formulée par un rapport parlementaire en mars 2021 recommandant « de préciser, au sein de l'article 521-2 du code de la justice administrative, que les droits prévus par la Charte de l'environnement, notamment le "droit de vivre dans un environnement équilibré et respectueux de la santé", font partie du champ d'application du référé-liberté »[1]. Cette proposition a été reprise par trois amendements à la loi Climat mais aucun ne fut adopté[2]. L'année suivante, le droit de chacun de vivre dans un environnement équilibré et respectueux de la santé a été reconnu comme une liberté fondamentale par le Conseil d'État[3], privant d'intérêt la réforme législative envisagée.

Si cette proposition devait revenir, il faudrait bien mesurer les conséquences que pourrait avoir une telle intervention du législateur dans la détermination des libertés fondamentales. Et surtout sa portée, tant il paraît difficile de constater l'atteinte portée à un objectif et plus encore l'illégalité de celle-ci.

C
Identification des libertés fondamentales

1
Trois caractères

232.51 **Éléments cumulatifs.** Une norme doit, pour être éligible à la procédure de l'article L. 521-2 du CJA, présenter trois caractères. Ceux-ci étant cumulatifs, la qualité de liberté fondamentale est exclue si l'un d'eux fait défaut.

232.52 **Éminence.** Premièrement, la norme litigieuse doit revêtir un caractère fondamental, celui-ci étant regardé comme synonyme d'essentiel ou d'éminent. Dans l'identification de la fondamentalité, le juge oppose les normes constitutionnelles, qui sont toutes fondamentales, et les normes infraconstitutionnelles, dont certaines seulement peuvent présenter ce caractère.

Par hypothèse, les normes de valeur constitutionnelle sont toutes fondamentales (mais elles ne sont des *libertés* fondamentales qu'à condition de répondre également aux critères de l'effet et de l'objet). Elles correspondant aux deux acceptions – formelle et matérielle – du terme. D'une part, elles présentent un caractère *essentiel*, ce qui justifie leur consécration dans un texte placé hors des majorités parlementaires. D'autre part, elles sont *au fondement* de notre ordre juridique et politique. Par là, la constitutionnalité est par essence révélatrice de fondamentalité.

Des normes infraconstitutionnelles (conventionnelles ou législatives) peuvent également, si elles présentent un caractère essentiel, être regardées comme fondamentales au sens de l'article L. 521-2 du CJA. Trouvent ainsi leur source dans la

1. AN, Commission des lois, Mission « flash » sur le référé spécial environnemental, Communication de Mmes Naïma Moutchou et Cécile Untermaier, 10 mars 2021 [en ligne].
2. AN, amendements n° 5326, n° 3995 et n° 3995, tous trois rejetés en séance publique le 17 avril 2021.
3. CE 20 sept. 2022, Panchaud, req. n° 451129, *Lebon* ; *JCP ADM.* 2022, n° 2309, com. R. Radiguet ; *JCP ADM.* 2022, n° 2306, Chron. O. Le Bot ; *AJCT* 2022. 477, obs. M. Moliner-Dubost ; *D.* 2022. 1848, obs. G. Leray ; *AJDA* 2022. 2002, Chron. Th. Janicot et D. Pradines ; *JCP G* 2022, act. 1273, comm. B. Parance ; *Dr. adm.* 2022, repère 10, comm. A. Courrèges ; *Procédures* 2022, comm. 266, obs. N. Chiflot.

loi la liberté de réunion ou encore le droit de consentir à un traitement médical, et dans la Convention européenne des droits de l'homme le droit au respect de la vie, le droit de ne pas être soumis à des traitements inhumains ou dégradants ou encore le droit au respect de la vie privée et familiale[1]. Il semble possible de mettre en exergue quatre critères d'appréciation de l'essentialité d'une norme conventionnelle ou législative :

- le degré de protection de la liberté (qui se manifeste par la facilité d'exercice de celle-ci, les garanties dont elle est assortie ainsi que l'absence d'exceptions ou de tempéraments apportés) ;
- la constance historique ou la permanence du droit ;
- le lien avec des droits et libertés constitutionnellement protégés ;
- la consécration par des normes convergentes.

232.53 **Effet.** Deuxièmement, la norme litigieuse doit être dotée d'un effet direct ou, à défaut d'effet direct, avoir fait l'objet de mesures de mise en œuvre. Si une disposition n'est pas invocable devant les tribunaux ordinaires, elle ne peut être qualifiée de liberté fondamentale[2].

Il s'ensuit que les dispositions imprécises ou programmatoires qui se rencontrent parfois au niveau constitutionnel et dans certains instruments internationaux sont inéligibles à la procédure du référé-liberté. Tel est le cas de l'objectif constitutionnel de protection de la santé publique, reconnu par le Préambule de la Constitution de 1946.

À l'inverse, les normes constitutionnelles (voire conventionnelles et législatives) dotées d'un effet direct pourront, si elles satisfont également aux deux autres critères, se voir reconnaître la qualité de liberté fondamentale. Tel est le cas du droit de grève consacré par le 7e alinéa du Préambule de la Constitution de 1946[3], du principe de libre administration des collectivités territoriales[4] ou encore de la liberté personnelle. Celles dépourvues d'un effet direct ne seront éligibles au référé-liberté qu'à la condition d'avoir fait l'objet de mesures législatives de mise en œuvre (comme c'est le cas pour le droit d'asile, le principe de pluralisme, l'exigence d'égal accès à l'instruction et le droit à un hébergement d'urgence).

232.54 **Objet.** Troisièmement, la norme de liberté fondamentale est une norme dont la finalité est d'assurer la protection d'un intérêt individuel déterminé. Elle tend à assurer la capacité de libre disposition et réalisation du sujet et, pour cela, impose à

1. CE, ass., 31 mai 2016, Gonzalez Gomez, req. n° 396848, *Lebon* ; *AJDA* 2016. 1092 ; *AJDA* 2016. 1398, Chron. L. Dutheillet de Lamothe et G. Odinet ; *D.* 2016. 1470, obs. M.-C. de Montecler ; *D.* 2016. 1472, note H. Fulchiron ; *D.* 2016. 1477, note B. Haftel ; *AJ fam.* 2016. 439, obs. C. Siffrein-Blanc ; *AJ fam.* 2016. 360, obs. A. Dionisi-Peyrusse ; *RFDA* 2016. 740, concl. A. Bretonneau ; *RFDA* 2016. 754, note P. Delvolvé ; *RTD civ.* 2016. 578, obs. P. Deumier ; *RTD civ.* 2016. 600, obs. J. Hauser ; *RTD civ.* 2016. 802, obs. J.-P. Marguénaud ; *RTD civ.* 2016. 834, obs. J. Hauser (pt 10) : rattachement exprès à l'article 8 de la Convention ; *Procédures* 2016, comm. 244, obs. S. Deygas.
2. CE, ord., 3 mai 2002, Assoc. de réinsertion sociale du Limousin et a., req. n° 245697, *Lebon* 168 ; *AJDA* 2002. 818, note E. Deschamps.
3. Et dont l'effet direct a été reconnu par la juridiction administrative : CE, ass., 7 juill. 1950, Dehaene, req. n° 1645, *Lebon* 426 ; *GAJA*, 21e éd., 2017, n° 58.
4. Effet direct reconnu à l'article 72 de la Constitution par plusieurs décisions : v. not. CE 28 déc. 1992, ville de Romainville et a., req. n° 86304, *Lebon T.* 1010 – CE, ass., 12 déc. 2003, Dpt des Landes, req. n° 236442, *Lebon* 502 ; *AJDA* 2004. 195, Chron. F. Donnat et D. Casas ; *RFDA* 2004. 518, concl. F. Séners ; *RFDA* 2004. 525, note J.-C. Douence.

la puissance publique une action d'un contenu précis. Il doit dès lors être possible d'identifier abstraitement le domaine protégé par la norme. De façon plus précise, l'intérêt vise une action, une situation ou une qualité dont le contenu doit pouvoir être déterminé *in abstracto* sans prise en compte des données particulières de chaque espèce. C'est le cas, par exemple, de la norme protégeant l'opinion, la propriété ou les manifestations. Les bénéficiaires de ces normes ont intérêt à la préservation de leur objet : ils ont droit et intérêt à la préservation de leur opinion, à la libre disposition de leurs biens et à la possibilité de manifester. L'égalité, pour sa part, ne protège pas un intérêt individuel, ce qui rend difficile de l'appréhender sous la forme d'une véritable prérogative individuelle[1], et explique le refus du Conseil d'État de regarder ce principe comme une liberté fondamentale.

2
Absence d'autres critères

232.61 Mode de réalisation de la liberté. La nature de l'obligation pesant sur l'administration n'intervient nullement dans l'opération de qualification. En particulier, il est erroné de croire que les normes éligibles à cette procédure sont uniquement celles appelant à une abstention de la puissance publique. Nombre de libertés fondamentales reconnues par le juge administratif requièrent une action de la part de la puissance publique (par exemple mettre un auxiliaire de vie scolaire à la disposition d'un enfant handicapé, fournir un hébergement d'urgence à une personne sans logis, apporter le concours de la force publique pour l'expulsion d'occupants sans titre). Il en résulte que les droits-créances peuvent être reconnus comme des libertés fondamentales, lorsqu'ils ont fait l'objet de mesures de mise en œuvre leur conférant le caractère de norme d'effet direct. Le Conseil a consacré cette solution pour l'exigence d'égal accès à l'instruction et le droit à un hébergement d'urgence.

232.62 Nature juridique du sujet. La nature juridique du sujet n'intervient pas davantage dans l'identification des libertés fondamentales. Le bénéfice de celles-ci est reconnu aussi bien aux personnes physiques qu'aux personnes morales, aux personnes privées qu'aux personnes publiques[2], aux personnes de nationalité française qu'aux ressortissants étrangers.

Les libertés fondamentales sont également reconnues aux personnes incarcérées. Pour le juge des référés, « les personnes détenues dans des établissements pénitentiaires ne sont pas de ce seul fait privées du droit d'exercer des libertés fondamentales susceptibles de bénéficier de la procédure particulière instituée par l'article L. 521-2 du Code de justice administrative »[3].

1. Dans la jurisprudence administrative, il n'existe pas de « droit » à l'égalité. Plus exactement, un requérant ne peut se prévaloir du fait qu'il se trouve dans une situation différente pour exiger un traitement différent ou, en d'autres termes, sur-mesure : CE, ass., 28 mars 1997, Sté Baxter, req. n° 179049, *Lebon*.
2. V. par ex. CE, ord., 21 nov. 2002, Gaz de France, req. n° 251726, *Lebon* 408 : invocation du droit de propriété par un établissement public.
3. CE, ord., 27 mai 2005, req. n° 280866, Section française de l'Observatoire international des prisons et a., *Lebon* 232 ; *AJDA* 2005. 1579, note A. Rainaud ; *D.* 2006. 1078, obs. J.-P. Céré, M. Herzog-Evans et E. Péchillon. Toutefois, l'exercice de ces libertés doit composer avec les contraintes liées à leur enfermement et se trouve, par conséquent, « subordonné aux contraintes inhérentes à leur détention ».

Il bénéficie tout autant aux personnes hospitalisées dans un établissement psychiatrique[1] ou aux incapables. Ainsi, le droit de mener une vie familiale peut avoir pour bénéficiaire un enfant mineur séparé de ses parents et être invoqué directement par cet enfant[2].

D

Liste des libertés fondamentales

232.71 Normes incluses et normes exclues. Sont présentées ci-dessous les normes qui, en l'état de la jurisprudence, se sont vues soit reconnaître, soit dénier la qualité de libertés fondamentales (à jour au 1er novembre 2022).

NORMES RECONNUES COMME LIBERTÉS FONDAMENTALES	
LIBERTÉS EXERCÉES EN PUBLIC	
Liberté de réunion	CE, ord., 19 août 2002, Front national et Institut de formation des élus locaux (Iforel), req. n° 249666, *Lebon* 311
Droit pour un parti politique légalement constitué de tenir des réunions	CE, ord., 19 août 2002, Front national et Institut de formation des élus locaux (Iforel), req. n° 249666, *Lebon* 311
Liberté de manifestation	CE, ord., 5 janv. 2007, min. de l'Intérieur c/Assoc. « Solidarité des Français », req. n° 300311, *Lebon T.*
Liberté d'association	CE, ord., 2 mai 2008, Assoc. nouvelle des Boulogne Boys, req. n° 315724, NP
LIBERTÉS DE COMMUNICATION ET DE PENSÉE ET LIBERTÉS À CARACTÈRE INSTITUTIONNEL ET POLITIQUE	
Liberté d'expression	CE, ord., 3 mai 2007, Cne de Saint-Leu, req. n° 305203, NP
Liberté de communication des idées et des opinions Liberté de la presse	CE, ord., 11 juin 2012, Cne de l'Étang salé, req. n° 360024, *Lebon T.* CE, ord., 3 févr. 2021, Poincignon et Hamy, req. n° 448721, NP
Liberté d'opinion	CE, sect., 28 févr. 2001, Casanovas, req. n° 229163, *Lebon* 108
Liberté de conscience	CE, ord., 26 août 2016, Ligue des droits de l'homme et a., Assoc. de défense des droits de l'homme Collectif contre l'islamophobie en France, req. n° 402742, *Lebon*
Principe du caractère pluraliste de l'expression des courants de pensée et d'opinion	CE, ord., 24 févr. 2001, Tibéri, req. n° 230611, *Lebon* 85
Principe de libre expression du suffrage	CE, ord., 7 févr. 2001, Cne de Pointe-à-Pitre, req. n° 229921, *Lebon T.* 1129

1. V. par ex. CE 15 mai 2002, Baudoin, req. n° 239487, NP.
2. CE, ord., 29 sept. 2004, min. de l'Intérieur, de la Sécurité intérieure et des Libertés locales c/Aubame, req. n° 272584, NP.

NORMES RECONNUES COMME LIBERTÉS FONDAMENTALES	
LIBERTÉS DE COMMUNICATION ET DE PENSÉE ET LIBERTÉS À CARACTÈRE INSTITUTIONNEL ET POLITIQUE (*SUITE*)	
Exercice du droit de suffrage	CE, ord., 29 avr. 2005, Ferrari, req. n° 280078, NP
Principe de libre administration des collectivités territoriales	CE, sect., 18 janv. 2001, Morbelli, maire de la C^ne^ de Venelles, req. n° 229247, *Lebon* 18
Liberté d'exercice de leurs mandats par les élus locaux	CE 9 avr. 2004, Vast, req. n° 263759, *Lebon* 173 – CE, ord., 11 avr. 2006, Hirohiti Tefaarere, req. n° 292029, *Lebon*
Libre exercice du mandat parlementaire (dont découle notamment le droit de visiter les établissements pénitentiaires)	CE, ord., 2 juin 2020, Bernacilis, req. n° 440787, NP
LIBERTÉS INDIVIDUELLES	
Droit au respect de la vie	CE, sect., 16 nov. 2011, ville de Paris, req. n° 353172, *Lebon*
Droit de chacun de vivre dans un environnement équilibré et respectueux de la santé	CE, ord., 26 juill. 2017, Marchetti, req. n° 412618, *Lebon* CE 20 sept. 2022, Panchaud, req. n° 451129, *Lebon*
Droit au respect de la dignité humaine	CE, ord., 1er sept. 2017, Cne de Dannemarie c/Assoc. « Les Effronté-e-s », req. n° 413607, *Lebon T.*
Liberté personnelle	CE, ord., 2 avr. 2001, min. de l'Intérieur c/Cts Marcel, req. n° 231965, *Lebon* 167
Liberté individuelle	CE, ord., 15 oct. 2001, min. de l'Intérieur c/Hamani, req. n° 238934, *Lebon* 466
Liberté d'aller et venir	CE, ord., 9 janv. 2001, Deperthes, req. n° 228928, *Lebon* 1
Liberté de circulation	CE, ord., 3 mai 2007, Cne de Saint-Leu, req. n° 305203, NP
Droit, pour un ressortissant français, d'entrer sur le territoire national	CE, ord., 18 août 2020, Ciric, req. n° 442581, NP
Respect de la vie privée	CE, ord., 25 oct. 2007, Mme Y., req. n° 310125, *Lebon T.*
Respect de la vie privée, qui comprend le droit à la protection des données personnelles	CE, ord., 18 mai 2020, La Quadrature du net, req. n° 440442, NP
Droit de ne pas être soumis à des traitements inhumains ou dégradants	CE, ord., 22 déc. 2012, Section française de l'Observatoire international des prisons, req. n° 364584, *Lebon*
Secret des correspondances	CE 9 avr. 2004, Vast, req. n° 263759, *Lebon* 173
Droit pour le patient majeur de donner, lorsqu'il se trouve en l'état de l'exprimer, son consentement à un traitement médical	CE, ord., 16 juill. 2001, Feuillatey, req. n° 249552, *Lebon* 309
Consentement libre et éclairé du patient aux soins médicaux qui lui sont prodigués	CE, ord., 8 sept. 2005, min. de la Justice c/Bunel, req. n° 284803, *Lebon* 388

Droit du patient de consentir à un traitement médical et de ne pas subir un traitement qui serait le résultat d'une obstination déraisonnable	CE, ass., 14 févr. 2014, Lambert, req. n° 375081, *Lebon*
Liberté de communication de la personne hospitalisée	CE 15 mai 2002, Baudoin, req. n° 239487, NP
Droit d'asile	CE, ord., 12 janv. 2001, Mme Hyacinthe, req. n° 229039, *Lebon* 12
Droit de mener une vie familiale normale	CE, sect., 30 oct. 2001, min. de l'Intérieur c/Tliba, req. n° 238211, *Lebon* 523
Droit de tout individu à une vie familiale	CE, ord., 19 janv. 2005, Chevallier, req. n° 276562, *Lebon* 23
Droit au respect de la vie familiale	CE, ord., 25 nov. 2003, min. de l'Intérieur c/Nikoghosyan, req. n° 261913, *Lebon T.* 927
Intérêt supérieur de l'enfant	CE, ord., 4 mai 2011, min. des Affaires étrangères et européennes c/Morin, req. n° 348778, *Lebon T.*
libertés fondamentales que l'ordre juridique de l'Union européenne attache au statut de citoyen de l'Union	CE, ord., 9 déc. 2014, Pouabem, req. n° 386029, *Lebon*
Libre circulation garantie par le droit de l'Union	CE, ord., 2 juin 2020, LDH, req. n° 440449, NP
Liberté de se marier	CE, ord., 9 juill. 2014, Mbaye, req. n° 382145, *Lebon T.*
Liberté du culte	CE, ord., 16 févr. 2004, Benaissa, req. n° 264314, *Lebon T.* 826
Possibilité d'exprimer dans des formes appropriées ses convictions religieuses	CE, ord., 7 avr. 2004, Kilicikesen, req. n° 266085, *Lebon* 164
Liberté de l'enseignement	CE, ord., 31 oct. 2019, Ministre de l'éducation nationale c/S^{té} Diderot éducation campus, req. n° 435435, NP
Liberté de création artistique	CE, ord., 23 déc. 2020, Moreau, req. n° 447698, NP
Liberté d'accès aux œuvres culturelles	CE, ord., 23 déc. 2020, Moreau, req. n° 447698, NP
Droit de tout détenu de voir sa situation traitée dans le respect des règles de compétence et de procédure fixées par le code de procédure pénale	CE, ord., 30 juill. 2015, Bambara, req. n° 392100, NP
LIBERTÉS DU JUSTICIABLE	
Possibilité d'assurer de manière effective sa défense devant le juge	CE, ord., 3 avr. 2002, min. de l'Intérieur c/Kurtarici, req. n° 244686, *Lebon T.* 871
Droit de tout individu d'assurer sa défense	CE, ord., 19 janv. 2005, Chevallier, req. n° 276562, *Lebon* 23
Droits de la défense	CE, ord., 27 nov. 2020, Association des avocats pénalistes, req. n° 446712, NP
Possibilité d'exercer un recours effectif devant un juge	CE, ord., 13 mars 2006, Bayrou et Assoc. de défense des usagers des autoroutes publiques de France, req. n° 291118, *Lebon T.*

Normes reconnues comme libertés fondamentales	
Libertés du justiciable (*suite*)	
Droit d'exercer un recours effectif devant une juridiction	CE, ord., 30 juin 2009, min. de l'Intérieur c/Beghal, req. n° 328879, *Lebon*
Droit au recours effectif devant un juge	CE, ord., 4 mars 2010, Soignet, req. n° 336700, *Lebon T.*
Présomption d'innocence Droit à un procès équitable	CE, ord., 14 mars 2005, Gollnisch, req. n° 278435, *Lebon* 103 CE, ord., 27 nov. 2020, Association des avocats pénalistes, req. n° 446712, NP
Libertés économiques et sociales	
Droit de propriété	CE, ord., 31 mai 2001, C^ne^ d'Hyères-les-Palmiers, req. n° 234226, *Lebon* 253
Droit de propriété des personnes publiques	CE, ord., 9 oct. 2015, C^ne^ de Chambourcy, req. n° 393895, *Lebon*
Liberté d'entreprendre Liberté du commerce et de l'industrie	CE, ord., 12 nov. 2001, C^ne^ de Montreuil-Bellay, req. n° 239840, *Lebon* 551 ; CE, ord., 26 mai 2006, SYCIM, req. n° 293501, *Lebon* CE, ord., 23 déc. 2020, Moreau, req. n° 447698, NP
Exercice d'une activité professionnelle Libre exercice d'une profession	CE, ord., 11 juin 2002, Aït Oubba, req. n° 247649, *Lebon T.* 869 CE, ord., 23 déc. 2020, Moreau, req. n° 447698, NP
Liberté syndicale	CE 25 oct. 2002, Bongiovanni, Synd. CFDT Interco de l'Hérault, req. n° 244289, NP
Droit de grève	CE 9 déc. 2003, Aguillon et a., req. n° 262186, *Lebon* 497
Liberté du salarié de ne pas être astreint à accomplir un travail forcé	CE, ord., 3 mai 2005, Confédération française des travailleurs chrétiens, req. n° 279999, *Lebon T.* 1034
Droit, pour un agent, de ne pas être soumis à un harcèlement moral	CE, ord., 19 juin 2014, C^ne^ du Castellet, req. n° 381061, *Lebon T.*
Égal accès à l'instruction	CE, ord., 15 déc. 2010, min. de l'Éducation nationale, de la Recherche et de la Vie associative c/Peyrilhe, req. n° 344729, *Lebon*
Droit à un hébergement d'urgence	CE, ord., 10 févr. 2012, Fofana, req. n° 356456, *Lebon T.*

Normes non reconnues comme libertés fondamentales	
Droit de pratiquer un sport	CE, ord., 22 oct. 2001, Caillat et a., req. n° 239194, *Lebon* 479
Droit de participer à des compétitions sportives	CE, ord., 22 oct. 2001, Caillat et a., req. n° 239194, *Lebon* 479
Droit à un congé de formation-mobilité	CE 28 mai 2001, Raut, req. n° 230888, *Lebon T.* 1126

Accès à une formation de 3e cycle de l'enseignement supérieur	CE, ord., 24 janv. 2001, Université Paris VIII Vincennes Saint-Denis, req. no 229501, *Lebon* 37
Principe d'égalité	CE, ord., 26 juin 2003, Conseil départemental de parents d'élèves de Meurthe-et-Moselle, req. no 257938, *Lebon*
Principe général d'égalité devant la justice	CE, ord., 14 mars 2005, Gollnisch, req. no 278435, *Lebon* 103
Égalité des usagers devant le service public	CE, ord., 31 janv. 2001, Cne de Saint-Laurent-du-Var, req. no 229644, *Lebon T.* 1129
Droit au logement	CE, ord., 3 mai 2002, Assoc. de réinsertion sociale du Limousin et a., req. no 245697, *Lebon* 168
Droit à la santé	CE, ord., 8 sept. 2005, min. de la Justice c/Bunel, req. no 284803, *Lebon* 388
Objectif de politique criminelle suivant lequel l'exécution des peines privatives de liberté en matière correctionnelle ou criminelle a pour objet non seulement de punir le condamné mais également de favoriser son amendement et de préparer son éventuelle réinsertion	CE, ord., 19 janv. 2005, Chevallier, req. no 276562, *Lebon* 23
Libre accès du public aux parcelles situées sur une dépendance du domaine public maritime	CE 4 juin 2004, Assoc. La Londe-environnement et Assoc. Union départementale pour la sauvegarde de la vie, de la nature et de l'environnement 83, req. no 260956, NP
Continuité du service public	CE, ord., 31 janv. 2001, Cne de Saint-Laurent-du-Var, req. no 229644, *Lebon T.* 1129
Droit d'accès aux documents administratifs	CE, ord., 5 juin 2020, Chalabi, req. no 440712, NP
Droit à la vie des animaux	TA Grenoble, ord., 5 janv. 2022, GAERC Le pré Jourdan, req. no 2200009, NP

§ 2

Atteinte grave à une liberté fondamentale

232.81 Deux éléments. L'exigence d'une « atteinte grave » à une liberté fondamentale suppose, d'une part, qu'une violation soit portée à celle-ci, d'autre part qu'elle présente une certaine intensité.

A

Atteinte à une liberté fondamentale

232.91 Définition de l'atteinte. L'atteinte à une liberté fondamentale est une « violation » de celle-ci[1]. Elle s'analyse en une interférence dans le domaine protégé par une liberté fondamentale.

1. V., utilisant l'expression : CE, ord., 30 déc. 2003, SARL People, req. no 263135, NP.

La mesure administrative doit affecter l'un de ses éléments constitutifs. Ainsi :

- le principe de libre expression du suffrage ouvrant droit à une communication *globale* de la liste électorale, il n'est pas en cause en cas de refus de communiquer cette liste de manière *distincte* pour chaque bureau de vote[1] ;

- le droit au consentement médical trouvant une limite lorsque le choix du patient risque de provoquer son décès, il n'est pas matériellement en cause lorsque l'acte médical auquel il entend s'opposer est indispensable à sa survie[2] ;

- le principe de libre administration des collectivités territoriales protégeant une collectivité territoriale dans ses relations avec d'autres collectivités publiques (État, établissement public de coopération intercommunale, autre collectivité locale), il n'est pas en cause pour des relations internes à une collectivité (par exemple un conflit entre un maire et des conseillers municipaux[3]).

À l'inverse, l'atteinte pourra être qualifiée lorsque la mesure litigieuse interfère dans le domaine matériellement protégé par une liberté. Ainsi, la loi reconnaissant au patient placé d'office la liberté de communiquer avec les autorités administratives et judiciaires, cette liberté est affectée par l'interdiction d'adresser des communications à ces autorités[4].

232.92 Atteinte résultant d'une mesure *administrative*. Un acte ne peut être regardé comme constituant une atteinte administrative aux libertés lorsqu'il a été édicté pour l'exécution d'une décision judiciaire, et que l'autorité administrative se trouve en situation de compétence liée pour prendre les mesures impliquées par cette décision. En principe, une mesure préfectorale d'éloignement prise à la suite d'une interdiction du territoire français prononcée par le juge pénal ne porte pas par elle-même atteinte à la liberté d'aller et venir, cette atteinte résultant de la condamnation pénale[5].

Il en va différemment lorsque l'arrêt prononçant une telle interdiction est privé de son caractère exécutoire en raison de l'introduction d'un pourvoi en cassation, conformément aux dispositions de l'article 569 du Code de procédure pénale. Le caractère suspensif d'un tel pourvoi vaut également lorsque l'interdiction est prononcée à titre de peine complémentaire[6].

1. CE, ord., 7 févr. 2001, C^ne de Pointe-à-Pitre, req. n° 229921, *Lebon T.* 1129.
2. CE, ord., 16 juill. 2001, Feuillatey, req. n° 249552, *Lebon* 309 ; *Droit, Déontologie & Soin* 2002. 416, note L. Ouatah ; *LPA* 26 mars 2003, n° 61, p. 4, note C. Clément ; *JCP* 2002. II. 10184, note P. Mistretta ; *Gaz. Pal.* 2002. I. p. 1729-1731, note Y. Lachaud ; *JCP Adm.* 2002, n° 1022, note A. Mersch ; *RCA* 2002, Chron. n° 21, note S. Porchy-Simon ; *Dr. adm.* 2002, comm. n° 188, note E. Aubin ; *RGDM* 2003. 97, note B. Mathieu ; *RGDM* 2003. 143, note A. Garay ; *Dr. fam.* 2003, comm. n° 11, note S. Mouton.
3. CE, sect., 18 janv. 2001, C^ne de Venelles et Morbelli, req. n° 229247, *Lebon* 18 ; *AJDA* 2001. 153, Chron. M. Guyomar et P. Collin ; *D.* 2002. 2227, obs. R. Vandermeeren ; *GAJA*, 21e éd., 2017, n° 98 ; *RFDA* 2001. 378, concl. L. Touvet ; *RFDA* 2001. 681, note M. Verpeaux ; *RGCT* 2001. 783, concl. ; *CJEG* 2001. 161, concl. ; *JCP* 2001. I. 318, Chron. C. Boiteau ; *LPA* 12 févr. 2001, n° 30, note N. Chahid-Nouraï et C. Lahami-Depinay ; *Procédures* 2001, comm. n° 73, obs. S. Deygas ; *RD publ.* 2002. 752, Chron. C. Guettier ; *Dr. adm.* 2001, comm. n° 155, obs. L.T. ; *Coll. terr.* 2001, comm. n° 85, note J. Moreau - CE, ord., 23 oct. 2012, C^ne de Gignac-la-Nerthe, req. n° 363251, *Lebon T.* ; *AJDA* 2012. 2028.
4. CE 15 mai 2002, Baudoin, req. n° 239487, NP.
5. CE, ord., 15 oct. 2001, min. de l'Intérieur c/Hamani, req. n° 238934, *Lebon* 466.
6. CE 18 juin 2010, Sefta, req. n° 332916, *Lebon T.*

232.93 Atteinte pouvant résulter du contenu ou des motifs d'un acte. L'atteinte à une liberté fondamentale peut résulter du contenu d'une mesure administrative, c'est-à-dire de son objet ou de ses effets. Elle peut également résulter des motifs d'une décision administrative, c'est-à-dire des intentions ayant animé l'autorité administrative au moment de son édiction[1]. Tel serait le cas du licenciement d'un agent public justifié, non par son insuffisance professionnelle mais par ses opinions politiques. La mesure, irréprochable au regard de son objet, serait regardée comme portant atteinte à la liberté d'opinion du fait de ses motifs.

232.94 Atteinte constituée ou sur le point de se produire. L'atteinte doit être d'ores et déjà constituée, ou sur le point de se produire de façon certaine.

À une reprise néanmoins, le Conseil d'État a estimé qu'une carence grave et manifestement illégale, quoique non avérée, était susceptible d'être caractérisée si les mesures réglementaires prises étaient inexactement interprétées ou leur non-respect inégalement ou insuffisamment sanctionné[2]. Il avait par conséquent ordonné au Premier ministre de réexaminer certaines exceptions au confinement durant l'épidémie de covid-19. Une telle solution, qui s'écarte du texte de l'article L. 521-2 (exigeant qu'une atteinte « aurait été commise »), semble toutefois constituer une solution d'espèce intimement liée au contexte très particulier dans lequel il a été rendu. La démarche préventive, voire prédictive qui l'anime, devrait selon toute vraisemblance demeurée isolée.

232.95 Caractère direct et personnel de l'atteinte. Le requérant doit « subir directement et personnellement l'atteinte à la liberté fondamentale dont il se prévaut »[3]. Il doit, en d'autres termes, être lui-même « victime » de l'atteinte. Il s'ensuit qu'en sa seule qualité d'électeur, un requérant ne peut se prévaloir d'une atteinte à l'obligation de traitement équitable des différents candidats à l'élection présidentielle[4]. Seul un candidat concourant à cette élection aurait qualité pour ce faire.

Dans le cas où la demande est introduite par une personne morale, ce critère n'empêche pas de reconnaître l'atteinte aux intérêts que celle-ci s'est donné pour mission de défendre. Par exemple, le juge retient l'atteinte aux libertés des détenus alors même que le recours est formé non pas par un détenu victime de ses conditions de détention mais par des organisations intervenant en milieu carcéral[5]. Le fait que ces organisations ne soient pas elles-mêmes victimes de l'atteinte n'empêche pas la reconnaissance d'une atteinte grave et manifestement illégale à une liberté fonda-

1. CE, sect., 28 févr. 2001, Casanovas, req. n° 229163, *Lebon* 108 ; *AJDA* 2001. 971, note I. Legrand et L. Janicot ; *AJDA* 2001. 465, Chron. M. Guyomar et P. Collin ; *D.* 2002. 2229, obs. R. Vandermeeren ; *AJFP* 2001. 55 ; *RFDA* 2001. 399, concl. P. Fombeur ; *RD publ.* 2001. 761, Chron. C. Guettier ; *Coll. terr.* 2001, comm. n° 134, note J. Moreau.
2. CE, ord. 22 mars 2020, Syndicat Jeunes Médécins, req. n° 439674, *Lebon T.* ; *Gaz. Pal.* 28 avr. 2020, n° 16, p. 21, note F. Poulet ; *D.* 2020. 687, note P. Parinet-Hodimont ; *AJDA* 2020. 851, note C. Vallar ; *JCP G* 2020, n° 434, note O. Le Bot ; *LPA* 15 avr. 2020, n° 76, p. 15, note S. Pinot et M. Charron ; *LPA* 29 avr. 2020, n° 86, p. 22, note A. de Lacoste Larymondie ; *RDLF* 2020, note X. Dupré de Boulois.
3. CE, ord., 17 avr. 2002, Meyet, req. n° 245283, *Lebon T.* 870.
4. CE, ord., 17 avr. 2002, Meyet, req. n° 245283, préc.
5. CE, ord., 22 déc. 2012, Section française de l'Observatoire international des prisons, req. n° 364584, *Lebon* ; *AJDA* 2013. 12 ; *JCP* 2013, n° 87, note O. Le Bot.

mentale. Selon la même logique, une collectivité publique peut agir pour défendre non ses intérêts propres mais ceux de ses administrés[1]. La doctrine a qualifié ces actions menées pour le compte d'un tiers de « référé-liberté pour autrui »[2].

Les contentieux portant sur le droit au consentement médical et les soins prodigués peuvent également, lorsque la demande est formée par un proche, être regardés comme ayant la nature d'un référé pour autrui.

232.96 Mesures par elles-mêmes non attentatoires. Le juge estime que certaines mesures, au regard de leurs caractéristiques, sont « par elles-mêmes » insusceptibles de porter atteinte à une liberté fondamentale. Cette appréhension par type de mesure ne prétend jamais à une portée absolue. Tel est le cas :

- de la délivrance d'un permis de construire, lequel « est accordé sous réserve des droits des tiers »[3] ;
- du refus d'autoriser une occupation du domaine public[4] ;
- des « mesures relatives à l'exercice d'une activité professionnelle réglementée », prise par l'administration dans les conditions et pour les motifs que prévoient la loi et les dispositions réglementaires édictées pour son application[5] ;
- de l'exclusion d'un agent public pour un motif disciplinaire[6] ;
- de la mutation d'un fonctionnaire dans l'intérêt du service[7] ;
- de la situation née d'un arrêté interruptif de travaux[8] ;
- ou encore de la mise en œuvre de la procédure de détermination de l'État européen responsable de l'examen d'une demande d'asile[9].

Dans ces cas de figure, la caractérisation d'une atteinte redevient possible dans deux hypothèses :

- lorsque l'acte en cause va, par ses motifs, révéler une atteinte à une liberté fondamentale (hypothèse de la jurisprudence *Casanovas* évoquée s[s] n° 232.93) ;
- lorsque la mesure a été prise dans des conditions ou dans un contexte qui caractérisent une « circonstance particulière »[10], laquelle fait perdre à la mesure les

1. V., s'agissant d'une action introduite par une commune de La Réunion pour faire cesser les dangers résultant des attaques de requins, CE, ord., 13 août 2013, min. de l'Intérieur c/C[ne] de Saint-Leu, req. n° 370902, NP ; *AJDA* 2013. 2104, note O. Le Bot ; *AJDA* 2013. 2137, étude X. Dupré de Boulois.
2. X. Dupré de Boulois, « Le référé-liberté pour autrui », *AJDA* 2013. 2137.
3. CE, ord., 11 oct. 2001, C[ne] de Saint-Bauzille-de-Putois, req. n° 238869, *Lebon* 462.
4. CE, ord., 6 avr. 2001, Lapere, req. n° 232135, NP - CE, ord., 16 sept. 2002, S[té] Eurl La Cour des miracles, req. n° 250313, *Lebon* 314 ; *D.* 2002. 2718, et les obs.
5. CE, ord., 24 févr. 2003, Vincendeau, req. n° 254362, NP.
6. CE, ord., 27 juin 2002, CH général de Troyes, req. n° 248076, *Lebon* 228 ; *AJDA* 2002. 965 note E. Royer ; *AJFP* 2002. 50, obs. J.M.
7. CE, ord., 28 janv. 2003, Renard, req. n° 253617, NP.
8. CE 28 mars 2008, min. de l'Écologie, de l'Énergie, du Développement durable et de l'Aménagement du territoire, req. n° 314368, *Lebon* ; *AJDA* 2008. 729 ; *LPA* 17 avr. 2009, n° 77, p. 5, note O. Le Bot.
9. CE, ord., 2 mai 2001, min. de l'Intérieur c/Dziri, req. n° 232997, *Lebon* 227 ; *D.* 2001. 3478, note F. Julien-Laferrière : l'atteinte peut néanmoins être reconnue lorsque la procédure se déroule/est mise en œuvre dans des « circonstances particulières ».
10. V. par ex. CE, ord., 23 mars 2004, Chapron, req. n° 265735, NP.

caractères qui sont traditionnellement les siens et, par conséquent, justifient d'abandonner la présomption de non-atteinte établie à son égard[1].

B
Gravité de l'atteinte

232.101 Intensité de l'atteinte. La loi exige une atteinte qualifiée à une liberté fondamentale. La lésion qui l'affecte doit excéder un certain seul, bien au-delà de la simple gêne ou du désagrément, pour pouvoir donner lieu à un référé-liberté.

232.102 Appréciation *in concreto*. Le juge des référés apprécie au cas par cas cette exigence, ce qui rend difficile toute systématisation. Néanmoins, il est possible de mettre en évidence l'existence d'éléments propres à caractériser la gravité de l'atteinte, ainsi que de facteurs de nature à tempérer celle-ci.

1
Éléments de nature à caractériser la gravité

a
Impact de la mesure

232.111 Effets sur la situation du demandeur. L'exigence de gravité de l'atteinte concerne essentiellement les effets de celle-ci, et spécialement ses incidences sur la situation du demandeur. La rédaction de l'ordonnance *société Lidl*, concernant l'apposition de scellés sur un bâtiment commercial, est sur ce point significative. Le juge affirme « qu'*en raison de ses effets* sur la libre disposition par la société Lidl du bâtiment dont elle est propriétaire, *cette décision porte une atteinte grave* à une liberté fondamentale au sens de l'article L. 521-2 du Code de justice administrative »[2].

L'appréciation de cette exigence est très étroitement liée à la situation dans laquelle se trouve l'intéressé. Telle mesure présentera un caractère de gravité pour un requérant, mais non pour celui se trouvant dans une situation personnelle sensiblement différente. L'exemple du refus de délivrance ou de renouvellement d'un passeport est, à cet égard, significatif. Dans son principe, ce refus porte toujours atteinte à la liberté d'aller et venir. Néanmoins, l'atteinte ne sera qualifiée de « grave » que dans certaines hypothèses seulement. Il semblerait, au regard de la décision *Deperthes*, que ces hypothèses correspondent aux cas dans lesquels le requérant justifie devoir se rendre vers certaines destinations étrangères pour lesquelles ce document est exigé[3]. Dans

1. V., concernant la mise en œuvre de la procédure de détermination de l'État européen responsable de l'examen d'une demande d'asile : CE, ord., 25 nov. 2003, min. de l'Intérieur, de la Sécurité intérieure et des Libertés locales c/Nikoghosyan, req. n° 261913, *Lebon T.* 927 ; *AJDA* 2004. 1198, note S. Glogowski ; *RTD eur.* 2004. 333, Chron. D. Ritleng ; *RTD eur.* 2004. 363, Chron. J. Dutheil de La Rochère, N. Grief et E. Saulnier.
2. La référence aux effets de la mesure concerne l'exigence de gravité et non l'exigence d'atteinte, comme en atteste la phrase suivante soulignant « qu'il n'est pas nécessaire de rechercher si [...] une atteinte *de même gravité* affecte également la liberté du commerce et de l'industrie » : CE, ord., 23 mars 2001, S[té] Lidl, req. n° 231559, *Lebon* 154 ; *RDI* 2001. 275, obs. P. Soler-Couteaux ; *RGCT* 2001. 967, Chron. J.-C. Ricci ; *BJDU* 2001. 111, obs. J.-C. Bonichot.
3. CE, ord., 9 janv. 2001, Deperthes, req. n° 228928, *Lebon* 1 : refus de renouvellement de passeport opposé à un ressortissant qui justifie devoir, pour les besoins de son activité professionnelle, se rendre au Brésil et au Canada.

une telle hypothèse, le refus qui lui est opposé empêche l'intéressé de se rendre dans le pays de destination. *A contrario*, on peut déduire de cette jurisprudence que l'atteinte ne sera pas qualifiée de grave si le requérant entend se rendre dans un État pour lequel ce document n'est pas exigé ou, à plus forte raison, ne justifie pas devoir se rendre à brève échéance à l'étranger.

232.112 Illustration avec la liberté d'entreprendre. L'atteinte à la liberté d'entreprendre satisfait à l'exigence de gravité lorsqu'elle comporte des effets substantiels sur l'activité du requérant.

Lorsque l'atteinte invoquée à la liberté d'entreprendre trouve son origine dans la mise en œuvre d'une nouvelle réglementation technique, « la condition de gravité ne pourra être remplie que si cette réglementation fait obstacle, en droit ou en fait, à la poursuite par l'agent économique de l'activité en cause ou a un effet équivalent »[1]. En l'espèce, la nouvelle norme technique imposée par une note du ministre de l'Agriculture concernait uniquement les produits exportés vers le Canada. Le juge en déduit « que, dans ces conditions, l'application de la note de service au 1er janvier 2004 n'est pas susceptible de faire obstacle à la poursuite de l'activité économique des deux sociétés requérantes et donc de créer une atteinte grave à leur liberté d'entreprendre ».

À l'inverse, l'atteinte est qualifiée de grave lorsqu'elle affecte une part substantielle de l'activité du requérant. Dans l'ordonnance *commune de Collioure* du 2 juillet 2003, le juge affirme que l'atteinte à la liberté d'entreprendre constatée, « en interdisant à la SARL Côte Radieuse d'exploiter les services de transport côtier de passagers comportant une escale à Collioure, qui représentent 25 % de son activité, revêt le caractère de gravité exigé par les dispositions précitées de l'article L. 521-2 du Code de justice administrative »[2]. De même, l'atteinte à la liberté d'entreprendre satisfait à l'exigence de gravité lorsqu'un établissement de fabrication de nitrate-fioul et de stockage d'explosifs voit ses possibilités de livraison restreinte de façon considérable pendant une partie importante de la journée[3]. La condition se trouve *a fortiori* satisfaite lorsque l'activité doit cesser totalement en raison d'une fermeture ordonnée par l'administration[4] ou de toute autre mesure édictée par celle-ci (par exemple une interdiction d'accoster à un port de plaisance adressée à un navire spécialisé dans les promenades en mer[5]).

232.113 Illustration avec le droit de mener une vie familiale normale. Pour le droit de mener une vie familiale normale, le Conseil d'État a donné des indications précises sur la façon dont devait s'apprécier la condition de gravité. Dans l'arrêt *Tliba*, il affirme que « la condition de gravité de l'atteinte portée à la liberté de vivre avec sa famille doit être regardée comme remplie dans le cas où la mesure contestée peut faire l'objet d'une exécution d'office par l'autorité administrative, n'est pas suscep-

1. CE, ord., 17 déc. 2003, Eurl Écosphère et SARL Général services applications, req. n° 262471, *Lebon* 519.
2. CE, ord., 2 juill. 2003, Cne de Collioure, req. n° 257971, *Lebon T.* 930 ; *AJDA* 2003. 2218, note J.-P. Markus.
3. CE, ord., 26 nov. 2004, Cne de Wingles, req. n° 274226, NP.
4. V., pour un commerce de proximité, CE, ord., 14 mars 2003, Cne d'Évry, req. n° 254827, *Lebon T.* 931 – pour un restaurant-discothèque, v. CE, ord., 16 août 2004, min. de l'Intérieur, de la Sécurité intérieure et des Libertés locales c/Basset, req. n° 271148, NP.
5. CE, ord., 6 sept. 2006, Cne d'Ota, req. n° 296912, NP.

tible de recours suspensif devant le juge de l'excès de pouvoir, et *fait directement obstacle à la poursuite de la vie en commun des membres d'une famille* ; que tel est le cas d'une mesure d'expulsion du territoire français, susceptible d'une exécution d'office, s'opposant au retour en France de la personne qui en fait l'objet, et prononcée à l'encontre d'un ressortissant étranger qui justifie qu'il mène une vie familiale en France »[1]. En l'espèce, relève le Conseil d'État, l'intéressée réside en France depuis plus de 30 ans avec cinq enfants de nationalité française et est dépourvue de toute famille dans son pays d'origine. La condition d'atteinte grave portée à sa liberté de vivre avec sa famille doit par conséquent être regardée comme remplie.

Selon les mêmes critères, porte une atteinte grave au droit de mener une vie familiale normale la mise à exécution d'un arrêté de reconduite à la frontière lorsque l'intéressé est séparé de son jeune enfant vivant sur le sol français[2].

À l'inverse, la condition de gravité n'est pas remplie dans le cas d'un refus de titre de séjour opposé à un étranger[3] ou de rejet d'une demande de regroupement familial[4], qui ne font pas directement obstacle à la poursuite de la vie en commun des membres d'une famille.

232.114 Illustration avec le droit de propriété. Un contribuable qui se prévaut d'une atteinte illégale portée à son droit au sursis de paiement découlant de l'article L. 277 du Livre des procédures fiscales ne justifie pas d'une atteinte grave au droit de propriété lorsque les impositions qu'il conteste représentent moins de 5 % de son patrimoine total et qu'il n'établit pas que l'appréhension par l'administration des sommes préalablement recouvrées lui ferait supporter, à très brève échéance, un grave préjudice économique[5].

En revanche, « le fait pour une autorité publique d'ordonner l'euthanasie d'un animal constitue pour son propriétaire ou son détenteur, par nature et quels que soient les motifs d'une telle mesure, une atteinte grave à son droit de propriété »[6].

b
Attitude de l'administration

232.121 Légèreté face à la loi. Un abus de pouvoir de l'administration ou, de manière générale, une désinvolture caractérisée face au respect du droit sera considéré par le juge comme une circonstance *aggravante*, qu'il prendra soin de souligner dans sa décision. Tel est le cas, par exemple :

- lorsque l'autorité administrative subordonne la délivrance de passeports à une condition qui n'est pas prévue par la loi[7] ;

1. CE, sect., 30 oct. 2001, min. de l'Intérieur c/Tliba, req. n° 238211, *Lebon* 523 ; *AJDA* 2001. 1054, Chron. M. Guyomar et P. Collin ; *GACA*, 5e éd., 2016, n° 15 ; *RFDA* 2002. 324, concl. I. de Silva.
2. CE, ord., 21 févr. 2005, Najemi, req. n° 277520, NP.
3. CE, ord., 5 mars 2002, Fikry, req. n° 243725, *Lebon T.* 872 - CE, ord., 15 oct. 2004, Sahi, req. n° 273110, NP - CE, ord., 6 juin 2003, Benmessaoud, req. n° 257429, NP.
4. CE, ord., 27 janv. 2003, Kartbouh, req. n° 253603, NP.
5. CE, ord., 13 juin 2007, Soppelsa, req. n° 306252, *Lebon* ; *AJDA* 2007. 1217 ; *RJF* 2007. 806, Chron. J. Burguburu.
6. CE, ord., 11 déc. 2015, Naudin-Vincent, req. n° 395008, NP ; *RSDA* 2015-1. 86, note H. de Gaudemar.
7. CE, ord., 4 déc. 2002, Du Couëdic de Kérerant, req. n° 252051, *Lebon T.* 875 ; *D.* 2003. 313 ; *AJ fam.* 2003. 103, obs. F.B. ; *RTD civ.* 2003. 59, obs. J. Hauser ; *LPA* 25 août 2003, n° 169, p. 10, note J. Massip.

– lorsqu'une personne publique procède à des coupes et abattages d'arbres dans un espace boisé classé, en méconnaissance des prescriptions de l'article L. 130-1 du Code de l'urbanisme, « et alors que le requérant avait appelé son attention », depuis plusieurs mois, « sur la nécessité de se conformer à cette législation »[1]. La gravité du manquement à la loi se répercute, par ricochet, sur celle de l'atteinte à une liberté fondamentale[2].

2
Éléments de nature à tempérer la gravité

232.131 Libertés économiques. Les éléments de nature à tempérer la gravité de l'atteinte résident dans le comportement du requérant et l'environnement législatif dans lequel s'inscrit l'action administrative. Ils concernent en pratique les libertés de nature économique, essentiellement le droit de propriété, la liberté d'entreprendre et la liberté contractuelle.

a
Comportement du requérant

232.141 Manquement à la loi. Le comportement fautif du requérant peut exclure tout caractère de gravité à l'atteinte portée à ses libertés fondamentales.

232.142 Urbanisme commercial. Ainsi, la société qui réalise des travaux sur un bâtiment commercial, sans demander au préalable l'autorisation d'exploitation exigée par la loi, n'est pas fondée à se plaindre de la gravité de l'atteinte à la liberté du commerce résultant d'un arrêté municipal prescrivant l'apposition de scellés sur le bâtiment. Dans la mesure où la société a entendu se soustraire aux prescriptions établies par la loi dans le domaine de l'urbanisme commercial, le juge affirme, après s'être prononcé sur l'existence d'une atteinte grave au droit de propriété, qu'« il n'est pas nécessaire de rechercher si [...] une atteinte de même gravité » affecte la liberté du commerce[3].

232.143 Installations classées. Le même raisonnement s'applique lorsqu'une entreprise exerce une activité classée en méconnaissance des prescriptions qui lui sont légalement imposées. La mesure administrative ordonnant la suspension de son activité porte atteinte à la liberté d'entreprendre mais cette atteinte ne saurait, en raison du comportement du requérant, être regardée comme satisfaisant à l'exigence de gravité[4].

1. CE, ord., 8 nov. 2005, Moissinac Massenat, req. n° 286606, *Lebon* 491 ; *Constr. urb.* 2006, comm. n° 51, note G. Godfrin : atteinte grave à la libre disposition de ses biens par un propriétaire.
2. V., dans le même sens : CE 9 avr. 2004, Vast, req. n° 263759, *Lebon* 173 ; *RFDA* 2004. 778, concl. S. Boissard ; *Dr. adm.* 2004, comm. n° 98, note M. Lombard ; *JCP Adm.* 2004, n° 1318, note M.-C. Rouault ; *JCP Adm.* 2004, n° 1319, note J. Moreau ; *Gaz. Pal.* 2005. 391, note D. Linotte et J.-L. Pissaloux ; *CCE* 2004, étude J. Fraysinnet ; *Coll. terr.* 2004, comm. n° 120, note L. Derridj – CE, ord., 14 mars 2005, Gollnisch, req. n° 278435, *Lebon* 103 ; *AJDA* 2005. 1633, note L. Burgorgue-Larsen ; *AJFP* 2005. 222, et les obs.
3. CE, ord., 23 mars 2001, Sté Lidl, req. n° 231559, *Lebon* 154 ; *RDI* 2001. 275, obs. P. Soler-Couteaux ; *RGCT* 2001. 967, Chron. J.-C. Ricci ; *BJDU* 2001. 111, obs. J.-C. Bonichot.
4. CE, ord., 25 avr. 2002, Sté Saria Industries, req. n° 245414, *Lebon* 155 ; *Dr. envir.* 2002, comm. n° 99, note B. Busson ; *Envir.* 2002, comm. n° 109, note A. Faro.

b
Restrictions prévues par la loi

232.151 Atteinte législative plus qu'administrative. Pour apprécier le degré de gravité de l'atteinte à une liberté fondamentale, le juge des référés prend en considération les restrictions apportées par la loi à son exercice. En conséquence, il porte un regard spécifique sur les libertés fondamentales qui font l'objet d'un strict encadrement légal : la gravité de l'atteinte doit être relativisée lorsqu'elle est prévue par la loi ; elle devient plus difficile à qualifier lorsque la loi reconnaît à l'administration des pouvoirs étendus pour en limiter l'exercice.

Le principe en a été posé dans l'ordonnance *commune de Montreuil-Bellay* du 12 novembre 2001. Le juge affirme que pour apprécier le degré de gravité que peut revêtir l'atteinte portée à une liberté fondamentale, « il y a lieu de prendre en compte les limitations de portée générale qui ont été introduites par la législation pour permettre certaines interventions jugées nécessaires de la puissance publique dans les relations entre particuliers »[1].

Les limitations apportées par le législateur ont donc pour effet d'élever le seuil à partir duquel la gravité est caractérisée. L'atteinte doit apparaître d'autant plus grave que la législation permet à l'administration de limiter valablement la liberté en question. Elle peut faire l'objet d'atteintes plus importantes avant que ne soit caractérisée la gravité, du fait de l'étendue des pouvoirs reconnus à l'administration. Dans une telle hypothèse, l'atteinte à la liberté fondamentale résulte d'abord de l'ensemble de la législation avant d'être le résultat du comportement de l'administration.

232.152 Illustrations. Lorsqu'elle agit au titre de pouvoirs conférés par la loi, l'administration ne porte pas une atteinte « grave » :

– à la liberté contractuelle et au droit de propriété, en mettant en œuvre, même de façon irrégulière, son droit d'acquisition prioritaire d'un bien immobilier[2] ;

– à la liberté contractuelle, en mettant en œuvre, même de façon irrégulière, son droit de préemption urbain[3] ;

– à la liberté du travail et à la liberté d'entreprendre, en refusant d'autoriser le licenciement pour harcèlement moral d'un salarié protégé (salarié dont la présence, en l'espèce, au sein de l'entreprise, ne fait pas obstacle à la poursuite du travail par les autres salariés)[4] ;

– à la liberté du travail, en mettant en œuvre la loi sur la « journée de solidarité » prévoyant qu'en dehors d'accords de branche ou d'entreprise fixant un autre jour, le

1. CE, ord., 12 nov. 2001, Cne de Montreuil-Bellay, req. n° 239840, *Lebon* 551 ; *Dr. adm.* 2002, comm. n° 41, note M. Lombard.
2. CE, ord., 12 nov. 2001, Cne de Montreuil-Bellay, req. n° 239840, préc.
3. CE, ord., 8 août 2002, Da Costa, req. n° 249409, NP ; *RDI* 2002. 555, obs. P. Soler-Couteaux ; *AJDI* 2002. 555, note P. Soler-Couteaux ; *Constr. Urb.* 2002, comm. n° 305, note P. Benoit-Cattin ; *Contrats Marchés publ.* 2002, comm. n° 236, note P. Soler-Couteaux.
4. CE 4 oct. 2004, Sté Mona Lisa investissements et a., req. n° 264310, *Lebon* 362 ; *AJDA* 2004. 2457, note B. Favier ; *Dr. adm.* 2004, comm. n° 179, note M. Lombard ; *JCP Adm.* 2004, n° 1744, note P. Waquet ; *Dr. soc.* 2005. 608, note F. Reneaud ; *Procédures* 2004, comm. n° 269, obs. S. Deygas ; *RJS* 2005. 290.

lundi de Pentecôte sera travaillé et modifiant à cet effet la durée annuelle du travail sans rémunération supplémentaire pour les salariés mensualisés[1].

§ 3

Illégalité manifeste de l'atteinte

232.161 **Caractères de l'illégalité.** En évoquant une « atteinte [...] manifestement illégale » portée à une liberté fondamentale, l'article L. 521-2 du CJA exige qu'une illégalité soit commise, qu'elle résulte de l'atteinte à une liberté fondamentale et présente un caractère manifeste.

A

Illégalité de l'atteinte

232.171 **Atteinte *illégale*.** Toute atteinte à une liberté fondamentale n'est pas illégale. En effet, les libertés fondamentales ne sauraient bénéficier d'une garantie absolue ni prévaloir de façon inconditionnelle et systématique sur toute considération susceptible de s'y opposer. Leurs bénéficiaires doivent supporter des limitations destinées à opérer une conciliation avec les droits d'autrui ou avec les exigences de l'intérêt général.

En pratique, l'atteinte à une liberté fondamentale sera légale si elle est non seulement *justifiée* par la loi ou par un motif d'intérêt général mais également *proportionnée* à l'objectif poursuivi.

A contrario, l'atteinte sera illégale dans deux hypothèses.

Tout d'abord, l'atteinte est illégale si elle n'est autorisée ni par la loi ni par un motif d'intérêt général. L'absence de couverture légale sera assurément retenue lorsque se trouve frontalement méconnue une norme juridique législative, conventionnelle, constitutionnelle ou autre (par exemple lorsqu'une autorité publique empêche un patient placé d'office de correspondre avec les autorités administratives et judiciaires en méconnaissance des prescriptions de l'article L. 3211-3 du Code de la santé publique[2]). L'absence de justification d'intérêt général pourra encore résulter d'une menace de trouble à l'ordre public insuffisamment caractérisée (pour un refus de mise à disposition d'une salle municipale[3], pour l'interdiction du burkini sur une plage[4], pour un refus d'apporter le concours de la force publique à l'exécution d'une décision judiciaire prescrivant l'expulsion d'occupants sans titre d'une propriété privée[5]). La restric-

1. CE, ord., 3 mai 2005, Confédération française des travailleurs chrétiens, req. n° 279999, *Lebon T.* 1034 ; *AJDA* 2005. 972 ; *D.* 2005. 1465, note T. Guillemin.
2. CE 15 mai 2002, Baudoin, req. n° 239487, NP.
3. CE, ord., 19 août 2002, Front national et Institut de formation des élus locaux (Iforel), req. n° 249666, *Lebon* 311 ; *AJDA* 2002. 1017, note X. Braud ; *D.* 2002. 2452, et les obs. – CE, ord., 30 mars 2007, ville de Lyon, req. n° 304053, *Lebon* ; *Dr. adm.* 2007, comm. n° 90, note F. Melleray ; *LPA* 6 août 2007, n° 156, p. 22, note O. Le Bot.
4. CE, ord., 26 août 2016, Ligue des droits de l'homme et a., Assoc. de défense des droits de l'homme Collectif contre l'islamophobie en France, req. n° 402742, *Lebon* ; *AJDA* 2016. 1599 ; *AJDA* 2016. 2122, note P. Gervier ; *D.* 2016. 1704, et les obs. ; *AJCT* 2016. 508, obs. G. Le Chatelier ; *AJCT* 2016. 529, tribune M.-A. Granger ; *AJCT* 2016. 552, étude C. Alonso ; *RFDA* 2016. 1227, note P. Bon.
5. CE 29 mars 2002, SCI Stéphaur et a., req. n° 243338, *Lebon* 117 ; *AJDA* 2003. 345, note P. Grosieux ; *D.* 2003. 1115, note R. Martin ; *D.* 2002. 2080, note J.-C. Zarka ; *RFDA* 2003. 370, étude T. Pez ; *RFDA* 2003. 386, note Y. Lequette ; *BJCL* 2002. 93, concl. T. Olson.

tion sera en revanche valide si elle est justifiée, par exemple, par une menace de trouble à l'ordre public[1].

Ensuite, dans l'hypothèse où elle se trouve justifiée, l'atteinte sera illégale si elle présente un caractère excessif au regard des termes de l'habilitation légale ou de l'objectif poursuivi, dépassant le seuil d'atteinte autorisé par la loi ou strictement justifié par la poursuite de l'intérêt général. L'autorité publique ne doit pas, par son action, son abstention ou son refus, porter atteinte à une liberté fondamentale au-delà de ce qui est nécessaire ou raisonnable. Cette exigence de proportionnalité concerne aussi bien les atteintes résultant d'actions que celles résultant d'un refus ou d'une abstention. Elle prend la forme, dans les deux cas, de l'exigence de l'atteinte la plus faible possible aux libertés fondamentales en interdisant :

- tantôt les mesures excessives (par exemple la réquisition de l'ensemble du personnel en grève d'une clinique, et non pas des seuls salariés dont la présence est nécessaire à la préservation de la santé publique)[2] ;

- tantôt les mesures insuffisantes ou n'intervenant pas dans un délai raisonnable (par exemple le retard excessif pris par l'administration pour délivrer à un demandeur de titre de séjour le récépissé auquel lui donne droit la législation[3] ou le défaut, depuis quatorze mois, d'exécution d'un jugement annulant une mesure de reconduite à la frontière d'un étranger résidant de façon habituelle en France depuis plus de dix ans et devant ainsi se voir attribuer de plein droit une carte de séjour portant la mention « vie privée et familiale »)[4].

232.172 Illégalité *attentatoire*. En vertu de l'article L. 521-2 du CJA, le référé-liberté ne peut être mis en œuvre que lorsque l'administration a porté à une liberté fondamentale une « atteinte [...] illégale ». Il résulte de cette formule que la loi n'exige pas n'importe quelle forme d'illégalité mais une illégalité déterminée. L'illégalité est celle de l'atteinte portée à une liberté fondamentale. Une illégalité dont il ne résulte pas d'atteinte à une liberté fondamentale ne satisfait pas à l'exigence énoncée à l'article L. 521-2. Il ne suffit pas que l'administration ait d'un côté, pris un acte manifestement illégal et d'un autre porté atteinte à une liberté fondamentale. Il faut que l'atteinte soit la conséquence de l'illégalité commise. Si une illégalité manifeste est relevée et qu'une atteinte à une liberté fondamentale est caractérisée, les conditions de l'article L. 521-2 ne seront satisfaites que si l'atteinte résulte directement de l'illégalité constatée. Le juge des référés souligne, en ce sens, « que la mise en œuvre des pouvoirs que l'article L. 521-2 du Code de justice administrative attribue au juge des

1. V. par ex. CE, ord., 5 janv. 2007, min. de l'Intérieur c/Assoc. « Solidarité des Français », req. n° 300311, *Lebon T.* ; *AJDA* 2007. 601, note B. Pauvert ; *D.* 2007. 307 ; *RTDH* 2007. 885, note F. Dieu : interdiction d'un rassemblement reposant sur une menace avérée de troubles à l'ordre public.
2. CE 9 déc. 2003, Aguillon et a., req. n° 262186, *Lebon* 497 ; *AJDA* 2004. 1138, note O. Le Bot ; *D.* 2004. 538, et les obs. ; *AJFP* 2004. 148, obs. C. Moniolle ; *RFDA* 2004. 306, concl. J.-H. Stahl ; *RFDA* 2004. 311, note P. Cassia ; *RDSS* 2004. 298, étude D. Boulmier ; *Dr. soc.* 2004. 172, concl. ; *JCP* 2004. II. 10076, note X. Prétot ; *JCP Adm.* 2004, n° 1096, note D. Maillard Desgrees du Loû ; *Dr. ouvr.* 2004. 184, note M. Panigel-Nennouche.
3. CE, ord., 12 nov. 2001, min. de l'Intérieur c/Béchar, req. n° 239794, *Lebon T.* 1132 - CE 7 mai 2003, Boumaiza, req. n° 250002, NP.
4. CE, ord., 11 juin 2002, Aït Oubba, req. n° 247649, *Lebon T.* 869 ; *AJDA* 2002. 764, note L. Tavernier.

référés suppose qu'une mesure prise par une autorité administrative soit entachée d'une illégalité manifeste *dont découle* une atteinte grave à une liberté fondamentale »[1]. La loi exige que l'illégalité constatée ait une réelle incidence sur la liberté en cause.

En toute hypothèse, l'illégalité relevée doit nécessairement affecter une liberté fondamentale. Par suite, une illégalité de pure forme, liée par exemple à la consultation d'un organisme ou à la motivation d'une décision[2] ne saurait satisfaire à cette exigence d'illégalité *de l'atteinte* à une liberté. Si un vice de forme substantielle peut présenter un caractère illégal, et même manifestement illégal, il paraît par nature insusceptible de porter atteinte à une liberté fondamentale. Ainsi, le Conseil d'État refuse d'annuler l'ordonnance par laquelle un juge des référés a rejeté une demande tendant à ce que soit prononcée, sur le fondement de l'article L. 521-2, la suspension d'arrêtés étendant le périmètre d'une communauté d'agglomération et prononçant le retrait de plusieurs communes de l'établissement public de coopération intercommunale. Le pourvoi est rejeté au motif qu'en l'espèce, les communes requérantes se prévalent uniquement de moyens de légalité externe relatifs aux procédures consultatives. Pour le Conseil, « aucun de ces moyens, à les supposer fondés, ne permet de regarder comme “grave et manifestement illégale” l'atteinte que porteraient les arrêtés litigieux au principe de libre administration des collectivités locales »[3]. Selon la même logique, la circonstance qu'une demande d'admission au séjour au titre de l'asile a été examinée par un préfet autre que celui normalement compétent ne saurait, par elle-même, être regardée comme une atteinte grave à l'exercice du droit d'asile[4].

232.173 Illégalité directe ou indirecte. L'illégalité peut être directe et résulter de la méconnaissance de la norme consacrant la liberté fondamentale, par exemple la violation de l'article 9 de la Déclaration des droits de l'homme et du citoyen protégeant la présomption d'innocence[5]. Elle peut également être indirecte et résulter de la violation d'une norme qui organise son régime et sa protection comme en matière de droit des étrangers[6].

232.174 Moyens opérants. Seuls les moyens présentant un caractère opérant peuvent être invoqués à l'appui d'une demande en référé-liberté. Tel n'est pas le cas du moyen tiré de la méconnaissance des dispositions relatives au droit répressif lorsqu'il

1. CE, ord., 17 déc. 2004, Faure, req. n° 275219, NP.
2. CE, ord., 12 sept. 2014, Assoc. « Tigers », req. n° 384405, NP (pt 4).
3. CE 30 mai 2002, Cne de Gely-du-Fesc et a., req. nos 247273 et 247286, NP.
4. CE 27 oct. 2011, min. de l'Intérieur, de l'Outre-mer, des Collectivités territoriales et de l'Immigration c/ Sultanyan, req. n° 353508, *Lebon* ; *AJDA* 2011. 2095 ; *D.* 2012. 390, obs. O. Boskovic, S. Corneloup, F. Jault-Seseke, N. Joubert et K. Parrot.
5. CE, ord., 14 mars 2005, Gollnisch, req. n° 278435, *Lebon* 103 ; *AJDA* 2005. 1633, note L. Burgorgue-Larsen ; *AJFP* 2005. 222, et les obs.
6. Par ex. CE, ord., 17 sept. 2009, min. de l'Immigration c/Salah, req. n° 331950, *Lebon* ; *AJDA* 2010. 202, note S. Slama ; *D.* 2010. 2868, obs. O. Boskovic, S. Corneloup, F. Jault-Seseke, N. Joubert et K. Parrot ; *Constitutions* 2010. 291, obs. O. Le Bot ; *JCP Adm.* 2009, n° 2262, note L. Fermaud : méconnaissance du droit constitutionnel d'asile pour violation des dispositions européennes sur les conditions matérielles d'accueil décentes du demandeur d'asile.

est soulevé à l'encontre d'un acte n'ayant pas le caractère d'une sanction (v. s[s] n° 222.812).

232.175 Contrôle de conventionnalité de la loi (abstrait, concret). La jurisprudence *Carminati*[1], qui interdit au juge du référé-suspension de contrôler à titre inédit la conventionnalité de la loi (v. s[s] n° 222.821) a dans un premier temps été appliquée au référé-liberté[2]. Elle fut respectée, à une exception près (qui s'expliquait par les circonstances particulières de l'espèce[3]).

Dans un arrêt du 31 mai 2016, l'assemblée du contentieux a mis fin à la jurisprudence *Carminati* dans le cadre du référé-liberté : « eu égard à son office, qui consiste à assurer la sauvegarde des libertés fondamentales, il appartient au juge des référés, saisi sur le fondement de l'article L. 521-2 du Code de justice administrative, de prendre, en cas d'urgence, toutes les mesures qui sont de nature à remédier aux effets résultant d'une atteinte grave et manifestement illégale portée, par une autorité administrative, à une liberté fondamentale, y compris lorsque cette atteinte résulte de l'application de dispositions législatives qui sont manifestement incompatibles avec les engagements européens ou internationaux de la France, ou dont la mise en œuvre entraînerait des conséquences manifestement contraires aux exigences nées de ces engagements »[4]. Deux précisions s'imposent sur cette formule. D'une part, la mise à l'écart de la jurisprudence *Carminati* se trouve justifiée par l'office particulier confié au juge du référé-liberté, à savoir la sauvegarde des libertés fondamentales faisant l'objet d'atteintes graves et manifestement illégales. D'autre part, conformément à la lettre de l'article L. 521-2 (qui limite l'intervention du juge du référé-liberté aux atteintes « manifestement » illégales), seules des inconventionnalités elles-mêmes manifestes peuvent être sanctionnées par celui-ci[5].

1. CE 30 déc. 2002, min. de l'Aménagement du territoire c/Carminati, req. n° 240430, *Lebon* 510 ; *AJDA* 2003. 1065, note O. Le Bot ; *Dr. adm.* 2003, comm. n° 74, obs. M. G. ; *Coll. terr.*, comm. n° 55, note L. Erstein.
2. CE, ord., 9 déc. 2005, Allouache et a., req. n° 287777, *Lebon* ; *AJDA* 2005. 2374 ; *AJDA* 2006. 1875, étude T.-X. Girardot ; *D.* 2006. 12 ; *RTD civ.* 2006. 80, obs. R. Encinas de Munagorri – CE, ord., 16 juin 2010, Diakité, req. n° 340250, *Lebon* ; *AJDA* 2010. 1230 ; *AJDA* 2010. 1355, Chron. S.-J. Liéber et D. Botteghi ; *AJDA* 2010. 1662, note O. Le Bot ; *RFDA* 2011. 377, Chron. L. Clément-Wilz, F. Martucci et C. Mayeur-Carpentier ; *Constitutions* 2010. 399, obs. J. Barthélemy et L. Boré ; *RTD eur.* 2010. 975, Chron. D. Ritleng, J.-P. Kovar et A. Bouveresse ; *JCP* 2010, n° 739, note P. Cassia.
3. CE, ass., 24 juin 2014, Lambert, req. n° 375081, *Lebon* ; *AJDA* 2014. 1293 ; *AJDA* 2014. 1669 ; *AJDA* 2014. 1484, Chron. A. Bretonneau et J. Lessi, note D. Truchet ; *D.* 2014. 1856, et les obs., note D. Vigneau ; *D.* 2014. 2021, obs. A. Laude ; *D.* 2015. 755, obs. J.-C. Galloux et H. Gaumont-Prat ; *AJ fam.* 2014. 396, obs. A. Dionisi-Peyrusse ; *RFDA* 2014. 657, concl. R. Keller ; *RFDA* 2014. 702, note P. Delvolvé ; *RDSS* 2014. 1101, note D. Thouvenin ; *JCP Adm.* 2016, n° 2340, étude M.-L. Moquer-Anger ; *JCP* 2014, n° 825, note F. Vialla ; *Dr. fam.* 2014. comm. 32, note J.-R. Binet : à propos de la décision de cesser de maintenir un patient sous respirateur artificiel.
4. CE, ass., 31 mai 2016, Gonzalez Gomez, req. n° 396848, *Lebon* ; *AJDA* 2016. 1092 ; *AJDA* 2016. 1398, Chron. L. Dutheillet de Lamothe et G. Odinet ; *D.* 2016. 1470, obs. M.-C. de Montecler ; *D.* 2016. 1472, note H. Fulchiron ; *D.* 2016. 1477, note B. Haftel ; *AJ fam.* 2016. 439, obs. C. Siffrein-Blanc ; *AJ fam.* 2016. 360, obs. A. Dionisi-Peyrusse ; *RFDA* 2016. 740, concl. A. Bretonneau ; *RFDA* 2016. 754, note P. Delvolvé ; *RTD civ.* 2016. 578, obs. P. Deumier ; *RTD civ.* 2016. 600, obs. J. Hauser ; *RTD civ.* 2016. 802, obs. J.-P. Marguénaud ; *RTD civ.* 2016. 834, obs. J. Hauser ; *Procédures* 2016, comm. 244, obs. S. Deygas (p[t] 2).
5. Pour une application positive, v. CE, ass., 31 mai 2016, Gonzalez Gomez, req. n° 396848, préc. (p[t] 2) – pour un rejet, v. CE, ord., 28 juill. 2016, Abdeslam, req. n° 401800, NP ; *AJDA* 2016. 1602 ; *AJDA* 2016. 2052, note M. Sztulman ; *D.* 2016. 1808, entretien E. Péchillon ; *AJ pénal* 2016. 502, obs. D. Aubert.

Le juge du référé-liberté peut exercer un double contrôle de conventionnalité. Au contrôle abstrait d'un énoncé normatif s'ajoute une possibilité de contrôle concret de la loi au regard des conséquences produites par celle-ci sur la situation du demandeur[1]. Dans cette affaire, où était en cause la compatibilité avec l'article 8 de la convention européenne des droits de l'homme de la loi interdisant les inséminations *post-mortem*, le Conseil d'État avait conclu à la conventionnalité de la loi aux termes d'un examen abstrait, et à son inconventionnalité à l'issue d'un examen des conséquences particulières qu'elle produisait au cas d'espèce. Toutefois, les réserves d'une partie des membres du Conseil d'État à l'égard de cette jurisprudence ont conduit une formation de chambres réunies à sérieusement tempérer (si ce n'est annihiler) les perspectives qui avaient été ouvertes par l'assemblée du contentieux. Par un arrêt du 28 décembre 2017, le Conseil d'État est en effet venu apporter un tempérament important aux possibilités de mettre en œuvre le contrôle de conventionnalité concret en posant que celui-ci ne peut pas être exercé lorsque la loi critiquée repose sur un motif impérieux[2].

232.176 **Prise en compte des moyens dont dispose l'administration.** Le caractère illégal de l'atteinte à une liberté fondamentale s'apprécie en tenant compte des moyens dont dispose l'administration. En conséquence, l'autorité administrative ne peut se voir reprocher une situation qui s'impose à elle et sur laquelle elle n'a pas réellement prise.

Cette référence « aux moyens dont dispose l'administration » a d'abord été dégagée pour les droits-créance (v. ss no 232.301). Elle a ensuite été étendue au droit de ne pas subir de traitements inhumains ou dégradants, le juge affirmant « que le caractère manifestement illégal de l'atteinte à la liberté fondamentale en cause doit s'apprécier en tenant compte des moyens dont dispose l'autorité administrative compétente »[3]. Pour apprécier l'existence d'une illégalité, en particulier en présence d'une carence de l'autorité publique (en tout cas d'une abstention présentée comme telle par le requérant), il appartient au juge de tenir compte des moyens financiers et humains dont elle dispose mais aussi de sa marge de manœuvre et de ses possibilités d'action, c'est-à-dire à ce qu'elle est en mesure de faire d'un point de vue matériel,

1. CE, ass., 31 mai 2016, Gonzalez Gomez, req. no 396848, préc. (pt 2) : distinguant l'inconventionnalité résultant « de l'application de dispositions législatives » et celle résultant des « conséquences » de leur « mise en œuvre » – dans le même sens, dans l'ordre judiciaire, v. Civ. 1re, 4 déc. 2013, no 12-26.066, *Bull. civ.* I, no 234 ; *D.* 2014. 179, obs. C. de la Cour, note F. Chénedé ; *D.* 2014. 153, point de vue H. Fulchiron ; *D.* 2014. 1342, obs. J.-J. Lemouland et D. Vigneau ; *D.* 2017. 123, Chron. V. Vigneau ; *AJ fam.* 2014. 124, obs. S. Thouret ; *AJ fam.* 2013. 663, point de vue F. Chénedé ; *RTD civ.* 2014. 88, obs. J. Hauser ; *RTD civ.* 2014. 307, obs. J.-P. Marguénaud.
2. CE 28 déc. 2017, Molenat, no 396571, *Lebon* ; *Gaz. Pal.* 6 févr. 2018, no 5, p. 17, Chron. M. Guyomar ; *AJDA* 2018. 497, Chron. S. Roussel et Ch. Nicolas ; *JCP Adm.* 2018, no 2141, Chron. O. Le Bot.
3. CE, ord., 30 juill. 2015, Section française de l'Observatoire international des prisons (OIP-SF) et ordre des avocats au barreau de Nîmes, req. no 392043, cons. 19, *Lebon* ; *AJDA* 2015. 1567 ; *AJDA* 2015. 2216, note O. Le Bot ; *JCP Adm.* 2016, no 2069, Chron. O. Le Bot – CE 19 oct. 2020, Garde des sceaux, ministre de la justice c/Section française de l'Observatoire international des prisons, no 439372, *Lebon* ; *JCP Adm.* 2020, no 2295, note P. Parinet-Hodimont ; *JCP Adm.* 2020, no 1227, note L. Erstein ; *Dr. adm.* 2021, comm. 7, note G. Eveillard ; *AJDA* 2021. 694, note J. Schmitz ; *JCP Adm.* 2021, no 2049, Chron. O. Le Bot ; *Gaz. Pal.* 24 déc. 2020, no 41, p. 31, Chron. C. Barrois de Sarigny ; *AJDP* 2020. 593, note J.-P. Céré.

financier et juridique. Par exemple, le nombre de détenus dans une cellule ne dépend pas seulement de l'administration pénitentiaire. Elle dépend également du législateur, qui détermine les sommes allouées, et de l'autorité judiciaire, qui décide du placement sous écrous, l'administration étant tenue d'accueillir toutes les personnes placées quelles que soient les places dont elle dispose[1].

Le critère relatif aux moyens dont dispose l'administration est désormais pris en compte pour apprécier les atteintes à l'ensemble des libertés fondamentales[2].

Néanmoins, cette appréciation, relevée par la CEDH comme une faiblesse du référé-liberté[3], expose au risque d'exonérer l'administration de ses responsabilités lorsque l'autorité mise en cause indique ne pas pouvoir matériellement assumer telle ou telle obligation.

Elle revient en outre à décaler au stade de l'examen d'une condition (l'illégalité manifeste) une question concernant la mesure à ordonner (quel type d'injonction peut être exécuté, et donc prononcé ?). Si une norme est méconnue, il convient de le constater. Si une atteinte manifestement illégale existe, elle doit être relevée. C'est là l'office d'un juge. Le Conseil constitutionnel a-t-il tenu compte des moyens dont dispose l'État pour annuler une disposition législative lui faisant perdre 10 milliards d'euros de recettes fiscales ?[4] On doit considérer que la méconnaissance d'une norme juridique ne peut pas être couverte ou effacée par une prise en considération des moyens dont dispose l'administration. Ces moyens pourront le cas échéant être pris en compte au stade du choix de l'injonction (si l'injonction idoine permettant de faire cesser l'atteinte s'avère matériellement impossible à réaliser, le juge prescrira une injonction assouplie par rapport à cet idéal – une injonction réaliste, adaptée à ce qu'il est objectivement possible de faire et dans le respect de la séparation des pouvoirs) mais ils n'ont pas à l'être dans l'opération intellectuelle consistant à apprécier l'existence d'une illégalité.

Enfin, on peut raisonnablement penser que si un juge constate une atteinte grave et manifestement illégale et ordonne de la faire cesser, l'administration sera toujours en mesure de trouver les fonds et les moyens de s'exécuter. Des exemples le confirment d'ailleurs : un préfet indique ne pas avoir de places disponibles pour héberger une personne sans logis du fait de la saturation des capacités d'accueil, le juge lui ordonne néanmoins de trouver une solution, l'administration trouve une place en quelques heures[5] ; un département indique ne pas avoir d'auxiliaire de vie scolaire disponible pour un enfant atteint d'un handicap, le juge lui ordonne d'en attribuer un et le département, contraint par la justice, en trouve un dans un délai fixé[6]. Ces exemples montrent que le juge pourrait se montrer plus exigeant et raisonner davantage en

1. CE, ord., 30 juill. 2015, Section française de l'Observatoire international des prisons (OIP-SF) et ordre des avocats au barreau de Nîmes, req. n° 392043, cons. 19, préc.
2. CE, ord., 27 mars 2020, GISTI et autres, req. n° 439720, *Lebon T.*
3. CEDH 30 janv. 2020, J.M.B et autres c/France, req. n° 9671/15 ; *RFDA* 2020. 496, note J. Portier.
4. Cons. const. 6 oct. 2017, n° 2017-660 QPC, Société de participations financière [Contribution de 3 % sur les montants distribués].
5. TA Lyon, ord., 25 avr. 2012, Barjami, req. n° 1202684, NP : l'astreinte assortissant l'injonction en l'espèce n'a pas été liquidée.
6. TA Montpellier, ord., 12 janv. 2011, Ouamalik, req. n° 1100063, NP : l'astreinte assortissant l'injonction en l'espèce n'a pas été liquidée.

moyens potentiels de l'administration qu'en moyens actuels, c'est-à-dire au regard des moyens que l'administration peut mobiliser pour empêcher une atteinte ou la faire cesser plutôt qu'au regard des moyens dont elle s'est dotée à cette fin.

232.177 Prise en compte des mesures déjà prises. Le caractère manifestement illégal de l'atteinte à une liberté fondamentale s'apprécie en tenant compte des mesures que l'administration a déjà prises dans le cadre des moyens dont elle dispose[1]. S'agissant par exemple d'une requête critiquant les conditions de vie au sein d'un établissement pénitentiaire, le juge va se fonder, pour dénier l'existence d'une illégalité manifeste, sur les multiples démarches engagées par l'établissement « afin d'améliorer l'état des cellules, notamment en prévoyant de recourir [...], dans le cadre d'un marché régional, à un prestataire extérieur pour procéder à leur désinsectisation et en renouvelant une partie du mobilier »[2].

232.178 Prise en compte des engagements. Dans l'appréciation des conditions, le juge prend en compte les engagements pris par l'administration lors de l'audience[3]. Si d'aventure elle ne s'y tient pas, le juge des référés en tirera les conséquences en cas de nouvelle saisine portant sur le même objet[4].

232.179 Substitution de base légale. Le juge des référés peut procéder, de sa propre initiative, à une substitution de base légale. Il doit au préalable mettre les parties à même de présenter leurs observations sur la substitution envisagée[5].

B

Évidence de l'illégalité

232.181 Caractère « manifeste ». L'article L. 521-2 du CJA exige qu'une atteinte « manifestement illégale » soit portée à une liberté fondamentale. Cette exigence signifie que l'illégalité invoquée ne doit pas faire l'ombre d'un doute. Elle doit s'imposer avec la force de l'évidence.

232.182 Justifications. La présence de cette condition à l'article L. 521-2 du Code de justice administrative s'explique par deux séries de considérations.

L'exigence du caractère manifeste de l'illégalité se justifie, tout d'abord, par l'extrême brièveté du délai imparti au juge pour statuer. Contraint d'instruire le dossier et de rendre sa décision dans les 48 heures qui suivent l'enregistrement de la requête, le juge des référés ne peut s'attarder à un examen minutieux de la légalité de l'acte ou du comportement litigieux. Dans la mesure où le juge ne peut se livrer à des

1. CE 28 juill. 2017, Section française de l'Observatoire international des prisons, req. n° 410677, *Lebon* ; *AJDA* 2017. 2540, note O. Le Bot ; *Gaz. Pal.* 17 oct. 2017, n° 35, p. 26, note E. Senna.
2. CE 28 juill. 2017, Section française de l'Observatoire international des prisons, req. n° 410677 – Pour un autre exemple topique : CE, ord., 4 avr. 2019, Ministre de la Justice c/OIP, req. n° 428747, NP, pt 12 ; *AJDP* 2019. 342, obs. Ch. Otero.
3. V. p. ex. CE, ord., 8 avr. 2020, n° 439821, Le Syndicat national pénitentiaire Force ouvrière – personnels de surveillance, *Lebon T.* ; *Gaz. Pal.* 21 juill. 2020, n° 27, p. 26, Chron. S. Roussel.
4. V. CE, ord. 30 avr. 2020, Ministre de l'Intérieur et Ofpra, req. n° 440250, *Lebon T.* : prononcé d'une injonction après le non-respect des engagements pris dans CE, ord. 9 avr. 2020, Association Mouvement citoyen Tous migrants, req. n° 439895, NP.
5. CE, ord., 19 mars 2014, Muhamat Ibrahim, req. n° 376232, *Lebon T.* ; *AJDA* 2014. 653.

investigations approfondies, il est nécessaire que l'illégalité lui apparaisse dans le délai de 48 heures qui lui est imparti et, pour cela, qu'elle présente un caractère manifeste.

La condition d'une illégalité « manifeste » se justifie, ensuite, par le caractère autonome de la procédure du référé-liberté. Comme l'a fait remarquer Paul Cassia, le référé de l'article L. 521-1 du CJA dispose d'une sécurité que ne possède pas l'article L. 521-2 : « pour le référé-suspension, la mesure prend fin au plus tard lorsqu'une formation collégiale est appelée à statuer, de sorte que l'erreur d'appréciation éventuellement commise par le juge des référés sera en quelque sorte compensée au moment de l'examen de la requête au fond ; par comparaison, le référé-liberté n'étant pas subordonné au dépôt d'une requête au principal, le juge des référés ne dispose pas du "filet" que constitue l'examen approfondi ultérieur de la requête »[1]. En l'absence de sécurité liée à l'intervention ultérieure d'un juge du fond, il est normal que le juge du référé-liberté ne puisse mettre en œuvre les pouvoirs très importants dont il dispose que dans les hypothèses où l'administration a agi de façon manifestement irrégulière.

232.183 **Niveau accru d'illégalité.** Dans le référé-liberté, l'urgence a pour effet de durcir le niveau d'exigence de l'illégalité. Il est possible d'identifier, au regard de ce critère, trois niveaux dans l'appréciation d'une illégalité. Le premier niveau – le moins exigeant – est celui de l'illégalité apparente ou vraisemblable de l'article L. 521-1 du CJA. Le deuxième niveau – le niveau intermédiaire – est celui de l'illégalité « simple » constatée par le juge du fond. Le troisième niveau – le plus exigeant – est celui de la certitude sur l'illégalité dans le cadre de l'article L. 521-2 : dans cette hypothèse, l'illégalité ne souffre aucune discussion. Deux niveaux séparent ainsi le doute sérieux de l'article L. 521-1 et l'illégalité manifeste de l'article L. 521-2 : l'illégalité manifeste est plus difficile à établir que l'illégalité simple, et *a fortiori* que le doute sérieux. S'il n'y a pas de doute sérieux au sens de l'article L. 521-1 du Code de justice administrative, il ne saurait naturellement y avoir d'illégalité manifeste au sens de l'article L. 521-2.

232.184 **Condition exigeante.** Pour que le juge du référé-liberté puisse prononcer une mesure de sauvegarde, il faut que l'illégalité soit évidente. Si l'illégalité de l'acte ou de l'agissement ne lui apparaît pas certaine ou s'il éprouve un simple doute, même sérieux, sur sa légalité, il doit rejeter la demande présentée sur le fondement de l'article L. 521-2 du CJA. Le juge est invité, du fait des termes retenus par la loi, à ne prendre aucun risque à cet égard. Si l'autorité administrative n'a pas de manière absolument certaine adopté une position illégale, le juge du référé-liberté devra rejeter la demande présentée par le requérant[2]. La condition tenant au caractère manifeste de l'illégalité est donc particulièrement exigeante.

1. P. Cassia, *Les référés administratifs d'urgence*, LGDJ, coll. « Systèmes Droit », 2003, p. 121.
2. V., à propos d'un arrêté d'expulsion : CE, sect., 30 oct. 2001, min. de l'Intérieur c/Tliba, req. n° 238211, *Lebon* 523 ; *AJDA* 2001. 1054, Chron. M. Guyomar et P. Collin ; *GACA*, 5ᵉ éd., 2016, n° 15 ; *RFDA* 2002. 324, concl. I. de Silva.

232.185 Illégalité manifeste et contrôle restreint. Contrairement à une opinion répandue, la condition d'illégalité manifeste n'emporte pas exercice d'un contrôle restreint par le juge du référé-liberté. Cette exigence est en effet dépourvue d'incidence sur le degré de contrôle exercé.

Si une matière relève du contrôle restreint, une erreur manifeste d'appréciation (entendue comme une erreur grossière) sera sanctionnée si elle présente un caractère évident. Le contrôle du juge se trouve alors limité par deux exigences : d'une part celle tenant au caractère grossier de l'erreur de qualification commise (qui interdit au juge de substituer son appréciation à celle de l'administration), d'autre part celle tenant à son caractère manifeste (qui ne lui permet de retenir que des illégalités évidentes ou certaines).

En revanche, si une matière relève du contrôle normal, l'erreur de qualification juridique des faits sera sanctionnée – dès lors qu'elle présente un caractère certain ou évident – sans que le juge n'ait à limiter son pouvoir d'appréciation. Bien au contraire, il lui appartient dans un tel cas de figure de se mettre à la place de l'administration pour apprécier si, au moment où elle a pris la décision, la situation de fait qui la justifie a été correctement qualifiée.

De façon significative, c'est en référé-liberté que le Conseil d'État a opéré le passage du contrôle restreint au contrôle normal sur les motifs fondant une assignation à résidence[1]. Saisi d'une telle mesure, il procède à un contrôle poussé et approfondi des faits pour déterminer si une personne représente un danger pour l'ordre et la sécurité publics. Si à l'issue de cette investigation approfondie, il lui apparaît évident que ce n'est pas le cas, il censure l'erreur de qualification juridique des faits, et cela dans les mêmes conditions qu'il censurerait une incompétence manifeste ou une violation de la loi manifeste, c'est-à-dire sans limiter l'étendue de son contrôle[2].

232.186 Illégalité manifeste et question juridique inédite. Compte tenu du délai dans lequel intervient le juge du référé-liberté, il ne lui appartient pas de faire jurisprudence. Par exemple, confronté à la question inédite de savoir si, indépendamment des sanctions pénales prévues à l'article L. 441-4 du code de l'éducation, l'ouverture d'un établissement privé quelques jours avant l'expiration du délai de trois mois est au nombre des motifs susceptibles de justifier qu'il soit fait opposition à la déclaration « dans l'intérêt de l'ordre public ou de la protection de l'enfance et de la jeunesse » au sens de l'article L. 441-1 du code de l'éducation, le Conseil d'État affirme qu'il n'y a pas « lieu de trancher en référé la question »[3].

232.187 Condition difficile à satisfaire. En pratique, nombre de demandes achoppent sur cette condition.

Celle-ci est difficile à établir lorsque les dispositions législatives et réglementaires confèrent un large pouvoir à l'administration, par exemple pour autoriser le retrait

1. CE, sect., 11 déc. 2015, Domenjoud, req. n° 395009, *Lebon* ; *AJDA* 2016. 247, Chron. L. Dutheillet de Lamothe et G. Odinet ; *AJDA* 2015. 2404 ; *AJCT* 2016. 202, étude J.-C. Jobart ; *RFDA* 2016. 105, concl. X. Domino ; *RFDA* 2016. 123, note A. Roblot-Troizier ; *LPA* 8 mars 2016, n° 48, p. 8 à 15, note O. Le Bot.
2. V. par ex., CE, ord., 20 mai 2016, Bessouyah, req. n° 399692, NP.
3. CE, ord., 31 oct. 2019, Ministre de l'éducation nationale c/Ste Diderot éducation campus, req. n° 435435, NP.

d'une commune d'une communauté d'agglomération[1] ou encore pour mettre fin à l'état d'urgence[2].

La condition d'illégalité manifeste sera également exclue lorsque la décision positive ou le refus repose sur des motifs dont l'invocation paraît raisonnable au regard des données juridiques et factuelles de l'espèce. Ainsi, une mesure d'interdiction ne sera pas regardée comme manifestement illégale si les motifs sur lesquels elle repose présente un caractère raisonnable :

- décision interdisant à une personne de participer à la direction ou à l'encadrement d'organes ou d'institutions hébergeant des mineurs, en raison de témoignages répétés et d'éléments graves et concordants la mettant en cause pour des gestes à caractère sexuel à l'égard de mineurs placés sous son autorité[3] ;
- décision du préfet maritime interdisant toute circulation à moins de 10 mètres de grottes maritimes compte tenu des risques de chutes de pierres[4] ;
- arrêté municipal interdisant l'ouverture d'un *sex-shop* à proximité d'une école[5].

De même, une décision de refus ne présente pas un caractère manifestement illégal lorsque les conditions posées par les textes ne paraissent pas réunies. Ainsi, le juge des référés a considéré que n'était pas entachée d'illégalité manifeste :

- l'abstention d'une commune à entreprendre les travaux de réfection d'un chemin permettant d'accéder à une discothèque[6] ;
- le refus d'organiser une élection législative partielle à un an du renouvellement de l'Assemblée nationale, dès lors que les dispositions applicables prohibent l'organisation d'élections législatives partielles dans la dernière année de la législature[7] ;
- le refus d'entrée sur le territoire d'un ressortissant étranger qui ne justifie pas de la réalité des menaces auxquelles il s'estime exposé en cas de retour dans son pays[8].

De façon comparable, une décision positive n'est pas manifestement illégale lorsqu'elle repose sur des justifications qui, dans les circonstances de l'espèce, paraissent appropriées. Tel est le cas, par exemple :

- du retrait du bénéfice du statut d'apatride en raison de l'inexactitude des déclarations relatives à l'identité de son bénéficiaire[9] ;
- de la mesure d'abattage d'un troupeau du fait de la présence en son sein d'une vache atteinte de l'encéphalopathie spongiforme bovine[10].

Selon la même logique, la condition d'illégalité manifeste n'est pas remplie s'agissant de l'abstention d'un maire à interdire l'exposition, dans la vitrine d'une bou-

1. CE, ord., 24 janv. 2005, Cne de Wissous, req. n° 276493, NP - CE, ord., 2 mars 2005, Cne de Vedene, req. n° 278123, NP.
2. CE, ord., 9 déc. 2005, Allouache et a., req. n° 287777, *Lebon* 562 ; *AJDA* 2006. 1875, étude T.-X. Girardot ; *D.* 2006. 12 ; *RTD civ.* 2006. 80, obs. R. Encinas de Munagorri.
3. CE, ord., 9 août 2001, Medrinal, req. n° 236989, *Lebon T.* 1127.
4. CE, ord., 27 sept. 2001, Gueguenіat, req. n° 238473, NP.
5. CE, ord., 8 juin 2005, Cne de Houilles, req. n° 281084, *Lebon T.* 1036 ; *AJDA* 2005. 1851, note S. Hul.
6. CE, ord., 5 mars 2001, SARL Club 2000, req. n° 230889, *Lebon T.* 1130.
7. CE, ord., 18 mai 2001, Meyet, req. n° 233815, *Lebon* 244 ; *AJDA* 2001. 640, Chron. M. Guyomar et P. Collin.
8. CE, ord., 18 avr. 2002, min. de l'Intérieur c/Mpia, req. n° 245267, *Lebon T.* 873.
9. CE, ord., 29 mars 2002, Bonny, req. n° 244523, *Lebon* 119.
10. CE, ord., 20 févr. 2002, Ploquin, req. n° 243234, NP.

langerie, de pâtisseries figurant des personnages de couleur noire présentés dans une attitude obscène et s'inscrivant délibérément dans l'iconographie colonialiste. Si une telle exposition « est de nature à choquer, l'abstention puis le refus du maire [...] de faire usage de ses pouvoirs de police pour y mettre fin ne constituent pas en eux-mêmes une illégalité manifeste portant atteinte à une liberté fondamentale qu'il appartiendrait au juge administratif des référés de faire cesser »[1].

§ 4

Exemples de cas d'atteinte grave et manifestement illégale à une liberté fondamentale

A

Droits des étrangers

232.191 Droits-liberté. Porte une atteinte grave et manifestement illégale à une liberté fondamentale :

– le refus d'admission sur le territoire français d'un étranger sollicitant la qualité de réfugié alors que sa demande n'est pas manifestement mal fondée[2] ;

– le refus de restituer un titre de séjour en cours de validité à un étranger dont la mesure d'expulsion a été suspendue sur le fondement de l'article L. 521-1 du CJA[3] ;

– l'absence de toute suite donnée pendant plus de deux ans et demi à la décision de l'administration de délivrer à un étranger un récépissé de demande de titre de séjour[4] ;

– la réadmission d'un demandeur d'asile vers un autre État européen sans l'avoir informé des conditions et effets de cette procédure[5] ;

– la réadmission d'un demandeur d'asile vers un autre État européen alors que l'intéressé, en sa qualité de parent d'un enfant mineur, peut bénéficier de plein droit d'un titre de séjour en France[6] ;

– la réadmission d'un demandeur d'asile vers un autre État européen en plaçant l'intéressé devant l'alternative, soit de quitter sa famille pour soutenir sa demande d'asile dans cet État, soit de voir sa demande examinée en France, en son absence, pendant une durée indéterminée, ce qui le prive soit de son droit de mener une vie familiale normale, soit de son droit de bénéficier des garanties attachées à la procédure d'examen de sa demande[7] ;

– le refus d'enregistrer une demande d'asile et, par suite, d'engager l'instruction de la demande[8] ;

1. CE, ord., 16 avr. 2015, Sté Grasse Boulange, req. n° 389372, *Lebon T.* ; *AJDA* 2015. 786 ; *AJCT* 2015. 400, obs. J. Gaté ; *JCP Adm.* 2015, n° 2138, note H. Pauliat.
2. CE, ord., 25 mars 2003, min. de l'Intérieur, de la Sécurité intérieure et des Libertés locales c/Sulaimanov, req. n° 255237, *Lebon* 146 ; *AJDA* 2003. 1662, note O. Lecucq.
3. CE, ord., 8 nov. 2001, Kaigisiz, req. n° 239734, *Lebon* 545.
4. CE, ord., 12 nov. 2001, min. de l'Intérieur c/Bechar, req. n° 239794, *Lebon T.* 1132.
5. CE, ord., 30 juill. 2008, Chermykhanov, req. n° 313767, *Lebon T.* ; *AJDA* 2008. 1570.
6. CE, ord., 6 nov. 2012, min. de l'Intérieur c/Erhabor, req. n° 363511, *Lebon T.* ; *AJDA* 2012. 2143 ; *D.* 2013. 324, obs. O. Boskovic, S. Corneloup, F. Jault-Seseke, N. Joubert et K. Parrot.
7. CE, ord., 25 nov. 2003, min. de l'Intérieur, de la Sécurité intérieure et des Libertés locales c/Nikoghosyan, req. n° 261913, *Lebon T.* 927 ; *AJDA* 2004. 1198, note S. Glogowski ; *RTD eur.* 2004. 333, Chron. D. Ritleng ; *RTD eur.* 2004. 363, Chron. J. Dutheil de La Rochère, N. Grief et E. Saulnier.
8. CE 15 févr. 2002, Hadda, req. n° 238547, *Lebon* 45.

– la reconduite à la frontière vers un pays exposant l'intéressé à des risques réels[1] ;

– la mise à exécution d'un arrêté d'expulsion au terme d'une durée anormalement longue (11 ans) ; la mesure doit être regardée comme une nouvelle décision, et ce non justifiée dans la mesure où l'intéressé ne représente pas une menace grave pour l'ordre public[2] ;

– la signature d'un décret d'extradition alors que le recours en cassation formé contre l'avis favorable à l'extradition est encore pendant devant la Cour de cassation[3].

232.192 Droits-créance. Porte une atteinte grave et manifestement illégale à une liberté fondamentale :

– la privation du droit à bénéficier de conditions matérielles d'accueil décentes pendant l'examen de sa demande d'asile[4].

L'atteinte s'apprécie « en tenant compte des moyens dont dispose l'autorité administrative compétente et de la situation du demandeur ». Par suite, elle ne sera reconnue « que dans le cas où, d'une part, le comportement de celle-ci fait apparaître une méconnaissance manifeste des exigences qui découlent du droit d'asile et où, d'autre part, il résulte de ce comportement des conséquences graves pour le demandeur d'asile, compte tenu notamment de son âge, de son état de santé ou de sa situation de famille »[5].

À cet égard, présentent un caractère inopérant et, par suite, ne peuvent être pris en compte dans l'appréciation de l'atteinte grave et manifestement illégale au droit à des conditions matérielles d'accueil décentes :

– le moyen tiré du retard mis par l'administration à statuer sur la demande d'admission au séjour de l'intéressé[6] ;

1. CE, ord., 14 janv. 2005, Bondo, req. n° 276123, *Lebon T.* 915 ; *AJDA* 2005. 1360, note O. Lecucq ; *Dr. adm.* 2005, comm. n° 68, note V. Tchen.
2. CE 10 avr. 2009, min. de l'Intérieur, de l'Outre-mer et des Collectivités territoriales c/Beddiaf, req. n° 326863, *Lebon T.* ; *AJDA* 2009. 1559, note J. Ríos Rodríguez.
3. CE, ord., 29 juill. 2003, Peqini, req. n° 258900, *Lebon* 345.
4. CE, ord., 17 sept. 2009, min. de l'Immigration c/Salah, req. n° 331950, *Lebon* ; *AJDA* 2010. 202, note S. Slama ; *D.* 2010. 2868, obs. O. Boskovic, S. Corneloup, F. Jault-Seseke, N. Joubert et K. Parrot ; *Constitutions* 2010. 291, obs. O. Le Bot ; *JCP Adm.* 2009, n° 2262, note L. Fermaud – CE 27 oct. 2010, min. de l'Immigration, de l'Intégration, de l'Identité nationale et du Développement solidaire c/Veseli, req. n° 343898, *Lebon T.* ; *D.* 2012. 390, obs. O. Boskovic, S. Corneloup, F. Jault-Seseke, N. Joubert et K. Parrot – CE 22 nov. 2010, min. de l'Intérieur, de l'Outre-mer, des Collectivités territoriales et de l'Immigration c/ Sidy Sonko, req. n° 344373, *Lebon T.* ; *AJDA* 2010. 2285 ; *D.* 2012. 390, obs. O. Boskovic, S. Corneloup, F. Jault-Seseke, N. Joubert et K. Parrot.
5. CE 25 janv. 2011, min. de l'Intérieur, de l'Outre-mer, des Collectivités territoriales et de l'Immigration c/ Chakraborty, req. n° 345800, *Lebon* ; *AJDA* 2011. 195 ; *D.* 2012. 390, obs. O. Boskovic, S. Corneloup, F. Jault-Seseke, N. Joubert et K. Parrot ; *RTD eur.* 2011. 889, obs. D. Ritleng : confirmant CE 19 nov. 2010, min. de l'Intérieur, de l'Outre-mer, des Collectivités territoriales et de l'Immigration c/Panokheel, req. n° 344286, *Lebon* ; *AJDA* 2010. 2285 ; *D.* 2010. 2918, point de vue S. Slama et C. Pouly ; *ibid.* 2012. 390, obs. O. Boskovic, S. Corneloup, F. Jault-Seseke, N. Joubert et K. Parrot ; *AJDI* 2011. 421, Chron. F. Zitouni.
6. CE 25 janv. 2011, min. de l'Intérieur, de l'Outre-mer, des Collectivités territoriales et de l'Immigration c/Chakraborty, req. n° 345800, *Lebon* ; *AJDA* 2011. 195 ; *D.* 2012. 390, obs. O. Boskovic, S. Corneloup, F. Jault-Seseke, N. Joubert et K. Parrot ; *RTD eur.* 2011. 889, obs. D. Ritleng – CE, ord., 5 avr. 2013, Dizdari, req. n° 367232, *Lebon T.* ; *AJDA* 2013. 768 ; *AJDA* 2013. 1633, note K. Michelet.

– le moyen tiré du retard mis par l'administration à notifier la décision accordant à l'intéressé l'allocation temporaire d'attente prévue par le 1° de l'article L. 5423-8 et le 2° de l'article L. 5423-9 du Code du travail[1] ;

– le moyen tiré de ce que les conditions auxquelles la législation nationale subordonne l'obtention de l'allocation temporaire d'attente sont incompatibles avec les objectifs de la directive 2003/9/CE du 7 janvier 2003[2].

B

Droit de propriété et liberté d'entreprendre

232.201 Droit de propriété. Porte une atteinte grave et manifestement illégale à une liberté fondamentale :

– la suppression de la possibilité d'accéder de son terrain à la voie publique et, inversement, de la voie publique à son terrain[3] ;

– le refus de concours de la force publique pour l'expulsion de squatters sans menace avérée de trouble à l'ordre public[4] ;

– l'immobilisation d'un avion pour non-paiement de redevances aéroportuaires alors que le propriétaire de l'avion, qui n'a pas la qualité d'exploitant, n'en est pas redevable[5] ;

– la « reprise » d'un terrain cédé à un particulier, sur la base d'un texte abrogé[6] ;

– l'installation d'imposants rochers à l'entrée d'une parcelle[7] ;

– la décision de procéder à des coupes et abattages d'arbres dans un espace boisé classé en méconnaissance des prescriptions du Code de l'urbanisme[8] ;

– une saisie conservatoire de l'administration fiscale visant les comptes bancaires d'un couple, qui aboutit à priver celui-ci de tous moyens permettant d'assurer le financement de leurs dépenses courantes et notamment celles consacrées à l'entretien de leurs trois enfants[9].

1. CE 25 janv. 2011, min. de l'Intérieur, de l'Outre-mer, des Collectivités territoriales et de l'Immigration c/Chakraborty, préc.
2. CE 25 janv. 2011, min. de l'Intérieur, de l'Outre-mer, des Collectivités territoriales et de l'Immigration c/Chakraborty, préc.
3. CE, ord., 31 mai 2001, Cne d'Hyères-les-Palmiers, req. n° 234226, *Lebon* 253 : accès à un entrepôt – CE 14 mars 2011, Cne de Galluis, req. n° 347345, *Lebon T.* ; *AJDA* 2011. 1562, note O. Févrot : accès à une maison d'habitation.
4. CE 29 mars 2002, SCI Stéphaur et a., req. n° 243338, *Lebon* 117 ; *AJDA* 2003. 345, note P. Grosieux ; *D.* 2003. 1115, note R. Martin ; *D.* 2002. 2080, note J.-C. Zarka ; *RFDA* 2003. 370, étude T. Pez ; *RFDA* 2003. 386, note Y. Lequette ; *BJCL* 2002. 93, concl. T. Olson – CE 1er juin 2017, SCI La Marne Fourmies, req. n° 406103, *Lebon T.* ; *AJDA* 2017. 1892, note A. Perrin – sur la question, v. C. Bainvel et S. Papapolychroniou, « Le refus d'exécution des décisions d'expulsion devant le juge du référé-liberté », *AJDI* 2015. 108.
5. CE 2 juill. 2003, Sté Outremer Finance Ltd, req. n° 254536, *Lebon* 306 ; *AJDA* 2003. 1780, concl. G. Bachelier ; *RTD civ.* 2004. 324, obs. P. Crocq ; *JCP Adm.* 2003, n° 1384, note J.M. ; *JCP* 2004. I. 125, note H. Périnet-Marquet ; *JCP* 2003. II. 10180, note J. Martin et P.-Y. Nauleau.
6. CE 2 févr. 2004, Abdallah, req. n° 260100, *Lebon* 16 ; *D.* 2005. 34 ; *D.* 2005. 26, obs. P.-L. Frier ; *RFDA* 2004. 772, concl. S. Boissard.
7. CE, ord., 8 août 2008, Cne de Ceyrat, req. n° 319547, NP.
8. CE, ord., 8 nov. 2005, Moissinac Massenat, req. n° 286606, *Lebon* 491 ; *Constr.-Urb.* 2006, comm. n° 51, note G. Godfrin.
9. TA Nice, ord., 7 oct. 2019, Faugeroux, req. n° 1904769, NP ; *Droit fiscal* 2020, comm. 170, note J.-P. Parant.

232.202 Liberté d'entreprendre. Porte une atteinte grave et manifestement illégale à une liberté fondamentale :

– l'arrêté municipal subordonnant à la délivrance d'une autorisation la possibilité pour les navires de transport côtier de passager d'entrer et de stationner dans un port[1] ;

– l'arrêté municipal interdisant la circulation de véhicules explosifs ou dangereux sur une voie publique sur laquelle aucun impératif de sécurité publique ne le justifie et qui a pour effet d'empêcher l'accès des camions à une entreprise de la commune[2] ;

– l'arrêté municipal ordonnant la fermeture d'un commerce de proximité sur la base de menaces à la santé publique infondées[3] ;

– la décision préfectorale de fermer une discothèque sur la base de menaces de troubles à l'ordre public non établies[4] ;

– l'arrêté municipal interdisant à un navire de promenade en mer d'accoster au port de plaisance de la commune[5].

Ne porte pas une telle atteinte :

– la décision préfectorale de fermer une discothèque justifiée par le nombre élevé d'accidents et d'infractions au Code de la route constatés sur les trois dernières années à proximité de l'établissement[6].

C

Culte et religion

232.211 Liberté du culte. Porte une atteinte grave et manifestement illégale à une liberté fondamentale :

– l'autorisation, par le maire, d'une manifestation publique dans un édifice religieux[7] ;

– le refus du maire d'autoriser l'ouverture au public d'une mosquée[8] et refus du préfet de se substituer au maire pour délivrer l'autorisation[9] ;

– le refus du maire de mettre une salle à la disposition d'une association musulmane afin de célébrer la fête de l'Aïd-el-Kébir[10].

1. CE, ord., 2 juill. 2003, Cne de Collioure, req. n° 257971, *Lebon T.* 930 ; *AJDA* 2003. 2218, note J.-P. Markus.
2. CE, ord., 26 nov. 2004, Cne de Wingles, req. n° 274226, NP.
3. CE, ord., 14 mars 2003, Cne d'Évry, req. n° 254827, *Lebon T.* 931.
4. CE, ord., 16 août 2004, min. de l'Intérieur, de la Sécurité intérieure et des Libertés locales c/Basset, req. n° 271148, NP.
5. CE, ord., 6 sept. 2006, Cne d'Ota, req. n° 296912, NP.
6. CE 28 oct. 2011, SARL PCRL Exploitation, req. n° 353553, *Lebon T.* ; *AJDA* 2011. 2098.
7. CE, ord., 25 août 2005, Cne de Massat, req. n° 284307, *Lebon* 386 ; *AJDA* 2006. 91, note P. Subra de Bieusses.
8. CE, ord., 9 nov. 2015, Assoc. musulmane El Fath et a., req. n° 394333, *Lebon T.* ; *AJDA* 2016. 385, note E. Debaets ; *AJCT* 2016. 552, étude C. Alonso ; *JCP Adm.* 2016, n° 2116, Chron. O. Le Bot ; *AJDA* 2016. 385, note E. Debaets – CE, ord., 30 juin 2016, maire de la ville de Nice, req. n° 400841, NP ; *AJDA* 2016. 2048, note M. Comte ; *AJCT* 2016. 552, étude C. Alonso.
9. CE, ord., 19 janv. 2016, Assoc. musulmane El Fath, req. n° 396003, *Lebon* ; *AJDA* 2016. 71 ; *AJDA* 2016. 732, note L. Le Foyer de Costil ; *AJCT* 2016. 552, étude C. Alonso ; *JCP Adm.* 2016, n° 2116, Chron. O. Le Bot.
10. CE, ord., 23 sept. 2015, Association des musulmans de Mantes Sud, req. n° 393639, NP ; *Procédures* 2015, comm. 343, obs. S. Deygas.

En revanche, ne porte pas une telle atteinte :

- la fermeture d'une mosquée prise pour prévenir la continuation ou le retour des troubles à l'ordre public découlant des prédications prononcées dans la mosquée et de la fréquentation même de celle-ci[1].

232.212 Tenue religieuse. Porte une atteinte grave et manifestement illégale à une liberté fondamentale :

- l'interdiction du burkini sur une plage (atteinte à la liberté personnelle, à la liberté d'aller et venir et à la liberté de conscience)[2].

D

Libertés de réunion et de manifestation

232.221 Liberté de réunion. Porte une atteinte grave et manifestement illégale à une liberté fondamentale :

- le refus de mettre une salle municipale à la disposition d'un parti politique[3] ;
- le refus de mettre un stade municipal à la disposition d'une association cultuelle[4] ;
- le refus de mettre une salle municipale à la disposition d'un humoriste controversé[5] ;
- l'interdiction du « Calais Vegan Festival » en l'absence de menace avérée de trouble à l'ordre public[6].

232.222 Liberté de manifestation. Porte une atteinte grave et manifestement illégale à une liberté fondamentale :

- l'interdiction d'une manifestation en l'absence de menaces de trouble à l'ordre public[7].

1. CE 20 janv. 2017, Assoc. centre culturel franco-égyptien - Assoc. Maison d'Égypte, req. n° 406618, NP.
2. CE, ord., 26 août 2016, Ligue des droits de l'homme et a., Assoc. de défense des droits de l'homme Collectif contre l'islamophobie en France, req. n° 402742, *Lebon* ; *AJDA* 2016. 1599 ; *AJDA* 2016. 2122, note P. Gervier ; *D.* 2016. 1704, et les obs. ; *AJCT* 2016. 508, obs. G. Le Chatelier ; *AJCT* 2016. 529, tribune M.-A. Granger ; *AJCT* 2016. 552, étude C. Alonso ; *RFDA* 2016. 1227, note P. Bon.
3. CE, ord., 19 août 2002, Front national et Institut de formation des élus locaux (Iforel), req. n° 249666, *Lebon* 311 ; *AJDA* 2002. 1017, note X. Braud ; *D.* 2002. 2452, et les obs. - CE, ord., 30 mars 2007, ville de Lyon, req. n° 304053, *Lebon* ; *Dr. adm.* 2007, comm. n° 90, note F. Melleray ; *LPA* 6 août 2007, n° 156, p. 22, note O. Le Bot.
4. TA Paris, ord., 13 mai 2004, Assoc. cultuelle des témoins de Jéhovah de France et a., req. n° 0411210/9, NP ; *AJDA* 2004. 1597, note G. Gonzalez ; *D.* 2004. 2398, note A. Garay.
5. TA Bordeaux, ord., 27 févr. 2012, Sté Phone mobile et Dieudonné, req. n° 1200673, NP - CE, ord., 26 févr. 2010, Cne d'Orvault, req. n° 336837, NP ; *AJDA* 2010. 1104 - CE, ord., 6 févr. 2015, Cne de Cournon d'Auvergne, req. n° 387726, *Lebon* ; *AJDA* 2015. 1658, note E. Saillant-Maraghni ; *D.* 2015. 544, note B. Quiriny (v. *contra*, pour un spectacle au cours duquel des propos pénalement répréhensibles risquaient d'être tenus : CE, ord., 9 janv. 2014, min. de l'Intérieur c/Sté Les Productions de la Plume et M. M'Bala M'Bala, req. n° 374508, *Lebon* ; *AJDA* 2014. 79 ; *AJDA* 2014. 866 ; *AJDA* 2014. 129, tribune B. Seiller ; *AJDA* 2014. 473, tribune C. Broyelle, note J. Petit ; *D.* 2014. 86, obs. J.-M. Pastor ; *D.* 2014. 155, point de vue R. Piastra ; *D.* 2014. 200, entretien D. Maus ; *AJCT* 2014. 157, obs. G. Le Chatelier ; *RFDA* 2014. 87, note O. Gohin).
6. TA Lille, ord., 4 sept. 2018, Assoc. L. 214, req. n° 1807923, NP ; *AJCT* 2019. 53, note O. Didriche.
7. TA Paris, ord., 31 oct. 2013, Assoc. Droit au logement Paris et environs, req. n° 1315396/9, NP. Par décision verbale du 30 octobre, le préfet interdit un rassemblement devant se tenir le 31 octobre à partir de 20 h. Saisi le 30 dans la journée, le juge tient audience le 31 au matin et suspend dans la foulée la mesure d'interdiction.

En revanche, ne porte pas une telle atteinte :

– l'interdiction d'une manifestation en cas de menaces avérées de trouble à l'ordre public[1].

E

Libre administration des collectivités territoriales

232.231 Atteinte. Porte une atteinte grave et manifestement illégale à une liberté fondamentale :

– l'exercice, par un établissement public de coopération intercommunale, des attributions relevant encore de la compétence des communes membres[2] ;

– l'immixtion d'une commune dans la sphère de compétence d'un EPCI[3] ;

– le fait pour un maire de s'abstenir de tenir compte et de transmettre aux autorités préfectorales les lettres de démission de conseillers municipaux, alors que par leur nombre ces démissions pourraient rendre obligatoire une élection[4] ;

– la décision du préfet de reporter la tenue des élections municipales[5].

232.232 Absence d'atteinte. Ne porte une atteinte grave et manifestement illégale à une liberté fondamentale :

– le refus du préfet d'autoriser une commune membre d'un EPCI à s'en retirer[6] ;

– l'arrêté préfectoral prononçant l'extension d'un EPCI et en tirant les conséquences sur les EPCI existants[7] ;

– la décision prise par le préfet de répartition des sièges faute pour les communes membres d'avoir délibéré sur ce point dans les délais[8] ;

– le règlement d'office du budget par le représentant de l'État[9] ;

– le refus du Centre national du cinéma et de l'image animée d'autoriser une commune à organiser des séances de cinéma en plein air[10] ;

– les difficultés de fonctionnement entre les collectivités membres d'un groupement (par exemple lorsqu'une région membre d'un parc naturel régional reproche à l'autre région membre de ne pas lui en avoir cédé la présidence contrairement à ce

1. CE, ord., 26 juill. 2014, Pojolat, req. n° 383091, NP ; *RFDA* 2015. 499, note T. Guilluy : manifestation propalestienienne – CE, ord., 5 janv. 2007, min. de l'Intérieur c/Assoc. « Solidarité des Français », req. n° 300311, *Lebon T.* ; *AJDA* 2007. 601, note B. Pauvert ; *D.* 2007. 307 ; *RTDH* 2007. 885, note F. Dieu : objet de la manifestation par lui-même contraire à l'ordre public – TA Lille, ord., 5 févr. 2016, Rivet, req. n° 1601013, NP : menaces d'affrontements entre pro et anti-migrants – TA Paris, ord., 27 nov. 2020, Synd. national des journalistes CGT, req. n° 2019949, NP – CE, ord., 1er juill. 2022, Syndicat des Gilets jaunes, req. n° 465411, NP.
2. CE 12 juin 2002, Cne de Fauillet et a., req. n° 246618, *Lebon* 215 ; *AJDA* 2002. 590, Chron. F. Donnat et D. Casas ; *BJCL* 2002. 279, concl. F. Séners – v. O. Le Bot, « L'utilisation du référé-liberté par les collectivités territoriales », *AJDA* 2016. 592.
3. TA Fort de France, ord., 29 déc. 2010, Communauté d'agglomération de l'espace Sud de la Martinique, req. n° 1000886, NP.
4. TA Melun, ord., 2 déc. 2016, Paquier, req. n° 1609789, NP.
5. TA Toulouse, ord., 2 févr. 2021, Cordoncillo, req. n° 2100355, NP.
6. CE, ord. 2 mars 2005, Cne de Vedene, req. n° 278123, NP ; CE, ord. 24 janv. 2005, Cne de Wissous, req. n° 276493, NP : décisions soulignant le large pouvoir d'appréciation dont dispose le préfet sur ce point.
7. CE, ord. 30 mai 2002, Commune de Gely-du-Fesc, req. n° 247273, NP.
8. CE, ord. 27 févr. 2014, Communauté de communes des collines du Léman, req. n° 375693, NP.
9. CE, ord. 3 nov. 2011, Cne de Faa'a, req. n° 353676, NP.
10. CE, ord., 16 juill. 2021, Cne de La Garenne-Colombes, req. n° 454526, NP.

que prévoient - selon elle - les statuts et critique qu'il soit impossible de sortir de la crise tenant à l'absence de président de l'établissement faute que les statuts prévoient une possibilité de retrait de la région et que le préfet accepte de prononcer la dissolution de celui-ci[1]).

F

Liberté d'aller et venir

232.241 Liberté d'aller et venir. Porte une atteinte grave et manifestement illégale à une liberté fondamentale :

- le retrait et la rétention des documents d'identité d'une famille de ressortissants français[2] ;
- le refus d'inscrire sur le passeport du demandeur ses enfants ou de leur délivrer des passeports individuels[3] ;
- le refus de délivrer une carte nationale d'identité en raison de l'instance judiciaire en cours à l'encontre d'un tiers soupçonné d'avoir usurpé l'identité du demandeur[4].

Ne porte pas une atteinte grave et manifestement illégale à une liberté fondamentale :

- d'interdire un déplacement de supporters en cas de menaces de trouble à l'ordre public[5].

G

Respect de la vie privée, vie familiale, liberté du mariage et secret des correspondances

232.251 Liberté de se marier. Porte une atteinte grave et manifestement illégale à une liberté fondamentale :

- le refus de délivrer un visa de séjour permettant la célébration en France d'un mariage dont la date est fixée depuis près d'un an[6].

232.252 Respect de la vie privée. Porte une atteinte grave et manifestement illégale à une liberté fondamentale :

- le refus d'autoriser une femme à exporter en Espagne les gamètes de son époux décédé afin de pouvoir réaliser dans ce pays une procréation médicalement assistée[7] ;

1. CE 8 mars 2002, région Languedoc-Roussillon, n° 236587, inédit.
2. CE, ord., 2 avr. 2001, min. de l'Intérieur c/Cts Marcel, req. n° 231965, *Lebon* 167.
3. CE, ord., 4 déc. 2002, Du Couëdic de Kérérant, req. n° 252051, *Lebon T.* 874 ; *D.* 2003. 313 ; *AJ fam.* 2003. 103, obs. F.B. ; *RTD civ.* 2003. 59, obs. J. Hauser.
4. CE, ord., 11 mars 2003, Samagassi, req. n° 254791, *Lebon* 119.
5. CE, ord., 22 janv. 2016, Association nationale des supporteurs, req. n° 396307, NP ; *Cahiers de droit du sport*, n° 43, p. 117, note F. Colin.
6. CE, ord., 9 juill. 2014, Mbaye, req. n° 382145, *Lebon T.* ; *AJDA* 2014. 1418 ; *AJDA* 2014. 2141, note E. Aubin ; *D.* 2014. 1496, et les obs. ; *D.* 2015. 450, obs. O. Boskovic, S. Corneloup, F. Jault-Seseke, N. Joubert et K. Parrot ; *D.* 2015. 1056, obs. H. Gaudemet-Tallon et F. Jault-Seseke ; *D.* 2015. 1408, obs. J.-J. Lemouland et D. Vigneau ; *AJ fam.* 2014. 505, obs. B. De Boysson ; *RTD civ.* 2014. 861, obs. J. Hauser ; *JCP Adm.* 2015. 2029, Chron. O. Le Bot.
7. CE, ass., 31 mai 2016, Gonzalez Gomez, req. n° 396848, *Lebon* ; *AJDA* 2016. 1092 ; *AJDA* 2016. 1398, Chron. L. Dutheillet de Lamothe et G. Odinet ; *D.* 2016. 1470, obs. M.-C. de Montecler ; *D.* 2016. 1472, note H. Fulchiron ; *D.* 2016. 1477, note B. Haftel ; *AJ fam.* 2016. 439, obs. C. Siffrein-Blanc ; *AJ fam.* 2016. ➢

– l'utilisation de drones pour surveiller les manifestations, compte tenu des données collectées[1] ;

– l'usage de caméras thermiques dans les écoles (le droit au respect de la vie privée comprenant le droit à la protection des données personnelles)[2].

232.253 Vie familiale. Porte une atteinte grave et manifestement illégale à une liberté fondamentale :

– un refus de permis de visite opposé à un détenu[3].

232.254 Secret des correspondances. Porte une atteinte grave et manifestement illégale à une liberté fondamentale :

– la note d'un maire prescrivant l'ouverture systématique des courriers adressés à certains conseillers municipaux[4].

H

Droits du travailleur

232.261 Droit de grève. Porte une atteinte grave et manifestement illégale à une liberté fondamentale :

– l'arrêté préfectoral portant réquisition de l'ensemble des sages-femmes en grève dans une clinique privée, en vue d'assurer un fonctionnement normal du service[5] (en revanche, l'atteinte n'est pas caractérisée lorsque la mesure de réquisition est nécessaire et proportionnée[6]) ;

– le recours à une entreprise de sous-traitance dans une hypothèse où les effectifs non grévistes sont suffisants pour assurer la continuité du service public[7].

232.262 Liberté syndicale. Porte une atteinte grave et manifestement illégale à une liberté fondamentale :

– le refus de mettre un local à la disposition d'un syndicat[8] ;

➢ 360, obs. A. Dionisi-Peyrusse ; *RFDA* 2016. 740, concl. A. Bretonneau ; *RFDA* 2016. 754, note P. Delvolvé ; *RTD civ.* 2016. 578, obs. P. Deumier ; *RTD civ.* 2016. 600, obs. J. Hauser ; *RTD civ.* 2016. 802, obs. J.-P. Marguénaud ; *RTD civ.* 2016. 834, obs. J. Hauser ; *Procédures* 2016, comm. 244, obs. S. Deygas (p[t] 2).

1. CE, ord., 18 mai 2020, La Quadrature du net, req. n° 440442, NP ; *D.* 2020. 1336, note P.-E. Audit ; *AJDA* 2020. 1552, note X. Bioy ; *Gaz. Pal.* 30 juin 2020, n° 24, p. 28, note P. Lingibé.
2. CE, ord., 26 juin 2020, Ligue des droits de l'homme, req. n° 441065, NP.
3. CE, ord., 7 mars 2018, Araujo de Santos, req. n° 417370, NP ; *AJDP* 2018. 267, obs. M. Herzog-Evans.
4. CE 9 avr. 2004, Vast, req. n° 263759, *Lebon* 173 ; *RFDA* 2004. 778, concl. S. Boissard ; *Dr. adm.* 2004, comm. n° 98, note M. Lombard ; *JCP Adm.* 2004, n° 1318, note M.-C. Rouault ; *JCP Adm.* 2004, n° 1319, note J. Moreau ; *Gaz. Pal.* 2005. 391, note D. Linotte et J.-L. Pissaloux ; *CCE* 2004, étude J. Fraysinnet ; *Coll. terr.* 2004, comm. n° 120, note L. Derridj.
5. CE 9 déc. 2003, Aguillon et a., req. n° 262186, *Lebon* 497 ; *AJDA* 2004. 1138, note O. Le Bot ; *D.* 2004. 538, et les obs. ; *AJFP* 2004. 148, obs. C. Moniolle ; *RFDA* 2004. 306, concl. J.-H. Stahl ; *RFDA* 2004. 311, note P. Cassia ; *RDSS* 2004. 298, étude D. Boulmier ; *Dr. soc.* 2004. 172, concl. ; *JCP* 2004. II. 10076, note X. Prétot ; *JCP Adm.* 2004, n° 1096, note D. Maillard Desgrees du Loû ; *Dr. ouvr.* 2004. 184, note M. Panigel-Nennouche.
6. CE 27 oct. 2010, Lefebvre, req. n° 343966, *Lebon* ; *AJDA* 2011. 388, note P. S. Hansen et N. Ferré.
7. TA Lille, ord., 5 juill. 2013, Union locale Force ouvrière de Maubeuge, n° 1304083, NP.
8. CE, ord., 9 juill. 2007, C[ne] du Port, req. n° 307046, NP.

– la suspension des mandats représentatifs et syndicaux d'un délégué du personnel et l'interdiction qui lui est faite d'accéder aux locaux professionnels[1].

232.263 Harcèlement moral. Porte une atteinte grave et manifestement illégale à une liberté fondamentale :

– le harcèlement d'un agent communal par le maire de la commune (retrait de ses responsabilités et de ses moyens, murage de son bureau)[2] ;

– la « placardisation » d'un agent pendant trois années, sans affectation réelle ni missions effectives[3].

I

Présomption d'innocence, droit au recours, droits de la défense

232.271 Présomption d'innocence. Porte une atteinte grave et manifestement illégale à une liberté fondamentale :

– les prises de position d'un recteur d'académie soutenant publiquement, sans attendre le résultat d'une procédure disciplinaire en cours contre un enseignant-chercheur, que le manquement de l'intéressé à ses obligations déontologiques est établi[4].

232.272 Droit au recours. Porte une atteinte grave et manifestement illégale à une liberté fondamentale :

– le refus des autorités consulaires de permettre à une partie à un procès civil de venir en France pour se soumettre à des tests ADN ordonnés dans le cadre d'une action en reconnaissance de filiation[5] ;

– l'exécution d'une procédure d'expulsion malgré l'existence d'une décision de la Cour européenne des droits de l'homme indiquant qu'il était souhaitable, en application de l'article 39 du règlement de la Cour, de ne pas procéder à cette expulsion pendant la durée de la procédure devant cette Cour[6] ;

– le refus du préfet de faire usage de son pouvoir de substitution pour exécuter en lieu et place d'une collectivité locale une décision de justice rendue à son encontre (en l'occurrence, refus du préfet d'accorder à la place d'une commune l'autorisation d'ouverture d'une mosquée alors que cette collectivité s'est vue enjoindre la délivrance de cette autorisation par une précédente ordonnance de référé)[7] ;

– la poursuite par l'administration des travaux d'aménagement et de viabilisation de parcelles malgré l'annulation de la DUP, qui prive d'effet utile le recours introduit devant le juge du principal[8].

1. CE, ord., 5 févr. 2016, Granero, req. n° 396431, *Lebon T.* ; *AJDA* 2016. 1194, note P. Esplugas.
2. CE, ord., 19 juin 2014, Cne du Castellet, req. n° 381061, *Lebon T.* ; *AJDA* 2014. 1301 ; *AJDA* 2014. 2079, note O. Le Bot ; *AJFP* 2015. 33, comm. A. Baumard ; *AJCT* 2017. 70, étude N. Font.
3. CE, ord., 2 oct. 2015, Cne de Mérignac, req. n° 393766, NP ; *AJDA* 2015. 2472 ; *AJFP* 2016. 96, et les obs.
4. CE, ord., 14 mars 2005, Gollnisch, req. n° 278435, *Lebon* 103 ; *AJDA* 2005. 1633, note L. Burgorgue-Larsen.
5. CE, ord., 4 mars 2010, Soignet, req. n° 336700, *Lebon T.* ; *AJDA* 2010. 1206, note O. Le Bot.
6. CE, ord., 30 juin 2009, min. de l'Intérieur, de l'Outre-mer et des collectivités territoriales c/Beghal, req. n° 328879, *Lebon* ; *AJDA* 2009. 1344.
7. CE, ord., 19 janv. 2016, Assoc. musulmane El Fath, req. n° 396003, *Lebon* ; *AJDA* 2016. 71 ; *AJDA* 2016. 732, note L. Le Foyer de Costil ; *AJCT* 2016. 552, étude C. Alonso ; *JCP Adm.* 2016, n° 2116, Chron. O. Le Bot.
8. CE, ord., 11 janv. 2021, Communauté de communes des portes de Rosheim, req. n° 448094, NP ; *Procédures* 2021, comm. 123, note N. Chifflot ; *RDI* 2021. 137, note R. Hostiou.

232.273 Droits de la défense. Porte atteinte une atteinte grave et manifestement illégale à une liberté fondamentale :

– l'organisation d'audiences par visioconférence dans les instances pénales[1].

Ne porte pas une atteinte grave et manifestement illégale à une liberté fondamentale :

– l'obligation pour les avocats de porter une alarme portative individuelle pour des raisons de sécurité, dès lors que le dispositif n'est pas équipé d'une fonction d'écoute à distance, garantissant ainsi la confidentialité des échanges avec les détenus[2].

J

Dignité, interdiction des traitements inhumains ou dégradants, respect de la vie

232.281 Traitements inhumains ou dégradants. Porte une atteinte grave et manifestement illégale à une liberté fondamentale :

– la note prescrivant la fouille intégrale de chaque détenu après une visite au parloir[3] (en revanche, absence d'atteinte pour une décision de fouille intégrale systématique prise à l'encontre d'un détenu déterminé en raison de la dangerosité particulière de celui-ci[4]) ;

– la situation sanitaire d'un établissement pénitentiaire infesté par des rats et des insectes[5] ;

– les conditions de détention dans un établissement pénitentiaire[6] ;

– la situation d'un détenu ayant commis une tentative de suicide[7] ;

– la situation sanitaire d'un bidonville comportant un nombre insuffisant de toilettes, points d'accès à l'eau potable et points de collecte des déchets[8] ;

1. CE, ord., 27 nov. 2020, Association des avocats pénalistes, req. n° 446712, NP.
2. CE, ord., 3 juin 2019, Kammoussi, req. n° 431068, NP ; *Gaz. Pal.* 3 déc. 2019, n° 42, p. 26, Chron. A. Lizop et J. Villacèque.
3. CE 6 juin 2013, Section française de l'Observatoire international des prisons, req. n° 368816, *Lebon T.* ; *AJDA* 2013. 1191 ; *AJ pénal* 2013. 497, obs. E. Péchillon.
4. CE, ord., 6 juin 2013, Eski, req. n° 368875, *Lebon T.* ; *AJDA* 2013. 1191 ; *D.* 2013. 1478, obs. M. Léna ; *AJ pénal* 2013. 497.
5. CE, ord., 22 déc. 2012, Section française de l'Observatoire international des prisons, req. n° 364584, *Lebon* ; *AJDA* 2013. 12 ; *JCP* 2013. 87, note O. Le Bot – v. égal[t] TA Martinique, ord., 17 oct. 2014, Section française de l'Observatoire international des prisons, req. n° 1400673, NP – TA Melun, ord., 6 oct. 2016, Section française de l'Observatoire international des prisons, req. n° 1608163, NP ; *AJ pénal* 2016. 605, obs. C. Otero.
6. CE 19 oct. 2020, Garde des sceaux, ministre de la justice c/Section française de l'Observatoire international des prisons, n° 439372, *Lebon* ; *JCP Adm.* 2020, n° 2295, note P. Parinet-Hodimont ; *JCP Adm.* 2020, n° 1227, note L. Erstein ; *Dr. adm.* 2021, comm. 7, note G. Eveillard ; *AJDA* 2021. 694, note J. Schmitz ; *JCP Adm.* 2021, n° 2049, Chron. O. Le Bot ; *Gaz. Pal.* 24 déc. 2020, n° 41, p. 31, Chron. C. Barrois de Sarigny ; *AJDP* 2020. 593, note J.-P. Céré.
7. CE, ord. 26 av. 2019, Ministre de la Justice c/Madani, req. n° 429686, NP.
8. CE, ord., 23 nov. 2015, min. de l'Intérieur et C[ne] de Calais, req. n° 394540, *Lebon* ; *AJDA* 2016. 556, note J. Schmitz ; *AJDA* 2015. 2238 ; *D.* 2016. 336, obs. O. Boskovic, S. Corneloup, F. Jault-Seseke, N. Joubert et K. Parrot ; *RDSS* 2016. 90, note D. Roman et S. Slama ; *Envir.* 2016. comm. 23, note L. Peyen ; *JCP Adm.* 2016, n° 2116, Chron. O. Le Bot – CE 31 juill. 2017, C[ne] de Calais, req. n° 412125, *Lebon* – CE, ord., 22 janv. 2019, Ministre de l'Intérieur, req. n° 425888, NP.

– la situation d'un mineur étranger isolé dépourvu d'hébergement et contraint, de ce fait, de vivre dans un squat[1] ou sous une tente[2] ;

– une « chasse aux clandestins » organisée par des collectifs de villageois à Mayotte sans réaction des autorités locales[3].

232.282 Dignité de la personne humaine. Porte une atteinte grave et manifestement illégale à une liberté fondamentale :

– une œuvre comportant des inscriptions antisémites[4].

En revanche, ne constitue pas une telle atteinte :

– l'installation par une municipalité, dans plusieurs espaces publics de 125 panneaux, fabriqués par la première adjointe au maire, dont 60 ont la forme d'accessoires, tels que chapeaux, sacs ou chaussures, ou d'éléments du corps féminin, tandis que 65 représentent des silhouettes de femmes, à différents âges de la vie et dans différentes attitudes[5].

232.283 Respect de la vie. Porte une atteinte grave et manifestement illégale à une liberté fondamentale :

– la situation d'un détenu ayant commis une tentative de suicide[6] ;

– l'absence de protection fournie par les autorités consulaires à Kaboul à un interprète Afghan travaillant pour les forces armées françaises et exposés de ce fait à des menaces de mort[7].

K

Droits du patient et santé

232.291 Libre communication du patient. Porte une atteinte grave et manifestement illégale à une liberté fondamentale :

– l'interdiction faite à un patient placé d'office de communiquer avec les autorités administratives et judiciaires[8].

232.292 Arrêt ou administration d'un traitement. Porte une atteinte grave et manifestement illégale à une liberté fondamentale :

1. CE, ord., 12 mars 2014, Kaibo, req. n° 375956, *Lebon T.* ; *AJDA* 2014. 588 ; *AJDA* 2014. 1284, note O. Le Bot ; *D.* 2015. 450, obs. O. Boskovic, S. Corneloup, F. Jault-Seseke, N. Joubert et K. Parrot ; *AJDI* 2015. 752, étude F. Zitouni ; *AJ fam.* 2014. 251, obs. S. Slama ; *RDSS* 2014. 531, note H. Rihal et A. Cavaniol.
2. CE 27 juill. 2016, Dpt du Nord c/Badiaga, req. n° 400055, *Lebon* ; *AJDA* 2016. 1543 ; *AJDA* 2016. 2115, concl. J. Lessi ; *D.* 2017. 261, obs. O. Boskovic, S. Corneloup, F. Jault-Seseke, N. Joubert et K. Parrot ; *AJCT* 2016. 634, obs. C. Teixeira.
3. TA Mayotte, ord., 4 juin 2016, Cimade, req. n° 1600461, NP.
4. TA Versailles, ord., 19 sept. 2015, Assoc. Avocats sans frontières, req. n° 1506153, NP ; *AJCT* 2016. 43, obs. P. Noual.
5. CE, ord., 1er sept. 2017, Commune de Dannemarie c/Association « Les Effronté-e-s », req. n° 413607, *Lebon T.* ; *Dr. adm.* 2017, comm. 46, note V. Hipeau ; *JCP Adm.* 2018, n° 2025, note V. Donier ; *AJDA* 2017. 2076, note M. Carpentier ; *JCP Adm.* 2018, n° 2066, Chron. O. Le Bot ; *RJFP* 2017, n° 11, p. 22, note E. Putman et S. Cacioppo ; *Procédures* 2017, comm. 254, note S. Deygas.
6. CE, ord. 26 av. 2019, Ministre de la Justice c/Madani, req. n° 429686, NP.
7. CE 14 déc. 2018, Orya Khail, req. n° 424847, NP ; *AJDA* 2019. 528, note S. Slama ; *LPA* 27 mars 2019, n° 62, p. 7, note J. Bousquet.
8. CE 15 mai 2002, Baudoin, req. n° 239487, NP.

– la décision de mettre un terme, à l'issue d'un délai de réflexion insuffisamment long, à l'alimentation artificielle et à la respiration artificielle d'un enfant d'un an se trouvant en état de conscience minimale[1] ;

– la décision d'engager une procédure de limitation des traitements actifs en cas de détresse vitale d'un patient se trouvant dans un état grave, dès lors qu'une telle mesure, pouvant survenir à tout moment, ne permettrait pas à la famille du patient de saisir en temps utile le juge du référé-liberté[2].

En revanche, ne constitue pas une telle atteinte, dans les circonstances de l'espèce :

– une décision d'arrêter un traitement[3] ou de prodiguer des soins d'éveil[4] à une personne en état de conscience minimale ;

– une décision de pratiquer une transfusion sanguine à une patiente appartenant aux Témoins de Jéhovah, malgré son opposition à ce type de traitement, dès lors que sa survie en dépend[5].

232.293 Droit à un traitement et à des soins appropriés. Une « carence caractérisée » d'une autorité administrative dans l'usage des pouvoirs que lui confère la loi pour mettre en œuvre le droit de toute personne de recevoir, sous réserve de son consentement libre et éclairé, « les traitements et les soins les plus appropriés à son état de santé, tels qu'appréciés par le médecin », peut faire apparaître, pour l'application de l'article L. 521-2 du Code de justice administrative, « une atteinte grave et manifestement illégale à une liberté fondamentale lorsqu'elle risque d'entraîner une altération grave de l'état de santé de la personne intéressée »[6].

Ne caractérise pas une telle atteinte :

1. CE, ord., 8 mars 2017, Assistance publique – Hôpitaux de Marseille, req. n° 408146, *Lebon* ; *AJDA* 2017. 497 ; *D.* 2017. 574 ; *AJ fam.* 2017. 218, obs. A. Dionisi-Peyrusse.
2. CE 28 nov. 2018, Mme Abraham, Bigaré, req. n° 424135, *Lebon T.* ; *RDSS* 2019. 95, ét. A. Minet-Leleu ; *AJDA* 2019. 1168, note X. Bioy ; *Procédures* 2019, comm. 103, obs. S. Deygas.
3. CE, ass., 14 févr. 2014, Lambert, req. n° 375081, *Lebon* ; *AJDA* 2014. 1293 ; *AJDA* 2014. 1669 ; *AJDA* 2014. 1484, Chron. A. Bretonneau et J. Lessi, note D. Truchet ; *D.* 2014. 1856, et les obs., note D. Vigneau ; *D.* 2014. 2021, obs. A. Laude ; *D.* 2015. 755, obs. J.-C. Galloux et H. Gaumont-Prat ; *AJ fam.* 2014. 396, obs. A. Dionisi-Peyrusse ; *RFDA* 2014. 657, concl. R. Keller ; *RFDA* 2014. 702, note P. Delvolvé ; *RDSS* 2014. 1101, note D. Thouvenin – TA Lyon, ord., 9 nov. 2016, Ahouaoui, req. n° 1607855, NP ; *AJDA* 2017. 301, note P. Veron et F. Vialla ; *D.* 2016. 2345, obs. F. Vialla ; *D.* 2017. 470, obs. M. Douchy-Oudot ; *AJ fam.* 2016. 564, obs. A. Dionisi-Peyrusse – CE, ord., 5 janv. 2018, Afiri et Biddarri, n° 416689, *Lebon* ; *JCP Adm.* 2018, n° 2051, note C. Castaing ; *AJDA* 2018. 578, note X. Bioy ; *D.* 2019. 80, note A. Gogos-Gintrand ; *RDSS* 2019. 95, note A. Minet-Leleu ; *JCP Adm.* 2018, n° 2247, Chron. O. Le Bot ; *RGDM* 2018. 185, note E. Bieronski.
4. TA Strasbourg, ord., 7 avr. 2014, Schirer, req. n° 1401623, NP ; *D.* 2014. 934, obs. E. Martinent ; *AJ fam.* 2014. 335, obs. A. Dionisi-Peyrusse ; *JCP Adm.* 2014, n° 2183, note V. Vioujas ; *JCP Adm.* 2014. Act. 459, libres propos F. Vialla ; *RJPF* 2014. 22, note I. Corpart.
5. CE, ord., 16 août 2002, Feuillatey, req. n° 249552, *Lebon* 309 ; *Droit, Déontologie & Soin* 2002. 416, note L. Ouatah ; *LPA* 26 mars 2003, n° 61, p. 4, note C. Clément ; *JCP* 2002. II. 10184, note P. Mistretta ; *Gaz. Pal.* 2002. I. p. 1729-1731, note Y. Lachaud ; *JCP Adm.* 2002, n° 1022, note A. Mersch ; *RCA* 2002, Chron. n° 21, note S. Porchy-Simon ; *Dr. adm.* 2002, comm. n° 188, note E. Aubin ; *RGDM* 2003. 97, note B. Mathieu ; *RGDM* 2003. 143, note A. Garay ; *Dr. fam.* 2003, comm. n° 11, note S. Mouton.
6. CE 13 déc. 2017, Pica-Picard, req. n° 415207, *Lebon T.* ; *AJDA* 2018. 1046, note D. Roman ; *JCP Adm.* 2018, n° 2141, Chron. O. Le Bot.

– le changement de formule du Levothyrox (qui a généré des effets indésirables chez de nombreux patients) du fait des mesures prises par les autorités pour faire face à la crise (autorisation de commercialisation provisoire de l'ancienne formule, à destination prioritaire des patients confrontés à des effets indésirables persistants ; poursuite de l'enquête de pharmacovigilance mise en œuvre ; information des patients et mise en place d'un « numéro vert » pour répondre à leurs interrogations)[1] ;

– le choix d'une équipe médicale d'administrer un traitement plutôt qu'un autre[2] ;

– le choix d'un calendrier pour la mise en œuvre d'une intervention chirurgicale[3].

L

Droits-créance

232.301 Critères. S'agissant des droits-créances, l'atteinte s'apprécie en prenant en compte deux éléments : d'une part la situation personnelle du demandeur, d'autre part les moyens dont dispose l'administration pour la mise en œuvre de ces droits[4].

232.302 Atteinte. Ont été regardées comme portant une atteinte grave et manifestement illégale à une liberté fondamentale :

– l'absence de mise à disposition d'un auxiliaire de vie scolaire à un enfant atteint d'un handicap[5] ;

1. CE 13 déc. 2017, Pica-Picard, req. n° 415207, préc.
2. CE, ord., 26 juill. 2017, Marchetti, n° 412618, *Lebon* ; *JCP G* 2017, n° 998, note F. Vialla ; *AJDA* 2017. 1887, Chron. G. Odinet et S. Roussel ; *JCP Adm.* 2018, n° 2066, Chron. O. Le Bot ; *Procédures* 2017, comm. 289, obs. N. Chiflot – Cet arrêt a défini le contrôle mis en œuvre, au titre de l'article L. 521-2 du CJA, sur le choix d'une équipe médicale d'administrer un traitement plutôt qu'un autre. Deux principes ont été posés – En premier lieu, il revient au juge de contrôler les éléments d'ordre formel. Il s'assure qu'une prise en charge thérapeutique est assurée. Il vérifie également, lorsque plusieurs thérapeutiques sont envisageables, si les médecins ont réalisé le bilan qu'il leur appartient « d'effectuer en tenant compte, d'une part, des risques encourus et, d'autre part, du bénéfice escompté » (p[t] 4) – En second lieu, le contrôle du juge ne s'étend pas aux éléments d'ordre matériel, c'est-à-dire au choix opéré par les professionnels de santé à l'issue du bilan réalisé. Non seulement le juge n'est qu'un juge et nullement un homme de l'art mais, en outre, aucune disposition ne consacre « au profit du patient, un droit de choisir son traitement » (p[t] 2). Dans ces conditions, il ne revient pas au juge de remettre en cause ni même d'apprécier les choix opérés par les professionnels de santé : « dès lors qu'une prise en charge thérapeutique est assurée par l'hôpital, il n'appartient pas au juge des référés, saisi sur le fondement de l'article L. 521-2 du code de justice administrative, d'une demande tendant à ce que soit ordonnée une mesure de sauvegarde du droit au respect de la vie garanti par l'article 2 de la convention européenne de sauvegarde des droits de l'homme et des libertés fondamentales, de prescrire à l'équipe médicale que soit administré un autre traitement que celui qu'elle a choisi de pratiquer à l'issue du bilan qu'il lui appartient d'effectuer » (p[t] 5).
3. CE, ord. 27 juill. 2018, Coyette, req. n° 422241, *Lebon T.* ; *JCP Adm.* 2019, n° 2035, Chron. O. Le Bot.
4. V. par ex., pour l'accueil en institut spécialisé d'un enfant autiste, CE, ord., 27 nov. 2013, Charle, req. n° 373300, *Lebon* ; *AJDA* 2014. 574, note F.-X. Fort ; *AJDA* 2013. 2342 ; *D.* 2013. 2855, obs. P. Véron ; *RFDA* 2014. 531, étude L. Fermaud (conditions non satisfaites en l'espèce).
5. TA Marseille, ord., 21 déc. 2010, Pegliasco, req. n° 1008137, NP – TA Montpellier, ord., 12 janv. 2011, Ouamalik, req. n° 1100063, NP – Décisions appliquant la solution de principe : CE, ord., 15 déc. 2010, min. de l'Éducation nationale, de la Recherche et de la Vie associative c/Peyrilhe, req. n° 344729, *Lebon* ; *LPA* 1er avr. 2011, p. 5, note O. Le Bot.

– le refus de délivrer un récépissé de demande de titre de séjour, qui empêche un jeune majeur de s'inscrire à l'université[1] ;

– le refus d'inscrire un enfant d'une communauté rom au motif que les parents ne fournissent pas de justificatif de domicile alors qu'il résulte de l'instruction que les services de la commune avaient connaissance de la présence des requérants à l'adresse indiquée dans leur attestation sur l'honneur[2] ;

– l'absence de prise en charge d'une jeune adulte polyhandicapée[3] ;

– l'atteinte à des conditions matérielles d'accueil décentes pour les demandeurs d'asile (v. s[s] n° 232.191) ;

– le refus d'attribuer un hébergement d'urgence à une personne sans logis[4], ou de l'y maintenir[5].

Sur ce dernier point, la jurisprudence a précisé les principes applicables[6].

Premièrement, il appartient à l'administration « de mettre en œuvre le droit à l'hébergement d'urgence reconnu par la loi à toute personne sans abri qui se trouve en situation de détresse médicale, psychique ou sociale » (p[t] 5). Cette obligation pèse principalement sur les autorités de l'État ; elle ne s'impose au département qu'à titre supplétif et uniquement lorsque sont en cause des enfants mineurs (p[t] 8). À leur égard, la compétence de l'État (en tant que personne publique en charge de la police générale) n'a vocation à jouer « que dans l'hypothèse où les mesures de sauvegarde à prendre excéderaient les capacités d'action du département » (dans ce cas, l'absence d'hébergement tendra à être sanctionnée, selon les circonstances, non pas au titre du droit à un hébergement d'urgence mais du droit de toute personne à ne pas être soumise à des traitements inhumains ou dégradants)[7].

Deuxièmement, au niveau des conditions d'octroi d'une mesure de sauvegarde, une carence « caractérisée » de l'administration peut faire apparaître une atteinte

1. TA Caen, ord., 1er oct. 2021, Keitia, req. n° 2102114, NP.
2. TA Montreuil, ord., 16 sept. 2020, Stan, req. n° 2009554, NP. Pour d'autres exemples de sanction du droit à l'éducation, v. O. Le Bot, « Référés et vie scolaire », in *Le droit de la vie scolaire*, 9e éd., Dalloz, 2022, p. 135-137.
3. TA Cergy-Pontoise, ord., 7 oct. 2013, Loquet, req. n° 1307736, NP ; *AJDA* 2013. 1946 ; *AJ fam.* 2013. 599, obs. A. Dionisi-Peyrusse : relevant l'atteinte grave et manifestement illégale aux droits de ses parents à la sécurité et à une vie privée et familiale normale.
4. TA Paris, ord., 20 févr. 2012, Stidois, req. n° 1202899/9, NP – TA Lyon, ord., 25 avr. 2012, Barjami, req. n° 1202684, NP – décisions appliquant la solution de principe : CE, ord., 10 févr. 2012, Fofana, req. n° 356456, *Lebon T.* ; *AJDA* 2012. 295 ; *AJDA* 2012. 716, note A. Duranthon ; *D.* 2012. 555, et les obs. ; *D.* 2013. 324, obs. O. Boskovic, S. Corneloup, F. Jault-Seseke, N. Joubert et K. Parrot ; *AJDI* 2012. 411, étude R. Piastra ; *AJDI* 2013. 489, étude F. Zitouni ; *JCP Adm.* 2012, n° 2059, note O. Le Bot ; *JCP* 2012, n° 581, note G. Delmas – absence d'atteinte lorsque le requérant n'a pas sollicité de prise en charge avant la saisine du juge : CE, ord., 5 nov. 2014, Carletti, req. n° 385431, NP ; *AJDI* 2016. 667, Chron. F. Zitouni ; *RDSS* 2015. 170, note V. Donier.
5. TA Paris, ord., 11 janv. 2013, Bouaziz, req. n° 1300311/9, NP.
6. CE, sect., 13 juill. 2016, min. des Affaires sociales et de la Santé c/Rumija, req. n° 400074, *Lebon* ; *AJDA* 2016. 1477 ; *AJDA* 2016. 2162, note H. Rihal ; *D.* 2017. 261, obs. O. Boskovic, S. Corneloup, F. Jault-Seseke, N. Joubert et K. Parrot ; *AJCT* 2016. 636, obs. M.-C. Rouault ; *JCP Adm.* 2017, n° 2053, Chron. O. Le Bot.
7. CE 27 juill. 2016, Dp[t] du Nord c/Badiaga, req. n° 400055, *Lebon* ; *AJDA* 2016. 1543 ; *AJDA* 2016. 2115, concl. J. Lessi ; *D.* 2017. 261, obs. O. Boskovic, S. Corneloup, F. Jault-Seseke, N. Joubert et K. Parrot ; *AJCT* 2016. 634, obs. C. Teixeira (p[t] 6).

grave et manifestement illégale à une liberté fondamentale « lorsqu'elle entraîne des conséquences graves pour la personne intéressée ». Pour apprécier l'existence d'une telle atteinte, il incombe au juge des référés d'apprécier dans chaque cas « les diligences accomplies par l'administration en tenant compte des moyens dont elle dispose » ainsi que « de l'âge, de l'état de la santé et de la situation de famille de la personne intéressée » (pt 5)[1].

Troisièmement, les ressortissants étrangers qui font l'objet d'une OQTF ou dont la demande d'asile a été définitivement rejetée (et qui doivent ainsi quitter le territoire) n'ont « pas vocation à bénéficier du dispositif d'hébergement d'urgence ». Dès lors, une carence constitutive d'une atteinte grave et manifestement illégale à une liberté fondamentale ne saurait être caractérisée, à l'issue de la période strictement nécessaire à la mise en œuvre de leur départ volontaire, « qu'en cas de circonstances exceptionnelles ». Le Conseil d'État estime que « constitue une telle circonstance, en particulier lorsque, notamment du fait de leur très jeune âge, une solution appropriée ne pourrait être trouvée dans leur prise en charge hors de leur milieu de vie habituel par le service de l'aide sociale à l'enfance, l'existence d'un risque grave pour la santé ou la sécurité d'enfants mineurs, dont l'intérêt supérieur doit être une considération primordiale dans les décisions les concernant » (pt 5)[2].

M

Liberté d'expression, suffrage et pluralisme

232.311 Liberté d'expression. Porte une atteinte grave et manifestement illégale à une liberté fondamentale :

- le refus du maire de disposer des affiches (concernant, en l'occurrence, les primaires socialistes) dans les panneaux destinés à l'affichage d'opinion[3] ;
- la prohibition générale de toute propagande électorale au moyen de véhicules équipés de haut-parleurs ou de porte-voix, sans aucune distinction selon l'heure de la journée et alors que l'utilisation à d'autres fins de véhicules ainsi équipés demeure permise[4] ;
- la décision du maire d'une commune de n'accorder aucune autorisation d'occupation du domaine public dans le cadre de la campagne du second tour des élections municipales[5].

232.312 Droits de la presse. Ne porte pas une atteinte grave et manifestement illégale à une liberté fondamentale :

1. V. déjà, énonçant ces critères, CE, ord., 10 févr. 2012, Fofana, req. n° 356456, *Lebon T.* ; *AJDA* 2012. 295 ; *AJDA* 2012. 716, note A. Duranthon ; *D.* 2012. 555, et les obs. ; *D.* 2013. 324, obs. O. Boskovic, S. Corneloup, F. Jault-Seseke, N. Joubert et K. Parrot ; *AJDI* 2012. 411, étude R. Piastra ; *AJDI* 2013. 489, étude F. Zitouni ; *JCP Adm.* 2012, n° 2059, note O. Le Bot ; *JCP* 2012, n° 581, note G. Delmas - absence d'atteinte lorsque le requérant n'a pas sollicité de prise en charge avant la saisine du juge : CE, ord., 5 nov. 2014, Carletti, req. n° 385431, NP ; *AJDI* 2016. 667, Chron. F. Zitouni ; *RDSS* 2015. 170, note V. Donier - pour un ex. de situation ne répondant pas à ces conditions, v. CE, ord., 3 août 2015, Byambaa, req. n° 392173, NP.
2. V., annonçant cette solution, CE, ord., 24 sept. 2013, Alla, req. n° 372324, NP.
3. TA Versailles, ord., 5 oct. 2011, Durand, req. n° 1105607, NP.
4. CE, ord., 11 juin 2012, Cne de l'Étang salé, req. n° 360024, *Lebon T.* ; *AJDA* 2012. 1190.
5. TA Versailles, ord., 15 juin 2020, Hillaire, req. n° 2003513, NP.

– l'instauration, dans les circonstances de l'espèce, de périmètres de sécurité consistant à tenir éloignés les tiers, dont les journalistes, durant les opérations d'évacuation de campements illégaux de migrants à Calais et Dunkerque[1].

232.313 Libre expression du suffrage. Porte une atteinte grave et manifestement illégale à une liberté fondamentale :

– le refus du maire de délivrer au responsable d'une liste, régulièrement mandaté à cet effet, les attestations d'inscription de ses colistiers sur les listes électorales en vue de l'enregistrement des candidatures en préfecture[2].

232.314 Pluralisme (absence d'atteinte). Ne porte pas une atteinte grave et manifestement illégale à une liberté fondamentale l'organisation d'un débat télévisé :

– entre les candidats à la mairie de Paris investis par les deux principales formations politiques, excluant notamment de celui-ci le maire sortant[3] ;

– entre neuf candidats à l'élection européenne parmi les partis les plus représentatifs, à l'exclusion des candidats des petits mouvements politiques[4].

N

Liberté d'enseignement

232.321 Atteinte. Porte une atteinte grave et manifestement illégale à la liberté d'enseignement et à la liberté d'entreprendre :

– la décision d'un recteur de s'opposer à l'ouverture d'un établissement d'enseignement privé sur la base d'un trouble à l'ordre public infondé[5].

O

Discrimination

232.331 Absence d'atteinte. La simple abstention du Premier ministre et du ministre de l'intérieur de faire de leur propre initiative usage ou de prescrire aux préfets de faire usage de leurs pouvoirs de police administrative en vue d'interdire une réunion ou d'enjoindre à ses organisateurs de respecter certaines prescriptions, à la suite et sur le seul fondement d'éléments mentionnés dans une annonce faite sur un site internet, au motif que l'accès à cette réunion, dont ni le contenu exact ni le lieu ne sont connus et dont il n'est pas établi, compte tenu des modalités d'organisation indiquées sur ce site, qu'elle revêtirait le caractère d'une manifestation publique, serait exclusivement réservé à une catégorie de personnes déterminée ne constitue pas par elle-même une atteinte manifestement illégale portée par une autorité admi-

1. CE, ord., 3 févr. 2021, Poincignon et Hamy, req. n° 448721, NP ; *Gaz. Pal* 25 mai 2021, n° 19, p. 32, Chron. Ph. Piot.
2. TA Montreuil, ord., 6 mars 2014, Bousselaire, req. n° 1401854, NP ; *AJDA* 2014. 1162, note B. Maligner – pour le rejet du recours en cassation formé contre cette ordonnance, v. CE, ord., 20 mars 2014, maire de Rosny-sous-Bois, req. n° 376509, NP.
3. CE, ord., 24 févr. 2001, Tibéri, req. n° 230611, *Lebon* 85 ; *D.* 2001. 1748, note R. Ghévontian ; *RFDA* 2001. 629, note B. Maligner ; *CCE* 2001, comm. n° 51, obs. G. Decocq et A. Lepage.
4. CE, ord. 4 avr. 2019, Société France Télévisions, req. n° 429370, *Lebon* ; *JCP Adm.* 2019, n° 2265, Chron. O. Le Bot ; *LPA* 28 juin 2019, n° 129, p. 6, note F. Chaltiel.
5. CE, ord., 31 oct. 2019, Ministre de l'éducation nationale c/Sté Diderot éducation campus, req. n° 435435, NP.

nistrative à une liberté fondamentale qu'il appartiendrait au juge administratif des référés de faire cesser[1].

P

Intérêt supérieur de l'enfant

232.341 **Atteinte.** Porte une atteinte grave et manifestement illégale à l'intérêt supérieur de l'enfant :

– le refus de délivrer un document de voyage à deux enfants conçus en Inde entre un citoyen français et une ressortissante indienne au motif que leur conception aurait pour origine un contrat de gestation pour autrui[2].

Q

Situations exceptionnelles (état d'urgence, covid)

1

État d'urgence

232.351 **Mettre fin à l'état d'urgence.** Ne porte pas une atteinte grave et manifestement illégale à une liberté fondamentale la décision de maintenir en vigueur l'état d'urgence[3].

2

Épidémie de covid-19

232.361 **Sollicitations.** La crise sanitaire a conduit, spécialement en 2020, à une forte sollicitation du juge du référé-liberté[4].

232.362 **Conditions remplies.** Au cours de cette période, a été regardé comme portant une atteinte grave et manifestement illégale :

– aux droits au respect de la vie et de ne pas être soumis à des traitements inhumains ou dégradants, l'absence de fourniture d'un masque de protection aux détenus du centre pénitentiaire de La Martinique lors des contacts avec les personnes extérieures[5] ;

– au droit au respect de la vie, les mesures visant à restreindre les déplacements, si ces mesures sont inexactement interprétées et leur non-respect insuffisamment sanctionné[6] ;

1. CE, ord., 14 août 2017, M. Dupont-Aignan, req. n° 413354, NP : requête présentée par Nicolas Dupont-Aignan contre l'organisation d'un camp d'été réservé exclusivement, selon le site internet l'ayant évoqué, « aux personnes subissant à titre personnel le racisme d'État en contexte français ».
2. CE, ord., 4 mai 2011, min. des Affaires étrangères et européennes c/Morin, req. n° 348778, *Lebon T.*
3. CE, ord., 27 janv. 2016, Ligue des droits de l'homme et autres, req. n° 396220, NP ; *JCP Adm.* 2016, n° 2038, note M. Verpeaux ; *D.* 2016. 773, note M. Bouleau ; *RFDA* 2016. 355, note D. Baranger.
4. Sur les adaptations qui en ont résultées dans le traitement des dossiers, v. le *Rapport public du Conseil d'État 2020*, La Documentation française, 2021, p. 95 s.
5. CE, ord., 7 mai 2020, Garde des sceaux, ministre de la justice c/l'Ordre des avocats du barreau de Martinique, req. n° 440151, *Lebon T.* ; *Gaz. Pal.* 21 juill. 2020, n° 27, p. 26, Chron. S. Roussel.
6. CE, ord. 22 mars 2020, Syndicat Jeunes Médécins, req. n° 439674, *Lebon T.* ; *Gaz. Pal.* 28 avr. 2020, n° 16, p. 21, note F. Poulet ; *D.* 2020. 687, note P. Parinet-Hodimont ; *AJDA* 2020. 851, note C. Vallar ; *JCP G* 2020, n° 434, note O. Le Bot ; *LPA* 15 avr. 2020, n° 76, p. 15, note S. Pinot et M. Charron ; *LPA* 29 avr. 2020, n° 86, p. 22, note A. de Lacoste Larymondie.

– à la liberté d'aller et venir et au droit de chacun au respect de sa liberté personnelle, l'ambiguïté de la communication gouvernementale sur la possibilité d'utiliser la bicyclette durant les périodes de confinement[1] ;

– à la liberté d'aller et venir, une recommandation ministérielle prescrivant l'interdiction de sortie des résidents des EPHAD[2] ;

– au droit d'asile, l'absence d'enregistrement des demandes d'asile en Ile-de-France pendant l'état d'urgence sanitaire[3] ;

– aux droits de la défense et au droit à un procès équitable, l'organisation d'audiences en visioconférence devant les cours d'assises et les cours criminelles[4] ;

– aux droits de la défense, l'organisation d'audiences en visioconférence (devant les juridictions autres que pénales) sans l'accord des parties et sans subordonner cette faculté à des conditions légales ni l'encadrer par aucun critère[5] ;

– au droit à un recours effectif, l'absence de dérogation au couvre-feu pour se rendre chez un avocat après 18h[6] ;

– au libre exercice de la profession d'avocat et au droit d'être accompagné par son avocat dans ses démarches, l'impossibilité pour un usager d'être assisté dans ses démarches devant la préfecture[7] ;

– à la liberté du commerce et de l'industrie, la fermeture d'un centre commercial[8].

232.363 Conditions non remplies. A été regardé comme ne portant pas une atteinte grave et manifestement illégale :

– aux droits au respect de la vie et à la protection de la santé ainsi qu'à la liberté d'aller et venir l'absence de fermeture des centres de rétention administrative au regard, d'une part, des conditions présentes de fonctionnement des CRA, d'autre part, des perspectives d'éloignement effectif du territoire à brève échéance[9] ;

– aux droits au respect de la vie, de ne pas être soumis à des traitements inhumains ou dégradants et de recevoir les traitements et les soins appropriés à son état de santé, le maintien en rétention au CRA de Vincennes des étrangers testés positifs au Covid-19, et ce en raison, premièrement, des réaménagements effectués au sein du CRA, deuxièmement, de l'existence des perspectives d'éloignement effectif du ter-

1. CE, ord., 30 av. 2020, Fédération française des usagers de la bicyclette, n° 440179, *Lebon T.* ; *AJDA* 2020. 2438, note M. Cottereau ; *Dr. adm.* 2020, comm. 46, note A. Corre-Basset ; *JCP Adm.* 2020, n° 2226, Chron. O. Le Bot.
2. CE, ord., 3 mars 2021, Demay, req. n° 449759, NP ; *JCP Adm.* 2021, n° 300, note P. Veron ; *JCP G* 2021, n° 441, note G. Rousset ; *AJDA* 2021. 1281, note A. Zachayus.
3. CE, ord., 30 avr. 2020, Ministre de l'intérieur et Office français de l'immigration et de l'intégration, req. n° 440250, *Lebon T.* ; *AJDA* 2020. 1748, note E. Aubin.
4. CE, ord., 27 nov. 2020, Association des avocats pénalistes, req. n° 446712, NP.
5. CE, ord., 12 févr. 2021, Syndicat des avocats de France, req. n° 448972, NP.
6. CE, ord., 3 mars 2021, Ordre des avocats du Barreau de Montpellier, req. n° 449764, NP ; *JCP Adm.* 2021, n° 2169, Chron. O. Le Bot ; *Gaz. Pal.* 27 avr. 2021, n° 16, p. 30, Chron. O. Fuchs.
7. TA Cergy-Pontoise, ord., 10 déc. 2020, Ardakani, req. n° 2012496, NP.
8. TA Paris, ord., 19 mai 2020, Sté Apsys Beaugrenelle SAS, req. n° 2007150, NP ; *Constr.-Urb.* 2020, comm. 77, note M.-A. Renaux.
9. CE, ord., 27 mars 2020, GISTI et autres, req. n° 439720, *Lebon T.*

ritoire des étrangers retenus, troisièmement, de l'incapacité matérielle de l'ARS d'Ile-de-France d'accueillir les intéressés[1] ;

- aux droits au respect de la vie et de ne pas être soumis à des traitements inhumains ou dégradants, l'absence de distribution de masques à l'ensemble des détenus du centre pénitentiaire de La Martinique, ou l'absence de dépistage systématique de l'ensemble des détenus ayant été en contact direct avec une personne présentant les symptômes du covid-19[2] ;

- au droit au respect de la vie, l'insuffisance alléguée des mesures de protection des personnels pénitentiaires à l'égard des risques de contamination par le virus covid-19, au regard des mesures déjà prises, des moyens dont dispose l'administration, des engagements pris par l'administration lors de l'audience et de la possibilité laissée aux chefs d'établissements d'adapter les mesures en fonction de la situation[3] ;

- au droit au respect de la vie et au droit de toute personne de recevoir les traitements et les soins appropriés à son état de santé, l'absence d'édiction de mesures visant à permettre la constitution de stocks d'hydroxychloroquine et l'absence d'édiction de mesures visant à permettre la constitution d'un stock de tests de dépistage du covid-19 en nombre suffisant pour couvrir les besoins présents et à venir de la population de l'archipel guadeloupéen[4] ;

- au droit au respect de la vie et au droit de toute personne de recevoir les traitements et les soins appropriés à son état de santé, l'absence d'édiction de mesures visant à permettre la prescription, la production et à la constitution de stocks d'hydroxychloroquine, au regard de l'efficacité incertaine de ces molécules pour traiter l'épidémie de covid-19 et des mesures déjà prises par le Gouvernement[5] ;

- aux droits au respect de la vie et à la protection de la santé, l'absence d'édiction de mesures spécifiques pour réduire la pollution aux particules fines issue de l'activité agricole pendant l'état d'urgence sanitaire, au regard, d'une part, des données scientifiques avancées par la requérante et, d'autre part, de la vigilance particulière qui incombe à l'administration pendant cette période[6] ;

- aux droits au respect de la vie et à la protection de la santé, l'absence de fermeture des entreprises métallurgiques non essentielles à la Nation et de mise en œuvre de mesures spécifiques de protection des salariés qui continueront à travailler au sein des entreprises essentielles, au regard, d'une part, de l'extrême difficulté de faire le départ entre les entreprises dont la poursuite d'activité est indispensable et les

1. CE, ord., 7 mai 2020, Ministre de l'intérieur c/l'association « Avocats pour la défense des droits des étrangers » et autres, req. n° 440255, *Lebon T.*
2. CE, ord., 7 mai 2020, Garde des sceaux, ministre de la justice c/l'Ordre des avocats du barreau de Martinique, req. n° 440151, *Lebon T.* ; *Gaz. Pal.* 21 juill. 2020, n° 27, p. 26, Chron. S. Roussel.
3. CE, ord., 8 avr. 2020, Syndicat national pénitentiaire Force Ouvrière – personnels de surveillance, req. n° 439821, *Lebon T.* ; *Gaz. Pal.* 21 juill. 2020, n° 27, p. 26, Chron. S. Roussel.
4. CE, ord. 4 avr. 2020, Centre hospitalier universitaire de la Guadeloupe et ministre des solidarités et de la santé, req. n° 439904, *Lebon T.* ; *JCP Adm.* 2020, n° 459, note F. Vialla et M. Reynier ; *RGDM* 2020. 257, note C. Lucotte Le Visage.
5. CE, ord., 28 mars 2020, M. Bonnet et autres, req. n° 439765, *Lebon T.*
6. CE, ord., 20 avr. 2020, Association RESPIRE, req. n° 440005, *Lebon T.* ; *JCP Adm.* 2020, n° 2148, note C. Lavigne ; *Dr. env.* 2020. 179, note F. Jamay.

autres et, d'autre part, des mesures déjà prises en matière d'organisation des conditions de travail par les entreprises et de surveillance par les services d'inspection du travail[1] ;

- aux droits au respect de la vie et à la santé de la population, l'absence d'édiction de mesures visant à la mise en place d'un confinement total de la population, au regard des moyens dont dispose l'administration et de la nécessité de maintenir certaines activités vitales[2] ;

- au droit de toute personne de recevoir les traitements et les soins appropriés à son état de santé, les modalités prévues pour l'accès aux soins des personnes âgées, en l'absence, d'une part, de pratique générale de refus d'admission dans les établissements de santé des personnes résidant en EHPAD et, d'autre part, de resserrement des critères d'admission en réanimation au détriment des personnes âgées[3] ;

- au droit au respect de la vie, au droit à ne pas subir des traitements inhumains et dégradants et au droit de toute personne de recevoir les traitements et les soins appropriés à son état de santé, les mesures de protection des résidents et des personnels des EHPAD, au regard des mesures déjà prises (réalisation de tests de dépistage, distribution de masques, accès aux matériels d'oxygénation) et des moyens dont dispose l'administration[4] ;

- au droit au recours, les adaptations apportées à la procédure administrative contentieuse durant l'état d'urgence sanitaire (audiences à distance, dispense de conclusions de rapporteur public, dispense d'audience en référé, etc.), compte tenu de la nécessité d'éviter la propagation du virus en limitant les contacts entre les personnes, et de tenir compte des contraintes résultant de la limitation des possibilités de déplacements, ne portent pas une atteinte grave et manifestement illégale[5] ;

- au droit à un recours effectif, aux droits de la défense et au principe d'égalité devant la justice, l'adaptation des règles de procédure civile durant l'état d'urgence sanitaire (recours à des moyens de communication à distance, procédure écrite sans audience pour les parties représentées par un avocat, rejet par ordonnance non contradictoire de la juridiction de référé des demandes irrecevables ou ne pouvant être tranchées en référé), compte tenu de la nature des adaptations en cause et des exigences de la lutte contre l'épidémie[6] ;

1. CE, ord., 18 avr. 2020, Fédération des travailleurs de la métallurgie CGT (FTM-CGT), req. n° 440012, *Lebon T.*
2. CE, ord. 22 mars 2020, Syndicat Jeunes Médécins, req. n° 439674, *Lebon T.* ; *Gaz. Pal.* 28 avr. 2020, n° 16, p. 21, note F. Poulet ; *D.* 2020. 687, note P. Parinet-Hodimont ; *AJDA* 2020. 851, note C. Vallar ; *JCP G* 2020, n° 434, note O. Le Bot ; *LPA* 15 avr. 2020, n° 76, p. 15, note S. Pinot et M. Charron ; *LPA* 29 avr. 2020, n° 86, p. 22, note A. de Lacoste Larymondie.
3. CE, ord., 15 avr. 2020, Association Coronavictimes et autres, req. n° 439910, *Lebon T.* ; *JCP Adm.* 2020, n° 526, note M. Reynier et F. Vialla ; *AJDA* 2020. 1487, note X. Bioy.
4. CE, ord., 15 avr. 2020, Union nationale des syndicats Force Ouvrière Santé privée et autres, req. n° 440002, *Lebon T.* ; *JCP Adm.* 2020, n° 526, note M. Reynier et F. Vialla ; *AJDA* 2020. 1298, note J. Schmitz ; *AJDA* 2020. 1487, note X. Bioy.
5. CE, ord., 10 avr. 2020, Synd. des avocats de France, n° 439903, NP ; *JCP Adm.* 2020, n° 2226, Chron. O. Le Bot ; *Procédures* 2020, comm. 114, note N. Chiflot.
6. CE, ord., 10 avr. 2020, Conseil national des Barreaux et autres, req. n° 439892, *Lebon T.*

– aux droits à l'hébergement d'urgence et au respect de la vie, l'absence d'édiction de mesures suffisantes pour mettre à l'abri les personnes en situation de précarité, eu égard aux mesures prises pour accroître les capacités d'accueil et les adapter aux exigences sanitaires[1] ;

– au droit d'asile, l'absence de mise en place d'une procédure dématérialisée d'enregistrement des demandes d'asile, au regard des mesures déjà prises et des moyens dont dispose l'administration[2] ;

– à la liberté d'entreprendre et la liberté du commerce et de l'industrie des exploitants de salle de sport et des entraîneurs, ainsi qu'à la liberté personnelle des sportifs, la fermeture des salles de sport[3] ;

– au droit des personnes vulnérables de se déplacer pour bénéficier de l'assistance à laquelle elles ont droit, la restriction des déplacements, compte tenu des dérogations prévues et des instructions données aux préfets[4] ;

– aux libertés d'expression et de réunion des étudiants, l'organisation des cours en distanciel[5].

R

Effet horizontal

232.371 Effet horizontal indirect. Le référé-liberté a mis en lumière la possibilité de conférer un effet horizontal indirect aux libertés fondamentales, c'est-à-dire un effet entre personnes privées mais s'exerçant par l'intermédiaire de la puissance publique. Cet effet s'est manifesté pour la première fois dans l'ordonnance Tibéri du 24 février 2001[6]. À l'occasion de la campagne en vue des élections municipales de 2001, Canal + avait prévu d'organiser un « duel » entre les candidats à la Mairie de Paris investis par les deux principaux partis politiques. Jean Tibéri, maire sortant de la ville mais n'ayant pas obtenu l'investiture de son parti, n'avait pas été convié à participer à ce débat télévisé. Pour faire cesser ce qu'il estimait être une atteinte au pluralisme, il a formé sa demande contre le Conseil supérieur de l'audiovisuel (CSA) en mettant en cause son abstention à garantir le respect de ce principe. Le juge des référés s'est reconnu compétent, acceptant ainsi qu'une personne privée puisse invoquer devant son prétoire la violation d'une liberté fondamentale par une autre personne privée à condition de pouvoir se retrancher derrière une personne publique jouant le rôle de régulateur. Dans cette affaire, le juge ne prononça pas formellement d'injonction mais invita le CSA à prendre les mesures qui s'imposaient à l'égard de Canal + sous peine, en cas de nouvelle saisine, de faire cette fois usage de ses pouvoirs.

Une autre application de l'effet horizontal indirect des libertés fondamentales peut être décelée dans le contentieux de l'expulsion des occupants sans titre de pro-

1. CE, ord., 9 avr. 2020, Association Mouvement citoyen Tous migrants et autres, req. n° 439895, *Lebon T.*
2. CE, ord., 9 avr. 2020, Association Mouvement citoyen Tous migrants et autres, req. n° 439895, *Lebon T.*
3. CE, ord., 16 oct. 2020, Sté LC Sport, req. n° 445102, NP.
4. CE, ord., 9 avr. 2020, Association Mouvement citoyen Tous migrants et autres, req. n° 439895, *Lebon T.*
5. CE, ord., 10 déc. 2020, Cassia et autres, req. n° 447015, NP ; *JCP Adm.* 2021, n° 2032, note S. Hul ; *AJDA* 2021. 985, note A. Bonfort.
6. CE, ord. 24 févr. 2001, Tibéri, *Lebon* 85.

priétés privées[1]. Les trois éléments nécessaires au déploiement de cet effet s'y trouvent réunis. Tout d'abord, une personne privée porte atteinte, par son action, aux libertés fondamentales d'un tiers : un particulier occupe irrégulièrement le bien immobilier d'un propriétaire, portant atteinte à la liberté de ce dernier de disposer de ses biens. Ensuite, l'autorité administrative a l'obligation d'agir pour faire cesser l'atteinte : lorsque l'autorité judiciaire a constaté l'irrégularité de l'occupation sans titre, et ordonné l'expulsion du squatter, le préfet, en l'absence de risques de troubles importants à l'ordre public, a l'obligation d'apporter le concours de la force publique pour faire exécuter cette décision. Enfin, l'administration s'abstient d'agir : l'autorité préfectorale refuse ou s'abstient d'apporter le concours de la force publique.

Une troisième application correspond à l'affaire « Madame Y », relative au droit d'accès aux origines personnelles[2]. Ce litige concerne au premier chef deux personnes privées : un enfant né sous X souhaitant connaître le nom de sa mère, et une génitrice qui s'oppose à la levée du secret. La puissance publique, en l'occurrence la Commission nationale pour l'accès aux origines personnelles (CNAOP) ne joue ici qu'un rôle de tiers intermédiaire.

SECTION 2

Urgence extrême

232.381 Condition d'octroi. Pour que le prononcé d'une mesure de sauvegarde en 48 heures soit légitime, il est apparu justifié que l'intervention du juge soit expressément conditionnée par l'urgence.

232.382 Justification de l'urgence. Le demandeur doit apporter la preuve que cette exigence est satisfaite. L'article R. 522-1 du CJA, applicable à tous les référés d'urgence, dispose que la requête doit « *justifier* de l'urgence de l'affaire ». L'article L. 521-2 du CJA, qui concerne spécifiquement le référé-liberté, énonce que le juge doit être saisi d'une demande « *justifiée* par l'urgence ». Ainsi, il appartient au requérant d'établir les raisons pour lesquelles les circonstances de l'affaire rendent urgent le prononcé d'une mesure. Une motivation insuffisante sur ce point, trop générale, abstraite ou imprécise l'expose à un rejet de sa demande. Tel est le cas lorsque la société requérante se borne « à faire état "d'une situation particulièrement dommageable" sans apporter [...] le moindre élément concret d'appréciation »[3].

232.383 Lien avec la condition d'atteinte grave et manifestement illégale à une liberté fondamentale. L'urgence, au sens de l'article L. 521-2 du CJA, est intime-

1. CE 29 mars 2002, SCI Stéphaur et autres, *Lebon* 117.
2. CE, ord., 25 oct. 2007, Mme Y., req. n° 310125, *Lebon T.* ; *RFDA* 2008. 328, note O. Le Bot.
3. CE, ord., 23 mars 2001, S^té^ Lidl, req. n° 231559, *Lebon* 154 ; *RDI* 2001. 275, obs. P. Soler-Couteaux ; *RGCT* 2001. 967, Chron. J.-C. Ricci ; *BJDU* 2001. 111, obs. J.-C. Bonichot - pour des exemples significatifs, v. égal^t^ CE, ord., 21 août 2001, Manigold, req. n° 237385, NP - CE, ord., 31 juill. 2002, Kocyigit, req. n° 248716, NP - CE, ord., 6 juin 2003, S^té^ Nice diffusion menuiserie, req. n° 257472, NP - CE, ord., 5 juill. 2004, Assoc. des usagers des médias d'Europe, req. n° 269344, NP.

ment lié à l'existence d'une atteinte grave et manifestement illégale à une liberté fondamentale. Elle présente, de ce fait, une autonomie relative.

§ 1

Critère de l'urgence : nécessité d'une mesure de sauvegarde à bref délai

232.391 **Deux référents : sauvegarde des libertés fondamentales et délai de 48 heures.** Dans la procédure de référé-liberté, les deux référents pris en compte pour caractériser l'urgence reposent sur l'objet de la procédure (la sauvegarde des libertés fondamentales) et le délai de 48 heures imparti au juge pour statuer[1]. À la différence du référé-suspension, le référé-liberté n'est pas un recours accessoire ; l'urgence ne s'apprécie pas au regard d'un recours principal sur lequel il viendrait s'appuyer et que le juge des référés ne ferait que devancer. Or, l'urgence ne s'apprécie pas en soi. Puisqu'elle ne peut, comme dans le référé-suspension, s'apprécier au regard du délai nécessaire à l'intervention du juge du fond, l'urgence doit nécessairement s'apprécier par rapport à un autre référent, qui réside dans la nécessité d'obtenir une mesure de sauvegarde dans un délai de 48 heures. De manière particulièrement explicite, le juge des référés a affirmé que « la condition relative à l'urgence [...] doit, s'agissant de l'article L. 521-2 du Code de justice administrative, être appréciée en fonction de la référence faite par le législateur, à la nécessité qu'une mesure visant à sauvegarder une liberté fondamentale soit prise - sous réserve que les autres conditions posées par le même article soient également remplies - dans les 48 heures »[2].

232.392 **Une appréciation plus sévère qu'en référé-suspension.** L'urgence s'apprécie de façon plus rigoureuse en référé-liberté qu'en référé-suspension. Dans le référé-suspension, l'urgence est caractérisée si l'on ne peut attendre l'intervention du juge du fond. Dans le référé-liberté, elle sera reconnue s'il est nécessaire pour le requérant d'obtenir sans délai une mesure de sauvegarde.

Dans le référé-liberté, l'urgence doit donc être plus pressante que dans le référé-suspension ; elle doit atteindre un degré tel qu'elle rende nécessaire l'intervention sans délai d'un juge. Pour reprendre les formules jurisprudentielles, les circonstances de l'affaire doivent caractériser « une situation d'urgence *particulière* »[3], « une situation

1. V. CE, ord., 28 févr. 2003, C^ne^ de Pertuis, req. n° 254411, *Lebon* 68 ; *AJDA* 2003. 1171, note P. Cassia et A. Béal ; *GACA*, 5e éd., 2016, n° 13 ; *JCP Adm.* 2003, n° 1584, note J.-P. Quillien (décision de principe) : rejetant la demande au motif que la situation litigieuse « ne caractérise pas *une situation d'urgence impliquant*, sous réserve que les autres conditions posées par l'article L. 521-2 soient remplies, *qu'une mesure visant à sauvegarder une liberté fondamentale doive être prise dans les 48 heures* ».
2. CE, ord., 6 févr. 2004, Sté Yacht-club international de Saint-Laurent-du-Var, req. n° 264169, NP - v. égalt CE 23 janv. 2004, req. n° 257106, Koffi, *Lebon T.* 827 - CE, ord., 18 oct. 2004, Yebroni, req. n° 273095, NP : soulignant « que le requérant qui saisit le juge des référés sur le fondement de ces dispositions doit justifier des circonstances particulières caractérisant la nécessité pour lui de bénéficier à très bref délai d'une mesure de la nature de celles qui peuvent être ordonnées sur le fondement de cet article ».
3. CE, ord., 9 août 2004, Yilmaz, req. n° 270860, *Lebon T.* 816 ; *AJDA* 2004. 2414 - CE, ord., 10 août 2005, Diabira, req. n° 283444, NP - v. égalt, évoquant « l'urgence particulière » requise au titre de l'article L. 521-2 : CE, ord., 1er mars 2006, min. délégué aux Collectivités territoriales c/Cne de Salies-du-Salat, req. n° 290417, *Lebon T.* ; *AJDA* 2006. 521 - CE, ord., 13 juin 2007, Soppelsa, req. n° 306252, *Lebon* ; *AJDA* 2007. 1217 ; *RJF* 2007. 806, Chron. J. Burguburu.

d'urgence *imminente* »[1], en somme une situation « impliquant qu'une mesure soit prise *immédiatement* »[2].

Une situation reconnue urgente dans le cadre du référé-suspension, c'est-à-dire impliquant une intervention avant le juge du fond, ne le sera pas nécessairement dans le référé-liberté, qui implique une intervention immédiate pour protéger les libertés fondamentales. Comme le souligne la jurisprudence, « la circonstance que, dans une espèce donnée, la condition d'urgence puisse être regardée comme remplie pour la mise en œuvre des pouvoirs que le juge des référés tient des articles L. 521-1 ou L. 521-3 du Code de justice administrative n'implique pas qu'il puisse être recouru à la procédure de l'article L. 521-2 »[3].

Ainsi, alors qu'il pourrait être regardé comme préjudiciant de façon suffisamment grave et immédiate à la situation du requérant (permettant de caractériser l'urgence au sens de l'article L. 521-1), un refus de visa ne crée pas une situation d'urgence dans le référé-liberté au seul motif :

- qu'il fait obstacle au projet de mariage du requérant[4] ;
- qu'il fait obstacle à la célébration du mariage du requérant alors que la date de celui-ci est déjà fixée[5] ;
- qu'il empêche le requérant de participer à la rentrée universitaire pour laquelle il s'est inscrit[6] ;
- qu'il empêche le requérant de faire la connaissance de son jeune enfant vivant en France auprès de sa compagne[7].

Au contraire, le juge affirme « qu'en principe et sous réserve de circonstances particulières, le refus de délivrance d'un visa d'entrée sur le territoire français ne fait pas apparaître une situation d'urgence qui justifie l'intervention à très bref délai d'une

1. CE, ord., 15 oct. 2004, Sahi, req. n° 273110, NP.
2. CE, ord., 9 mars 2007, Guiot et Section française de l'Observatoire international des prisons, req. n° 302182, *Lebon T.* ; *AJDA* 2007. 1367, note T. Gründler ; *AJ pénal* 2007. 191, obs. E. Péchillon ; *RSC* 2007. 350, Chron. P. Poncela.
3. CE, ord., 4 févr. 2004, Cne d'Yvrac, req. n° 263930, *Lebon T.* 828 – Inversement, la circonstance que la condition d'urgence ne soit pas remplie sur le terrain de l'article L. 521-2 ne fait pas obstacle à ce qu'elle le soit sur le terrain de l'article L. 521-1. Il arrive que, constatant l'absence d'urgence au sens de l'article L. 521-2, le juge des référés invite le requérant, s'il s'y croit fondé, à se pourvoir par la voie du référé-suspension – v. par ex. CE, ord., 28 févr. 2003, Cne de Pertuis, req. n° 254411, *Lebon* 68 ; *AJDA* 2003. 1171, note P. Cassia et A. Béal ; *GACA*, 5e éd., 2016, n° 13 ; *JCP Adm.* 2003, n° 1584, note J.-P. Quillien – CE, ord., 19 mars 2003, Sté Eurl La Cour des miracles, req. n° 255191, NP – CE, ord., 23 juill. 2003, Ducastel, req. n° 258678, NP – CE, ord., 29 oct. 2003, Sté Eurl « Il était une fouace », req. n° 261304, NP – CE, ord., 4 févr. 2004, Cne d'Yvrac, *Lebon T.* 828 – CE, ord., 9 août 2004, Yilmaz, *Lebon T.* 816 – CE, ord., 18 févr. 2005, Launay et Benfdil, req. n° 277579, NP – CE, ord., 15 mars 2005, Sossou, req. n° 278502, NP – CE, ord., 6 avr. 2007, Cne de Saint Gaudens, req. n° 304361, *Lebon T.* ; *AJDA* 2007. 831 – CE, ord., 9 mars 2007, Guiot et Section française de l'Observatoire international des prisons, req. n° 302182, *Lebon T.* ; *AJDA* 2007. 1367, note T. Gründler ; *AJ pénal* 2007. 191, obs. E. Péchillon ; *RSC* 2007. 350, Chron. P. Poncela.
4. CE, ord., 18 oct. 2004, Yebroni, req. n° 273095, NP – CE, ord., 18 févr. 2005, Launay et Benfdil, req. n° 277579, NP.
5. CE, ord., 28 sept. 2005, Nkoyock et Hazera, req. n° 285505, NP.
6. CE, ord., 4 oct. 2005, Lachat, req. n° 285594, NP.
7. CE, ord., 23 déc. 2005, Corbel, req. n° 288307, NP – CE, ord., 7 févr. 2006, Akbache, req. n° 289835, NP.

mesure de la nature de celles qui peuvent être ordonnées sur le fondement de l'article L. 521-2 du Code de justice administrative »[1].

De même, alors qu'il est réputé constituer une situation d'urgence au sens de l'article L. 521-1[2], le refus de délivrance[3] ou de renouvellement[4] d'un titre de séjour ne caractérise pas, par lui-même, une situation d'urgence imminente justifiant l'application de l'article L. 521-2.

§ 2

Autonomie relative de l'urgence au titre de l'article L. 521-2 du CJA

232.401 **Pratique du contentieux.** Bien que formellement énoncée dans le texte de l'article L. 521-2, la condition d'urgence ne présente pas de réelle consistance pour la mise en œuvre du référé-liberté. Cela s'explique par une raison simple, et qui ne semble pas avoir été anticipée au moment de l'élaboration du texte, tenant à ce qu'il y a nécessairement urgence à faire cesser une atteinte grave et manifestement illégale portée à une liberté fondamentale.

L'examen des demandes rendues sur le fondement de l'article L. 521-2 du CJA confirme que l'urgence a toujours été reconnue lorsque l'était également l'atteinte grave et manifestement illégale à une liberté fondamentale. Inversement, les rejets intervenant au titre du défaut d'urgence correspondent à des situations où l'atteinte grave et manifestement illégale à une liberté fondamentale ne pouvait être caractérisée.

A

Urgence incluse dans l'atteinte grave et manifestement illégale à une liberté fondamentale

232.411 **Urgence dérivant de l'atteinte grave et manifestement illégale.** De façon significative, le juge des référés s'autorise, après avoir constaté une atteinte grave et manifestement illégale portée à une liberté fondamentale, à faire l'économie d'une démonstration de l'urgence. Constatant une telle atteinte par une décision restreignant la circulation des véhicules, le juge affirme seulement « que ce blocage injustifié crée une situation d'urgence »[5]. Inversement, certaines formules excluent l'urgence en se fondant sur l'absence d'atteinte grave et manifestement illégale à une liberté fondamentale. Le juge des référés a ainsi relevé que « le dossier ne permet pas

1. CE, ord., 12 févr. 2007, Qudaih, req. n° 301352, *Lebon T.* ; *AJDA* 2007. 402.
2. CE, sect., 14 mars 2001, min. de l'Intérieur c/Ameur, req. n° 229773, *Lebon* 123 ; *AJDA* 2001. 465, Chron. M. Guyomar et P. Collin ; *D.* 2001. 1364, et les obs. ; *RFDA* 2001. 673, concl. I. de Silva.
3. CE 4 févr. 2005, Zairi, req. n° 267723, NP.
4. CE 23 janv. 2004, req. n° 257106, Koffi, *Lebon T.* 827.
5. CE, ord., 26 nov. 2004, Cne de Wingles, req. n° 274226, NP – v. égalt CE, ord., 26 août 2016, Ligue des droits de l'homme et a., Assoc. de défense des droits de l'homme Collectif contre l'islamophobie en France, req. n° 402742, *Lebon* ; *AJDA* 2016. 1599 ; *AJDA* 2016. 2122, note P. Gervier ; *D.* 2016. 1704, et les obs. ; *AJCT* 2016. 508, obs. G. Le Chatelier ; *AJCT* 2016. 529, tribune M.-A. Granger ; *AJCT* 2016. 552, étude C. Alonso ; *RFDA* 2016. 1227, note P. Bon : affirmant que les « conséquences de l'application » des dispositions contestées « sont en l'espèce constitutives d'une situation d'urgence ».

[...] de retenir une atteinte grave et manifestement illégale à une liberté fondamentale *qui* créerait une situation d'urgence »[1].

De même, après avoir relevé l'existence d'une atteinte grave et manifestement illégale à une liberté fondamentale, il arrive parfois que le juge prononce une mesure de sauvegarde en se dispensant purement et simplement de mentionner que l'urgence est satisfaite[2]. Celle-ci est alors regardée comme incluse dans la situation d'atteinte grave et manifestement illégale.

Enfin, le juge de cassation considère que le juge des référés commet une erreur de droit en excluant par principe qu'une atteinte grave et manifestement illégale à une liberté fondamentale puisse générer une situation d'urgence[3].

232.412 Urgence contenue dans l'atteinte grave et manifestement illégale. Ces solutions se justifient par la circonstance que l'urgence est incluse dans l'atteinte grave et manifestement illégale portée à une liberté fondamentale. Il y a nécessairement urgence à faire cesser une telle atteinte. Parce qu'elle est grave, parce qu'elle est également manifestement illégale, elle justifie par elle-même le prononcé immédiat d'une mesure de sauvegarde (tel n'est pas le cas, en revanche, d'une atteinte ne répondant pas aux conditions de gravité ou d'illégalité manifeste[4]).

En faisant dériver l'urgence d'une atteinte grave et manifestement illégale portée à une liberté fondamentale, le juge des référés ne se dispense pas à proprement parler de l'appréciation de l'urgence. Celle-ci ayant déjà été faite, indirectement, au stade de l'examen des autres conditions, il se dispense seulement de re-faire cette appréciation, c'est-à-dire une nouvelle fois, et à l'identique. On conçoit difficilement qu'il puisse un jour constater une telle atteinte et décider dans le même temps qu'il n'y a pas d'urgence à la faire cesser.

232.413 Absence d'opérance de la technique des présomptions d'urgence en référé-liberté. La technique des présomptions d'urgence, mise en œuvre dans le cadre du référé-suspension (v. s^s n°s 222.251 s.), ne paraît pas justifiée dans celui du référé-liberté. En effet, l'urgence au titre de l'article L. 521-2 s'analyse en une urgence *à faire cesser une atteinte grave et manifestement illégale*. Elle s'apprécie donc au regard des données particulières de chaque espèce et ne peut, dès lors, être présumée *in abstracto*.

1. CE, ord., 22 mai 2003, C^ne de Théoule-sur-Mer, req. n° 256848, *Lebon* 232 - v. égal^t CE, ord., 18 oct. 2001, Assoc. groupe local Cimade Montpellier, req. n° 239071, NP : le juge des référés relève que la décision attaquée « ne porte par elle-même aucune atteinte concrète et immédiate à l'exercice par une personne déterminée d'une liberté fondamentale au sens de l'article L. 521-2 du Code de justice administrative ; que, *dans ces conditions*, la condition d'urgence à laquelle est subordonné le prononcé de mesures sur le fondement de l'article L. 521-2 [...] n'est pas remplie ».
2. CE, ord., 14 janv. 2005, Bondo, req. n° 276123, *Lebon T.* 915 ; *AJDA* 2005. 1360, note O. Lecucq ; *Dr. adm.* 2005, comm. n° 68, note V. Tchen.
3. CE 9 avr. 2004, Vast, req. n° 263759, *Lebon* 173 ; *RFDA* 2004. 778, concl. S. Boissard ; *Dr. adm.* 2004, comm. n° 98, note M. Lombard ; *RFDA* 2004. 778, concl. S. Boissard ; *JCP Adm.* 2004, n° 1318, note M.-C. Rouault ; *JCP Adm.* 2004, n° 1319, note J. Moreau ; *Gaz. Pal.* 2005. 391, note D. Linotte et J.-L. Pissaloux ; *CCE* 2004, étude J. Fraysinnet ; *Coll. terr.* 2004, comm. n° 120, note L. Derridj. Dans ses conclusions, le rapporteur public indiquait qu'« en l'espèce, le juge des référés du TA de Cergy-Pontoise semble avoir exclu qu'une atteinte, même caractérisée, à une liberté fondamentale puisse à elle seule faire naître une situation d'urgence. Un tel raisonnement est, comme le soutient M. Vast, entaché d'une erreur de droit, ce qui vous conduira à annuler l'ordonnance litigieuse » (S. Boissard, concl. préc.).
4. CE, ord., 7 juin 2011, Malonga, req. n° 349817, *Lebon T.* ; *AJDA* 2011. 1177.

Pour cette raison, aucune présomption d'urgence n'a été reconnue par la jurisprudence au cours des quatorze premières années d'application de cette procédure. Il a fallu attendre un arrêt de section du 11 décembre 2015 pour qu'une présomption d'urgence – une seule – soit consacrée en référé-liberté ; elle concerne les demandes dirigées contre les mesures d'assignation à résidence prises au titre de la législation sur l'état d'urgence[1]. Cette reconnaissance, qui dénature la notion de présomption d'urgence, procède de considérations exclusivement pratiques : le Conseil d'État a voulu assurer par ce biais un droit à l'audience au requérant. Il a instrumentalisé la technique des présomptions d'urgence pour parvenir à cet objectif. Auditionné par la commission des lois du Sénat, le vice-président du Conseil d'État précisait ainsi que « le Conseil d'État a garanti dans tous ces cas un droit à l'audience. En cas d'assignation à résidence, il a jugé qu'il y avait présomption d'urgence et que par conséquent, la requête ne pouvait être rejetée sans audience »[2]. De même, lors de son audition devant l'Assemblée nationale[3], le président de la section du contentieux déclarait : « du point de vue procédural, le Conseil d'État a jugé [...] qu'en matière d'assignation à résidence il existait une présomption d'urgence, de sorte que le juge des référés devait s'attacher principalement aux moyens de fond, donc tenir une audience »[4] ; « aujourd'hui, toutes les juridictions ont bien compris que ces affaires, du fait de la présomption d'urgence, devaient donner lieu à audience – et c'est ce qui se passe »[5].

On relèvera que la présomption d'urgence instituée a été ultérieurement légalisée par le législateur – et même étendue puisqu'elle vise tous les recours en référés et non pas le seul référé-liberté[6].

Confirmant que la technique des présomptions d'urgence est inadaptée en référé-liberté, le Conseil d'État a jugé que la mise à l'isolement d'un détenu ne bénéficie d'une présomption d'urgence qu'en référé-suspension[7] mais nullement en référé-liberté[8].

B

Rejet faute d'urgence uniquement en l'absence d'atteinte grave et manifestement illégale à une liberté fondamentale

232.421 **Une urgence liée aux autres conditions.** Le juge ne rejette une demande en référé-liberté pour défaut d'urgence que lorsque les circonstances de l'espèce ne

1. CE, sect., 11 déc. 2015, Domenjoud, req. n° 395009, *Lebon* ; *AJDA* 2016. 247, Chron. L. Dutheillet de Lamothe et G. Odinet ; *AJDA* 2015. 2404 ; *AJCT* 2016. 202, étude J.-C. Jobart ; *RFDA* 2016. 105, concl. X. Domino ; *RFDA* 2016. 123, note A. Roblot-Troizier ; *LPA* 8 mars 2016, n° 48, p. 8 à 15, note O. Le Bot.
2. J.-M. Sauvé, audition Sénat, 20 janv. 2016 (www.senat.fr).
3. B. Stirn, audition AN, 7 janv. 2016 (rapp. AN n° 3784, sur le contrôle parlementaire de l'état d'urgence, 25 mai 2016, 201 p.).
4. B. Stirn, audition préc., p. 20.
5. B. Stirn, audition préc., p. 24.
6. L. n° 55-385, 3 avr. 1955, relative à l'état d'urgence, art. 14-1, al. 2 (issu de L. n° 2016-987, 21 juill. 2016) : « la condition d'urgence est présumée satisfaite pour le recours juridictionnel en référé formé contre une mesure d'assignation à résidence ». V. O. Le Bot, « Prorogation de l'état d'urgence et mesures de lutte antiterroriste », *AJDA* 2016. 1914.
7. V. s^s n° 222.275.
8. CE, ord. 20 nov. 2019, Gerihanov, req. n° 435785, *Lebon T.* ; *Gaz. Pal.* 14 janv. 2020, n° 2, p. 21, note M. Kamal-Girard ; *JCP Adm.* 2020, n° 2070, Chron. O. Le Bot ; *AJDP* 2019. 40, note B. David.

caractérisent pas une atteinte grave et manifestement illégale portée à une liberté fondamentale.

1
Éléments de nature à exclure l'urgence

232.431 Deux éléments. Deux éléments sont susceptibles de s'opposer à la qualification de l'urgence : d'une part le comportement du demandeur ; d'autre part un objectif d'intérêt général poursuivi par le défendeur.

232.432 Comportement du demandeur. Le comportement du demandeur est de nature à exclure l'urgence si celui-ci a contribué à faire naître la situation d'urgence ou à l'aggraver. Elle se trouve, en d'autres termes, exclue si elle est imputable à l'attitude de l'auteur de la demande. Cette jurisprudence recouvre essentiellement quatre hypothèses distinctes.

Premièrement, le juge des référés considère qu'il n'y a pas d'urgence à ordonner une mesure lorsque la situation litigieuse résulte non pas des agissements de l'administration mais du retard mis par l'intéressé lui-même à formuler sa demande auprès des autorités compétentes. Ainsi, l'administré ne peut invoquer l'urgence s'il a attendu plusieurs mois avant d'accomplir auprès de l'administration consulaire les démarches nécessaires au renouvellement de son passeport[1]. L'urgence ne peut davantage être caractérisée lorsque le requérant demande qu'il soit enjoint à l'autorité administrative de renouveler son passeport alors que ce dernier est périmé depuis plus de deux ans[2].

Deuxièmement, lorsque le demandeur a manifestement tardé à agir après la survenance du préjudice dont il s'estime victime, le juge relèvera la contradiction existant entre cette lenteur à le saisir et l'invocation du caractère urgent de sa situation. Ainsi, le requérant n'est pas fondé, pour établir l'urgence qu'il allègue, à faire état de l'imminence de la prise d'effet de l'acte qu'il conteste alors qu'il en a reçu notification un mois auparavant[3]. De même, le requérant qui s'est abstenu de contester les avis défavorables émis par la commission d'accès aux documents administratifs en 1996 et en 1999 ne peut invoquer l'urgence qu'il y aurait, en 2003, à obtenir communication des pièces sur la base desquelles la commission a émis ces avis[4]. Pour autant, dans la mesure où l'urgence « peut apparaître après que la décision contestée a commencé à produire ses effets », ce critère ne saurait présenter un caractère exclusif et automatique[5].

Troisièmement, le juge sera réticent à caractériser l'urgence si le requérant s'est, en connaissance de cause, placé dans une situation dommageable. Il refuse ainsi de qualifier l'urgence lorsqu'une société faisant métier dans l'immobilier a acquis un immeuble occupé par des squatters et sollicite le concours de la force publique pour exécuter une décision judiciaire prescrivant leur expulsion[6].

1. CE, ord., 9 janv. 2001, Deperthes, req. n° 228928, *Lebon* 1.
2. CE, ord., 21 mars 2001, Rahal, req. n° 231531, NP.
3. CE, ord., 16 mars 2001, Assoc. Radio « 2 couleurs », req. n° 231736, *Lebon T.* 1134.
4. CE, ord., 16 août 2010, Bidalou, req. n° 342437, NP.
5. CE 17 mars 2010, Larkhawi, req. n° 332585, *Lebon T.* ; *AJDA* 2010. 585.
6. CE, ord., 3 janv. 2003, min. de l'Intérieur, de la Sécurité intérieure et des Libertés locales c/S[té] Kerry, req. n° 253001, *Lebon T.* 928 ; *AJDA* 2003. 344, note J.-P. Gili - CE, ord., 2 juin 2005, S[té] civile immobilière « 63 rue d'Hautpoul », req. n° 280831, NP.

Quatrièmement, l'urgence ne pourra être caractérisée si le demandeur s'est placé dans une situation illégale. Il en va ainsi lorsqu'une société entend ouvrir un commerce soumis à la loi du 5 juillet 1996 relative au développement et à la promotion du commerce et de l'artisanat alors qu'elle n'a pas sollicité – ni par conséquent obtenu – l'autorisation de la commission départementale d'équipement commercial. Faute pour la société requérante d'être en règle au regard des dispositions de ce texte, « le prononcé des injonctions sollicitées, en ce qui concerne l'usage fait par le maire de ses attributions en matière d'établissements recevant du public, n'est, en tout état de cause, pas justifié par l'urgence »[1].

232.433 Intérêt général poursuivi par le défendeur. L'urgence à prononcer une mesure de sauvegarde doit être confrontée avec l'urgence qu'il peut exister à ne pas prononcer cette mesure. Cette appréciation est dite « globale » dès lors que le juge intègre dans son analyse l'ensemble des intérêts en présence (celui du demandeur et celui du défendeur). Dans certaines situations, l'intérêt général dont le défendeur a la charge pourra faire obstacle à la caractérisation de l'urgence.

D'abord posé par le Conseil d'État dans le cadre de l'article L. 521-1 du Code de justice administrative[2], le principe d'une appréciation globale de l'urgence a été transposé au référé-liberté dans une ordonnance du 10 août 2001, *Association La Mosquée*[3]. Le juge du référé-liberté reprend la formule de l'arrêt *préfet des Alpes-Maritimes* dans un considérant de principe, affirmant « que la condition d'urgence posée par l'article L. 521-2 du Code de justice administrative s'apprécie objectivement et compte tenu de l'ensemble des circonstances de chaque espèce ». Il résulte de cette jurisprudence que le juge des référés ne peut limiter son contrôle de l'urgence à la prise en compte des seuls intérêts du requérant. Dans ce cadre, il lui appartient de mettre en balance l'urgence à prononcer la mesure de sauvegarde sollicitée et l'urgence à poursuivre l'exécution de l'acte litigieux ou l'activité administrative entreprise. Les intérêts en présence sont définis par les parties au litige et par les éléments versés au dossier (v. s^s n°s 222.321 s.).

En pratique, la confrontation des intérêts du requérant et d'un ou plusieurs intérêts publics peut déboucher – en cas d'opposition – sur deux situations. La balance peut, soit pencher du côté du requérant et, par voie de conséquence, justifier le prononcé de la mesure sollicitée, soit du côté du défendeur et ainsi faire obstacle au prononcé de la mesure. L'urgence peut être qualifiée dans le premier cas, elle est exclue dans le second.

Tout d'abord, le bilan sera défavorable au demandeur en cas de motif impérieux d'intérêt général. Ainsi, un motif de sécurité publique exclut l'urgence s'agissant d'un arrêté municipal interdisant l'accès et ordonnant la démolition d'un bâtiment communal vétuste et dangereux qui était occupé comme lieu de culte par une associa-

1. CE, ord., 23 mars 2001, S^té Lidl, req. n° 231559, *Lebon* 154 ; *RDI* 2001. 275, obs. P. Soler-Couteaux ; *RGCT* 2001. 967, Chron. J.-C. Ricci ; *BJDU* 2001. 111, obs. J.-C. Bonichot.
2. CE, sect., 28 févr. 2001, préfet des Alpes-Maritimes, req. n° 229562, *Lebon* 110 ; *AJDA* 2001. 461, Chron. M. Guyomar et P. Collin ; *AJDA* 2001. 465, Chron. M. Guyomar et P. Collin ; *D.* 2002. 2222, obs. R. Vandermeeren ; *GACA*, 5e éd., 2016, n° 12 ; *RFDA* 2001. 399, concl. P. Fombeur ; *Coll. terr.* 2001, comm. n° 126, note T. Célerier ; *BDEI* 2001. 9, note A. Seban ; *RD publ.* 2001. 758, obs. C. Guettier.
3. CE, ord., 10 août 2001, Assoc. « La Mosquée » et a., req. n° 237004, *Lebon T.* 1133 – v. égal^t CE, ord., 21 nov. 2002, Gaz de France, req. n° 251726, *Lebon* 408 – CE, ord., 30 oct. 2003, S^té Kentucky, req. n° 261353, NP.

tion[1]. De même, le juge affirme, compte tenu de l'ensemble des intérêts en présence et notamment de celui de la protection de la forêt, que ne constitue pas une situation d'urgence un décret classant comme forêt de protection la forêt de Fontainebleau[2].

À l'inverse, le bilan sera favorable au demandeur si l'intérêt du défendeur n'apparaît pas suffisamment important pour contrebalancer l'urgence à prononcer une mesure de sauvegarde. Ainsi, dans l'hypothèse d'un arrêté municipal ordonnant la fermeture d'un commerce de proximité, le juge des référés affirme « que s'agissant d'une mesure de protection de la sécurité et de l'hygiène, l'urgence des mesures demandées sur le fondement de l'article L. 521-2 du Code de justice administrative doit être appréciée en tenant compte non seulement de la situation de l'entreprise requérante mais aussi de l'imminence des risques que ces mesures se proposent de prévenir ». La mise en balance entre, d'une part, l'avenir commercial de l'entreprise et, d'autre part, la prévention des risques sanitaires aboutit, compte tenu des circonstances de l'espèce, à considérer comme remplie la condition d'urgence requise par l'article L. 521-2[3]. De même, lorsqu'est en cause un refus préfectoral d'apporter le concours de la force publique, l'intérêt du maintien de l'ordre ne fait pas obstacle à la caractérisation de l'urgence si la menace de troubles n'est pas établie[4].

2
Absence d'autonomie des éléments de nature à exclure l'urgence

232.441 Éléments opérants uniquement en l'absence d'atteinte grave et manifestement illégale. Théoriquement, le comportement du demandeur et l'intérêt général poursuivi par le défendeur pourraient conduire à exclure l'urgence nonobstant le constat d'une atteinte gave et manifestement illégale à une liberté fondamentale. Toutefois, ces deux considérations ne présentent pas un caractère opérant en présence d'une telle atteinte. Il en résulte que le comportement du requérant et l'intérêt général poursuivi par le défendeur ne sont de nature à exclure l'urgence qu'en l'absence d'atteinte grave et manifestement illégale portée à une liberté fondamentale.

L'explication est simple. Le comportement du demandeur excluant l'urgence, va écarter tout autant la gravité de l'atteinte. De même, l'intérêt général poursuivi par l'administration ne fera obstacle à l'urgence que si elle fonde également la légalité de l'atteinte. Dès lors, lorsque la situation dans laquelle se trouve le requérant provient de son comportement, ou lorsque l'atteinte est justifiée par l'intérêt général, le juge peut rejeter la requête *aussi bien* sur le fondement de l'absence d'urgence que sur celui de l'absence de gravité (dans le premier cas) ou de l'illégalité manifeste (dans le second)[5].

1. CE, ord., 10 août 2001, Assoc. « La Mosquée » et a., req. n° 237004, *Lebon T.* 1133.
2. CE, ord., 13 août 2002, C^ne de La Rochette, req. n° 249528, NP.
3. CE, ord., 14 mars 2003, C^ne d'Évry, req. n° 254827, *Lebon T.* 931.
4. V. par ex. CE, ord., 21 nov. 2002, Gaz de France, req. n° 251726, *Lebon* 408 – CE, ord., 27 nov. 2002, SCI Résidence du théâtre, req. n° 251898, *Lebon T.* 874 ; *AJDA* 2003. 457 ; *D.* 2003. 808 ; *RFDA* 2003. 386, note Y. Lequette.
5. Cela explique que, parfois, le juge ne procède pas à un examen séparé de la condition d'illégalité manifeste et de la condition d'urgence, mais confronte au regard des mêmes données l'équilibre entre l'intérêt général et l'atteinte aux libertés fondamentales. Dans les décisions *Gaz de France* et *SCI Résidence du théâtre*, le juge affirme ainsi qu'en l'absence de justifications suffisantes, le refus d'exécuter une mesure d'expulsion apparaît « entaché d'une illégalité manifeste et constitutif d'une situation d'urgence au sens ➢

Ainsi, lorsque le juge choisit de rejeter une requête pour défaut d'urgence sans se prononcer sur l'existence d'une atteinte grave et manifestement illégale, c'est, nécessairement, que la condition de gravité de l'atteinte ou d'illégalité manifeste de celle-ci faisait défaut. Par exemple, en affirmant que la demande présentée par une personne sans activité à l'encontre de Pôle Emploi ne répond pas à la condition d'urgence particulière définie par l'article L. 521-2 du CJA, le juge des référés signifie implicitement mais nécessairement que cette situation ne satisfait pas à l'exigence d'atteinte grave et manifestement illégale portée à une liberté fondamentale[1]. De même, si le juge rejette pour défaut d'urgence la requête dirigée contre la décision d'un maire de bloquer l'accès à un chantier mis en œuvre par l'État, c'est uniquement parce que la gravité de l'atteinte n'est pas caractérisée (les engins de chantier pouvant accéder à celui-ci via une autre voie)[2].

232.442 Condition à justifier néanmoins. Malgré l'autonomie relative de la condition d'urgence, il convient de ne pas négliger la justification de celle-ci. En effet, les arguments développés sur ce point serviront également à asseoir gravité de l'atteinte et l'illégalité de celle-ci.

233. Jugement du référé-liberté

SECTION 0
Orienteur

233.00 Plan du chapitre.

Sect. 1 Rejet sans instruction
Sect. 2 Jugement de la demande après instruction contradictoire
Sect. 3 Contentieux des conditions de détention

233.09 Règles procédurales des référés d'urgence. La requête introduite sur le fondement de l'article L. 521-2 du CJA est soumise aux règles procédurales applicables à tout référé d'urgence (v. s[s] n°s 213.09 s.).

233.10 Jugement en 48 heures. La dernière phrase de l'article L. 521-2 du CJA dispose que « le juge des référés se prononce dans un délai de quarante-huit heures ».

➢ et pour l'application de l'article L. 521-2 du Code de justice administrative » (CE, ord., 21 nov. 2002, Gaz de France, req. n° 251726, *Lebon* 408 – CE, ord., 27 nov. 2002, SCI Résidence du théâtre, req. n° 251898, *Lebon T.* 874 ; *AJDA* 2003. 457 ; *D.* 2003. 808 ; *RFDA* 2003. 386, note Y. Lequette) – v. égal[t] CE, ord., 9 déc. 2004, C[ne] de Béziers, req. n° 274852, NP. De même, une ordonnance a indiqué que lorsque le juge du référé-liberté est saisi d'une demande de suspension d'un arrêté municipal édicté pour prévenir un danger grave ou imminent, « le respect de la condition d'urgence exigé par l'article L. 521-2 du Code de justice administrative recoupe très largement, l'appréciation que le juge des référés est amené à porter, en l'état de l'instruction, sur la légalité interne de la mesure de police contestée ».

1. CE, ord., 4 oct. 2012, Pôle Emploi, req. n° 362948, NP.
2. CE, ord., 9 oct. 2015, C[ne] de Chambourcy, req. n° 393895, *Lebon* ; *AJDA* 2015. 1888 ; *AJDA* 2015. 2388, note N. Foulquier ; *Dr. adm.* 2016. comm. 2, note M. Cornille ; *JCP Adm.* 2016, n° 2116, Chron. O. Le Bot ; *JCP Adm.* 2015, n° 2360, note H. Pauliat.

Le délai de jugement qui lui est imparti pour statuer est considéré par le juge des référés comme présentant un caractère indicatif[1]. En pratique, les demandes présentées sur ce fondement sont jugées dans un délai extrêmement bref. Devant les juges du premier degré, le délai moyen de jugement se situe entre trois et cinq jours.

233.11 Deux procédures. La demande en référé-liberté peut, comme tout référé d'urgence, être jugée selon deux procédures différentes : soit celle du tri, soit celle de l'instruction contradictoire.

SECTION 1

Rejet sans instruction

233.21 Ordonnance de tri. La requête peut être rejetée, sans instruction ni audience, selon la procédure de l'article L. 522-3 du CJA. Conçue pour écarter rapidement les requêtes visiblement vouées à l'échec, cette procédure est mise en œuvre dans les hypothèses et dans les formes prévues par l'article L. 522-3 (v. s^s n°s 213.41 s.). Ont par exemple été rejetés sur ce fondement :

- faute d'urgence, la demande tendant à suspendre des dispositions mises en œuvre depuis plus de 17 ans[2] ;

- comme ne relevant manifestement pas de la compétence de la juridiction administrative, le recours formé contre une décision juridictionnelle[3] ou un acte de gouvernement[4] ;

- comme manifestement irrecevable la demande d'annulation d'une décision administrative ou de toute autre mesure ayant un effet équivalent[5] ;

- comme manifestement mal fondée la demande où ne peut être relevée aucune atteinte à une liberté fondamentale[6], aucune atteinte grave[7] ou aucune illégalité manifeste[8].

1. Il affirme que ce délai n'est « pas prescrit à peine de nullité » (CE, ord., 19 juin 2002, Hoffer, req. n° 247884, NP) ou « n'est pas imparti à peine de dessaisissement du juge ou de nullité de la décision rendue » (CE, ord., 6 sept. 2002, Tetaahi, req. n° 250120, NP).
2. CE, ord., 21 janv. 2002, Auto-école Bergson, req. n° 242051, NP.
3. CE, ord., 11 juin 2003, Rousselle, req. n° 257494, NP - CE, ord., 11 déc. 2003, Allag, req. n° 262549, NP - CE, ord., 3 avr. 2001, Murat, req. n° 232012, NP - CE, ord., 28 févr. 2005, Vuillet, req. n° 277999, NP.
4. CE, ord., 7 nov. 2001, Tabaka, req. n° 239761, *Lebon T.* 789 ; *RD publ.* 2001. 1645, note P. Jan ; *LPA* 22 mars 2002, n° 59, p. 15, note O. Curtil (à propos de l'abstention du Président de la République à déférer une loi au Conseil constitutionnel aux fins d'examen de sa constitutionnalité) - CE, ord., 14 mars 2003, Brossollet, req. n° 25510, NP : décret du Président de la République tendant à soumettre deux projets de loi constitutionnelle au Parlement réuni en Congrès - CE, ord., 8 sept. 2005, Gaiffe, req. n° 284832, NP : demande visant à enjoindre au gouvernement de déposer un projet de loi devant l'une ou l'autre assemblée qui compose le Parlement.
5. CE, ord., 1er mars 2001, Paturel, req. n° 230794, *Lebon T.* 1134.
6. CE, ord., 15 févr. 2001, Perrier, req. n° 230318, NP - CE, ord., 6 avr. 2001, Lapere, req. n° 232135, NP - CE, ord., 3 avr. 2001, Soriano et a., req. n° 232025, *Lebon T.* 1128.
7. CE, ord., 18 mai 2001, req. n° 233815, Meyet, *Lebon* 244 ; *AJDA* 2001. 640, Chron. M. Guyomar et P. Collin.
8. CE, ord., 26 janv. 2001, Gunes, req. n° 229954, *Lebon* 38 - CE, ord., 9 août 2001, Medrinal, req. n° 236989, *Lebon T.* 1127.

SECTION 2

Jugement de la demande après instruction contradictoire

233.31 Deux phases. Lorsque le juge du référé-liberté considère que la requête mérite d'être instruite, c'est-à-dire qu'elle n'a pas été écartée par la procédure de tri, elle est mise à l'instruction et jugée selon une procédure contradictoire écrite et orale commune à l'ensemble des référés d'urgence (v. s^s^ n°s 213.131 s. pour la présentation détaillée de son déroulement).

233.32 Absence d'expertise. Le juge doit statuer au seul vu « des productions des parties et des éléments recueillis au cours de l'audience publique » ; eu égard au délai de 48 heures qui lui est imparti pour statuer, il ne saurait notamment ordonner une expertise suggérée par l'une des parties[1].

Il n'a été ordonné de mesures d'expertise ou d'*amicus curiae* que dans le contentieux de la fin de vie[2]. De telles mesures s'y justifient par les enjeux qu'il soulève, la difficulté des appréciations à réaliser et le caractère irréversible d'une décision d'interrompre des soins.

SECTION 3

Contentieux des conditions de détention

233.41 Articulation avec le juge judiciaire. Lorsque le juge de l'application des peines, saisi en application de l'article R. 249-17 du code de procédure pénale par la personne condamnée, ou le juge d'appel saisi en application de l'article R. 249-36 du même code, a estimé la requête fondée, « le juge administratif ne peut plus ordonner le transfèrement ou un nouvel examen du transfèrement de cette personne jusqu'à la décision du juge de l'application des peines prise en application de l'article R. 249-30 du même code ou, le cas échéant, jusqu'à ce que le juge d'appel ait statué sur cette décision »[3].

Le requérant « communique sans délai au juge administratif les décisions du juge judiciaire » rendues en la matière[4].

1. CE, ord., 25 avr. 2002, S^té^ Saria Industries, req. n° 245414, *Lebon* 155 ; *Dr. envir.* 2002, comm. n° 99, note B. Busson ; *Envir.* 2002, comm. n° 109, note A. Faro.
2. V. CE, ass., 14 févr. 2014, Lambert, req. n° 375081, *Lebon* ; *AJDA* 2014. 1293 ; *AJDA* 2014. 1669 ; *AJDA* 2014. 1484, Chron. A. Bretonneau et J. Lessi, note D. Truchet ; *D.* 2014. 1856, et les obs., note D. Vigneau ; *D.* 2014. 2021, obs. A. Laude ; *D.* 2015. 755, obs. J.-C. Galloux et H. Gaumont-Prat ; *AJ fam.* 2014. 396, obs. A. Dionisi-Peyrusse ; *RFDA* 2014. 657, concl. R. Keller ; *RFDA* 2014. 702, note P. Delvolvé ; *RDSS* 2014. 1101, note D. Thouvenin – CE, ord., 8 mars 2017, Assistance publique – Hôpitaux de Marseille, req. n° 408146, *Lebon* ; *AJDA* 2017. 497 ; *D.* 2017. 574 ; *AJ fam.* 2017. 218, obs. A. Dionisi-Peyrusse.
3. CJA, art. R. 559-2, al. 1er.
4. CJA, art. R. 559-2, al. 2.

234. Décision du juge du référé-liberté

SECTION 0

Orienteur

234.00 Plan du chapitre.

Sect. 1 Motivation de la décision
Sect. 2 Prononcé d'une mesure de sauvegarde

234.02 Jurisprudence de référence.

> Le juge peut prononcer des mesures de sauvegarde non provisoires dans l'hypothèse où aucune mesure de caractère provisoire ne permettra de faire cesser l'atteinte CE, ord., 30 mars 2007, ville de Lyon, req. n° 304053, *Lebon*.

234.04 Question essentielle.

> Le juge peut-il lui-même choisir la mesure de sauvegarde nécessaire ? v. s[s] n° 234.43

234.09 **Règles communes aux référés d'urgence.** La décision rendue sur le fondement de l'article L. 521-2 du CJA suit le régime applicable à tout référé d'urgence quant à son contenu, au déploiement de ses effets et à l'autorité qui lui est reconnue (sur ces règles, v. s[s] n°s 214.09 s.).

SECTION 1

Motivation de la décision

234.11 **Étendue de l'exigence de motivation.** Le degré de précision attendu dans la motivation de la décision est le fruit d'un arbitrage entre deux exigences opposées : d'un côté la nécessité d'une information suffisante des parties et du juge supérieur ; d'un autre le souci de ne pas alourdir excessivement le travail d'un juge astreint à statuer en 48 heures.

234.12 **Exigence en référé-suspension.** Dans le cadre de l'article L. 521-1 du Code de justice administrative, le Conseil d'État a affirmé que le juge des référés doit « faire apparaître les raisons de droit et de fait pour lesquelles soit il considère que l'urgence justifie la suspension de l'acte attaqué, soit il estime qu'elle ne la justifie pas ; que le respect de cette exigence s'apprécie, toutefois, au regard des justifications présentées en défense »[1].

234.13 **Exigence reprise en référé-liberté.** Le commissaire du gouvernement Francis Lamy a affirmé que pour le référé-liberté, « les mêmes exigences en termes de motivation que pour la suspension devraient s'appliquer »[2]. La solution dégagée au titre

1. CE, sect., 25 avr. 2001, Assoc. des habitants du littoral du Morbihan c/C[ne] de Baden, req. n° 230025, *Lebon* 220 ; *AJDA* 2001. 465, Chron. M. Guyomar et P. Collin ; *RFDA* 2001. 849, concl. F. Lamy ; *RDI* 2001. 396, obs. P. Soler-Couteaux.
2. F. Lamy, concl. sur CE, sect., 25 avr. 2001, Assoc. des habitants du littoral du Morbihan c/C[ne] de Baden, *RFDA* 2001. 850.

du référé-suspension est dans son principe applicable aux dispositions de l'article L. 521-2 du CJA. Le juge doit faire apparaître, par une démonstration, la ou les raisons pour lesquelles une condition est ou non satisfaite. Il ne saurait procéder par voie d'affirmation, sans raisonnement adéquat ni explication.

Il incombe au juge des référés de préciser en quoi la condition d'urgence est remplie ou ne l'est pas, et de justifier dans quelle mesure il estime que l'atteinte grave et manifestement illégale à une liberté fondamentale est ou non caractérisée. Sur ce point, Didier Chauvaux avait souhaité que le juge soit astreint à « motiver solidement sa décision au regard de chacune des conditions légales : urgence, atteinte grave à une liberté fondamentale, mesure manifestement illégale. Sa décision devra notamment établir l'illégalité du comportement de l'administration »[1]. Lorsque le juge estime qu'au moins une des conditions fait défaut, il lui appartient d'énoncer pourquoi la décision ou le comportement attaqué n'est pas manifestement illégal, ne porte pas d'atteinte grave à une liberté fondamentale ou ne caractérise pas une situation d'urgence nécessitant le prononcé d'une mesure de sauvegarde en 48 heures.

SECTION 2

Prononcé d'une mesure de sauvegarde

234.21 Deux modalités d'intervention. En pratique, l'intervention du juge pour mettre fin à une atteinte prend deux formes différentes. Par la persuasion ou la dissuasion, le juge peut tout d'abord amener l'administration à donner d'elle-même satisfaction au requérant. C'est l'autorité administrative, qui en raison de la seule intervention ou menace d'intervention du juge des référés, va mettre fin à la situation litigieuse. À défaut, lorsque le juge ne peut amener l'administration à revenir d'elle-même sur sa position, il prononce une mesure contraignante à son encontre.

234.22 Intervention persuasive ou dissuasive du juge des référés. La saisine du juge des référés et, éventuellement, les échanges qui se déroulent devant lui ont parfois pour effet que l'administration agit sans attendre l'ordonnance de référé et prive ainsi d'objet les conclusions présentées. Un rapprochement entre les parties peut également conduire au désistement du demandeur qui, ayant obtenu gain de cause, renonce à son recours. Ainsi, pour peu que les conditions exigées par l'article L. 521-2 du CJA soient satisfaites d'une manière probable – à défaut l'administration sera réticente à revenir d'elle-même sur sa position –, le demandeur en référé-liberté pourra obtenir satisfaction sans que le juge n'ait à prononcer la moindre mesure. Le règlement non contentieux du litige se traduit alors par l'extinction de l'objet du litige résultant, selon les cas, d'un désistement dont le juge va donner acte, ou d'un non-lieu à statuer qu'il lui appartient de constater. Les cas dans lesquels le requérant obtient satisfaction sans qu'aucune mesure ne soit prononcée résultent ainsi de l'intervention effective ou de la simple menace d'intervention du juge du référé-liberté.

Le requérant peut tout d'abord obtenir la cessation de l'atteinte par la seule menace d'intervention du juge du référé-liberté. En effet, lorsque l'administration

1. D. Chauvaux, concl. sur CE 16 févr. 2001, Breucq, *RFDA* 2001. 672.

est convoquée à une audience au titre du référé-liberté, cela signifie que la demande n'a pas été écartée au stade du tri préalable. Pour le juge, le litige présente un caractère sérieux ; la demande n'a pas été regardée comme manifestement mal fondée. Par conséquent, la personne publique court un certain risque à persévérer dans son comportement. Alertée par cette convocation, elle sait qu'il est encore temps pour elle de revenir en arrière. Aussi, à une possible censure infligée par le juge du référé-liberté, l'administration poursuivie sur le fondement de l'article L. 521-2 du CJA préférera parfois revenir d'elle-même sur la décision ou le comportement qui a donné lieu à la saisine. Il est incontestable, en effet, qu'une censure prononcée par le juge du référé-liberté revêt une connotation morale. Une condamnation pour atteinte aux libertés fondamentales expose un responsable local au risque d'une exploitation politique et médiatique de la décision. Plus généralement, une telle sentence peut ternir l'image d'une collectivité publique ou de ses dirigeants. Dès lors, il est parfois préférable pour un responsable politique ou administratif de revenir – assez tôt – sur sa position plutôt que de subir l'opprobre qui s'attache à une condamnation prononcée sur ce fondement. L'effet dissuasif de la sanction juridictionnelle se révèle ainsi particulièrement efficace en ce domaine. Pour le demandeur, la saisine du juge, et la crainte que la sanction provoque chez l'administrateur suffisent à obtenir satisfaction. L'administration s'exécute d'elle-même sans que le juge n'ait à prescrire la moindre mesure. Si l'administration prend des mesures qui ont exactement la même portée que celles demandées en référé (par exemple la remise du formulaire nécessaire à la présentation d'une demande d'asile[1], la délivrance d'une autorisation de regroupement familial[2], le retrait d'une interdiction de manifester[3] ou encore l'enregistrement d'une demande d'asile et la délivrance d'une autorisation provisoire de séjour[4]), les conclusions du requérant deviennent sans objet et le juge prononce le non-lieu à statuer. La peur de la sanction apparaît ainsi efficace en ce domaine : l'engagement du recours, et la convocation de l'administration à l'audience conduisent celle-ci à accorder au demandeur la mesure sollicitée en référé.

Les cas dans lesquels le requérant obtient satisfaction sans qu'une mesure ne soit prononcée recouvrent également une seconde hypothèse, liée celle-ci à l'intervention effective du juge au cours de l'audience publique. Le juge des référés va amener les parties à discuter, à prendre ou reprendre le dialogue, à se rapprocher afin de parvenir à un terrain d'entente. Par ses caractères, l'audience de référé constitue le cadre idoine pour concilier les parties. Elle offre un espace souple et ouvert au dialogue, qui favorise la discussion directe entre les parties mais également entre les parties et le juge. Ces éléments représentent les bases d'un rapprochement entre les parties lors de l'audience de référé[5]. Il importe de préciser que ce rapprochement peut intervenir

1. CE, ord., 12 janv. 2001, Hyacinthe, req. n° 229039, *Lebon* 12 ; *AJDA* 2001. 589, note J. Morri et S. Slama ; *D.* 2001. 526, et les obs.
2. CE, ord., 21 août 2006, Aubert, req. n° 296570, NP - CE, ord., 27 oct. 2006, Nkouka, req. n° 298319, NP.
3. TA Bordeaux, ord., 28 mai 2013, Assoc. L. 214, n° 1301861, NP : arrêté de retrait produit au cours de l'audience.
4. CE, ord., 25 avr. 2005, Moussa, req. n° 279827, NP.
5. Pour des exemples de rapprochements réussis, v. CE, ord., 25 juin 2003, Ahamada et Said Abdallah, req. n° 257835, NP - CE, ord., 30 juill. 2004, Moussaoui, req. n° 270462, NP - CE, ord., 29 sept. 2004, min. ➢

si les conditions posées à l'article L. 521-2 paraissent satisfaites mais également, de façon notable, dans des hypothèses où elles ne semblent pas remplies. Dans ce dernier cas de figure, l'administration a agi dans son bon droit mais le juge estime que la décision prise soulève une difficulté ; il peut alors, par la persuasion, la convaincre de donner satisfaction au requérant pour des raisons d'équité[1].

234.23 Prononcé d'une mesure contraignante. Si l'administration ne consent pas à donner d'elle-même satisfaction au demandeur, la loi donne au juge des pouvoirs très étendus pour faire cesser l'atteinte à une liberté fondamentale. Ces derniers vont de la suspension d'exécution au prononcé d'injonctions assorties, le cas échéant, d'une condamnation sous astreinte. Le caractère pérenne des mesures ordonnées représente un facteur important de l'efficacité de son intervention.

§ 1

Pouvoir étendu du juge des référés

234.31 Pouvoir très large. Sur le fondement de l'article L. 521-2 du CJA, le juge administratif dispose de moyens d'action étendus vis-à-vis de l'administration. L'exercice de son pouvoir se trouve néanmoins soumis à deux limites tenant au caractère immédiat et provisoire des mesures ordonnées.

A

Pouvoir caractérisé par son absence de limites apparentes

234.41 Pouvoir large. Les pouvoirs du juge du référé-liberté sont conçus de la façon la plus large puisqu'il peut, en vertu de l'article L. 521-2 du CJA, « ordonner toutes mesures nécessaires à la sauvegarde d'une liberté fondamentale ». Les prérogatives dont il dispose ne sont pas autrement définies, le législateur s'étant gardé de toute énumération qui aurait limité *a priori* le champ de ses possibilités. Refusant de restreindre son pouvoir de décision, la loi n'indique pas ce que peuvent être les mesures de sauvegarde susceptibles d'être ordonnées. Elle ne contient pas de précision – ni par conséquent de limitation – sur la nature ou le contenu des mesures qu'il peut prescrire.

L'intérêt de la formulation retenue apparaît immédiatement. En laissant au juge une importante latitude quant au choix de la mesure, elle lui permet d'adapter le contenu de sa décision aux données particulières de chaque cas concret. En raison de sa généralité et de sa plasticité, la formule de l'article L. 521-2 permet ainsi d'apporter une réponse propre à la diversité des situations qui peuvent se présenter.

234.42 Pouvoir finalisé. Si le pouvoir du juge du référé-liberté est étendu, il demeure finalisé par le texte de l'article L. 521-2 du CJA. La mesure prescrite doit avoir un

➢ de l'Intérieur, de la Sécurité intérieure et des Libertés locales c/Aubame, req. n° 272584, NP – CE, ord., 29 sept. 2004, préfet de la Marne, req. n° 272552, *Lebon T.* 829 ; *AJDA* 2005. 398 – CE, ord., 6 mai 2008, Bounemcha, req. n° 315631, *Lebon T.* ; *AJDA* 2008. 1279, note G. Gonzalez ; *D.* 2009. 207, note O. Le Bot – ; Pour des tentatives avortées, v. CE, ord., 7 avr. 2004, Kilicikesen, req. n° 266085, *Lebon* 164 ; *JCP Adm.* 2004, n° 1554, note E. Tawil – CE, ord., 13 janv. 2006, Rasamoelina, req. n° 288434, NP – CE, ord., 15 avr. 2003, Le Garff, req. n° 256023, NP.

1. V. l'intervention d'Isabelle de Silva au colloque du Conseil d'État du 29 novembre 2019 sur les 20 ans des référés, à 1h02 min [en ligne].

objet déterminé et répondre à une finalité précise : la sauvegarde, nécessaire, d'une liberté fondamentale.

Tout d'abord, la mesure prescrite doit tendre à la « sauvegarde » d'une liberté fondamentale, c'est-à-dire à sa protection, sa défense, sa garantie. Le référé-liberté est conçu pour apporter une solution appropriée à une situation particulière. La mesure retenue doit constituer une réponse à la situation qui a justifié la saisine du juge. L'objectif poursuivi doit être le rétablissement d'une situation normale, en mettant fin aux agissements irréguliers et liberticides de l'administration. Pour faire cesser l'atteinte grave et manifestement illégale portée à une liberté fondamentale, la mesure choisie doit donc être en relation avec les modalités de cette atteinte.

Ensuite, l'article L. 521-2 précise que la mesure prescrite doit être « nécessaire » à la sauvegarde d'une liberté fondamentale, c'est-à-dire indispensable à sa préservation. Le concept de nécessité introduit ici une idée de proportionnalité dans le choix de la mesure. Pour respecter cette exigence, la mesure doit être en rapport avec le comportement incriminé de la puissance publique et adaptée à la gravité de celui-ci. Cette exigence, néanmoins, ne paraît pas de nature à atténuer substantiellement les pouvoirs qui lui sont reconnus. Elle s'apparente davantage à une finalisation ou à une orientation qu'à une véritable restriction.

234.43 Conclusions du requérant. Au regard de la jurisprudence rendue sur le fondement de l'article L. 521-2 du CJA, on doit considérer que le juge du référé-liberté ne peut prononcer une mesure qui serait manifestement dépourvue de tout lien avec les conclusions du requérant. En revanche, il lui est loisible de sélectionner, dans le cadre dessiné par celles-ci, la mesure qui lui paraît la mieux adaptée à l'objectif poursuivi. Notamment, il peut aller au-delà ou rester en deçà des conclusions présentées par le demandeur.

Lorsque les conclusions sont formulées en des termes très généraux, le requérant laisse au juge le soin de déterminer lui-même et entièrement les mesures de sauvegarde nécessaires. Ainsi dans une espèce où était en cause la note d'un maire prescrivant au service du courrier l'ouverture systématique des courriers adressés à certains conseillers municipaux, le requérant demandait au juge des référés de prononcer en urgence toutes mesures de nature à mettre un terme aux agissements litigieux. Devant ces conclusions très larges, le Conseil d'État va suspendre l'exécution de la note à l'origine de l'atteinte et enjoindre à l'autorité administrative de donner aux services compétents toutes instructions pour qu'il soit immédiatement mis fin à son application[1].

Même lorsque les conclusions sont précises, le juge se reconnaît le pouvoir de s'en écarter afin de substituer à la mesure sollicitée par le requérant une mesure qui peut être soit moins rigoureuse, soit plus rigoureuse. Ainsi, lorsque le requérant sollicite le prononcé d'une injonction qui excède la compétence du juge des référés, le juge

1. CE 9 avr. 2004, Vast, req. n° 263759, *Lebon* 173 ; *RFDA* 2004. 778, concl. S. Boissard ; *Dr. adm.* 2004, comm. n° 98, note M. Lombard ; *JCP Adm.* 2004, n° 1318, note M.-C. Rouault ; *JCP Adm.* 2004, n° 1319, note J. Moreau ; *Gaz. Pal.* 2005. 391, note D. Linotte et J.-L. Pissaloux ; *CCE* 2004, étude J. Fraysinnet ; *Coll. terr.* 2004, comm. n° 120, note L. Derridj.

peut, d'office, remplacer la mesure sollicitée par une mesure de celles qu'il peut légalement prononcer. Dans une ordonnance du 17 mars 2006, le juge affirme qu'il y a lieu d'enjoindre au ministre de l'Intérieur, « non de délivrer le titre de séjour sollicité par le requérant ce qui excéderait la compétence du juge des référés, mais de procéder à un réexamen de la demande d'admission au séjour de l'intéressé au vu des motifs de la présente ordonnance »[1].

Il est également loisible au juge d'aller au-delà des termes de la requête en prononçant une mesure qui, non expressément sollicitée par le requérant, s'inscrit néanmoins dans le cadre dessiné par celles-ci. Ainsi, dans l'affaire *Front national et Iforel* du 19 août 2002[2], le juge des référés était saisi de deux séries de conclusions. Les requérants demandaient tout d'abord la suspension des effets des lettres par lesquelles l'autorité administrative refusait à la société Impérial Palace, gestionnaire du centre de congrès de la ville, la tenue de l'université d'été du Front national dans cette salle. Ils présentaient ensuite des conclusions tendant à ce qu'il soit enjoint à l'administration de « retirer » l'interdiction faite à la société Impérial palace d'accepter la tenue dans ses locaux de l'université d'été. Les conditions d'octroi étant satisfaites, le juge des référés suspend les effets des lettres attaquées et assortit cette mesure d'une injonction de ne pas faire obstacle à l'exécution du contrat de réservation conclu entre l'Iforel et la société Impérial palace. Cette injonction, non sollicitée par les requérants mais s'inscrivant dans le prolongement de leurs conclusions, traduit la marge de liberté dont dispose le juge dans l'interprétation de celles-ci. De même, dans l'affaire *Hadda*[3], le requérant demandait au juge des référés d'une part d'ordonner la suspension de la décision de refus d'enregistrement de sa demande d'asile territorial, d'autre part d'enjoindre au préfet d'instruire la demande d'asile et de délivrer le récépissé de la demande prévu par le décret du 23 juin 1998. Le Conseil d'État va, tout en respectant l'esprit général de ces conclusions, ordonner une mesure plus précise que celles précisément sollicitées par le requérant. Il ne suspend pas la décision attaquée mais enjoint au préfet de procéder à l'enregistrement du dossier de demande d'asile de l'intéressé dès que ce dernier, qui devra en être informé par le préfet dans les 48 heures suivant la notification de l'ordonnance, se présentera dans les services de la préfecture.

234.44 **Destinataire de la mesure.** La procédure de l'article L. 521-2 vise à remédier à une atteinte commise par une administration. Pour cette raison, et plus encore compte tenu de la répartition des compétences entre ordres juridictionnels, la mesure de sauvegarde ne peut avoir pour destinataire une personne privée (non chargée de la gestion d'un service public). Par exemple, il n'entre pas dans les pouvoirs du juge du référé-liberté d'autoriser des personnes privées à installer une chaîne à l'entrée d'un chemin[4].

1. CE, ord., 17 mars 2006, Saidov, req. n° 291214, NP.
2. CE, ord., 19 août 2002, Front national et Institut de formation des élus locaux (Iforel), req. n° 249666, *Lebon* 311 ; *AJDA* 2002. 1017, note X. Braud ; *D.* 2002. 2452, et les obs.
3. CE 15 févr. 2002, Hadda, req. n° 238547, *Lebon* 45.
4. CE, ord., 23 avr. 2013, Cne d'Ajaccio, req. n° 367761, NP.

B

Deux limites au pouvoir du juge du référé-liberté

234.51 Mesure immédiate et provisoire. Le juge du référé-liberté est soumis à deux limites dans l'exercice de son pouvoir. La mesure de sauvegarde doit, d'une part, produire un résultat immédiat, d'autre part, présenter un caractère provisoire.

1

Une mesure immédiate

234.61 Une mesure à effet immédiat. Le juge saisi sur le fondement de l'article L. 521-2 ne peut ordonner que les mesures « de nature à mettre fin immédiatement ou à très bref délai à l'atteinte constatée »[1]. Selon une autre formule utilisée, « le juge des référés ne peut, au titre de la procédure particulière prévue par l'article L. 521-2 précité, qu'ordonner les mesures d'urgence qui lui apparaissent de nature à sauvegarder, dans un délai de quarante-huit heures, la liberté fondamentale à laquelle il est porté une atteinte grave et manifestement illégale »[2].

Cette exigence trouve sa justification dans le délai de 48 heures imparti au juge pour statuer. En fixant au juge un délai de jugement aussi bref, la loi recherche un résultat instantané. Si le juge intervient de façon immédiate, c'est, selon le Conseil d'État, pour produire un résultat immédiat. En conséquence, ne relève pas de l'office du juge du référé-liberté le prononcé de mesures qui nécessitent une action sur le long ou même le moyen terme.

234.62 Exclusion des mesures à effet sur le long terme ou le moyen terme. Le juge rejette, comme étrangères à son office, les conclusions tendant au prononcé de mesures dont les effets n'interviendraient pas immédiatement :

– réaliser des mesures de prélèvements de requins ou d'installation de dispositifs limitant leur incursion dans certaines zones[3] ;

– créer une place supplémentaire en IME pour accueillir un enfant autiste[4] ;

1. CE, ord., 27 nov. 2013, Charle, req. n° 373300, *Lebon* ; *AJDA* 2014. 574, note F.-X. Fort ; *AJDA* 2013. 2342 ; *D.* 2013. 2855, obs. P. Véron ; *RFDA* 2014. 531, étude L. Fermaud – v. auparavant, énonçant cette exigence pour le seul droit au respect de la vie : CE, ord., 13 août 2013, min. de l'Intérieur c/Cne de Saint-Leu, req. n° 370902, NP ; *AJDA* 2013. 2104, note O. Le Bot ; *AJDA* 2013. 2137, étude X. Dupré de Boulois – v. égalt, présentant l'élément à titre surabondant, CE, sect., 16 nov. 2011, ville de Paris, req. n° 353172, *Lebon* ; *AJDA* 2011. 2207 ; *AJCT* 2012. 156, obs. L. Moreau ; *RFDA* 2012. 269, concl. D. Botteghi ; *RFDA* 2012. 455, Chron. H. Labayle, F. Sudre, X. Dupré de Boulois et L. Milano ; *JCP* 2012, n° 24, note O. Le Bot : affirmant « que l'ensemble de ces circonstances ne fait pas apparaître de danger caractérisé et imminent pour la vie des personnes et, *au surplus*, ne permet pas davantage au juge des référés de prendre utilement des mesures de sauvegarde *dans un délai très bref* ».
2. CE, ord., 30 juill. 2015, Section française de l'Observatoire international des prisons (OIP-SF) et ordre des avocats au barreau de Nîmes, req. n° 392043, *Lebon* ; *AJDA* 2015. 1567 ; *AJDA* 2015. 2216, note O. Le Bot ; *JCP Adm.* 2016, n° 2069, Chron. O. Le Bot.
3. CE, ord., 13 août 2013, min. de l'Intérieur c/Cne de Saint-Leu, req. n° 370902, NP ; *AJDA* 2013. 2104, note O. Le Bot ; *AJDA* 2013. 2137, étude X. Dupré de Boulois. En revanche, satisfait à l'exigence d'immédiateté la mesure d'interdiction de la baignade et d'information des populations sur les dangers liés à la présence de requins.
4. CE, ord., 27 nov. 2013, Charle, req. n° 373300, *Lebon* ; *AJDA* 2014. 574, note F.-X. Fort ; *AJDA* 2013. 2342 ; *D.* 2013. 2855, obs. P. Véron ; *RFDA* 2014. 531, étude L. Fermaud.

– réaliser des travaux de réfection dans une maison d'arrêt, y allouer des moyens financiers, humains et matériels supplémentaires, prendre des mesures de réorganisation des services et assurer la conclusion de conventions avec la protection maternelle et infantile et l'autorité préfectorale[1] ;

– élaborer un plan directeur de mise en sécurité du site au sein d'une maison d'arrêt[2] ;

– réaliser des travaux lourds au sein d'une maison d'arrêt, allouer aux services judiciaires et pénitentiaires des moyens financiers, humains et matériels supplémentaires, prendre des mesures de réorganisation des services ainsi qu'une circulaire de politique pénale[3] ;

– créer un centre d'accueil des migrants ou des centres de distribution alimentaire[4] ;

– se doter de moyens matériels et humains propres à permettre à une commune de résorber le stock de dossiers se rapportant à des immeubles en péril ; passer des marchés publics afin de se mettre en situation de pouvoir réaliser sans délai, sur l'ensemble de la ville, des travaux sur les immeubles faisant l'objet d'arrêtés de péril en lieu et place des propriétaires défaillants ; assurer la formation juridique des agents du service de la sécurité des immeubles[5].

Intervenant seul, dans un délai de 48 heures et au terme d'une instruction accélérée, le juge du L. 521-2 estime qu'il ne saurait ordonner de changements de fond ni décider d'évolutions structurelles. Cette position a été maintenue par le Conseil d'État dans un arrêt du 19 octobre 2020[6] après la condamnation de la France par la Cour européenne des droits de l'homme pour ineffectivité des recours ouverts en matière pénitentiaire[7]. Dans cet arrêt, il a estimé qu'une réforme ne pouvait venir que du

1. CE, ord., 30 juill. 2015, Section française de l'Observatoire international des prisons (OIP-SF) et ordre des avocats au barreau de Nîmes, req. n° 392043, cons. 11, *Lebon* ; *AJDA* 2015. 1567 ; *AJDA* 2015. 2216, note O. Le Bot ; *JCP Adm.* 2016, n° 2069, Chron. O. Le Bot.
2. CE, ord., 23 déc. 2016, Section française de l'Observatoire international des prisons, req. n° 405791, *Lebon T.* ; *AJDA* 2017. 8 ; *ibid.* 736, Chron. G. Odinet et S. Roussel.
3. CE 28 juill. 2017, Section française de l'Observatoire international des prisons, req. n° 410677, *Lebon* (pt 11), *AJDA* 2017. 2540, note O. Le Bot ; *Gaz. Pal.* 17 oct. 2017, n° 35, p. 26, note E. Senna : « eu égard à leur objet, les injonctions sollicitées, qui portent sur des mesures d'ordre structurel reposant sur des choix de politique publique insusceptibles d'être mises en œuvre, et dès lors de porter effet, à très bref délai, ne sont pas au nombre des mesures d'urgence que la situation permet de prendre utilement dans le cadre des pouvoirs que le juge des référés tient de l'article L. 521-2 du Code de justice administrative ».
4. CE 31 juill. 2017, Cne de Calais, req. n° 412125, *Lebon* (pt 14) : en revanche, possibilité de prescrire aux autorités administratives d'installer des dispositifs adaptés permettant de rendre disponibles, à titre provisoire, tant que des migrants séjournent à Calais dans des conditions insalubres, des points d'eau et des latrines ainsi que des douches.
5. CE, ord., 22 juill. 2020, Association juridique du collectif du 5 novembre, req. n° 441902, NP ; *Dr. adm.* 2021, comm. 5, note J. Martinez.
6. CE 19 oct. 2020, Garde des sceaux, ministre de la justice c/Section française de l'Observatoire international des prisons, n° 439372, *Lebon* ; *JCP Adm.* 2020, n° 2295, note P. Parinet-Hodimont ; *JCP Adm.* 2020, n° 1227, note L. Erstein ; *Dr. adm.* 2021, comm. 7, note G. Eveillard ; *AJDA* 2021. 694, note J. Schmitz ; *JCP Adm.* 2021, n° 2049, Chron. O. Le Bot ; *Gaz. Pal.* 24 déc. 2020, n° 41, p. 31, Chron. C. Barrois de Sarigny ; *AJDP* 2020. 593, note J.-P. Céré.
7. CEDH 30 janv. 2020, J.M.B et autres c/France, req. n° 9671/15 ; *RFDA* 2020. 496, note J. Portier : La Cour de Strasbourg affirme que « Si le référé-liberté semble offrir un cadre juridique théorique solide ➢

législateur[1]. Il a par ailleurs fourni aux justiciables un mode d'emploi pour obtenir par la voie contentieuse qu'il soit mis fin à des atteintes structurelles, indiquant que c'est vers la voie du recours pour excès de pouvoir qu'il convient de se tourner dans une telle hypothèse[2]. Le recours pour excès de pouvoir étant ainsi conçu pour remédier aux difficultés structurelles, le Conseil d'État considère qu'il est légitime de contenir le référé-liberté à des réponses conjoncturelles. Par exemple, dans cette affaire concernant le centre pénitentiaire de Nouméa, le Conseil exclut d'ordonner la restructuration des cours de promenade, cette mesure ne pouvant être prise à bref délai mais ordonne l'aménagement d'abris, la séparation des espaces sanitaires ainsi que l'amélioration de la luminosité et de l'aération, ces mesures étant susceptibles d'être prises à très bref délai.

Au juge du temps court, les changements conjoncturels (pouvant être mis en œuvre en quelques jours ou quelques semaines). Au juge du temps long, les changements structurels (nécessitant un changement d'ampleur et une mise en œuvre sur des mois voire des années)[3].

234.63 Exclusion des mesures rétroactives. Comme le pouvoir de suspension[4], le pouvoir d'injonction ne se déploie que pour l'avenir et ne peut revêtir une portée rétroactive. Le Conseil d'État vient l'a affirmé pour la première fois dans un arrêt du 17 avril 2019[5]. La demande dont il se trouvait saisi concernait le droit d'un demandeur d'asile à des conditions matérielles d'accueil, plus exactement la privation de l'allocation à laquelle lui ouvrent droit les dispositions du CESEDA. Le Conseil affirme que « si le juge des référés, saisi sur le fondement de l'article L. 521-2 du code de justice administrative, afin de faire cesser l'atteinte grave et manifestement

➢ pour juger d'atteintes graves aux droits des détenus, il ne peut être considéré comme le recours préventif qu'exige la Cour [...] » (§ 220) pour faire cesser les atteintes aux droits fondamentaux, ce en raison du pouvoir d'injonction limité du juge mais aussi compte tenu de deux autres considérations relevées par la Cour, à savoir l'appréciation des atteintes « compte tenu des moyens dont dispose l'administration » et les difficultés observées dans l'exécution des décisions (§§ 217-219). Elle en conclut que la France a méconnu l'article 13 de la convention.

1. V. p[t] 11 de l'arrêt du Conseil d'État : « il n'appartient qu'au législateur de tirer les conséquences de l'arrêt de la Cour s'agissant de l'absence de voie de recours préventive pour mettre fin aux conditions indignes de détention résultant de carences structurelles ».
2. En ce sens, le Conseil d'État souligne que « le juge de l'excès de pouvoir peut, lorsqu'il est saisi à cet effet, enjoindre à l'administration pénitentiaire de remédier à des atteintes structurelles aux droits fondamentaux des prisonniers en lui fixant, le cas échéant, des obligations de moyens ou de résultats. Il lui appartient alors de statuer dans des délais adaptés aux circonstances de l'espèce » (p[t] 11). La portée de cette solution ne se limitant pas au contentieux pénitentiaire, il suffit, dans n'importe quelle matière où l'administration se trouve soumise à une obligation d'agir, de lier artificiellement le contentieux pour obtenir, si l'administration refuse illégalement d'agir, le prononcé d'une injonction structurelle de faire quelque chose.
3. V. p. ex., en matière de lutte contre les captures accidentelles de dauphins par les pêcheurs, CE 8 juill. 2020, Association de défense des ressources marines, req. n° 429018, *Lebon T.* (annulation d'un arrêté pour excès de pouvoir et injonction d'adopter des mesures réglementaires de protection) et CE, ord., 27 mars 2021, Asso. Sea Sheperd, req. n° 450592, inédit (rejet du référé-liberté demandant d'ordonner des mesures structurelles en ce domaine). V. également, orientant le requérant vers le juge du fond après l'échec de son action en référé-liberté : CE, ord., 28 mai 2020, C[ne] de Morne-Vert, req. n° 440522, NP.
4. Pour la solution affirmée en référé-suspension, v. s[s] n° 224.61.
5. CE 17 avr. 2019, Barry, req. n° 428359, *Lebon T.* ; *JCP Adm.* 2019, n° 2265, Chron. O. Le Bot.

illégale au droit d'asile qui pourrait résulter d'une privation des conditions matérielles d'accueil peut enjoindre à l'administration de les rétablir, et en particulier de reprendre le versement de l'allocation mentionnée à l'article L. 744-1 du code de l'entrée et du séjour des étrangers et du droit d'asile, il ne lui appartient pas, en principe, d'enjoindre le versement de cette allocation à titre rétroactif pour une période écoulée » (pt 8).

Dans des décisions antérieures, le juge des référés avait pu conférer une portée rétroactive à ses injonctions. Ainsi, dans une décision du 8 juin 2017, Il avait enjoint à l'Office français de l'immigration et de l'intégration de procéder au versement au requérant de l'allocation pour demandeur d'asile avec effet au 1er février 2017[1]. Dans une autre décision, rendue le 23 juin 2017, il avait enjoint à ce même office de reprendre le versement à la requérante de l'allocation pour demandeur d'asile avec effet au 1er avril 2017[2]. De telles solutions, toutefois, aussi bienveillantes soient-elles, apparaissaient peu compatibles avec la finalité du référé-liberté, qui est de faire cesser pour l'avenir les atteintes aux libertés. En effet, l'office du juge est de faire cesser une atteinte et non de l'effacer. En outre, en termes de protection juridictionnelle, cette orientation du référé-liberté vers l'avenir n'exclut nullement que le requérant obtienne gain de cause pour la situation passée, en formant un recours pour excès de pouvoir, s'il n'est pas forclos, ou un recours en responsabilité.

2
Une mesure provisoire

234.71 Limite relative. Dépourvu de limite à la lecture de l'article L. 521-2 du CJA, le pouvoir du juge du référé-liberté est toutefois limité par l'application à cette procédure des dispositions de l'article L. 511-1 du CJA interdisant au juge des référés de prendre des mesures autres que provisoires. Néanmoins, tel qu'il est mis en œuvre, l'article L. 511-1 ne bride pas de façon significative les pouvoirs reconnus à ce dernier.

234.72 Deux situations. La jurisprudence conduit à distinguer deux situations pour déterminer l'étendue des pouvoirs du juge du référé-liberté et, plus précisément, la force temporelle des mesures susceptibles d'être ordonnées. Lorsque le prononcé d'une mesure provisoire suffit à faire disparaître les effets d'une atteinte, le juge ne peut prononcer qu'une mesure de cette nature. Dans le cas contraire, c'est-à-dire lorsque le prononcé d'une mesure provisoire ne suffira pas à mettre un terme aux effets d'une atteinte, le juge des référés « peut enjoindre à la personne qui en est l'auteur de prendre toute disposition de nature à sauvegarder l'exercice effectif de la liberté fondamentale en cause »[3]. Érigée en principe, l'exigence du caractère provisoire des mesures prescrites présente ainsi, en matière de référé-liberté, la particularité d'être assortie d'un tempérament lorsque les circonstances le justifient.

1. CE, ord., 8 juin 2017, Beqaraj, req. n° 410867, NP.
2. CE, ord., 23 juin 2017, Doumbia, req. n° 411582, NP.
3. CE, ord., 30 mars 2007, ville de Lyon, req. n° 304053, *Lebon* ; *Dr. adm.* 2007, comm. n° 90, note F. Melleray ; *LPA* 6 août 2007, n° 156, p. 22, note O. Le Bot.

a

Exigence érigée en principe

234.81 Exigence de provisoire. Lorsque le prononcé d'une mesure provisoire apparaît de nature à mettre fin à l'atteinte grave et manifestement illégale portée à une liberté fondamentale, le juge voit son pouvoir limité. En effet, dans une telle hypothèse, il est tenu de ne prononcer qu'une mesure provisoire et ne peut par conséquent prononcer de mesure définitive. Dans cette situation, les conclusions tendant au prononcé d'une mesure non provisoire doivent être rejetées par le juge des référés comme irrecevables.

Le Conseil d'État fait découler cette exigence de deux fondements. Le premier a été mis en exergue dès les premières applications de la réforme du 30 juin 2000[1]. Il s'agit de l'article L. 511-1 du Code de justice administrative, aux termes duquel « le juge des référés statue par des mesures qui présentent un caractère provisoire. Il n'est pas saisi du principal ». Cette première justification présente une certaine fragilité. En effet, l'article L. 511-1 formule deux règles différentes en posant, d'une part, l'interdiction pour le juge des référés de prononcer des mesures définitives et, d'autre part, l'interdiction pour celui-ci de statuer au principal. Bien que distinctes, ces deux propositions n'en sont pas moins étroitement liées : c'est parce qu'il n'est pas saisi du principal que le juge des référés ne peut prononcer de mesures définitives. Or, en invitant le juge des référés à se prononcer sur une illégalité manifeste, l'article L. 521-2 l'amène, dans une certaine mesure, à statuer au principal. Dès lors que la première proposition de l'article L. 511-1 fait partiellement défaut, la seconde ne peut lui être appliquée pleinement. Une seconde justification, s'ajoutant à la première, a été mise en avant en 2015[2]. Celle-ci repose sur l'article L. 521-4 du CJA, qui aménage une procédure de réexamen en vertu de laquelle le juge des référés peut, à la demande de tout intéressé, modifier ou mettre fin à la mesure initialement ordonnée en cas d'« élément nouveau ». La référence à cette disposition apparaît tout à fait adaptée. D'une part, à la différence de l'article L. 511-1, il est incontestable qu'elle concerne pleinement le référé-liberté : elle figure en effet, tout comme cette procédure, dans le titre II du Livre V du CJA. D'autre part, s'agissant de son contenu, en ouvrant au juge une possibilité de revenir sur sa décision, elle marque bien le caractère réversible, et par suite provisoire, des mesures qu'il se trouve autorisé à ordonner.

234.82 Notion de provisoire. La mesure provisoire est celle qui présente un caractère *réversible*[3], celle qui peut être remise en cause en dehors des voies de recours, tant par le juge du fond éventuellement appelé à statuer – et qui n'est pas lié par la solution juridique donnée en référé – que par le juge des référés lui-même qui, sur saisine de

1. V. par ex., CE, ord., 24 janv. 2001, Université Paris VIII Vincennes Saint-Denis, req. n° 229501, *Lebon* 37 – CE, ord., 29 oct. 2001, SARL Objectif, req. n° 239443, NP.
2. CE, ord., 30 juill. 2015, Section française de l'Observatoire international des prisons (OIP-SF) et ordre des avocats au barreau de Nîmes, req. n° 392043, cons. 19, *Lebon* ; *AJDA* 2015. 1567 ; *AJDA* 2015. 2216, note O. Le Bot ; *JCP Adm.* 2016, n° 2069, Chron. O. Le Bot.
3. V. CE 31 mai 2007, Synd. CFDT Interco 28, req. n° 298293, *Lebon T.* ; *AJDA* 2007. 1237, Chron. F. Lenica et J. Boucher : indiquant que le caractère provisoire d'une mesure « s'apprécie au regard de l'objet et des effets des mesures en cause, en particulier de leur caractère réversible ».

toute personne intéressée, peut revenir sur sa propre décision en cas d'« élément nouveau » (CJA, art. L. 521-4). Toutefois, pour que la mesure prononcée présente bel et bien un caractère réversible, il est nécessaire que la possibilité de remise en cause de la décision ne soit pas seulement virtuelle mais effective. Cela suppose, par conséquent, que le litige ne s'éteigne pas par le seul prononcé de cette décision.

Au regard de cette définition, constitue par exemple une mesure provisoire - que peut ordonner le juge des référés - la suspension de l'exécution d'une décision administrative contre laquelle un recours au fond est engagé[1]. En effet, une telle mesure pourra réellement être remise en cause, tant par le juge du fond que par le juge des référés si une personne intéressée fait valoir devant celui-ci un élément nouveau. De même, présente un caractère provisoire l'injonction adressée à une autorité administrative de rétablir le syndicat requérant dans les droits dont il bénéficiait antérieurement en lui restituant le local dont sa section syndicale disposait jusqu'alors, l'ensemble des biens et documents qui s'y trouvaient, ainsi que les décharges de service et autorisations d'absence attribuées à ses représentants. Aussi le juge de cassation censure-t-il pour erreur de droit le juge des référés qui a dénié tout caractère provisoire aux mesures sollicitées sans tenir compte de leur caractère réversible[2]. De la même manière, présente un caractère provisoire l'injonction de délivrer à des enfants un document de voyage, tel un laissez-passer, mais non l'injonction de leur délivrer un passeport[3].

234.83 **Exclusion des mesures définitives.** Les textes régissant le référé-liberté font obstacle à ce que le juge puisse ordonner de mesures définitives.

Premièrement, l'article L. 521-2 dispose que le juge peut « ordonner ». Cela signifie qu'il ne peut pas réformer ou se substituer, c'est-à-dire exercer un pouvoir de pleine juridiction.

Deuxièmement, le même article L. 521-2 précise que le juge peut ordonner des « mesures », et non pas des « décisions » qu'il rendrait par des « jugements ». Il s'ensuit qu'il ne peut ni annuler, ni réparer. D'une part, il n'entre pas dans ses pouvoirs de prononcer l'annulation d'une décision administrative[4]. D'autre part, il ne saurait ordonner la réparation du préjudice subi par le requérant[5].

Troisièmement, comme indiqué précédemment[6], il résulte des dispositions combinées des articles L. 511-1 et L. 521-4 du CJA que le juge du référé-liberté ne peut prononcer que des mesures provisoires.

1. V. CE 2 févr. 2004, Abdallah, req. n° 260100, *Lebon* 16 ; *D.* 2005. 26, obs. P.-L. Frier ; *RFDA* 2004. 772, concl. S. Boissard.
2. CE 31 mai 2007, Synd. CFDT Interco 28, req. n° 298293, *Lebon T.* ; *AJDA* 2007. 1237, Chron. F. Lenica et J. Boucher.
3. CE, ord., 4 mai 2011, min. des Affaires étrangères et européennes c/Morin, req. n° 348778, *Lebon T.*
4. CE, ord., 24 janv. 2001, Université Paris VIII Vincennes Saint-Denis, req. n° 229501, *Lebon* 37 - CE, ord., 29 oct. 2001, SARL Objectif, req. n° 239443, NP - CE 12 juin 2002, Cne de Fauillet et a., req. n° 246618, *Lebon* 215 ; *AJDA* 2002. 590, Chron. F. Donnat et D. Casas ; *BJCL* 2002. 279, concl. F. Séners - CE, ord., 11 août 2005, Millan, req. n° 283995, NP - CE, ord., 11 juill. 2007, Sanguin, req. n° 307334, NP.
5. CE, ord., 29 oct. 2001, SARL Objectif, req. n° 239443, NP - CE, ord., 2 avr. 2003, Gaiffe, req. n° 255597, NP - CE, ord., 15 oct. 2004, Sahi, req. n° 273110, NP.
6. V. ss n° 234.81.

Avant l'ordonnance *ville de Lyon*, la jurisprudence posait également que le juge des référés ne saurait prononcer une injonction ayant des effets en tous points identiques à ceux qui résulteraient de l'exécution par l'administration d'une annulation contentieuse[1]. La solution retenue dans l'ordonnance *ville de Lyon*[2] a conduit à rendre sans objet cette jurisprudence.

b

Exigence écartée en cas de nécessité

234.91 Inefficacité de la mesure provisoire. Lorsque seule une mesure non provisoire est de nature à venir à bout d'une atteinte grave et manifestement illégale portée à une liberté fondamentale, le juge du référé-liberté se voit reconnaître la possibilité d'enjoindre à l'auteur de l'atteinte « de prendre toute disposition de nature à sauvegarder l'exercice effectif de la liberté fondamentale en cause »[3]. Le recours à une telle injonction est admis uniquement lorsqu'aucune mesure de caractère provisoire n'est susceptible de faire disparaître les effets de l'atteinte.

Dans l'ordonnance *ville de Lyon*, le juge des référés précise que l'absence d'effet utile d'une mesure provisoire peut *notamment* résulter de deux facteurs. Elle peut tout d'abord être due aux délais dans lesquels le juge est saisi. Il en va ainsi si la survenance de l'atteinte est imminente. Dans une telle hypothèse, la décision du juge modifiera immédiatement et définitivement la situation juridique, faisant disparaître l'objet du litige dans les jours sinon les heures suivant son prononcé. L'absence d'effet utile d'une mesure provisoire peut également provenir de la nature de l'atteinte portée à la liberté fondamentale, notamment lorsque cette atteinte résulte d'une interdiction dont les effets sont eux-mêmes provisoires ou limités dans le temps (par exemple un arrêté préfectoral interdisant la tenue d'une manifestation sur la voie publique).

234.92 Prononcé d'une mesure non provisoire. Dans un tel cas de figure, le juge est affranchi de la limite figurant à l'article L. 511-1 et peut prononcer des mesures ne présentant pas un caractère provisoire, par exemple :

- suspendre l'exécution de la décision par laquelle un maire a refusé de louer une salle municipale à l'association requérante et enjoindre à ce maire de lui louer la salle ou une salle équivalente[4] ;

1. CE, ord., 10 avr. 2001, Merzouk, req. n° 232308, *Lebon T.* 1135 - CE, ord., 9 juill. 2001, Boc, req. n° 235696, NP - CE, ord., 17 juill. 2003, Synd. de la magistrature, req. n° 258494, NP - CE, ord., 2 août 2002, Chamouma, req. n° 249189, NP.
2. CE, ord., 30 mars 2007, ville de Lyon, req. n° 304053, *Lebon* ; *Dr. adm.* 2007, comm. n° 90, note F. Melleray ; *LPA* 6 août 2007, n° 156, p. 22, note O. Le Bot.
3. CE, ord., 30 mars 2007, ville de Lyon, req. n° 304053, préc.
4. CE, ord., 30 mars 2007, ville de Lyon, req. n° 304053, préc. : le juge d'appel relève qu'en ordonnant au maire de mettre à la disposition de l'association la salle municipale sollicitée, le premier juge « a enjoint à la ville de prendre une disposition qui n'avait pas de caractère provisoire ». Pour autant, cette injonction n'excède pas les pouvoirs du juge puisque, comme le précise l'ordonnance, « la nature de l'interdiction opposée à l'association et ses effets permettaient au juge des référés, pour sauvegarder la liberté de réunion dont il a décidé qu'il y était gravement porté atteinte de manière manifestement illégale, d'enjoindre au maire d'autoriser l'association à louer une salle municipale aux jour et heure qu'elle avait sollicités ».

- ordonner à une commune de mettre un local à la disposition d'un syndicat[1] ;
- ordonner au préfet de prêter le concours de la force publique[2].

Pour autant, le pouvoir du juge du référé-liberté n'est pas absolu dans une telle hypothèse. Si le juge du référé-liberté peut ordonner des mesures *non provisoires* (« non provisoires » au sens où ces mesures vont vider le litige dans un délai très bref et rendre par conséquent improbable voire impossible toute possibilité de remise en cause), il ne peut pour autant prescrire de mesures *définitives* (c'est-à-dire de mesures d'annulation ou de réparation) car celles-ci font obstacle *juridiquement* - et non plus seulement en pratique - à toute possibilité de remise en cause de la décision juridictionnelle. Cette nuance, entre le « non provisoire » et le « définitif », est justifiée par l'existence de la procédure de réexamen de l'article L. 521-4 du Code de justice administrative. En effet, la possibilité qu'a le juge des référés, saisi par toute personne intéressée, de modifier ou rapporter sa décision en cas d'élément nouveau, oblige à réputer provisoires - au moins sur le plan de la fiction juridique - les mesures ordonnées. Figurant dans le titre II du livre V du Code de justice administrative, cette disposition s'applique, au moins virtuellement, au référé-liberté. Dans ces conditions, reconnaître un caractère juridiquement définitif aux mesures prises sur le fondement de l'article L. 521-2 serait incompatible avec le mécanisme de réexamen prévu à l'article L. 521-4. En toute hypothèse, une mesure non provisoire prononcée par le juge du référé-liberté - par exemple l'injonction de louer une salle municipale - demeure réputée provisoire sur le plan du droit. Il s'ensuit que dans l'hypothèse où un recours pour excès de pouvoir a été formé contre un refus de location de salle, le juge du principal reste tenu de statuer sur cette demande nonobstant la décision du juge du référé-liberté enjoignant de mettre cette salle à la disposition du demandeur. Dès lors que le refus de mise à disposition de la salle n'a fait l'objet ni d'un retrait ni d'une abrogation à la suite de l'intervention du juge du référé-liberté, le juge de l'excès de pouvoir ne peut se fonder sur cette injonction pour opposer au requérant un non-lieu à statuer[3].

§ 2

Deux types de mesures

234.101 Suspension et injonction. Concrètement, les mesures décidées par le juge pour mettre fin à une atteinte peuvent épouser la forme d'une suspension d'exécution ou d'une injonction à titre principal.

1. CE, ord., 9 juill. 2007, Cne du Port, req. n° 307046, NP : la mesure prescrite ne présente pas un caractère provisoire. Pour autant, elle n'excède pas les pouvoirs du juge du référé-liberté dès lors qu'aucune mesure de cette nature ne pouvait faire cesser de manière effective l'atteinte grave et manifestement illégale portée à une liberté fondamentale. Le juge d'appel souligne qu'au regard des circonstances de l'affaire, « l'injonction faite à la commune de mettre un local à la disposition du syndicat dans le délai d'un mois constituait la seule mesure propre à sauvegarder la liberté syndicale à laquelle il était ainsi porté atteinte ». Par suite, « le juge des référés ne s'est pas prononcé sur des conclusions irrecevables et n'a pas méconnu la portée des dispositions des articles L. 511-1 et L. 521-2, desquelles il résulte que si les mesures ordonnées par le juge des référés doivent avoir en principe un caractère provisoire, il en va autrement pour les mesures qui sont seules de nature à faire disparaître une atteinte grave et manifestement illégale à une liberté fondamentale, telle que la liberté syndicale ».
2. CE 1er juin 2017, SCI La Marne Fourmies, req. n° 406103, *Lebon T.* ; *AJDA* 2017. 1892, note A. Perrin (pt 4).
3. CAA Bordeaux, 27 déc. 2006, Assoc. Comité action Palestine, req. n° 06BX01993, *AJDA* 2007. 1142, note O. Bui-Xuan.

A

Suspension d'exécution

234.111 Pouvoir de suspension. Le juge des référés peut mettre fin à une atteinte en prononçant une mesure de suspension. En lui reconnaissant le pouvoir de prendre toutes mesures nécessaires, la loi a nécessairement entendu permettre au juge du référé-liberté de suspendre l'exécution d'une décision administrative. La circonstance que l'article L. 521-1 du CJA organise une procédure spécifique de suspension n'a pas été regardée comme un obstacle à la reconnaissance de ce pouvoir à son profit. Saisi sur le fondement de l'article L. 521-2, « le juge des référés peut prononcer la suspension de l'acte qui lui est déféré lorsqu'il estime que les conditions posées par ces dispositions sont réunies et que la suspension est nécessaire à la sauvegarde d'une liberté fondamentale »[1].

234.112 Suspension d'une *décision*. Bien évidemment, le prononcé d'une mesure de suspension ne se conçoit qu'à l'encontre d'une décision administrative. Envisager sa mise en œuvre à l'encontre des comportements et agissements de la puissance publique n'aurait aucun sens car l'on ne peut suspendre l'exécution d'une action ou d'une abstention (celles-ci peuvent seulement être combattues au moyen d'injonctions). Lorsque l'atteinte aux libertés fondamentales provient d'une décision administrative, le prononcé d'une mesure de suspension, assortie, le cas échéant, d'une injonction d'exécution, s'avère le plus souvent une réponse pleinement satisfaisante pour remédier à la situation litigieuse.

234.113 Décision positive. Si l'atteinte trouve sa source dans une décision positive, la suspension de ses effets suffit *ipso facto* à faire cesser l'atteinte. En neutralisant les effets de la décision qui se trouve à l'origine de l'atteinte, le juge met fin automatiquement à la situation provoquée par celle-ci. Ainsi, une mesure de suspension est suffisante pour faire cesser l'atteinte :

– à la liberté de réunion, résultant d'une décision faisant obstacle à l'exécution du contrat de location conclu entre une commune et un parti politique[2] ;

– à la liberté d'entreprendre, résultant d'un arrêté municipal décidant la fermeture au public d'un commerce de proximité[3] ;

– à la liberté du culte, résultant de la décision du maire d'organiser certaines manifestations publiques dans l'église de la commune[4] ;

– au droit de propriété, résultant des arrêtés du préfet de Mayotte portant reprise partielle de la propriété des requérants[5] ou de l'arrêté municipal autorisant l'accès et le stationnement des tiers sur un chemin privé[6] ;

1. CE 4 févr. 2005, min. de l'Intérieur, de la Sécurité intérieure et des Libertés locales c/Rezai, req. n° 270407, NP.
2. CE, ord., 19 août 2002, Front national et Institut de formation des élus locaux (Iforel), req. n° 249666, *Lebon* 311 ; *AJDA* 2002. 1017, note X. Braud ; *D.* 2002. 2452, et les obs.
3. CE, ord., 14 mars 2003, C[ne] d'Évry, req. n° 254827, *Lebon T.* 931.
4. CE, ord., 25 août 2005, C[ne] de Massat, req. n° 284307, *Lebon* 386 ; *AJDA* 2006. 91, note P. Subra de Bieusses.
5. CE 2 févr. 2004, Abdallah, req. n° 260100, *Lebon* 16 ; *D.* 2005. 34 ; *D.* 2005. 26, obs. P.-L. Frier ; *RFDA* 2004. 772, concl. S. Boissard.
6. CE, ord., 10 sept. 2003, C[ne] d'Hyères-les-Palmiers, req. n° 260015, NP.

– au droit de grève, résultant des arrêtés portant réquisition de personnels grévistes[1] ;

– au secret de la correspondance, résultant d'une note adressée par le maire au service du courrier prescrivant l'ouverture des correspondances adressées à certains conseillers municipaux[2] ;

– à la liberté personnelle, résultant de la décision prescrivant d'éloigner la requérante à destination de son pays d'origine[3] ;

– au droit de mener une vie familiale normale, résultant de la décision de mettre à exécution un arrêté de reconduite à la frontière[4].

Si la suspension d'exécution suffit en principe à faire cesser l'atteinte résultant d'une décision positive, il peut néanmoins s'avérer nécessaire, dans certains cas, d'assortir cette mesure d'une injonction de faire ou de ne pas faire. D'une part, le juge peut ordonner à l'administration de tirer les conséquences de sa décision en prenant les mesures qu'implique son exécution[5]. Dans l'arrêt *Vast*, le Conseil d'État enjoint au maire de donner à ses services toutes instructions pour qu'il soit immédiatement mis fin à la note litigieuse portant atteinte au secret de la correspondance et au libre exercice de leur mandat par les élus locaux[6]. D'autre part, le juge du référé-liberté peut également, pour éviter que l'administration ne reprenne une mesure identique, lui adresser une injonction – à titre principal – de ne pas faire. Dans l'ordonnance *Front national et Iforel* précitée, le juge enjoint à l'autorité administrative de ne pas faire obstacle à l'exécution du contrat de réservation conclu entre un parti politique et la société gestionnaire du Centre des congrès[7].

234.114 Décision négative. Si l'atteinte trouve sa source dans une décision de refus, la suspension de son exécution ne suffit pas, par elle-même, à remédier à l'atteinte. Elle doit, pour produire effet, être assortie d'une injonction d'exécution, laquelle peut être prononcée d'office par le juge, c'est-à-dire sans même avoir été sollicitée par le requérant[8].

1. CE 9 déc. 2003, Aguillon et a., req. n° 262186, *Lebon* 497 ; *AJDA* 2004. 1138, note O. Le Bot ; *D.* 2004. 538, et les obs. ; *AJFP* 2004. 148, obs. C. Moniolle ; *RFDA* 2004. 306, concl. J.-H. Stahl ; *RFDA* 2004. 311, note P. Cassia ; *RDSS* 2004. 298, étude D. Boulmier ; *Dr. soc.* 2004. 172, concl. ; *JCP* 2004. II. 10076, note X. Prétot ; *JCP Adm.* 2004, n° 1096, note D. Maillard Desgrees du Loû ; *Dr. ouvr.* 2004. 184, note M. Panigel-Nennouche.
2. CE 9 avr. 2004, Vast, req. n° 263759, *Lebon* 173 ; *RFDA* 2004. 778, concl. S. Boissard ; *Dr. adm.* 2004, comm. n° 98, note M. Lombard.
3. CE, ord., 14 janv. 2005, Bondo, req. n° 276123, *Lebon T.* 915 ; *AJDA* 2005. 1360, note O. Lecucq.
4. CE, ord., 21 févr. 2005, Najemi, req. n° 277520, NP.
5. Il est malaisé de distinguer, dans cette hypothèse, si le juge prononce une injonction d'exécution ou une injonction à titre principal dont les effets sont semblables à une injonction d'exécution.
6. CE 9 avr. 2004, Vast, req. n° 263759, *Lebon* 173 ; *RFDA* 2004. 778, concl. S. Boissard ; *Dr. adm.* 2004, comm. n° 98, note M. Lombard ; *JCP Adm.* 2004, n° 1318, note M.-C. Rouault ; *JCP Adm.* 2004, n° 1319, note J. Moreau ; *Gaz. Pal.* 2005. 391, note D. Linotte et J.-L. Pissaloux ; *CCE* 2004, étude J. Fraysinnet ; *Coll. terr.* 2004, comm. n° 120, note L. Derridj.
7. CE, ord., 19 août 2002, Front national et Institut de formation des élus locaux (Iforel), req. n° 249666, *Lebon* 311 ; *AJDA* 2002. 1017, note X. Braud ; *D.* 2002. 2452, et les obs.
8. Et cela conformément à la solution dégagée sur le fondement de l'article L. 521-1. En effet, le Conseil d'État a considéré que le juge du référé-suspension peut, « de sa propre initiative » assortir la mesure de suspension « de l'indication des obligations provisoires qui en découleront pour l'administration » (CE 27 juill. 2001, min. de l'Emploi et de la Solidarité c/Vedel, req. n° 232603, *Lebon* 416 ; *D.* 2001. 2725) – v. ss n° 224.172.

234.115 Suspension totale ou partielle. Le juge du référé-liberté peut opter pour une suspension totale ou partielle des effets de la décision litigieuse. La suspension partielle est limitée aux seules dispositions de la décision pour lesquelles les conditions d'octroi énoncées par l'article L. 521-2 du CJA sont satisfaites. Ainsi, dans l'affaire *commune de Wingles*, la société requérante contestait un arrêté municipal restreignant la possibilité de circulation des véhicules transportant des matières dangereuses sur certaines voies de la commune. Le juge affirme que, prise dans son ensemble, cette décision ne porte pas une atteinte grave et manifestement illégale à une liberté fondamentale. En revanche, l'application de cette décision à la rue de Meurchin, dans sa partie située hors de l'agglomération, porte une telle atteinte à une liberté fondamentale. Les conditions d'octroi n'étant satisfaites qu'à l'égard de cette portion de la voirie communale, le juge décide que l'arrêté municipal « n'est suspendu qu'en tant qu'il concerne la partie de la rue de Meurchin située hors de l'agglomération de Wingles »[1].

B

Injonction à titre principal

234.121 Ordre adressé à l'administration. La mesure nécessaire à la sauvegarde d'une liberté fondamentale peut épouser la forme d'une injonction à titre principal. Ce pouvoir s'exerce selon des modalités variées, la détermination de la mesure idoine nécessitant la combinaison de différents critères.

1

Diversité des injonctions

234.131 Injonctions correspondant à la situation. Le juge du référé-liberté est susceptible de prononcer à l'encontre de l'administration différents types d'injonctions à titre principal. Cette diversité des injonctions permet au juge d'adapter le contenu de la mesure à la variété des situations qui lui sont soumises. Il est ainsi capable de s'opposer, par des injonctions ciblées, à la survenance ou la poursuite d'une atteinte grave et manifestement illégale portée à une liberté fondamentale.

234.132 Quatre variantes. Les obligations de faire ou de ne pas faire adressées par le juge des référés peuvent prendre quatre formes différentes.

234.133 Agir. En premier lieu, l'injonction peut consister à accomplir une action particulière.

Ainsi, le juge des référés a ordonné à l'autorité préfectorale :

- de restituer aux membres d'une famille de nationalité française leurs documents d'identité illégalement retirés[2] ;
- de restituer, sous 8 jours, un titre de séjour en cours de validité[3] ;
- de délivrer dans les 8 jours un récépissé valant autorisation provisoire de séjour à la requérante[4] ;

1. CE, ord., 26 nov. 2004, C^ne^ de Wingles, req. n° 274226, NP.
2. CE, ord., 2 avr. 2001, min. de l'Intérieur c/C^ts^ Marcel, req. n° 231965, *Lebon* 167.
3. CE, ord., 8 nov. 2001, Kaigisiz, req. n° 239734, *Lebon* 545.
4. CE, ord., 12 nov. 2001, min. de l'Intérieur c/Farhoud, req. n° 239792, *Lebon T.* 1126.

– de « prendre toutes les mesures nécessaires » pour assurer l'exécution d'une ordonnance judiciaire prescrivant l'expulsion d'occupants sans titre[1] ;

– de délivrer au requérant, dans les 8 jours, la carte nationale d'identité qu'il a demandé[2] ;

– d'admettre au séjour les requérants en qualité de demandeur d'asile dans un délai de 8 jours[3] ;

– de ramener sur le sol français un étranger illégalement reconduit à la frontière[4] ;

– de recueillir, auprès des autorités médicales compétentes, un avis complet et à jour sur l'état de santé d'un demandeur d'asile afin, le cas échéant, de pouvoir en tirer les conséquences qui s'imposeraient en termes d'hébergement d'urgence (injonction prononcée dans l'hypothèse où l'état de santé du demandeur, sans être d'une gravité telle qu'il nécessite un hébergement d'urgence immédiat, est suffisamment préoccupant pour nécessiter une prise en charge médicale permettant notamment d'apprécier l'évolution de son état et de lui prodiguer des soins). En l'espèce, l'injonction est adressée au préfet, mais le juge des référés, dans les motifs de son ordonnance, précise la personne à laquelle il incombera de prendre ces mesures (en l'occurrence le directeur de la plateforme d'accueil de la région concernée)[5].

Le juge des référés a enjoint à des collectivités locales :

– de remettre en place la chaîne empêchant l'accès à la voie de desserte d'un port[6] ;

– de donner à ses services toutes instructions pour qu'il soit « immédiatement » mis fin à l'application d'une note édictée par celui-ci[7] ;

– d'enlever les potelets installés devant les locaux d'une société de droit privé et de procéder aux travaux nécessaires au raccordement de ses locaux à la voie publique[8] ;

– de mettre à la disposition d'une association la salle municipale dont elle demandait la location[9] ;

1. CE 29 mars 2002, SCI Stéphaur et a., req. n° 243338, *Lebon* 117 ; *AJDA* 2003. 345, note P. Grosieux ; *D.* 2003. 1115, note R. Martin ; *D.* 2002. 2080, note J.-C. Zarka ; *RFDA* 2003. 370, étude T. Pez ; *RFDA* 2003. 386, note Y. Lequette ; *BJCL* 2002. 93, concl. T. Olson : délai de 15 jours pour s'exécuter, concernant un immeuble à usage d'habitation – CE, ord., 21 nov. 2002, Gaz de France, req. n° 251726, *Lebon* 408 (délai de deux mois pour s'exécuter) – CE, ord., 27 nov. 2002, SCI Résidence du théâtre, req. n° 251898, *Lebon T.* 874 ; *AJDA* 2003. 457 ; *D.* 2003. 808 ; *RFDA* 2003. 386, note Y. Lequette (délai de trois mois pour s'exécuter).
2. CE, ord., 11 mars 2003, Samagassi, req. n° 254791, *Lebon* 119.
3. CE 14 mai 2004, Gaitukaev, req. n° 267360, NP.
4. TA Mayotte, ord., 4 févr. 2021, Mohamed, req. n° 2100268, NP.
5. CE, ord., 5 avr. 2013, Dizdari, req. n° 367232, *Lebon T.* ; *AJDA* 2013. 768 ; *AJDA* 2013. 1633, note K. Michelet.
6. CE, ord., 10 sept. 2003, Cne d'Hyères-les-Palmiers, req. n° 260015, NP.
7. CE 9 avr. 2004, Vast, req. n° 263759, *Lebon* 173 ; *RFDA* 2004. 778, concl. S. Boissard ; *Dr. adm.* 2004, comm. n° 98, note M. Lombard ; *JCP Adm.* 2004, n° 1318, note M.-C. Rouault ; *JCP Adm.* 2004, n° 1319, note J. Moreau ; *Gaz. Pal.* 2005. 391, note D. Linotte et J.-L. Pissaloux ; *CCE* 2004, étude J. Fraysinnet ; *Coll. terr.* 2004, comm. n° 120, note L. Derridj.
8. CE, ord., 31 mai 2001, Cne d'Hyères-les-Palmiers, req. n° 234226, *Lebon* 253.
9. TA Rennes, ord., 21 févr. 2002, Assoc. locale pour le culte des témoins de Jéhovah de Lorient, req. n° 02 507, NP ; *Gaz. Pal.* 29 avr. 2003, p. 12.

– de pourvoir à l'hébergement d'une personne sans logis à compter de la notification de l'ordonnance[1] ou dans les 24 heures[2] ou 72 heures suivant cette notification[3] ;

– de délivrer l'autorisation provisoire d'ouverture d'une mosquée[4] ;

– de mettre à la disposition d'un enfant handicapé l'auxiliaire de vie scolaire auquel il a droit, dans un délai de 10 jours[5] ou de 15 jours[6], et le matériel informatique qui lui est nécessaire dans un délai de 48 heures[7].

Le juge des référés a ordonné à une autorité ministérielle :

– de rendre publique une prise de position qu'il avait tendance à maintenir confidentielle, lui intimant ainsi de clarifier une communication empreinte d'ambiguïté[8] ;

– de rétablir l'enregistrement des demandes d'asile qui avait été suspendu en raison de l'épidémie de covid-19[9] ;

– de préciser, réexaminer ou évaluer certaines mesures de limitation des déplacements, en vue d'accroître leur efficacité[10] ;

– de mettre en œuvre « toute mesure de nature à assurer la mise en sécurité immédiate » d'un interprète Afghan travaillant pour les forces armées françaises, et de sa famille, notamment par le financement d'un logement dans un quartier sécurisé de Kaboul[11].

Le juge des référés peut « ordonner à l'autorité compétente de prendre, à titre provisoire, une mesure d'organisation des services placés sous son autorité lorsqu'une telle mesure est nécessaire à la sauvegarde d'une liberté fondamentale »[12]. Avant

1. TA Paris, ord., 20 févr. 2012, Stidois, req. n° 1202899/9, NP.
2. CE, ord., 12 mars 2014, Kaibo, req. n° 375956, *Lebon T.* ; *AJDA* 2014. 588 ; *AJDA* 2014. 1284, note O. Le Bot ; *D.* 2015. 450, obs. O. Boskovic, S. Corneloup, F. Jault-Seseke, N. Joubert et K. Parrot ; *AJDI* 2015. 752, étude F. Zitouni ; *AJ fam.* 2014. 251, obs. S. Slama ; *RDSS* 2014. 531, note H. Rihal et A. Cavaniol.
3. TA Lyon, ord., 25 avr. 2012, Barjami, req. n° 1202684, NP – CE 27 juill. 2016, Dp^{t} du Nord c/Badiaga, req. n° 400055, *Lebon* ; *AJDA* 2016. 1543 ; *AJDA* 2016. 2115, concl. J. Lessi ; *D.* 2017. 261, obs. O. Boskovic, S. Corneloup, F. Jault-Seseke, N. Joubert et K. Parrot ; *AJCT* 2016. 634, obs. C. Teixeira.
4. CE, ord., 9 nov. 2015, Assoc. musulmane El Fath et a., req. n° 394333, *Lebon T.* ; *AJDA* 2016. 385, note E. Debaets ; *AJCT* 2016. 552, étude C. Alonso ; *JCP Adm.* 2016, n° 2116, Chron. O. Le Bot ; *AJDA* 2016. 385, note E. Debaets.
5. TA Marseille, ord., 21 déc. 2010, Pegliasco, req. n° 1008137, NP : ordonnance devant être exécutée pour la rentrée, soit le 2 janvier 2011.
6. TA Montpellier, ord., 12 janv. 2011, Ouamalik, req. n° 1100063, NP.
7. TA Montpellier, ord., 12 janv. 2011, Ouamalik, req. n° 1100063, préc.
8. V. à propos de la possibilité d'utiliser le vélo durant les périodes de confinement sous l'état d'urgence sanitaire : CE, ord., 30 av. 2020, Fédération française des usagers de la bicyclette, n° 440179, *Lebon T.* ; *AJDA* 2020. 2438, note M. Cottereau ; *Dr. adm.* 2020, comm. 46, note A. Corre-Basset ; *JCP Adm.* 2020, n° 2226, Chron. O. Le Bot.
9. CE, ord., 30 avr. 2020, Ministre de l'intérieur et Office français de l'immigration et de l'intégration, req. n° 440250, *Lebon T.* ; *AJDA* 2020. 1748, note E. Aubin.
10. CE, ord. 22 mars 2020, Syndicat Jeunes Médecins, req. n° 439674, *Lebon T.* ; *Gaz. Pal.* 28 avr. 2020, n° 16, p. 21, note F. Poulet ; *D.* 2020. 687, note P. Parinet-Hodimont ; *AJDA* 2020. 851, note C. Vallar ; *JCP G* 2020, n° 434, note O. Le Bot ; *LPA* 15 avr. 2020, n° 76, p. 15, note S. Pinot et M. Charron ; *LPA* 29 avr. 2020, n° 86, p. 22, note A. de Lacoste Larymondie.
11. CE 14 déc. 2018, Orya Khail, req. n° 424847, NP ; *AJDA* 2019. 528, note S. Slama ; *LPA* 27 mars 2019, n° 62, p. 7, note J. Bousquet.
12. CE, ord., 30 juill. 2015, Section française de l'Observatoire international des prisons (OIP-SF) et ordre des avocats au barreau de Nîmes, req. n° 392043, cons. 11, *Lebon* ; *AJDA* 2015. 1567 ; *AJDA* 2015. 2216, note O. Le Bot ; *JCP Adm.* 2016, n° 2069, Chron. O. Le Bot.

même la reconnaissance expresse de ce type d'injonctions, un juge du premier degré avait enjoint au directeur d'un hôpital de faire assurer le service minimum par priorité aux médecins urgentistes non grévistes et d'établir sans délai un tableau de service recensant tous les praticiens du centre hospitalier remplissant les capacités professionnelles pour exercer dans le cadre du Samu[1].

Dans un autre contentieux, il a enjoint à un établissement hospitalier « de faire procéder, dans le service où se trouve [la requérante] ou dans un autre service hospitalier approprié, à toutes investigations et à tous soins médicalement compatibles avec l'état général de l'intéressée, pour traiter spécifiquement son affection neurologique récente, comportant perte de la vue et de l'audition, et de n'envisager un transfert de l'intéressée dans une unité de soins palliatifs qu'au cas où l'irréversibilité de cette affection serait considérée comme établie »[2].

Le juge du référé-liberté a enjoint au directeur d'un centre de détention de délivrer copie au requérant des mentions figurant sur le registre retraçant l'arrivée et le départ des courriers l'intéressant[3].

Dans l'hypothèse où une demande d'asile a été présentée postérieurement à l'intervention d'une OQTF, qu'elle a été transmise selon la procédure prioritaire à l'Ofpra, qui l'a rejetée par une décision contestée devant la CNDA et que la mesure d'éloignement est susceptible d'être exécutée avant qu'il ait été statué sur ce recours, le juge du référé-liberté pourrait, si la mise à exécution de l'OQTF avant l'intervention de la décision de la CNDA porte une atteinte grave et manifestement illégale à une liberté fondamentale, « ordonner à l'autorité administrative d'autoriser le demandeur d'asile à séjourner en France jusqu'à ce que la CNDA ait statué sur son recours ». Et dans le cas particulier où le juge des référés se prononcerait après l'exécution de la mesure d'éloignement, le juge pourrait, « si nécessaire, enjoindre à l'autorité compétente d'organiser le retour de l'intéressé sur le territoire français afin de permettre la poursuite de la procédure pendante devant la CNDA »[4].

Le juge a enjoint au château de Versailles de faire cesser, sans délai, l'exposition au public des inscriptions à caractère antisémite apposées sur l'œuvre d'Anish Kapoor, « Dirty Corner » (dite « Le vagin de la Reine »)[5].

Le juge peut enjoindre à un établissement pénitentiaire de prendre les mesures nécessaires :

- installer une cloison entre les toilettes et le reste de la cellule[6] ;
- réaliser les fouilles intégrales dans un local dédié[7] ;
- procéder à des opérations de dératisation et désinsectisation[8] ;

1. TA Orléans, ord., 11 déc. 2001, Bennis, req. n° 01-04533, NP ; *AJFP* 2002. 39.
2. TA Marseille, ord., 22 janv. 2004, Mme X, req. n° 04427/0, NP.
3. CE, ord., 22 mars 2002, min. de la Justice c/Caze, req. n° 244279, *Lebon T.* 852.
4. CE, ord., 11 juin 2012, Zitouni, req. n° 360043, NP.
5. TA Versailles, ord., 19 sept. 2015, Assoc. Avocats sans frontières, req. n° 1506153, NP ; *AJDA* 2015. 1722 ; *AJCT* 2016. 43, obs. P. Noual.
6. CE, ord., 4 avr. 2019, Ministre de la Justice c/OIP, req. n° 428747, NP ; *AJDP* 2019. 342, obs. Ch. Otero.
7. CE, ord., 4 avr. 2019, Ministre de la Justice c/OIP, req. n° 428747, préc.
8. CE, ord., 22 déc. 2012, Section française de l'Observatoire international des prisons, req. n° 364584, *Lebon* ; *AJDA* 2013. 12 ; *JCP* 2013, n° 87, note O. Le Bot.

– fournir davantage de draps propres et de produits d'entretien aux détenus[1] ;

– assurer le suivi psychiatrique d'un détenu après une tentative de suicide[2] ;

– procéder à l'installation d'abris dans les cours de promenades du centre pénitentiaire qui en sont dépourvues, assurer la séparation des annexes sanitaires dans l'ensemble des cellules où est détenue plus d'une personne, prendre toute mesure susceptible d'améliorer la luminosité des cellules, procéder au remplacement des fenêtres défectueuses[3] ;

– demander à son prestataire de modifier les méthodes qu'il utilise afin de renforcer l'efficacité de la lutte contre les rats dans la cour de promenade et les coursives du bâtiment ; procéder à un curage toutes les semaines des canalisations d'évacuation des eaux usées situées dans la cour de promenade du bâtiment ; modifier l'aménagement des parloirs afin de permettre une qualité de communication correcte entre les détenus et leurs visiteurs[4].

Plusieurs autorités peuvent le cas échéant être mentionnées. Par exemple, un juge des référés a enjoint à un département de procéder aux démarches en vue de l'inscription d'un mineur étranger isolé dans un établissement scolaire dans un délai de cinq jours, tout en précisant que si, à l'issue de ce délai, aucune démarche n'a été entreprise par le département, il est enjoint au recteur de mettre en œuvre les mesures prévues par les articles L. 131-7 et L. 131-9 du code de l'éducation, au besoin en saisissant le procureur de la République[5].

234.134 Ne pas agir. En deuxième lieu, le juge peut condamner l'autorité administrative à une obligation de ne pas faire :

– différer temporairement l'exécution d'une mesure d'éloignement[6] ;

– ne pas faire obstacle à l'exécution d'un contrat de location d'une salle municipale[7] ;

– cesser d'intervenir dans les compétences des communes membres (ordre adressé à un établissement public de coopération intercommunale)[8] ;

– s'abstenir de prendre des positions publiques qui seraient contraires à la présomption d'innocence sur une procédure disciplinaire en cours[9] ;

1. CE, ord., 30 juill. 2015, Section française de l'Observatoire international des prisons (OIP-SF) et ordre des avocats au barreau de Nîmes, req. n° 392043, *Lebon* ; *AJDA* 2015. 1567 ; *AJDA* 2015. 2216, note O. Le Bot.
2. CE, ord. 26 av. 2019, Ministre de la Justice c/Madani, req. n° 429686, NP.
3. CE 19 oct. 2020, Garde des sceaux, ministre de la justice c/Section française de l'Observatoire international des prisons, n° 439372, *Lebon* ; *JCP Adm.* 2020, n° 2295, note P. Parinet-Hodimont ; *JCP Adm.* 2020, n° 1227, note L. Erstein ; *Dr. adm.* 2021, comm. 7, note G. Eveillard ; *AJDA* 2021. 694, note J. Schmitz ; *JCP Adm.* 2021, n° 2049, Chron. O. Le Bot ; *Gaz. Pal.* 24 déc. 2020, n° 41, p. 31, Chron. C. Barrois de Sarigny ; *AJDP* 2020. 593, note J.-P. Céré.
4. CE, ord., 2 mars 2021, Barbion, req. n° 449514, NP ; *AJDP* 2021. 219, note J. Falxa.
5. TA Nancy, ord., 7 févr. 2019, req. n° 1900320, NP.
6. CE, ord., 10 avr. 2001, Merzouk, req. n° 232308, *Lebon T.* 1135 : le juge ne prononce pas cette injonction mais la présente comme une mesure qu'il serait loisible au requérant de formuler « si cela est nécessaire ».
7. CE, ord., 19 août 2002, Front national et Institut de formation des élus locaux (Iforel), req. n° 249666, *Lebon* 311 ; *AJDA* 2002. 1017, note X. Braud ; *D.* 2002. 2452, et les obs.
8. CE 12 juin 2002, Cne de Fauillet et a., req. n° 246618, *Lebon* 215 ; *AJDA* 2002. 590, Chron. F. Donnat et D. Casas ; *BJCL* 2002. 279, concl. F. Séners.
9. CE, ord., 14 mars 2005, Gollnisch, req. n° 278435, *Lebon* 103 ; *AJDA* 2005. 1633, note L. Burgorgue-Larsen ; *AJFP* 2005. 222, et les obs.

– ne pas mettre à exécution un décret accordant l'extradition du requérant aux autorités albanaises et, notamment, de ne pas notifier le décret à ces autorités[1] ;

– ne pas procéder ou faire procéder à des coupes ou abattage d'arbres jusqu'à ce qu'ait été délivrée l'autorisation requise[2].

234.135 Prendre une décision déterminée. L'injonction peut consister, en troisième lieu, à prendre une décision déterminée dans des conditions proches de l'article L. 911-1 du CJA, c'est-à-dire lorsque l'administration se trouve en situation de compétence liée, ne disposant d'aucune liberté de choix quant au contenu de la décision. Ainsi, un juge des référés a enjoint au conseil régional de l'ordre des vétérinaires « d'adresser par pli recommandé avec accusé de réception un démenti à tous les destinataires mentionnés dans sa lettre du 27 novembre 2002 libellée au nom du [requérant] faisant état de ce que l'avis de suspension, contenu dans cette lettre, qui procède d'une erreur, est nul et non avenu »[3].

Le juge peut également enjoindre la modification d'une décision déterminée. Il a ainsi ordonné au directeur d'un établissement pénitentiaire « de modifier, à compter de la notification de la présente ordonnance, les conditions d'application du régime des fouilles intégrales systématiques afin d'en permettre la modulation en fonction de la personnalité des détenus » et « de modifier, dans un délai de quinze jours à compter de la notification de la présente ordonnance, la note de service [...] qui définit le régime des fouilles intégrales systématiques afin d'y introduire la possibilité d'une telle modulation »[4].

234.136 Prendre une décision dans un délai déterminé. L'injonction de faire peut consister, en quatrième lieu, à prendre une décision après une nouvelle instruction, dans des conditions proches de l'article L. 911-2 du CJA, à savoir en examinant ou en réexaminant une demande présentée par un administré. Cette injonction correspond aux hypothèses dans lesquelles l'administration a l'obligation de prendre une décision après instruction ou nouvelle instruction.

Ainsi, le juge des référés a ordonné aux autorités consulaires « de procéder *sans délai*, dès le dépôt par [le requérant] d'un dossier complet, à l'instruction de sa demande dans le respect des dispositions de l'article 8 du décret du 26 février 2001 »[5].

Il a adressé à l'autorité préfectorale de nombreuses injonctions de cette nature, par exemple :

– se prononcer, dans un délai maximum de 15 jours à compter de la notification de l'ordonnance au regard de la situation de fait et de droit existant à la date de sa décision, sur le droit du requérant à un titre de séjour[6] ;

1. CE, ord., 29 juill. 2003, Peqini, req. n° 258900, *Lebon* 345.
2. CE, ord., 8 nov. 2005, Moissinac Massenat, req. n° 286606, *Lebon* 491 ; *Constr.-Urb.* 2006, comm. n° 51, note G. Godfrin – CE 14 juin 2006, Assoc. syndicale du canal de la Gervonde, n° 294060, *Lebon T.* ; *AJDA* 2006. 1360.
3. TA Nancy, ord., 11 févr. 2002, Freyheit, req. n° 02157, NP.
4. CE 6 juin 2013, Section française de l'Observatoire international des prisons, req. n° 368816, *Lebon T.* ; *AJDA* 2013. 1191 ; *AJ pénal* 2013. 497, obs. E. Péchillon.
5. CE, ord., 4 déc. 2002, Du Couëdic de Kérerant, req. n° 252051, *Lebon T.* 875 ; *D.* 2003. 313 ; *AJ fam.* 2003. 103, obs. F.B. ; *RTD civ.* 2003. 59, obs. J. Hauser ; *LPA* 25 août 2003, n° 169, p. 10, note J. Massip.
6. CE ord., 11 juin 2002, Aït Oubba, req. n° 247649, *Lebon T.* 869 ; *AJDA* 2002. 764, note L. Tavernier.

– achever, dans les 15 jours, l'instruction de la demande de titre de séjour de la requérante et lui délivrer, dès notification de l'ordonnance, un récépissé valant autorisation de séjour[1] ;

– procéder à l'examen, dans un délai de 8 jours suivant son dépôt par le requérant, d'une demande d'autorisation provisoire de séjour en vue de lui permettre de saisir, en pleine connaissance de ses droits et obligations, le directeur de l'Office français de protection des réfugiés et apatrides d'une demande d'asile[2] ;

– procéder à l'examen d'une demande de titre de séjour portant la mention « vie privée et familiale » que le requérant est invité à lui présenter[3] ;

– procéder, dans un délai de 15 jours, à un réexamen du dossier déposé par le requérant tendant au renouvellement de sa carte nationale d'identité et de son passeport[4].

Il a enjoint au maire d'une commune, après avoir suspendu un règlement soumettant à autorisation préalable l'entrée et le stationnement des navires dans le port, « de réexaminer la situation de la [société requérante] au regard du droit d'embarquer et de débarquer des passagers dans le port de Collioure, dans un délai de trois jours à compter de la présente ordonnance »[5].

Le juge du référé-liberté a ordonné au directeur d'un centre hospitalier, dans un délai de 8 jours, de réexaminer la situation du requérant, placé d'office dans son établissement, aux fins de lui permettre d'exercer ses droits de communiquer avec les autorités administratives et judiciaires et d'émettre et de recevoir du courrier[6].

Il a enjoint au président de la Polynésie française de se prononcer « sans délai » sur la suite à donner à la démission présentée par le requérant, au vu des motifs énoncés dans l'ordonnance[7].

234.137 Injonction sur injonction. Dans un arrêt de 2011, le Conseil d'État a admis que, « eu égard à son office » le juge des référés peut « le cas échéant, décider de déterminer dans une décision ultérieure prise à brève échéance les mesures complémentaires qui s'imposent et qui peuvent être très rapidement mises en œuvre »

1. CE, ord., 12 nov. 2001, min. de l'Intérieur c/Bechar, req. n° 239794, *Lebon T.* 1132 – CE 7 mai 2003, Boumaiza, req. n° 250002, NP.
2. CE, ord., 21 déc. 2004, Luzolo Kondé, req. n° 275361, NP.
3. CE, ord., 21 févr. 2005, Najemi, req. n° 277520, NP.
4. CE, ord., 26 avr. 2005, min. de l'Intérieur, de la Sécurité intérieure et des Libertés locales c/M'Lamali, req. n° 279842, *Lebon T.* 1034.
5. CE, ord., 2 juill. 2003, C[ne] de Collioure, req. n° 257971, *Lebon T.* 930 ; *AJDA* 2003. 2218, note J.-P. Markus : ce faisant, le juge contraint implicitement mais nécessairement le maire à modifier ou à abroger le règlement dont l'illégalité a été constatée. Ce règlement constituait la base légale du refus opposé au demandeur. S'il est maintenu en l'état et que le maire donne satisfaction au demandeur, la décision individuelle sera prise en violation de ses dispositions. S'il lui oppose un nouveau refus, en se fondant sur les dispositions du règlement, il méconnaîtra la portée de l'ordonnance de référé. Par conséquent, le maire est tenu, avant de réexaminer la situation du requérant, de modifier le règlement en mettant fin à l'illégalité constatée par le juge ou de l'abroger purement et simplement.
6. CE 15 mai 2002, Baudoin, req. n° 239487, NP.
7. CE, ord., 11 avr. 2006, Tefaarere, req. n° 292029, *Lebon* 197 ; *AJDA* 2006. 794.

(cons. 11). Ce pouvoir d'intervenir par salves successives, réitéré par la suite[1], n'a été mis en œuvre pour la première fois qu'en 2020, dans une affaire concernant la situation d'un établissement pénitentiaire[2].

234.138 Substitution du préfet à une collectivité auteur d'une atteinte. Il incombe aux différentes autorités administratives « de prendre, dans les domaines de leurs compétences respectives, les mesures qu'implique le respect des décisions juridictionnelles ». Ainsi et alors même que l'exécution d'une décision du juge administratif doit en principe être assurée dans les conditions et selon les procédures prévues par le livre IX du CJA, le préfet peut recourir à son pouvoir de substitution d'office (CGCT, art. L. 2122-34) « afin de prendre, en lieu et place du maire qui refuserait ou négligerait de le faire, les mesures qu'appelle nécessairement l'exécution d'une décision juridictionnelle ». Sur ce fondement, le juge des référés a enjoint à un préfet de faire usage de son pouvoir de substitution d'office pour assurer l'exécution d'une précédente ordonnance de référé (en l'occurrence une ordonnance prescrivant à un maire de délivrer l'autorisation d'ouverture d'une mosquée – ordonnance que le maire avait expressément refusé d'exécuter)[3].

234.139 Exécution d'un jugement. Le juge du référé-liberté peut enjoindre à l'administration de prendre une mesure nécessaire à l'exécution d'un jugement :

- réexaminer le droit à un titre de séjour[4] ;
- prêter le concours de la force publique[5] ;
- délivrer un visa[6] ;
- ou encore accorder une autorisation[7].

En revanche, il ne peut ordonner directement l'exécution d'un jugement : « si le juge des référés, saisi sur le fondement de l'article L. 521-2 du Code de justice administrative, peut ordonner des mesures susceptibles d'avoir le même effet que celles

1. V. CE, ord., 22 déc. 2012, Section française de l'Observatoire international des prisons, req. n° 364584, *Lebon* ; *AJDA* 2013. 12 ; *D.* 2013. 1304, obs. J.-P. Céré, M. Herzog-Evans et E. Péchillon ; *AJ pénal* 2013. 232, obs. E. Péchillon ; *JCP* 2013, n° 87, note O. Le Bot – CE, ord., 13 août 2013, min. de l'Intérieur c/ Cne de Saint-Leu, req. n° 370902, NP ; *AJDA* 2013. 2104, note O. Le Bot ; *AJDA* 2013. 2137, étude X. Dupré de Boulois – CE, ord., 30 juill. 2015, Section française de l'Observatoire international des prisons (OIP-SF) et ordre des avocats au barreau de Nîmes, req. n° 392043, *Lebon* ; *AJDA* 2015. 1567 ; *AJDA* 2015. 2216, note O. Le Bot ; *JCP Adm.* 2016, n° 2069, Chron. O. Le Bot.
2. CE 19 oct. 2020, Garde des sceaux, ministre de la justice c/Section française de l'Observatoire international des prisons, n° 439372, *Lebon* ; *JCP Adm.* 2020, n° 2295, note P. Parinet-Hodimont ; *JCP Adm.* 2020, n° 1227, note L. Erstein ; *Dr. adm.* 2021, comm. 7, note G. Eveillard ; *AJDA* 2021. 694, note J. Schmitz ; *JCP Adm.* 2021, n° 2049, Chron. O. Le Bot ; *Gaz. Pal.* 24 déc. 2020, n° 41, p. 31, Chron. C. Barrois de Sarigny ; *AJDP* 2020. 593, note J.-P. Céré.
3. CE, ord., 19 janv. 2016, Assoc. musulmane El Fath, req. n° 396003, *Lebon* ; *AJDA* 2016. 71 ; *AJDA* 2016. 732, note L. Le Foyer de Costil ; *AJCT* 2016. 552, étude C. Alonso ; *JCP Adm.* 2016, n° 2116, Chron. O. Le Bot.
4. CE, ord., 11 juin 2002, Aït Oubba, req. n° 247649, *Lebon T.* 869 ; *AJDA* 2002. 764, note L. Tavernier.
5. CE 29 mars 2002, SCI Stéphaur et a., req. n° 243338, *Lebon* 117 ; *AJDA* 2003. 345, note P. Grosieux ; *D.* 2003. 1115, note R. Martin ; *RFDA* 2003. 370, étude T. Pez ; *RFDA* 2003. 386, note Y. Lequette ; *BJCL* 2002. 93, concl. T. Olson – CE, ord., 27 nov. 2002, SCI Résidence du théâtre, req. n° 251898, *Lebon T.* 874 ; *AJDA* 2003. 457 ; *D.* 2003. 808 ; *RFDA* 2003. 386, note Y. Lequette.
6. CE, ord., 4 mars 2010, Soignet, req. n° 336700, *Lebon T.* ; *AJDA* 2010. 1206, note O. Le Bot.
7. CE, ord., 19 janv. 2016, Assoc. musulmane El Fath, req. n° 396003, *Lebon* ; *AJDA* 2016. 71 ; *AJDA* 2016. 732, note L. Le Foyer de Costil ; *AJCT* 2016. 552, étude C. Alonso ; *JCP Adm.* 2016, n° 2116, Chron. O. Le Bot.

que l'administration est tenue de prendre en exécution d'un jugement de tribunal administratif, des conclusions tendant à l'exécution d'un tel jugement ne relèvent pas de son office »[1]. Cette solution se justifie par le fait qu'une décision de justice est normalement revêtue d'une autorité suffisante pour être exécutée. Présentant un caractère obligatoire et exécutoire, elle doit être respectée et exécutée. Dans ces conditions, une injonction prescrivant l'exécution d'un jugement n'apporterait rien de plus par rapport à celui-ci. Le premier jugement étant déjà obligatoire et exécutoire, il serait inutile - et injustifié - de prescrire son exécution alors qu'il l'implique déjà par lui-même.

Selon la même logique, le juge du référé-liberté considère qu'il ne lui appartient pas d'assurer un suivi de l'exécution de ses décisions[2].

2
Critères pris en compte

234.141 Cinq paramètres. Plusieurs critères sont pris en compte par le juge du référé-liberté pour déterminer l'objet, le contenu et l'ampleur d'une injonction.

234.142 Injonction possible. Tout d'abord, l'injonction doit être possible, ce qui suppose que son exécution soit réalisable.

234.143 Injonction adaptée. L'injonction doit être adaptée à la situation qui a justifié son émission, c'est-à-dire être adéquate par sa nature, et proportionnée par son ampleur. L'injonction se présente comme un miroir cherchant à revenir précisément sur la situation d'atteinte grave et manifestement illégale à une liberté fondamentale. Le juge doit faire de l'injonction la réponse opposée à la situation qui a justifié sa saisine. Il détermine au cas par cas comment répondre à la situation de nécessité qui justifie le prononcé d'une injonction, c'est-à-dire comment la corriger et l'inverser en en contrebalançant les effets. L'administration a illégalement retiré des documents d'identité, le juge lui enjoint de les restituer[3] ; elle immobilise un avion en l'entourant de blocs de bétons, le juge ordonne de mettre fin à l'immobilisation en retirant les blocs de bétons entourant l'appareil[4].

234.144 Injonction précise. L'injonction doit être précise. Le juge doit indiquer avec clarté les obligations qui pèsent sur l'administration. Celle-ci doit savoir très exactement l'attitude qui doit être la sienne. Aucune ambiguïté ne doit exister sur l'étendue et le contenu de ses obligations ni sur la façon de s'en acquitter. Pour prévenir toute difficulté d'exécution, le juge du référé-liberté se montre très directif lorsque cela est nécessaire, expliquant à l'administration de façon précise les obligations qui s'imposent à elle.

234.145 Délai. Le juge doit fixer un délai pour l'exécution de l'injonction. En cas d'injonction positive, le juge du référé-liberté fixe un délai très bref qui pressera

1. CE, ord., 11 janv. 2017, Pasoon, req. n° 406154, *Lebon T.* ; *AJDA* 2017. 84 (p[t] 5).
2. V. s[s] n° 234.171.
3. CE, ord., 2 avr. 2001, min. de l'Intérieur c/C[ts] Marcel, req. n° 231965, *Lebon* 167.
4. CE 2 juill. 2003, S[té] Outremer Finance Ltd, req. n° 254536, *Lebon* 306 ; *AJDA* 2003. 1780, concl. G. Bachelier ; *RTD civ.* 2004. 324, obs. P. Crocq ; *JCP Adm.* 2003, n° 1384, note J.M. ; *JCP* 2004. I. 125, note H. Périnet-Marquet ; *JCP* 2003. II. 10180, note J. Martin et P.-Y. Nauleau.

l'administration de s'exécuter. L'injonction a alors une durée de vie qui correspond au délai fixé pour son exécution. Pour la détermination du délai, le juge prend en considération le laps de temps pressenti comme nécessaire à la réalisation de l'injonction en raison des contraintes de tous ordres qui peuvent peser sur elle. Il est généralement de l'ordre de quelques jours. Parfois, le juge ordonne à l'administration de s'exécuter « sans délai »[1] ou « immédiatement »[2]. En pratique, le délai le plus long laissé à l'administration pour s'exécuter est de trois mois et concerne l'obligation d'apporter le concours de la force publique pour exécuter une décision d'expulsion de squatters, compte tenu des difficultés de l'opération.

En cas d'injonction négative, le juge fixe un délai ou détermine un événement à l'expiration ou à la survenance duquel l'administration se trouvera libérée de l'obligation de ne pas faire. Elle doit s'abstenir durant ce délai, et attendre d'en être libérée pour pouvoir agir.

234.146 **Menace.** L'injonction doit être assortie d'une menace de sanction. La menace peut être directement apparente, notamment lorsque le juge assortit son injonction d'une astreinte.

§ 3

Condamnation sous astreinte

234.151 **Règles communes.** Lorsque la mesure de sauvegarde prend la forme d'une injonction, le juge du référé-liberté (qu'il statue en première instance ou en appel[3]) peut décider, dès son prononcé, d'assortir sa décision d'une astreinte (sur les conditions, la procédure et le régime de l'astreinte v. s[s] n°s 214.101 s.).

§ 4

Caractère pérenne des mesures ordonnées

234.161 **Mesure réputée provisoire.** Sur le fondement des dispositions de l'article L. 511-1 du CJA, le Conseil d'État affirme le caractère provisoire des mesures prises en référé. En droit, cela signifie que la solution donnée en référé ne s'impose ni au juge du fond ni au juge des référés lui-même. D'une part, le juge du fond n'est pas lié par la solution juridique donnée par le juge des référés et peut parfaitement retenir une solution différente. D'autre part, le juge des référés peut revenir sur sa propre décision en cas d'élément nouveau. *De jure*, ces principes s'appliquent au référé-liberté.

234.162 **Mesure en réalité définitive.** En pratique, en raison des caractéristiques de la procédure du référé-liberté, et spécialement des conditions auxquelles son déclen-

1. Par ex. CE, ord., 4 déc. 2002, Du Couëdic de Kérerant, req. n° 252051, *Lebon T.* 875 ; *D.* 2003. 313 ; *AJ fam.* 2003. 103, obs. F.B. ; *RTD civ.* 2003. 59, obs. J. Hauser ; *LPA* 25 août 2003, n° 169, p. 10, note J. Massip.
2. Par ex. CE 9 avr. 2004, Vast, req. n° 263759, *Lebon* 173 ; *RFDA* 2004. 778, concl. S. Boissard ; *Dr. adm.* 2004, comm. n° 98, note M. Lombard ; *JCP Adm.* 2004, n° 1318, note M.-C. Rouault ; *JCP Adm.* 2004, n° 1319, note J. Moreau ; *Gaz. Pal.* 2005. 391, note D. Linotte et J.-L. Pissaloux ; *CCE* 2004, étude J. Fraysinnet ; *Coll. terr.* 2004, comm. n° 120, note L. Derridj – TA Mayotte, ord., 4 juin 2016, Cimade, req. n° 1600461, NP.
3. CE 19 févr. 2009, Synd. autonome de la fonction publique territoriale de La Réunion (SAFPTR), req. n° 324864, *Lebon T.* ; *AJDA* 2009. 401.

chement est subordonné, toute remise en cause de sa décision apparaît plus qu'improbable. D'une part, à supposer une le juge du fond soit saisi (ce qui est en soi très hypothétique), celui-ci ne reviendra pas sur la solution donnée. Une décision *manifestement* illégale est, à plus forte raison, *simplement* illégale. D'autre part, il apparaît peu probable que se présente un élément nouveau permettant au juge des référés de revenir sur sa décision sur le fondement de l'article L. 521-4 du CJA. Partant, les décisions rendues par ce dernier sont, sinon irréversibles, du moins dotées d'un coefficient de stabilité remarquable. Leur remise en cause en dehors de l'exercice des voies de recours ne pourra en pratique intervenir que par la voie du réexamen et dans des hypothèses véritablement rarissimes. L'intervention du juge du référé-liberté met fin purement et simplement au litige. Il procure au requérant une sécurité en vidant définitivement le litige[1].

§ 5

Absence de suivi de l'exécution de ses décisions ou d'information du requérant

234.171 Absence de suivi. Le Conseil d'État estime qu'« il n'appartient pas au juge des référés de prononcer, de son propre mouvement », des mesures destinées à assurer l'exécution de mesures « qu'il a déjà ordonnées »[2], c'est-à-dire d'assurer un suivi de ses décisions. Cette solution est justifiée par le fait que des procédés spécifiques existent permettant de remédier à d'éventuelles difficultés d'exécution : d'une part les mécanismes des articles L. 911-4 et L. 911-5, d'autre part la demande de réexamen de l'article L. 521-4[3].

Plusieurs raisons plaident toutefois en faveur de la mise en place d'un suivi de l'exécution.

Premièrement, cette dérogation au droit commun du contentieux administratif apparaîtrait justifiée au regard de l'objet de la procédure. Le référé-liberté se trouve en effet dans une situation différente des autres voies de droit en ce qu'il tend, non pas à faire cesser une illégalité mais à mettre fin à une situation d'atteinte grave et manifestement illégale portée à une liberté fondamentale. Il est plus grave que perdure une telle atteinte qu'une « simple » illégalité.

Deuxièmement, ce suivi pourrait ne pas être systématique. Il serait tout à fait envisageable qu'il se limite aux cas les plus sensibles et/ou ceux où le risque d'inexécution ou d'exécution incomplète apparaît le plus élevé.

1. À l'inverse, lorsqu'une personne obtient la suspension de l'exécution d'une décision par la voie de l'article L. 521-1, elle n'obtient qu'une satisfaction provisoire, le juge du fond pouvant toujours revenir sur la solution donnée en référé – tout comme le juge des référés lui-même.
2. CE 28 juill. 2017, Section française de l'Observatoire international des prisons, req. n° 410677, *Lebon*, *AJDA* 2017. 2540, note O. Le Bot ; *Gaz. Pal.* 17 oct. 2017, n° 35, p. 26, note E. Senna – CE 19 oct. 2020, Garde des sceaux, ministre de la justice c/Section française de l'Observatoire international des prisons, n° 439372, *Lebon* ; *JCP Adm.* 2020, n° 2295, note P. Parinet-Hodimont ; *JCP Adm.* 2020, n° 1227, note L. Erstein ; *Dr. adm.* 2021, comm. 7, note G. Eveillard ; *AJDA* 2021. 694, note J. Schmitz ; *JCP Adm.* 2021, n° 2049, Chron. O. Le Bot ; *Gaz. Pal.* 24 déc. 2020, n° 41, p. 31, Chron. C. Barrois de Sarigny ; *AJDP* 2020. 593, note J.-P. Céré.
3. Sur cette forme d'utilisation de l'article L. 521-4, v. s^{s} n° 215.161.

Troisièmement, en matière carcérale, la Cour européenne des droits de l'homme a estimé que l'absence de suivi par le juge du référé-liberté soulève une difficulté au regard de sa jurisprudence selon laquelle « on ne saurait attendre d'un détenu qui a obtenu une décision favorable qu'il multiplie les recours afin d'obtenir la reconnaissance de ses droits fondamentaux au niveau de l'administration pénitentiaire »[1]. La formule est axée sur le contentieux pénitentiaire mais revêt une portée plus large.

Quatrièmement, ce suivi est déjà mis en œuvre, et avec profit, par certains tribunaux administratifs. Par exemple, par ordonnance du 11 février 2021, le juge des référés du tribunal administratif de La Réunion a enjoint à la rectrice d'affecter un accompagnant à un élève atteint d'un handicap à compter du lundi 15 février 2021 en précisant que : « La rectrice justifiera auprès du tribunal des mesures prises pour assurer l'exécution de la présente ordonnance ». Le 17 février, les services académiques adressaient un courriel au tribunal pour lui faire part des mesures prises[2].

234.172 Absence d'information du requérant sur les mesures prises. Le Conseil d'État affirme qu'« il ne relève pas de l'office du juge du référé-liberté, lorsqu'il a prononcé des injonctions à l'égard de l'administration, de mettre également à sa charge une obligation d'information de la partie requérante »[3].

235. Voies de recours ouvertes contre la décision

SECTION 0

Orienteur

235.00 Plan du chapitre.

235.09 Deux voies de rétractation. Deux voies de recours exceptionnelles peuvent être exercées par les parties à l'instance initiale devant le juge qui a rendu la décision. Ces voies de recours s'analysent en des voies de rétractation et, par conséquent, de rejugement des ordonnances de référé. D'une part, les parties peuvent introduire un recours en révision contre les décisions du Conseil d'État dans les conditions prévues à l'article R. 834-1 du CJA[4]. D'autre part, le requérant peut former le recours en rectification d'erreur matérielle régi par l'article R. 833-1. Un tel recours n'est pas recevable lorsque le requérant conteste les appréciations de nature juridique auxquels s'est livré le juge des référés[5]. Il est en revanche recevable si le requérant fait valoir

1. CEDH 30 janv. 2020, J.M.B et autres c/France, req. n° 9671/15, § 219 ; *RFDA* 2020. 496, note J. Portier.
2. TA La Réunion, 11 févr. 2021, Bonnet, req. n° 2100113, NP. Pour d'autres illustrations, v. TA Lille, ord. 24 déc. 2013, Mamaia, req. n° 1307411, NP – TA Bordeaux, ord. 21 déc. 2018, Samkharadze, req. n° 1805627, NP – TA Mayotte, ord. 5 févr. 2021, Adali Ali, req. n° 2100280, NP.
3. CE 28 juill. 2017, Section française de l'Observatoire international des prisons, req. n° 410677.
4. V. CE 22 juin 2005, Gaiffe, req. n° 252090, NP.
5. CE 27 oct. 2003, Karsenti, req. n° 252151, NP.

une erreur matérielle commise par le juge des référés, et fondé si cette erreur est caractérisée[1]. Le Conseil d'État a indiqué à cet égard, et conformément à une jurisprudence constante[2] que « l'omission de statuer sur des conclusions est de nature à ouvrir un recours en rectification pour erreur matérielle [3]».

235.10 Tierce opposition. Une personne demeurée étrangère à l'instance (c'est-à-dire qui n'a été ni partie ni représentée) peut former un recours en tierce opposition contre l'ordonnance rendue[4]. La demande est recevable dès lors que cette décision préjudicie à ses droits. L'ordonnance en cause sera annulée si elle se trouve entachée d'une irrégularité[5].

235.11 Trois voies selon la décision. La voie de recours ouverte aux parties dépend du sens de la décision prise (rejet ou prononcé d'une mesure) et de la procédure de jugement de celle-ci (par ordonnance de tri ou après instruction contradictoire). Les ordonnances rendues selon la procédure de tri de l'article L. 522-3 du CJA ne peuvent faire l'objet que d'un pourvoi en cassation. Les ordonnances rendues après instruction contradictoire peuvent faire l'objet d'un recours en appel mais aussi, si elles ont prononcé une mesure de sauvegarde, d'une demande de réexamen.

SECTION 1

Recours en cassation contre les ordonnances de tri

235.21 Voie de recours contre les ordonnances de tri. Les ordonnances de tri du juge des référés d'un tribunal administratif peuvent être contestées par la voie de la cassation. Le contrôle exercé par le Conseil d'État peut aboutir à la remise en cause de l'ordonnance attaquée.

§ 1

Procédure du pourvoi

235.31 Unique voie de recours en cas de tri. En l'état de la jurisprudence, la voie de la cassation est la seule voie de recours ouverte contre les ordonnances de tri de l'article L. 522-3, y compris dans les hypothèses où la requête a été introduite devant le premier juge sur le fondement de l'article L. 521-2 du CJA. Le Conseil d'État a affirmé, dans l'arrêt *Casanovas* du 28 février 2001, que « l'ordonnance par laquelle le juge des référés rejette une demande en faisant usage du pouvoir que lui donne l'article L. 522-3 ne peut faire l'objet que d'un pourvoi en cassation devant le

1. V. par ex. CE 3 mai 2004, Dogan ép. Antil, req. n° 258085, *Lebon T.* 854 ; *D.* 2004. 1711 : rejet d'une requête comme tardive alors que le requérant, résidant à l'étranger, était en droit de bénéficier des dispositions de l'article R. 811-5 augmentant de deux mois le délai de recours.
2. CE 17 avr. 1970, DMS Préfontaines, req. n° 71563, *Lebon* 260.
3. CE 16 févr. 2004, Ghouzi, req. n° 251718, *Lebon* 79 – CE 5 mai 2006, Ortiz, req. n° 242713, NP.
4. CE, ord., 6 déc. 2016, Synd. des agents territoriaux de Martinique et CGTM-FSM-CTM, req. n° 405605, *Lebon T.* ; *AJDA* 2016. 2409 (pt 2).
5. V. p. ex., CE 17 févr. 2015, Maguères, req. n° 387804, *Lebon T.* ; *AJDA* 2015. 905.

Conseil d'État, sans qu'il y ait lieu de distinguer si la demande dont a été saisi le juge a été présentée sur le fondement de l'article L. 521-1 ou de l'article L. 521-2 »[1]. Il se fonde, pour cela, sur le premier alinéa de l'article L. 523-1, aux termes duquel les ordonnances de tri « sont rendues en dernier ressort ».

Cette solution peut être discutée pour trois raisons.

D'abord, une raison de texte : le second alinéa de l'article L. 523-1 dispose que « les décisions rendues en application de l'article L. 521-2 sont susceptibles d'appel », et cela sans limiter cette voie de recours aux ordonnances rendues après instruction et audience.

Ensuite, il ressort en outre des travaux préparatoires que les parlementaires ont décidés du principe d'un appel, en référé-liberté, en raison de la matière dans laquelle intervient cette procédure[2]. Or, cette matière, à savoir la protection des libertés, est à l'évidence la même que la juge statue selon la procédure de tri ou selon la procédure normale.

Enfin, l'orientation vers la cassation allonge considérablement le délai d'intervention du Conseil d'État sur la décision contestée : en appel, ce délai est de 48 heures à compter de la saisine (CJA, art. L. 523-1, al. 2), en cassation, il s'élève en moyenne à quatre mois. Si le premier juge a rejeté la requête à tort, il risque d'être trop tard pour sauvegarder la liberté fondamentale. Et si la requête a été rejetée à bon droit, on est en toute hypothèse très loin de l'extrême célérité devant présider au jugement des affaires en référé-liberté.

235.32 Règles communes. Les règles de compétence, de recevabilité et plus largement de procédure sont celles applicables à tout référé d'urgence (sur ces règles, v. s[s] n°s 215.31 s.).

1. CE, sect., 28 févr. 2001, Casanovas, req. n° 229163, *Lebon* 108 ; *AJDA* 2001. 971, note I. Legrand et L. Janicot ; *AJDA* 2001. 465, Chron. M. Guyomar et P. Collin ; *D.* 2002. 2229, obs. R. Vandermeeren ; *AJFP* 2001. 55 ; *RFDA* 2001. 399, concl. P. Fombeur ; *RD publ.* 2001. 761, Chron. C. Guettier ; *Coll. terr.* 2001, comm. n° 134, note J. Moreau.
2. L'appel a été introduit par le Sénat en première lecture à l'initiative de sa commission des Lois. L'amendement, auquel s'est particulièrement associé Robert Badinter, a été adopté par la chambre haute avec le soutien du gouvernement. Il ressort des travaux préparatoires que les sénateurs ont voulu offrir aux justiciables les garanties les plus étendues lorsque les libertés fondamentales sont en jeu. M. Garrec a souligné que dans un domaine aussi essentiel, la possibilité de présenter une demande de réexamen, et de former un pourvoi en cassation ne constituaient pas des garanties suffisantes pour le justiciable (R. Garrec, Rapp. Sénat n° 380, sur le projet de loi relatif au référé devant les juridictions administratives, 26 mai 1999, p. 30 et p. 63-65). Dans le premier cas, c'est le même juge qui se prononce : il n'y a donc pas d'intervention d'un nouveau juge. Dans le second, le contrôle du juge est limité aux éléments de droit. Le juge de cassation ne pourra connaître des éléments de fait du dossier et régler au fond le litige qu'à la triple condition que le pourvoi soit recevable, qu'un moyen de cassation soit fondé et que le Conseil d'État décide d'évoquer l'affaire. C'est en raison des garanties moindres offertes par ces deux voies de droit que les sénateurs ont jugé indispensable d'instaurer le principe d'un appel en matière de référé-liberté. Selon M. Garrec, « Le double degré de juridiction ne peut souffrir d'exception lorsque les libertés fondamentales sont en jeu, sauf à priver de garanties les droits de la défense, constitutionnellement protégés » (R. Garrec, *JOAN CR*, 8 juin 1999, p. 3741). L'Assemblée nationale se ralliera, en première lecture à la position du Sénat (F. Colcombet, Rapp. AN n° 2002, sur le projet de loi relatif au référé devant les juridictions administratives, 8 déc. 1999, p. 52-53).

§ 2

Objet et étendue du contrôle de cassation

A

Régularité externe de l'ordonnance

235.41 Procédure. Le juge de cassation s'assure du respect par le premier juge des exigences procédurales. Celles-ci sont nécessairement réduites puisqu'en matière de référé-liberté, le juge de cassation ne connaît par hypothèse que d'ordonnances de tri. Le Conseil d'État relève par exemple l'irrégularité de l'ordonnance de tri qui intervient après organisation d'une instruction contradictoire[1].

235.42 Mentions de l'ordonnance. Au titre du contrôle de cassation, le Conseil d'État contrôle que l'ordonnance attaquée comporte l'ensemble des mentions requises. Il censure par ce biais les décisions qui ne mentionnent pas certaines conclusions présentées par le requérant[2].

235.43 Motivation. Le juge de cassation contrôle la motivation des ordonnances de tri rendues au titre de l'article L. 521-2 du CJA. Ainsi que l'indique le commissaire du gouvernement Didier Chauvaux, il appartient au juge du premier degré de « motiver sa décision de manière assez complète » dès lors qu'« une motivation plus détaillée donne une plus grande prise aux moyens de cassation »[3]. Le juge doit exposer et analyser correctement l'argumentation de la requête. Les motifs de la décision doivent indiquer de manière circonstanciée les éléments qui justifient le rejet de la demande.

B

Régularité interne de l'ordonnance

235.51 Exactitude matérielle des faits, dénaturation et erreur de droit. S'agissant de la régularité interne de la décision, sont susceptibles d'être censurées par le juge de cassation l'inexactitude matérielle des faits, la dénaturation et l'erreur de droit. Cette solution a été dégagée sur le fondement de l'article L. 521-1 du CJA (v. s^s^ n° 225.51) et appliquée au référé-liberté[4].

1

Exactitude matérielle des faits

235.61 Matérialité des faits. Le juge de cassation vérifie si le juge des référés s'est fondé sur des faits matériellement exacts. Il censure l'ordonnance s'étant fondé sur des faits matériellement inexacts[5].

1. CE 8 oct. 2001, Sanches Cardoso, req. n° 233638, *Lebon T.* 1091.
2. CE 6 mars 2002, Sté des pétroles Shell, req. n° 241534, *Lebon T.* 852 ; *RDI* 2002. 270, obs. L. Derepas – CE 12 juin 2002, Cne de Fauillet et a., req. n° 246618, *Lebon* 215 ; *AJDA* 2002. 590, Chron. F. Donnat et D. Casas ; *BJCL* 2002. 279, concl. F. Séners.
3. D. Chauvaux, concl. sur CE 16 févr. 2001, Breucq, *RFDA* 2001. 672.
4. V. par ex. CE 28 déc. 2001, Lodama, req. n° 232132, NP – CE 6 mars 2002, Sté des pétroles Shell, req. n° 241534, *Lebon T.* 852 ; *RDI* 2002. 270, obs. L. Derepas – CE 25 oct. 2002, Chiapello, req. n° 249569, NP – CE 25 oct. 2002, Nould Masseglia, req. n° 249568, NP.
5. CE 6 juill. 2007, Dumas, req. n° 293619, NP.

2
Dénaturation

235.71 Absence de contrôle de l'appréciation. Le Conseil d'État ne contrôle pas l'appréciation des faits. Le juge des référés se livre à une appréciation souveraine des circonstances de l'espèce en ce qui concerne l'urgence et l'atteinte grave à une liberté fondamentale. Ainsi, ne peut être discutée devant le juge de cassation l'appréciation à laquelle s'est livrée le juge des référés en estimant :

- que le requérant ne justifie pas de l'urgence qui s'attache à sa réintégration au sein de la formation motocycliste dont il a été écarté[1] ;
- que la décision de mutation du requérant ne pouvait être regardée comme portant une atteinte grave à une liberté fondamentale[2] ;
- que le fonctionnement irrégulier d'un syndicat mixte et l'impossibilité pour une région de s'en retirer ne portaient pas une atteinte grave et manifestement illégale au droit de la région de s'administrer librement[3].

235.72 Contrôle de la dénaturation. L'appréciation sera sanctionnée uniquement si elle est constitutive d'une dénaturation. Par exemple, lorsque le préfet a informé la requérante qu'il réservera à sa demande de titre de séjour une suite favorable sous réserve des conclusions de l'enquête préalable d'usage, le juge des référés dénature les faits de l'espèce en ne regardant pas cette déclaration comme une décision créatrice de droits[4]. De même, le juge dénature les pièces du dossier en qualifiant de réponse d'attente une décision de rejet[5].

3
Erreur de droit

235.81 Degré de contrôle lié à l'office du juge. Au titre de l'erreur de droit[6], le Conseil d'État contrôle la rectitude du raisonnement et de la démarche juridiques qui sous-tendent l'ordonnance de tri. La question est de savoir si le juge de cassation peut sanctionner à ce titre tout vice de raisonnement commis par le juge du référé-liberté ou si, à l'instar de la solution retenue dans le cadre du référé-suspension, il doit limiter son contrôle aux seules erreurs présentant un caractère flagrant. En d'autres termes, doit-il exercer sur les ordonnances de tri un contrôle restreint ou un contrôle normal ? La réponse à cette question est conditionnée par celle de l'office du juge. Le juge du référé-suspension exerçant un office amoindri, le Conseil d'État exerce un contrôle restreint sur ses ordonnances ; le juge du fond exerçant un office normal, le juge de cassation exerce un contrôle lui-même normal sur ses décisions.

1. CE 9 juill. 2001, Landry, req. n° 234809, NP.
2. CE 25 oct. 2002, Bongiovanni, Synd. CFDT Interco de l'Herault, req. n° 244289, NP.
3. CE 8 mars 2002, région Languedoc-Roussillon, req. n° 236587, NP.
4. CE 7 mai 2003, Boumaiza, req. n° 250002, NP.
5. CE 10 oct. 2003, Assoc. Capselle et a., req. n° 251562, NP - CE 9 févr. 2005, SARL « Lou Marseillou », req. n° 272196, NP.
6. Le moyen tiré de l'erreur de droit étant inopérant lorsqu'il est dirigé contre un motif surabondant : CE 6 mars 2002, Sté des pétroles Shell, req. n° 241534, *Lebon T.* 852 ; *RDI* 2002. 270, obs. L. Derepas - CE 15 juill. 2004, Doudaev, req. n° 265822, NP.

Le juge du référé-suspension est amené à constater une apparence d'illégalité, et non pas une illégalité certaine. Tirant les conséquences de cet office limité à l'apparence ou à la vraisemblance, le juge de cassation a posé, dans le cadre de l'article L. 521-1 du CJA, le principe d'un contrôle de l'erreur de droit retenu ou restreint. Il n'exerce pas un contrôle de l'erreur de droit ordinaire, c'est-à-dire approfondi, comparable à celui exercé sur les jugements au fond. Afin de respecter l'office du juge des référés, limité par la notion de « doute sérieux », il ne sanctionne depuis l'arrêt de principe *Communauté d'agglomération de Saint-Étienne Métropole* que l'erreur de droit flagrante[1]. En d'autres termes, il n'exerce qu'un contrôle de l'erreur de droit « manifeste »[2] (v. s^s^ n°s 225.91 s.).

Dans ses conclusions sur l'affaire *Abdallah*, Mme Boissard a défendu une application de la jurisprudence *communauté urbaine Saint-Étienne métropole* au référé-liberté. À ses yeux, le contrôle retenu se justifiait plus encore sur le fondement de l'article L. 521-2. Elle affirme que « dans cette hypothèse, il s'agit pour le juge d'identifier une illégalité manifeste et non de se borner à détecter un moyen de nature à faire naître un doute sérieux sur la légalité d'une mesure administrative. Aussi, lorsque le juge ne s'est pas estimé convaincu de l'existence d'une illégalité manifeste, son raisonnement ne doit à notre sens être censuré sur le terrain de l'erreur de droit que dans une hypothèse où les pièces du dossier et l'argumentation des requérants établiraient au contraire l'existence d'une illégalité flagrante »[3]. Néanmoins, cette solution peut être discutée dans la mesure où l'office du juge du référé-liberté n'est en rien comparable à celui du juge du référé-suspension. Lorsqu'il intervient sur le fondement de l'article L. 521-2 du Code de justice administrative, le juge des référés est juge de l'évidence. Il ne peut mettre en œuvre ses pouvoirs qu'en présence d'une illégalité certaine, avérée, incontestable. En ce qui concerne l'appréciation de la légalité d'un acte ou d'un agissement, l'office du juge du référé-liberté est celui d'un juge du fond (v. s^s^ n°s 232.181 s.), ce qui tend à justifier l'exercice par le juge de cassation d'un contrôle normal sur ses décisions.

En ce sens, on observe que lorsqu'il intervient au titre d'une ordonnance de tri de référé-liberté, le Conseil d'État ne fait pas mention de « l'office du juge des référés » évoqué par le juge de cassation dans le cadre de l'article L. 521-1 depuis l'arrêt *communauté urbaine Saint-Étienne Métropole*. Il ne « retient » pas son contrôle ; il refuse de « sauver » une éventuelle erreur de droit du juge du référé-liberté au motif qu'elle serait insuffisamment évidente pour être sanctionnée en référé. Au final, lorsqu'il connaît d'une ordonnance de tri rendue sur le fondement de l'article L. 521-2, le juge de cassation censure l'erreur de droit commise par le premier juge que celle-ci présente ou non un caractère flagrant.

235.82 Contrôle étendu. La jurisprudence illustre l'étendue du contrôle exercé par le juge de cassation au titre de l'article L. 521-2 du CJA.

1. CE, sect., 29 nov. 2002, Communauté d'agglomération de Saint-Étienne Métropole, req. n° 244727, *Lebon* 421 ; *AJDA* 2003. 278, Chron. F. Donnat et D. Casas ; *GACA*, 5e éd., 2016, n° 14 ; *Just. & cass.* 2005. 261, concl. L. Vallée ; *BDCF* 2/03, n° 28, p. 36-43, concl. L. Vallée.
2. L. Vallée, concl. sur CE sect. 29 nov. 2002, Communauté d'agglomération de Saint-Étienne Métropole, *BDCF* 2/03, n° 28, p. 40.
3. S. Boissard, concl. sur CE 2 févr. 2004, Abdallah, *RFDA* 2004. 775.

En premier lieu, le juge de cassation sanctionne les erreurs de droit commises par le juge des référés dans l'interprétation et l'application des conditions d'octroi énoncées par l'article L. 521-2. Ainsi, il censure l'erreur de droit que le premier juge a commis :

- « en considérant qu'un refus de titularisation ne pouvait, "quels qu'en soient les motifs", porter une atteinte grave et manifestement illégale à une liberté fondamentale »[1] ;
- en posant en principe que le maintien d'un salarié protégé accusé de harcèlement moral n'était de nature à compromettre aucune liberté fondamentale en lien avec le droit du travail[2] ;
- en estimant qu'eu égard à l'existence d'une procédure de recours à caractère suspensif à l'encontre de la décision de reconduite à la frontière dont l'intéressé pouvait faire l'objet, l'urgence ne justifiait pas que soit ordonnée la mesure sollicitée par le requérant, visant à enjoindre à l'autorité administrative d'enregistrer sa demande d'asile territorial[3].

Le contrôle de l'erreur de droit exercé sur la correcte application des conditions d'octroi frôle parfois le contrôle de l'appréciation. Par exemple, dans l'arrêt *Aguillon*, le juge de cassation censure l'appréciation erronée à laquelle s'est livré le juge concernant la proportionnalité d'une mesure restreignant de façon excessive le droit de grève au regard de l'objectif de protection de la santé publique. Le Conseil d'État considère que le juge a commis une erreur de droit en ne regardant pas cette mesure comme portant une atteinte grave et manifestement illégale au droit de grève[4].

En second lieu, et plus généralement, le juge de cassation sanctionne les vices de raisonnement commis par le juge des référés dans l'interprétation des textes applicables :

- application de la « trêve hivernale » dans une espèce où celle-ci était exclue, le moratoire prévu par l'article L. 613-3 du Code de la construction et de l'habitation ne s'appliquant pas lorsque les personnes dont l'expulsion a été ordonnée sont entrées dans les lieux par voie de fait[5] ;
- affirmation que les mineurs étrangers ne peuvent se prévaloir des stipulations de l'article 8 de la Convention européenne des droits de l'homme[6] ;

1. CE, sect., 28 févr. 2001, Casanovas, req. n° 229163, *Lebon* 108 ; *AJDA* 2001. 971, note I. Legrand et L. Janicot ; *AJDA* 2001. 465, Chron. M. Guyomar et P. Collin ; *D.* 2002. 2229, obs. R. Vandermeeren ; *AJFP* 2001. 55 ; *RFDA* 2001. 399, concl. P. Fombeur ; *RD publ.* 2001. 761, Chron. C. Guettier ; *Coll. terr.* 2001, comm. n° 134, note J. Moreau.
2. CE 4 oct. 2004, Sté Mona Lisa investissements et a., req. n° 264310, *Lebon* 362 : *AJDA* 2004. 2457, note B. Favier ; *Dr. adm.* 2004, comm. n° 179, note M. Lombard ; *JCP Adm.* 2004, n° 1744, note P. Waquet ; *Dr. soc.* 2005. 608, note F. Reneaud ; *Procédures* 2004, comm. n° 269, obs. S. Deygas ; *RJS* 2005. 290.
3. CE 15 févr. 2002, Hadda, req. n° 238547, *Lebon* 45 - CE 3 nov. 2003, Kobanda Doro, req. n° 258322, NP.
4. CE 9 déc. 2003, Aguillon et a., req. n° 262186, *Lebon* 497 ; *AJDA* 2004. 1138, note O. Le Bot ; *D.* 2004. 538, et les obs. ; *AJFP* 2004. 148, obs. C. Moniolle ; *RFDA* 2004. 306, concl. J.-H. Stahl ; *RFDA* 2004. 311, note P. Cassia ; *RDSS* 2004. 298, étude D. Boulmier ; *Dr. soc.* 2004. 172, concl. ; *JCP* 2004. II. 10076, note X. Prétot ; *JCP Adm.* 2004, n° 1096, note D. Maillard Desgrees du Loû ; *Dr. ouvr.* 2004. 184, note M. Panigel-Nennouche.
5. CE 29 mars 2002, SCI Stéphaur et a., req. n° 243338, *Lebon* 117 ; *AJDA* 2003. 345, note P. Grosieux ; *D.* 2003. 1115, note R. Martin ; *RFDA* 2003. 370, étude T. Pez ; *RFDA* 2003. 386, note Y. Lequette ; *BJCL* 2002. 93, concl. T. Olson.
6. CE 6 déc. 2004, El Akrae, req. n° 265917, NP.

– affirmation selon laquelle le refus du garde des Sceaux de prêter l'assistance de la France, en vue d'assurer le retour d'un enfant emmené à l'étranger par l'un de ses parents, constitue un acte concernant la conduite des relations internationales échappant à tout contrôle juridictionnel[1] ;

– déclaration d'incompétence pour connaître d'un litige relatif au refus du directeur général de l'Ofpra d'enregistrer une demande d'asile alors que ces litiges ne relèvent non pas de la commission de recours des réfugiés mais de la juridiction administrative de droit commun[2].

SECTION 2

Recours en appel contre les ordonnances rendues après instruction

235.91 Principe de l'appel. L'article L. 523-1 alinéa 2 du CJA dispose que « les décisions rendues en application de l'article L. 521-2 sont susceptibles d'appel devant le Conseil d'État dans les quinze jours de leur notification ». Le principe de l'appel résulte d'une initiative parlementaire. Les parlementaires ont voulu donner au Conseil d'État un pouvoir de contrôle étendu sur ces ordonnances, en droit comme en fait, en raison du domaine particulier dans lequel elles interviennent (v. s^{s} n° 235.31).

§ 1

Introduction de l'appel

235.101 Décision attaquée. L'appel peut être formé contre toute décision rendue par le juge des référés d'un tribunal administratif à la suite d'une audience publique. Il s'ensuit, d'une part, que les décisions du juge des référés du Conseil d'État sont insusceptibles d'appel[3] et, d'autre part, que les ordonnances rendues sans tenue d'une audience publique, c'est-à-dire selon la procédure de tri relèvent du contrôle de cassation. Les « appels » formés contre les ordonnances de tri sont requalifiés en pourvoi en cassation et jugés par une formation collégiale du Conseil d'État (v. s^{s} n° 215.37).

235.102 Auteur du recours. Le recours en appel est ouvert aux seules parties à l'instance initiale. Les tiers à l'instance ne sont pas recevables à faire appel[4]. De même, les intervenants n'ayant pas la qualité de parties, ils ne sont pas recevables à interjeter appel[5]. Il

1. CE 4 févr. 2005, Karrer, req. n° 261029, *Lebon T.* 1033 ; *AJDA* 2005. 565 – Cette affirmation méconnaît une jurisprudence du Conseil d'État selon laquelle les actions susceptibles d'être entreprises sur le fondement des stipulations de la convention de La Haye du 25 octobre 1980 sur les aspects civils de l'enlèvement international d'enfants ne constituent pas des actes de gouvernement : CE 30 juin 1999, Guichard, req. n° 191232, *Lebon* 218 ; *D.* 2000. I. note F. Boulanger ; *D.* 2001. 163, obs. C. Desnoyer ; *Rev. crit. DIP* 2000. 641, étude S. Corneloup et V. Corneloup ; *RTD civ.* 1999. 829, obs. J. Hauser.
2. CE 9 mars 2005, Moinuddin, req. n° 274509, *Lebon T.* 805 ; *AJDA* 2005. 1302, concl. F. Donnat.
3. CE, ord., 29 mai 2002, Devynck, req. n° 247239, NP – v. égal^{t} CE 27 oct. 2003, Karsenti, req. n° 252151 : rappelant « que l'ordonnance rendue par le juge des référés du Conseil d'État sur une demande dont celui-ci a été directement saisi sur le fondement des dispositions de l'article L. 521-2 du Code de justice administrative ne peut faire l'objet ni d'un appel ni d'un pourvoi en cassation devant le Conseil d'État ».
4. CE, ord., 29 janv. 2003, ville de Nice, req. n° 253665, NP – CE, ord., 6 déc. 2016, Synd. des agents territoriaux de Martinique et CGTM-FSM-CTM, req. n° 405605, *Lebon T.* ; *AJDA* 2016. 2409 (p^{t} 2).
5. CE, ord., 3 janv. 2003, Belminar, req. n° 253045, *Lebon T.* 927 ; *AJDA* 2003. 953, note J.-P. Markus.

résulte néanmoins d'une jurisprudence constante que les intervenants peuvent former appel dans l'hypothèse où ils auraient eu « qualité soit pour introduire le recours, soit à défaut d'intervention pour former tierce opposition »[1]. Aussi le juge des référés du Conseil d'État a-t-il admis l'appel formé par une société contre une requête « au soutien de laquelle elle était intervenue »[2].

En cas d'admission totale de ses conclusions, le requérant ne peut utilement agir devant le juge d'appel[3]. Dans cette hypothèse, seule l'administration aura intérêt à interjeter appel. En cas d'admission partielle, les deux parties peuvent avoir un intérêt à exercer cette voie de recours :

- l'administration, afin que le juge des référés du Conseil d'État annule la mesure prescrite en premier ressort ;
- le requérant, en vue d'obtenir une satisfaction totale[4].

235.103 Juridiction compétente. En matière de référé-liberté, l'appel relève de la compétence du juge des référés du Conseil d'État. Une cour administrative d'appel saisie à tort doit transmettre le dossier au secrétariat du contentieux du Conseil d'État[5].

235.104 Délai pour agir. La requête d'appel doit être introduite dans les 15 jours qui suivent la notification de la décision attaquée. Ce délai court à compter de la notification régulière de cette ordonnance à l'adresse à laquelle le requérant a élu domicile. La circonstance que le requérant lui-même n'ait pas eu personnellement connaissance de cette notification est sans incidence sur le déclenchement du délai d'appel[6].

S'agissant de l'État, le délai court normalement à compter de la notification de la décision à l'autorité compétente. La notification à un ministre dont ne relève pas l'administration intéressée au litige fait néanmoins courir contre l'État le délai de recours contre l'ordonnance de référé[7].

Les règles concernant le délai d'appel sont les mêmes que pour le pourvoi en cassation formé contre une ordonnance de tri (v. s^s^ n° 215.31). Ainsi, le délai de 15 jours est un délai franc et il peut être augmenté des délais de distance[8]. En outre, l'appel est recevable si la requête parvient au greffe du contentieux par voie de téléco-

1. CE 9 janv. 1959, de Harenne, req. n° 41383, *Lebon* 23 ; *GACA*, 5e éd., 2016, n° 48.
2. CE, ord., 17 mai 2002, Eurl Mandon, req. n° 246901, NP - dans le même sens, v. CE, ord., 22 déc. 2012, Section française de l'Observatoire international des prisons, req. n° 364584, *Lebon* ; *JCP* 2013, n° 87, note O. Le Bot.
3. CE, ord., 17 mai 2004, Bouhmidi, req. n° 267516, NP.
4. V. par ex. CE, ord., 16 août 2002, Feuillatey, req. n° 249552, *Lebon* 309 ; *Droit, Déontologie & Soin* 2002. 416, note L. Ouatah ; *LPA* 26 mars 2003, n° 61, p. 4, note C. Clément ; *JCP* 2002. II. 10184, note P. Mistretta ; *Gaz. Pal.* 2002. I. p. 1729-1731, note Y. Lachaud ; *JCP Adm.* 2002, n° 1022, note A. Mersch ; *RCA* 2002, Chron. n° 21, note S. Porchy-Simon ; *Dr. adm.* 2002, comm. n° 188, note E. Aubin ; *RGDM* 2003. 97, note B. Mathieu ; *RGDM* 2003. 143, note A. Garay ; *Dr. fam.* 2003, comm. n° 11, note S. Mouton.
5. CE, ord., 12 août 2004, Abdullayev, req. n° 271120, NP - CE, ord., 10 avr. 2006, Cicek, req. n° 292080, NP.
6. CE, ord., 9 avr. 2013, Timirboulatova, req. n° 367265, *Lebon T.* ; *AJDA* 2013. 773.
7. CE 19 nov. 2003, min. de l'Agriculture c/Assoc. Puy-de-Dôme Nature Environnement, req. n° 256454, *Lebon T.* 933 ; *AJDA* 2004. 559.
8. CE 3 mai 2004, Dogan ép. Antil, req. n° 258085, *Lebon T.* 854 ; *D.* 2004. 1711.

pie dans le délai imparti, et cela même si le dossier complet de la requête, dûment signé, ne parvient par voie postale qu'à une date ultérieure[1]. Il est en revanche irrecevable s'il est formé après l'expiration du délai de 15 jours susmentionné[2].

235.105 Ministère d'avocat. Les appels en référé-liberté sont dispensés du ministère d'avocat par l'article R. 523-3 du Code de justice administrative.

235.106 Contenu de la requête. En vertu des dispositions combinées des articles R. 411-1 et R. 811-13 du CJA, toute requête d'appel doit, à peine d'irrecevabilité, être motivée[3]. Les conclusions présentées pour la première fois en appel sont en tout état de cause irrecevables[4].

235.107 Demande présentant un objet. L'appel doit avoir conservé son objet à la date de son introduction devant le Conseil d'État. Ce n'est pas le cas si la décision contestée devant le premier juge a épuisé ses effets[5] ou si la mesure ordonnée par ce dernier n'a elle-même plus d'objet[6]. En revanche, l'exécution par l'administration de la mesure prescrite dans l'ordonnance attaquée ne rend pas sans objet l'appel formé contre celle-ci[7].

235.108 Délai suffisant pour statuer sur la demande. La requête d'appel doit parvenir au Conseil d'État plusieurs heures au moins avant que les effets de l'acte contesté aient produit tous leurs effets. Le juge doit en effet pouvoir disposer d'un délai suffisant pour instruire et juger la demande. Ne satisfait pas à cette exigence une requête présentée dans la nuit (à 1 h 57), enregistrée à 9 h 00 (faute de permanence nocturne) et se rapportant à une manifestation devant être organisée à 10 h 30. L'appel dirigé contre l'ordonnance du premier juge suspendant l'arrêté d'interdiction de la manifestation est rejeté par un non-lieu à statuer[8]. Une requête présentée 1 h 30 avant les faits est ainsi trop tardive. En revanche, une saisine intervenant en milieu

1. CE, ord., 30 janv. 2001, Tauraatua, req. n° 229418, NP.
2. CE, ord., 16 mai 2002, Auto-école SOS permis, req. n° 246813, NP - CE, ord., 27 janv. 2003, Chausson, req. n° 253548, NP - CE, ord., 28 mars 2003, Latti, req. n° 255412, NP.
3. La requête qui ne comporte l'énoncé d'aucun moyen est, par conséquent, irrecevable - v. par ex. CE, ord., 14 févr. 2003, S[té] hôtelière de la Calade, req. n° 254173, NP.
4. CE, ord., 19 juill. 2001, S[té] générale bâtiment et habitation (SGBH), req. n° 248742, NP : conclusions tendant à requalifier la demande en référé-liberté de demande visant à ce que le défendeur soit condamné au versement d'une provision en application de l'article R. 541-1 du CJA.
5. CE, ord., 29 oct. 2001, SARL Objectif, req. n° 239443, NP - CE, ord., 4 avr. 2003, Rambour, req. n° 255716, NP - CE, ord., 29 oct. 2003, CH d'Albi, req. n° 261376, NP - CE, ord., 8 mars 2006, CH universitaire de Caen, req. n° 290771, NP.
6. CE, ord., 16 mars 2001, Commission de propagande du canton de Grimaud, req. n° 231336, *Lebon T.* 1135 - CE, ord., 18 juin 2003, Territoire de la Polynésie française et Caisse de prévoyance sociale de la Polynésie française, req. n° 257598, *Lebon T.* 877 : irrecevabilité de l'appel formé contre une ordonnance prononçant la suspension de deux arrêtés annulés, entre-temps, par le juge de l'excès de pouvoir.
7. CE, ord., 4 févr. 2004, C[ne] d'Yvrac, req. n° 263930, *Lebon T.* 828 - v. égal[t] CE, ord., 23 oct. 2012, C[ne] de Gignac-la-Nerthe, req. n° 363251, *Lebon T.* ; *AJDA* 2012. 2028 : indiquant que la partie à l'encontre de laquelle une injonction a été prononcée est recevable, « alors même que l'injonction a été exécutée », à introduire une requête en appel à l'encontre de cette injonction.
8. CE, ord., 27 mars 2014, min. de l'Intérieur c/Assoc. Falun Gong France (Falun Dafa France), req. n° 376726, *Lebon T.* ; *AJDA* 2014. 711.

d'après-midi pour un spectacle devant se tenir en début de soirée n'a pas été regardée comme tardive : le juge d'appel annule, à 18 h 40, une ordonnance de référé (suspendant un arrêté préfectoral interdisant le spectacle) rendue à 14 h 20[1].

§ 2

Jugement de l'appel

235.111 Procédure. L'article R. 523-3 du CJA prévoit que les appels sont soumis en tant que de besoin aux règles de procédure applicables aux référés d'urgence. Les demandes sont instruites et jugées par le juge des référés du Conseil d'État. En vertu de l'article L. 523-1, le président de la Section du contentieux du Conseil d'État ou le conseiller d'État qu'il délègue à cet effet statue dans un délai de 48 heures. Il peut statuer selon la procédure de droit commun de l'article L. 522-1 ou selon la procédure de tri de l'article L. 522-3.

235.112 Contrôle du juge d'appel. Le juge des référés du Conseil d'État contrôle la régularité de l'ordonnance rendue par le juge du premier degré.

Il s'assure que le premier juge a statué selon une procédure régulière, en particulier :

- en respectant les exigences de la contradiction[2] ;
- en statuant sur l'ensemble des conclusions dont il était saisi[3] ;
- en motivant suffisamment sa décision au regard de l'argumentation qui lui était soumise[4].

Sa décision sera également annulée si le juge :

- a dénaturé les conclusions du requérant[5] ;
- commis une erreur de droit[6] ;
- excédé sa compétence[7] ;
- ou plus généralement a fait une application erronée des règles applicables. Le juge procède notamment à une fausse application des dispositions de l'article

1. CE, ord., 9 janv. 2014, min. de l'Intérieur c/Sté Les Productions de la Plume et M. M'Bala M'Bala, req. n° 374508, *Lebon* ; *AJDA* 2014. 79 ; *AJDA* 2014. 866 ; *AJDA* 2014. 129, tribune B. Seiller ; *AJDA* 2014. 473, tribune C. Broyelle, note J. Petit ; *D.* 2014. 86, obs. J.-M. Pastor ; *D.* 2014. 155, point de vue R. Piastra ; *D.* 2014. 200, entretien D. Maus ; *AJCT* 2014. 157, obs. G. Le Chatelier ; *RFDA* 2014. 87, note O. Gohin.
2. V. par ex. CE, ord., 26 mars 2002, Sté Route Logistique Transports, req. n° 244426, *Lebon* 114.
3. CE, ord., 6 sept. 2002, Tetaahi, req. n° 250120, NP.
4. CE, ord., 16 sept. 2002, Sté GSM, req. n° 250312, NP.
5. V. par ex. CE, ord., 10 avr. 2001, Synd. national unifié des directeurs, des instituteurs, des professeurs des écoles de l'enseignement public Force ouvrière (Snudi-FO) du Maine-et-Loire, req. n° 232336, *Lebon T.* 1090 : eu égard aux termes des conclusions, à l'ensemble de l'argumentation et à la circonstance qu'aucune requête en annulation ou en réformation d'une décision administrative n'a été présentée, « le premier juge n'a pas fait une inexacte interprétation de la demande » en considérant que le demandeur avait entendu se fonder, à titre principal, sur les dispositions de l'article L. 521-2 et, à titre subsidiaire, sur celles de l'article L. 521-1.
6. V. par ex. CE, ord., 9 déc. 2002, min. de l'Intérieur, de la Sécurité intérieure et des Libertés locales c/Negmari, req. n° 252338, NP.
7. Par ex. en prononçant l'annulation d'une décision administrative : CE, ord., 24 janv. 2001, Université Paris VIII Vincennes Saint-Denis, req. n° 229501, *Lebon* 37.

L. 521-2 du CJA en regardant comme remplies, à tort, les conditions d'octroi[1] (par exemple la condition d'atteinte à une liberté fondamentale en l'absence d'atteinte[2] ou pour des actes et situations par eux-mêmes insusceptibles de porter une telle atteinte[3], ou la condition d'illégalité manifeste pour un arrêté d'expulsion reposant sur des faits graves[4]).

Dans l'hypothèse où l'administration ne critique pas en appel le motif par lequel le premier juge a estimé que la condition d'urgence était remplie, il n'appartient pas au juge d'appel de s'en saisir d'office[5].

Dans l'exercice de son contrôle, le juge d'appel tient compte des mesures prises par l'administration postérieurement à l'ordonnance attaquée[6].

235.113 Décision du juge d'appel. Saisi par l'effet dévolutif, le juge d'appel se prononce sur l'affaire qui lui est soumise. Il peut ajouter ou retrancher aux mesures prononcées par le premier juge.

D'une part, il peut aller au-delà des mesures ordonnées dans la décision attaquée. Il peut ainsi prononcer une mesure de sauvegarde lorsque le juge du premier degré avait considéré que les conditions d'octroi n'étaient pas satisfaites ou qu'il n'était pas compétent pour statuer[7]. Il peut substituer aux mesures prononcées par le premier juge des mesures plus contraignantes si celles-ci lui paraissent insuffisantes pour sauvegarder une liberté fondamentale. Il lui est ainsi loisible d'assortir les injonctions prononcées par le premier juge d'une astreinte non prévue par celui-ci[8] ou de majorer le montant de l'amende pour recours abusif auquel le premier juge a condamné le requérant[9].

1. CE, ord., 27 mars 2001, min. de l'Intérieur c/Djalout, req. n° 231735, *Lebon* 158 ; *JCP* 2002. II. 10003, note F. Lichère - CE, ord., 6 avr. 2001, min. de l'Intérieur c/SARL Le Vivier, req. n° 232124, *Lebon* 186 - CE, ord., 25 nov. 2003, Présidente de l'Assemblée de la Polynésie française, req. n° 261714, *Lebon T.* 928 ; *AJDA* 2004. 558.
2. V. par ex. CE, ord., 16 avr. 2003, Lycée polyvalent du Taaone, req. n° 256002, NP : « les requérants sont fondés à soutenir qu'en l'absence d'atteinte à une liberté fondamentale, c'est à tort que le juge des référés du tribunal administratif de Papeete a fait usage des pouvoirs prévus par l'article L. 521-2 du Code de justice administrative ».
3. CE, ord., 5 oct. 2001, Rouquette Lipietz, req. n° 238676, NP : chevauchement des horaires de deux cours optionnels dans un lycée - CE, ord., 11 oct. 2001, C^ne^ de Saint-Bauzille-de-Putois, req. n° 238869, *Lebon* 462 : délivrance d'un permis de construire.
4. CE, sect., 30 oct. 2001, min. de l'Intérieur c/Tliba, req. n° 238211, *Lebon* 523 ; *AJDA* 2001. 1054, Chron. M. Guyomar et P. Collin ; *GACA*, 5e éd., 2016, n° 15 ; *RFDA* 2002. 324, concl. I. de Silva.
5. CE, ord., 4 mai 2011, min. des Affaires étrangères et européennes c/Morin, req. n° 348778, *Lebon T.* ; *AJDA* 2011. 928 ; *D.* 2011. 1347, et les obs. ; *ibid.* 1995, obs. P. Bonfils et A. Gouttenoire ; *ibid.* 2012. 308, obs. J.-C. Galloux et H. Gaumont-Prat ; *ibid.* 390, obs. O. Boskovic, S. Corneloup, F. Jault-Seseke, N. Joubert et K. Parrot ; *ibid.* 1432, obs. F. Granet-Lambrechts ; *AJ fam.* 2011. 328, obs. F. Miloudi ; *AJCT* 2011. 414, obs. C. Siffrein-Blanc ; *RTD civ.* 2011. 530, obs. J. Hauser.
6. CE, ord., 21 mars 2013, min. de l'Intérieur c/Morbedadze, req. n° 366837, *Lebon T.* ; *AJDA* 2013. 653.
7. CE, ord., 19 août 2002, Front national et Institut de formation des élus locaux (Iforel), req. n° 249666, *Lebon* 311 ; *AJDA* 2002. 1017, note X. Braud ; *D.* 2002. 2452, et les obs.
8. CE, ord., 12 nov. 2001, min. de l'Intérieur c/Béchar, req. n° 239794, *Lebon T.* 1132 : astreinte de 150 euros par jour de retard dans l'exécution des injonctions prononcées par le juge de première instance aux dates fixées par celui-ci.
9. CE, ord., 12 mai 2003, Pichaut, req. n° 256729, NP.

D'autre part, le juge d'appel peut atténuer ou supprimer des mesures ordonnées dans l'ordonnance attaquée. Si les conditions d'octroi ne sont pas satisfaites, il met fin aux mesures ordonnées par le premier juge[1]. Lorsque le juge du premier degré a ordonné une mesure qui, selon le juge d'appel, se heurte aux dispositions de l'article L. 511-1 du CJA, il peut modifier la teneur de l'injonction[2]. Il lui est également possible de réformer l'ordonnance du premier juge pour limiter la portée de l'injonction prononcée par celui-ci. Ainsi dans l'affaire *Feuillatey*, le juge des référés du Conseil d'État ajoute à la réserve mentionnée par le premier juge qu'il incombe aux médecins, avant de procéder à une transfusion sanguine, d'une part de tout mettre en œuvre pour convaincre la patiente d'accepter les soins indispensables, d'autre part de s'assurer que le recours à une transfusion représente un acte indispensable à la survie de l'intéressée et proportionné à son état[3].

SECTION 3

Demande de réexamen

235.121 Procédure de l'article L. 521-4 du CJA. La procédure de réexamen permet au juge de référés de revenir sur sa décision en cas d'élément nouveau. L'article L. 521-4 du CJA lui reconnaît en effet le pouvoir de modifier sa décision ou d'y mettre fin lorsqu'une personne intéressée fait valoir devant lui un élément nouveau (sur cette procédure et ses conditions de mise en œuvre, v. s^s^ n°s 215.71 s.).

235.122 Procédure peu adaptée au référé-liberté. Conçue pour s'appliquer à l'ensemble des référés d'urgence, la procédure de réexamen est condamnée à ne quasiment jamais servir en matière de référé-liberté. Cette situation tient à ce que le litige disparaît bien souvent immédiatement, ou du moins dans les jours voire les heures qui suivent la décision du juge, spécialement lorsque celui-ci ordonne une obligation de faire. Seules les mesures de suspension d'une décision positive ne font pas disparaître l'objet du litige, à condition encore que l'autorité administrative n'ait pas fixé de terme à la décision dont les effets se trouvent ainsi suspendus. Puisque dans presque tous les cas, il ne reste plus rien à modifier ou à remettre en cause dans les jours qui suivent le prononcé de la mesure de sauvegarde, il ne peut quasiment jamais y avoir lieu à réexamen. Celui-ci ne peut s'envisager que dans deux hypothèses : d'une part si l'administration n'a pas respecté l'injonction qui lui est adressée ou que le délai pour y déférer n'est pas encore expiré ; d'autre part lorsque la mesure

1. V. par ex. CE, ord., 22 mai 2003, C^ne^ de Théoule-sur-Mer, req. n° 256848, *Lebon* 232.
2. V. par ex. CE, ord., 26 avr. 2005, min. de l'Intérieur, de la Sécurité intérieure et des Libertés locales c/ M'Lamali, req. n° 279842, *Lebon T.* 1034 : le premier juge avait enjoint à l'autorité préfectorale le renouvellement de la carte nationale d'identité et du passeport du requérant. Le juge d'appel y substitue une injonction de procéder à un réexamen du dossier déposé par le requérant. L'ordonnance attaquée est réformée dans ce qu'elle a de contraire à la décision du juge d'appel.
3. CE, ord., 16 août. 2001, Feuillatey, req. n° 249552, *Lebon* 309 ; *Droit, Déontologie & Soin* 2002. 416, note L. Ouatah ; *LPA* 26 mars 2003, n° 61, p. 4, note C. Clément ; *JCP* 2002. II. 10184, note P. Mistretta ; *Gaz. Pal.* 2002. I. p. 1729-1731, note Y. Lachaud ; *JCP Adm.* 2002, n° 1022, note A. Mersch ; *RCA* 2002, Chron. n° 21, note S. Porchy-Simon ; *Dr. adm.* 2002, comm. n° 188, note E. Aubin ; *RGDM* 2003. 97, note B. Mathieu ; *RGDM* 2003. 143, note A. Garay ; *Dr. fam.* 2003, comm. n° 11, note S. Mouton.

a consisté en la suspension d'une décision positive ne comportant pas de terme ou dont le terme n'est pas expiré.

235.123 Procédure exceptionnellement mise en œuvre. La procédure de réexamen n'a été mise en œuvre avec succès que de façon tout à fait exceptionnelle. Quatre décisions rendues par le Conseil d'État peuvent néanmoins être citées[1].

1. CE, ord., 7 nov. 2003, SA d'habitations à loyer modéré trois vallées, req. n° 261475, *Lebon T.* 911 - CE, ord, 21 déc. 2018, Cherney, req. n° 426292, NP - CE, ord., 12 mars 2019, Office français de l'immigration et de l'intégration c/Fofana et Adebisi, req. n° 428031, NP - CE, ord., 10 juill. 2019, Ministre de l'intérieur c/El Aidy, req. n° 431586, NP.

TITRE

24. Le référé-mesures utiles

SECTION 0

Orienteur

240.00 Plan du titre.

240.01 Textes applicables.

CJA, art. L. 521-3 et L. 521-3-1.

240.03 Bibliographie indicative.

> **Encyclopédies.** *Rép. contentieux administratif*, v° « Référés d'urgence : le référé conservatoire », par M. de Monsembernard ; V. Haïm, « Référé "mesures utiles" », *J.-Cl. Justice adm.*, fasc. n° 52-10.

> **Articles.** S. Boussard, « 15 ans de mise en œuvre du référé-mesures utiles », *JCP Adm.* 2016, n° 2338 ; P. Yolka, « Expulsion du domaine public et juge des référés », *JCP Adm.* 2004. 1043 ; A.-C. Dufour, « L'occupation des universités et la protection d'urgence du domaine public », *Dr. adm.* 2007, étude 16 – Ch. Testard, « Les mutations des référés d'urgence. À la recherche de l'utilité du référé mesures-utiles », *RFDA* 2021. 665 – M. Yazi-Roman, « Le point sur… le référé mesures utiles en 2019 », *AJCT* 2020. 36 – O. Le Bot, « Les référés-libertés et mesures utiles, alternatives à un recours en responsabilité ? », *AJDA* 2017. 1826.

240.05 Documents pratiques.

Pour un exemple de dossier contentieux en matière de référé-mesures utiles (expulsion d'un occupant du domaine public), v. s^s n° 910.14.

240.06 Chiffres clés.

Jusqu'en 2017, entre 1 500 et 2 000 référé-mesures utiles étaient rendues chaque année par les tribunaux administratifs. La barre des 3 000 a été franchie en 2018, 2019 et 2020. Une explosion est intervenue en 2021 avec plus de 11 000 décisions rendues.

Le taux de réussite moyen se situe autour de 45 %.

Le délai moyen de jugement s'est longtemps situé entre 40 et 50 jours. Il est descendu à 25 jours environ depuis 2013.

240.09 Appellation et origine. Le référé conservatoire ou référé « mesures utiles » (selon l'appellation consacrée par la pratique) est codifié à l'article L. 521-3 du CJA. Applicable depuis le 1er janvier 2001, il a succédé, avec quelques aménagements, à l'ancien article R. 130 du CTACAA (lui-même héritier de la loi n° 55-1557 du 28 novembre 1955, qui avait étendu aux tribunaux administratifs cette procédure initialement reconnue au Conseil d'État par l'ordonnance n° 45-1708 du 31 juillet 1945).

240.10 Objet. L'article L. 521-3 du CJA permet au juge des référés, en cas d'urgence et sans faire obstacle à l'exécution d'une décision administrative, d'ordonner toutes « mesures utiles », plus exactement « toutes *autres* mesures utiles », c'est-à-dire non visées aux articles L. 521-1 et L. 521-2. L'essentiel des demandes introduites sur ce fondement poursuit l'une les deux finalités suivantes : d'une part obtenir la communication de décisions administratives et de documents administratifs (variante baptisée « référé-communication »), d'autre part obtenir l'expulsion d'occupants sans titre du domaine public et des services publics administratifs (variante appelée « référé-expulsion »). La procédure est également susceptible d'autres applications qui, du fait du caractère large des termes retenus par la loi, se révèlent extrêmement diversifiées.

241. Engagement du référé-mesures utiles

SECTION 0

Orienteur

241.00 Plan du chapitre.

241.02 Jurisprudence de référence.

> Caractère subsidiaire du référé-mesures utiles

CE, sect., 25 févr. 2016, Benabdellah, req. n° 393540, *Lebon*.

241.04 Questions essentielles.

> Le juge des référés peut-il mettre fin à une voie de fait par manque de procédure ? v. s[s] n° 241.12

> Le juge des référés est-il compétent pour ordonner l'expulsion d'un occupant sans titre du domaine privé d'une collectivité publique ? v. s[s] n° 241.11

> L'administration peut-elle demander l'expulsion d'un occupant du domaine public dont elle ne connaît pas l'identité ? v. s[s] n° 241.103

241.09 Application des règles communes aux référés d'urgence. Le référé-mesures utiles est soumis aux règles de compétence et de recevabilité applicables à tout référé d'urgence (sur ces règles, v. s[s] n°s 211.11 s.). Un certain nombre d'illustrations et de particularités doivent en outre être signalées.

SECTION 1

Compétence

§ 1

Compétence de la juridiction administrative

241.11 Compétence matérielle. Le principe applicable à tout référé d'urgence s'applique naturellement à l'article L. 521-3 du CJA : le juge des référés n'est compétemment saisi sur le fondement de cette disposition que lorsque la demande qui lui est présentée n'est pas manifestement insusceptible de se rattacher à un litige relevant de la compétence de la juridiction administrative. Il doit s'assurer, au besoin d'office, de sa propre compétence.

Le juge des référés s'est ainsi déclaré compétent :

– pour connaître de la demande visant à interdire au maire de poursuivre les travaux de démolition d'une église relevant du domaine public de la commune[1] ;

1. CE 30 déc. 2002, C[ne] de Pont-Audemer c/Assoc. de sauvegarde des patrimoines de la Basse Seine, req. n° 248787, *Lebon T.* 876 ; *BJCL* 2003. 352, concl. P. Collin.

- pour statuer sur un litige concernant les modalités d'exécution d'un contrat conclu entre un hôpital et une société privée, dès lors que ce contrat présente un caractère administratif[1] ;

- pour se prononcer sur une demande visant à faire cesser un dommage lié à l'exécution de travaux publics[2] ;

- pour examiner la demande d'expulsion d'un occupant sans titre du domaine public[3], notamment la demande d'évacuation de résidences mobiles stationnées sur le territoire d'une commune en dehors des aires aménagées[4] ;

- pour examiner la demande d'expulsion d'un local occupé pour nécessité absolue de service, y compris dans l'hypothèse où ce local n'appartiendrait pas au domaine public[5] ;

- pour enjoindre à la société Crédit mutuel Arkéa (fédération regroupant trois fédérations régionales) de communiquer des documents à la Confédération nationale du Crédit mutuel (qui rassemble les fédérations, exerce un contrôle sur celles-ci et est dotée à cette fin de prérogatives de puissance publique)[6].

Il n'est en revanche pas compétent pour connaître :

- d'un litige opposant deux personnes de droit privé et qui, s'il intervient dans le cadre de la suspension d'une autorisation administrative ordonnée par le juge administratif, ne met en cause aucune activité de service public ou prérogative de puissance publique[7] ;

- des conclusions d'un maire tendant à l'expulsion d'occupants de logements appartenant au domaine privé de la commune[8], à moins que le contrat relatif à l'occupation de ces immeubles ait le caractère d'un contrat de droit public[9] ;

- d'une demande visant à enjoindre au préfet de faire procéder, en cas de carence des autorités municipales, au retrait des véhicules stationnant de manière irrégulière sur le domaine public routier[10].

241.12 Compétence en matière de voie de fait. Le Conseil d'État a reconnu la compétence du juge des référés pour faire cesser une voie de fait par manque de

1. CE 29 juill. 2002, CH d'Armentières, req. n° 243500, *Lebon* 307 ; *AJDA* 2002. 1451, note J.-D. Dreyfus ; *RDI* 2003. 78, obs. J.-D. Dreyfus ; *JCP* 2003. 10002, note J.-C. Zarka ; *BJCP* 2002. 470, concl. P. Collin.
2. CE, sect., 18 juill. 2006, Élissondo Labat, req. n° 283474, *Lebon* 369 ; *AJDA* 2006. 1839, Chron. C. Landais et F. Lenica ; *GACA*, 5e éd., 2016, n° 16 ; *RFDA* 2007. 314, concl. D. Chauvaux ; *RD publ.* 2006. 1267, note C. Guettier.
3. CE 22 oct. 2010, Pustwo, req. n° 335051, *Lebon* ; *AJDA* 2011. 562, note P. Caille ; *AJCT* 2011. 198, obs. D. Dutrieux.
4. CE 15 nov. 2011, min. des Transports, de l'Équipement, du Tourisme et de la Mer, req. n° 293370, *Lebon* ; *AJDA* 2006. 2207.
5. CE 20 déc. 2017, M. Deck, req. n° 402383, *Lebon T.* ; *AJFP* 2018. 178, note B. Toulemonde.
6. CE 13 déc. 2016, Confédération nationale du Crédit Mutuel, req. n° 403418, NP ; *Revue de Droit Bancaire et Financier* mai 2017, n° 3, p. 36, note Th. Samin et S. Torck.
7. CE, ord., 12 déc. 2005, Sté Fiduciaire nationale d'expertise comptable SA, req. n° 287444, *Lebon T.* 1039.
8. CE 12 déc. 2003, Cne du Lamentin, req. n° 256561, *Lebon T.* 934 ; *AJDA* 2004. 613.
9. CE 10 oct. 2003, Meunier, req. n° 250493, *Lebon T.*
10. CE 11 mai 2021, Ministre de l'intérieur c/Syndicat des copropriétaires du parking TIR de Saint-Louis, req. n° 447948, *Lebon T.*

procédure. Tel est le cas lorsqu'un maire procède au murage d'un appartement en vue de faire exécuter un arrêté de péril[1].

§ 2

Compétence au sein de la juridiction administrative

241.21 Compétence territoriale. La demande doit être présentée devant la juridiction qui serait compétente si un recours au fond était introduit dans le même litige. La compétence de principe revient au juge des référés des tribunaux administratifs. Par dérogation, le juge des référés du Conseil d'État est compétent en premier et dernier ressort lorsque le litige ressortit de la compétence directe du Conseil d'État[2].

SECTION 2

Recevabilité

§ 1

Conditions générales de recevabilité

241.31 Dispense de décision préalable. Le référé-mesures utiles n'a pas à être dirigé contre une décision. En toute hypothèse il ne saurait l'être, dès lors que l'article L. 521-3 du CJA exclut que cette voie de droit soit utilisée pour « faire obstacle à l'exécution d'aucune décision administrative ». Il s'ensuit que sa recevabilité n'est pas conditionnée par la production d'une décision administrative.

241.32 Recours autonome. Le référé-mesures utiles constitue un recours autonome. Par conséquent, sa recevabilité n'est pas conditionnée par l'introduction d'un recours au fond.

241.33 Ministère d'avocat. Conformément aux dispositions de l'article R. 522-5 du CJA, les demandes présentées sur le fondement de l'article L. 521-3 sont dispensées du ministère d'avocat si elles se rattachent à des litiges dispensés de ce ministère.

241.34 Précision des conclusions. Le requérant qui entend saisir le juge administratif au titre de l'article L. 521-3 du CJA doit très clairement préciser ce fondement dans la requête, sous peine que sa demande ne soit analysée et traitée comme un recours au fond. Il est en effet des hypothèses où juge du fond et juge des référés peuvent, dans un contentieux donné, être saisis de conclusions identiques. Il en va ainsi dans le domaine principalement concerné par le référé-mesures utiles, à savoir l'expulsion d'occupants sans titre du domaine public. Une telle demande peut être portée aussi bien devant le juge des référés que – lorsque l'urgence fait défaut – devant le juge du fond[3]. Dès lors, une requête qui poursuit l'expulsion d'occupants du domaine public sans invoquer l'urgence à ordonner la mesure sollicitée, sans être adressée au juge des référés et ne comportant pas de conclusions susceptibles d'être

1. CE 12 mai 2010, Alberigo, req. n° 333565, *Lebon T.* ; *AJDA* 2010. 1057.
2. CE, ord., 20 janv. 2005, Hoffer, req. n° 276625, *Lebon T.* 1040 ; *AJDA* 2005. 621.
3. CE 3 mars 1958, D^lle^ Pitié, *Lebon* 142 – CE, sect., 13 juill. 1961, Cie fermière du casino de Constantine, *Lebon* 487.

regardées comme tendant à la mise en œuvre d'un référé d'urgence sera traitée comme un recours au fond et non comme une demande en référé[1].

241.35 Requête fondée sur les seules dispositions de l'article L. 521-3 du CJA. En application de la jurisprudence *Philippart et Lesage* (v. s[s] n°s 211.131 s.), la requête ne doit pas contenir de conclusions demandant, même à titre subsidiaire, la mise en œuvre d'une autre procédure de référé : référé-liberté[2], référé-provision[3] ou encore (même si un tel cas de figure apparaît peu probable) référé-suspension. La requête doit, en d'autres termes, être présentée sur le seul fondement des dispositions de l'article L. 521-3 du CJA.

241.36 Exception de recours parallèle. L'existence de recours administratifs ou juridictionnels spécifiques n'exclut pas, en principe, l'engagement d'un référé-mesures utiles.

Ce référé peut ainsi être utilisé pour obtenir la communication de documents administratifs, nonobstant l'existence d'une procédure particulière devant la Commission d'accès aux documents administratifs[4]. Le juge des référés, saisi d'une demande en ce sens, peut mettre en œuvre ses pouvoirs sans que le requérant ne soit tenu de saisir préalablement cette commission.

Il en va de même en matière d'expulsion d'occupants sans titre du domaine public. La mise en œuvre d'une procédure pour contravention de grande voirie n'interdit pas à l'autorité domaniale de saisir le juge administratif des référés et ne prive pas ce dernier des pouvoirs qu'il tient des dispositions de l'article L. 521-3 du CJA[5].

Le fondement de ces solutions réside dans la nécessité d'assurer une protection juridictionnelle rapide lorsque la procédure ordinaire serait trop longue pour permettre une garantie des droits.

À l'inverse, l'exception de recours parallèle a vocation à s'appliquer lorsque la loi a établi une voie de droit définissant de façon complète et exclusive les possibilités de recours dans un domaine déterminé. Tel est le cas en matière de droit au logement opposable. Les dispositions pertinentes du Code de la construction et de l'habitation (CCH), ouvrant un recours devant le juge du Dalo, « définissent la seule voie de droit ouverte devant la juridiction administrative afin d'obtenir l'exécution d'une décision de la commission de médiation ». Par suite, des conclusions tendant à obtenir l'exécution d'une telle décision ne peuvent être présentées sur le fondement de l'article L. 521-3 du CJA[6].

1. CE 29 juill. 2002, Helmbacher, req. n° 243454, *Lebon* 305 ; *AJDA* 2003. 47.
2. CE 8 oct. 2001, Sanches Cardoso, req. n° 233638, *Lebon T.* 1091 - CE 6 mars 2002, S[té] des pétroles Shell, req. n° 241534, *Lebon T.* 852 ; *RDI* 2002. 270, obs. L. Derepas.
3. CE 21 mai 2003, SARL Pico, req. n° 249541, *Lebon T.* 911 ; *JCP Adm.* 2003, n° 1676, obs. J. Moreau - CE 17 mars 2008, Najjar c/Établissement public national d'enseignement et de formation professionnelle agricoles de Nouvelle-Calédonie, req. n° 306461, *Lebon T.* ; *AJDA* 2008. 1285.
4. CE 29 avr. 2002, S[té] Baggerbedrijf de Boer, req. n° 239466, *Lebon T.* 730 ; *RDI* 2002. 401, obs. J.-D. Dreyfus ; *Contrats Marchés publ.* 2002, comm. n° 176, note J.-P. Piétri.
5. CE 26 juin 2002, Everaert c/Voies Navigables de France, req. n° 231807, *Lebon* 225 ; *AJDA* 2002. 1030.
6. CE 3 mai 2016, Lourdjane, req. n° 394508, *Lebon* ; *AJDA* 2016. 928.

Dans un autre domaine, concernant cette fois l'articulation avec une procédure administrative, le Conseil d'État a estimé que la procédure spécifique ouverte au maire pour obtenir l'expulsion de résidences mobiles stationnées en dehors des aires d'accueil (procédure supposant la saisine du préfet, lequel, après une mise en demeure restée infructueuse et dans un délai très bref, peut procéder à l'évacuation forcée des résidences mobiles)[1] n'emporte pas l'irrecevabilité des demandes d'expulsion présentées au juge des référés sur le fondement de l'article L. 521-3[2]. Il en résulte que l'existence de cette procédure administrative spécifique ne ferme pas la voie du référé-mesures utiles pour obtenir, sur saisine d'un maire, qu'il soit enjoint aux occupants illégalement installés de libérer les lieux.

§ 2

Conditions de recevabilité tenant à l'articulation avec les deux autres référés d'urgence

241.41 Caractère subsidiaire du référé-mesures utiles. Le Conseil d'État a affirmé le « caractère subsidiaire » du référé-mesures utiles par rapport aux référés-suspension et liberté[3]. Ce caractère subsidiaire repose sur deux justifications :

– d'une part, l'existence de deux autres référés d'urgence, conçus pour répondre spécifiquement aux situations ayant justifié leur instauration ;

– d'autre part, la lettre de l'article L. 521-3, disposant que le juge saisi sur ce fondement peut ordonner « toutes *autres* mesures », c'est-à-dire autre qu'une mesure de suspension de l'article L. 521-1 (en cas de doute sérieux sur la légalité d'une décision) ou une mesure de sauvegarde de l'article L. 521-2 (en cas d'atteinte grave et manifestement illégale à une liberté fondamentale).

241.42 Conséquences de la subsidiarité du référé-mesures utiles. Le caractère subsidiaire du référé-mesures utiles signifie qu'un requérant ne peut rechercher à obtenir par le biais de cette procédure une mesure relevant normalement du référé-suspension ou du référé-liberté. Il en résulte deux exigences particulières au niveau de la recevabilité d'une demande introduite sur le fondement de l'article L. 521-3 : la mesure qu'il est demandé au juge de prescrire ne doit ni tendre à faire obstacle à l'exécution d'une décision administrative, ni relever par son objet du référé-suspension ou du référé-liberté. La première limite, expressément prévue par le législateur, concerne l'hypothèse où le justiciable entend s'opposer à une décision de l'administration. La seconde, résultant de la jurisprudence, vise l'hypothèse où le requérant souhaite mettre en cause une carence ou une inaction de celle-ci.

1. L. n° 2000-614, 5 juill. 2000, relative à l'accueil et à l'habitat des gens du voyage, art. 9, v. s^s n° 851.21.
2. CE 16 juill. 2020, Département de l'Essonne c/M. Hoffmann et autres, req. n° 437113, *Lebon T.* ; *BJCL* 2020. 561, concl. K. Ciavaldini ; *Dr. adm.* 2020, comm. 49, note G. Eveillard ; *JCP Adm.* 2020, n° 2280, Chron. O. Le Bot.
3. CE, sect., 25 févr. 2016, Benabdellah, req. n° 393540, *Lebon* ; *AJDA* 2016. 232 ; *AJDA* 2016. 474, Chron. L. Dutheillet de Lamothe et G. Odinet ; *RFDA* 2016. 323, concl. A. Bretonneau ; *JCP Adm.* 2016, n° 2205, note F. Barque ; *Dr. adm.* 2016. comm. 28, note G. Eveillard ; *JCP Adm.* 2016, n° 2240, Chron. O. Le Bot.

A
Absence d'obstacle à l'exécution d'une décision administrative

241.51 Une irrecevabilité d'ordre public. Saisi sur le fondement de l'article L. 521-3 du CJA, le juge des référés ne peut, selon cette disposition, « faire obstacle à l'exécution d'aucune décision administrative ». Cette condition négative a trait, non pas au bien-fondé de la demande de référé mais à sa recevabilité. Il s'ensuit que les conclusions qui auraient pour objet de faire obstacle à l'exécution d'une décision administrative sont irrecevables, cette irrecevabilité devant être soulevée d'office par le juge[1]. Les demandes visant à obtenir la suspension d'une décision administrative ou à faire obstacle à son exécution doivent être présentées sur le fondement des articles L. 521-1 ou L. 521-2 du CJA[2].

1
Étendue de la limite

a
Notion de « décision administrative »

241.61 Variété des décisions. L'interdiction de faire obstacle à l'exécution d'une décision administrative s'applique quel que soit le type de décision en cause. Elle concerne ainsi :

- les règlements, par exemple les lois du pays adoptées par l'Assemblée de la Polynésie française[3] ;
- les refus (refus de communiquer un document[4] ; refus de délivrer une autorisation[5] ; refus de mise à disposition d'une salle[6]) ;
- les ordres de service pris en exécution d'un marché[7] ;
- les décisions d'espèce : décision de fermer un musée[8], nomination d'un commissaire-enquêteur[9] ;

1. CE 26 oct. 2005, Sté des crématoriums de France, req. n° 279441, *Lebon* 447 ; *AJDA* 2006. 161, concl. E. Glaser - CE 16 déc. 2008, Sté Sintel fashion international, req. n° 316027, NP : décision évoquant expressément le caractère « d'ordre public » de ce motif, le juge des référés étant incompétent pour prononcer une mesure faisant obstacle à l'exécution d'une décision administrative.
2. V. la rédaction explicite de CE 9 févr. 2009, SAS Albert Grammatico, req. n° 320243, NP.
3. CE, ord., 19 janv. 2006, Hoffer, req. n° 289097, NP.
4. CE 25 oct. 1978, min. de l'Économie et des Finances c/Madre, req. n° 10162, *Lebon* 391 : refus de communiquer une évaluation domaniale - v. égalt CE 10 mars 1995, min. de l'Enseignement supérieur et de la Recherche c/Colasse, req. n° 158582, *Lebon T.* 967 : refus de transmettre un dossier d'inscription à un examen.
5. CE 16 déc. 2008, Sté Sintel fashion international, req. n° 316027, NP : refus de délivrance d'une licence professionnelle.
6. CE 29 déc. 2006, Assoc. culturelle musulmane de Saint-Nazaire et sa région, req. n° 297992, NP ; *BJCL* 2007. 123, concl. M.-H. Mitjavile.
7. CE 8 juill. 2009, Sté Eurelec Aquitaine, req. n° 320143, *Lebon T.* 876 ; *AJDA* 2009. 1404 ; *RTD eur.* 2010. 453, Chron. D. Ritleng, A. Bouveresse et J.-P. Kovar : ordre de service prescrivant l'exécution d'un lot du marché.
8. CE 21 févr. 1986, Cie des architectes en chef des monuments historiques, req. n° 74477, *Lebon* 45 ; *RD publ.* 1986. 605, concl. J. Massot.
9. CE 1er mars 1989, Assoc. syndicale autorisée des arrosants de la Foux, req. n° 99317, NP.

– les autorisations *en lien* avec l'objet de la mesure sollicitée : par exemple l'autorisation d'ouvrir un crématorium[1]. En revanche, n'est pas concernée par cette irrecevabilité, faute de lien avec l'objet de la mesure, la décision autorisant l'ouverture d'une pharmacie lorsque la demande soumise au juge porte, non pas sur la suspension de cette autorisation mais sur l'évacuation, par son propriétaire, d'une dépendance du domaine public irrégulièrement occupée[2].

Dans le cadre de l'article L. 521-3, la jurisprudence paraît avoir abandonné la notion de décision « révélée ». Rappelons que cette technique a été forgée dans le contentieux de l'excès de pouvoir pour favoriser la liaison du contentieux dans les hypothèses où l'administration n'a pris aucune expresse ou implicite : pour rendre possible la saisine de la juridiction, il est réputé que l'accomplissement d'un travail public révèle la décision de le réaliser[3]. Le procédé a été transposé au référé-mesures utiles dans un arrêt de 2002 : le Conseil d'État a jugé que la décision de détruire un bien du domaine public était « révélée » par l'exécution des travaux de démolition de celui-ci ; il avait en conséquence déclaré le recours irrecevable en tant qu'il visait à faire obstacle à l'exécution d'une décision administrative[4]. Cette solution paraît caduque au regard de la jurisprudence rendue postérieurement qui a admis la recevabilité du référé-mesures à l'encontre de travaux publics[5]. Cette évolution s'avère plus conforme à la finalité de la technique de la décision révélée, qui est d'ouvrir l'accès au prétoire et non de le fermer.

241.62 Exclusions. Ne sont pas concernées par l'interdiction de faire obstacle à l'exécution d'une décision administrative :

– une abstention d'agir (sauf si elle fait suite à une demande adressée par un administré, dans les hypothèses où le silence de l'administration durant deux mois fait naître une décision implicite de rejet) ;

– une mesure d'enregistrement, telle la décision préfectorale d'enregistrer la déclaration préalable d'un pharmacien se proposant d'exploiter une officine (qui ne peut être regardée comme autorisant, par elle-même, l'exploitation de l'officine)[6] ;

– une décision dont l'exécution a été suspendue par la juridiction administrative : le juge du référé-mesures utiles peut ainsi (pour faire cesser son inertie) enjoindre à un maire de dresser un procès-verbal d'infraction, de prendre un arrêté interruptif

1. CE 26 oct. 2005, Sté des crématoriums de France, req. n° 279441, *Lebon* 447 ; *AJDA* 2006. 161, concl. E. Glaser : cette solution marque un abandon de la jurisprudence *Codorniu*, qui avait admis la possibilité de prescrire la suspension des travaux autorisés par un permis de construire (CE 16 janv. 1985, Codorniu, req. n° 57106, *Lebon* 267 ; *Rev. adm.* 1985. 580, note B. Pacteau ; *RFDA* 1985. 516, note R. Rézenthel).
2. CE 2 juin 2006, CCI Marseille Provence, req. n° 286465, *Lebon T.* 1020 ; *AJDA* 2006. 1556, concl. P. Collin ; *BJCL* 2006. 494, concl.
3. V. p. ex., CE 12 mars 1986, Cusenier, req. n° 76147, *Lebon T.*
4. CE 30 déc. 2002, Cne de Pont-Audemer c/Assoc. de sauvegarde des patrimoines de la Basse Seine, req. n° 248787, *Lebon T.* 876 ; *BJCL* 2003. 352, concl. P. Collin.
5. CE, sect., 16 nov. 2011, ville de Paris, req. n° 353172, *Lebon* ; *AJDA* 2011. 2207 ; *AJCT* 2012. 156, obs. L. Moreau ; *RFDA* 2012. 269, concl. D. Botteghi ; *JCP* 2012, n° 24, note O. Le Bot - CE, ord., 9 oct. 2015, Cne de Chambourcy, req. n° 393895, *Lebon* ; *AJDA* 2015. 1888 ; *AJDA* 2015. 2388, note N. Foulquier ; *Dr. adm.* 2016. comm. 2, note M. Cornille ; *JCP Adm.* 2016, n° 2116, Chron. O. Le Bot ; *JCP Adm.* 2015, n° 2360, note H. Pauliat.
6. CE 2 juin 2006, CCI Marseille Provence, préc.

de travaux et d'en transmettre copie au procureur lorsque le permis de construire sur la base duquel sont réalisés des travaux a été suspendu sur le fondement de l'article L. 521-1 du CJA[1]. Dans une telle hypothèse, le juge du référé-mesures utiles ne fait pas obstacle à l'exécution du permis de construire dans la mesure où la suspension de son exécution a été ordonnée au préalable par le juge du référé-suspension. Il en va de même lorsque le maire délivre des permis de construire modificatifs après suspension du permis initial par le juge du référé-suspension, lorsque les modifications apportées n'ont pas remédié aux vices que celui-ci a pris en considération pour ordonner cette suspension[2].

241.63 **Tactique contentieuse.** Lorsqu'une demande préalable doit être formée devant l'administration, il convient, pour éviter de faire naître une décision implicite de refus qui fermerait la voie du référé-mesures utiles, de formuler celle-ci comme une demande d'informations ou de renseignements. Par exemple, lorsque l'objectif est d'obtenir la communication d'une décision administrative, la demande peut être formulée de la manière suivante : « La décision xxx existe-t-elle ? » ou alors « J'ai appris l'existence de telle décision. Pouvez-vous me confirmer ce point ? » (et non pas : « Pouvez-vous me communiquer la décision xxx ? », une telle formulation faisant naître une décision implicite de refus rendant irrecevable la requête fondée sur l'article L. 521-3).

b
Notion d'« obstacle » à l'exécution

241.71 **« Obstacle » reconnu en cas de suspension.** L'obstacle à l'exécution d'une décision administrative est susceptible de prendre trois formes différentes.

En premier lieu, le juge des référés ne peut prescrire l'interruption de la procédure d'élaboration d'une décision administrative[3].

En deuxième lieu, le juge du référé-mesures utiles ne peut faire droit à une demande dont l'objet est d'obtenir la suspension d'une décision. Il est ainsi défendu au juge :

- de suspendre l'exécution d'une décision[4], « alors même que la décision en cause n'aurait pas été publiée ou notifiée aux intéressés »[5] ;
- d'ordonner à l'auteur de l'acte d'en suspendre lui-même l'exécution[6].

1. CE, sect., 6 févr. 2004, Masier, req. n° 256719, *Lebon* 45 ; *AJDA* 2004. 1047 ; *D.* 2004. 678, et les obs. ; *RFDA* 2004. 1170, concl. J.-H. Stahl ; *RDI* 2004. 221, obs. P. Soler-Couteaux ; *BJDU* 2004. 139, concl.
2. CE 27 juill. 2006, min. des Transports, de l'Équipement, du Tourisme et de la Mer c/Patoulle, req. n° 287836, *Lebon T.* 1021 ; *RDI* 2006. 393, obs. P. Soler-Couteaux ; *BJDU* 2006. 464, concl. E. Glaser et obs. J. Bonichot ; *Dr. adm.* 2006, comm. n° 192, note E. Glaser.
3. CE 2 juin 1995, Revol, req. n° 152773, *Lebon T.* 967 : irrecevabilité des conclusions visant à ordonner à l'autorité administrative de suspendre la « procédure d'examen et de signature » d'un projet de décret et d'un projet d'arrêté.
4. CE, ord., 19 janv. 2006, Hoffer, req. n° 289097, NP.
5. CE 21 févr. 1986, Cie des architectes en chef des monuments historiques, req. n° 74477, *Lebon* 45 ; *RD publ.* 1986. 605, concl. J. Massot.
6. CE 26 oct. 2005, Sté des crématoriums de France, req. n° 279441, *Lebon* 447 ; *AJDA* 2006. 161, concl. E. Glaser : irrecevabilité des conclusions visant à enjoindre au préfet qu'il suspende l'un de ses arrêtés autorisant l'ouverture d'un crématorium.

En troisième lieu, il est interdit au juge des référés d'ordonner toute mesure qui aurait un effet équivalent à une mesure de suspension. Tel est le cas de :

- l'injonction de transmettre une décision ou un document que l'administration a refusé de communiquer[1] ;
- l'injonction de mettre à disposition des salles pour la fête de l'Aïd el Khébir et pour la fête du Ramadan en vue de l'exercice du culte musulman alors que le préfet a, par une décision implicite intervenue avant l'introduction du recours, opposé un refus à une telle demande[2] ;
- l'injonction de prendre diverses mesures refusées par l'administration pénitentiaire[3] ;
- l'ordre de libérer une personne placée par arrêté préfectoral dans un hôpital psychiatrique[4] ;
- l'ordre de réintégrer un fonctionnaire dans l'établissement dont il a été exclu par décision de son directeur[5] ;
- l'ordre de qualifier en contrat à durée indéterminée un contrat liant un agent à l'administration alors que cette mesure aurait pour effet de faire obstacle à l'exécution de la décision administrative limitant à trois mois la prorogation de son contrat initial[6] ;
- l'ordre de communiquer à une société son numéro de licence d'agence de mannequins alors que sa demande de licence professionnelle lui a été refusée[7].

241.72 « Obstacle » non reconnu en cas d'inertie ne faisant naître aucune décision. Le juge du référé-mesures utiles ne fait pas obstacle à l'exécution d'une décision administrative lorsqu'il adresse une injonction d'agir à une autorité publique qui s'abstient d'agir. Ainsi, l'injonction adressée à l'Ofpra de statuer dans un délai donné sur une demande d'asile « ne fait en principe obstacle à l'exécution d'aucune décision administrative » dans la mesure où, dans cette hypothèse, « le silence gardé

1. CE 25 oct. 1978, min. de l'Économie et des Finances c/Madre, req. n° 10162, *Lebon* 391 : refus de communiquer une évaluation domaniale – v. égal[t] CE 10 mars 1995, min. de l'Enseignement supérieur et de la Recherche c/Colasse, req. n° 158582, *Lebon T.* 967 : refus de transmettre un dossier d'inscription à un examen – CE 9 oct. 2015, C[ne] de Roura, req. n° 391425, NP : refus de communiquer une liste de marché.
2. CE 29 déc. 2006, Assoc. culturelle musulmane de Saint-Nazaire et sa région, req. n° 297992, NP ; *BJCL* 2007. 123, concl. M.-H. Mitjavile : conclusions irrecevables dans la mesure où elles « ont pour seul objet de faire obstacle à l'exécution de la décision implicite – intervenue le 3 août 2006, soit antérieurement à la saisine du juge des référés – par laquelle le préfet de la Loire Atlantique a rejeté la demande de l'Association culturelle musulmane de Saint-Nazaire et de sa région tendant à ces mêmes fins ».
3. CE, sect., 25 févr. 2016, Benabdellah, req. n° 393540, *Lebon* ; *AJDA* 2016. 232 ; *AJDA* 2016. 474, Chron. L. Dutheillet de Lamothe et G. Odinet ; *RFDA* 2016. 323, concl. A. Bretonneau ; *JCP Adm.* 2016, n° 2205, note F. Barque ; *Dr. adm.* 2016. comm. 28, note G. Eveillard ; *JCP Adm.* 2016, n° 2240, Chron. O. Le Bot : indiquant que le juge du référé-mesures utiles « ne saurait faire obstacle à l'exécution d'une décision administrative, même celle refusant la mesure demandée » (p[t] 3).
4. CE 16 avr. 1986, Chauffour, req. n° 72671, NP ; *Dr. adm.* 1986, comm. n° 351.
5. CE 21 avr. 1989, Aroudj, req. n° 97602, NP.
6. CE 25 mai 2001, Leroux, req. n° 230775, NP.
7. CE 16 déc. 2008, S[té] Sintel fashion international, req. n° 316027, NP.

par l'administration ne peut faire naître aucune décision administrative »[1]. Faute de décision expresse ou implicite, le retard dans l'examen d'une demande peut ainsi être contesté par le biais du référé-mesures utiles.

241.73 « Obstacle » non reconnu en cas d'exécution par l'administration d'une décision suspendue. Lorsque la loi attache un caractère suspensif à l'exercice d'un recours administratif ou contentieux, l'exécution de la décision qui fait l'objet de ce recours ne peut plus être poursuivie jusqu'à ce qu'il ait été statué sur ce recours. Si, « malgré cela, l'administration poursuit l'exécution de la décision en dépit d'un recours, c'est alors sans faire obstacle à l'exécution de cette décision, en principe déjà paralysée, en vertu de la loi, par l'effet même du recours, que le juge des référés peut, sur le fondement de l'article L. 521-3 du code de justice administrative, prescrire à l'administration, à titre provisoire dans l'attente d'une décision se prononçant sur le bien-fondé du recours, toutes mesures justifiées par l'urgence propres à faire cesser la méconnaissance du caractère suspensif du recours »[2]. Dans la mesure où la décision administrative est suspendue de plein droit par l'exercice du recours à effet suspensif, le juge du référé-mesures utiles ne fait pas obstacle à l'exécution d'une décision en adressant à l'administration une injonction de respecter ce caractère suspensif et de ne pas exécuter la décision concernée.

Dans le domaine de l'aide sociale, tel est le cas lorsque la collectivité débitrice du revenu de solidarité active ou l'organisme chargé du service de celui-ci ou de la prime d'activité poursuit le recouvrement d'un indu de l'une ou l'autre de ces prestations, par retenues sur les montants à échoir de ces prestations ou d'autres prestations sociales, en méconnaissance du caractère suspensif attaché aux recours administratifs et contentieux par la loi. Dans un tel cas de figure, le juge du référé-mesures utiles peut « non seulement ordonner qu'il soit mis fin aux retenues à venir dans l'attente qu'il soit statué sur le recours, mais aussi enjoindre le reversement des sommes qui ont été à tort retenues en méconnaissance du caractère suspensif du recours »[3].

2
Dérogations à l'interdiction

241.81 Prévention d'un péril grave. Dans l'arrêt *Élissondo Labat*, le Conseil d'État a apporté un premier tempérament à l'irrecevabilité du référé-mesures utiles contre les décisions administratives, Il a pris une certaine liberté avec le texte de l'article L. 521-3 du CJA en acceptant la mise en œuvre de cette procédure pour ordonner à l'administration la prise en charge de travaux malgré une décision de refus opposée par la collectivité publique. En ce sens indiquait-il « que pour prévenir ou faire cesser un dommage dont l'imputabilité à des travaux publics ou à un ouvrage public ne se heurte à aucune contestation sérieuse, le juge des référés peut, sur le fondement des dispositions [...] de l'article L. 521-3 [...], enjoindre au responsable du dommage de

1. CE 18 juill. 2011, Fathi, req. n° 343901, *Lebon* ; *AJDA* 2011. 1526 ; *D.* 2012. 390, obs. O. Boskovic, S. Corneloup, F. Jault-Seseke, N. Joubert et K. Parrot.
2. CE 24 juill. 2019, CAF de la Vienne, req. n° 426527, *Lebon T.* ; *JCP Adm.* 2020, n° 2036, Chron. O. Le Bot.
3. CE 24 juill. 2019, CAF de la Vienne, req. n° 426527, préc.

prendre des mesures conservatoires destinées à faire échec ou mettre un terme aux dangers immédiats présentés par l'état de l'immeuble ; que si, dans ce cadre, le juge des référés ne doit pas faire obstacle à l'exécution d'une décision administrative, la circonstance que le responsable du dommage, saisi par l'intéressé d'une demande tendant à la réalisation de ces mêmes mesures, l'ait rejetée par une décision expresse ou implicite *n'est pas à elle seule* de nature à faire obstacle à la mise en œuvre de la procédure prévue par l'article L. 521-3 »[1]. Cette dérogation apparaissait liée à la particularité du contentieux des travaux publics. À l'époque où cette solution a été rendue, ce contentieux bénéficiait en effet d'une dispense à la règle de la décision préalable[2]. De ce fait, même lorsqu'une décision avait été prise, aucun délai de recours n'était opposable. Dans ces conditions, l'existence ou non d'une décision aboutissait à la même situation quant à la recevabilité d'une action au principal ; le Conseil d'État semblait avoir estimé qu'il devait en aller de même pour une demande en référé présentée au titre de l'article L. 521-3. Quoi qu'il en soit, la solution retenue dans l'arrêt *Élissondo Labat* n'a été confirmée qu'à une seule reprise par le Conseil d'État[3].

Par la suite, elle a été supprimée – ou plus exactement déplacée – par un arrêt de section du 25 février 2016[4]. Dans cet arrêt, le Conseil d'État a affirmé que le juge du référé-mesures utiles « ne saurait faire obstacle à l'exécution d'une décision administrative, même celle refusant la mesure demandée, *à moins qu'il ne s'agisse de prévenir un péril grave* » (p^t 3). Cette solution se trouve justifiée par des considérations d'opportunité (plus exactement d'efficacité de l'intervention juridictionnelle) dans les situations présentant un niveau important de danger.

241.82 Refus en cours d'instance de la décision demandée. Un arrêt du 28 novembre 2018 a introduit une deuxième exception à l'irrecevabilité du référé-mesures utiles contre une décision administrative, qui concerne le cas où l'administration refuse en cours d'instance la mesure demandée[5]. Le Conseil d'État affirme « que si le juge des référés, saisi sur le fondement de l'article L. 521-3, ne saurait faire obstacle à l'exécution d'une décision administrative, même celle refusant la mesure demandée, à moins qu'il ne s'agisse de prévenir un péril grave, la circonstance qu'une décision administrative refusant la mesure demandée au juge des référés intervienne postérieurement à sa saisine ne saurait faire obstacle à ce qu'il fasse usage des pouvoirs qu'il tient de l'article L. 521-3 » (p^t 6). Ainsi, l'édiction d'une décision en cours d'instance, soit spontanément, soit en réponse à une demande

1. CE, sect., 18 juill. 2006, Élissondo Labat, req. n° 283474, *Lebon* 369 ; *AJDA* 2006. 1839, Chron. C. Landais et F. Lenica ; *GACA*, 5e éd., 2016, n° 16 ; *RFDA* 2007. 314, concl. D. Chauvaux ; *RD publ.* 2006. 1267, note C. Guettier.
2. Dispense supprimée par décr. n° 2016-1480, 2 nov. 2016, sur la justice administrative de demain (JADE), *JO* 4 nov., art. 10.
3. CE 2 oct. 2013, SAS L'Usine rouge Quai du petit port, req. n° 366590, NP.
4. CE, sect., 25 févr. 2016, Benabdellah, req. n° 393540, *Lebon* ; *AJDA* 2016. 232 ; *AJDA* 2016. 474, Chron. L. Dutheillet de Lamothe et G. Odinet ; *RFDA* 2016. 323, concl. A. Bretonneau ; *JCP Adm.* 2016, n° 2205, note F. Barque ; *Dr. adm.* 2016. comm. 28, note G. Eveillard ; *JCP Adm.* 2016, n° 2240, Chron. O. Le Bot.
5. CE 28 nov. 2018, Fock Sho Thien, req. n° 420343, *Lebon T.* ; *JCP Adm.* 2019, n° 2077, Chron. O. Le Bot ; *Procédures* 2019, comm. 61, obs. N. Chiflot.

présentée par un administré n'emporte pas irrecevabilité du référé-mesures utiles. Retenir une solution contraire aurait en effet conduit à reconnaître à l'administration le pouvoir de faire échec à la recevabilité du référé-mesures utiles par la simple production d'une décision après l'introduction de la requête.

B

Absence de référés suspension ou liberté permettant d'atteindre le résultat

241.91 **Hypothèse d'une carence ou inaction de l'administration.** Le Conseil d'État a posé « qu'en raison du caractère subsidiaire du référé régi par l'article L. 521-3, le juge saisi sur ce fondement ne peut prescrire les mesures qui lui sont demandées lorsque leurs effets pourraient être obtenus par les procédures de référé régies par les articles L. 521-1 et L 521-2 »[1]. Cette exigence emporte le rejet d'une demande présentée sur le fondement de l'article L. 521-3 lorsque le résultat recherché par le requérant pourrait être obtenu au moyen d'un référé-suspension ou d'un référé-liberté. En pratique, la question visera dans la plupart des cas l'hypothèse dans laquelle le requérant entend mettre en cause l'inertie ou l'abstention de l'administration dans un cas où celle-ci dispose d'un pouvoir d'appréciation (pouvoir qui implique qu'elle fasse des choix, en prenant en compte différents paramètres : le coût, la priorité par rapport à d'autres actions...).

241.92 **Critères d'admission du référé-mesures utiles dans une telle hypothèse.** En principe, il appartient au particulier qui se plaint de ce que l'administration n'a pas pris telle ou telle mesure d'inviter au préalable celle-ci à agir. Si l'autorité compétente refuse de faire droit à sa demande, expressément ou tacitement, il pourra contester ce refus par la voie d'un référé-suspension (ou d'un référé-liberté). Cela signifie que la voie du référé-mesures utiles lui est en principe fermée pour contester ce qu'il estime être une carence ou une inaction de l'administration. En d'autres termes, l'intéressé ne peut normalement contester à titre initial une abstention de l'autorité administrative au moyen de l'article L. 521-3. Ainsi, les dermatologues critiquant l'utilisation de l'épilation au laser et à la lumière pulsée par des instituts de beauté doivent d'abord inviter l'autorité publique à prendre les mesures ; ils ne peuvent utilement demander au juge du référé-mesures utiles d'enjoindre au préfet de contrôler ces instituts et de suspendre leur activité[2]. Il en va de même d'un individu se plaignant d'un retard pour être convoqué après avoir présenté une demande de visa : il lui appartient d'agir par la voie du référé-suspension en l'absence de convocation dans un délai de deux mois (cette absence étant assimilée à un refus), ce qui lui ferme corrélativement la voie du référé-mesures utiles[3].

1. CE, sect., 25 févr. 2016, Benabdellah, req. n° 393540, préc. – v. égal[t], annonçant cette affirmation explicite, CE, sect., 27 mars 2015, Section française de l'Observatoire international des prisons, req. n° 385332, *Lebon* ; *AJDA* 2015. 662 ; *AJDA* 2015. 979, Chron. J. Lessi et L. Dutheillet de Lamothe ; *RFDA* 2015. 491, concl. E. Crépey ; *Dr. adm.* 2015. comm. 47, note G. Eveillard ; *JCP Adm.* 2015, n° 2246, Chron. O. Le Bot – CE 23 oct. 2015, Selarl Dr Debray, req. n° 383938, *Lebon T.* ; *AJDA* 2016. 131 ; *JCP Adm.* 2016, n° 2116, Chron. O. Le Bot.
2. CE 23 oct. 2015, Selarl Dr Debray, req. n° 383938, préc.
3. CE 9 juin 2022, Amiry, req. n° 457936, *Lebon T.* ; *JCP Adm.* 2022, n° 2241, Chron. O. Le Bot.

Par dérogation, la voie du référé-mesures utiles est ouverte à l'administré à titre initial en cas d'urgence particulière ne lui permettant pas d'attendre l'intervention d'une décision implicite. La circonstance que l'autorité administrative se trouve dans une situation de compétence liée devrait également permettre l'introduction d'un référé-mesures utiles à titre initial. Tel est ainsi le cas lorsqu'un ressortissant étranger se plaint d'une date de rendez-vous qu'il estime trop lointaine pour l'examen de sa demande de titre de séjour. Il lui appartient normalement d'adresser à l'autorité administrative une demande tendant à ce que la date de rendez-vous soit rapprochée et, en cas de refus, de contester cette décision en formant à son encontre une demande d'annulation assortie le cas échéant d'une demande de suspension. Ce n'est qu'en cas de circonstances particulièrement pressantes que la voie du référé-mesures utiles lui sera ouverte sans démarche préalable auprès de l'autorité administrative. Le Conseil d'État indique en ce sens qu'« alors même que le référé régi par l'article L. 521-3 de ce code revêt un caractère subsidiaire, l'étranger qui estime être dans une situation d'urgence immédiate ne lui permettant pas d'attendre une réponse de l'autorité administrative à la demande de rendez-vous rapproché qu'il a présenté, peut saisir le juge des référés sur le fondement de ces dispositions. S'il considère remplies les conditions qu'elles posent, le juge des référés peut enjoindre au préfet d'avancer la date précédemment proposée »[1]. Ainsi, en cas d'urgence simple, le requérant agit par la voie du référé-suspension. Il attend trois mois pour obtenir une décision du juge (deux mois pour obtenir une décision implicite de rejet, et trois semaines en moyenne à compter de l'enregistrement de sa requête pour obtenir une décision du juge des référés). En cas d'urgence renforcée lui est ouverte celle du référé-mesures utiles, qui lui permet d'obtenir une décision juridictionnelle dans un délai moyen d'un mois.

Précisons que le critère reposant sur le caractère subsidiaire du référé-mesures utiles joue essentiellement – voire exclusivement – pour déterminer l'articulation entre cette procédure et celle du référé-suspension. Il est peu probable qu'il joue également pour le référé-liberté. En effet, si un référé-mesures utiles a été mis en œuvre dans une hypothèse relevant du référé-liberté et que le juge du L. 521-3 dispose des moyens de remédier à la situation litigieuse grâce à son pouvoir d'injonction, on voit mal celui-ci rejeter une demande introduite sur ce fondement et inviter le requérant à le saisir sur le fondement de l'article L. 521-2.

§ 3

Particularités du référé-expulsion

241.101 Intérêt à agir. L'auteur de la demande en référé doit, comme dans toute action contentieuse, justifier de son intérêt à agir.

En matière de référé-expulsion, terre d'élection du référé-mesures utiles, il a été jugé que la personne publique propriétaire tient de cette seule qualité le pouvoir de demander au juge administratif l'évacuation d'occupants sans titre, quand bien

1. CE 1er juill. 2020, Labassi, req. n° 436288, *Lebon T.* ; *Dr. adm.* 2020, comm. 47, note G. Eveillard ; *JCP Adm.* 2020, n° 2280, Chron. O. Le Bot.

même la compétence pour délivrer une autorisation d'occupation appartiendrait à l'autorité concessionnaire[1].

Le gestionnaire de la dépendance domaniale est également recevable à saisir le juge des référés d'une demande d'expulsion[2]. À cet égard, « le propriétaire du domaine ne peut, en l'absence de stipulation en ce sens de la convention le liant au gestionnaire, s'opposer à ce que celui-ci saisisse le juge des référés afin que soit ordonnée l'expulsion d'un occupant sans titre »[3].

241.102 **Qualité de l'occupant.** Le Conseil d'État a précisé que la demande d'expulsion du domaine public peut être prononcée à l'encontre d'une personne privée chargée d'une mission de service public[4].

241.103 **Identification du défendeur.** Lorsqu'un terrain ou un local relevant du domaine public est occupé par la force par une pluralité de personnes dont il est impossible de connaître l'identité (grévistes occupant leur lieu de travail[5], étudiants occupant un bâtiment universitaire, militants écologistes occupant les arbres d'un parc communal pour s'opposer à leur abattage...), l'administration ne pourra mentionner dans sa requête le nom des personnes dont elle demande l'expulsion au titre de l'article L. 521-3 du CJA. Faute d'être dirigée contre un ou plusieurs défendeurs nommément désignés, sa demande devrait normalement être déclarée irrecevable. Néanmoins, lorsque l'administration produit un procès-verbal dressé par un agent assermenté ou par un huissier constatant le refus des occupants de décliner leur identité, ou encore lorsqu'il ressort des circonstances qu'il n'était pas possible de connaître leur identité, le juge acceptera de connaître de la requête[6]. En revanche, lorsque l'administration n'a pas tenté de relever l'identité des occupants, elle verra son recours être rejeté[7].

241.104 **Adresse de communication des mémoires.** Lorsque, saisi d'une demande tendant à l'expulsion de l'occupant d'un logement, le juge des référés estime qu'il y a lieu d'engager la procédure contradictoire prévue à l'article L. 522-1, il lui incombe

1. CAA Nancy, 22 avr. 1993, Institution interdépartementale des barrages-réservoirs du Bassin de la Seine, req. n° 92NC00595, *Lebon T.* 761.
2. CE 1er juin 2016, Sté Mahoraise d'acconage de représentation et de transit (SMART), req. n° 394069, *Lebon T.* ; *AJDA* 2016. 1152 ; *AJDA* 2016. 1693, note J.-C. Videlin ; *RFDA* 2016. 1119, note C. Lavialle ; *Contrats Marchés publ.* 2016. comm. 213, obs. G. Eckert.
3. CE 1er juin 2016, Sté Mahoraise d'acconage de représentation et de transit (SMART), req. n° 394069, préc.
4. CE 12 mai 1997, Cie des eaux de Goussainville, req. n° 145338, *Lebon T.* 102 : recevabilité d'une telle demande.
5. CE 15 févr. 1989, Port autonome de Dunkerque, req. n° 80585, *Lebon T.* 844.
6. TA Grenoble, ord., 22 déc. 2003, ville de Grenoble, req. n° 0305872, NP ; *AJDA* 2004. 1091, note P. Yolka : occupation des arbres d'un parc communal – TA Rouen, ord., 6 avr. 2006, Lebreton, req. n° 0600883, NP ; *D.* 2006. 2224, note G. Lebreton et TA Grenoble, ord., 20 mars 2006, Université Joseph Fourrier, req. n° 0601123, NP ; *AJDA* 2006. 629 (occupation de bâtiments universitaires). L'ordonnance de référé rendue dans ces circonstances ne méconnaît pas les exigences de la contradiction (CE 15 févr. 1989, Port autonome de Dunkerque, *Lebon* 844 ; *Dr. adm.* 1989, comm. n° 192 ; *RD publ.* 1989. 1492).
7. TA Lyon, 8 nov. 20006, Université Claude Bernard Lyon 1, NP ; *AJDA* 2007. 215 ; *JCP Adm.* 2007, n° 2059, obs. J. Moreau.

de communiquer cette demande d'expulsion au défendeur en l'expédiant, en principe, à l'adresse du logement occupé. La procédure suivie n'est toutefois pas entachée d'irrégularité dans le cas où la communication a été faite à une autre adresse, si l'intéressé a été mis en mesure de présenter utilement ses observations en défense[1].

241.105 Recevabilité des conclusions. Dans le cadre du référé-expulsion, le requérant peut présenter des conclusions tendant à ce que le juge enjoigne à l'occupant sans titre de libérer la dépendance domaniale indûment occupée. En revanche, sont irrecevables les conclusions tendant à ce que le juge autorise la collectivité propriétaire à demander à l'État, sur le fondement des dispositions du Code des procédures civiles d'exécution, le concours de la force publique pour l'exécution de cette décision[2].

241.106 Expulsion du demandeur d'asile se maintenant illégalement dans un centre d'hébergement. L'article L. 552-15 du CESEDA prévoit que si un demandeur d'asile accueilli dans un lieu d'hébergement voit sa demande définitivement rejetée, et après expiration d'un délai de maintien, le préfet ou le gestionnaire du lieu d'hébergement « peuvent demander en justice, après mise en demeure restée infructueuse, qu'il soit enjoint à cet occupant sans titre d'évacuer ce lieu », cette demande en justice empruntant la voie du référé-mesures utiles. Il ajoute que ces dispositions sont également applicables « aux personnes qui ont un comportement violent ou commettent des manquements graves au règlement du lieu d'hébergement ».

Le fait pour un demandeur d'asile de se maintenir dans un lieu d'hébergement pour demandeurs d'asile alors qu'il ne bénéficie plus des conditions matérielles d'accueil et qu'en conséquence, il a été mis fin à son hébergement doit être regardé comme caractérisant un tel manquement grave au règlement du lieu d'hébergement[3], permettant la mise en œuvre de cette procédure.

241.107 Expulsion de l'usager d'un CROUS (absence de « trêve hivernale »). Les dispositions de l'article L. 412-6 du code des procédures civiles d'exécution prévoient seulement un sursis aux mesures d'expulsion non exécutées à la date du 1er novembre de chaque année, si le relogement de l'intéressé n'est pas assuré. Elles ne s'opposent pas au prononcé par le juge, même pendant la période dite de « trêve hivernale » mentionnée à cet article, d'une décision d'expulsion[4].

1. CE 25 sept. 2020, Pierre, req. n° 440634, *Lebon T.*
2. CE 5 oct. 2016, Assoc. Atelier d'architecture autogérée, req. n° 396143, *Lebon T.* ; *AJDA* 2016. 1897 ; *AJCT* 2017. 104, obs. J.-R. Mauzy.
3. CE 22 mars 2022, Ministre de l'intérieur c/M. Qasemi, req. n° 450047, *Lebon T.*
4. CE 22 sept. 2017, Naroun, req. n° 407031, *Lebon T.* ; *JCP Adm.* 2017, n° 2281, concl. R. Victor.

242. Conditions d'octroi du référé-mesures utiles

SECTION 0

Orienteur

242.00 Plan du chapitre.

Sect. 1 Urgence

Sect. 2 Utilité de la mesure

Sect. 3 Absence de contestation sérieuse

242.02 Jurisprudence de référence.

> Appréciation de l'exigence tenant à l'absence de contestation sérieuse dans le contentieux de l'expulsion d'occupants sans titre

CE, sect., 16 mai 2003, SARL Icomatex, req. nº 249880, *Lebon* 228.

242.09 Trois conditions. L'auteur d'une demande introduite sur le fondement de l'article L. 521-3 du CJA doit satisfaire à trois conditions. Ainsi que l'énonce le Conseil d'État, le juge des référés, saisi sur le fondement de cette disposition, « peut prescrire à des fins conservatoires toutes mesures, notamment sous la forme d'injonctions à l'égard de l'administration, à condition que ces mesures soient utiles, justifiées par l'urgence [...] et ne se heurtent à aucune contestation sérieuse »[1]. Les deux premières conditions résultent du texte même de l'article L. 521-3. La troisième condition, forgée par la jurisprudence, présente aujourd'hui un caractère purement prétorien.

Ces conditions présentent un caractère cumulatif. Par conséquent, le rejet s'impose dès lors que l'une des conditions n'est pas remplie[2].

242.10 Conditions appréciées à la date de la décision. Le juge des référés apprécie à la date à laquelle il statue l'urgence et l'utilité de la demande[3], ainsi que l'absence de contestation sérieuse[4]. Ces conditions doivent donc être satisfaites au moment où le juge se prononce sur le bien-fondé de la demande. Leur appréciation est étroitement liée aux circonstances de chaque espèce.

SECTION 1

Urgence

242.21 Première condition d'octroi. Le juge des référés ne peut faire droit à une demande fondée sur l'article L. 521-3 du CJA sans avoir, au préalable, recherché si la condition d'urgence posée par cette disposition était remplie[5].

1. CE, sect., 6 févr. 2004, Masier, req. nº 256719, *Lebon* 45 ; *AJDA* 2004. 1047 ; *D.* 2004. 678, et les obs. ; *RFDA* 2004. 1170, concl. J.-H. Stahl ; *RDI* 2004. 221, obs. P. Soler-Couteaux ; *BJDU* 2004. 139, concl. – CE, ord., 18 févr. 2008, Féd. nationale des transports routiers, req. nº 312534, *Lebon T.* ; *AJDA* 2008. 1129, Chron. L. Richer, P.-A. Jeanneney et S. Nicinski. Le Conseil d'État évoque également l'exigence que la mesure prescrite « ne fasse obstacle à l'exécution d'aucune décision administrative » mais cette exigence concerne non pas le bien-fondé de la demande mais sa recevabilité (v. s[s] n°s 241.51 s.).
2. CE 19 mai 2017, Dp[t] des Alpes-Maritimes, req. nº 402798, *Lebon T.* ; *AJDA* 2017. 1085.
3. CE 6 juin 1980, Comité d'établissement de Vitrolles de la S[té] Samat, req. nº 09672, *Lebon* 261.
4. CE 5 janv. 2005, C[ne] de Ponches-Estruval, req. nº 267996, NP.
5. CE 28 mars 2003, Assoc. Maison des jeunes et de la culture de Méru, req. nº 252448, *Lebon T.* 934.

242.22 Établissement par le demandeur. En vertu des dispositions générales de l'article R. 522-1 du CJA, il appartient à l'auteur de la demande en référé de justifier de l'urgence de la mesure sollicitée. Une motivation trop générale de l'urgence expose le requérant au rejet de sa demande.

S'agissant par exemple d'un référé-communication, une requête ne justifie pas que la condition d'urgence exigée par l'article L. 521-3 est remplie « en se bornant à soutenir, sans autre précision, que les documents dont il sollicite la communication sont nécessaires pour rétablir le fonctionnement régulier de l'OPHLM de Saint-Maur-des-Fossés ainsi que pour conduire une procédure juridictionnelle engagée devant le tribunal administratif de Melun »[1].

De même, l'urgence ne sera pas regardée comme satisfaite pour une demande d'expulsion d'un occupant du domaine public lorsque le requérant allègue que l'occupation des locaux par le défendeur « entraverait la procédure de location à un autre preneur et mettrait en péril sa situation financière », sans fournir « aucune indication de nature à justifier le bien-fondé de ces allégations »[2].

§ 1

Critères généraux d'appréciation

242.31 Une systématisation moins aboutie. L'urgence au sens du référé-mesures utiles n'a pas fait l'objet d'une systématisation jurisprudentielle aussi aboutie que dans les référés suspension et liberté. Le juge procède habituellement au cas par cas sans énoncer de critères généraux d'appréciation. On relève néanmoins, dans des décisions récentes et de façon fragmentaire, une volonté d'appliquer au référé-mesures utiles les critères développés au titre de l'article L. 521-1 du CJA. Une approche identique à cette procédure, sur les caractères du préjudice et la nécessité d'une appréciation globale, tend ainsi à guider le juge du référé-mesures utiles dans l'appréciation de l'urgence.

242.32 Caractères de l'urgence. À une reprise, le Conseil d'État statuant sur le fondement de l'article L. 521-3 du CJA a repris les critères dégagés au titre de l'article L. 521-1 en indiquant « que s'agissant de la condition d'urgence à laquelle est notamment subordonné le prononcé des mesures mentionnées à l'article L. 521-3, il appartient au juge des référés d'apprécier concrètement, compte tenu des justifications fournies par le requérant, si la situation portée à sa connaissance est de nature à porter un préjudice suffisamment grave et immédiat à un intérêt public, à la situation du requérant ou aux intérêts qu'il entend défendre »[3]. L'urgence s'analyse ainsi en un préjudice dont les caractères (immédiateté et gravité) et les formes (atteinte à un intérêt public, à la situation du requérant ou aux intérêts qu'il entend défendre) peuvent être définis en référence à la jurisprudence forgée sur le fondement de l'article L. 521-1 (v. s^s n°s 222.31 s.) En toute hypothèse, sa reconnaissance n'est pas subordonnée au caractère irréversible de la situation invoquée à l'appui de la demande[4].

1. CE 29 juill. 2002, Domah, req. n° 242293, NP.
2. CE 10 oct. 2003, Eurl Anthony c/CCI de La Réunion, req. n° 256412, NP.
3. CE 13 juill. 2007, Bracco, req. n° 297367, NP.
4. CE 26 oct. 2005, S^té des crématoriums de France, req. n° 279441, *Lebon* 447 ; *AJDA* 2006. 161, concl. E. Glaser.

242.33 Bilan des urgences. Dans l'appréciation de l'urgence, le juge ne doit pas tenir compte des seuls arguments du demandeur. Il lui appartient également de prendre en considération les arguments du défendeur de nature à exclure l'existence d'une urgence. Par exemple, saisi d'une demande d'expulsion d'un occupant du domaine public, il doit mettre en balance l'intérêt du demandeur à obtenir l'évacuation du domaine (dans l'intérêt général) et l'intérêt du défendeur à s'y maintenir (dans son intérêt particulier). L'urgence est donc prise en compte globalement, en tenant compte de la situation du requérant comme de celle du défendeur[1].

242.34 Motivation. Une fois sa conviction établie, il appartient au juge des référés de faire apparaître, dans les motifs de son ordonnance, les raisons de droit et de fait pour lesquelles il considère que l'urgence justifie la mesure ordonnée (v. s[s] n°s 244.21 s.).

242.35 Présomption d'urgence. Il est arrivé, à une reprise, que le Conseil d'État consacre une présomption d'urgence en référé-mesures-utiles[2].

§ 2
Illustrations par contentieux

A
Expulsion d'occupants du domaine public

1
Condition d'urgence remplie

242.41 Variété des situations. Diverses considérations sont de nature à faire regarder comme satisfaite l'urgence à obtenir l'expulsion d'un occupant du domaine public.

242.42 Sécurité des occupants. L'urgence à ordonner l'évacuation d'occupants sans titre peut être liée :

- à la menace que le bâtiment fait peser sur la sécurité de ses occupants (le juge soulignant que le bâtiment central des abattoirs de Versailles se trouve « dans un état de vétusté tel qu'un effondrement risquait de se produire et qu'il mettait en danger la sécurité des personnes »[3]) ;
- à « la nécessité d'effectuer des travaux de sécurité et de mise en conformité dans l'ensemble de l'immeuble » (à propos d'un bâtiment affecté au service public de l'enseignement supérieur)[4].

242.43 Mise en œuvre d'un contrat. La nécessité pour une personne publique d'honorer ses engagements contractuels fonde l'urgence à expulser une société dont le maintien sur le domaine public fait obstacle à l'exécution d'un contrat. Il en va ainsi lorsqu'un établissement hospitalier confie à un tiers l'exploitation d'une café-

1. V. CE 9 juill. 2008, S[té] Rhône Vision Câble, req. n° 309878, *Lebon T.* ; *AJDA* 2008. 1412 : mentionnant que c'est à bon droit que le juge des référés a retenu que la condition d'urgence était remplie au regard des pièces du dossier, et soulignant que ce dernier « a apprécié *globalement* les données pour la caractériser ».
2. V. s[s] n° 242.112.
3. CE, sect., 28 nov. 1980, S[té] d'exploitation des sous-produits des abattoirs, req. n° 24240, *Lebon* 452.
4. CE 6 avr. 2001, min. de l'Éducation nationale c/Cros Decam, req. n° 230000, *Lebon* 180 ; *D.* 2002. 2230, obs. R. Vandermeeren.

téria située dans le bâtiment mais ne peut mettre son cocontractant en mesure de l'exploiter faute pour l'ancien occupant d'avoir libéré les lieux. Le juge des référés estime que dans ces conditions, « il y a urgence à permettre à l'[administration] de satisfaire à ses obligations envers la société concessionnaire, en ordonnant l'expulsion de la société [concernée] des bâtiments qu'elle occupe dans le domaine public hospitalier »[1].

242.44 Fonctionnement d'un service public administratif. Lorsque l'occupant sans titre d'un service public administratif entrave, par sa présence, le fonctionnement régulier, continu ou normal de ce service, il y a urgence à ordonner son expulsion. Le juge des référés a ainsi considéré qu'il y avait urgence :

– à libérer des locaux communaux lorsque leur occupation illicite par une association « compromet le fonctionnement du service public municipal, en faisant obstacle au regroupement, prévu par le contrat local de sécurité signé avec l'État, de l'ensemble des associations ayant une activité dans la commune »[2] ;

– à expulser le pensionnaire d'une maison de retraite communale dont le comportement perturbe le fonctionnement du service public[3] ;

– à expulser l'ancien gestionnaire d'un camping se maintenant illégalement sur celui-ci « en raison de la nécessité d'assurer la continuité d'exploitation du camping »[4] ;

– à enjoindre à des étudiants « grévistes » de libérer les locaux universitaires illégalement occupés dans la mesure où cette occupation ne permet plus aux autres étudiants ni aux personnels enseignants et administratifs d'accéder aux locaux universitaires, faisant ainsi obstacle au fonctionnement régulier et continu du service public[5] ;

– à enjoindre à des grévistes de libérer l'accès à un centre technique communal afin de pouvoir de poursuivre la préparation de l'Euro 2016[6] ;

– à enjoindre à des riverains de lever le barrage filtrant mis en place à l'entrée d'un centre d'enfouissement des déchets[7] ;

– à expulser l'occupant sans titre d'un emplacement d'amarrage situé dans un port de plaisance, dès lors que la commune doit assurer l'accès égal et régulier des usagers au service public portuaire et le fonctionnement normal du port de plaisance et que les demandes d'accueil inscrites sur une liste d'attente sont supérieures à 430[8].

1. CE 28 mai 2001, S[té] Codiam, req. n° 230692, *Lebon T.* 1136.
2. CE 28 mars 2003, Assoc. Maison des jeunes et de la culture de Méru, req. n° 252448, *Lebon T.* 934.
3. CE, ass., 3 mars 1978, Lecoq, req. n° 06079, *Lebon* 116 ; *AJDA* 1978. 581, concl. D. Labetoulle – CE 17 mars 1993, Tortajada, req. n° 89572, *Lebon* ; *RDSS* 1993. 518, obs. J.-M. Lhuillier.
4. CE 10 juin 1988, S[té] d'exploitation du Touring-Club de Paris, req. n° 84957, *Lebon* 237.
5. TA Grenoble, ord., 20 mars 2006, Université Joseph Fourrier, req. n° 0601123, NP ; *AJDA* 2006. 629 – v. égal[t] TA Rouen, ord., 6 avr. 2006, Lebreton, req. n° 0600883, NP ; *D.* 2006. 2224, note G. Lebreton : ordonnance relevant, dans des circonstances comparables, « qu'il est urgent et utile de rétablir le bon fonctionnement du service public de l'enseignement supérieur ».
6. TA Lyon, 8 juin 2016, C[ne] de Saint-Étienne, req. n° 1604058, NP ; *AJCT* 2016. 652, obs. J.-R. Mauzy et M.-E. Coumba Nogues.
7. TA Bastia, ord., 26 déc. 2015, Synd. mixte pour la valorisation des déchets en Corse, req. n° 1501203, NP.
8. CE 3 févr. 2010, C[ne] de Cannes, req. n° 330184, *Lebon T.* ; *AJDA* 2010. 1591, note P. Caille ; *BJCP* 2010. 213, concl. N. Boulouis.

242.45 Affectation d'un bâtiment ou d'un local à un service public. L'expulsion d'un occupant sans titre présente un caractère urgent lorsque le local ou le bâtiment occupé doit être utilisé pour les besoins d'un service public auquel il sera affecté :

- service public du développement économique et touristique de la commune : urgence à évacuer les occupants d'un immeuble communal devant, après des travaux effectués à cette fin, être exploité en régie comme gîte rural[1] ;
- service public du transport de marchandises : urgence à ordonner la libération de locaux commerciaux irrégulièrement occupés dans le hall d'une gare, cette occupation faisant obstacle au réaménagement du pôle d'échange que constitue cette gare (plus précisément, « l'urgence de la mesure sollicitée est caractérisée par la nécessité d'assurer le bon fonctionnement du service public dont sont chargées, tant l'AFTRP », propriétaire des locaux qu'elle a conventionnellement cédé à la SNCF, « dans le concours qu'elle apporte à la réalisation d'opérations d'aménagement, que la SNCF, à laquelle la dépendance en cause du domaine public va être transférée en vue de la réalisation par cette société des travaux précités »)[2].

242.46 Mise à disposition d'un logement de fonction ou d'un lieu d'hébergement. Il y a urgence à expulser l'occupant d'un logement de fonction dès lors que son maintien dans les lieux fait obstacle à l'installation de son successeur :

- nécessité de loger la nouvelle directrice de l'école avant la rentrée scolaire[3] ;
- besoin de loger un proviseur-adjoint dont les attributions « lui imposent d'assurer des permanences de nuit et de week-end »[4] ;
- nécessité de loger un conservateur du patrimoine dans l'édifice culturel dont il a la charge[5].

S'agissant des foyers d'hébergement des demandeurs d'asile, lorsque la demande d'asile d'un résidant a été rejetée, il y a urgence à lui ordonner de libérer les lieux « eu égard aux besoins d'accueil des demandeurs d'asile et au nombre de places disponibles dans les lieux d'hébergement pour demandeurs d'asile » dans le département[6]. Dans une telle configuration, l'urgence demeure caractérisée même si l'intéressé est parent de deux enfants de trois et onze ans[7]. Elle ne disparaît qu'en présence de circonstances tout à fait « particulières » ou « exceptionnelles », telles celles d'un demandeur d'asile souffrant d'une affection tuberculeuse, devant subir une intervention chirurgicale à brève échéance et parent d'un enfant de moins de deux ans[8].

Dans le cas d'un litige relatif à l'expulsion d'un occupant d'un logement situé dans une résidence gérée par un CROUS, il appartient au juge de prendre en compte,

1. CE 25 janv. 2006, C^ne de La Souche, req. n° 284878, *Lebon T.* 1021 ; *AJDA* 2006. 231.
2. CE 1er oct. 2007, Agence foncière et technique de la région parisienne (AFTRP), req. n° 299464, *Lebon T.* 1016 ; *AJDA* 2007. 1904.
3. CE 22 juin 1977, Abadie, req. n° 04799, *Lebon* 288.
4. CE 17 mars 2008, Najjar c/Établissement public national d'enseignement et de formation professionnelle agricoles de Nouvelle-Calédonie, req. n° 306461, *Lebon T.* ; *AJDA* 2008. 1285.
5. CE 7 déc. 1984, min. délégué à la Culture c/Taillibert, req. n° 63692, NP.
6. CE 21 avr. 2017, min. de l'Intérieur c/Gjeta, req. n° 405164, *Lebon* ; *AJDA* 2017. 841 ; *JCP Adm.* 2017, n° 2268, Chron. O. Le Bot (p^t 11).
7. CE 21 avr. 2017, min. de l'Intérieur c/Gjeta, req. n° 405164, préc. (p^t 11).
8. CE 21 avr. 2017, min. de l'Intérieur c/Makiese, req. n° 406065, *Lebon* : soulignant « la situation de vulnérabilité de l'intéressé et de son enfant à l'approche de l'hiver » (p^t 5).

d'une part, la nécessité d'assurer le fonctionnement normal et la continuité du service public dont cet établissement public a la charge et, d'autre part, la situation de l'occupant en cause ainsi que les exigences qui s'attachent au respect de sa dignité et de sa vie privée et familiale[1].

242.47 Usage normal du domaine public. Il y a urgence à ordonner l'enlèvement d'un ouvrage dont la présence irrégulière sur le domaine public interdit l'usage normal de celui-ci conformément à sa destination. C'est le cas lorsqu'un container de plus de deux mètres, tant en largeur qu'en longueur, est implanté sur le trottoir devant l'établissement des intéressés et fait « obstacle à la libre circulation des piétons dans ce secteur fréquenté »[2].

242.48 Préservation de l'ordre public. Il y a urgence à ordonner l'expulsion de 72 « abris précaires » installés sur le domaine public à proximité d'un camp de migrants, servant de lieux de vente ou de restauration. Après avoir souligné les risques d'incendies (du fait de la configuration des lieux, du caractère particulièrement inflammable des matériaux de construction et de la présence de nombreuses bonbonnes de gaz, de réserves d'hydrocarbures et d'installations électriques défectueuses), les risques sanitaires (la vente de denrées alimentaires et la fourniture de repas ont lieu dans des conditions d'insalubrité), la vente d'instruments dangereux, susceptibles d'être utilisés comme des armes ou pour pénétrer irrégulièrement dans des véhicules de transport de marchandises, et l'existence de trafics abrités par les installations en cause qui sont à l'origine de comportements violents et peuvent provoquer des tensions et des affrontements, le Conseil d'État affirme « que la mesure d'expulsion présente, eu égard à la gravité des risques, qui perdurent, pour la sécurité publique et aux menaces pour l'ordre public résultant de l'activité de ces lieux de vente, un caractère d'utilité et d'urgence »[3].

2
Condition d'urgence non remplie

242.51 Illégalité de l'occupation. L'urgence ne peut être inférée du caractère irrégulier de l'occupation. Le juge des référés conclut ainsi à l'absence d'urgence à expulser un agent public des locaux qui lui ont été attribués à titre de logement de fonction nonobstant l'illégalité de cette occupation[4]. En l'absence d'urgence, c'est devant le juge du principal, statuant selon la procédure ordinaire que pourra être demandée et obtenue l'expulsion de l'occupant sans titre.

242.52 Risques non avérés de trouble à l'ordre public. Une commune ne justifie pas de l'urgence à ce que soit ordonnée l'évacuation de gens du voyage occupant une aire de stationnement lorsque l'imminence des risques d'épidémie et d'incendie qu'elle allègue n'est pas établie[5].

1. CE 16 sept. 2019, Mme Ben Amar, req. n° 426074, *Lebon T.*
2. CE 10 mai 2004, Blanc, req. n° 258935, NP : soulignant qu'« il y a urgence à rétablir la pleine et entière liberté de circulation conforme à l'affectation du domaine public considéré ».
3. CE 12 oct. 2016, min. de l'Intérieur, req. n° 402783, NP.
4. CE 1er févr. 1984, Malraye, req. n° 55420, NP ; *Dr. adm.* 1984, n° 123.
5. CE 20 janv. 1989, Cne de Castres, req. n° 90908, NP ; *Dr. adm.* 1989, n° 133.

242.53 Risques non avérés pour le fonctionnement normal du service public. Le Muséum national d'histoire naturelle ne justifie pas de l'urgence à obtenir l'expulsion de l'occupant d'un local qui lui a été concédé dans le jardin des plantes à Paris pour y exploiter un service de vente au public d'ouvrages et d'objets relatifs aux sciences naturelles dès lors que le maintien dans les lieux de l'intéressé, « alors même qu'il aurait cessé d'avoir un titre lui permettant d'occuper une dépendance du domaine public n'apporte pas d'entrave au fonctionnement normal du service public dont le muséum a la charge »[1].

242.54 Absence de nécessité de disposer immédiatement de la dépendance occupée. Le plus souvent, l'urgence sera refusée faute pour l'administration de justifier de la nécessité de disposer immédiatement du terrain ou de l'emplacement occupé. Il a ainsi été jugé que ne revêtait pas un caractère d'urgence la demande d'expulsion :

- du concessionnaire d'un casino municipal dans la mesure où, à la suite du renouvellement de la concession, « la commune n'envisageait ni de reprendre elle-même l'exploitation desdites installations, ni de confier celle-ci dans un bref délai à un autre cocontractant »[2] ;

- de l'occupant d'une parcelle d'un camping municipal « dès lors que la saison estivale est passée et qu'il n'est pas établi que le maintien de [l'occupant] dans les lieux prive un tiers d'une place dans ce camping »[3] ;

- de l'occupant d'un logement de fonction alors que son successeur dispose déjà d'un tel logement au sein du bâtiment[4] ou n'a pas formulé de demande visant à se voir attribuer un logement de fonction[5] ;

- de l'occupant d'une dépendance du domaine public ferroviaire, alors que le gestionnaire (Réseau ferré de France) ne fait état d'aucun projet précis d'aménagement ou de réhabilitation nécessaire à la valorisation de la dépendance domaniale en cause, n'invoque pas d'atteinte à l'utilisation normale du domaine public ferroviaire résultant notamment de ce que le maintien dans les lieux de l'occupant sans titre serait de nature à compromettre l'installation d'un nouvel occupant, et se contente d'invoquer l'impossibilité de respecter les objectifs de gestion qui lui sont assignés par le contrat pluriannuel de performance conclu avec l'État[6] ;

- de l'occupant d'un local commercial situé dans le parc du château de Versailles alors que, d'autres locaux demeurant disponibles dans l'enceinte du parc, « l'octroi d'une autorisation d'occupation temporaire à un autre titulaire rest[e] possible »[7].

1. CE 23 juin 1986, Muséum national d'histoire naturelle, req. n° 68261, *Lebon* 174 ; *AJDA* 1986. 550, Chron. M. Azibert et M. de Boisdeffre ; *D.* 1987. 198, obs. F. Llorens ; *RFDA* 1987. 194, concl. B. Stirn.
2. CE 17 janv. 1996, SARL Le jardin des Pyrénées, req. n° 141711, *Lebon T.* 1085.
3. CE 5 janv. 2005, Cne de Ponches-Estruval, req. n° 267996, NP.
4. CE 6 juill. 2009, Guerrero c/Dpt du Doubs, req. n° 321221, *Lebon T.* ; *AJDA* 2009. 1400 ; *AJFP* 2009. 316, et les obs.
5. CE 14 déc. 1988, Bales, req. n° 99302, NP.
6. CE 1er févr. 2012, Padureanu, req. n° 349749, *Lebon T.* ; *AJDA* 2012. 242 ; *AJDA* 2012. 1737, note N. Ach ; *RDI* 2012. 513 et les obs. ; *BJCP* 2012. 154, concl. N. Escaut.
7. CE 23 mars 2005, Sté San Luis c/Établissement public du musée et du domaine national de Versailles, req. n° 271507, NP.

Il semblerait que cette solution ne s'applique pas aux emplacements situés sur une aire d'accueil des gens du voyage. Lorsqu'un occupant se maintient sur un emplacement au-delà de la durée autorisée (six mois dans le cas présent), il y a urgence à ordonner la libération des lieux sans que la commune n'ait à justifier qu'une place au sein de cette aire lui a été demandée. L'urgence et l'utilité de l'expulsion sont présumées, provoquant ainsi un renversement de la charge de la preuve : c'est à l'occupant qu'il appartient de mettre en avant des éléments de nature à justifier que son expulsion ne soit pas ordonnée. Pour le Conseil d'État, cette solution est justifiée par la particularité de ces aires qui visent (de même que l'expulsion sollicitée) « à assurer l'objectif d'égal accès à l'aire d'accueil »[1].

B

Communication de décisions, documents et dossiers administratifs

242.61 Sauvegarder les droits du demandeur. Dans la variante de référé-mesures utiles que l'on appelle « référé-communication », l'urgence sera caractérisée si la communication d'un document est nécessaire à la sauvegarde des droits du demandeur. Si certaines applications ont pu être relevées dans le domaine de la procédure administrative non contentieuse (v. ss n° 242.151), c'est surtout en matière de procédure administrative précontentieuse que cette voie de droit trouve à s'appliquer. En ce domaine, l'urgence naît de la nécessité d'introduire un recours avant l'expiration du délai :

- nécessité de disposer du dossier administratif au vu duquel une décision a été prise, afin de pouvoir en contester en connaissance de cause la légalité (par exemple communication du dossier administratif sur la base duquel le directeur départemental du travail a autorisé le licenciement de la requérante[2] ; communication du dossier administratif au vu duquel le préfet a rejeté sa demande d'ouverture d'une pharmacie[3] ; communication du dossier administratif sur la base duquel a été décidée l'orientation scolaire de l'enfant de la requérante[4]) ;
- nécessité de permettre l'introduction d'un recours contre un refus de carte de séjour avant l'expiration du délai de 15 jours imparti à l'intéressé pour sortir du territoire français[5].

Selon la formule employée depuis 2002[6], le juge vérifie si « la communication immédiate » des documents demandés par le requérant est « nécessaire à la sauvegarde de ses droits devant la juridiction administrative »[7]. Le requérant qui demande à l'administration de lui communiquer le relevé nominatif des notes qu'il a obtenues aux épreuves écrites du Capes et le duplicata de ses deux copies aux deux

1. CE 10 oct. 2007, Communauté urbaine de Lyon, req. n° 305129, NP.
2. CE 6 juin 1980, min. du Travail et de la Participation c/Amiel, req. n° 17547, *Lebon T.* 835.
3. CE 17 oct. 1980, min. de la Sécurité sociale et de la Santé c/Robert, req. n° 22944, NP ; *RD publ.* 1981. 840.
4. CE 28 mai 1984, Delannay, req. n° 49098, *Lebon* 190.
5. CE 26 mars 1982, min. de l'Intérieur c/Aboudou Mzé, req. n° 34200, *Lebon* 137 ; *AJDA* 1982. 375, Chron. F. Tiberghien et B. Lasserre.
6. CE 29 avr. 2002, Sté Baggerbedrijf de Boer, req. n° 239466, *Lebon T.* 730 ; *RDI* 2002. 401, obs. J.-D. Dreyfus ; *Contrats Marchés publ.* 2002, comm. n° 176, note J.-P. Piétri.
7. CE, ord., 23 juin 2005, Michelet, req. n° 281487, NP.

épreuves du même concours ne satisfait pas à la condition d'urgence dès lors qu'« il n'apporte aucun élément précis de nature à laisser penser que la communication immédiate de ces documents soit nécessaire à la sauvegarde de ses droits devant la juridiction administrative »[1].

C

Interdire, autoriser ou ordonner des travaux

242.71 **Risques pour le domaine public.** Saisi d'une demande tendant à enjoindre à une entreprise d'interrompre provisoirement les travaux qu'elle réalise dans le lit d'une rivière, le juge des référés conclut à l'existence d'une situation d'urgence en raison de risques d'atteinte au domaine public fluvial. Le Conseil d'État a ainsi énoncé qu'« eu égard aux risques graves et immédiats pour le domaine public que pouvait présenter, compte tenu du caractère irrégulier du débit de la Durance, la poursuite des travaux d'extraction opérés par une entreprise, le juge des référés pouvait, à raison de l'urgence, ordonner la cessation provisoire de ces travaux »[2].

242.72 **Risques pour la sécurité résultant de travaux publics ou d'un ouvrage public.** L'urgence à faire cesser des travaux publics peut résulter d'un péril ou d'une menace que leur exécution fait peser sur la vie des personnes[3].

De même, le propriétaire d'une maison d'habitation subissant d'importants désordres imputables à l'ouvrage public qui la jouxte justifie de l'urgence à ce que soit ordonnée à l'administration la réalisation de travaux confortatifs sur cette maison eu égard aux « risques sérieux d'effondrement de certaines parties du bâtiment »[4]. La condition d'urgence n'est toutefois remplie qu'en cas de « danger immédiat ». Tel n'est pas le cas, par exemple :

– dans l'hypothèse où, à la suite d'inondations, un département a mis en place des caniveaux et d'autres ouvrages d'évacuation des eaux pluviales mais qu'un requérant soutient qu'en raison de l'entretien insuffisant de ces installations, de nouvelles inondations se sont produites qui ont rendu nécessaires des opérations de nettoyage de son parking et d'un local situé en rez-de-chaussée en raison de la boue déposée par l'inondation et se prévalant de l'approche de la saison des pluies, mais ne justifiant pas en revanche de l'existence d'un danger immédiat[5] ;

– dans l'hypothèse d'un recours formé par les propriétaires de terrains sur lesquels débouchent, à la sortie d'une canalisation, les eaux sortant d'une station

1. CE, ord., 23 juin 2005, Michelet, req. n° 281487, préc.
2. CE, sect., 25 janv. 1980, Sotem, req. n° 11514, *Lebon* 49 ; *AJDA* 1980. 615, concl. M. Rougevin-Baville.
3. CE, sect., 16 nov. 2011, ville de Paris, req. n° 353172, *Lebon* ; *AJDA* 2011. 2207 ; *AJCT* 2012. 156, obs. L. Moreau ; *RFDA* 2012. 269, concl. D. Botteghi ; *JCP* 2012, n° 24, note O. Le Bot.
4. CE, sect., 18 juill. 2006, Élissondo Labat, req. n° 283474, *Lebon* 369 ; *AJDA* 2006. 1839, Chron. C. Landais et F. Lenica ; *RFDA* 2007. 314, concl. D. Chauvaux ; *GACA*, 5e éd., 2016, n° 16 ; *RD publ.* 2006. 1267, note C. Guettier – V. dans le même sens TA Nice, ord., 25 mars 2015, Indivision Manigault, n° 1500735, NP ; confirmé par CE 23 sept. 2015, Cne de Nice, n° 389298, NP : dans le cas présent, les propriétaires d'une maison ne peuvent y réaliser des travaux urgents faute d'y avoir accès, plus exactement ils ne sont pas en mesure d'y accéder en raison de l'accumulation de terres et de gravats provenant de l'éboulement d'un mur de soutènement d'un chemin.
5. CE 28 févr. 2019, Société Sodifram, req. n° 424005, *Lebon* ; *JCP Adm.* 2019, n° 2222, Chron. O. Le Bot ; *AJCT* 2019. 301, obs. Ph. Grimaud ; *Gaz. Pal.* 9 avr. 2019, n° 14, p. 14, note A. Minet-Leleu.

d'épuration gérée par un syndicat intercommunal des eaux et demandant à ce qu'il soit enjoint au syndicat intercommunal de rétablir l'étanchéité de bassins de lagunage de la station d'épuration, dès lors que si l'état dégradé de l'étanchéité de la station d'épuration et l'asphyxie des terres et du milieu forestier environnant qui en résulte sont connus depuis au moins dix ans et si les dommages subis par les requérants ne sont pas sérieusement contestés, ces derniers n'apportent toutefois aucun élément permettant d'établir un danger immédiat sur le plan sanitaire ou environnemental[1].

242.73 Risques pour la sécurité ne résultant pas de travaux publics. Dans le cas d'une demande de l'administration tendant à être autorisée à réaliser des travaux de remise en état d'un canal d'évacuation des eaux traversant la propriété de particuliers, le juge des référés estime que cette demande répond à une nécessité pour évacuer les eaux dans ce périmètre géographique et présente « un caractère d'urgence en raison des risques d'inondation » si ces travaux n'étaient pas exécutés[2].

De même, il y a urgence à réaliser des travaux de désamiantage d'un logement se trouvant dans un foyer, la présence d'amiante faisant peser un danger sur la santé de ses occupants[3].

D

Injonction à un cocontractant ou ancien cocontractant de l'administration

242.81 Deux chefs principaux d'urgence. Lorsqu'un cocontractant de l'administration manque à ses obligations contractuelles, la jurisprudence a reconnu qu'il y avait urgence à lui enjoindre d'exécuter tout ou partie de ses obligations en raison, soit de la nécessité de poursuivre l'exécution de travaux publics, soit d'impératifs liés à la continuité et au bon fonctionnement du service public.

242.82 Exécution de travaux publics. Il y a urgence à enjoindre au cocontractant de l'administration :

– de rapporter le matériel enlevé d'un chantier afin que les travaux qui s'y déroulent ne trouvent pas interrompus[4] ;

– de procéder à la dépose et à l'enfouissement de câbles, en exécution d'un contrat, dans la mesure où son inertie « faisait obstacle à l'achèvement des travaux d'enfouissement des lignes électriques ainsi qu'à la réalisation des travaux de rénovation des trottoirs, était source de gêne et de danger pour les usagers de la voie publique et empêchait la collectivité publique de solder les marchés en cours »[5].

1. CE 5 juin 2020, Syndicat intercommunal des eaux de la Vienne, req. n° 435126, *Lebon T.* ; *RFDA* 2020. 1091, concl. G. Pellissier, note B. Odent ; *Gaz. Pal.* 28 juill. 2020, n° 28, p. 37, Chron. C. Feulié.
2. CE 9 mars 1979, Brune, req. n° 04894, NP ; *RD publ.* 1979. 1522.
3. CE 25 mai 2018, Cne de Joinville le Pont, req. n° 401760, NP ; *AJDA* 2019. 141, note F. de La Vaissière.
4. CE, sect., 13 juill. 1956, OPHLM du Dpt de la Seine, req. n° 37656, *Lebon* 343, concl. J. Chardeau ; *AJDA* 1956. 312, concl. ; *AJDA*. 1956. 398, Chron. J. Fournier et G. Braibant ; *RD publ.* 1957. 296, note M. Waline.
5. CE 9 juill. 2008, Sté Rhône Vision Câble, req. n° 309878, *Lebon T.* ; *AJDA* 2008. 1412 – dans le même sens : CE 20 févr. 2013, Communauté d'agglomération de Saint-Quentin-en-Yvelines, req. n° 364025, *Lebon T.* ; *AJDA* 2013. 438.

242.83 Continuité et bon fonctionnement du service public. Lorsque le contrat liant une entreprise à l'administration a pris fin, il est urgent de lui enjoindre :

- de mettre à la disposition de la commune la benne permettant d'assurer la continuité du service public de l'enlèvement des ordures ménagères[1] ;
- de remettre à la commune les moyens nécessaires à l'aménagement et à l'entretien du réseau des pistes de ski en vue d'assurer « la continuité du service public de l'entretien et de la sécurité des pistes de ski »[2] ;
- de restituer à un hôpital les dossiers médicaux dont il lui avait confié la gestion, cette mesure étant « nécessaire à la continuité et au bon fonctionnement du service public hospitalier »[3].

Il en va de même lorsqu'une entreprise ayant conçu un logiciel pour l'ADEME menace de suspendre l'accès à celui-ci, menaçant de priver les agents de l'ADEME de la possibilité d'exercer leurs missions quotidiennes[4].

242.84 Remplacement et réparation de matériel informatique défectueux. Une entreprise ayant fourni à l'administration du matériel informatique défectueux, le juge considère, dans la mesure où ledit matériel est utilisé pour la formation d'étudiants, qu'il est urgent d'ordonner à l'entreprise concernée de réparer les ordinateurs défectueux et, le temps de cette réparation, de les remplacer par d'autres ordinateurs[5].

E

Reprise d'une obligation formulée par une décision administrative dépourvue de force exécutoire

242.91 Condamnation d'un particulier au paiement d'une somme d'argent. Lorsqu'une autorité administrative a infligé à un particulier une sanction pécuniaire qu'elle n'est pas en mesure de recouvrer par la contrainte faute que cette décision soit revêtue de la force exécutoire, l'urgence à ordonner à l'intéressé de payer cette somme d'argent peut résulter :

- de la circonstance que le juge civil, saisi par l'autorité administrative, subordonne l'inscription d'une hypothèque judiciaire sur le logement de l'intéressé à la présentation d'un titre exécutoire[6] ;
- de la circonstance que le juge civil, saisi par l'autorité administrative d'une action paulienne visant à rendre une cession inopposable à son égard, doit très prochainement statuer sur celle-ci[7] ;

1. CE 30 oct. 1963, SARL Sonetra, *Lebon* 520.
2. CE 9 déc. 1988, Sté « Les téléphériques du massif du Mont-Blanc », req. n° 92211, *Lebon* 438 ; *AJDA* 1989. 272, obs. X. Prétot.
3. CE 29 juill. 2002, CH d'Armentières, req. n° 243500, *Lebon* 307 ; *AJDA* 2002. 1451, note J.-D. Dreyfus ; *RDI* 2003. 78, obs. J.-D. Dreyfus ; *JCP* 2003. 10002, note J.-C. Zarka ; *BJCP* 2002. 470, concl. P. Collin.
4. CE 25 juin 2018, Agence de l'environnement et de la maîtrise de l'énergie, req. n° 418493, *Lebon T.* ; *BJCP* 2018. 392, concl. G. Pellissier ; *JCP Adm.* 2019, n° 2045, note J.-S. Boda ; *JCP Adm.* 2018, n° 2333, Chron. O. Le Bot ; *AJCT* 2018. 580, obs. D. Didriche.
5. CE 1er mars 2012, Sté Assistance Conseil informatique professionnelle, req. n° 354628, *Lebon T.* ; *BJCP* 2012. 183, concl. B. Dacosta.
6. CE, ord., 10 mars 2005, Fonds de garantie des dépôts, req. n° 278035, *Lebon* 99.
7. CE, ord., 11 juill. 2008, Fonds de garantie des dépôts, req. n° 316471, NP.

– du comportement dilatoire de l'intéressé et du risque qu'il organise son insolvabilité[1].

F

Cessation d'une voie de fait

242.101 Voie de fait par manque de procédure. Une commune ayant décidé de procéder d'office aux travaux de murage d'un appartement à l'égard duquel a été pris un arrêté de péril mettant en demeure son propriétaire de procéder à divers travaux de réparation, le juge des référés affirme « qu'il y a urgence à permettre à ce dernier de retrouver l'usage de son bien, afin notamment qu'il puisse procéder aux travaux de réparation qui y sont nécessaires »[2].

G

Surmonter une inertie administrative

242.111 Absence de prise de position privant l'intéressé de ses droits. Dans l'hypothèse exceptionnelle où l'absence de prise de position de l'administration ne fait pas naître de décision implicite, il y a urgence à ordonner une mesure lorsque cette inertie prive l'administré de ses droits. Tel est le cas lorsque l'Ofpra s'abstient durant un délai anormalement long de statuer sur une demande d'asile. Le Conseil d'État considère « que l'attente depuis plus de deux ans, qui excède le délai raisonnable au terme duquel les demandeurs d'asile doivent être avertis par l'autorité compétente de la décision prise sur leur demande [...] et qui prive l'intéressé des droits statutaires qu'il tiendrait de la qualité de réfugié, suffit à regarder l'urgence comme constituée »[3].

242.112 Rendez-vous en préfecture dans le cadre d'une demande de titre de séjour. Compte tenu des difficultés importantes rencontrées par les étrangers pour obtenir un rendez-vous en préfecture dans le cadre d'une demande de titre de séjour, du fait de l'insuffisance des créneaux proposés et/ou des dysfonctionnements ou défauts de conception des sites internet des préfectures, le Conseil d'État a reconnu, dans un arrêt du 10 juin 2020, la possibilité de saisir le juge du référé-mesures utiles afin qu'il enjoigne à l'administration de fixer une date de rendez-vous à l'intéressé[4]. Il pose le principe suivant : « Lorsque le rendez-vous ne peut être obtenu qu'en se connectant au site internet de la préfecture, [...] si l'étranger établit qu'il n'a pu obtenir une date de rendez-vous, malgré plusieurs tentatives n'ayant pas été effectuées la même semaine, il peut demander au juge des référés, saisi sur le fondement de l'article L 521-3 du code de justice administrative, d'enjoindre au préfet de lui communiquer, dans un délai qu'il fixe, une date de rendez-vous. Si la situation de l'étranger le justifie, le juge peut préciser le délai maximal dans lequel ce rendez-vous doit avoir lieu. Il fixe un délai bref en cas d'urgence particulière » (p^{t} 4).

1. CE, ord., 10 juill. 2009, Fonds de garantie des dépôts, req. n° 327514, NP.
2. CE 12 mai 2010, Alberigo, req. n° 333565, *Lebon T.* ; *AJDA* 2010. 1057.
3. CE 18 juill. 2011, Fathi, req. n° 343901, *Lebon* ; *AJDA* 2011. 1526 ; *D.* 2012. 390, obs. O. Boskovic, S. Corneloup, F. Jault-Seseke, N. Joubert et K. Parrot.
4. CE 10 juin 2020, Bhiri, req. n° 435594, *Lebon T.* ; *Procédures* 2020, comm. 162, obs. S. Deygas ; *JCP Adm.* 2020, n° 2226, Chron. O. Le Bot.

Signe de l'ampleur du problème, les requérants ont massivement utilisé cette voie et présenté, en l'espace de deux ans, près de 8 000 recours sur ce fondement.

Un arrêt rendu le 9 juin 2022 a apporté des précisions sur l'appréciation de la condition d'urgence[1]. Il indique d'abord qu'il appartient au juge des référés « d'apprécier et de motiver l'urgence compte tenu de l'incidence immédiate du dysfonctionnement sur la situation concrète de l'intéressé ». Il distingue ensuite deux cas de figure. Dans le cas d'une demande de renouvellement d'un titre de séjour, « la condition d'urgence est [...] en principe constatée ». Le Conseil d'État consacre ainsi une présomption d'urgence, qui est semble-t-il la première en référé-mesures utiles. Elle s'explique par le fait qu'un étranger dont le titre de séjour arrive à expiration risque, si celui-ci n'est pas renouvelé avant son terme, perdre la régularité de son droit au séjour en France. Dans les autres cas, « il appartient au requérant de justifier de circonstances particulières caractérisant la nécessité pour lui d'obtenir rapidement ce rendez-vous » (pt 5). Cette distinction fait écho à celle consacrée en référé-suspension en matière de refus de titre de séjour[2]. La jurisprudence rendue à ce titre pourra, le cas échéant, guider le juge du référé-mesures utiles.

§ 3

Absence de condition d'urgence pour une occupation non autorisée en bordure de littoral

242.121 Zone des cinquante pas géométriques. L'article L. 521-3-1 du CJA, issu de la loi n° 2010-788 du 12 juillet 2010, prévoit en son alinéa 1er que la condition d'urgence prévue par l'article L. 521-3 « n'est pas requise en cas de requête relative à une occupation non autorisée de la zone des cinquante pas géométriques ». Lorsque l'expulsion demandée porte sur l'occupation sans titre d'une parcelle du domaine public provenant pour partie seulement de cette zone, la condition d'urgence demeure requise pour la partie de la parcelle qui n'est pas comprise dans cette zone[3].

L'article L. 521-3-1 dispense le requérant de la seule condition d'urgence ; la condition d'utilité lui demeure donc applicable[4].

242.122 Démolition subordonnée au relogement. L'article L. 521-3-1 alinéa du CJA prévoit, en son alinéa second, qu'en cas d'évacuation forcée, l'autorité chargée de l'exécution de la décision du juge s'efforce par tous moyens de proposer un relogement aux occupants sans titre en situation régulière sur le territoire national. L'accomplissement de cette formalité conditionne un pouvoir supplémentaire du juge : « dès lors qu'une proposition adaptée de relogement a été faite, le juge peut ordonner la démolition de la construction illégale » (CJA, art. L. 521-3-1, al. 2).

SECTION 2

Utilité de la mesure

242.131 Intérêt pour le demandeur. La mesure sollicitée doit être utile à l'auteur de la demande. Elle doit présenter pour lui un intérêt pratique, faute de quoi il n'y a pas

1. CE 9 juin 2022, Dikamona, req. n° 453391, *Lebon T.* ; *JCP Adm.* 2022, n° 2241, Chron. O. Le Bot.
2. V. ss n° 222.574.
3. CE 3 déc. 2014, Province Sud de Nouvelle-Calédonie, req. n° 375364, *Lebon T.* ; *AJDA* 2015. 430.
4. CE 4 mai 2018, Morlet, req. n° 415002, *Lebon T.* ; *Contrats et Marchés publics* 2018, comm. 168, obs. G. Eckert.

lieu de s'adresser au juge des référés. L'utilité peut notamment tenir à la nécessité pour le demandeur de sauvegarder un droit[1].

242.132 Traitement contentieux. Le juge se montre habituellement peu disert sur cette condition, qui est généralement regardée comme satisfaite (ou non satisfaite) en même temps que la condition d'urgence, c'est-à-dire sans faire l'objet d'un examen distinct. Le juge indique ainsi que la mesure sollicitée présente « un caractère d'urgence et d'utilité » sans distinguer les deux exigences[2] ou encore fait droit à une demande présentée sur le fondement de l'article L. 521-3 sans même évoquer la condition d'utilité[3].

Pour autant, l'exigence d'utilité n'est pas superfétatoire et constitue une condition autonome. Les motivations substantielles relatives à cette condition se retrouvent essentiellement dans le référé-communication. Des critères généraux peuvent par ailleurs être esquissés dans les autres contentieux.

§ 1
Utilité de la communication de décisions

A
Utilité pour introduire un recours devant la juridiction administrative

242.141 Présentation. L'utilité de la mesure sera regardée comme satisfaite si la communication d'une décision administrative ou d'un document est nécessaire au requérant pour pouvoir engager une action en justice devant la juridiction administrative.

242.142 Une action devant la juridiction administrative. Les décisions et documents communiqués doivent avoir pour perspective l'exercice d'un recours devant la juridiction administrative. Une demande de communication visant à l'engagement d'une action devant une juridiction civile (tel le tribunal des affaires de sécurité sociale) ne peut être utilement poursuivie par le biais du référé-mesures utiles[4].

242.143 Une démarche précontentieuse. La demande de communication étant destinée à rendre possible l'introduction d'un recours, elle doit être présentée devant le juge des référés avant l'exercice de toute action. Une fois un recours introduit, la condition d'utilité n'est plus satisfaite dès lors que le juge saisi est en mesure d'exiger de l'administration la communication de tout document nécessaire à la solution des litiges dans le cadre de ses pouvoirs généraux d'instruction[5].

1. CE 5 mars 2018, Levrel, req. n° 414859, *Lebon T.* ; *AJDA* 2018 801, concl. A. Bretonneau ; *JCP Adm.* 2018, n° 2247, Chron. O. Le Bot ; *Procédures* 2018, comm. 169, obs. S. Deygas ; *AJDP* 2018. 209, obs. M. Herzog-Evans.
2. CE 1er oct. 2007, Agence foncière et technique de la région parisienne (AFTRP), req. n° 299464, *Lebon T.* 1016 ; *AJDA* 2007. 1904.
3. CE 6 avr. 2001, min. de l'Éducation nationale c/Cros Decam, req. n° 230000, *Lebon* 180 ; *D.* 2002. 2230, obs. R. Vandermeeren - CE, ord., 10 juill. 2009, Fonds de garantie des dépôts, req. n° 327514, NP.
4. CE 16 févr. 1996, SARL Bretagne Desosse, req. n° 165537, *Lebon* 44 - CE 5 juin 2015, Sieradzki, req. n° 389178, *Lebon T.* : précisant qu'il en va ainsi même si les documents en cause constituent des documents administratifs.
5. CE 20 févr. 2012, Valery, req. n° 353134, *Lebon T.* ; *AJDA* 2012. 1183.

Cette solution a été initialement dégagée pour les actions au fond[1]. Ainsi, lorsqu'un interne de médecine saisi le tribunal administratif de recours contre les arrêtés prononçant sa suspension provisoire, il ne saurait utilement demander au juge du référé-mesures utiles la communication de divers documents destinés, selon la décision du Conseil d'État, à « permettre à l'intéressé de contester, à l'aide des premières pièces », les arrêtés litigieux. Une action ayant été introduite à leur encontre, ces « demandes de communication sont [...] dépourvues d'utilité dès lors qu'il appartient au juge saisi desdits recours de faire usage des pouvoirs généraux d'instruction qui lui sont dévolus pour ordonner, le cas échéant, les communications nécessaires à la solution des litiges »[2].

La même solution s'applique aux instances de référé. Ainsi, lorsqu'un juge d'appel est saisi d'une demande de référé-provision, ne satisfait pas à la condition d'utilité la demande soumise à un juge du premier degré tendant à ce que soit communiqué, pour les besoins de l'instance d'appel, un document fiscal détenu par l'administration. Une telle demande de communication est « dépourvue d'utilité dès lors qu'il appart[ient] au juge des référés saisi de la demande de provision au titre de l'article R. 541-1 de faire usage des pouvoirs généraux d'instruction qui lui sont dévolus pour ordonner, le cas échéant, les communications nécessaires à l'examen de la demande de provision »[3]. Le même raisonnement s'applique au référé-suspension, la requête introduite sur le fondement de l'article L. 521-1 du CJA n'étant pas dissociable du recours principal en annulation ou en réformation[4]. Une solution différente paraît en revanche prévaloir dans le domaine du référé-expertise. Pour le Conseil d'État, un juge des référés commet une erreur de droit en estimant qu'il n'appartient qu'à l'expert de saisir le juge des référés en vue d'obtenir la communication de documents susceptibles d'être utiles dans le cadre des opérations d'expertise et en écartant toute possibilité aux parties représentées dans une expertise de saisir le juge des référés à fin de communication de documents nécessaires de nature à éclairer la solution à donner au litige[5].

242.144 Des documents nécessaires. *Seuls* les documents nécessaires à l'exercice d'une action en justice satisfont à la condition d'utilité. C'est le cas de la décision du ministre de l'Économie, des Finances et de l'Industrie formalisant le choix des sociétés autorisées, dans le cadre de la procédure de privatisation de la banque CIC, à procéder à l'examen d'informations complémentaires et à déposer une offre définitive. C'est également le cas, dans la même affaire, des motifs de cette décision. La société requérante ayant manifesté son intention de former un recours pour excès de pouvoir à l'encontre de la décision du ministre d'autoriser certaines entreprises à déposer une offre définitive d'acquisition, en tant que cette décision lui refuse une telle autorisation, la condition d'utilité doit être regardée comme satisfaite[6].

1. CE 11 oct. 1989, Wade, req. n° 106414, *Lebon T.* 849.
2. CE 28 sept. 1994, Mazeron, req. n° 146681, *Lebon T.* 1111 – v. égal[t] CE, ord., 22 févr. 2001, Assoc. Déclic, req. n° 230407, NP.
3. CE 3 mars 2008, min. de la Défense c/C[ne] d'Aiguines, req. n° 308275, *Lebon T.* ; *AJDA* 2008. 496 ; *JCP Adm.* 2008, n° 2089, note L. Erstein.
4. CE, ord., 26 févr. 2009, S[té] Novartis Pharma SAS, req. n° 325373, NP.
5. CE 21 janv. 2008, S[té] Schüco international, req. n° 299399, NP ; *AJDA* 2008. 663.
6. CE, ord., 9 avr. 1998, Crédit commercial de France, req. n° 195453, *Lebon* 177.

En revanche, faute d'être nécessaire à l'introduction du recours, ne satisfont pas à l'exigence d'utilité et ne sont donc pas communicables, dans l'affaire précitée relative à la privatisation de la banque CIC :

- les avis émis par la commission de la privatisation (sur le cahier des charges de l'opération et sur la décision ministérielle) ;
- la décision fixant les conditions de la privatisation de la banque CIC ;
- la décision arrêtant le cahier des charges de l'opération ;
- le texte d'un communiqué transmis par le ministre de l'Économie, des Finances et de l'Industrie à l'Agence France Presse le 23 mars 1998[1].

À l'inverse, *tous* les documents nécessaires à l'introduction d'un recours remplissent l'exigence d'utilité. Tel est le cas du dossier administratif au vu duquel la décision administrative a été prise[2], cette solution présentant tout son intérêt dans le cas de décisions verbales[3] et de décisions implicites (qui, par hypothèse, ne s'accompagnent pas des motifs qui les sous-tendent)[4]. C'est également le cas des documents annexes (marchés et contrats notamment) nécessaires pour apprécier la portée et la légalité de la décision litigieuse (en l'occurrence une décision détachable d'un contrat administratif)[5]. Selon la formule, extrêmement large, employée sous l'empire des dispositions de l'article L. 521-3 du CJA, peuvent être communiquées par ce biais les « pièces ou informations » mettant à même le demandeur de former un recours[6]. Ce n'est pas le cas, à l'évidence, des conclusions des rapporteurs publics devant la juridiction administrative dans la mesure où « le texte écrit qui leur sert, le cas échéant, de support n'a pas le caractère d'un document administratif »[7]. De même, et de façon évidente, la production d'une copie d'un acte qui se trouve déjà en possession du requérant ne répond pas à la condition d'utilité[8].

242.145 Une communication au demandeur. Pour que l'exigence d'utilité soit satisfaite, l'intéressé qui entend former un recours doit demander à ce que la décision lui soit communiquée personnellement et non pas au tribunal[9].

1. CE, ord., 9 avr. 1998, Crédit commercial de France, préc.
2. CE 26 mars 1982, min. de l'Intérieur c/Aboudou Mzé, req. n° 34200, *Lebon* 137 ; *AJDA* 1982. 375, Chron. F. Tiberghien et B. Lasserre ; *Rev. adm.* 1982. 279, note B. Pacteau : communication de la décision de refus de séjour dont le requérant a fait l'objet et du dossier relatif à son titre de séjour.
3. CE 26 mars 1982, min. de l'Intérieur c/Aboudou Mzé, req. n° 34200, *Lebon* 137 ; *AJDA* 1982. 375, Chron. F. Tiberghien et B. Lasserre ; *Rev. adm.* 1982. 279, note B. Pacteau : s'étant vu communiquer verbalement la décision de refus de séjour, l'intéressé ne disposait pas d'un écrit permettant l'introduction d'un recours pour excès de pouvoir. La communication du dossier administratif et du refus de séjour lui permet d'engager cette action, et ce en ayant connaissance des motifs qui en constituent le fondement.
4. CE 6 juin 1980, min. du Travail et de la Participation c/Amiel, req. n° 17547, *Lebon T.* 835 : communication du dossier administratif sur la base duquel le directeur départemental du travail a, par une décision implicite, autorisé le licenciement de la requérante.
5. CE 5 déc. 1990, Assoc. Te Pohue La Metai Ote Henua, req. n° 112086, *Lebon T.* 919 ; *D.* 1991. 189, obs. P. Terneyre ; *RDI* 1991. 46, obs. F. Llorens et P. Terneyre.
6. CE, ord., 22 févr. 2001, Assoc. Déclic, req. n° 230407, NP.
7. CE, ord., 20 janv. 2005, Hoffer, req. n° 276625, *Lebon T.* 1040 ; *AJDA* 2005. 621.
8. CE, ord., 3 oct. 2005, Hoffer, req. n° 285509, NP : communication qui, en tout état de cause, n'aurait pu être ordonnée dès lors qu'elle porte sur une décision juridictionnelle : l'ordonnance n° 282623 du 22 juillet 2005 par laquelle le juge des référés du Conseil d'État a rejeté un recours en interprétation présenté par l'intéressé.
9. CE 11 mai 1979, min. de la Santé et de la famille c/Espinasse, req. n° 11551, *Lebon* 214 : « si [...] la mesure sollicitée aux fins de mettre les requérants en mesure de former utilement dans les délais un ➢

B

Utilité pour le déroulement d'une procédure administrative en cours

242.151 **Décision défavorable au demandeur.** À une reprise au moins, la procédure du référé-mesures utiles a été utilisée pour obtenir la communication d'un dossier administratif en dehors de tout projet de recours juridictionnel. Le requérant, qui avait été placé en congé de longue maladie sur avis du comité médical départemental, devait faire l'objet d'un nouvel examen par le même comité. Le juge des référés a considéré, au regard de cette circonstance, que la communication de l'entier dossier au médecin de l'intéressé répondait à l'exigence d'utilité[1]. Il résulte de cette décision que le référé-mesures utiles peut être utilisé par un particulier pour défendre ses intérêts dans une procédure administrative sans avoir pour finalité l'introduction d'un recours contentieux.

242.152 **Informations de première importance.** Dans une décision du 13 décembre 2016, le Conseil d'État a enjoint à la société Crédit mutuel Arkéa (regroupant trois fédérations régionales) de communiquer à la Confédération nationale du Crédit mutuel (la CNCM) d'une part, l'ensemble des données permettant à celle-ci d'établir le plan préventif de rétablissement du groupe sur base consolidée et d'autre part, les maquettes du conseil de résolution unique complétées en ce qui le concerne[2]. La CNCM est légalement en charge de la préparation et de la mise en œuvre des mesures qui s'inscrivent dans le cadre de la régulation systémique du système bancaire pour ce qui concerne l'ensemble du groupe Crédit mutuel et doit, en tant qu'« entreprise mère dans l'Union », tenir un plan préventif de rétablissement pour ce groupe. S'agissant de la condition d'utilité, la CNCM disposait certes d'un pouvoir de sanction. Toutefois, compte tenu de l'urgence de transmettre les documents litigieux à la Banque centrale européenne, le juge a considéré que la jurisprudence *Préfet de l'Eure* ne trouvait pas à s'appliquer.

§ 2

Appréciation de l'utilité dans les autres contentieux

A

Demande introduite par l'administration

242.161 **Absence de pouvoir juridique.** Lorsque la demande de référé-mesures utiles est introduite à l'initiative de l'administration, l'utilité de la mesure résultera, le plus souvent, de l'absence de pouvoir reconnu à une personne publique pour contraindre une personne privée. Dans l'hypothèse où l'administration demande au juge des référés d'ordonner une mesure qu'elle n'a pas le pouvoir de prendre, l'utilité de celle-ci

➢ recours pour excès de pouvoir était justifiée par l'urgence et pouvait être ordonnée valablement par le juge des référés, la mesure prescrite en l'espèce par l'ordonnance attaquée, par laquelle le juge des référés du tribunal administratif de Clermont-Ferrand a désigné un conseiller à ce tribunal aux fins de procéder à la consultation du dossier administratif sus-mentionné ne saurait, en revanche, être regardée comme utile au sens des dispositions précitées ».

1. CE 21 déc. 1994, min. de l'Éducation nationale c/Esposito, req. n° 144915, *Lebon T.* 1111.
2. CE 13 déc. 2016, Confédération nationale du Crédit Mutuel, req. n° 403418, NP ; Revue de Droit Bancaire et Financier mai 2017, n° 3, p. 36, note Th. Samin et S. Torck.

sera en principe reconnue. À l'inverse, la condition d'utilité sera en principe non satisfaite lorsque l'administration dispose d'un pouvoir lui permettant de contraindre le particulier. Il s'agit là d'une application de la jurisprudence *préfet de l'Eure* qui interdit à l'administration de solliciter du juge administratif le prononcé de mesures qu'elle est elle-même en pouvoir de prendre[1].

Le critère, pour autant, n'est pas appliqué de façon rigide. Comme a pu le souligner René Chapus, le juge des référés accepte parfois « de prescrire les mesures conservatoires demandées par l'administration sans trop s'attacher à considérer s'il est en son pouvoir de les prendre elle-même »[2]. Le contentieux de l'expulsion du domaine public en fournit une illustration particulièrement nette. Saisi par l'autorité administrative, le juge du référé-mesures utiles ordonne notamment la libération du domaine public en cas de péril sur la sécurité des occupants (v. s[s] n° 242.42). Or, en vertu de la jurisprudence administrative, l'existence d'un tel péril autorise l'administration à procéder elle-même à l'évacuation de son domaine[3]. Cela signifie que lorsque le juge se fonde sur une situation de péril pour ordonner la libération du domaine public, l'administration se trouve dans une situation lui permettant d'agir par elle-même sans autorisation juridictionnelle préalable. Néanmoins, le juge des référés ne rejette jamais de telles conclusions pour ce motif.

242.162 Pouvoir légal. L'existence d'un pouvoir légal, permettant à l'administration de parvenir aux fins recherchées par le prononcé de la mesure, exclut en principe l'utilité de celle-ci. Le Conseil d'État a jugé, en ce sens, que le prononcé de l'expulsion de gens du voyage installés sur une aire de stationnement ne satisfait pas à l'exigence d'utilité dans la mesure où le maire peut prendre toute mesure nécessaire à la sécurité et à la salubrité des lieux et, notamment, expulser les contrevenants au règlement municipal[4].

À l'inverse, la Polynésie française, propriétaire du domaine, peut saisir le juge du référé-mesures utiles aux fins d'ordonner la sécurisation et l'enlèvement d'un navire échoué dès lors qu'elle n'est pas compétente pour prescrire elle-même ces mesures, et alors même qu'elle aurait pu demander à l'État d'ordonner celles-ci au titre de ses propres compétences[5].

242.163 Pouvoir contractuel. Selon la même logique, l'existence ou l'absence de pouvoir contractuel à l'encontre de l'administration fondera le caractère inutile (dans le premier cas) ou utile (dans le second) de la mesure sollicitée. En ce sens, le Conseil d'État a indiqué dans une formule de principe « que s'il n'appartient pas au juge administratif d'intervenir dans la gestion d'un service public en adressant, sous menace de sanctions pécuniaires, des injonctions à ceux qui ont contracté avec

1. CE 30 mai 1933, préfet de l'Eure, *Lebon* 583 ; *S.* 1915. III. 39, note M. Hauriou : irrecevabilité de telles demandes.
2. R. Chapus, *Droit du contentieux administratif*, Montchrestien, 13e éd., 2008, n° 1622.
3. CE, sect., 20 juin 1980, C[ne] d'Ax-les-Thermes, req. n° 04592, *Lebon* – CE 20 oct. 1995, C[ne] de Saint-Tropez, req. n° 143804, NP.
4. CE 20 janv. 1989, C[ne] de Castres, req. n° 90908, NP ; *Dr. adm.* 1989, n° 133.
5. CE 19 nov. 2020, Société Shenzhen Shengang Overseas Industral Co. Ltd et autre, req. n° 440644, *Lebon T.* ; *BJCL* 2021. 315, concl. S. Hoynck, note G. Calley ; *Contrats et Marchés publics* 2021, comm. 59, note P. Soler-Couteaux ; *JCP Adm.* 2021, comm. 2013, note Ph. Yolka.

l'administration, lorsque celle-ci dispose à l'égard de ces derniers des pouvoirs nécessaires pour assurer l'exécution du contrat, il en va autrement quand l'administration ne peut user de moyens de contrainte à l'encontre de son cocontractant qu'en vertu d'une décision juridictionnelle ; qu'en pareille hypothèse, le juge du contrat est en droit de prononcer, à l'encontre du cocontractant de l'administration, une condamnation, éventuellement sous astreinte, à une obligation de faire ; qu'en cas d'urgence, le juge des référés peut, de même, sur le fondement des dispositions précitées de l'article L. 521-3 du Code de justice administrative, ordonner, éventuellement sous astreinte, audit cocontractant, dans le cadre des obligations prévues au contrat, toute mesure nécessaire pour assurer la continuité du service public »[1].

B

Demande introduite par une personne privée

242.171 Préserver les droits et intérêts du requérant. Lorsque la demande est présentée par un particulier, l'utilité de la mesure s'apprécie en tenant compte de la situation particulière de celui-ci. Le juge doit déterminer si le prononcé de la mesure permettra, de façon générale, de prévenir ou de faire cesser un dommage, d'assurer la protection de ses droits ou intérêts ou de remédier à une situation illicite qui lui préjudicie.

242.172 Absence d'autres voies de droit. Lorsque le retard de l'administration à prendre position sur une demande ne fait naître aucune décision implicite, le prononcé d'une injonction visant à contraindre l'autorité compétente à agir sera regardé comme utile lorsqu'il n'existe aucune autre voie de droit permettant de surmonter son inertie. Ainsi, l'injonction adressée à l'Ofpra de statuer dans un délai donné sur une demande d'asile « peut être regardée comme utile, dans la mesure où le silence gardé par l'administration ne peut faire naître aucune décision administrative dont en cas d'urgence le juge des référés pourrait être saisi en application de l'article L. 521-1 du Code de justice administrative ». Le Conseil d'État estime « qu'en l'absence d'autres voies de droit permettant au demandeur d'asile d'obtenir qu'il soit remédié à cette situation, cette mesure relève en conséquence de celles » que le juge du référé-mesures utiles peut valablement prononcer[2].

242.173 Infraction au droit de l'urbanisme. Dans l'hypothèse particulière où une personne intéressée (tel qu'un un voisin ou une association de protection de l'environnement) risque de subir des nuisances du fait d'une construction réalisée sans permis (ou, ce qui revient au même, réalisée sur la base d'un permis suspendu), il peut demander au juge du référé-mesures utiles d'ordonner au maire de mettre en

1. CE 29 juill. 2002, CH d'Armentières, req. n° 243500, *Lebon* 307 ; *AJDA* 2002. 1451, note J.-D. Dreyfus ; *RDI* 2003. 78, obs. J.-D. Dreyfus ; *JCP* 2003. 10002, note J.-C. Zarka ; *BJCP* 2002. 470, concl. P. Collin – V., dans le même sens, CE 5 juill. 2013, Sté Véolia Transport Valenciennes Transville, req. n° 367760, *Lebon T.* ; *AJDA* 2013. 1415 ; *AJDA* 2013. 2454, note P. Schultz ; *Contrats Marchés publ.* 2013. comm. 262, note J.-P. Piétri – CE 25 juin 2018, Agence de l'environnement et de la maîtrise de l'énergie, req. n° 418493, *Lebon T.* ; *BJCP* 2018. 392, concl. G. Pellissier ; *JCP Adm.* 2019, n° 2045, note J.-S. Boda ; *JCP Adm.* 2018, n° 2333, Chron. O. Le Bot ; *AJCT* 2018. 580, obs. D. Didriche.
2. CE 18 juill. 2011, Fathi, req. n° 343901, *Lebon* ; *AJDA* 2011. 1526 ; *D.* 2012. 390, obs. O. Boskovic, S. Corneloup, F. Jault-Seseke, N. Joubert et K. Parrot.

œuvre les pouvoirs que lui confère le Code de l'urbanisme pour mettre fin à ces travaux. L'utilité de la mesure s'apprécie simplement, au regard de l'intérêt pratique que retire l'intéressé à voir observer les règles d'urbanisme[1].

L'utilité de la mesure fait l'objet d'une appréciation sensiblement différente lorsque, à la suite de cette suspension, le maire de la commune adopte un permis de construire modificatif afin de remédier aux vices retenus par le juge du référé-suspension. Si le juge des référés est alors saisi, sur le fondement de l'article L. 521-3 du CJA, de conclusions lui demandant d'enjoindre à l'autorité compétente de prendre les mesures prévues aux articles L. 480-1 et L. 480-2 du Code de l'urbanisme pour interrompre les travaux effectués après la délivrance du permis modificatif, « il lui appartient, afin d'apprécier l'utilité des mesures sollicitées, de prendre en compte la mesure dans laquelle le permis modificatif a remédié aux vices retenus par l'ordonnance de suspension à l'encontre du permis initial »[2]. Dans ces conditions, le juge des référés commet une erreur de droit en ordonnant au maire de la commune de mettre en œuvre les dispositions des articles L. 480-1 et L. 480-2 du Code de l'urbanisme, sans rechercher si ses arrêtés modificatifs avaient eu pour effet de régulariser le permis de construire initialement délivré et dont l'exécution a été suspendue sur le fondement de l'article L. 521-1 du CJA[3].

SECTION 3

Absence de contestation sérieuse

242.181 Origine de la condition. Avant la loi du 30 juin 2000, les dispositions régissant le référé-mesures utiles interdisaient au juge de « faire préjudice au principal » (CTACAA, art. 130). Appliquée littéralement, cette condition aurait interdit au juge des référés de porter une appréciation sur la légalité de décisions administratives et, plus généralement, de se fonder sur des appréciations relevant du juge du principal. Aussi la jurisprudence a-t-elle interprété cette interdiction avec souplesse, estimant que le juge des référés pouvait certes prendre en compte la valeur d'une prétention de fond mais uniquement lorsque celle-ci « ne se heurtait à aucune contestation sérieuse »[4].

242.182 Maintien jurisprudentiel de la condition. L'interdiction de « faire préjudice au principal » n'ayant pas été maintenue par la loi du 30 juin 2000, le juge des référés ne saurait exiger que la condition de ne pas faire préjudice au principal soit remplie[5].

1. CE, sect., 6 févr. 2004, Masier, req. n° 256719, *Lebon* 45 ; *AJDA* 2004. 1047 ; *D.* 2004. 678, et les obs. ; *RDI* 2004. 221, obs. P. Soler-Couteaux ; *RFDA* 2004. 1170, concl. J.-H. Stahl ; *BJDU* 2004. 139, concl.
2. CE 27 juill. 2006, min. des Transports, de l'Équipement, du Tourisme et de la Mer c/Patoulle, req. n° 287836, *Lebon T.* 1021 ; *RDI* 2006. 393, obs. P. Soler-Couteaux ; *BJDU* 2006. 464, concl. E. Glaser et obs. J. Bonichot ; *Dr. adm.* 2006, comm. n° 192, note E. Glaser.
3. CE 27 juill. 2006, min. des Transports, de l'Équipement, du Tourisme et de la Mer c/Patoulle, préc.
4. CE, ass., 3 mars 1978, Lecoq, req. n° 06079, *Lebon* 116 ; *AJDA* 1978. 581, concl. D. Labetoulle : c'est à bon droit que le juge des référés a accueilli la demande d'expulsion d'un pensionnaire d'une maison de retraite dès lors que cette demande « ne se heurtait à aucune contestation sérieuse ».
5. CE 6 avr. 2001, min. de l'Éducation nationale c/Cros Decam, req. n° 230000, *Lebon* 180 ; *D.* 2002. 2230, obs. R. Vandermeeren.

L'interdiction légale ayant été supprimée, on pouvait penser que disparaîtrait la condition jurisprudentielle dégagée sur son fondement. Néanmoins, et de façon purement prétorienne, le Conseil d'État a maintenu l'exigence que la mesure sollicitée ne se heurte à aucune contestation sérieuse.

Le maintien de cette condition en dehors de tout fondement légal résulte d'une prise en compte des effets que comportent (ou peuvent comporter) les mesures ordonnées au titre de l'article L. 521-3 du CJA. Lorsque, par exemple, le juge prescrit l'expulsion d'un occupant du domaine public ou encore lorsqu'il enjoint à une entreprise l'enfouissement de câbles dans un réseau souterrain, les mesures ordonnées présentent, de fait, un caractère irréversible. Pour éviter qu'elles ne soient ordonnées de manière injustifiée, il est préférable de procéder à un examen au moins minimal des contestations opposées par le défendeur. Celui-ci pourra faire valoir, pour reprendre les exemples précités, que le retrait de l'autorisation d'occuper le domaine public qui sert de base à la demande d'expulsion s'avère illégal, ou encore qu'il n'est pas juridiquement tenu de procéder à l'enfouissement des câbles. Examinant le caractère sérieux de cette contestation, le juge des référés se prononce alors, dans le cadre de son office, sur la légalité de décisions administratives ou sur la qualification juridique de situations.

242.183 **Condition d'application générale.** La condition tenant à l'absence de contestation sérieuse donne lieu à ses applications principales dans le contentieux de l'expulsion des occupants du domaine public. Elle revêt néanmoins le caractère d'exigence générale et se retrouve, dans les formules jurisprudentielles, à côté des conditions légales auxquelles est subordonné le prononcé d'une mesure sur le fondement de l'article L. 521-3 (v. s[s] n° 242.09). On relèvera qu'elle fait du référé-mesures utiles une procédure plus exigeante que le référé civil, où le juge peut prescrire les mesures conservatoires ou de remise en état « même en présence d'une contestation sérieuse ».

§ 1

Absence de contestation sérieuse dans le contentieux de l'expulsion

242.191 **Contrôle de l'existence d'une contestation sérieuse.** Lorsque le juge des référés est saisi, sur le fondement de l'article L. 521-3 du CJA, d'une demande d'expulsion d'un occupant du domaine public, « il lui appartient de rechercher si, au jour où il statue, cette demande [...] ne se heurte à aucune contestation sérieuse »[1]. Dans le cas, de très loin le plus fréquent, « où la demande d'expulsion fait suite à la décision du gestionnaire du domaine de retirer ou de refuser de renouveler le titre dont bénéficiait l'occupant et où, alors que cette décision exécutoire n'est pas devenue définitive, l'occupant en conteste devant lui la validité, le juge des référés doit rechercher si, compte tenu tant de la nature que du bien-fondé des moyens ainsi

1. CE, sect., 16 mai 2003, SARL Icomatex, req. n° 249880, *Lebon* 228 ; *AJDA* 2003. 1156, Chron. F. Donnat et D. Casas ; *D.* 2003. 1482, et les obs. ; *JCP Adm.* 2003, n° 1674, note J. Moreau ; *LPA* 24 mars 2003, n° 60, p. 4, concl. G. Bachelier ; *BJCL* 2003. 579, concl.

soulevés à l'encontre de cette décision, la demande d'expulsion doit être regardée comme se heurtant à une contestation sérieuse »[1].

L'occupant du domaine public peut ainsi soutenir, en défense, que la demande d'expulsion présentée par l'administration sur le fondement de l'article L. 521-3 se heurte à une contestation sérieuse. Concrètement, il met en cause la validité de la décision du gestionnaire lui retirant ou refusant de renouveler le titre dont il bénéficiait.

Le juge doit vérifier la légalité de la décision à l'origine de la situation. Il commet une erreur de droit s'il juge par principe inopérant un moyen de défense tiré de l'illégalité de la décision retirant ou refusant de renouveler le titre d'occupation du domaine public[2].

Lorsque l'occupant soutient que la demande d'expulsion méconnaît les stipulations testamentaires relatives à un legs accepté par la collectivité publique, le juge est tenu de vérifier si l'expulsion implique une modification des charges et conditions grevant le bien légué (CGCT, art. L. 1311-17) et, dans l'affirmative, si la procédure judiciaire prévue à cet effet a été préalablement mise en œuvre[3].

Les critères dégagés par le Conseil d'État dans l'arrêt Icomatex, concernant le domaine public, s'appliquent également à la libération d'un logement de fonction[4].

242.192 Office du juge. Le juge apprécie le caractère sérieux de la contestation opposée par le défendeur en tenant compte, selon la formule jurisprudentielle, « tant de la *nature* que du *bien-fondé* » des moyens soulevés à l'encontre de la décision le privant de titre[5].

1. CE, sect., 16 mai 2003, SARL Icomatex, req. n° 249880, préc. - v. déjà CE 6 avr. 2001, min. de l'Éducation nationale c/Cros Decam, req. n° 230000, *Lebon* 180 ; *D.* 2002. 2230, obs. R. Vandermeeren : après avoir exposé les arguments du défendeur mettant en cause la légalité de la décision administrative lui demandant de quitter les lieux occupés, le Conseil d'État affirmait que la demande d'expulsion présentée par l'administration « ne se heurte à aucune contestation sérieuse ». La formule de principe de l'arrêt *SARL Icomatex* a été reprise par la suite de façon constante (v. par ex. CE 23 mars 2005, Sté San Luis c/ Établissement public du musée et du domaine national de Versailles, req. n° 271507, NP). Elle constitue un abandon de la jurisprudence *Peugnez* qui voyait le juge des référés s'interdire d'apprécier la légalité de la décision retirant ou refusant de renouveler un titre d'occupation (CE, sect., 2 mars 1990, Peugnez, req. n° 91687, *Lebon* 59 ; *AJDA* 1990. 384, Chron. E. Honorat et E. Baptiste ; *LPA* 20 juin 1990, n° 74, concl. M. de Guillenchmidt). Le Conseil d'État estimait qu'une demande d'expulsion ne se heurtait à aucune contestation sérieuse, alors même qu'un recours pour excès de pouvoir était formé contre la décision retirant ou refusant de renouveler un titre à l'occupation du domaine public. L'absence de contestation sérieuse était pour ainsi dire présumée, quand bien même la décision à l'origine du litige faisait l'objet d'un recours devant le juge du principal. Cette jurisprudence excessivement favorable aux gestionnaires du domaine public a été abandonnée sous l'empire des dispositions de l'article L. 521-3 du CJA, traduisant ainsi une meilleure prise en compte des intérêts des occupants du domaine public.
2. CE 30 déc. 2003, Eurl Sochana c/Port autonome de Papeete, req. n° 260429, NP - v. égalt CE 5 sept. 2003, Sté Midi fruit, req. n° 257420, NP - CE 2 juill. 2003, Assoc. Temps Libre c/Cne de Sabres, req. n° 254756, NP : ordonnances concluant à l'occupation du domaine public sans droit ni titre sans examiner si les moyens et illégalités soulevés contre la décision le privant de titre étaient de nature à caractériser une contestation sérieuse de la demande d'expulsion.
3. CE 8 janv. 2010, Adrey, req. n° 322389, *Lebon T.*
4. CE 20 déc. 2017, M. Deck, req. n° 402383, *Lebon T.* ; *AJFP* 2018. 178, note B. Toulemonde.
5. CE, sect., 16 mai 2003, SARL Icomatex, req. n° 249880, *Lebon* 228 ; *AJDA* 2003. 1156, Chron. F. Donnat et D. Casas ; *D.* 2003. 1482, et les obs. ; *JCP Adm.* 2003, n° 1674, note J. Moreau ; *LPA* 24 mars 2003, n° 60, p. 4, concl. G. Bachelier ; *BJCL* 2003. 579, concl.

La « nature » des moyens renvoie à la distinction entre la légalité interne et la légalité externe et, plus exactement, à la distinction entre une illégalité dirimante et une illégalité susceptible d'être corrigée. À la différence d'une irrégularité de fond, un vice de forme ou de procédure régularisable ne sera pas de nature à caractériser l'existence d'une contestation sérieuse. Il pourra en aller de même de certains vices relatifs à la compétence de l'auteur de l'acte, par exemple lorsque la décision retirant l'autorisation d'occupation a été prise par l'exécutif d'une personne publique alors que la compétence revenait à son organe collégial. Dans une espèce où était en cause une décision de résiliation d'une convention prise par le directeur d'un port autonome, le Conseil d'État affirme « que le moyen tiré de l'incompétence du directeur du port autonome pour prendre une décision de résiliation d'une convention d'occupation ne peut être regardé, en l'état de l'instruction, comme soulevant, dans les circonstances de l'espèce, une contestation sérieuse de la mesure d'expulsion demandée par le port autonome de Papeete »[1]. Une telle illégalité peut en effet être effacée par une délibération du conseil d'administration du port autonome.

Le juge apprécie, d'autre part, le « bien-fondé » des moyens dirigés contre l'acte retirant ou refusant de renouveler l'autorisation d'occupation du domaine public, ce qui l'amène à examiner la légalité de cet acte. La contestation « sérieuse » de l'article L. 521-3 du CJA peut être rapprochée du doute « sérieux » de l'article L. 521-1 supposant un examen superficiel de la légalité de l'acte. L'office qui lui est conféré doit surtout être appréhendé en tenant compte de la philosophie qui justifie la présence de cette condition, à savoir éviter qu'une mesure irréversible ne soit ordonnée à tort et, surtout, sur le fondement d'une décision qui serait en réalité illégale. S'il n'apparaît pas évident, au regard des règles applicables et des arguments échangés lors de l'instruction, que l'occupant doive être expulsé, alors le juge doit s'abstenir. Comme le dit le commissaire du gouvernement Didier Chauvaux, « s'il existe un doute quant au caractère irrégulier de l'occupation, le souci de préserver l'avenir, qui constitue le critère des mesures conservatoires, fait pencher pour un maintien provisoire dans les lieux »[2].

Néanmoins, lorsque la légalité de l'acte lui apparaît certaine, il arrive au juge d'aller au-delà de cet office restreint et de délivrer un brevet de légalité à l'acte retirant à un occupant le titre d'occupation dont il bénéficiait. Ce fut le cas dans une affaire dans laquelle l'autorité publique visant à obtenir l'expulsion d'un agent public d'un logement de fonction suite à sa révocation. L'intéressé contestait la légalité de cette éviction. Écartant les arguments avancés par ce dernier, le Conseil d'État affirme « que contrairement à ce qu'il soutient, l'administration pouvait légalement mettre fin à ses fonctions dans l'intérêt du service et que la décision prise à cette fin n'est entachée d'aucune illégalité ; qu'il en résulte que la demande d'expulsion sollicitée [...] ne se heurte à aucune contestation sérieuse »[3].

1. CE 30 déc. 2003, Eurl Sochana c/Port autonome de Papeete, req. n° 260429, NP.
2. D. Chauvaux, concl. sur CE, sect., 18 juill. 2006, Élissondo Labat, req. n° 283474, *Lebon* ; *AJDA* 2006. 1839, Chron. C. Landais et F. Lenica ; *GACA*, 5e éd., 2016, n° 16 ; *RFDA* 2007. 314.
3. CE 17 mars 2008, Najjar c/Établissement public national d'enseignement et de formation professionnelle agricoles de Nouvelle-Calédonie, req. n° 306461, *Lebon T.* ; *AJDA* 2008. 1285.

242.193 Articulation avec un recours Béziers 1. Lorsque le juge du référé-mesures utiles est saisi d'une demande d'expulsion d'un occupant du domaine public, il lui appartient de rechercher si, au jour où il statue, cette demande présente un caractère d'urgence et ne se heurte à aucune contestation sérieuse. S'agissant de cette dernière condition, dans le cas où la demande d'expulsion fait suite à une mesure de résiliation d'une convention d'occupation du domaine public et où cette mesure est contestée, « il appartient au juge des référés de rechercher, alors que le juge du contrat a été saisi d'un recours de plein contentieux contestant la validité de la résiliation du contrat et tendant à la reprise des relations contractuelles, si cette demande d'expulsion se heurte, compte tenu de l'ensemble de l'argumentation qui lui est soumise, à une contestation sérieuse. À cet égard, il lui incombe de rechercher si les vices invoqués à l'encontre de la mesure de résiliation lui paraissent, en l'état de l'instruction, d'une gravité suffisante pour conduire à la reprise des relations contractuelles et non à la seule indemnisation du préjudice résultant, pour le requérant, de cette résiliation »[1].

242.194 Tactique contentieuse en défense. Il appartient au défendeur de contester la validité de l'acte lui retirant le titre d'occupation du domaine public ou refusant son renouvellement. Une argumentation convaincante sur ce point sera regardée comme une « contestation sérieuse » faisant obstacle à son expulsion.

242.195 Illustrations. Ont été regardées comme se heurtant à une contestation sérieuse les demandes d'expulsion intervenues dans les espèces suivantes :

- une commune résilie une convention comportant occupation du domaine public au motif que son cocontractant ne s'est pas acquitté de redevances : la demande d'expulsion se heurte à une contestation sérieuse dans la mesure où il ne ressort pas des pièces du dossier qu'un commandement de payer a été envoyé à l'occupant[2] ;
- un contrat de concession est résilié par l'administration pour faute, sans que la réalité des manquements reprochés ne soit établie[3] ;
- l'administration retire à l'un de ses agents le logement de fonction qui lui avait été concédé en se fondant sur la mesure de suspension prise à l'encontre de ce dernier : le juge relève le caractère sérieux des contestations mises en avant par l'intéressé dès lors qu'en raison de son caractère temporaire, la mesure de suspension ne suffit pas à lui faire perdre le droit à la jouissance du logement associé à sa fonction[4] ;
- le marché d'intérêt national (MIN) de Strasbourg résilie un contrat de concession ayant pour objet l'occupation de locaux dans l'enceinte du marché : la demande d'expulsion présentée par le MIN se heurte à une contestation sérieuse dans la mesure où le juge du référé-suspension a suspendu la décision de résilier le contrat de concession[5].

1. CE 21 mars 2018, SEM Semidep Ciotat, req. n° 414334, NP ; *JCP Adm.* 2018, n° 2196, note Ph. S. Hansen.
2. CE 2 juill. 2003, Assoc. Temps Libre c/Cne de Sabres, req. n° 254756, NP.
3. CE 6 mars 2006, Cne de Roquebrune-sur-Argens, req. n° 283909, *Lebon T.* 1009 ; *Contrats marchés publ.* 2006/5. 154, comm. J.-P. Pietri.
4. CE 8 mars 2006, Quard, req. n° 279787, NP.
5. CE 5 sept. 2003, Sté Midi fruit, req. n° 257420, NP.

En revanche, une demande d'expulsion ne peut être regardée comme se heurtant à une contestation sérieuse :

- lorsque l'occupant d'un foyer pour demandeur d'asile a vu sa demande d'asile être rejetée[1] ;
- lorsque l'occupant fait valoir l'incompétence de l'autorité ayant ordonné de quitter les lieux alors que celle-ci bénéficiait d'une délégation de signature l'y habilitant[2] ;
- lorsque le recours de l'occupant contre la résiliation de la convention d'occupation du domaine public « n'a pas été exercé dans un délai de deux mois à compter de la date à laquelle le cocontractant a été informé de la mesure de résiliation »[3] ;
- lorsque l'occupant se prévaut, en défense, de l'illégalité de la décision du gestionnaire du domaine par laquelle celui-ci a rejeté sa candidature en vue de la conclusion d'une nouvelle convention d'occupation domaniale alors que, à la date de cette décision, l'occupant ne disposait plus d'aucun titre en raison de l'expiration de la convention d'occupation du domaine dont il était titulaire, qui ne prévoyait aucune clause tacite de reconduction[4].

§ 2

Absence de contestation sérieuse dans les autres contentieux

242.201 **Réalité d'une obligation à la charge d'un cocontractant.** Lorsqu'une personne publique saisit le juge des référés sur le fondement de l'article L. 521-3 du CJA en vue que soit ordonné à son cocontractant d'exécuter une obligation dont celui-ci conteste, en défense, la réalité, il appartient au juge de vérifier si, au regard des arguments échangés par les parties, la réalité de l'obligation litigieuse se heurte ou non à une contestation sérieuse.

Cette obligation peut trouver son origine dans la loi. Ainsi, saisi par le syndicat départemental d'énergie du Rhône d'une demande visant à enjoindre à son cocontractant - la Société Rhône vision câble - de déposer et d'enfouir son réseau câblé, le juge des référés du Conseil d'État relève qu'« indépendamment des obligations contractuelles des parties, les dispositions [de l'article L. 2224-35 du CGCT] mettent à la charge de l'opérateur de communications électroniques une obligation de dépose et d'enfouissement de son réseau câblé en cas de remplacement par la personne publique du réseau public aérien de distribution d'électricité par une ligne souterraine ; qu'il en résulte que le juge des référés a pu relever, sans dénaturer les pièces du dossier et sans commettre d'erreur de droit, que l'obligation dans laquelle se trouvait la Société Rhône vision câble de procéder à la dépose et à l'enfouissement de son réseau câblé, compte tenu de l'enfouissement du réseau public de distribution d'électricité par le syndicat, ne se heurte à aucune contestation sérieuse »[5].

1. CE 21 avr. 2017, min. de l'Intérieur c/Gjeta, req. n° 405164, *Lebon* ; *AJDA* 2017. 841 ; *JCP Adm.* 2017, n° 2268, Chron. O. Le Bot (pt 3).
2. CE 21 avr. 2017, min. de l'Intérieur c/Gjeta, req. n° 405164, préc. (pt 9).
3. CE 11 avr. 2012, Sté Prathotel, req. n° 355356, *Lebon T.*
4. CE 23 juill. 2010, RATP, SA Promo Métro, req. n° 335132, *Lebon T.* ; *AJDA* 2010. 1511 ; *RDI* 2010. 614, obs. P. Caille : moyen inopérant.
5. CE 9 juill. 2008, Sté Rhône Vision Câble, req. n° 309878, *Lebon T.* ; *AJDA* 2008. 1412 - dans le même sens : CE 20 févr. 2013, Communauté d'agglomération de Saint-Quentin-en-Yvelines, req. n° 364025, *Lebon T.* ; *AJDA* 2013. 438.

L'obligation dont l'administration demande au cocontractant l'exécution peut également résulter d'un contrat, le cas échéant après exercice par l'administration de son pouvoir de modification unilatérale[1]. Si le défendeur conteste la réalité de cette obligation, il appartient au juge des référés de contrôler si la mesure dont le prononcé est sollicité se heurte à une contestation sérieuse. Ainsi, dans l'arrêt *Centre hospitalier d'Armentières*, le juge débute son raisonnement en relevant qu'il résulte des stipulations du contrat signé entre le centre hospitalier et la société Centre d'Archives du Nord que cette dernière société s'est engagée à assurer la conservation des archives qui lui étaient remises et à restituer, en fin de contrat, les archives qui avaient été déposées auprès d'elle. Elle s'est en outre engagée, souligne la décision, et ce en vertu du même contrat, à laisser le centre hospitalier venir chercher directement à son siège social les archives dont il souhaiterait obtenir la restitution. Au regard de ces stipulations, et dans la mesure où le centre hospitalier a dénoncé le contrat dans les formes prévues par celui-ci, sa demande tendant à ce que soit ordonné à la société Centre d'archives du Nord de restituer les archives qui avaient été déposées et de lui permettre de venir chercher directement ces archives au siège de la société « ne se heurte, dans son principe, à aucune contestation sérieuse ». Il ajoute « que la contestation relative au montant des frais susceptibles d'être facturés de ce fait au centre hospitalier, laquelle relève, à défaut d'accord des parties, de la compétence du juge du contrat, ne fait pas obstacle à ce que la restitution des archives soit ordonnée en référé »[2]. De la même manière, le juge apprécie si le moyen de défense invoqué par un cocontractant pour justifier l'inexécution de ses obligations, tiré de la force majeure ou de l'impossibilité matérielle, constitue une contestation sérieuse[3].

242.202 Imputabilité d'un dommage à un ouvrage public ou à des travaux publics. Depuis l'arrêt *Élissondo Labat*, le Conseil d'État estime « que pour prévenir ou faire cesser un dommage dont l'imputabilité à des travaux publics ou à un ouvrage public *ne se heurte à aucune contestation sérieuse*, le juge des référés peut, sur le fondement des dispositions précitées de l'article L. 521-3 du Code de justice administrative, enjoindre au responsable du dommage de prendre des mesures conservatoires destinées à faire échec ou mettre un terme aux dangers immédiats présentés par l'état de l'immeuble ». Dans la présente affaire, la question portait sur l'imputabilité des dommages subis par la requérante à un ouvrage public. Le Conseil d'État relève que les importants désordres qui affectent la maison de l'intéressée trouvent leur origine dans l'accumulation des eaux de ruissellement d'une route départementale, renvoyées au pied de la maison par un caniveau construit lors de travaux effectués sur la chaussée en 1986. L'origine des désordres étant clairement établie par un rapport d'expertise, le Conseil en déduit qu'« en l'état de l'instruction, l'imputabilité du

1. CE 25 juin 2018, Agence de l'environnement et de la maîtrise de l'énergie, req. n° 418493, *Lebon T.* ; *BJCP* 2018. 392, concl. G. Pellissier ; *JCP Adm.* 2019, n° 2045, note J.-S. Boda ; *JCP Adm.* 2018, n° 2333, Chron. O. Le Bot ; *AJCT* 2018. 580, obs. D. Didriche.
2. CE 29 juill. 2002, CH d'Armentières, req. n° 243500, *Lebon* 307 ; *AJDA* 2002. 1451, note J.-D. Dreyfus ; *RDI* 2003. 78, obs. J.-D. Dreyfus ; *JCP* 2003. 10002, note J.-C. Zarka ; *BJCP* 2002. 470, concl. P. Collin.
3. CE 29 mai 2019, Sté Completel, req. n° 428628, NP ; *Contrats et Marchés publics* 2019, comm. 283, note J. Dietenhoeffer.

dommage à l'ouvrage public que constitue la route départementale ne se heurte à aucune contestation sérieuse »[1].

242.203 Injonction de notifier une opération de concentration. Le ministre de l'Économie tient des dispositions de l'article L. 430-8 du Code de commerce le pouvoir d'enjoindre aux entreprises impliquées dans une opération de concentration de lui notifier cette opération. Saisi par tout intéressé, le juge des référés peut – dès lors que l'ensemble des conditions sont satisfaites – ordonner au ministre de mettre en œuvre ce pouvoir[2]. Dans l'hypothèse où le contrôle de l'opération de concentration paraît relever non pas des institutions nationales mais, au regard de son montant, des autorités européennes, l'injonction dont le prononcé est sollicité se heurte à une contestation sérieuse et, par suite, fait obstacle à son prononcé[3].

242.204 Mesures prises pour lutter contre l'épidémie de covid-19. L'existence, alléguée par les requérants, d'une carence à prendre l'une des mesures auxquelles le législateur a autorisé le gouvernement, à sa demande, à recourir, « est sérieusement contestable », en raison des mesures réglementaires et individuelles effectivement mises en œuvre par celui-ci[4].

243. Jugement du référé-mesures utiles

SECTION 0

Orienteur

243.00 Plan du chapitre.

Sect. 1 Jugement de la demande
Sect. 2 Impartialité du juge des référés

243.02 Jurisprudence de référence.

> Le juge doit obligatoirement tenir une audience pour une demande d'expulsion du domaine public

CE 24 nov. 2006, Wuister c/Sté Yacht-club International de Saint-Laurent-du-Var, req. n° 291294, *Lebon* 494.

1. CE, sect., 18 juill. 2006, Élissondo Labat, req. n° 283474, *Lebon* 369 ; *AJDA* 2006. 1839, Chron. C. Landais et F. Lenica ; *GACA*, 5e éd., 2016, n° 16 ; *RFDA* 2007. 314, concl. D. Chauvaux ; *RD publ.* 2006. 1267, note C. Guettier.
2. CE, ord., 18 févr. 2008, Féd. nationale des transports routiers, req. n° 312534, *Lebon T.* ; *AJDA* 2008. 1129, Chron. L. Richer, P.-A. Jeanneney et S. Nicinski.
3. CE, ord., 18 févr. 2008, Féd. nationale des transports routiers, préc. : le Conseil d'État souligne « que la compétence des autorités nationales pour statuer sur une opération de concentration par prise de contrôle conjoint des groupes SNCF et Norbert Dentressangle sur la société Novatrans fait l'objet d'une contestation sérieuse, eu égard au montant des chiffres d'affaires des groupes concernés et à la répartition du chiffre d'affaires du groupe Norbert Dentressangle au sein de la Communauté européenne à la suite de l'acquisition de la société de droit britannique Christian Salvesen ». Il ajoute « que d'ailleurs les groupes SNCF et Norbert Dentressangle ont informé la Commission européenne le 28 janvier 2008 de l'existence de pourparlers pouvant déboucher sur un pacte d'actionnaires et sur une notification au titre du règlement n° 139/2004 » pour en déduire que « l'injonction sollicitée au titre des pouvoirs conférés au ministre par l'article L. 430-8 du Code de commerce ne peut être prononcée ».
4. CE, ord. 2 avr. 2020, M. Cassia et autres, req. n° 439844, *Lebon T.*

243.09 Règles procédurales des référés d'urgence. La requête introduite sur le fondement de l'article L. 521-3 du CJA est soumise aux règles procédurales applicables à tout référé d'urgence (v. s^s n°s 213.09 s.), sous réserve d'une adaptation liée à l'absence d'obligation générale pour le juge de tenir audience.

SECTION 1

Jugement de la demande

243.11 Délai de jugement. En vertu des dispositions générales de l'article L. 511-1 du CJA, le juge des référés « se prononce dans les meilleurs délais ».

243.12 Deux procédures. La demande de mesure utile peut, comme tout référé d'urgence, être jugée selon deux procédures différentes : soit celle du tri, soit celle de l'instruction contradictoire.

§ 1

Rejet sans instruction

243.21 Ordonnance de tri. La requête peut être rejetée, sans instruction ni audience, selon la procédure de l'article L. 522-3 du CJA. Conçue pour écarter rapidement les requêtes visiblement vouées à l'échec, cette procédure est mise en œuvre dans les hypothèses et dans les formes prévues par l'article L. 522-3 (v. s^s n°s 213.41 s.). Ont par exemple été rejetées sur ce fondement :

- faute d'urgence, la demande tendant à ce qu'il soit enjoint au ministre de la Justice de communiquer au requérant le décret qui l'a radié en 1987 des cadres de la magistrature[1] ;
- comme ne relevant manifestement pas de la compétence de la juridiction administrative, la demande tendant à ce qu'il soit enjoint au président d'une autorité administrative indépendante de justifier du respect de ses propres délibérations par les entreprises du secteur bancaire[2].

§ 2

Jugement de la demande après instruction contradictoire

243.31 Instruction contradictoire. Si la requête n'est pas écartée par la procédure de tri, elle est mise à l'instruction. Celle-ci débute par la notification de la requête aux défendeurs (CJA, art. R. 522-4, al. 1er). L'article R. 522-4 précise en outre, dans son second alinéa, que « les délais les plus brefs sont donnés aux parties pour fournir leurs observations. Ils doivent être rigoureusement observés, faute de quoi il est passé outre sans mise en demeure ». Techniquement, le caractère contradictoire de la procédure est susceptible de prendre deux formes différentes dans le référé-mesures utiles selon qu'une audience soit ou non organisée.

1. CE, ord., 16 août 2010, Bidalou, req. n° 342437, NP.
2. CE, ord., 25 juin 2010, Ognami Lebandji, req. n° 340559, NP.

A

Absence d'audience publique

243.41 Audience facultative. La tenue d'une audience publique représente en principe une simple faculté pour le juge saisi sur le fondement de l'article L. 521-3 du CJA. L'article L. 522-1, qui détermine les hypothèses où le juge administratif statuant sur un référé d'urgence a l'obligation de tenir une audience publique, ne s'applique pas au référé-mesures utiles. Saisi au titre de l'article L. 521-3, le juge des référés « n'est pas tenu – à la différence des cas où il est saisi sur le fondement des articles L. 521-1 et L. 521-2 – de compléter l'instruction écrite par la tenue d'une audience »[1].

243.42 Procédure contradictoire. Dans l'hypothèse ordinaire où aucune audience n'a lieu, le juge doit néanmoins respecter les exigences de la contradiction : il « ne peut faire droit à une demande de mesures d'urgence présentée sur le fondement de l'article L. 521-3 [...] sans observer le principe du caractère contradictoire de l'instruction rappelé à l'article L. 5 du Code de justice administrative »[2].

La communication de la requête au défendeur avec fixation d'un délai de réponse – et attente de sa réponse – suffit à réputer satisfait le principe du contradictoire. Il en résulte que le juge peut se prononcer sur la demande sans avoir à communiquer au demandeur le mémoire en défense produit par la partie adverse. Il devra toutefois procéder à cette communication lorsqu'il fonde sa décision sur des éléments contenus dans ce mémoire[3].

De même, le juge ne peut statuer avant l'expiration du délai fixé au défendeur pour défendre[4], ou du délai accordé au requérant pour répliquer[5].

La fixation d'une date limite pour répondre aux observations de l'autre partie constitue une obligation. Ainsi, les exigences de la contradiction sont méconnues lorsque les défendeurs n'ont pas été informés, en l'absence de date déterminée dans l'acte de notification du mémoire en réplique, du délai dans lequel ils étaient autorisés à produire leurs observations en réponse à ce mémoire et qu'ils n'ont, en l'absence d'audience, pas été mis en mesure d'exposer éventuellement leurs observations avant que le juge ne statue[6].

B

Tenue d'une audience publique

243.51 Audience volontaire. Le juge des référés, saisi sur le fondement de l'article L. 521-3 du CJA, peut spontanément décider d'organiser une audience publique. Il a toute liberté pour ce faire.

1. CE, sect., 6 févr. 2004, Masier, req. n° 256719, *Lebon* 45 ; *AJDA* 2004. 1047 ; *D.* 2004. 678, et les obs. ; *RDI* 2004. 221, obs. P. Soler-Couteaux ; *RFDA* 2004. 1170, concl. J.-H. Stahl ; *BJDU* 2004. 139, concl.
2. CE, sect., 6 févr. 2004, Masier, req. n° 256719, *Lebon* 45 ; *AJDA* 2004. 1047 ; *D.* 2004. 678, et les obs. ; *RDI* 2004. 221, obs. P. Soler-Couteaux ; *RFDA* 2004. 1170, concl. J.-H. Stahl ; *BJDU* 2004. 139, concl.
3. CE 29 juill. 2002, Domah, req. n° 242293, NP.
4. CE 7 mai 2002, Sté d'équipements de Tahiti et des îles (Setil), req. n° 240529, NP.
5. CE 29 déc. 2006, Assoc. culturelle musulmane de Saint-Nazaire et sa région, req. n° 297992, NP ; *BJCL* 2007. 123, concl. M.-H. Mitjavile.
6. CE 15 févr. 2012, SNCF, Réseau ferré de France, req. n° 351174, *Lebon T.* ; *AJDA* 2012. 354.

243.52 Audience obligatoire. Dans l'hypothèse où le juge des référés est saisi d'une demande d'expulsion d'un occupant du domaine public, il est tenu, par dérogation, de tenir audience[1]. Cette solution prétorienne est justifiée par trois considérations : le caractère quasi-irréversible de la mesure que le juge peut être conduit à prendre, les effets de cette mesure sur la situation des personnes concernées et la circonstance que le juge se prononce en dernier ressort[2].

243.53 Report d'audience pour demande d'aide juridictionnelle. Saisi d'une demande d'aide juridictionnelle non dilatoire, il appartient au juge du référé-mesures utiles de se prononcer provisoirement sur cette demande et de reporter l'audience à une date compatible avec l'urgence de la requête dont il est saisi[3].

243.54 Convocation à l'audience. Lorsqu'une audience publique a lieu (à titre obligatoire ou volontaire), il appartient au juge « d'en aviser les parties par tous moyens utiles, dans le respect du caractère contradictoire de la procédure »[4]. Les dispositions de droit commun de l'article R. 711-2, déterminant la forme et le contenu de la convocation à une audience, ne sont pas applicables[5]. Par suite, un moyen tiré de ce qu'une ordonnance aurait été rendue à l'issue d'une procédure irrégulière au motif que l'avis d'audience ne reproduisait pas l'article R. 731-3 du CJA, et aurait ainsi méconnu le deuxième alinéa de l'article R. 711-2 du même code, ne peut qu'être écarté[6].

243.55 Exigences de la contradiction. Dès lors que la requête a été communiquée au défendeur, les exigences de la contradiction peuvent être entièrement satisfaites à l'occasion de l'audience publique. Le juge assure ici une mission essentielle : il lui appartient « de communiquer aux parties avant la clôture de l'instruction, par tous moyens, notamment en les mettant à même d'en prendre connaissance à l'audience publique, les pièces et mémoires soumis au débat contradictoire qui servent de fondement à sa décision et qui comportent des éléments de fait ou de droit dont il n'a pas été antérieurement fait état au cours de la procédure »[7].

SECTION 2

Impartialité du juge des référés

243.61 Intervention successive d'un même magistrat. Un même magistrat ne peut successivement intervenir sur un litige au titre de deux procédures de référé, lorsque

1. CE 24 nov. 2006, Wuister c/Sté Yacht-club International de Saint-Laurent-du-Var, req. n° 291294, *Lebon* 494 ; *AJDA* 2006. 2310 ; *D.* 2007. 154 ; *JCP* 2007. II. 10037, note J. Moreau ; *JCP Adm.* 2007, note P. Yolka ; *Contrats Marchés publ.* 2007, comm. n° 56, note J.-P. Piétri ; *RJEP* 2007. 248, concl. L. Olléon.
2. Pour une application, v. CE 1er oct. 2007, Agence foncière et technique de la région parisienne (AFTRP), req. n° 299464, *Lebon T.* 1016 ; *AJDA* 2007. 1904.
3. CE 7 mars 2012, Olivry, req. n° 352367, *Lebon T.* ; *JCP Adm.* 2012, n° 2224, note H. Pauliat.
4. CE 15 mars 2004, Sté Dauphin Adshel, req. n° 259803, *Lebon T.* 829.
5. CE 15 mars 2004, Sté Dauphin Adshel, préc.
6. CE 25 janv. 2019, Mme Chabraoui, req. n° 424258, *Lebon T.*
7. CE 28 mai 2001, Sté Codiam, req. n° 230692, *Lebon T.* 1136 : la procédure est en l'espèce entachée d'irrégularité dans la mesure où un arrêté non publié, sur lequel s'est fondé le juge des référés, n'a été communiqué à la partie condamnée que le lendemain du jour où l'ordonnance a été rendue.

la solution donnée dans la première décision conduit à préjuger - ou même seulement à influencer - la solution qui le sera dans la seconde. Ainsi, méconnaît le principe d'impartialité le juge des référés ordonnant sur le fondement de l'article L. 521-3 du CJA l'expulsion d'un occupant du domaine public alors qu'il s'est déjà prononcé, par une précédente ordonnance rendue au titre de la procédure du référé-provision (CJA, art. R. 541-6), sur l'existence d'un titre d'occupation du domaine public[1].

244. Décision du juge du référé-mesures utiles

SECTION 0

Orienteur

244.00 Plan du chapitre.

244.02 Jurisprudence de référence.

> Le juge peut conférer un caractère exécutoire à une décision administrative

CE, ass., 1er mars 1991, Sté des bourses françaises, req. n° 118382, *Lebon* 78.

> Le juge peut ordonner à un maire d'édicter un arrêté interruptif de travaux

CE, sect., 6 févr. 2004, Masier, req. n° 256719, *Lebon* 45.

> Le juge peut ordonner à l'administration de prévenir ou de faire cesser un dommage de travaux publics

CE, sect., 18 juill. 2006, Élissondo Labat, req. n° 283474, *Lebon* 369.

244.09 Pouvoir d'injonction. Le prononcé d'une mesure utile se traduit, dans la décision juridictionnelle, par l'exercice d'un pouvoir d'injonction. Celui-ci peut être mis en œuvre aussi bien à l'égard de personnes privées qu'à l'encontre de l'administration[2]. Il peut également s'adresser à un tiers, comme un huissier de justice (v. ss n° 244.152).

244.10 Règles communes aux référés d'urgence. La décision rendue sur le fondement de l'article L. 521-3 du CJA suit le régime applicable à tout référé d'urgence quant à son contenu, au déploiement de ses effets et à l'autorité qui lui est reconnue (sur ces règles, v. ss nos 214.09 s.).

1. CE 7 déc. 2006, Sene c/SNCF, req. n° 294218, *Lebon T.* 1008-1021 ; *AJDA* 2007. 551 ; *BJCL* 2007. 113, concl. P. Collin ; *Contrats marchés publ.* 2007, comm. n° 55, obs. J.-P. Piétri.
2. CE 29 avr. 2002, Capelari, req. n° 240322, *Lebon T.* 876.

SECTION 1

Motivation de la décision

244.21 Conditions cumulatives. Les conditions d'octroi énoncées à l'article L. 521-3 du CJA présentant un caractère cumulatif, le juge des référés peut rejeter une requête au motif que l'une des conditions d'octroi fait défaut sans avoir à se prononcer sur les autres exigences posées par cette disposition. Ainsi, le juge des référés qui rejette une demande pour défaut d'urgence ou d'utilité de la mesure sollicitée n'est pas tenu de se prononcer sur l'existence d'une contestation sérieuse[1].

§ 1

Conditions d'urgence et d'utilité

244.31 Conditions regardées comme remplies. Lorsque le juge des référés estime que les conditions d'urgence et d'utilité sont satisfaites, il lui appartient d'exposer, dans son ordonnance, les considérations de droit et de fait ayant emporté sa conviction.

Le Conseil d'État retient une formule jurisprudentielle identique pour les deux conditions : il appartient au juge « de faire apparaître dans sa décision tous les éléments qui, compte tenu des *justifications apportées par le requérant* et de l'*ensemble des circonstances de l'espèce* », telles qu'elles résultent notamment des observations du défendeur, l'ont conduit à estimer que la mesure demandée revêtait « un caractère d'urgence »[2] ou « un caractère d'utilité »[3]. Cette exigence de motivation s'impose au juge des référés quand bien même le défendeur n'a pas contesté, dans ses écritures ou lors de l'audience publique, la réalisation de cette condition[4].

Une motivation insuffisante ne permet pas au juge de cassation d'exercer son contrôle. Elle emporte l'irrégularité de l'ordonnance de référé, justifiant son annulation par le juge de cassation. Tel est le cas de l'ordonnance par laquelle le juge des référés se borne à constater que le défendeur occupe sans droit ni titre des locaux relevant du domaine public et déduit de cette seule constatation qu'il y a lieu d'en ordonner l'expulsion sans rechercher si la libération de ces locaux présente un caractère d'urgence. Le Conseil d'État affirme « qu'en ne faisant pas apparaître dans les motifs de son ordonnance, les raisons de droit et de fait pour lesquelles il considérait que l'urgence pouvait justifier la mesure ordonnée, le juge des référés [...] a ainsi entaché son ordonnance d'irrégularité »[5]. De même, pour un référé-communication, est entachée d'insuffisance de motivation l'ordonnance par laquelle « le juge des référés s'est borné à relever que les documents demandés n'avaient pas été communiqués à la société [requérante] et à affirmer que leur communication revêtait un caractère d'utilité alors que cette dernière était expressément contestée devant lui »[6].

1. CE 8 juill. 2002, C^ne^ de Cogolin, req. n° 240015, *Lebon T.* 876 ; *AJDA* 2002. 826.
2. CE 10 mai 2004, Blanc, req. n° 258935, NP.
3. CE 22 févr. 2007, S^té^ d'ingénierie et de réalisation de constructions, req. n° 296506, NP ; *AJDA* 2007. 1095.
4. V., pour la condition d'urgence : CE 28 mars 2003, Assoc. Maison des jeunes et de la culture de Méru, req. n° 252448, *Lebon T.* 934.
5. CE 28 mars 2003, Assoc. Maison des jeunes et de la culture de Méru, req. n° 252448, préc.
6. CE 22 févr. 2007, S^té^ d'ingénierie et de réalisation de constructions, req. n° 296506, NP ; *AJDA* 2007. 1095.

244.32 Conditions non regardées comme remplies. Une motivation plus sommaire est admise lorsque le juge estime que la condition d'urgence ou la condition d'utilité n'est pas satisfaite. Le Conseil d'État ne contrôle pas, sauf dénaturation ou erreur de droit, les ordonnances par lesquelles le juge des référés conclut à l'absence d'urgence ou d'utilité de la mesure sollicitée (v. s[s] n°s 245.41 s.).

244.33 Référé-expulsion. Lorsque le juge des référés est saisi d'une demande d'évacuation d'un occupant sans titre, il lui appartient, alors même que l'occupant s'est borné en défense à faire valoir que la mesure sollicitée se heurte à une contestation sérieuse sans soulever aucun moyen relatif à l'absence d'urgence, « de faire apparaître les raisons de droit et de fait pour lesquelles soit il considère que l'urgence justifie l'intervention, dans de brefs délais, d'une mesure de la nature de celles qui peuvent être ordonnées sur le fondement de l'article L. 521-3 du Code de justice administrative, soit il estime qu'elle ne la justifie pas »[1].

§ 2

Condition relative à l'absence de contestation sérieuse

244.41 Condition regardée comme remplie. Lorsque le juge considère que la condition relative à l'absence de contestation sérieuse est satisfaite, l'étendue et la précision de la motivation seront fonction de l'argumentaire qui lui a été soumis par les parties. Dans une hypothèse de référé-expulsion, un juge des référés avait relevé, dans les motifs de son ordonnance, que le défendeur occupait sans titre ni autorisation une maison éclusière faisant partie du domaine public fluvial. Le Conseil d'État estime « que ce faisant, eu égard à la teneur de l'argumentation dont il était saisi, le juge des référés n'a pas insuffisamment motivé sa décision »[2]. Le caractère suffisant ou non de la motivation est ainsi apprécié par le juge de cassation au regard des arguments des parties.

Saisi sur le fondement de l'article L. 521-3 du CJA, le Conseil d'État statuant comme juge des référés se contente souvent, après avoir exposé les arguments du défendeur et sans autre analyse, d'indiquer qu'en l'état de l'instruction, « aucun de ces moyens ne peut être regardé comme soulevant, dans les circonstances de l'espèce, une contestation sérieuse » de la mesure demandée[3].

244.42 Condition non regardée comme remplie. Si la mesure sollicitée se heurte, selon le juge, à une contestation sérieuse, une motivation plus circonstanciée est exigée. Il appartient au juge des référés de préciser la « nature » et le « bien-fondé » des moyens qui fondent selon lui le caractère sérieux de la contestation. Ainsi, dans des hypothèses de référé-expulsion, le juge des référés entache son ordonnance d'une insuffisance de motivation et d'une erreur de droit :

1. CE 1er févr. 2012, Padureanu, req. n° 349749, *Lebon T.* ; *AJDA* 2012. 1737, note N. Ach ; *RDI* 2012. 513 et les obs. ; *BJCP* 2012. 154, concl. N. Escaut.
2. CE 26 juin 2002, Éveraert, req. n° 231807, *Lebon* 225 ; *AJDA* 2002. 1030.
3. V. par ex. CE, sect., 16 mai 2003, SARL Icomatex, req. n° 249880, *Lebon* 228 ; *AJDA* 2003. 1156, Chron. F. Donnat et D. Casas ; *D.* 2003. 1482, et les obs. ; *JCP Adm.* 2003, n° 1674, note J. Moreau ; *LPA* 24 mars 2003, n° 60, p. 4, concl. G. Bachelier.

– en se bornant, pour rejeter la demande tendant à l'expulsion d'une société du local qu'elle occupait en vue de l'exploitation d'un bar et d'une brasserie sur le domaine public, à retenir que la légalité de la décision refusant le renouvellement de son titre d'occupation « faisait l'objet d'une contestation sérieuse, sans préciser la nature et le bien-fondé des moyens qui fondaient, selon lui, le caractère sérieux de cette contestation »[1] ;

– en se bornant à relever que la délibération du conseil municipal résiliant de façon anticipée le contrat de concession « était sérieusement contestée, tant sur la forme que sur ses justifications, par la société [défenderesse], sans analyser précisément les moyens qui fondaient, selon lui, le caractère sérieux de cette contestation »[2].

SECTION 2
Prononcé d'une mesure utile

§ 1
Limites dans la détermination de la mesure utile

A
Caractère provisoire des mesures

244.51 Exigence de mesures juridiquement provisoires. L'article L. 511-1 du CJA, applicable à tout référé d'urgence, dispose que « le juge des référés statue par des mesures qui présentent un caractère provisoire ». Il en résulte que le juge des référés, saisi sur le fondement de l'article L. 521-3 du CJA, ne peut ordonner que des mesures « de nature provisoire ou conservatoire »[3]. D'un point de vue sémantique, le caractère conservatoire concerne l'objet de la mesure ; le caractère provisoire est relatif à son effet.

Les injonctions présentées ci-dessous (v. s[s] n°s 244.81 s.) peuvent être regardées comme autant de mesures satisfaisant à l'exigence du caractère provisoire prescrit par l'article L. 511-1 du CJA.

244.52 Admission de mesures matériellement définitives. Le Conseil d'État autorise le juge saisi sur le fondement de l'article L. 521-3 du CJA à prononcer des mesures dont les effets concrets sont irréversibles. Par exemple :

– l'injonction à un particulier de verser la somme de 60 000 euros au Fonds de garantie des dépôts[4] ;

– l'injonction de libérer un emplacement du domaine public[5] ;

– l'injonction de réaliser des travaux de dépose de lignes aériennes et d'enfouissement de ces lignes dans un réseau souterrain[6].

1. CE 27 juill. 2005, Synd. mixte des ports et bases nautiques du Morbihan, req. n° 280278, NP.
2. CE 23 sept. 2005, C[ne] de Cannes, req. n° 278033, NP ; *AJDA* 2005. 2308.
3. CE 29 avr. 2002, Capellari, req. n° 240322, *Lebon T.* 876.
4. CE, ord., 10 mars 2005, Fonds de garantie des dépôts, req. n° 278035, *Lebon* 99.
5. CE 28 mai 2001, S[té] Codiam, req. n° 230692, *Lebon T.* 1136.
6. CE 9 juill. 2008, S[té] Rhône Vision Câble, req. n° 309878, *Lebon T.* ; *AJDA* 2008. 1412 – CE 20 févr. 2013, Communauté d'agglomération de Saint-Quentin-en-Yvelines, req. n° 364025, *Lebon T.* ; *AJDA* 2013. 438.

B

Mesures exclues

244.61 Mesures excédant les pouvoirs du juge administratif. Le juge des référés ne peut prononcer une mesure qui excède les pouvoirs du juge administratif. Ainsi, il ne peut autoriser un particulier à porter atteinte à un ouvrage public (en l'occurrence un équipement sportif jouxtant sa maison et à partir duquel de l'eau s'écoule vers celle-ci) en vue d'y faire exécuter des travaux[1].

244.62 Mesures réglementaires. Le juge ne peut enjoindre à l'administration l'adoption de mesures réglementaires : « une demande tendant à ce qu'il soit ordonné à l'autorité compétente de prendre des mesures réglementaires, y compris d'organisation des services placés sous son autorité, n'est pas au nombre de celles qui peuvent être présentées au juge des référés sur le fondement de l'article L. 521-3 »[2]. Le Conseil d'État justifie cette exclusion par deux considérations : d'une part, l'« objet » de la procédure du référé-mesures utiles ; d'autre part, les « pouvoirs que le juge des référés tient des articles L. 521-1 et L. 521-2 du Code de justice administrative ».

Pour les mêmes raisons, le juge du référé-mesures utiles ne peut ordonner à l'autorité compétente d'édicter des mesures générales de réglementation d'un secteur et de contrôle de leur mise en œuvre[3]. De telles mesures peuvent être sollicitées de l'autorité administrative et, en cas de refus, celui-ci peut être contesté au moyen des référés-suspension ou liberté.

244.63 Autres exclusions. Faute de présenter de caractère provisoire, n'entre pas dans le champ des mesures que le juge du référé-mesures utiles peut ordonner :

– l'injonction, au président d'une chambre des métiers, de prendre une position, quelle qu'elle soit, sur la suite qu'il entend donner à une délibération par laquelle le bureau de cette chambre a adopté le principe de la révocation de son secrétaire général[4] ;

– l'injonction à l'administration d'évacuer des occupants qui se trouvent installés à titre permanent sur un terrain privé[5] ;

– l'injonction tendant à ce que soit donné mandat à l'administration pour faire procéder d'office à la démolition de constructions irrégulièrement implantées par un particulier sur le domaine public, dans l'hypothèse où l'intéressé ne procéderait pas lui-même à cette démolition[6] ;

1. CE, sect., 11 mai 1979, Ripert, req. n° 07490, *Lebon* 214 : soulignant que la réalisation de ces travaux supposerait tant de pénétrer sur un terrain public que de rendre temporairement inutilisable cet équipement.
2. CE, sect., 27 mars 2015, Section française de l'Observatoire international des prisons, req. n° 385332, *Lebon* ; *AJDA* 2015. 662 ; *AJDA* 2015. 979, Chron. J. Lessi et L. Dutheillet de Lamothe ; *RFDA* 2015. 491, concl. E. Crépey ; *Dr. adm.* 2015. comm. 47, note G. Eveillard ; *JCP Adm.* 2015, n° 2246, Chron. O. Le Bot. V. déjà, auparavant, CE, ord., 29 mai 2002, Synd. Lutte pénitentiaire, req. n° 247100, *Lebon T.* 877.
3. CE 23 oct. 2015, Selarl Dr Debray, req. n° 383938, *Lebon T.* ; *AJDA* 2016. 131 ; *JCP Adm.* 2016, n° 2116, Chron. O. Le Bot.
4. CE 29 avr. 2002, Capellari, req. n° 240322, *Lebon T.* 876.
5. CE 11 juin 2003, SARL Camping d'Oc, n° 252616, *Lebon T.* 933 ; *AJDA* 2003. 1576.
6. CE 23 mars 2005, Lagier, req. n° 268522, NP.

– l'injonction de mettre en œuvre des négociations en vue de la conclusion d'un contrat[1].

§ 2

Diversité des mesures

244.71 **Destinataires concernés.** Des mesures extrêmement variées sont susceptibles d'être prononcées par le juge des référés. Celles-ci peuvent avoir pour destinataire une personne privée, une personne publique, voire un tiers au litige.

A

Injonction à l'égard de personnes privées

1

Évacuer une dépendance du domaine public ou les locaux d'un service public administratif

244.81 **Libérer une concession du domaine public occupée sans droit ni titre.** Lorsqu'une société occupe irrégulièrement une dépendance du domaine public (l'irrégularité résultant, soit de l'absence de titre d'occupation, soit de l'expiration de la validité d'un tel titre), le juge des référés peut lui ordonner de quitter les locaux. Il a ainsi ordonné :

– l'expulsion de la société des établissements Roth des entrepôts de Bercy où elle se maintenait malgré l'arrivée à terme du contrat de concession[2] ;

– l'expulsion de sociétés continuant à occuper des locaux dans l'enceinte des abattoirs de Versailles, malgré la délibération du conseil municipal ayant décidé la fermeture définitive de ceux-ci et ayant mis fin aux conventions et autorisations de toute nature par lesquelles les sociétés intéressées étaient autorisées à titre précaire et révocable à utiliser ces locaux[3] ;

– à la société exploitant la « Brasserie du port » de libérer le terrain occupé par elle sur le port de Bastia et de le remettre dans son état initial, l'autorisation d'occupation du domaine public dont elle disposait n'ayant pas été renouvelée[4] ;

– à une société occupant dans l'enceinte d'un hôpital une cafétéria de libérer les locaux qu'elle occupe, la société ne justifiant d'aucun titre à occuper ces locaux[5] ;

– à la société Trouville balnéaire de libérer le casino municipal de Trouville, la concession dont elle bénéficiait pour l'occuper s'étant trouvée résiliée de plein droit faute de règlement d'un arriéré[6] ;

– à une société d'évacuer l'emplacement du marché d'intérêt national de Strasbourg qui lui avait été concédé par une convention parvenue à son terme[7].

1. CE 25 sept. 2019, Comité central d'entreprise de l'agence nationale pour la formation professionnelle des adultes, req. n° 428508, *Lebon T.* ; *JCP Adm.* 2020, n° 2036, Chron. O. Le Bot.
2. CE, sect., 28 nov. 1980, ville de Paris c/Éts Roth, req. n° 17732, *Lebon* 446, concl. J.-P. Costa ; *AJDA* 1981. 86, Chron. M.-A. Feffer et M. Pinault ; *JCP* 1981. 19645, note A. Chaminade.
3. CE, sect., 28 nov. 1980, Sté d'exploitation des sous-produits des abattoirs, req. n° 24240, *Lebon* 452 ; *AJDA* 1981, concl. J.-P. Costa.
4. CE 28 mai 2001, SARL Majeyda, req. n° 230232, NP.
5. CE 28 mai 2001, Sté Codiam, req. n° 230692, *Lebon T.* 1136.
6. CE 19 févr. 1982, SA Trouville balnéaire, req. n° 22888, *Lebon* 713.
7. CE, sect., 16 mai 2003, SARL Icomatex, req. n° 249880, *Lebon* 228 ; *AJDA* 2003. 1156, Chron. F. Donnat et D. Casas ; *D.* 2003. 1482, et les obs. ; *JCP Adm.* 2003, n° 1674, note J. Moreau ; *LPA* 24 mars 2003, n° 60, p. 4, concl. G. Bachelier.

244.82 Libérer des locaux administratifs occupés à des fins protestatives ou lever un barrage filtrant. Le juge des référés peut prononcer une mesure d'expulsion à l'égard d'individus occupant par la force des locaux administratifs. Il a ainsi ordonné :

– à des élus d'une assemblée territoriale, de libérer les locaux de l'exécutif de la collectivité qu'ils occupaient irrégulièrement pour s'opposer au président de celle-ci[1] ;

– de libérer les locaux universitaires occupés – ordonnance opposable à toute personne occupant les locaux « en raison de la difficulté à identifier les personnes installées sur les dépendances du domaine public qui ne se sont pas fait connaître lors de l'information sur le dépôt de la requête »[2] ;

– à des grévistes de libérer dans un délai de 2 heures l'accès aux services techniques de la commune[3] ;

– à des riverains de lever dans un délai de 24 heures le blocage d'un centre d'enfouissement des déchets[4].

244.83 Libérer un logement de fonction. Le juge peut enjoindre à un agent public de libérer le logement de fonction qu'il occupe sans justifier de titre à s'y maintenir. Il a ainsi ordonné l'expulsion :

– d'une institutrice à la retraite du logement de fonction qu'elle occupait, l'administration ayant mis fin à la possibilité qu'elle lui avait accordé exceptionnellement de s'y maintenir à titre précaire et révocable[5] ;

– du conservateur du Grand Palais des Champs-Élysées du logement de fonction qu'il occupait en cette qualité au Grand Palais, l'intéressé ne se justifiant plus de titre à s'y maintenir depuis sa nomination dans les fonctions de conservateur du palais de Chaillot[6] ;

– d'une gardienne d'école se maintenant dans son logement de fonction en dépit d'une décision prononçant sa mutation[7] ;

– d'un proviseur-adjoint du logement de fonction situé dans son lycée, ledit logement devant faire l'objet de travaux dans le cadre d'un programme de travaux de restructuration de plusieurs bâtiments et l'intéressé ayant reçu une mutation pour la prochaine rentrée scolaire dans un autre établissement[8].

244.84 Autres hypothèses. L'ordre de libérer le domaine public peut prendre encore d'autres formes :

– ordre d'enlever un kiosque irrégulièrement implanté sur le domaine public[9] ;

1. CE, ord., 24 nov. 2004, Flosse, req. n° 247123, *Lebon T.* 829.
2. TA Grenoble, ord., 20 mars 2006, Université Joseph Fourrier, req. n° 0601123, NP ; *AJDA* 2006. 629.
3. TA Lyon, 8 juin 2016, C^ne^ de Saint-Étienne, req. n° 1604058, NP ; *AJCT* 2016. 652, obs. J.-R. Mauzy et M.-E. Coumba Nogues.
4. TA Bastia, ord., 26 déc. 2015, Synd. mixte pour la valorisation des déchets en Corse, req. n° 1501203, NP.
5. CE 22 juin 1977, Abadie, req. n° 04799, *Lebon* 288.
6. CE 7 déc. 1984, min. délégué à la Culture c/Taillibert, req. n° 63692, NP.
7. CE, sect., 2 mars 1990, Peugnez, req. n° 91687, *Lebon* 59 ; *AJDA* 1990. 384, Chron. E. Honorat et E. Baptiste ; *LPA* 20 juin 1990, n° 74, concl. M. de. Guillenchmidt.
8. CE 9 févr. 2000, région de Bourgogne, req. n° 188954, *Lebon T.*
9. CE 10 mai 2004, Blanc, req. n° 258935, NP.

– ordre de libérer les arbres occupés dans un parc public dès la notification, si elle est possible, ou à défaut de l'affichage de l'ordonnance[1] ;

– ordre de quitter immédiatement la maison éclusière occupée sans titre sur le domaine public fluvial et, à défaut, autorisation donnée à Voies navigables de France de procéder d'office à la libération des lieux[2] ;

– ordre à une société d'équipement portuaire d'évacuer un bassin de la zone portuaire de Nouméa où elle se maintient sans titre d'occupation[3] ;

– ordre de quitter les lieux adressé au pensionnaire d'une maison de retraite ayant la nature de service public administratif, l'intéressé ayant refusé de partir malgré une mesure d'exclusion définitive prise à son encontre[4] ;

– ordre, au propriétaire et à l'exploitant d'un navire échoué sur le platier récifal d'un atoll, de sécuriser le navire ainsi que le matériel présent et sa cargaison (sous peine d'exécution de ces mesures par l'autorité publique aux frais du propriétaire du navire) et de faire procéder à l'enlèvement du navire sous un délai de quinze jours[5].

244.85 Identification des biens concernés. Une mesure d'expulsion d'un occupant du domaine public ne peut être ordonnée avant qu'il soit procédé à l'identification des biens concernés par le juge saisi de la demande d'expulsion[6].

244.86 Concours de la force publique. Le juge précise parfois, dans les motifs ou dans le dispositif de sa décision, que l'ordre d'expulsion pourra, au besoin, être réalisé « avec le concours de la force publique »[7].

2
Réaliser ou suspendre des travaux

244.91 Réaliser des travaux. Le juge des référés peut enjoindre à un constructeur de réaliser des travaux propres à prévenir l'aggravation des désordres apparus dans un immeuble[8].

244.92 Suspendre des travaux. Le juge du référé-mesures utiles peut enjoindre à une entreprise de cesser provisoirement les travaux d'extraction réalisés dans le lit d'une rivière[9].

3
Exécuter ses obligations contractuelles

244.101 En cours de contrat. Lorsque le contrat conclu entre l'administration et ses partenaires produit encore ses effets, le juge peut prescrire au cocontractant de res-

1. TA Grenoble, ord., 22 déc. 2003, ville de Grenoble, req. n° 0305872, NP ; *AJDA* 2004. 1091, note P. Yolka.
2. CE 26 juin 2002, Éveraert, req. n° 231807, *Lebon* 225 ; *AJDA* 2002. 1030.
3. CE 22 juin 1992, SCI La Bounty, req. n° 103105, NP ; *RD publ.* 1993. 232, concl. B. de Froment.
4. CE, ass., 3 mars 1978, Lecoq, req. n° 06079, *Lebon* 116 ; *AJDA* 1978. 581, concl. D. Labetoulle – v. égal[t] CE 17 mars 1993, Tortajada, req. n° 89572, *Lebon* ; *RDSS* 1993. 518, obs. J.-M. Lhuillier.
5. CE 19 nov. 2020, Société Shenzhen Shengang Overseas Industral Co. Ltd et autre, req. n° 440644, *Lebon T.* ; *BJCL* 2021. 315, concl. S. Hoynck, note G. Calley.
6. CE 12 mai 1997, Cie des eaux de Goussainville, req. n° 145338, *Lebon T.* 1028.
7. V. par ex. CE 19 mai 2003, Monteil c/min. de la Défense, req. n° 250987, NP – CE 12 oct. 2016, min. de l'Intérieur, req. n° 402783, NP ; *AJDA* 2016. 2284, concl. X. Domino.
8. CE 9 févr. 1962, Vivien, *Lebon* 100.
9. CE, sect., 25 janv. 1980, Sotem, req. n° 11514, *Lebon* 49 ; *AJDA* 1980. 615, concl. M. Rougevin-Baville.

pecter ses obligations contractuelles et légales. Les obligations du cocontractant doivent être appréciées en tenant compte, le cas échéant, de l'exercice par l'autorité administrative de son pouvoir de modification unilatérale[1].

Le juge peut ainsi :

- enjoindre à un entrepreneur de travaux publics de rapporter des matériels qu'il a retirés du chantier où il travaillait[2] ;
- ordonner à un concessionnaire du service d'enlèvement des ordures ménagères qui a interrompu son activité de mettre à la disposition de la commune la benne d'enlèvement[3] ;
- enjoindre au cocontractant de procéder aux travaux de dépose et de câblage en souterrain d'un réseau[4] ;
- ordonner à une entreprise ayant fourni à l'administration du matériel informatique de réparer les ordinateurs défectueux et, le temps de cette réparation, de les remplacer par d'autres ordinateurs[5] ;
- enjoindre à une entreprise de transport public de prendre diverses mesures en vue de la réception et de la mise en service de rames de tramway[6] ;
- enjoindre à une société ayant conçu un logiciel pour l'ADEME de maintenir, jusqu'à ce que le juge du fond statue, le droit d'usage de l'ensemble des licences nécessaires pour répondre aux besoins des profils d'utilisateurs contractuels[7] ;
- enjoindre à un contractant d'Enedis de lui communiquer les informations cartographiques sur l'ensemble des supports utilisés pour la pose de son réseau, de régulariser les supports actuellement utilisés de manière irrégulière et de lui communiquer ses plannings hebdomadaires d'intervention à l'avenir[8] ;
- enjoindre à un cocontractant d'une université de rétablir une connexion hertzienne suffisante[9].

244.102 En fin de contrat. Saisi sur le fondement de l'article L. 521-3 du CJA, le juge des référés peut indiquer au cocontractant de l'administration les obligations qui

1. CE 5 juill. 2013, Sté Véolia Transport Valenciennes Transville, req. n° 367760, *Lebon T.* ; *AJDA* 2013. 1415 ; *AJDA* 2013. 2454, note P. Schultz ; *Contrats Marchés publ.* 2013. comm. 262, note J.-P. Piétri – CE 25 juin 2018, Agence de l'environnement et de la maîtrise de l'énergie, req. n° 418493, *Lebon T.* ; *BJCP* 2018. 392, concl. G. Pellissier ; *JCP Adm.* 2019, n° 2045, note J.-S. Boda ; *JCP Adm.* 2018, n° 2333, Chron. O. Le Bot ; *AJCT* 2018. 580, obs. D. Didriche.
2. CE, sect., 13 juill. 1956, OPHLM du Dpt de la Seine, req. n° 37656, *Lebon* 343, concl. J. Chardeau ; *AJDA* 1956. 312, concl. ; *AJDA* 1956. 398, Chron. J. Fournier et G. Braibant ; *RD publ.* 1957. 296, note M. Waline.
3. CE 30 oct. 1963, SARL Sonetra, *Lebon* 520.
4. CE 9 juill. 2008, Sté Rhône Vision Câble, req. n° 309878, *Lebon T.* ; *AJDA* 2008. 1412.
5. CE 1er mars 2012, Sté Assistance Conseil informatique professionnelle, req. n° 354628, *Lebon T.* ; *BJCP* 2012. 183, concl. B. Dacosta.
6. CE 5 juill. 2013, Sté Véolia Transport Valenciennes Transville, req. n° 367760, *Lebon T.* ; *AJDA* 2013. 1415 ; *AJDA* 2013. 2454, note P. Schultz ; *Contrats Marchés publ.* 2013. comm. 262, note J.-P. Piétri.
7. CE 25 juin 2018, Agence de l'environnement et de la maîtrise de l'énergie, req. n° 418493, *Lebon T.* ; *BJCP* 2018. 392, concl. G. Pellissier ; *JCP Adm.* 2019, n° 2045, note J.-S. Boda ; *JCP Adm.* 2018, n° 2333, Chron. O. Le Bot ; *AJCT* 2018. 580, obs. D. Didriche.
8. CE 18 févr. 2022, Sté THD 64, req. n° 457471, NP ; *Procédures* 2022, comm. 13, note S. Deygas.
9. CE 29 mai 2019, Sté Completel, req. n° 428628, NP ; *Contrats et Marchés publics* 2019, comm. 283, note J. Dietenhoeffer.

s'imposent à lui en conséquence de la résiliation d'un contrat ou de l'arrivée de celui-ci à son terme. Il peut ainsi, à la demande de l'administration :

- enjoindre à une société gérant un centre d'archives, de restituer à un hôpital les archives médicales que celui-ci lui avait confiées par un contrat venu à expiration[1] ;
- enjoindre à l'ancien délégataire d'un réseau de communication électronique à très haut débit de fournir à la personne publique l'ayant repris en régie les clés, procédures et informations permettant son exploitation et sa maintenance[2] ;
- ordonner à un concessionnaire de remonte-pente, dont le contrat a été résilié, de cesser son exploitation des remontées mécaniques[3] ou encore de remettre à la commune tous les moyens nécessaires au fonctionnement du service public de l'entretien et de la sécurité des pistes de ski[4] ;
- ordonner à un concessionnaire de restituer les biens de retour d'une concession[5].

4
Exécuter une obligation imposée par une décision administrative dépourvue de force exécutoire

244.111 Présentation. Dans l'hypothèse où, du fait d'une lacune des textes, une autorité administrative n'est pas habilitée à conférer une force exécutoire aux décisions qu'elle prend, le juge des référés peut, à la demande de l'administration, reprendre le dispositif de cette décision pour contraindre son destinataire à l'exécuter. L'obligation prévue par une décision administrative se trouve ainsi matériellement reprise dans une décision de justice revêtue de la force exécutoire. Ceci équivaut, pour le juge des référés, à conférer à une décision administrative une force exécutoire dont elle se trouve dépourvue. Comme l'a indiqué le juge des référés du Conseil d'État dans une formule générale, les dispositions de l'article L. 521-3 du CJA « permettent à l'administration de s'adresser au juge administratif des référés pour obtenir, lorsqu'elle n'a pas elle-même le pouvoir de les prendre, des mesures à caractère coercitif à l'encontre de personnes privées afin de lui permettre de remplir normalement les missions de service public dont elle est investie »[6].

244.112 Applications. La faculté pour le juge des référés d'édicter une mesure exécutoire qu'une autorité administrative n'est pas habilitée à prendre a donné lieu à deux applications.

D'une part, elle a permis au juge d'ordonner à un particulier de verser à une autorité administrative la somme à laquelle celle-ci l'a condamné à titre de sanction pécuniaire. Dans cette hypothèse, la sanction prononcée par l'administration n'était pas revêtue de la force exécutoire et, partant, ne pouvait donner lieu à un recouvrement forcé. Par le prononcé de cette mesure, le juge prend le relais d'une décision

1. CE 29 juill. 2002, CH d'Armentières, req. n° 243500, *Lebon* 307 ; *AJDA* 2002. 1451, note J.-D. Dreyfus ; *RDI* 2003. 78, obs. J.-D. Dreyfus ; *JCP* 2003. 10002, note J.-C. Zarka ; *BJCP* 2002. 470, concl. P. Collin.
2. CE 21 oct. 2015, Dpt des Hauts-de-Seine, req. n° 392748, NP ; *JCP Adm.* 2016, n° 2299, note J.-S. Boda.
3. CE 24 févr. 1982, Entreprise industrielle et financière pour les travaux publics, req. n° 31581, *Lebon* 87.
4. CE 9 déc. 1988, Sté « Les téléphériques du massif du Mont-Blanc », req. n° 92211, *Lebon* 438 ; *AJDA* 1989. 272, obs. X. Prétot.
5. CE 16 mai 2022, Commune de Nîmes, req. n° 459904, *Lebon*.
6. CE, ord., 12 déc. 2005, Sté Fiduciaire nationale d'expertise comptable SA, req. n° 287444, *Lebon T.* 1039.

administrative pour laquelle fait défaut le caractère exécutoire, en l'occurrence une sanction pécuniaire infligée par le Conseil des bourses de valeurs[1] ou encore par l'Autorité des marchés financiers[2]. L'intervention du juge des référés permet ainsi de pallier la carence des textes qui n'ont pas conféré à une autorité administrative le pouvoir de donner une force exécutoire à ses décisions.

D'autre part, cette jurisprudence permet au juge des référés d'enjoindre à une personne privée de produire des documents nécessaires à une enquête administrative. Ainsi le juge des référés du Conseil d'État a-t-il ordonné à un organisme soumis au contrôle de l'Agence nationale pour la participation des employeurs à l'effort de construction (Anpeec) de communiquer à cette institution les documents statutaires et comptables nécessaires à l'exercice de son contrôle et que cet organisme refusait de produire[3]. La mesure est ici encore justifiée par la carence des textes, qui n'ont pas doté l'autorité compétente du pouvoir de conférer une force exécutoire aux décisions qu'elle prend dans l'exercice de sa mission de contrôle. N'étant pas habilité par les textes à ordonner aux organismes soumis à son contrôle la communication de documents avec force exécutoire, l'Anpeec peut néanmoins s'adresser au juge, en lui demandant d'ordonner cette communication avec force exécutoire.

5
Cesser un comportement nuisible au bon fonctionnement du service public

244.121 Injonction à un syndicat. Un juge du premier degré a enjoint à un syndicat de médecins de lever les consignes données à ses membres de diriger systématiquement vers le service médical d'urgence les appels demandant une visite à domicile, ces consignes risquant d'aboutir à un engorgement du centre de régulation téléphonique des urgences et de compromettre ainsi le bon fonctionnement de ce service[4].

B
Injonctions à l'égard de personnes publiques

244.131 Communiquer une décision, un dossier ou un document administratifs. Le juge peut enjoindre à une administration de communiquer au requérant une décision qui le concerne. Il peut ainsi ordonner :

- à un ministre, de communiquer au demandeur une décision nécessaire à l'introduction du recours pour excès de pouvoir qu'il envisage de former[5] ;

1. CE, ass., 1er mars 1991, Sté des bourses françaises, req. n° 118382, *Lebon* 78 ; *AJDA* 1991. 358, Chron. R. Schwartz et C. Maugüé ; *RFDA* 1991. 612, concl. M. de Saint Pulgent ; *RFDA* 1991. 633, obs. J. Buisson ; *RTD com.* 1991. 582, obs. J.-C. Dubarry et E. Loquin.
2. CE, ord., 10 mars 2005, Fonds de garantie des dépôts, req. n° 278035, *Lebon* 99 – CE, ord., 11 juill. 2008, Fonds de garantie des dépôts, req. n° 316471, NP – CE, ord., 10 juill. 2009, Fonds de garantie des dépôts, req. n° 327514, NP : ordonnances évoquant la possibilité de « demander au juge des référés du Conseil d'État [...] de prendre une décision, revêtue de la formule exécutoire, ordonnant à la personne qui a fait l'objet d'une sanction pécuniaire par le Conseil des marchés financiers, le versement des sommes dues ».
3. CE, sect., 9 juill. 1997, Agence nationale pour la participation des employeurs à l'effort de construction (Anpeec), req. n° 163099, *Lebon* 298 ; *AJDA* 1997. 701, concl. J. Arrighi de Casanova.
4. TA Orléans, ord., 14 nov. 2001, CH de Dreux, *Lebon T.* 727.
5. CE, ord., 9 avr. 1998, Crédit commercial de France, req. n° 195453, *Lebon* 177.

- au directeur départemental du travail, de communiquer à la requérante le dossier administratif au vu duquel celui-ci a autorisé son licenciement[1] ;
- au directeur d'un établissement pénitentiaire, de communiquer tout document permettant d'établir qu'une décision de justice a bien été exécutée (v. s[s] n° 244.141).

244.132 Faire cesser des travaux entrepris sans permis. En cas de travaux réalisés sans permis de construire ou en méconnaissance des prescriptions d'urbanisme, le juge des référés peut enjoindre au maire de la commune de faire établir un procès-verbal constatant l'infraction aux règles d'urbanisme, de prendre un arrêté interruptif de travaux et d'en transmettre copie au procureur de la République, en somme d'appliquer l'article L. 480-1 du Code de l'urbanisme, qui place le maire en situation de compétence liée pour mettre en œuvre les pouvoirs que lui confère cette disposition en cas de travaux réalisés en méconnaissance des prescriptions d'urbanisme[2].

244.133 Réaliser des travaux. Le juge peut enjoindre de réaliser des travaux. Par exemple, il a enjoint à la commune responsable d'un foyer-logement de faire désamianter un des logements par une entreprise agréée, de faire réaliser à l'issue des travaux un diagnostic de l'air ambiant du logement et de prendre toutes dispositions utiles pour reloger l'occupant le temps des travaux et assurer le déménagement ainsi que le retour de l'intéressé dans le logement[3].

244.134 Faire cesser une atteinte au droit de propriété (y compris une voie de fait). Le juge du référé-mesures utiles peut ordonner à une personne publique de faire cesser l'atteinte portée au droit de propriété[4].

Il en va ainsi y compris dans l'hypothèse où l'atteinte au droit de propriété constitue une voie de fait. Une commune ayant décidé de procéder d'office aux travaux de murage d'un appartement à l'égard duquel avait été pris un arrêté de péril, le juge des référés ordonne au maire de faire procéder à la démolition du mur qu'il a fait édifier à l'entrée de l'appartement[5].

244.135 Enjoindre à des entreprises de notifier une décision de concentration. Les dispositions du Code de commerce imposent aux sociétés parties à une opération de concentration de dimension nationale de notifier celle-ci au ministre de l'Économie avant sa réalisation (C. com., art. L. 430-3) et subordonnent la réalisation effective de cette opération à l'accord du ministre (C. com., art. L. 430-4). Si une opération de concentration a été réalisée sans être notifiée, l'article L. 430-8 du Code de commerce prévoit que le ministre enjoint sous astreinte aux parties de notifier l'opération, sous peine pour celles-ci de revenir à l'état antérieur à la concentration. En introduisant une requête sur le fondement de l'article L. 521-3 du CJA, tout intéressé peut obtenir

1. CE 6 juin 1980, min. du Travail et de la Participation c/Amiel, req. n° 17547, *Lebon T.* 835.
2. CE, sect., 6 févr. 2004, Masier, req. n° 256719, *Lebon* 45 ; *AJDA* 2004. 1047 ; *D.* 2004. 678, et les obs. ; *RFDA* 2004. 1170, concl. J.-H. Stahl ; *RDI* 2004. 221, obs. P. Soler-Couteaux ; *BJDU* 2004. 139, concl.
3. CE 25 mai 2018, C[ne] de Joinville le Pont, req. n° 401760, NP ; *AJDA* 2019. 141, note F. de La Vaissière.
4. Faculté expressément admise dans CE, ord., 9 oct. 2015, C[ne] de Chambourcy, req. n° 393895, *Lebon* ; *AJDA* 2015. 1888 ; *AJDA* 2015. 2388, note N. Foulquier ; *Dr. adm.* 2016. comm. 2, note M. Cornille ; *JCP Adm.* 2016, n° 2116, Chron. O. Le Bot ; *JCP Adm.* 2015, n° 2360, note H. Pauliat : à propos d'une atteinte par une personne publique au droit de propriété d'une autre personne publique.
5. CE 12 mai 2010, Alberigo, req. n° 333565, *Lebon T.* ; *AJDA* 2010. 1057.

du juge des référés qu'il ordonne au ministre de l'Économie de mettre en œuvre ce pouvoir. Le Conseil d'État a ainsi précisé que la procédure du référé-mesures utiles « est susceptible de s'appliquer lorsque, une opération de concentration ayant été réalisée sans être notifiée, le ministre chargé de l'économie est tenu, en vertu des dispositions précitées de l'article L. 430-8 du Code de commerce, d'enjoindre la notification de l'opération »[1].

244.136 **Réaliser des travaux confortatifs.** Lorsqu'une maison d'habitation subit un dommage immédiat à raison de l'existence d'un ouvrage public ou de l'exécution de travaux publics, le juge des référés peut ordonner à la collectivité publique « que des travaux provisoires d'étaiement des parties sinistrées de la maison, tels qu'ils ont été décrits et chiffrés par » un rapport d'expertise « ainsi que toute autre mesure qui se révélerait indispensable à la mise en sécurité du bâtiment, soient réalisés aux frais avancés » de la collectivité. L'arrêt précise « qu'en cas de contestation relative à la consistance de ces mesures, il appartiendra aux parties de saisir à nouveau le juge des référés »[2]. Cette injonction est remarquable dans la mesure où l'administration qui en est destinataire ne se trouvait pas dans une situation de compétence liée mais disposait d'un pouvoir d'appréciation.

Dans la lignée de cette jurisprudence, le juge des référés peut enjoindre à une commune, à la demande d'un voisin, de prendre les mesures conservatoires, consistant notamment en des travaux d'urgence prescrits par une expertise, de nature à faire cesser un dommage grave et immédiat imputable à la carence du maire dans l'exercice de ses pouvoirs de police (plus exactement dans l'exercice des pouvoirs qui lui sont conférés par le Code de la construction et de l'habitation pour faire cesser le péril résultant d'un bâtiment menaçant ruine)[3].

Au titre de la jurisprudence *Élissondo Labat*, un juge du premier degré a par exemple ordonné :

– à la société Enedis (gestionnaire du réseau d'électricité) de déplacer le poteau électrique, la ligne qu'il supporte et le compteur auquel celle-ci est raccordée, se trouvant sur la propriété du requérant dans un endroit ne présentant aucun danger pour la sécurité des personnes et permettant la poursuite des travaux de construction et de confortement de la maison de l'intéressé[4] ;

– à un maire d'enlever les terres et gravats provenant de l'éboulement d'un mur de soutènement en raison du défaut d'entretien normal d'un chemin imputable à la commune[5].

1. CE, ord., 18 févr. 2008, Féd. nationale des transports routiers, req. n° 312534, *Lebon T.* ; *AJDA* 2008. 1129, Chron. L. Richer, P.-A. Jeanneney et S. Nicinski.
2. CE, sect., 18 juill. 2006, Élissondo Labat, req. n° 283474, *Lebon* 369 ; *AJDA* 2006. 1839, Chron. C. Landais et F. Lenica ; *GACA*, 5e éd., 2016, n° 16 ; *RFDA* 2007. 314, concl. D. Chauvaux ; *RD publ.* 2006. 1267, note C. Guettier.
3. CE 8 mars 2010, Djoudar, req. n° 331115, *Lebon T.* ; *AJDA* 2010. 473 – pour la suite du contentieux et le prononcé d'une mesure, v. CE 4 févr. 2011, Djoudar, req. n° 342057, NP ; *AJCT* 2011. 196, obs. J. Coronat.
4. TA Nice, ord., 4 nov. 2016, Lejeune, req. n° 1604193, NP.
5. TA Nice, ord., 25 mars 2015, Indivision Manigault, n° 1500735, NP ; confirmé par CE 23 sept. 2015, Cne de Nice, n° 389298, NP.

244.137 Faire cesser un dysfonctionnement administratif. Le référé-mesures utiles peut être mis en œuvre à l'encontre de l'administration afin de remédier à un dysfonctionnement qui lui est imputable. Ainsi, une personne placée sous surveillance électronique peut saisir le juge des référés afin qu'il ordonne, sur le fondement des dispositions de l'article L. 521-3 du CJA, toutes mesures utiles de nature à obtenir de l'administration pénitentiaire qu'elle mette fin aux dysfonctionnements affectant le dispositif de surveillance électronique mobile dont elle est équipée[1].

244.138 Prévenir ou faire cesser un péril. Pour prévenir ou faire cesser un péril dont il n'est pas sérieusement contestable qu'il trouve sa cause dans l'action ou la carence de l'autorité publique, le juge du référé-mesures utiles peut enjoindre à l'autorité publique « de prendre des mesures conservatoires destinées à faire échec ou à mettre un terme à ce péril ». Il peut, en particulier, « suspendre la mise en œuvre d'une action décidée par l'autorité publique et, le cas échéant, déterminer, au besoin après expertise, les mesures permettant la reprise de cette mise en œuvre en toute sécurité »[2].

Un juge des référés a, par ce biais, ordonné à un établissement pénitentiaire de réaliser dans un délai de trois mois certains travaux conservatoires[3].

244.139 Garantir la confidentialité des conversations des détenus. Le juge du référé-mesures utiles a pu ordonner au directeur d'un centre pénitentiaire, sous trois mois :

- de mettre en œuvre toute mesure permettant aux personnes détenues, dès qu'elles entendent avoir une communication téléphonique avec leur avocat, de mener celle-ci confidentiellement à l'égard tant de leurs codétenus que de l'administration pénitentiaire ;
- et de mettre en œuvre toute mesure permettant, dans les cas justifiés, aux personnes détenues de mener des conversations avec leurs familles en préservant la confidentialité de celles-ci à l'égard de leurs codétenus[4].

244.140 Permettre à un détenu d'accéder à sa messagerie. Le juge peut ordonner à l'administration pénitentiaire d'accorder à un détenu une autorisation exceptionnelle de procéder à une connexion unique sur ses comptes de messagerie électronique afin de sauvegarder les données à caractère personnel qu'il y avait enregistrées ou de désigner un tiers de confiance auquel il communiquerait ses identifiants d'accès afin que celui-ci puisse y procéder à sa place[5].

244.141 Justifier de l'exécution d'une décision de justice. Le juge peut enjoindre à l'administration de communiquer les documents établissant que l'administration a

1. CE, ord., 26 oct. 2010, Beaumont, req. n° 350081, *Lebon T.* ; *AJDA* 2012. 434, note G. Eveillard.
2. CE, sect., 16 nov. 2011, ville de Paris, req. n° 353172, *Lebon* ; *AJDA* 2011. 2207 ; *AJCT* 2012. 156, obs. L. Moreau ; *RFDA* 2012. 269, concl. D. Botteghi ; *RFDA* 2012. 455, Chron. H. Labayle, F. Sudre, X. Dupré de Boulois et L. Milano ; *JCP* 2012, n° 24, note O. Le Bot.
3. TA Marseille, ord., 10 janv. 2013, Section française de l'Observatoire international des prisons, req. n° 1208146, NP ; *AJDA* 2013. 80 ; *D.* 2013. 1304, obs. J.-P. Céré, M. Herzog-Evans et E. Péchillon.
4. CE 4 juill. 2014, min. de la Justice c/Section française de l'OIP, req. n° 379875, NP ; *AJDA* 2014. 1587.
5. CE 5 mars 2018, Levrel, req. n° 414859, *Lebon T.* ; *AJDA* 2018 801, concl. A. Bretonneau ; *JCP Adm.* 2018, n° 2247, Chron. O. Le Bot ; *Procédures* 2018, comm. 169, obs. S. Deygas ; *AJDP* 2018. 209, obs. M. Herzog-Evans.

bien exécuté les obligations mises à sa charge par une décision de justice[1]. Par une simple communication de documents, le requérant est ainsi en mesure de s'assurer que les mesures nécessaires à l'exécution d'une décision ont bien été mises en œuvre.

244.142 **Verser une prestation sociale.** Le juge peut enjoindre au département de procéder au versement de la prestation de compensation attribuée par la Commission des droits et de l'autonomie des personnes handicapées, à condition, notamment, que ce versement ne se heurte à aucune contestation sérieuse sur les conditions d'ouverture du droit à la prestation[2].

244.143 **Fixer un rendez-vous à l'administré.** Le juge peut enjoindre à l'administration de fixer un rendez-vous à l'administré lorsqu'elle n'a pas donné suite à une demande que celui-ci lui a adressée :

- fixer un rendez-vous en préfecture pour l'examen d'une demande de titre de séjour[3] ;
- fixer un rendez-vous à l'ambassade ou au consulat pour l'examen d'une demande de visa[4].

Le juge peut également lui enjoindre de fixer une date de rendez-vous plus proche que celle initialement attribuée[5].

244.144 **Ne pas exécuter une décision suspendue.** Le juge peut enjoindre à l'administration de ne pas exécuter une décision suspendue du fait de l'exercice, à son encontre, d'un recours doté d'un effet suspensif[6].

C
Injonction à l'égard d'un tiers

244.151 **Présentation.** Le juge peut prononcer une injonction à l'égard d'une personne ou autorité extérieure au litige opposant l'administration à un particulier.

244.152 **Réaliser un constat.** Après avoir cité le texte de l'article L. 521-3 du CJA, le Conseil d'État a affirmé « qu'il résulte des termes mêmes de cette disposition que le juge des référés qui peut prononcer toute mesure, à condition que l'urgence le justifie, qu'elle soit utile et ne fasse obstacle à l'exécution d'aucune décision administrative, peut notamment ordonner un constat »[7]. Mettant en œuvre cette faculté, le

1. TA Marseille, ord., 23 août 2013, Section française de l'Observatoire international des prisons, req. n° 1304908, NP : visant à vérifier l'exécution d'une ordonnance de référé-mesures utiles ayant prescrit la réalisation de travaux conservatoires dans un délai de trois mois.
2. CE 19 mai 2017, Dp[t] des Alpes-Maritimes, req. n° 402798, *Lebon T.* ; *AJDA* 2017. 1085 (sol. impl. ; rejet en l'espèce).
3. CE 10 juin 2020, Bhiri, req. n° 435594, *Lebon T.* ; *Procédures* 2020, comm. 162, obs. S. Deygas ; *JCP Adm.* 2020, n° 2226, Chron. O. Le Bot.
4. CE 9 juin 2022, Amiry, req. n° 457936, *Lebon T.* ; *JCP Adm.* 2022, n° 2241, Chron. O. Le Bot.
5. CE 1er juill. 2020, Labassi, req. n° 436288, *Lebon T.* ; *Dr. adm.* 2020, comm. 47, note G. Eveillard ; *JCP Adm.* 2020, n° 2280, Chron. O. Le Bot.
6. CE 24 juill. 2019, CAF de la Vienne, req. n° 426527, *Lebon T.* ; *JCP Adm.* 2020, n° 2036, Chron. O. Le Bot.
7. CE 15 juill. 2004, garde des Sceaux, min. de la Justice c/Korber, req. n° 265594, NP ; *D.* 2005. 1002 ; *D.* 2006. Pan. 995, obs. J.-P. Céré, M. Herzog-Evans et E. Péchillon ; *RSC* 2006. 423, obs. P. Poncela.

juge des référés a pu, à la demande d'un détenu, désigner un huissier de justice à l'effet de se rendre au centre de détention de Riom afin de décrire l'état de sa cellule notamment en ce qui concerne la présence ou non d'équipements de chauffage et les conditions d'étanchéité à l'air de la fenêtre[1].

244.153 **Tactique contentieuse.** Les potentialités du réexamen demeurent encore largement inexplorées. Les requérants ne doivent pas hésiter à faire preuve d'imagination en saisissant la juridiction administrative de mesures n'ayant jamais été ordonnées auparavant, et dans des cas de figure inédits.

§ 3

Délai d'exécution de la mesure

244.161 **Exécution immédiate.** Le juge des référés peut prescrire à la partie condamnée de se conformer sans délai à son injonction. Il s'agit d'une obligation en matière d'expulsion d'occupants sans titre, le juge n'ayant pas le pouvoir d'accorder des délais d'exécution aux intéressés[2].

244.162 **Exécution à l'expiration d'un délai.** Le plus souvent, la partie condamnée doit s'exécuter à l'expiration d'un délai qui lui est accordé par le juge. Par exemple :

- délai de 2 mois accordé au cocontractant de l'administration pour procéder aux travaux de dépose et de câblage en souterrain d'un réseau[3] ;
- délai de 15 jours accordé à une société pour restituer à un hôpital des archives médicales dont celui-ci lui avait confié la gestion[4] ;
- délai de 15 jours accordé à une commune pour procéder à la démolition d'un mur qu'elle avait fait édifier à l'entrée d'un appartement[5] ;
- délai de 8 jours pour enlever un kiosque implanté sur le domaine public[6] ou pour communiquer une décision administrative[7] ;
- délai de 3 jours laissé à un entrepreneur pour rapporter du matériel de travaux publics[8].

SECTION 3

Condamnation sous astreinte

244.171 **Règles communes.** Lorsque la mesure utile prend, comme c'est presque toujours le cas, la forme d'une injonction, le juge du référé-mesures utile peut décider, dès son prononcé, d'assortir sa décision d'une astreinte (sur les conditions, la procé-

1. CE 15 juill. 2004, garde des Sceaux, min. de la Justice c/Korber, req. n° 265594, préc.
2. CE 21 mars 1984, Mansuy, req. n° 24944, *Lebon T.* ; *CJEG* 1984. 274, concl. P. Dondoux – CE 13 févr. 1991, Thomas, req. n° 78404, *Lebon T.* ; *RDI* 1991. 185, obs. J.-B. Auby.
3. CE 9 juill. 2008, Sté Rhône Vision Câble, req. n° 309878, *Lebon T.* ; *AJDA* 2008. 1412.
4. CE 29 juill. 2002, CH d'Armentières, req. n° 243500, *Lebon* 307 ; *AJDA* 2002. 1451, note J.-D. Dreyfus ; *RDI* 2003. 78, obs. J.-D. Dreyfus ; *JCP* 2003. 10002, note J.-C. Zarka ; *BJCP* 2002. 470, concl. P. Collin.
5. CE 12 mai 2010, Alberigo, req. n° 333565, *Lebon T.* ; *AJDA* 2010. 1057.
6. CE 10 mai 2004, Blanc, req. n° 258935, NP.
7. CE, ord., 9 avr. 1998, Crédit commercial de France, req. n° 195453, *Lebon* 177.
8. CE, sect., 13 juill. 1956, OPHLM du Dpt de la Seine, req. n° 37656, *Lebon* 343, concl. J. Chardeau ; *AJDA* 1956. 312, concl. ; *AJDA* 1956. 398, Chron. J. Fournier et G. Braibant ; *RD publ.* 1957. 296, note M. Waline.

dure et le régime de l'astreinte v. s^{s} n°s 214.101 s.).

245. Voies de recours ouvertes contre la décision

SECTION 0

Orienteur

245.00 Plan du chapitre.

245.09 Deux voies de recours. Les ordonnances rendues sur le fondement de l'article L. 521-3 du CJA peuvent être contestées selon deux procédures : d'une part le recours en cassation, ouvert contre les décisions des juges des référés des tribunaux administratifs, d'autre part le réexamen, qui peut être exercé contre les décisions – de tribunaux administratifs ou du Conseil d'État – ayant prononcé une mesure utile.

SECTION 1

Recours en cassation

§ 1

Procédure du pourvoi

245.11 Contestation d'une ordonnance d'un juge de tribunal administratif. Une ordonnance rendue par le juge des référés d'un tribunal administratif au titre de l'article L. 521-3 du CJA peut faire l'objet d'un pourvoi en cassation. Il en va ainsi, en application de cet article, pour les décisions d'admission comme pour les décisions de rejet, que celles-ci interviennent au titre de la procédure de l'article L. 522-3 (ordonnance de tri) ou de l'article L. 521-1 (ordonnance rendue après instruction).

245.12 Règles communes. Les règles de compétence, de recevabilité et plus largement de procédure sont celles applicables à tout référé d'urgence (sur ces règles, v. s^{s} n°s 215.31 s.).

245.13 Exécution de la mesure. Le recours en cassation n'est recevable qu'à condition de présenter un objet au moment de son introduction. L'exécution, par l'auteur du pourvoi, de la décision le condamnant à libérer le domaine public, ne rend pas sans objet ses conclusions dirigées contre cette décision[1].

245.14 Qualité pour agir. Une société de fait a qualité pour agir contre l'ordonnance par laquelle le juge des référés lui a enjoint de libérer une dépendance du domaine public[2]. Par ailleurs, une société mise en cause par le juge des référés du tribunal administratif présente, de ce seul fait, alors même qu'elle n'a pas produit de mémoire

1. CE 5 avr. 2004, SARL Restaurant Côte d'Azur, req. n° 260574, *Lebon T.* 829.
2. CE 19 nov. 2004, SCI Barria, req. n° 266092, *Lebon T.* 829.

devant lui, la qualité de partie à l'instance lui permettant de contester la décision rendue[1].

§ 2

Objet et étendue du contrôle de cassation

245.21 Éléments contrôlés. Le juge de cassation vérifie la régularité formelle de la décision attaquée, l'absence de dénaturation de pièces de dossier et l'absence d'erreur de droit.

A

Régularité externe de l'ordonnance

245.31 Procédure. Le juge de cassation contrôle le respect des règles procédurales par le juge des référés.

245.32 Absence d'audience publique. Le juge de cassation censure comme rendue selon une procédure irrégulière l'ordonnance par laquelle le juge des référés a statué sur une demande d'expulsion d'occupants sans titre sans avoir convoqué les parties à une audience publique[2].

245.33 Contradictoire. Le juge de cassation annule la décision rendue en méconnaissance des exigences du contradictoire[3].

245.34 Office du juge. Le juge de cassation contrôle de sa propre initiative que le juge des référés n'a pas méconnu ou excédé son office. Ainsi, lorsqu'un juge des référés est saisi dans une même requête de conclusions présentées sur le fondement de l'article L. 521-3 du CJA et sur celui de l'article R. 541-1 et accepte néanmoins de toutes les examiner, le juge de cassation censure son ordonnance par laquelle il a méconnu son office en statuant sur des conclusions irrecevables[4].

245.35 Motivation suffisante de l'ordonnance. Le juge de cassation contrôle la motivation suffisante de l'ordonnance de référé. Le caractère suffisant ou non de la motivation du juge des référés est apprécié « eu égard à la teneur de l'argumentation dont il était saisi »[5].

Une ordonnance qui « ne comporte aucune indication relative à la condition d'urgence » doit être annulée pour motivation insuffisante[6]. De même, ne satisfait pas à l'exigence de motivation l'ordonnance qui se borne à constater une occupation sans droit ni titre d'une dépendance du domaine public pour ordonner l'expulsion

1. CE 7 mai 2002, S^té^ d'équipements de Tahiti et des îles (SETIL), req. n° 240529, NP.
2. CE 24 nov. 2006, Wuister c/S^té^ Yacht-club International de Saint-Laurent-du-Var, req. n° 291294, *Lebon* 494 ; *AJDA* 2006. 2310 ; *D.* 2007. 154 ; *JCP* 2007. II. 10037, note J. Moreau ; *JCP Adm.* 2007, n° 2022, note P. Yolka ; *Contrats Marchés publ.* 2007, comm. n° 56, note J.-P. Piétri – CE 1er oct. 2007, Agence foncière et technique de la région parisienne (AFTRP), req. n° 299464, *Lebon T.* 1016 ; *AJDA* 2007. 1904.
3. CE 28 mai 2001, S^té^ Codiam, req. n° 230692, *Lebon T.* 1136.
4. CE 17 mars 2008, Najjar c/Établissement public national d'enseignement et de formation professionnelle agricoles de Nouvelle-Calédonie, req. n° 306461, *Lebon T.* ; *AJDA* 2008. 1285.
5. CE 26 juin 2002, Éveraert, req. n° 231807, *Lebon* 225 ; *AJDA* 2002. 1030.
6. CE 10 mai 2004, Blanc, req. n° 258935, NP.

de l'occupant, sans rechercher si la libération des locaux présentait un caractère d'urgence[1].

Lorsqu'un occupant du domaine public invoque en défense plusieurs moyens tant de légalité externe que de légalité interne, le juge des référés entache son ordonnance d'une insuffisance de motivation « en se bornant, pour juger qu'en l'état de l'instruction aucun des moyens soulevés par la société ne pouvait être considéré comme soulevant une contestation sérieuse de la mesure d'expulsion demandée, à faire état de sa contestation de la légalité de la décision susmentionnée, sans analyser ces moyens »[2].

B
Régularité interne de l'ordonnance

1
Dénaturation

245.41 Absence de contrôle de l'appréciation. Le juge de cassation ne contrôle pas les appréciations auxquelles se livre le juge des référés (par exemple sur les circonstances de l'espèce, sur la réalité des menaces pesant sur la continuité du service public[3], sur le choix de la mesure, sur le montant de l'astreinte[4]). Ces appréciations sont souveraines et ne peuvent donc être discutées à l'appui du pourvoi, sauf dénaturation.

245.42 Dénaturation des conclusions. En s'estimant saisi sur le fondement de l'article L. 521-3 du CJA alors que la demande n'invoquait pas l'urgence à ordonner la mesure sollicitée, n'était pas adressée au juge des référés et ne comportait pas de conclusions susceptibles d'être regardées comme tendant à la mise en œuvre de l'une des procédures prévues par le titre II du livre V du CJA, le président du tribunal administratif de Strasbourg a dénaturé les conclusions présentées par la communauté urbaine de Strasbourg tendant à l'expulsion d'un occupant du domaine public[5].

245.43 Dénaturation des faits de l'espèce. En estimant que l'évacuation par un concessionnaire des installations dont il assurait l'exploitation présentait un caractère d'urgence, alors que la commune n'envisageait ni de reprendre elle-même cette exploitation ni de la confier à bref délai à un autre cocontractant, une cour administrative d'appel dénature les faits de l'espèce[6]. De même, un juge des référés dénature les pièces du dossier en se fondant sur des allégations du requérant, « que n'étayait aucune pièce du dossier », pour juger qu'étaient remplies les conditions d'utilité et

1. CE 28 mars 2003, Assoc. Maison des jeunes et de la culture de Méru, req. n° 252448, *Lebon T.* 934.
2. CE 23 mars 2005, Sté San Luis c/Établissement public du musée et du domaine national de Versailles, req. n° 271507, NP.
3. CE 8 juill. 2002, Cne de Cogolin, req. n° 240015, *Lebon T.* 876 ; *AJDA* 2002. 826.
4. CE 15 mars 2004, Sté Dauphin Adshel, req. n° 259803, *Lebon T.* 829.
5. CE 29 juill. 2002, Helmbacher, req. n° 243454, *Lebon* 305 ; *AJDA* 2003. 47 : affaire renvoyée au tribunal administratif de Strasbourg statuant au principal.
6. CE 17 janv. 1996, SARL Le jardin des Pyrénées, req. n° 141711, *Lebon T.* 1085.

d'urgence de la mesure demandée, tendant à l'expulsion d'un occupant du domaine public[1].

2
Erreur de droit

245.51 Pouvoir du juge. Le juge de cassation annule pour erreur de droit l'ordonnance dans laquelle le juge des référés a estimé que les dispositions de l'article L. 521-3 du CJA ne lui ouvraient pas la possibilité de prononcer des injonctions à l'égard de l'administration[2].

245.52 Conditions d'octroi. Commet une erreur de droit le juge des référés :

- qui subordonne le prononcé d'une mesure à une exigence qui ne figure pas au nombre des conditions légales (refus de faire droit à une demande au motif que la mesure sollicitée est susceptible de faire préjudice au principal « alors que la condition de ne pas faire préjudice au principal n'est pas au nombre de celles posées par les dispositions précitées des articles L. 511-1 et L. 521-3 du Code de justice administrative »)[3] ;
- qui subordonne la reconnaissance de l'urgence au caractère irréversible de la situation invoquée[4] ;
- qui regarde la communication d'une décision comme utile dans un procès administratif alors que le juge saisi peut ordonner la communication de celle-ci dans le cadre de ses pouvoirs généraux d'instruction[5].

SECTION 2
Demande de réexamen

245.61 Ordonnance prononçant une mesure utile. L'article L. 521-4 du CJA permet à tout intéressé de demander au juge des référés qui a prononcé une mesure utile de la modifier ou d'y mettre fin en cas d'élément nouveau.

245.62 Règles communes. Les règles substantielles et procédurales régissant une demande de réexamen sont celles applicables à toute demande présentée sur ce fondement (sur ces règles, v. s^s n°s 215.71 s.).

245.63 Applications rarissimes. Dans le référé-mesures utiles comme dans les autres procédures de référé, la faculté de réexamen demeure largement sous-exploitée. Deux applications positives peuvent néanmoins être citées.

La première concerne un référé-expulsion. L'ordonnance enjoignant à un occupant sans titre de libérer une dépendance domaniale n'ayant pas été exécutée, le juge

1. CE 7 déc. 2005, Bevilacqua, req. n° 276003, NP.
2. CE 29 avr. 2002, Capellari, req. n° 240322, *Lebon T.* 876.
3. CE 6 avr. 2001, min. de l'Éducation nationale c/Cros Decam, req. n° 230000, *Lebon* 180 ; *D.* 2002. 2230, obs. R. Vandermeeren.
4. CE 26 oct. 2005, S^té des crématoriums de France, req. n° 279441, *Lebon* 447 ; *AJDA* 2006. 161, concl. E. Glaser.
5. CE 3 mars 2008, min. de la Défense c/C^ne d'Aiguines, req. n° 308275, *Lebon T.* ; *AJDA* 2008. 496 ; *JCP Adm.* 2008, n° 2089, note L. Erstein.

du réexamen décide d'assortir cette injonction d'une astreinte de 800 euros par jour de retard[1].

La seconde application concerne la condamnation d'un cocontractant à exécuter une obligation prévue par un contrat le liant à l'administration. Le cocontractant établissant, postérieurement à cette ordonnance, que l'obligation en cause ne se trouve pas consacrée par le contrat, le juge regarde cet argument comme soulevant une contestation sérieuse. La circonstance que l'une des conditions d'octroi (en l'occurrence l'absence de contestation sérieuse) ne soit plus satisfaite constitue un élément nouveau justifiant de mettre fin à la mesure initialement ordonnée[2].

1. TA Melun, ord., 8 févr. 2017, Roux, req. n° 1700239, NP.
2. TA Montpellier, ord., 10 mai 2016, Eiffage TP, req. n° 1601757, NP.

LIVRE

3. Les référés ordinaires

SECTION 0

Orienteur

300.00 Plan du livre.

300.09 **Notion.** On entend par référés ordinaires les référés administratifs non subordonnés à la condition d'urgence. Codifiés aux titres III et IV du livre V du CJA, ils présentent un caractère réglementaire et sont au nombre de trois :

- le référé-constat (CJA, art. R. 531-1) ;
- le référé-expertise (CJA, art. R. 532-1) ;
- le référé-provision (CJA, art. R. 541-1).

TITRE
31. Le référé-constat

SECTION 0
Orienteur

310.00 Plan du titre.

310.01 Textes applicables.

CJA, art. R. 531-1 et R. 531-2.

310.03 Bibliographie indicative.

> **Encyclopédies.** *Rép. contentieux administratif*, v° « Référé-constat et référé-instruction », par M. de Monsembernard ; S. Dewailly, « Référé-instruction et constat », *J.-Cl. Justice adm.*, fasc. n° 53.

> **Articles.** D. Daugeron, « L'intérêt de la procédure de référé-constat : l'exemple du droit de l'environnement », *AJDA* 2004. 17.

310.05 Documents pratiques.

Pour un exemple de dossier contentieux en matière de demande de constat, v. s[s] n° 910.15.

310.06 Chiffres clés.

Entre 2 et 3 000 demandes en référé-constat sont introduites chaque année devant les tribunaux administratifs. Les chiffres sont stables depuis plusieurs années.
Le taux de réussite moyen se situe autour de 90 %.
Le délai moyen de jugement est d'une dizaine de jours.

310.09 **Constater des faits.** Héritier de la procédure du constat d'urgence apparue à la fin du XIXe siècle (L. 22 juill. 1889, art. 24, consacrant une pratique des conseils de préfecture), le référé-constat a pour objet de faire constater des faits à un moment donné. Le demandeur peut ainsi se ménager des éléments de preuve dans la perspective d'une instance devant la juridiction administrative, en faisant constater par un expert des faits qui risquent de disparaître.

311. Engagement du référé-constat

SECTION 0
Orienteur

311.00 Plan du chapitre.

311.04 Questions essentielles.

> Le requérant peut-il demander que la mission de l'expert s'étende à des questions autres que la seule description des faits ? v. s[s] n°s 311.41 s.

SECTION 1

Compétence

311.11 Compétence de la juridiction administrative. La demande de constat doit concerner un litige ou une matière relevant de la compétence de la juridiction administrative. Cette condition, d'origine jurisprudentielle[1], est aujourd'hui codifiée. L'article R. 531-1 du CJA exige que les faits sur lesquels porte la demande de constat « seraient susceptibles de donner à un litige devant la juridiction ».

Le juge des référés est compétemment saisi même si le litige principal auquel se rattache la demande de constat ne relèvera que pour partie de la compétence de la juridiction administrative. Il peut ainsi ordonner le constat de faits survenus dans des locaux mis à la disposition d'une association par une collectivité publique, alors même que ces locaux relèvent de son domaine privé, dès lors qu'un éventuel litige portant sur le bail conclu pourra relever de la compétence du juge administratif[2].

En revanche, la requête est rejetée lorsque la demande de constat est manifestement insusceptible de se rattacher à un litige relevant de la compétence de la juridiction administrative. Tel est le cas de la demande ayant pour objet de faire constater que les prélèvements d'organes effectués en exécution d'une décision du juge d'instruction ne seraient pas suffisants pour permettre de déterminer toutes les causes du décès de l'un de ses proches[3].

311.12 Compétence au sein de la juridiction administrative. La requête en référé doit être présentée devant la juridiction administrative territorialement compétente pour connaître du litige sur lequel porte la demande de constat. Cette condition, d'origine jurisprudentielle[4], est aujourd'hui codifiée. L'article R. 531-1 du CJA exige que les faits sur lesquels porte la demande de constat soient « susceptibles de donner à un litige devant la juridiction » – entendue comme la juridiction saisie de la demande.

311.13 Apparence de compétence. La demande de constat intervient habituellement avant tout procès. Il en résulte que la compétence matérielle ou territoriale de la juridiction peut rarement être déterminée avec précision. Aussi le juge des référés doit-il se reconnaître compétent dès lors que le litige auquel se rapporte la demande de constat n'échappera pas manifestement à la compétence matérielle et territoriale de la juridiction saisie.

SECTION 2

Recevabilité

§ 1

Conditions générales de recevabilité

311.21 Absence de délai pour agir. L'introduction de la demande de constat n'est soumise à aucune condition de délai.

1. CE 12 janv. 1987, Catty, *RD publ.* 1987. 1383, obs. R. Drago.
2. CAA Lyon, 14 oct. 2004, Institut de formation de Rhônes-Alpes, req. n° 04LY00494, *Lebon T.* 813 ; *AJDA* 2005. 782, note A.-M. Mazetier.
3. CE 31 oct. 1986, Roland, req. n° 74378, NP : incompétence de la juridiction administrative, la demande étant relative au déroulement d'une procédure pénale.
4. CE, sect., 12 janv. 1934, Port autonome de Bordeaux et préfet de la Gironde c/Lacoste, *Lebon* 68.

311.22 Absence de ministère d'avocat. Le ministère d'avocat n'est pas obligatoire dans la procédure du référé-constat (CJA, art. R. 531-1).

311.23 Absence de décision préalable. La demande de constat, présentée par voie de requête, n'est pas soumise à l'exigence d'une décision préalable (CJA, art. R. 531-1).

311.24 Représentation des personnes morales. Par analogie avec la solution retenue pour le référé-expertise (v. s^s^ n° 321.54), lorsque les dispositions ou stipulations applicables à une personne morale subordonnent à une habilitation par un de ses organes la possibilité pour son représentant légal d'exercer en son nom une action en justice, le représentant qui engage un référé-constat doit produire cette habilitation, au besoin après y avoir été invité par le juge.

311.25 Lien avec un litige principal. La demande de référé-constat est presque toujours introduite avant la saisine du juge du fond. Le Conseil d'État a néanmoins admis qu'elle pouvait être recevable même lorsqu'un litige principal est d'ores et déjà pendant devant le juge du principal[1].

311.26 Dispense d'exercer une procédure de règlement précontentieuse. Le requérant n'est pas tenu de mettre en œuvre préalablement à sa demande de référé les recours administratifs ou les procédures contractuelles de règlement amiable[2].

311.27 Invocabilité en matière fiscale. Le référé-constat de l'article R. 531-1 peut être utilisé en matière fiscale[3].

§ 2

Objet et précision de la demande

A

Précision des faits

311.31 Précision suffisante. Les faits qu'il est demandé au juge des référés de faire constater doivent être désignés avec une précision suffisante par l'auteur de la demande. Ne satisfait pas à cette exigence la demande qui met en cause le fonctionnement du service public hospitalier ainsi qu'une décision du préfet de police de Paris prescrivant l'inhumation d'un corps, sans comporter aucune indication des faits dont la constatation serait utile à la solution d'un litige[4].

B

Objet de la demande

311.41 Description de faits. L'objet de la demande doit consister *exclusivement* à constater et à décrire des *faits*. Elle ne peut tendre à analyser une situation, porter une appréciation, rechercher des causes, prévoir des conséquences ou préconiser des solutions. Elle ne peut tendre davantage à la description d'une situation juridique.

1. CE 21 mars 1962, Vivien, *Lebon T.* 1066.
2. CE 30 oct. 1959, min. des Armées c/S^té^ Chaudronnière et tôlerie de Courbevoie, *Lebon* 569.
3. CE 23 juin 2006, Douglas, req. n° 288813, *Lebon* (sol. impl.).
4. CE 31 oct. 1986, Roland, req. n° 74378, NP.

Seule la constatation matérielle et objective de données factuelles peut être demandée sur le fondement de l'article R. 531-1.

311.42 Exigence non satisfaite. Faute d'avoir pour unique objet la description de faits, échappe au champ du référé-constat la demande visant :

- à déterminer le lieu d'implantation d'un abattoir municipal et à établir un plan de situation[1] ;
- à constater le changement du régime d'allocations familiales du requérant, les demandes de reversement des sommes qui lui ont été versées par la CAF, les réclamations adressées à l'administration et les décisions de rejet qui les ont suivies[2] ;
- à relever les conséquences qui pourraient découler de la présence d'un barrage ou à apprécier la nécessité de supprimer ou d'aménager ce barrage[3] ;
- à déterminer les dommages que des travaux publics ont pu causer aux propriétés des requérants[4] ;
- à évaluer par voie d'expertise les préjudices dont s'estime victime le requérant[5] ;
- à rechercher l'origine de désordres et à chiffrer le préjudice subi[6] ;
- à interpréter un contrat[7].

311.43 Exigence satisfaite. Les exemples de constats mentionnés s^{s} n°s 314.11 s. peuvent être regardés comme autant de demandes satisfaisant à l'exigence de réaliser des constatations purement factuelles.

312. Condition d'octroi du référé-constat

SECTION 0

Orienteur

312.00 Plan du chapitre.

SECTION 1

Absence de condition d'urgence

312.11 Urgence non requise. Contrairement à l'article R. 136 du CTACAA anciennement applicable, l'article R. 531-1 du CJA n'exige pas que la demande de constat soit justifiée par l'urgence. Se trouvent par conséquent caduques la jurisprudence antérieure relative à cette condition comme l'appellation, qui lui était donnée par la pratique, de procédure de « constat d'urgence ».

1. CE 28 oct. 1964, Dame Blancard, *Lebon* 495.
2. CE 1er avr. 1977, Pradines, req. n° 04513, NP.
3. CE 6 juill. 1966, min. de l'Équipement c/S^{té} Soustre, *Lebon* 453.
4. CE 21 déc. 1979, C^{ne} d'Arnouville-lès-Gonesse, req. n° 17362, *Lebon* 487.
5. CE 16 oct. 1987, Fournier, req. n° 84691, NP.
6. TA Paris, ord., 7 mars 2003, SA Sécurité Pierre Investissements, req. n° 0303065/9-2, NP.
7. CE 30 oct. 1959, min. des Armées c/S^{té} chaudronnière et tôlerie de Courbevoie, *Lebon* 569.

SECTION 2
Condition d'utilité

§ 1
Énoncé de la condition d'utilité

312.21 **Unique condition.** La demande de constat est conditionnée par une unique exigence, qui réside dans l'utilité de la demande de constat.

312.22 **Condition jurisprudentielle.** La condition d'utilité, qui n'est pas formellement posée par l'article R. 531-1 du CJA, présente une origine jurisprudentielle. Forgée par le Conseil d'État sous l'état du droit antérieur[1], elle a été maintenue après la loi du 30 juin 2000[2].

312.23 **Condition appréciée au jour du jugement.** Il appartient au juge des référés, saisi d'une demande de constat, « d'apprécier l'utilité de la mesure sollicitée à la date à laquelle il statue »[3].

§ 2
Critères de la condition d'utilité

312.31 **Éventualité d'un litige.** La condition d'utilité est regardée comme satisfaite lorsque les faits sur lesquels porte la demande de constat « seraient susceptibles de donner lieu à un litige devant la juridiction » (CJA, art. R. 531-1, al. 1er). Elle signifie que le juge ne prescrira le constat sollicité que lorsque celui-ci est de nature à apporter un avantage ou un bénéfice au requérant dans la perspective d'un recours devant la juridiction administrative, que celui-ci prenne la forme d'un recours pour excès de pouvoir ou, le plus souvent, d'un recours de plein contentieux en matière indemnitaire ou contractuelle.

312.32 **Faits non déjà constatés ou établis.** Le juge des référés n'ordonne pas le constat demandé par un requérant si cette mesure ne présente pour lui aucun intérêt. Ainsi, la condition d'utilité n'est pas satisfaite lorsqu'il existe déjà un document qui a procédé aux constatations de fait sollicitées. Tel est le cas lorsqu'il existe un rapport, rendu public par l'administration, contenant les informations et les faits que le requérant demande au juge des référés de faire constater[4].

312.33 **Faits ne pouvant être constatés par un autre moyen.** Dans l'appréciation de l'exigence d'utilité, le juge des référés tient compte des procédés alternatifs dont dispose le cas échéant le requérant pour établir la matérialité des faits. Ainsi, il peut refuser d'ordonner le constat lorsque, eu égard à l'objet de la demande et aux condi-

1. V. par ex. CE 21 déc. 1979, Cne d'Arnouville-lès-Gonesse, req. n° 17362, *Lebon* 487 – CE 26 juill. 1982, SA Sous-traitants associés de l'électronique, req. n° 40701, *Lebon* 313 – CE 16 déc. 1987, Comité Stop Nogent-sur-Seine, req. n° 86831, NP ; *CJEG* 1988. 145, concl. M. Fornacciari.
2. V. par ex. CE 28 sept. 2011, min. de la Justice c/Lévêque, req. n° 347585, *Lebon* ; *Gaz. Pal.* 2011/349. 15, concl. M. Guyomar.
3. CE 13 mars 2019, Attoumane, req. n° 418101, *Lebon T.* ; *JCP Adm.* 2019, n° 2222, Chron. O. Le Bot.
4. CE 16 déc. 1987, Comité Stop Nogent-sur-Seine, req. n° 86831, NP ; *CJEG* 1988. 145, concl. M. Fornacciari.

tions dans lesquelles il peut être procédé aux constatations sollicitées, le demandeur dispose de la possibilité de faire constater les faits par un huissier de justice[1] :

– faire constater l'occupation d'une usine par les salariés[2] ;

– faire constater, jusqu'à l'achèvement de la construction de l'ouvrage en cause, les moyens mis en œuvre par le maître d'œuvre pour maintenir une activité sur le chantier[3].

On notera que ces solutions s'avèrent anciennes et isolées. Elles peuvent se justifier si les faits sur lesquels porte la demande de constat ne nécessitent aucune expertise. En revanche, si la description des faits suppose une certaine connaissance technique, la condition d'utilité devra être regardée comme satisfaite.

312.34 **Faits ne pouvant être constatés par le juge du principal.** La condition d'utilité n'est pas regardée comme satisfaite par le juge des référés lorsque les faits qui lui sont demandés de constater peuvent être établis par le juge saisi de l'instance principale dans le cadre de ses pouvoirs généraux d'instruction[4]. Seules des « circonstances particulières » pourraient, dans une telle hypothèse, justifier le recours à une mesure d'expertise.

312.35 **Demande portant sur des faits non révolus.** Ne présente pas de caractère utile « une mesure qui se rapporte à des faits révolus dont les conséquences ne peuvent plus être constatées à la date à laquelle il est statué sur la demande »[5].

En application de ce critère, une demande formée par un détenu, tendant à ce que les conditions matérielles de sa détention en maison d'arrêt fassent l'objet d'un constat, présente un caractère utile, dès lors qu'il ne résulte pas de l'instruction que des constatations auraient été établies dans les mêmes locaux ou des locaux similaires de cette maison d'arrêt, durant la période d'incarcération de ce dernier[6]. En revanche, un constat qui serait purement rétrospectif ne satisfait pas à l'exigence d'utilité. Ainsi, dans la mesure où elle se rapporte à des faits révolus, dont les conséquences ne peuvent plus être appréciées à la date du constat, ne présente pas un caractère d'utilité la demande d'un détenu tendant à ce que soient constatés le contenu de kits d'hygiène personnelle et la périodicité à laquelle ces derniers lui étaient remis[7].

1. CE 26 juill. 1982, SA Sous-traitants associés de l'électronique, req. n° 40701, *Lebon* 313.
2. CE 26 juill. 1982, SA Sous-traitants associés de l'électronique, préc.
3. TA Rennes, ord., 11 déc. 2006, Stés GTB Construction et Soletanche Bach France, req. n° 065002, NP.
4. CE 1er juin 1979, Cne de Lattes, req. n° 12676, *Lebon T.* 838 – CE 11 mars 1991, Assoc. « Les Verts d'Île-de-France », req. n° 120114, NP – *Constr.-Urb.* 2020, comm. 106, note P. Cornille. Le juge du référé-mesures utiles retient le même raisonnement lorsqu'il est saisi d'une demande de communication d'un document administratif. V. ss n° 242.143.
5. CE 13 mars 2019, Attoumane, req. n° 418101, *Lebon T.* ; *JCP Adm.* 2019, n° 2222, Chron. O. Le Bot.
6. CE 28 sept. 2011, min. de la Justice c/Gallois, req. n° 345309, *Lebon T.* ; *AJDA* 2011. 1869 ; *Gaz. Pal.* 2011/349. 15, concl. M. Guyomar.
7. CE 28 sept. 2011, min. de la Justice c/Lévêque, req. n° 347585, *Lebon* ; *AJDA* 2011. 1869 ; *Gaz. Pal.* 2011/349. 15, concl. M. Guyomar – V. dans le même sens CE 13 mars 2019, Attoumane, req. n° 418101, *Lebon T.* ; *JCP Adm.* 2019, n° 2222, Chron. O. Le Bot – CE 13 mars 2019, Pichard, req. n° 418102, *Lebon T.*

313. Jugement du référé-constat

313.09 Procédure simplifiée. Le juge des référés statue seul, sans audience publique et sans conclusions d'un rapporteur public[1] (sur la qualité de juge des référés, v. ss nos 212.11 s.). Il dispose de la faculté, en cas de demande complexe ou appelant à trancher une question de principe, de renvoyer l'affaire à une formation collégiale (v. ss no 120.10).

313.10 Information du défendeur. Sur le plan procédural, l'une des particularités marquées du référé-constat tient à ce qu'il peut être dérogé au principe du contradictoire. En effet, compte tenu des effets limités d'une mesure de constat (l'expert se borne à décrire ou constater des faits sans porter d'appréciation sur ceux-ci) et de la difficulté qui peut exister, à ce stade, à identifier avec précision les défendeurs, le juge n'est pas tenu de mettre en cause les défendeurs éventuels[2]. Il dispose ainsi d'une option :

- soit il statue sur la demande sans communiquer la requête à l'administration, donc au seul vu des écritures du demandeur ;
- soit il transmet au préalable la requête à l'administration, ce qui conférera à celle-ci la qualité de partie[3].

Si le juge fait droit à la demande de constat, le défendeur doit être avisé de l'ordonnance rendue. Selon la formule de l'article R. 531-1 alinéa 2 du CJA, « avis en est donné immédiatement aux défendeurs éventuels ». Conformément à la lettre du texte, l'avis n'est pas nécessaire en cas de rejet de la demande[4].

313.11 Audience facultative. Comme en référé-expertise[5], le juge des référés est « toujours libre d'apprécier, lors de chaque demande dont il est saisi, s'il y a lieu de convoquer les parties et de les entendre »[6].

313.12 Bâtiments menaçant ruine et sécurité des immeubles collectifs d'habitation. La procédure de référé-constat est utilisée dans la procédure des immeubles menaçant ruine : lorsque, dans le cadre de cette procédure, le juge administratif est saisi par le maire d'une demande tendant à la désignation d'un expert, le pouvoir régle-

1. CE 24 juin 2002, Dpt de la Seine-Maritime, req. no 240271, *Lebon T.* 851 ; *RDI* 2002. 406, obs. J.-D. Dreyfus : à propos du juge d'appel saisi d'une ordonnance de référé-constat – v. dans le même sens : CE 30 déc. 2002, Office public d'habitations de Nice et des Alpes-Maritimes, req. no 241793, *Lebon* 509 ; *AJDA* 2003. 960.
2. CE 21 déc. 1979, Cne d'Arnouville-lès-Gonesse, req. no 17362, *Lebon* 487 – CE 9 janv. 1985, min. délégué auprès du min. de l'Industrie et de la Recherche chargé des PTT c/Sté Manufacture du Val-de-Vienne, req. no 58067, *Lebon* 8 ; *AJDA* 1985. 275, note O. Gohin.
3. CE 21 mars 2012, garde des Sceaux, min. de la Justice et des Libertés c/Assafar, req. no 353511, *Lebon* ; *AJDA* 2012. 624 : précisant que les dispositions de l'article R. 531-1 n'ont ni pour objet ni pour effet de faire obstacle à ce que le juge mette en cause, avant de rendre son ordonnance et alors même qu'il n'y est jamais obligé, le ou les défendeurs éventuels.
4. CE 14 nov. 1984, Bert, req. no 59874, NP.
5. V. ss no 323.11.
6. CE 19 févr. 1965, Souris, *Lebon T.* 1017.

mentaire a prévu qu'il est statué suivant la procédure du référé-constat[1] (v. s[s] n°s 720.09 et 730.09 s.).

314. Décision du juge du référé-constat

SECTION 0

Orienteur

314.00 Plan du chapitre.

Sect. 1 Désignation d'un expert aux fins de constater des faits

Sect. 2 Effets du constat

SECTION 1

Désignation d'un expert aux fins de constater des faits

314.11 Désignation d'un expert. Lorsque le juge fait droit à une demande de constat, il désigne un expert chargé de procéder aux constatations matérielles[2] et fixe un délai pour la remise du rapport[3]. Le défendeur doit en être informé (CJA, art. R. 531-1 2 : v. s[s] n° 313.10). Les constats réalisés par l'expert peuvent porter sur les données factuelles les plus variées.

314.12 Description de l'état d'un lieu ou d'un bien. L'expert peut avoir pour mission de décrire l'état matériel des lieux ou l'état d'un bien meuble ou immeuble, par exemple :

- l'état d'une route à l'endroit où un accident s'est produit[4] ;
- l'état des lieux dans leur état réel lors de l'enquête préalable à la déclaration d'utilité publique d'un projet immobilier[5] ;
- l'état d'un barrage dont la suppression a été décidée par arrêté préfectoral afin de diminuer les effets d'inondations[6] ;
- l'état d'un immeuble et l'ensemble des désordres à la suite des infiltrations d'eau qui s'y sont produites[7] ;
- l'état d'un véhicule endommagé[8] ;
- l'état des propriétés riveraines au lot affecté à la construction d'une école[9].

1. V. CCH, art. L. 511-3, ultérieurement repris à l'article L. 511-9, prévoyant que l'expert « examine les bâtiments, dresse constat de l'état des bâtiments mitoyens et propose des mesures de nature à mettre fin à l'imminence du péril s'il la constate [...] ».
2. V. par ex. TA Rennes, ord., 11 déc. 2006, S[tés] GTB Construction et Soletanche Bach France, req. n° 065002, NP.
3. V. par ex. TA Nancy, ord., 21 déc. 2012, Munsch, req. n° 1202239, NP : délai d'un mois – TA Rennes, ord., 11 déc. 2006, S[tés] GTB Construction et Soletanche Bach France, req. n° 065002, NP : remise du rapport « dans les meilleurs délais ».
4. CE 18 nov. 1959, Dp[t] de Constantine, *Lebon* 610.
5. CE 28 oct. 1964, Dame Blancard, *Lebon* 495.
6. CE 6 juill. 1966, min. de l'Équipement c/S[té] Soustre, *Lebon* 453.
7. TA Paris, ord., 7 mars 2003, SA Sécurité Pierre Investissements, req. n° 0303065/9-2, NP.
8. CE 18 nov. 1959, Dp[t] de Constantine, *Lebon* 610.
9. TA Paris, ord., 28 juill. 2000, ville de Paris, req. n° 0011852/3/CU, NP.

314.13 Exécution de travaux. L'expert peut intervenir dans le contentieux de la construction, notamment :

- préciser l'état d'avancement de l'opération de construction d'un parking en rappelant les dates contractuellement définies pour son exécution[1] ;
- procéder au constat des travaux d'ores et déjà exécutés par le cocontractant en indiquant lesquels resteraient contractuellement à réaliser[2] ;
- constater l'absence d'exécution de travaux dus par d'autres intervenants à l'opération de construction de l'ouvrage[3].

314.14 Conditions de réalisation d'activités administratives. La demande peut avoir pour objet de constater les conditions dans lesquelles l'autorité administrative assure une activité, par exemple :

- les conditions dans lesquelles ont lieu les travaux d'élargissement d'une rue dont les requérants sont riverains, les possibilités d'accès à cette rue et les atteintes portées à leurs propriétés[4] ;
- les conditions dans lesquelles un patient a été hospitalisé et soigné[5] ;
- les conditions de détention d'une personne dans un établissement pénitentiaire[6] ;
- les conditions de rétention d'un étranger en situation irrégulière[7].

314.15 Mesures ou constats d'ordre quantitatif. Si les dispositions de l'article R. 531-1 du CJA font obstacle à ce que les mesures sollicitées sur leur fondement excèdent le seul constat d'une situation de fait, elles n'excluent pas qu'il puisse être demandé au juge des référés d'ordonner, à ce titre, que soient effectuées des mesures ou des constats d'ordre quantitatif. Par suite, commet une erreur de droit le juge des référés qui juge que, par principe, les analyses biologiques et les mesures acoustiques auxquelles un détenu souhaitait faire procéder n'étaient pas au nombre des constats susceptibles d'être effectués sur le fondement de l'article R. 531-1[8].

314.16 Autres domaines. La demande de constat peut porter sur d'autres domaines. Par exemple, l'expert peut être appelé à constater :

- l'encombrement des locaux d'un centre de tri postal dû à une grève et à recueillir tous renseignements sur le déroulement de celle-ci et la date à laquelle elle a commencé[9] ;
- l'existence de faits relatifs à des actes de diffamation calomnieuse[10] ;

1. TA Rennes, ord., 11 déc. 2006, Stés GTB Construction et Soletanche Bach France, req. n° 065002, NP.
2. TA Rennes, ord., 11 déc. 2006, Stés GTB Construction et Soletanche Bach France, req. n° 065002, préc.
3. TA Rennes, ord., 11 déc. 2006, Stés GTB Construction et Soletanche Bach France, req. n° 065002, NP.
4. CE 21 déc. 1979, Cne d'Arnouville-lès-Gonesse, req. n° 17362, *Lebon* 487 : précisant qu'échappe en revanche au champ du référé-constat la demande visant à déterminer les dommages que lesdits travaux ont pu causer aux propriétés des requérants.
5. CE, sect., 7 févr. 1969, M'Barek, req. n° 67774, *Lebon* 87 ; *AJDA* 1969. 163, Chron. J.-L. Dewost et R. Denoix de Saint-Marc.
6. TA Versailles, 20 avr. 1984, Munoz, *Lebon* 458 – TA Nancy, ord., 21 déc. 2012, Munsch, req. n° 1202239, NP.
7. TA Amiens, 13 août 1994, Mozrag, NP ; *RFDA* 1995. 143.
8. CE 13 mars 2019, Pichard, req. n° 418102, *Lebon T.*
9. CE 9 janv. 1985, min. délégué auprès du min. de l'Industrie et de la Recherche chargé des PTT c/Sté Manufacture du Val-de-Vienne, req. n° 58067, *Lebon* 8 ; *AJDA* 1985. 275, note O. Gohin.
10. CE 15 juill. 1964, De Pollak, *Lebon* 409.

– la réception de matériels en assistant aux opérations et aux épreuves dont ils font l'objet et leur conformité aux clauses du marché[1].

314.17 Exercice de sa mission par l'expert. L'expert désigné par le juge des référés accomplit sa mission dans un cadre juridique sensiblement identique à celui prévu pour les expertises avant-dire droit ordonnées par le juge du principal (titre II du Livre VI du CJA). En vertu de l'article R. 531-2 du CJA, les dispositions des articles R. 621-3 à R. 621-11 (à l'exception de l'article R. 621-9, alinéa 2), ainsi que des articles R. 621-13 et R. 621-14 sont applicables aux constats ordonnés au titre de l'article R. 531-1 (sur la rémunération de l'expert, v. s[s] n° 324.143).

314.18 Récusation de l'expert. Dans un avis du 23 mars 2012, le Conseil d'État a précisé certaines règles applicables à la récusation d'un expert[2].

En vertu de l'article R. 621-6 du CJA, les experts ou sapiteurs peuvent être récusés par une demande présentée à la juridiction qui a ordonné l'expertise, pour les mêmes causes que les juges tenant en l'existence d'une raison sérieuse de douter de leur impartialité. Aux termes de l'article R. 621-6-4 du CJA, « si l'expert acquiesce à la demande de récusation, il est aussitôt remplacé. Dans le cas contraire, la juridiction, par une décision non motivée, se prononce sur la demande, après audience publique dont l'expert et les parties sont avertis. Sauf si l'expertise a été ordonnée en référé, cette décision ne peut être contestée devant le juge d'appel ou de cassation qu'avec le jugement ou l'arrêt rendu ultérieurement. L'expert n'est pas admis à contester la décision qui le récuse ».

La décision ainsi rendue, « après que les parties en ont été averties dans un délai leur permettant de présenter utilement leurs observations », « peut être directement contestée en appel ou en cassation lorsque l'expert a été désigné au titre d'une expertise ordonnée par le juge des référés sur le fondement de l'article R. 531-1 ou R. 532-1 du Code de justice administrative ». Cette décision « est de nature juridictionnelle ».

En précisant que le juge se prononce par une « décision non motivée », l'article R. 621-6-4 du Code de justice administrative n'a pas entendu écarter l'application de la règle générale de motivation des décisions juridictionnelles, rappelée à l'article L. 9 de ce code. Il a seulement entendu tenir compte des exigences d'une bonne administration de la justice ainsi que des particularités qui s'attachent à une demande de récusation, laquelle est notamment susceptible, selon la teneur de l'argumentation du requérant, de porter atteinte à la vie privée de l'expert ou de mettre en cause sa probité ou sa réputation professionnelle. Aussi appartient-il au juge d'adapter la motivation de sa décision, au regard de ces considérations, en se limitant, le cas échéant à énoncer qu'il y a lieu, ou qu'il n'y a pas lieu, de faire droit à la demande.

L'action en récusation d'un expert ne porte ni sur des droits et obligations de caractère civil, ni sur une accusation en matière pénale, au sens de l'article 6 § 1 de

1. CE 30 oct. 1959, min. des Armées c/S[té] chaudronnière et tôlerie de Courbevoie, *Lebon* 569.
2. CE, sect., avis, 23 mars 2012, CH d'Alès-Cevennes, req. n° 355151, *Lebon* ; *AJDA* 2012. 620 ; *AJDA* 2012. 1397, Chron. X. Domino et A. Bretonneau, note G. du Puy-Montbrun.

la Convention européenne des droits de l'homme. Par suite, la décision statuant sur cette action n'entre pas dans le champ d'application de ces stipulations.

314.19 Constat établi contradictoirement. Le constat ordonné par le juge des référés « doit avoir lieu contradictoirement, en présence des parties ou de leurs représentants »[1], à moins qu'une « circonstance particulière ne s'y oppose »[2].

SECTION 2

Effets du constat

314.21 Prise en compte des faits constatés. Lorsque le constat a été dressé selon une procédure régulière, les constatations établies par l'expert sont opposables aux parties et peuvent être prises en compte par le juge dans le cadre d'une instance principale (notamment dans les contentieux contractuel et indemnitaire).

Si le caractère contradictoire de la procédure n'a pas été respecté lors de l'établissement du constat, faute qu'une partie ait été avertie des jours et heures où l'expert procéderait à ses observations, celui-ci ne lui sera pas opposable[3]. Dans le cadre de l'instance principale, les constatations réalisées n'auront pour le juge qu'une valeur d'information[4].

314.22 Interruption de la prescription quadriennale. La demande, tendant à la constatation des travaux effectués par une entreprise avant la résiliation par le maître d'ouvrage du marché dont elle était titulaire, présente le caractère d'un recours interrompant la prescription quadriennale[5].

315. Voies de recours ouvertes contre la décision

SECTION 0

Orienteur

315.00 Plan du chapitre.

Sect. 1 Tierce opposition

Sect. 2 Recours en appel

Sect. 3 Recours en cassation

1. CE 21 déc. 1979, C^ne^ d'Arnouville-lès-Gonesse, req. n° 17362, *Lebon* 487.
2. CE, sect., 7 févr. 1969, M'Barek, req. n° 67774, *Lebon* 87 ; *AJDA* 1969. 163, Chron. J.-L. Dewost et R. Denoix de Saint-Marc.
3. CE 18 nov. 1959, Dp^t^ de Constantine, *Lebon* 610.
4. CE, sect., 7 févr. 1969, M'Barek, req. n° 67774, *Lebon* 87 ; *AJDA* 1969. 163, Chron. J.-L. Dewost et R. Denoix de Saint-Marc : le Conseil d'État estime que malgré « l'irrégularité de la visite des lieux effectuée », le tribunal administratif saisi d'une demande indemnitaire « a pu se référer valablement aux constatations faites par l'expert, dès lors qu'il a expressément déclaré ne les retenir qu'à titre d'élément d'information et qu'elles étaient corroborées par d'autres éléments du dossier ».
5. CE 8 déc. 1995, S^té^ Sogéa, req. n° 138873, *Lebon* 434 ; *RDI* 1996. 207, obs. F. Llorens et P. Terneyre ; *RDI* 1996. 211, obs. F. Llorens et P. Terneyre.

SECTION 1
Tierce opposition

§ 1
Une voie de recours ouverte au défendeur non mis en cause

315.11 Irrecevabilité de l'appel. Si le défendeur éventuel n'a pas été mis en cause devant le juge des référés, c'est-à-dire que la requête ne lui a pas été communiquée avant qu'il soit statué sur la demande, il ne justifie pas de la qualité de partie et, par voie de conséquent, ne peut former un recours en appel contre l'ordonnance rendue[1]. L'irrecevabilité est opposée au défendeur alors même que celui-ci a été avisé de l'ordonnance du juge des référés et a assisté ou été représenté aux opérations de constat[2].

315.12 Recevabilité de la tierce opposition. Le défendeur éventuel qui n'a pas été mis en cause avant qu'il soit statué sur la demande de constat est recevable à contester l'ordonnance du juge des référés par la voie de la tierce opposition[3]. L'article R. 531-1 alinéa 3 du CJA prévoit que par dérogation aux dispositions des articles R. 832-2 et R. 832-3, « le délai pour former tierce opposition est de quinze jours ». Le délai court à compter de la notification ou de la signification de l'ordonnance.

§ 2
Condition de la tierce opposition

315.21 Une condition unique. L'admission de la tierce opposition, codifiée aux articles R. 832-1 à R. 832-5 du CJA, est subordonnée à une unique condition : l'ordonnance attaquée doit préjudicier aux droits de l'auteur du recours.

315.22 Applications. Une personne tierce est recevable à former tierce opposition contre la décision rendue lorsqu'à la suite de l'exécution de l'ordonnance prescrivant un constat, sa responsabilité est susceptible d'être mise en jeu[4]. Cette circonstance est regardée par elle-même comme préjudiciant à ses droits au sens de l'article R. 832-1 du CJA. La recevabilité de la tierce opposition est ainsi admise dans l'hypothèse où le constat a été sollicité par un détenu afin de réunir les éléments de preuve propres à lui permettre d'engager un recours indemnitaire à l'encontre de l'État[5].

1. CE 21 mars 2012, garde des Sceaux, min. de la Justice et des Libertés c/Assafar, req. n° 353511, *Lebon* ; *AJDA* 2012. 624 – v. égal[t] CE 9 janv. 1985, min. délégué auprès du min. de l'Industrie et de la Recherche chargé des PTT c/S[té] Manufacture du Val-de-Vienne, req. n° 58067, *Lebon* 8 ; *AJDA* 1985. 275, note O. Gohin : rappelant « qu'en vertu des principes généraux de la procédure, le droit de former appel des décisions de justice n'est pas ouvert aux personnes qui n'ont pas été en cause dans l'instance sur laquelle a statué la décision qu'elles critiquent ».
2. CE 23 oct. 1968, min. de l'Agriculture c/Claye, req. n° 74477, *Lebon* 513 – CE 23 nov. 1977, S[té] française du tunnel routier de Fréjus et S[té] d'Études techniques et économiques, req. n° 06504, *Lebon* 462 – CE 27 mai 1991, Centrale nucléaire à neutrons rapides Nersa, req. n° 103975, *Lebon T.* 1125 ; *CJEG* 1991. 336, concl. G. Legal.
3. V. par ex. CE 16 mars 1977, min. de la Défense c/Maffey, *Lebon* 152 – CE 9 janv. 1985, min. délégué auprès du min. de l'Industrie et de la recherche chargé des PTT c/S[té] Manufacture du Val-de-Vienne, req. n° 58067, *Lebon* 8 ; *AJDA* 1985. 275, note O. Gohin.
4. CE 28 sept. 2011, min. de la Justice c/Gallois, req. n° 345309, *Lebon T.* ; *AJDA* 2011. 1869 ; *Gaz. Pal.* 2011/349. 15, concl. M. Guyomar.
5. CE 28 sept. 2011, min. de la Justice c/Gallois, préc.

Sous l'ancien état du droit, le Conseil d'État avait fait droit à une demande en tierce opposition formée par la société qui avait été autorisée à créer et à exploiter la centrale nucléaire de Creys-Malville. La société avait obtenu l'annulation de la décision du juge des référés ayant désigné un expert, à la demande de la ville de Genève et de différentes associations, aux fins de constater, d'une part, l'existence d'un rapport définitif de sûreté approuvé par le ministre de l'Industrie, d'autre part l'exécution dans la centrale des travaux prévus par le ministre[1].

§ 3

Jugement de la tierce opposition

315.31 Impartialité du juge des référés. Un membre d'une juridiction administrative « ne peut pas participer au jugement d'un recours en tierce opposition dirigé contre une décision juridictionnelle qui a été prise par une formation de jugement à laquelle il appartenait ». Par conséquent, un juge des référés qui a fait droit à une demande constat ne peut régulièrement connaître du recours en tierce opposition dirigée contre la décision par laquelle il a ordonné le constat[2].

SECTION 2

Recours en appel

315.41 Conditions de recevabilité. L'appel interjeté contre une ordonnance de référé rendue au titre de l'article R. 531-1 du CJA est soumis à une double condition de recevabilité.

Quant à l'auteur du recours, celui-ci doit justifier de la qualité de partie à l'instance de référé. Cette exigence est par hypothèse satisfaite pour le demandeur en référé. Elle nécessitera en revanche, pour le défendeur, que celui-ci ait été mis en cause par le juge des référés, c'est-à-dire que la requête lui ait été communiquée par celui-ci avant de statuer sur la demande de constat[3] (v. s^s^ n° 315.11). L'auteur de la demande d'appel doit en outre avoir un intérêt à l'exercice de cette voie de recours. Le demandeur en référé satisfait à cette condition en cas de rejet total ou partiel de sa demande par le juge du premier degré, le défendeur en cas d'admission totale ou partielle de celle-ci.

Quant au délai, l'appel contre une ordonnance de référé-constat doit être formé dans les 15 jours qui suivent la notification de cette décision (CJA, art. R. 533-1).

Les ordonnances rendues en première instance sur les demandes de constat sont toujours susceptibles d'appel quelle que soit la nature du litige auquel la mesure demandée peut se rattacher, c'est-à-dire même si ce litige ne peut plus faire l'objet d'un appel depuis l'intervention du décret n° 2003-543 du 24 juin 2003 ayant modifié l'article R. 811-1 du CJA[4].

1. CE 27 mai 1991, Centrale nucléaire à neutrons rapides Nersa, req. n° 103975, *Lebon T.* 1125 ; *CJEG* 1991. 336, concl. G. Legal.
2. CAA Lyon, 14 oct. 2004, Institut de formation Rhône-Alpes, req. n° 04LY00494, *Lebon T.* 813 ; *AJDA* 2005. 782, note A.-M. Mazetier.
3. CE 21 mars 2012, garde des Sceaux, min. de la Justice et des Libertés c/Assafar, req. n° 353511, *Lebon* ; *AJDA* 2012. 624.
4. CE 16 juin 2004, S[té] Sumo, req. n° 266378, *Lebon T.* 812.

315.42 Procédure. L'appel d'une ordonnance rendue sur le fondement de l'article R. 531-1 du CJA relève de la compétence de la cour administrative d'appel (CJA, art. R. 533-1). L'examen de l'appel revient au président de la cour ou au magistrat désigné par lui (CJA, art. R. 533-3). Le juge d'appel statue lui-même en référé, c'est-à-dire à juge unique, sans audience publique et sans conclusions du rapporteur public[1]. En cas d'annulation de l'ordonnance attaquée, il statue sur la demande soumise au premier juge en exerçant les pouvoirs prévus par l'article R. 531-1 (CJA, art. R. 533-3).

SECTION 3

Recours en cassation

315.51 Introduction du pourvoi. L'ordonnance rendue par le juge d'appel est susceptible de recours en cassation dans les quinze jours qui suivent sa notification (CJA, art. R. 533-3).

1. CE 24 juin 2002, Dp[t] de la Seine-Maritime, req. n° 240271, *Lebon T.* 851 ; *RDI* 2002. 406, obs. J.-D. Dreyfus - CE 30 déc. 2002, Office public d'habitations de Nice et des Alpes-Maritimes, req. n° 241793, *Lebon* 509 ; *AJDA* 2003. 960.

TITRE

32. Le référé-expertise

SECTION 0

Orienteur

320.00 Plan du titre.

320.01 Textes applicables.

CJA, art. R. 532-1 à R. 532-4.

320.03 Bibliographie indicative.

> **Encyclopédies.** *Rép. contentieux administratif*, v° « Référé-constat et référé-instruction », par M. de Monsembernard ; S. Dewailly, « Référé-instruction et constat », *J.-Cl. Justice adm.*, fasc. n° 53.

> **Articles.** S. Deliancourt, « Le juge administratif face à l'expertise », *in* J.-M. Pontier (dir.), *Les faits en droit administratif*, Puam, 2010, p. 123 ; D. Chabanol, « Le droit d'expertise devant le juge administratif », *JCP Adm.* 2010, n° 2227 ; R. Raymond, « Les référés-expertise », *JCP Adm.* 2005, n° 1262 – M. de Monsemberard et E. Sone Verlaine, « Le référé-expertise en matière contractuelle », *AJCT* 2017. 84.

320.05 Documents pratiques.

Pour un exemple de dossier contentieux en matière de référé-expertise, v. s^s n° 910.16.

320.06 Chiffres clés.

Environ 4 000 demandes en référé-expertise sont introduites chaque année devant les tribunaux administratifs. Les chiffres sont stables depuis plusieurs années.

Le taux de réussite moyen se situe entre 80 et 85 %.

Le délai moyen de jugement se situe entre 4 et 5 mois.

320.09 Origine. Le référé-expertise est apparu, en tant que procédure autonome, avec le décret n° 88-907 du 2 septembre 1988 portant diverses mesures relatives à la procédure administrative. Avant ce texte, les demandes d'instructions ou d'expertises relevaient du juge des référés au titre de la procédure générale du référé-mesures utiles. Elles en suivaient par conséquent les règles de procédure, et étaient soumises aux mêmes conditions d'octroi. En individualisant le référé-instruction en 1988, le pouvoir réglementaire a également affranchi cette procédure de deux conditions applicables au référé-mesures utiles : d'une part la condition d'urgence, d'autre part l'interdiction de faire préjudice au principal. Son régime n'a pas été modifié par la réforme de 2000.

320.10 Objet et appellation. La procédure de l'article R. 532-1 du CJA (anc^t CTA-CAA, art. R. 128) vise au prononcé de mesures d'instruction ou d'expertise. Son champ d'application est donc nettement plus large que le référé-constat. On désigne souvent cette procédure par l'appellation de « référé-expertise » ou de « référé-instruction » (cette dernière formule étant notamment retenue par le législateur[1]). En pratique, plus de 80 % des mesures d'expertises mises en œuvre devant les juridictions administratives le sont en référé. Les 20 % restant le sont par le juge du principal au titre de ses pouvoirs généraux d'instruction.

321. Engagement du référé-expertise

SECTION 0

Orienteur

321.00 Plan du chapitre.

Sect. 1 Compétence
Sect. 2 Recevabilité
Sect. 3 Effets s'attachant à l'engagement du recours

321.04 Questions essentielles.

> La demande d'expertise peut-elle avoir pour objet d'éclairer une juridiction administrative spéciale ? v. ss no 321.41

> L'expert peut-il se voir confier des appréciations d'ordre juridique ? v. ss nos 321.71 s.

SECTION 1

Compétence

§ 1

Compétence de la juridiction administrative

321.11 Compétence matérielle. La demande de référé-instruction doit se rapporter à un litige actuel ou éventuel relevant, même pour partie, de la compétence de la juridiction administrative.

A

Admission d'une compétence partielle

321.21 Principe. Il suffit que le litige concerne pour partie l'ordre de juridiction dont il relève pour que le juge civil ou administratif des référés se trouve valablement saisi[2]. Cette solution est justifiée par la circonstance que la demande en référé « ne tend qu'à voir ordonner une mesure d'instruction avant tout procès et avant même que puisse être déterminée, eu égard aux parties éventuellement appelées en la cause principale, la compétence sur le fond du litige »[3]. Il en résulte deux conséquences pour le juge des référés saisi sur le fondement de l'article R. 532-1 du CJA.

1. V. l'intitulé du chapitre II au sein du Titre III du Livre V.
2. V., pour le juge civil des référés : T. confl. 5 juill. 1999, préfet de Seine-et-Marne, req. n° 03162, *Lebon* ; *D.* 2000. 73, concl. J. Arrighi de Casanova.
3. T. confl. 17 oct. 1988, Sté Entreprise Niay, req. n° 2530B, *Lebon* : formule reprise par exemple par CE 13 juin 2001, Jankelic, req. n° 202833, NP.

321.22 Première conséquence : compétence du juge administratif des référés en cas de présence d'une personne publique. Lorsqu'un litige implique au premier chef deux personnes privées, le juge administratif des référés doit néanmoins se déclarer compétent si une autorité publique a joué un rôle, même indirect, dans sa survenance. Tel est le cas, par exemple, lorsqu'un particulier subit un dommage à raison de travaux exécutés par une entreprise privée à la demande de l'administration, alors même que les travaux exécutés n'ont pas la nature de travaux publics ou que celle-ci n'apparaît pas comme maître d'ouvrage. Le juge administratif des référés doit ainsi se déclarer compétent pour statuer sur une demande d'expertise tendant à la désignation d'un expert :

- en vue de constater et d'évaluer les dommages résultant pour les requérants et pour leurs propriétés des travaux engagés par une société de droit privé en vue de la création du tunnel sous la Manche[1] ;
- en vue d'apprécier et évaluer les dommages occasionnés à la propriété de particuliers par des travaux d'élargissement d'une route réalisés par une société de droit privé à la demande de la direction départementale de l'équipement[2].

321.23 Seconde conséquence : mise en cause d'une personne publique ou privée indirectement impliquée. Le juge administratif des référés peut mettre en cause une personne privée à l'occasion d'une expertise ou autoriser, à sa demande, qu'elle soit attraite à celle-ci.

D'une part, le juge des référés peut ordonner une expertise mettant en cause des personnes privées, par exemple :

- une entreprise sous-traitante qui n'est intervenue qu'en exécution de contrats de droit privé[3] ;
- les assureurs des parties dans un litige impliquant un constructeur[4].

D'autre part, le juge des référés peut être saisi de conclusions de l'assureur d'un constructeur visant à être attrait à une expertise[5].

B

Admission d'une compétence apparente

321.31 Compétence du juge des référés en l'absence d'incompétence manifeste de la juridiction. La demande de référé-instruction intervient habituellement avant tout procès. Il en résulte que la compétence matérielle de la juridiction peut rarement être déterminée avec précision à ce stade. Aussi le juge des référés doit-il se

1. T. confl. 23 janv. 1989, Kuntz, req. n° 02553, *Lebon T.* 845.
2. T. confl. 19 févr. 1996, Rattagi c/S[té] de pêches de la Mayenne Tinée, req. n° 02974, *Lebon T.* 1086.
3. CE 30 oct. 1989, S[té] « Omnium Technique d'Études et de Coordination » (Othec), req. n° 55571, *Lebon T.* 846 ; *D.* 1990. 250, obs. P. Terneyre – T. confl. 17 oct. 1988, S[té] Entreprise Niay, req. n° 2530B, *Lebon*.
4. CAA Lyon, 26 mai 1992, Rechtman, req. n° 92LY00126, *Lebon T.* 1213.
5. CE 21 janv. 2008, Cie d'assurances Areas dommage, req. n° 298868, *Lebon T.* ; *AJDA* 2008. 1165 ; *JCP* 2008. II. 10061, concl. N. Boulouis : indiquant « que la circonstance que les assurés qu'ils représentent soient présents à une expertise [...] ne fait pas obstacle à ce que le juge des référés soit saisi de conclusions tendant à ce que cette expertise soit réalisée au contradictoire des assureurs des parties » (arrêt revenant sur CE 12 avr. 1972, S[té] mutuelle d'assurance des chambres syndicales du bâtiment et des travaux publics, req. n° 83743, *Lebon* 277).

reconnaître compétent dès lors que le litige auquel se rapporte la demande d'instruction ou d'expertise n'échappera pas manifestement à la compétence matérielle de la juridiction saisie[1]. Ainsi, il peut valablement connaître d'une demande ayant pour objet de faire établir les conditions dans lesquelles est réalisée l'écoute de certaines conversations téléphoniques dès lors que cette demande n'est pas manifestement insusceptible de se rattacher à des litiges relevant de la compétence d'un tribunal administratif[2].

321.32 **Incompétence du juge des référés en cas d'incompétence manifeste de la juridiction.** Le juge administratif des référés doit décliner sa compétence si le litige échappe de façon manifeste à la compétence de la juridiction administrative[3]. Il est ainsi incompétent pour prescrire des mesures :

- dans un litige relatif à la gestion du patrimoine immobilier de l'agence foncière et technique de la région parisienne[4] ;
- dans un litige non détachable d'une procédure pénale en cours et relevant par conséquent de la compétence de la juridiction judiciaire[5] ;
- visant à établir un lien de filiation par des tests génétiques, dès lors que l'article 16-1 du Code civil dispose que « l'identification d'une personne par ses empreintes génétiques ne peut être recherchée que dans le cadre [...] d'une procédure judiciaire »[6].

§ 2

Compétence au sein de la juridiction administrative

321.41 **Compétence d'une juridiction administrative générale.** Compte tenu des caractères de la procédure de référé (le juge des référés n'est qu'une émanation du tribunal et ne saurait détenir un champ de compétence plus étendu que celui-ci), le juge des référés n'est compétemment saisi que lorsque la demande qui lui est présentée n'est pas manifestement insusceptible de se rattacher à un litige relevant de la compétence de la juridiction administrative de droit commun[7]. Par suite, il est incompétent pour connaître d'une demande de référé-instruction si le litige principal auquel se rapporte la mesure sollicitée relève d'une juridiction administrative spéciale, par exemple :

- le tribunal départemental des pensions, compétent pour statuer sur la réparation des dommages subis par les militaires[8] ;

1. CE, sect., 15 juill. 1957, ville de Royan c/Sté des casinos de Royan, *Lebon* 499 - CE 3 juill. 1970, min. de la santé publique c/Heurté, req. n° 79343, *Lebon* 467 - CE 23 févr. 1979, SA Sirugue, req. n° 07554, *Lebon* 85 ; *AJDA* 1979. 26, Chron. O. Dutheillet de Lamothe et Y. Robineau.
2. CE, ass., 17 déc. 1976, Férignac, req. n° 00217, *Lebon* 553, concl. Mme Latournerie ; *JCP* 1978. 18879, note F. Hamon : sol. impl.
3. T. confl. 7 oct. 1996, préfet de l'Essonne, req. n° 03033, *Lebon* 548 : concernant le juge civil des référés.
4. CE 29 févr. 1980, Kotchetoff, req. n° 14837, *Lebon* 122.
5. CAA Lyon, 21 mars 1989, min. de l'Économie c/Stés Sogexport et Neyco, req. n° 89LY01188, *Lebon T.* 845 : blocage de marchandises par l'administration douanière.
6. CE, ord., 11 mars 2010, Niomba, req. n° 336326, *Lebon T.* ; *AJDA* 2010. 524.
7. CE, sect., 16 oct. 1981, min. de la Défense c/Lassus, req. n° 18837, *Lebon* 584 ; *AJDA* 1981. 584.
8. CE, sect., 16 oct. 1981, min. de la Défense c/Lassus, req. n° 18837, préc. - CE 18 févr. 1987, min. de la Défense c/Bales, req. n° 81238, *Lebon* 62.

– l'ancienne commission d'arrondissement des dommages de guerre[1].

321.42 Compétence territoriale. La requête en référé doit être présentée devant la juridiction administrative territorialement compétente pour connaître du litige, actuel ou potentiel, auquel se rattache la demande d'instruction ou d'expertise. Le juge des référés est compétent dès lors que le litige auquel se rapporte la demande d'instruction ou d'expertise n'est pas manifestement insusceptible de relever de la compétence territoriale de la juridiction dont il relève[2]. Ainsi, en matière de responsabilité, la demande de référé doit, conformément aux dispositions régissant la compétence territoriale (CJA, art. R. 312-14), être présentée devant le tribunal administratif dans le ressort duquel est intervenu le fait générateur du dommage[3].

SECTION 2
Recevabilité

§ 1
Conditions générales de recevabilité

321.51 Absence de délai pour agir. L'introduction de la demande de référé-instruction n'est soumise à aucune condition de délai.

321.52 Absence de ministère d'avocat. Les demandes présentées au titre de l'article R. 532-1 sont dispensées du ministère d'avocat uniquement si elles se rattachent à des litiges dispensés de ce ministère (CJA, art. R. 532-1, al. 3).

321.53 Absence de décision préalable. La demande de référé-expertise, présentée par voie de requête, n'est pas soumise à l'exigence d'une décision préalable (CJA, art. R. 532-1).

321.54 Représentation des personnes morales. Lorsque les dispositions ou stipulations applicables à une personne morale subordonnent à une habilitation par un de ses organes la possibilité pour son représentant légal d'exercer en son nom une action en justice, le représentant qui engage un référé-expertise doit produire cette habilitation, au besoin après y avoir été invité par le juge[4].

321.55 Lien avec un litige principal. Le demandeur doit établir que la mesure sollicitée se rattache à un litige susceptible d'être porté devant le juge du principal. Au stade de l'introduction de la requête en référé, le litige auquel se rapporte la demande d'instruction ou d'expertise peut n'être qu'éventuel[5]. Par conséquent, « la saisine du juge des référés [n'est] pas subordonnée à l'existence d'un litige né et actuel »[6].

1. CE, sect., 15 juill. 1957, ville de Royan et S^té^ des casinos de Royan, *Lebon* 499 ; *AJDA* 1957. 393, Chron. J. Fournier et G. Braibant ; *RD publ.* 1958. 109, concl. C. Larsy.
2. CE 14 févr. 1964, SA des produits chimiques Péchiney Saint-Gobain, *Lebon* 113.
3. CE 30 nov. 2001, ville de Chelles, req. n° 231492, NP.
4. CE 30 mai 2016, OPH Lille Métropole Habitat, req. n° 376187, *Lebon* ; *AJDA* 2016. 1097 ; *Procédures* 2016, comm. 275, obs. S. Deygas : précisant que seules les « actions en référé soumises, en vertu des dispositions applicables, à une condition d'urgence ou à de très brefs délais », connaissent d'une dispense.
5. CE 12 avr. 1972, S^té^ Mutuelle d'assurances des chambres syndicales du bâtiment et des travaux publics, req. n° 83743, *Lebon* 276.
6. CE 22 juill. 1992, C^ne^ du Rove c/Mechetti, req. n° 129264, *Lebon T.* 767.

Une irrecevabilité manifeste de l'action envisagée ou d'ores et déjà formée devant le juge du principal entraîne corrélativement celle de la demande en référé[1]. Ainsi, une association est irrecevable à demander au juge des référés d'ordonner une expertise dès lors qu'elle « n'aurait pas qualité pour demander réparation des préjudices individuels que pourrait subir chacun de ses membres »[2].

La demande de référé-instruction est presque toujours introduite avant la saisine du juge du fond. Elle est néanmoins recevable lorsqu'un litige principal est d'ores et déjà pendant devant celui-ci[3]. Ainsi, l'introduction d'un recours au fond visant à la condamnation d'une personne sur le fondement de l'inexécution de son contrat en raison de désordres survenus dans un immeuble n'emporte pas l'irrecevabilité d'un référé-expertise visant à faire constater des désordres, à en rechercher les causes et à indiquer les opérations susceptibles d'y mettre fin en évaluant leur coût[4].

321.56 Dispense d'exercer une procédure de règlement précontentieuse. Le requérant n'est pas tenu de mettre en œuvre préalablement à sa demande de référé les recours administratifs ou les procédures contractuelles de règlement amiable[5].

Concernant spécifiquement les litiges opposant les parties à un contrat, le juge administratif regarde comme inapplicable à la demande de référé-instruction la stipulation contractuelle obligeant à la saisine d'une autorité avant l'exercice d'une action en justice[6]. La demande est donc recevable alors même que la procédure précontentieuse prévue par le contrat n'a pas été exercée[7].

321.57 Réitération des demandes. Dans l'hypothèse où une première requête en référé a été rejetée, une nouvelle demande doit, à peine d'irrecevabilité, se fonder sur des circonstances nouvelles[8].

1. CE, sect., 13 juill. 1956, secr. d'État à la Reconstruction c/Piéton-Guibout, req. n° 37649, *Lebon* 338, concl. J. Chardeau ; *AJDA* 1956. 321, concl. ; *AJDA* 1956. 339, Chron. J. Fournier et G. Braibant ; *RD publ.* 1957. 296, note M. Waline : précisant que « seule » une irrecevabilité « manifeste » de l'action au principal « pourrait faire obstacle à la recevabilité d'une demande d'expertise ».
2. CE 23 avr. 1979, Sté « Gardiennage Industriel de la Seine », req. n° 08331, NP ; *RD publ.* 1979. 1521, note R. Drago.
3. CAA Lyon, 26 juin 2001, Dpt de la Côte-d'Or, req. n° 01LY00222, NP.
4. CE 9 févr. 1962, Vivien, *Lebon* 100 - v. égalt CE 30 janv. 1963, Belin, *Lebon* 59.
5. CE, sect., 11 févr. 2005, Organisme de gestion du cours du Sacré-Cœur, req. n° 259290, *Lebon* 65 ; *AJDA* 2005. 652, Chron. C. Landais et F. Lenica ; *AJDA* 2005. 1932, étude N. Ach ; *RFDA* 2005. 546, concl. E. Glaser ; *GACA*, 5e éd., 2016, n° 19 : arrêt indiquant que la procédure de concertation prévue par l'article L. 442-11 du Code de l'éducation pourrait trouver à s'appliquer ultérieurement, indiquant ainsi implicitement que les requérants étaient dispensés de cette procédure préalablement à l'introduction de leur demande en référé.
6. CE 21 oct. 1977, OPHLM de Nice, req. n° 99606, *Lebon T.* 926.
7. CE 21 oct. 1977, OPHLM de Nice, req. n° 99606, préc. : contrat imposant aux parties, avant d'engager une action judiciaire, de solliciter au préalable l'avis du directeur départemental de l'équipement - CAA Paris, 13 nov. 1990, Établissement public du parc de La Villette, req. n° 90PA00122, *Lebon T.* 919 : contrat imposant, par le renvoi au CCAG, l'exercice d'un recours administratif préalablement à un recours juridictionnel.
8. CE 5 oct. 1984, Cne d'Appoigny, req. n° 49164, *Lebon T.* 705 : si l'ordonnance par laquelle le juge des référés rejette une demande tendant à la désignation d'un expert « n'était pas revêtue de l'autorité de la chose jugée, elle faisait néanmoins obstacle à ce que, en l'absence de circonstance nouvelle, [le requérant] présentât à nouveau la même demande au juge des référés ».

Il en va de même lorsque le juge a fait droit à la première demande de référé : une nouvelle demande ayant le même objet sera déclarée irrecevable sauf si le requérant fait état de circonstances nouvelles[1].

Enfin, lorsque, à l'appui de sa nouvelle demande, le requérant se borne à faire valoir que l'expert précédemment désigné aurait accompli sa mission dans des conditions et selon des modalités irrégulières, il n'y a pas lieu pour le juge des référés de prescrire la nouvelle expertise. Dans un tel cas de figure, il appartiendra au requérant, s'il s'y croit fondé, de critiquer le rapport de l'expert devant le juge saisi au fond du litige[2].

Lorsque le requérant s'est désisté de sa demande d'expertise par un désistement d'action, une nouvelle demande tendant au même objet et fondée sur la même cause sera déclarée irrecevable[3].

321.58 **Invocabilité en matière fiscale.** L'article R. 532-1 du CJA peut être mis en œuvre dans le domaine fiscal[4].

§ 2

Objet et précision de la demande

321.61 **Précision de la demande.** La requête en référé-expertise doit, à peine d'irrecevabilité, préciser « la nature du litige » justifiant les prétentions du requérant[5]. Cela implique de présenter les faits qui se trouvent à l'origine de la demande et d'indiquer, de manière au moins générale, la nature et le contenu de la mesure sollicitée.

321.62 **Objet de la demande.** La demande introduite sur le fondement de l'article R. 532-1 du CJA ne peut tendre à une autre fin que le prononcé d'une mesure d'expertise ou d'instruction. Par conséquent, sont irrecevables les conclusions ayant un autre objet, par exemple celles visant à ce que le juge des référés ordonne la consignation d'une somme d'argent[6].

§ 3

Limitation de la demande à des questions de fait

321.71 **Énoncé de la condition.** L'objet de la demande doit porter exclusivement sur des questions de fait. Le juge des référés ne peut confier à un expert une mission portant sur des questions de droit[7]. En effet, la connaissance des questions d'ordre juridique n'appartient qu'au seul juge (*jura novit curia*).

321.72 **Condition de recevabilité non satisfaite.** Relève d'une question de droit, et n'est donc pas au nombre de celles qui peuvent être confiées à un expert :

- une mission visant à apprécier le bien-fondé d'une prétention ;

1. CAA Nantes, 8 févr. 1995, Frappier, req. n° 94NT00848, NP.
2. CE 20 mars 1998, Sté Euro Construction Industries Outre-Mer, req. n° 154318, *Lebon T.* 1092.
3. CE 22 juill. 1992, Sté nationale de construction, req. n° 66419, *Lebon T.* 1224 ; *D.* 1993. 202, obs. P. Terneyre ; *RDI* 1992. 513, obs. F. Lorens et P. Terneyre.
4. V. (impl.) CE 23 juin 2006, Douglas, req. n° 288813, *Lebon T.* 1006 ; *Dr. fisc.* 2007/10. 33, concl. P. Collin.
5. CE 13 déc. 1995, ville d'Aulnay-sous-Bois, req. n° 171914, *Lebon* 439 ; *LPA* 5 juill. 1996, n° 81, p. 4, concl. L. Touvet.
6. TA Caen, ord., 22 avr. 2010, Synd. intercommunal du centre équestre de la Passée, req. n° 1000624, NP.
7. CE 11 mars 1996, SCI du domaine de Figuières, req. n° 161112, *Lebon* 71.

– une mission ayant pour objet de déterminer l'étendue d'un droit ou d'une obligation (par exemple par l'interprétation de dispositions contractuelles[1] ou l'appréciation de l'étendue des obligations qu'un protocole d'accord met à la charge du cocontractant[2]) ;

– une mission consistant à faire les comptes des parties à un contrat au vu du projet de décompte final et des clauses contractuelles qui s'y rapportent[3] ;

– une mission relative aux conséquences juridiques à tirer des constatations réalisées[4] ;

– une mission concernant le respect de dispositions contractuelles[5] ;

– une mission relative à la qualification juridique des faits relevés[6] (par exemple le caractère « inoccupé » d'un local au sens de la législation sur les réquisitions[7] ; le caractère conjoncturel ou structurel du licenciement envisagé[8] ; la nature médicale – au sens du Code de la santé publique – de la poudre de ginseng[9] ou encore le caractère fautif – ou lourdement fautif – d'un acte[10]).

321.73 Condition de recevabilité satisfaite. Relève d'une question de fait, et est donc recevable :

– la demande d'expertise visant à déterminer le montant d'un préjudice et n'impliquant pas que l'expert se prononce sur la responsabilité de la collectivité publique[11] ;

– la demande d'expertise nommant un expert électrique afin d'évaluer les risques susceptibles d'exister au voisinage de la ligne électrique et de déterminer un périmètre de sécurité ou toute autre mesure de nature à éviter ces risques[12] ;

– la demande d'expertise ayant pour objet d'évaluer la hauteur réelle d'une construction[13] ;

– la demande d'expertise présentée par un promoteur immobilier n'ayant pu réaliser une opération à la suite de l'annulation d'un POS, dès lors que l'expertise « se

1. CE 18 oct. 1955, Sté auxiliaire de distribution d'eau (Sade), *Lebon* 98 – CE 12 janv. 2011, Sté OTV France, req. n° 337889, NP : annulation de l'ordonnance attaquée en tant qu'elle ordonnait à l'expert de « rechercher et préciser les liens contractuels unissant les parties », de « préciser en particulier si le marché passé [...] comportait l'obligation de mettre en place tel ou tel type de fondations » et de « décrire les missions confiées par le maître de l'ouvrage à chacun des constructeurs qu'il attrait à la présente instance ».
2. CE 30 déc. 1998, Sté Coteba Management, req. n° 189211, *Lebon T.* 1092 ; *RDI* 1999. 250, obs. F. Llorens : le juge, qui détermine la mission de l'expert, « ne peut lui soumettre de question de droit ».
3. CE 9 déc. 2009, Dpt du Nord, req. n° 312724, NP.
4. CE 11 mars 1996, SCI du domaine de Figuières, req. n° 161112, *Lebon* 71 – v. égalt CE 2 mai 1958, Douesnard, *Lebon* 257.
5. CAA Lyon, 14 oct. 2004, Institut de formation Rhône-Alpes, req. n° 04LY00494, *Lebon T.* 813 ; *AJDA* 2005. 782, note A.-M. Mazetier.
6. CE 11 mars 1996, SCI du domaine de Figuières, req. n° 161112, *Lebon* 71.
7. CE 17 déc. 1956, Dubreuil, *Lebon* 485.
8. CE, ass., 15 févr. 1980, Sté Éternit-Industries, req. n° 15184, *Lebon*.
9. CE 24 mai 1978, Camplan, req. n° 4841, *Lebon T.*
10. CE 10 déc. 1980, Moudjahed, *RD publ.* 1981. 841.
11. CE 16 déc. 1996, Sté Stan, req. n° 164656, *Lebon* 494 ; *RDI* 1997. 228, obs. F. Llorens et P. Terneyre ; *LPA* 17 déc. 1997, n° 151, p. 19, note G. Guiavarc'h.
12. CE 15 juill. 2004, Dubosc, req. n° 260711, NP.
13. CE 13 févr. 1981, SCI du 39 avenue du Raincy à Villemomble, req. n° 25085, *Lebon T.* 870.

limitait à l'évaluation chiffrée des pertes alléguées par la [société requérante], sans préjuger des conséquences juridiques de ces constatations de fait »[1] ;

– la demande d'expertise tendant, d'une part, à réunir les éléments permettant au juge d'évaluer le manque à gagner et le préjudice résultant de l'application du protocole conclu entre la société requérante et un district pour le développement d'un parc technologique et, d'autre part, à donner au juge les indications lui permettant d'apprécier les raisons pour lesquelles la mission de la société n'a pas été menée à son terme, dès lors que cette expertise n'implique pas que soit confiée à l'expert une mission comportant une appréciation sur l'étendue des obligations que le protocole met à la charge de la société[2].

SECTION 3

Effets s'attachant à l'engagement du recours

321.81 Interruption du délai de garantie décennale. Il résulte des articles 2224, 2239, 2241 et 2242 du code civil que la demande adressée à un juge de diligenter une expertise interrompt le délai de prescription jusqu'à l'extinction de l'instance et que, lorsque le juge fait droit à cette demande, le même délai est suspendu jusqu'à la remise par l'expert de son rapport au juge[3].

Alors même que l'article 2244 du code civil dans sa rédaction antérieure à la loi nº 2008-561 du 17 juin 2008 réservait un effet interruptif aux actes « signifiés à celui qu'on veut empêcher de prescrire », termes qui n'ont pas été repris par le législateur aux nouveaux articles 2239 et 2241 de ce code, il ne résulte ni des dispositions de la loi du 17 juin 2008 ni de ses travaux préparatoires que la réforme des règles de prescription résultant de cette loi aurait eu pour effet d'étendre le bénéfice de la suspension ou de l'interruption du délai de prescription à d'autres personnes que le demandeur à l'action, et notamment à l'ensemble des participants à l'opération d'expertise. La suspension de la prescription, en application de l'article 2239 du code civil, lorsque le juge accueille une demande de mesure d'instruction présentée avant tout procès, le cas échéant faisant suite à l'interruption de cette prescription au profit de la partie ayant sollicité cette mesure en référé, tend à préserver les droits de cette partie durant le délai d'exécution de cette mesure et ne joue qu'à son profit, et non, lorsque la mesure consiste en une expertise, au profit de l'ensemble des parties à l'opération d'expertise, sauf pour ces parties à avoir expressément demandé à être associées à la demande d'expertise et pour un objet identique[4].

La demande en référé n'emporte interruption du délai de garantie décennale que pour les désordres qu'elle mentionne expressément[5].

1. CE 5 nov. 2003, SARL La Frégate, req. nº 231272, NP.
2. CE 30 déc. 1998, Sté Cotea management, req. nº 189211, *Lebon T.* ; *RDI* 1999. 250, obs. F. Llorens.
3. CE 20 nov. 2020, Société Véolia Eau - Compagnie générale des Eaux, req. nº 432678, *Lebon T.* ; *BJCP* 2021. 152, concl. M. Le Corre ; *RDI* 2021. 232, note H. Hoepffner.
4. CE 20 nov. 2020, Société Véolia Eau - Compagnie générale des Eaux, req. nº 432678, *Lebon T.* ; *BJCP* 2021. 152, concl. M. Le Corre ; *RDI* 2021. 232, note H. Hoepffner.
5. CAA Lyon, ass. plén., 10 déc. 1990, SA Schiochet, req. nº 89LY01859, *Lebon T.* ; *AJDA* 1991. 128, Chron. J.-P. Jouguelet et F. Loloum ; *D.* 1991. 190, obs. P. Terneyre ; *RDI* 1991. 46, obs. F. Llorens et P. Terneyre.

321.82 Interruption du délai de recours dans le contentieux indemnitaire. La demande adressée à un juge des référés d'ordonner une expertise pour rechercher les causes de dommages imputés à un service public interrompt le délai de recours contentieux contre la décision rejetant expressément la demande d'indemnité[1]. L'interruption n'intervient que si la demande d'expertise a été introduite dans le délai de recours courant contre la décision ayant expressément rejeté la demande de réparation[2]. Le délai de recours recommence à courir à compter de la notification au requérant du rapport de l'expert ou de l'ordonnance rejetant la demande d'expertise[3]. L'administration peut notifier elle-même ce rapport par tout moyen donnant date certaine à sa réception[4].

321.83 Absence d'interruption du délai de recours dans le contentieux de l'excès de pouvoir. La demande adressée au juge des référés à fin d'expertise n'interrompt pas le délai du recours pour excès de pouvoir[5].

321.84 Tribunal non regardé comme saisi au sens du CCAG Travaux. Le CCAG Travaux prévoit que si l'entrepreneur n'a pas porté ses réclamations devant le tribunal administratif compétent dans un délai de six mois à partir de la notification de la décision prise sur ses réclamations relatives au décompte général du marché, il est considéré comme ayant accepté cette décision et toute réclamation est irrecevable. Ni la saisine du juge des référés aux fins de voir ordonner une expertise ni le dépôt du rapport d'expertise n'ont pour effet de suspendre le délai de six mois prévu par le CCAG Travaux[6].

322. Condition d'octroi du référé-expertise

SECTION 0

Orienteur

322.00 Plan du chapitre.

Sect. 1 Mesure utile en elle-même

Sect. 2 Mesure utile pour le litige principal auquel elle se rapporte

322.09 Unique condition : l'utilité. La condition tenant à l'utilité de la mesure d'expertise ou d'instruction est expressément formulée par l'article R. 532-1 du CJA. Cette exi-

1. CE 13 mars 2009, Vera, req. n° 317567, *Lebon T.* ; *AJDA* 2009. 510.
2. CE 9 juin 2010, Vintzel, req. n° 309145, *Lebon T.* ; *AJDA* 2010. 1177 : indiquant « que si la saisine du juge des référés du tribunal administratif d'une demande d'expertise médicale aux fins de rechercher les causes de dommages imputés au service public hospitalier interrompt le délai du recours contentieux contre la décision de l'établissement hospitalier rejetant expressément une demande d'indemnité, c'est à la condition que cette saisine soit enregistrée dans le délai du recours contentieux courant contre cette décision ».
3. CE 13 mars 2009, Vera, req. n° 317567, *Lebon T.* ; *AJDA* 2009. 510.
4. CE 18 déc. 2009, CH de Voiron, req. n° 311604, *Lebon T.* ; *AJDA* 2009. 2431 ; *JCP Adm.* 2010, n° 2042, note M.-C. Rouault.
5. CE 28 sept. 2020, Dabadie, req. n° 425630, *Lebon T.* ; *Procédures* 2020, comm. 238, note S. Deygas.
6. CE 18 sept. 2015, S^té^ Avena BTP, req. n° 384523, NP ; *AJDA* 2015. 2418.

gence constitue l'unique condition d'octroi d'une demande présentée sur ce fondement depuis la suppression, en 1988, de la condition d'urgence et de l'interdiction de faire préjudice au principal (décr. n° 88-907, 2 sept. 1988, portant diverses mesures relatives à la procédure administrative contentieuse[1]).

322.10 Preuve de l'utilité de la mesure. Il appartient au requérant d'établir devant le juge des référés l'utilité de la mesure sollicitée.

322.11 Double dimension de l'utilité. La mesure doit être utile pour le règlement du litige principal auquel elle se rapporte, ce qui implique qu'elle soit d'abord utile en elle-même.

SECTION 1

Mesure utile en elle-même

322.21 Critère. La mesure d'instruction ou d'expertise sollicitée doit, en elle-même présenter un intérêt pour l'auteur de la demande. Cela signifie, principalement, qu'elle doit constituer « le seul moyen d'établir les faits en cause »[2].

322.22 Condition satisfaite. Les exemples cités s[s] n°s 324.32 s. et 324.81 s. peuvent être regardés comme autant de décisions dans lesquelles la mesure sollicitée a été regardée comme utile.

322.23 Appréciation de l'utilité lorsqu'une expertise est intervenue ou doit intervenir. La condition d'utilité n'est pas satisfaite dans les cas où doivent nécessairement intervenir, en application d'une loi, des mesures ayant le même objet que celles demandées au juge des référés. Ainsi, lorsque la demande d'expertise porte sur un immeuble concerné par un arrêté de péril, la condition d'utilité n'est pas remplie dès lors que la procédure sur les édifices menaçant ruine fait obligation, en toute hypothèse, de procéder à une expertise[3]. De même est inutile l'expertise demandée dans une espèce où une étude d'impact ayant le même objet est imposée par la législation[4].

En revanche, la consultation d'experts avant l'édiction d'une décision ne prive pas d'utilité une mesure d'expertise sollicitée dans la perspective d'un recours contre cette décision. Ainsi, si les décisions de déclassement d'un vin interviennent après avis d'experts dégustateurs désignés à cet effet par le ministre de l'Agriculture, les garanties ainsi offertes aux négociants ne sauraient être regardées comme ayant pour effet de rendre sans objet les mesures d'instruction ou d'expertise qui peuvent être ordonnées par le juge[5]. De même, le juge doit apprécier l'utilité de la mesure d'expertise demandée, y compris lorsqu'un rapport d'expertise a déjà été réalisé par une commission régionale de conciliation et d'indemnisation des accidents médi-

1. *JO* 3 sept.
2. E. Glaser, concl. sur CE, sect., 11 févr. 2005, Organisme de gestion du cours du Sacré-Cœur, *RFDA* 2005. 546.
3. TA Bordeaux, 24 sept. 1965, maire de Libourne, *Lebon T.* 1017.
4. CE 10 déc. 1982, ville d'Aix-en-Provence, req. n° 38655, *Lebon T.* 711.
5. CE 29 janv. 1975, min. de l'Agriculture c/Établissement Cruse fils et frères, req. n° 96278, *Lebon* 61.

caux[1]. Lorsqu'une expertise a déjà été réalisée, il doit apprécier si elle présentait les garanties suffisantes d'objectivité[2].

322.24 **Inutilité de l'expertise déjà prescrite par le juge judiciaire.** Une mesure d'expertise est inutile si elle a déjà été ordonnée par le juge judiciaire. Comme l'a relevé la cour administrative d'appel de Marseille, il appartient au juge judiciaire comme au juge administratif, l'un ou l'autre saisi, dans le cadre respectif de sa compétence, d'un litige relatif à l'exécution d'une même opération de travaux publics, d'ordonner une mesure d'expertise « pouvant être étendue à l'ensemble des participants à ladite opération » et dont les conclusions « seront invocables, le cas échéant, devant chaque ordre de juridiction »[3]. Par conséquent, la mesure d'expertise ordonnée par une juridiction civile prive d'utilité le prononcé, par le juge administratif des référés, d'une nouvelle expertise ayant le même objet, à seule fin de la rendre contradictoire aux parties concernées[4].

322.25 **Inutilité de l'expertise déjà prescrite par le juge administratif.** La condition d'utilité n'est pas satisfaite lorsque la mesure sollicitée ne présente aucune conséquence pour le requérant. Ainsi, la mesure demandée par le requérant qui, par cette initiative, entend seulement obtenir que la prescription qu'il encoure à l'égard de ses trois assureurs soit interrompue par une mise en cause émanant de lui, n'est pas « utile », dès lors que ces trois assureurs sont déjà présents, à la demande d'une autre partie, aux opérations d'expertise en cours[5].

322.26 **Inutilité de la mesure visant à la communication d'informations pouvant être obtenues par le demandeur lui-même.** La condition d'utilité n'est pas satisfaite lorsque le requérant dispose de la possibilité d'établir par ses propres moyens les informations faisant l'objet de la demande[6].

Il en va ainsi lorsque la mesure sollicitée vise à l'obtention d'informations que l'auteur de la demande peut se procurer par d'autres moyens, par exemple :

- le recensement des associations subventionnées par une ville, avec leur statut juridique, leur objet et le montant des subventions accordées[7] ;
- les renseignements relatifs à des décisions municipales d'interdiction de la circulation[8] ;

1. CE 4 oct. 2010, Jeljeli, req. n° 332836, *Lebon T.* ; *AJDA* 2010. 1913 : indiquant que la cour administrative d'appel n'a pas commis d'erreur de droit en recherchant si l'expertise diligentée dans le cadre de la procédure de règlement amiable avait été régulièrement conduite et si la nouvelle expertise demandée était utile à la solution du litige.
2. CE 23 déc. 2016, Davillé, req. n° 401066, *Lebon T.* ; *AJDA* 2017. 10.
3. CAA Marseille, 1er mars 2004, Sté Poggia Provence, req. n° 03MA02392, NP – v. déjà en ce sens CE 22 janv. 1997, SA Bec frères, req. n° 117112, NP : indiquant « qu'aucune disposition législative ou réglementaire non plus qu'aucune règle de procédure n'interdît aux juges du fond de s'appuyer, s'ils l'estiment utile, sur les renseignements contenus dans le rapport d'un expert commis par un autre juge ».
4. CAA Marseille, 1er mars 2004, Sté Poggia Provence, req. n° 03MA02392, NP.
5. CE 14 mai 2003, Sté Thalès Engineering et consulting, req. n° 250585, *Lebon T.* 908.
6. CE 14 févr. 2017, Bernard, req. n° 401514, *Lebon T.* ; *JCP Adm.* 2017, n° 2206, Chron. O. Le Bot (pt 3).
7. CE 13 déc. 1995, ville d'Aulnay-sous-Bois, req. n° 171914, *Lebon* 439 ; *LPA* 5 juill. 1996, n° 81, p. 4, concl. L. Touvet.
8. TA Rouen, 3 déc. 1965, Billet, *Lebon T.* 797.

– le recensement du nombre d'élèves scolarisés dans les collèges publics d'un département[1].

La même jurisprudence s'applique lorsque l'expert peut être saisi par l'intéressé lui-même. Ainsi, la demande d'un fonctionnaire tendant à la désignation d'un médecin agréé en application du décret n° 86-442 du 14 mars 1986, aux fins notamment de l'examiner, ne présente pas un caractère d'utilité dès lors qu'il résulte des dispositions de ce décret que les médecins agréés peuvent être saisis directement par le fonctionnaire concerné[2].

La solution est valable dans le domaine des travaux publics, qui constitue la terre d'élection du référé-instruction. Ainsi, lorsqu'une expertise a été ordonnée pour décrire les désordres affectant un immeuble appartenant à un OPHLM, pour en rechercher les causes et pour déterminer et évaluer les travaux nécessaires, la nouvelle demande tendant à ce que l'expert soit aussi chargé de contrôler l'exécution des travaux et de vérifier les mémoires et règlements relatifs à la réparation des désordres n'est pas regardée comme utile dès lors que l'office pouvait lui-même désigner un homme de l'art à cette fin[3].

Cette jurisprudence n'a de justification que dans certaines limites. Elle n'est plus opposée au requérant et la condition d'utilité est reconnue lorsque les mesures sollicitées consistent non pas à obtenir des informations mais à procéder à des recherches et appréciations. Un arrêt *GIE « Groupement d'assureurs français » Argos* illustre clairement cette frontière[4]. Quinze compagnies d'assurances, regroupées au sein d'un groupement d'intérêt économique, estimaient que le fonctionnement du service des fourrières ne leur permettait pas d'être informées de la mise en vente d'un véhicule assuré par elles ni, par conséquent, de faire valoir leurs droits avant cette mise en vente publique (laquelle intervient dans un délai de 45 jours après la mise en fourrière lorsque son propriétaire ne s'est pas manifesté dans ce délai). Aussi le GIE formulait-il auprès du juge des référés une demande d'expertise afin de prescrire diverses mesures permettant de renforcer leur information. Le Conseil d'État considère que la mesure d'expertise sollicitée ne satisfait pas à l'exigence d'utilité en tant qu'elle porte sur la communication de documents dont le requérant peut avoir lui-même communication, en l'occurrence les bulletins officiels de vente des domaines, lesquels sont en vente libre, et des informations relatives au produit de la vente des véhicules mis en fourrière, lesquelles peuvent être communiquées par les receveurs des impôts. L'arrêt indique qu'« en revanche, [...] la mesure d'instruction sollicitée présente un caractère utile dans la mesure où elle a pour objet de faire constater par un expert si, à une date déterminée, les véhicules présents dans les fourrières et mentionnés dans les bulletins de ventes des domaines sous la rubrique

1. CE, sect., 11 févr. 2005, Organisme de gestion du cours du Sacré-Cœur, req. n° 259290, *Lebon* 65 ; *AJDA* 2005. 652, Chron. C. Landais et F. Lenica ; *AJDA* 2005. 1932, étude N. Ach ; *GACA*, 5e éd., 2016, n° 19 ; *RFDA* 2005. 546, concl. E. Glaser.
2. CE 16 juin 1989, Le Bihan, req. n° 104453, *Lebon T.*
3. CE 7 nov. 1975, Office public départemental d'habitations à loyer modéré des Alpes-Maritimes, req. n° 96366, *Lebon T.* 1199.
4. CE 6 nov. 1991, GIE « Groupement d'assureurs français » Argos, req. n° 77278, *Lebon* 388.

"numéro de série inconnu" peuvent en réalité être identifiés dans des conditions permettant de retrouver leur propriétaire et l'assureur de ce dernier ».

322.27 Inutilité de la mesure portant sur des éléments déjà connus. La condition d'utilité n'est pas satisfaite lorsque, au regard des éléments disponibles, la mesure sollicitée porte sur des données établies et connues.

Ainsi, la demande d'expertise portant sur l'état de corrosion de canalisations n'est pas utile lorsque cet état a déjà été constaté par une expertise. La condition d'utilité est en revanche satisfaite, dans la même affaire, s'agissant de la demande visant à apprécier la portée d'une réserve des experts relativement aux causes possibles de la corrosion[1].

De même, ne sont pas regardées comme utiles les investigations et vérifications demandées portant sur le « fonctionnement général » du service des écoutes téléphoniques, dès lors qu'elles « n'auraient pour résultat que de confirmer des faits déjà connus »[2].

Dans le même sens, une expertise médicale n'est pas considérée comme utile, dans la perspective d'un éventuel litige devant le juge administratif, lorsque le dossier de l'intéressé « contient déjà de nombreux rapports médicaux »[3].

322.28 Inutilité de l'expertise dont le résultat arrivera trop tard. La condition d'utilité n'est pas satisfaite lorsque les résultats de l'expertise sollicitée parviendront trop tard pour présenter un intérêt. Le Conseil d'État avait posé cette solution dans le contentieux des salariés protégés et des licenciements collectifs[4]. Il avait jugé qu'en cas de saisine formée par les représentants du personnel, la mesure ne pouvait être regardée comme utile lorsque le délai de consultation des représentants du personnel était parvenu à son terme[5].

SECTION 2

Mesure utile pour le litige principal auquel elle se rapporte

322.31 Critère. Les descriptions et appréciations qu'il est demandé à l'expert de réaliser doivent présenter un intérêt pour un éventuel contentieux. Selon le Conseil

1. CE 21 févr. 1958, Synd. intercommunal pour l'alimentation en eau potable de Breuillet, *Lebon* 120.
2. CE, ass., 17 déc. 1976, Férignac, req. n° 00217, *Lebon* 553, concl. Mme Latournerie ; *JCP* 1978. 18879, note F. Hamon (sol. impl.).
3. CE 20 déc. 2000, Deniel, req. n° 224663, NP.
4. CE 23 janv. 1979, SA Sirugue, *Lebon* 85 ; *AJDA* 1979. 26, Chron. O. Dutheillet de Lamothe et Y. Robineau ; *Dr. soc.* 1979, concl. P. Dondoux ; *Gaz. Pal.* 1979. 577, note F. Moderne – CE, ass., 15 févr. 1980, SA Eternit-Industries, req. n° 15184, *Lebon* 94 ; *AJDA* 1980. 291, Chron. Y. Robineau et M.-A. Feffer ; *AJDA* 1980. 309, concl. P. Dondoux ; *Dr. soc.* 1980. 484, note F. Moderne : arrêts ayant posé que les salariés privés dont le licenciement est soumis à autorisation préalable de l'inspection du travail, de même que les comités d'entreprise appelés à émettre un avis sur le projet de licenciement, pouvaient demander au juge des référés de prescrire une expertise en vue de mieux les informer sur les données invoquées par les employeurs à l'appui de leurs projets de licenciement.
5. CE 21 mai 1982, S[té] Trindel, req. n° 30866, *Lebon T.* 713 – CE 26 avr. 1985, Comité d'entreprise de la S[té] Nord-Est alimentation, req. n° 59349, *Lebon T.* 728 ; *JCP* 1985. 20505, note F. Moderne – v. égal[t] CE, ass., 16 janv. 1981, S[té] Les Câbles de Lyon, req. n° 21421, *Lebon* 21 ; *AJDA* 1981. 87, Chron. M.-A. Feffer et M. Pinault – CE 26 avr. 1985, Comité d'entreprise de la société Nord-Est Alimentation, req. n° 59349, *Lebon T.* 728.

d'État, l'utilité d'une mesure d'instruction ou d'expertise qu'il est demandé au juge des référés d'ordonner sur le fondement de l'article R. 532-1 du CJA « doit être appréciée, bien qu'il ne soit pas saisi du principal, dans la perspective d'un litige principal, actuel ou éventuel, auquel elle se rattache »[1]. La mesure sollicitée doit lui être utile pour trancher un litige au fond. Le maniement de ce critère implique que le juge se projette vers l'avenir en envisageant l'objet et la nature des demandes que le tribunal statuant au fond pourrait être amené à connaître. L'expertise inutile sera qualifiée de « frustratoire ».

§ 1

Condition satisfaite

322.41 Utilité pour un litige principal. La condition d'utilité est regardée comme satisfaite dans l'hypothèse où la mesure sollicitée présente un intérêt dans l'optique de l'engagement d'un recours principal.

Dans l'hypothèse rare où la demande de référé est introduite alors que le juge du principal est déjà saisi du recours au fond auquel se rattache la mesure sollicitée, la condition d'utilité sera renforcée et s'analysera davantage en une exigence de nécessité. Pour justifier que soit prononcée en référé une mesure que le juge du fond est en état de prescrire, une certaine urgence sera alors exigée[2].

A

Contentieux de la responsabilité

322.51 Illustrations. Des exemples de décisions où la condition d'utilité a été regardée comme satisfaite peuvent être cités dans le contentieux de la responsabilité.

322.52 Proximité avec une ligne de train. La condition d'utilité est remplie lorsque des sociétés, propriétaires d'un hôtel-restaurant, se voient proposées par la SNCF le versement d'une indemnité forfaitaire libératoire destinée à compenser le passage de rames de TGV à proximité de l'établissement. Afin de mesurer le caractère suffisant ou insuffisant de l'indemnité proposée, et le cas échéant contester devant le juge du principal le montant de celle-ci, les sociétés saisissent le juge des référés d'une demande d'expertise ayant pour objet, d'une part, de rechercher et évaluer quel sera l'impact acoustique du passage de rames de TGV, d'autre part de préciser les travaux nécessaires pour que les effets acoustiques du passage de rames soient réduits ou éliminés et d'indiquer les coûts de réalisation des mesures d'isolation préconisées. Le juge estime que la condition d'utilité est remplie dans la mesure où « cette information permettra de déterminer la nature et le coût des travaux d'aménagement néces-

1. CE 30 déc. 2002, Office public d'habitations de Nice et des Alpes-Maritimes, req. n° 241793, *Lebon* 509 ; *AJDA* 2003. 960 – CE, sect., 11 févr. 2005, Organisme de gestion du cours du Sacré-Cœur, req. n° 259290, *Lebon* 65 ; *AJDA* 2005. 652, Chron. C. Landais et F. Lenica ; *AJDA* 2005. 1932, étude N. Ach ; *GACA*, 5e éd., 2016, n° 19 ; *RFDA* 2005. 546, concl. E. Glaser.
2. V. par ex. CE, ord., 15 mai 1991, Sté Sepanso, *JCP* 1992. 21910, note F. Fines : concernant une demande de communication de documents.

saires pour réduire l'impact de ces nuisances sur l'hôtel-restaurant dont les sociétés requérantes sont propriétaires »[1].

Dans le même domaine des nuisances ferroviaires, résultant cette fois de la mise en service d'un tunnel, le Conseil d'État a considéré qu'une expertise, « en établissant de façon indépendante et contradictoire les risques de nuisances et les solutions susceptibles de les atténuer », serait susceptible, tant de « concourir à prévenir certains litiges » en encourageant la recherche des solutions offrant le plus de garanties quant à la prévention des nuisances sonores et vibratoires, qu'« à éclairer, le cas échéant, les données d'un litige éventuel », en faisant ressortir la part propre des options retenues ou écartées par le constructeur du tunnel dans les nuisances qui pourraient ultérieurement apparaître. Il en déduit « qu'ainsi, elle présente un caractère utile au sens des dispositions » de l'article R. 532-1 du CJA[2].

322.53 Responsabilité d'un constructeur. À la demande de la personne publique, qui met en cause la qualité de travaux de construction, « il appartient au juge des référés, saisi d'un litige engageant la responsabilité des constructeurs, d'ordonner les mesures d'expertise qui lui apparaissent utiles au regard du règlement du litige principal »[3]. Ainsi, présente un caractère utile, dans la perspective d'un recours mettant en cause la responsabilité de la société ayant réalisé un établissement scolaire, la mesure d'expertise visant à identifier les désordres affectant l'établissement, à examiner le défaut de liaison des maçonneries de remplissage, la déformation des portes en PVC et le risque de danger lors de la manipulation d'ouvrants oscillo-battants[4]. L'utilité est également retenue lorsque les travaux que la personne publique doit d'urgence réaliser sur un bâtiment risquent de faire disparaître les éléments de preuve permettant d'engager la responsabilité du constructeur l'ayant réalisé[5].

322.54 Opération immobilière empêchée. Dans l'hypothèse d'une demande d'expertise présentée par un promoteur visant à chiffrer le dommage subi par l'impossibilité de réaliser un projet immobilier du fait de l'annulation d'un plan d'occupation des sols, la condition d'utilité est satisfaite dans la perspective du recours indemnitaire que le promoteur est susceptible d'engager à l'encontre de la commune[6].

322.55 Fonctionnement défectueux d'un SPIC. Le client d'un SPIC ne bénéficiant pas d'une prestation de qualité justifie de l'utilité à ce qu'un expert soit désigné aux fins de rechercher les causes et origines d'anomalies affectant le fonctionnement du service, de suggérer les mesures propres à y mettre fin et d'évaluer le préjudice subi[7].

1. CAA Nancy, 30 avr. 1992, SARL Grill Hôtel et SARL Restaurant Grill Hôtel, req. n° 91NC00672, *Lebon T.* 1215.
2. CE 24 juill. 2009, C^ne du Perthus, req. n° 321392, NP.
3. CE 22 juin 2005, Communauté d'agglomération nouvelle de Cergy-Pontoise, req. n° 266884, NP ; *RDI* 2006. 265, Chron. G. Leguay.
4. CE 22 juin 2005, Communauté d'agglomération nouvelle de Cergy-Pontoise, req. n° 266884, préc.
5. CE 20 déc. 1968, C^ne de Villaines-la-Juhel, req. n° 75072, *Lebon* 679 : indiquant que « l'exécution des travaux envisagés par la commune [requérante] pour réparer les désordres affectant les bâtiments qu'elle a fait édifier risque de faire disparaître les éléments susceptibles, éventuellement, de mettre en cause la responsabilité des constructeurs envers la commune ».
6. CE 5 nov. 2003, SARL La Frégate, req. n° 231272, NP.
7. CE 12 oct. 1979, secr. d'État aux Postes et Télécommunications c/Devillers, req. n° 15131, *Lebon* 375.

322.56 Responsabilité hospitalière. Le domaine des expertises médicales offre une illustration intéressante de l'appréciation de la condition d'utilité.

Alors même que les conséquences dommageables d'un accident sont susceptibles d'ouvrir droit à une pension forfaitaire d'invalidité, tout fonctionnaire conserve le droit de réclamer à l'État, dans les conditions du droit commun, une indemnisation complémentaire destinée à lui procurer la réparation intégrale du préjudice corporel subi, dès lors que ce dernier serait imputable à une faute de nature à engager la responsabilité de l'État ou à l'état d'un ouvrage public dont l'entretien incombe à celui-ci[1]. En conséquence, est susceptible de présenter un caractère utile, au sens de l'article R. 532-1 du CJA une mesure d'expertise contradictoire sollicitée par un fonctionnaire aux fins d'évaluer le préjudice corporel subi par lui à la suite de l'accident de service dont il a été victime[2].

Il appartient au juge des référés, saisi d'une demande d'expertise dans le cadre d'une action en responsabilité du fait des conséquences dommageables d'un acte médical, « d'apprécier son utilité au vu des pièces du dossier, notamment du rapport de l'expertise prescrite par la commission régionale de conciliation et d'indemnisation des accidents médicaux s'il existe, et au regard des motifs de droit et de fait qui justifient, selon la demande, la mesure sollicitée »[3].

Le rejet définitif d'un recours indemnitaire n'est pas, par lui-même, de nature à priver d'utilité une mesure d'expertise sollicitée sur le fondement de l'article R. 532-1 du CJA dès lors qu'une telle décision n'a pas pour effet de priver le requérant de la possibilité d'engager un autre recours - en l'occurrence administratif - devant l'Oniam[4]. En revanche, une demande d'expertise formulée à l'appui de prétentions indemnitaires dont il est établi qu'elles sont prescrites ne remplit pas la condition d'utilité[5].

B

Autres contentieux

322.61 Illustrations. Des exemples de décisions dans lesquelles la condition d'utilité a été regardée comme satisfaite peuvent être cités également en dehors du contentieux de la responsabilité.

322.62 Entretien d'un immeuble public. Est regardée comme utile la demande d'expertise présentée par les résidents d'un foyer afin de constater et décrire les désordres et dégradations qui affectent celui-ci et d'en rechercher les causes. En effet, en leur qualité d'usagers du service public, les intéressés peuvent engager un recours principal mettant en cause la carence de la personne publique gestionnaire, notamment l'insuffisance de l'entretien ou des travaux réalisés[6].

1. CE, ass., 4 juill. 2003, Moya-Caville, req. n° 211106, *Lebon* ; *AJDA* 2003. 1598, Chron. F. Donnat et D. Casas ; *D.* 2003. 1946 ; *AJFP* 2003. 22, et les obs. ; *D.* 2003. 25, étude S. Deliancourt ; *RFDA* 2003. 991, concl. D. Chauvaux ; *RFDA* 2003. 1001, note P. Bon.
2. CE 9 févr. 2004, min. de l'Équipement c/La Calmette, req. n° 252865, *Lebon T.*
3. CE 4 oct. 2010, Jeljeli, req. n° 332836, *Lebon T.* ; *AJDA* 2010. 1913.
4. CE 7 avr. 2010, CHRU de Rouen c/Chéret, req. n° 331551, *Lebon T.* ; *AJDA* 2010. 762.
5. CE 13 juill. 2011, Oniam, req. n° 345756, *Lebon* ; *AJDA* 2011. 1468 ; *D.* 2011. 2044, et les obs.
6. CE 3 juin 1988, Diallo, req. n° 93275, *Lebon* 228.

322.63 Urbanisme. Une commune ayant refusé de réceptionner les ouvrages d'irrigation d'un lotissement en raison de désordres constatés par elle et récusé par le lotisseur, le juge des référés estime que l'expertise demandée par le lotisseur « présenterait un caractère d'utilité dans l'hypothèse d'un litige ultérieur susceptible d'opposer [le lotisseur] à la commune »[1].

322.64 Expertise des comptes d'une collectivité publique. La Section du contentieux a jugé que présente un caractère utile la demande d'expertise tendant à retraiter, à l'aide d'éléments de comptabilité analytique, les comptes d'un département en vue de l'établissement par le juge du « forfait d'externat » dont bénéficient les établissements d'enseignement privé sous contrat d'association[2]. La mesure présente un caractère utile, dans la perspective d'un recours principal, en ce qu'elle permet de comparer les sommes exposées au profit des collèges publics et celles exposées au profit des collèges privés sous contrat d'association, ce qui serait impossible par une simple consultation des comptes publics. Comme le relevait le commissaire du gouvernement, « seul un examen minutieux, par un expert, des comptes et des pièces justificatives [...] pour en extraire, quelle que soit leur imputation comptable, toutes les dépenses concourant au fonctionnement des collèges publics pourra fournir les éléments dont le juge aurait besoin, et qu'il ne peut obtenir lui-même »[3].

Les demandes présentées au titre de cette jurisprudence devront toutefois être solidement motivées quant à l'utilité de la mesure sollicitée. Dans ses conclusions, le commissaire du gouvernement indiquait qu'une expertise des comptes d'une personne publique ne peut être ordonnée « que si les requérants apportent des éléments suffisamment solides pour en justifier l'utilité », la prescription d'une telle mesure « à la demande de n'importe quel requérant créancier d'une personne publique sur la base de simples doutes sur la sincérité de la présentation budgétaire n'étant ni possible ni souhaitable »[4].

322.65 Expertise financière. Répond à la condition d'utilité la demande tendant à ce que soit ordonnée une expertise en vue de déterminer le montant des investissements supportés par le cocontractant d'une commune concessionnaire du service public de la restauration scolaire municipale[5].

322.66 Permis de conduire. Lorsqu'un arrêté préfectoral prévoit que la restitution d'un permis de conduire à son titulaire est conditionnée par une expertise médicale attestant que l'intéressé est apte à la conduite automobile, il est utile d'ordonner une expertise à cette fin[6].

1. CAA Lyon, 21 déc. 1992, SA d'HLM Carpi, req. n° 92LY00909, *Lebon T.* 1214.
2. CE, sect., 11 févr. 2005, Organisme de gestion du cours du Sacré-Cœur, req. n° 259290, *Lebon* 65 ; *AJDA* 2005. 652, Chron. C. Landais et F. Lenica ; *AJDA* 2005. 1932, étude N. Ach ; *GACA*, 5e éd., 2016, n° 19 ; *RFDA* 2005. 546, concl. E. Glaser.
3. E. Glaser, concl. sur CE, sect., 11 févr. 2005, Organisme de gestion du cours du Sacré-Cœur, req. n° 259290, *RFDA* 2005. 546.
4. E. Glaser, concl. sur CE, sect., 11 févr. 2005, Organisme de gestion du cours du Sacré-Cœur, préc.
5. TA Marseille, ord., 26 oct. 2009, Cne de Gap, req. n° 0904612, NP ; *JCP Adm.* 2010, n° 2144, obs. A. Kared.
6. CE 22 janv. 1975, Mansotte, req. n° 95901, *Lebon* 50.

§ 2

Condition non satisfaite

322.71 **Absence d'utilité pour un litige principal.** La condition d'utilité n'est pas satisfaite lorsque la mesure d'expertise ou d'instruction sollicitée ne présente pas d'intérêt dans la perspective de l'engagement du recours principal auquel elle se rapporte.

322.72 **Inutilité de la mesure pouvant être ordonnée par le juge du fond déjà saisi.** La condition d'utilité n'est pas remplie lorsque le juge du fond, déjà saisi du litige principal auquel se rapporte la mesure sollicitée, dispose du pouvoir d'ordonner cette mesure dans le cadre de ses pouvoirs généraux d'instruction[1]. Une illustration peut être donnée concernant la demande de désignation d'un collège d'experts afin d'apprécier le risque sur l'environnement de l'emploi du pyrithione de zinc dans des éponges à usage domestique. Le juge des référés considère qu'aucune circonstance particulière ne confère à la mesure demandée un caractère d'utilité différent de celui de la mesure que le juge de l'excès de pouvoir, saisi par le même demandeur d'une requête tendant à l'annulation de la décision rejetant sa demande d'inscription du pyrithione de zinc sur la liste des constituants autorisés dans des produits destinés au nettoyage de matériaux entrant au contact d'aliments, peut ordonner, s'il l'estime nécessaire, dans l'exercice de ses pouvoirs de direction de l'instruction[2].

À l'inverse, si la mesure sollicitée présente une valeur ajoutée par rapport aux mesures susceptibles d'être ordonnées par le juge du fond, elle satisfait à la condition d'utilité. Tel est le cas lorsque la demande se rapporte à un litige ou un aspect du litige sensiblement différent de celui porté devant le juge du fond : par exemple, en droit de la fonction publique, si le juge du fond est saisi d'un aspect du litige concernant le paiement du traitement et des frais médicaux en cas d'accident de travail, alors que le juge des référés est saisi d'un autre aspect du litige concernant l'indemnisation de préjudices distincts[3].

322.73 **Inutilité de la mesure se rapportant à une action au fond irrecevable, prescrite, manifestement mal fondée ou ne relevant manifestement pas de la compétence de la juridiction administrative.** La condition d'utilité n'est pas satisfaite lorsque le litige, même éventuel, auquel se rattache la mesure sollicitée ne pourra intervenir en raison du caractère irrecevable de l'action principale, du fait qu'elle ne

1. CE, ord., 27 nov. 2014, C^ne^ de Saint-André de Boëge, req. n° 385843, *Lebon T.* : « considérant que, s'il résulte de l'article R. 625-1 du Code de justice administrative qu'il peut être fait application des dispositions de l'article R. 532-1, alors même qu'une requête à fin d'annulation est en cours d'instruction, il appartient au juge des référés d'apprécier l'utilité de la mesure demandée sur ce fondement ; qu'en l'espèce, aucune circonstance particulière ne conférerait à la mesure qu'il est ainsi demandé au juge des référés d'ordonner un caractère d'utilité différent de celui de la mesure que le juge de l'excès de pouvoir, saisi de la requête n° 375677, pourra décider, le cas échéant, dans l'exercice de ses pouvoirs de direction de l'instruction ; qu'en particulier, les requérantes ne fournissent au juge des référés aucun élément de nature à justifier qu'il fasse usage du pouvoir qu'il tient des dispositions citées ci-dessus, sans attendre que la sous-section chargée de l'instruction de cette requête ait pu elle-même en apprécier l'utilité » (p^t^ 4).
2. CE, ord., 30 sept. 1998, Assoc. 3M France, req. n° 199166, *Lebon T.* 1092.
3. CE 19 oct. 2012, Ringeval, req. n° 354495, *Lebon T.*

relève manifestement pas de la compétence de la juridiction administrative ou qu'elle se heurte à la prescription[1]. Comme l'indiquait la présidente Latournerie, « il n'est d'aucun intérêt pratique d'accepter d'intervenir au niveau du référé, s'il est évident qu'il sera impossible de statuer au fond sur les conclusions ultérieures dont la procédure de référé a pour objet d'accroître les chances de succès selon le requérant »[2].

Ainsi, la demande d'expertise est dépourvue d'utilité lorsque la responsabilité des constructeurs ne peut plus être recherchée en raison de l'expiration du délai de garantie décennale[3].

De même, la condition d'utilité n'est pas remplie dans l'hypothèse où le requérant est forclos. Ainsi, ne présente pas un caractère utile la demande d'expertise se rapportant à un litige indemnitaire dont la juridiction administrative ne pourra connaître faute pour l'intéressé d'avoir contesté dans les délais de recours la décision de l'administration rejetant la demande d'indemnisation et devenue, par suite, définitive[4].

Dès lors que la recevabilité de l'action principale conditionne l'utilité de la mesure sollicitée, le juge des référés est tenu de prendre parti sur une irrecevabilité ou une prescription[5].

La jurisprudence a ajouté aux hypothèses de l'incompétence, de l'irrecevabilité et de la forclusion, celle du caractère manifestement mal fondé de la demande en responsabilité. Ainsi, le juge ne peut faire droit à une demande d'expertise permettant d'évaluer un préjudice, en vue d'engager la responsabilité d'une personne publique, « en l'absence manifeste, en l'état de l'instruction, de fait générateur, de préjudice ou de lien de causalité entre celui-ci et le fait générateur »[6]. Il ressort de cette formule qu'il ne revient au juge des référés de prendre en compte le caractère mal fondé de la demande que si celui-ci revêt un caractère manifeste. À défaut de caractère « manifestement » mal fondé de la demande, il ne lui appartient pas d'apprécier les chances de succès d'une action au fond.

322.74 Inutilité de la mesure empiétant sur l'office du juge du fond. Une mesure d'instruction ou d'expertise visant à déterminer l'auteur d'une mention manuscrite figurant sur une lettre que le requérant a adressée à l'autorité administrative (la vérification de l'auteur de cette mention étant présentée par l'intéressé comme nécessaire pour justifier de ce que son recours administratif a été formulé avant l'expiration du délai de recours contentieux) est dépourvue d'utilité dès lors qu'elle « est relative à des constatations de fait souverainement opérées par les juges du fond »[7].

1. CE 14 févr. 2017, Bernard, req. n° 401514, *Lebon T.* ; *JCP Adm.* 2017, n° 2206, Chron. O. Le Bot (pt 3).
2. M.-A. Latournerie, concl. inédites sur CE, ass., 17 déc. 1976, Férignac, req. n° 00217, *Lebon* 553.
3. CE 30 déc. 2002, Office public d'habitations de Nice et des Alpes-Maritimes, req. n° 241793, *Lebon* 509 ; *AJDA* 2003. 960.
4. CE 7 juin 2004, Assistance publique de Marseille, req. n° 252869, *Lebon T.* 810 - CE 7 juin 2004, CH intercommunal de Fréjus-Saint Raphaël, req. n° 253043, NP - CE 19 déc. 2008, Marina, req. n° 314505, *Lebon T.* ; *AJDA* 2008. 2428.
5. CE 19 déc. 2008, Marina, req. n° 314505, *Lebon T.* ; *AJDA* 2008. 2428 - CAA Lyon, 16 juill. 1997, Espinosa, req. n° 96LY01939, *Lebon* 570.
6. CE 27 juill. 2022, Mme Fabregon Danigo, req. n° 459159, *Lebon T.* ; *JCP Adm.* 2022, n° 2306, Chron. O. Le Bot - arrêt précisant CE 14 févr. 2017, Bernard, req. n° 401514, *Lebon T.* ; *JCP Adm.* 2017, n° 2206, Chron. O. Le Bot.
7. CE, ord., 3 janv. 2006, Zuryk, req. n° 285781, NP.

322.75 Inutilité de la mesure sans incidence sur le fond du recours principal. Dès lors que la légalité d'une décision ne peut dépendre devant le juge de l'excès de pouvoir de ses conditions d'exécution[1], est dépourvue d'utilité une mesure d'expertise portant non pas sur le principe même d'une décision (en l'occurrence le transfert d'une collection d'un musée vers un autre musée) mais sur les conditions dans lesquelles celle-ci est exécutée (notamment les précautions prises pour le déménagement des œuvres et leur mode de transport)[2].

322.76 Inutilité de la mesure ne se rapportant pas à un recours au fond même éventuel. Une demande de référé-instruction ne peut pas être présentée à titre principal, dans le seul objectif d'obtenir une information. Il en résulte que la condition d'utilité n'est pas satisfaite lorsque la mesure sollicitée est présentée en dehors de tout litige né, actuel ou même éventuel. Ainsi, ne satisfait pas à la condition d'utilité l'expertise sollicitée ayant pour objet « non de permettre au juge administratif, en lui apportant les éléments d'appréciation idoines, de trancher en pleine connaissance de cause un litige opposant à Électricité de France un ou plusieurs habitants du lotissement [...], mais de rechercher, en dehors de tout litige né et actuel ou simplement éventuel, des informations sur l'incidence des champs électriques et électromagnétiques sur la santé des personnes résidant à proximité de lignes à haute tension, alors même que cette question demeure l'objet de profondes controverses scientifiques au plan national »[3]. En revanche, la même demande est recevable si elle se rattache à un litige éventuel, notamment indemnitaire. Tel est le cas d'une demande d'expertise présentée par le propriétaire de chevaux morts au voisinage d'une ligne électrique de 63 000 volts[4].

322.77 Indifférence de l'étendue du contrôle devant le juge du fond. Le juge des référés peut ordonner une mesure d'expertise ou d'instruction y compris dans l'hypothèse où la mesure sollicitée se rapporte à un domaine où le juge de l'excès de pouvoir se limite à un contrôle restreint. Une mesure d'expertise peut ainsi être ordonnée pour aider le juge du fond à contrôler les appréciations très techniques réalisées par l'administration en matière d'appellation contrôlée[5] ou de dénomination des produits de consommation[6].

323. Jugement du référé-expertise

323.09 Instruction contradictoire. Dès que le greffe de la juridiction reçoit la requête introductive d'instance, il la transmet sans délai au défendeur. Aux termes de l'arti-

1. CE, sect., 26 juin 1970, Martini, req. n° 74813, *Lebon* 438 - CE 22 juill. 1977, Sté Cantieri Navali Santa Maria, req. n° 97448, *Lebon* 346.
2. CE 21 févr. 1986, Cie des architectes en chef des monuments historiques, req. n° 74477, *Lebon* 45 ; *RD publ.* 1986. 605, concl. J. Massot.
3. CAA Nancy, 4 mai 1995, EDF, *Lebon T.* 968.
4. CE 15 juill. 2004, Dubosc, req. n° 260711, NP.
5. CE 2 mars 1979, Inao, req. n° 99319, *Lebon* 90.
6. CE 26 avr. 1985, Sté Smanor, req. n° 41852, *Lebon* 127.

cle R. 532-2 du CJA, « notification de la requête présentée au juge des référés est immédiatement faite au défendeur éventuel, avec fixation d'un délai de réponse ».

La transmission de la requête au défendeur suffit à garantir le caractère contradictoire de l'instruction. Selon une jurisprudence qui s'est développée sous l'empire des anciennes dispositions, « l'ordonnance de référé est rendue à la suite d'une procédure particulière adaptée à la nature de la demande et à la nécessité d'assurer une décision rapide ». En conséquence, une instruction limitée à la transmission de la requête au défendeur « garantit le caractère contradictoire de l'instruction »[1]. La communication de la requête au défendeur étant suffisante, le juge des référés n'est pas tenu de transmettre au requérant les observations présentées par le défendeur en réponse à la communication qui lui a été faite de la requête[2]. Il n'est pas davantage tenu de communiquer au requérant les mémoires en intervention présentés par des tiers[3].

Suffisante, la transmission de la requête au défendeur est également nécessaire. Le juge des référés ne peut régulièrement statuer sur la requête qu'une fois que celle-ci a été communiquée au défendeur, et que le délai qui lui a été imparti pour y répliquer est expiré[4]. L'absence de transmission de la requête au défendeur entache la procédure d'irrégularité[5], même si celui-ci a été convoqué et entendu à l'audience[6]. En l'absence de précision quant au point de départ du délai imparti au défendeur pour présenter un mémoire, le délai de réponse commence à courir à la date de notification de la requête[7]. Dans l'hypothèse où l'ordonnance est prise avant l'expiration du délai imparti au défendeur et avant que ce dernier ait communiqué son mémoire, la procédure est régulière lorsque, au vu des renseignements fournis par les deux parties en cause, l'affaire était en état d'être jugée[8].

323.10 Jugement par un juge unique. Le juge du référé-instruction statue seul et sans conclusions d'un rapporteur public[9] (sur la qualité de juge des référés, v. ss nos 212.11 s.). Il dispose de la faculté, en cas de demande complexe ou appelant à trancher une question de principe, de renvoyer l'affaire à une formation collégiale[10] (v. ss no 120.10).

1. CE 19 avr. 1972, Dpt de la Haute-Loire, req. no 85010, *Lebon* 297 - CE, sect., 5 avr. 1996, Synd. des avocats de France, req. no 116594, *Lebon* 1190 ; *RFDA* 1996. 1195, concl. J.-C. Bonichot : estimant en outre que cette absence de transmission est compatible avec l'article 6 § 1 de la Convention européenne des droits de l'homme.
2. CE 19 avr. 1972, Dpt de la Haute-Loire, req. no 85010, *Lebon* 297 - CE 29 mars 1985, Cne de Sisteron, req. no 62390, *Lebon* 727 - CE 19 sept. 1990, Sté Impact Publicité, req. no 103808, NP.
3. CE 23 déc. 1988, Cayzeele, req. no 96597, NP.
4. CE, sect., 28 juill. 1989, ville de Lyon c/Rives, req. no 105626, *Lebon* 174 ; *AJDA* 1990. 68, obs. X. Prétot - CAA Paris, ord., 12 mai 2006, Sté Safege, req. no 05PA04577, NP.
5. CAA Paris, ord., 12 mai 2006, Sté Safege, req. no 05PA04577, préc.
6. CE 24 juill. 1987, SARL Matana, req. no 75752, *Lebon T.* 881.
7. CE, sect., 28 juill. 1989, ville de Lyon c/Rives, req. no 105626, *Lebon* 174 ; *AJDA* 1990. 68, obs. X. Prétot.
8. CAA Bordeaux, 7 mars 1994, Sté des autoroutes du Sud de la France, req. no 93BX01178, *Lebon T.* 1110.
9. CE 30 déc. 2002, Office public d'habitations de Nice et des Alpes-Maritimes, req. no 241793, *Lebon* 509 ; *AJDA* 2003. 960.
10. CAA Bordeaux, 31 juill. 1992, SA Sté Études et traitements antiparasitaires (Seta), req. no 92BX00381, *Lebon T.* 1227.

323.11 Audience facultative. Le juge des référés n'est pas tenu de tenir une audience[1]. Il « est toujours libre d'apprécier, lors de chaque demande dont il est saisi, s'il y a lieu de convoquer les parties et de les entendre et n'a pas l'obligation de procéder à cette formalité »[2]. Il décide ainsi librement, au regard des données de l'espèce, de tenir une audience ou de statuer au vu des écritures des parties. S'il décide de tenir une audience, celle-ci doit être publique en application du principe de publicité des audiences (CJA, art. L. 6).

323.12 Modification du domaine de l'expertise en cours de celle-ci. Une expertise peut être étendue ou restreinte au cours de celle-ci, dans les conditions de forme et de procédure déterminées par les articles R. 532-3 et R. 532-4 du CJA (v. ss nos 324.61 s.).

323.13 Demande tendant à ce qu'il soit mis fin à une expertise. Un juge des référés saisi, après qu'une expertise a été ordonnée, d'une demande tendant à ce qu'il soit mis fin à cette expertise (les parties ayant signé entre elles une transaction mettant fin au litige principal), doit statuer en la forme juridictionnelle sur cette demande et ne peut se satisfaire d'une réponse de nature administrative qui ne fait pas apparaître les mentions imposées aux ordonnances de référé[3].

323.14 Conventionnalité de la procédure. Le référé-expertise échappe au champ de l'article 6 § 1 de la Convention européenne des droits de l'homme dans la mesure où le juge des référés ne statue pas en matière pénale et ne tranche aucune contestation. Le moyen tiré de la violation de cette disposition est donc inopérant[4].

323.15 Impartialité du juge des référés (renvoi pour cause de suspicion légitime). Lorsque l'ensemble des membres du tribunal administratif se trouvent dans une situation de nature à méconnaître l'exigence d'impartialité dans une affaire donnée, le jugement de celle-ci est renvoyé à un autre tribunal administratif. Tel est le cas lorsqu'un membre du tribunal saisit celui-ci d'une demande d'expertise se rapportant à la mort de son fils[5].

324. Décision du juge du référé-expertise

SECTION 0

Orienteur

324.00 Plan du chapitre.

1. CE 30 déc. 2002, Office public d'habitations de Nice et des Alpes-Maritimes, req. n° 241793, *Lebon* 509 ; *AJDA* 2003. 960 : confirmant la jurisprudence *Souris* (CE 19 févr. 1965, Souris, *Lebon T.* 1017).
2. CE 13 mai 1987, Kordo, req. n° 80397, NP.
3. CAA Lyon, 1er avr. 2004, Sté Limoge Revillon, req. n° 03LY01843, *Lebon T.* 809.
4. CE 24 juin 2002, Dpt de la Seine-Maritime, req. n° 240271, *Lebon T.* 851 ; *RDI* 2002. 406, obs. J.-D. Dreyfus.
5. CE 28 janv. 1970, min. de la Santé publique c/Heurté, req. n° 78954, *Lebon*.

324.02 Jurisprudence de référence.

> L'expert peut avoir pour mission de concilier les parties

CE, sect., 11 févr. 2005, Organisme de gestion du cours du Sacré-Cœur, req. nº 259290, *Lebon* 65.

324.04 Questions essentielles.

> Qui rémunère l'expert ? v. s^s nº 324.143
> L'expertise peut-elle mettre fin à un différend ? v. s^s nº 324.114

SECTION 1

Motivation de la décision

324.11 Motivation suffisante. Il appartient au juge des référés de préciser les éléments de fait et de droit sur lesquels il fonde son appréciation, afin de mettre le juge de cassation en mesure d'exercer son contrôle[1]. L'ordonnance se bornant à indiquer que les requérants ne démontrent pas l'utilité de la mesure sollicitée ne satisfait pas à cette exigence et est entachée d'une insuffisance de motivation[2].

SECTION 2

Prononcé d'une mesure d'instruction ou d'expertise

324.21 Mêmes mesures que le juge du principal. Si la condition d'utilité est satisfaite, le juge des référés peut ordonner une mesure d'instruction ou d'expertise. Toutes les mesures appartenant au juge du principal au titre de ses pouvoirs généraux d'instruction peuvent être prescrites par le juge des référés saisi sur le fondement de l'article R. 532-1 du CJA. La plus grande majorité des mesures prescrites prend la forme de mesures d'expertise.

§ 1

Mesure d'instruction

324.31 Audition de témoins. Le juge des référés peut prescrire des auditions de témoins, par exemple aux fins de préciser les circonstances dans lesquelles est survenu un dommage[3].

324.32 Enquête ou vérification administrative. Le juge des référés a pu confier à un trésorier-payeur général une mesure de vérification. En l'espèce, une commune exploitait en régie le service d'assainissement et avait délégué la distribution d'eau à un concessionnaire. Les redevances dues par les usagers du service d'assainissement étaient assises sur le volume d'eau prélevé. Le concessionnaire refusant de fournir à la commune les renseignements relatifs au volume d'eau, la commune ne pouvait établir la redevance d'assainissement. En conséquence, le juge des référés a désigné le

1. CE 8 juill. 2007, Poupart, req. nº 298818, NP – CE 9 déc. 2009, Dp^t du Nord, req. nº 312724, NP : affirmant « qu'il incombe au juge des référés qui prescrit une expertise en application de cette disposition d'assortir son ordonnance de l'indication des motifs justifiant du caractère utile des mesures qu'il entend faire diligenter par l'expert désigné à cette fin ».
2. CE 8 juill. 2007, Poupart, req. nº 298818, préc.
3. CE 4 mars 1960, secr. d'État aux Forces armées-terre, NP ; *RD publ.* 1960. 842.

trésorier-payeur général pour déterminer, d'après les informations détenues par le concessionnaire, les bases de la redevance due par les usagers du service d'assainissement[1].

324.33 Communication de pièces et d'informations en vue de l'introduction d'un recours. Sur le fondement de l'article R. 532-1 du CJA, « et quelles que soient les possibilités d'action qu'offre par ailleurs la procédure de demande d'avis à la Commission d'accès aux documents administratifs instituée par la loi [...] du 17 juillet 1978 », il peut être demandé au juge des référés « de prescrire la communication des pièces ou informations indispensables pour l'introduction d'une requête que le demandeur envisage de présenter » devant la juridiction administrative dont il relève, « telles que la décision à attaquer, ou les pièces du dossier qui eussent dû lui être communiquées avant la sanction disciplinaire qu'il désire contester ». En revanche, « il n'appartient pas au juge des référés de prescrire la communication d'autres pièces ou informations, rassemblées par l'administration pour préparer sa défense dans le contentieux annoncé, et que le demandeur pourra consulter lors du débat contradictoire auquel donnera lieu cette requête »[2].

§ 2
Mesure d'expertise

A
Détermination du champ de l'expertise

1
Domaine initial de l'expertise

a
Quant à l'objet

324.41 Détermination de la mission de l'expert. La mission confiée à l'expert a pour objet d'éclairer le juge du principal, qui sera le cas échéant appelé à statuer sur le fond du dossier, sur les aspects techniques de celui-ci. La mission identifie les questions de fait du litige, qui permettront au juge du principal de trancher les questions de droit qu'appelle son règlement.

La mission de l'expert ne se borne pas, comme dans le cadre du référé-constat, à la présentation factuelle d'une situation ; elle s'étend à l'analyse technique de celle-ci ainsi qu'à la détermination des causes et des conséquences des faits constatés. À cette fin, l'expert peut se voir confier une mission large :

- constater des faits et des désordres et en déterminer l'étendue ou l'ampleur ;
- porter une appréciation sur ceux-ci ;
- en rechercher les causes ;
- en identifier les conséquences et les effets ;
- suggérer des propositions pour y remédier et en indiquer le coût.

1. CE 5 mars 1971, Cne de Saint-Étienne-de-Tinnée, req. n° 81700, *Lebon* 195 ; *AJDA* 1971. 278, Chron. D. Labetoulle et P. Cabanes.
2. CE, ord., 21 mai 2007, Layrle, req. n° 304117, NP ; *JCP Adm.* 2007, n° 2162, obs. D. Jean-Pierre.

Pour favoriser l'exercice de sa mission, le juge des référés autorisera l'expert :

- à se rendre sur les lieux ;
- à se faire communiquer tous documents et pièces qu'il estimera utiles à l'accomplissement de sa mission ;
- à entendre tout sachant.

Le juge des référés « détermine librement l'étendue de la mission de l'expert sans être lié par les termes des demandes dont il est saisi »[1]. Ainsi, la circonstance qu'ayant jugé utile d'ordonner une mesure d'instruction, il ne l'ait pas étendue à l'examen de tous les points de fait indiqués par les parties ne saurait avoir pour effet d'entacher son ordonnance d'irrégularité[2].

324.42 Limites s'imposant au juge. Le juge des référés détermine la mission de l'expert en considération de deux limites.

D'une part, il ne peut confier à l'expert de se prononcer sur des questions de droit (v. s^s^ n° 321.61).

D'autre part, il statue dans la limite des conclusions dont il est saisi. Lorsqu'il fait droit à une demande d'expertise, il ne peut statuer *ultra petita* mais veillera néanmoins à tirer toutes les conséquences de la mesure sollicitée. Saisi, par exemple, d'une demande d'expertise ayant pour objet de déterminer et évaluer les travaux propres à mettre fin aux désordres affectant un immeuble, il ajoutera à la mission ce que sa réalisation rend nécessaire : visiter les lieux, décrire les désordres et en rechercher les causes[3].

b
Quant aux personnes

324.51 Désignation de l'expert. L'ordonnance de référé désigne un expert aux fins de réaliser la mission qui fait l'objet de l'expertise.

L'expert est choisi à partir d'une liste d'expert judiciaire ou librement en dehors de cette liste.

Le choix de recourir à un ou à plusieurs experts relève du pouvoir d'appréciation du juge des référés et échappe au contrôle du juge d'appel ou de cassation[4]. Les dispositions du titre II du Livre VI, applicables aux expertises avant-dire droit ordonnées par le juge du principal, prévoient qu'il n'est commis qu'un seul expert à moins que la juridiction estime nécessaire d'en désigner plusieurs. L'expert désigné peut faire appel au concours d'un ou plusieurs sapiteurs pour l'éclairer sur un point particulier extérieur à son domaine d'expertise. Il doit pour cela disposer de l'autorisation du président de la juridiction (CJA, art. R. 621-2).

324.52 Identification des parties. Le juge des référés détermine dans son ordonnance les parties participant aux opérations d'expertise. Peuvent être appelées en qualité de

1. CAA Nantes, 2 juill. 1992, S^té^ Bilfinger-Berger, req. n° 91NT00805, *Lebon* 560 ; *AJDA* 1993. 99, Chron. J.-P. Jouguelet, J.-F. Gipoulon et P. Cadenat.
2. CAA Nantes, 2 juill. 1992, S^té^ Bilfinger-Berger, req. n° 91NT00805, préc.
3. CE 9 févr. 1962, Les fondations modernes, *Lebon* 101 – v. égal^t^ CAA Lyon, 21 déc. 1992, SA d'HLM Carpi, req. n° 92LY00909, *Lebon T.* 1214.
4. CE 27 juill. 1984, min. du Travail c/Chauvet, req. n° 34409, *Lebon* 305.

parties, à une expertise ordonnée sur le fondement de l'article R. 532-1 du CJA, les personnes qui, à l'instar d'un sous-traitant ou d'un assureur, « ne sont pas manifestement étrangères » au litige susceptible d'être engagé devant le juge de l'action qui motive l'expertise[1]. Commet une erreur de droit le juge des référés qui refuse d'attraire à l'expertise le sous-traitant et l'assureur du constructeur, au seul motif que ces personnes n'ont passé aucun contrat avec la collectivité publique maître d'ouvrage[2]. La circonstance qu'une entreprise se trouve en liquidation judiciaire ne fait pas obstacle à ce qu'elle se trouve attraite à une expertise[3].

Lorsque le défendeur demande la mise en cause de son sous-traitant, il revient seulement au juge des référés de déterminer si cette mise en cause est « utile à la réalisation de l'expertise ». Il ne lui appartient pas de vérifier une éventuelle prescription de l'action de l'entrepreneur à l'encontre du sous-traitant[4].

La détermination des parties en présence desquelles doit se dérouler l'expertise et, par extension, la notion de personne manifestement étrangère au litige, relèvent de l'appréciation souveraine des juges du fond[5].

324.53 Participation des sachants. Le juge des référés peut charger l'expert de recueillir les témoignages ou avis de toute personne susceptible de lui apporter des éléments utiles à la bonne exécution de sa mission[6]. Il peut « appeler à l'expertise en qualité de sachant toute personne dont la présence est de nature à éclairer ses travaux »[7]. Peut ainsi être appelé à l'expertise, en qualité de sachant, une personne ayant exercé les fonctions de commissaire à l'exécution du plan de redressement de l'une des sociétés concernées par le litige, lequel n'avait pas qualité pour représenter cette société en justice et dont les fonctions avaient pris fin à l'expiration du plan de redressement de l'entreprise[8].

2
Modification du domaine de l'expertise au cours de celle-ci

324.61 Modification quant aux personnes. L'article R. 532-3 alinéa 1er du CJA prévoit que « le juge des référés peut, à la demande de l'une des parties formée dans le délai de deux mois qui suit la première réunion d'expertise, ou à la demande de l'expert formée à tout moment, étendre l'expertise à des personnes autres que les parties initialement désignées par l'ordonnance, ou mettre hors de cause une ou plusieurs des parties ainsi désignées ».

1. CE 26 sept. 2008, Robert, req. n° 312140, *Lebon T.* ; *AJDA* 2008. 1801.
2. CE 12 janv. 2011, Sté OTV France, req. n° 337889, NP.
3. CE 2 déc. 2016, Sté Entreprise Jean Lefebvre Nord et a., req. n° 385469, *Lebon T.* ; *AJDA* 2017. 149.
4. CE 26 juill. 2018, Société AXA France Iard et société Simon Bonis, req. n° 415139, *Lebon T.* ; *BJCP* 2018. 386, concl. O. Henrard ; *JCP Adm.* 2019, n° 2035, Chron. O. Le Bot ; *RDI* 2018. 506, obs. H. de Gaudemar.
5. CE 23 févr. 2001, Sté Fayat Genest Sté Menard Soltraitement, req. n° 204806, *Lebon T.* 1088 ; *RDI* 2001. 181, obs. F. Moderne.
6. CE 9 juill. 1982, SA Bureau Véritas, req. n° 36482, *Lebon* 282 : ordonnance prévoyant que la SA Bureau Véritas sera présente à l'expertise « en qualité de sachant ».
7. CE 26 sept. 2008, Robert, req. n° 312140, *Lebon T.* ; *AJDA* 2008. 1801.
8. CE 26 sept. 2008, Robert, req. n° 312140, préc. : litige portant sur l'exécution d'un marché.

Le juge des référés ne peut faire droit à cette demande « qu'après avoir mis les parties et le cas échéant les personnes auxquelles l'expertise doit être étendue en mesure de présenter leurs observations sur l'utilité de l'extension ou de la réduction demandée » (CJA, art. 532-4, al. 1er). Il peut, s'il l'estime opportun, débattre des questions soulevées par cette demande lors de la séance prévue à l'article R. 621-8-1 du CJA (CJA, art. 532-4, al. 2).

Il résulte de ces dispositions que, lorsqu'il est saisi d'une demande d'une partie ou de l'expert tendant à l'extension de la mission de l'expertise à des personnes autres que les parties initialement désignées par l'ordonnance ou à l'examen de questions techniques qui se révélerait indispensable à la bonne exécution de cette mission, « le juge des référés ne peut ordonner cette extension qu'à la condition qu'elle présente un caractère utile ». Cette utilité doit être appréciée, d'une part, « au regard des éléments dont le demandeur dispose ou peut disposer par d'autres moyens » et, d'autre part, bien que ce juge ne soit pas saisi du principal, « au regard de l'intérêt que la mesure présente dans la perspective d'un litige principal, actuel ou éventuel, auquel elle est susceptible de se rattacher ». À ce dernier titre, le juge ne peut faire droit à une demande d'extension de l'expertise lorsque, en particulier, elle est formulée à l'appui de prétentions qui ne relèvent manifestement pas de la compétence de la juridiction administrative, qui sont irrecevables ou qui se heurtent à la prescription. Dans l'hypothèse où est opposée une forclusion ou une prescription, il lui incombe de prendre parti sur ces points[1].

324.62 Modification quant à l'objet. L'article R. 532-3 alinéa 2 du CJA dispose que le juge des référés, à la demande de l'une des parties formée dans le délai de deux mois qui suit la première réunion d'expertise, ou à la demande de l'expert formée à tout moment, peut « étendre la mission de l'expertise à l'examen de questions techniques qui se révélerait indispensable à la bonne exécution de cette mission, ou, à l'inverse, réduire l'étendue de la mission si certaines des recherches envisagées apparaissent inutiles ».

Lorsque la demande de modification du périmètre de l'expertise émane de l'expert, elle est présentée au juge sans ministère d'avocat dans la mesure où l'expert ne constitue pas une partie[2].

3

Prescription d'une nouvelle expertise par le juge du principal

324.71 Constat de l'irrégularité d'une expertise. Lorsque des mesures d'expertise ont été prescrites, une nouvelle décision avant-dire droit peut constater l'irrégularité des opérations auxquelles il a été procédé et ordonner, s'il y a lieu, une nouvelle expertise[3].

1. CE 11 juill. 2018, Société Diffazur Piscines, req. n° 416635 ; *JCP Adm.* 2019, n° 2035, Chron. O. Le Bot ; *BJCP* 2018. 381, concl. O. Henrard.
2. CE 6 déc. 2013, Sté Michel Beauvais et associés et a., req. n° 369460, *Lebon T.* ; *AJDA* 2014. 483 ; *BJCL* 2014. 55, concl. G. Pellissier, obs. B. Poujade.
3. CE 28 juill. 1999, Sté Beteralp, req. n° 185390, *Lebon T.* 958.

B
Missions pouvant être confiées à l'expert

1
Illustration des missions de l'expert dans le contentieux indemnitaire

324.81 **Domaine privilégié du référé-instruction.** Le contentieux de la responsabilité constitue la terre d'élection du référé-instruction (notamment la responsabilité hospitalière, les dommages de travaux publics et les désordres provoqués sur des constructions). Les résultats de l'expertise réalisée seront souvent déterminants devant le juge du principal et permettront, pour les parties, un gain de temps précieux dans la mesure où les données factuelles seront d'ores et déjà établies.

324.82 **Étendue de la mission de l'expert.** La mission confiée à l'expert dans le contentieux indemnitaire peut présenter trois volets :

- déterminer la nature et l'importance des dommages ;
- rechercher l'origine et les causes du dommage, et la contribution de chacune d'entre elles à sa survenance ;
- préciser les moyens permettant de remédier au dommage : quels sont les travaux à réaliser ou les moyens à mettre en œuvre pour éviter l'extension ou la continuation du dommage ou pour y mettre fin, et à quel coût ?

324.83 **Dommages de travaux publics.** L'article R. 532-1 du CJA comporte une référence spécifique aux dommages de travaux publics en organisant une possibilité de référé préventif destiné à constater l'état des immeubles susceptibles d'être affectés par l'exécution de ces travaux. L'alinéa 2 prévoit que le juge des référés peut « charger un expert de procéder, lors de l'exécution de travaux publics, à toutes constatations relatives à l'état des immeubles susceptibles d'être affectés par des dommages ainsi qu'aux causes et à l'étendue des dommages qui surviendraient effectivement pendant la durée de sa mission ». Une mesure d'expertise peut par exemple porter sur les effets éventuels sur la solidité des constructions existantes des travaux réalisés à proximité de celles-ci pour la réalisation d'un tunnel ferroviaire[1]. De même, l'expert peut avoir pour mission « d'énoncer les avantages et inconvénients techniques du choix » de l'une ou l'autre des deux voies d'accès possibles pour les engins de travaux à un chantier[2].

324.84 **Dommage résultant de la proximité avec un ouvrage public.** Le juge des référés a pu ordonner une expertise en vue d'évaluer le préjudice résultant de la proximité avec un ouvrage public, notamment une ligne TGV ou une ligne électrique à haute tension. A par exemple été prescrit :

- une mesure d'expertise ayant pour objet, d'une part, de rechercher et évaluer aussi précisément que possible, au regard de situations comparables, quel sera l'impact acoustique du passage de rames de TGV sur les immeubles des sociétés requérantes propriétaires d'un restaurant et sur les personnes y demeurant ; d'autre

1. CE 24 juill. 2009, C^{ne} du Perthus, req. n° 321392, NP.
2. CE 9 avr. 2008, Paul, req. n° 306530, NP : précisant « qu'il n'appartient pas, en revanche, à l'expert de déterminer laquelle de ces deux voies doit être choisie par le département pour l'accès au chantier ».

part de préciser les travaux nécessaires pour que les effets acoustiques du passage de rames soient réduits ou éliminés dans des conditions conformes à l'usage des immeubles et d'indiquer les coûts de réalisation des mesures d'isolation préconisées[1] ;

– une mesure d'expertise ayant pour objet d'une part, de déterminer les risques de nuisances sonores et vibratoires prévisibles qui pourraient résulter du trafic ferroviaire après la mise en service d'un tunnel accueillant une nouvelle ligne TGV ; d'autre part, d'effectuer toute mesure ou étude complémentaire susceptible d'éclairer la nature et l'intensité de ces nuisances potentielles ; enfin d'établir les effets probables des solutions retenues par le concessionnaire du tunnel et le groupement de constructeurs concernant la réduction de ces risques, et de proposer, le cas échéant, des solutions complémentaires à cet effet avec estimation de leur coût[2] ;

– à la demande d'un propriétaire de chevaux morts au voisinage d'une ligne électrique de 63 000 volts, deux mesures d'expertise ayant pour objet, pour la première, de désigner un expert vétérinaire en vue de rechercher la cause de la mort des chevaux et d'évaluer le préjudice causé au propriétaire ; pour la seconde de nommer un expert électrique afin d'évaluer les risques susceptibles d'exister au voisinage de la ligne électrique et de déterminer un périmètre de sécurité ou toute autre mesure de nature à éviter ces risques[3].

324.85 **Dommage résultant d'une modification de la circulation automobile.** Un juge des référés a pu désigner un expert aux fins, d'une part, d'évaluer la perte de valeur vénale qu'aurait subie le fonds de commerce du demandeur du fait d'une modification de la circulation automobile et, d'autre part, de recueillir tous éléments susceptibles de permettre au tribunal de se prononcer, le cas échéant, sur les responsabilités encourues[4].

324.86 **Dommage résultant du service défectueux fourni par un SPIC.** Lorsque la téléphonie était un service public, le juge des référés a pu, à la demande d'une cliente, désigner un expert aux fins de rechercher les causes et origines d'anomalies affectant le fonctionnement d'une ligne téléphonique, de suggérer les mesures propres à y mettre fin et d'évaluer le préjudice subi[5].

324.87 **Dommage résultant de l'annulation d'un plan d'occupation des sols.** À la demande d'un promoteur n'ayant pu réaliser un projet immobilier en raison de l'annulation d'un plan d'occupation des sols, le juge des référés a désigné un expert avec pour mission de se faire communiquer tous documents et pièces utiles relatifs à l'opération immobilière projetée par la société requérante et de déterminer le montant des divers préjudices subis du fait de l'absence de réalisation de cette opération[6].

1. CAA Nancy, 30 avr. 1992, SARL Grill Hôtel et SARL Restaurant Grill Hôtel, req. n° 91NC00672, *Lebon T.* 1215.
2. CE 24 juill. 2009, C^ne du Perthus, req. n° 321392, NP.
3. CE 15 juill. 2004, Dubosc, req. n° 260711, NP : arrêt entaché d'une erreur matérielle puisqu'il évoque non pas l'article R. 532-1 du CJA mais l'article R. 531-1.
4. CE 11 mai 2001, Communauté urbaine de Bordeaux, req. n° 230279, *Lebon T.*
5. CE 12 oct. 1979, secr. d'État aux Postes et Télécommunications c/Devillers, req. n° 15131, *Lebon* 375.
6. CE 5 nov. 2003, SARL La Frégate, req. n° 231272, NP.

324.88 Responsabilité d'un constructeur mise en cause par une personne publique. À la demande d'une collectivité publique gestionnaire d'un établissement scolaire, le juge des référés a pu ordonner à un expert d'identifier les désordres affectant l'établissement, d'examiner le défaut de liaison des maçonneries de remplissage, la déformation des portes en PVC et le risque de danger lors de la manipulation d'ouvrants oscillo-battants[1]. De même, à la demande d'une commune envisageant de mettre en cause la responsabilité d'un constructeur, le juge des référés a désigné un expert avec pour mission de décrire les lieux, constater les malfaçons apparues, rechercher les causes des désordres et décrire les travaux nécessaires pour y remédier[2].

324.89 Responsabilité d'une collectivité publique mise en cause par un constructeur. Une commune ayant refusé de réceptionner le réseau d'eau d'un lotissement à raison de troubles constatés par celle-ci, le juge des référés, saisi par le lotisseur, a désigné un expert avec pour mission :

- d'examiner les désordres ;
- de rechercher l'étendue, l'origine et les causes de ces désordres ;
- d'indiquer si les travaux ont été conduits conformément aux règles de l'art ;
- de fournir tout élément de fait de nature à permettre le cas échéant à la juridiction compétente d'apprécier la responsabilité éventuelle de la commune au regard des dispositions figurant dans la convention passée avec le lotisseur et d'évaluer, s'il y a lieu, tous les préjudices subis ;
- de donner son avis sur les travaux éventuellement nécessaires à la réfection des installations en question et d'évaluer leur coût[3].

324.90 Dommage résultant de la résiliation d'un contrat. Satisfait à l'exigence d'utilité la demande d'expertise ayant pour objet d'apprécier les raisons pour lesquelles un contrat n'a pas été conduit à son terme et d'évaluer le manque à gagner et le préjudice subi par le cocontractant à raison de cette résiliation[4].

2
Illustration des missions de l'expert en dehors du contentieux indemnitaire

324.101 Expertise médicale. Le juge des référés peut prescrire une expertise médicale. Ainsi a-t-il pu ordonner une expertise en vue :

- de déterminer l'état de santé d'un fonctionnaire et notamment son aptitude à reprendre le service[5] ;
- d'apprécier l'aptitude d'un individu à la reprise de la conduite automobile[6].

1. CE 22 juin 2005, Communauté d'agglomération nouvelle de Cergy-Pontoise, req. n° 266884, NP ; *RDI* 2006. 265, Chron. G. Leguay.
2. CE 20 déc. 1968, C^ne^ de Villaines-la-Juhel, req. n° 75072, *Lebon* 679 : indiquant que « l'exécution des travaux envisagés par la commune [...] pour réparer les désordres affectant les bâtiments qu'elle a fait édifier risque de faire disparaître les éléments susceptibles, éventuellement, de mettre en cause la responsabilité des constructeurs envers la commune ».
3. CAA Lyon, 21 déc. 1992, SA d'HLM Carpi, req. n° 92LY00909, *Lebon T.* 1214.
4. CE 30 déc. 1998, Sté Coteba Management, req. n° 189211, *Lebon T.* 1092 ; *RDI* 1999. 250, obs. F. Llorens.
5. CE 22 juill. 1992, Cne du Rove c/Mechetti, req. n° 129264, *Lebon T.* 767.
6. CE 22 janv. 1975, Mansotte, req. n° 95901, *Lebon* 50.

324.102 Dégradation d'un immeuble. Lorsqu'un immeuble appartenant à une personne publique connaît une dégradation, ses utilisateurs et résidents (estimant que les troubles résultent d'une absence d'entretien de l'immeuble ainsi que de l'insuffisance des travaux réalisés) peuvent saisir le juge des référés afin de faire constater les désordres et dégradations et, le cas échéant, que soient identifiés les moyens d'y remédier. Ainsi, à la demande de résidents d'un foyer géré par le bureau d'aide sociale de Paris et propriété d'une société d'HLM, le juge des référés a désigné un expert aux fins de constater et décrire les désordres et dégradations qui affectent le foyer et d'en rechercher les causes[1].

324.103 Respect de la législation d'urbanisme. Un maire ayant adopté un arrêté interruptif de travaux au motif du non-respect par le constructeur de la hauteur autorisée pour la construction d'un immeuble, le juge des référés, à la demande du constructeur, a désigné un expert aux fins de constater la hauteur réelle des constructions[2].

324.104 Analyse des qualités et propriétés d'un produit. Une mesure d'expertise peut tendre à l'analyse des propriétés, de la nature ou de la qualité d'un produit.

Ainsi, dans la perspective d'un contentieux portant sur un refus de reconnaître à un vin l'appellation d'origine contrôlée, le juge des référés a pu ordonner une expertise visant à l'examen des qualités propres, œnologiques et gustatives des cuvées de ce vin[3]. La mesure ne peut porter que sur la qualité du vin et non pas sur la reconnaissance de l'AOC[4].

De même, afin de savoir si un yaourt congelé peut être considéré comme un yaourt vendu frais, le juge des référés a prescrit une expertise aux fins « de déterminer si et, dans l'affirmative, dans quelle mesure, les yaourts, qui ont subi une congélation rapide dans les conditions fixées par le décret n° 64-949 du 9 septembre 1964 portant application de la loi du 1er août 1905 en ce qui concerne les produits surgelés diffèrent, du point de vue de leurs caractéristiques nutritionnelles, organoleptiques, chimiques et, plus particulièrement, biologiques des yaourts vendus frais »[5].

324.105 Possibilité d'identifier des véhicules dans une fourrière. A été ordonnée une mesure d'expertise ayant pour objet de faire constater par un expert si, à une date déterminée, les véhicules présents dans les fourrières et mentionnés dans les bulletins de ventes des domaines sous la rubrique « numéro de série inconnu » peuvent en réalité être identifiés dans des conditions permettant de retrouver leur propriétaire et l'assureur de ce dernier[6].

324.106 Analyse des comptes d'un département. Le juge des référés a ordonné une mesure d'expertise aux fins de déterminer le montant et l'objet des dépenses expo-

1. CE 3 juin 1988, Diallo, req. n° 93275, *Lebon* 228.
2. CE 13 févr. 1981, SCI du 39 avenue du Raincy à Villemomble, req. n° 25085, *Lebon T.* 870.
3. CE 2 mars 1979, Inao, req. n° 99319, *Lebon* 90 - CE 1er févr. 1990, Inao c/SCI du domaine des Figuières, req. n° 110731, *Lebon T.* 920.
4. CE 11 mars 1996, SCI du domaine des Figuières, req. n° 161112, *Lebon* 71.
5. CE 26 avr. 1985, Sté Smanor, req. n° 41852, *Lebon* 127.
6. CE 6 nov. 1991, GIE « Groupement d'assureurs français » Argos, req. n° 77278, *Lebon* 388.

sées chaque année, entre 1996 et 2000, par le département du Val-de-Marne dans l'intérêt des collèges publics[1].

3
Mission de médiation entre les parties

324.111 Reconnaissance d'une mission de médiation. Il existait une pratique, jusqu'à la fin des années 1970, par laquelle les tribunaux administratifs autorisaient l'expert à tenter de concilier les parties à l'issue de sa mission. La pratique a été condamnée par le Conseil d'État en 1979[2]. On a considéré que l'expert pouvait être tenté « de se délivrer des affres de la rédaction du rapport d'expertise en pesant de tout son poids sur la partie la plus faible pour l'amener à la conciliation »[3].

Puis, par un revirement de jurisprudence, faisant suite à une proposition en ce sens du Conseil d'État[4], celui-ci a de nouveau autorisé cette pratique en 2005[5].

Depuis un décret n° 2010-164 du 22 février 2010 (art. 34), cette faculté est expressément consacrée dans le Code de justice administrative. L'article R. 621-1 du CJA prévoit que l'expert peut se voir confier une mission de médiation. Depuis le décret sur la justice administrative du XXIe siècle du 2 novembre 2016[6], il peut décider de sa propre initiative d'exercer une telle mission (« il peut également prendre l'initiative, avec l'accord des parties, d'une telle médiation »).

L'article R. 621-7-2 du CJA ajoute que « Si les parties viennent à se concilier, l'expert constate que sa mission est devenue sans objet, et en fait immédiatement rapport au magistrat qui l'a commis. Son rapport, accompagné de sa note de frais et honoraires, doit être accompagné d'une copie du procès-verbal de conciliation signé des parties, faisant apparaître l'attribution de la charge des frais d'expertise ».

324.112 Intérêt de la médiation par l'expert. La mission de médiation dévolue à l'expert permet de surmonter les inconvénients qui s'attachent à l'exercice par un magistrat administratif d'une telle mission (CJA, art. L. 211-4), en particulier le caractère chronophage de celle-ci pour les litiges ponctuels[7]. Le rôle du juge administratif demeure essentiel puisqu'il lui appartient de choisir un expert-médiateur justifiant des qualités requises, et de convaincre les parties de l'opportunité de cette méthode. Il ne prescrit pas une mission de médiation si l'état des relations entre les parties rend impossible tout rapprochement amiable[8].

1. CE, sect., 11 févr. 2005, Organisme de gestion du cours du Sacré-Cœur, req. n° 259290, *Lebon* 65 ; *AJDA* 2005. 652, Chron. C. Landais et F. Lenica ; *AJDA* 2005. 1932, étude N. Ach ; *GACA*, 5e éd., 2016, n° 19 ; *RFDA* 2005. 546, concl. E. Glaser.
2. CE 12 oct. 1979, secr. d'État aux Postes et Télécommunications c/Devillers, req. n° 15131, *Lebon* 375.
3. J.-M. Le Gars, « La conciliation par le juge administratif », *AJDA* 2008. 1471, note 1.
4. Conseil d'État, *Régler autrement les conflits*, Doc. fr., 1993, p. 42 et p. 144.
5. CE, sect., 11 févr. 2005, Organisme de gestion du cours du Sacré-Cœur, req. n° 259290, *Lebon* 65 ; *AJDA* 2005. 652, Chron. C. Landais et F. Lenica ; *AJDA* 2005. 1932, étude N. Ach ; *GACA*, 5e éd., 2016, n° 19 ; *RFDA* 2005. 546, concl. E. Glaser.
6. Décr. n° 2016-1480, 2 nov. 2016, portant modification du Code de justice administrative (partie réglementaire), art. 23, *JO* 4 nov.
7. V. J.-M. Le Gars, « La conciliation par le juge administratif », *AJDA* 2008. 1468.
8. V. TA Nîmes, ord., 3 mai 2011, Sté Écoval 30, req. n° 1100986, NP : indiquant « qu'il n'est pas utile, dans l'état des relations entre les parties, de demander à l'expert de concilier autant que faire se peut les parties à l'issue des opérations d'expertise ».

324.113 Pratique. Pour l'heure, les applications s'observent essentiellement au niveau des tribunaux administratifs, notamment en droit de la construction[1]. Elles portent généralement sur des impayés : le titulaire d'un marché fait face à des difficultés techniques imprévues pour l'exécution des travaux ; l'administration refuse de payer le surcoût[2]. Un exemple, également, peut être cité à propos de difficultés rencontrées dans la prolongation d'une ligne de tramway en raison d'une usure anormale des rails. Le juge donne mission (entre autres) de constater les faits, d'identifier l'origine des désordres et « de réunir les parties pour évaluer les possibilités d'obtenir une conciliation au vu des résultats de l'expertise et, en cas de perspective favorable, d'élaborer un projet d'accord entre les parties »[3].

On observe, dans toutes les décisions rendues, que la mission de médiation n'intervient jamais à titre exclusif. La procédure de l'article R. 621-1 du CJA ne revêt donc pas la nature d'un référé-médiation mais bien d'un référé-expertise avec, si faire se peut, mission de conciliation. C'est bien parce que l'expert a une connaissance technique du dossier qu'il peut être à même d'opérer un rapprochement des parties.

324.114 Conciliation par une meilleure connaissance des faits. Même dans l'hypothèse où l'expert ne se voit pas investi d'une mission de médiation, on observe que la connaissance exacte des faits, rendue possible grâce à l'expertise, est de nature à favoriser le rapprochement des parties. Des procès, qui trouvaient leur origine dans une mauvaise connaissance des faits ou dans les incertitudes et inexactitudes quant à leur réalité, peuvent d'eux-mêmes cesser une fois ces éléments connus.

SECTION 3

Questions accessoires

324.121 Frais irrépétibles. Les dispositions de l'article L. 761-1 du CJA ont notamment pour objet de permettre l'indemnisation de la personne qui a dû s'adresser à une juridiction pour faire valoir ses droits. Dès lors qu'il est fait droit à ses conclusions tendant à ce que soit prescrite une expertise revêtant un caractère utile, le requérant est fondé à réclamer le bénéfice de ces dispositions, alors même que le juge des référés a rejeté les conclusions tendant à l'octroi d'une provision dont il était également saisi[4]. La circonstance que le défendeur a indiquée, une fois la procédure contentieuse entamée, ne pas être opposé à l'expertise demandée ne fait pas obstacle à ce qu'il soit regardé, en l'espèce, comme ayant la qualité de partie perdante[5].

1. V. O. Le Bot, « Les modes alternatifs de règlement des litiges en droit public de la construction », *RRJ* 2012/2, p. 877-886.
2. V. TA Fort de France, 23 juin 2011, SARL FD2F, req. n° 1000097, NP - TA Orléans, 4 mai 2011, Sté Soletanche Bachy France, req. n° 1100759, NP.
3. TA Grenoble, ord., 29 avr. 2009, SMTC, req. n° 0804183, NP.
4. CE, sect., 7 avr. 2006, CH régional de Nice, req. n° 249848, *Lebon* 196 ; *AJDA* 2006. 1233, note N. Guillet ; *GACA*, 5e éd., 2016, n° 70.
5. CE, sect., 7 avr. 2006, CH régional de Nice, req. n° 249848, préc.

SECTION 4

Exécution de la décision

324.131 Notification de l'ordonnance. L'ordonnance est notifiée à l'expert et aux personnes parties aux opérations d'expertise.

§ 1

Réalisation de l'expertise

324.141 Désignation de l'expert. L'expert est habituellement désigné par le juge des référés dans son ordonnance[1]. En pratique, le juge désigne l'expert qui lui est indiqué par le secrétariat du président, lequel tient la liste des experts accrédités et connaît les disponibilités et les compétences des uns et des autres.

À défaut, la désignation intervient conformément aux dispositions du titre II du Livre VI (expertise ordonnée avant-dire droit par le juge du principal), c'est-à-dire par décision du chef de la juridiction[2].

L'expert est choisi à raison de ses compétences techniques. Il doit être indépendant des parties et prêter le serment mentionné à l'article R. 621-3 du CJA. Il peut faire l'objet d'une procédure de récusation[3] (sur la procédure de récusation de l'expert, v. s^s^ n° 314.18).

324.142 Opérations d'expertise. Les principes régissant l'expertise ordonnée avant-dire droit par le juge du principal (dispositions du titre II du livre VI) sont transposables au référé-expertise. L'expert peut refuser la mission qui lui a été confiée. S'il l'accepte, il accomplit sa mission en veillant à respecter le principe du contradictoire.

L'expert peut demander au juge des référés des précisions « sur le contenu de sa mission »[4]. L'expert n'étant pas une partie, il peut présenter cette demande directement au juge, et sans ministère d'avocat[5].

Pour assurer le caractère contradictoire des opérations, le Code de justice administrative impose, pour les procédures d'expertise avant-dire droit ordonnées par le juge du principal, que les parties soient averties par l'expert, par lettre recommandée notifiée au moins quatre jours avant, des jours et heures auxquels il sera procédé à l'expertise (CJA, art. R. 621-7). Est sans incidence sur la régularité de l'expertise la circonstance que des parties ne répondent à la convocation de l'expert[6], ou le fait qu'une des parties ne soit pas présente aux opérations d'expertise – sauf si son empêchement résulte d'un cas de force majeur[7].

1. V. par ex. TA Nîmes, ord., 3 mai 2011, Sté Écoval 30, req. n° 1100986, NP.
2. V. par ex. CE, sect., 11 févr. 2005, Organisme de gestion du cours du Sacré-Cœur, req. n° 259290, *Lebon* 65 ; *AJDA* 2005. 652, Chron. C. Landais et F. Lenica ; *AJDA* 2005. 1932, étude N. Ach ; *GACA*, 5e éd., 2016, n° 19 ; *RFDA* 2005. 546, concl. E. Glaser : l'article 3 de l'arrêt indique qu'« il sera procédé, par un expert désigné à cet effet par le président de la Section du contentieux du Conseil d'État, à une expertise ayant pour objet »...
3. V. par ex. CE 18 févr. 1983, Sté Omnium technique des transports par pipeline (OTP), req. n° 17439, NP.
4. CE 6 déc. 2013, Sté Michel Beauvais et associés et a., req. n° 369460, *Lebon T.* ; *AJDA* 2014. 483 ; *BJCL* 2014. 55, concl. G. Pellissier, obs. B. Poujade.
5. CE 6 déc. 2013, Sté Michel Beauvais et associés et a., req. n° 369460, préc.
6. CE 6 déc. 1978, Giral, req. n° 05768, *Lebon T.* 914.
7. CE 9 nov. 1949, Marquis c/ville de Nanterre, *Lebon* 467.

L'expert doit avoir soumis au débat contradictoire l'ensemble des éléments sur lesquels se fonde son rapport. Le contradictoire n'est pas méconnu si un entretien opéré hors de la présence des parties est ensuite soumis au débat contradictoire[1]. De même, la circonstance que l'expert se serait rendu seul sur les lieux à plusieurs reprises ne saurait altérer le caractère contradictoire de l'expertise dès lors que l'expert « n'a pas fondé ses conclusions sur des constatations autres que celles qu'il a opérées au cours des réunions contradictoires »[2]. En revanche, le principe du contradictoire est méconnu lorsque l'expert a procédé à des entretiens séparés avec les parties et a remis son rapport sans tenir au préalable une réunion sur les résultats de ses entretiens et de son exploitation des documents remis par les parties[3].

L'article R. 621-9 du CJA prévoit que le rapport est déposé au greffe en deux exemplaires. Des copies sont notifiées par l'expert aux parties intéressées. Avec leur accord, cette notification peut s'opérer sous forme électronique. Si le rapport d'expertise et ses annexes n'ont pu, compte tenu de leur volume, être notifiés, le principe du contradictoire n'est pas méconnu si l'intéressé n'a pas été empêché d'exercer le droit d'accès aux pièces jointes qu'il tient de l'article R. 611-5 du CJA[4].

324.143 Rémunération de l'expert (ordonnance de taxation). L'article R. 621-13 alinéa 1er du CJA prévoit que lorsque l'expertise a été ordonnée sur le fondement du titre III du livre V (référé-constat et référé-expertise), le chef de juridiction (président du tribunal ou de la cour, après consultation, le cas échéant, du magistrat délégué, ou, au Conseil d'État, président de la Section du contentieux) « en fixe les frais et honoraires par une ordonnance prise conformément aux dispositions des articles R. 621-11 et R. 761-4 ». Cette ordonnance dite de taxation « désigne la ou les parties qui assumeront la charge de ces frais et honoraires ». Elle est exécutoire « dès son prononcé », et « peut être recouvrée contre les personnes privées ou publiques par les voies de droit commun ».

Les frais d'expertise étant compris dans les dépens, ils sont normalement à la charge de la partie perdante. Concrètement, dans la mesure où l'engagement d'un recours au fond ne présente qu'un caractère éventuel, ces frais pèseront sur la partie qui, au vu du rapport, serait considérée comme la partie perdante si une action principale était engagée. La répartition des frais et honoraires de l'expert entre les parties tient compte « notamment de l'utilité de l'expertise pour ces parties, sans que cette répartition soit déterminée par la seule circonstance qu'une de ces parties l'a demandée ou, à l'inverse, en a contesté le bien-fondé »[5].

Le principe d'un paiement des frais d'expertise par la partie perdante est susceptible d'un triple correctif. En premier lieu, le chef de juridiction peut tenir compte de considérations d'équité dans la répartition des frais d'expertise entre les parties. En deuxième lieu, la partie gagnante peut se voir imposer la prise en charge d'une partie

1. CE 12 déc. 1975, Cne de Saint-Front-sur-Lémance, req. nº 95178, *Lebon T.*
2. CE 13 juin 1984, SA « Constructions métalliques Fillod », req. nº 34619, NP.
3. CAA Nantes, 24 juill. 1997, Sté Nord-France Entreprise c/Opac de la Seine-Maritime, req. nº 92NT00133, *Lebon T.* 1006.
4. CAA Douai, 12 févr. 2004, Tête c/Communauté urbaine de Lyon, req. nº 02DA00230, NP.
5. CE 7 oct. 2013, Sté TP Ferro Concesionaria, req. nº 356675, *Lebon* ; *AJDA* 2013. 2001 (pt 6).

des frais d'expertise si elle a rendu plus difficile les opérations d'expertise[1]. En troisième lieu, les frais d'expertise, initialement mis à la charge du défendeur au vu du rapport d'expert, pourront être finalement mis à la charge du demandeur si celui-ci s'abstient d'introduire une action au fond dans les délais de recours. Sur contestation de la partie condamnée à ces frais par le chef de juridiction, la formation collégiale annulera l'ordonnance de taxation et procédera à une nouvelle répartition de ceux-ci[2].

La décision par laquelle la juridiction administrative met les frais d'expertise à la charge d'une partie ayant le caractère d'une condamnation à une indemnité, au sens de l'article 1153-1 du Code civil, « les intérêts sur le montant des frais et honoraires de l'expert ne courent qu'à compter de la date à laquelle ils ont été fixés par la décision juridictionnelle »[3].

324.144 **Contestation de l'ordonnance de taxation.** La décision du chef de juridiction fixant le montant des frais d'expertise et la répartition de leur charge entre les parties pourra être remise en cause selon deux modalités.

Dans l'hypothèse où un recours au fond est engagé, l'article R. 621-13 alinéa 3 prévoit que la formation de jugement statuant sur cette instance peut décider que la charge définitive des frais d'expertise « incombe à une partie autre que celle qui a été désignée » par l'ordonnance du chef de la juridiction.

Dans l'hypothèse où aucun recours au fond n'est engagé, l'ordonnance de taxation peut faire l'objet d'un recours « devant la juridiction à laquelle appartient l'auteur de l'ordonnance » (CJA, art. R. 761-5 al. 1er), et ce, « dans le délai d'un mois à compter de sa notification » (CJA, art. R. 621-13, al. 1er). Ce recours constitue un recours initial et non pas une voie de recours. En effet, l'ordonnance de taxation « revêt un caractère administratif et non juridictionnel »[4]. Par suite, le recours dont il peut faire l'objet constitue un recours contre un acte administratif – plus exactement « un recours de plein contentieux »[5]. Dans la mesure où ce recours relève de la pleine juridiction, le requérant « ne peut utilement invoquer, pour contester le montant et la mise à sa charge des frais et honoraires de l'expertise arrêtés par l'ordonnance attaquée, les irrégularités formelles et procédurales qui l'affecteraient » (par exemple l'insuffisante motivation ou des formalités de procédure)[6].

Ces deux voies (recours au fond et recours contre l'ordonnance de taxation) constituent les seules actions dont disposent les parties pour contester l'ordonnance de taxation. En particulier, une partie n'est pas recevable à former un recours

1. Solution retenue dans le cadre d'une expertise avant-dire droit : CE 10 mai 1989, CHR de Lille c/ Deblauwe, req. n° 64651, *Lebon T.* 861 : après avoir rejeté la demande du requérant tendant à la condamnation d'un centre hospitalier à réparer les conséquences dommageables d'une intervention chirurgicale, le juge administratif met à la charge du centre la moitié des frais d'expertise en raison de la carence de celui-ci à répondre aux demandes de renseignement de l'expert ayant rendu les opérations d'expertise plus difficiles et ayant retardé le dépôt du rapport établi à leur issue.
2. CAA Marseille, 13 nov. 2008, Sté Énergétique sanitaire, req. n° 07MA02884, NP ; *AJDA* 2009. 45, note L. Marcovici.
3. CE 7 oct. 2013, Sté TP Ferro Concesionaria, req. n° 356675, *Lebon* ; *AJDA* 2013. 2001 (pt 6).
4. CE 7 oct. 2013, Sté TP Ferro Concesionaria, req. n° 356675, préc. (pt 4).
5. CE 7 oct. 2013, Sté TP Ferro Concesionaria, req. n° 356675, préc. (pt 4).
6. CE 7 oct. 2013, Sté TP Ferro Concesionaria, req. n° 356675, préc. (pt 4).

indemnitaire ayant pour objet la condamnation de l'autre partie à lui verser les sommes correspondantes[1].

324.145 Contestation de la régularité des opérations d'expertise. Il n'appartient pas au chef de juridiction se prononçant sur le montant et la répartition des frais d'expertise, « ni au juge saisi d'un recours contre cette ordonnance, de se prononcer sur la régularité des opérations de l'expertise ». Il leur incombe toutefois, « dans l'appréciation portée sur l'utilité et la nature du travail fourni par l'expert, de prendre en considération, le cas échéant, les décisions juridictionnelles rendues sur une action en récusation de l'expert ou statuant au fond sur le litige ayant donné lieu à l'expertise »[2].

§ 2

Communication d'informations

324.151 Communication de pièces couvertes par le secret. L'administration ne peut être tenue, pour l'exécution des mesures d'instruction ordonnées par le juge des référés, de communiquer des pièces couvertes par un secret protégé par la loi, tel le secret des affaires, sans l'autorisation de celui dans l'intérêt duquel le secret a été édicté, qu'il s'agisse de pièces n'émanant pas de l'administration mais qu'elle détient ou de pièces émanant de l'administration ou d'un organisme de contrôle dépendant de l'État, tels les passages de rapports reproduisant des informations couvertes par le secret[3]. Dès lors que des pièces sont couvertes par un secret garanti par la loi, ce secret ne peut être levé à l'égard des parties comme à l'égard du juge lui-même qu'avec l'autorisation de celui dans l'intérêt duquel il a été édicté[4]. Par conséquent, il appartient à l'administration, avant d'exécuter la décision du juge des référés ordonnant la communication de pièces, de vérifier si le document est ou non couvert par un secret protégé par la loi. Si la pièce en question est couverte par le secret, l'administration doit préalablement obtenir l'autorisation de celui dans l'intérêt duquel le secret a été institué. Ce n'est qu'une fois cet accord obtenu que l'autorité compétente pourra communiquer la pièce litigieuse à l'expert désigné par le juge des référés.

325. Voies de recours ouvertes contre la décision

SECTION 0

Orienteur

325.00 Plan du chapitre.

1. CE 10 févr. 2016, Communauté d'agglomération Côte basque - Adour, req. n° 382016, *Lebon* ; *AJDA* 2016. 290.
2. CE 7 oct. 2013, S[té] TP Ferro Concesionaria, req. n° 356675, *Lebon* ; *AJDA* 2013. 2001 (p[t] 5).
3. CE 6 avr. 2001, Vannier-Moreau, req. n° 202420, *Lebon T.* 1088.
4. V., s'agissant du secret industriel et commercial, CE 10 déc 1999, Cohen et Ferrey, req. n° 192453, *Lebon T.*

325.09 Critique du rapport d'expertise devant le juge du fond. Le requérant qui entend faire valoir que l'expert aurait accompli sa mission dans des conditions et selon des modalités irrégulières peut, s'il s'y croit fondé, critiquer le rapport de l'expert devant le juge saisi au fond du litige[1].

325.10 Absence de réexamen. L'article L. 521-4 du CJA, qui permet au juge des référés, à la demande de tout intéressé, de modifier une mesure ordonnée ou d'y mettre fin en cas d'élément nouveau, n'est pas applicable au référé-expertise[2].

SECTION 1

Recours en interprétation

325.21 Condition de recevabilité. Le recours en interprétation dirigée contre une ordonnance de référé-expertise n'est recevable, conformément à une jurisprudence constante, « que s'il émane d'une partie à l'instance ayant abouti au prononcé de la décision dont l'interprétation est sollicitée et dans la seule mesure où il peut être valablement argué que cette décision est obscure ou ambiguë »[3].

SECTION 2

Recours en appel

325.31 Conditions de recevabilité. Le recours en appel dirigé contre une ordonnance rendue par le juge des référés du tribunal administratif doit être introduit dans un délai de quinze jours suivant sa notification (CJA, art. R. 533-1).

Le recours en appel n'est ouvert qu'aux personnes qui ont été mises en cause dans l'instance sur laquelle a statué l'ordonnance attaquée[4].

L'achèvement des opérations d'expertise ne rend pas sans objet le recours en appel formé contre l'ordonnance portant désignation d'un expert, tant que la décision juridictionnelle ultérieurement rendue au vu du rapport d'expertise n'est pas passée en force de chose jugée[5].

Les ordonnances rendues en première instance sur les demandes d'instruction ou d'expertise sont toujours susceptibles d'appel quelle que soit la nature du litige auquel la mesure demandée peut se rattacher, c'est-à-dire même si ce litige ne peut plus faire l'objet d'un appel depuis l'intervention du décret n° 2003-543 du 24 juin 2003 ayant modifié l'article R. 811-1 du CJA[6].

325.32 Procédure. L'appel d'une ordonnance rendue sur le fondement de l'article R. 532-1 du CJA relève de la compétence de la cour administrative d'appel. L'examen de l'appel revient au président de la cour ou au magistrat désigné par lui (CJA, art. L. 555-1). Le juge d'appel statue lui-même en référé, c'est-à-dire à juge unique, sans

1. CE 20 mars 1998, Sté Euro Construction Industries Outre-Mer, req. n° 154318, *Lebon T.* 1092.
2. CAA Lyon, 1er avr. 2004, Sté Limoge Revillon, req. n° 03LY01843, *Lebon T.* 809.
3. CE 27 juill. 2005, ville de Metz, req. n° 259864, NP.
4. CE 11 oct. 1961, min. de l'Agriculture c/Entreprises Glories, *Lebon* 558.
5. CE 28 juill. 1999, Sté Beteralp, req. n° 185390, *Lebon T.* 958.
6. CE 16 juin 2004, Sté Sumo, req. n° 266378, *Lebon T.* 812.

audience publique et sans conclusions du rapporteur public[1]. En cas d'annulation de l'ordonnance attaquée, il statue sur la demande soumise au premier juge en exerçant les pouvoirs prévus par l'article R. 532-1 (CJA, art. R. 533-3).

325.33 Suspension provisoire de l'ordonnance attaquée. Le président de la cour ou le magistrat qu'il a désigné peut « immédiatement », et à titre provisoire, suspendre l'exécution de l'ordonnance si elle est « de nature à préjudicier gravement à un intérêt public ou aux droits de l'appelant » (CJA, art. R. 533-2)[2].

SECTION 3

Recours en cassation

§ 1

Introduction du pourvoi

325.41 Délai pour agir. L'ordonnance rendue par le juge d'appel est susceptible de recours en cassation dans les quinze jours qui suivent sa notification (CJA, art. R. 533-3).

325.42 Demande présentant un objet. L'achèvement des opérations d'expertise ne rend pas sans objet le pourvoi en cassation formé contre l'ordonnance portant désignation d'un expert, tant que la décision juridictionnelle ultérieurement rendue au vu du rapport d'expertise n'est pas passée en force de chose jugée[3].

§ 2

Contrôle du juge de cassation

A

Régularité externe

325.51 Éléments contrôlés. Au titre de la régularité externe, le juge de cassation contrôle le respect par le juge d'appel des exigences relatives à la compétence de la juridiction, à la forme de la décision et à la procédure suivie (notamment quant au respect du contradictoire).

B

Régularité interne

325.61 Éléments contrôlés. Au titre de la régularité interne, le juge de cassation contrôle l'erreur de droit et la dénaturation.

325.62 Erreur de droit. Le juge de cassation fait porter son contrôle sur l'erreur de droit commise par le juge des référés[4]. Ont par exemple été sanctionnées à ce titre :

1. CE 24 juin 2002, Dp^{t} de la Seine-Maritime, req. n° 240271, *Lebon T.* 851 ; *RDI* 2002. 406, obs. J.-D. Dreyfus – CE 30 déc. 2002, Office public d'habitations de Nice et des Alpes-Maritimes, req. n° 241793, *Lebon* 509 ; *AJDA* 2003. 960.
2. V., pour un rejet, CAA Nantes, 28 févr. 1990, SNCF c/Perera, req. n° 89NT01510, *Lebon T.* 918.
3. CE 28 juill. 1999, S^{té} Beteralp, req. n° 185390, *Lebon T.* 958.
4. V. par ex. CE 11 mai 2001, Communauté urbaine de Bordeaux, req. n° 230279, *Lebon T.* – CE 30 déc. 2002, Office public d'habitations de Nice et des Alpes-Maritimes, req. n° 241793, *Lebon* 509 ; *AJDA* 2003. 960.

– l'inexacte application de l'article R. 128 du CTACAA (actuellement CJA, art. R. 532-1), concernant plus spécifiquement l'étendue de la mission pouvant être confiée à l'expert[1] ;

– l'ordonnance ayant considéré qu'un secret institué par la loi au profit d'une entreprise ne pouvait valablement être opposé à l'administration pour lui refuser la communication d'un document[2] ;

– l'ordonnance déclarant une requête irrecevable au motif que la demande de réparation adressée à l'administration ne chiffrait pas le montant de l'indemnité réclamée, alors qu'un requérant peut se borner à demander à l'administration réparation d'un préjudice qu'il estime avoir subi pour ne chiffrer ses prétentions que devant le juge administratif[3] ;

– l'ordonnance refusant l'intérêt à agir d'un syndicat de copropriétaire au motif que le caractère collectif des nuisances en cause n'était pas établi, sans rechercher si les dommages allégués affectaient par leur nature et leur intensité, de manière indivisible, les parties communes et les parties privatives de l'immeuble et présentaient ainsi un caractère collectif[4] ;

– l'ordonnance dans laquelle le juge des référés appelé à déterminer l'utilité de la mesure d'expertise s'abstient de prendre parti sur une irrecevabilité ou une prescription en estimant que la question relève de l'appréciation du juge du fond[5].

Le juge de cassation vérifie, au titre de l'erreur de droit, que les opérations d'expertise n'ont pas été entachées d'irrégularité substantielle[6].

325.63 Absence de contrôle de l'appréciation. Le juge de cassation ne fait pas porter son contrôle sur l'appréciation, considérant que le caractère utile d'une expertise relève de l'appréciation souveraine des circonstances de l'espèce par les juges du fond[7], sauf dénaturation des pièces du dossier. La détermination des parties en présence desquelles doit se dérouler l'expertise et, par extension, la notion de personne manifestement étrangère au litige, relèvent de l'appréciation souveraine des juges du fond[8].

1. CE 16 déc. 1996, Sté Stan, req. n° 164656, *Lebon* 494 ; *RDI* 1997. 228, obs. F. Llorens et P. Terneyre ; *LPA* 17 déc. 1997, n° 151, p. 19, note G. Guiavarc'h.
2. CE 6 avr. 2001, Vannier-Moreau, req. n° 202420, *Lebon T.* 1088.
3. CE 30 juill. 2003, Assistance publique-Hôpitaux de Marseille, req. n° 244618, *Lebon T.* 899.
4. CE 9 mai 2005, Synd. des copropriétaires des 63-69 rue Longchamp et 17-21 avenue Raymond Poincaré, req. n° 272071, *Lebon T.* 1014 ; *AJDA* 2005. 1702 ; *AJDI* 2005. 841, obs. P. Capoulade.
5. CE 19 déc. 2008, Marina, req. n° 314505, *Lebon T.* ; *AJDA* 2008. 2428.
6. CE 19 déc. 2008, CHU de Fort-de-France, req. n° 219070, NP.
7. CE 22 mars 1993, CHR de Brest c/Fraboul, req. n° 129052, *Lebon* 79 ; *D.* 1994. 69, obs. P. Terneyre et P. Bon : cour administrative d'appel ayant annulé l'ordonnance du premier juge prescrivant une expertise, en raison du caractère frustratoire de l'expertise ordonnée – CE 11 mai 2001, Communauté urbaine de Bordeaux, req. n° 230279, *Lebon T.* – CE 4 juill. 2001, min. de l'Économie c/Bonnet, req. n° 213897, NP : appréciation portée par la cour sur le caractère utile de l'expertise, pour les requérants ayant demandé à y être associés.
8. CE 23 févr. 2001, Sté Fayat Genest et Sté Menard Soltraitement, req. n° 204806, *Lebon T.* 1088 ; *RDI* 2001. 181, obs. F. Moderne.

325.64 Contrôle de la dénaturation. Le juge de cassation contrôle la dénaturation des conclusions et des pièces du dossier[1].

1. V., par ex., CE 5 janv. 2005, min. de l'Équipement c/Assoc. de défense des riverains de la vallée du Var et a., req. n° 255737, NP : cour administrative d'appel ayant dénaturé les pièces du dossier qui lui était soumis en jugeant que présentaient un caractère d'utilité la nouvelle mission d'expertise décidée par le juge des référés du tribunal administratif et l'extension de cette mission à une nouvelle question.

TITRE

33. Le référé-provision

SECTION 0

Orienteur

330.00 Plan du titre.

330.01 Textes applicables.

CJA, art. R. 541-1 à R. 541-6.

330.03 Bibliographie indicative.

> **Encyclopédies.** O. Le Bot, « Référé. Référé-provision », *J.-Cl. Justice adm.*, fasc. nº 54.

> **Articles.** S. Platon, « Le référé-provision administratif : référé ou procédure de jugement rapide », *Dr. adm.* 2008/1, étude nº 2 ; C.-A. Dubreuil, « Le référé-provision, référé administratif au fond », *RFDA* 2007. 1005 ; J.-L. Pissaloux, « Évolutions récentes en matière de référé-provision devant les juridictions administratives », *Gaz. Pal.* 2006. 1664 ; J. Courtial, « Procédures de référé : mise en œuvre du référé-provision en matière fiscale », *RJF* 10/2002. 760 ; G. Rossignyol, « Bilan jurisprudentiel de l'utilisation du référé-provision de 1991 à 1997 », *Gaz. Pal.* 1998. 427 ; R. Viargues, « Le référé-provision devant le juge administratif : bilan de la première année », *RFDA* 1990. 345 ; E. Colson, « Marchés publics : le référé-provision pour lutter contre les impayés », *Dr. adm.* 2015. Prat. 2 – Ch.-A. Dubreuil, « Vers une justice par ordonnance ? Le référé-provision en matière contractuelle », *RFDA* 2021. 672 – F.-X. Bréchot, « Appel ou pourvoi en référé-provision : gare au jugement au fond ! », *JCP Adm.* 2019. 2057 – H. Belrhali, « Référé-provision : quand la responsabilité de l'administration est "non sérieusement contestable" », *AJDA* 2017. 1833 – O. Didriche, « Référé-provision : le cas des dommages causés aux tiers par les ouvrages publics », *AJCT* 2017. 79.

330.05 Documents pratiques.

> Pour un exemple de dossier contentieux en matière de demande de provision à titre initial, v. sˢ nº 910.17.

> Pour un exemple de dossier contentieux en matière de demande de provision à titre incident, v. sˢ nº 910.18.

330.06 Chiffres clés.

Entre 1 000 et 1 500 demandes de référé-provision sont introduites chaque année devant les tribunaux administratifs.

Le taux de réussite se situe aux alentours de 40 %.

Le délai moyen de jugement oscille entre 6 et 8 mois.

330.09 Procédure récente. Le référé-provision constitue une procédure récente devant les juridictions administratives. Le Conseil d'État ayant refusé son instauration par la voie prétorienne[1], c'est le pouvoir réglementaire qui, en s'inspirant de la

1. CE, sect., 20 juin 1980, Sté Gaz de France, req. nº 22496, *Lebon* 280, concl. M. Rougevin-Baville ; *AJDA* 1980. 555, Chron. M.-A. Feffer et M. Pinault : annulation d'une ordonnance du juge des référés condamnant l'administration au versement d'une provision.

procédure prévue par l'article 809 du Code de procédure civile, a introduit cette procédure en droit du contentieux administratif (décr. nº 88-907, 2 sept. 1988[1]).

330.10 Objet. L'objet du référé-provision est de « permettre le versement rapide d'une provision, assortie le cas échéant d'une garantie, dans les cas où la créance invoquée par le demandeur n'apparaît pas sérieusement contestable »[2]. La procédure permet le règlement rapide des litiges de nature financière, le détenteur d'une créance pouvant obtenir le versement d'une provision correspondant à tout ou partie de son montant, c'est-à-dire soit une avance à valoir sur la créance, soit une somme correspondant à la totalité de celle-ci.

Cette procédure pourrait parfaitement être désignée par l'appellation référé en paiement d'une créance ou référé-créance. En effet, lorsque la demande a été engagée avec succès, le juge condamne l'administration au paiement non pas d'une avance (d'une provision au sens strict) mais de l'intégralité de la créance ne présentant pas un caractère sérieusement contestable.

330.11 Dispositions. Les dispositions relatives au référé-provision sont codifiées aux articles R. 541-1 à R. 541-6 du CJA. Elles figurent dans le titre IV du Livre V, intitulé « Le juge des référés accordant une provision ». L'article R. 541-1 dispose que « le juge des référés peut, même en l'absence d'une demande au fond, accorder une provision au créancier qui l'a saisi lorsque l'existence de l'obligation n'est pas sérieusement contestable ».

331. Engagement du référé-provision

SECTION 0
Orienteur

331.00 Plan du chapitre.

Sect. 1 Compétence
Sect. 2 Recevabilité
Sect. 3 Effets s'attachant à l'engagement du recours

331.02 Jurisprudence de référence.

> La demande de provision peut porter sur le remboursement de crédits de TVA

CE, sect., 10 juill. 2002, SARL Grey Diffusion, req. nº 244411, *Lebon* 271.

> Dans les hypothèses où un recours administratif doit précéder le recours contentieux, une demande de provision est recevable dès que le recours administratif a été formé

CE, sect., 10 juill. 2002, SARL Grey Diffusion, req. nº 244411, *Lebon* 271.

331.04 Questions essentielles.

> La demande de provision doit-elle être présentée accessoirement à un recours principal ? v. ss nº 331.31

1. *JO* 3 sept. – V. D. Chabanol, « Le décret du 2 septembre 1988. La juridiction administrative se rénove », *AJDA* 1988. 733.
2. CE, sect., 10 juill. 2002, SARL Grey Diffusion, req. nº 244411, *Lebon* 271 ; *D*. 2002. 2583 ; *RJF* 2002. 740, concl. J. Courtial.

> Une personne publique peut-elle présenter une demande de provision ? v. s[s] n° 331.53

SECTION 1

Compétence

§ 1

Compétence de la juridiction administrative

331.11 Apparence de compétence. La demande de référé-provision doit se rapporter à un litige, actuel ou éventuel, n'échappant pas manifestement à la compétence de la juridiction administrative[1].

Ainsi, le juge des référés est par exemple compétent pour connaître d'un litige relatif :

- au remboursement de crédits de TVA[2] ;
- à la situation d'un agent public[3] ;
- à l'exécution d'un marché public[4] ;
- à la responsabilité de l'administration[5] ;
- à un contrat administratif[6].

En revanche, il est incompétent pour connaître d'une demande se rapportant par exemple à un litige relatif :

- à des prestations de sécurité sociale[7] ;
- à un agent de droit privé d'un EPIC[8] ;
- à des décisions prises par des juridictions de l'ordre judiciaire ou des agissements d'agents de la police ou de la gendarmerie qui ne sont pas détachables de procédures judiciaires[9] ;
- aux conséquences dommageables de l'absence de transmission à une fédération nationale, par une ligue sportive régionale, d'une candidature d'un adhérent à un

1. CE, ord., 6 juin 2005, Mathey, req. n° 281137, NP : rappelant « que le juge administratif ne peut être saisi d'un pourvoi tendant à la mise en œuvre de l'une des procédures régies par le livre V du Code de justice administrative que pour autant que le litige principal auquel se rattache ou est susceptible de se rattacher la mesure d'urgence qu'il lui est demandé de prescrire, n'échappe pas manifestement à la compétence de la juridiction administrative ».
2. CE, sect., 10 juill. 2002, SARL Grey Diffusion, req. n° 244411, *Lebon* 271 ; *D.* 2002. 2583 ; *RJF* 2002. 740, concl. J. Courtial.
3. V. par ex. CE, ord., 12 déc. 2001, Pantz, req. n° 239168, *Lebon T.* 1088.
4. V. par ex. CE 2 avr. 2004, S[té] Alstom Power Turbomachines, req. n° 256504, *Lebon* 150 ; *Just. & cass.* 2005. 274, concl. D. Piveteau ; *BJCP* 2004. 299, concl. D. Piveteau.
5. V. par ex. CE 20 déc. 2000, S[té] des autoroutes du Sud de la France, req. n° 212293, NP.
6. CE 6 oct. 2004, Office national interprofessionnel des viandes, de l'élevage et de l'aviculture, req. n° 261790, NP : demande en référé-provision se rapportant à un contrat de caution. Dans la mesure où le contrat principal (en l'occurrence un contrat de prêt) présente un caractère administratif, le contrat de caution qui en l'accessoire revêt la même nature et relève, par suite, de la compétence de la juridiction administrative.
7. CE 30 janv. 2008, Samson, req. n° 304218, *Lebon T.* 854 ; *AJDA* 2008. 830 ; *Dr. adm.* 2008/3, comm. n° 40, obs. A. Courrèges.
8. CE 24 juill. 2009, Roemer, req. n° 319629, *Lebon T.*
9. CE, ord., 30 mai 2003, Mathey, req. n° 257309, NP.

examen de qualification, dès lors que la ligue régionale ne s'est vue déléguer aucune prérogative de puissance publique[1].

§ 2

Compétence au sein de la juridiction administrative

331.21 **Compétence d'une juridiction administrative générale.** Le juge des référés n'étant qu'une émanation de la juridiction, il n'est en mesure de faire usage de ses pouvoirs que si la demande n'échappe pas manifestement à la compétence de la juridiction administrative de droit commun. Par suite, il est incompétent pour connaître d'une requête en référé-provision si le litige sur lequel porte la demande relève d'une juridiction administrative spéciale, par exemple la juridiction de la tarification sanitaire et sociale[2].

331.22 **Compétence territoriale.** La demande doit être présentée devant la juridiction qui serait compétente en première instance si un recours au fond était introduit. Il en résulte notamment que le juge des référés du Conseil d'État ne peut être régulièrement saisi en premier et dernier ressort d'une demande tendant à l'obtention d'une provision que pour autant que le litige principal auquel se rattache la mesure provisoire sollicitée ressortit lui-même à la compétence directe du Conseil d'État[3].

331.23 **Obligation de transmettre la demande à la juridiction compétente.** Lorsque la demande est présentée devant un juge des référés qui n'est pas territorialement compétent, il y a lieu de faire application de l'article R. 351-1 du CJA et de transmettre le dossier au tribunal administratif compétent[4] (et non pas de rejeter la demande par ordonnance, comme c'est le cas pour les référés d'urgence).

SECTION 2

Recevabilité

§ 1

Conditions générales de recevabilité

A

Conditions relatives à la requête

331.31 **Procédure autonome.** Le référé-provision constituant une procédure autonome, son introduction n'est pas subordonnée à l'exercice d'une action au fond devant la juridiction compétente. La règle était différente avant la réforme du 30 juin 2000 puisque l'introduction d'une demande de provision était conditionnée par l'existence d'une instance au fond (CTACAA, art. 129 – décr. nº 63-766, 30 juill. 1963, art. 27, al. 4[5]). Désormais, le créancier d'une obligation peut agir à titre prin-

1. CAA Bordeaux, 27 juin 1996, Rasoaveloson, req. nº 95BX01720, *Lebon T.* 1087.
2. CE 11 janv. 2008, Assoc. Les Parentèles, req. nº 304476, *Lebon T.* ; *AJDA* 2008. 70.
3. CE, ord., 20 mai 2003, Jouandon, req. nº 256744, *Lebon T.* 908.
4. CE, ord., 20 mai 2003, Jouandon, préc.
5. *JO* 1er août.

cipal par la voie du référé-provision sans introduire au préalable un recours de pleine juridiction. Le juge du plein contentieux ne statuera de façon définitive sur les droits et obligations des parties qu'en cas de saisine introduite par celles-ci : soit par le demandeur, soit par le défendeur condamné par le juge des référés au versement d'une provision (v. s[s] n°s 335.11 s.).

331.32 Décision préalable. Le décret JADE[1] a introduit à l'article R. 421-1 du Code de justice administrative un second alinéa rédigé comme suit : « Lorsque la requête tend au paiement d'une somme d'argent, elle n'est recevable qu'après l'intervention de la décision prise par l'administration sur une demande préalablement formée devant elle ». Il ressort de ces dispositions « qu'en l'absence d'une décision de l'Administration rejetant une demande formée devant elle par le requérant ou pour son compte, une requête tendant au versement d'une somme d'argent est irrecevable »[2]. L'exigence s'impose également à l'auteur d'une demande en référé-provision[3]. Il en résulte qu'en l'absence d'une décision de l'Administration rejetant une demande formée devant elle par le requérant ou pour son compte, une requête tendant au paiement d'une somme d'argent est irrecevable.

331.33 Absence de décision juridictionnelle au principal. Eu égard à son objet, la demande de référé-provision n'est recevable qu'en l'absence de décision au fond, passée en force de chose jugée, se prononçant de façon définitive sur l'existence de la créance litigieuse.

331.34 Ministère d'avocat. En application de l'article R. 431-2 du CJA, qui impose la représentation par un avocat « lorsque les conclusions de la demande tendent au paiement d'une somme d'argent », le ministère d'avocat est obligatoire pour introduire une demande de référé-provision. Toutefois, le requérant est dispensé du ministère d'avocat si le litige relève des exceptions prévues par l'article R. 431-3.

331.35 Requête fondée sur les seules dispositions de l'article R. 541-1 du CJA. En application de la jurisprudence *Philippart et Lesage* (v. s[s] n°s 211.131 s.), la requête ne doit pas contenir de conclusions demandant, à titre principal ou subsidiaire, la mise en œuvre d'une autre procédure de référé, par exemple un référé-suspension[4] ou un référé-mesures utiles[5].

331.36 Autorisation d'agir au nom d'une personne morale. Lorsque les dispositions ou stipulations applicables à une personne morale subordonnent à une habilitation par un de ses organes la possibilité pour son représentant légal d'exercer en son nom une action en justice, le représentant qui engage une action devant la juridiction administrative doit produire cette habilitation, au besoin après y avoir été invité par le juge. Cette règle de la procédure de droit commun s'applique à tous les référés non

1. D. n° 2016-1480, 2 nov. 2016, dit « Justice administrative de demain », *JO* 4 nov. 2016, n° 16.
2. CE, avis, sect., 27 mars 2019, C[ts] Rollet, req. n° 426472, *Lebon* ; *JCP Adm.* 2019, n° 2222, Chron. O. Le Bot.
3. CE 23 sept. 2019, Garde des Sceaux, req. n° 427923, *Lebon T.* ; *BJCL* 2019. 640, concl. A. Lallet ; *JCP Adm.* 2020, n° 2036, Chron. O. Le Bot.
4. CE, ord., 12 août 2004, Appiah, req. n° 274877, *Lebon T.* 810.
5. CE 15 avr. 2005, S[té] Saria Industrie Sud-Est, req. n° 267298, NP.

soumis « à une condition d'urgence ou à de très brefs délais »[1]. Le référé-provision n'étant soumis ni à une condition d'urgence ni à un bref délai, il appartient au représentant d'une personne morale de produire l'habilitation en justice délivrée par l'organe délibérant. Le principe a été dégagé pour le référé-expertise[2] mais revêt au regard de sa formulation une portée générale. Il met fin à une jurisprudence qui avait admis qu'une personne physique puisse introduire un référé-provision au nom d'une personne morale sans justifier d'une habilitation à agir en justice[3]. Ainsi que l'a jugée la cour administrative d'appel de Nantes, l'obligation s'impose également dans le cadre de cette procédure[4].

B

Conditions relatives au requérant

331.41 Créancier direct. Toute personne physique ou morale justifiant d'une créance directe sur une personne publique peut introduire une demande au titre de l'article R. 541-1 du CJA. En ce sens, la cour administrative d'appel de Versailles a indiqué « qu'il résulte des termes mêmes des dispositions de l'article R. 541-1 du Code de justice administrative qu'elles sont susceptibles, de par leur généralité, d'être invoquées par toute personne pouvant faire valoir à l'encontre d'une personne de droit public une obligation dépourvue de caractère sérieusement contestable »[5]. Il en résulte qu'est en droit d'introduire une demande sur le fondement de l'article R. 541-1 :

- le titulaire d'un marché, en vue que soit ordonné au maître d'ouvrage de verser à son cocontractant une provision au titre d'une obligation lui incombant dans le cadre de l'exécution du marché, « alors même que le décompte général et définitif n'aurait pas encore été établi »[6] ;
- le maître de l'ouvrage en vue d'obtenir, dans le cadre de l'exécution d'un marché, la condamnation de son cocontractant au paiement d'une provision, alors même que le décompte général et définitif n'aurait pas encore été établi[7] ;

1. CE 30 mai 2016, OPH Lille Métropole Habitat, req. n° 376187, *Lebon* ; *AJDA* 2016. 1097 ; Procédures 2016, comm. 275, obs. S. Deygas.
2. CE 30 mai 2016, OPH Lille Métropole Habitat, req. n° 376187, préc.
3. CAA Versailles, 30 mai 2006, maison de retraite intercommunale « La Seigneurie », req. n° 05VE01721, *Lebon* ; *AJDA* 2006. 1487, Chron. G. Pellissier.
4. CAA Nantes, 10 nov. 2017, Cne de Saint Lumine de Coutais, req. n° 16NT02714, NP ; *BJCL* 2018. 54, concl. F.-X. Bréchot.
5. CAA Versailles, 30 mai 2006, maison de retraite intercommunale « La Seigneurie », req. n° 05VE01721, préc.
6. CE 3 déc. 2003, Sté Bernard Travaux Polynésie, req. n° 253748, *Lebon T.* 908 ; *AJDA* 2004. 223, note J.-D. Dreyfus ; *AJDA* 2004. 1358, Chron. C. Landais et F. Lenica : arrêt précisant que ne fait pas obstacle au prononcé d'une telle mesure, « eu égard notamment au caractère provisoire d'une mesure prononcée en référé » la règle, formulée en 1961, selon laquelle l'ensemble des opérations auxquelles donne lieu l'exécution d'un marché de travaux publics « est compris dans un compte dont aucun élément ne peut être isolé et dont seul le solde, arrêté lors de l'établissement du décompte définitif, détermine les droits et obligations définitifs des parties » (CE 8 déc. 1961, Sté nouvelle Compagnie générale des travaux, *Lebon* 701) – v., dans le même sens, CE 2 avr. 2004, Sté Imhoff, req. n° 257392, *Lebon* 149 ; *AJDA* 2004. 1613 ; *BJCP* 2004. 306, concl. D. Piveteau.
7. CE 2 juin 2004, Cne de Cluny, req. n° 230729, *Lebon T.* 811.

– l'assujetti détenant une créance sur le Trésor au titre du droit à remboursement de crédits de TVA, en vue d'obtenir de l'État le versement d'une provision[1] ;

– le bénéficiaire d'une action récursoire (notamment l'Oniam envers un établissement hospitalier)[2] ;

– l'expert au bénéfice de qui une ordonnance de taxation de ses frais et honoraires a été prise sur le fondement des dispositions combinées des articles R. 621-11 et R. 761-4 du CJA, lorsqu'il n'a pu obtenir le paiement de ces frais et honoraires de la part de la personne publique à la charge de qui ils ont été mis par ladite ordonnance[3]. En revanche, la demande ne peut être dirigée contre une personne privée partie au litige, la juridiction administrative n'étant pas compétente pour connaître d'un litige opposant deux personnes privées[4].

331.42 Créancier indirect. Le créancier du créancier n'est pas recevable à introduire une demande de référé-provision dès lors que l'article 1166 du Code civil, relatif à l'action oblique, ne permet pas de demander la condamnation directe à son profit des débiteurs de son débiteur[5].

331.43 Non-créancier. L'auteur de la demande de provision doit justifier de la qualité de créancier de l'obligation qu'il allègue. Ainsi, lorsque l'éventuelle indemnité résultant d'un dommage serait versée à l'État, une autre personne publique n'est pas recevable à former une demande en vue de l'obtention d'une provision[6].

§ 2

Situations particulières

331.51 Existence d'une procédure de règlement précontentieuse. Lorsqu'un texte législatif ou réglementaire ou un contrat impose au demandeur d'engager un recours

1. CE, sect., 10 juill. 2002, SARL Grey Diffusion, req. n° 244411, *Lebon* 271 ; *D.* 2002. 2583 ; *RJF* 2002. 740, concl. J. Courtial.
2. CE 21 mars 2011, CH de Saintes, req. n° 334501, *Lebon* ; *AJDA* 2011. 594 ; *RFDA* 2011. 329, étude C. Alonso ; *RTD civ.* 2011. 555, obs. P. Jourdain : indiquant que l'Office national d'indemnisation des accidents médicaux, des affections iatrogènes et des infections nosocomiales (Oniam), condamné à indemniser au titre de la solidarité nationale la victime de dommages résultant d'une infection nosocomiale, peut obtenir de l'établissement de santé dans lequel l'infection a été contractée le versement d'une provision, au titre de l'action récursoire prévue au deuxième alinéa de l'article L. 1142-21 du Code de la santé publique, dans le cadre de l'instance en référé relative à la réparation du dommage.
3. CAA Versailles, 30 mai 2006, maison de retraite intercommunale « La Seigneurerie », req. n° 05VE01721, *Lebon* ; *AJDA* 2006. 1487, Chron. G. Pellissier : précisant que l'absence de caractère exécutoire d'une telle ordonnance de taxation, qui a la nature d'une décision administrative, ne fait pas obstacle à la recevabilité de la demande de provision ainsi présentée, « dès lors que la décision du juge des référés, si elle accueille favorablement ladite demande, aura précisément pour effet de donner à l'expert un titre pour obtenir paiement ». La cour ajoute que l'existence d'une contestation de l'ordonnance de taxation formée devant la juridiction à laquelle appartient son auteur, conformément aux dispositions de l'article R. 761-5 du CJA, et non encore jugée « n'est, compte tenu, d'une part, de son absence d'effet suspensif et, d'autre part, du caractère provisoire des mesures que le juge des référés est susceptible d'ordonner, pas davantage de nature à faire par elle-même obstacle à la recevabilité de cette demande ».
4. CAA Nantes, 29 juin 2005, Louazon, req. n° 04NT00747, NP ; *AJDA* 2006. 31, Chron. S. Mornet.
5. CAA Paris, 28 sept. 1995, Synd. intercommunal eau et assainissement de Pointe-à-Pitre-Abymes, req. n° 95PA00093, *Lebon T.* 969.
6. CAA Nantes, ass., 20 déc. 19995, Port autonome Nantes Saint-Nazaire, req. n° 94NT00709, *Lebon* 562.

administratif avant la saisine d'une juridiction, la demande de référé-provision est irrecevable lorsque ce recours administratif n'a pas été préalablement formé[1]. En revanche, la demande de référé-provision peut être introduite sans attendre l'issue de la procédure administrative : dès l'instant où il a engagé le recours administratif, le demandeur peut agir par la voie du référé-provision sans attendre la réponse de l'administration[2].

331.52 Réitération d'une demande. Aucune disposition ni aucun principe ne font obstacle à ce qu'une personne à qui une provision a déjà été allouée sur le fondement de l'article R. 541-1 du CJA, en réparation des conséquences dommageables d'une faute de l'administration, saisisse le juge des référés d'une nouvelle demande de provision au titre du même dommage, au vu notamment « d'un changement dans les éléments de droit ou de fait » ou « d'un nouveau document »[3]. En revanche, en l'absence de circonstance nouvelle, la demande itérative est entachée d'irrecevabilité[4].

331.53 Demande présentée par une personne publique. La demande de référé-provision peut être présentée par une personne publique[5]. Les conditions de recevabilité s'avèrent néanmoins plus contraignantes.

Une première série de limites résulte de la jurisprudence *préfet de l'Eure*[6]. En application de cette jurisprudence, les collectivités publiques sont tenues de recouvrer les sommes qui leur sont dues non pas en s'adressant au juge mais en émettant un titre exécutoire. Il en résulte deux conséquences sur la recevabilité d'une demande de référé-provision présentée par une personne publique. D'une part, une telle demande est irrecevable lorsque la personne publique requérante dispose elle-même du pouvoir d'émettre un titre exécutoire[7]. D'autre part, lorsqu'un particulier forme

1. CE, sect., 10 juill. 2002, SARL Grey Diffusion, req. n° 244411, *Lebon* 271 ; *D.* 2002. 2583 ; *RJF* 2002. 740, concl. J. Courtial : demande portant sur le remboursement de crédits de TVA détenus par la société requérante sur le Trésor - CE 10 juin 2009, Sté de cogénération et de production de Boe, req. n° 322242, *Lebon T.* ; *AJDA* 2009. 1176 : demande se rapportant à un litige opposant deux parties à un contrat - CE 16 déc. 2009, Sté d'architecture Groupe 6, req. n° 326220, *Lebon T.* ; *AJDA* 2009. 2432 ; *RDI* 2010. 156, obs. R. Noguellou ; *BJCP* 2010. 134, concl. N. Boulouis ; *Contrats Marchés publ.* 2010, comm. n° 88, obs. J.-P. Piétri : demande se rapportant à un marché public de travaux, l'article 50 du CCAG auquel il se réfère imposant une procédure de réclamation préalable avant la saisine du juge.
2. CE 10 juin 2009, Sté de cogénération et de production de Boe, req. n° 322242, *Lebon T.* ; *AJDA* 2009. 1176 - CE, sect., 10 juill. 2002, SARL Grey Diffusion, req. n° 244411, *Lebon* 271 ; *D.* 2002. 2583 ; *RJF* 2002. 740, concl. J. Courtial - CE 16 déc. 2009, Sté d'architecture Groupe 6, req. n° 326220, *Lebon T.* ; *AJDA* 2009. 2432 ; *RDI* 2010. 156, obs. R. Noguellou ; *BJCP* 2010. 134, concl. N. Boulouis ; *Contrats Marchés publ.* 2010, comm. n° 88, obs. J.-P. Piétri.
3. CE 20 déc. 2006, SNC Cannes Esterel, req. n° 283352, *Lebon T.* 1006 ; *AJDA* 2007. 6.
4. CAA Lyon, 1er déc. 1993, Bertolini, req. n° 93LY00850, *Lebon T.* 952.
5. V. par ex., pour un établissement public (en l'occurrence l'Oniam) : CE 21 mars 2011, CH de Saintes, req. n° 334501, *Lebon* ; *AJDA* 2011. 594 ; *RFDA* 2011. 329, étude C. Alonso ; *RTD civ.* 2011. 555, obs. P. Jourdain.
6. CE 30 mai 1933, préfet de l'Eure, *Lebon* 583 ; *S.* 1915. III. 39, note M. Hauriou.
7. CAA Lyon, 22 févr. 1994, Communauté urbaine de Lyon, req. n° 93LY00351, *Lebon T.* 625 ; *AJDA* 1994. 796, obs. J.-P. Jouguelet - CE 24 févr. 2016, Dpt de l'Eure, req. n° 395194, *Lebon* ; *AJDA* 2016. 407 : rappelant au pt 2 « qu'une collectivité publique est irrecevable à demander au juge administratif de prononcer une mesure qu'elle a le pouvoir de prendre ; qu'en particulier, les collectivités territoriales, qui peuvent émettre des titres exécutoires à l'encontre de leurs débiteurs, ne peuvent saisir directement le juge administratif d'une demande tendant au recouvrement de leur créance ».

une opposition à l'encontre d'un état exécutoire émis par une personne publique, la demande de référé-provision introduite par la collectivité publique est entachée d'irrecevabilité dans la mesure où elle aurait pour effet de faire échec au caractère suspensif de l'opposition[1].

L'irrecevabilité résultant de la jurisprudence *préfet de l'Eure* est écartée lorsque dans les cas où des dérogations ont été apportées à cette jurisprudence. La principale dérogation concerne les relations entre l'administration et ses cocontractants[2] : par dérogation à la jurisprudence *préfet de l'Eure*, l'administration est recevable à demander au juge d'ordonner à son cocontractant le paiement d'une créance née du contrat[3]. Il suffit pour cela qu'un contrat existe, même si l'origine de l'obligation de payer ne résulte pas du contrat proprement dit mais d'un fait extérieur à celui-ci : par exemple l'occupation sans titre du domaine public après la résiliation d'une convention (et donc à une époque où celle-ci n'a plus d'existence[4]) ou une entente entre entreprises ayant généré, pour la collectivité publique ayant contracté avec l'une d'elles, une majoration du prix du marché[5]. En revanche, cette exception ne jouera pas en présence d'un « faux » contrat, par exemple un contrat de recrutement d'agent public (dont le contenu est en réalité totalement déterminé par des dispositions législatives et réglementaires)[6] ou un contrat d'hébergement conclu entre une maison de retraite (publique) et un pensionnaire (ce « contrat », qui n'établit pas de rapport contractuel, constituant seulement un document d'information du patient)[7].

Lorsqu'une collectivité publique se trouve dans une situation contractuelle dans laquelle elle dispose d'une option (émettre un titre exécutoire ou saisir le juge), elle

1. CE 1er oct. 1993, Office national interprofessionnel du lait et des produits laitiers (Onilait), req. n° 124987, *Lebon T.* 952 - CE 11 mars 2011, Synd. mixte pour la valorisation touristique du Pic du Midi, req. n° 337428, *Lebon T.* ; *AJDA* 2011. 537 ; *AJCT* 2011. 250, obs. J. Coronat.
2. Les autres dérogations concernent les établissements publics à caractère industriel et commercial dotés d'un agent comptable (décr. n° 62-1587, 29 déc. 1962, portant règlement général sur la comptabilité publique, art. 201), l'urgence (CE 22 juin 1977, Abadie, req. n° 04799, *Lebon* 288 - CE, ass., 3 mars 1978, Lecoq, req. n° 06079, *Lebon* 116 ; *AJDA* 1978. 581, concl. D. Labetoulle) et les débiteurs personnes publiques faute de voies d'exécution ouvertes à leur encontre (CE 11 mai 2009, ville de Toulouse, req. n° 296919, *Lebon* ; *AJDA* 2010. 634, note C. Rigambert ; *AJDA* 2009. 1016 - CE 31 mai 2010, Communauté d'agglomération Vichy Val d'Allier, *Lebon* 173).
3. CE 26 déc. 1924, ville de Paris c/Chemin de fer métropolitain, *Lebon* 1065 - CE, sect., 5 nov. 1982, Sté Propétrol, req. n° 19413, *Lebon* 380 - v. spéct, en matière de référé-provision, CE 24 févr. 2016, Dpt de l'Eure, req. n° 395194, *Lebon* ; *AJDA* 2016. 407 : « lorsque la créance trouve son origine dans un contrat, la faculté d'émettre un titre exécutoire dont dispose une personne publique ne fait pas obstacle à ce que celle-ci saisisse le juge d'administratif d'une demande tendant à son recouvrement, notamment dans le cadre d'un référé-provision engagé sur le fondement de l'article R. 541-1 du Code de justice administrative » (pt 3).
4. CE 30 mars 1984, SCI Marjenco, req. n° 41090, *Lebon* 142 - pour l'hypothèse proche où la convention n'a jamais produit d'effets faute d'approbation, v. CE 13 févr. 1991, Thomas, req. n° 78404, *Lebon* 55 ; *RDI* 1991. 185, obs. J.-B. Auby.
5. CE 24 févr. 2016, Dpt de l'Eure, req. n° 395194, *Lebon* ; *AJDA* 2016. 407.
6. CE 2 juill. 2007, Cne de Lattes, req. n° 294393, *Lebon T.* 710 ; *AJDA* 2007. 1437.
7. CE 3 févr. 2016, Hôpital de Prades, req. n° 388643, *Lebon T.* ; *AJDA* 2016. 231 ; *RDSS* 2016. 332, concl. R. Decout-Paolini.

ne peut pas saisir le juge d'une demande tendant au recouvrement des créances qu'elle détient sur son cocontractant lorsqu'elle a décidé, préalablement à cette saisine, d'émettre des titres exécutoires en vue de recouvrer les sommes en litige. Dans un tel cas, dans la mesure où la décision demandée au juge aurait les mêmes effets que le titre émis antérieurement, la demande présentée est dépourvue d'objet et par suite irrecevable[1].

331.54 **Demande présentée par une caisse de sécurité sociale.** Il a été jugé que la demande de référé-provision présentée par une caisse de sécurité sociale contre l'auteur d'un dommage corporel est recevable. L'auteur du dommage étant tenu de réparer l'atteinte à l'intégrité physique de la victime, la caisse de sécurité sociale qui a exposé les dépenses liées à son hospitalisation est recevable à demander la condamnation de l'intéressé au versement d'une provision sur le montant des frais déjà exposés[2].

331.55 **Irrecevabilité d'une demande dans le contentieux des contraventions de grande voirie.** Une requête en référé-provision n'est pas recevable en matière de contravention de grande voirie. La procédure de contravention de grande voirie étant exclusive de toute autre procédure, le gestionnaire du domaine public est irrecevable à demander au juge du référé la condamnation de l'auteur présumé d'une contravention de grande voirie à lui payer une provision[3].

331.56 **Demande présentée devant le juge d'appel.** L'article R. 541-5 du CJA dispose qu'« à l'occasion des litiges dont la cour administrative d'appel est saisie, le président de la cour ou le magistrat désigné par lui dispose des pouvoirs prévus à l'article R. 541-1 ». Il en résulte qu'une demande en référé-provision peut être présentée devant la cour administrative d'appel devant laquelle le litige principal est pendant, alors même que l'ordonnance du juge du premier degré ayant rejeté une demande identique de provision n'a pas elle-même fait l'objet d'un appel[4].

331.57 **Requête conjointe.** Les dispositions relatives au référé-provision « ne font pas obstacle à ce que plusieurs créanciers présentent une demande conjointe de provision, dès lors que les obligations correspondant à la provision demandée ne sont pas sérieusement contestables »[5]. Dans ce cas, la provision sera versée à l'un ou l'autre des créanciers (v. s[s] n° 334.62).

331.58 **Cas de sursis à exécution par le juge d'appel d'un jugement prononçant une condamnation pécuniaire.** L'article R. 541-1 du CJA n'a ni pour objet ni pour effet de permettre à un requérant de faire obstacle au caractère suspensif du sursis à exécution ordonné par le juge d'appel à l'égard d'un jugement prononçant une con-

1. CE 15 déc. 2017, S[té] Ryanair Designated Activity Company et S[té] Airport Marketing Services Limited, req. n° 408550, *Lebon T.*
2. CAA Nantes, 13 juin 1991, CHRU de Rennes c/CPAM d'Ille-et-Vilaine, req. n° 91NT00069, *Lebon* 531.
3. TA Lille, 30 nov. 1995, Voies navigables de France, req. n° 95-2467, *Lebon* 586.
4. CAA Paris, 20 févr. 1992, S[té] commerciale Import-Export, req. n° 91PA00817, *Lebon T.* 1215.
5. CAA Nancy, 6 nov. 1990, S[té] d'aménagement et d'équipement de la région de Strasbourg, req. n° 89NC01365, *Lebon* 478.

damnation pécuniaire. Il s'ensuit qu'est irrecevable la demande tendant à l'octroi d'une provision formée devant le juge des référés, lorsque celle-ci porte sur l'obligation en litige dans l'instance ayant donné lieu au prononcé du sursis à exécution[1].

SECTION 3

Effets s'attachant à l'engagement du recours

331.61 **Interruption du délai de prescription quadriennale.** L'article 2241 du Code civil, dans sa rédaction issue de l'article 37 de la loi n° 85-677 du 5 juillet 1985, prévoit qu'une citation en justice, même en référé, interrompt la prescription ainsi que les délais pour agir. Il en résulte que la demande de provision interrompt le délai de prescription quadriennale des créances sur les personnes publiques[2].

331.62 **Tribunal regardé comme saisi au sens du CCAG Travaux.** Aux termes de l'article 7.2.3 du CCAG Travaux, « si, dans le délai de six mois à partir de la notification à l'entrepreneur de la décision prise conformément au 3 de l'article 7.2.2. sur les réclamations auxquelles a donné lieu le décompte général du marché, l'entrepreneur n'a pas porté ses réclamations devant le tribunal administratif compétent, il est considéré comme ayant accepté ladite décision et toute réclamation est irrecevable ». Dans la mesure où le titulaire du marché peut obtenir du juge des référés qu'il ordonne au pouvoir adjudicateur le versement d'une indemnité provisionnelle et qu'il n'est pas tenu de saisir, par ailleurs, le juge du contrat d'une demande au fond, « la saisine du juge des référés sur le fondement des articles R. 541-1 et suivants du Code de justice administrative doit être regardée comme la saisine du tribunal administratif compétent au sens de l'article 7.2.3. du CCAG »[3].

Cette solution dégagée sur le fondement de l'article 7.2.3 (différend sur le décompte) est transposable pour l'article 13.4.2 du CCAG-Travaux, c'est-à-dire en cas d'absence de décompte. En ce sens, le Conseil d'État a jugé qu'il résulte de R. 541-1 du CJA que le titulaire du marché peut obtenir du juge des référés qu'il ordonne au pouvoir adjudicateur le versement d'une indemnité provisionnelle et qu'il n'est pas tenu de saisir, par ailleurs, le juge du contrat d'une demande au fond. Dès lors, la saisine du juge des référés, de conclusions tendant au versement d'une provision sur le solde du marché doit être regardée comme la saisine du tribunal administratif compétent au sens de l'article 13.4.2[4].

1. CE 6 nov. 2020, Sté Corsica Ferries et Collectivité de Corse, req. n° 439598, *Lebon T.* ; *BJCL* 2021. 212, concl. M. Pichon de Vendeuil ; *JCP Adm.* 2021, n° 2049, Chron. O. Le Bot ; *Contrats et Marchés publics* 2021, comm. 28, note G. Eckert.
2. CAA Bordeaux, 14 nov. 1994, CCI de Nîmes-Uzès-le-Vigan, req. n° 93BX00428, NP - CAA Paris, 14 oct. 1999, Cne d'Épinay-sous-Senart, req. n° 96PA02045, NP.
3. CE 27 janv. 2017, Sté Tahitienne de construction, req. n° 396404, *Lebon T.* ; *JCP Adm.* 2017, n° 2206, Chron. O. Le Bot ; *BJCP* 2017. 177, concl. G. Pellissier ; *Contrats et Marchés publics* 2017, comm. 80, obs. P. Devillers (pt 4).
4. CE 10 juin 2020, Société Bonaud, req. n° 425993, *Lebon T.* ; *BJCP* 2020. 314, concl. M. Le Corre ; *JCP Adm.* 2020, n° 2239, note Y. Simmonet et Th. Robert ; *Contrats et Marchés publics* 2020, comm. 255, note Ph. Rees.

332. Condition d'octroi du référé-provision

SECTION 0

Orienteur

332.00 Plan du chapitre.

332.02 Jurisprudence de référence.

> La seule circonstance que le défendeur conteste l'existence d'une obligation de payer ne suffit pas à faire regarder celle-ci comme sérieusement contestable

CE, sect., 10 avr. 1992, CHG d'Hyères, req. nº 108294, *Lebon* 169.

> Le défendeur ne peut invoquer l'illégalité de la décision servant de fondement à l'obligation de payer, à moins que cette illégalité ait été établie par une précédente décision juridictionnelle

CE, sect., 16 déc. 2005, Lacroix, req. nº 274545, *Lebon* 584.

332.09 Unique condition. Le référé-provision ne connaît qu'une seule condition d'octroi, tenant au caractère non sérieusement contestable de l'obligation de payer. L'exigence se trouve expressément énoncée à l'article R. 541-1 du CJA, selon lequel le juge des référés peut accorder une provision au créancier qui l'a saisi « lorsque l'existence de l'obligation n'est pas sérieusement contestable ». Aucune autre condition n'est requise par la loi ou la jurisprudence. En particulier, l'octroi d'une provision par le juge des référés n'est aucunement subordonné à l'urgence ou à la nécessité pour le demandeur de l'obtenir[1].

SECTION 1

Critères généraux d'appréciation

§ 1

Notion

332.11 Créance établie, ou non sérieusement contestée. Le juge des référés ne peut faire droit à une demande de provision que si la réalité de la créance dont se prévaut le demandeur n'apparaît pas réellement discutable. Selon la formule jurisprudentielle, « il appartient au juge des référés de s'assurer que les éléments qui lui sont soumis par les parties sont de nature à en établir l'existence avec *un degré suffisant de certitude* »[2]. Comme l'ont souligné des rapporteurs publics, la condition ne peut être regardée comme satisfaite que si le juge « éprouve, *prima facie*, une quasi-certitude quant au bien-fondé de cette obligation »[3], cela signifiant que « la probabilité de

1. CE 20 déc. 2006, SNC Cannes Esterel, req. nº 283352, *Lebon T.* 1006 ; *AJDA* 2007. 6 – CAA Nantes, 21 sept. 2010, Cne d'Étables-sur-Mer, req. nº 09NT02422, NP.
2. CE, sect., 6 déc. 2013, Thévenot, req. nº 363290, *Lebon* ; *AJDA* 2014. 237, concl. D. Hedary ; *AJDA* 2013. 2461 ; *AJ pénal* 2014. 143, obs. E. Péchillon.
3. S. Verclytte, concl. sur CE, sect., 16 déc. 2005, Lacroix, *RFDA* 2006. 513.

l'existence de l'obligation non sérieusement contestable doit confiner à la certitude »[1]. Un doute quant à l'existence d'une obligation de payer conduira le juge au rejet de la demande de provision.

§ 2

Rôle du défendeur et office du juge

332.21 Rôle du défendeur. Il appartient au défendeur de contester l'obligation de payer sur laquelle s'appuie la demande de provision. Il lui revient, pour cela, d'établir que la créance dont se prévaut le requérant n'a pas de fondement juridique, de consistance ou de réalité. Il peut également contester le montant de l'obligation invoquée[2]. Dans les deux cas, il lui revient d'étayer son argumentation et de mettre en avant des éléments précis. La seule circonstance que le défendeur conteste l'existence d'une obligation ne suffit pas à faire regarder celle-ci comme sérieusement contestable[3]. Elle ne sera regardée comme telle que si le juge des référés est convaincu de la pertinence des éléments produits, c'est-à-dire si, à leur lecture, il éprouve un doute sur la réalité ou l'étendue de l'obligation invoquée.

332.22 Office du juge. Le juge du référé-provision exerce un office concret et approfondi sur la situation qui se trouve à l'origine de la demande.

D'une part, le juge apprécie *in concreto* le caractère sérieusement contestable ou non sérieusement contestable de l'obligation invoquée par le requérant. Il tient compte, pour cela, des circonstances particulières de chaque espèce.

D'autre part, ne déployant ses pouvoirs que lorsque l'obligation de payer confine quasiment à la certitude, le juge des référés, même s'il statue « en l'état de l'instruction »[4], est amené à se prononcer sur le fond du dossier dans des conditions similaires à celles d'un juge du principal. Cet office étendu en est en outre conforté par des considérations pratiques. Dès lors que le juge du référé-provision met bien souvent un terme définitif au litige et que les enjeux financiers peuvent être considérables, « il peut paraître prudent », relevait Stéphane Verclytte, « d'explorer soigneusement le terrain juridique avant de se prononcer »[5].

§ 3

Éléments de nature à établir l'obligation

332.31 Difficulté juridique et demande d'avis contentieux. Une obligation « dont l'existence soulève une question de droit présentant une difficulté sérieuse » ne peut être regardée comme une obligation dont l'existence n'est pas sérieusement contestable. Par suite, le juge des référés ne saurait, sans méconnaître les dispositions de l'article R. 541-1 du CJA, se prononcer sur la difficulté ainsi soulevée pour accorder

1. L. Vallée, concl. sur CE, sect., 29 janv. 2003, C^ne^ d'Annecy, *AJDA* 2003. 613.
2. V. par ex. CAA Marseille, 1er mars 2004, S^té^ Sud combustibles c/ville de Marseille, req. n° 03MA02315, NP.
3. CE, sect., 10 avr. 1992, CHG d'Hyères, req. n° 108294, *Lebon* 169 ; *RFDA* 1993. 88, concl. D. Tabuteau.
4. V. par ex. CE 20 déc. 2000, S^té^ des autoroutes du Sud de la France, req. n° 212293, NP - CAA Bordeaux, ass., 18 nov. 2003, Cie générale maritime Antilles-Guyane, req. n° 03BX01155, *Lebon T.* ; *RFDA* 2004. 93, concl. J.-L. Rey.
5. S. Verclytte, concl. sur CE, sect., 16 déc. 2005, Lacroix, *RFDA* 2006. 513.

la provision demandée. Pour la même raison, il ne saurait soumettre au Conseil d'État une demande d'avis selon la procédure de l'article L. 113-1 du CJA[1].

332.32 Rapports d'experts. Pour apprécier l'existence et l'étendue de l'obligation de payer, le juge des référés peut s'appuyer « sur l'ensemble des éléments figurant au dossier qui lui est soumis »[2]. Il peut ainsi se fonder :

- sur un avis circonstancié formulé par un comité interrégional de règlement amiable[3] ;
- sur les conclusions d'un rapport d'expertise, que l'expertise ait été ordonnée par une juridiction administrative[4], un tribunal civil[5] ou un juge d'instruction[6] ;
- sur des éléments provenant d'une expertise en cours, même si la conclusion des opérations de l'expertise n'a pas encore conféré à ces éléments un caractère définitif, « pourvu qu'ils présentent un caractère de précision suffisante et qu'ils aient été soumis à la contradiction des parties »[7].

332.33 Arguments non pertinents. N'est pas de nature à faire regarder comme sérieusement contestable l'obligation invoquée par le demandeur :

- la circonstance que le mandatement ou l'ordonnancement des sommes correspondantes a fait l'objet, de la part de la personne publique, d'un refus fondé sur l'application des règles de la comptabilité publique et sur des risques de difficultés dans les rapports entre ordonnateur et comptable[8] ;
- l'absence de certitude quant à la répartition finale des responsabilités entre les débiteurs susceptibles d'être condamnés solidairement au versement d'une provision[9].

332.34 Arguments pertinents. Une obligation est sérieusement contestable, par exemple :

- lorsqu'elle trouve sa source dans une convention entachée de nullité[10] ;
- lorsque le raisonnement mis en avant par le demandeur pour en établir l'existence pose « une question de droit qui soulève une difficulté sérieuse »[11] ;

1. CE, avis, 3 oct. 2012, Sté Colas Nord Picardie, req. n° 360840, *Lebon* ; *AJDA* 2012. 1881.
2. CAA Versailles, 30 mai 2006, CCAS de la ville de Versailles, req. n° 05VE01995, NP.
3. CAA Paris, 25 janv. 2001, Sté Alstom Entreprise Paris, req. n° 00PA02783, NP.
4. CAA Marseille, 4 déc. 1997, Sté nationale de construction Quillery, req. n° 96MA01079, *Lebon T.* ; *RFDA* 1998. 114, obs. J.-P. Négrin – CE 2 avr. 2004, Sté Sogea, req. n° 257599, *Lebon T.* 811.
5. CAA Nantes, 26 mars 2002, Cne de Lesneven, req. n° 98NT01163, NP.
6. CAA Nancy, 2 avr. 1992, CH d'Auxerre, req. n° 91NC00015, *Lebon T.* 1216.
7. CAA Versailles, 30 mai 2006, CCAS de la ville de Versailles, req. n° 05VE01995, NP.
8. CE 2 avr. 2004, Sté Alstom Power Turbomachines, req. n° 256504, *Lebon* 150 ; *Just. & cass.* 2005. 274, concl. D. Piveteau ; *BJCP* 2004. 299, concl. D. Piveteau.
9. CE 19 nov. 1993, Port autonome de Marseille, req. n° 135772, *Lebon* 324.
10. CE 8 févr. 1999, Cne de Cap-d'Ail, req. n° 185749, NP ; *AJDA* 1999. 283.
11. CE 29 janv. 2003, min. de l'Économie c/SA General Electric Fleet Services, req. n° 250345, *Lebon T.* 909 : question de savoir si le versement d'intérêts moratoires en application de l'article L. 208 du Livre des procédures fiscales, lorsqu'un redevable de la TVA invoque une surestimation de son chiffre d'affaires déclaré n'ayant d'incidence que sur le montant d'un crédit de TVA, suppose l'existence d'une réclamation tendant, selon les formes prévues aux articles 242-0 A et suivants de l'annexe II au Code général des impôts, au remboursement d'un crédit de TVA – CE 22 oct. 2008, Cne de Plestin-les-Grèves, req. n° 309956, *Lebon T.* 855 ; *AJDA* 2008. 2038 : question des conséquences à tirer, sur les obligations financières d'une commune à l'égard d'une école privée, de la dénonciation par la commune de l'accord ➢

– lorsque la créance invoquée trouve son origine dans l'annulation pour vice de forme d'une décision administrative (en l'occurrence une décision plaçant d'office le requérant en congé de longue durée pour maladie) dès lors que ce motif d'annulation « ne fait [...] nul obstacle à ce que [l'administration] reprenne une décision de même nature »[1].

332.35 **Autorité de la chose jugée.** Pour apprécier le caractère non sérieusement contestable d'une obligation de payer, le juge peut se baser sur un précédent jugement passé en force de chose jugée. L'autorité de la chose jugée ne jouera qu'en cas d'identité de parties, de cause et d'objet[2].

§ 4

Situations particulières

332.41 **Défendeur invoquant l'illégalité de l'obligation.** Le Conseil d'État a dû déterminer si le défendeur pouvait invoquer l'illégalité de la décision administrative fondant l'obligation de payer dont se prévaut le demandeur. Apportant une réponse négative, il a considéré que lorsque l'acte litigieux « n'a été ni rapporté ni annulé et que son illégalité n'[a] pas été déclarée par une décision juridictionnelle »[3], le juge commet une erreur de droit en se fondant sur la circonstance que la légalité de cet acte serait douteuse pour dénier à la créance sa qualification d'obligation non sérieusement contestable[4]. Le moyen de défense tiré de l'illégalité d'une décision qui n'a été ni abrogée ni retirée avait été jugé inopérant devant le juge de l'excès de pouvoir[5]. Il en va de même devant le juge du référé-provision. Une autorité administrative ne peut utilement se prévaloir devant le juge d'une éventuelle fraude entachant une décision pour s'exonérer des conséquences légales de cette décision.

332.42 **Créance arrêtée dans son principe mais non dans son montant.** Il est habituel, dans plusieurs domaines du plein contentieux, que le juge ne réforme pas la décision contestée et se contente, pour qu'il soit donné satisfaction au requérant, de renvoyer celui-ci devant l'administration. Après avoir reconnu le bien-fondé de son recours, le juge annule la décision attaquée et enjoint à l'administration de réexaminer la demande de l'intéressé au vu des motifs du jugement rendu. L'usage est fré-

➢ qu'elle avait initialement donné à la conclusion d'un contrat d'association à durée indéterminée entre l'État et l'école, alors que le contrat d'association n'avait été résilié par aucune des parties.

1. CE, ord., 26 févr. 2007, Riche, req. n° 301893, *Lebon T.* 1006 ; *AJDA* 2007. 501.
2. CE 26 avr. 2017, Sté Supermarchés Match, req. n° 401985, NP ; *Revue de droit fiscal* 2017, comm. 546, concl. A. Bretonneau, note S. Austry et S. Dardour-Attali.
3. Reprenant la formule de CE, sect., 18 mai 1973, ville de Cayenne, req. n° 78734, *Lebon* 359 ; *AJDA* 1973. 538, note P. Ferrari : dans lequel le Conseil d'État indiquait que l'administration est tenue de donner son plein effet à un tel acte.
4. CE, sect., 16 déc. 2005, Lacroix, req. n° 274545, *Lebon* 584 ; *AJDA* 2006. 582, Chron. C. Landais et F. Lenica ; *GACA*, 5e éd., 2016, n° 18 ; *RFDA* 2006. 513, concl. S. Verclytte ; *Dr. adm.* 2006, comm. n° 84, obs. P. Cassia ; *RFDA* 2006. 198, obs. P. Terneyre.
5. CE, sect., 29 nov. 2002, Assistance publique-Hôpitaux de Marseille, req. n° 223027, *Lebon* 414 ; *AJDA* 2003. 276, note F. Donnat et D. Casas ; *D.* 2003. 667 ; *AJFP* 2003. 4 ; *RFDA* 2003. 234, concl. G. Bachelier ; *RFDA* 2003. 240, note P. Delvolvé ; *RTD civ.* 2003. 268, obs. J. Hauser.

quent pour la liquidation d'une somme en droit de la fonction publique[1], pour la fixation du prix de journée des cliniques[2] ou en matière d'aide sociale, notamment dans le contentieux de l'aide personnalisée au logement. Le juge pose la règle de calcul dans les motifs de son jugement et, dans le dispositif de celui-ci, renvoie le requérant devant l'administration pour la liquidation de la somme qui lui est due.

Si l'administration ne paye pas, il est loisible à l'administré d'utiliser la procédure de l'article L. 911-4 du CJA en s'adressant au juge de l'exécution[3]. L'intéressé peut également, « sans que les dispositions de l'article L. 911-4 du Code de justice administrative y fassent obstacle, saisir le juge des référés, sur le fondement de l'article R. 541-1 du Code de justice administrative, d'une demande tendant à ce que lui soit allouée une provision au titre de la créance en cause ». Dans un tel cas de figure, cette créance « doit alors être évaluée en fonction du caractère non sérieusement contestable de l'obligation résultant du jugement ou de l'arrêt qui n'a pas reçu exécution »[4].

332.43 Créance du défendeur sur le demandeur. Il appartient au juge des référés d'apprécier le caractère non sérieusement contestable de la seule obligation invoquée devant lui « par la partie qui demande une provision », « sans tenir compte d'une éventuelle créance distincte que le défendeur détiendrait sur le demandeur »[5]. Ainsi, le juge n'a pas à entrer dans une logique de compensation financière entre les parties. Il est juge de la créance dont se prévaut le requérant et uniquement de celle-ci. Il ne lui appartient pas de tenir compte d'une éventuelle créance distincte que le défendeur détiendrait sur le demandeur.

SECTION 2
Illustration par contentieux

§ 1
Responsabilité

332.51 Droit à indemnité. Le demandeur justifie d'une obligation non sérieusement contestable s'il satisfait aux conditions jurisprudentielles ou législatives ouvrant droit à l'obtention de dommages-intérêts.

A
Dommage de travaux publics

332.61 Obligation non sérieusement contestable. Justifie d'une obligation non sérieusement contestable :

– sur le fondement de la responsabilité pour risque, la personne qui subit un préjudice en raison du fonctionnement défectueux d'un ouvrage public (en l'occur-

1. V. p. ex., CE 22 mars 2000, Collin, req. n° 205076, NP : majoration réclamée au titre du supplément familial de traitement – CE 6 juill. 2005, Linger, req. n° 261331, *Lebon T.* : heures supplémentaires non payées.
2. V. par ex., CE 7 févr. 1986, CPAM Rhône-Alpes, req. n° 27433, *Lebon* 396.
3. CE 4 nov. 1996, Kerbache, req. n° 173691, *Lebon* 436 : procédure mise en œuvre dans une hypothèse où le montant de la créance se déduisait mécaniquement du jugement.
4. CE 27 juill. 2015, Le Bihan, req. n° 373057, *Lebon T.* ; *AJDA* 2015. 1515 ; *JCP Adm.* 2016, n° 2069, Chron. O. Le Bot ; *Procédures* 2015, comm. 311, obs. S. Deygas.
5. CE 18 juin 2014, Sté Électricité de France, req. n° 372803, *Lebon T.* : remettant en cause CAA Bordeaux, 22 mai 1990, Cne de Fenouillet, req. n° 89BX01935, *Lebon T.* 921.

rence un horticulteur dont les cultures florales ont été détruites en raison de la pollution de l'eau par du chlorure de sodium provenant d'une station d'épuration)[1] ;

– sur le fondement de la responsabilité pour risque, le passant ayant reçu sur le pied un élément de corniche dont la chute a pour origine directe l'exécution de travaux publics[2] ;

– sur le fondement de la rupture de l'égalité devant les charges publiques, les riverains subissant, à raison de la construction d'un carrefour routier, une perte de valeur de leur propriété et un trouble de jouissance (perte de vues, forte augmentation du trafic, éclairage nocturne, importantes nuisances sonores, olfactives et lumineuses)[3].

332.62 Obligation sérieusement contestable (dommage causé à un tiers). La jurisprudence a établi un régime de responsabilité très favorable au profit du tiers victime d'un dommage causé par l'exécution de travaux publics. Dans un arrêt du 10 avril 2019, le Conseil d'État a posé que : « Le maître de l'ouvrage est responsable, même en l'absence de faute, des dommages que les ouvrages publics dont il a la garde peuvent causer aux tiers tant en raison de leur existence que de leur fonctionnement. Il ne peut dégager sa responsabilité que s'il établit que ces dommages résultent de la faute de la victime ou d'un cas de force majeure. Ces tiers ne sont pas tenus de démontrer le caractère grave et spécial du préjudice qu'ils subissent lorsque le dommage présente un caractère accidentel »[4].

En référé-provision, « lorsqu'il n'est pas sérieusement contestable que des dommages accidentels causés à des tiers sont imputables à l'exécution de travaux publics, ces tiers peuvent se prévaloir d'une obligation non sérieusement contestable pour obtenir une provision, à moins pour le maître d'ouvrage ou, le cas échéant, l'architecte et l'entrepreneur chargé des travaux, d'établir avec un degré suffisant de certitude l'existence d'un cas de force majeure ou d'une faute de la victime »[5]. Ainsi, il revient au juge des référés de vérifier le lien de causalité entre le préjudice invoqué par la victime et l'exécution des travaux. Si les éléments de preuve produits par le requérant établissent ce lien de causalité, l'obligation de réparer le préjudice est regardée comme non sérieusement contestable. C'est uniquement si le défendeur parvient à établir l'existence d'un cas de force majeure ou d'une faute de la victime, « avec un degré suffisant de certitude », que l'obligation d'indemniser sera regardée comme sérieusement contestable.

À titre d'exemple, le tiers à un ouvrage public ne justifie pas d'une obligation non sérieusement contestable :

– lorsque le dommage qu'il subit lui est en tout ou partie imputable (en l'occurrence des infiltrations d'eau dans un immeuble lui appartenant, qu'il impute à un

1. CAA Lyon, 13 mai 1993, Cultil, req. n° 92LY00001, *Lebon T.* 953 : État condamné au versement d'une provision à valoir sur l'indemnité, et ce nonobstant la contribution d'un tiers à la survenance du dommage dès lors que celle-ci n'est pas de nature à exonérer l'État de sa responsabilité.
2. CAA Nantes, 26 mars 2002, C^ne^ de Lesneven, req. n° 98NT01163, NP.
3. CAA Paris, 14 déc. 1993, Établissement public d'aménagement de la ville nouvelle de Cergy-Pontoise, req. n° 93PA00651, *Lebon T.* 953.
4. CE 10 avr. 2019, Compagnie nationale du Rhône, req. n° 411961, *Lebon T.*
5. CE 27 avr. 2021, Eurométropole de Strasbourg et Société SMACL Assurances, n° 436820, *Lebon T.* ; *BJCP* 2021. 299, concl. M. Le Corre ; *JCP Adm.* 2021, n° 2260, Chron. O. Le Bot.

égout de la commune alors qu'un rapport d'expert indique que les désordres observés ne se seraient pas produits avec des fondations adaptées)[1] ;

– lorsqu'il n'est pas établi, en l'état de l'instruction, que le dommage dont il demande réparation présente un caractère anormal et spécial (en particulier, la lettre par laquelle le concessionnaire d'autoroute propose de prendre en charge les travaux d'isolation phonique de sa maison ne signifie pas, par elle-même, que le concessionnaire a reconnu sa responsabilité et l'existence d'un préjudice grave et spécial)[2] ;

– lorsque le dommage qu'il invoque résulte de fouilles archéologiques, la responsabilité de celles-ci relevant non pas de la collectivité publique mais du titulaire de l'autorisation (L. validée du 27 sept. 1941, art. 3)[3].

332.63 **Obligation sérieusement contestable (dommage causé à un usager).** À titre d'exemple, l'usager d'un ouvrage public ne justifie pas d'une obligation sérieusement contestable :

– s'il se blesse en utilisant à vélo un skate-park non doté d'un garde-corps, dès lors qu'un tel équipement n'était pas requis et qu'aucun défaut d'affichage n'est établi[4].

B

Responsabilité hospitalière

332.71 **Faute ou responsabilité sans faute.** L'obligation d'indemniser n'est pas sérieusement contestable lorsque le dommage subi par le patient est la conséquence d'une faute commise par l'établissement hospitalier ou relève d'un cas de responsabilité sans faute :

– organisation défectueuse du service hospitalier, constatée dans un rapport d'expertise[5] ;

– accident anesthésique rendu possible par une insuffisance de la surveillance du médecin anesthésiste, constaté par un jugement définitif d'un tribunal correctionnel[6] ;

– individu n'ayant pas fait l'objet de la surveillance renforcée qu'appelait son état et qui, admis au service des urgences après une tentative de suicide, s'est jeté par la fenêtre de l'hôpital[7] ;

1. CAA Paris, 14 déc. 1995, Synd. des copropriétaires de l'immeuble 62 rue Charlot à Paris, req. n° 95PA02197, NP : indiquant que, compte tenu des conclusions du rapport, « tant l'imputation de la totalité du préjudice à la ville de Paris que l'intégration dans le préjudice, au-delà du coût de la réparation des désordres, de celui de la consolidation provisoire et définitive des fondations, ne peuvent être regardées comme non sérieusement contestables ».
2. CE 20 déc. 2000, Sté des autoroutes du Sud de la France, req. n° 212293, NP.
3. CAA Nantes, 7 févr. 1990, ville du Mans c/OPHLM de la Communauté urbaine du Mans, req. n° 89NT01467, *Lebon* T. 922.
4. CAA Marseille, ord., 20 mai 2019, Moreno et Garre, req. n° 19MA01766, NP ; *Cahiers de droit du sport*, 1er déc. 2019, n° 53, note C. Faure.
5. CAA Nancy, 2 avr. 1992, CH d'Auxerre, req. n° 91NC00015, *Lebon* T. 1216.
6. CE, sect., 10 avr. 1992, CHG d'Hyères, req. n° 108294, *Lebon* 169, concl. D. Tabuteau ; *RFDA* 1993. 88, concl. D. Tabuteau.
7. CE 29 déc. 1997, CHR de Montpellier, req. n° 144579, NP.

– inversion des résultats des analyses pratiquées sur deux patientes ayant conduit le centre hospitalier à communiquer l'information erronée selon laquelle les analyses n'avaient mis en évidence chez l'enfant à naître aucun risque de handicap[1] ;

– contamination par le virus de l'hépatite C provoquée par des transfusions sanguines[2] ;

– contamination par le virus de l'hépatite B, qui est présumée résulter d'une infection nosocomiale en l'absence de preuve d'une autre cause possible de contamination[3] ;

– affection de sclérose en plaques dont les symptômes ont été ressentis quelques jours après une injection et alors que l'intéressé ne présentait jusque-là aucun antécédent de la sclérose en plaques[4] ;

– faute à l'origine d'une infection nosocomiale[5], pouvant résulter notamment d'un manquement caractérisé aux obligations posées par la réglementation en matière de lutte contre ces infections[6] (une telle faute ouvrant droit à une action récursoire de l'Oniam contre l'établissement hospitalier, et par suite au versement d'une provision au profit de l'Oniam de la part de l'établissement hospitalier lorsque cet organisme a dans un premier temps indemnisé la victime, au titre de la solidarité nationale, pour le dommage subi[7]). Au niveau procédural, il appartient au juge des référés, saisi d'une de provision au titre des dommages ayant résulté d'une infection nosocomiale, d'appeler l'Oniam en la cause, au besoin d'office, puis de mettre l'indemnisation à la charge de cet établissement public, même en l'absence de conclusions dirigées à son encontre, dès lors qu'il constate que ces dommages remplissent la condition de gravité à laquelle l'article L. 1142-1-1 du Code de la santé publique subordonne le droit à réparation au titre de la solidarité nationale[8]. Cette mise en cause s'opère sans préjudice de la possibilité pour l'Oniam de demander que tout ou partie de cette charge soit reporté sur la personne initialement poursuivie en établissant qu'une faute imputable à celle-ci est à l'origine du dommage ou y a contribué[9] ;

– infection nosocomiale ouvrant droit au régime d'indemnisation par l'ONIAM au titre de la solidarité nationale[10].

1. CE 19 févr. 2003, Maurice c/AP-HP, req. n° 247908, *Lebon* 41 ; *AJDA* 2003. 854, note M. Deguergue ; *D.* 2004. 530, obs. M. Douchy-Oudot ; *RFDA* 2003. 349, concl. D. Chauvaux ; *JCP* 2003. 10107, note P. Mistretta.
2. CE 5 déc. 2005, Établissement français du sang, req. n° 275616, *Lebon* 549 ; *AJDA* 2005. 2432 - CE 15 févr. 2008, Heliot, req. n° 303863, *Lebon T.* ; *AJDA* 2008. 325.
3. CE 16 déc. 2005, CH de Riom, req. n° 265270, NP.
4. CE 18 févr. 2009, Visval, req. n° 305810, *Lebon T.* ; *Gaz. Pal.* 2009/171. 29, note D. Cristol.
5. CE 13 juill. 2007, Oniam, req. n° 293196, *Lebon* ; *AJDA* 2007. 1440 ; *RFDA* 2008. 337, concl. T. Olson ; *RDSS* 2007. 847, note D. Cristol.
6. CE 21 mars 2011, CH de Saintes, req. n° 334501, *Lebon* ; *AJDA* 2011. 594 ; *RFDA* 2011. 329, étude C. Alonso ; *RTD civ.* 2011. 555, obs. P. Jourdain.
7. CE 21 mars 2011, CH de Saintes, req. n° 334501, préc.
8. CE 5 févr. 2014, CH de Cambrai, req. n° 362351, *Lebon T.* ; *AJDA* 2014. 313 ; *D.* 2014. 2021, obs. A. Laude.
9. CE 5 févr. 2014, CH de Cambrai, req. n° 362351, préc.
10. CE 30 juin 2017, ONIAM, req. n° 401497, *Lebon T.*

332.72 Absence de faute ou absence de responsabilité sans faute. L'obligation d'indemniser le préjudice est sérieusement contestable lorsqu'il n'apparaît pas que le préjudice invoqué par le requérant ait pour cause une faute commise par l'hôpital ou réponde aux conditions d'engagement de la responsabilité sans faute de l'établissement[1].

C

Responsabilité à raison d'une illégalité

332.81 Office du juge. Dans l'hypothèse où le préjudice justifiant l'octroi d'une provision par le juge des référés découle de l'illégalité d'une décision administrative, il appartient au juge de contrôler la légalité de cette décision[2]. Le juge des référés apprécie alors la régularité de la décision litigieuse dans des conditions comparables au juge du fond.

Si le juge du fond a au préalable annulé la décision en cause, l'existence de l'illégalité est établie avec autorité de la chose jugée[3]. Toutefois, si les effets de l'annulation ont été différés par le juge de l'excès de pouvoir en application de la jurisprudence AC !, le droit à réparation ne peut être ouvert qu'à compter de la date à laquelle l'annulation déploie ses effets[4].

332.82 Critères. La victime d'une décision administrative illégale justifie d'une obligation non sérieusement contestable devant le juge du référé-provision, à moins que la réalité du préjudice ou son imputation à cette décision présentent un caractère incertain.

1

Obligation non sérieusement contestable

332.91 Éviction illégale d'un candidat à un marché public. Une entreprise candidate à l'attribution d'un marché public a droit une réparation (couvrant son manque à gagner et le remboursement des frais de présentation de l'offre) si elle a été irrégulièrement écartée de la procédure de passation alors qu'elle disposait d'une chance sérieuse d'emporter le marché. La demande de provision présentée par une entreprise se trouvant dans une telle situation satisfait, devant le juge des référés, à l'exigence d'une obligation non sérieusement contestable[5].

332.92 Retrait illégal. La décision ramenant une subvention de 200 000 F à 50 000 F constitue un retrait partiel d'une décision individuelle créatrice de droit. Si le retrait de cette décision pécuniaire intervient en dehors des hypothèses où ce

1. CAA Bordeaux, 5 avr. 1994, CH de Pau, req. n° 92BX01149, *Lebon T.* 1112.
2. CE 28 juill. 2000, Institut national des appellations d'origine, req. n° 196323, *Lebon* ; *D.* 2000. 246 ; *RTD com.* 2001. 71, obs. G. Orsoni.
3. CE 17 déc. 2003, C^ne^ de Cannes c/SNC Cannes Esterel, req. n° 255235, NP : illégalité du refus constatée par le Conseil d'État dans CE 28 juill. 2000, SNC Cannes Esterel, req. n° 189861, NP.
4. CE 28 juin 2019, Office français immigration et intégration, req. n° 424368, *Lebon T.* ; *AJDA* 2020. 1307, note T. Ducharme.
5. CE 18 juin 2003, Groupement d'entreprises solidaires ETPO Guadeloupe, req. n° 249630, *Lebon T.* 909 ; *AJDA* 2003. 1676 ; *Contrats publics* 200/26. 54, note S. Palmier.

retrait est légal, l'existence d'une obligation de l'administration à l'égard du bénéficiaire n'est pas sérieusement contestable[1].

332.93 Refus illégal. Lorsque l'administration oppose un refus illégal à une demande présentée par un administré, ce dernier a droit au versement d'une indemnité compensant le préjudice subi. Le juge du référé-provision est conduit à apprécier la légalité de la décision litigieuse et, le cas échéant, se fonde sur son illégalité pour retenir l'existence d'une obligation non sérieusement contestable[2]. Ainsi, n'est pas sérieusement contestable l'obligation de réparer le préjudice subi :

- par un viticulteur s'étant vu illégalement refuser l'agrément d'un de ses vins en appellation d'origine contrôlée[3] ;
- par un constructeur s'étant vu illégalement refuser la délivrance d'un permis de construire modificatif[4] ;
- par un chauffeur de taxi s'étant vu illégalement refuser l'entrée du Parc national du Mercantour[5] ;
- par un propriétaire subissant un préjudice financier en raison du refus de l'autorité administrative de prêter le concours de la force publique pour l'exécution d'un jugement[6].

332.94 Règlement illégal. Justifie d'une obligation non sérieusement contestable la commune ayant subi un préjudice résultant des coûts liés à la délivrance des cartes nationales d'identité et des passeports dont la compétence lui a été irrégulièrement imposée par décret[7].

332.95 Décision de préemption. Un acquéreur évincé par une décision de préemption illégale est en droit d'obtenir réparation des préjudices qui résultent pour lui, de façon directe et certaine, de cette décision. Toutefois, s'agissant de charges, telles que des loyers, qu'il n'aurait pas supportées s'il avait acquis l'immeuble en cause, il lui appartient non seulement d'établir qu'elles sont la conséquence directe et certaine de cette décision, sans notamment que s'interpose une décision de gestion qu'il aurait prise, mais encore de montrer, par exemple par la production d'un bilan financier approprié, en quoi et dans quelle mesure ces charges excèdent celles auxquelles l'acquisition du bien préempté l'auraient exposé. À défaut d'apporter les justifications appropriées sur la réalité et l'origine du préjudice qu'il invoque,

1. CAA Paris, 27 sept. 1994, S[té] Paris Globe communication, req. n° 94PA00380, *Lebon T.* 113 ; *D.* 1995. 397, note F. Rolin.
2. CE 28 juill. 2000, Institut national des appellations d'origine, req. n° 196323, *Lebon* ; *D.* 2000. 246 ; *RTD com.* 2001. 71, obs. G. Orsoni.
3. CE 28 juill. 2000, Institut national des appellations d'origine, req. n° 196323, préc.
4. CE 17 déc. 2003, C[ne] de Cannes c/SNC Cannes Esterel, req. n° 255235, NP. Illégalité du refus constatée par le Conseil d'État : CE 28 juill. 2000, SNC Cannes Esterel, req. n° 189861, NP.
5. CE 5 déc. 2008, Parc national du Mercantour c/Boulanger, req. n° 314611, NP : illégalité du refus constatée par la cour administrative d'appel de Marseille (CAA Marseille, 10 nov. 1999, Boulanger, req. n° 97MA00068, NP).
6. TA Strasbourg, ord., 2 mars 1989, Office HLM du Bas-Rhin, *Lebon T.* 850 ; *AJDA* 1989. 640, obs. X. Prétot.
7. CE 14 sept. 2007, min. de l'Intérieur, de l'Outre-Mer et des Collectivités territoriales c/C[ne] de Villeurbanne, req. n° 299720, *Lebon T.* ; *AJDA* 2007. 2377, note J. Rincon Salcedo.

l'acquéreur évincé ne justifie pas d'une obligation d'indemnisation qui présenterait un caractère non sérieusement contestable[1].

2

Obligation sérieusement contestable

332.101 Préjudice incertain. Une décision illégale n'ouvre pas droit à indemnité lorsqu'elle ne génère aucun dommage avéré pour son destinataire.

332.102 Causalité incertaine. Une décision illégale n'ouvre pas droit à indemnité, et le demandeur en référé-provision ne justifie pas de l'existence d'une obligation non sérieusement contestable lorsque le lien de causalité entre la décision administrative illégale et le préjudice subi par son destinataire apparaît incertain. Tel est le cas lorsque la causalité entre le préjudice dont le requérant demande réparation à l'État (pertes subies et dettes contractées du fait de la cessation de son activité) et la faute commise par le préfet (refus illégal de transfert de licences) fait l'objet d'une contestation sérieuse[2].

D

Responsabilité des constructeurs

1

Garantie décennale

332.111 Obligation non sérieusement contestable. Le juge du référé-provision peut condamner des constructeurs à verser une provision au maître de l'ouvrage en application des principes dont s'inspirent les articles 1792 et 2270 du Code civil dès lors qu'il n'est pas sérieusement contestable que les désordres entrent dans le champ de la garantie décennale et qu'ils leur sont imputables[3].

332.112 Obligation sérieusement contestable. L'obligation de payer qui pèse sur le constructeur est sérieusement contestable :

- lorsque les désordres dont la réparation est demandée ne sont pas de nature à rendre l'immeuble impropre à sa destination[4] ;
- compte tenu des moyens développés par les défendeurs notamment en ce qui concerne l'importance des désordres et leur imputabilité[5] ;
- compte tenu des discussions portant sur l'existence, la nature et l'étendue de la responsabilité décennale qui pourrait peser sur lui[6] ;
- lorsque sa responsabilité n'est pas engagée dans l'apparition des désordres[7] ;

1. CE 17 déc. 2007, C^ne^ de Montreuil, req. n° 304626, *Lebon T.* ; *AJDA* 2008. 14 ; *BJDU* 2008. 455, concl. A. Courrèges.
2. CE 23 oct. 1998, Elmira, req. n° 194820, *Lebon T.* 1093.
3. CAA Nantes, 30 avr. 1992, OPHLM de Nantes (Nantes Habitat), req. n° 91NT00861, *Lebon* 524.
4. CE 6 févr. 1998, min. de l'Équipement c/Jourda, req. n° 160258, NP.
5. CAA Nancy, 9 juill. 1991, OPHLM de la Communauté urbaine Lille-Roubaix-Tourcoing, req. n° 90NC00568, NP.
6. CAA Lyon, 27 avr. 1990, Cordier, req. n° 89LY01886, *Lebon T.* 922.
7. CE 19 juin 2009, SAS ETCM, req. n° 318827, NP.

– lorsque l'entreprise ayant réalisé les travaux a été cédée à un tiers après sa mise en liquidation judiciaire, et que le plan de cession a prévu que le cessionnaire ne reprenait que l'actif à l'exclusion de tout élément de passif[1].

2

Garantie de parfait achèvement

332.121 Obligation non sérieusement contestable. Des désordres qui ont pour origine des défauts dans l'exécution des travaux sont de nature à engager la garantie de parfait achèvement due par les entreprises titulaires d'un marché de travaux[2].

E

Autres cas de responsabilité

332.131 Établissement pénitentiaire (conditions de détention). Eu égard à la durée de l'incarcération des requérants et aux conditions de leur détention, le juge des référés a pu estimer que les intéressés avaient été détenus dans des conditions n'assurant pas le respect de la dignité inhérente à la personne humaine, en méconnaissance de l'article D. 189 du Code de procédure pénale. Une telle atteinte au respect de la dignité inhérente à la personne humaine entraîne, par elle-même, un préjudice moral ouvrant droit à une indemnisation dont le principe n'est pas sérieusement contestable[3].

332.132 Dommage causé par une personne en liberté surveillée. La responsabilité de l'État en raison du risque spécial créé par la mise en liberté surveillée d'une personne ne peut être mise en œuvre que par les tiers victimes du dommage. Cette responsabilité peut être engagée sur le même fondement vis-à-vis des usagers du service public. Par suite, la circonstance que la victime de l'agression ait, comme son auteur, la qualité d'usager du service public (les deux individus ayant été placés dans le même lieu par décision de l'autorité judiciaire) exclut le versement à son profit d'une provision au titre de cette forme de responsabilité[4].

332.133 Faute dans l'activité de contrôle. La société qui subit un préjudice du fait de l'inexécution, par une association syndicale autorisée, d'une décision de justice passée en force de chose jugée justifie d'une obligation non sérieusement non contestable à l'encontre de l'État lorsque celui-ci a commis une faute lourde en s'abstenant de faire usage des pouvoirs de tutelle dont il dispose sur cette association syndicale,

1. CAA Paris, 27 sept. 2001, CH Paul Guiraud à Villejuif, req. n° 99PA03166, NP.
2. CAA Paris, 27 mars 2003, Sté Bouygues Télécom, req. n° 99PA01912, NP ; *Contrats Marchés publ.* 2003, comm. n° 178, note V. Haïm.
3. CAA Douai, 12 nov. 2009, min. de la Justice c/Turner, req. n° 09DA00782, *Lebon T.* ; *AJDA* 2010. 42, Chron. J. Lepers ; *AJ pénal* 2010. 91, obs. E. Péchillon ; *RSC* 2010. 645, Chron. P. Poncela ; *JCP Adm.* 2010, n° 2112, note M.-E. Baudoin et C.-A. Dubreuil – POUR une application similaire, v. CAA Douai, ord., 7 janv. 2013, Moubsit, req. n° 12DA01478, NP – V. également : CE, sect., 6 déc. 2013, Thévenot, req. n° 363290, *Lebon* ; *AJDA* 2014. 237, concl. D. Hedary ; *AJDA* 2013. 2461 ; *AJ pénal* 2014. 143, obs. E. Péchillon – TA Rouen, ord., 12 janv. 2022, Morlock, req. n° 2104027, NP.
4. CE 17 déc. 2012, garde des Sceaux, min. de la Justice et des Libertés c/Fonds de garantie des victimes d'actes de terrorisme et d'autres infractions, req. n° 334797, *Lebon*.

notamment la possibilité d'inscrire d'office au budget de celle-ci les crédits nécessaires à l'acquittement des dépenses résultant de la décision de justice[1].

332.134 Refus de reconnaître la qualité de réfugié. Par elle-même, la reconnaissance par la CNDA de la qualité de réfugié « ne permet pas à l'intéressé de se prévaloir devant le juge du référé-provision d'une créance qui ne serait pas sérieusement contestable ». En effet, la mise en cause de la responsabilité de l'Ofpra est subordonnée à l'établissement, au regard des circonstances de chaque espèce, de trois éléments :

- tout d'abord la faute de cet organisme, laquelle « ne découle pas de la seule attribution ultérieure de la qualité de réfugié par la Cour nationale du droit d'asile » ;
- ensuite l'existence d'un préjudice de nature à ouvrir droit à réparation ;
- enfin un lien direct de causalité entre la faute imputée à l'Ofpra et le préjudice invoqué[2].

§ 2
Contrats

A
Marché public

1
Rémunération d'une prestation

332.141 Obligation non sérieusement contestable. L'obligation de payer dont se prévaut le titulaire du marché n'est pas sérieusement contestable lorsqu'elle constitue la contrepartie de prestations réalisées en application du marché :

- rémunération de prestations effectuées en exécution du marché[3] ;
- rémunération de marchandises livrées en exécution d'un bon de commande et qui, bien que commandées dans des conditions irrégulières, ont été utiles à la personne publique[4] ;
- rémunération de travaux réalisés sans l'ordre de service requis, mais sans opposition de la personne publique (l'exécution de travaux sans l'ordre de service exigé étant néanmoins de nature à limiter le montant de la provision allouée)[5] ;
- rémunération de travaux de réparation qui ont été réalisés en urgence à la demande de la personne publique et lui ont été utiles[6] ;
- rémunération de travaux supplémentaires réalisés en conséquence d'une sujétion imprévue[7] ;

1. CE 29 oct. 2010, min. de l'Alimentation, de l'Agriculture et de la Pêche c/Sté Sofunag Environnement, req. n° 338001, *Lebon T.* ; *AJDA* 2010. 2077.
2. CE 12 nov. 2012, Ofpra c/Ibrahim, req. n° 355134, *Lebon* ; *AJDA* 2013. 640, note C. Foulquier ; *AJDA* 2012. 2146 ; *D.* 2013. 324, obs. O. Boskovic, S. Corneloup, F. Jault-Seseke, N. Joubert et K. Parrot.
3. CAA Paris, 7 févr. 1995, Sté Transafric, req. n° 94PA01266, *Lebon T.*
4. CAA Paris, 28 mai 2002, Sté Pomona c/Assistance publique-Hôpitaux de Paris, req. n° 01PA04041, NP.
5. CAA Lyon, 26 oct. 1994, Sté Serel France, req. n° 94LY00420, *Lebon T.*
6. CE 2 avr. 2004, Sté Alstom Power Turbomachines, req. n° 256504, *Lebon* 150 ; *Just. & cass.* 2005. 274, concl. D. Piveteau ; *BJCP* 2004. 299, concl. D. Piveteau.
7. CAA Paris, 25 janv. 2001, Sté Alstom Entreprise Paris, req. n° 00PA02783, NP.

– rémunération de travaux supplémentaires indispensables à la bonne exécution des ouvrages compris dans les prévisions du marché[1] ;

– contrat ne pouvant être exécuté, du seul fait de l'administration (en l'occurrence paiement de matériel acheté par le cocontractant pour l'exécution du contrat et qu'il ne pourra ni revendre ni utilisé à un autre usage[2]).

332.142 Obligation sérieusement contestable. L'obligation de payer dont se prévaut le titulaire du marché est sérieusement contestable :

– lorsque le demandeur invoque une sujétion imprévue qui, à la supposer avérée, n'a pas bouleversé l'économie du marché (le caractère forfaitaire du marché faisant dès lors obstacle à l'indemnisation des conséquences de cette sujétion)[3] ;

– lorsque le surcoût allégué par le demandeur, qui aurait été généré par la réalisation de travaux supplémentaires et modificatifs imposée par la collectivité publique, n'apparaît pas établi[4] ;

– lorsqu'il n'est pas établi que la tranche conditionnelle sur laquelle porte la demande de provision aurait été affermie par une décision de la personne publique dans les conditions fixées au marché[5].

2
Règlement d'acomptes

332.151 Obligation non sérieusement contestable. Lorsque le maître de l'ouvrage ne procède pas au versement d'acomptes auxquels a droit le titulaire du marché, ce dernier peut demander au juge des référés le versement d'une provision représentative de tout ou partie de leur montant, alors même que le marché n'aurait pas encore donné lieu à l'établissement du décompte général et définitif[6].

332.152 Obligation sérieusement contestable. La demande de provision portant sur un acompte se heurte à une contestation sérieuse :

– lorsqu'il résulte de l'instruction que le maître d'ouvrage risque d'infliger des pénalités de retard à l'entrepreneur[7] ou que de telles pénalités ont été effectivement infligées[8]. Cette circonstance fait obstacle à ce que les demandes de paiement d'acomptes soient regardées comme susceptibles de faire naître une obligation non sérieusement contestable à la charge du maître d'ouvrage, « à concurrence du montant de ces pénalités »[9] ;

1. CAA Marseille, 4 déc. 1997, Sté nationale de construction Quillery, req. n° 96MA01079, *Lebon T.* ; *RFDA* 1998. 114, obs. J.-P. Négrin.
2. CE 2 juin 2004, Sté Sélécom, req. n° 254400, *Lebon T.* 812.
3. CE 4 nov. 2004, Sté Amec Spie, req. n° 263429, *Lebon T.* 970 ; *BJCP* 2006. 55, concl. N. Boulouis, note Ch. M. ; *Contrats marchés publ.* 2006/3. 14, obs. G. Eckert.
4. CE 2 avr. 2004, Sté Sogea, req. n° 257599, *Lebon T.* 811.
5. CAA Paris, 25 janv. 2001, Auger c/OPHLM de Montereau, req. n° 98PA02449, NP.
6. CE 3 déc. 2003, Sté Bernard Travaux Polynésie, req. n° 253748, *Lebon T.* 908 ; *AJDA* 2004. 223, note J.-D. Dreyfus ; *AJDA* 2004. 1358, Chron. C. Landais et F. Lenica.
7. CE 2 avr. 2004, Sté Imhoff, req. n° 257392, *Lebon* 149 ; *AJDA* 2004. 1613 ; *BJCP* 2004. 306, concl. D. Piveteau.
8. CE 14 oct. 2005, Dpt de la Seine-Maritime, req. n° 275066, NP.
9. CE 14 oct. 2005, Dpt de la Seine-Maritime, req. n° 275066, préc.

– lorsque le débiteur de la créance afférente aux acomptes ne peut être déterminé avec certitude, alors même que l'entreprise requérante apporte la preuve des prestations réalisées[1]. Le juge des référés fait toutefois preuve de souplesse en cas d'imbroglio administratif auquel le requérant est étranger[2].

3
Paiement direct du sous-traitant

332.161 **Obligation non sérieusement contestable.** Le sous-traitant justifie d'une obligation non sérieusement contestable en demandant au titre du paiement direct le paiement des travaux qu'il a réalisé[3].

332.162 **Obligation sérieusement contestable.** La demande de provision présentée par le sous-traitant portant sur le paiement direct des travaux réalisés se heurte à une contestation sérieuse lorsque l'entrepreneur principal a refusé le paiement direct[4].

4
Autres hypothèses

332.171 **Indemnité transactionnelle.** L'obligation n'est pas sérieusement contestable lorsqu'elle trouve sa source dans une convention de règlement amiable conclue entre les parties pour régler le différend né de l'exécution d'un marché et prévoyant le versement, au profit du cocontractant, d'une indemnité d'un montant de 350 000 euros[5].

332.172 **Demande dirigée contre une personne ne pouvant être mise en cause personnellement.** Eu égard à l'office du juge des référés, la demande de provision formée par une personne publique se heurte à une contestation sérieuse lorsqu'elle est dirigée non pas contre la société sur laquelle la collectivité publique détient la créance mais contre la personne du gérant de cette société[6].

332.173 **Cession de créance.** Une obligation de payer est sérieusement contestable :

– lorsque l'auteur de la demande, titulaire du marché, a cédé à un tiers la créance qu'il détenait sur la collectivité publique[7] ;

– lorsque l'auteur de la demande, fournisseur du titulaire du marché et détenteur d'une créance cédée par celui-ci, n'invoque que cette créance alors que le décompte général et définitif du marché fait apparaître un solde de paiement négatif pour le titulaire : dans la mesure où le cédant d'une créance ne peut transmettre plus de

1. CE 3 déc. 2003, S[té] Bernard Travaux Polynésie, req. n° 253748, *Lebon T.* 908 ; *AJDA* 2004. 223, note J.-D. Dreyfus ; *AJDA* 2004. 1358, Chron. C. Landais et F. Lenica.
2. V. CE, sect., 16 déc. 2005, Lacroix, req. n° 274545, *Lebon* 584 ; *AJDA* 2006. 582, Chron. C. Landais et F. Lenica ; *RFDA* 2006. 198, obs. P. Terneyre ; *RFDA* 2006. 513, concl. S. Verclytte ; *GACA*, 5e éd., 2016, n° 18 ; *Dr. adm.* 2006, comm. n° 84, obs. P. Cassia.
3. CE 17 déc. 2003, S[té] Laser, req. n° 250494, *Lebon T.* 863 ; *BJCP* 2004/33. 123, concl. G. Le Chatelier – CE 3 juin 2004, S[té] Jacqumin, req. n° 275061, *Lebon T.*
4. CAA Lyon, 9 nov. 1993, S[té] Prodireg, req. n° 93LY00612, *Lebon T.* 952 ; *AJDA* 1994. 119, Chron. J.-P. Jouguelet.
5. CAA Lyon, 2 juin 1992, Passariello, req. n° 92LY00152, *Lebon T.* 1217.
6. CE 9 févr. 2004, Billerach, req. n° 254438, *Lebon T.* 812 ; *AJDA* 2004. 1150 ; *RDI* 2004. 313, obs. F. Moderne.
7. CAA Lyon, 9 nov. 1990, ville de Marseille, req. n° 90LY00054, *Lebon T.* 922.

droits qu'il n'en détient, le solde de paiement négatif du marché a pour effet de rendre sérieusement contestable l'obligation de payer invoquée par le cessionnaire[1].

332.174 **Faute dommageable.** Si l'obligation de payer peut naître de la faute commise par l'une des parties dans l'exécution du marché, le juge des référés ne peut faire droit à une demande de provision présentée dans le but d'obtenir réparation du préjudice que si la responsabilité de cette partie n'apparaît elle-même pas sérieusement contestable[2]. Présente un caractère sérieux la demande présentée à cette fin par la collectivité publique dans une hypothèse où il résulte de l'instruction, et notamment d'un rapport d'expertise ordonné par le juge des référés que l'effondrement du talus (qui a provoqué le dommage) a pu trouver sa cause non seulement dans les fautes commises par les constructeurs, mais aussi dans les pluies torrentielles qui se sont abattues sur le chantier à quelques jours de son terme[3].

332.175 **Clause illicite.** À elle seule, « l'irrégularité tenant à la conclusion du contrat en application d'une clause de tacite reconduction [...] ne permet pas de regarder l'obligation qui découlerait de ce contrat comme non sérieusement contestable »[4]. En effet, une telle clause étant en principe divisible des stipulations, le contrat demeure applicable en cas d'annulation de celle-ci.

B

Formation et cessation du contrat

332.181 **Contrat résilié.** Le bien-fondé de la créance dont se prévaut une association sur une commune n'est pas sérieusement contestable lorsque la collectivité publique a résilié, sans faute de l'association, la convention de subvention qui les liait sans verser à celle-ci le solde de la subvention pour la période restant à courir[5].

332.182 **Contrat non formé.** L'obligation de versement d'honoraires dont se prévaut un architecte est sérieusement contestable lorsqu'aucun contrat n'est intervenu entre l'intéressé et la commune[6].

§ 3

Fonction publique

A

Paiement du traitement et versement d'indemnités ou de pensions

332.191 **Obligation non sérieusement contestable.** N'est pas sérieusement contestable l'obligation :

1. CE 9 mai 2005, Sté Shüco International, req. n° 266060, *Lebon T.* 816.
2. CE 2 juin 2004, Cne de Cluny, req. n° 230729, *Lebon T.* 811 ; *AJDA* 2004. 1595, note J.-D. Dreyfus ; *RDI* 2005. 63, obs. F. Moderne.
3. CE 2 juin 2004, Cne de Cluny, req. n° 230729, préc.
4. CE 20 avr. 2011, Cne de Baie-Malhault, req. n° 342850, *Lebon T.* ; *AJDA* 2011. 872 ; *Dr. adm.* 2011/6, comm. n° 57, obs. F. Brenet ; *Contrats Marchés publ.* 2011, comm. n° 188, obs. G. Eckert ; *BJCP* 2011. 376, concl. B. Dacosta.
5. CE 20 mars 2000, Dpt des Hauts-de-Seine, req. n° 199013, *Lebon T.* 1157.
6. CAA Nantes, 30 juin 1994, Cne de Sainte-Foy, req. n° 94NT00153, NP.

– de verser le plein traitement à des agents à temps partiel pendant la durée du congé de maternité dès lors que cette règle est fixée par un décret[1] ;

– de verser à un agent des arriérés de traitement, lorsque l'administration a reconnu avoir une obligation incontestable vis-à-vis de la requérante[2] ;

– de verser au magistrat dont le détachement a pris fin le traitement qu'il aurait dû percevoir au titre de la période courant entre la date d'expiration de son détachement et celle de l'installation dans ses nouvelles fonctions[3] ;

– de verser à un agent l'indemnité d'éloignement auquel il a droit en raison de son détachement dans une collectivité d'outre-mer[4] ;

– de verser des allocations-chômage à l'ancien directeur d'un EPIC à la suite de son licenciement par celui-ci dès lors que l'intéressé avait, à cette fonction, la qualité de salarié[5].

332.192 **Obligation sérieusement contestable.** Est sérieusement contestable l'obligation :

– de verser à un agent des frais de voyage et de changement de résidence qui ne sont pas prévus par le décret applicable et qui n'ont pas davantage été prévus par les actes mettant fin à l'affectation de l'intéressé à l'étranger et prononçant sa nouvelle affectation en France[6] ;

– de verser au président d'une société nationale le capital prévu en cas d'interruption de son mandat, dès lors que celui-ci n'a pas été formellement interrompu mais a pris fin par la circonstance que l'intéressé avait atteint la limite d'âge[7] ;

– de verser à un agent son traitement pour la période courant entre la fin de son détachement et son admission à la retraite, dès lors que l'intéressé n'a pas postulé sur les postes qui lui étaient proposés à la fin de son détachement et, partant, n'a pas été réintégré[8] ;

– d'accorder à un agent une pension de retraite avec jouissance immédiate, dès lors que l'intéressé ne satisfait pas aux conditions législatives et réglementaires permettant d'en bénéficier[9].

B

Indemnisation d'une mesure illégale

332.201 **Obligation non sérieusement contestable.** Lorsque l'administration prend une décision illégale sur le fond, à l'égard de l'un de ses agents, ce dernier a droit au

1. CAA Lyon, 22 janv. 1991, CHRU de Saint-Étienne c/Rowinsky, req. n° 90LY00804, *Lebon T.* 1125.
2. CAA Bordeaux, 8 mars 1990, min. de l'Éducation nationale c/Ranisio, req. n° 89BX01307, *Lebon T.* 922 ; *RFDA* 1991. 431, Chron. L. Fernandez-Maublanc et J.-P. Maublanc.
3. CE, ord., 12 déc. 2001, Pantz, req. n° 239168, *Lebon T.* 1088 : la mission du magistrat ayant pris fin le 28 février 2001, celui-ci a été réintégré le lendemain dans son corps d'origine mais n'a été installé dans ses nouvelles fonctions que le 25 avril. L'intéressé ayant droit à son traitement à compter du 29 février 2001, le juge des référés condamne l'État à lui allouer la totalité de la somme correspondant au traitement qu'il aurait du percevoir pour la période du 29 février au 24 avril 2001.
4. CE 1er juill. 2009, CH de Mayotte c/Berthelemy, req. n° 316472, *Lebon T.* ; *AJDA* 2009. 2191.
5. CE 8 mars 2006, Bertein, req. n° 273352, *Lebon T.* 1007 ; *AJDA* 2006. 1062 ; *RDI* 2007. 83, obs. J.-P. Brouant.
6. CE, ord., 28 févr. 2002, Pataki, req. n° 274631, NP.
7. CE, ord., 21 juill. 2005, Loppion, req. n° 282486, NP.
8. CE 6 nov. 2009, Sartre, req. n° 310395, NP.
9. CE, ord., 24 mai 2005, Bidaud, req. n° 280049, NP.

versement d'une indemnité compensant le préjudice subi. Ainsi, n'est pas sérieusement contestable l'obligation de réparer le préjudice subi :

- par un praticien hospitalier-professeur d'université que l'hôpital a illégalement refusé de renouveler dans ses fonctions de chef de service[1] ;
- par un praticien hospitalier que l'hôpital a illégalement privé de son traitement pendant trois mois et qui n'a perçu aucune rémunération pendant la période en cause[2].

332.202 Obligation sérieusement contestable. L'obligation de réparer le préjudice subi par un agent à raison de l'illégalité d'une mesure prise à son égard se heurte à une contestation sérieuse :

- lorsque la sanction, annulée pour vice de forme, est susceptible d'être justifiée au fond[3] ;
- lorsque la révocation, contestée devant la juridiction administrative, a fait l'objet d'une décision de rejet devenue définitive[4] ;
- lorsque le requérant fait valoir, pour établir son illégalité, que l'autorité administrative ne pouvait légalement se prononcer avant que le juge pénal eût statué sur les poursuites engagées contre lui à raison des mêmes faits alors « qu'en l'absence de disposition législative ou réglementaire contraire, l'autorité administrative peut légalement prononcer une sanction disciplinaire à l'encontre d'un fonctionnaire sans attendre que la juridiction répressive ait statué sur les poursuites pénales engagées contre ce fonctionnaire »[5].

C
Autres hypothèses

332.211 Protection juridique. Le Conseil d'État a fourni des précisions sur la façon dont le juge des référés doit apprécier l'exigence tenant à l'absence de contestation sérieuse lorsque la demande porte sur le versement d'une provision à valoir sur le remboursement, au titre de la protection juridique, des frais exposés par un fonctionnaire pour l'exercice d'une action en justice ou en défense[6]. Si les dispositions de l'article 11 de la loi du 13 juillet 1983 font obligation à l'administration d'accorder sa protection à l'agent victime de diffamation dans l'exercice de ses fonctions, protection qui peut prendre la forme d'une prise en charge des frais engagés dans le cadre de poursuites judiciaires qu'il a lui-même introduites, elles n'ont pas pour effet de contraindre l'administration à prendre à sa charge, dans tous les cas, l'intégralité de ces frais. Par suite, saisi d'une demande tendant à l'octroi d'une provision égale à l'intégralité des honoraires facturés au fonctionnaire dans le cadre de telles poursuites, le juge des référés peut accorder une provision égale soit à l'intégralité des

1. CE, ord., 13 févr. 2002, Tabaste, req. n° 241400, NP.
2. CE, sect., 16 déc. 2005, Lacroix, req. n° 274545, *Lebon* 584 ; *AJDA* 2006. 582, Chron. C. Landais et F. Lenica ; *RFDA* 2006. 513, concl. S. Verclytte ; *RFDA* 2006. 198, obs. P. Terneyre ; *GACA*, 5e éd., 2016, n° 18 ; *Dr. adm.* 2006, comm. n° 84, obs. P. Cassia.
3. CE 4 avr. 1997, ville de Marseille, req. n° 171969, *Lebon T.* 1001.
4. CE, ord., 2 mars 2001, Bidalou, req. n° 229786, NP.
5. CE 22 mars 1999, Soudain, req. n° 186336, *Lebon* 87 ; *D.* 1999. 567, note J.-M. André.
6. CE 2 avr. 2003, Chantalou, req. n° 249805, *Lebon T.* 909.

honoraires acquittés si ceux-ci présentent, dans leur totalité, le caractère d'une créance non sérieusement contestable, soit à la fraction de ces honoraires présentant le même caractère. Pour apprécier l'existence et le montant d'une obligation non sérieusement contestable, il ne peut subordonner cette existence ou ce montant à l'intervention d'une décision juridictionnelle qui pourrait accorder ultérieurement au fonctionnaire le remboursement de tout ou partie des frais effectivement engagés par lui. Ainsi, un fonctionnaire justifie d'une obligation non sérieusement contestable, au titre de la protection juridique, pour obtenir le remboursement d'une partie des honoraires d'avocat qu'il a payé pour introduire une procédure judiciaire en raison d'une diffamation dont il a été victime dans l'exercice de ses fonctions[1].

§ 4

Autres contentieux

332.221 Rémunération d'un expert. Lorsqu'une ordonnance de taxation fixant le montant des frais et honoraires dus à un expert a été rendue, ni l'absence de caractère exécutoire de cette ordonnance, ni la circonstance qu'elle fasse l'objet d'une contestation ne sont de nature à rendre sérieusement contestable le principe de l'obligation invoquée par l'expert à l'encontre de la partie condamnée au paiement des frais d'expertise[2].

332.222 Subvention. Le droit à une subvention dont se prévaut l'entreprise requérante est sérieusement contestable lorsque, d'une part, celle-ci ne dispose d'aucune décision individuelle lui octroyant une telle subvention et que, d'autre part, le régime de subvention sur lequel elle se fonde a été institué par une autorité incompétente (le juge des référés soulevant d'office l'incompétence du ministre)[3].

332.223 Rémunération d'un détenu. Présente un caractère non sérieusement contestable l'obligation de payer un détenu, au taux légal, pour le travail accompli[4].

333. Jugement du référé-provision

SECTION 0

Orienteur

333.00 Plan du chapitre.

1. CE 2 avr. 2003, Chantalou, req. n° 249805, préc.
2. CAA Versailles, 30 mai 2006, maison de retraite intercommunale « La Seigneurerie », req. n° 05VE01721, *Lebon* ; *AJDA* 2006. 1487, Chron. G. Pellissier.
3. CE 14 juin 2006, Sté France Télécom Marine, req. n° 282317, *Lebon T.* 1007 ; *AJDA* 2006. 1919.
4. TA Rouen, ord., 15 oct. 2013, Soulaimana, req. n° 1301901, NP : administration ayant payé un détenu à un taux inférieur pendant deux ans, avec un manque à gagner de près de 10 000 euros pour l'intéressé.

333.02 Jurisprudence de référence.

> La transmission de la requête au défendeur suffit à garantir le caractère contradictoire de l'instruction

CE, sect., 29 janv. 2003, Cne d'Annecy, req. no 247909, *Lebon* 4.

SECTION 1

Deux procédures

§ 1

Principe : jugement après instruction contradictoire

333.11 Communication de la requête au défendeur. Dès que le greffe de la juridiction reçoit la requête introductive d'instance, il la transmet sans délai au défendeur. Aux termes de l'article R. 532-2 du CJA, « notification de la requête présentée au juge des référés est immédiatement faite au défendeur éventuel, avec fixation d'un délai de réponse ».

333.12 Formalité nécessaire. Le principe du caractère contradictoire de l'instruction fait obstacle à ce que le juge des référés fasse droit à des conclusions d'une partie qui n'auraient pas été communiquées à la partie défenderesse. Ce principe est valable pour les conclusions présentées à titre principal comme pour celles présentées sur le fondement de l'article L. 761-1 du CJA, lesquelles ne peuvent être accueillies sans avoir préalablement été transmises à la partie appelée à payer les sommes en cause[1].

333.13 Formalité en principe suffisante. La transmission de la requête au défendeur suffit en principe à garantir le caractère contradictoire de l'instruction. Selon une jurisprudence qui s'est développée sous l'empire des anciennes dispositions, et à laquelle fait désormais écho l'article L. 5 du CJA, « l'ordonnance de référé est rendue à la suite d'une procédure particulière adaptée à la nature de la demande et à la nécessité d'assurer une décision rapide »[2]. En conséquence, une instruction limitée à la transmission de la requête au défendeur « garantit le caractère contradictoire de l'instruction »[3]. Le juge peut donc se dispenser de procéder aux échanges de mémoires au-delà de la simple communication de la requête au défendeur.

Il en résulte deux conséquences. En premier lieu, un juge des référés peut régulièrement statuer sur la requête sans avoir communiqué au requérant un mémoire en défense (à condition toutefois que celui-ci ne comporte pas d'élément nouveau susceptible d'influencer sa décision : v. ss no 333.14). En second lieu, lorsque le juge des référés communique au demandeur un mémoire en défense, bien qu'il n'y soit pas tenu, la brièveté du délai dont ce demandeur peut éventuellement disposer pour y répondre est sans influence sur la régularité de la procédure[4]. Le Conseil d'État a

1. CE 15 sept. 2004, Sté Téléservice santé, req. no 258117, *Lebon T.* 811 ; *AJDA* 2004. 2288, note S. Hul.
2. CE, sect., 29 janv. 2003, Cne d'Annecy, req. no 247909, *Lebon* 4 ; *AJDA* 2003. 613, concl. L. Vallée ; *RFDA* 2003. 961, note A. Potteau ; *Dr. fisc.* 2003/29, comm. no 547, concl. - CE 2 avr. 2004, Sté Sogea, req. no 257599, *Lebon T.* 811.
3. CE 21 févr. 2003, Dpt de la Seine-Maritime, req. no 230872, *Lebon T.* 909.
4. CE 22 mars 1999, Soudain, req. no 186336, *Lebon* 87.

ainsi considéré, dans une espèce opposant une commune à l'État, que le juge des référés avait pu, sans méconnaître le principe du caractère contradictoire de l'instruction, statuer par ordonnance sur la demande de provision dont il était saisi trois jours après avoir communiqué à la commune requérante le mémoire en défense présenté au nom de l'État[1]. En revanche, le juge ne peut, à peine d'irrégularité de sa décision, statuer sur la demande avant l'expiration du délai accordé à une partie pour répondre à un mémoire[2].

333.14 Obligation de communiquer à l'autre partie un mémoire comportant des éléments nouveaux susceptibles d'influencer la décision. Lorsqu'un mémoire produit par une partie comporte un élément nouveau susceptible d'exercer une influence sur la solution du juge, celui-ci, est tenu, en application du principe du contradictoire, de transmettre ce mémoire à l'autre partie avant de statuer sur la demande de provision[3]. Cette réserve, relative à l'invocation par une partie d'éléments sur lesquels se fonde le juge sans avoir été communiqués à l'autre partie, avait été formulée par une cour administrative d'appel sous l'empire des anciennes dispositions. Celle-ci indiquait « que les règles générales de procédure applicables devant la juridiction administrative font obstacle à ce que le juge du référé rejette une demande de provision en se fondant sur des éléments produits par un défendeur sans que le demandeur en ait eu connaissance »[4].

Cette exigence s'applique à tout stade de l'instruction. Lorsque le défendeur à qui a été communiquée la requête fait valoir des éléments nouveaux susceptibles d'influencer la décision du juge, celui-ci a l'obligation de transmettre ses observations au requérant avant de pouvoir régulièrement statuer sur la demande[5]. De même, lorsque le requérant à qui a été communiqué le mémoire en défense fait valoir des éléments nouveaux, le juge ne peut se fonder sur ceux-ci sans les avoir communiqués au défendeur[6].

333.15 Communication des moyens d'ordre public. Il résulte des dispositions combinées des articles L. 5, R. 541-1 et R. 611-7 du CJA que le juge des référés, lorsqu'il statue en matière de provision à l'issue d'une procédure contradictoire, est tenu de communiquer le moyen d'ordre public soulevé d'office sur lequel il entend fonder sa décision. Il peut toutefois procéder à cette communication au cours de l'audience lorsqu'il juge utile la tenue de celle-ci. Dans cette hypothèse, la communication du

1. CE, sect., 29 janv. 2003, C^ne^ d'Annecy, req. n° 247909, *Lebon* 4 ; *AJDA* 2003. 613, concl. L. Vallée ; *RFDA* 2003. 961, note A. Potteau ; *Dr. fisc.* 2003/29, comm. n° 547, concl. – CE 2 avr. 2004, S^té^ Sogea, req. n° 257599, *Lebon T.* 811.
2. CE 13 avr. 2005, S^té^ Graphtel, req. n° 252126, NP : irrégularité de l'ordonnance par laquelle le juge des référés a statué sur la demande avant l'expiration du délai imparti au requérant pour répondre au mémoire du défendeur qu'il avait décidé de lui communiquer.
3. CE 2 avr. 2004, S^té^ Sogea, req. n° 257599, *Lebon T.* 811.
4. CAA Lyon, 9 avr. 1991, SCI Avenue de la Lanterne, req. n° 90LY00763, *Lebon T.* 1123 – dans le même sens : CAA Marseille, 4 déc. 1997, S^té^ nationale de construction Quillery, req. n° 96MA01079, *Lebon T.* ; *RFDA* 1998. 114, obs. J.-P. Négrin.
5. CE 2 avr. 2004, S^té^ Sogea, req. n° 257599, *Lebon T.* 811.
6. CE 16 nov. 2005, Auguste, req. n° 262360, *Lebon* 507 ; *AJDA* 2005. 2323 ; *BJCP* 2006. 128, concl. D. Casas : mémoire en réplique comportant une demande nouvelle, fondée sur la responsabilité quasi-contractuelle et quasi-délictuelle, à laquelle le juge des référés a fait droit.

moyen d'ordre public relevé d'office doit être mentionnée dans la décision du juge des référés[1].

§ 2

Procédure (très) dérogatoire : jugement sans instruction

333.21 Requête manifestement non pertinente. De façon purement prétorienne, et contrairement à la lettre de l'article R. 541-2 du CJA, le juge des référés s'est autorisé à rejeter sans instruction contradictoire une requête en référé-provision lorsque l'obligation dont se prévaut le requérant ne peut manifestement être regardée comme non sérieusement contestable[2]. L'ordonnance ayant retenu cette solution est demeurée isolée.

SECTION 2

Jugement par un juge unique

333.31 Juge des référés. Le juge du référé-provision statue seul et sans conclusion d'un rapporteur public (sur la qualité de juge des référés, v. s^s^ n°s 212.11 s.). Il dispose de la faculté, en cas de demande complexe ou appelant à trancher une question de principe, de renvoyer l'affaire à une formation collégiale (v. s^s^ n° 120.10).

333.32 Impartialité du juge des référés. Le principe d'impartialité s'oppose à ce qu'un même magistrat siège successivement dans la même affaire comme juge du référé-provision puis comme juge du fond[3].

333.33 Question de droit nouvelle. Il n'appartient pas au juge des référés de première instance ou d'appel de soumettre pour avis au Conseil d'État une question de droit que soulève l'existence de l'obligation invoquée devant lui[4].

SECTION 3

Audience facultative

333.41 Caractère facultatif de l'audience. Il ne résulte d'aucune disposition du CJA ni d'aucun principe que le juge des référés statuant sur une demande de provision ait l'obligation de tenir une audience publique[5].

333.42 Caractère public de l'audience. Si le juge décide de tenir une audience, celle-ci doit être publique[6].

1. CE 14 juin 2006, Sté France Télécom Marine, req. n° 282317, *Lebon T.* 1007 ; *AJDA* 2006. 1919.
2. CE, ord., 26 févr. 2007, Riche, req. n° 301893, *Lebon T.* 1006 ; *AJDA* 2007. 501.
3. CAA Marseille, 9 mars 2006, Di Guglielomo, req. n° 04MA01886, NP ; *AJDA* 2006. 887, concl. T. Trottier ; *D.* 2006. 949 – CAA Paris, 6 févr. 2007, Sté Swisslog France, req. n° 04PA03147, *Lebon T.* 1005 ; *AJDA* 2007. 1039.
4. CE, avis, 3 oct. 2012, Sté Colas Nord Picardie, req. n° 360840, *Lebon* ; *AJDA* 2012. 1881.
5. CE 25 oct. 2002, CH de Colson, req. n° 244729, *Lebon T.* 849 ; *AJDA* 2003. 183, concl. C. Maugüé – CE 2 mai 2016, min. de l'Intérieur c/Sté Guy Dauphin Environnement, req. n° 385545, *Lebon T.* ; *AJDA* 2016. 927 ; *JCP Adm.* 2016, n° 2306, Chron. O. Le Bot ; *Procédures* 2016, comm. 245, obs. S. Deygas.
6. CAA Paris, 27 sept. 1994, Sté Paris Globe communication, req. n° 94PA00380, *Lebon T.* 113 ; *D.* 1995. 397, note E. Rolin.

333.43 Clôture de l'instruction. Si le juge décide de tenir une audience, l'instruction sera en toute hypothèse close avant la tenue de l'audience. En effet, les dispositions de droit commun de l'article R. 613-2 du CJA sont applicables au référé-provision[1]. En vertu de cet article, « si le président de la formation de jugement n'a pas pris une ordonnance de clôture, l'instruction est close trois jours francs avant la date de l'audience indiquée dans l'avis d'audience prévu à l'article R. 711-2. Cet avis le mentionne ». Si cet avis oublie de le mentionner (c'est-à-dire de mentionner que l'instruction sera close trois jours francs avant la date de l'audience), cette absence « fait obstacle » à une clôture de l'instruction par cet acte[2]. La clôture interviendra alors selon une autre modalité : l'instruction sera « considérée comme close le jour de l'audience lorsque l'affaire est appelée ». Ainsi, l'instruction est close dans tous les cas au moment où l'affaire est appelée : soit parce que l'avis d'audience l'a mentionné, soit automatiquement – et au plus tard – le jour de l'audience.

Cette date de clôture a une incidence sur un mémoire produit tardivement par l'une des parties. Deux situations doivent être distinguées.

– Première situation : le mémoire est produit avant la date à laquelle l'audience est réputée close. Dans ce cas, il doit être pris en compte par le juge et soumis au débat contradictoire[3].

– Seconde situation : celle où le mémoire est produit après la date à laquelle l'instruction est réputée close. Dans ce cas de figure, « lorsqu'il décide de soumettre au contradictoire une production de l'une des parties après la clôture de l'instruction », le juge « doit être regardé comme ayant rouvert l'instruction ». Lorsque le délai qui reste à courir jusqu'à la date de l'audience ne permet plus l'intervention de la clôture automatique trois jours francs avant l'audience prévue par l'article R. 613-2, il appartient au juge « de clore l'instruction ainsi rouverte », le juge ayant toujours la possibilité, s'il l'estime nécessaire, de « fixer une nouvelle date d'audience »[4].

333.44 Convocation à l'audience. Les parties doivent être régulièrement convoquées à l'audience. L'ordonnance est rendue selon une procédure irrégulière lorsque la partie ou son avocat n'ont pas été avertis de la date de l'audience en temps utile.

SECTION 4

Conventionnalité de la procédure

333.51 Sous l'ancien état du droit. La conformité de la procédure de référé-provision au regard de l'article 6 § 1 de la Convention européenne des droits de l'homme, sous l'angle de la publicité des audiences, a été discutée avant la réforme de 2000. Le Conseil d'État a jugé le moyen inopérant en mettant en avant le caractère provisoire de la mesure accordant une provision[5]. Le référé-provision présen-

1. CE 2 mai 2016, min. de l'Intérieur c/Sté Guy Dauphin Environnement, req. n° 385545, *Lebon T.* ; *AJDA* 2016. 927 ; *JCP Adm.* 2016, n° 2306, Chron. O. Le Bot.
2. CE 2 mai 2016, min. de l'Intérieur c/Sté Guy Dauphin Environnement, req. n° 385545, préc.
3. CE 2 mai 2016, min. de l'Intérieur c/Sté Guy Dauphin Environnement, req. n° 385545, préc.
4. CE 23 juin 2014, Sté Deny All, req. n° 352504, *Lebon* 173 ; *AJDA* 2014. 1352 (pt 2).
5. CE 20 mars 2000, Dpt des Hauts-de-Seine, req. n° 199013, *Lebon T.* 1157 – v. égalt CAA Bordeaux, 9 mars 1998, Cne d'Anse-Bertrand, req. n° 95BX34100, NP.

tant un caractère accessoire, la mesure pouvait toujours être remise en cause par le juge du fond.

333.52 Sous l'empire des dispositions actuelles. Le décret n° 2000-1115 du 22 novembre 2000 ayant supprimé le caractère accessoire du référé-provision, il convient de s'interroger sur le caractère provisoire ou définitif des mesures ordonnées et, partant, sur le maintien de la jurisprudence relative au caractère inopérant de l'article 6 § 1 de la Convention européenne. La possibilité ouverte à la personne condamnée au versement d'une provision, de saisir le juge du fond dans les conditions définies par l'article R. 541-4 du CJA (v. s^s n° 335.11) incite au maintien de cette jurisprudence, en raison du caractère réversible ainsi conféré à la mesure de référé. En effet, malgré son caractère autonome, le référé-provision ne constitue pas un référé au fond et ne tranche pas forcément de façon définitive le litige opposant les parties.

SECTION 5

Communication de la requête aux organismes de sécurité sociale

333.61 Demande présentée par la victime d'un accident. En vertu de l'article L. 376-1 du Code de la sécurité sociale, l'assuré social ou son ayant droit qui demande en justice la réparation d'un préjudice qu'il impute à un tiers doit indiquer sa qualité d'assuré social. Cette obligation est sanctionnée par la possibilité reconnue aux caisses de sécurité sociale et au tiers responsable de demander, pendant deux ans, l'annulation du jugement prononcé sans que le tribunal ait été informé de la qualité d'assuré social du demandeur. Elle a pour objet de permettre la mise en cause des caisses de sécurité sociale, à laquelle le juge administratif doit procéder d'office, dans les litiges opposant la victime et le tiers responsable de l'accident. Aussi le juge du référé-provision est-il tenu de communiquer la requête à l'organisme de sécurité sociale dont relève le requérant[1].

334. Décision du juge du référé-provision

SECTION 0

Orienteur

334.00 Plan du chapitre.

Sect. 1 Motivation de la décision
Sect. 2 Prononcé d'une mesure
Sect. 3 Questions annexes
Sect. 4 Effets de la décision

334.04 Questions essentielles.

> La provision allouée peut-elle correspondre à l'intégralité de la somme due ? v. s^s n° 334.52

1. CE 18 févr. 2009, Visval, req. n° 305810, *Lebon T.* ; *Gaz. Pal.* 2009/171. 29, note D. Cristol.

SECTION 1

Motivation de la décision

§ 1

Réponse aux moyens du défendeur

334.11 **Moyens non inopérants.** De manière générale, le juge des référés a l'obligation de répondre à un moyen en défense qui n'est pas inopérant[1]. Par suite, en fixant une provision sans avoir examiné un moyen présenté en défense qui n'était pas inopérant, une cour administrative d'appel entache sa décision d'un défaut de réponse à un moyen[2]. De même, entache son ordonnance d'une insuffisance de motivation le juge des référés qui se borne à indiquer, pour faire droit à la demande de provision présentée par la société requérante, « qu'il résulte de l'instruction, et notamment du rapport d'expertise [...], que [la personne publique] est effectivement débitrice » de ladite société, alors que la portée des conclusions de ce rapport était expressément contestée en défense devant lui, par des moyens qui n'étaient pas inopérants[3].

334.12 **Moyens portant sur le caractère sérieusement contestable de l'obligation.** Concernant plus spécifiquement les moyens de défense contestant la réalité de l'obligation de payer, le juge du référé-provision a l'obligation d'examiner si les moyens qui lui sont présentés par le défendeur, quels qu'ils soient, ne conduisent pas à regarder comme sérieusement contestable l'obligation invoquée à l'encontre de ce dernier[4]. Il en résulte qu'un juge des référés commet une erreur de droit en estimant qu'il n'avait pas à se prononcer sur les moyens soulevés par le défendeur tendant à établir qu'il n'était pas le débiteur de l'obligation dont se prévalait le créancier[5]. De même, un juge des référés entache son ordonnance d'une insuffisance de motivation en affirmant que le refus illégal de délivrer un permis modificatif est constitutif d'une faute devant être regardée comme établie, sans répondre au moyen de défense soulevé par la personne publique tiré du caractère exonératoire de responsabilité de l'infraction commise par le requérant qui a réalisé certains travaux non conformes au permis de construire initialement délivré[6].

En revanche, le juge des référés n'a pas à se prononcer sur un moyen de défense inopérant[7].

1. CE 21 févr. 2003, Dp[t] de la Seine-Maritime, req. n° 230872, *Lebon T.* 909.
2. CE 21 févr. 2003, Dp[t] de la Seine-Maritime, préc.
3. CE 17 déc. 2003, S[té] Laser, req. n° 250494, *Lebon T.* 863 ; *BJCP* 2004/33. 123, concl. G. Le Chatelier.
4. CE 9 févr. 2004, Billerach, req. n° 254438, *Lebon T.* 812 ; *AJDA* 2004. 1150 ; *RDI* 2004. 313, obs. F. Moderne.
5. CE 9 févr. 2004, Billerach, préc.
6. CE 17 déc. 2003, C[ne] de Cannes c/SNC Cannes Esterel, req. n° 255235, NP.
7. CE, sect., 16 déc. 2005, Lacroix, req. n° 274545, *Lebon* 584 ; *AJDA* 2006. 582, Chron. C. Landais et F. Lenica ; *RFDA* 2006. 513, concl. S. Verclytte ; *RFDA* 2006. 198, obs. P. Terneyre ; *GACA*, 5e éd., 2016, n° 18 ; *Dr. adm.* 2006, comm. n° 84, obs. P. Cassia.

§ 2

Indication des éléments fondant la décision

334.21 **Éléments de fait et éléments de droit.** Il appartient au juge des référés d'indiquer dans sa décision les éléments (notamment de faits[1]) sur lesquels il se fonde pour faire droit à la demande de provision (obligation jugée non sérieusement contestable)[2] ou au contraire la rejeter (obligation jugée sérieusement contestable)[3]. De manière plus générale, la motivation doit être suffisante pour permettre au juge d'appel ou de cassation d'exercer son contrôle[4].

334.22 **Provision accordée.** L'exigence de motivation est plus stricte pour les décisions faisant droit à une demande de provision. Le Conseil d'État impose en particulier, dans une telle hypothèse, que les décisions ne se contentent pas de la formule stéréotypée affirmant que la créance n'est pas sérieusement contestable[5]. Par conséquent, entache son ordonnance d'une insuffisance de motivation le juge des référés qui, pour condamner la personne publique à verser une provision, se borne à indiquer qu'en l'état de l'instruction l'existence de l'obligation n'est pas contestable[6]. À l'inverse, est par exemple regardée comme suffisamment motivée la décision exposant les dispositions de la convention qui confèrent un fondement raisonnable à la créance litigieuse[7].

334.23 **Provision rejetée.** L'exigence de motivation est appréciée plus souplement dans le cas d'une décision de rejet. Ainsi, est regardée comme suffisamment motivée la décision qui, pour estimer que l'obligation est sérieusement contestable :

- se fonde sur « des énonciations du dossier et notamment des énonciations du compte rendu d'hospitalisation »[8] ;
- indique que « les créances représentatives d'intérêts moratoires sur les situations mensuelles de travaux et sur toutes les autres sommes mandatées dont se prévaut la société [requérante] à l'encontre de l'établissement public du Grand Louvre en raison de la réalisation du lot du génie civil pour la construction d'un laboratoire interne de chalcographie, ne peuvent être regardées comme n'étant pas sérieusement contestables »[9] ;
- se borne à affirmer que « l'obligation dont se prévaut [le requérant] [...] apparaît sérieusement contestable »[10] ou « n'apparaît pas comme n'étant pas sérieusement contestable »[11].

1. CAA Bordeaux, 5 avr. 1994, CH de Pau, req. n° 92BX01149, *Lebon T.* 1112.
2. CE 27 juin 1997, CH de Lagny, req. n° 163496, *Lebon* 266.
3. CE 23 oct. 1998, Elmira, req. n° 194820, *Lebon T.* 1093.
4. CE 27 juin 1997, CH de Lagny, req. n° 163496, *Lebon* 266.
5. CE, sect., 10 avr. 1992, CHG d'Hyères, req. n° 108294, *Lebon* 169 ; *RFDA* 1993. 88, concl. D. Tabuteau – CE 27 juin 1997, CH de Lagny, req. n° 163496, *Lebon* 266.
6. CAA Bordeaux, 5 avr. 1994, CH de Pau, req. n° 92BX01149, *Lebon T.* 1112.
7. CE 20 mars 2000, Dp[t] des Hauts-de-Seine, req. n° 199013, *Lebon T.* 1157.
8. CE 6 mars 2000, C[ne] de Meaux, req. n° 189768, NP.
9. CE 29 juill. 1994, S[té] des travaux publics et industriels d'Île-de-France, req. n° 133369, *Lebon* 401 ; *D.* 1995. 248, obs. P. Terneyre ; *RDI* 1994. 659, obs. F. Llorens et P. Terneyre.
10. CE 22 mars 1999, Soudain, req. n° 186336, *Lebon* 87 ; *D.* 1999. 567, note J.-M. André.
11. CE 20 déc. 2000, S[té] des autoroutes du Sud de la France, req. n° 212293, NP.

SECTION 2

Prononcé d'une mesure

334.31 Deux prérogatives. L'article R. 541-1 du CJA définit les pouvoirs du juge des référés. Celui-ci peut « accorder une provision ». Il peut également « subordonner le versement de la provision à la constitution d'une garantie ».

§ 1

Versement d'une provision

334.41 Condition satisfaite. Le juge fait droit à la demande de provision si l'obligation de payer invoquée par le requérant présente un caractère non sérieusement contestable. Dès lors qu'il estime que les conditions prévues pour l'octroi d'une provision par l'article R. 541-1 du CJA sont réunies, il ne peut rejeter la demande (par exemple en se fondant sur un motif d'intérêt général)[1].

A

Montant de la provision

334.51 Critère. Le montant de la provision est fixé par le juge à partir du caractère non sérieusement contestable de l'obligation invoquée. Cette exigence peut être satisfaite pour la totalité ou pour une partie seulement de la créance dont se prévaut le requérant. Dans le premier cas, le montant de la provision correspondra à la totalité de la somme demandée. Elle n'a alors plus le caractère d'une avance. Dans le second cas, elle ne couvrira qu'une partie de celle-ci.

334.52 Provision égale à la totalité de la créance. Lorsque l'obligation de payer n'est pas sérieusement contestable pour la totalité de la créance invoquée, le juge alloue une provision correspondant à la totalité de celle-ci. Le Conseil d'État a ainsi indiqué « que le montant de la provision que peut accorder le juge des référés n'a d'autre limite que celle résultant du caractère non sérieusement contestable de l'obligation dont il est fait état »[2]. Il en résulte que « le juge des référés peut légalement accorder une provision correspondant à la totalité des sommes en litige sur le fond, dès lors que l'obligation dont se prévaut le demandeur n'est pas sérieusement contestable »[3]. Par exemple, le montant de la provision correspond :

– à deux mois de traitement lorsqu'un agent public a été illégalement privé de son traitement durant une période de deux mois[4] ;

– à trois mois de traitement lorsque l'intéressé a été illégalement privé de son traitement durant une période de trois mois[5] ;

1. CAA Bordeaux, ass. plén., 18 nov. 2003, Cie générale maritime Antilles-Guyane, req. n° 03BX01155, *Lebon T.* ; *RFDA* 2004. 93, concl. J.-L. Rey.
2. CE 20 mars 2000, Dpt des Hauts-de-Seine, req. n° 199013, *Lebon T.* 1157 – v. dans le même sens Com. 20 janv. 1981, *RTD civ.* 1981. 679, obs. J. Normand : précisant que le montant des provisions allouables n'a pas d'autre limite que « le montant sérieusement contesté de la dette alléguée ».
3. CE 20 mars 2000, Dpt des Hauts-de-Seine, req. n° 199013, *Lebon T.* 1157.
4. CE, ord., 12 déc. 2001, Pantz, req. n° 239168, *Lebon T.* 1088.
5. CE, sect., 16 déc. 2005, Lacroix, req. n° 274545, *Lebon* 584 ; *AJDA* 2006. 582, Chron. C. Landais et F. Lenica ; *RFDA* 2006. 513, concl. S. Verclytte ; *RFDA* 2006. 198, obs. P. Terneyre ; *GACA*, 5e éd., 2016, n° 18 ; *Dr. adm.* 2006, comm. n° 84, obs. P. Cassia.

– à la perte de bénéfices escomptés lorsqu'une entreprise a été illégalement évincée d'une procédure de passation d'un marché public qu'elle avait de sérieuses chances de remporter[1] ;

– à la totalité des honoraires dus par une collectivité publique à un architecte[2].

En ce cas, la décision prise en référé éteint immédiatement un contentieux pécuniaire sans que le juge du fond n'ait eu à intervenir. Le créancier est rétabli dans ses droits par le seul exercice du référé-provision.

334.53 Provision égale à une partie de la créance. Lorsque l'obligation de payer présente un caractère non sérieusement contestable pour une partie seulement de la créance invoquée, le montant de la provision allouée correspond à la seule partie de la somme demandée présentant ce caractère[3]. Par exemple, lorsqu'un agent public demande à son administration de lui rembourser, au titre de la protection juridique des fonctionnaires, les honoraires de l'avocat qu'il a engagé pour le représenter, le juge alloue à l'intéressé une provision correspondant à la part de cette somme présentant un caractère non contestable[4]. Dans le cas d'espèce, l'intéressé avait acquitté 2 480 euros d'honoraires d'avocat et demandait le versement d'une provision correspondant à la totalité de ces frais. Le juge des référés considère que seule la somme de 762,25 euros, correspondant à ce que l'administration aurait payé si l'agent avait accepté de choisir son avocat parmi les avocats du Trésor, présente un caractère non sérieusement contestable et doit être allouée au requérant. Selon la même logique, en cas de difficulté juridique sérieuse sur le taux de TVA applicable à un marché, l'obligation n'est pas sérieusement contestable que jusqu'au taux normal (19,6 % à l'époque des faits). Le montant de la provision est déterminé par le juge par référence à ce taux[5].

B

Précisions complémentaires

334.61 Intérêts moratoires. Le juge du référé-provision dispose du pouvoir d'assortir d'intérêts moratoires le paiement d'une provision, y compris à compter de la date d'introduction de la demande de provision[6]. Lorsqu'ils ont été demandés, et quelle que soit la date de cette demande, les intérêts moratoires dus en application de l'article 1153 du Code civil courent à compter du jour où la demande de paiement du

1. CE 18 juin 2003, Groupement d'entreprises solidaires ETPO Guadeloupe, req. n° 249630, *Lebon T.* 909 ; *AJDA* 2003. 1676 : la somme est déterminée en fonction de la marge bénéficiaire habituellement observée pour ce type d'entreprise par rapport aux travaux considérés.
2. CAA Bordeaux, 19 déc. 1989, Cousseran, req. n° 89BX01772, *Lebon* 368 ; *RFDA* 1990. 352, étude L. Fernandez-Maublanc et J.-P. Maublanc.
3. CE, sect., 6 déc. 2013, Thévenot, req. n° 363290, *Lebon* ; *AJDA* 2014. 237, concl. D. Hedary ; *AJDA* 2013. 2461 ; *AJ pénal* 2014. 143, obs. E. Péchillon : affirmant « que, dans l'hypothèse où l'évaluation du montant de la provision résultant de cette obligation est incertaine, le juge des référés ne doit allouer de provision [...] que pour la fraction de ce montant qui lui parait revêtir un caractère de certitude suffisant ».
4. CE 2 avr. 2003, Chantalou, req. n° 249805, *Lebon T.* 909.
5. CE 17 déc. 2003, Sté Laser, req. n° 250494, *Lebon T.* 863 ; *BJCP* 2004/33. 123, concl. G. Le Chatelier.
6. CE 2 avr. 2004, Sté Alstom Power Turbomachines, req. n° 256504, *Lebon* 150 ; *Just. & cass.* 2005. 274, concl. D. Piveteau ; *BJCP* 2004. 299, concl. D. Piveteau.

principal est parvenue au débiteur ou, en l'absence d'une telle demande préalablement à la saisine du juge, à compter du jour de cette saisine.

En premier lieu, les intérêts moratoires peuvent courir à compter de la réception par le débiteur de la demande de paiement[1].

En second lieu, en l'absence d'une demande préalable, les intérêts moratoires commenceront à courir à compter de la saisine du juge du référé-provision. En saisissant le juge des référés sur le fondement de l'article R. 541-1, le requérant signifie au défendeur sa première demande d'indemnité. L'introduction de la demande de provision lui ouvre droit aux intérêts au taux légal, à compter du jour où il a introduit sa requête[2].

En revanche, les intérêts dont peut être assortie la créance elle-même ne peuvent faire l'objet d'une demande de provision, n'étant exigibles que lorsque cette créance est liquidée[3].

334.62 Possibilité d'allouer une provision globale à plusieurs requérants (requête conjointe). En cas de requête conjointe formée par plusieurs créanciers justifiant d'une obligation non sérieusement contestable (v. s^s^ n° 331.57), la provision « s'imputera indifféremment sur la créance de l'un ou l'autre des créanciers, indépendamment de celui auquel elle aura été versée, cette modalité d'attribution ne portant ainsi pas atteinte aux intérêts des débiteurs »[4].

334.63 Condamnation solidaire des débiteurs. Sous l'empire des anciennes dispositions, où le référé-provision présentait un caractère accessoire, il a été considéré que le juge des référés disposait du pouvoir de condamner solidairement les débiteurs de la provision[5], même en l'absence de certitude quant à la répartition finale exacte des responsabilités[6]. Cette solution pouvait se concevoir du fait de l'intervention ultérieure du juge du fond fixant définitivement la contribution des intéressés à la charge indemnitaire. On peut s'interroger sur son maintien sous l'état du droit actuel. D'un côté, l'intervention du juge du fond n'est plus automatique en raison

1. CE, sect., 16 déc. 2005, Lacroix, req. n° 274545, *Lebon* 584 ; *AJDA* 2006. 582, Chron. C. Landais et F. Lenica ; *RFDA* 2006. 513, concl. S. Verclytte ; *RFDA* 2006. 198, obs. P. Terneyre ; *GACA*, 5e éd., 2016, n° 18 ; *Dr. adm.* 2006, comm. n° 84, obs. P. Cassia.
2. CE 2 avr. 2004, S^té^ Alstom Power Turbomachines, req. n° 256504, *Lebon* 150 ; *Just. & cass.* 2005. 274, concl. D. Piveteau ; *BJCP* 2004. 299, concl. D. Piveteau - CAA Nancy, 11 juin 2009, OPHLM de la ville de Thioville, req. n° 07NC00375, *Lebon T.*
3. CAA Lyon, ass., 19 nov. 1991, S^té^ des téléphériques du Massif du Mont-Blanc, req. n° 90LY00658, *Lebon T.* 1124 - dans le même sens : CAA Lyon, 9 juill. 1990, S^té^ Sogea, req. n° 90LY00213, *Lebon* 459 - CAA Paris, 21 mars 1991, Duvalle, req. n° 90PA00646, *Lebon T.*
4. CAA Nancy, 6 nov. 1990, S^té^ d'aménagement et d'équipement de la région de Strasbourg, req. n° 89NC01365, *Lebon* 478 : en l'espèce l'attribution d'une provision globale à deux personnes juridiques distinctes est conforme au caractère global de la demande formulée. Rien ne s'opposait, dès lors, à ce que le juge des référés condamne la personne publique à verser une provision commune aux deux requérants, dont les préjudices respectifs sont étroitement liés.
5. CAA Nantes, 30 avr. 1992, OPHLM de Nantes (Nantes Habitat), req. n° 91NT00861, *Lebon* 524 : admettant la condamnation solidaire à l'encontre de deux constructeurs dès lors que les désordres à l'origine du litige leur sont imputables.
6. CE 19 nov. 1993, Port autonome de Marseille, req. n° 135772, *Lebon* 324.

du caractère autonome désormais reconnu au référé-provision. D'un autre côté, la mesure ordonnée continue de présenter un caractère réversible du fait de la possibilité ouverte à la personne condamnée au versement d'une provision de saisir le juge du fond dans les conditions définies par l'article R. 541-4 du CJA (v. s[s] n° 335.11).

334.64 Appel en garantie. La cour administrative d'appel de Nantes a considéré que dans le cadre de la procédure définie à l'article R. 541-1 du CJA, « le débiteur à l'encontre duquel une demande de provision est dirigée peut présenter une demande tendant à ce qu'un tiers soit condamné à le garantir du paiement de cette provision lorsque l'existence d'une obligation de garantie de ce tiers à son encontre n'est pas sérieusement contestable »[1]. Il en résulte notamment que le cocontractant de l'administration peut être condamné à garantir la personne publique de la condamnation au versement d'une provision prononcée à son encontre par le juge des référés (l'obligation de garantie étant notamment prévue par le CCAG applicable)[2]. Le Conseil d'État a implicitement confirmé cette solution en faisant droit à une demande d'appel en garantie après avoir constaté que le partage des responsabilités n'était pas sérieusement contestable[3].

334.65 Condamnation sous astreinte. Pour assurer l'exécution de ses décisions, le juge des référés peut assortir d'une astreinte sa condamnation au paiement d'une provision, dès lors que l'article L. 911-3 du CJA ne limite pas ses pouvoirs dans ce domaine[4].

§ 2

Constitution d'une garantie

334.71 Faculté d'ordonner la constitution d'une garantie. En vertu de l'article R. 541-1 du CJA, le juge des référés « peut, même d'office, subordonner le versement de la provision à la constitution d'une garantie ».

Le juge peut ordonner la constitution d'une garantie de sa propre initiative ou à la demande des parties.

Cette mesure a pour objet de garantir au défendeur qu'il pourra récupérer une partie de la provision versée dans l'hypothèse où le juge du fond appelé, le cas échéant, à statuer (sur saisine du requérant, ou du défendeur agissant sur le fondement de l'article R. 541-1) considérerait que l'obligation de payer constatée par le juge des référés n'était pas due par le défendeur ou ne l'était que partiellement (c'est-à-dire pour une somme d'un montant inférieur). Il s'agit de protéger le débiteur « contre les risques d'insolvabilité du créancier, pour le cas où ce dernier devrait reverser les sommes perçues »[5].

En conséquence de cet objet, deux critères sont pris en compte pour ordonner ou non la constitution d'une garantie : d'une part le montant de la provision, d'autre

1. CAA Nantes, 3 févr. 2005, ville de Saumur c/Cador, req. n° 02NT01688, NP.
2. CAA Marseille, ord., 2 févr. 2005, GDF, req. n° 00MA01239, NP – v. égal[t] CAA Nantes, 4 mars 2005, S[té] Cardinal c/C[ne] de La Mézière, req. n° 04NT00410, NP.
3. CE 16 janv. 2012, C[ne] du Château d'Oléron, req. n° 352122, *Lebon T.*
4. TA Grenoble, 21 nov. 1996, S[té] Plée et fils, req. n° 962557, NP.
5. CE 20 déc. 2006, Bes, req. n° 293399, *Lebon* 573 ; *AJDA* 2007. 10.

part le risque d'insolvabilité du bénéficiaire de la provision[1]. Ainsi, un juge n'est pas fondé à prendre une telle décision dès lors que la provision allouée est d'un montant relativement modique et qu'il ne dispose d'aucun élément lui permettant de douter de la solvabilité des bénéficiaires de la provision[2]. Lorsque le juge prononce une telle mesure, le montant de la garantie porte habituellement sur la moitié de la provision dont le versement est ordonné[3]. Il peut porter sur une part plus faible de celle-ci pour les sommes de grande importance[4].

334.72 **Caducité de l'obligation.** Lorsque le juge des référés a accordé une provision moyennant la constitution d'une garantie à un créancier qui fait le choix de s'en tenir exclusivement à cette seule action en référé et que le débiteur de la provision ne conteste pas l'ordonnance ni n'introduit de requête tendant à la fixation définitive du montant de sa dette en application de l'article R. 541-4 du CJA (2 mois), l'obligation de constituer la garantie devient caduque à l'expiration du délai mentionné par cet article, sans qu'il soit nécessaire que le juge du référé ait préalablement mentionné cette caducité dans son ordonnance[5].

§ 3

Prononcé d'une expertise

334.81 **Pouvoir d'ordonner une expertise.** Le juge du référé-provision a le pouvoir d'ordonner une expertise[6]. Les conclusions de l'expert permettront d'éclairer le juge du fond statuant sur la requête principale en responsabilité.

SECTION 3

Questions annexes

334.91 **Frais irrépétibles.** Le juge du référé-provision peut condamner la partie perdante à payer à l'autre partie une somme au titre des frais exposés et non compris dans les dépens[7]. Deux raisons à cette solution. D'une part, l'article L. 761-1 du CJA n'exclut pas les instances en référé de son champ d'application. D'autre part, seuls les frais exposés au cours de l'instance juridictionnelle dans laquelle ils ont été supportés peuvent donner lieu à remboursement à l'exception de ceux exposés antérieurement ou dans une instance différente[8].

1. CAA Nantes, 18 mai 1995, Renoult, req. n° 94NT01278, *Lebon T.* 970.
2. CAA Nantes, 18 mai 1995, Renoult, préc.
3. V. par ex. CAA Bordeaux, 19 déc. 1989, Cousseran, req. n° 89BX01772, *Lebon* 368 ; *RFDA* 1990. 352, étude L. Fernandez-Maublanc et J.-P. Maublanc – CAA Paris, 30 janv. 1990, RATP c/Synd. des copropriétaires du 168 rue du Temple à Paris, req. n° 89PA02389, *Lebon T.* 922 ; *RFDA* 1991. 488, Chron. J.-L. Théobald.
4. Pour une garantie correspondant au tiers de la provision, v. CE 16 nov. 2005, Auguste, req. n° 262360, *Lebon* 507 ; *AJDA* 2005. 2323 ; *BJCP* 2006. 128, concl. D. Casas : provision d'un montant de 1 500 000 euros ; garantie d'un montant de 500 000 euros.
5. CE 20 déc. 2006, Bes, req. n° 293399, *Lebon* 573 ; *AJDA* 2007. 10.
6. CE 15 févr. 2008, Heliot, req. n° 303863, *Lebon T.* ; *AJDA* 2008. 325.
7. CE 10 févr. 1997, Sté d'équipement et d'aménagement de l'Aude, req. n° 115608, *Lebon T.* 999.
8. CE 13 mars 1991, Dousset, req. n° 120260, *Lebon T.* 911 ; *AJDA* 1991. 748, obs. J.-Y.P.

SECTION 4

Effets de la décision

334.101 **Recouvrement de la provision (contrainte au paiement).** Dans sa rédaction issue de la loi n° 2000-321 du 12 avril 2000, la loi n° 80-539 du 16 juillet 1980 prévoit, en son article 1-1, l'application des dispositions de son article 1er « aux décisions du juge des référés accordant une provision ». Il en résulte que le bénéficiaire d'une provision accordée par le juge des référés peut mettre en œuvre les dispositions de ce texte, reproduites à l'article L. 911-9 du CJA, pour obtenir le paiement de cette somme. À défaut d'ordonnancement par la collectivité publique de la somme due dans un délai de deux mois, le comptable assignataire de la dépense doit, à la demande du créancier et sur présentation de la décision de justice, procéder au paiement.

334.102 **Absence d'autorité de la chose jugée.** L'ordonnance se prononçant sur une demande de provision n'est pas revêtue au principal de l'autorité de la chose jugée[1]. Il en résulte deux conséquences.

D'une part, elle ne s'impose pas au juge du principal[2].

D'autre part, si le juge du principal est saisi pour fixer définitivement le montant de la dette, l'ordonnance de référé ne peut être regardée comme passée en force de chose jugée.

Par suite, elle ne fait pas obstacle à l'application d'une loi de validation (laquelle s'applique uniquement aux affaires n'ayant pas donné lieu à une décision passée en force de chose jugée)[3].

334.103 **Valeur de titre exécutoire.** Si les décisions du juge des référés n'ont pas, au principal, l'autorité de la chose jugée, elles sont néanmoins exécutoires. Il en résulte deux conséquences. D'une part, « une ordonnance par laquelle le juge des référés accorde une provision constitue un titre exécutoire dont le recouvrement peut être poursuivi directement ». D'autre part, « un titre émis aux mêmes fins par l'ordonnateur de la collectivité n'a pas de portée juridique propre et ne peut recevoir aucune exécution en cas d'annulation de l'ordonnance du juge des référés par le juge d'appel ou le juge de cassation »[4].

335. Voies de recours ouvertes contre la décision

SECTION 0

Orienteur

335.00 Plan du chapitre.

Sect. 1 Action devant le juge du fond

Sect. 2 Authentiques voies de recours

1. CE 11 déc. 2015, Cne de Colmar, req. n° 383625, *Lebon* ; *AJDA* 2015. 2407 ; *AJCT* 2016. 276, obs. G. Le Chatelier ; *BJCL* 2016. 147, obs. B. Poujade, concl. V. Daumas – CAA Lyon, 1er déc. 1993, Bertolini, req. n° 93LY00850, *Lebon T.* 952.
2. CAA Paris, 17 févr. 1994, Marchal, req. n° 93PA00894, *Lebon T.* 1112 – CE 14 janv. 2005, Soltes, req. n° 233845, *Lebon T.* ; *BJCL* 2005. 315, concl. I. de Silva.
3. CE 11 déc. 2015, Cne de Colmar, req. n° 383625, *Lebon* ; *AJDA* 2015. 2407 ; *AJCT* 2016. 276, obs. G. Le Chatelier ; *BJCL* 2016. 147, obs. B. Poujade, concl. V. Daumas.
4. CE 22 juill. 2020, Société immobilière Massimi, req. n° 426210, NP.

335.09 Action au fond et recours devant un juge supérieur. Les parties ont d'abord la possibilité de porter leur différend devant le juge du fond. Cette première forme d'action ne constitue pas à proprement parler une voie de recours dans la mesure où elle n'est pas dirigée contre l'ordonnance de référé. Elle est néanmoins de nature à rendre caduque cette ordonnance[1]. Les parties disposent par ailleurs de la possibilité d'exercer une authentique voie de recours : recours en appel contre une ordonnance d'un juge du premier degré, pourvoi en cassation contre une ordonnance d'une cour administrative d'appel.

SECTION 1

Action devant le juge du fond

§ 1

Recours du défendeur en référé

335.11 Recours spécifique. Aux termes de l'article R. 541-4 du CJA, « si le créancier n'a pas introduit de demande au fond dans les conditions de droit commun, la personne condamnée au paiement d'une provision peut saisir le juge du fond d'une requête tendant à la fixation définitive du montant de sa dette, dans un délai de deux mois à partir de la notification de la décision de provision rendue en première instance ou en appel ». Ces dispositions permettent à la personne condamnée au versement d'une provision de saisir le juge du fond d'une demande tendant à la fixation définitive de sa dette. Introduites par la loi du 30 juin 2000, elles compensent la suppression de l'obligation de former un recours au fond parallèlement à la demande en référé, en rétablissant si besoin un accès au juge du fond après la décision prise par le juge du référé-provision.

En pratique, cette action est très rarement mise en œuvre. Lorsqu'elle l'est, le débiteur demande, soit la décharge partielle du montant de sa créance (c'est-à-dire sa diminution), soit sa décharge totale (ce qui a le même effet qu'une suppression de celle-ci, la créance étant ramenée à zéro).

Le recours est formé devant la juridiction compétente en premier ressort[2]. Il doit être introduit dans les deux mois qui suivent la notification de l'ordonnance condamnant l'intéressé au versement d'une provision. Le débiteur qui n'a pas saisi le juge du fond dans le délai de deux mois à compter de la notification de l'ordonnance de provision n'est plus recevable à demander la fixation définitive du montant de sa dette. Toutefois, en cas de pluralité de débiteurs condamnés solidairement à verser la provision et dès lors que l'un d'eux a saisi le juge du fond dans le délai, les autres débiteurs peuvent, même après l'expiration de ce délai, présenter des conclusions tendant à la fixation définitive du montant de leur dette, sous réserve qu'elles ne soulèvent pas un litige distinct de celui au titre duquel le débiteur a été condamné par le juge des référés[3].

1. CE 13 nov. 1996, CHRU de Rennes, req. n° 127933, *Lebon T.*
2. CAA Marseille, 5 oct. 2009, Synd. mixte des télécommunications et du multimédia, req. n° 07MA00225, NP ; *AJDA* 2009. 2063, Chron. L. Marcovici.
3. CAA Bordeaux, 10 mars 2022, Communauté d'agglomération du Muretain, req. n° 20BX03652, NP ; *Contrats et Marchés publics* 2022, comm. 136, note Ph. Rees.

Ce recours est ouvert même lorsque la condamnation au versement d'une provision est intervenue pour la première fois au stade de l'appel (ce qui inclut notamment l'hypothèse d'une décision du Conseil d'État qui, statuant comme juge d'appel après cassation d'une ordonnance, fait droit à la demande de provision[1]).

Le tribunal statue en formation collégiale. La demande peut également être réglée par ordonnance présidentielle, rendue après audition d'un rapporteur public, si le litige relève de l'une des hypothèses énoncées à l'article R. 222-13 du CJA.

Le régime des voies de recours suit celui des procédures au fond : appel en principe, cassation si le contentieux est au nombre de ceux qui, en vertu de l'article R. 811-1 du CJA, relèvent de la compétence de premier et dernier ressort des tribunaux administratifs[2]. À cet égard, pour l'appréciation du seuil déterminé par les articles R. 222-14 et R. 222-15 du CJA, il y a lieu de prendre en compte le montant que le bénéficiaire de la provision avait demandé dans sa requête introductive d'instance devant le juge des référés. Dans le cas où le juge des référés a rendu plusieurs décisions accordant une provision avant que le tribunal administratif soit saisi d'une demande de fixation de la dette, le tribunal statue sur cette demande en premier et dernier ressort si aucune des requêtes introductives d'instance devant le juge des référés ne tendait au versement d'une provision excédant 10 000 euros[3].

335.12 Conclusions reconventionnelles. Le juge du fond peut être saisi par le créancier de conclusions reconventionnelles. Cette solution se justifie par le fait qu'aucune disposition ni aucun principe n'imposent que le juge du fond saisi sur le fondement de l'article R. 541-4 du CJA ne puisse fixer définitivement le montant de la dette que dans les limites du litige qui a donné lieu à la demande de versement d'une provision. Si le demandeur en référé peut de la sorte former devant le juge du fond des conclusions reconventionnelles, c'est à la condition que ces conclusions « ne soulèvent pas un litige distinct de celui au titre duquel le débiteur a été condamné »[4]. En d'autres termes, la recevabilité de ses conclusions reconventionnelles est soumise à une condition de recevabilité propre à toutes conclusions reconventionnelles, à savoir que celles-ci ne portent pas sur un litige distinct[5].

§ 2

Recours du demandeur en référé

335.21 Recours de droit commun. Le demandeur en référé qui ne se satisfait pas de la décision rendue a la possibilité de saisir le juge du principal d'un recours de plein contentieux. Son action, visant à l'obtention d'une décision définitive, peut être engagée après le prononcé de l'ordonnance de référé. Sous peine d'irrecevabilité, son action devra ne pas être prescrite au regard des règles régissant la déchéance quadriennale des dettes publiques.

1. CAA Marseille, 5 oct. 2009, Synd. mixte des télécommunications et du multimédia, req. n° 07MA00225, préc.
2. CE 4 juin 2014, Meunier, req. n° 364445, *Lebon T.* ; *AJDA* 2014. 1184.
3. CE 4 juin 2014, Meunier, req. n° 364445, préc.
4. CE 6 nov. 2020, Communauté d'agglomération du Muretain, req. n° 433940, *Lebon T.* ; *BJCL* 2021. 207, concl. M. Pichon de Vendeuil ; *JCP Adm.* 2021, n° 2049, Chron. O. Le Bot.
5. V. p. ex. CE 30 oct. 1987, Issartier, req. n° 67967, *Lebon*.

§ 3

Reversement de la provision

335.31 Deux hypothèses. Le demandeur qui a obtenu du juge des référés le bénéfice d'une provision doit la reverser en tout ou en partie lorsque le juge du fond, statuant sur sa demande pécuniaire ou sur une demande du débiteur tendant à la fixation définitive du montant de sa dette, décide que la créance invoquée n'est pas fondée ou qu'elle est d'un montant inférieur au montant de la provision[1].

En revanche, tel n'est pas le cas lorsque le juge du fond rejette la demande dont il est saisi pour un motif tiré de l'irrecevabilité ou de la prescription de l'action au fond. En ce cas, les sommes accordées par le juge des référés à titre de provision sont définitivement acquises[2].

SECTION 2

Authentiques voies de recours

§ 1

Tierce opposition

335.41 Tiers à l'instance. Une personne qui n'était pas présente à l'instance ayant abouti à sa condamnation et qui n'y avait pas été régulièrement appelée est recevable à former tierce opposition d'une ordonnance de référé-provision[3].

§ 2

Recours en appel

335.51 Décisions susceptibles d'appel. En principe, l'ordonnance rendue en première instance par le juge du référé-provision « est susceptible d'appel » (CJA, art. R. 541-3).

Toutefois, relèvent de la seule cassation les ordonnances intervenues dans les matières qui (au fond comme en référé) relèvent de la seule cassation (v. s[s] n° 335.61).

335.52 Recevabilité de l'appel. L'article R. 541-3 du CJA prévoit un délai de 15 jours pour relever appel. Ce délai constitue un délai franc[4]. Seules les parties au litige devant le juge des référés du premier degré ont qualité pour faire appel. Il en résulte qu'une partie qui, en première instance, n'a pas été mise en cause dans l'instance en référé mais uniquement dans l'instance au fond, n'est pas recevable à relever appel de l'ordonnance la condamnant au paiement d'une provision[5].

Il n'y a pas lieu de statuer sur la demande d'appel lorsque celle-ci perd son objet. Tel est le cas lorsqu'est intervenu un jugement au fond[6], même si celui-ci a été

1. CE 20 juill. 2022, Collectivité territoriale de Guyane, req. n° 455106, *Lebon T.* ; *JCP Adm.* 2022, n° 2306, Chron. O. Le Bot.
2. CE 20 juill. 2022, Collectivité territoriale de Guyane, req. n° 455106, *Lebon T.*
3. CAA Lyon, 27 avr. 1990, Cordier, req. n° 89LY01886, *Lebon T.* 922.
4. CAA Lyon, 2 mars 1994, C[ne] d'Allos, req. n° 93LY00820, *Lebon T.* 1146.
5. CAA Lyon, 10 juill. 1992, S[té] Caillol, req. n° 92LY00435, *Lebon T.* 1215.
6. CAA Lyon, 19 juill. 1991, C[ne] de Saint-Bonnet-de-Mure, req. n° 90LY00743, *Lebon* 557.

frappé d'appel[1]. Il en va de même lorsque les parties concluent entre elles une transaction, alors même que le tribunal administratif n'a pas encore statué sur la demande d'homologation de celle-ci[2].

Le requérant qui a saisi le juge administratif au titre d'une autre procédure de référé ne peut présenter pour la première fois en appel des conclusions tendant à ce que le défendeur soit condamné à lui verser une provision[3].

335.53 **Jugement de l'appel.** L'appel d'une ordonnance rendue sur le fondement de l'article R. 541-1 du CJA relève de la compétence de la cour administrative d'appel (CJA, art. R. 541-3). L'examen de l'appel revient au président de la cour ou au magistrat désigné par lui (CJA, art. L. 555-1)[4].

335.54 **Suspension provisoire de l'ordonnance attaquée.** Le président de la cour ou le magistrat qu'il a désigné peut suspendre l'ordonnance attaquée « si l'exécution de cette ordonnance risque d'entraîner des conséquences difficilement réparables et si les moyens énoncés à son encontre paraissent, en l'état de l'instruction, sérieux et de nature à justifier son annulation et le rejet de la demande » (CJA, art. R. 541-6).

§ 3

Recours en cassation

A

Procédure

335.61 **Décisions concernées.** Deux types de décisions peuvent être contestées par la voie de la cassation.

D'une part, celles rendues par le juge d'appel de la cour administrative d'appel (CJA, art. R. 541-5, al. 2).

D'autre part, celles rendues par le juge des référés du tribunal administratif dans les matières relevant, dans les procédures au fond, du recours en cassation. En effet, mettant fin à une jurisprudence maintenant le principe de l'appel dans ces cas de figure[5], le décret n° 2013-730 du 13 août 2013[6] a introduit à l'article R. 811-1 du CJA un onzième alinéa disposant que les ordonnances de référé-provision sont « rendues en premier et dernier ressort lorsque l'obligation dont se prévaut le

1. CE 4 avr. 2005, C^ne^ de Sainte-Geneviève-des-Bois, req. n° 267325, *Lebon T.* 1020 ; *AJDA* 2005. 1311.
2. CAA Paris, 24 oct. 2002, min. de l'Aménagement c/S^té^ Fougerolle-Ballot, req. n° 00PA01048 ; *AJDA* 2003. 48 : transaction prévoyant l'engagement de l'État de verser à la société requérante la somme faisant l'objet de la demande de provision.
3. CE, ord., 19 juill. 2001, S^té^ générale bâtiment et habitation (SGBH), req. n° 248742, NP.
4. CE 29 oct. 2001, Bonte-Fondeur, req. n° 234134, *Lebon T.*
5. CE 25 févr. 2004, Laborie, req. n° 262739, *Lebon T.* 810 : qui affirmait le maintien du recours en appel après le décret n° 2003-543 du 24 juin 2003, « même que cette voie de recours ne serait pas ouverte contre le jugement statuant sur la demande présentée, le cas échéant, au fond ».
6. Décr. n° 2013-730, 13 août 2013, portant modification du Code de justice administrative (partie réglementaire), *JO* 15 août, p. 13960.

requérant pour obtenir le bénéfice d'une provision porte sur un litige énuméré aux alinéas précédents »[1].

À cet égard, dans le cas où la demande de provision porte sur une action indemnitaire, « le montant de l'obligation en cause doit être regardé comme excédant le montant déterminé par les articles R. 222-14 et R. 222-15 lorsque les conclusions présentées en référé tendent au versement d'une provision d'un montant supérieur à 10 000 euros ». À défaut, lorsque le montant demandé à titre de provision n'atteint pas cette somme, « l'étendue de l'obligation doit être appréciée au vu de ce qui est exposé à l'appui de la demande de provision et, le cas échéant, de l'existence d'une demande corrélative d'expertise ». En particulier, quand le requérant a, parallèlement à sa demande de provision, « demandé qu'une expertise soit ordonnée afin de déterminer l'étendue de son préjudice, en se réservant de fixer le montant de sa demande au vu du rapport de l'expert », le montant de l'obligation dont il se prévaut pour obtenir une provision « ne peut être tenu comme étant inférieur au montant fixé à l'article R. 222-14 ». Ainsi, dans ce dernier cas, la décision du juge des référés statuant sur la demande de provision est susceptible d'appel[2].

335.62 Recevabilité du pourvoi. S'agissant du délai pour agir, le recours en cassation doit être introduit dans les 15 jours suivant sa notification. Ce délai est expressément prévu pour les recours formés contre les ordonnances de cours administratives d'appel (CJA, art. R. 541-5, al. 2). Dans le silence des textes, le même délai s'applique aux recours formés contre les ordonnances de tribunaux administratifs relevant de la cassation : d'une part, par analogie avec le délai prévu pour les ordonnances de cours, d'autre part, parce qu'il s'agit du délai habituel en matière de référés.

Lorsque le pourvoi en cassation mentionne l'intention du requérant ou du ministre de présenter un mémoire complémentaire, la production annoncée doit parvenir au secrétariat du contentieux du Conseil d'État dans un délai de quinze jours à compter de la date à laquelle le pourvoi a été enregistré. Si ce délai n'est pas respecté, le requérant ou le ministre est réputé s'être désisté à la date d'expiration de ce délai et le Conseil d'État donne acte de ce désistement[3].

Le pourvoi devient sans objet si une décision au fond tranche le litige principal auquel se rapporte la demande de provision[4], même si cette décision n'est pas passée en force de chose jugée[5].

1. V., le confirmant : CE 9 déc. 2015, C^ne^ Le Cannet et Cie Areas dommages, req. n° 391626, *Lebon* ; *AJDA* 2015. 2411 ; *BJCL* 2016. 143, obs. P. Poujade, concl. X. Domino (p^t^ 3) : « considérant que les dispositions de l'article R. 541-3 du Code de justice administrative doivent être combinées avec celles du onzième alinéa de l'article R. 811-1 ; qu'il en résulte que les ordonnances rendues par le juge des référés du tribunal administratif statuant sur une demande de provision sur le fondement de l'article R. 541-1 du Code de justice administrative sont rendues en dernier ressort lorsque l'obligation dont se prévaut le requérant pour obtenir le bénéfice d'une provision se rattache à l'un des litiges énumérés aux 1° à 8° de l'article R. 811-1 ».
2. CE 9 déc. 2015, C^ne^ Le Cannet et Cie Areas dommages, req. n° 391626, préc.
3. CE 26 nov. 2004, Carmicahel, req. n° 268675, *Lebon T.* 810 – CE 5 déc. 2005, CH d'Antibes, req. n° 280207, NP.
4. CE 19 oct. 2001, C^ne^ de Paita, req. n° 221897, NP.
5. CE 4 avr. 2005, C^ne^ de Sainte-Geneviève-des-Bois, req. n° 267325, *Lebon T.* 1020 ; *AJDA* 2005. 1311 (revenant sur CE 5 mars 2003, SARL Hostellerie Château de Nyer, req. n° 247054, *Lebon T.* 908). L'intervention de la décision au principal prive l'ordonnance de son effet exécutoire et, par suite, le pourvoi de ➢

335.63 Suspension provisoire de l'ordonnance attaquée. Le juge de cassation peut suspendre l'ordonnance attaquée « si l'exécution de cette ordonnance risque d'entraîner des conséquences difficilement réparables et si les moyens énoncés à son encontre paraissent, en l'état de l'instruction, sérieux et de nature à justifier son annulation et le rejet de la demande » (CJA, art. R. 541-6). Le Conseil d'État a par exemple fait usage de cette faculté à l'égard de la décision par laquelle une cour administrative d'appel avait condamné en référé une commune à verser à un particulier une provision de 800 000 F, dès lors que cette condamnation risquait d'entraîner pour la collectivité des conséquences difficilement réparables. Un des moyens invoqués paraissant sérieux et de nature à justifier, outre l'annulation de la décision, le rejet de la demande de provision, le Conseil d'État a ordonné le sursis à exécution de la décision attaquée[1].

B
Objet et étendue du contrôle de cassation

1
Régularité externe de la décision

335.71 Procédure. Le juge de cassation s'assure du respect par le juge des exigences procédurales, notamment celles ayant trait au contradictoire.

335.72 Motivation. Le juge de cassation contrôle la motivation des ordonnances. Il vérifie si le juge des référés a suffisamment motivé sa décision concernant la condition relative au caractère non sérieusement contestable de l'obligation[2].

2
Régularité interne de la décision

335.81 Erreur de droit. Le juge de cassation contrôle l'éventuelle erreur de droit commise par le juge des référés.

Eu égard à l'office du juge du référé-provision, et à la circonstance que son intervention est susceptible de mettre un terme au litige, le contrôle de l'erreur de droit auquel se livre le juge de cassation est comparable à celui qui prévaut dans les procédures au fond[3].

Le juge de cassation se place à la date de la décision du juge du fond sur le référé-provision pour vérifier le caractère sérieux de la difficulté, et donc le caractère sérieu-

➢ son objet, alors même que la décision est frappée d'appel. Le demandeur au principal reste libre de présenter des conclusions en référé-provision devant la juridiction d'appel.

1. CE 21 juin 1996, ville de Marseille, req. n° 171969, *Lebon* 243 ; *AJDA* 1996. 928, concl. J.-H. Stahl.
2. V. par ex. CE 27 juin 1997, CH de Lagny, req. n° 163496, *Lebon* 266.
3. V. en particulier CE 3 déc. 2003, Sté Bernard Travaux Polynésie, req. n° 253748, *Lebon T.* 908 ; *AJDA* 2004. 223, note J.-D. Dreyfus ; *AJDA* 2004. 1358, Chron. C. Landais et F. Lenica - CE 17 déc. 2003, Sté Laser, req. n° 250494, *Lebon T.* 863 ; *BJCP* 2004/33. 123, concl. G. Le Chatelier - CE 4 nov. 2004, Sté Amec Spie, req. n° 263429, *Lebon T.* 970 ; *BJCP* 2006. 55, concl. N. Boulouis, note Ch. M. ; *Contrats marchés publ.* 2006/3. 14, obs. G. Eckert.

sement contestable de l'obligation. Tel est également le cas si le Conseil d'État tranche la difficulté juridique par une décision rendue le même jour[1].

A par exemple été sanctionnée, au titre de l'erreur de droit, l'ordonnance dans laquelle le juge des référés :

– a rejeté une demande de provision en se fondant sur la seule circonstance que le marché en cause n'avait pas encore donné lieu à l'établissement du décompte général et définitif[2] ;

– a rejeté une demande de provision en se fondant sur la seule circonstance que les demandes d'acompte présentées par le sous-traitant au titre du paiement direct n'ont été adressées au maître d'œuvre ni par le titulaire du marché, ni par le sous-traitant, alors que cette formalité n'est pas prescrite par le Code des marchés publics[3] ;

– a estimé qu'il n'avait pas à se prononcer sur les moyens soulevés par le défendeur tendant à établir qu'il n'était pas le débiteur de l'obligation dont se prévalait le créancier, alors qu'il lui appartient d'examiner si les moyens qui lui sont présentés par le défendeur, quels qu'ils soient, ne conduisent pas à regarder comme sérieusement contestable l'obligation invoquée à l'encontre de ce dernier[4] ;

– a ajouté une condition non prévue par l'article R. 541-1 du CJA en estimant que, même si une créance dont se prévaut une entreprise qui a effectué certains travaux ou fourni certaines prestations n'est contestée ni dans son principe ni dans son montant, elle ne peut être regardée comme non sérieusement contestable lorsque le mandatement ou l'ordonnancement des sommes correspondantes a fait l'objet, de la part de la personne publique bénéficiaire de ces travaux ou prestations, d'un refus fondé sur l'application des règles de la comptabilité publique et sur des risques de difficultés dans les rapports entre ordonnateur et comptable[5] ;

– qui dénie à la créance sa qualification d'obligation non sérieusement contestable en se fondant sur la circonstance que la légalité de la décision administrative fondant l'obligation dont se prévaut le demandeur serait douteuse alors que cette décision n'a été ni rapportée, ni annulée, et que son illégalité n'a été déclarée par aucune décision juridictionnelle[6] ;

1. CE 22 oct. 2010, ville de Strasbourg, req. n° 339013, *Lebon T.* ; *AJCT* 2011. 36, obs. X. Cabannes ; *RFDA* 2010. 1257, Chron. A. Roblot-Troizier et T. Rambaud : difficulté relative à la répartition d'une compétence entre les communes et l'État, tranchée le même jour par l'arrêt CE 22 oct. 2010, min. de l'Intérieur c/Cne de Versailles, req. n° 328102, *Lebon* ; *AJDA* 2010. 2021 ; *AJCT* 2011. 36, obs. X. Cabannes.

2. CE 3 déc. 2003, Sté Bernard Travaux Polynésie, req. n° 253748, *Lebon T.* 908 ; *AJDA* 2004. 223, note J.-D. Dreyfus ; *AJDA* 2004. 1358, Chron. C. Landais et F. Lenica.

3. CE 17 déc. 2003, Sté Laser, req. n° 250494, *Lebon T.* 863 ; *BJCP* 2004/33. 123, concl. G. Le Chatelier.

4. CE 9 févr. 2004, Billerach, req. n° 254438, *Lebon T.* 812 ; *AJDA* 2004. 1150 ; *RDI* 2004. 313, obs. F. Moderne.

5. CE 2 avr. 2004, Sté Alstom Power Turbomachines, req. n° 256504, *Lebon* 150 ; *Just. & cass.* 2005. 274, concl. D. Piveteau ; *BJCP* 2004. 299, concl. D. Piveteau.

6. CE, sect., 16 déc. 2005, Lacroix, req. n° 274545, *Lebon* 584 ; *AJDA* 2006. 582, Chron. C. Landais et F. Lenica ; *RFDA* 2006. 198, obs. P. Terneyre ; *RFDA* 2006. 513, concl. S. Verclytte ; *GACA*, 5e éd., 2016, n° 18 ; *Dr. adm.* 2006, comm. n° 84, obs. P. Cassia.

– se borne, pour déterminer sa compétence, à examiner la nature (administrative ou de droit privé) du contrat de caution sans s'interroger sur la nature du contrat principal dont il constitue l'accessoire, en l'occurrence un contrat de prêt[1] ;

– estime qu'une commune a la qualité de haute partie contractante au sens de la Convention européenne des droits de l'homme[2].

335.82 Contrôle de la dénaturation. Le juge de cassation ne contrôle pas l'évaluation du montant de la provision[3]. Il ne contrôle pas davantage l'interprétation de stipulations contractuelles à laquelle le juge s'est livré pour apprécier le caractère non sérieusement non contestable de l'obligation[4].

De telles appréciations relèvent, sauf dénaturation, du pouvoir souverain du juge des référés. Une cour dénature la portée d'une lettre adressée par une société d'autoroute au requérant en estimant qu'elle fonde l'existence d'une obligation non sérieusement contestable alors que le document ne peut, compte tenu de ses termes, être interprété ni comme une offre de transaction par la société d'autoroute ni comme une reconnaissance par celle-ci de sa responsabilité à l'égard du requérant[5].

335.83 Contrôle de la qualification juridique des faits. Le juge de cassation vérifie si le juge des référés a correctement qualifié le caractère non sérieusement contestable[6] ou au contraire contestable[7] de la créance au regard des constatations réalisées[8]. Le contrôle est aussi approfondi que dans une procédure au fond, afin de permettre au Conseil d'État de conserver la maîtrise de cette notion. Ainsi, lorsqu'une cour administrative d'appel s'est fondée sur l'illégalité d'une décision administrative pour retenir l'existence d'une obligation non sérieusement contestable, le juge de cassation contrôle l'illégalité de la décision administrative litigieuse[9].

1. CE 6 oct. 2004, Office national interprofessionnel des viandes, de l'élevage et de l'aviculture, req. n° 261790, NP.
2. CE, sect., 29 janv. 2003, C^ne d'Annecy, req. n° 247909, *Lebon* 4 ; *AJDA* 2003. 613, concl. L. Vallée ; *RFDA* 2003. 961, note A. Potteau ; *Dr. fisc.* 2003/29, comm. n° 547, concl.
3. CE, sect., 6 déc. 2013, Thévenot, req. n° 363290, *Lebon* ; *AJDA* 2014. 237, concl. D. Hedary ; *AJDA* 2013. 2461 ; *AJ pénal* 2014. 143, obs. E. Péchillon.
4. CE 26 mars 2014, Communauté d'agglomération Côte basque - Adour, req. n° 374287, *Lebon T.* ; *AJDA* 2014. 712 ; *Contrats Marchés publ.* 2014. comm. 137, note G. Eckert.
5. CE 20 déc. 2000, S^té des autoroutes du Sud de la France, req. n° 212293, NP.
6. CE, sect., 10 avr. 1992, CHG d'Hyères, req. n° 108294, *Lebon* 169 ; *RFDA* 1993. 88, concl. D. Tabuteau - CE 30 déc. 2002, S^té Mec Micro Electronics, req. n° 247463, NP.
7. CE, sect., 27 mai 2002, min. de l'Économie c/SARL Grey Diffusion, req. n° 241670, *Lebon* 186 ; *D.* 2002. 2030 ; *RJF* 2002. 547, Chron. L. Olléon ; *RJF* 2002. 666, concl. J. Coutial.
8. CE, sect., 6 déc. 2013, Thévenot, req. n° 363290, *Lebon* ; *AJDA* 2014. 237, concl. D. Hedary ; *AJDA* 2013. 2461 ; *AJ pénal* 2014. 143, obs. E. Péchillon.
9. CE 28 juill. 2000, Institut national des appellations d'origine, req. n° 196323, *Lebon* ; *D.* 2000. 246 ; *RTD com.* 2001. 71, obs. G. Orsoni.

LIVRE

4. Les référés en matière de passation de contrats publics

SECTION 0

Orienteur

400.00 Plan du livre.

400.09 **Deux procédures spécifiques.** Le contentieux contractuel connaît des applications dans de nombreux référés (référé-suspension, référé-mesures utiles, référé-provision, référé-expertise). Il comporte également deux procédures spécifiques apparues sous l'impulsion du droit de l'Union européenne et visant à sanctionner les manquements de la personne publique aux obligations de publicité et de concurrence qui s'imposent à elle lors de la passation de certains contrats publics. Le premier, le référé précontractuel, s'exerce avant la conclusion du contrat. Le second, le référé contractuel, ne peut être introduit qu'après que le contrat ait été conclu.

TITRE

41. Le référé précontractuel

SECTION 0

Orienteur

410.00 Plan du titre.

410.01 Textes applicables.

> Référé pour la passation de certains contrats administratifs par les pouvoirs adjudicateurs

CJA, art. L. 551-1 à L. 551-4, art. R. 551-1.

> Référé pour la passation de certains contrats administratifs par les entités adjudicatrices

CJA, art. L. 551-5 à L. 551-8, art. R. 551-2.

> Dispositions communes aux deux procédures

CJA, art. L. 551-10 à L. 551-12, art. R. 551-3 à R. 551-6.

410.03 Bibliographie indicative.

> **Encyclopédies.** N. Boulouis, « Référés en matière de contrats publics », *J.-Cl. Justice adm.*, fasc. Nº 55 – *Rép. contentieux administratif*, vº « Contrats de la commande publique : référés spécifiques », par M. de Monsembernard
> **Ouvrages.** P. Cassia, *Pratique des référés précontractuels*, Litec, 2008 ; M. Berbari et al., *La pratique des référés contractuels*, Le Moniteur, 2004.
> **Articles.** O. Agnus, « Un an de référés précontractuels au ministère de la Défense », *AJDA* 2014. 1198 ; F. Dieu, « L'irrésistible extension des pouvoirs du juge des référés précontractuels », *AJDA* 2007. 782 – F. Llorens et P. Soler-Couteaux, « Sur la place du référé précontractuel en procédure adaptée », Contrats et marchés publics 2017, repère 7 – S. Hourson, « Vers une justice par ordonnance ? Repenser les référés en matière contractuelle », *RFDA* 2021. 692 – P. Monnier, « Heurs et malheurs d'un juge des référés précontractuels », *Contrats et Marchés publics* 2016, dossier 9.

410.05 Documents pratiques.

Pour un exemple de dossier contentieux en matière de référé précontractuel, v. s^s nº 910.19.

410.06 Chiffres clés.

Plus de 1 000 demandes en référé précontractuel sont introduites chaque année devant les tribunaux administratifs. La progression est constante depuis dix ans : 174 décisions en 2001, la barre des 500 décisions a été dépassée en 2005 et celle des 1 000 franchie en 2010.

Le taux de réussite moyen, qui se situait entre 30 et 40 %, est passé à moins de 15 % depuis 2008 avec le durcissement des conditions de mise en œuvre.

Le délai moyen de jugement est d'une vingtaine de jours.

410.09 **Origine.** Le référé précontractuel a été institué en vue de transposer en droit français les directives « Recours », qui imposent aux États membres de l'Union européenne de prendre « les mesures nécessaires pour garantir que les décisions prises [...] peuvent faire l'objet de recours efficaces et, en particulier, aussi rapides que possible, [...] au motif que ces décisions ont violé le droit communautaire en matière de marchés publics ou les règles nationales transposant ce droit ». Les deux directives initiales[1], modifiées en 2007[2], ont été transposées en droit interne par différents textes législatifs et réglementaires[3]. La procédure, initialement codifiée aux articles L. 22 et L. 23 du CTACAA, est aujourd'hui régie par les articles L. 551-1 à L. 551-4 du CJA pour le secteur traditionnel (contrats passés par les pouvoirs adjudicateurs), et par les articles L. 551-6 à L. 551-9 pour les activités de réseaux (contrats passés par les entités adjudicatrices).

410.10 Objet. L'objet du référé précontractuel est de sanctionner les manquements aux règles de publicité et de mise en concurrence pour la passation de nombreux contrats publics.

410.11 Nature. Le référé précontractuel constitue un référé au fond. Il emprunte à la procédure de référé certains de ses caractéristiques (célérité, jugement par un juge unique) mais il confère au juge des pouvoirs étendus et donne lieu au prononcé d'une décision définitive.

410.12 Constitutionnalité de la procédure. Les dispositions législatives régissant la procédure du référé précontractuel ne méconnaissent ni le droit à un recours juridictionnel effectif, ni le principe d'égalité[4].

411. Engagement du référé précontractuel

SECTION 0

Orienteur

411.00 Plan du chapitre.

Sect. 1 Compétence
Sect. 2 Recevabilité

411.02 Jurisprudence de référence.

> Le juge doit être saisi avant la signature du contrat

CE, sect., 3 nov. 1995, CCI de Tarbes et de Hautes-Pyrénées, req. n° 157304, *Lebon* 394.

411.04 Questions essentielles.

> Une personne publique peut-elle signer un contrat nonobstant l'introduction d'un référé précontractuel contre la procédure de passation de celui-ci ? v. s[s] n° 411.182

1. Dir. 89/665/CEE, 21 déc. 1989, *JOCE* 30 déc., relative aux marchés des secteurs traditionnels et Dir. 92/13/CEE, 25 févr. 1992, *JOUE* 23 mars, relative aux marchés des secteurs dits « exclus » (secteurs de l'eau, de l'énergie, des transports et des services postaux).
2. Dir. 2007/66/CE 11 déc. 2007.
3. L. n° 92-10, 4 janv. 1992 et décr. n° 92-964, 7 sept. 1992, pour la directive de 1989 - L. n° 93-1416, 29 déc. 1993 et décr. n° 97-563, 29 mai 1997 pour la directive de 1992 - Ord. n° 2009-515, 7 mai 2009, pour la directive de 2007.
4. CE 15 févr. 2013, S[té] Novergie, req. n° 364325, NP ; *Nouveaux Cah. Cons. const.* 2013. 207, note H. Hoepffner.

SECTION 1

Compétence

411.11 Compétence de la juridiction administrative. Le juge du référé précontractuel n'est compétemment saisi que lorsque la demande qui lui est présentée n'est pas insusceptible de se rattacher à un litige relevant de la compétence de la juridiction administrative. Sa compétence s'apprécie selon les conditions de droit commun et non selon les conditions particulières s'appliquant à d'autres voies de référés. En effet, cette procédure ayant la nature d'un référé au fond, ne trouve pas à s'y appliquer la jurisprudence selon laquelle les demandes présentées au juge des référés doivent seulement ne pas être « manifestement » insusceptibles de se rattacher à un litige relevant de la compétence de la juridiction administrative[1].

Le juge du référé précontractuel est ainsi incompétent pour connaître d'un contrat qui ne relève pas de la juridiction administrative française. Dès lors qu'un accord intergouvernemental ne prévoit pas l'application du droit français pour la passation d'un contrat, le juge administratif français, et notamment le juge du référé précontractuel, n'est pas compétent pour connaître des actes de la commission intergouvernementale qu'il institue relatifs à la sélection d'un concessionnaire[2].

De même, le juge administratif du référé précontractuel est incompétent pour connaître des procédures se rapportant à la passation par les collectivités publiques de contrats de droit privé. On notera qu'un référé précontractuel propre au juge civil a été institué pour ces contrats (C. pr. civ., art. 1441-1 et 1441-2). Ceux-ci peuvent être contestés selon une procédure spécifique dès lors que, en raison de leur objet et de leur montant, ils entrent dans le champ d'application des directives européennes. En pratique, le référé précontractuel judiciaire donne lieu à un nombre d'applications nettement inférieur au référé précontractuel administratif.

Selon la même logique, le juge du référé précontractuel est incompétent pour connaître des contrats d'une société concessionnaire d'autoroutes lorsque celle-ci ne peut être assimilée à un pouvoir adjudicateur[3].

Dans le cadre d'un groupement de commandes constitué entre des acheteurs publics et des acheteurs privés en vue de passer chacun un ou plusieurs marchés publics et confiant à l'un d'entre eux le soin de conduire la procédure de passation, et où, l'un des acheteurs membres du groupement étant une personne publique, le marché qu'il est susceptible de conclure sera un contrat administratif par détermination de la loi, le juge du référé précontractuel compétent pour connaître de la procédure est le juge administratif, sans préjudice de la compétence du juge judiciaire pour connaître des litiges postérieurs à la conclusion de ceux de ces contrats qui revêtent un caractère de droit privé[4].

1. CE 24 juin 2011, Sté Atexo, req. n° 347429, *Lebon T.* ; *AJDA* 2011. 1298.
2. CE 30 déc. 2002, Sté Eiffage, req. n° 249904, *Lebon* 500 ; *AJDA* 2003. 888, concl. G. Le Chatelier ; *BJCP* 2003. 164, obs. R. Schwartz ; *Contrats Marchés publ.* 2003, comm. n° 55, obs. Ph. Delelis.
3. CE 30 avr. 2019, Société Total Marketing France, req. n° 426698, *Lebon T.* ; *JCP Adm.* 2019, n° 2206, note F. Lichère ; *BJCP* 2019. 292, concl. M. Le Corre ; *AJDA* 2019. 2075, note I. Hasquenoph ; *Contrats et Marchés publics* 2019, comm. 244, note J. Dietenhoeffer.
4. TC 10 janv. 2022, RATP c/Société Alstom Transport SA, req. n° 4230, *Lebon T.* ; *Contrats et Marchés publics* 2022, comm. 92, note C. Chamard-Heim.

411.12 Compétence territoriale. La compétence territoriale est déterminée par référence au lieu d'exécution du contrat. Les dispositions de droit commun relatives à la compétence territoriale prévoient que les litiges relatifs aux contrats « relèvent de la compétence du tribunal administratif dans le ressort duquel » ces contrats « sont exécutés » (CJA, art. R. 312-11, al. 1er, ajoutant que si leur exécution s'étend au-delà du ressort d'un seul tribunal administratif ou si le lieu de cette exécution n'est pas désigné dans le contrat, le tribunal administratif compétent est celui dans le ressort duquel l'autorité publique contractante ou la première des autorités publiques dénommées dans le contrat a signé le contrat). Le Conseil d'État estime « qu'il résulte de ces dispositions que le juge compétent pour statuer sur un référé précontractuel présenté sur le fondement de l'article L. 551-1 du Code de justice administrative est le juge des référés du tribunal dans le ressort duquel le contrat doit être exécuté »[1].

La compétence territoriale revient au tribunal administratif de Paris si le contrat doit être exécuté à l'étranger (CJA, art. 312-19, introduit par décr. n° 2010-164, 22 févr. 2010[2]).

SECTION 2

Recevabilité

411.21 Trois conditions principales. L'introduction du référé précontractuel est soumise à trois principales conditions de recevabilité. Celles-ci ont trait au contrat concerné, à l'auteur de la demande et à l'exigence d'introduire celle-ci avant la signature du contrat auquel se rapporte la procédure de passation contestée.

§ 1

Conditions de recevabilité relatives au contrat concerné

411.31 Champ d'application *ratione materiae*. Tous les contrats publics n'entrent pas dans le champ d'application du référé précontractuel. Seuls relèvent de cette procédure les « contrats administratifs ayant pour objet l'exécution de travaux, la livraison de fournitures ou la prestation de services, avec une contrepartie économique constituée par un prix ou un droit d'exploitation, ou la délégation d'un service public », et dont la passation est soumise « à des obligations de publicité et de mise en concurrence » (CJA, art. L. 551-1 et L. 551-5).

1. CE 26 juin 2015, min. de la Défense c/Sté Olympe Service, req. n° 389599, *Lebon T.* ; *AJDA* 2015. 1294 ; *AJCT* 2015. 535, obs. S. Hul ; *JCP Adm.* 2015, n° 2366, note J. Martin ; *Contrats et Marchés publics* comm. 245, obs. P. Devillers.
2. Avant ce texte, la compétence pour connaître de ces contrats relevait du Conseil d'État (CE 4 juill. 2008, Sté Colas Djibouti, req. n° 316028, *Lebon T.* ; *AJDA* 2009. 430, note S. Hul ; *RDI* 2008. 497, obs. S. Braconnier ; *RFDA* 2008. 1123, étude F. Melleray ; *BJCP* 2008. 355, concl. N. Boulouis ; *RJEP* 2008. 12, note P. Terneyre ; *Contrats Marchés publ.* 2008, comm. n° 211, note J.-P. Piétri). Les critères retenus dans cet arrêt à l'égard du Conseil d'État restent pertinents pour déterminer la compétence du tribunal administratif de Paris pour les contrats conclus à l'étranger.

A
Contrats nommés inclus dans le champ du référé précontractuel

1
Marché public

411.41 Contrat justiciable du référé précontractuel. Tous les marchés publics entrent dans le champ d'application du référé précontractuel.

411.42 Notion. La notion de marché public est définie par l'article 4 de l'ordonnance n° 2015-899 du 23 juillet 2015[1]. En vertu de son alinéa 2, « les marchés sont les contrats conclus à titre onéreux par un ou plusieurs acheteurs soumis à la présente ordonnance avec un ou plusieurs opérateurs économiques, pour répondre à leurs besoins en matière de travaux, de fournitures ou de services ».

La notion s'étend à celle d'accords-cadres, définie par son alinéa 3 comme « les contrats conclus par un ou plusieurs acheteurs soumis à la présente ordonnance avec un ou plusieurs opérateurs économiques ayant pour objet d'établir les règles relatives aux bons de commande à émettre ou les termes régissant les marchés subséquents à passer au cours d'une période donnée, notamment en ce qui concerne les prix et, le cas échéant, les quantités envisagées ».

2
Concession et délégation de service public

411.51 Contrats justiciables du référé précontractuel. Le juge du référé précontractuel est compétent pour connaître de la procédure de passation des conventions de délégation de service public[2] et des concessions de service public.

411.52 Notion. Le CGCT utilise la formule de « délégation de service public »[3] tandis que le code de la commande publique emploie celle de « concession » de service public[4]. L'une comme l'autre désigne un contrat par lequel une personne morale de droit public confie la gestion d'un service public dont elle a la responsabilité à un délégataire public ou privé, dont la rémunération est substantiellement liée aux résultats de l'exploitation du service, c'est-à-dire lui transfère un risque lié à l'exploitation du service. Lorsque la rémunération du cocontractant est forfaitaire et ne dépend donc pas « substantiellement » des résultats de l'exploitation, le contrat en cause s'analysera en un marché public[5].

411.53 Contrats concernés. Constituent des délégations de service public et, par suite, relèvent du champ du référé précontractuel :

1. Ord. n° 2015-899, 23 juill. 2015, relative aux marchés publics, *JO* 24 juill.
2. V. par ex. CE 20 oct. 2006, C^ne^ d'Andeville, req. n° 289234, *Lebon* 434 ; *AJDA* 2006. 2340, concl. D. Casas ; *AJDA* 2007. 782, étude F. Dieu ; *RDI* 2006. 477, obs. J.-D. Dreyfus ; *RDI* 2006. 487, obs. J.-D. Dreyfus ; *BJCP* 2007. 36, note C. Maugüé ; *Dr. adm.* 12007, comm. n° 21, obs. A. Ménéménis.
3. CGCT, art. L. 1411-1.
4. CCP, art. L. 1121-1.
5. Pour un contrat de gérance, v. CE 7 avr. 1999, C^ne^ de Guilherand-Granges, req. n° 156008, *Lebon T.* ; *AJDA* 1999. 517, concl. C. Bergeal ; *AJDA* 1999. 364, concl. C. Bergeal, note D. Chabanol ; *RDI* 1999. 396, obs. F. Llorens ; *RDI* 1999. 400, obs. F. Llorens ; *RFDA* 1999. 1134, obs. J.-C. Douence ; *RFDA* 1999. 1147, note L. Vidal ; *RTD com.* 1999. 854, obs. G. Orsoni.

- les concessions classiques[1] ;
- les affermages[2] ;
- les régies intéressées[3] ;
- un contrat relatif à l'exploitation du service public du transport de marchandises entre Paimpol et l'île de Bréhat[4] ;
- un contrat par lequel l'administration habilite des garagistes dépanneurs à procéder à des opérations de dépannage, de remorquage et d'évacuation des véhicules sur un réseau d'autoroutes non concédées[5].

411.54 **Procédure de passation pouvant aboutir à la signature d'une délégation de service public.** Par extension, relève du champ du référé précontractuel une procédure de passation, lancée par une collectivité publique sous la forme d'un appel à projet, lorsque cette procédure est susceptible d'aboutir à la signature d'une convention de délégation de service public, quand bien même la convention finalement conclue pourrait se limiter à une convention d'occupation du domaine public[6].

3
Concession de travaux

411.61 **Contrat justiciable du référé précontractuel.** La passation des concessions de travaux relève du champ du référé précontractuel dans la mesure où ces contrats emportent délégation de service public. Tel est le cas d'un bail emphytéotique assorti d'une convention de financement confiant ensemble à une entreprise la réalisation d'un immeuble communal (en l'occurrence un casino) et le droit de l'exploiter pour une durée de 60 ans[7].

4
Contrat de partenariat

411.71 **Contrat justiciable du référé précontractuel.** Eu égard à leur objet, qui correspond aux travaux, fournitures ou services mentionnés par l'article L. 551-1 du CJA, les contrats de partenariat entrent dans le champ d'application du référé précontractuel[8].

1. V. par ex. CE 2 juill. 1999, SA Bouygues, req. n° 206749, *Lebon* ; *D.* 1999. 258.
2. V. par ex. TA Toulouse, 13 avr. 2000, Lévy, req. n° 96/0602, NP ; *BJCP* 2000. 340, concl. D. Zupan.
3. V. par ex. CE 19 nov. 2010, Dingreville, req. n° 320169, *Lebon T.* ; *AJDA* 2010. 2240 ; *BJCP* 2011. 95, concl. B. Dacosta ; *Contrats Marchés publ.* 2011, comm. n° 22, obs. G. Eckert ; *JCP Adm.* 2010, n° 2180, obs. J.-B. Vila.
4. CE 21 juin 1996, Collinet, req. n° 171155, NP.
5. CE 22 mars 2000, Lasaulce, req. n° 207804, *Lebon* ; *RFDA* 2001. 353, note G.-J. Guglielmi ; *BJCP* 20003. 252, concl. H. Savoie.
6. CE 10 juin 2009, Port autonome de Marseille, req. n° 317671, *Lebon T.* ; *AJDA* 2009. 1174 ; *RJEP* 2010. 17, note C. Chamard-Heim ; *Contrats Marchés publ.* 2009, comm. n° 86, obs. W. Zimmer.
7. CE, ass., 10 juin 1994, Cne de Cabourg, req. n° 141633, *Lebon* 301, concl. S. Lasvignes ; *AJDA* 1994. 502, Chron. C. Maugüé et L. Touvet ; *D.* 1995. 239, obs. E. Baraduc-Bénabent ; *D.* 1995. 121, obs. P. Terneyre ; *RDI* 1994. 429, obs. J.-B. Auby et C. Maugüé ; *RDI* 1994. 655, obs. F. Llorens et P. Terneyre ; *RDI* 1994. 657, obs. F. Llorens et P. Terneyre ; *RFDA* 1994. 727, concl. S. Lasvignes.
8. V. par ex. CE 24 juin 2011, min. de l'Écologie c/Sté Sanef et a., req. n° 347720, *Lebon* ; *AJCT* 2011. 519, obs. C. Lapuelle ; *BJCP* 2011. 365, concl. N. Boulouis.

B

Contrats nommés exclus du champ du référé précontractuel

1

Concession domaniale (contrat emportant occupation du domaine public)

411.81 Contrat non justiciable du référé précontractuel. Une concession domaniale constitue un contrat d'occupation temporaire du domaine public.

Traditionnellement, la jurisprudence considérait qu'un contrat ayant ce seul objet n'est pas soumis, pour sa passation, à une obligation de publicité et de mise en concurrence[1]. Il en résultait qu'un tel contrat n'entre pas dans le champ d'application du référé précontractuel[2], même si l'administration « a choisi de se soumettre, sans y être tenu », à une procédure applicable aux marchés publics[3].

En 2017, une ordonnance est venue soumettre la passation de ces contrats à une obligation de publicité et de mise en concurrence[4] en introduisant un article L. 2122-1-1 dans le code général de la propriété des personnes publiques. Malgré cette évolution, ces contrats demeurent semble-t-il exclus du champ du référé précontractuel dans la mesure où, comme l'indique Gilles Pellissier, celui-ci concerne uniquement les contrats ayant « pour objet de satisfaire un besoin de la personne publique au moyen d'une prestation dont elle bénéfice en contrepartie du paiement d'un prix ou de l'octroi d'un droit d'exploitation »[5].

411.82 Exception en cas de délégation de service public. Une concession domaniale comportant, en outre, délégation de service public, entre dans le champ d'application du référé précontractuel dans la mesure où la passation de conventions de délégation de service public est soumise à une obligation de publicité et de mise en

1. V., pour un arrêt posant clairement le principe, CE, sect., 3 déc. 2010, ville de Paris et Assoc. Paris Jean Bouin, req. n° 338272, *Lebon* ; *AJDA* 2011. 18, étude S. Nicinski et E. Glaser ; *RDI* 2011. 162, obs. S. Braconnier et R. Noguellou ; *AJCT* 2011. 37, obs. J.-D. Dreyfus ; *RTD eur.* 2011. 496, obs. J.-P. Kovar ; *BJCP* 2011. 36, concl. N. Escaut ; *Dr. adm.* 2011, comm n° 17, obs. F. Brenet et F. Melleray ; *JCP Adm.* 2011, n° 2043, note C. Devès ; *BJCL* 2011. 51, note E. Coccolini : l'arrêt indique « qu'aucune disposition législative ou réglementaire ni aucun principe n'imposent à une personne publique d'organiser une procédure de publicité préalable à la délivrance d'une autorisation ou à la passation d'un contrat d'occupation d'une dépendance du domaine public, ayant dans l'un ou l'autre cas pour seul objet l'occupation d'une telle dépendance », et précise « qu'il en va ainsi même lorsque l'occupant de la dépendance domaniale est un opérateur sur un marché concurrentiel ».
2. CE 12 mars 1999, ville de Paris, req. n° 186085, *Lebon T.* 778 ; *AJDA* 1999. 439, note M. Raunet et O. Rousset ; *RDI* 1999. 231, obs. F. Llorens ; *RDI* 1999. 250, obs. F. Llorens ; *RDI* 1999. 629, obs. C. Lavialle ; *BJCP* 1999. 433, concl. C. Bergeal – CE 19 janv. 2011, CCI de Pointe-à-Pitre, req. n° 341669, *Lebon T.* ; *AJDA* 2011. 139 ; *AJDA* 2011. 1330, note P. Caille ; *BJCP* 2011. 101, concl. N. Boulouis ; *Contrats Marchés publ.* 2011, comm. n° 86, obs. G. Eckert.
3. CE 3 déc. 2014, Éts public Tisséo et Sté Métrobus, req. n° 384170, *Lebon T.* ; *AJDA* 2015. 1107, note H. Hoepffner ; *AJDA* 2014. 2393 ; *JCP Adm.* 2015, n° 2365, note M.-C. Vincent-Legoux ; *BJCP* 2015. 128, concl. G. Pellissier : convention d'exploitation d'espaces publicitaires.
4. Ord. n° 2017-562, 19 avr. 2017 relative à la propriété des personnes publiques, *JO* 20 avr. 2017.
5. G. Pellissier, concl. sur CE 14 févr. 2017, req. n° 405157, *Lebon* ; *BJCP* 2017. 153. Dans le même sens, v. F. Lichère, « Juge compétent et recours applicable pour la passation d'un contrat d'occupation du domaine public entre deux personnes privées », *JCP Adm.* 2019, n° 2206.

concurrence. En pratique, un contrat ayant ces deux objets sera conclu lorsque le service public faisant l'objet de la délégation a pour lieu d'exercice de l'exploitation le domaine public concédé. Tel est le cas :

- des concessions d'outillage public[1] ;
- des concessions d'exploitation d'un immeuble communal (casino[2], palais des congrès[3]) ;
- des concessions de plage, lorsque le concessionnaire est chargé de l'équipement, de l'entretien et de l'exploitation de la plage et doit également veiller à la salubrité de la baignade et au respect des mesures destinées à assurer la sécurité des usagers[4].

2
Acte unilatéral

411.91 Dévolution unilatérale. La procédure du référé précontractuel porte uniquement sur la passation de contrats. Par conséquent, elle ne peut pas être mise en œuvre à l'égard d'une autorisation unilatérale d'exploiter un service de transport de voyageurs, délivrée par une collectivité publique à une entreprise[5].

3
Avenant

411.101 Exclusion sauf modification donnant naissance à un nouveau contrat. La passation d'un avenant à un marché public n'entre pas dans le champ du référé précontractuel dans la mesure où la conclusion d'un tel accord n'est pas soumise aux obligations de publicité et de mise en concurrence qui s'imposent lors de la passation des marchés publics, sauf si cet avenant constitue en réalité un marché nouveau[6].

C
Contrats complexes et innommés

411.111 Office du juge. Afin de déterminer s'il peut valablement connaître d'une demande en référé précontractuel, le juge administratif doit s'interroger sur le rattachement du contrat à l'une des catégories de contrats précédemment évoquées (v. s[s] n°s 411.41 s.). En cas de montage complexe, donnant lieu à un contrat *sui generis* ou innommé pouvant présenter plusieurs objets, le juge qualifie le contrat en fonction

1. CE 20 déc. 2000, CCI du Var, req. n° 217639, *Lebon T.*
2. CE, avis., sect. int., 4 avr. 1995, *EDCE* 1995, n° 47, p. 414 - CE 6 nov. 2020, Commune de Saint-Amand-les-Eaux et Société anonyme du casino de Saint-Amand-les-Eaux, req. n° 437946, *Lebon T.* ; *BJCP* 2021. 58, concl. M. Pichon de Vendeuil ; *AJDA* 2021. 341, note J.-Ch. Videlin.
3. TA Toulouse, 13 avr. 2000, Lévy, req. n° 96/0602, NP ; *BJCP* 2000. 340, concl. D. Zupan.
4. CE 21 juin 2000, SARL Plage chez Joseph, req. n° 212100, *Lebon* 282 ; *D.* 2001. 733, note L. Bordereaux ; *RDI* 2000. 549, obs. L. Vallée ; *RDI* 2000. 566, obs. F. Llorens ; *RFDA* 2000. 797, concl. C. Bergeal ; *RTD com.* 2000. 876, obs. G. Orsoni ; *BJCP* 2000. 35, concl.
5. CE 13 juill. 2007, C[ne] de Rosny-sous-Bois, req. n° 299207, *Lebon T.* 934 ; *AJDA* 2007. 2221 ; *BJCP* 2007. 444, concl. N. Boulouis ; *Dr. adm.* 2007, comm. n° 11, obs. A. Ménéménis ; *Contrats Marchés publ.* 2007, comm. n° 222, obs. J.-P. Piétri.
6. CE 11 juill. 2008, ville de Paris, req. n° 312354, *Lebon* 270 ; *AJDA* 2008. 1816, Chron. E. Geffray et S.-J. Liéber ; *RTD com.* 2009. 87, obs. G. Orsoni.

de son objet principal[1]. Dans cette opération, il ne se considère jamais lié par les qualifications et appellations données par les parties[2]. La seule circonstance qu'une convention est attribuée à l'issue d'une procédure ouverte, transparente et non discriminatoire n'est pas de nature à établir que cette convention entre dans le champ matériel de l'article L. 551-1 du CJA[3].

Une difficulté de qualification s'était par exemple posée pour une convention qui permettait à son titulaire d'aménager et d'exploiter une boutique *duty free* dans un aéroport. La convention était assortie de prescriptions tenant à la qualité du service, à l'aménagement des horaires d'ouverture et à la promotion des produits locaux. Dans la mesure où elle n'a ni pour objet ni ou pour effet de confier au cocontractant la gestion du service public, la convention litigieuse s'analyse en une convention d'occupation du domaine public et non pas une délégation de service public. Cette convention ne saurait non plus être regardée comme un contrat de prestation de services. Par suite, le Conseil d'État a considéré que les dispositions de l'article L. 551-1 du CJA n'étaient pas applicables à la procédure de passation de cette convention[4].

411.112 Éventualité que le contrat en formation relève du référé précontractuel. En cas de difficulté de qualification, la tendance du juge du référé précontractuel est de retenir une conception large de sa compétence. Par exemple, il suffit que la procédure d'appel à la concurrence soit susceptible d'aboutir à la signature d'une convention de délégation de service public pour que le juge des référés soit valablement saisi sur le fondement de l'article L. 551-1 du CJA de la régularité de la procédure de passation du contrat en cause et vérifie que les règles de publicité et de mise en concurrence applicables à la passation des délégations de service public n'ont pas été méconnues et ce, alors même que le contrat pourrait aussi en l'espèce se limiter finalement à une convention d'occupation du domaine public (v. ss n° 411.54). Ainsi, il suffit que le contrat en voie de formation relève potentiellement du champ du référé précontractuel pour que la procédure de passation puisse être valablement soumise au juge des référés.

1. CE 19 janv. 2011, CCI de Pointe-à-Pitre, req. n° 341669, *Lebon T.* ; *AJDA* 2011. 1330, note P. Caille ; *BJCP* 2011. 101, concl. N. Boulouis ; *Contrats Marchés publ.* 2011, comm. n° 86, obs. G. Eckert - La Cour de justice retient une approche identique : v. CJCE 19 avr. 1994, Gestion hôtelière internationale c/Communauté autonome des Canaries, aff. C-331/92 ; *D.* 1994. 128 ; *RDI* 1994. 441, obs. F. Llorens et P. Terneyre - CJCE 18 janv. 2007, Auroux c/Cne de Roanne, aff. C-220/05, *AJDA* 2007. 409, étude E. Fatôme et L. Richer ; *AJDA* 2007. 1117, Chron. E. Broussy, F. Donnat et C. Lambert ; *AJDA* 2009. 1868, étude E. Fatôme et P. Terneyre ; *RDI* 2007. 150, obs. J.-D. Dreyfus ; *RTD eur.* 2009. 511, Chron. A.-L. Sibony et A. Defossez - CJCE 21 févr. 2008, Commission c/Italie, aff. C-412/04 ; *AJDA* 2008. 871, Chron. E. Broussy, F. Donnat et C. Lambert ; *RDI* 2008. 209, obs. R. Noguellou ; *RTD eur.* 2009. 511, Chron. A.-L. Sibony et A. Defossez.
2. Jurispr. constante. V. par ex. CE, sect., 26 nov. 1971, Sté Sima, req. n° 75710, *Lebon* 612 - CE 7 avr. 1999, Cne de Guilherand-Granges, req. n° 156008, *Lebon T.* ; *AJDA* 1999. 364, concl. C. Bergeal, note D. Chabanol ; *AJDA* 1999. 517, concl. C. Bergeal ; *RDI* 1999. 396, obs. F. Llorens ; *RDI* 1999. 400, obs. F. Llorens ; *RFDA* 1999. 1134, obs. J.-C. Douence ; *RFDA* 1999. 1147, note L. Vidal ; *RTD com.* 1999. 854, obs. G. Orsoni.
3. CE 14 févr. 2017, Sté de manutention portuaire d'Aquitaine et Sté Grand port maritime de Bordeaux, req. n° 405157, *Lebon* ; *AJDA* 2017. 326.
4. CE 19 janv. 2011, CCI de Pointe-à-Pitre, req. n° 341669, *Lebon T.* ; *AJDA* 2011. 1330, note P. Caille ; *BJCP* 2011. 101, concl. N. Boulouis ; *Contrats Marchés publ.* 2011, comm. n° 86, obs. G. Eckert.

411.113 Contrat soumis aux principes (jurisprudentiels) de la commande publique. Un contrat peut être soumis à une obligation de publicité et de mise en concurrence non pas en vertu d'un texte le prévoyant expressément, mais en vertu des principes de la commande publique (qui sont la liberté d'accès au contrat, l'égalité de traitement des candidats et la transparence des procédures). Un tel contrat entre, dans ce cas, dans le champ d'application du référé précontractuel[1]. En l'espèce, était en cause un contrat passé entre le consulat de France à Tunis et une société tunisienne pour la collecte des dossiers de demande de visas. Le Conseil d'État relève qu'un tel contrat, s'il n'est pas soumis au Code des marchés publics, dès lors qu'il a été conclu à l'étranger pour être exécuté hors du territoire français, « est cependant soumis aux principes de liberté d'accès à la commande publique et d'égalité de traitement des candidats et à la règle de transparence des procédures qui en découle ». Il en résulte que le juge des référés peut être saisi des manquements aux obligations de publicité et de mise en concurrence (certes plus allégées) auxquelles est soumise sa passation.

Tel est le cas, de la même manière, de marchés passés par le Centre national d'études spatiales (CNES) portant sur la maintenance des installations et les moyens de fonctionnement du Centre spatial guyanais dans le cadre d'une convention conclue avec l'Agence spatiale européenne prise en application d'un accord signé entre le Gouvernement français et cette agence[2].

§ 2

Conditions de recevabilité relatives au requérant

411.121 Champ d'application *ratione personae*. Le référé précontractuel n'est pas ouvert à toute personne justifiant d'un intérêt à agir. Selon l'article L. 551-10 du CJA, seules trois catégories de requérants sont recevables à introduire ce recours : tout d'abord les candidats à l'attribution d'un contrat, ensuite le préfet, enfin les autorités françaises agissant sur demande de la Commission européenne.

A

Recours formé par un candidat à l'attribution du contrat

411.131 Deux hypothèses. Selon l'article L. 551-10 du CJA, les personnes habilitées à introduire un référé précontractuel « sont celles qui ont un intérêt à conclure le contrat et qui sont susceptibles d'être lésées par le manquement invoqué ». Faute de satisfaire à ces critères de recevabilité, ne peut valablement engager un référé précontractuel :

- un conseiller municipal[3] ;

1. CE 29 juin 2012, Sté Pro 2C, req. n° 357976, *Lebon* ; *Contrats Marchés publ.* 2012, comm. n° 270, obs. J.-P. Piétri ; *BJCP* 20012. 336, concl. N. Boulouis, 341, note S. Nicinski – v. égalt F. Lorens et P. Soler-Couteaux, « L'extension des référés précontractuel et contractuel aux contrats de la commande publique », *Contrats Marchés publ.* 2012, Repères 9.
2. CE 5 févr. 2018, Centre national d'études spatiales et autres, req. n° 414846, *Lebon T.* ; *BJCP* 2018. 143, concl. O. Henrard.
3. TA Rennes, 31 mars 1994, Becam, req. n° 94-257, *Lebon T.* 1043 : indiquant « que les membres d'un conseil municipal n'ont pas, en cette seule qualité, intérêt pour conclure un contrat ou ne sont pas, en cette même qualité, susceptibles d'être lésés par un manquement aux obligations de publicité et de mise en concurrence auxquelles est soumise la passation des marchés publics et des conventions de délégation de service public ».

– un ordre professionnel, agissant pour la défense d'un de ses membres, et qui n'a pas lui-même vocation à conclure le contrat[1] ;

– un contribuable local ;

– une association (de défense des usagers, de sauvegarde de l'environnement ou autre).

411.132 Première hypothèse : candidat évincé. Un candidat écarté de la procédure de passation est recevable à introduire un référé précontractuel. Ce cas de figure correspond à celui où un candidat a présenté une offre, laquelle s'est trouvée écartée à un moment quelconque de la procédure[2]. Tel est le cas, par exemple, d'une entreprise n'ayant pas été autorisée à soumissionner à un appel d'offres restreint[3].

La jurisprudence a apporté des précisions sur la recevabilité de l'action du candidat évincé dans certaines situations particulières.

Tout d'abord, une entreprise qui n'a vocation à se voir attribuer que certains des lots est néanmoins recevable à demander au juge des référés précontractuels l'annulation de l'ensemble de la procédure dès lors que la procédure de passation d'un marché alloti comporte une partie commune à l'ensemble des lots[4].

Ensuite, dans l'hypothèse où des entreprises se sont réunies en groupement, la demande en référé peut être introduite aussi bien par le groupement (agissant par son représentant) que par chacune des sociétés membres[5].

Il a également été jugé que l'entreprise déclarée attributaire d'un contrat à l'issue de la procédure de passation n'est pas susceptible d'être lésée par des manquements aux obligations de publicité et de mise en concurrence auxquelles est soumis ce contrat. Par conséquent, elle n'a pas intérêt à agir à l'encontre de cette procédure de passation du contrat et n'est donc pas habilitée à en demander l'annulation sur le fondement des dispositions de l'article L. 551-1 du CJA[6]. Cette entreprise peut seulement, le cas échéant, si la procédure de passation est entachée d'une irrégularité susceptible de conduire à l'annulation du contrat, retirer son offre avant la conclusion du contrat.

1. CE 16 déc. 1996, conseil régional de l'Ordre des architectes de Martinique, req. n° 158234, *Lebon* 493 ; *D.* 1997. 297, obs. P. Terneyre.
2. CE 13 déc. 1996, Synd. intercommunal pour la revalorisation des déchets du secteur Cannes-Grasse, req. n° 169706, *Lebon* 488 ; *D.* 1997. 46.
3. TA Grenoble, ord., 11 janv. 1994, req. n° 933521, *Lebon* ; *RFDA* 1994. 741, note M. B.
4. CE 11 mai 2007, région Guadeloupe, req. n° 298863, *Lebon T.* 953 ; *AJDA* 2007. 1813, note H. Gérard.
5. CE 30 juin 1999, Synd. mixte du traitement des ordures ménagères centre ouest seine-et-marnais (Smitom), req. n° 198147, *Lebon* ; *AJDA* 1999. 714, concl. C. Bergeal, note J.-M. Peyrical ; *RFDA* 1999. 1134, obs. J.-C. Douence ; *RFDA* 1999. 1147, note L. Vidal ; *RTD com.* 2000. 74, obs. G. Orsoni.
6. CE 23 déc. 2011, Dpt de la Guadeloupe, req. n° 350231, *Lebon T.* ; *AJDA* 2012. 442, note P. Cassia : l'arrêt revient sur la solution antérieure (CE 19 sept. 2007, Communauté d'agglomération de Saint-Étienne Métropole, req. n° 296192, *Lebon T.* 1007 ; *AJDA* 2007. 1781 ; *Contrats Marchés publ.* 2007, comm. n° 312, obs. J.-P. Piétri : une entreprise ayant toujours intérêt à conclure un marché selon une procédure régulière, elle est au nombre des personnes ayant qualité pour introduire un référé précontractuel alors même qu'elle se trouve être le seul attributaire possible du marché à l'issue de la procédure de passation). Cette solution a été abandonnée dans la mesure où elle était devenue incompatible avec la jurisprudence *SMIRGEOMES* (v. ss nos 412.191 s.).

Enfin, la recevabilité du référé précontractuel formé par le sous-traitant ne paraît pas devoir être admise, cette qualité ne permettant pas de regarder celui qui s'en prévaut comme ayant intérêt à conclure le contrat[1].

411.133 Seconde hypothèse : candidat potentiel. Le candidat potentiel est recevable à introduire un référé précontractuel. Il s'agit de l'entreprise qui n'a pas pu ou n'a pas voulu présenter une offre en raison de la violation des obligations de publicité et de mise en concurrence. La qualité de candidat potentiel s'apprécie par rapport à la spécialité de l'entreprise, c'est-à-dire au fait que le domaine d'activité de l'entreprise correspond à l'objet du contrat[2]. À titre d'illustration, présente cette qualité la société qui commercialise des charbons actifs destinés au traitement de l'eau, relativement à un contrat portant sur la vente de ces produits[3].

La notion de candidat potentiel recouvre deux situations.

La première correspond à l'entreprise qui n'a pas *pu* candidater. Les formalités de publicité n'ayant pas été accomplies, l'entreprise n'a pas eu connaissance de la passation de ce contrat. Faute d'information sur l'existence de celle-ci, elle n'a pas présenté de candidature.

La seconde situation correspond à l'entreprise qui n'a pas *voulu* candidater. Selon la jurisprudence, une entreprise qui avait « vocation, compte tenu de son domaine d'activité, à exécuter le contrat », est recevable à agir « y compris lorsqu'elle n'a pas présenté de candidature ou d'offre si elle en a été dissuadée par les manquements aux obligations de publicité et de mise en concurrence qu'elle invoque »[4].

B

Recours formé par le préfet

411.141 Pouvoir d'introduire un référé précontractuel. Le référé précontractuel peut être introduit par « le représentant de l'État dans le cas où le contrat doit être conclu par une collectivité territoriale ou un établissement public local » (CJA, art. L. 551-10). Ce pouvoir a été conféré au préfet par la loi n° 93-1222 du 29 janvier 1993. Initialement limité aux contrats conclus par les pouvoirs adjudicateurs, il a été étendu à l'ensemble des contrats par l'ordonnance n° 2009-515 du 7 mai 2009.

1. TA Saint-Denis, de La Réunion, ord., 30 juin 2008, Ary Claude Caro, req. n° 0800833 - TA Marseille, ord., 23 déc. 2008, req. n° 0808294, Assoc. Provence action service - v. *contra* TA Paris, ord., 8 nov. 2006, Sté Forsup, req. n° 0615298, NP - pour un commentaire comparé des trois décisions, v. J. Andreani, « Absence d'intérêt à agir en référé précontractuel d'un sous-traitant présenté pour la conclusion d'un marché public », *JCP Adm.* 2009, n° 2059.
2. CE 8 août 2008, région de Bourgogne, req. n° 307143, *Lebon T.* ; *AJDA* 2009. 54, note P. Labayle-Pabet et N. Gardères ; *AJDA* 2008. 1565 ; *RDI* 2008. 503, obs. R. Noguellou ; *Contrats Marchés publ.* 2008, comm. n° 226, obs. J.-P. Piétri ; *JCP Adm.* 2008, n° 2213, obs. F. Linditch.
3. CE, sect., 3 nov. 1995, District de l'agglomération nancéienne, req. n° 152484, *Lebon* 391, concl. C. Chantepy ; *AJDA* 1995. 888, Chron. J.-H. Stahl et D. Chauvaux ; *D.* 1996. 321, obs. P. Terneyre ; *GACA*, 2e éd., 2009, n° 17 ; *RDI* 1996. 68, obs. F. Llorens et P. Terneyre ; *RFDA* 1995. 1077, concl. C. Chantepy ; *CJEG* 1996. 67, concl.
4. CE 29 avr. 2015, Synd. de valorisation des déchets de la Guadeloupe, req. n° 386748, *Lebon T.* ; *AJDA* 2015. 903 ; *AJDA* 2015. 1749, note E. Muller ; *AJCT* 2015. 470, obs. J.-D. Dreyfus ; *BJCP* 2015. 360, concl. G. Pellissier (pt 4) - CE 21 sept. 2016, Communauté urbaine du Grand Dijon et Sté Keolis, req. n° 399656, *Lebon T.* ; *AJDA* 2017. 359, note M. Douence ; *AJDA* 2016. 1775 ; *AJCT* 2017. 47, obs. P. Grimaud et O. Villemagne ; AJ *Contrat* 2016. 494, obs. F. Lepron (pt 5).

411.142 **Pouvoir peu utilisé.** Le préfet utilise relativement peu ce pouvoir[1]. Il préfère, comme il en a la possibilité, agir au titre du pouvoir général de déférer au juge du fond les actes des collectivités territoriales, et notamment les marchés, qu'il estime contraires à la légalité[2]. La tendance à privilégier le déféré au référé précontractuel devrait s'accentuer dans la mesure où le déféré préfectoral contre un contrat est désormais qualifié de recours de plein contentieux[3].

C

Recours formé par les autorités françaises sur demande de la Commission européenne

411.151 **Pouvoir d'introduire un référé précontractuel.** L'article L. 551-10 prévoit qu'un référé précontractuel peut être présenté par l'État lorsque la Commission européenne lui a notifié les raisons pour lesquelles elle estime qu'une violation grave des obligations de publicité et de mise en concurrence applicables a été commise. La demande est introduite par le préfet pour les contrats des collectivités territoriales, et par le ministre de tutelle pour les contrats des autres collectivités publiques. En vertu de l'article L. 551-10, cette procédure ne peut pas être dirigée contre les contrats de l'État.

411.152 **Pouvoir jamais utilisé.** Ce pouvoir n'a jamais été mis en œuvre. En présence d'une violation grave des obligations de publicité et de mise en concurrence à laquelle l'État n'aurait pas réagi, la Commission préfère utiliser la procédure du recours en manquement.

§ 3

Absence de signature du contrat

A

Exigence d'une saisine avant la signature du contrat

411.161 **Jurisprudence *CCI de Tarbes*.** Le référé précontractuel doit être introduit *avant* la signature du contrat contesté[4]. L'ordonnance n° 2009-515 du 7 mai 2009 a conforté cette jurisprudence en affirmant plus nettement le caractère précontractuel de la procédure. L'ancienne formule, indiquant que le juge des référés « peut être

1. Pour un ex., v. TA Nantes, ord., 7 juill. 2017, préfet de Loire-Atlantique, req. n° 1704447, NP ; *AJDA* 2017. 1423 : référé précontractuel contre la passation d'un marché public imposant l'utilisation de la langue française sur les chantiers ou, plus exactement, le recours à un interprète. Dans une circulaire du 27 avril 2017 (NOR : ARCB1710251J), le gouvernement avait invité les préfets à déférer au juge administratif de telles clauses, dites « clauses Molière » (v. *AJDA* 2017. 910).
2. CE 14 janv. 1998, conseil régional de la région Centre, req. n° 155409, *Lebon T.* ; *RTD com.* 1998. 584, obs. G. Orsoni : les dispositions relatives au référé précontractuel n'ont ni pour objet ni pour effet de priver le représentant de l'État, dans les cas où il n'a pas mis en œuvre, avant la conclusion d'un marché, cette procédure spéciale de référé, de son pouvoir général de déférer les contrats après leur signature.
3. CE 23 déc. 2011, min. de l'Intérieur, req. n° 348648, *Lebon* ; *AJDA* 2012. 1064, note M. Quyollet.
4. CE, sect., 3 nov. 1995, CCI de Tarbes et de Hautes-Pyrénées, req. n° 157304, *Lebon* 394, concl. C. Chantepy ; *AJDA* 1995. 888, Chron. J.-H. Stahl et D. Chauvaux ; *D.* 1996. 321, obs. P. Terneyre ; *GACA*, 2e éd., 2009, n° 17 ; *RDI* 1996. 67, obs. F. Llorens et P. Terneyre ; *RFDA* 1995. 1077, concl. C. Chantepy ; *CJEG* 1996. 67, concl.

saisi avant la conclusion du contrat », a été remplacée par les dispositions suivantes : « le juge est saisi avant la conclusion du contrat » (CJA, art. L. 551-1, al. 2 et L. 551-5, al. 2).

411.162 Absence de contrôle sur la signature. Dessaisi par la signature du contrat, le juge des référés ne contrôle pas la validité de celle-ci[1] mais seulement son existence[2]. Ainsi, il refuse de contrôler si, comme le soutient le requérant :

– le représentant de l'administration ou celui des entreprises cosignataires n'a, ni qualité, ni reçu une délégation pour signer le marché contesté[3] ;

– la signature est intervenue en méconnaissance de l'article 76 du Code des marchés publics en vertu duquel un délai d'au moins dix jours doit être respecté entre la date à laquelle la décision de rejet de leur offre est notifiée aux candidats dont l'offre n'a pas été retenue et la date de signature du marché[4] ;

– la décision de signer le marché, eu égard aux conditions dans lesquelles elle est intervenue, a eu pour seul but de faire obstacle à la saisine, par les candidats évincés, du juge des référés précontractuels et est ainsi entachée de détournement de pouvoir[5].

Si les moyens mettant en cause la validité de la signature ne sont pas opérants devant le juge du référé précontractuel, les illégalités commises lors de la signature du contrat pourront néanmoins ouvrir droit à une indemnisation au profit de l'entreprise ayant subi un préjudice. Cette entreprise, si elle s'y croit fondée, pourra saisir la personne publique d'une demande d'indemnisation[6] et, le cas échéant, contester son refus devant le juge du fond.

411.163 Justification de la jurisprudence *CCI de Tarbes*. La jurisprudence *CCI de Tarbes* est justifiée par la délimitation des sphères d'intervention respectives du juge des référés et du juge du fond. Selon le commissaire du gouvernement Christophe Chantepy, l'irrecevabilité des demandes présentées après la signature du contrat « évite le risque de recours parallèle, et même tout empiétement du juge des référés sur le terrain du juge du droit commun »[7]. Le juge des référés intervient avant la signature du contrat, le juge du fond après celle-ci.

1. CE 8 févr. 1999, Sté Campenon-Bernard SGE, req. n° 188100, *Lebon T.* ; *RDI* 1999. 250, obs. F. Llorens ; *BJCP* 1999. 361, concl. C. Bergeal – CE 7 mars 2005, Sté Grandjouan-Saco, req. n° 270778, *Lebon* 96 ; *AJDA* 2005. 1298, note S. Hul ; *RFDA* 2005. 1094, note M.-C. Vincent-Legoux ; *D.* 2005. 2732, note J. Martin ; *RJEP* 2005. 386, note R. Vandermeeren ; *JCP Adm.* 2005, n° 1202, obs. F. Linditch ; *Contrats Marchés publ.* 2005, comm. n° 6, obs. J.-P. Piétri.
2. CE 17 oct. 2007, Sté Physical Networks Software, req. n° 300419, NP.
3. CE 8 févr. 1999, Sté Campenon-Bernard SGE, req. n° 188100, *Lebon T.* ; *RDI* 1999. 250, obs. F. Llorens ; *BJCP* 1999. 361, concl. C. Bergeal.
4. CE 7 mars 2005, Sté Grandjouan-Saco, req. n° 270778, *Lebon* 96 ; *AJDA* 2005. 1298, note S. Hul ; *D.* 2005. 2732, note J. Martin ; *RFDA* 2005. 1094, note M.-C. Vincent-Legoux ; *RJEP* 2005. 386, note R. Vandermeeren ; *JCP Adm.* 2005, n° 1202, obs. F. Linditch ; *Contrats Marchés publ.* 2005, comm. n° 6, obs. J.-P. Piétri.
5. CE 7 mars 2005, Sté Grandjouan-Saco, req. n° 270778, préc.
6. CE 7 mars 2005, Sté Grandjouan-Saco, req. n° 270778, préc.
7. C. Chantepy, concl. sur CE, sect., 3 nov. 1995, CCI de Tarbes et de Hautes-Pyrénées, *RFDA* 1995. 1077.

B

Sanction d'une saisine tardive

411.171 Signature du contrat avant la saisine du juge. La demande en référé précontractuel est irrecevable si elle est introduite après la signature du contrat contesté[1], serait-ce le lendemain de cette signature[2]. Dans l'hypothèse de marchés passés pas un groupement de commande, la procédure de passation des marchés doit être regardée comme indivisible et achevée dès la signature du premier marché conclu par l'un des membres du groupement. Il en résulte que la demande est irrecevable dès la signature du premier contrat par un membre du groupement[3].

411.172 Signature du contrat en cours d'instance. La demande en référé précontractuel perd son objet si le contrat est signé entre l'introduction de la requête et la décision du juge. Celui-ci prononce, en conséquence, un non-lieu à statuer[4].

411.173 Signature d'un autre contrat. Lorsqu'une collectivité publique a lancé une procédure d'attribution d'un contrat destinée à renouveler un contrat venant à expiration, il lui est loisible, si le référé précontractuel formé à l'encontre de cette procédure risque de compromettre la continuité du service public, de prolonger provisoirement la convention antérieure. La signature d'une telle convention provisoire, qui se borne à reprendre, dans le seul but d'assurer la continuité du service public, les stipulations du contrat dont la venue à expiration avait justifié la mise en œuvre de la procédure de passation, « ne peut être regardée comme la signature du contrat dont la passation » fait l'objet de la demande en référé[5]. Il n'y donc pas lieu d'opposer un non-lieu à statuer lorsque cette signature intervient en cours d'instance.

C

Suspension de la signature à la saisine du juge

411.181 État du droit antérieur. Sous l'état du droit antérieur à l'ordonnance de 2009, l'introduction d'une demande en référé précontractuel ne faisait pas par elle-

1. CE, sect., 3 nov. 1995, CCI de Tarbes et de Hautes-Pyrénées, req. n° 157304, *Lebon* 394 ; *AJDA* 1995. 888, Chron. J.-H. Stahl et D. Chauvaux ; *D.* 1996. 321, obs. P. Terneyre ; *GACA*, 2e éd., 2009, n° 17 ; *RDI* 1996. 67, obs. F. Llorens et P. Terneyre ; *RFDA* 1995. 1077, concl. C. Chantepy ; *CJEG* 1996. 67, concl. C. Chantepy - CE 17 janv. 1996, SA Ateliers Meriguet-Carrère, req. n° 162201, *Lebon* 5 ; *D.* 1997. 113, obs. P. Terneyre ; *RDI* 1996. 210, obs. F. Llorens et P. Terneyre - CE 8 mars 1996, Sté CGC Entreprise, req. n° 156510, *Lebon T.* 1022 ; *D.* 1997. 113, obs. P. Terneyre - CE 22 janv. 1997, SNC Cochery Bourdin Chausse, req. n° 171806, NP ; *RDI* 1997. 229, obs. F. Llorens et P. Terneyre - CE 19 mars 1997, SA Entreprise générale de terrassements et de travaux publics, req. n° 163293, *Lebon T.* ; *D.* 1998. 227, obs. P. Terneyre ; *RDI* 1997. 440, obs. F. Llorens et P. Terneyre.
2. TA Bastia, ord., 5 janv. 1996, SARL Kyrnair, req. n° 95763, NP.
3. CE 13 juill. 2007, Synd. intercommunal de la périphérie de Paris pour l'électricité et les réseaux de communication de Paris, req. n° 299417, *Lebon* ; *AJDA* 2007. 1444 ; *RDI* 2007. 428, obs. J.-D. Dreyfus ; *BJCP* 2007. 387, concl. N. Boulouis ; *RJEP* 2007. 402, note A. Foubert.
4. CE 15 avr. 1996, SARL Simone Ginibre Entreprise, req. n° 159871, NP ; *RDI* 1996. 372, obs. F. Llorens et P. Terneyre : le contrat est signé le 15 juin 1994, après la saisine du juge. La signature prive d'objet les conclusions en référé. Le juge, se prononçant le 21 juin, ne pouvait valablement statuer sur la demande.
5. CE 21 juin 2000, Synd. intercommunal de la côte d'Amour et de la presqu'île guérandaise, req. n° 209319, *Lebon* 283 ; *D.* 2000. 232 ; *RFDA* 2000. 1031, concl. C. Bergeal ; *CJEG* 2000. 632 ; *BJCP* 2000. 361, concl.

même obstacle à la signature du contrat. Aussi les parties avaient-elles tendance à se lancer dans une « course à la signature » dès l'introduction du recours : si elles parvenaient à signer le contrat avant l'intervention du juge des référés, celui-ci ne pouvait plus faire usage de ses pouvoirs et les conclusions en référé devenaient sans objet. Dans l'objectif de remédier à ce phénomène, la loi du 30 juin 2000 a donné au juge des référés le pouvoir d'enjoindre à l'autorité administrative de différer la signature du contrat jusqu'au terme de la procédure et pour une durée maximale de 20 jours. La mesure, toutefois, n'a pas été suffisante pour mettre fin au phénomène.

411.182 État du droit actuel : suspension dès la notification du recours. L'ordonnance n° 2009-515 du 7 mai 2009 a substitué au dispositif antérieur une interdiction de signer le contrat dès l'introduction de la requête. Conformément à la directive 2007/66/CE, elle a introduit dans le CJA une disposition énonçant que « le contrat ne peut être signé à compter de la saisine du tribunal administratif et jusqu'à la notification [à la personne publique] de la décision juridictionnelle » (CJA, art. L. 551-4 pour les contrats passés par les pouvoirs adjudicateurs ; art. L. 551-9 pour les contrats passés par les entités adjudicatrices).

L'interdiction de signer prend effet à compter de l'introduction du recours, à condition que celui-ci soit simultanément notifié à la personne publique. Depuis le décret n° 2009-1456 du 27 novembre 2009, le requérant est en effet « tenu de notifier son recours » à l'administration (CJA, art. R. 555-1, al. 1er pour les contrats passés par les pouvoirs adjudicateurs ; art. R. 555-2, al. 1er pour les contrats passés par les entités adjudicatrices). Cette notification « est réputée accomplie à la date de sa réception par le pouvoir adjudicateur » (CJA, art. R. 555-1, al. 2) ou « l'entité adjudicatrice » (CJA, art. R. 555-2, al. 2). Ces dispositions, prévues dans l'intérêt de l'auteur du référé en vue d'éviter que le contrat contesté ne soit prématurément signé par l'administration demeurée dans l'ignorance de l'introduction d'un recours, « ne sont pas prescrites à peine d'irrecevabilité de ce recours »[1].

La suspension de la signature du contrat prend effet, soit à la communication au pouvoir adjudicateur du recours par le greffe (le cas échéant par Télérecours[2]), soit à la notification du recours au pouvoir adjudicateur par le représentant de l'État ou l'auteur du recours. En revanche, la transmission, par le requérant, de documents attestant de la réception effective du recours par le tribunal, n'emporte pas la suspension de cette signature[3]. Lorsque l'auteur d'un référé précontractuel établit l'avoir notifié au pouvoir adjudicateur dans les conditions prévues par l'article R. 551-1, le pouvoir adjudicateur qui signe le contrat postérieurement à la réception du recours doit être regardé comme ayant méconnu l'article L. 551-4. S'agissant d'un recours envoyé au service compétent du pouvoir adjudicateur par des moyens de communication permettant d'assurer la transmission d'un document en temps

1. CE 10 nov. 2010, min. de la Défense, req. n° 341132, *Lebon T.* ; *AJDA* 2010. 2180 ; *AJCT* 2011. 86, obs. S. Hul ; *Contrats Marchés publ.* 2011, comm. n° 27, obs. F. Llorens.
2. CE 17 oct. 2016, Ministre de la défense c/Société Tribord, req. n° 400791, *Lebon T.* ; *BJCP* 2017. 41, concl. G. Pellissier ; *AJDA* 2017. 57, note J.-Ch. Rotoullié.
3. CE 25 juin 2018, Société hospitalière d'assurances mutuelles, req. n° 417734, *Lebon T.* ; *BJCP* 2018. 398, concl. G. Pellissier.

réel, la circonstance que la notification ait été faite en dehors des horaires d'ouverture de ce service est dépourvue d'incidence, le délai de suspension courant à compter non de la prise de connaissance effective du recours par le pouvoir adjudicateur, mais de la réception de la notification qui lui a été faite[1].

L'interdiction de signer n'est levée qu'à compter de la notification de la décision juridictionnelle à la personne publique. Elle n'est donc pas limitée au délai de 20 jours durant lequel le juge doit rendre sa décision. Il s'ensuit que le dépassement de ce délai jugement n'autorise pas l'administration à signer le contrat en cause.

411.183 **Précaution. Tactique contentieuse.** Le requérant doit notifier son recours à l'administration ayant compétence pour signer le contrat. L'oubli d'accomplir cette formalité se paye chèrement : la collectivité publique qui n'a pas été informée du recours (par la notification faite par le requérant ou la transmission de la requête assurée par le greffe de la juridiction) peut valablement signer le contrat, ce qui emportera l'irrecevabilité de la demande en référé[2].

§ 4

Autres conditions de recevabilité

411.191 **Absence de recours administratif préalable obligatoire.** Depuis 2001, la recevabilité d'une demande en référé précontractuel n'est plus subordonnée à l'introduction d'une réclamation préalable auprès de l'administration.

411.192 **Absence de délai.** L'introduction de la demande en référé précontractuel n'est enfermée dans aucun délai. La seule condition de recevabilité *ratione temporis* concerne l'engagement du recours avant la signature du contrat (v. s^s n°s 411.161 s.). La circonstance que le rejet de la candidature de la société requérante lui ait été notifié plus de deux mois avant la saisine du juge est sans incidence sur la recevabilité de sa demande[3].

Plus généralement, le Conseil d'État a posé qu'aucune des dispositions applicables « n'impliquent que les personnes ayant intérêt à conclure le contrat et qui s'estiment susceptibles d'être lésées par des manquements aux règles de publicité et de mise en concurrence soient tenues de saisir le juge du référé précontractuel dans un délai déterminé à compter du moment où elles ont connaissance de ces manquements ». Il a ajouté « qu'une telle absence de délai ne conduit pas à ce que ces manquements puissent être contestés indéfiniment devant le juge du référé précontractuel, dès lors que la signature du contrat met fin à la possibilité de saisir ce juge ; qu'au demeurant, la possibilité ainsi offerte aux personnes intéressées de former un référé précontractuel à tout moment de la procédure, en permettant que ces manquements soient, le cas échéant, corrigés avant la conclusion du contrat, tend à prévenir

1. CE 14 févr. 2017, Société des eaux de Marseille, req. n° 403614, *Lebon T.* ; *BJCP* 2017. 189, concl. G. Pellissier ; *Contrats et Marchés publics* 2017, comm. 106, obs. J.-P. Pietri.
2. Pour un ex. remarqué, v. TA Saint-Denis, ord., 5 mars 2013, S^té Eiffage TP, req. n° 1301217, NP : irrecevabilité du référé précontractuel – CE 5 mars 2014, S^té Eiffage TP, req. n° 374048, *Lebon T.* ; *AJDA* 2014. 532 ; *AJCT* 2014. 384, obs. S. Hul ; *BJCP* 2014. 196, concl. B. Dacosta ; *Contrats Marchés publ.* 2014. comm. 155, note W. Zimmer : irrecevabilité, dans la même affaire, du référé contractuel.
3. CE 14 déc. 2009, C^ne de la Roche-sur-Yon, req. n° 325830, *Lebon T.* 831 ; *AJDA* 2009. 2433 ; *RDI* 2010. 147, obs. S. Braconnier.

l'introduction de recours remettant en cause le contrat lui-même après sa signature et alors qu'il est en cours d'exécution »[1].

411.193 Représentation des personnes morales. Le Conseil d'État a transposé au référé précontractuel sa jurisprudence sur la représentation des personnes morales (v. s[s] n° 211.51 pour les référés d'urgence et s[s] n° 311.24 pour le référé-provision). Il s'ensuit que la demande en référé précontractuel peut être présentée par le représentant d'une personne morale sans produire une autorisation d'agir en justice délivrée par l'organe délibérant. Ainsi, eu égard aux caractéristiques particulières de la procédure prévue par l'article L. 551-1 du CJA et aux courts délais dans lesquels elle est enserrée, la circonstance qu'une société ne justifie pas, lorsqu'elle saisit le juge des référés, de la qualité de son représentant légal en exercice pour engager cette action n'est pas de nature à rendre sa requête irrecevable[2].

411.194 Réitération d'une demande. La circonstance qu'un opérateur économique évincé ait déjà exercé deux référés précontractuels au cours desquels il aurait pu soulever le manquement dont il se prévalait, ne fait pas obstacle à ce qu'il forme un nouveau référé précontractuel tant que le délai de suspension de la signature du contrat n'est pas expiré[3].

412. Conditions d'octroi du référé précontractuel

SECTION 0

Orienteur

412.00 Plan du chapitre.

Sect. 1 Manquement à une obligation de publicité ou de mise en concurrence
Sect. 2 Manquement ayant lésé ou ayant pu léser le requérant

412.02 Jurisprudence de référence.

> Le requérant doit avoir été lésé par le manquement qu'il invoque

CE, sect., 3 oct. 2008, Synd. mixte intercommunal de réalisation et de gestion pour l'élimination des ordures ménagères du secteur Est de la Sarthe (SMIRGEOMES), req. n° 305420, *Lebon* 324.

412.04 Questions essentielles.

> Les règles relatives au droit de la concurrence entrent-elles dans le champ du référé précontractuel ? v. s[s] n° 412.34

412.09 Deux conditions. Le juge du référé précontractuel ne peut faire usage de ses pouvoirs que si deux conditions sont satisfaites. La première, d'origine légale, implique d'établir un manquement de la personne publique à une obligation de

1. CE 12 juill. 2017, S[té] Études Créations et informatique, req. n° 410832, NP ; *JCP Adm.* 2018, n° 2012, note F. Linditch ; *AJCT* 2017. 625, obs. S. Hul.
2. CE 29 oct. 2007, Communauté d'agglomération du Pays Voironnais, req. n° 301065, *Lebon T.*
3. CE 8 déc. 2020, Société Pompes funèbres funérarium Lemarchand, req. n° 440704, *Lebon T.* ; *BJCP* 2021. 157, concl. M. Pichon de Vendeuil ; *JCP Adm.* 2021, n° 2102, note J. Martin ; *Contrats et Marchés publics* 2021, comm. 61, note J. Dietenhoeffer.

publicité ou de mise en concurrence. La seconde, d'origine jurisprudentielle, exige que le manquement constaté ait eu pour effet d'évincer le requérant, ou d'avantager même indirectement un concurrent.

412.10 Conditions appréciées au jour du jugement. Le juge se place à la date où il statue pour apprécier si les conditions d'octroi sont satisfaites[1].

SECTION 1

Manquement à une obligation de publicité ou de mise en concurrence

412.21 Énoncé de la condition. La mission du juge du référé précontractuel est étroitement circonscrite par la loi. Celui-ci est chargé *uniquement* de veiller au respect, par la personne publique[2], de deux séries d'obligations qui s'imposent à elle lors la passation de certains contrats publics : les obligations de publicité d'une part, les obligations de mise en concurrence d'autre part. À la différence d'un juge de la légalité, il ne peut connaître que des moyens se rapportant à la méconnaissance de l'une ou l'autre de ces exigences. L'invocation de tout autre moyen est écartée comme inopérante, sans que le juge en apprécie le bien-fondé. Selon la formule jurisprudentielle parfois utilisée, « il n'appartient pas »[3] ou « il n'appartient en tout état de cause pas »[4] au juge du référé précontractuel « d'examiner les moyens autres que ceux relatifs à des manquements aux obligations de publicité et de mise en concurrence auxquelles est soumise la passation » de ces contrats.

§ 1

Moyens inopérants

412.31 Notion. Sont inopérants, à l'appui d'un référé précontractuel, les moyens étrangers aux obligations de publicité et de mise en concurrence.

412.32 Compétence. Les moyens basés sur l'incompétence de la collectivité publique sont inopérants. Par suite, il n'appartient pas au juge des référés de contrôler :

– la compétence de la collectivité publique au regard de l'objet du contrat dont la passation est engagée[5] ;

1. CE 16 oct. 2000, Cie méditerranéenne d'exploitation des services d'eau, req. n° 212054, *Lebon* 422 ; *AJDA* 2001. 662, note A. Treppoz ; *RFDA* 2001. 106, concl. C. Bergeal ; *RTD com.* 2001. 415, obs. G. Orsoni ; *BJCP* 2001. 105, concl. C. Bergeal.
2. Les obligations pesant sur les candidats ne peuvent être sanctionnées par cette procédure : CE 2 juill. 1999, SA Bouygues, req. n° 206749, *Lebon* ; *D.* 1999. 258.
3. CE 21 juin 2000, Synd. intercommunal de la côte d'Amour et de la presqu'île guérandaise, req. n° 209319, *Lebon* 283 ; *RFDA* 2000. 1031, concl. C. Bergeal ; *CJEG* 2000. 632, concl. C. Bergeal ; *BJCP* 2000. 361, concl.
4. CE 24 oct. 2008, Synd. intercommunal d'eau et d'assainissement de Mayotte, req. n° 300034, *Lebon T.* ; *AJDA* 2008. 2039 ; *BJCP* 2009. 48, concl. B. Dacosta.
5. CE 30 juin 1999, Demathieu et Bard, req. n° 198993, *Lebon T.* 890 ; *RDI* 1999. 648, obs. F. Llorens – CE 19 nov. 2004, C[ne] d'Auxerre c/S[té] Saur France, req. n° 266975, *Lebon T.* ; *AJDA* 2005. 433, note S. Hul.

– le respect du principe de spécialité par un établissement public responsable d'une procédure d'appel d'offres[1] ;

– l'incompétence de l'autorité exécutive pour dresser la liste des entreprises admises à présenter une offre[2] ;

– l'incompétence de l'autorité exécutive pour choisir, au terme de la négociation, le futur cocontractant de ce syndicat[3] ;

– l'habilitation du signataire du contrat (v. s^s n° 411.162).

En revanche, lorsque le candidat est une personne morale de droit public, il incombe au juge des référés de s'assurer de sa compétence pour candidater (v. s^s n° 412.132).

De même, le juge du référé précontractuel ne saurait déduire de la seule circonstance que la procédure de passation du contrat est engagée et conduite par une personne publique qui n'est pas encore compétente pour le signer que cette procédure est irrégulière, au motif notamment, s'agissant d'une délégation de service public, que la commission de délégation de service public qui a procédé à l'appréciation des offres serait nécessairement, dans une telle hypothèse, irrégulièrement composée et que la procédure de passation serait nécessairement conduite par une autorité qui n'est pas habilitée à cette fin[4]. Ainsi, une personne publique peut signer un contrat dont la procédure de passation a été engagée et conduite par une autre personne publique, à laquelle, à la date de la signature du contrat, elle est substituée de plein droit, sans que cette procédure soit, en l'absence de vice propre, entachée d'irrégularité[5].

412.33 Vices de forme ou de procédure. Est inopérant un moyen reposant sur la méconnaissance de règles de forme ou de procédure étrangères aux règles de publicité et de mise en concurrence :

– moyen tiré de l'absence de consultation du comité technique paritaire ou de la commission des services publics[6] ;

1. CE 21 juin 2000, Synd. intercommunal de la côte d'Amour et de la presqu'île guérandaise, req. n° 209319, *Lebon* 283 ; *RFDA* 2000. 1031, concl. C. Bergeal ; *CJEG* 2000. 632, concl. C. Bergeal ; *BJCP* 2000. 361, concl.
2. CE 21 juin 2000, Synd. intercommunal de la côte d'Amour et de la presqu'île guérandaise, req. n° 209319, préc.
3. CE 21 juin 2000, Synd. intercommunal de la côte d'Amour et de la presqu'île guérandaise, req. n° 209319, préc.
4. En effet, lorsqu'une personne publique a vocation à exercer la compétence nécessaire à la conclusion et à l'exécution d'un contrat de la commande publique, notamment parce qu'elle est en cours de création ou de transformation ou parce qu'une procédure, par laquelle la compétence nécessaire doit lui être dévolue, est déjà engagée, aucune règle ni aucun principe ne font obstacle à ce qu'elle engage elle-même la procédure de passation du contrat, alors même qu'elle n'est pas encore compétente à cette date pour le conclure. Il en va notamment ainsi lorsque le contrat en cause a pour objet la gestion d'un service public. Il appartient seulement à la personne publique de faire savoir, dès le lancement de la procédure de passation, que le contrat ne sera signé qu'après qu'elle sera devenue compétente à cette fin.
5. CE 9 juin 2020, Métropole Nice-Côte d'Azur, req. n° 436922, *Lebon T.* ; *Contrats et Marchés publics* 2020, comm. 231, note G. Eckert ; *BJCP* 2020. 299, concl. M. Le Corre ; *AJDA* 2020. 2027, note Th. Rombauts-Chabrol.
6. CE 24 oct. 2008, Synd. intercommunal d'eau et d'assainissement de Mayotte, req. n° 300034, *Lebon T.* ; *AJDA* 2008. 2039 ; *BJCP* 2009. 48, concl. B. Dacosta – CE 4 févr. 2009, Communauté d'agglomération du bassin de Thau, req. n° 311949, *Lebon T.* 828 ; *AJDA* 2009. 230.

- moyen tiré d'irrégularités qui auraient affecté le vote émis par l'organe délibérant d'un syndicat intercommunal[1].

412.34 Droit de la concurrence. Les règles relatives à la concurrence sont étrangères au champ du référé précontractuel. En conséquence, est inopérant :

- le moyen tiré de l'existence d'un abus de position dominante[2] ;
- le moyen tiré de ce qu'un projet de délégation de service public introduirait des distorsions de concurrence sur un marché[3] ;
- le moyen tiré de l'existence d'un intérêt public local pour justifier la candidature présentée par un établissement public[4].

412.35 Choix du candidat. Il n'appartient pas au juge du référé précontractuel d'examiner l'appréciation portée par l'autorité administrative sur les mérites respectifs de chacun des candidats[5]. En conséquence, est inopérant le moyen tiré de ce que l'autorité compétente :

- aurait fait état de la qualité de la prestation fournie par le précédent cocontractant[6] ;
- aurait fait le choix d'une entreprise qui n'aurait pas les capacités d'exécuter le service public[7].

De même, une entreprise ne peut faire valoir les titres ou références qu'elle avait présentés devant l'administration pour contester l'appréciation portée par celle-ci sur les mérites de sa candidature[8].

412.36 Conséquences d'un précédent contrat. Le contrôle exercé par le juge du référé précontractuel « ne peut porter sur les conséquences éventuelles de l'applica-

1. CE 21 juin 2000, Synd. intercommunal de la côte d'Amour et de la presqu'île guérandaise, req. n° 209319, *Lebon* 283 ; *RFDA* 2000. 1031, concl. C. Bergeal ; *CJEG* 2000. 632, concl. C. Bergeal ; *BJCP* 2000. 361, concl.
2. CE 5 juin 2007, Sté Corsica ferries, req. n° 305280, *Lebon T.* ; *AJDA* 2007. 1522, note J.-D. Dreyfus ; *Contrats Marchés publ.* 2007, comm. n° 253, obs. G. Eckert ; *JCP Adm.* 2007, n° 2163, note F. Linditch (à propos de l'offre du groupement constitué entre une société privée et une entreprise publique).
3. CE 24 oct. 2001, Collectivité territoriale de Corse, req. n° 236293, *Lebon* 485 ; *RTD com.* 2002. 285, obs. G. Orsoni ; *BJCP* 2002. 139, concl. C. Bergeal.
4. CE 18 sept. 2019, Communauté de communes de l'Ile-Rousse-Balagne et Office d'équipement hydraulique de la Corse, req. n° 430368, *Lebon T.* ; *BJCP* 2019. 403, concl. G. Pellissier ; *AJDA* 2019. 2447, note S. Hul.
5. CE 29 juill. 1998, Synd. mixte des transports en commun de l'agglomération clermontoise, req. n° 194412, *Lebon T.* ; *RDI* 1999. 86, obs. F. Llorens – v. égalt CE 20 janv. 2016, Communauté intercommunale des villes solidaires, req. n° 394133, *Lebon T.* ; *AJDA* 2016. 127 ; *AJDA* 2016. 1186, note F. Poulet ; *AJCT* 2016. 330, obs. S. Hul ; *BJCP* 2016. 213, concl. G. Pellissier ; *Contrats et Marchés publics* 2016, comm. 85, obs. P. Devillers : affirmant « qu'il n'appartient pas au juge du référé précontractuel, qui doit seulement se prononcer sur le respect, par le pouvoir adjudicateur, des obligations de publicité et de mise en concurrence auxquelles est soumise la passation d'un contrat, de se prononcer sur l'appréciation portée sur la valeur d'une offre ou les mérites respectifs des différentes offres » (pt 2).
6. CE 25 juill. 2001, Synd. des eaux de l'Iffernet, req. n° 231319, *Lebon T.* 1041 ; *BJCP* 2001. 530, concl. D. Piveteau ; *Contrats Marchés publ.* 2001, comm. n° 191, obs. P. Delelis.
7. CE 19 nov. 2004, Cne d'Auxerre, req. n° 266975, *Lebon T.* 763 ; *AJDA* 2005. 433, note S. Hul ; *JCP Adm.* 2004, n° 1814, obs. D. Casas ; *Contrats Marchés publ.* 2005, comm. n° 18, obs. W. Zimmer.
8. CE 26 juin 2015, ville de Paris, req. n° 389682, *Lebon T.* ; *AJDA* 2015. 1295 ; *AJCT* 2015. 655, obs. S. Hul ; *BJCP* 2015. 429, concl. B. Dacosta.

tion des stipulations d'un autre contrat, dont l'exécution est en cours »[1]. Il en résulte que le moyen tiré de ce que le précédent contrat, qui parvient à expiration et fait l'objet d'une nouvelle procédure de passation, serait de nature à conférer un avantage au cocontractant sortant, ne peut être utilement invoqué devant le juge des référés, ni par l'administration pour justifier un traitement moins favorable de ce candidat[2], ni par les entreprises concurrentes pour établir une violation du principe d'égalité entre les candidats[3].

412.37 **Absence de publication de l'avis d'attribution du marché.** L'absence de publication de l'avis d'attribution du marché ne peut être utilement invoquée pour obtenir du juge du référé contractuel l'annulation de ce marché[4].

412.38 **Objet social de l'entreprise candidate.** Lorsqu'une personne morale de droit privé se porte candidate à l'attribution d'un contrat, il n'appartient pas au juge des référés de vérifier que l'exécution de ce contrat entre dans le champ de son objet social[5]. En effet, à la différence d'une personne publique, dont la mission est déterminée au niveau législatif et réglementaire, l'objet social d'une personne privée peut être modifié de façon souple et rapide, sur simple décision de ses organes. Dès lors, le juge du référé précontractuel n'a pas à rechercher si la délimitation de sa spécialité peut légalement l'empêcher d'exécuter le contrat.

Il n'en va autrement que « dans le cas où un texte législatif ou réglementaire a précisément défini son objet social et ses missions »[6]. Tel est le cas des Adile (associations départementales d'information sur le logement), dont les missions sont précisément définies par la loi.

§ 2

Moyens opérants

412.41 **Notion.** Présente un caractère opérant, dans le cadre du référé précontractuel, tout moyen relatif au respect des obligations de publicité et de mise en concurrence auxquelles est soumise la passation des contrats entrant dans son champ d'application. Sont concernées tant les obligations nationales que les obligations résultant du droit de l'Union européenne, y compris celles résultant des directives non transposées à l'expiration du délai imparti[7].

1. CE 2 juill. 1999, SA Bouygues, req. n° 206749, *Lebon* ; *D.* 1999. 258 – CE 15 juin 2001, Synd. intercommunal d'assainissement de Saint-Martin-de-Ré et La Flotte-en-Ré, req. n° 223482, *Lebon* 265 ; *BJCP* 2001. 415, concl. D. Piveteau.
2. CE 15 juin 2001, Synd. intercommunal d'assainissement de Saint-Martin-de-Ré et La Flotte-en-Ré, req. n° 223482, préc.
3. CE 2 juill. 1999, SA Bouygues, req. n° 206749, *Lebon* ; *D.* 1999. 258.
4. CE 29 mai 2013, Sté Delta Process, req. n° 365954, *Lebon T.* ; *AJDA* 2013. 1196 ; *BJCP* 2013. 373, concl. B. Dacosta.
5. CE 4 mai 2016, Agence départementale d'information sur le logement et l'énergie (Adile) de Vendée, req. n° 396590, *Lebon T.* ; *AJDA* 2016. 927 ; *AJDA* 2016. 1928, note T. Rombauts-Chabrol ; *AJCT* 2016. 578, obs. S. Hul ; *Contrats et Marchés publics* 2016, prat. 6, par R. de Moustier et Ch. Lavabre (pt 4).
6. CE 4 mai 2016, Agence départementale d'information sur le logement et l'énergie (Adile) de Vendée, req. n° 396590., préc. (pt 4).
7. CE, sect., 20 mai 1998, Communauté de communes du Piémont-de-Barr, req. n° 188239, *Lebon* 20 ; *AJDA* 1998. 553, Chron. F. Raynaud et P. Fombeur ; *D.* 1998. 183 ; *RDI* 1998. 357, obs. F. Llorens et ➢

412.42 Substitution de motifs. Dans l'hypothèse où la lettre informant un candidat du rejet de son offre repose sur un motif illégal, il est possible à l'administration de faire valoir devant le juge un autre motif de nature à justifier ce rejet. Si ce motif est pertinent, le juge autorise cette substitution de motifs et rejette le recours[1].

A

Publicité

412.51 Opérance. Les obligations de publicité s'imposant à la personne publique entrent dans le champ du référé précontractuel. Les moyens tirés de la violation de ces obligations revêtent, par suite, un caractère opérant.

412.52 Manquement. Constitue un manquement aux obligations de publicité :

- la passation d'un contrat en l'absence de toute mesure de publicité[2] ;
- la circonstance que l'avis d'appel public à concurrence publié au *Journal officiel de l'Union européenne* ne comportait aucune précision relative aux langues dans lesquelles peuvent être présentées les offres ni de renseignements, même succincts, sur les modalités de financement et de paiement envisagées pour le marché[3] ;
- le caractère incomplet des informations portées à la connaissance des candidats par l'avis d'appel public à la concurrence[4] ;
- la circonstance que l'avis d'appel public à la concurrence publié au *Bulletin officiel des annonces des marchés publics* ne comportait pas l'indication selon laquelle le marché était couvert par l'accord international sur les marchés publics alors que cette information figurait dans l'avis d'appel public à la concurrence publié pour le même marché au *Journal officiel de l'Union européenne*[5] ;
- la passation d'un marché, d'un montant prévisionnel de 35 000 euros, pour lequel sont exigées des « références récentes en matière de conception et de programmation de grands musées », mais dont l'avis n'est publié que dans un journal régional et inséré sur le site Internet de la collectivité[6].

412.53 Absence de manquement. Ne constitue pas un manquement aux obligations de publicité et de mise en concurrence :

➢ P. Terneyre ; *RFDA* 1998. 609, concl. H. Savoie – CE 1er juin 2011, Sté Koné, req. n° 346405, *Lebon* ; *AJDA* 2011. 1108 ; *AJCT* 2011. 568, obs. S. Hul ; *RTD eur.* 2011. 893, obs. J.-P. Kovar ; *BJCP* 2011. 301, concl. B. Dacosta ; *JCP Adm.* 2011, n° 2258, obs. F. Linditch ; *Dr. adm.* 2011, comm. n° 85, obs. F. Brenet.

1. CE 17 juin 2015, Cne de Montpellier, req. n° 388596, *Lebon T.* ; *AJDA* 2015. 1244 ; *AJCT* 2015. 591, obs. S. Hul ; *JCP Adm.* 2016, n° 2029, note J. Martin ; *BJCP* 2015. 386, concl. G. Pellissier.
2. CE, ass., 10 juin 1994, Cne de Cabourg, req. n° 141633, *Lebon* 301, concl. S. Lasvignes ; *AJDA* 1994. 502, Chron. C. Maugüé et L. Touvet ; *D.* 1995. 239, obs. E. Baraduc-Bénabent ; *D.* 1995. 121, obs. P. Terneyre ; *RDI* 1994. 429, obs. J.-B. Auby et C. Maugüé ; *RDI* 1994. 655, obs. F. Llorens et P. Terneyre ; *RFDA* 1994. 727, concl. S. Lasvignes.
3. CE 27 juill. 2001, Cie générale des eaux, req. n° 229566, *Lebon* ; *D.* 2001. 2877, et les obs. ; *RTD com.* 2002. 52, obs. G. Orsoni.
4. CE 29 juill. 1998, Synd. mixte des transports en commun de l'agglomération clermontoise, req. n° 194412, *Lebon T.* ; *RDI* 1999. 86, obs. F. Llorens.
5. CE 10 mai 2006, Synd. intercommunal des services de l'agglomération valentinoise, req. n° 286644, *Lebon* ; *AJDA* 2006. 1573.
6. CE 7 oct. 2010, région Nord-Pas-de-Calais, req. n° 278732, *Lebon* ; *AJDA* 2005. 2128, note J.-D. Dreyfus ; *RDI* 2005. 449, obs. J.-D. Dreyfus.

– les « différences de détails » relevées entre l'avis de publicité publié au *Journal officiel des Communautés européennes* et l'avis publié au *Bulletin officiel des annonces des marchés publics*[1] ;

– la publication dans des supports uniquement français, pour une délégation de service public susceptible d'intéresser des opérateurs implantés sur le territoire d'autres États membres de l'Union européenne, lorsque les supports concernés font référence dans le domaine et sont insusceptibles d'avoir échappé à l'attention des opérateurs raisonnablement vigilants pouvant être intéressés par une telle délégation, y compris ceux implantés sur le territoire d'un autre État membre[2] ;

– l'absence d'une information qui ne porte pas sur une mention obligatoire imposée par les textes législatifs et réglementaires en vigueur, et qui a été levée dès la première phase de consultation[3] ;

– la publication de l'avis d'appel à concurrence avant que la délibération autorisant le recours au contrat ait acquis un caractère exécutoire[4] ;

– la publication de l'avis d'appel à concurrence avant que l'autorité exécutive ait été autorisée à lancer la procédure d'appel d'offres[5] ;

– la présence dans l'avis d'appel public à la concurrence d'une mention non requise par les dispositions législatives et réglementaires applicables[6].

B
Information des candidats

1
Information des candidats lors du dépôt des offres

412.61 Égalité dans l'information. Présente un caractère opérant, dans le cadre du référé précontractuel, le moyen tiré de la rupture d'égalité entre les candidats devant l'information sur les caractéristiques essentielles du contrat. Le juge des référés contrôle si les documents et informations nécessaires à la formulation des offres ont été

1. CE 29 juill. 1998, Synd. mixte des transports en commun de l'agglomération clermontoise, req. n° 194412, *Lebon T.* ; *RDI* 1999. 86, obs. F. Llorens.
2. CE 1er avr. 2009, Communauté urbaine de Bordeaux, Sté Kéolis, req. n° 323585, *Lebon* ; *AJDA* 2009. 1889, note F. Train ; *RFDA* 2009. 937, note D. Dubois et C. Raux.
3. CE 29 juill. 1998, Synd. mixte des transports en commun de l'agglomération clermontoise, req. n° 194412, *Lebon T.* ; *RDI* 1999. 86, obs. F. Llorens.
4. CE 21 juin 2000, Synd. intercommunal de la côte d'Amour et de la presqu'île guérandaise, req. n° 209319, *Lebon* 283 ; *RFDA* 2000. 1031, concl. C. Bergeal ; *CJEG* 2000. 632, concl. C. Bergeal ; *BJCP* 2000. 361, concl.
5. CE 27 juill. 2001, Sté Degrémont, req. n° 232820, *Lebon* 413 ; *RDI* 2002. 63, Chron. M. Degoffe et J.-D. Dreyfus.
6. CE 10 févr. 1997, Opac du Puy-de-Dôme et du Massif Central, req. n° 167569, *Lebon T.* 926 ; *D.* 1998. 226, obs. P. Terneyre ; *RDI* 1997. 225, obs. F. Llorens et P. Terneyre : en l'espèce, l'avis d'appel à la concurrence en vue du choix d'un maître d'œuvre pour des travaux immobiliers ne faisait apparaître la rémunération forfaitaire du maître d'œuvre choisi que sous la forme d'un taux sans indiquer la base à laquelle celui-ci devait s'appliquer. Dans la mesure où aucune disposition ne met à la charge du maître d'ouvrage une obligation de publicité quant à la rémunération qui serait contractuellement allouée au maître d'œuvre retenu, le fait pour le maître d'ouvrage d'avoir néanmoins fait connaître le taux maximum de la rémunération qu'il serait disposé à accorder n'est pas, par lui-même, de nature à entraîner une discrimination entre les candidats.

transmis à l'ensemble des candidats sans discrimination. L'égalité doit être respectée tant au niveau du contenu des informations transmises qu'à celui du moment où cette information intervient.

Dans le cas d'un marché public portant, d'une part, sur l'exploitation d'un réseau de chauffage de bâtiments et, d'autre part, sur la recherche d'économies d'énergie à réaliser sur ces bâtiments, constitue un manquement aux obligations de publicité et de mise en concurrence la circonstance que les chiffres de consommation énergétique des bâtiments communiqués aux candidats par le pouvoir adjudicateur soient en moyenne majorés d'environ 10 % par rapport aux consommations réelles constatées par les candidats exploitants sortants[1].

412.62 Contenu de l'information. L'avis d'appel à la concurrence doit mentionner les caractéristiques essentielles de la convention envisagée. Le refus de faire droit à la communication de documents n'est pas sanctionné par le juge des référés si ces derniers ne sont pas utiles à la formation de l'offre[2].

La principale difficulté porte sur la communication des documents relatifs à la gestion du précédent titulaire du contrat lorsque celui-ci est candidat à sa propre succession. L'entreprise sortante pourrait se trouver avantagée si l'absence de transmission de ces documents prive ses concurrents d'informations importantes pour la présentation de leurs offres. À l'inverse, cette entreprise pourrait se trouver désavantagée par rapport aux autres candidats dès lors que ces derniers disposeront d'informations sur le cocontractant sortant sans que l'entreprise sortante dispose de données équivalentes sur la situation de ses concurrents.

Afin de ne pas avantager le candidat sortant, et assurer une stricte égalité entre les concurrents, le juge des référés impose la diffusion de l'ensemble des documents nécessaires à la formation d'une offre. La rupture d'égalité entre les candidats est caractérisée dans l'hypothèse où seul le précédent titulaire du contrat est en possession d'informations nécessaires. Tel est le cas lorsque, dans le cadre d'une consultation pour la gestion et l'exploitation d'un réseau communal de transports urbains et scolaires, la commune refuse de communiquer à une entreprise les informations qu'elle sollicitait sur le kilométrage du réseau et sur la masse salariale des personnels à reprendre en application des dispositions du Code du travail, informations qui n'étaient en possession que du précédent exploitant. Le principe d'égalité entre les candidats s'est trouvé méconnu dès lors que « tous les candidats n'ont pas été mis à même de prendre connaissance des éléments essentiels de la convention leur permettant d'apprécier les charges du cocontractant et d'élaborer une offre satisfaisante »[3].

Le secret des affaires n'est de nature à limiter l'étendue des informations transmises qu'autant qu'il n'est pas incompatible avec l'obligation de mise en concurrence s'imposant à la personne publique[4]. Un juge des référés estime à bon droit que,

1. CE 12 mars 2012, Dynacite c/Sté Dalkia France, req. n° 354355, *Lebon* ; *AJDA* 2012. 524 ; *RDI* 2012. 279, obs. S. Braconnier ; *BJCP* 2012. 188, concl. N. Boulouis.
2. CE 2 juill. 1999, SA Bouygues, req. n° 206749, *Lebon* ; *D.* 1999. 258.
3. CE 13 mars 1998, Sté Transports Galiero, req. n° 165238, NP ; *RDI* 1998. 359, obs. F. Llorens et P. Terneyre.
4. CE 19 janv. 2011, Sté TEP – Technique d'environnement et propreté, req. n° 340773, NP ; *AJDA* 2011. 1223 ; *JCP Adm.* 2011, n° 2080, obs. F. Linditch : affirmant « que si les collectivités publiques sont, dans leur ➢

« compte tenu de la nature des informations en cause », portant sur la masse salariale du titulaire du marché devant être communiquées aux candidats à l'attribution en vue de la reprise des personnels imposée par la convention collective du secteur, « leur communication était nécessaire pour assurer l'égalité entre les candidats, sans que leur divulgation puisse être regardée comme constitutive d'une violation du secret des affaires »[1].

Afin de ne pas désavantager le candidat sortant, et assurer une stricte égalité entre les concurrents, le juge des référés n'exige que la communication des documents nécessaires. Les informations non nécessaires à la présentation d'une offre ne sont pas soumises à l'obligation de diffusion. Rien n'empêche toutefois la personne publique de diffuser des documents financiers portant sur la gestion du précédent titulaire du contrat lorsque ces documents ont le statut de documents administratifs communicables à toute personne en faisant la demande[2].

412.63 Moment de l'information. Il existe une gradation très nette des informations devant être communiquées aux candidats à chacune des phases de la consultation. Par suite, une information absente de la première phase peut parfaitement être communiquée à une phase ultérieure de la procédure, après une première sélection de candidats, et sans que les concurrents évincés à ce stade en aient eu connaissance, lorsque cette information n'introduit pas de distorsion de concurrence entre les candidats. Ainsi, lorsque la personne publique recours à la procédure de la négociation, la procédure n'est pas irrégulière lorsque, quatre mois après l'avis d'appel public à concurrence, les candidats retenus reçoivent des informations relatives aux solutions techniques à proposer, dès lors que ces éléments sont apparus nécessaires en cours de procédure et que les entreprises disposent encore d'un mois pour la remise de leur offre[3]. De même, l'absence, dans l'avis d'appel public à la concurrence, de précision sur la durée de la convention, n'entache pas d'irrégularité sa passation, dès lors que cette information figurait dans le dossier de consultation remis à l'ensemble des candidats ayant répondu à l'avis et que de la durée envisagée était habituelle pour le type de délégation concerné[4].

2
Information des candidats évincés

412.71 Moyen opérant. L'obligation de communiquer les motifs de rejet d'une candidature ou d'une offre entre dans le champ d'application du référé précontractuel[5].

➢ activité contractuelle, tenues au respect du secret des affaires, ce secret doit se concilier avec l'obligation d'assurer l'égalité entre les candidats à l'attribution d'un marché public ».

1. CE 11 janv. 2011, Sté TEP – Technique d'environnement et propreté, req. n° 340773, préc.
2. CE 21 juin 2000, Synd. intercommunal de la côte d'Amour et de la presqu'île guérandaise, req. n° 209319, *Lebon* 283 ; *RFDA* 2000. 1031, concl. C. Bergeal ; *CJEG* 2000. 632, concl. C. Bergeal ; *BJCP* 2000. 361, concl.
3. CE 27 juill. 2001, Sté Degrémont, req. n° 232820, *Lebon* 413 ; *RDI* 2002. 63, Chron. M. Degoffe et J.-D. Dreyfus.
4. CE 25 juill. 2001, Synd. des eaux de l'Iffernet, req. n° 231319, *Lebon T.* 1041 ; *BJCP* 2001. 530, concl. D. Piveteau ; *Contrats Marchés publ.* 2001, comm. n° 191, obs. P. Delelis.
5. CE 21 janv. 2004, Sté Aquitaine démolition, req. n° 253509, *Lebon T.* 771 ; *AJDA* 2004. 710, note J.-D. Dreyfus.

Par conséquent, une méconnaissance de cette obligation constitue une atteinte aux obligations de publicité et de mise en concurrence susceptible d'être sanctionnée par le juge du référé précontractuel. Toutefois, une telle atteinte n'est plus constituée si l'ensemble des informations requises par **la réglementation sur les marchés publics** a été communiqué au candidat évincé à la date à laquelle le juge des référés statue, et si le délai qui s'est écoulé entre cette communication et la date à laquelle le juge statue a été suffisant pour permettre à ce candidat de contester utilement son éviction[1].

C

Objet du contrat

412.81 **Précision de l'objet du contrat.** L'objet du contrat dont la passation est envisagée et l'étendue de la mission qui sera confiée à son titulaire doivent être énoncés de manière précise. Tel n'est pas le cas du cahier des charges relatif aux opérations de dépannage et d'évacuation des véhicules sur le réseau des autoroutes, et du règlement de la consultation, qui font état tantôt « d'un » titulaire agréé, chargé de l'ensemble du service, tantôt de plusieurs garagistes dépanneurs agréés. Pour le juge des référés, ces contradictions ne permettent pas aux candidats « d'être complètement informés de l'objet et de l'étendue réelle de la mission dont ils seraient chargés en application du contrat projeté par l'administration », méconnaissant ainsi les obligations de publicité et de mise en concurrence auxquelles est soumise sa passation[2].

412.82 **Régularité de l'objet du contrat.** La définition de l'objet du contrat ne doit pas avoir pour effet de rompre l'égalité entre les candidats. Les obligations de publicité et de mise en concurrence sont ainsi méconnues par :

- le cahier des clauses techniques particulières fixant un tonnage de traitement des ordures ménagères supérieur aux besoins réels et imposant aux candidats de confier le déchargement des bennes à ordures à une société exploitée par le précédent titulaire du marché de collecte et actuel concessionnaire de l'usine de traitement[3] ;

- le cahier des clauses techniques particulières excluant certains candidats par des spécifications techniques restrictives qui ne sont pas justifiées par les nécessités du service public[4].

1. CE 6 mars 2009, Synd. mixte de la région Auray Belz Quiberon, req. n° 321217, *Lebon T.* ; *AJDA* 2009. 1554, note M.-C. Vincent-Legoux ; *Contrats Marchés publ.* 2009, comm. n° 126, obs. G. Eckert : en l'espèce, alors même que l'article 80 du code, prévoyant une obligation de communication spontanée par le pouvoir adjudicateur des motifs du rejet, n'a pas été respecté, l'entreprise évincée a été destinataire, à sa demande, des informations détaillées prévues à l'article 83, ce qui lui a permis de contester utilement son éviction devant le juge du référé précontractuel. En conséquence, aucun manquement ne peut être retenu sur ce terrain à l'encontre du pouvoir adjudicateur.
2. CE 22 mars 2000, Lasaulce, req. n° 207804, *Lebon* ; *RFDA* 2001. 353, note G. J. Guglielmi ; *BJCP* 2003. 252, concl. H. Savoie.
3. CE 29 juill. 1998, C^ne^ de Léognan, req. n° 190452, *Lebon T.* 1017 ; *RDI* 1999. 87, obs. F. Llorens ; *RDI* 1999. 96, obs. F. Llorens.
4. CE, sect., 3 nov. 1995, District de l'agglomération nancéienne, req. n° 152484, *Lebon* 391, concl. C. Chantepy ; *AJDA* 1995. 888, Chron. J.-H. Stahl et D. Chauvaux ; *D.* 1996. 321, obs. P. Terneyre ; *GACA*, 2e éd., 2009, n° 17 ; *RDI* 1996. 68, obs. F. Llorens et P. Terneyre ; *RFDA* 1995. 1077, concl. C. Chantepy ; *CJEG* 1996. 67, concl.

412.83 Choix de l'objet de la commande. Le juge du référé précontractuel exerce un contrôle sur le choix que fait le pouvoir adjudicateur, lorsqu'il procède à la définition de son besoin, de l'objet même de la commande qui donne lieu à la passation du marché. Son contrôle se limite toutefois à l'erreur manifeste[1].

N'est pas entaché d'une telle erreur le choix du pouvoir adjudicateur de conserver un espace numérique de travail précédemment mis en place et de lancer une procédure de passation d'un marché public afin de répondre au besoin d'assurer son exploitation et sa maintenance, plutôt que de changer de dispositif et de passer un marché pour en acquérir un nouveau[2].

412.84 Critères de sélection en rapport avec l'objet du contrat. Un critère de sélection des candidats sans rapport avec l'objet du contrat ou ses conditions d'exécution, tel un critère additionnel relatif à l'emploi, constitue un manquement aux obligations de publicité et de mise en concurrence[3]. Il en va ainsi même si aucune offre présentée par les soumissionnaires n'avait pris en compte le critère illégal[4].

412.85 Modification de l'objet du contrat. Une modification substantielle apportée à l'objet du contrat postérieurement à la publication de l'offre caractérise un manquement aux obligations de publicité et de mise en concurrence.

Le juge des référés sanctionne ainsi, dans le domaine des marchés publics, les changements qui interviennent en cours de procédure ou à l'expiration du délai de remise des offres. Tel est le cas lorsque la personne publique :

- impose aux candidats, en cours de négociation, de corriger leur offre pour proposer un prix unitaire alors que le règlement de consultation prévoit un prix forfaitaire[5] ;

- apporte, en cours de procédure, des modifications substantielles aux conditions initiales fixées par le règlement de consultation[6] ;

- communique aux candidats, la veille de la date impartie pour la remise de la dernière offre complète, un document contenant des exigences nouvelles relatives aux résultats à atteindre en ce qui concerne les temps de réponse du système informatique, constituant l'un des objets principaux du marché, « modifiant ainsi le programme fonctionnel détaillé du marché dans des conditions de délai qui ne permettaient pas d'assurer le respect de l'égalité entre les candidats »[7].

1. V., posant le principe d'un contrôle restreint, CE 2 oct. 2013, Dp^{t} de l'Oise, req. n° 368846, *Lebon T.* ; *AJDA* 2013. 1946 ; *AJCT* 2014. 113, obs. S. Hul ; *BJCP* 2014. 43, concl. B. Dacosta.
2. CE 2 oct. 2013, Dp^{t} de l'Oise, req. n° 368846, préc.
3. CE 10 mai 1996, Féd. nationale des travaux publics, req. n° 159979, *Lebon T.* ; *AJDA* 1997. 196, note S. Maljean-Dubois ; *D.* 1997. 110, obs. P. Terneyre ; *RDI* 1996. 369, obs. F. Llorens et P. Terneyre ; *RFDA* 1997. 73, concl. S. Fratacci.
4. CE 25 juill. 2001, C^{ne} de Gravelines, req. n° 229666, *Lebon* 391 ; *AJDA* 2002. 46, concl. D. Piveteau ; *RDI* 2002. 62, obs. M. Degoffe ; *RTD com.* 2002. 284, obs. G. Orsoni.
5. CE 25 juill. 2001, C^{ne} de Gravelines, req. n° 229666, préc.
6. CE 16 oct. 2000, S^{té} Stéreau, req. n° 213958, *Lebon T.* ; *RDI* 2001. 62, obs. F. Llorens.
7. CE 19 mars 1997, min. de l'Agriculture c/S^{té} *Bull*, req. n° 171140, *Lebon T.* ; *D.* 1998. 227, obs. P. Terneyre ; *RDI* 1997. 436, obs. F. Llorens et P. Terneyre ; *RDI* 1997. 441, obs. F. Llorens et P. Terneyre.

Les modifications apportées en cours de procédure sont davantage admises dans le domaine des conventions de délégation de service public. Ainsi, ne constitue pas un manquement aux obligations de publicité et de mise en concurrence :

– les adaptations apportées en cours de procédure correspondant à des éléments d'information complémentaires apparues nécessaires en cours de négociation et qui ont été portées à la connaissance des candidats[1] ;

– des adaptations d'une portée limitée, justifiées par l'intérêt du service et ne présentant pas, entre les entreprises concurrentes, un caractère discriminatoire (en l'occurrence une précision sur des travaux à réaliser, de faible importance au regard du montant global du contrat, et une prolongation de six mois de la durée d'exécution du contrat initialement fixée à dix ans)[2].

412.86 Périmètre d'une délégation de service public. Le juge du référé précontractuel exerce un contrôle restreint sur la définition, par la collectivité délégante, du périmètre d'une délégation de service public. Il s'assure à ce titre que la collectivité n'a pas donné à la délégation un périmètre manifestement excessif ni réuni au sein de la même convention des services qui n'auraient manifestement aucun lien entre eux[3]. En l'espèce, une communauté urbaine a pu, sans commettre d'erreur manifeste d'appréciation, considérer que les services de transport urbain, de stationnement et de mise en fourrière, qui concourent à l'organisation de la mobilité des habitants sur le territoire de la communauté urbaine, présentaient entre eux un lien suffisant et décider de les confier à un délégataire unique afin d'assurer une coordination efficace entre les différents modes de transport et de stationnement, dont une partie significative des usagers est identique.

D

Respect du règlement de consultation

412.91 Opérance. Le moyen tiré de la violation du règlement de consultation (ou du règlement de concurrence pour les délégations de service public), lequel est obligatoire dans tous ses éléments[4], peut être utilement invoqué devant le juge du référé précontractuel.

412.92 Choix d'un candidat ne satisfaisant pas au règlement de consultation. Constitue un manquement aux obligations de publicité et de mise en concurrence :

– le fait d'attribuer le marché à un candidat ne respectant pas une des prescriptions imposées par le règlement de consultation[5] ;

1. CE 29 juill. 1998, Éditions Dalloz-Sirey, req. n° 188686, *Lebon* 330 ; *AJDA* 1999. 254, note P. Subra de Bieusse ; *D.* 1998. 223.
2. CE 21 juin 2000, Synd. intercommunal de la côte d'Amour et de la presqu'île guérandaise, req. n° 209319, *Lebon* 283 ; *RFDA* 2000. 1031, concl. C. Bergeal ; *CJEG* 2000. 632, concl. C. Bergeal ; *BJCP* 2000. 361, concl.
3. – CE 21 sept. 2016, Communauté urbaine du Grand Dijon et S[té] Keolis, req. n° 399656, *Lebon T.* ; *AJDA* 2017. 359, note M. Douence ; *AJDA* 2016. 1775 ; *AJCT* 2017. 47, obs. P. Grimaud et O. Villemagne ; AJ *Contrat* 2016. 494, obs. F. Lepron (p[t] 5).
4. CE 23 nov. 2005, S[té] Axialogic, req. n° 267494, *Lebon T.* ; *AJDA* 2006. 214.
5. CE 23 nov. 2005, S[té] Axialogic, req. n° 267494, préc. : candidat ne justifiant pas des trois sites d'exploitation des logiciels exigés par le règlement de consultation du marché litigieux.

– le fait d'examiner l'offre présentée par une société ne possédant pas toutes les références exigées par le règlement de consultation puis de retenir la candidature de cette société[1] ;

– le fait d'attribuer six lots à deux entreprises constituant en réalité un seul et même candidat, alors que le règlement de consultation limite à trois le nombre de lots pour lesquels un candidat peut soumettre une offre[2].

412.93 Modification d'un élément fixé dans le règlement de consultation. Constitue un manquement aux obligations de publicité et de mise en concurrence le fait de modifier un élément figurant dans le règlement de consultation, méconnaissant ainsi la force obligatoire qui s'y attache :

– prorogation de la date de validité des offres sans recueillir au préalable l'accord de l'ensemble des candidats[3] (l'accord pouvant être implicite et résulter de la poursuite par les candidats de la négociation avec la personne publique[4]) ;

– changement des critères de sélection[5], prise en compte d'un critère non prévu dans le règlement de consultation[6] ou abandon d'un des critères en cours de procédure[7] ;

– la modification du programme fonctionnel dans une procédure de dialogue compétitif[8].

E
Autres moyens

1
Critère de sélection et motifs d'exclusion ou d'admission

412.101 Critères de sélection. A été regardé comme un manquement aux obligations de mise en concurrence :

– le fait de ne pas porter à la connaissance des candidats la pondération ou la hiérarchisation des critères de sélection alors que, eu égard à leur nature et à l'importance de cette pondération ou hiérarchisation, ils sont susceptibles d'exercer une influence sur la présentation des offres par les candidats ainsi que sur leur sélection[9] ;

1. CE 10 févr. 1997, Sté Révillon, req. n° 169309, *Lebon T.* 927 ; *AJDA* 1997. 714, obs. J. Michon ; *D.* 1998. 226, obs. P. Terneyre ; *RDI* 1997. 229, obs. F. Llorens et P. Terneyre – CE 10 mai 2006, Sté Bronzo, req. n° 281976, *Lebon* ; *AJDA* 2006. 1619, note J. Lacrouts.
2. CE 11 juill. 2018, Communauté d'agglomération du Nord Grande-Terre, req. n° 418021, *Lebon T.* ; *BJCP* 2018. 362, concl. O. Henrard.
3. CE 13 déc. 1996, Synd. intercommunal pour la revalorisation des déchets du secteur Cannes-Grasse, req. n° 169706, *Lebon* 488 ; *D.* 1997. 46.
4. CE 24 juin 2011, Cne de Bourgoin-Jallieu, req. n° 347889, *Lebon T.* ; *AJDA* 2011. 1298 ; *BJCP* 2011. 362, concl. N. Boulouis ; *Contrats Marchés publ.* 2011, comm. n° 262, obs. G. Eckert.
5. CE 1er avr. 2009, Sté des autoroutes du Sud de la France, req. n° 315586, *Lebon T.* ; *AJDA* 2009. 684.
6. CE 1er avr. 2009, min. de l'Écologie c/Sté La Téléphonie mahoraise, req. n° 321752, *Lebon T.* ; *AJDA* 2009. 683 ; *Contrats Marchés publ.* 2009, comm. n° 171, obs. J.-P. Piétri.
7. CE 27 avr. 2011, Président du Sénat c/Sté Bio Paris Ouest, req. n° 344244, *Lebon T.* ; *AJDA* 2011. 870 ; *AJCT* 2011. 411, obs. S. Hul ; *BJCP* 2011. 263, concl. B. Dacosta ; *JCP Adm.* 2011, n° 2214, note F. Linditch.
8. CE 4 avr. 2005, Cne de Castellar, req. n° 265784, *Lebon* 141 ; *BJCP* 2005. 208, concl. N. Boulouis ; *Dr. adm.* 2005, comm. n° 102, note A. Ménéménis.
9. CE 18 juin 2010, Cne de Saint Pal de Mons, req. n° 337377, *Lebon* ; *AJDA* 2010. 1234 ; *RDI* 2010. 555, obs. R. Noguellou ; *AJCT* 2010. 32, obs. J.-D. Dreyfus ; *RTD eur.* 2010. 975, Chron. D. Ritleng, J.-P. Kovar et A. Bouveresse.

– le fait de ne pas avoir indiqué les documents ou renseignements au vu desquels l'administration entend opérer la sélection des candidatures[1] ;

– le fait, dans un marché de prestations de conseil juridique, d'interdire de produire toute référence professionnelle et de combiner cette interdiction avec deux critères de sélection fondés d'une part sur l'expérience des candidats et d'autre part sur la réalisation de publications, créant ainsi une inégalité entre les candidats en faveur de ceux ayant réalisé des publications[2] ;

– le fait de recourir à une méthode de notation qui se trouve soit entachée d'« erreur de droit » soit de « discrimination illégale »[3]. Se trouve par exemple entachée d'une erreur de droit la méthode de notation conduisant à l'attribution, pour un ou plusieurs critères, de notes négatives[4]. De même, se trouve par exemple constitutif d'une discrimination illégale une méthode de notation qui ne permet pas d'attribuer la meilleure note au candidat ayant proposé le prix le plus bas[5].

Dans le cadre d'un marché public passé par un établissement de santé, la comparaison qui doit être faite pour apprécier si l'offre présentée par un candidat qui entend réaliser les analyses dans un laboratoire situé dans un territoire de santé limitrophe du territoire dans lequel est situé l'établissement de santé est régulière, s'effectue avec les seuls laboratoires situés dans le même territoire que l'établissement de santé dans lesquels les candidats qui ont présenté une offre entendent réaliser les analyses[6].

412.102 Régularité des motifs d'exclusion ou d'admission d'un candidat. Présente un caractère opérant le moyen tiré de l'irrégularité du motif ayant conduit à exclure ou à admettre un candidat à l'attribution d'un marché public ou d'une délégation de service public. Le juge du référé précontractuel contrôle ainsi :

– le bien-fondé du motif d'exclusion tiré de ce qu'une société aurait, à l'occasion d'un précédent marché, recueilli des informations susceptibles de l'avantager par rapport aux autres candidats (détention d'informations privilégiées)[7] ;

1. CE 24 févr. 2010, Communauté de communes de l'Enclave des Papes, req. n° 333569, *Lebon* ; *AJDA* 2010. 415.
2. CE 7 mars 2005, Communauté urbaine de Lyon, req. n° 274286, *Lebon* ; *AJDA* 2005. 1128, note J.-P. Markus et L. Givord ; *BJCP* 2005. 202, concl. D. Casas.
3. CE 29 oct. 2013, Val d'Oise Habitat, req. n° 370789, *Lebon T.* ; *AJDA* 2013. 2183 ; *AJCT* 2014. 111, obs. O. Didriche (pt 3).
4. CE 18 déc. 2012, Dpt de la Guadeloupe, req. n° 362532, *Lebon T.* ; *AJDA* 2012. 2410 ; *AJCT* 2013. 247, obs. S. Hul.
5. CE 29 oct. 2013, Val d'Oise Habitat, req. n° 370789, *Lebon T.* ; *AJDA* 2013. 2183 ; *AJCT* 2014. 111, obs. O. Didriche (pt 4) : en l'espèce, la méthode retenue avait pour effet d'attribuer la note la plus faible au candidat ayant présenté le prix le plus éloigné de l'estimation du coût de la prestation opérée par le maître d'œuvre, que ce prix soit inférieur ou supérieur à l'estimation. Il avait ainsi eu pour conséquence d'attribuer la note maximale à la société déclarée attributaire du marché, alors même que sa proposition de prix était supérieure à celle de la requérante.
6. CE 7 mars 2018, Centre hospitalier de Peronne et Société Oxabio, req. n° 415675, *Lebon T.*
7. CE 29 juill. 1998, garde des Sceaux c/Sté Génicorp, req. n° 177952, *Lebon T.* ; *RDI* 1999. 87, obs. F. Llorens.

– le bien-fondé du motif d'exclusion tiré du non-respect des conditions de présentation des offres[1] ;

– le bien-fondé du motif d'exclusion tiré du caractère insuffisant des références produites par un candidat[2] ;

– le bien-fondé du motif tiré des capacités techniques et financières d'un candidat[3] ou des moyens dont il dispose[4], ou encore du fait qu'il ait fourni des renseignements erronés[5] ou se retrouve en redressement judiciaire (même si cette mesure est intervenue après le dépôt de l'offre)[6] ;

– le bien-fondé de l'exclusion d'un candidat, pour avoir modifié son offre, alors que cette modification visait seulement à rectifier une erreur matérielle[7] ;

– le bien-fondé du motif tiré de ce qu'un GIE composé d'huissiers de justice ne pourrait candidater à l'obtention d'une commande publique pour le compte de ses membres[8].

2
Obligations imposées aux candidats

412.111 Contrôle. Le juge du référé précontractuel contrôle si les obligations imposées par le pouvoir adjudicateur aux candidats sont susceptibles de porter atteinte aux principes et règles de la commande publique. Le contrôle exercé sur ce point constitue un contrôle normal[9].

Dans un cas d'espèce, le Conseil d'État a considéré que ne porte pas atteinte au principe de libre accès à la commande publique l'obligation imposée par le pouvoir adjudicateur, eu égard à la nature de son besoin, que les candidats s'engagent à lui céder l'ensemble des droits de propriété intellectuelle attachés à l'application objet du marché[10].

1. CE 6 nov. 1998, Assistance publique-Hôpitaux de Marseille, req. n° 194960, *Lebon T.* ; *D.* 1999. 5 ; *BJCP* 1999. 277, concl. C. Bergeal : constitue un manquement le fait de rejeter la candidature d'une entreprise au motif que celle-ci a produit non pas l'original mais la copie de l'attestation exigée (attestation relative à l'absence de condamnation pour emploi de travailleurs clandestins).
2. CE 10 févr. 1997, Sté Révillon, req. n° 169309, *Lebon T.* 927 ; *AJDA* 1997. 714, obs. J. Michon ; *D.* 1998. 226, obs. P. Terneyre ; *RDI* 1997. 229, obs. F. Llorens et P. Terneyre.
3. CE 6 oct. 2004, Sté « La communication hospitalière », req. n° 263083, *Lebon T.* 772 ; *AJDA* 2004. 2338, note S. Hul – CE 28 avr. 2006, Sté Abraham bâtiment travaux publics, req. n° 286443, *Lebon T.* 953 ; *AJDA* 2006. 905 ; *RDI* 2006. 221, obs. J.-D. Dreyfus ; *Contrats Marchés publ.* 2006, comm. n° 188, obs. W. Zimmer.
4. CE 3 mars 2004, Cne de Châteaudun, req. n° 258602, *Lebon T.* 772 ; *AJDA* 2004. 1713, note M.-C. Vincent-Legoux ; *Contrats Marchés publ.* 2004, comm. n° 92, obs. F. Llorens.
5. CE 3 oct. 2012, Sté Déménagements Le Gars – Hauts-de-Seine Déménagements, req. n° 360952, *Lebon T.* ; *AJDA* 2012. 1883 ; *AJCT* 2013. 96, obs. S. Hul : renseignements susceptibles de fausser l'appréciation portée sur les mérites d'une candidature au détriment des autres candidatures et ainsi de porter atteinte au principe d'égalité de traitement entre les candidats.
6. CE 26 mars 2014, Cne de Chaumont, req. n° 374387, *Lebon T.* ; *AJDA* 2014. 716 ; *AJCT* 2014. 450, obs. S. Hul.
7. CE 21 sept. 2011, Dpt des Hauts-de-Seine, req. n° 349149, *Lebon* ; *AJDA* 2011. 1815 ; *RDI* 2011. 560, obs. S. Braconnier ; *AJCT* 2012. 41, obs. O. Didriche ; *BJCP* 2011. 442, concl. N. Boulouis.
8. CE 3 déc. 2012, GIE « Groupement des poursuites extérieures », req. n° 361887, *Lebon T.* ; *AJDA* 2012. 2349 (annulation de la décision de rejeter l'offre du GIE).
9. CE 2 oct. 2013, Dpt de Lot-et-Garonne, req. n° 368900, *Lebon T.* ; *AJDA* 2013. 1947 ; *D.* 2014. 340, note P. Egéa et G. Kalflèche ; *AJCT* 2014. 114, obs. S. Hul.
10. CE 2 oct. 2013, Dpt de Lot-et-Garonne, req. n° 368900, préc.

3
Égalité

412.121 Égalité dans la remise des offres. Constitue une violation du principe d'égalité entre candidats le fait, en cours de négociation et alors que deux entreprises ont été sélectionnées à l'issue de la procédure de publicité et de remise des offres, de proroger le délai de remise de nouvelles offres pour une seule de ces deux entreprises[1].

412.122 Délai de consultation. Il incombe au juge des référés de vérifier si le délai de consultation, quand bien même il serait supérieur au délai minimal fixé par les textes applicables, n'est néanmoins pas manifestement inadapté à la présentation d'une offre compte tenu de la complexité du marché public et du temps nécessaire aux opérateurs économiques pour préparer leurs candidatures et leurs offres[2].

412.123 Égalité dans la négociation. La circonstance que, postérieurement à l'abandon d'une variante mentionnée dans l'avis d'appel à candidatures et à l'expiration du délai au terme duquel les candidats sont tenus de formuler leur ultime meilleure proposition, la personne publique ne continue sa discussion qu'avec un seul des candidats n'est pas de nature à constituer une atteinte aux obligations de mise en concurrence dès lors qu'il ne résulte pas des pièces du dossier que seule la variante ait été l'objet des discussions précédant l'expiration du délai imparti aux candidats pour présenter leur ultime meilleure proposition[3].

4
Composition de l'organisme, compétence du candidat et impartialité

412.131 Composition de l'organisme. Est regardé comme opérant le moyen tiré de la composition irrégulière de l'organisme se prononçant sur les candidatures :
- composition de la commission d'appel d'offres[4] ;
- composition de la commission de délégation[5].

412.132 Compétence de la personne publique candidate. Lorsque le candidat est une personne morale de droit public, il incombe au juge des référés « de vérifier que

1. CE 15 juin 2001, Synd. intercommunal d'assainissement de Saint-Martin-de-Ré et la Flotte-en-Ré, req. n° 223482, *Lebon* 265 ; *BJCP* 2001. 415, concl. D. Piveteau.
2. CE 11 juill. 2018, Communauté d'agglomération du Nord Grande-Terre, req. n° 418021, *Lebon T.* ; *BJCP* 2018. 362, concl. O. Henrard.
3. CE 21 juin 2000, Synd. intercommunal de la côte d'Amour et de la presqu'île guérandaise, req. n° 209319, *Lebon* 283 ; *RFDA* 2000. 1031, concl. C. Bergeal ; *CJEG* 2000. 632, concl. C. Bergeal ; *BJCP* 2000. 361, concl.
4. CE 27 juill. 2001, Sté Degrémont, req. n° 232820, *Lebon* 413 ; *RDI* 2002. 63, Chron. M. Degoffe et J.-D. Dreyfus : la participation à la commission d'appel d'offres d'un ancien salarié d'une société candidate qui a été licencié en 1991 n'a pas méconnu le principe d'égalité entre les candidats dès lors que l'intéressé a siégé à la commission en sa qualité d'élu local et compte tenu du délai important qui s'est écoulé depuis son licenciement.
5. CE 21 juin 2000, Synd. intercommunal de la côte d'Amour et de la presqu'île guérandaise, req. n° 209319, *Lebon* 283 ; *RFDA* 2000. 1031, concl. C. Bergeal ; *CJEG* 2000. 632, concl. C. Bergeal ; *BJCP* 2000. 361, concl. (moyen manquant en fait en l'espèce) – CE 28 juin 2006, Synd. intercommunal d'alimentation en eau de la moyenne vallée du Gier, req. n° 288459, NP ; *AJDA* 2006. 1781, note L. Richer ; *RDI* 2006. 477, obs. J.-D. Dreyfus (moyen non fondé).

l'exécution du contrat en cause entrerait dans le champ de sa compétence et, s'il s'agit d'un établissement public, ne méconnaîtrait pas le principe de spécialité auquel il est tenu »[1]. Un établissement public ne méconnaît pas le principe de spécialité en candidatant à un marché dont l'objet constitue un complément normal de sa mission statutaire et est utile à l'exercice de celle-ci[2].

412.133 Impartialité. Le moyen tiré du défaut d'impartialité de la personne publique est opérant dans le cadre du référé précontractuel[3].

Le fait d'avoir recouru, pendant la procédure de dialogue compétitif en vue de la passation d'un contrat de partenariat, à l'assistance technique de sociétés qui étaient des filiales d'un groupe ayant collaboré ponctuellement avec la société qui a obtenu le contrat, ne saurait, à lui seul, caractériser un manquement à l'impartialité de la part de ces conseils extérieurs dans le cadre de la procédure de dialogue compétitif[4].

Un tel manquement est en revanche caractérisé lorsqu'un individu a participé à la procédure d'adjudication d'un marché dans des conditions lui permettant d'influencer l'issue de la procédure litigieuse alors qu'il avait exercé des responsabilités importantes au sein de l'entreprise attributaire, jusqu'à moins de deux ans avant le lancement de cette procédure[5]. En l'espèce, cet individu avait été chargé par la collectivité publique d'une mission d'assistance à la maîtrise d'ouvrage du marché. Cette mission l'avait conduit non seulement à contribuer à la rédaction du cahier des clauses techniques particulières mais aussi à l'analyse des offres des candidats aux côtés des services de la collectivité publique. Le Conseil d'État estime que, par les

1. CE 18 sept. 2015, Assoc. de gestion du Conservatoire national des arts et métiers (CNAM) des Pays de la Loire, req. n° 390041, *Lebon T.* ; *AJDA* 2016. 153, note T. Rombauts-Chabrol ; *AJDA* 2015. 1721 ; *RDI* 2015. 581, obs. S. Braconnier ; *RTD com.* 2015. 691, obs. G. Orsoni ; *BJCP* 2016. 63, concl. G. Pellissier (pt 4) : revenant sur CE 16 oct. 2000, Cie méditerranéenne d'exploitation des services d'eau, req. n° 212054, *Lebon* 422 ; *AJDA* 2001. 662, note A. Treppoz ; *RFDA* 2001. 106, concl. C. Bergeal ; *RTD com.* 2001. 415, obs. G. Orsoni ; *BJCP* 2001. 105, concl. C. Bergeal.
2. CE 18 sept. 2015, Assoc. de gestion du Conservatoire national des arts et métiers (Cnam) des Pays de la Loire, req. n° 390041, préc. (pt 5).
3. CE 24 juin 2011, min. de l'Écologie et Sté Autostrade per Italia SPA, req. n° 347720, *Lebon T.* ; *AJCT* 2011. 519, obs. C. Lapuelle ; *BJCP* 2011. 365, concl. N. Boulouis ; *Contrats Marchés publ.* 2011, comm. n° 261, obs. G. Eckert ; *Dr. adm.* 2011, comm. n° 84, obs. J.-B. Auby ; *RJEP* 2011, comm. n° 54, note A. Fridoulet – v. égalt CE 14 oct. 2015, Sté Applicam région Nord-Pas-de-Calais, req. n° 390968, *Lebon T.* ; *AJDA* 2015. 1955 ; *RDI* 2015. 581, obs. S. Braconnier ; *AJCT* 2016. 40, obs. O. Didriche ; *JCP Adm.* 2016, n° 2228, note J. Martin (pt 5) : « considérant qu'au nombre des principes généraux du droit qui s'imposent au pouvoir adjudicateur comme à toute autorité administrative figure le principe d'impartialité, dont la méconnaissance est constitutive d'un manquement aux obligations de publicité et de mise en concurrence ».
4. CE 24 juin 2011, min. de l'Écologie et Sté Autostrade per Italia SPA, req. n° 347720, *Lebon T.* ; *AJCT* 2011. 519, obs. C. Lapuelle ; *BJCP* 2011. 365, concl. N. Boulouis ; *Contrats Marchés publ.* 2011, comm. n° 261, obs. G. Eckert ; *Dr. adm.* 2011, comm. n° 84, obs. J.-B. Auby ; *RJEP* 2011, comm. n° 54, note A. Fridoulet : moyen tiré de la méconnaissance du principe d'impartialité écarté en l'espèce, du fait des diligences accomplies par l'État tout au long de la procédure, et alors qu'il ne résulte pas de l'instruction que l'égalité entre les candidats aurait été rompue par un défaut d'impartialité imputable aux sociétés de conseil technique auxquelles l'État a eu recours.
5. CE 14 oct. 2015, Sté Applicam région Nord-Pas-de-Calais, req. n° 390968, *Lebon T.* ; *AJDA* 2015. 1955 ; *RDI* 2015. 581, obs. S. Braconnier ; *AJCT* 2016. 40, obs. O. Didriche ; *JCP Adm.* 2016, n° 2228, note J. Martin (pt 5).

responsabilités qui lui ont été confiées, cet individu a « été susceptible d'influencer l'issue de la procédure litigieuse ». Or, relève-t-il, l'intéressé avait exercé des responsabilités importantes au sein d'une entreprise candidate (qui fut finalement l'entreprise attributaire) en qualité de « directeur qualité » puis de « directeur des opérations et des projets ». Pour le Conseil, « le caractère encore très récent de leur collaboration, à un haut niveau de responsabilité, pouvait légitimement faire naître un doute sur la persistance de tels intérêts et par voie de conséquence sur l'impartialité de la procédure suivie » par la collectivité publique (p^{t} 5).

5
Respect des normes légales et activités réglementées

412.141 Respect des normes légales par le CCTP. Présente un caractère opérant le moyen tiré de la méconnaissance par le Cahier des clauses techniques particulières (CCTP) des spécifications légales applicables au marché[1].

6
Durée du contrat

412.151 Durée excessive d'une délégation de service public. Présente un caractère opérant le moyen tiré de la méconnaissance des dispositions du CGCT limitant la durée d'une délégation de service public[2].

7
Offre anormalement basse et dénaturation du contenu d'une offre

412.161 Offre anormalement basse. Est utilement invocable le moyen tiré de ce que le pouvoir adjudicateur aurait dû rejeter une offre anormalement basse. Le juge du référé précontractuel exerce sur un tel refus un contrôle limité à l'erreur manifeste d'appréciation[3].

Pour contrôler le caractère anormalement bas ou non d'une offre, le juge ne peut se borner à relever un écart de prix important entre cette offre et d'autres offres que les explications fournies par le candidat ne sont pas de nature à justifier. Il lui appartient de rechercher si le prix en cause est en lui-même manifestement sous-évalué et, ainsi, susceptible de compromettre la bonne exécution du marché[4].

L'absence de motivation de la décision rejetant une offre anormalement basse « constitue un manquement aux obligations de transparence et de mise en concurrence »[5]. Toutefois, « un tel manquement n'est plus constitué si les motifs de cette

1. CE 4 févr. 2009, C^{ne} de Toulon c/S^{té} CBS Outdoor, req. n° 311344, *Lebon* ; *AJDA* 2009. 233 ; *Contrats Marchés publ.* 2009, comm. n° 124, obs. J.-P. Piétri.
2. CE 15 déc. 2008, Communauté intercommunale des villes solidaires, req. n° 312350, *Lebon T.* ; *AJDA* 2008. 2421 ; *BJCP* 2009. 136, concl. B. Dacosta ; *Contrats Marchés publ.* 2009. 33, obs. G. Eckert ; *JCP Adm.* 2009, n° 2102, note F. Dieu.
3. CE 1er mars 2012, Dp^{t} de la Corse du Sud, req. n° 354159, *Lebon* ; *AJDA* 2012. 464 ; *AJCT* 2012. 434, obs. S. Hul ; *BJCP* 2002. 177, concl. D. Dacosta - v. de même, en excès de pouvoir : CE 29 janv. 2003, Dp^{t} d'Ille-et-Vilaine, req. n° 208096, NP.
4. CE 29 mai 2013, min. de l'Intérieur c/S^{té} Artéis, req. n° 366606, *Lebon T.* ; *AJDA* 2013. 1134 ; *AJCT* 2013. 523, obs. S. Hul ; *CCC* 2013. comm. 190, obs. C. Prébissy-Schnall.
5. CE 29 oct. 2013, Dp^{t} du Gard, req. n° 371233, *Lebon T.* ; *AJDA* 2013. 2182 ; *RDI* 2014. 43, obs. R. Noguellou ; *AJCT* 2014. 162, obs. S. Hul ; *BJCP* 2014. 59, concl. B. Dacosta (p^{t} 5).

décision ont été communiqués au candidat évincé à la date à laquelle le juge des référés statue et si le délai qui s'est écoulé entre cette communication et la date à laquelle le juge statue a été suffisant pour permettre à ce candidat de contester utilement son éviction »[1].

412.162 **Dénaturation du contenu d'une offre.** Lorsqu'il est saisi d'un moyen en ce sens, il appartient au juge de vérifier que le pouvoir adjudicateur n'a pas « dénaturé le contenu d'une offre » en en méconnaissant ou en en altérant manifestement les termes « et procédé ainsi à la sélection de l'attributaire du contrat en méconnaissance du principe fondamental d'égalité de traitement des candidats »[2].

8
Spécifications techniques, niveau de capacité, appréciation des garanties, références et capacités

412.171 **Spécifications techniques.** Le juge du référé précontractuel vérifie si des spécifications techniques ont pour effet de favoriser ou d'éliminer certains opérateurs. S'agissant des marchés de services, il examine si la spécification technique a ou non pour effet de favoriser ou d'éliminer certains opérateurs économiques puis, dans l'hypothèse seulement d'une telle atteinte à la concurrence, si cette spécification est justifiée par l'objet du marché ou, si tel n'est pas le cas, si une description suffisamment précise et intelligible de l'objet du marché n'est pas possible sans elle. Dans le cas d'un marché de services portant sur un logiciel libre, lequel est librement et gratuitement accessible et modifiable par l'ensemble des entreprises spécialisées – qui sont ainsi toutes à même de l'adapter aux besoins de la collectivité et de présenter une offre indiquant les modalités de cette adaptation –, la spécification par les documents de la consultation d'un logiciel libre ne confère pas d'avantage concurrentiel à une société co-conceptrice et copropriétaire de ce logiciel, alors que toute entreprise spécialisée dans l'installation de logiciels de ce type a la capacité d'adapter ce logiciel aux besoins spécifiés[3].

412.172 **Fixation du niveau de capacité.** Est utilement invocable le moyen tiré de ce que le pouvoir adjudicateur aurait manqué à son obligation de fixer des niveaux minimaux de capacité liés et proportionnés à l'objet du marché. Exerçant un contrôle restreint, le juge ne sanctionne une absence de lien ou une disproportion que si celle-ci revêt un caractère manifeste[4].

412.173 **Appréciation des garanties, de la capacité technique et des références professionnelles.** Est utilement invocable le moyen tiré de ce que le pouvoir adjudicateur aurait commis une erreur dans l'appréciation portée sur les garanties et capacités

1. CE 29 oct. 2013, Dp[t] du Gard, req. n° 371233, préc. (p[t] 5).
2. CE 20 janv. 2016, Communauté intercommunale des villes solidaires, req. n° 394133, *Lebon T.* ; *AJDA* 2016. 127 ; *AJDA* 2016. 1186, note F. Poulet ; *AJCT* 2016. 330, obs. S. Hul ; *BJCP* 2016. 213, concl. G. Pellissier ; *Contrats et Marchés publics* 2016, comm. 85, obs. P. Devillers.
3. CE 30 sept. 2011, région Picardie, req. n° 350431, *Lebon*.
4. CE 7 mai 2013, S[té] Segex, req. n° 365706, *Lebon T.* ; *AJDA* 2013. 950 ; *BJCP* 2013. 371, concl. B. Dacosta : absence d'erreur manifeste en l'espèce.

techniques que présentent les candidats à un marché public, ainsi que sur leurs références professionnelles. Le juge ne censure cette appréciation que dans l'hypothèse où elle se trouve entachée d'une erreur manifeste[1]. Une telle erreur a par exemple été regardée comme caractérisée dans une espèce où le juge des référés avait demandé à l'administration de justifier des capacités professionnelles et techniques du candidat retenu sans que cette justification soit apportée (et sans qu'elle ressorte des pièces du dossier)[2].

Le juge du référé précontractuel, saisi d'une argumentation en ce sens par le défendeur, ne peut substituer au motif retenu dans le document informant le candidat du rejet de son offre le motif tiré de l'insuffisance de ses capacités professionnelles, techniques ou financières que si le pouvoir adjudicateur s'est effectivement livré à une appréciation de ces capacités et qu'il les a, sans erreur manifeste d'appréciation, jugées insuffisantes[3].

9

Choix du contrat, droits d'exclusivité, allotissement

412.181 Choix de recourir à un type de contrat ou à une procédure de passation. Le choix de recourir à la passation d'un contrat de partenariat peut utilement être contesté devant le juge du référé précontractuel[4]. Le juge du référé précontractuel, saisi d'un moyen en ce sens, peut également contrôler la légalité du recours à la procédure de dialogue compétitif[5].

412.182 Droits d'exclusivité. L'article 30 du décret n° 2016-360 du 25 mars 2016[6] autorise la passation de marché sans publicité préalable ni mise en concurrence pour des raisons tenant à la protection de droits d'exclusivité. Le juge du référé précontractuel contrôle, d'une part, que les besoins de la collectivité publique ne peuvent être couverts que par le recours à une méthode, un procédé ou des spécifications techniques précis, d'autre part que le détenteur de cette méthode, ce procédé ou ces spécifications techniques justifient de droits d'exclusivité[7].

412.183 Allotissement. Saisi d'un moyen tiré de l'irrégularité de la décision de ne pas allotir un marché, il appartient au juge de déterminer si l'analyse à laquelle le pouvoir adjudicateur a procédé et les justifications qu'il fournit sont, eu égard à la marge d'appréciation dont il dispose pour décider de ne pas allotir lorsque la dévolution en

1. CE 17 sept. 2016, Sté Delta Process, req. n° 378722, *Lebon T.* ; *AJDA* 2014. 1796 ; *AJCT* 2014. 614, obs. S. Hul ; *BJCP* 2015. 54, concl. G. Pellissier ; *Contrats Marchés publ.* 2014. comm. 292, note G. Eckert.
2. E 17 sept. 2016, Sté Delta Process, req. n° 378722, préc.
3. CE 13 juin 2016, Sté Latitudes, req. n° 396403, NP ; *Contrats et Marchés publics* 2016, comm. 219, obs. J.-P. Pietri.
4. CE 29 oct. 2004, Sueur, req. n° 269814, *Lebon* : arrêt évoquant, à titre incident, cette possibilité.
5. CE 11 mars 2013, Assemblée des chambres françaises de commerce et d'industrie et mutuelle des chambres de commerce et d'industrie, req. n° 364551, *Lebon T.*
6. Décr. n° 2016-360, 25 mars 2016, relatif aux marchés publics, *JO* 27 mars.
7. TA Paris, ord., 16 avr. 2014, Sté Life Technologies, req. n° 1404616, *AJDA* 2014. 2265, note R. Bonnefont.

lots séparés présente l'un des inconvénients que l'article 32 de l'ordonnance nº 2015-899 du 23 juillet 2015 mentionnent, entachées d'appréciations erronées[1].

Par ailleurs, lorsqu'un marché public a été alloti, le juge ne peut relever un manquement aux obligations de publicité et de mise en concurrence du fait de la définition du nombre et de la consistance des lots que si celle-ci est entachée d'une erreur manifeste d'appréciation, compte tenu de la liberté de choix dont le pouvoir adjudicateur dispose en ce domaine. Spécifiquement, lorsque le pouvoir adjudicateur a choisi de diviser un marché public en lots géographiques, il appartient au juge, saisi d'un moyen en ce sens, de s'assurer, en prenant en compte l'objet du marché et la nature des prestations à réaliser, que ce choix n'est pas entaché d'une erreur manifeste d'appréciation[2].

412.184 Activités réglementées. Il appartient au pouvoir adjudicateur, dans le cadre de la procédure de passation d'un marché public portant sur des activités dont l'exercice est réglementé, de s'assurer que les soumissionnaires remplissent les conditions requises pour les exercer. Tel est le cas des consultations juridiques et de la rédaction d'actes sous seing privé qui ne peuvent être effectuées à titre habituel que par les professionnels mentionnés par l'article 54 de la loi nº 71-1130 du 31 décembre 1971. Toutefois, lorsque les prestations qui font l'objet du marché n'entrent qu'en partie seulement dans le champ d'activités réglementées, l'article 45 du décret nº 2016-360 du 25 mars 2016 autorise les opérateurs économiques à présenter leur candidature et leur offre sous la forme d'un groupement conjoint, dans le cadre duquel l'un des cotraitants possède les qualifications requises. Ainsi, pour un marché relatif à des prestations ne portant que partiellement sur des consultations juridiques ou la rédaction d'actes sous seing privé, il est loisible à un opérateur économique ne possédant pas ces qualifications de s'adjoindre, dans le cadre d'un groupement conjoint, en tant que cotraitant, le concours d'un professionnel du droit, à la condition que la répartition des tâches entre les membres du groupement n'implique pas que celui ou ceux d'entre eux qui n'a pas cette qualité soit nécessairement conduit à effectuer des prestations relevant de l'article 54 de la loi du 31 décembre 1971[3].

SECTION 2

Manquement ayant lésé ou ayant pu léser le requérant

412.191 Exigence de lésion du requérant. Pour obtenir le prononcé d'une mesure par le juge du référé précontractuel, il ne suffit pas que le requérant établisse un

1. CE 25 mai 2018, Office public de l'habitat Hauts-de-Seine Habitat et Société Eiffage construction amélioration de l'habitat, req. nº 417428, *Lebon T.* ; *AJDA* 2018. 1440, Chron. S. Roussel et Ch. Nicolas ; *JCP Adm.* 2018, nº 2219, note J. Martin ; *BJCP* 2018. 293, concl. G. Pellissier ; *RFDA* 2018. 1050, note F. Rouvillois ; *AJCT* 2018. 512, obs. S. Hul.
2. CE 25 mai 2018, Office public de l'habitat Hauts-de-Seine Habitat et Société Eiffage construction amélioration de l'habitat, req. nº 417428, *Lebon T.* ; *AJDA* 2018. 1440, Chron. S. Roussel et Ch. Nicolas ; *JCP Adm.* 2018, nº 2219, note J. Martin ; *BJCP* 2018. 293, concl. G. Pellissier ; *RFDA* 2018. 1050, note F. Rouvillois ; *AJCT* 2018. 512, obs. S. Hul.
3. CE 4 avr. 2018, Société Altraconsulting, req. nº 415946, *Lebon T.* ; *BJCP* 2018. 211, concl. G. Pellissier.

manquement de la personne publique aux obligations de publicité et de mise en concurrence. Il faut encore, depuis l'arrêt *SMIRGEOMES*, que le manquement ou les manquements dont se prévaut l'entreprise requérante soient « susceptibles de l'avoir lésée ou risquent de la léser, fût-ce de façon indirecte en avantageant une entreprise concurrente »[1]. Cette exigence s'impose à la première catégorie de requérant, à savoir le candidat évincé ou potentiel (elle ne concerne ni le déféré préfectoral, ni le recours introduit par les autorités françaises sur demande de la Commission européenne). Elle implique que l'auteur du recours établisse que le manquement allégué a eu, ou a pu avoir pour effet de l'évincer de la procédure ou d'avantager même indirectement un concurrent. La jurisprudence antérieure à l'arrêt *SMIRGEOMES* reposait sur une conception objective du référé précontractuel[2] : tout manquement, même mineur, aboutissait à l'annulation de la procédure. Le retour à une conception subjective conduit à ne retenir que les manquements ayant eu un effet défavorable sur le requérant.

412.192 Office du juge. Il résulte de la jurisprudence *SMIRGEOMES*[3] que le juge du référé précontractuel ne peut faire droit à une demande sans établir que les manquements constatés, eu égard à leur portée et au stade de la procédure auquel ils se rapportent, ont été susceptibles de léser le requérant[4]. Il lui appartient de motiver sa décision sur ce point. Le lien entre le manquement constaté et la lésion du candidat écarté doit être suffisamment vraisemblable ; il n'a pas à présenter un caractère certain[5].

1. CE, sect., 3 oct. 2008, Synd. mixte intercommunal de réalisation et de gestion pour l'élimination des ordures ménagères du secteur Est de la Sarthe (SMIRGEOMES), req. n° 305420, *Lebon* 324, concl. B. Dacosta ; *AJDA* 2008. 2161, Chron. E. Geffray et S.-J. Liéber ; *AJDA* 2008. 2374, étude P. Cassia ; *GACA*, 5e éd., 2016, n° 17 ; *RDI* 2008. 499, obs. S. Braconnier ; *RFDA* 2008. 1128, concl. B. Dacosta ; *RFDA* 2008. 1139, note P. Delvolvé ; *JCP Adm.* 2008, n° 2262, note F. Linditch ; *BJCP* 2008. 451, concl., obs. R. Schwartz ; *Contrats Marchés publ.* 2008, comm. n° 264, obs. J.-P. Piétri ; *Contrats Marchés publ.* 2008, repère n° 10, note F. Llorens et P. Soler-Couteaux ; *Dr. adm.* 2008, comm. n° 154, obs. B. Bonnet et A. Lalanne.
2. CE 16 oct. 2000, Sté Stereau, req. n° 213958, *Lebon T.* ; *RDI* 2001. 62, obs. F. Llorens.
3. CE, sect., 3 oct. 2008, Synd. mixte intercommunal de réalisation et de gestion pour l'élimination des ordures ménagères du secteur Est de la Sarthe (SMIRGEOMES), req. n° 305420, *Lebon* 324, concl. B. Dacosta ; *AJDA* 2008. 2161, Chron. E. Geffray et S.-J. Liéber ; *AJDA* 2008. 2374, étude P. Cassia ; *GACA*, 5e éd., 2016, n° 17 ; *RDI* 2008. 499, obs. S. Braconnier ; *RFDA* 2008. 1128, concl. B. Dacosta ; *RFDA* 2008. 1139, note P. Delvolvé ; *JCP Adm.* 2008, n° 2262, note F. Linditch ; *BJCP* 2008. 451, concl., obs. R. Schwartz ; *Contrats Marchés publ.* 2008, comm. n° 264, obs. J.-P. Piétri ; *Contrats Marchés publ.* 2008, repère n° 10, note F. Llorens et P. Soler-Couteaux ; *Dr. adm.* 2008, comm. n° 154, obs. B. Bonnet et A. Lalanne.
4. CE 24 juin 2011, min. de l'Écologie et Sté Autostrade per Italia SPA, req. n° 347720, *Lebon T.* ; *AJCT* 2011. 519, obs. C. Lapuelle ; *BJCP* 2011. 365, concl. N. Boulouis ; *Contrats Marchés publ.* 2011, comm. n° 261, obs. G. Eckert ; *Dr. adm.* 2011, comm. n° 84, obs. J.-B. Auby ; *RJEP* 2011, comm. n° 54, note A. Fridoulet - CE 22 déc. 2008, Communauté d'agglomération Salon - Étang de Berre - Durance, req. n° 311268, NP ; *AJDA* 2009. 663 - CE 4 nov. 2009, Communauté d'agglomération Toulon Provence Méditerranée, req. n° 327948, NP - CE 5 janv. 2011, Sté Technologie Alpine Sécurité, req. n° 343206, *Lebon T.* ; *AJDA* 2011. 13 ; *Contrats Marchés publ.* 2011, comm. n° 39, obs. P. Devillers - pour un ex., CE 11 mars 2013, min. de la Défense c/Sté Aéromécanic, req. n° 364827, *Lebon T.* ; *AJDA* 2013. 602 ; *BJCP* 2013. 342, concl. B. Dacosta (pt 13).
5. CE 29 avr. 2011, garde des Sceaux c/Sté Institut Génétique Nantes Atlantique (IGNA), req. n° 344617, *Lebon T.* ; *AJDA* 2011. 877 ; *AJCT* 2011. 410, obs. J.-D. Dreyfus ; *BJCP* 2011. 268, concl. N. Boulouis.

412.193 Critères d'appréciation. La jurisprudence a clarifié sur certains points les modalités d'application de la jurisprudence *SMIRGEOMES*[1].

En premier lieu, il n'appartient pas au juge des référés de rechercher si le manquement invoqué a été susceptible de léser davantage le requérant que les autres candidats[2].

En deuxième lieu, la qualité de candidat lésé n'est pas réservée à l'entreprise dont l'offre a été classée en deuxième position. Elle peut être reconnue, en cas de lésion avérée, à toute entreprise dont l'offre a été rejetée par l'administration quel que soit le rang de classement de celle-ci[3].

En troisième lieu, le choix de l'offre d'un candidat « irrégulièrement retenu » satisfait en principe à l'exigence de lésion du candidat qui invoque ce manquement, « à moins qu'il ne résulte de l'instruction que sa candidature devait elle-même être écartée, ou que l'offre qu'il présentait ne pouvait qu'être éliminée comme inappropriée, irrégulière ou inacceptable »[4].

En quatrième lieu, la circonstance que la candidature du requérant était irrecevable faute de comporter tous les documents requis est sans incidence sur l'opérance des moyens du requérant dès lors que le pouvoir adjudicateur n'a ni rejeté la candidature, ni demandé de régularisation[5]. De même, la circonstance qu'une entreprise n'avait pas produit de documents attestant que son représentant était bien habilité à la représenter est sans incidence sur l'opérance des moyens qu'elle peut invoquer dès lors que le pouvoir adjudicateur n'avait pas contesté cette habilitation[6].

412.194 Moyens inopérants. À titre d'illustration, a été regardé comme inopérant, faute de lésion réelle ou potentielle du requérant :

– le moyen tiré de ce que l'avis d'appel public à la concurrence publié ne respecte pas certaines prescriptions du Code des marchés publics faute de mention de la date de son envoi à l'Office des publications officielles de l'Union européenne[7] ;

1. CE, sect., 3 oct. 2008, Synd. mixte intercommunal de réalisation et de gestion pour l'élimination des ordures ménagères du secteur Est de la Sarthe (SMIRGEOMES), req. n° 305420, *Lebon* 324, concl. B. Dacosta ; *AJDA* 2008. 2161, Chron. E. Geffray et S.-J. Liéber ; *AJDA* 2008. 2374, étude P. Cassia ; *GACA*, 5ᵉ éd., 2016, n° 17 ; *RDI* 2008. 499, obs. S. Braconnier ; *RFDA* 2008. 1128, concl. B. Dacosta ; *RFDA* 2008. 1139, note P. Delvolvé ; *JCP Adm.* 2008, n° 2262, note F. Linditch ; *BJCP* 2008. 451, concl., obs. R. Schwartz ; *Contrats Marchés publ.* 2008, comm. n° 264, obs. J.-P. Piétri ; *Contrats Marchés publ.* 2008, repère n° 10, note F. Llorens et P. Soler-Couteaux ; *Dr. adm.* 2008, comm. n° 154, obs. B. Bonnet et A. Lalanne.
2. CE 1er juin 2011, Cne de Saint-Benoît, req. n° 345649, *Lebon T.* ; *AJDA* 2011. 1118 ; *AJCT* 2011. 466, obs. O. Didriche.
3. CE 11 avr. 2012, Synd. Ody 1218 Newline du Lloyd's de Londres, req. n° 354652, *Lebon T.*
4. CE 11 avr. 2012, Synd. Ody 1218 Newline du Lloyd's de Londres, req. n° 354652, *Lebon T.*
5. CE 3 déc. 2014, Dpt de la Loire-Atlantique, req. n° 384180, *Lebon T.* ; *AJDA* 2014. 2392 ; *AJCT* 2015. 208, obs. S. Hul ; *JCP Adm.* 2015, n° 2141, note F. Linditch ; *BJCP* 2015. 135, concl. G. Pellissier ; *Contrats Marchés publ.* 2015. comm. 52, note J.-P. Piétri.
6. CE 24 févr. 2016, Synd. mixte pour l'étude et le traitement des ordures ménagères de l'Eure, req. n° 394945, *Lebon T.* ; *AJDA* 2016. 410 ; *AJCT* 2016. 401, obs. P. Jacquemoire ; *JCP Adm.* 2016, n° 2072, note S. Hul ; *Contrats Marchés publ.* 2016. comm. 197, obs. P. Devillers.
7. CE 5 nov. 2008, Cne de Saint-Nazaire c/Sté Decaux mobilier urbain, req. n° 310484, *Lebon T.* ; *AJDA* 2008. 2141 ; *RDI* 2009. 108, obs. S. Braconnier ; *Contrats Marchés publ.* 2008, comm. n° 299, obs. W. Zimmer.

– le moyen tiré de ce que la personne publique aurait commis une erreur de qualification du marché au regard de la nomenclature européenne[1] ;

– le moyen tiré de ce que l'avis d'appel public à la concurrence n'a pas été publié dans une revue spécialisée, dès lors que le requérant a pu présenter une offre malgré cette omission[2] ;

– le moyen tiré du non-respect des prescriptions européennes relatives à la publication des avis, dès lors que l'entreprise requérante a pu présenter une candidature qui a été admise[3] ;

– le moyen tiré de ce que l'avis d'appel public à la concurrence n'a pas correctement renseigné la rubrique relative aux recours, dès lors que cette omission n'a pas empêché l'entreprise requérante d'engager sa demande de référé précontractuel[4] ;

– le moyen invoqué par une entreprise dont l'offre est irrégulière et ne pouvait en tout état de cause être retenue[5].

412.195 Moyens opérants. Le manquement établi est opérant s'il conduit à une lésion du requérant. Tel est le cas :

– de l'exigence insérée dans le CCTP de prévoir des panneaux de mobilier urbain aux dimensions non conformes aux normes légales d'accessibilité aux malvoyants, qui a entraîné pour la société requérante un surcoût du fait des modifications contraintes des panneaux installés[6] ;

– du manquement à l'obligation d'allotissement dès lors que la société requérante, qui est une entreprise de petite taille spécialisée dans la prestation concernée, justifie avoir été lésée par ce manquement[7] ;

– de l'absence d'information sur les critères d'attribution de la délégation de service public, qui a lésé ou était susceptible d'avoir lésé la société requérante nonobstant la circonstance que cette société n'avait pas sollicité de l'autorité délégante des informations sur ces critères pendant la préparation de son offre[8].

1. CE 5 nov. 2008, C^ne^ de Saint-Nazaire c/S^té^ Decaux mobilier urbain, req. n° 310484, préc.
2. CE 10 juin 2009, Port autonome de Marseille, req. n° 317671, *Lebon T.* ; *AJDA* 2009. 1174 ; *RJEP* 2010. 17, note C. Chamard-Heim ; *Contrats Marchés publ.* 2009, comm. n° 86, obs. W. Zimmer.
3. CE 22 déc. 2008, Communauté d'agglomération Salon – Étang de Berre – Durance, req. n° 311268, NP ; *AJDA* 2009. 663.
4. CE 23 juin 2010, C^ne^ de Chatel, req. n° 336910, NP.
5. CE 27 oct. 2011, Dp^t^ des Bouches-du-Rhône, req. n° 350935, *Lebon T.* ; *AJDA* 2011. 2099 ; *Contrats Marchés publ.* 2011, comm. n° 343, obs. G. Eckert.
6. CE 4 févr. 2009, C^ne^ de Toulon c/S^té^ CBS Outdoor, req. n° 311344, *Lebon* ; *AJDA* 2009. 233 ; *Contrats Marchés publ.* 2009, comm. n° 124, obs. J.-P. Piétri.
7. CE 29 oct. 2010, Synd. mixte d'assainissement de la région Ouest de Versailles (Smarov), req. n° 340212, *Lebon T.* ; *AJDA* 2011. 514, note Y. Le Port et S. Hul ; *AJCT* 2011. 32, obs. O. Didriche ; *JCP Adm.* 2010, n° 2362, note F. Linditch ; *Contrats Marchés publ.* 2010, comm. n° 403, obs. P. Devillers.
8. CE 23 déc. 2009, Établissement public du musée et du domaine national de Versailles, req. n° 328827, *Lebon* 502 ; *AJDA* 2010. 500, note J.-D. Dreyfus ; *RTD eur.* 2010. 453, Chron. D. Ritleng, A. Bouveresse et J.-P. Kovar.

413. Jugement du référé précontractuel

SECTION 0

Orienteur

413.00 Plan du chapitre.

413.02 Jurisprudence de référence.

> Le juge a l'obligation de tenir une audience publique
CE, ass., 10 juin 1994, Cne de Cabourg, req. nº 141633, *Lebon* 301.

413.09 Deux procédures de jugement. La demande en référé précontractuel est normalement jugée après instruction contradictoire et audience. Les affaires simples peuvent toutefois faire l'objet d'un rejet sans instruction.

SECTION 1

Procédure normale

§ 1

Instruction de la demande

413.11 Deux phases. L'instruction de la demande en référé précontractuel débute par une phase écrite qui peut se limiter à la communication de la requête au défendeur. Elle est systématiquement complétée par une phase orale.

A

Phase écrite de l'instruction

413.21 Communication de la requête au défendeur. Le juge des référés est tenu de communiquer au défendeur la requête introductive d'instance. La phase écrite de l'instruction peut se limiter à cette unique formalité. Le juge des référés n'est tenu de communiquer au requérant :

- ni le mémoire en défense produit par l'administration[1] ;
- ni le contrat signé produit par celle-ci[2].

413.22 Possibilité d'échange de mémoires. Le juge des référés a tout loisir de transmettre au requérant le mémoire produit par le défendeur, puis de communiquer à celui-ci un éventuel mémoire en réplique et ainsi de suite, afin de parfaire l'instruction avant la tenue de l'audience publique.

1. CE 8 mars 1996, Sté CGC Entreprise, req. nº 156510, *Lebon T.* 1022 ; *D.* 1997. 113, obs. P. Terneyre.
2. CE 21 juin 1996, Collinet, req. nº 171155, NP.

B

Phase orale de l'instruction

413.31 **Audience publique obligatoire.** Eu égard aux pouvoirs conférés au juge par la loi et à la circonstance que l'ordonnance rendue par le juge n'est pas susceptible d'appel, « les parties doivent être mises à même de présenter au cours d'une audience publique des observations orales à l'appui de leurs observations écrites »[1]. Le juge a donc l'obligation de tenir audience à peine d'irrégularité de la procédure[2]. L'audience doit présenter un caractère public.

413.32 **Audience publique intégrée à l'instruction.** L'audience publique fait partie de l'instruction, qui n'est close qu'à l'issue de celle-ci. Aucune disposition écrite ne pose spécifiquement ce principe. Néanmoins, celui-ci ressort de certaines formules jurisprudentielles, par exemple celle reconnaissant que le juge peut « décider que la clôture de l'instruction n'interviendra pas *à l'issue de l'audience* mais la différer ». En utilisant une telle formule, le Conseil d'État affirme implicitement mais nécessairement que l'instruction n'est close que postérieurement à l'audience, donc que cette audience fait partie intégrante de l'instruction.

La situation est ainsi comparable à celle des référés d'urgence : dans ces procédures, l'instruction est close après l'audience ; il en résulte que des moyens et des faits nouveaux peuvent être invoqués lors de celle-ci (v. s[s] n°s 213.171 s.). À l'inverse, dans les procédures au fond, l'instruction est close avant l'audience, ce qui emporte comme conséquence l'impossibilité d'invoquer un élément nouveau lors de l'audience – sauf à ce que celui-ci se trouve repris dans un mémoire écrit[3].

S'agissant du référé précontractuel, le fait que l'instruction se trouve close après l'audience aurait dû conduire à un alignement sur le régime applicable aux référés d'urgence. Toutefois, vraisemblablement en raison du caractère technique du contentieux précontractuel, le Conseil d'État a privilégié un alignement sur le régime des procédures au fond. Il affirme « que, si les parties peuvent présenter en cours d'audience des observations orales à l'appui de leurs écrits, elles doivent, si elles entendent soulever des moyens nouveaux, les consigner dans un mémoire écrit »[4]. En raison du caractère contradictoire de la procédure, le juge « ne saurait accueillir de tels moyens sans avoir mis le défendeur à même de prendre connaissance du mémoire qui les invoque ». Pour le mettre le défendeur à même de prendre connaissance de ces moyens et d'y répondre, le juge peut « décider que la clôture de l'ins-

1. CE, ass., 10 juin 1994, C[ne] de Cabourg, req. n° 141633, *Lebon* 301, concl. S. Lasvignes ; *AJDA* 1994. 502, Chron. C. Maugüé et L. Touvet ; *D.* 1995. 239, obs. E. Baraduc-Bénabent ; *D.* 1995 121, obs. P. Terneyre ; *RDI* 1994. 429, obs. J.-B. Auby et C. Maugüé ; *RFDA* 1994. 727, concl. S. Lasvignes.
2. CE 15 avr. 1996, SARL Simone Ginibre Entreprise, req. n° 159871, NP ; *RDI* 1996. 372, obs. F. Llorens et P. Terneyre – CE 3 déc. 2012, Synd. mixte de Besançon et de sa région pour le traitement des ordures ménagères (Sybert), req. n° 360333, NP ; *RDI* 1998. 225, obs. J.-B. Auby et C. Maugüé ; procédure entachée d'irrégularité « en l'absence de mention, dans l'ordonnance litigieuse, du caractère public de l'audience et de tout autre élément au dossier permettant d'établir que l'audience a effectivement été publique ».
3. CE 5 janv. 1962, Rietsch, req. n° 499307, *Lebon* 11.
4. CE 19 avr. 2013, C[ne] de Mandelieu-la-Napoule, req. n° 365617, *Lebon* ; *AJDA* 2013. 821 ; *JCP Adm.* 2013, n° 2302, concl. G. Pellissier ; *Contrats Marchés publ.* 2013. comm. 175, note G. Eckert.

truction n'interviendra pas à l'issue de l'audience mais la différer à une date dont il avise les parties par tous moyens ». S'il décide de tenir une nouvelle audience, l'instruction est prolongée jusqu'à l'issue de cette dernière[1].

C

Caractère contradictoire de l'instruction

413.41 Communication des conclusions. La procédure est entachée d'irrégularité si le juge des référés accueille des conclusions qui n'ont pas été soumises au débat contradictoire[2].

413.42 Communication des pièces. Le juge ne peut se fonder sur une pièce produite après l'audience en annexe d'une note en délibéré sans procéder à la réouverture de l'instruction[3]. De même, un juge des référés méconnaît le caractère contradictoire de la procédure en se fondant sur des documents non communiqués à l'autre partie et dont il ne s'est pas assuré qu'ils avaient été communiqués directement à cette dernière et ce, alors même que ces documents auraient été couverts par le secret industriel et commercial et auraient été communiqués à la partie après la lecture de la décision attaquée[4].

413.43 Pièces couvertes par le secret des affaires. La circonstance que le juge se soit fondé sur des pièces communiquées en violation du secret des affaires n'est pas de nature à entacher d'irrégularité ni d'erreur de droit son ordonnance, dès lors que ces pièces ont pu être discutées contradictoirement par les parties[5].

413.44 Communication des moyens d'ordre public et des mesures ordonnées d'office. Le juge des référés est tenu d'informer les parties avant la séance des moyens d'ordre public sur lesquels sa décision est susceptible d'être fondée[6]. De même, si le juge des référés peut, en vertu de ses pouvoirs de plein contentieux, mettre fin d'office au manquement dont il est saisi, il ne peut s'abstenir dans cette hypothèse d'en communiquer son intention aux parties[7].

413.45 Délai pour présenter sa défense. Un délai de trois jours accordé à l'administration pour préparer sa défense peut être regardé comme suffisant[8].

1. CE 19 avr. 2013, C^ne^ de Mandelieu-la-Napoule, req. n° 365617, préc.
2. CE 15 juin 2001, Synd. intercommunal d'adduction d'eau potable (SIAEP) de Saint-Martin-de-Ré, req. n° 228856, *Lebon T.* 1040 ; *RDI* 2001. 378, obs. C. Bergeal : conclusions relatives au paiement des frais irrépétibles, formulées dans un mémoire qui n'a pas été communiqué à l'autre partie et qui n'ont pas fait l'objet d'un débat lors de l'audience.
3. CE 27 juill. 2001, S^té^ Degrémont, req. n° 232820, *Lebon* 413 ; *RDI* 2002. 63, Chron. M. Degoffe et J.-D. Dreyfus.
4. CE 10 juin 2009, S^té^ Baudin Châteneuf, req. n° 320037, *Lebon T.* ; *AJDA* 2009. 1173.
5. CE 9 juin 2021, Société Lorany Conseils, req. n° 449643, *Lebon T.* ; *AJDA* 2021. 1878, note S. Hul ; *BJCP* 2021. 392, concl. M. Le Corre.
6. CE, sect., 2 oct. 1996, SARL Entreprise générale d'électricité Noël Béranger, req. n° 160361, *Lebon* 379 ; *AJDA* 1997. 469, note J. Cartron ; *D.* 1997. 297, obs. P. Terneyre ; *RDI* 1997. 78, obs. F. Llorens et P. Terneyre.
7. CE 23 nov. 2011, Dp^t^ des Bouches-du-Rhône, req. n° 350519, *Lebon T.* ; *AJDA* 2011. 2320 ; *Contrats Marchés publ.* 2012, comm. n° 26, obs. J.-P. Piétri.
8. CE 15 juin 2001, Synd. intercommunal d'adduction d'eau potable (SIAEP) de Saint-Martin-de-Ré, req. n° 228856, *Lebon T.* 1040 ; *RDI* 2001. 378, obs. C. Bergeal.

413.46 Secret commercial et industriel. Lorsque le secret commercial et industriel est invoqué durant l'instruction, il appartient au juge, « s'il l'estime indispensable pour forger sa conviction sur les points en litige », d'inviter la partie qui s'en prévaut à lui procurer « tous les éclaircissements nécessaires sur la nature des pièces écartées et sur les raisons de leur exclusion ». Il lui revient, si ce secret lui est opposé à tort, « d'enjoindre à la collectivité de produire les pièces en cause et de tirer les conséquences, le cas échéant, de son abstention »[1].

D

Intervention

413.51 Intervention au soutien du candidat évincé. Une entreprise peut intervenir au soutien d'une entreprise requérante à condition de se prévaloir d'un droit distinct auquel la décision à rendre est susceptible de préjudicier[2]. Est notamment recevable à intervenir l'entreprise justifiant d'un intérêt à conclure le contrat[3].

413.52 Intervention au soutien de la collectivité publique. Une société dont l'offre a été retenue dans le cadre de la procédure de passation d'un contrat justifie, en cette qualité, d'un intérêt suffisant lui donnant qualité pour intervenir au soutien de la collectivité publique lors de l'instance en référé précontractuel[4].

E

Personnes mises en cause

413.61 Mise en cause de la personne publique et de l'entreprise retenue. En principe, sont appelées à la cause la collectivité publique ayant lancé la procédure d'attribution du contrat et, si la procédure est parvenue à son terme, l'entreprise s'étant vue attribuer le contrat.

413.62 Absence de mise en cause de l'entreprise. L'absence de mise en cause de l'entreprise retenue n'affecte pas la régularité de la procédure : la seule circonstance que l'entreprise à laquelle avait été attribué le marché dont la procédure de passation était contestée n'a pas été appelée à l'instance engagée devant le juge du référé précontractuel n'affecte pas le respect du caractère contradictoire de la procédure à l'égard de l'autre partie en défense à l'instance et ne saurait, dès lors, être utilement invoquée à l'appui d'un pourvoi[5].

1. CE 17 oct. 2016, C^ne^ d'Hyères-les-Palmiers, req. n° 400172, *Lebon T.* ; *AJDA* 2016. 2311 ; *AJCT* 2017. 155, obs. S. Hul ; *Contrats et Marchés publics* 2016, comm. 293, obs. G. Eckert (p^t^ 5) - pour ex., v. CE 11 mars 2013, min. de la Défense c/S^té^ Aéromécanic, req. n° 364827, *Lebon T.* ; *AJDA* 2013. 602 ; *BJCP* 2013. 342, concl. B. Dacosta (p^t^ 13).
2. CE 19 janv. 2011, S^té^ TEP (Technique d'environnement et propreté), req. n° 340773, NP ; *AJDA* 2011. 1223.
3. CE, ass., 10 juin 1994, C^ne^ de Cabourg, req. n° 141633, *Lebon* 301, concl. S. Lasvignes ; *AJDA* 1994. 502, Chron. C. Maugüé et L. Touvet ; *D.* 1995. 239, obs. E. Baraduc-Bénabent ; *D.* 1995. 121, obs. P. Terneyre ; *RDI* 1994. 429, obs. J.-B. Auby et C. Maugüé ; *RFDA* 1994. 727, concl. S. Lasvignes.
4. CE 22 déc. 2008, Communauté d'agglomération Salon - Étang de Berre - Durance, req. n° 311268, NP ; *AJDA* 2009. 663.
5. CE 30 sept. 2011, Dp^t^ de la Haute-Savoie, req. n° 350153, *Lebon T.* ; *AJDA* 2011. 1875 ; *BJCP* 2011. 448, concl. B. Dacosta ; *Contrats Marchés publ.* 2011, comm. n° 333, obs. J.-P. Piétri.

§ 2

Jugement de la demande

A

Jugement par un juge unique

413.71 Qualité de juge des référés. La qualité de juge des référés appartient au président du tribunal administratif ou au magistrat qu'il délègue (CJA, art. L. 551-1, pour les contrats passés par les pouvoirs adjudicateurs, art. L. 551-5, pour les contrats passés par les entités adjudicatrices). Il statue seul sans audition d'un rapporteur public[1].

413.72 Possibilité de renvoi à une formation collégiale. Le juge des référés dispose de la faculté, en cas de demande complexe ou appelant à trancher une question de principe, de renvoyer l'affaire à une formation collégiale[2] (v. s^s n° 120.10). Il peut également être statué sur la demande en formation de trois juges[3].

B

Délais de jugement

413.81 Délai maximum. L'article R. 551-5 alinéa 1er du CJA imparti au juge du référé précontractuel de statuer dans un délai de 20 jours à compter de l'introduction de la requête. Ce délai, qui est en principe respecté, n'est pas fixé à peine de dessaisissement[4]. Aucune sanction ni conséquence ne découlent de son dépassement.

413.82 Délai minimum. L'article R. 551-5 alinéa 2 du CJA prévoit que le juge ne peut statuer « avant le seizième jour à compter de la date d'envoi de la décision d'attribution du contrat aux opérateurs économiques ayant présenté une candidature ou une offre ». Ce délai est ramené au onzième jour lorsque la personne publique justifie que la décision d'attribution du contrat a été communiquée par voie électronique à l'ensemble des opérateurs économiques intéressés. Ce délai correspond à celui que doit observer l'administration entre la décision d'attribution et la signature pour les marchés publics à procédure formalisée. Sa transposition au délai de jugement a pour objet de permettre au juge d'être saisi de l'ensemble des demandes en référé précontractuel se rapportant à une procédure de passation donnée.

L'alinéa 3 prévoit que dans le cas des demandes présentées avant la conclusion de contrats mentionnés au premier alinéa de l'article L. 551-15 (contrats dont la passation n'est pas soumise à une obligation de publicité préalable lorsque le pouvoir adjudicateur ou l'entité adjudicatrice a, avant la conclusion du contrat, rendu publique son intention de le conclure et observé un délai de onze jours après cette publication, et contrats soumis à publicité préalable auxquels ne s'applique pas l'obligation de communiquer la

1. CE 16 oct. 2000, Sté Stéreau, req. n° 213958, *Lebon T.* ; *RDI* 2001. 62, obs. F. Llorens.
2. CE 19 mars 1997, SA Entreprise générale de terrassements et de travaux publics, req. n° 163293, *Lebon T.* 940 ; *D.* 1998. 227, obs. P. Terneyre ; *RDI* 1997. 440, obs. F. Llorens et P. Terneyre.
3. CJA, art. L. 511-2, al. 4, rendant applicable cette faculté au référé précontractuel – Sur la formation de trois juges, v. s^s n° 212.13.
4. CE, sect., 3 nov. 1995, District de l'agglomération nancéienne, req. n° 152484, *Lebon* 391, concl. C. Chantepy ; *AJDA* 1995. 888, Chron. J.-H. Stahl et D. Chauvaux ; *D.* 1996. 321, obs. P. Terneyre ; *GACA*, 2e éd., 2009, n° 17 ; *RDI* 1996. 68, obs. F. Llorens et P. Terneyre ; *RFDA* 1995. 1077, concl. C. Chantepy ; *CJEG* 1996. 67, concl. – CE 2 juill. 1999, SA Bouygues, req. n° 206749, *Lebon*.

décision d'attribution aux candidats non retenus lorsque le pouvoir adjudicateur ou l'entité adjudicatrice a accompli la même formalité), « le juge ne peut statuer avant le onzième jour à compter de la publication de l'intention de conclure le contrat ».

§ 3

Possibilité d'ordonner une expertise

413.91 **Pouvoir exceptionnel.** Le juge des référés a la possibilité d'ordonner une expertise destinée à l'éclairer sur la demande dont il est saisi[1]. Il se prononce alors en deux temps : par une première décision, il ordonne une expertise ; par une seconde décision, il statue sur la demande de référé précontractuel. Une telle mesure a vocation à demeurer exceptionnelle car elle est difficilement compatible avec le délai de 20 jours imparti au juge pour statuer. Dans la décision *District de l'agglomération nancéienne*, elle a conduit le juge à différer de deux mois le prononcé de sa décision sur la demande en référé précontractuel.

SECTION 2

Rejet de la demande sans instruction

413.101 **Rejet par ordonnance présidentielle.** Compte tenu de sa nature de référé au fond, le référé précontractuel peut donner lieu à la mise en œuvre de l'article R. 222-1 du CJA, qui permet au président de la juridiction de rejeter par ordonnance les affaires simples : par exemple donner acte d'un désistement[2], constater un non-lieu à statuer (du fait, par exemple, de la signature du contrat intervenue en cours d'instance[3]).

413.102 **Rejet par ordonnance du juge des référés.** De façon prétorienne, le Conseil d'État a autorisé le juge des référés lui-même à rejeter par ordonnance, sans instruction ni audience, une demande devenue sans objet du fait de la signature du contrat contesté[4].

414. Décision du juge du référé précontractuel

SECTION 0

Orienteur

414.00 Plan du chapitre.

Sect. 1 Prononcé d'une mesure

Sect. 2 Questions annexes

Sect. 3 Effets de la décision

1. CE, sect., 3 nov. 1995, District de l'agglomération nancéienne, req. n° 152484, *Lebon* 391, concl. C. Chantepy ; *AJDA* 1995. 888, Chron. J.-H. Stahl et D. Chauvaux ; *D.* 1996. 321, obs. P. Terneyre ; *GACA*, 2e éd., 2009, n° 17 ; *RDI* 1996. 68, obs. F. Llorens et P. Terneyre ; *RFDA* 1995. 1077, concl. C. Chantepy ; *CJEG* 1996. 67, concl.
2. V., par ex., TA Paris, ord., 22 mars 2013, Sté Vulcain, req. n° 1303435/3-5, NP.
3. CE 30 juin 1999, SA Groupe Partouche, req. n° 203135, *Lebon T.* ; *RDI* 1999. 649, obs. F. Llorens.
4. CE 7 mars 2005, Sté Grandjouan-Saco, req. n° 270778, *Lebon* 96 ; *AJDA* 2005. 1298, note S. Hul ; *D.* 2005. 2732, note J. Martin ; *RFDA* 2005. 1094, note M.-C. Vincent-Legoux ; *RJEP* 2005. 386, note R. Vandermeeren ; *JCP Adm.* 2005, n° 1202, obs. F. Linditch ; *Contrats Marchés publ.* 2005, comm. n° 6, obs. J.-P. Piétri.

414.04 Questions essentielles.

> L'administration doit-elle reprendre l'ensemble de la procédure en cas d'annulation par le juge des référés ? v. s[s] n° 414.42

SECTION 1

Prononcé d'une mesure

414.11 **Pouvoirs du juge.** Le juge du référé précontractuel dispose habituellement de pouvoirs étendus, égalant et même dépassant ceux du juge du fond. Ses prérogatives sont toutefois plus restreintes lorsque la demande vise le marché d'une entité adjudicatrice ou un marché de défense et de sécurité.

§ 1

Pouvoirs habituels du juge du référé précontractuel

A

Pouvoir étendu

414.21 **Pouvoirs d'un juge de pleine juridiction.** Le juge du référé précontractuel statue « en la forme des référés » (CJA, art. L. 551-3). Pour le reste, il agit comme un juge du principal, se prononce sur le fond et prend des mesures souvent définitives, conférant ainsi à cette procédure les caractères d'un « référé au fond » (sur cette catégorie de procédure, v. s[s] n° 010.12). Le Conseil d'État a indiqué que les pouvoirs conférés au juge du référé précontractuel sont ceux d'un juge « de pleine juridiction »[1].

414.22 **Pouvoirs pouvant être exercés d'office.** Le juge des référés peut prononcer l'annulation de la procédure de passation alors que ne lui est demandée que la suspension de celle-ci[2]. Plus largement, il « peut, en vertu des pouvoirs de plein contentieux qu'il tient de l'article L. 551-1 du Code de justice administrative, mettre d'office fin au manquement dont il est saisi »[3]. Dans cette hypothèse, il lui appartient de communiquer préalablement son intention aux parties ainsi que l'exigent les dispositions de l'article R. 551-4 du CJA[4].

1. CE 29 juill. 1998, garde des Sceaux c/S[té] Génicorp, req. n° 177952, *Lebon T.* ; *RDI* 1999. 87, obs. F. Llorens.
2. CE 20 oct. 2006, C[ne] d'Andeville, req. n° 289234, *Lebon* 434 ; *AJDA* 2006. 2340, concl. D. Casas ; *AJDA* 2007. 782, étude F. Dieu ; *BJCP* 2007. 36, note C. Maugüé ; *Dr. adm.* 12007, comm. n° 21, obs. A. Ménéménis – CE 15 déc. 2006, S[té] Corsica Ferries, req. n° 298618, *Lebon* 566 ; *AJDA* 2007. 185, note J.-D. Dreyfus ; *AJDA* 2007. 1105, Chron. L. Richer, P.-A. Jeanneney et S. Nicinski ; *BJCP* 2007. 116, concl. D. Casas ; *Contrats Marchés publ.* 2007. 21, obs. G. Eckert – CE 6 avr. 2007, Dp[t] de l'Isère, req. n° 298584, *Lebon T.* ; *AJDA* 2007. 832 ; *RTD eur.* 2008. 835, Chron. D. Ritleng, A. Bouveresse et J.-P. Kovar ; *BJCP* 2007. 293, concl. N. Boulouis.
3. CE 23 nov. 2011, Dp[t] des Bouches-du-Rhône, req. n° 350519, *Lebon T.* ; *AJDA* 2011. 2320 ; *Contrats Marchés publ.* 2012, comm. n° 26, obs. J.-P. Piétri.
4. CE 23 nov. 2011, Dp[t] des Bouches-du-Rhône, préc.

B
Prérogatives reconnues

414.31 Quatre prérogatives énergiques. L'article L. 551-2 du CJA définit les prérogatives dont dispose le juge des référés pour mettre fin à un manquement à une obligation de publicité et de mise en concurrence susceptible de léser le requérant. Ses pouvoirs sont extrêmement larges et, pour certains d'entre eux, supérieurs à ceux reconnus au juge du fond.

1
Annulation de la procédure

414.41 Annulation totale. Généralement, le juge des référés sanctionne le manquement susceptible d'avoir lésé l'entreprise requérante en annulant la procédure de passation dans son ensemble[1].

414.42 Annulation partielle. Lorsque le début de la procédure était régulier, l'annulation ne visera que les irrégularités commises postérieurement. Cela signifie que l'annulation se limitera aux étapes de la procédure affectées par l'irrégularité commise, les phases antérieures n'étant pas affectées par cette mesure[2]. Cette solution répond à une logique de modération et de proportionnalité de la réaction juridictionnelle. Il en résulte qu'un juge des référés commet une erreur de droit en annulant l'ensemble de la procédure dans une telle hypothèse[3]. Lorsque le manquement révélé se rapporte à la seule phase de sélection des offres par le pouvoir adjudicateur, il lui appartient de n'annuler la procédure qu'à compter de l'examen de ces offres[4].

Dans le domaine des délégations de service public, lorsqu'un vice n'affecte la procédure de passation qu'au stade de la négociation avec les candidats, le juge des référés précontractuels peut limiter son annulation à la seule phase de négociation et à la décision consécutive de retenir un candidat. Il en va ainsi alors même que, à la suite de la publication de l'avis de la commission de délégation de service public et du rapport établi par l'exécutif de la collectivité délégante, chacun des candidats retenus a pris connaissance du contenu de l'offre de ses concurrents, dès lors que cette circonstance n'a pas été de nature à entraîner une méconnaissance de l'égalité entre les candidats[5].

1. V. par ex., pour des délégations de service public : CE 22 mars 2000, Lasaulce, req. n° 207804, *Lebon* ; *RFDA* 2001. 353, note G. J. Guglielmi ; *BJCP* 20003. 252, concl. H. Savoie - CE 30 juin 1999, Synd. mixte du traitement des ordures ménagères centre ouest seine-et-marnais (Smitom), req. n° 198147, *Lebon* ; *AJDA* 1999. 714, concl. C. Bergeal, note J.-M. Peyrical ; *RDI* 1999. 634, obs. F. Llorens ; *RDI* 1999. 647, obs. F. Llorens ; *RFDA* 1999. 1134, obs. J.-C. Douence ; *RFDA* 1999. 1147, note L. Vidal ; *RTD com.* 2000. 74, obs. G. Orsoni - v. par ex., pour un marché public : CE 15 déc. 2008, Communauté urbaine de Dunkerque, req. n° 310380, NP ; *AJDA* 2009. 614.
2. V. p. ex. CE 11 juill. 2018, Communauté d'agglomération du Nord Grande-Terre, req. n° 418021, *Lebon T.* ; *BJCP* 2018. 362, concl. O. Henrard.
3. CE 12 janv. 2011, Dp^t du Doubs, req. n° 343324, *Lebon T.* ; *AJDA* 2011. 73 - CE 30 sept. 2011, Dp^t de la Haute-Savoie, req. n° 350153, *Lebon T.* ; *AJDA* 2011. 1875 ; *BJCP* 2011. 448, concl. B. Dacosta ; *Contrats Marchés publ.* 2011, comm. n° 333, obs. J.-P. Piétri.
4. CE 12 janv. 2011, Dp^t du Doubs, req. n° 343324, *Lebon T.* ; *AJDA* 2011. 73 - CE 30 sept. 2011, Dp^t de la Haute-Savoie, req. n° 350153, *Lebon T.* ; *AJDA* 2011. 1875 ; *BJCP* 2011. 448, concl. B. Dacosta ; *Contrats Marchés publ.* 2011, comm. n° 333, obs. J.-P. Piétri.
5. CE 5 juin 2007, S^té Corsica ferries, req. n° 305280, *Lebon T.* ; *AJDA* 2007. 1522, note J.-D. Dreyfus ; *Contrats Marchés publ.* 2007, comm. n° 253, obs. G. Eckert ; *JCP Adm.* 2007, n° 2163, note F. Linditch.

Selon la même logique, le juge des référés a la possibilité d'annuler un acte donné intervenu au cours de la procédure, par exemple :

- le refus de retenir la candidature de l'entreprise requérante[1] ;
- la délibération du conseil municipal approuvant le projet de convention de délégation de service public et autorisant le maire à signer cette convention[2].

En cas de rejet d'une offre anormalement basse, le juge des référés invite l'administration à reprendre la procédure « à compter de l'examen des offres » et ne peut prononcer l'annulation totale de la procédure[3].

414.43 Annulation assortie d'une injonction. L'annulation peut être assortie d'une injonction de reprendre la procédure de passation dans le respect des règles de publicité et de mise en concurrence s'imposant à la personne publique[4]. Une telle injonction ne peut être regardée comme une obligation de reprendre la procédure si la personne publique décide, à la suite de l'annulation prononcée, de renoncer à la conclusion du contrat.

2
Injonction à titre principal

414.51 Pouvoir d'injonction. Selon l'article L. 551-2 du CJA, « le juge peut ordonner à l'auteur du manquement de se conformer à ses obligations ».

414.52 Variété des injonctions. Le juge des référés peut par exemple enjoindre à la personne publique :

- de communiquer au candidat évincé les motifs de rejet de son offre[5] ;
- de ne pas signer le marché de réalisation, consécutif à deux marchés de définition attribués à deux entreprises, sans nouvelle mise en concurrence assortie d'un degré de publicité adéquat[6] ;
- de soumettre la candidature de l'entreprise requérante à la commission d'appel d'offres pour qu'il soit procédé à son réexamen et de prendre toute disposition

1. CE 29 juill. 1998, garde des Sceaux c/Sté Génicorp, req. n° 177952, *Lebon T.* ; *RDI* 1999. 87, obs. F. Llorens.
2. CE, ass., 10 juin 1994, Cne de Cabourg, req. n° 141633, *Lebon* 301, concl. S. Lasvignes ; *AJDA* 1994. 502, Chron. C. Maugüé et L. Touvet ; *D.* 1995. 239, obs. E. Baraduc-Bénabent ; *D.* 1995. 121, obs. P. Terneyre ; *RDI* 1994. 429, obs. J.-B. Auby et C. Maugüé ; *RDI* 1994. 655, obs. F. Llorens et P. Terneyre ; *RDI* 1994. 657, obs. F. Llorens et P. Terneyre ; *RDI* 1994. 658, obs. F. Llorens et P. Terneyre ; *RFDA* 1994. 727, concl. S. Lasvignes.
3. CE 2 mars 2022, Pôle Emploi, req. n° 458019, NP ; *JCP Adm.* 2022, n° 2116, note F. Linditch.
4. V. par ex. CE 15 déc. 2006, Sté Corsica Ferries, req. n° 298618, *Lebon* 566 ; *AJDA* 2007. 185, note J.-D. Dreyfus ; *AJDA* 2007. 1105, Chron. L. Richer, P.-A. Jeanneney et S. Nicinski ; *BJCP* 2007. 116, concl. D. Casas ; *Contrats Marchés publ.* 2007. 21, obs. G. Eckert : « il appartient à la collectivité territoriale de Corse de reprendre cette procédure soit intégralement soit à compter de la nouvelle date qu'elle fixera pour la remise, dans les conditions prévues par le règlement particulier d'appel d'offres, des plis contenant les nouvelles offres des candidats ».
5. CE 21 janv. 2004, Sté Aquitaine démolition, req. n° 253509, *Lebon T.* 771 ; *AJDA* 2004. 710, note J.-D. Dreyfus – CE 6 mars 2009, Cne d'Aix-en-Provence, req. n° 314610, *Lebon T.* ; *JCP Adm.* 2009, n° 2122, concl. N. Boulouis, note F. Linditch ; *BJCP* 2009. 213, concl.
6. CE 3 mars 2004, Sté Mak system, req. n° 258272, *Lebon* 121 ; *AJDA* 2004. 1034, note J.-D. Dreyfus ; *RTD eur.* 2005. 687, Chron. D. Ritleng ; *BJCP* 2004. 225, concl. D. Piveteau ; *Contrats Marchés publ.* 2004, comm. n° 93, obs. F. Llorens.

garantissant que la procédure ultérieure se déroule dans des conditions qui assurent une égalité effective entre l'ensemble des candidats[1] ;

– d'admettre une candidature, à condition pour le juge « d'avoir préalablement constaté que, au regard des débats devant lui, aucun autre motif n'était susceptible de justifier légalement » le rejet de celle-ci[2] ;

– si elle entend conclure un marché ayant le même objet que celui dont la procédure de passation a fait l'objet d'une annulation partielle, de reprendre cette procédure au stade de l'examen des offres, en se conformant à ses obligations de publicité et de mise en concurrence[3].

3
Suspension de décisions

414.61 Deux formes de suspension. Selon l'article L. 551-2 du CJA, le juge des référés peut « suspendre l'exécution de toute décision qui se rapporte à la passation du contrat ». La mesure de suspension peut être provisoire, la décision administrative se trouvant provisoirement privée d'effets dans l'attente d'une décision juridictionnelle définitive sur le litige. Elle peut également constituer l'accessoire d'une injonction, accompagnant l'ordre adressé à une personne publique de se conformer à ses obligations.

414.62 Bilan avantages-inconvénients. L'article L. 551-2 du CJA invite le juge des référés à réaliser un bilan coûts-avantages préalablement au prononcé d'une mesure de suspension. En vertu de cette disposition, le juge ne prononce pas cette mesure « s'il estime, en considération de l'ensemble des intérêts susceptibles d'être lésés et notamment de l'intérêt public, que les conséquences négatives de ces mesures pourraient l'emporter sur leurs avantages ».

4
Suppression de clauses ou prescriptions

414.71 Modification du contrat envisagé. Le juge des référés est autorisé par l'article L. 551-2 du CJA à « supprimer les clauses ou prescriptions destinées à figurer dans le contrat et qui méconnaissent » les obligations de publicité et de mise en concurrence, par exemple une clause qui prévoirait une tacite reconduction.

414.72 Peu d'applications. Le juge des référés n'utilise que rarement ce pouvoir. Des exemples peuvent néanmoins être cités au niveau des juges du premier degré, par exemple :

– la suppression des dispositions du document de programme relatives aux modalités de reprise des 51 agents publics de l'ancien délégataire[4] ;

1. CE 28 avr. 2006, C^ne^ de Châteaudun, req. n° 258602, *Lebon T.* 772 ; *Contrats Marchés publ.* 2004, comm. n° 92, obs. F. Llorens.
2. CE 28 avr. 2006, C^ne^ de Châteaudun, req. n° 258602, préc.
3. CE 11 juill. 2018, Communauté d'agglomération du Nord Grande-Terre, req. n° 418021, *Lebon T.* ; *BJCP* 2018. 362, concl. O. Henrard.
4. TA Strasbourg, ord., 13 juill. 2007, S^té^ SNS-Lavalin, req. n° 0703136, NP.

– l'injonction de supprimer dans les pièces contractuelles toute clause ayant pour effet de réserver aux géomètres experts l'exécution de prestations autres que celles relevant de leur monopole[1].

C

Prérogatives exclues

414.81 Réparation. Le juge du référé précontractuel ne peut engager la responsabilité de la personne publique auteur du manquement en vue d'accorder une indemnisation à l'entreprise lésée.

414.82 S'opposer à l'abandon de la procédure de passation. Le juge des référés ne dispose pas du pouvoir de « faire obstacle à la faculté, pour l'auteur du manquement, de renoncer à passer le contrat »[2].

§ 2

Pouvoirs du juge plus restreints pour les marchés des entités adjudicatrices et les marchés de défense et de sécurité

A

Contrats concernés

414.91 Marchés des entités adjudicatrices. Les pouvoirs restreints du juge du référé précontractuel concernent d'abord les marchés passés par les entités adjudicatrices (CJA, art. L. 551-5 à L. 551-9). La distinction entre pouvoir adjudicateur et entité adjudicatrice repose sur deux critères. Le premier critère d'identification tient à l'objet du contrat : l'entité adjudicatrice intervient dans des activités de réseau (gaz, chaleur et électricité, services de transport[3], services postaux). Le deuxième critère repose sur le titre en vertu duquel la personne publique va conclure le contrat : l'entité adjudicatrice intervient comme opérateur de réseau, son activité étant caractérisée par « la mise à disposition ou l'exploitation de réseaux » (dir. 2004/17/CE 31 mars 2004, art. 2 à 7). À la qualité de pouvoir adjudicateur la personne publique qui ne répond pas à l'un de ces deux critères.

414.92 Marchés de défense et de sécurité. Le second contrat concerné par les moindres pouvoirs du juge du référé précontractuel correspond aux contrats passés dans les domaines de la défense ou de la sécurité au sens de l'article 6 de l'ordonnance n° 2015-899 du 23 juillet 2015[4] (CJA, art. L. 551-2, II). Tel est le cas d'un marché relatif à des prestations de bourrellerie aéronautique sur des aéronefs militaires, en particulier sur des avions de chasse[5], mais non d'un marché portant sur

1. TA Clermont-Ferrand, ord., 14 oct. 2004, S^té Activ'Réseaux-BTLM, req. n° 0401583, NP.
2. CE 20 oct. 2006, C^ne d'Andeville, req. n° 289234, *Lebon* 434 ; *AJDA* 2006. 2340, concl. D. Casas ; *AJDA* 2007. 782, étude F. Dieu ; *BJCP* 2007. 36, note C. Maugüé ; *Dr. adm.* 12007, comm. n° 21, obs. A. Ménéménis.
3. V. p. ex., CE 10 avr. 2015, CCI territoriale d'Ajaccio et de Corse-du-Sud, req. n° 387128, *Lebon T.* ; *AJDA* 2015. 726 : marché passé par une CCI en sa qualité de gestionnaire d'un aéroport.
4. Ord. n° 2015-899, 23 juill. 2015, relative aux marchés publics, *JO* 24 juill.
5. CE 24 mai 2017, min. de la Défense c/S^té Techno Logistique, req. n° 405787, *Lebon T.* ; *AJDA* 2017. 1146 ; *Contrats et Marchés publics* 2017, comm. 200, obs. J.-P. Pietri (p^t 4).

des prestations de gardiennage, d'accueil et de filtrage de trois sites militaires à La Réunion[1].

B

Pouvoirs reconnus

414.101 Fondement légal. Les pouvoirs dont dispose le juge du référé précontractuel saisi d'un recours dirigé contre la procédure de passation de l'un de ces deux contrats sont définis à l'article L. 551-6 du CJA.

414.102 Injonction. Le juge des référés peut adresser à la personne publique deux formes d'injonction prévues par l'alinéa 1er de l'article L. 551-6 du CJA. Il peut :

- d'une part, « ordonner à l'auteur du manquement de se conformer à ses obligations en lui fixant un délai à cette fin » ;
- d'autre part, « lui enjoindre de suspendre l'exécution de toute décision se rapportant à la passation du contrat ».

Le juge des référés est invité par le législateur à opérer une mise en balance des intérêts. Il peut, « en considération de l'ensemble des intérêts susceptibles d'être lésés et notamment de l'intérêt public », écarter le prononcé de mesures d'injonction « lorsque leurs conséquences négatives pourraient l'emporter sur leurs avantages » (CJA, art. L. 551-7). Lorsque le défendeur demande au juge de faire application des dispositions de l'article L. 551-7, en soutenant que les conséquences négatives d'une injonction risquent de l'emporter sur ses avantages, le juge est tenu, avant de prononcer une mesure, de répondre à ce moyen[2].

414.103 Astreinte. Le juge des référés peut assortir son injonction d'une astreinte provisoire. Celle-ci court à l'expiration des délais impartis. Le montant de l'astreinte provisoire est liquidé « en tenant compte du comportement de celui à qui l'injonction a été adressée et des difficultés qu'il a rencontrées pour l'exécuter » (CJA, art. L. 551-6, al. 2).

Si, à la liquidation de l'astreinte provisoire, le manquement constaté n'a pas été corrigé, le juge peut prononcer « une astreinte définitive ». Dans ce cas, « il statue en la forme des référés, appel pouvant être fait comme en matière de référé » (CJA, art. L. 551-6, al. 3).

L'astreinte, qu'elle soit provisoire ou définitive, est indépendante des dommages et intérêts (CJA, art. L. 551-6, al. 4).

L'astreinte provisoire ou définitive est supprimée en tout ou partie « s'il est établi que l'inexécution ou le retard dans l'exécution de l'injonction du juge provient, en tout ou partie, d'une cause étrangère » (CJA, art. L. 551-6, al. 4).

1. CE 4 févr. 2021, Ministre des Armées c/Société Osiris Sécurité Run, req. n° 445396, *Lebon T.* ; *BJCP* 2021. 199, concl. M. Le Corre ; *JCP Adm.* 2021, n° 2087, note S. Hul.
2. CE 12 mars 2012, Communauté d'agglomération du pays de Montbéliard (Pays de Montbéliard Agglomération), req. n° 354279, *Lebon T.* ; *AJDA* 2012. 574.

§ 3

Non-lieu à statuer

414.111 Disparition de l'objet du litige. Le juge du référé précontractuel prononce le non-lieu à statuer en cas de disparition de l'objet du litige. Tel n'est pas le cas de l'expiration du délai de validité des offres après la saisine du juge, la personne publique pouvant toujours solliciter des candidats une prorogation du délai[1].

SECTION 2

Questions annexes

414.121 Mesures avant dire droit. La célérité de la procédure n'exclut pas le prononcé par le juge de mesures avant dire droit. Le juge des référés peut ainsi ordonner à la personne publique, afin de se prononcer en toute connaissance de cause sur le respect ou non des obligations de publicité et de mise en concurrence, de lui faire connaître les motifs du rejet de la candidature de la société requérante[2].

414.122 Frais irrépétibles. Le juge du référé précontractuel peut condamner la partie perdante à payer à l'autre partie une somme au titre des frais exposés et non compris dans les dépens (CJA, art. L. 761-1).

414.123 Mention de la publicité de l'audience. L'ordonnance doit mentionner que l'audience a été publique. La décision que prend le juge des référés ne peut être regardée comme ayant été rendue à l'issue d'une séance publique si elle ne comporte pas la mention correspondante[3] et qu'aucun élément du dossier ne permet d'établir qu'elle a effectivement été publique[4].

SECTION 3

Effets de la décision

414.131 Force obligatoire. L'ordonnance rendue par le juge du référé précontractuel est obligatoire et exécutoire. Il en va ainsi même si un recours en cassation est formé à son encontre. La personne publique qui passerait outre une injonction de suspendre la procédure ou de la recommencer s'exposerait à une mise en cause de sa responsabilité pénale pour délit de favoritisme (C. pén., art. R. 432-14).

414.132 Autorité de chose jugée. Un juge du premier degré a estimé que lorsque le juge des référés a statué sur une demande de référé précontractuel puis est saisi

1. CE 10 avr. 2015, Centre hospitalier territorial de Nouvelle-Calédonie et Société Hélicocéan, req. n° 386912, *Lebon T.* ; *Contrats et marchés publics* 2015, comm. 159, obs. J.-P. Pietri ; *BJCL* 2015. 272, concl. B. Dacosta.
2. TA Grenoble, ord., 11 janv. 1994, req. n° 933521, *Lebon* ; *RFDA* 1994. 741, note M. B.
3. CE 10 févr. 1997, Moch, req. n° 169694, NP.
4. CE 3 déc. 2012, Synd. mixte de Besançon et de sa région pour le traitement des ordures ménagères (Sybert), req. n° 360333, NP ; *RDI* 1998. 225, obs. J.-B. Auby et C. Maugüé : l'arrêt semble revenir sur la solution antérieure, qui excluait qu'une audience soit regardée comme publique du seul fait qu'elle mentionnait la convocation et l'audition des avocats des parties à l'audience (CE 13 déc. 1996, Synd. intercommunal pour la revalorisation des déchets du secteur Cannes-Grasse, req. n° 169706, *Lebon* 488 ; *D.* 1997. 46).

d'une demande de référé-suspension, « l'autorité de la chose jugée » de la première décision s'attache aux moyens sur lesquels il a été statué et les rend irrecevables dans la seconde instance[1].

415. Voies de recours ouvertes contre la décision

SECTION 0

Orienteur

415.00 Plan du chapitre.

415.09 Ordonnances rendues en dernier ressort. Les ordonnances du juge du référé précontractuel sont rendues en premier et dernier ressort. Elles ne peuvent donc faire l'objet que d'un pourvoi en cassation ouvert par l'article R. 551-6 du CJA. Les tiers peuvent également former un recours en tierce opposition contre la décision rendue.

SECTION 1

Recours en cassation

§ 1

Procédure du pourvoi

A

Introduction du pourvoi

1

Conditions de recevabilité

415.11 Délai pour agir. L'exercice du pourvoi en cassation est enfermé par l'article R. 551-6 du CJA dans un délai de 15 jours. L'alinéa 1er prévoit que les « décisions définitives » prises en application des articles L. 551-2 et L. 551-6 par le juge des référés (injonction et suspension) sont susceptibles de recours en cassation devant le Conseil d'État « dans la quinzaine de leur notification ». Son alinéa second indique que les « mesures provisoires » ordonnées en application des mêmes articles (annulation et suppression) « ne peuvent être contestées qu'à l'occasion du pourvoi en cassation dirigé contre ces décisions ».

1. TA Saint-Denis, de La Réunion, ord., 6 févr. 2001, Sté Bourbonnaise de travaux publics de construction (SBTCP), req. n° 0100022, NP ; *Contrats Marchés publ.* 2001, comm. n° 211, obs. J.-P. Piétri. Saisi d'un pourvoi, le Conseil d'État ne s'est pas prononcé sur la question, la décision d'attribuer le marché ayant été entièrement exécutée à la date de sa décision (CE 22 juin 2001, SBTBC, req. n° 230693, NP).

415.12 Ministère d'avocat aux Conseils. Conformément aux règles régissant la procédure de cassation devant le Conseil d'État, le ministère d'avocat au Conseil d'État et à la Cour de cassation est obligatoire.

415.13 Qualité de parties. Conformément aux principes généraux du droit, l'auteur du pourvoi doit avoir eu la qualité de partie dans l'instance ayant donné lieu à la décision attaquée[1].

415.14 Demande devant conserver un objet. La demande doit conserver un objet à la date de son introduction devant le Conseil d'État (sous peine d'irrecevabilité de la demande) ou au jour de son examen par la formation compétente (sous peine de non-lieu à statuer). Le pourvoi a été regardé comme n'ayant plus d'objet dans les hypothèses suivantes :

- le contrat contesté a été signé[2] ;
- en application de l'ordonnance frappée de pourvoi, la collectivité a procédé à un nouvel appel d'offres et a conclu le contrat[3] ;
- la personne publique renonce à la passation du contrat[4] ;
- la personne publique décide de ne pas donner suite, pour des motifs d'intérêt général, à un appel d'offres[5] ;
- la personne publique, après avoir décidé de ne pas donner suite, pour des motifs d'intérêt général, à un premier appel d'offres, lance un nouvel appel d'offres ayant le même objet et attribue le marché à l'issue de cette nouvelle procédure[6] ;
- la personne publique se pourvoit contre une ordonnance ayant annulé un appel d'offres infructueux suivi d'une procédure adaptée également infructueuse, alors que cette autorité a lancé ultérieurement un nouvel appel d'offres portant sur les mêmes prestations[7] (en revanche, la circonstance que l'autorité délégante a déclaré une procédure de délégation de service public infructueuse et aurait lancé une nouvelle procédure en vue de la passation d'une délégation de service public portant sur les mêmes prestations n'est pas de nature à rendre sans objet le pourvoi formé contre l'ordonnance ayant partiellement annulé la procédure initiale, lorsque la nouvelle procédure initiée n'a pas à ce jour abouti à la signature d'une convention de délégation de service public)[8] ;

1. CE 14 mars 1997, SA Pont-à-Mousson, req. n° 165442, NP.
2. CE 28 févr. 2001, Sté Jean Lefebvre Normandie, req. n° 221301, NP – CE, sect., 3 nov. 1995, Sté Stentofon communications, req. n° 152650, *Lebon* 394 ; *AJDA* 1995. 888, Chron. J.-H. Stahl et D. Chauvaux ; *D.* 1996. 321, obs. P. Terneyre ; *GACA*, 2e éd., 2009, n° 17 ; *RFDA* 1995. 1077, concl. C. Chantepy.
3. CE 14 nov. 1997, Dpt des Alpes-de-Haute-Provence, req. n° 179083, *Lebon T.* 941 – CE 1er avr. 1998, Communauté urbaine de Lyon, req. n° 185054, *Lebon T.* ; *RDI* 1998. 368, obs. F. Llorens et P. Terneyre – CE 27 oct. 1999, SA La générale de service nettoyage industriel, req. n° 199327, NP.
4. CE 26 mai 1999, SA Steelcase Strafor, req. n° 172803, *Lebon T.* 950 ; *BJCP* 1999. 523, concl. H. Savoie : retrait de la procédure d'appel d'offres.
5. CE 18 févr. 2004, Sté Ineo Systrans, req. n° 260216, NP.
6. CE 28 avr. 2004, SA « Entreprise Roger Martin », req. n° 252731, *Lebon T.* 833 : non-lieu sur le pourvoi dirigé contre l'ordonnance ayant statué sur la première procédure.
7. CE 15 déc. 2008, Opac des Alpes-Maritimes – Côte d'Azur Habitat, req. n° 308464, *Lebon T.* ; *Contrats Marchés publ.* 2009, comm. n° 62, obs. J.-P. Piétri.
8. CE 5 janv. 2011, Sté Voyages Dupas Lebeda, req. n° 342158, *Lebon T.* ; *AJDA* 2011. 13 ; *AJCT* 2011. 133, obs. O. Didriche ; *JCP* 2011, n° 1055, note A. Vamour et E. Colson.

– il apparaît devant le juge de cassation que la signature du contrat était intervenue avant la date de l'ordonnance attaquée, quel que soit le sens de cette dernière[1].

2

Effet du pourvoi

415.21 Absence d'effet sur la décision attaquée. L'introduction du pourvoi en cassation n'emporte pas suspension des effets de l'ordonnance attaquée.

415.22 Absence d'effet sur la signature. À la différence du recours introduit devant le premier juge, le pourvoi en cassation dirigée contre sa décision n'interdit pas à la personne publique de signer le contrat contesté.

B

Jugement du pourvoi

415.31 Filtre préalable. Conformément aux règles habituellement applicables, le pourvoi n'est examiné que s'il ne fait pas l'objet d'un rejet au stade de la procédure préalable d'admission.

415.32 Formation compétente. La compétence du juge de cassation en matière de référés est dévolue aux formations collégiales du Conseil d'État, sauf hypothèse de rejet par ordonnance présidentielle.

415.33 Délai de jugement. Aucun délai n'est imparti au juge de cassation pour se prononcer sur le pourvoi.

415.34 Arrêt du juge de cassation. L'arrêt du juge de cassation prend la forme d'une décision de rejet ou d'une décision d'annulation. En cas d'annulation et conformément à la pratique qui prévaut en matière de référé, le Conseil d'État a pour habitude d'évoquer le dossier et de trancher lui-même le litige sans renvoi au juge du premier degré.

§ 2

Objet et étendue du contrôle de cassation

A

Régularité externe de l'ordonnance

415.41 Procédure. Le juge de cassation s'assure du respect par le premier juge des exigences procédurales. Il sanctionne par exemple l'absence d'audience[2] ou la méconnaissance des exigences de la contradiction[3].

415.42 Mentions de l'ordonnance. Au titre du contrôle de cassation, le Conseil d'État contrôle que l'ordonnance attaquée comporte l'ensemble des mentions requises.

1. CE 29 mars 2004, Communauté de communes du Centre littoral, req. n° 258114, *Lebon* ; *Contrats Marchés publ.* 2004, comm. n° 123, obs. F. Llorens.
2. V. par ex. CE 15 avr. 1996, SARL Simone Ginibre Entreprise, req. n° 159871, NP.
3. V. par ex. CE 10 juin 2009, Sté Baudin Châteneuf, req. n° 320037, *Lebon T.* ; *AJDA* 2009. 1173.

B

Régularité interne de l'ordonnance

415.51 Absence de contrôle de l'appréciation sauf dénaturation. Les appréciations portées par le juge du premier degré sont souveraines. Échappent ainsi au contrôle de cassation :

– l'interprétation donnée à des clauses du contrat[1] ;

– l'appréciation sur les mentions devant figurer dans un avis d'appel public à la concurrence[2] ;

– l'appréciation sur l'utilité de communiquer une information donnée aux candidats[3].

Le juge de cassation censure en revanche la dénaturation des pièces du dossier[4]. Tel est le cas lorsque le juge des référés considère que la commune défenderesse n'apportait pas la preuve de la signature du contrat dont la passation était contestée, alors que cette preuve était produite par la commune[5].

415.52 Qualification juridique. Le juge de cassation contrôle la qualification juridique. À ce titre, il contrôle notamment :

– les conditions d'application de la jurisprudence *SMIRGEOMES*[6] (v. ss nos 412.191 s.), par exemple pour vérifier si un manquement aux obligations de publicité et de mise en concurrence a été ou non susceptible de léser le candidat évincé[7] ;

– la qualification de critère de sélection des offres[8] ;

– l'appréciation portée sur le choix de recourir au dialogue compétitif[9].

415.53 Erreur de droit. Le juge de cassation contrôle l'erreur de droit éventuellement commise par le juge des référés. Constitue par exemple une erreur de droit :

– le fait de subordonner la légalité de la candidature d'un organisme public à un marché à l'existence d'un intérêt public, alors qu'il ne s'agit pas de la prise en charge

1. CE 29 juill. 1998, Cne de Léognan, req. no 190452, *Lebon T.* 1017.
2. CE 2 juill. 1999, SA Bouygues, req. no 206749, *Lebon* ; *D.* 1999. 258.
3. CE 2 juill. 1999, SA Bouygues, req. no 206749, préc.
4. CE 19 oct. 2001, région de La Réunion, req. no 234298, *Lebon T.* 1047 ; *Contrats Marchés publ.* 2001, comm. no 228, obs. P. Soler-Couteaux (absence de dénaturation en l'espèce).
5. CE 22 mars 1993, Cne de Sotteville-lès-Rouen, req. no 211861, NP.
6. CE, sect., 3 oct. 2008, Synd. mixte intercommunal de réalisation et de gestion pour l'élimination des ordures ménagères du secteur Est de la Sarthe (SMIRGEOMES), req. no 305420, *Lebon* 324, concl. B. Dacosta ; *AJDA* 2008. 2161, Chron. E. Geffray et S.-J. Liéber ; *AJDA* 2008. 2374, étude P. Cassia ; *GACA*, 5e éd., 2016, no 17 ; *RDI* 2008. 499, obs. S. Braconnier ; *RFDA* 2008. 1128, concl. B. Dacosta ; *RFDA* 2008. 1139, note P. Delvolvé ; *JCP Adm.* 2008, no 2262, note F. Linditch ; *BJCP* 2008. 451, concl., obs. R. Schwartz ; *Contrats Marchés publ.* 2008, comm. no 264, obs. J.-P. Piétri ; *Contrats Marchés publ.* 2008, repère no 10, note F. Llorens et P. Soler-Couteaux ; *Dr. adm.* 2008, comm. no 154, obs. B. Bonnet et A. Lalanne.
7. CE 21 mai 2010, Cne de Bordeaux, req. no 334845, *Lebon T.* ; *AJDA* 2010. 1053 ; *Contrats Marchés publ.* 2010, comm. no 259, obs. G. Eckert ; *JCP Adm.* 2010, no 2291, note J.-B. Vila : censure, en l'espèce, d'une inexacte qualification des faits.
8. CE 25 mars 2013, SAS Cophignon et Office public de l'habitat des Ardennes – Habitat 08, req. no 364951, *Lebon T.* ; *AJDA* 2013. 717 : censure, en l'espèce, d'une inexacte qualification juridique.
9. CE 11 mars 2013, Ass. des chambres françaises de commerce et d'industrie et mutuelle des chambres de commerce et d'industrie, req. no 364551, *Lebon T.* ; *AJDA* 2013. 600 ; *AJCT* 2013. 419, obs. S. Hul.

par cet organisme d'une activité économique mais uniquement de la candidature d'un de ses services, dans le respect des règles de la concurrence, à un marché public passé par des services de l'État[1] ;

- le fait d'admettre la recevabilité d'une requête alors qu'il ressort des pièces du dossier qu'elle a été introduite postérieurement à la signature du contrat contesté[2] ;
- le fait d'examiner et d'admettre comme fondés des moyens inopérants[3].

SECTION 2

Tierce opposition

415.61 Entreprise évincée. L'entreprise à laquelle devait être attribué le contrat dont la passation a été suspendue par une ordonnance du juge du référé précontractuel est recevable à former tierce opposition contre cette ordonnance[4].

1. CE 10 juill. 2009, Dp[t] de l'Aisne, req. n° 324156, *Lebon T.* ; *AJDA* 2006, note J.-D. Dreyfus ; *RFDA* 2010. 146, note G. Clamour ; *Contrats Marchés publ.* 2009, comm. n° 270, obs G. Eckert.
2. CE 22 janv. 1997, SNC Cochery Bourdin Chausse, req. n° 171806, NP.
3. CE 21 juin 2000, Synd. intercommunal de la côte d'Amour et de la presqu'île guérandaise, req. n° 209319, *Lebon* 283 ; *RFDA* 2000. 1031, concl. C. Bergeal ; *CJEG* 2000. 632, concl. C. Bergeal ; *BJCP* 2000. 361, concl.
4. CE 15 juin 2001, Synd. intercommunal d'adduction d'eau potable (SIAEP) de Saint-Martin-de-Ré, req. n° 228856, *Lebon T.* 1040 ; *RDI* 2001. 378, obs. C. Bergeal.

TITRE

42. Le référé contractuel

SECTION 0

Orienteur

420.00 Plan du titre.

420.01 Textes applicables.

CJA, art. L. 551-13 à L. 551-23, art. R. 551-7 à R. 551-10.

420.02 Jurisprudence de référence.

> Le référé contractuel est irrecevable si l'entreprise requérante aurait pu exercer un référé précontractuel

CE 19 janv. 2011, Grand Port maritime du Havre, req. n° 343435, *Lebon*.

420.03 Bibliographie indicative.

> **Encyclopédies.** N. Boulouis, « Référés en matière de contrats publics », *J.-Cl. Justice adm.*, fasc. n° 55 – *Rép. contentieux administratif*, v° « Contrats de la commande publique : référés spécifiques », par M. de Monsembernard.

> **Articles.** D. Moreau, « Deux ans de pratique du référé contractuel : questions tranchées et questions en suspens », *RJEP* 2012. 696 ; P. Rees, « Premier bilan de la jurisprudence administrative en matière de référé contractuel », *Contrats Marchés publ.* 2011, étude 10 ; C. Bardon et Y. Simmonet, « Le référé contractuel. Premières précisions jurisprudentielles », *Dr. adm.* 2010, étude 22 – S. Douteaud, « Le clair-obscur du référé contractuel », *Contrats et Marchés publics* 2021, étude 4.

420.04 Questions essentielles.

> Une entreprise qui a échoué sur le terrain du référé précontractuel peut-elle agir sur celui du référé contractuel ? v. s[s] n° 421.42

420.05 Documents pratiques.

Pour un exemple de dossier contentieux en matière de référé contractuel, v. s[s] n° 910.20.

420.09 Origine. Le référé contractuel a pour origine l'ordonnance n° 2009-515 du 7 mai 2009 transposant en droit interne la directive 2007/66/CE du 11 décembre 2007.

420.10 Nature du recours. Le référé contractuel s'analyse en un référé au fond, le juge des référés statuant « en la forme des référés » (CJA, art. L. 551-23).

420.11 Objet. Le référé contractuel vise à sanctionner *a posteriori*, et dans des cas relativement limités, le manquement d'une personne publique aux obligations de publicité et de mise en concurrence qui s'imposent lors de la passation de certains contrats publics.

421. Engagement du référé contractuel

SECTION 0
Orienteur

421.00 Plan du chapitre.

Sect. 1 Compétence
Sect. 2 Recevabilité

SECTION 1
Compétence

421.11 Compétence de la juridiction administrative. Le juge du référé contractuel n'est compétemment saisi que lorsque la demande qui lui est présentée n'est pas insusceptible de se rattacher à un litige relevant de la compétence de la juridiction administrative.

Il est notamment incompétent pour connaître des procédures se rapportant à la passation par les collectivités publiques de contrats de droit privé. On notera qu'un référé contractuel propre au juge civil a été institué pour ces contrats (C. pr. civ., art. 1441-1 à 1441-3)[1]. Ceux-ci peuvent être contestés selon une procédure spécifique dès lors que, en raison de leur objet et de leur montant, ils entrent dans le champ d'application des directives européennes.

421.12 Compétence au sein de la juridiction administrative. Les dispositions générales de l'article R. 311-2 du CJA sont applicables au référé contractuel. Il en résulte que la demande doit être introduite auprès du tribunal administratif dans le ressort duquel se trouve l'autorité compétente pour la signature du contrat. La compétence territoriale revient au tribunal administratif de Paris si le contrat a été passé et exécuté à l'étranger (CJA, art. 312-19, introduit par décr. n° 2010-164, 22 févr. 2010[2]).

SECTION 2
Recevabilité

§ 1
Conditions générales de recevabilité

421.21 Contrat soumis aux obligations de publicité et de mise en concurrence. Relèvent du référé contractuel les contrats entrant dans le champ d'application du référé précontractuel (CJA, art. L. 551-13), c'est-à-dire ceux dont la passation est

1. Sur la conformité à la Constitution de ces dispositions, v. Cons. const. 2 oct. 2020, n° 2020-857 QPC.
2. Avant ce texte, la compétence pour connaître de ces contrats relevait du Conseil d'État (CE 4 juill. 2008, Sté Colas Djibouti, req. n° 316028, *Lebon T.* ; *AJDA* 2009. 430, note S. Hul ; *RDI* 2008. 497, obs. S. Braconnier ; *RFDA* 2008. 1123, étude F. Melleray ; *BJCP* 2008. 355, concl. N. Boulouis ; *RJEP* 2008. 12, note P. Terneyre ; *Contrats Marchés pub.* 2008, comm. n° 211, note J.-P. Piétri ; *RFDA* 2008. 1123, note F. Melleray). Les critères retenus dans cet arrêt à l'égard du Conseil d'État, restent pertinents pour déterminer la compétence du tribunal administratif de Paris pour les contrats conclus à l'étranger.

soumise à des obligations de publicité et de mise en concurrence (pour l'identification de cette catégorie de contrats, v. s[s] n°s 411.31 s.).

Un avenant ne relève également de cette procédure que lorsque sa conclusion est soumise aux règles de publicité et de concurrence[1].

421.22 Contrat signé. Du fait de son caractère post-contractuel, le référé contractuel ne peut être engagé qu'après la signature du contrat (CJA, art. L. 551-13). Une demande présentée sur ce fondement avant la signature du contrat sera rejetée comme irrecevable.

421.23 Conclusions. Les conclusions présentées au juge du référé contractuel ne peuvent tendre qu'au prononcé de l'une des mesures énoncées par les articles L. 551-18 à L. 551-20 et L. 551-22 du CJA, à l'exclusion notamment de l'allocation de dommages et intérêts (CJA, art. L. 551-16). Par dérogation à la jurisprudence *Philippart et Lesage* (v. s[s] n°s 211.131 s.), il est admis que des conclusions en référé contractuel puissent être présentées, à l'occasion d'une instance en référé précontractuel, dès lors que ces conclusions figurent dans un mémoire distinct et qu'elles tendent uniquement à la mise en œuvre de cette procédure. Ce cas de figure semble se limiter à l'hypothèse où l'auteur d'une demande en référé précontractuel apprend en cours d'instance la signature du contrat et, en conséquence, entend poursuivre son action sur le terrain du référé contractuel[2].

421.24 Délai pour agir. L'introduction de la demande en référé contractuel est enfermée dans un délai qui varie selon que les formalités de publicité ont ou non été accomplies.

Dans l'hypothèse où ces formalités ont été accomplies, le juge des référés peut être saisi au plus tard le trente et unième jour suivant la publication d'un avis d'attribution du contrat ou, pour les marchés fondés sur un accord-cadre ou un système d'acquisition dynamique, suivant la notification de la conclusion du contrat (CJA, art. R. 551-7, al. 1er).

En l'absence de la publication d'avis ou de la notification, le juge des référés peut être saisi jusqu'à l'expiration d'un délai de six mois à compter du lendemain du jour de la conclusion du contrat (CJA, art. R. 551-7, al. 2).

421.25 Demandes reconventionnelles. Les défendeurs peuvent présenter des « demandes reconventionnelles en dommages et intérêts » (CJA, art. L. 551-16).

1. CE 16 mai 2022, Société hospitalière d'assurances mutuelles, req. n° 459408, *Lebon T.*
2. CE 10 nov. 2010, France Agrimer, req. n° 340944, *Lebon T.* ; *AJDA* 2011. 51, note J.-D. Dreyfus ; *AJCT* 2011. 86, obs. S. Hul ; *Contrats Marchés publ.* 2011, comm. n° 59, obs. J.-P. Piétri ; *JCP Adm.* 2010, n° 2379, note F. Linditch ; *Dr. adm.* 2011, comm. n° 9, obs. F. Brenet ; *Contrats Marchés publ.* 2011, étude n° 10, note P. Rees : dans la mesure où la société ayant introduit la demande en référé précontractuel n'a été informée de la signature du contrat contesté que par le mémoire produit en défense par l'administration, « elle a valablement pu saisir le juge des référés sur le fondement de l'article L. 551-13 par un mémoire qui ne contenait que des conclusions fondées sur cet article, sans que les dispositions du chapitre 1er du titre V du Livre V du Code de justice administrative, selon lesquelles les demandes formées devant le juge des référés sur le fondement de l'article L. 555-1 sont présentées et jugées selon des règles distinctes de celles applicables aux demandes présentées sur le fondement de l'article L. 551-13, y fassent obstacle ».

421.26 Application en Nouvelle-Calédonie. Le référé contractuel est applicable en Nouvelle-Calédonie[1].

§ 2

Conditions de recevabilité relatives au requérant

A

Qualité pour agir

421.31 Alignement sur le référé précontractuel. Aux termes de l'article L. 551-14 du CJA, deux catégories de personnes ou autorités sont habilitées à agir :

– d'une part les personnes qui ont un intérêt à conclure le contrat et qui sont susceptibles d'être lésées par des manquements aux obligations de publicité et de mise en concurrence auxquelles sont soumis ces contrats ;

– d'autre part le représentant de l'État dans le cas des contrats passés par une collectivité territoriale ou un établissement public local.

Le référé contractuel est donc ouvert aux mêmes personnes et autorités que le référé précontractuel, l'identification de ces deux catégories de requérants obéissant par conséquent aux mêmes critères (v. s[s] n°s 411.131 s.). La seule différence concerne l'absence de recours ouvert à l'État sur demande de la Commission européenne (recours qui n'existe que pour le référé précontractuel mais qui, en pratique, n'est pas utilisé : v. s[s] n° 411.142).

421.32 Société titulaire d'un accord-cadre. Une société n'étant plus titulaire d'un accord-cadre et n'ayant pas demandé la reprise des relations contractuelles ni la suspension de la décision de la collectivité de mettre fin à leurs relations contractuelles, ne dispose pas d'un intérêt pour agir contre la procédure de passation des marchés subséquents pris pour son application. Sa demande en référé dirigée contre cette procédure n'est, dès lors, pas recevable[2].

B

Absence d'exercice ou de possibilité d'exercice d'un référé précontractuel

421.41 Justification de cette condition. Dans la mesure où les conséquences du référé précontractuel (annulation de la procédure de passation) sont moins perturbatrices de la sécurité juridique et de la stabilité des relations contractuelles que celles du référé contractuel (reconnaissance de la nullité du contrat), le législateur a souhaité privilégier le premier de ces recours. Il en résulte que la voie du référé contractuel est fermée à ceux qui ont ou qui auraient pu exercer un référé précontractuel. Aucune option n'est ouverte au requérant entre les deux procédures. Les deux recours ne peuvent davantage être exercés successivement. C'est uniquement si une entreprise n'a pas été mise à même d'agir en temps utile par la voie du référé précontractuel qu'elle se verra ouvrir celle du référé contractuel.

1. CE 27 oct. 2011, S[té] TAT, req. n° 350790, *Lebon T.* ; *AJDA* 2011. 2093 ; *Constitutions* 2012. 75, obs. P. De Baecke.
2. CE 3 juin 2022, Collectivité européenne d'Alsace, req. n° 462256, *Lebon T.*

Ainsi que l'a affirmé Nicolas Boulouis, « le référé contractuel n'est pas ouvert comme un recours équivalent dans ses conditions et moyens au référé précontractuel car il n'est pas équivalent dans ses effets – c'est une arme plus dangereuse – pas plus qu'il ne l'est dans son objet – c'est une arme de dernier recours. On n'exerce le référé contractuel que parce que, pour des raisons indépendantes de sa volonté, on n'a pu bénéficier des effets qui auraient dû s'attacher à l'exercice d'un référé précontractuel »[1]. Bertrand Dacosta développe la même analyse : « eu égard aux conditions de recevabilité et aux manquements susceptibles d'être invoqués devant ce juge, le référé contractuel est une voie fort étroite, dont l'objet principal est de sanctionner les collectivités qui soit n'ont prévu aucune forme de publicité, soit ont fait obstacle à une saisine utile du juge du référé précontractuel. Autant dire qu'elle n'est couronnée de succès, généralement, que dans des cas pathologiques »[2].

421.42 Absence d'exercice d'un référé précontractuel. Une entreprise ne peut agir par la voie du référé contractuel après avoir agi par le biais du référé précontractuel. En d'autres termes, elle ne peut utilement introduire un référé contractuel après avoir échoué sur le terrain du référé précontractuel.

L'irrecevabilité n'est toutefois opposée qu'à deux conditions. Il résulte des dispositions de l'article L. 551-14 du CJA que le référé contractuel n'est pas ouvert au demandeur ayant introduit un référé précontractuel dès lors que la personne publique, d'une part, a respecté la suspension de la signature déclenchée par l'exercice du référé précontractuel et, d'autre part, s'est conformée à la décision juridictionnelle rendue sur ce recours[3]. La suspension de la signature étant subordonnée à la parfaite information de la personne publique sur l'existence du recours (CJA, art. L. 551-4), elle ne sera pas opposable à la personne publique si celle-ci n'en a été avisée, ni par notification de l'auteur du référé précontractuel, ni par communication du greffe de la juridiction[4]. Dans une telle hypothèse, si le contrat est signé au moment où est introduit le référé contractuel, le recours sera déclaré irrecevable alors même que la personne publique (tenue dans l'ignorance du référé précontractuel) n'a pas respecté la suspension de signer prévue par l'article L. 551-4[5]. Pour apprécier si le pouvoir adjudicateur était dans l'ignorance de l'existence d'un référé précontractuel, le juge du référé contractuel ne doit pas rechercher si, eu égard à l'ensemble des circonstances de l'espèce qui lui est soumise, le pouvoir adjudicateur doit être regardé

1. N. Boulouis, concl. sur CE 19 janv. 2011, Grand Port maritime du Havre, req. n° 343435, *Lebon* ; *BJCP* 2011. 125.
2. B. Dacosta, concl. sur CE, ass., 4 avr. 2014, Dp^t^ de Tarn-et-Garonne, n° 358994, *Lebon* 70 ; *RFDA* 2014. 425.
3. V. ainsi, en matière de convention de délégation de service public : CE 25 oct. 2013, C^ne^ de La Seyne-sur-Mer, req. n° 370393, *Lebon T.* ; *AJDA* 2013. 2125 ; *AJCT* 2014. 112, obs. S. Hul ; *BJCP* 2014. 47, concl. G. Pellissier ; *Contrats Marchés publ.* 2014. comm. 21, note J.-P. Piétri.
4. Sur cette dernière hypothèse, v. CE 1er mars 2012, Opac du Rhône, req. n° 355560, *Lebon T.* ; *AJDA* 2012. 520 ; *RDI* 2012. 283, obs. R. Noguellou ; *AJCT* 2012. 374, obs. S. Hul : les dispositions de l'article L. 551-14 trouvent à s'appliquer à l'hypothèse dans laquelle, bien que l'auteur d'un référé précontractuel ait méconnu ses obligations de notification prévues à l'article R. 551-1, le pouvoir adjudicateur a malgré tout été informé de l'existence de ce recours par le greffe du tribunal administratif.
5. CE 30 sept. 2011, C^ne^ de Maizières-les-Metz, req. n° 350148, *Lebon* ; *AJDA* 2012. 108, note R. Grand ; *RDI* 2011. 562, obs. R. Noguellou ; *AJCT* 2012. 154, obs. S. Hul ; *BJCP* 2011. 465, concl. B. Dacosta.

comme ayant eu connaissance du référé précontractuel du demandeur, mais doit se borner à vérifier si celui-ci a été communiqué par le greffe du tribunal administratif ou notifié au pouvoir adjudicateur dans les conditions prévues par l'article R. 551-1 du CJA[1].

Par exception, un référé contractuel est recevable malgré l'exercice antérieur d'un référé précontractuel dans deux hypothèses mentionnées s^s n° 421.43 : d'une part, l'ignorance de la signature du marché, d'autre part, l'ignorance du délai de suspension ou une notification indiquant un délai inférieur au délai minimum.

421.43 Absence de possibilité d'exercice d'un référé précontractuel. La requête en référé contractuel est irrecevable dans l'hypothèse où l'entreprise requérante aurait pu exercer un référé précontractuel et, par choix ou par négligence, n'a pas introduit ce recours[2]. Cela signifie qu'une entreprise ne peut choisir de placer son action sur le terrain du référé contractuel alors qu'elle avait la possibilité d'engager un référé précontractuel. Elle ne peut attendre la signature du contrat, au dessein d'obtenir par le biais du référé contractuel l'annulation de celui-ci ou le prononcé d'une autre sanction, alors que la voie du référé précontractuel lui était ouverte.

Le requérant n'est regardé comme ayant eu la possibilité d'exercer un référé précontractuel que dans l'hypothèse où il a effectivement été informé du rejet de son offre, et ce avant la signature du contrat. Or, il n'existe pas d'obligation générale imposant aux personnes publiques d'informer les soumissionnaires du rejet de leur offre. Cette obligation n'est prescrite que pour une seule catégorie de contrats : les marchés publics à procédures formalisées (C. commande publique, art. L. 2181-1). En conséquence de cette absence d'obligation générale d'information, la demande en référé contractuel est recevable dans les cas suivants :

- pour les contrats dont la passation n'est pas soumise à une obligation de publicité préalable, lorsque la personne publique n'a pas respecté l'une des deux formalités suivantes : d'une part rendre publique, avant la conclusion du contrat, son intention de le conclure, d'autre part observer un délai de onze jours après cette publication – délai permettant l'exercice d'un référé précontractuel (CJA, art. L. 551-15, al. 1er)[3] ;

- pour les contrats soumis à publicité préalable auxquels ne s'applique pas l'obligation de communiquer la décision d'attribution aux candidats non retenus, lorsque la personne publique n'a pas respecté deux formalités : d'une part rendre publique, avant la conclusion du contrat, son intention de le conclure, d'autre part observer

1. CE 5 mars 2014, Sté Eiffage TP, req. n° 374048, *Lebon T.* ; *AJDA* 2014. 532 ; *AJCT* 2014. 384, obs. S. Hul ; *BJCP* 2014. 196, concl. B. Dacosta ; *Contrats Marchés publ.* 2014. comm. 155, note W. Zimmer.
2. CE 19 janv. 2011, Grand Port maritime du Havre, req. n° 343435, *Lebon* ; *AJDA* 2011. 800, note J.-D. Dreyfus ; *RDI* 2011. 275, obs. R. Noguellou ; *BJCP* 2011. 125, concl. N. Boulouis ; *Contrats Marchés publ.* 2011, comm. n° 92, obs. G. Eckert ; *JCP Adm.* 2011, n° 2095, note F. Linditch ; *JCP* 2011, n° 390, note V. Corneloup ; *Dr. adm.* 2011, comm. n° 41, note C. Bardon et Y. Simmonet ; *RJEP* 2011. 18, note D. Moreau ; *Contrats Marchés publ.* 2011, étude n° 10, note P. Rees.
3. V., pour les marchés à procédure adaptée, CE 19 janv. 2011, Grand port maritime du Havre, req. n° 343435, préc. – V., pour les conventions de délégation de service public, CE 25 oct. 2013, Cne de La Seyne-sur-Mer, req. n° 370393, *Lebon T.* ; *AJDA* 2013. 2125 ; *AJCT* 2014. 112, obs. S. Hul ; *BJCP* 2014. 47, concl. G. Pellissier ; *Contrats Marchés publ.* 2014. comm. 21, note J.-P. Piétri.

un délai de 11 jours après cette publication – délai permettant l'exercice d'un référé précontractuel (CJA, art. L. 551-15, al. 1er)[1] ;

– pour les contrats fondés sur un accord-cadre ou un système d'acquisition dynamique, lorsque la personne publique n'a pas respecté deux formalités : d'une part envoyer aux titulaires la décision d'attribution du contrat, d'autre part observer un délai de 16 jours entre cet envoi et la conclusion du contrat, délai réduit à 11 jours si la décision a été communiquée à tous les titulaires par voie électronique (CJA, art. L. 551-15, al. 2) ;

– lorsque le concurrent évincé était dans l'ignorance du rejet de son offre et de la signature du marché par suite d'un manquement de la personne publique au respect des dispositions (initialement codifiées à l'article 80 du Code des marchés publics, reprises aux articles 55 de l'ordonnance n° 2015-899 du 23 juillet 2015 relative aux marchés publics et 101 du décret n° 2016-360 du 25 mars 2016 relatif aux marchés publics) qui prévoient l'obligation de notifier aux candidats le rejet de leurs offres[2] et fixent un délai minimum de 16 jours, réduit à 11 jours dans le cas d'une transmission électronique, entre cette notification et la conclusion du marché[3] (étant précisé que la computation de ce délai, que le pouvoir adjudicateur doit s'imposer puis respecter entre l'envoi aux concurrents évincés de la notification du rejet de leur candidature ou de leur offre et la conclusion du marché, s'opère de date à date[4]). Ce cas de figure concerne plus largement tout contrat régi par des dispositions prévoyant une information des concurrents évincés[5] ;

1. V. ainsi, pour un marché passé selon une procédure adaptée, CE 23 janv. 2017, Sté Decremps BTP, req. n° 401400, *Lebon T.* ; *AJDA* 2017. 142 ; *Dr. adm.* 2017, comm. 26, note F. Brenet ; *LPA* 23 mai 2017, n° 102, p. 12, note Th. Guilbaud ; *AJDA* 2017. 888, note H. Hoepffner ; Procédures 2017, comm. 74, obs. S. Deygas ; Contrats et Marchés publics 2017, comm. 79, obs. J.-P. Pietri : « un candidat évincé qui a engagé un référé précontractuel postérieurement à la signature d'un marché passé selon une procédure adaptée alors que le pouvoir adjudicateur n'a pas rendu publique son intention de conclure le contrat dans les conditions prévues par l'article 40-1 du Code des marchés publics et n'a pas observé, avant de le signer, un délai d'au moins onze jours entre la date de publication de l'avis prévu par cet article et la date de conclusion du contrat est recevable à saisir le juge du référé contractuel d'une demande dirigée contre ce marché, quand bien même le pouvoir adjudicateur lui aurait notifié le choix de l'attributaire et aurait respecté un délai avant de signer le contrat » (pt 3).
2. Obligation regardée comme remplie lorsque les motifs de rejet de l'offre et du choix de l'attributaire se déduisent nécessairement des termes de la lettre de notification : CE 18 déc. 2012, Métropole Nice Côte d'Azur, req. n° 363342, NP ; *JCP Adm.* 2013, n° 2151, note F. Linditch : demande jugée en conséquence tardive en raison de l'écoulement du délai de « *stand-still* ».
3. CE 10 nov. 2010, France Agrimer, req. n° 340944, *Lebon T.* ; *AJDA* 2011. 51, note J.-D. Dreyfus ; *AJCT* 2011. 86, obs. S. Hul ; *Contrats Marchés publ.* 2011, comm. n° 59, obs. J.-P. Piétri ; *JCP Adm.* 2010, n° 2379, note F. Linditch ; *Dr. adm.* 2011, comm. n° 9, obs. F. Brenet ; *Contrats Marchés publ.* 2011, étude n° 10, note P. Rees – pour une application après la réforme du droit des marchés publics, v. CE 24 mai 2017, ville de Paris, req. n° 407047, *Lebon T.* ; *BJCP* 2017. 321, concl. G. Pellissier ; *Contrats et Marchés publics* 2017, comm. 201, obs. J.-P. Pietri : irrecevabilité du référé contractuel, la société requérante ayant formé son référé précontractuel non pas dans le délai de onze jours mais après l'expiration de celui-ci (en outre, la seule circonstance que la personne publique n'a pas respecté le délai qu'elle s'était imposé ne peut suffire à avoir empêché la société requérante d'introduire utilement son référé précontractuel, même si elle n'avait pas été informée de la signature du marché).
4. CE 2 août 2011, Sté Clean Garden, req. n° 347526, *Lebon T.* ; *AJDA* 2011. 1598.
5. CE 17 juin 2015, Sté Proxiserve, req. n° 388457, *Lebon T.* ; *AJDA* 2015. 1244 ; *AJCT* 2015. 592, obs. S. Hul ; *JCP Adm.* 2015, n° 2372, note J. Martin.

– lorsque le concurrent évincé ayant antérieurement présenté un recours précontractuel, a certes été informé du rejet de son offre par la personne publique, mais n'a pas été informé du délai de suspension (« *standstill* ») que ce dernier s'imposait entre la date d'envoi de la notification du rejet de l'offre et la conclusion du marché, lorsqu'une telle information doit être donnée dans la notification du rejet[1]. Il en va de même lorsque cette notification indique un délai inférieur au délai minimum prévu par les dispositions applicables, alors même que le contrat aurait été finalement signé dans le respect de ce délai minimum[2].

La seule circonstance qu'un opérateur économique évincé a exercé plusieurs référés précontractuels ne saurait conduire le juge du référé contractuel à estimer que cet opérateur n'a pas été privé de la possibilité de présenter utilement un référé précontractuel[3].

422. Conditions d'octroi du référé contractuel

422.09 Manquement à une obligation de publicité ou de mise en concurrence. Le référé contractuel ne peut être valablement mis en œuvre qu'en présence d'un manquement de la personne publique aux obligations de publicité et de mise en concurrence qui s'impose à elle lors la passation de certains contrats publics (CJA, art. L. 511-14 et L. 511-15). Les conditions d'octroi d'une mesure sollicitée sur ce fondement sont donc identiques à celles prévalant au titre du référé précontractuel. Il convient donc de se référer à la jurisprudence rendue relativement à cette procédure (v. s^{s} n°s 412.21 s.).

422.10 Passation fondée sur un accord-cadre. Il a été jugé, sous l'empire des dispositions de l'article 76 du Code des marchés publics (imposant à la collectivité publique ayant conclu un accord-cadre avec un ou plusieurs titulaires de s'adresser exclusivement à eux pour la passation d'un contrat fondé sur cet accord), que la méconnaissance de ces dispositions n'est pas au nombre des manquements qui, en vertu des articles L. 551-18 à L. 551-20 du CJA, peuvent être utilement invoqués devant le juge du référé contractuel[4].

422.11 Offre irrégulière (anormalement basse notamment). La circonstance que l'offre du concurrent évincé, auteur du référé contractuel, soit irrégulière ne fait pas obstacle à ce qu'il puisse se prévaloir de l'irrégularité de l'offre de la société attributaire du contrat en litige. Tel est notamment le cas lorsqu'une offre peut être assimi-

1. CE 24 juin 2011, Office public habitat interdépartemental de l'Essonne, du Val d'Oise et des Yvelines, req. n° 346665, *Lebon* ; *AJDA* 2011. 1296 ; *AJCT* 2012. 152, obs. S. Hul ; *Contrats Marchés publ.* 2011. comm. n° 270, obs. J.-P. Piétri ; *Dr. adm.* 2011. comm. n° 86, note F. Brenet.
2. CE 17 juin 2015, S^{té} Proxiserve, req. n° 388457, *Lebon T.* ; *AJDA* 2015. 1244 ; *AJCT* 2015. 592, obs. S. Hul ; *JCP Adm.* 2015, n° 2372, note J. Martin.
3. CE 8 déc. 2020, Société Pompes funèbres funérarium Lemarchand, req. n° 440704, *Lebon T.* ; *BJCP* 2021. 157, concl. M. Pichon de Vendeuil ; *JCP Adm.* 2021, n° 2102, note J. Martin.
4. CE 29 juin 2012, req. n° 358353, S^{té} Chaumeil, *Lebon T.*

lée, par le juge des référés dans le cadre de son office, à une offre irrégulière en raison de son caractère anormalement bas[1].

423. Jugement du référé contractuel

SECTION 0

Orienteur

423.00 Plan du chapitre.

SECTION 1

Alignement procédural sur le référé précontractuel

423.11 **Principe.** Les règles de procédure applicables au référé contractuel sont identiques à celles régissant le référé précontractuel (v. s^s^ n°s 413.11 s.), sous réserves des particularités décrites ci-dessous (v. s^s^ n°s 423.21 s.)

423.12 **Communication des mesures ordonnées d'office.** Lorsque le juge envisage de prendre d'office une des mesures prévues aux articles L. 551-17 à L. 551-20 du CJA, ou d'infliger une sanction financière dans les conditions prévues aux articles L. 551-19 à L. 551-22, « il en informe les parties en indiquant le délai qui leur est donné pour présenter leurs observations ou, le cas échéant, la date de l'audience où elles pourront les produire » (CJA, art. R. 551-8). Dans ce dernier cas, l'article R. 522-8, relatif à la réouverture de l'instruction, est applicable (CJA, art. R. 551-8).

SECTION 2

Particularités procédurales du référé contractuel

423.21 **Délai de jugement.** Le juge du référé contractuel doit statuer dans un délai d'un mois (CJA, art. R. 551-9).

423.22 **Suspension du contrat pendant la durée de l'instance.** L'introduction de la demande en référé précontractuel n'emporte pas suspension automatique de l'exécution du contrat. L'article L. 551-17 du CJA reconnaît au juge des référés le pouvoir de « suspendre l'exécution du contrat, pour la durée de l'instance, sauf s'il estime, en considération de l'ensemble des intérêts susceptibles d'être lésés et notamment de l'intérêt public, que les conséquences négatives de cette mesure pourraient l'emporter sur ses avantages ». Cette mesure peut être prononcée d'office (CJA, art. L. 551-22), le juge étant tenu, dans cette hypothèse, d'informer au préalable les parties de son intention (v. s^s^ n° 423.12).

1. CE 27 mai 2020, Société Clean Building, req. n° 435982, *Lebon T.* ; *JCP Adm.* 2020, n° 2169, note S. Hul ; *Dr. adm.* 2020, comm. 36, note J. Bousquet ; *LPA* 17 juill. 2020, n° 143, p. 28, note H. Daimallah ; *Contrats et Marchés publics* 2020, comm. 241, note Ph. Rees ; *BJCP* 2020. 347, concl. G. Pellissier ; *Contrats et Marchés publics* 2021, ét. 4 par S. Douteaud.

424. Décision du juge du référé contractuel

SECTION 0

Orienteur

424.00 Plan du chapitre.

SECTION 1

Étendue du pouvoir de sanction

424.11 Définition des pouvoirs du juge. Le législateur a déterminé les pouvoirs du juge en fonction de la nature de l'irrégularité commise. À chaque type d'irrégularité correspond une ou plusieurs sanctions devant ou pouvant être prononcées. Le juge des référés ne peut prononcer la nullité mentionnée à l'article L. 551-18 du CJA – c'est-à-dire annuler le contrat – ou, le cas échéant, prendre les autres mesures prévues aux articles L. 551-19 et L. 551-20 « que dans les conditions prévues à ces articles »[1].

§ 1

Prononcé de la nullité du contrat

424.21 Irrégularités justifiant la nullité du contrat. Le juge des référés doit, sauf motif d'intérêt général (v. s[s] n° 424.22), prononcer la nullité du contrat dans trois hypothèses (CJA, art. L. 551-18) :

– lorsqu'aucune des mesures de publicité requises pour la passation du contrat n'a été prise, ou lorsqu'a été omise une publication au *Journal officiel de l'Union européenne* dans le cas où une telle publication est prescrite[2] ;

– lorsqu'ont été méconnues les modalités de remise en concurrence prévues pour la passation des contrats fondés sur un accord-cadre ou un système d'acquisition dynamique ;

– lorsque le contrat a été signé avant l'expiration du délai exigé après l'envoi de la décision d'attribution aux opérateurs économiques ayant présenté une candidature ou une offre ou pendant la suspension prévue à l'article L. 551-4 ou à l'article L. 551-9 si, en outre, deux conditions sont remplies : d'une part la méconnaissance

1. CE 19 janv. 2011, Grand Port maritime du Havre, req. n° 343435, *Lebon* ; *AJDA* 2011. 800, note J.-D. Dreyfus ; *RDI* 2011. 275, obs. R. Noguellou ; *BJCP* 2011. 125, concl. N. Boulouis ; *Contrats Marchés publ.* 2011, comm. n° 92, obs. G. Eckert ; *JCP Adm.* 2011. 2095, note F. Linditch ; *JCP* 2011. 390, note V. Corneloup ; *Dr. adm.* 2011, comm. n° 41, note C. Bardon et Y. Simmonet ; *RJEP* 2011. 18, note D. Moreau ; *Contrats Marchés publ.* 2011, étude n° 10, note P. Rees.
2. Pour un ex., v. CE 23 nov. 2011, S[té] GIHP Transports Lorraine, req. n° 349746, *Lebon T.* ; *AJDA* 2011. 2542 ; *AJCT* 2012. 260, obs. O. Didriche ; *BJCP* 2011. 27, concl. N. Boulouis ; *Contrats Marchés publ.* 2012, comm. n° 9, obs. W. Zimmer.

de ces obligations a privé le demandeur de son droit d'exercer un référé précontractuel, d'autre part les obligations de publicité et de mise en concurrence auxquelles sa passation est soumise ont été méconnues d'une manière affectant les chances de l'auteur du recours d'obtenir le contrat[1].

Ces trois hypothèses sont limitatives[2].

S'agissant des conventions de délégation de service public, les deux dernières hypothèses n'ont pas d'objet. D'une part, ces conventions ne sont pas concernées par les dispositions relatives aux marchés publics fondés sur un accord cadre ou un système d'acquisition dynamique (c'est-à-dire la deuxième hypothèse). D'autre part, l'administration n'a pas l'obligation de notifier la décision d'attribution (correspondant à la troisième hypothèse). À l'égard des conventions de délégation de service public, seule la première hypothèse présente un objet. Il en résulte que l'annulation d'un tel contrat ne peut résulter que de l'absence de toutes les mesures de publicité requises pour sa passation ou d'une publication au *Journal officiel de l'Union européenne* dans le cas où une telle publication est prescrite. Pour cette raison, les candidats à l'attribution d'un contrat de délégation de service public « ne peuvent invoquer utilement, à l'appui de leurs conclusions tendant à l'annulation du contrat présentées dans le cadre d'un référé contractuel, que les manquements de l'autorité délégante à ses obligations de publicité »[3].

424.22 Sanction alternative en cas de motif d'intérêt général. Si l'annulation doit en principe être prononcée en présence de l'une des irrégularités mentionnées à l'article L. 551-18 du CJA, le juge peut privilégier une sanction alternative « si le prononcé de la nullité du contrat se heurte à une raison impérieuse d'intérêt général » (CJA, art. L. 551-19).

Selon l'article L. 551-19 alinéa 2, cette raison particulière ne peut être constituée par la prise en compte d'un intérêt économique, sauf dans trois hypothèses :

- la nullité du contrat entraîne des conséquences disproportionnées et l'intérêt économique atteint n'est pas directement lié au contrat ;
- le contrat porte sur une délégation de service public ;
- la nullité du contrat menace sérieusement l'existence même d'un programme de défense ou de sécurité plus large qui est essentiel pour les intérêts de sécurité de l'État.

Les sanctions alternatives pouvant être prononcées sont les suivantes (CJA, art. L. 551-19, al. 1er) :

- résiliation du contrat ;

1. Pour des ex., v. CE 1er juin 2011, Sté Koné, req. n° 346405, *Lebon* ; *AJDA* 2011. 1108 ; *AJCT* 2011. 568, obs. S. Hul ; *RTD eur.* 2011. 893, obs. J.-P. Kovar ; *BJCP* 2011. 301, concl. B. Dacosta ; *Dr. adm.* 2011, comm. n° 85, note F. Brenet ; *JCP Adm.* 2011, n° 2258, note F. Linditch – CE 24 juin 2011, Office public habitat interdépartemental de l'Essonne, du Val d'Oise et des Yvelines, req. n° 346665, *Lebon* ; *AJDA* 2011. 1296 ; *AJCT* 2012. 152, obs. S. Hul ; *Contrats Marchés publ.* 2011, comm. n° 270, obs. J.-P. Piétri. ; *Dr. adm.* 2011, comm. n° 86, note F. Brenet – CE 30 nov. 2011, Sté DPM Protection, req. n° 350788, *Lebon* ; *AJDA* 2012. 270, note M. Dreifuss ; *RDI* 2012. 91, obs. R. Noguellou – TA Marseille, ord., 13 juill. 2011, Sté Kalies, req. n° 1104256, NP.
2. CE 25 oct. 2013, Cne de La Seyne-sur-Mer, req. n° 370393, *Lebon T.* ; *AJDA* 2013. 2125 ; *AJCT* 2014. 112, obs. S. Hul ; *BJCP* 2014. 47, concl. G. Pellissier ; *Contrats Marchés publ.* 2014. comm. 21, note J.-P. Piétri.
3. CE 25 oct. 2013, Cne de La Seyne-sur-Mer, req. n° 370393, préc. (pt 13).

- réduction de la durée du contrat ;
- pénalité financière imposée à la personne publique.

§ 2

Prononcé d'une autre sanction

424.31 Irrégularités concernées. L'article L. 551-20 du CJA s'applique à deux types d'irrégularités affectant la passation du contrat :

- d'une part la signature du contrat avant l'expiration du délai exigé après l'envoi de la décision d'attribution aux opérateurs économiques ayant présenté une candidature ou une offre ;
- d'autre part la signature du contrat pendant la suspension prévue à l'article L. 551-4 ou à l'article L. 551-9.

424.32 Sanctions encourues. Dans les deux hypothèses mentionnées par l'article L. 551-20 du CJA, le juge des référés peut prononcer les sanctions suivantes :

- nullité du contrat ;
- résiliation du contrat ;
- réduction de la durée du contrat ;
- prononcé d'une pénalité financière.

SECTION 2

Mise en œuvre du pouvoir de sanction

424.41 Choix de la mesure en cas d'option. Pour déterminer la mesure qui s'impose (hypothèses des articles L. 551-19 et L. 551-20 du CJA), le juge du référé contractuel « peut prendre en compte, notamment, la nature et l'ampleur de la méconnaissance constatée, ses conséquences pour l'auteur du recours ainsi que la nature, le montant et la durée du contrat en cause et le comportement du pouvoir adjudicateur »[1].

Lorsque le contrat a été signé prématurément (en méconnaissance des obligations de délai rappelées à l'article L. 551-20 du CJA), il incombe au juge des référés, pour déterminer la sanction à prononcer, d'apprécier l'ensemble des circonstances de l'espèce, en prenant notamment en compte la gravité du manquement commis, son caractère plus ou moins délibéré, la plus ou moins grande capacité du pouvoir adjudicateur à connaître et à mettre en œuvre ses obligations ainsi que la nature et les caractéristiques du contrat[2].

424.42 Annulation à effet différé. Le juge du référé contractuel peut, pour un motif d'intérêt général, différer les effets de l'annulation du contrat qu'il prononce en application de l'article L. 551-18 du CJA[3].

1. CE 30 nov. 2011, S[té] DPM Protection, req. n° 350788, préc.
2. CE 25 janv. 2019, Société Bureau européen d'assurance hospitalière, req. n° 423159, *Lebon T.* ; *Contrats et Marchés publics* 2019, comm. 132, obs. J. Dietenhoeffer ; *Procédures* 2019, comm. 141, obs. N. Chiflot ; *BJCP* 2019. 97, concl. G. Pellissier.
3. CE 1er juin 2011, S[té] Koné, req. n° 346405, *Lebon* ; *AJDA* 2011. 1108 ; *AJCT* 2011. 568, obs. S. Hul ; *RTD eur.* 2011. 893, obs. J.-P. Kovar ; *BJCP* 2011. 301, concl. B. Dacosta ; *Dr. adm.* 2011, comm. n° 85, note ➢

424.43 Pénalité financière. Le montant des pénalités financières prévues aux articles L. 551-19 et L. 551-20 du CJA « tient compte de manière proportionnée de leur objet dissuasif, sans pouvoir excéder 20 % du montant hors taxes du contrat » (CJA, art. L. 551-22, al. 1er). Le montant de ces pénalités est versé au Trésor public (CJA, art. L. 551-22, al. 2).

424.44 Mesures prononcées d'office. Les mesures de sanction peuvent être prononcées d'office par le juge (CJA, art. L. 551-21) qui, dans ce cas, doit au préalable en informer les parties (v. ss no 423.12).

424.45 Articulation avec les autres pouvoirs. Le rejet de conclusions présentées sur le fondement de l'article L. 551-18 du CJA ne fait pas obstacle à ce que soit prononcée, même d'office, une sanction sur le fondement de l'article L. 551-20, si le contrat litigieux a été signé avant l'expiration du délai exigé après l'envoi de la décision d'attribution aux opérateurs économiques ayant présenté une candidature ou une offre ou pendant la suspension prévue à l'article L. 551-4 ou à l'article L. 551-9[1].

SECTION 3

Réparation

424.51 Conclusions indemnitaires présentées par le requérant. Le juge des référés ne peut allouer d'indemnités au requérant (CJA, art. L. 551-16).

424.52 Conclusions reconventionnelles présentées par le défendeur. Le juge du référé contractuel peut accueillir une demande reconventionnelle en dommages et intérêts (CJA, art. L. 551-16).

425. Voies de recours ouvertes contre la décision

425.09 Recours en cassation. Le juge du référé contractuel statue en premier et dernier ressort (CJA, art. L. 551-23).

Les décisions définitives prises en application des articles L. 551-17 à L. 551-20 sont susceptibles de recours en cassation devant le Conseil d'État, dans la quinzaine de leur notification (CJA, art. R. 551-10, al. 1er).

La mesure de suspension éventuellement prononcée sur le fondement de l'article L. 551-17 ne peut être contestée qu'à l'occasion du pourvoi en cassation dirigé contre ces décisions (CJA, art. R. 551-10, al. 2).

Le contrôle de cassation s'exerce dans les mêmes conditions que pour le référé précontractuel (v. ss nos 415.41 s.).

➢ F. Brenet ; *JCP Adm.* 2011, no 2258, note F. Linditch - CE 23 nov. 2011, Sté GIHP Transports Lorraine, req. no 349746, *Lebon T.* ; *AJDA* 2011. 2542 ; *AJCT* 2012. 260, obs. O. Didriche ; *BJCP* 2011. 27, concl. N. Boulouis ; *Contrats Marchés publ.* 2012, comm. no 9, obs. W. Zimmer - CE 30 nov. 2011, Sté DPM Protection, req. no 350788, préc.

1. CE 25 janv. 2019, Société Bureau européen d'assurance hospitalière, req. no 423159, *Lebon T.* ; *Contrats et Marchés publics* 2019, comm. 132, obs. J. Dietenhoeffer ; *Procédures* 2019, comm. 141, obs. N. Chiflot ; *BJCP* 2019. 97, concl. G. Pellissier.

LIVRE

5. Les procédures spécifiques au droit des étrangers

SECTION 0

Orienteur

500.00 Plan du livre.

500.09 **Deux procédures.** Deux procédures d'urgence concernent spécifiquement la contestation des mesures d'éloignement du territoire :

- d'une part, le référé des refus d'entrée au titre de l'asile ;
- d'autre part, la procédure de contestation des obligations de quitter le territoire français (OQTF).

500.10 **Particularités du contentieux du droit des étrangers.** Ces procédures présentent deux particularités marquées. D'une part, l'introduction du recours emporte suspension de la mesure d'éloignement contestée. D'autre part, le rôle des associations dans l'aide aux requérants est extrêmement développé.

TITRE

51. Le référé des refus d'entrée au titre de l'asile

SECTION 0

Orienteur

510.00 Plan du titre.

510.01 Textes applicables.

CJA, art. L. 777-1, renvoyant à Ceseda, art. L. 352-4 et s.
CJA, art. R. 777-1 et s.

510.09 Origine. Le référé des refus d'entrée au titre de l'asile trouve son origine dans un arrêt rendu en 2007 par la Cour européenne des droits de l'homme[1]. Dans cet arrêt, la Cour de Strasbourg a condamné la France en raison de l'absence de recours à effet suspensif dans l'hypothèse où un demandeur d'asile, qui se voit refuser l'accès au territoire, estime être exposé dans le pays de destination à un risque de torture ou de traitement inhumain ou dégradant. La Cour a retenu la violation des articles 3 et 13 de la convention, les voies de droit ouvertes à l'intéressé au fond comme en référé ne permettant pas de garantir l'intervention d'un juge avant l'exécution de la mesure de renvoi. Afin de se conformer à cette jurisprudence, le législateur a introduit dans le Ceseda de nouvelles dispositions[2], auxquelles renvoi l'article L. 777-1 du CJA (L. n° 2007-1631, 20 nov. 2007, art. 27). Le régime juridique a été modifié en 2015[3] et 2020[4].

510.10 Objet. Le référé des refus d'entrée au titre de l'asile vise à obtenir l'annulation du refus d'autoriser un ressortissant étranger à pénétrer sur le territoire français « au titre de l'asile ». Le refus est le plus souvent opposé lorsque l'étranger se trouve dans la zone d'attente d'un aéroport.

510.11 Cadre procédural en partie commun aux OQTF. L'article R. 777-1-4 du CJA renvoie, pour partie, aux règles applicables à la procédure de contestation des OQTF.

1. CEDH 26 avr. 2007, Gebremedhin c/France, req. n° 25389/05, *AJDA* 2007. 1918, Chron. J.-F. Flauss ; *D.* 2007. 2780, note J.-P. Marguénaud ; *AJ pénal* 2007. 476, obs. H. Gacon.
2. Initialement Ceseda, art. L. 213-9 (L. n° 2007-1631, 20 nov. 2007, art. 24), devenues art. L. 352-4 à L. 352-6 (ord. n° 2020-1733, 16 déc. 2020).
3. L. n° 2015-925, 29 juill. 2015, relative à la réforme du droit d'asile, *JO* 30 juill., p. 12977.
4. Ord. n° 2020-1733, 16 déc. 2020.

Il prévoit en effet que la présentation, l'instruction et le jugement des recours obéissent aux règles définies aux articles :
- R. 776-7 (notifications) ;
- R. 776-18 (introduction de la requête) ;
- R. 776-19 (dépôt administratif de la requête) :
- R. 776-20-1 (notifications) ;
- R. 776-22 à R. 776-26 (instruction et audience) ;
- et aux trois premiers alinéas de l'article R. 776-27 (jugement).

511. Engagement du recours

511.09 Délai de recours. Le délai pour agir est extrêmement bref. L'étranger qui a fait l'objet d'un refus d'entrée sur le territoire français au titre de l'asile et, le cas échéant, d'une décision de transfert, peut en demander l'annulation « dans les quarante-huit heures suivant la notification de ces décisions »[1].

Ce délai court « à compter de la notification à l'étranger de la décision »[2]. Il avait été jugé, dans un état du droit antérieur, que l'absence de notification de l'entretien avec l'Ofpra fait obstacle au déclenchement[3]. Cette solution semble toujours valable.

Il n'est susceptible « d'aucune prorogation »[4].

511.10 Tribunal compétent. Lorsque l'étranger qui a fait l'objet d'un refus d'entrée sur le territoire français au titre de l'asile est maintenu dans une zone d'attente située en dehors de la région d'Ile-de-France, le tribunal administratif territorialement compétent est, par dérogation au premier alinéa de l'article R. 312-1, celui dans le ressort duquel se trouve cette zone d'attente[5].

511.11 Motivation de la requête. Le président du tribunal administratif est saisi par requête motivée.

511.12 Ministère d'avocat. Le ministère d'avocat n'est pas obligatoire car il ne relève pas des cas dans lesquels s'impose le recours à un avocat.

511.13 Exclusivité du recours. Le recours spécial prévu par le législateur est exclusif de tout autre recours. L'article L. 352-4 alinéa 1er prévoit qu'« aucun autre recours » ne peut être introduit contre la décision de refus d'entrée au titre de l'asile et, le cas échéant, contre la décision de transfert. Il en résulte qu'une demande introduite au titre de l'article L. 521-1 ou L. 521-2 du CJA serait entachée d'irrecevabilité.

511.14 Effet suspensif du recours. L'article L. 352-8 du Ceseda confère un caractère suspensif au recours introduit. Il en résulte deux conséquences. D'une part,

1. Ceseda, art. L. 352-4, al. 1er.
2. CJA, art. R. 777-1-1, al. 1er.
3. CE 28 nov. 2011, Ministre de l'intérieur, de l'outre-mer, des collectivités territoriale et de l'immigration, req. n° 343248, *Lebon T.*
4. CJA, art. R. 777-1-1, al. 1er.
5. CJA, art. R. 777-1-2, al. 1er.

lorsqu'un recours est introduit contre la décision de refus d'entrée au titre de l'asile, cette décision ne peut être mise à exécution avant que le juge ait statué sur la demande. D'autre part, afin de préserver l'effet utile du mécanisme suspensif, l'administration doit attendre l'expiration du délai de recours avant de pouvoir exécuter cette décision (Ceseda., art. L. 352-8, al. 1er : « La décision de refus d'entrée au titre de l'asile et, le cas échéant, la décision de transfert ne peuvent être exécutées avant l'expiration d'un délai de quarante-huit heures suivant leur notification [...] »).

512. Conditions d'octroi

512.09 Illégalité du refus. À l'appui de sa demande d'annulation, le requérant peut faire valoir tout moyen tendant à établir l'illégalité du refus d'entrée au titre de l'asile qui lui a été opposé.

En application du Ceseda, le refus d'entrée « au titre de l'asile » doit être justifié par le caractère « manifestement infondé » de la demande. Le refus fait l'objet d'une décision écrite et motivée, prise par le ministre chargé de l'immigration après consultation de l'Ofpra (Ceseda, art. L. 213-2, R. 213-2 et R. 213-3). Il appartient au requérant d'établir l'illégalité de ce refus.

Le juge exerce un contrôle normal sur l'appréciation portée par l'administration[1].

512.10 Invocation des moyens. D'une part, l'article R. 777-1-1, alinéa 2 du CJA rend inapplicable le second alinéa de l'article R. 411-1 du même code, aux termes duquel « l'auteur d'une requête ne contenant l'exposé d'aucun moyen ne peut la régulariser par le dépôt d'un mémoire exposant un ou plusieurs moyens que jusqu'à l'expiration du délai de recours ». Il en résulte que, dans l'objectif d'éviter une forclusion, un étranger peut saisir le tribunal d'une requête sommaire demandant l'annulation de décisions sans développer de moyens. L'argumentation plus étoffée comportant le développement de moyens pourra intervenir après l'expiration du délai de recours.

D'autre part, l'article R. 777-1-1, alinéa 2 du CJA prévoit, par dérogation à la jurisprudence *Intercopie*, que l'expiration du délai de 48 heures ou de 15 jours n'interdit pas au requérant de soulever des moyens nouveaux, quelle que soit la cause juridique à laquelle ils se rattachent.

513. Jugement

513.09 Transmission de la requête. Dès le dépôt de la requête, le président du tribunal administratif transmet à l'autorité compétente pour représenter l'État en défense copie du recours et des pièces qui y sont jointes[2].

1. V. p. ex. CAA Lyon, 21 avr. 2015, Ministre de l'Intérieur c/Fatoumata Dosso, req. n° 14LY02150, NP.
2. CJA, art. R. 777-1-3.

513.10 Qualité de juge des référés. La compétence pour statuer sur la demande appartient[1] :

- au président du tribunal administratif ;
- ou au magistrat qu'il désigne à cette fin parmi les membres du tribunal ;
- ou aux magistrats honoraires inscrits sur la liste mentionnée à l'article L. 222-2-1 du CJA.

513.11 Délai de jugement. Le juge administratif « statue dans un délai de soixante-douze heures à compter de sa saisine »[2].

513.12 Procédure de jugement normale (audience). La procédure normale de jugement de la demande est celle de l'audience publique.

Le requérant peut demander le concours d'un interprète[3].

Il est assisté de son conseil s'il en a un. Il peut demander qu'il lui en soit désigné un d'office[4].

Lorsque l'étranger conteste la décision de refus d'entrée, conformément à l'article L. 352-4, l'audience se tient dans les locaux du tribunal administratif compétent[5]. L'audience peut également se tenir dans la salle d'audience de la zone d'attente. Dans ce cas le président du tribunal ou le magistrat désigné à cette fin peut siéger au tribunal dont il est membre. Les salles d'audience sont alors reliées en direct par un moyen de communication audiovisuelle garantissant la confidentialité de la transmission[6]. La salle d'audience de la zone d'attente et celle du tribunal administratif sont ouvertes au public[7].

L'étranger est assisté de son conseil s'il en a un[8].

L'audience se déroule sans conclusions du rapporteur public[9].

513.13 Procédure de jugement dérogatoire (tri). La procédure dérogatoire de jugement concerne les demandes qui, à la lecture de la requête, n'ont visiblement aucune chance de succès. Cette procédure simplifiée est prévue à l'article L. 352-6 du Ceseda. Elle permet au juge administratif :

- de donner acte d'un désistement ;
- de constater qu'il n'y a pas lieu de statuer sur le recours ;
- de rejeter un recours se trouvant ne relevant manifestement pas de la compétence de la juridiction administrative ou entaché d'une irrecevabilité manifeste non susceptible d'être couverte en cours d'instance.

1. Ceseda, art. L. 352-4, al. 2.
2. Ceseda, art. L. 352-4, al. 2.
3. Ceseda, art. L. 352-4, al. 3.
4. Ceseda, art. L. 352-4, al. 3.
5. Ceseda, art. L. 352-5, al. 1er.
6. Ceseda, art. L. 352-5, al. 2.
7. Ceseda, art. L. 352-5, al. 3.
8. Ceseda, art. L. 352-5, al. 4.
9. Ceseda, art. L. 352-5, al. 5.

Dans tous les cas, la décision est rendue par ordonnance et doit être motivée.

513.14 Maintien en zone d'attente. Durant le délai de recours et, le cas échéant, pendant la durée de l'instance, les dispositions relatives au maintien en zone d'attente (titre IV du livre II du Ceseda) sont applicables[1].

Lorsqu'un étranger dont l'entrée sur le territoire français au titre de l'asile a été refusée dépose son recours dans les quatre derniers jours de la période de maintien en zone d'attente fixée par la dernière décision de maintien, « celle-ci est prorogée d'office de quatre jours à compter du dépôt du recours »[2].

Cette décision de prorogation est mentionnée sur le registre prévu au second alinéa l'article L. 341-2 et portée à la connaissance du procureur de la République dans les conditions prévues au même article. Le juge des libertés et de la détention est informé immédiatement de cette prorogation. Il peut y mettre un terme[3].

514. Décision du juge administratif

514.09 Nature des décisions. Le juge administratif statuant sur le fondement de l'article L. 213-9 du Ceseda statue par voie de « jugement »[4] et non d'ordonnance. Cette qualification s'explique par les pouvoirs d'annulation qui lui sont reconnus. Ils font de cette voie de droit une procédure rapide conférant au juge administratif des pouvoirs qu'il exerce habituellement au principal. Il relève ainsi de la famille des référés au fond.

514.10 Première possibilité : annulation du refus. Si le refus d'entrée au titre de l'asile et, le cas échéant, la décision de transfert sont annulés, « il est immédiatement mis fin au maintien en zone d'attente de l'étranger », qui est autorisé à entrer en France muni d'un visa de régularisation de huit jours. Dans ce délai, l'autorité administrative compétente lui délivre, à sa demande, « l'attestation de demande d'asile » lui permettant d'introduire sa demande d'asile auprès de l'Ofpra[5].

514.11 Seconde possibilité : rejet du recours. La décision de refus d'entrée au titre de l'asile et, le cas échéant, la décision de transfert qui n'ont pas été contestées dans le délai de recours ou qui n'ont pas fait l'objet d'une annulation « peuvent être exécutées d'office par l'autorité administrative »[6].

1. Ceseda, art. L. 352-4, al. 8.
2. Ceseda, art. L. 352-4, al. 7.
3. Ceseda, art. L. 352-4, al. 7.
4. Ceseda, art. L. 352-9, al. 1er.
5. Ceseda, art. L. 352-9, al. 2.
6. Ceseda, art. L. 352-9, al. 3.

515. Voies de recours ouvertes contre la décision

SECTION 0

Orienteur

515.00 Plan du chapitre.

SECTION 1

Recours en appel

515.11 Possibilité d'un appel. La possibilité d'interjeter appel de la décision du juge du premier degré est prévue par l'article L. 352-9, alinéa 1er du Ceseda.

515.12 Délai d'appel. Le jugement de première instance est susceptible d'appel dans un délai de quinze jours[1].

Ce délai court à compter de la notification du jugement attaqué. La notification mentionne la possibilité de faire appel et le délai dans lequel cette voie de recours peut être exercée[2].

515.13 Compétence d'appel. La compétence d'appel revient à la cour administrative d'appel territorialement compétente[3].

515.14 Effet de l'appel. L'appel n'est pas suspensif[4].

515.15 Qualité de juge des référés. Au sein de la cour administrative d'appel, la compétence pour statuer sur la demande d'appel appartient[5] :

- au président de la cour ;
- ou au magistrat qu'il désigne à cette fin parmi les membres de la cour.

515.16 Jugement. L'obligation de statuer dans un délai de 96 heures imparti au juge du premier degré n'est pas reprise pour le juge d'appel.

Le président de la formation de jugement peut dispenser le rapporteur public, sur sa proposition, de prononcer des conclusions à l'audience[6].

SECTION 2

Recours en cassation

515.21 Possibilité d'un pourvoi. La possibilité d'introduire un pourvoi en cassation contre la décision de cour administrative d'appel statuant au titre de l'article L. 352-9 du Ceseda n'est pas prévue par cette disposition. Dans le silence de ce texte, elle

1. Ceseda, art. L. 352-9, al. 1er.
2. CJA, art. R. 777-1-6, al. 1er.
3. Ceseda, art. L. 352-9, al. 1er.
4. Ceseda, art. L. 352-9, al. 1er.
5. Ceseda, art. L. 352-9, al. 1er.
6. CJA, art. R. 777-1-6, al. 2.

résulte des prévisions générales de l'article L. 821-1 du CJA, aux termes desquelles « les arrêts rendus par les cours administratives d'appel et, de manière générale, toutes les décisions rendues en dernier ressort par les juridictions administratives peuvent être déférés au Conseil d'État par la voie du recours en cassation ».

TITRE

52. Le contentieux des OQTF (obligationsde quitter le territoire français)

SECTION 0

Orienteur

520.00 Plan du titre.

520.01 Textes applicables.

CJA, art. L. 776-1 et L. 776-2, renvoyant à Ceseda, art. L. 614-2 et s. ;
CJA, art. R. 776-1 et s.

520.03 Bibliographie indicative.

> **Encyclopédies.** Ch. Pouly, « Étranger : contentieux de l'obligation de quitter le territoire français », *Encyclopédie Dalloz de contentieux administratif* ; *Dict. perm. dr. étrangers*, « Obligation de quitter le territoire ».

520.04 Questions essentielles.

> Le recours contentieux contre une OQTF peut-il être précédé d'un recours administratif ? v. ss nos 521.63 et 521.93

> Le requérant peut-il être éloigné après l'introduction du recours ? v. ss no 521.201

520.05 Documents pratiques.

Pour un exemple de dossier contentieux en matière de recours contre une OQTF, v. ss no 910.09

520.06 Chiffres clés.

Par son volume, le contentieux des OQTF est, de loin, le plus important contentieux de l'urgence : entre 40 000 et 50 000 décisions sont rendues chaque année à ce titre (41 999 en 2018, 48 773 en 2019, 43 838 en 2020, 49 898 en 2021). Le taux de satisfaction totale ou partielle est de l'ordre de 25 %.

520.09 Notion d'OQTF. L'obligation de quitter le territoire français (OQTF) est une mesure administrative d'éloignement d'un ressortissant étranger du territoire national. Les hypothèses dans lesquelles l'autorité administrative peut prendre une OQTF sont précisément énumérées à l'article L. 611-1, I du Ceseda. La mesure, prise par le préfet, doit être motivée.

520.10 Deux types d'OQTF. L'article L. 511-1 du Ceseda distingue deux types d'OQTF. L'OQTF est en principe « avec délai » (Ceseda, art. L. 612-1) : l'étranger dispose d'un délai pour exécuter la mesure lui ordonnant de quitter le territoire français (délai de 30 jours, pouvant être exceptionnellement majoré par l'administration). Dans certains cas, l'OQTF peut être « sans délai » (Ceseda, art. L. 612-2) : la suppression du délai de départ volontaire concerne trois hypothèses (menace pour l'ordre public, fraude au titre de séjour, risque de fuite).

520.11 Procédure régie par le CJA et le Ceseda. Les règles régissant la contestation des OQTF sont définies par le Ceseda et le CJA. Elles ont été redéfinies par une ordonnance n° 2020-1733 du 16 décembre 2020, entrée en vigueur le 1er mai 2021.

520.12 Objet. La procédure de contestation des OQTF vise à obtenir *l'annulation* d'une OQTF ainsi que des mesures qui lui sont liées.

L'étranger peut également demander la *suspension* de l'OQTF au titre du droit d'asile. En effet, depuis la loi du 10 septembre 2018 « pour une immigration maîtrisée, un droit d'asile effectif et une intégration réussie »[1], un étranger peut demander la suspension de l'OQTF prise à son encontre jusqu'à l'expiration du délai de recours ou en cas de recours devant la CNDA[2].

520.13 Champ d'application. La procédure s'applique aux mesures principales et accessoires prises en matière d'OQTF. Relèvent donc du champ d'application de cette procédure (CJA, art. R. 776-1) :

- les OQTF et les décisions relatives au séjour notifiées avec les OQTF (1°)[3] ;
- les décisions relatives au délai de départ volontaire (2°) ;
- les interdictions de retour sur le territoire français et les interdictions de circulation sur le territoire français (3°) ;
- les décisions fixant le pays de renvoi (4°) ;
- les décisions d'assignation à résidence (CJA, art. R. 776-1, 2° à 5°).

En revanche, la décision de placement en rétention administrative ne peut être contestée que devant le JLD (Ceseda, art. L. 741-10 ; art. L. 614-13).

520.14 Procédure identique pour les autres mesures d'éloignement. L'article R. 776-1 du Ceseda prévoit que sont instruites et jugées dans les mêmes conditions les conclusions tendant à l'annulation d'une autre décision d'éloignement prévue au livre VI du Ceseda, à l'exception des décisions d'expulsions, présentées en cas de placement en rétention administration, en cas de détention ou dans le cadre d'une requête dirigée contre la décision d'assignation à résidence prise au titre de cette mesure (CJA, art. R. 776-1, al. 7).

La même procédure s'applique également en cas de demande de suspension (CJA, art. R. 776-1, al. 8).

520.15 Procédure exclusive. La procédure de contestation des OQTF définie par les articles L. 614-1 et suivants du Ceseda, L. 776-1 et L. 776-2 du CJA, et R. 776-1 et suivants du CJA, détermine l'intégralité du régime contentieux applicables aux QOTF et aux décisions qui lui sont liées. Les articles L. 776-1 du CJA, et L. 614-1 du Ceseda, expriment indirectement cette idée.

1. Loi n° 2018-778, 10 sept. 2018, *JO* n° 0209 du 11 sept. 2018.
2. V. Ceseda, art. L. 752-5 : l'étranger dont le droit au maintien sur le territoire a pris fin et qui fait l'objet d'une OQTF peut demander au tribunal administratif la suspension de l'exécution de cette décision jusqu'à l'expiration du délai de recours devant la CNDA ou, si celle-ci est saisie, soit jusqu'à la date de la lecture en audience publique de la décision de la cour, soit, s'il est statué par ordonnance, jusqu'à la date de la notification de celle-ci.
3. Concernant les décisions relatives au séjour, v. CE, avis, 19 juill. 2017, Toskic, req. n° 408902, *Lebon* (pt 2).

Elle est exclusive de celles prévues par le livre V du CJA (v. s^s n° 211.103). Il en va ainsi « y compris lorsque l'étranger fait appel d'un jugement qui, dans le cadre de cette procédure, a rejeté sa demande »[1].

520.16 Multiplicité des régimes. Les règles procédurales ont été définies avec la préoccupation de s'adapter à la diversité des situations qu'elles entendent régir. Il en résulte une multiplicité des régimes et, partant, une certaine complexité du dispositif.

La détermination du régime applicable dépend de trois paramètres :

- le fondement de l'OQTF ;
- l'existence ou non d'un délai de départ volontaire ;
- l'éventuelle mise en place d'une mesure de surveillance.

521. Engagement du recours

SECTION 0
Orienteur

521.00 Plan du chapitre.

Sect. 1 Compétence
Sect. 2 Recevabilité
Sect. 3 Présentation de la requête
Sect. 4 Effet suspensif de l'introduction du recours
Sect. 5 Demande de suspension au titre de l'asile

SECTION 1
Compétence

§ 1
Tribunal territorialement compétent lorsque l'étranger est libre

521.11 Règle de droit commun. Le tribunal administratif territorialement compétent est celui dans le ressort duquel se trouve la résidence des personnes faisant l'objet des décisions attaquées à la date desdites décisions.

§ 2
Tribunal territorialement compétent lorsque l'étranger est placé en rétention ou assigné à résidence

521.21 Tribunal du lieu de rétention ou de l'assignation à résidence. Lorsque l'étranger est placé sous la contrainte, le tribunal administratif territorialement compétent est celui dans le ressort duquel l'étranger est placé en rétention ou assigné à résidence au moment de l'introduction de la requête ou, si elle a été intro-

1. CE 6 oct. 2014, min. de l'Intérieur c/Duraki, req. n° 381573, *Lebon T.* ; *AJDA* 2014. 2399 ; *D.* 2015. 450, obs. O. Boskovic, S. Corneloup, F. Jault-Seseke, N. Joubert et K. Parrot ; *Rev. crit. DIP* 2015. 355, note P. Klötgen.

duite avant le placement en rétention ou l'assignation à résidence, au moment où cette mesure est décidée (CJA, art. R. 776-16, al. 1er). Par exception aux dispositions de l'article R. 221-3, le tribunal administratif territorialement compétent est celui de Nancy lorsque le requérant est placé au centre de rétention de Metz et le tribunal administratif de Montreuil lorsque le requérant est placé au centre de rétention n° 3 du Mesnil-Amelot (CJA, art. R. 776-16, al. 4).

521.22 **Hypothèse d'un changement de lieu de rétention avant l'audience.** Lorsque, avant la tenue de l'audience, l'étranger est transféré dans un autre lieu de rétention, le président du tribunal administratif peut décider, dans l'intérêt d'une bonne administration de la justice, de transmettre le dossier au tribunal administratif dans le ressort duquel est situé le nouveau lieu de rétention (CJA, art. R. 776-16, al. 2). Cette décision, qui constitue pour le juge une faculté et non pas une obligation, n'est pas susceptible de recours (CJA, art. R. 776-16, al. 2). Les actes de procédure accomplis devant le tribunal administratif initialement saisi demeurent valables. L'administration doit, dans les deux cas, assurer la présence de l'étranger à l'audience.

Lorsque le requérant a formé des conclusions contre la décision relative au séjour notifiée avec une OQTF, le tribunal initialement saisi demeure compétent pour connaître des conclusions dirigées contre cette décision (CJA, art. R. 776-17, al. 3). Il examinera cette décision selon la procédure décrite plus bas (v. ss nos 523.41 s.).

§ 3

Tribunal incompétemment saisi

521.31 **Transmission au tribunal compétent.** Lorsque le président d'un tribunal administratif est saisi de conclusions qu'il estime relever de la compétence d'un autre tribunal administratif, il lui transmet le dossier sans délai et par tous moyens, dans les formes prévues au premier alinéa de l'article R. 351-6 (CJA, art. R. 776-16, al. 3).

SECTION 2

Recevabilité

§ 1

Intérêt à agir

521.41 **Étranger.** Seul l'étranger qui fait l'objet de la mesure d'éloignement justifie d'un intérêt direct lui donnant qualité pour en demander l'annulation. Il s'ensuit que la requête présentée par la concubine d'un étranger est irrecevable[1].

§ 2

Délai pour agir

521.51 **Quatre situations.** Le délai de recours varie selon la situation dans laquelle se trouve l'étranger faisant la mesure d'éloignement. Quatre cas de figure doivent ainsi être distingués :

– l'OQTF avec délai de départ volontaire prise sur le fondement des 3°, 5° et 6° de l'article L. 611-1 du Ceseda ;

1. CE 2 déc. 1998, Richou, req. n° 198266, *Lebon T.* : concernant un APRF.

– l'OQTF avec délai de départ volontaire prise sur le fondement des 1°, 2° et 4° de l'article L. 611-1 du Ceseda ;
– l'OQTF sans délai de départ volontaire ;
– le cas de l'étranger placé sous la contrainte.

	DÉLAI DE RECOURS	DÉLAI DE JUGEMENT
OQTF avec délai de départ volontaire prise sur le fondement des 3°, 5° et 6° de l'article L. 611-1 du Ceseda	30 jours	3 mois
OQTF avec délai de départ volontaire prise sur le fondement des 1°, 2° et 4° de l'article L. 611-1 du Ceseda	15 jours	6 semaines
OQTF sans délai de départ volontaire	48 heures	3 mois ou 6 semaines selon le fondement de l'OQTF
Étranger placé sous la contrainte	48 heures	96 heures ou 144 heures

A
OQTF avec délai de départ volontaire prise sur le fondement des 3°, 5° et 6° de l'article L. 611-1 du Ceseda

1
Durée du délai de recours

521.61 **Délai de recours contre l'OQTF.** Aux termes de l'article R. 776-2 du CJA, le recours contre une OQTF prise sur le fondement des 3°, 5° et 6° de l'article L. 611-1 du Ceseda[1] doit être introduit dans un délai de 30 jours à compter de la notification de la décision (Ceseda, art. L. 614-4 ; CJA, art. R. 776-2). Ce délai est un délai franc[2]. Il « ne se confond pas avec un délai d'un mois »[3]. S'il expire un samedi, un dimanche ou un jour férié ou chômé, le recours demeure recevable jusqu'au premier jour ouvrable suivant[4].

521.62 **Délai de recours contre les décisions accessoires.** Le délai de recours est également de 30 jours pour les décisions accessoires notifiées simultanément à l'OQTF (Ceseda, art. L. 614-4 ; CJA, art. R. 776-2) :
– décision relative au séjour ;

1. C'est-à-dire dans les trois cas suivants : retrait, refus de délivrance ou refus de renouvellement d'un titre de séjour (3°) ; comportement de l'étranger en situation irrégulière constituant une menace pour l'ordre public (5°) ; étranger en situation irrégulière depuis plus de trois mois ayant méconnu l'article L. 5221-5 du code du travail imposant l'obtention d'une autorisation de travail (6°).
2. CAA Versailles, 22 janv. 2015, Mladenovic, req. n° 14VE02440, NP.
3. CAA Versailles, 22 janv. 2015, Mladenovic, req. n° 14VE02440, préc.
4. CAA Versailles, 7 juin 2011, Boulhel, req. n° 10VE01191, NP : délai de recours expirant un dimanche ; la requête déposée le lendemain (lundi) est recevable – Solution déjà consacrée dans le contentieux de la reconduite à la frontière : CE 27 mars 2000, préfet des Hauts-de-Seine c/Andrukajtys, req. n° 212902, *Lebon* ; *D.* 2000. 176.

- décision relative au délai de départ volontaire ;
- décision relative au pays de renvoi ;
- décision relative à l'interdiction de retour ou à l'interdiction de circulation.

521.63 **Absence de prorogation par l'exercice d'un recours administratif.** Le délai de recours n'est pas prorogé par l'exercice d'un recours administratif (CJA, art. R. 776-5, I), qu'il soit gracieux (formé devant le préfet) ou hiérarchique (présenté devant le ministre de l'Intérieur). Il en résulte qu'un recours contentieux introduit contre une OQTF n'est plus recevable passé le délai de 30 jours, même si un recours administratif a été formé contre la décision de refus de séjour[1]. Rien n'empêche l'intéressé de former un recours administratif préalablement à tout recours contentieux ; mais il devra, dans ce cas de figure, introduire un recours contentieux dans les 30 jours suivant la notification de l'OQTF si le recours administratif n'a pas abouti dans ce délai[2].

521.64 **Absence de prorogation par la saisine d'une juridiction civile.** Le fait d'avoir contesté la mesure d'éloignement devant une juridiction civile, serait-ce dans le délai prévu, ne peut avoir pour effet de suspendre le délai de recours contentieux devant le juge administratif[3].

521.65 **Délai de recours contre le refus de titre de séjour.** La décision refusant le titre de séjour peut être contestée dans le délai de droit commun de deux mois.

2
Point de départ du délai de recours

521.71 **Notification de l'OQTF.** Le délai de recours contentieux commence à courir à compter de la date à laquelle l'étranger prend connaissance du refus de séjour. Cette notification peut prendre la forme d'une remise au guichet ou d'un envoi par lettre recommandée avec accusé de réception.

a
Notification par voie administrative

521.81 **Remise au guichet.** L'étranger peut se voir notifier la décision de refus de séjour assortie d'une OQTF au guichet de la préfecture. La preuve de la remise est attestée par la signature d'un accusé de réception. Le délai de recours commence à courir à compter de cette signature[4].

521.82 **Absence d'interpellation au guichet.** L'étranger ne peut être interpellé au guichet ni placé en rétention administrative dès lors que l'intéressé dispose d'un

1. CAA Lyon, 22 mai 2008, Akouh, req. n° 08LY00491, NP.
2. CAA Versailles, 10 juill. 2008, Nkem, req. n° 07VE02708, NP : indiquant que « la circonstance qu'en application des dispositions de l'article R. 775-2 du Code de justice administrative, le délai de recours contentieux d'un mois à compter de la notification de la décision attaquée n'est pas prorogé par l'exercice d'un recours administratif, ne prive nullement le requérant de la possibilité, s'il s'y croit fondé, de former un recours administratif mais exige seulement de l'intéressé qu'il introduise un recours contentieux auprès de la cour administrative d'appel avant l'expiration du délai, qui lui avait été dûment indiqué, si le recours administratif n'a pas abouti dans l'intervalle ».
3. CE, psc, 15 nov. 1996, Zola-Nalumbu, req. n° 178909, *Lebon T.* : concernant un APRF.
4. CAA Douai, 28 oct. 2010, Dogan, req. n° 10DA00827, NP.

délai pour exécuter de manière volontaire la mesure lui enjoignant de quitter le territoire français.

b
Notification par voie postale

521.91 Envoi d'une lettre recommandée avec AR. Le plus souvent, la préfecture informera l'étranger du refus de séjour assorti d'une OQTF en lui adressant cette décision par lettre recommandée avec accusé de réception.

521.92 Point de départ du délai. Le délai de recours commence à courir à la date de réception du pli adressé par la préfecture, c'est-à-dire :

- soit la date de la remise du pli à domicile (à l'intéressé, à une personne résidant avec lui ou encore à une personne ayant reçu une procuration, par exemple son conseil)[1] ;
- soit la date de retrait du pli recommandé à la poste si ce retrait intervient dans un délai de 15 jours (délai durant lequel la poste conserve le recommandé) ;
- soit la date de la première présentation du pli au domicile indiqué sur l'avis de passage, lorsque ce dernier n'a pas été retiré dans le délai de 15 jours.

521.93 Mention des voies et délais de recours. L'administration n'est, aux termes de l'article R. 421-5 du CJA, tenue de faire figurer dans la notification de ses décisions que les délais et voies de recours contentieux ainsi que les délais de recours administratifs préalables obligatoires. Si elle peut y ajouter la mention des recours gracieux et hiérarchiques facultatifs, c'est à la condition toutefois qu'il n'en résulte pas des ambiguïtés de nature à induire en erreur les intéressés dans des conditions telles qu'ils pourraient se trouver privés du droit à un recours juridictionnel effectif[2]. Le Conseil d'État a estimé qu'en présentant le recours administratif comme la première possibilité de recours et en se bornant à mentionner qu'il n'a pas d'effet suspensif sur l'exécution de l'OQTF, sans préciser qu'il ne suspend ni ne prolonge le délai du recours contentieux, contrairement aux règles générales habituelles en matière de combinaison des recours administratifs et des recours contentieux, une lettre de notification comporte une ambiguïté de nature à induire les destinataires en erreur quant aux effets du recours gracieux sur le cours du délai de recours contentieux, et à faire ainsi obstacle à l'exercice de leur droit à un recours juridictionnel effectif. Une telle notification n'est, par suite, pas opposable[3].

521.94 Preuve de la notification régulière. La charge de la preuve pèse sur l'administration. Lorsqu'elle oppose une fin de non-recevoir tirée de la tardiveté du recours, c'est à elle qu'il appartient d'établir que l'étranger a régulièrement reçu notification de la décision attaquée[4].

1. En revanche, la remise à un tiers ne peut être regardée comme une notification régulière (CE 18 janv. 2002, Thabet, req. n° 215236, NP : remise du pli recommandé au directeur du foyer où résidait l'étranger).
2. CE 4 déc. 2009, min. de l'Immigration c/Hammou, req. n° 324284, *Lebon T.* ; *AJDA* 2010. 555, note P. Caille.
3. CE 4 déc. 2009, min. de l'Immigration c/Hammou, req. n° 324284, préc.
4. CAA Lyon, 30 juin 2010, Ahouzi, req. n° 09LY02303, NP : affirmant « qu'il incombe à l'administration, lorsqu'elle oppose une fin de non-recevoir tirée de la tardiveté de l'action introduite devant un tribunal administratif, d'établir que l'intéressé a régulièrement reçu notification de la décision contestée ».

En cas de remise du pli à domicile ou de retrait de celui-ci dans le délai de 15 jours, la preuve se fait par la production de l'accusé de réception. En l'absence de mention claire sur l'avis de réception du pli recommandé de la date de distribution, l'étranger doit être réputé avoir reçu notification non pas à la date de présentation de ce pli à son domicile, mais à la date du retrait du pli au bureau de poste dans le délai de 15 jours mentionné sur l'avis de réception[1].

Lorsque le pli n'a pas été retiré dans le délai de 15 jours, et en conséquence a été retourné à l'administration, la preuve de la notification régulière se fait habituellement par la production de l'avis postal ayant avisé le destinataire de ce que le pli était à sa disposition au bureau de poste[2]. Une notification est regardée comme régulière, et déclenchant le délai de recours contentieux à la date de présentation de la lettre recommandée au dernier domicile connu par l'administration[3]. En revanche, une notification ne peut être regardée comme régulière, ni par suite déclencher le délai de recours contentieux dans le cas de figure suivant : le pli de notification a été présenté à l'étranger à une date indéterminée en l'absence d'indication de date de présentation du pli et a été retourné au préfet non réclamé ; la copie de l'enveloppe ne fait pas apparaître de mention indiquant que le destinataire a été avisé, par le dépôt d'un avis de passage, de ce que le pli était à sa disposition au bureau de poste ; en outre le préfet ne produit aucune attestation des services de la poste certifiant l'accomplissement de cette formalité[4]. Elle est également irrégulière lorsque l'avis de passage invitant son destinataire à retirer un pli au bureau de poste n'a pas été déposé[5].

521.95 **Lieu de la notification.** La notification par voie postale est valablement effectuée à la dernière adresse connue des services préfectoraux. Il appartient à l'étranger d'informer ces services de tout changement d'adresse.

Une notification ne peut être regardée comme régulière, ni par suite déclencher le délai de recours :

– lorsqu'elle intervient à l'ancienne adresse de l'étranger alors que celui-ci a communiqué à l'administration sa nouvelle adresse[6] ;

– lorsqu'elle intervient à une adresse erronée ou incomplète alors que l'étranger a communiqué aux services de la préfecture son adresse complète[7] ;

1. CE 12 déc. 2001, Kalulu, req. n° 233641, NP.
2. CAA Lyon, 30 juin 2010, Ahouzi, req. n° 09LY02303, NP : indiquant qu'en cas de retour à l'administration du pli contenant cette décision, « cette preuve peut résulter, soit des mentions précises, claires et concordantes portées sur l'enveloppe, soit, à défaut, d'une attestation de l'administration postale ou d'autres éléments de preuve établissant la délivrance par le préposé du service postal, conformément à la réglementation en vigueur, d'un avis d'instance prévenant le destinataire de ce que le pli était à sa disposition au bureau de poste ».
3. CAA Bordeaux, 13 mars 2008, Ebogo, req. n° 07BX01715, NP.
4. CAA Lyon, 30 juin 2010, Ahouzi, req. n° 09LY02303, NP.
5. CE 15 déc. 1997, préfet du Val-de-Marne c/Radjabo, req. n° 179294, NP.
6. CE 1er févr. 1995, Yandu, req. n° 156137, NP.
7. CE 21 juin 1996, El Kharzouni, req. n° 162975, NP – CAA Paris, 31 déc. 2009, Baha, req. n° 08PA06348, NP – CAA Lyon, 10 déc. 2009, Guendouz, req. n° 09LY00331, NP : suite à un changement d'adresse communiquée à l'administration par l'intéressé.

– lorsqu'elle intervient à l'ancienne adresse de l'étranger alors que celui-ci a demandé au bureau de poste, au moyen d'un ordre de réexpédition temporaire, de faire suivre son courrier à une nouvelle adresse à laquelle la poste n'a rien envoyé[1] ;

– lorsqu'elle intervient au domicile de l'étranger alors que celui-ci est incarcéré[2].

521.96 Impossibilité de retirer un pli recommandé. La tardiveté ne peut être opposée à l'étranger lorsqu'il est établi que l'intéressé n'a pu retirer la lettre recommandée avec accusé de réception lui notifiant cette décision faute de pouvoir présenter une pièce d'identité, et qu'il n'est pas contesté qu'il était dans l'incapacité de le faire du fait de la confiscation de cette pièce lors d'une opération de police[3].

B

OQTF sans délai de départ volontaire prise sur le fondement des 1°, 2° et 4° de l'article L. 611-1 du Ceseda

521.101 Durée du délai de recours. L'OQTF prise sur le fondement des 1°, 2° et 4° de l'article L. 611-1 du Ceseda[4] peut être contestée dans un délai de quinze jours à compter de sa notification (Ceseda, art. L. 614-5, al. 1er ; CJA, art. R. 776-2, I, al. 2).

Le même délai s'applique aux décisions relatives au séjour, au délai de départ volontaire, au pays de renvoi et à l'interdiction de retour notifiées simultanément (Ceseda, art. L. 614-5, al. 1er ; CJA, art. R. 776-2, I, al. 2).

L'interdiction de retour notifiée postérieurement à l'OQTF, peut être contestée dans les mêmes conditions (Ceseda, art. L. 614-5, al. 2 ; CJA, art. R. 776-3, al. 1er).

Le même délai s'applique pour la contestation des décisions prolongeant les interdictions de retour (CJA, art. R. 776-3, al. 2).

Il s'agit d'un délai franc[5].

521.102 Absence de prorogation du délai de recours. Le délai de recours n'est susceptible d'aucune prorogation (CJA, art. R. 776-5, II, al. 1er). Il en résulte notamment que la présentation d'une demande d'aide juridictionnelle ne proroge pas le délai de recours[6].

1. TA Rennes, 6 mars 2002, Ali Allaouat, req. n° 02-618, NP : indiquant qu'« en apposant sur la correspondance du préfet [...] la mention "n'habite pas à l'adresse indiquée", au lieu de faire suivre le courrier [du requérant], conformément aux dispositions contractuelles de l'ordre de réexpédition, les services de la poste ont commis une faute qui a eu pour effet d'empêcher toute notification régulière d'une correspondance de l'État ».
2. CE 15 déc. 1997, Disakala, req. n° 191459, NP.
3. CE 30 juill. 1997, préfet des Yvelines c/Djalo, req. n° 155651, *Lebon* 305.
4. C'est-à-dire dans les cas suivants : l'étranger ne peut justifier être entré régulièrement sur le territoire français (1°) ; il s'est maintenu sur le territoire français au-delà de la durée de validité de son visa ou, s'il n'est pas soumis à l'obligation du visa, à l'expiration d'un délai de trois mois à compter de son entrée sur le territoire (2°) ; l'étranger auquel la reconnaissance de la qualité de réfugié ou le bénéfice de la protection subsidiaire a été définitivement refusé ou qui ne bénéficie plus du droit de se maintenir sur le territoire français en application de l'article L. 743-2 (4°).
5. CE, avis, 30 juill. 2021, Hoseini, req. n° 452878, *Lebon T.*
6. CE, avis, 12 juill. 2017, Nishori, req. n° 410186, *Lebon T.* (pt 3).

521.103 Déclenchement du délai de recours. Les règles décrites s[s] n°s 521.71 s. concernant le point de départ du délai de recours s'appliquent aux OQTF sans délai de départ volontaire pris sur le fondement des 1°, 2° et 4° de l'article L. 611-1 du Ceseda.

C

OQTF sans délai de départ volontaire

1

Durée du délai de recours

521.111 Délai de recours contre l'OQTF. Le recours contre une OQTF sans délai de départ volontaire doit être introduit dans les 48 heures qui suivent sa notification (Ceseda, art. L. 614-6, al. 1er ; CJA, art. R. 776-2, II). Ce délai de recours est compté d'heure en heure[1] et même de minute en minute[2]. Il n'est pas prorogé s'il expire un samedi, un dimanche ou un jour férié (CJA, art. R. 776-5, II)[3]. La circonstance, alléguée par le requérant, que le préfet ne pouvait légalement refuser de lui accorder un délai de retour dès lors que son comportement ne pouvait être regardé comme constituant une menace pour l'ordre public faute pour la condamnation pénale prononcée à son encontre d'être devenue définitive, est sans incidence sur la détermination du délai de recours applicable[4].

521.112 Délai de recours contre les décisions accessoires. Le délai de recours est également de 48 heures pour les décisions accessoires notifiées simultanément à l'OQTF (CJA, art. R. 776-2, II) :
- décision relative au séjour ;
- suppression du délai de départ volontaire ;
- détermination du pays de renvoi ;
- interdiction de retour et interdiction de circulation.

521.113 Absence de prorogation par l'exercice d'un recours administratif. Le délai de recours de 48 heures « n'est susceptible d'aucune prorogation » (CJA, art. R. 776-5, II, al. 1er). Il en résulte que ce délai de recours n'est pas prorogé par l'exercice d'un recours administratif, qu'il soit gracieux (formé devant le préfet) ou hiérarchique (présenté devant le ministre de l'Intérieur). En conséquence, un recours contentieux introduit contre une OQTF sans délai de départ volontaire n'est plus recevable passé le délai de 48 heures.

Ce délai de recours de 48 heures non prorogeable, « compte tenu notamment de la nature et de l'objet de la décision contestée et des garanties procédurales dont dispose le requérant », n'est contraire ni au droit au recours effectif prévu par l'arti-

1. CE 22 juin 2012, Gisti, req. n° 352388, *Lebon T.*
2. V., par analogie avec la procédure de contestation des APRF : CE 28 déc. 1992, préfet du Vaucluse c/Renklicay, req. n° 132815, *Lebon T.* 981 – CE 10 févr. 2006, Oprea, req. n° 273484, *Lebon T.* : irrecevabilité opposée alors que le délai de recours de 48 heures a expiré seulement depuis 17 minutes.
3. CE 22 juin 2012, Gisti, req. n° 352388, *Lebon T.*
4. CAA Nantes, 27 sept. 2012, Toure, req. n° 11NT03260, NP.

cle 13 de la Convention européenne des droits de l'homme, ni au § 1 de l'article 13 de la directive 2008/115/CE du 16 décembre 2008 (directive Retour)[1], ni au droit constitutionnel au recours[2].

521.114 Absence de prorogation par la saisine d'une juridiction civile. Le fait d'avoir contesté la mesure d'éloignement devant une juridiction civile, serait-ce dans le délai prévu, ne peut avoir pour effet de suspendre le délai de recours contentieux devant le juge administratif[3].

521.115 Suppression du délai de départ volontaire après avoir accordé un délai de départ volontaire. Lorsque le préfet a initialement accordé à l'étranger faisant l'objet d'une OQTF un délai de départ volontaire, et qu'il décide dans un second temps de le supprimer, la suppression de ce délai peut faire l'objet d'un recours dans les 48 heures qui suivent sa notification (CJA, art. R. 776-2, I, al. 3). Cette saisine n'est possible que si l'OQTF n'est pas devenue définitive, c'est-à-dire si le délai de recours de un mois ou quinze jours prévus dans les précédents cas de figure[4] n'est pas expiré à la date à laquelle l'autorité compétente notifie à l'intéressé la décision de supprimer le délai de départ volontaire (CJA, art. R. 776-2, I, al. 3).

2
Point de départ du délai de recours

521.121 Notification administrative de l'OQTF. Les OQTF sans délai sont notifiées exclusivement par voie administrative. Les décisions doivent être remises en mains propres, soit au guichet de la préfecture, soit par un agent de police à l'issue d'une mesure de vérification d'identité ou de garde de vue. La preuve de la remise est attestée par la signature d'un accusé de réception. Le délai de recours commence à courir à compter de cette signature.

Dans la mesure où le CJA lie le déclenchement du délai de recours à la notification administrative de la décision (CJA, art. R. 776-2, II), une notification réalisée, à tort, par voie postale ne fait pas courir ce délai[5].

521.122 Notification dans une langue que comprend l'étranger. L'OQTF et les décisions qui l'accompagnent doivent être notifiées à l'étranger dans une langue qu'il comprend ou dont il est raisonnable de supposer qu'il la comprend (Ceseda, art. L. 613-4).

D
Étranger placé sous la contrainte

521.131 Délai de 48 heures. Lorsque l'OQTF est notifiée avec une décision d'assignation à résidence ou une décision de placement en rétention, le délai de recours

1. CE 22 juin 2012, Gisti, req. n° 352388, *Lebon T.*
2. Cons. const. 19 oct. 2018, n° 2018-741 QPC.
3. CE, ord., 15 nov. 1996, Zola-Nalumbu, req. n° 178909, *Lebon T.* : concernant un APRF.
4. V. ss nos 521.61 et 521.101.
5. CE 17 juin 2020, Hussain, req. n° 425111, *Lebon T.*

est de 48 heures suivant la notification de ces mesures (Ceseda, art. L. 614-8, III ; Ceseda, art. L. 732-8 ; CJA, art. R. 776-4).

Le transport de l'étranger vers le centre de rétention peut intervenir dans ce délai de quarante-huit heures. Le recours enregistré 24 minutes après l'expiration du délai de quarante-huit heures est rejeté comme tardif même si ce transport a duré presque trois heures[1].

521.132 **Absence de prorogation par l'exercice d'un recours administratif.** Le délai de recours n'est susceptible d'« aucune prorogation » (CJA, art. R. 776-5, II), que ce soit par l'exercice d'un recours administratif, la saisine d'une juridiction incompétente ou toute autre cause habituellement de nature à produire cet effet.

521.133 **Point de départ du délai.** Le délai de recours court à compter de la notification de la décision par voie administrative (CJA, art. R. 776-4).

Le requérant ne sera pas considéré comme forclos s'il n'a pas été mis à même d'exercer son droit à un recours dans le délai de 48 heures. Tel est le cas :

- s'il n'a pu avertir « un conseil ou une personne de son choix »[2] ;
- s'il n'a pu accéder à une « structure » lui permettant de « préparer » et de « transmettre » un recours[3] ;
- ou s'il n'a pu bénéficier de l'interprète qu'il avait demandé dès le lendemain de son incarcération[4].

521.134 **Télérecours.** Lorsque la requête est adressée par Télérecours, son auteur signale son urgence en sélectionnant le type de procédure dans la rubrique correspondante (CJA, art. R. 776-18).

E

Demande d'aide juridictionnelle

521.141 **Application à la procédure de contestation des OQTF.** La loi n° 91-647 du 10 juillet 1991 relative à l'aide juridique s'applique, dans sa version issue de la loi du 16 juin 2011, aux recours formés contre les OQTF. En vertu de l'article 3 de la loi du 10 juillet 1991, l'aide juridictionnelle est accordée « sans condition de résidence » aux étrangers faisant l'objet de l'une des procédures prévues aux articles L. 222-1 à L. 222-6, L. 312-2, L. 511-1, L. 511-3-1, L. 511-3-2, L. 512-1 à L. 512-4, L. 522-1, L. 522-2, L. 552-1 à L. 552-10 et L. 742-4 du Ceseda, ou lorsqu'il est fait appel des décisions mentionnées aux articles L. 512-1 à L. 512-4 du même code.

521.142 **Délai pour présenter une demande d'aide juridictionnelle.** Par dérogation aux dispositions de droit commun, la demande d'aide juridictionnelle doit intervenir au plus tard au moment de l'introduction de la requête introductive d'instance (Ceseda, art. 614-4, al. 2).

1. CAA Bordeaux, 3 avr. 2012, req. n° 11BX02847, Sifi, NP.
2. CAA Paris, 18 avr. 2013, Diabate, req. n° 12PA00881 – v., *a contrario*, CAA Douai, 15 sept. 2016, Boudoumi, req. n° 15DA01771, NP.
3. CAA Versailles, 28 mars 2013, req. n° 12VE02143.
4. CAA Douai, 19 mai 2016, Merzouk, req. n° 15DA00676, NP.

Le régime de droit commun, admettant la présentation de la demande même après l'introduction du recours, s'applique en revanche à la demande d'appel (v. s^s n° 525.24).

521.143 Effet suspensif du délai de recours. La demande juridictionnelle suspend le délai de recours contentieux (décr. 19 déc. 1991, art. 38[1]). La demande déposée au bureau d'aide juridictionnelle dans le délai de recours contentieux et avant l'introduction de celui-ci interrompt le délai de recours jusqu'à l'intervention de la décision du bureau, plus exactement du moment où cette décision devient définitive[2]. La demande déposée simultanément au recours suspend l'instruction de celui-ci jusqu'à l'intervention de la décision du bureau d'aide juridictionnelle. Aucune disposition n'impose au tribunal administratif de différer le jugement de la requête lorsqu'il reçoit communication de la décision du bureau d'aide juridictionnelle rejetant la demande d'aide juridictionnelle ou constatant la caducité de la demande[3].

521.144 Absence d'effet suspensif de l'OQTF. La demande d'aide juridictionnelle ne suspend pas l'exécution de l'OQTF. L'étranger peut donc être éloigné du territoire s'il ne présente pas de recours contentieux.

521.145 Placement en rétention ou assignation à résidence. L'article R. 776-17 du CJA prévoit que lorsque l'étranger est placé en rétention ou assigné à résidence après avoir introduit un recours contre l'OQTF ou après avoir déposé une demande d'aide juridictionnelle en vue de l'introduction d'un tel recours, la procédure se poursuit selon les règles prévues pour la procédure d'urgence (v. s^s n°s 523.71 s.).

§ 3
Conclusions et moyens

A
Règles communes aux deux catégories d'OQTF

521.151 Mesures dont l'annulation peut être demandée. À l'appui de son recours, l'étranger peut demander l'annulation de l'OQTF et des autres décisions prévues par l'article R. 776-1 notifiées simultanément.

521.152 Possibilité d'une requête unique. Lorsque l'étranger demande l'annulation de plusieurs décisions notifiées simultanément, il peut présenter les conclusions contre chacune d'elles dans une seule et même requête (CJA, art. R. 776-6).

521.153 Conclusions indemnitaires. Les conclusions incidentes du requérant tendant à ce que la responsabilité pour faute de l'État soit engagée et à ce que l'État soit condamné à lui verser une indemnité sont irrecevables dans le cadre d'un recours dirigé contre une OQTF. De telles conclusions ne peuvent faire l'objet que d'une demande présentée devant le juge administratif de droit commun[4].

1. Décr. n° 91-1266, 19 déc. 1991, *JO* 20 déc., art. 38.
2. CAA Lyon, 8 nov. 2012, Gerebenes, req. n° 12LY00792, NP.
3. CAA Versailles, 4 nov. 2010, Doumbia, req. n° 09VE03141, NP.
4. CE 24 nov. 2011, El Hamri, req. n° 255521, *Lebon T.*

B

Règles spécifiques à chacune des deux catégories d'OQTF

521.161 OQTF pour lesquels le délai de recours est de 3 mois. Lorsqu'une requête sommaire mentionne l'intention du requérant de présenter un mémoire complémentaire, « la production annoncée doit parvenir au greffe du tribunal administratif dans un délai de quinze jours » à compter de la date à laquelle la requête a été enregistrée (CJA, art. R. 776-12, al. 1er). Si ce délai n'est pas respecté, « le requérant est réputé s'être désisté à la date d'expiration de ce délai, même si le mémoire complémentaire a été ultérieurement produit ». Il est alors donné acte de ce désistement (CJA, art. R. 776-12, al. 2).

521.162 OQTF pour lesquels le délai de recours est de 48 heures ou 15 jours. Le délai de recours de 48 heures ou de 15 jours est particulièrement bref dès lors qu'il appartient au requérant de présenter dans ce délai des moyens distincts et de produire les pièces justificatives appropriées pour chacune des décisions dont l'annulation est demandée. Pour atténuer la rigueur de ce délai, trois dérogations au droit commun du contentieux administratif ont été prévues.

D'une part, l'article R. 776-5, II, alinéa 2 du CJA rend inapplicable le second alinéa de l'article R. 411-1 du même code, aux termes duquel « l'auteur d'une requête ne contenant l'exposé d'aucun moyen ne peut la régulariser par le dépôt d'un mémoire exposant un ou plusieurs moyens que jusqu'à l'expiration du délai de recours ». Il en résulte que, dans l'objectif d'éviter une forclusion, un étranger peut saisir le tribunal d'une requête sommaire demandant l'annulation de décisions sans développer de moyens. L'argumentation plus étoffée comportant le développement de moyens pourra intervenir après l'expiration du délai de recours.

D'autre part, l'article R. 776-5, II, alinéa 2 du CJA prévoit, par dérogation à la jurisprudence *Intercopie*, que l'expiration du délai de 48 heures ou de 15 jours n'interdit pas au requérant de soulever des moyens nouveaux, quelle que soit la cause juridique à laquelle ils se rattachent.

Enfin, l'article R. 776-5, II, alinéa 3 du CJA énonce que le requérant qui, dans le délai de 48 heures ou de 15 jours, a demandé l'annulation de l'une des décisions qui lui ont été notifiées simultanément peut, « jusqu'à la clôture de l'instruction », former des conclusions dirigées contre toute autre de ces décisions. Le requérant n'est donc pas forclos si, alors qu'il a contesté dans le délai de recours l'une des décisions qui lui ont été notifiées simultanément, il en conteste une autre au-delà de ce délai, « dès lors que ces conclusions sont formées avant la clôture de l'instruction »[1]. Le Conseil d'État a jugé que les mêmes règles s'appliquent lorsque, par le même acte, l'autorité administrative, d'une part, oblige un étranger à quitter sans délai le territoire après avoir constaté qu'il se maintient sur celui-ci au-delà de la durée de validité du visa et, d'autre part, lui refuse le droit au séjour, alors même que l'étranger n'a pas saisi l'administration d'une telle demande[2].

1. CE 22 juill. 2016, Debouza, req. n° 398374, *Lebon T.* ; *AJDA* 2016. 1545 (pt 4).
2. CE 22 juill. 2016, Debouza, req. n° 398374, préc. (pt 5).

SECTION 3

Présentation de la requête

§ 1

Règles communes

521.171 Ministère d'avocat. La requête peut être présentée sans ministère d'avocat.

521.172 Requête en français. La requête doit, à peine d'irrecevabilité, être rédigée en français[1].

§ 2

Étranger laissé libre

521.181 Saisine de la juridiction. Lorsque l'étranger n'est pas placé sous la contrainte, la saisine de la juridiction obéit aux règles habituelles de présentation des recours (CJA, art. R. 411-1 à R. 411-7). La saisine par voie postale est peu utilisée, spécialement lorsqu'est en cause une OQTF sans délai de départ volontaire (laquelle doit être contestée dans les 48 heures) dès lors que le tribunal retient comme date de saisine celle de la réception du pli et non pas celle de son envoi[2]. Deux modes de saisine rapide sont admis :

- l'envoi par fax[3] ou par e-mail[4] (avec la décision attaquée et les pièces jointes), à condition de régulariser dans les jours qui suivent par l'envoi en lettre simple, en 4 exemplaires, du recours et des pièces jointes, ainsi que de la preuve (rapport de télécopie ou copie du mail attestant de l'heure d'envoi et de son contenu) ;
- le dépôt direct au tribunal administratif (greffe du tribunal pendant les heures d'ouverture, boîte aux lettres du tribunal équipée d'un horodateur en dehors des heures d'ouverture) du recours et des pièces jointes en 4 exemplaires.

Si la notification de l'OQTF mentionne un numéro erroné de télécopie du tribunal administratif, le délai ne peut commencer à courir[5]. Lorsque l'intéressé n'a pu introduire son recours dans les délais en raison d'une panne du télécopieur du tribunal, sa requête enregistrée ultérieurement ne peut être rejetée comme tardive[6].

§ 3

Étranger placé sous la contrainte

521.191 Application de règles spécifiques. Lorsque l'étranger est placé en rétention ou assigné à résidence, la saisine de la juridiction obéit à des règles simplifiées :

- la requête est présentée en un seul exemplaire (CJA, art. R. 776-18, al. 1er) ;
- les décisions attaquées sont produites par l'administration (CJA, art. R. 776-18, al. 3) ;

1. CE 27 janv. 1992, Ersahin, req. n° 127443, *Lebon T.* 982.
2. CE 5 juill. 1995, Teca, req. n° 155010, *Lebon T.* : concernant un APRF.
3. CE 13 mars 1996, Diraison, req. n° 112949, *Lebon* 78 ; *AJDA* 1996. 471 ; *AJDA* 1996. 930, note T.-X. G.
4. CE 28 déc. 2001, élections municipales Entre-Deux-Monts, req. n° 235784, *Lebon T.* 974 ; *D.* 2002. 2008, note F. Mallol.
5. Par analogie avec la solution retenue en matière d'APRF (v. CE 27 févr. 1998, Adjibadji, req. n° 183682, NP).
6. CE 20 juin 2006, Krib, req. n° 274751, *Lebon T.* ; *AJDA* 2006. 1919 : concernant un APRF.

– la requête peut être déposée directement (dans le délai de recours) auprès de l'autorité administrative responsable de la rétention administrative, laquelle doit en porter mention sur un registre spécial ouvert à cet effet. Un récépissé indiquant la date et l'heure du dépôt est délivré au requérant. L'autorité qui a reçu la requête la transmet sans délai et par tous moyens au président du tribunal administratif (CJA, art. R. 776-19). Le recours est recevable s'il a été remis à l'administration dans les délais, même s'il n'a été transmis au greffe du tribunal administratif qu'à l'expiration du délai de recours[1]. L'administration a l'obligation de mentionner l'existence de ce mode d'introduction de la requête dans la notification faite à l'étranger[2].

521.192 Interprète et avocat. La demande d'interprète peut être formulée dès le dépôt de la requête introductive d'instance. Lors de l'enregistrement de la requête, le greffe informe au besoin l'intéressé de la possibilité de présenter une telle demande (CJA, art. R. 776-23). Il l'informe également de la possibilité de demander qu'un avocat soit désigné d'office (CJA, art. R. 776-22). Le tribunal entache son jugement d'irrégularité s'il ne donne pas suite à la demande du requérant de bénéficier d'un avocat[3].

SECTION 4

Effet suspensif de l'introduction du recours

521.201 Suspension de l'exécution de la mesure d'éloignement. L'éloignement effectif de l'étranger faisant l'objet d'une OQTF ne peut intervenir avant l'expiration du délai ouvert pour contester, devant le tribunal administratif, cette décision et la décision fixant le pays de renvoi qui l'accompagne, ni avant que ce même tribunal n'ait statué sur ces décisions s'il a été saisi (Ceseda, art. L. 722-7, al. 1er).

Lorsque la décision fixant le pays de renvoi est notifiée postérieurement à l'OQTF, l'éloignement effectif ne peut non plus intervenir avant l'expiration du délai ouvert pour contester cette décision, ni avant que le tribunal administratif n'ait statué sur ce recours s'il a été saisi (Ceseda, art. L. 722-7, al. 2).

Cet effet suspensif s'applique sans préjudice des possibilités d'assignation à résidence et de placement en rétention prévues au présent livre (Ceseda, art. L. 722-7, al. 3).

521.202 Interdiction de retour. Lorsque l'étranger ne peut être éloigné en exécution d'une OQTF, l'autorité administrative ne peut pas procéder à l'exécution d'office de l'interdiction de retour assortissant cette OQTF (Ceseda, art. L. 722-8).

SECTION 5

Demande de suspension au titre de l'asile

521.211 Deux régimes. Le Ceseda distingue deux régimes de suspension selon que l'OQTF ait ou non acquis un caractère définitif.

1. CE 10 juin 2020, Akue, req. n° 431179, *Lebon T.* ; *AJDA* 2020. 2171, concl. M. Le Corre – V. déjà, concernant un APRF, CE 27 janv. 1992, préfet d'Ille-et-Vilaine c/Ymasenda, req. n° 125409, *Lebon T.*
2. CE 10 juin 2020, Akue, req. n° 431179, *Lebon T.* ; *AJDA* 2020. 2171, concl. M. Le Corre.
3. CE 15 oct. 2001, Parker, req. n° 213049, *Lebon* : concernant un APRF.

§ 1

OQTF non définitive

521.221 **Juridiction compétente.** Lorsque le juge n'a pas encore statué sur le recours en annulation formé contre l'OQTF, l'étranger peut demander au juge déjà saisi de suspendre l'exécution de cette décision (Ceseda, art. L. 752-6). La compétence juridictionnelle pour statuer sur la demande de suspension revient donc au juge saisi de la demande d'annulation.

521.222 **Délai de recours.** Le délai de recours pour former la demande de suspension est le même que celui prévu pour le recours en annulation. Il commence à courir à compter de la notification de la décision (CJA, art. R. 776-2, I, al. 2 et II).

§ 2

OQTF définitive

521.231 **Champ d'application.** Le régime de suspension des OQTF définitives concerne les cas de figure présentant une double caractéristique (Ceseda, art. L. 752-7 ; CJA, art. R. 777-4-1, al. 2) :

- d'une part, l'OQTF, notifiée antérieurement à la décision de l'Ofpra, est devenue définitive ;
- d'autre part, l'étranger fait l'objet, postérieurement à la décision de l'office, d'une assignation à résidence, ou d'un placement en rétention administrative en vue de l'exécution de l'OQTF.

521.232 **Délai de recours.** L'étranger peut, dans un délai de quarante-huit heures suivant la notification de la décision d'assignation à résidence ou de placement en rétention, demander au président du tribunal administratif de suspendre l'exécution de l'OQTF (Ceseda, art. L. 752-7 ; CJA, art. R. 777-4-1, al. 2). Ce délai n'est susceptible d'aucune prorogation (CJA, art. R. 777-4-1, al. 2).

521.233 **Effet suspensif.** L'éloignement effectif de l'étranger ne peut intervenir pendant le délai de recours ou, en cas de saisine du président du tribunal administratif, avant que ce dernier ou le magistrat désigné ait statué (Ceseda, art. L. 752-8).

522. Conditions d'octroi

SECTION 0

Orienteur

522.00 Plan du chapitre.

522.09 **Illégalité ou éléments sérieux.** Saisi d'une demande d'annulation, le juge administratif annule l'OQTF ou les mesures qui lui sont liées en cas d'illégalité des décisions attaquées. Saisi d'une demande de suspension, il fait droit à celle-ci en cas d'éléments sérieux justifiant le maintien de l'étranger sur le territoire durant l'examen de sa demande d'asile.

SECTION 1

Conditions d'octroi en cas de demande d'annulation

522.11 **Illégalité de la mesure.** Le juge administratif saisi d'une demande d'annulation dirigée contre une OQTF ou une mesure accessoire, statue comme juge de l'excès de pouvoir. Il fait droit à la demande d'annulation si la mesure attaquée est entachée d'un vice d'illégalité externe ou interne.

522.12 **Moyens invocables contre l'OQTF.** À l'appui de sa demande dirigée contre l'OQTF, le requérant peut notamment invoquer :

- l'incompétence de l'auteur de l'acte, en particulier en cas de délégation de signature irrégulière[1] ;

- un vice de forme ou de procédure : absence d'indication des noms et qualités de l'auteur de l'acte (L. n° 2000-321, 12 avr. 2000, art. 4, al. 2) ; absence ou insuffisance de motivation de la décision portant OQTF[2] (étant précisé que lorsque l'OQTF est la conséquence d'un refus de séjour, la motivation qui la soutient doit être distincte de la motivation relative au refus de séjour[3], cette exigence de motivation distincte n'étant à l'évidence pas imposée dans le cas contraire[4]) ou de la décision imposant à l'étranger une obligation de présentation (la motivation dont elle fait l'objet pouvant, outre la référence à l'article L. 513-4, se confondre avec celle de l'OQTF assortie d'un délai de départ volontaire[5]) ;

- le détournement de pouvoir[6] ;

- la violation de la loi : erreur de droit ; erreur de fait ; violation directe de la règle de droit (absence de décision sur le séjour pour une OQTF prise en conséquence d'un refus de séjour[7] ; OQTF ordonnée au titre de l'entrée irrégulière sur le territoire

1. V. par ex. CE 16 nov. 1998, Fouka, req. n° 154793, *Lebon T.* : délégation de signature inopposable aux tiers faute de publication régulière - CAA Douai, 10 avr. 2012, Oghan, req. n° 11DA01493, NP : délégation au directeur de cabinet visant les arrêtés de reconduite à la frontière et non les OQTF - CAA Lyon, 13 nov. 2012, Pogosian, req. n° 12LY00188, NP : délégation visant les OQTF mais non les décisions relatives au délai de départ volontaire.
2. En tant, par exemple, qu'elle n'indique pas lequel des cinq cas envisagés par l'article L. 511-1, I du Ceseda constitue son fondement : TA Cergy-Pontoise, 5 juill. 2012, Tas, req. n° 1200756, NP - pour un autre ex., v. CAA Nantes, 11 oct. 2012, Souessoue, req. n° 12NT00393.
3. CE, avis, 19 oct. 2007, Hammou, req. n° 306821, *Lebon* ; *AJDA* 2007. 2009 : sous l'ancien état du droit - TA Toulouse, 14 oct. 2011, Gorayah, req. n° 1104577, NP : sous l'état du droit issu de la loi du 16 juin 2011.
4. CAA Douai, 23 févr. 2012, Ademi, req. n° 11DA01699, NP : précisant « que la motivation de l'obligation de quitter le territoire français se confond avec celle du refus de titre de séjour dont elle découle nécessairement ».
5. CE, avis, 23 juill. 2012, Zhang, req. n° 359496, *Lebon T.*
6. V., en matière de reconduite à la frontière, des mesures d'éloignement dont l'objet déterminant était de prévenir un mariage blanc : CE 29 juill. 2002, préfet du Languedoc-Roussillon, req. n° 237832, *Lebon T.* ; *AJDA* 2002. 1294 - CE 8 juill. 2005, Safraoui, req. n° 272445, NP - CAA Nantes, 1er mars 2012, El Moumni, req. n° 11NT01072, NP.
7. CAA Douai, 3 juin 2008, Ouahabi, req. n° 07DA01677, NP.

français alors que l'étranger est entré régulièrement sur le territoire ; OQTF visant un individu protégé contre l'éloignement[1] ; circonstance que la loi prescrit l'attribution de plein droit d'un titre de séjour à l'étranger[2] ; état de santé nécessitant une prise en charge médicale dont le défaut dans le pays d'origine pourrait entraîner des conséquences d'une exceptionnelle gravité[3] ; éloignement portant une atteinte excessive à la vie privée et familiale de l'intéressé[4] ; violation de l'article 3.1 de la convention sur les droits de l'enfant imposant d'appréhender l'intérêt de l'enfant comme une considération supérieure[5]) ; erreur manifeste d'appréciation dans la décision de recourir à l'obligation de présentation ou dans le choix des modalités de celle-ci[6].

Le requérant peut également soulever, par la voie de l'exception, l'illégalité du refus de séjour lorsque l'OQTF est prise en conséquence d'une décision relative au séjour[7].

À l'inverse, sont inopérants, et ne peuvent donc être utilement invoqués au soutien de la demande, les moyens suivants :

- absence d'atteinte à l'ordre public[8] ;
- instruction en cours d'une demande de regroupement familial[9] ;
- fait d'avoir déposé une plainte avec constitution de partie civile[10] ;
- fait d'avoir introduit un recours contre la décision de la CNDA[11] ;
- violation de l'article 5 de la Convention européenne des droits de l'homme, relatif à la privation de liberté[12] ;
- violation de l'article 12 de la Convention européenne des droits de l'homme, relatif au droit au mariage[13] ;
- violation de l'article 4 du protocole additionnel n° 4 à la Convention européenne des droits de l'homme, relatif à l'interdiction des expulsions collectives[14].

1. Mineur de moins de 18 ans, personne résidant habituellement en France depuis l'âge de 13 ans, résidence régulière en France depuis plus de 10 ans, conjoint de Français depuis plus de 3 ans...
2. CE 26 nov. 2012, Ahmed, req. n° 349827, *Lebon T.* : précisant que ce moyen ne présente pas un caractère d'ordre public.
3. CE, sect., 7 avr. 2010, min. d'État, min. de l'Intérieur et de l'Aménagement du territoire, req. n° 301640, *Lebon* ; *AJDA* 2010. 703 ; *ibid.* 881, Chron. S.-J. Liéber et D. Botteghi ; *D.* 2010. 2868, obs. O. Boskovic, S. Corneloup, F. Jault-Seseke, N. Joubert et K. Parrot ; *Constitutions* 2010. 437, obs. V. Tchen – pour une application après la loi du 16 juin 2011, v. CAA Nantes, 1er oct. 2012, Dos Santos, req. n° 11NT03164, NP.
4. CE, ass., 19 avr. 1991, Belgacem, req. n° 107470, *Lebon* 152, concl. R. Abraham ; *AJDA* 1991. 551, note F. Julien-Laferrière ; *AJDA* 1992. 15, Chron. J.-F. Flauss ; *D.* 1991. 399, note X. Prétot ; *RFDA* 1991. 497, concl. R. Abraham ; *RFDA* 1992. 510, Chron. V. Berger, C. Giakoumopoulos, H. Labayle et F. Sudre ; *Rev. crit. DIP* 1991. 677, note D. Turpin.
5. CE 24 avr. 2019, Kalala Kalume, req. n° 413874, NP.
6. CE, avis, 23 juill. 2012, Zhang, req. n° 359496, *Lebon T.* ; *AJDA* 2012. 1483.
7. V. p. ex. (en matière d'APRF) : CE 30 sept. 1998, Diallo, req. n° 152191, *Lebon T.* 1111 – CE 15 sept. 2004, Zeryhoui, req. n° 259430, *Lebon T.*
8. CE 25 juin 1993, Kamougui, req. n° 138613, NP.
9. CE 25 juin 1993, Telkoukh, req. n° 137949, NP.
10. CE 8 oct. 1999, Bello, req. n° 204282, NP.
11. CE, psc, 27 oct. 2003, Dilli, req. n° 254127, *Lebon T.*
12. CE 21 nov. 1994, Poposecu, req. n° 147193, *Lebon T.* ; *D.* 1995. 176, obs. F. Julien-Laferrière.
13. CE 28 juin 2006, Ferchici, req. n° 263737, NP.
14. CE 29 déc. 1993, Tuoway, req. n° 136065, NP.

522.13 Refus d'admission au séjour à raison du caractère frauduleux ou abusif du recours aux procédures d'asile. Conformément aux dispositions de l'article L. 742-6 du Ceseda, une mesure d'éloignement ne peut être mise à exécution, après la décision de l'Ofpra rejetant une demande d'asile, qu'à l'encontre d'un étranger entrant dans le champ d'application du 2° au 4° de l'article L. 741-4 du même code. Il « incombe de ce fait au juge saisi de la contestation de la légalité d'une obligation de quitter le territoire français après la décision de l'Ofpra fondée sur le 4° de cet article, de s'assurer que l'étranger entre bien dans le cas visé par ces dispositions ». La seule circonstance « qu'une décision administrative ait refusé l'admission au séjour à raison du caractère frauduleux ou abusif du recours aux procédures d'asile mentionné au 4° de cet article et qu'elle n'ait pas été contestée ou qu'elle n'ait pas été annulée par le juge administratif ne fait pas obstacle à ce que le juge détermine lui-même, sans se prononcer sur la légalité de cette décision, si la demande d'asile relevait bien des cas mentionnés à l'article L. 741-4 du Code de l'entrée et du séjour des étrangers et du droit d'asile ». Dans l'hypothèse où il estime que tel n'était pas le cas, et alors même que l'intéressé n'avait pas été effectivement admis à séjourner en France, « cet étranger ne peut faire l'objet d'une obligation de quitter le territoire français jusqu'à ce que la Cour nationale du droit d'asile ait statué sur son recours »[1].

522.14 Moyens invocables contre le refus d'accorder un délai de départ volontaire. À l'appui de sa demande dirigée contre la décision relative au délai de départ volontaire, le requérant peut notamment invoquer :

- le défaut ou l'insuffisance de motivation, celle-ci devant être distincte de la motivation relative à l'OQTF[2] ;
- l'absence de risque de fuite[3].

522.15 Moyens invocables contre la décision déterminant le pays de renvoi. La décision fixant le pays de renvoi pourra notamment être contestée au regard des dispositions de l'article 3 de la Convention européenne des droits de l'homme qui, telles qu'interprétées par la jurisprudence, s'opposent au renvoi d'un individu vers un pays où il risque d'être exposé à la torture ou à des traitements inhumains ou dégradants[4]. Pourra également être contesté le renvoi d'un couple vers deux pays distincts[5].

SECTION 2

Conditions d'octroi en cas de demande de suspension

522.21 Énoncé de la condition. Le juge administratif fait droit à la demande de suspension lorsque l'étranger « présente des éléments sérieux de nature à justifier, au

1. CE 25 juin 2014, min. de l'Intérieur c/Amriev, req. n° 349241, *Lebon T.* ; *AJDA* 2014. 2166 : en l'espèce, refus d'admission au séjour justifié par le caractère abusif de la demande d'asile ; OQTF prise en conséquence de ce refus ; annulation de l'OQTF faute de caractère abusif de la demande d'asile.
2. V. par ex. TA Rennes, 5 sept. 2011, Vodinitkov, req. n° 113354, NP.
3. V. par ex. CAA Nantes, 31 mai 2012, M'Baye, req. n° 11NT03061, NP.
4. V. par ex. CE 1er juill. 2011, Bejko, req. n° 334040, NP : annulation de la décision fixant l'Albanie comme pays de renvoi.
5. CE 23 juill. 2012, min. de l'Intérieur, de l'Outre-mer, des Collectivités territoriales et de l'Immigration c/Adibekova et Galistian, req. n° 349581, *Lebon T.* ; *AJDA* 2012. 1481.

titre de sa demande d'asile, son maintien sur le territoire durant l'examen de son recours par la Cour nationale du droit d'asile » (Ceseda, art. L. 752-11).

522.22 **Contrôle sur la décision de l'Ofpra.** La condition posée amène le juge à exercer un contrôle sur la décision de l'Ofpra refusant de reconnaître la qualité de réfugié.

Il est fait droit à la demande de suspension de la mesure d'éloignement si le juge a un doute sérieux sur le bien-fondé de la décision de rejet ou d'irrecevabilité opposée par l'Ofpra à la demande de protection, au regard des risques de persécutions allégués ou des autres motifs retenus par l'Office[1].

Compte tenu du contrôle de plein contentieux exercé, les moyens tirés des vices propres entachant la décision de l'Office ne peuvent utilement être invoqués à l'appui des conclusions à fin de suspension de la mesure d'éloignement, à l'exception de ceux ayant trait à l'absence, par l'Office, d'examen individuel de la demande ou d'entretien personnel en dehors des cas prévus par la loi ou de défaut d'interprétariat imputable à l'Office[2].

L'article L. 752-10 du Ceseda renvoie à un décret d'application le soin de déterminer les modalités de prise en compte de la vulnérabilité du demandeur d'asile et, le cas échéant, de ses besoins particuliers.

522.23 **Invocation d'éléments postérieurs à la décision de l'Ofpra.** À l'appui de sa demande de suspension, le requérant peut se prévaloir d'éléments apparus et de faits intervenus postérieurement à la décision de rejet ou d'irrecevabilité de sa demande de protection ou à l'OQTF, ou connus de lui postérieurement[3].

523. Jugement

SECTION 0

Orienteur

523.00 Plan du chapitre.

Sect. 1 Rejet de la demande sans instruction
Sect. 2 Jugement de la demande après instruction contradictoire

SECTION 1

Rejet de la demande sans instruction

523.11 **Requête n'ayant aucune chance de succès.** Les requêtes dépourvues de toute chance de succès peuvent être rejetées en application des dispositions de droit commun de l'article R. 222-1 du CJA.

Peut ainsi être rejetée par voie d'ordonnance présidentielle une requête manifestement irrecevable, lorsque la juridiction n'est pas tenue d'inviter son auteur à la

1. CE, avis, 16 oct. 2019, Amaev, req. n° 432147, *Lebon T.*
2. CE, avis, 16 oct. 2019, Amaev, req. n° 432147, *Lebon T.*
3. CE, avis, 16 oct. 2019, Amaev, req. n° 432147, *Lebon T.*

régulariser ou qu'elle n'a pas été régularisée à l'expiration du délai imparti par une demande de régularisation (CJA, art. R. 222-1, 4°). Tel est notamment le cas d'une irrecevabilité tenant au délai pour agir[1].

Peut encore être rejetée selon la même procédure, au titre du 7° de l'article R. 222-1, la requête ne comportant que des moyens de légalité externe manifestement infondés, des moyens irrecevables, des moyens inopérants ou des moyens qui ne sont assortis que de faits manifestement insusceptibles de venir à leur soutien ou qui ne sont manifestement pas assortis des précisions permettant d'en apprécier le bien-fondé[2]. En cette hypothèse, le rejet ne peut intervenir qu'après l'expiration du délai de recours prorogé, le cas échéant, par une demande d'aide juridictionnelle ou, lorsqu'un mémoire complémentaire a été annoncé, après la production de ce mémoire.

SECTION 2

Jugement de la demande après instruction contradictoire

523.21 **Convocation à l'audience.** Par dérogation aux dispositions de droit commun de l'article R. 431-1 du CJA, le requérant doit être convoqué personnellement à l'audience, même s'il est assisté d'un avocat[3].

§ 1

Procédure applicable à l'étranger se présentant libre

523.31 **Procédures.** La procédure applicable à l'étranger comparaissant libre dépend du fondement de l'OQTF. Certaines règles communes s'appliquent en outre quel que soit le fondement de cette décision.

A

Règles applicables quel que soit le fondement de l'OQTF

523.41 **Instruction.** Dès le dépôt de la requête, le président du tribunal administratif transmet au préfet compétent pour représenter l'État en défense copie du recours et des pièces qui y sont jointes (CJA, art. R. 776-8).

Les mesures prises pour l'instruction des affaires et l'avis d'audience sont notifiés aux parties « par tous moyens » (CJA, art. R. 776-7). Lorsque le requérant établit n'avoir reçu la convocation à l'audience qu'après le début de celle-ci, la procédure est irrégulière et le jugement rendu doit être annulé[4]. Il a été jugé, dans le domaine des APRF, qu'une convocation la veille de l'audience est régulière si l'intéressé en a effectivement eu réception (ce qui est le cas d'une convocation par voie téléphonique[5] ou, à une autre époque, de l'envoi d'un télégramme[6], mais non d'une convocation par voie administrative si l'étranger est absent de son domicile et que ni l'avis

1. V. par ex. TA Marseille, ord., 29 févr. 2012, Efe, req. n° 1200920, NP.
2. V. par ex. TA Paris, ord., 4 avr. 2012, Kindie Ranie, req. n° 1119265, NP.
3. CE 18 oct. 2010, Dossou, req. n° 326020, *Lebon*.
4. CE 10 juill. 2002, Mabiala, req. n° 233509, NP.
5. CE 31 mars 1999, Ba, req. n° 198356, *Lebon T.*
6. CE, ord., 14 févr. 1992, Vaz, req. n° 127596, *Lebon T.* 982.

d'audience ni aucun message l'invitant à venir en prendre connaissance n'a été déposé par la gendarmerie à son domicile[1]). En revanche, une convocation le matin pour une séance devant se tenir à 10 h 00 a été jugée irrégulière[2].

523.42 Jugement de l'ensemble des conclusions. Le tribunal administratif se prononce sur la légalité de l'ensemble des décisions attaquées, y compris la décision relative au séjour.

523.43 Impartialité. L'exigence d'impartialité s'oppose à ce qu'un même magistrat statue successivement comme juge unique sur la légalité d'une OQTF (en cas de placement de l'étranger en rétention) puis comme membre de la formation de jugement examinant la légalité du refus de titre de séjour lorsque le magistrat a pris position sur ce point dans la première décision[3].

523.44 Respect du contradictoire. Les exigences du contradictoire s'imposent dans les conditions mentionnées s[s] n°s 523.81 s.

B

Règles propres aux OQTF prises sur le fondement des 3°, 5° et 6° de l'article L. 611-1 ou de l'article L. 251-1 (régime de droit commun)

523.51 Champ d'application. Les règles présentées ci-dessous s'appliquent aux OQTF prises (CJA, art. R. 776-10) :

- soit sur le fondement des 3°, 5° et 6° de l'article L. 611-1 du Ceseda[4] ;
- soit sur le fondement de l'article L. 251-1 du même code (citoyens de l'Union européenne et membres de leur famille).

523.52 Délai pour produire. Les délais donnés aux parties pour fournir leurs observations « doivent être observés », faute de quoi il peut être passé outre « sans mise en demeure » (CJA, art. R. 776-13, al. 2).

523.53 Représentation de l'État. L'État est représenté en défense par le préfet qui a pris la ou les décisions attaquées (CJA art. R. 776-13, al. 1er). Ainsi, si l'étranger change de résidence, la compétence revient au tribunal administratif dans le ressort duquel il se trouve désormais, mais la défense continue d'être assurée par le préfet ayant édicté la mesure contestée.

523.54 Audience publique. Le tribunal administratif statue sur les décisions attaquées en formation collégiale de trois magistrats. Le rapporteur public prononce des conclusions lors de l'audience.

Sur proposition du rapporteur public, le président de la formation de jugement peut le dispenser de prononcer des conclusions (CJA, art. R. 776-13, al. 3).

523.55 Instruction. Le président de la formation de jugement ou le rapporteur qui a reçu délégation à cet effet peut, dès l'enregistrement de la requête, faire usage du pouvoir prévu au premier alinéa de l'article R. 613-1 « de fixer la date à laquelle

1. CE 23 mai 2001, Khibech, req. n° 205450, *Lebon T.*
2. CE 3 mai 2002, N'Sona, req. n° 237786, NP.
3. CAA Douai, 28 oct. 2010, préfet de police c/Alvarez, req. n° 10DA00438, NP ; *AJDA* 2011. 127.
4. Sur ce fondement, v. s[s] n° 521.61.

l'instruction sera close » (CJA, art. R. 776-11). Il peut, par la même ordonnance, « fixer la date et l'heure de l'audience au cours de laquelle l'affaire sera appelée » (CJA, art. R. 776-11). Dans ce cas, l'ordonnance « tient lieu de l'avertissement prévu à l'article R. 711-2 » (CJA, art. R. 776-11).

Lorsqu'une requête sommaire mentionne l'intention du requérant de présenter un mémoire complémentaire, « la production annoncée doit parvenir au greffe du tribunal administratif dans un délai de quinze jours à compter de la date à laquelle la requête a été enregistrée » (CJA, art. R. 776-12, al. 1er). Si ce délai n'est pas respecté, le requérant « est réputé s'être désisté à la date d'expiration de ce délai, même si le mémoire complémentaire a été ultérieurement produit » (CJA, art. R. 776-12, al. 2). Il est donné acte de ce désistement.

523.56 **Délai de jugement.** Le tribunal administratif statue dans le délai de trois mois à compter de l'enregistrement de la requête (CJA, art. R. 776-13, al. 4). Ce délai n'est pas prescrit à peine de nullité[1].

C

Règles propres aux OQTF prises sur le fondement des 1°, 2° et 4° de l'article L. 611-1 du Ceseda (régime dérogatoire)

523.61 **Champ d'application.** Les règles présentées ci-dessous s'appliquent aux recours formés contre les OQTF prises sur le fondement des 1°, 2° ou 4° de l'article L. 611-1 du Ceseda[2] et les décisions mentionnées à l'article R. 776-1 du CJA notifiées simultanément, lorsque l'étranger n'est pas placé en rétention, ni assigné à résidence.

523.62 **Jugement à juge unique et délai de jugement.** Les requêtes sont jugées par le président du tribunal administratif ou le magistrat désigné (Ceseda, art. L. 614-5, al. 2 ; CJA, art. R. 776-13-3).

Il statue dans un délai de six semaines à compter de sa saisine (Ceseda, art. L. 614-5, al. 2 ; CJA, art. R. 776-13-3). Ce délai ne présente pas un caractère impératif[3].

523.63 **Droit à un avocat et à un interprète.** L'étranger peut demander au président du tribunal administratif ou au magistrat désigné à cette fin le concours d'un interprète et la communication du dossier contenant les pièces sur la base desquelles la décision contestée a été prise (Ceseda, art. L. 614-5, al. 4).

523.64 **Audience.** L'audience est publique. Elle se déroule sans conclusions du rapporteur public, en présence de l'intéressé, sauf si celui-ci, dûment convoqué, ne se présente pas. L'étranger est assisté de son conseil s'il en a un. Il peut demander au président du tribunal administratif ou au magistrat désigné à cette fin qu'il lui en soit désigné un d'office (Ceseda, art. L. 614-5, al. 5).

523.65 **Décision relative au séjour.** Lorsque l'étranger conteste une OQTF fondée sur le 4° de l'article L. 611-1 et une décision relative au séjour intervenue concomitam-

1. CAA Versailles, 22 mars 2011, Besken, req. n° 10VE02248, NP.
2. Sur ces cas de figure, v. ss n° 521.101.
3. CAA Lyon, 29 mars 2018, Smakaj, req. n° 18LY00352, NP (arrêt devenu définitif en l'absence d'admission du pourvoi formé à son encontre : CE 13 févr. 2019, req. n° 423174, NP).

ment, le président du tribunal administratif ou le magistrat désigné à cette fin statue par une seule décision « sur les deux contestations » (Ceseda, art. L. 614-5, al. 6). Cela signifie que le contrôle de légalité de la décision relative au séjour relève de la compétence du juge saisi de l'OQTF.

523.66 Renvoi à la procédure applicable à l'étranger placé sous la contrainte. L'article R. 776-13-2 rend applicable les règles définies aux articles :

R. 776-13, al. 1er (représentation par le préfet auteur de l'acte) ;
R. 776-15 (pouvoirs du juge) ;
R. 776-18 (Télérecours) ;
R. 776-20-1 (notifications) ;
R. 776-22 à R. 776-26 (interprète et procédure) ;
R. 776-27, al. 2 et 4 (contenu du jugement) ;
R. 776-28 (dispense de conclusions du rapporteur public en appel).

§ 2

Procédure applicable à l'étranger placé en rétention ou assigné à résidence

523.71 Champ d'application. Les règles exposées ci-dessous s'appliquent aux recours dirigés contre l'OQTF et les autres décisions mentionnées à l'article R. 776-1, lorsque l'étranger est placé en rétention ou assigné à résidence (CJA, art. R. 776-14, al. 1er), y compris lorsque ces décisions interviennent en cours d'instance (Ceseda, art. L. 614-7).

523.72 Procédure cessant d'être applicable lorsque cesse la rétention ou l'assignation. Lorsque la rétention ou l'assignation cesse, pour quelque raison que ce soit, le jugement de l'ensemble des conclusions bascule vers le tribunal administratif statuant selon la procédure applicable à l'étranger non placé sous la contrainte (v. ss nos 523.41 s.)[1].

Quel tribunal est alors territorialement compétent ? En principe, dans un souci de bonne administration de la justice, le tribunal dont relève le juge des 96 heures qui se trouvait saisi de la demande. Toutefois, le président de ce tribunal peut choisir de transmettre le dossier au tribunal dans le ressort duquel se trouve le lieu de résidence de l'étranger, notamment lorsque celui-ci dispose d'un domicile stable[2].

523.73 Jugement à juge unique et pouvoirs du président. Les jugements sont rendus, sans conclusions du rapporteur public, par le président du tribunal administratif ou le magistrat qu'il désigne à cet effet (Ceseda, art. L. 614-9, al. 1er ; CJA, art. R. 776-15, al. 1er). Le magistrat désigné à cet effet peut être choisi parmi les membres de sa juridiction ou les magistrats honoraires inscrits sur la liste mentionnée à l'article L. 222-2-1 du CJA (Ceseda, art. L. 614-9, al. 1er).

Les attributions dévolues par les dispositions réglementaires du CJA à la formation de jugement ou à son président sont exercées par ce magistrat (CJA, art. R. 776-15, al. 2).

Il peut, par ordonnance (CJA, art. R. 776-15, al. 3 à 7) :

– donner acte des désistements (1°) ;

1. CE, avis, 29 déc. 2014, Safi, req. n° 382898, *Lebon* ; *AJDA* 2015. 6 (pt 2).
2. CE, avis, 29 déc. 2014, Safi, req. n° 382898, préc. (pt 3).

– transmettre sans délai le dossier à la juridiction qu'il estime compétente (2°) ;

– constater qu'il n'y a pas lieu de statuer sur un recours (3°) ;

– rejeter les recours entachés d'une irrecevabilité manifeste non susceptible d'être couverte en cours d'instance (4°).

523.74 Délais de jugement. Le juge unique « statue au plus tard 96 heures à compter de l'expiration du délai de recours » (Ceseda, art. L. 614-9, al. 1er ; CJA, art. R. 776-21, al. 1er). Le délai est décompté d'heure en heure.

Lorsque l'étranger est placé en rétention ou assigné à résidence « après » avoir introduit un recours contre la décision portant obligation de quitter le territoire, le juge statue dans le délai de 144 heures (Ceseda, art. L. 614-9, al. 2 ; CJA, art. R. 776-21, al. 2). Ce délai court à compter de la transmission par le préfet au tribunal de la décision de placement en rétention ou d'assignation à résidence (CJA, art. R. 776-21, al. 2).

Ces délais ne sont pas interrompus lorsque l'étranger est assigné à résidence par le juge des libertés et de la détention en application de l'article L. 743-13 du même code (CJA, art. R. 776-21, al. 3).

523.75 Télérecours. Lorsqu'elles sont faites par Télérecours, les communications et convocations sont réputées reçues dès leur mise à disposition dans l'application ou le téléservice (CJA, art. R. 776-20-1).

523.76 Jugement de toutes les conclusions hormis celles relatives au séjour. Lorsque l'étranger placé en rétention ou assigné à résidence « a formé des conclusions contre la décision relative au séjour notifiée avec une obligation de quitter le territoire », « il est statué sur cette décision dans les conditions prévues à la sous-section 1 ou à la sous-section 2 de la section 2, selon le fondement de l'obligation de quitter le territoire » (CJA, art. R. 776-17, al. 2), c'est-à-dire selon la procédure prévue pour l'étranger comparaissant libre. Cela signifie que le juge unique se prononce sur la légalité de l'ensemble des décisions attaquées à l'exception de la décision relative au séjour.

Lorsque le requérant est placé en rétention ou assigné à résidence en dehors du ressort du tribunal administratif qu'il a saisi, le dossier est transmis au tribunal administratif dans le ressort duquel se trouve le lieu de rétention ou d'assignation à résidence. Là encore, le tribunal initialement saisi demeure compétent pour connaître des conclusions dirigées contre la décision relative au séjour (CJA, art. R. 776-17, al. 3).

523.77 Représentation de l'État. L'État est représenté en défense par le préfet du département qui a pris la décision de placement en rétention administrative ou d'assignation à résidence (CJA, art. R. 776-20, al. 1er). Toutefois, des observations orales peuvent être présentées au nom de l'État par le préfet du département dans lequel est situé le centre de rétention administrative où se trouve l'étranger et, si le centre de rétention administrative est situé à Paris, par le préfet de police (CJA, art. R. 776-20, al. 2).

523.78 Droit à un interprète, à un avocat et à la communication du dossier. L'étranger peut, au plus tard avant le début de l'audience, demander qu'un avocat soit désigné d'office. Il en est informé par le greffe du tribunal au moment de l'introduction de sa requête (CJA, art. R. 776-22, al. 1er). Quand l'étranger a demandé qu'un avocat soit désigné d'office, le président du tribunal administratif ou le magistrat désigné en informe aussitôt le bâtonnier de l'ordre des avocats près le tribunal judiciaire dans le ressort duquel se tiendra l'audience. Le bâtonnier effectue la désignation sans délai (CJA, art. R. 776-22, al. 2).

Dans le cas où l'étranger, qui ne parle pas suffisamment la langue française, le demande, le président nomme un interprète qui doit prêter serment d'apporter son concours à la justice en son honneur et en sa conscience. Cette demande peut être formulée dès le dépôt de la requête introductive d'instance. Lors de l'enregistrement de la requête, le greffe informe au besoin l'intéressé de la possibilité de présenter une telle demande (Ceseda, art. L. 614-10 ; CJA, art. R. 776-23, al. 1er). Les frais d'interprète sont liquidés dans les conditions prévues à l'article R. 122 du code de procédure pénale (CJA, art. R. 776-23, al. 2). La procédure est entachée d'irrégularité si le jugement est rendu sans que le magistrat ait statué sur la demande explicite d'un étranger ne parlant pas le français d'être assisté par un interprète à l'audience[1]. Le juge peut apprécier le bien-fondé de cette demande et ne pas y faire droit si l'intéressé maîtrise suffisamment la langue française[2].

Afin de préparer son argumentation, l'étranger peut également demander au président du tribunal administratif ou au magistrat désigné à cette fin la communication du dossier contenant les pièces sur la base desquelles la décision contestée a été prise (Ceseda, art. L. 614-10).

523.79 Lieu de l'audience. L'audience se tiendra classiquement dans les locaux du tribunal administratif.

L'article L. 614-11 du Ceseda offre néanmoins au juge unique la possibilité de se transporter au siège de la juridiction judiciaire la plus proche du lieu où se trouve l'étranger si celui-ci est placé ou maintenu en rétention (Ceseda, art. L. 614-11, al. 1er).

Si une salle d'audience attribuée au ministère de la justice lui permettant de statuer publiquement a été spécialement aménagée à proximité immédiate de ce lieu de rétention, il peut statuer dans cette salle. Lorsque l'audience se tient dans cette salle, le juge peut également siéger au tribunal dont il est membre, les salles d'audience étant reliées en direct par un moyen de communication audiovisuelle garantissant la confidentialité de la transmission. La salle d'audience située à proximité du lieu de rétention et celle du tribunal administratif sont ouvertes au public (Ceseda, art. L. 614-11, al. 2).

L'audience est publique. Elle se déroule sans conclusions du rapporteur public, en présence de l'intéressé, sauf si celui-ci, dûment convoqué, ne se présente pas. L'étranger est assisté de son conseil s'il en a un. Il peut demander au président du tribunal administratif ou au magistrat désigné à cette fin qu'il lui en soit désigné un d'office (Ceseda, art. L. 614-11, al. 3).

523.80 Déroulement de l'audience. L'audience publique, intégrée à l'instruction, est réglementée par l'article R. 776-24 du CJA.

1. CE 27 oct. 2000, Yang, req. n° 215245, *Lebon T.*
2. CE 28 oct. 1991, Touré, req. n° 126491, *Lebon T.* 945 : ressortissant ghanéen séjournant en France depuis 4 ans.

L'audience débute par la présentation d'un rapport par le président du tribunal administratif ou par le magistrat désigné.

Les parties interviennent ensuite. Elles peuvent présenter en personne ou par un avocat des observations orales. Elles peuvent également produire des documents à l'appui de leurs conclusions. Si ces documents apportent des éléments nouveaux, le magistrat demande à l'autre partie de les examiner et de lui faire part à l'audience de ses observations.

Le magistrat informe les parties à l'audience des moyens d'ordre public susceptibles d'être retenus ainsi que des demandes de régularisation de conclusions entachées d'une irrecevabilité susceptible d'être couverte (CJA, art. R. 776-25).

523.81 Respect du contradictoire. Le principe du contradictoire interdit au juge de se fonder sur un élément produit par une partie et dont l'autre partie n'aurait pas eu connaissance. Ainsi, ce principe est méconnu lorsque le juge s'est fondé sur des pièces complémentaires transmises par le requérant avant l'audience sans que le préfet n'ait été mis à même d'en prendre connaissance et d'y répondre[1]. De même, le juge ne peut se fonder sur les informations contenues dans une fiche de police invoquée à la barre par le préfet sans que les informations qu'elle contient soient communiquées au demandeur[2]. Il méconnaît également le caractère contradictoire de la procédure en se référant à un arrêté de délégation de signature qui n'a pas été produit au dossier[3], ou en se fondant sur des pièces en langue portugaise produites par le requérant à l'audience, à l'appui d'allégations nouvelles, sans que le représentant du préfet soit en mesure d'en apprécier la portée[4].

523.82 Clôture de l'instruction. L'instruction est close à l'issue de l'audience. Si les parties sont absentes ou ne sont pas représentées, elle est close après appel de leur affaire à l'audience (CJA, art. R. 776-26).

Lorsque, postérieurement à la clôture de l'instruction, le juge est saisi d'un nouveau mémoire, il lui appartient de faire application des règles générales relatives à toutes les productions postérieures à la clôture de l'instruction. À ce titre, et conformément au principe selon lequel, devant les juridictions administratives, le juge dirige l'instruction, il lui appartient, dans tous les cas, de prendre connaissance de ce mémoire avant de rendre sa décision, ainsi que de le viser sans l'analyser. S'il a toujours la faculté, dans l'intérêt d'une bonne justice, d'en tenir compte – après l'avoir visé et, cette fois, analysé – il n'est tenu de le faire, à peine d'irrégularité de sa décision, que si ce mémoire contient soit l'exposé d'une circonstance de fait dont la partie qui l'invoque n'était pas en mesure de faire état avant la clôture de l'instruction écrite et que le juge ne pourrait ignorer sans fonder sa décision sur des faits matériellement inexacts, soit d'une circonstance de droit nouvelle ou que le juge devrait relever d'office[5].

1. CAA Versailles, 21 oct. 2010, préfet des Hauts-de-Seine, req. n° 09VE02527, NP : concernant un APRF.
2. CE 22 janv. 1997, Nafa, req. n° 163690, *Lebon* 27.
3. CE 26 sept. 2001, Ferjani, req. n° 206386, *Lebon T.* : concernant un APRF.
4. CE 24 sept 1999, préfet d'Indre-et-Loire, req. n° 201968, *Lebon T.* : concernant un APRF.
5. CE, sect., 27 févr. 2004, préfet des Pyrénées-Orientales c/Abounkhila, req. n° 252988, *Lebon* ; *AJDA* 2004. 651, Chron. F. Donnat et D. Casas ; *D.* 2004. 926.

§ 3

Procédure applicable à l'étranger détenu

523.91 Situation. La procédure applicable à l'étranger détenu concerne l'hypothèse dans laquelle un étranger visé par une OQTF se trouve incarcéré dans un établissement pénitentiaire.

523.92 Droit à un interprète et à un avocat. En cas de détention de l'étranger, celui-ci est informé dans une langue qu'il comprend, dès la notification de la décision portant obligation de quitter le territoire français, qu'il peut, avant même l'introduction de sa requête, demander au président du tribunal administratif l'assistance d'un interprète ainsi que d'un conseil (Ceseda, art. L. 614-14).

L'étranger, qui a déjà été informé par l'autorité administrative compétente dès la notification de l'OQTF, de son droit à un avocat, se voit rappeler cette information par le greffe du tribunal au moment de l'introduction de sa requête (CJA, art. R. 776-33).

S'agissant du droit à un interprète, la demande peut être formulée dès la notification de l'OQTF. Lors de l'enregistrement de la requête, le greffe rappelle au besoin à l'intéressé la possibilité de présenter une telle demande (CJA, art. R. 776-34).

523.93 Délai de recours et procédure. Les dispositions des articles L. 614-4 à L. 614-6 du Ceseda (relatives au délai de recours et définissant la procédure contentieuse en cas de contestation d'une OQTF avec délai de départ volontaire) sont applicables à l'étranger détenu (Ceseda, art. L. 614-15, al. 1er).

Toutefois, lorsqu'il apparaît, en cours d'instance, que l'étranger détenu est susceptible d'être libéré avant que le juge statue, l'autorité administrative en informe le président du tribunal administratif ou le magistrat désigné. Il est alors statué sur le recours dirigé contre la décision portant obligation de quitter le territoire français selon la procédure prévue aux articles L. 614-9 à L. 614-11 (procédure applicable aux étrangers placés sous la contrainte) et dans un délai de huit jours à compter de l'information du tribunal par l'autorité administrative (Ceseda, art. L. 614-15, al. 2 ; CJA, art. R. 776-29).

523.94 Adaptations tenant compte de l'incarcération de l'étranger. Compte tenu de l'incarcération de l'étranger, les dispositions relatives aux centres de rétention font l'objet d'adaptations pour les centres pénitentiaires et sont conçues comme s'appliquant à ces derniers. Tel est ainsi le cas pour déterminer :
- la juridiction compétente (CJA, art. R. 776-30) ;
- la saisine par voie administrative (CJA, art. R. 776-31) ;
- la représentation de l'État devant le tribunal (CJA, art. R. 776-32).

§ 4

Procédure applicable à la demande de suspension

523.101 OQTF non définitive. Lorsque l'OQTF n'a pas acquis un caractère définitif (le délai de recours ouvert à son encontre n'ayant pas expiré), le régime procédural de la demande de suspension suit celui défini pour la demande d'annulation (CJA, art. R. 776-13-1, pour les OQTF prises sur le fondement des 1°, 2° ou 4° de l'article

L. 611-1 du Ceseda ; CJA, art. R. 776-14, lorsque l'étranger est placé en rétention ou assigné à résidence).

523.102 OQTF définitive. Lorsque l'OQTF est devenue définitive, la requête est jugée par le président du tribunal administratif ou le magistrat qu'il désigne à cette fin parmi les membres de sa juridiction ou les magistrats honoraires. Le juge statue dans les conditions prévues aux articles L. 614-7 à L. 614-13 (Ceseda, art. L. 752-9 ; CJA, art. R. 777-4-2), c'est-à-dire selon la procédure d'urgence.

524. Décision du tribunal administratif

SECTION 0

Orienteur

524.00 Plan du chapitre.

Sect. 1 Forme et contenu du jugement
Sect. 2 Effets de l'annulation
Sect. 3 Effets de la suspension

SECTION 1

Forme et contenu du jugement

524.11 Forme de la décision. Qu'elle soit rendue par la formation collégiale ou par le juge unique, la décision de la juridiction est qualifiée de « jugement » par les dispositions du Code de justice administrative (v. par ex. CJA, art. R. 776-7, R. 776-9, R. 776-15, R. 776-27).

524.12 Substitution de base légale. Le juge peut procéder à une substitution de base légale. Deux conditions de fond sont requises : d'une part que l'administration dispose du même pouvoir d'appréciation sur le fondement des deux textes en cause, d'autre part que les mêmes formes et procédures soient respectées. Le juge doit en outre inviter les parties à formuler leurs observations sur la substitution de base légale avant d'y procéder[1].

524.13 Prononcé et communication de la décision. Le jugement est notifié aux parties « par tous moyens » (CJA, art. R. 776-7).

Dans l'hypothèse spécifique où l'étranger est retenu, la communication de la décision est régie par l'article R. 776-27 du CJA. En cette hypothèse, le jugement est

1. CE 6 nov. 2019, Cubas Martinez, req. n° 431585, *Lebon T.* – Pour une application, v. TA Lille, ord., 22 juill. 2011, Riahi, req. n° 1104137, NP : « ainsi qu'il en a été discuté à l'audience, la décision attaquée trouve son fondement légal dans les dispositions précitées du 2° du I de l'article L. 511-1 du Code de l'entrée et du séjour des étrangers et du droit d'asile qui peuvent être substituées à celles du 1° dès lors, d'une part, que s'étant maintenu au-delà de la durée de validité de son visa et n'étant pas titulaire d'un titre de séjour régulièrement délivré, l'intéressé se trouvait dans la situation où, en application de ce 2°, le préfet pouvait décider qu'il serait obligé de quitter le territoire français, d'autre part, que cette substitution de base légale n'a pour effet de priver l'intéressé d'aucune garantie et, enfin, que l'administration dispose du même pouvoir d'appréciation pour appliquer l'une ou l'autre de ces deux dispositions ».

prononcé à l'audience. Le dispositif du jugement assorti de la formule exécutoire prévue à l'article R. 751-1 est communiqué sur place aux parties présentes à l'audience, qui en accusent aussitôt réception. Le respect de cet article, qui a pour finalité de permettre aux parties d'avoir accès au dispositif du jugement avant la fin de l'audience à laquelle elles sont présentes, constitue une formalité substantielle. Par suite, est entaché d'une irrégularité substantielle justifiant son annulation le jugement dont il ressort des mentions qu'il a été prononcé à une date postérieure à celle de l'audience publique[1].

524.14 **Mention des nouveaux moyens lorsque l'étranger est placé sous la contrainte.** À moins qu'un procès-verbal d'audience signé par le juge et par l'agent chargé du greffe de l'audience ait été établi, le jugement rendu alors que l'étranger est placé en rétention ou assigné à résidence « mentionne les moyens nouveaux soulevés par les parties lors de l'audience » (CJA, art. R. 776-27, al. 2).

524.15 **Indication des conséquences de la décision lorsque l'étranger est placé sous la contrainte.** Lorsque le requérant est placé en rétention ou assigné à résidence et que le juge annule la seule décision refusant à l'intéressé le délai de départ volontaire, « la notification du jugement lui rappelle son obligation de quitter le territoire français dans le délai qui lui sera fixé par l'autorité administrative » (CJA, art. R. 776-27, al. 4).

SECTION 2

Effets de l'annulation

524.21 **Annulation de l'OQTF.** Si l'OQTF est annulée, il est immédiatement mis fin aux mesures de surveillance, et l'étranger est muni d'une autorisation provisoire de séjour jusqu'à ce que l'autorité administrative ait à nouveau statué sur son cas (Ceseda, art. L. 614-16).

524.22 **Annulation de la décision de ne pas accorder de délai de départ volontaire.** Si la décision de ne pas accorder de délai de départ volontaire est annulée, il est immédiatement mis fin aux mesures de surveillance, et le président du tribunal administratif ou le magistrat désigné à cette fin rappelle à l'étranger son obligation de quitter le territoire français dans le délai qui lui sera fixé par l'autorité administrative en application des articles L. 612-1 ou L. 612-2. Ce délai court à compter de sa notification (Ceseda, art. L. 614-17).

Si une OQTF sans délai a déjà été exécutée lorsque le juge se prononce sur sa légalité, les conclusions dirigées contre la décision de refus d'octroi d'un délai de départ volontaire, qui a produit des effets, conservent leur objet[2]. Dans l'hypothèse où le tribunal administratif annule une telle décision de refus d'accorder un délai de départ volontaire sans annuler par ailleurs l'OQTF déjà exécutée, il n'est susceptible d'assortir cette annulation d'aucune injonction, une telle annulation n'impliquant

1. CE 30 déc. 2002, préfet des Hauts-de-Seine c/Makhlouq, req. n° 243113, *Lebon* ; *AJDA* 2003. 743, note O. Lecucq : concernant la procédure de reconduite à la frontière.
2. CE 1er mars 2012, Calixte, req. n° 355133, préc.

« aucune mesure particulière à prendre par l'administration » au sens des articles L. 911-1 et L. 911-2 du Code de justice administrative[1].

524.23 Annulation de l'assignation à résidence. Si la décision d'assignation à résidence est annulée, il est immédiatement mis fin à cette mesure et le président du tribunal administratif ou le magistrat désigné à cette fin rappelle à l'étranger son obligation de quitter le territoire français (Ceseda, art. L. 614-18).

524.24 Annulation de la décision relative au séjour. L'annulation de la décision relative au séjour emporte abrogation de l'OQTF et de la décision d'interdiction de retour qui l'accompagne le cas échéant, y compris lorsque le recours dirigé contre celles-ci a été rejeté selon la procédure prévue aux articles L. 614-7 à L. 614-13 (Ceseda, art. L. 614-19).

SECTION 3
Effets de la suspension

524.31 Levée des mesures de surveillance. La décision du juge administratif de suspendre une OQTF met fin à l'assignation à résidence ou à la rétention administrative de l'étranger, sauf lorsque l'OFPRA a pris une décision de rejet et que la présence en France du demandeur d'asile constitue une menace grave pour l'ordre public, la sécurité publique ou la sûreté de l'État (Ceseda, art. L. 752-12).

525. Voies de recours ouvertes contre la décision

SECTION 0
Orienteur

525.00 Plan du chapitre.

Sect. 1 Recours en appel

Sect. 2 Recours en cassation

525.09 Voies de recours communes aux deux procédures de jugement. Les voies de recours ouvertes contre la décision rendue sont identiques que celle-ci ait été triée ou jugée après une instruction contradictoire.

SECTION 1
Recours en appel

525.11 Possibilité d'un appel. Les dispositions de l'article R. 776-9 du CJA ouvrent aux parties la possibilité d'interjeter appel de la décision rendue.

1. CE 1er mars 2012, Calixte, req. n° 355133, préc.

§ 1

Introduction de l'appel

A

Délai pour agir

525.21 Délai d'appel. Le délai d'appel des jugements est d'un mois (CJA, art. R. 776-9). Il s'agit d'un délai franc : s'il expire un samedi, un dimanche ou un jour férié ou chômé, le recours en appel est recevable s'il est présenté le premier jour ouvrable suivant[1]. Lorsque le greffe commet une erreur lors de la notification de la décision, en mentionnant un délai plus long que celui prévu par les textes, l'intéressé bénéficie de ce délai plus long alors même qu'il est erroné[2]. La demande d'aide juridictionnelle proroge le délai d'appel[3].

525.22 Point de départ du délai. Le délai d'appel court à compter du jour où le jugement a été notifié à la partie intéressée (CJA, art. R. 776-9), c'est-à-dire à compter non pas de la présentation du pli postal mais à compter de la distribution effective de la lettre recommandée[4]. Aux termes de l'article R. 776-9, la notification mentionne la possibilité de faire appel et le délai dans lequel cette voie de recours peut être exercée.

Lorsque le jugement du tribunal administratif a été notifié à l'adresse que le destinataire a communiquée à la juridiction et qu'elle correspond à un centre de rétention administrative, la signature de l'avis de réception de ce pli par un agent de ce centre atteste seulement que ce pli est bien parvenu à cette adresse. Compte tenu de la situation particulière dans laquelle se trouve une personne faisant l'objet d'une mesure de rétention administrative, le délai d'appel ouvert contre ce jugement ne court à l'encontre de cette personne qu'à compter du jour où l'administration lui a remis effectivement ce pli. Le juge établit la date de remise effective du pli à l'intéressé au vu des échanges entre les parties et des éventuelles mesures d'instruction qu'il ordonne[5].

525.23 Juridiction compétente. La compétence pour connaître des appels formés contre les mesures d'éloignement appartient aux cours administratives d'appel (CJA, art. R. 776-9). La demande doit être présentée auprès de la cour administrative d'appel dans le ressort duquel se trouve le tribunal administratif dont le jugement est attaqué.

525.24 Demande d'aide juridictionnelle. En l'absence d'effet suspensif de l'appel, la demande d'aide juridictionnelle peut être présentée après l'enregistrement de la requête d'appel[6].

525.25 Absence d'effet suspensif de l'appel. En l'absence de disposition spécifique s'applique la règle de droit commun selon laquelle l'appel n'emporte pas la suspen-

1. CAA Paris, 9 oct. 2006, préfet de police c/Hakim, req. n° 06PA01068, NP.
2. CE 16 janv. 2006, Touba, req. n° 282472, NP.
3. CE 21 févr. 1997, Taiba, req. n° 173292, NP.
4. CAA Nancy, 5 déc. 2005, Bentouhami, req. n° 05NC00992, NP.
5. CE 19 juin 2020, Laimeche, req. n° 431128, *Lebon T.*
6. CE 30 mars 2015, Ghegnagui Diecko, req. n° 369381, *Lebon T.* ; *AJDA* 2015. 722.

sion du jugement contesté (CJA, art. R. 811-14). Il en résulte que si le tribunal administratif a rejeté le recours, l'administration est libre d'exécuter l'OQTF. La seule possibilité dont dispose le requérant pour y faire obstacle est de demander à la cour et d'obtenir de celle-ci qu'il soit sursis à l'exécution du jugement contesté[1].

B
Intérêt à agir et objet de l'appel

525.31 Qualité de partie. Seules les parties à l'instance initiale peuvent valablement agir par la voie de l'appel, c'est-à-dire, d'une part l'étranger visé par la mesure, d'autre part le préfet ayant édicté l'arrêté contesté.

525.32 Demande présentant un objet. La demande d'appel doit présenter un objet au jour de son introduction (sous peine d'irrecevabilité) et au jour du jugement (sous peine de non-lieu à statuer). La circonstance que la mesure d'éloignement ait été exécutée et que l'étranger ait quitté le territoire ne prive pas d'objet la demande d'appel[2]. En revanche, l'octroi d'un titre de séjour postérieurement à la décision faisant l'objet de l'appel (par le préfet qui avait pris l'OQTF[3] ou par le préfet d'un autre département[4]) rend celui-ci sans objet.

C
Moyens pouvant être invoqués

525.41 Irrecevabilité des demandes nouvelles. Les moyens soulevés en appel doivent se rattacher à une cause juridique dont relève l'un des moyens invoqués devant le premier juge. Par suite, le demandeur en appel ne peut faire valoir de moyens de légalité interne lorsque les moyens présentés devant le premier juge relevaient tous de la légalité externe[5].

§ 2
Jugement de l'appel

525.51 Rejet par ordonnance. En vertu de l'article R. 776-9 alinéa 2 du CJA, le président de la cour administrative d'appel ou le magistrat qu'il désigne à cet effet peut statuer par ordonnance dans les cas prévus à l'article R. 222-1. Il peut, dans les mêmes conditions, rejeter les requêtes qui ne sont manifestement pas susceptibles d'entraîner l'infirmation de la décision attaquée.

525.52 Convocation à l'audience. Les dispositions de droit commun de l'article R. 431-1 du CJA s'appliquant à l'instance d'appel, le requérant n'a pas à être convoqué personnellement à l'audience s'il est assisté d'un avocat[6].

1. V. p. ex., faisant drot à une telle demande, CAA Lyon, 17 déc. 2009, Balayi, req. n° 09LY02669, NP.
2. CE 6 mai 1996, Banza, req. n° 150070, NP.
3. CE 11 mars 2002, préfet de Police c/Kartal, req. n° 218091, *Lebon T.*
4. CE 28 avr. 2004, préfet d'Eure-et-Loir c/Mme Bensmaïne ép. Fennour, req. n° 255584, *Lebon T.* : concernant un APRF.
5. CE 9 mars 2001, Lihidheb, req. n° 219196, NP.
6. CE 18 oct. 2010, Dossou, req. n° 326020, *Lebon*.

525.53 Étranger comparaissant libre. Lorsque l'étranger n'a pas été placé sous un régime de contrainte, l'appel est examiné par une formation collégiale avec conclusions du rapporteur public. La présidence de la formation de jugement peut dispenser le rapporteur public, sur sa proposition, de prononcer des conclusions à l'audience (CJA, art. R. 776-28).

525.54 Étranger placé sous la contrainte. Lorsque l'étranger a été placé en rétention ou assigné à résidence, la demande d'appel est examinée par le président de la cour administrative d'appel ou le magistrat qu'il désigne.

SECTION 2

Recours en cassation

525.61 Possibilité d'un pourvoi. La possibilité d'introduire un pourvoi en cassation contre la décision de cour administrative d'appel statuant sur un OQTF résulte des prévisions générales de l'article L. 821-1 du CJA, aux termes desquelles « Les arrêts rendus par les cours administratives d'appel et, de manière générale, toutes les décisions rendues en dernier ressort par les juridictions administratives peuvent être déférés au Conseil d'État par la voie du recours en cassation ».

LIVRE

6. Les référés particuliers en matière fiscale

SECTION 0

Orienteur

600.00 Plan du livre.

600.09 **Quatre procédures.** Le Code de justice administrative prévoit quatre procédures propres au domaine fiscal. Ces référés sont regroupés au sein du chapitre II du titre V du livre V du CJA, intitulé « le référé en matière fiscale ». Les deux premiers interviennent au titre de la procédure du sursis de paiement. Ils ont pour objet de contester la décision du comptable estimant insuffisantes les garanties du redevable (CJA, art. L. 552-1) ou les mesures prises par le comptable dans ce cadre (CJA, art. L. 552-2). Les deux autres ont pour objet de mettre fin à la procédure de la « flagrance fiscale » ou aux saisies réalisées dans le cadre de celle-ci (CJA, art. L. 552-3).

TITRE

61. Le référé fiscal

SECTION 0

Orienteur

610.00 Plan du titre.

610.01 Textes applicables.

CJA, art. L. 552-1 et L. 552-2, renvoyant respectivement à LPF, art. L. 279 et L. 277, al. 5.

610.02 Jurisprudence de référence.

> L'obligation de consigner auprès de l'administration 10 % des sommes contestées, sous peine d'irrecevabilité de la demande, n'est pas contraire à la Convention européenne des droits de l'homme

CE, sect., 25 avr. 2001, Sté Parfival, req. nº 213460, *Lebon* 208.

610.03 Bibliographie indicative.

> **Encyclopédies.** S. Austry, « Contentieux fiscal : procédures d'urgence », *Rép. contentieux administratif* ; J. Buisson, « Référé. Référé en matière fiscale », *J.-Cl. Justice adm.*, fasc. nº 56.
> **Articles.** C. Louit, « Procédures d'urgence : les référés en matière fiscale », *Dr. fisc.* 2015, nº 394 ; M.-C. Bergerès, « La procédure du référé fiscal à l'aune des droits fondamentaux », *Procédures* 2003, Chron. nº 8 ; J.-M. Priol, « Le sursis de paiement fiscal sous de nouveaux horizons », *Procédures* 2002, Chron. nº 12.

610.04 Question essentielle.

> Le requérant peut-il contester la légalité de l'imposition ? v. s[s] nº 611.24

610.05 Documents pratiques.

> Pour un exemple de dossier contentieux en matière de référé fiscal (levée des mesures conservatoires), v. s[s] nº 910.21.

> Pour un exemple de dossier contentieux en matière de référé fiscal (suffisance des garanties), v. s[s] nº 910.22.

610.06 Chiffres clés.

Le recours à cette procédure a tendance à diminuer : le nombre de demandes était systématiquement supérieur à 100 par an jusqu'en 2003, il est systématiquement inférieur à 100 depuis 2004. Le déclin s'est confirmé ces dernières années : 94 demandes en 2016, 64 en 2017, 59 en 2018, 58 en 2019, 38 en 2020, 30 en 2021.

Le taux de réussite moyen varie entre 10 et 15 % selon les années.

Le délai moyen de jugement est d'environ un mois.

610.09 Origine. Le référé fiscal a été institué par la loi nº 59-1472 du 28 décembre 1959 de réforme du contentieux fiscal (art. 97).

610.10 Objet. Le juge du référé fiscal peut être saisi dans l'hypothèse d'une contestation relative à une demande de sursis de paiement, et plus exactement aux garanties exigées du redevable pour la mise en œuvre de celui-ci.

610.11 Sursis de paiement. Le procédé du sursis de paiement permet au contribuable de demander à l'administration fiscale de différer le paiement des impositions et des pénalités qu'il conteste. Il doit pour cela en faire la demande expresse, à l'appui d'une réclamation contentieuse recevable. Le sursis de paiement produit ses effets jusqu'à ce qu'une décision définitive ait été prise sur la réclamation soit par l'administration soit par le tribunal administratif.

Lorsque la réclamation porte sur un montant de droits supérieur à 4 500 euros, le redevable doit constituer des garanties à hauteur du montant des droits contestés. C'est relativement à ces garanties que le juge du référé fiscal peut être saisi. Il dispose d'une compétence exclusive en la matière[1].

610.12 **Deux contestations.** Le juge du référé fiscal peut être saisi de deux contestations bien distinctes.

La première, prévue par l'article L. 552-1 du CJA, porte sur *la constitution des garanties*. Le redevable a proposé des garanties au comptable et celui-ci les a refusées.

La seconde contestation, envisagée par l'article L. 552-2, porte sur *les mesures conservatoires*. Le comptable a pris des mesures conservatoires telle une saisie bancaire, au motif que le redevable n'a pas proposé de garanties ou que les garanties proposées ont été regardées comme insuffisantes.

611. Engagement du référé fiscal

SECTION 0

Orienteur

611.00 Plan du chapitre.

Sect. 1 Compétence
Sect. 2 Recevabilité
Sect. 3 Effets de l'engagement du recours

SECTION 1

Compétence

611.11 **Compétence matérielle.** La demande doit relever de la compétence de la juridiction administrative. La contestation peut donc porter sur deux matières : les impôts directs d'une part, la taxe sur le chiffre d'affaires d'autre part (LPF, art. L. 279, al. 1er). Les contestations en matière de droits d'enregistrement, de taxes de publicité foncière, de contributions indirectes et de timbre relèvent de la compétence du juge civil[2].

611.12 **Compétence territoriale.** La demande doit être introduite devant le tribunal administratif territorialement compétent, c'est-à-dire celui dans le ressort duquel a son siège l'autorité qui a pris la décision (CJA, art. R. 312-1).

1. CE 30 juin 2003, Sté Éthypharm, req. n° 255489, *Lebon T.* 920 ; *RJF* 11/03, n° 1312, concl. P. Collin : la lettre du comptable invitant le contribuable à constituer des garanties n'est pas un acte détachable de la procédure de sursis de paiement et ne peut donc pas faire l'objet d'une demande en référé-suspension.
2. T. confl. 13 mars 2000, Bernard, req. n° 3139, *Lebon T.* ; *D.* 2000. 117.

SECTION 2

Recevabilité

§ 1

Contestation relative à la constitution des garanties

611.21 Demande présentant un objet. La demande introduite sur le fondement de l'article L. 552-1 du CJA doit porter sur les garanties offertes lors de la demande initiale. Elle peut également porter sur les garanties proposées à titre de complément ou de remplacement.

En revanche, à défaut de litige sur les garanties initialement offertes par le contribuable, le juge du référé fiscal ne peut être utilement saisi. Lorsque, par une décision postérieure à l'introduction de la requête, le comptable public accepte le nantissement des parts sociales que le contribuable offrait en garantie, il met fin au litige relatif aux garanties offertes par le contribuable et par suite, met ce dernier à même d'obtenir le sursis de paiement qu'il sollicitait. Eu égard à l'objet du référé fiscal, il en résulte que les conclusions dirigées contre le jugement relatif à la valeur de ces garanties deviennent sans objet[1].

611.22 Délai pour agir. La demande doit être introduite par le requérant dans les 15 jours suivant la réception de la lettre recommandée qui lui a été adressée par le comptable (LPF, art. L. 279, al. 1er). Il s'agit d'un délai franc[2].

611.23 Consignation du dixième. La demande n'est recevable que si le redevable a consigné auprès du comptable, à un compte d'attente, une somme égale au dixième des impôts contestés (LPF, art. L. 279, al. 2). À peine d'irrecevabilité de sa demande, le contribuable doit justifier avoir satisfait à cette exigence « au plus tard à la date d'expiration du délai de saisine du juge du référé administratif »[3].

La compatibilité de cette condition de recevabilité avec l'article 6 de la Convention européenne des droits de l'homme ne peut être contrôlée dans la mesure où « le juge du référé fiscal, dont l'office se borne à apprécier si les garanties proposées par le contribuable en vue de bénéficier du sursis de paiement prévu à l'article L. 277 du Livre des procédures fiscales permettent d'assurer le recouvrement des impositions contestées, ne se prononce pas sur une accusation en matière pénale et ne tranche pas des contestations sur des droits et obligations de caractère civil, quand bien même les montants dont le recouvrement doit être garanti incluraient des pénalités »[4]. En revanche, le moyen tiré de la contrariété de cette condition de recevabilité avec l'article 1er du Premier protocole additionnel est opérant. Le Conseil d'État a contrôlé ce moyen, et estimé qu'il n'était pas fondé. Il résulte des termes de l'article 1er du Premier protocole additionnel à la Convention européenne des droits de l'homme que le droit au respect de ses biens reconnu à toute personne physique ou morale ne porte pas atteinte au droit des États de mettre en œuvre les lois qu'ils

1. CE 2 avr. 2003, Velaise, req. n° 240634, *Lebon T.*
2. CE 19 avr. 2000, Motheron, req. n° 200043, *Lebon T.* 1151.
3. CE 22 mai 1989, Bion, req. n° 93182, *Lebon T.*
4. CE, sect., 25 avr. 2001, Sté Parfival, req. n° 213460, *Lebon* 208 ; *RFDA* 2002. 991, note J. Clerckx ; *Dr. fisc.* 2001, comm. n° 711, concl. J. Courtial ; *RJF* 2001. 611, Chron. J. Maïa.

jugent nécessaires pour assurer le paiement des impôts. Compte tenu de l'objectif et de la portée des articles L. 277 et L. 279 du LPF, l'application de ces articles ne porte pas atteinte au respect des biens des contribuables au sens de l'article 1er du Premier protocole additionnel[1].

Aucune disposition législative ou réglementaire ne s'oppose à ce que les versements en espèces sur un compte d'attente du Trésor (ainsi que le permet l'article R. 277-1 du LPF, à titre de garanties au comptable) par le contribuable qui sollicite le bénéfice du sursis de paiement, soient pris en compte pour apprécier le respect de la condition de recevabilité relative à la consignation du dixième[2].

Lorsque l'administration chargée du recouvrement a diligenté des mesures d'exécution avant que le contribuable ait demandé le sursis de paiement, les sommes et les biens ainsi entrés dans le patrimoine de l'État doivent, nonobstant l'effet attributif des mesures d'exécution pratiquées, être regardés, à hauteur des montants saisis, comme valant consignation au sens de l'article L. 279 du LPF[3]. Il appartient au juge du référé fiscal de statuer sur la valeur des garanties proposées en complément ou en substitution des sommes ou des biens saisis, et il incombe à l'administration d'en restituer la propriété au contribuable au cas où les garanties proposées seraient jugées suffisantes[4].

Une caution bancaire ou la remise de valeurs mobilières cotées en Bourse peut tenir lieu de consignation (LPF, art. L. 279, al. 2).

Aucune autre sorte de garantie n'est admise. Ainsi, ne peut tenir lieu de consignation :

- l'offre en garantie du nantissement de parts de sociétés non cotées, qui n'est pas accompagnée d'une caution bancaire garantissant le paiement intégral des impôts dus[5] ;

- l'inscription du privilège du Trésor, quand bien même l'inscription du privilège du Trésor aurait « empêché [le redevable] d'obtenir une caution bancaire »[6] ;

- la détention d'une créance sur l'État, correspondant à un crédit d'impôt restituable[7].

611.24 Recevabilité des conclusions. Le juge ne peut être saisi que des seules conclusions relevant de son office. N'étant pas juge de la légalité, il ne peut apprécier

1. CE, sect., 25 avr. 2001, Sté Parfival, préc.
2. CE 20 févr. 2002, SA France Nord Logistique, req. n° 233783, *Lebon T.*
3. CE, sect., 25 avr. 2001, Sté Parfival, req. n° 213460, *Lebon* 208 ; *RFDA* 2002. 991, note J. Clerckx ; *Dr. fisc.* 2001, comm. n° 711, concl. J. Courtial ; *RJF* 2001. 611, Chron. J. Maïa – CE 14 nov. 2001, Sté Orkos Diffusion, req. n° 221588, *Lebon T.* ; *Dr. fisc.* 2002, comm. n° 459, concl. G. Bachelier – CE 22 mai 2002, Benamou, req. n° 224591, *Lebon T.* 849.
4. CE, sect., 25 avr. 2001, Sté Parfival, req. n° 213460, *Lebon* 208 ; *RFDA* 2002. 991, note J. Clerckx ; *Dr. fisc.* 2001, comm. n° 711, concl. J. Courtial ; *RJF* 2001. 611, Chron. J. Maïa – CE 14 nov. 2001, Sté Orkos Diffusion, req. n° 221588, *Lebon T.* ; *Dr. fisc.* 2002, comm. n° 459, concl. G. Bachelier – CE 22 mai 2002, Benamou, req. n° 224591, *Lebon T.* 849.
5. CE 22 mai 2002, Benamou, req. n° 224591, préc.
6. CE 22 mai 2002, Benamou, req. n° 224591, préc.
7. CE 5 juin 2015, Sté MCE 5 Development, req. n° 386793, *Lebon T.* (pt 7).

ni la légalité d'une décision refusant les garanties[1], ni celle des impositions contestées[2].

§ 2

Contestation relative aux mesures conservatoires

611.31 Demande présentant un objet. La demande introduite sur le fondement de l'article L. 552-2 du CJA doit être dirigée contre les mesures conservatoires prises par le comptable public (par exemple une saisie sur compte) à défaut de constitution par le contribuable de garanties suffisantes. La demande est irrecevable lorsque de telles mesures n'ont pas été prises, ou lorsqu'elles ont été levées.

611.32 Absence d'autres conditions. L'introduction de la demande n'est pas soumise à d'autres conditions de recevabilité. En particulier, le requérant n'a pas à consigner le dixième des impositions contestées et l'engagement du recours n'est pas enfermé dans un quelconque délai.

SECTION 3

Effets de l'engagement du recours

611.41 Limitation des mesures pouvant être prises. En cas d'introduction d'une demande au titre de l'article L. 279 du LPF, et pendant la durée de la procédure de référé, le comptable ne peut exercer sur les biens du redevable aucune action autre que les mesures conservatoires prévues à l'article L. 277 (LPF, art. L. 279, al. 5).

612. Conditions d'octroi du référé fiscal

612.09 Contestation relative à la constitution des garanties. Dans l'hypothèse d'une demande introduite sur le fondement de l'article L. 279 du LPF, l'unique condition d'octroi tient à la suffisance des garanties proposées au regard des exigences de l'article L. 277 du LPF[3]. Les garanties peuvent notamment prendre la forme d'une hypothèque d'un bien immobilier ou d'une caution offerte par un tiers. Quelle que soit la forme qu'elles prennent (hypothèque, caution...), ces garanties doivent correspondre à la totalité de la somme contestée, de telle sorte que si la contestation a été élevée à tort, l'administration ait l'assurance que les impositions exigées lui seront effectivement payées.

L'office reconnu au juge du référé fiscal consiste uniquement « à apprécier si les garanties proposées par le contribuable en vue de bénéficier du sursis de paiement

1. CE, sect., 10 févr. 1984, min. du Budget c/SARL Venutolo, req. n° 46910, *Lebon* ; *RJF* 1984, comm. n° 393, concl. O. Fouquet : indiquant qu'« il n'appartient pas au juge du référé administratif statuant en matière fiscale, qui n'est compétent que pour statuer sur les litiges relatifs aux garanties offertes par les contribuables dans les conditions fixées par l'article L. 279 du [Livre des procédures fiscales], de se prononcer sur la légalité desdites décisions de refus ».
2. CE 20 févr. 2002, SA France Nord Logistique, req. n° 233783, *Lebon T.* ; *Dr. fisc.* 2002, comm. n° 376, concl. E. Mignon.
3. Pour un ex. de décision où les garanties ont été regardées comme suffisantes, v. TA Bordeaux, ord., 7 oct. 2010, Duran, req. n° 1003323, NP.

prévu à l'article L. 277 [...] permettent d'assurer le recouvrement des impositions contestées »[1]. Il en résulte deux conséquences. D'une part, aucune autre condition n'est requise. D'autre part, les moyens critiquant la légalité de la décision prise par le comptable sont inopérants[2].

Dans l'hypothèse où le contribuable a assorti sa demande de sursis de paiement d'une offre de garanties consistant en l'inscription d'une hypothèque sur des biens immobiliers appartenant à une société civile immobilière, il appartient au juge des référés, eu égard aux « larges pouvoirs » qui lui sont reconnus par l'article L. 279 du LPF, de relever d'office, lorsque l'administration ne s'en prévaut pas, l'absence de production par le contribuable d'un acte de cautionnement au sens des dispositions de l'article 2288 du Code civil constituant la société civile immobilière, propriétaire des immeubles, caution personnelle et solidaire des impositions à garantir[3].

612.10 **Contestation relative aux mesures conservatoires.** Dans l'hypothèse d'une demande introduite sur le fondement de l'article L. 277 alinéa 5 du LPF, l'unique condition d'octroi tient aux « conséquences difficilement réparables » des mesures prises sur la situation du redevable. Le juge fait droit à la demande si les mesures conservatoires génèrent pour le requérant un préjudice difficilement réparable.

613. Jugement du référé fiscal

613.09 **Qualité de juge des référés.** Aux termes de l'article L. 279 alinéa 1er du LPF, le juge des référés « est un membre du tribunal administratif désigné par le président de ce tribunal ».

613.10 **Délai de jugement.** Le juge des référés statue dans un délai d'un mois (LPF, art. L. 279, al. 3 ; art. L. 277, al. 5, qui y renvoie)[4].

613.11 **Procédure simplifiée.** Il résulte des dispositions de l'article L. 279 du LPF que l'ordonnance du juge du référé en matière fiscale est rendue à la suite d'une procédure particulière adaptée à la nature de la demande et à la nécessité d'assurer une décision rapide. Le juge du référé fiscal n'est ainsi pas tenu de communiquer au requérant les observations en défense de l'administration[5].

613.12 **Moyen relevé d'office.** Le juge qui relève d'office un moyen d'ordre public (par exemple, dans l'hypothèse où la garantie est constituée d'un acte appartenant à une tierce personne, l'absence d'acte de cautionnement constituant ce tiers caution personnel et solidaire du contribuable) ne peut fonder sa décision sur un tel motif,

1. CE, sect., 25 avr. 2001, Sté Parfival, req. n° 213460, *Lebon* 208 ; *RFDA* 2002. 991, note J. Clerckx ; *Dr. fisc.* 2001, comm. n° 711, concl. J. Courtial ; *RJF* 2001. 611, Chron. J. Maïa.
2. CE 1er déc. 1999, SA Lucas France, req. n° 184304, *Lebon T.* 990 : en l'espèce, moyen tiré de l'insuffisance de motivation.
3. CE 30 janv. 2009, Thacker, req. n° 312683, *Lebon T.*
4. Avant la loi n° 2011-1862 du 13 décembre 2011 (art. 51, V), le dépassement de ce délai emportait rejet implicite de la demande.
5. CE 22 mai 2002, Benamou, req. n° 224591, *Lebon T.* 849.

qui commande l'issue du litige dont il est saisi, qu'après l'avoir soumis à la contradiction des parties, afin de mettre le contribuable en mesure de présenter ses observations et le cas échéant de produire un tel acte[1].

614. Décision du juge du référé fiscal

614.09 Décision portant sur les garanties. En vertu de l'article L. 279 du LPF, le juge des référés ne fait porter son contrôle que sur les garanties offertes par le redevable : « le juge des référés décide [...] si les garanties offertes répondent aux conditions prévues à l'article L. 277 et, si, de ce fait, elles doivent être ou non acceptées par le comptable. Il peut également [...] décider de dispenser le redevable de garanties autres que celles déjà constituées » (LPF, art. L. 279, al. 2). Il en résulte que le juge peut prendre deux séries de mesures si la condition d'octroi est satisfaite :

- indiquer que le comptable doit accepter les garanties proposées[2] ;
- dispenser le redevable de garanties supplémentaires exigées.

Il ne peut en revanche dispenser le redevable de toute constitution de garanties[3].

Lorsque le juge des référés estime suffisantes les garanties initialement offertes, « les sommes consignées sont restituées » (LPF, art. L. 279, al. 6). Dans le cas contraire, les garanties supplémentaires à présenter « sont diminuées à due concurrence » (LPF, art. L. 279, al. 6).

614.10 Décision portant sur les mesures conservatoires. Si la condition d'octroi formulée à l'article L. 277 alinéa 5 du LPF est satisfaite, le juge peut, en vertu de cette disposition, prononcer :

- la limitation des mesures conservatoires ;
- ou l'abandon des mesures conservatoires[4].

615. Voies de recours ouvertes contre la décision

SECTION 0

Orienteur

615.00 Plan du chapitre.

1. CE 30 janv. 2009, Thacker, req. n° 312683, *Lebon T.*
2. V., pour ex., TA Lyon, ord., 16 sept. 2004, Bach, req. n° 0405909, NP.
3. De telles conclusions sont irrecevables : CE 20 févr. 2002, Conversy, req. n° 223134, *Lebon T.* ; *Dr. fisc.* 2002, comm. n° 376, concl. E. Mignon – CE 10 oct. 2003, Cayrou, req. n° 244144, *Lebon T.*
4. V., pour ex., TA Nîmes, ord., 21 févr. 2014, S^té^ PH Le Thor 1, req. n° 1400334, NP.

SECTION 1

Recours en appel

615.11 Qualité pour agir. La demande d'appel peut être introduite soit par le redevable, soit par le comptable (LPF, art. L. 279, al. 4 ; art. L. 277, al. 5 qui y renvoie).

615.12 Délai d'appel. Selon l'article L. 279 alinéa 4 du LPF (et l'article L. 277 alinéa 5 qui y renvoie), la demande d'appel doit être introduite dans un délai de 8 jours à compter :

- soit de la décision du juge (s'il a expressément statué)[1] ;
- soit de l'expiration du délai d'un mois laissé au juge pour statuer (si celui-ci n'a pas statué dans ce délai).

Il s'agit d'un délai franc[2]. Si la notification de l'ordonnance contestée comporte par erreur l'indication d'un délai d'appel de deux mois, elle n'a pu faire courir le délai spécial de huit jours prévu au 4e alinéa de l'article L. 279 du LPF. Par suite, un appel présenté dans le délai de deux mois est recevable[3].

615.13 Juridiction d'appel. La demande d'appel relève de la compétence de la cour administrative d'appel[4].

615.14 Délai de jugement. Le président de la cour administrative d'appel ou le magistrat délégué statue dans le délai d'un mois (LPF, art. L. 279, al. 4 ; art. L. 277, al. 5, qui y renvoie).

615.15 Décision du juge d'appel. Le juge d'appel se prononce sur le caractère suffisant des garanties proposées. À défaut de décision dans le délai d'un mois, « la décision intervenue au premier degré est réputée confirmée » (LPF, art. L. 279, al. 4 ; art. L. 277, al. 5, qui y renvoie).

L'arrêt implicite confirmant en appel l'ordonnance du juge des référés, dans les conditions prévues par l'article L. 279 du LPF, ne peut être regardée comme irrégulier faute d'être expressément motivé[5].

Il appartient à la cour de se prononcer expressément sur les éléments nouveaux produits lors de l'instance d'appel. Lorsque la cour ne se prononce pas dans le délai d'un mois, sa décision implicite est réputée être fondée sur les mêmes motifs que ceux de la décision attaquée. Par suite, elle est entachée d'irrégularité si la cour s'abs-

1. Le délai courant logiquement à compter de la notification de l'ordonnance : CE 6 juin 1984, Venutolo, req. n° 47853, *Lebon T.* 552.
2. CE 18 nov. 1991, Perochon, req. n° 119163, *Lebon T.* 824 ; *LPA* 11 déc. 1991, p. 4, concl. O. Fouquet.
3. CE, sect., 26 mars 1993, Bourgeois, req. n° 117557, *Lebon* 86 ; *JCP* 1993. II. 22173, concl. J. Arrighi de Casanova.
4. Jusqu'à la loi n° 2011-1862 du 13 décembre 2011 relative à la répartition des contentieux et à l'allègement de certaines procédures juridictionnelles (*JO* 14 déc. 2011), l'appel présentait la particularité de relever non pas de la cour administrative d'appel mais du tribunal administratif ayant rendu l'ordonnance (v. CE 4 avr. 2018, Société Alliance Développement Capital SIIC, req. n° 411792, *Lebon T.* ; Procédures 2018, comm. 205, note O. Négrin ; Revue de droit fiscal, 2018, comm. 486, concl. E. Cortot-Boucher – L'affaire, examinée une première fois par un juge unique, l'était alors par une formation collégiale.
5. CE 30 juin 2000, Manchec, req. n° 181003, NP.

tient de répondre aux nouveaux éléments produits par l'auteur de la demande d'appel[1].

SECTION 2

Recours en cassation

615.21 Possibilité d'un pourvoi. La possibilité d'introduire un pourvoi en cassation contre la décision de la cour administrative d'appel résulte des dispositions de l'article L. 821-1 du CJA, aux termes desquelles « Les arrêts rendus par les cours administratives d'appel et, de manière générale, toutes les décisions rendues en dernier ressort par les juridictions administratives peuvent être déférés au Conseil d'État par la voie du recours en cassation »[2].

615.22 Juridiction compétente. Le pourvoi en cassation doit être présenté devant le Conseil d'État dans le délai normal de deux mois[3].

615.23 Recevabilité des conclusions. Le contribuable n'est pas recevable à demander au Conseil d'État statuant comme juge de cassation qu'il ordonne le sursis à exécution de l'avis à tiers détenteur dont il a fait l'objet[4].

615.24 Contrôle du juge de cassation. Le juge de cassation vérifie la régularité externe et la régularité interne de l'ordonnance faisant l'objet du pourvoi.

Il sanctionne par exemple, au titre de la régularité externe, l'absence de réponse à un moyen[5].

Au titre de la régularité interne, le juge de cassation contrôle l'exactitude matérielle des faits, l'absence de dénaturation et l'erreur de droit[6]. Il ne contrôle pas l'appréciation des faits, qui relève du pouvoir souverain du juge du fond, tant pour la suffisance des garanties offertes[7] que pour les « conséquences difficilement réparables » résultant des mesures prises par le comptable[8].

1. CE 23 nov. 2001, Sté Mepo Stop Mil (M.S.M.), req. n° 214934, *Lebon* ; *Dr. fisc.* 2002, comm. n° 360, concl. J. Courtial.
2. Possibilité également reconnue en tant que règle générale de procédure : CE, ass., 7 févr. 1947, D'Aillières, req. n° 79128, *Lebon* 50 ; *GAJA*, 21e éd., 2017, n° 55 ; *RD publ.* 1947. 68, concl. R. Odent, note M. Waline.
3. CE, sect., 9 févr. 1979, Godard, req. n° 4430, *Lebon* 51 - CE, sect., 17 mars 1997, Dubois, req. n° 161945, *Lebon* 88 ; *D.* 1997. 113.
4. CE 5 avr. 1993, Launay, req. n° 134145, *Lebon*.
5. CE 23 nov. 2001, Sté Mepo Stop Mil (M.S.M.), req. n° 214934, *Lebon* ; *Dr. fisc.* 2002, comm. n° 360, concl. J. Courtial.
6. CE 3 mai 1993, Revel, req. n° 105177, *Lebon T.*
7. CE 11 oct. 1991, Sté Framatome, req. n° 112790, *Lebon* - CE 1er déc. 1999, SA Lucas France, req. n° 184304, *Lebon T.* 990.
8. CE 5 avr. 1993, Launay, req. n° 134145, *Lebon*.

TITRE

62. Le référé « flagrance fiscale »

SECTION 0

Orienteur

620.00 Plan du titre.

620.01 Textes applicables.

CJA, art. L. 552-3, renvoyant à LPF, art. L. 201 A et L. 201 B.

620.03 Bibliographie indicative.

> **Encyclopédie.** S. Austry, « Contentieux fiscal : procédures d'urgence », *Rép. contentieux administratif*

620.09 Objet. Le référé « flagrance fiscale » a pour objet de mettre fin à une procédure de flagrance fiscale diligentée à l'encontre d'un contribuable suspecté de fraude et aux saisies conservatoires mises en œuvre à son égard à la suite du procès-verbal de flagrance.

620.10 Procédures administratives concernées. L'article L. 16-0 BA du LPF, introduit par la loi de finances rectificative pour 2007, n° 2007-1824 du 25 décembre 2007[1], permet à l'administration fiscale de sanctionner une fraude fiscale dès sa constatation et ainsi de corriger rapidement une situation manifestement frauduleuse, telle que l'exercice d'une activité occulte, la dissimulation de résultats ou l'émission de factures fictives. Ce dispositif autorise l'administration à établir un procès-verbal de flagrance fiscale, lorsqu'un risque pèse sur le recouvrement de l'impôt du fait par exemple de la disparition du contribuable ou de l'organisation d'une insolvabilité volontaire. La notification du procès-verbal de flagrance permet d'effectuer les saisies conservatoires mentionnées à l'article L. 252 B (LPF, art. L. 16-0 BA, II). Cette disposition, également issue de la loi n° 2007-1824 du 25 décembre 2007, détaille les modalités de la saisine.

620.11 Deux variantes.

Le référé « flagrance fiscale » connaît deux variantes.

La première, prévue au V de l'article L. 16-0 BA du LPF, tend à mettre un terme à la procédure de flagrance.

La seconde, prévue par l'article L. 252 B du LPF, vise à obtenir la mainlevée des mesures conservatoires décidées le cas échéant par le comptable public, en aval de l'ouverture de la procédure.

1. *JO* 28 déc.

621. Engagement du référé « flagrance fiscale »

621.09 Compétence. La demande doit relever de la compétence de la juridiction administrative. Elle doit être introduite devant le tribunal administratif territorialement compétent, c'est-à-dire celui dans le ressort duquel a son siège l'autorité qui a pris la décision attaquée (CJA, art. R. 312-1).

621.10 Recevabilité. La requête doit être introduite dans un délai de quinze jours à compter :

– dans la première variante, de la réception du procès-verbal de flagrance fiscale (LPF, art. L. 16-0 BA. V, al. 1er) ;

– dans la seconde variante, de la signification des mesures conservatoires ou de la saisie à tiers débiteur (LPF, art. L. 252 B, II, al. 1er).

622. Conditions d'octroi du référé « flagrance fiscale »

622.09 Première variante. Dans la première variante de référé « flagrance fiscale », l'unique condition tient à l'existence « d'un moyen propre à créer, en l'état de l'instruction, un doute sérieux sur la régularité » de la procédure mise en œuvre (LPF, art. L. 16-0 BA. V, al. 1er).

Il revient au juge d'apprécier l'existence d'un tel doute à la date à laquelle l'administration fiscale a dressé le procès-verbal de flagrance[1].

Concernant l'objet du contrôle, il résulte des dispositions des articles L. 16-0 BA et L. 252 B du LPF « que la mise en œuvre de la procédure de flagrance fiscale qu'elles prévoient est subordonnée à la constatation par l'administration fiscale d'une des circonstances limitativement énumérées aux 1° à 5 du I de l'article L. 16-0 BA et de circonstances susceptibles de menacer le recouvrement des créances fiscales ». Dès lors, il incombe au juge des référés de vérifier notamment, au regard des conditions posées par ces dispositions, la légalité de l'engagement par l'administration de cette procédure[2]. En particulier, il lui appartient de vérifier « si, au vu des éléments qui lui sont soumis par les parties, l'existence de telles circonstances est suffisamment caractérisée par l'administration fiscale dans le procès-verbal de flagrance fiscale »[3].

1. CE 12 févr. 2020, Ministre de l'action et des comptes publics c/SASU Mangalla Sécurité Privée, req. n° 422362, *Lebon T.* ; *Les Nouvelles Fiscales* 1er avr. 2020, n° 1263, p. 24, note J.-P. Looten ; *Revue de jurisprudence fiscale* 2020. 743, Chron. C. Guibé ; *LPA* 5 mai 2020, n° 90, p. 3, note F. Perrotin ; *Revue de jurisprudence fiscale* 2020, n° C451, concl. M.-A. Nicolazo de Barmon ; *Revue de droit fiscal* 2020, comm. 299, concl.
2. CE 3 oct. 2016, Sté Special Bannow Bay Shellfish Ltd et a., req. n° 401383, *Lebon T.* ; *Revue de Droit Fiscal* 2016. 86, concl. E. Cortot-Boucher.
3. CE 17 janv. 2014, Sté Expatrium International Ltd, req. n° 372282, *Lebon* ; *BDCF* 2014. 53, concl. N. Escaut ; *LPA* 2014, n° 31, note F. Perrotin.

622.10 Seconde variante. Dans la seconde variante de référé « flagrance fiscale », deux conditions sont posées (LPF, art. L. 252 B, II, al. 1er). :

- d'une part l'urgence ;
- d'autre part l'existence d'un moyen propre à créer, en l'état de l'instruction, un doute sérieux sur la régularité de la procédure.

Il incombe au juge d'apprécier s'il est fait état d'un moyen propre à créer un doute sérieux sur la justification, à la date à laquelle il statue, des mesures conservatoires prononcées[1].

623. Jugement du référé « flagrance fiscale »

623.09 Qualité de juge des référés. Les dispositions du LPF (art. L. 16-0 BA. V, al. 1er et art. L. 252 B, II, al. 1er) définissent la qualité de juge des référés par référence à la procédure de l'article L. 279 (v. ss no 743.11).

623.10 Délai de jugement. Le juge du référé « statue dans un délai de quinze jours. Faute d'avoir statué dans ce délai, le juge des référés est dessaisi au profit du tribunal administratif qui se prononce en urgence » (LPF, art. L. 16-0 BA. V, al. 2 ; art. L. 252 B, II, al. 2).

624. Décision du juge du référé « flagrance fiscale »

624.09 Première variante. Lorsque la condition d'octroi est satisfaite, le juge des référés ordonne qu'il soit mis fin à la procédure, ce qui entraîne la mainlevée des mesures conservatoires éventuellement prises (LPF, art. L. 16-0 BA. V, al. 4).

624.10 Seconde variante. Lorsque les conditions d'octroi sont satisfaites, le juge des référés ordonne qu'il soit mis fin à l'exécution des mesures conservatoires, ce qui entraîne leur mainlevée immédiate (LPF, art. L. 252 B, II, al. 4).

625. Voies de recours ouvertes contre la décision

625.09 Appel. La décision du juge des référés est susceptible d'appel devant le tribunal administratif dans un délai de huit jours (LPF, art. L. 16-0 BA. V, al. 3 ; art. L. 252 B, II, al. 3). Le tribunal se prononce « en urgence » (LPF, art. L. 16-0 BA. V, al. 3 ; art. L. 252 B, II, al. 3).

1. CE 12 févr. 2020, Ministre de l'action et des comptes publics c/SASU Mangalla Sécurité Privée, req. no 422362, *Lebon T.* ; *Les Nouvelles Fiscales* 1er avr. 2020, no 1263, p. 24, note J.-P. Looten ; *Revue de jurisprudence fiscale* 2020. 743, Chron. C. Guibé ; *LPA* 5 mai 2020, no 90, p. 3, note F. Perrotin ; *Revue de jurisprudence fiscale* 2020, no C451, concl. M.-A. Nicolazo de Barmon ; *Revue de droit fiscal* 2020, comm. 299, concl - CE 12 févr. 2020, Ministre de l'action et des comptes publics c/Société Evolutec Ingénierie International, req. no 422503, *Lebon T.*

625.10 **Cassation.** La possibilité d'introduire un pourvoi en cassation contre la décision du tribunal administratif statuant comme juge d'appel en matière de référé « flagrance fiscale » résulte des dispositions de l'article L. 821-1 du CJA, aux termes desquelles « les arrêts rendus par les cours administratives d'appel et, de manière générale, toutes les décisions rendues en dernier ressort par les juridictions administratives peuvent être déférés au Conseil d'État par la voie du recours en cassation ».

TITRE

63. Le référé « secret des affaires »

SECTION 0

Orienteur

630.00 Plan du titre.

630.01 Textes applicables.

CJA, art. L. 77-13-1 et R. 557-3.

630.03 Bibliographie indicative.

> **Article.** K. Picavez et D. Giampaoli, « L'acheteur public et le défi du référé en matière de secret des affaires », *JCP Adm.* 2020, ét. 2176.

630.09 Origine. Le référé « secret des affaires » a été institué devant la juridiction administrative[1] par la loi nº 2018-670 du 30 juillet 2018, afin de se conformer aux exigences d'une directive européenne posant notamment que « Les États membres veillent à ce que les autorités judiciaires compétentes puissent, à la demande du détenteur de secrets d'affaires, ordonner une ou plusieurs des mesures provisoires et conservatoires [...] à l'encontre du contrevenant supposé »[2]. La première décision rendue par le Conseil d'État en la matière l'a été en 2022.

630.10 Objet. Le référé « secret des affaires » a pour objet d'assurer la préservation du secret des affaires garanti par la loi lorsque des informations couvertes par celui-ci risqueraient d'être divulguées à l'occasion d'une procédure administrative telle que, par exemple et en particulier, la passation de contrats publics.

631. Engagement du référé « secret des affaires »

631.09 Compétence. Le référé « secret des affaires » ne peut être engagé devant les juridictions administratives que pour les litiges relevant de sa compétence. Il a ainsi vocation à servir lorsque le risque de divulgation d'une information émane d'une personne publique, d'une personne privée chargée d'une mission de service public ou d'un mandataire agissant pour leur compte.

631.10 Recevabilité. Aucune règle spécifique de recevabilité n'est prévue dans le CJA. L'introduction du référé « secret des affaires » obéit donc aux règles de droit commun.

1. Il en existe également une variante devant la juridiction judiciaire.
2. Dir. 2016/943, 8 juin 2016 relative à la protection du secret des affaires, art. 10.

La requête peut avoir deux objets[1] :
- soit « prévenir une atteinte imminente » au secret des affaires ;
- soit, si elle est déjà constituée, la « faire cesser ».

632. Condition d'octroi du référé « secret des affaires »

632.09 Une atteinte illicite du secret des affaires. Une seule condition est posée, tenant à l'existence d'« une atteinte illicite à un secret des affaires »[2]. Il n'est pas exigé de justifier d'une urgence.

632.10 Notion de secret des affaires. La notion de « secret des affaires » est définie par un renvoi aux dispositions du code de commerce qui le régissent. À cet égard, l'article L. 151-1 du code de commerce définit l'information protégée comme celle qui répond à trois critères : elle n'est « pas généralement connue ou aisément accessible », elle revêt « une valeur commerciale » et elle « fait l'objet de la part de son détenteur légitime de mesures de protection raisonnables » pour en conserver le caractère secret.

632.11 Absence d'atteinte (illustration). L'arrêt dans lequel le Conseil d'État s'est prononcé pour la première fois dans le cadre de cette procédure fournit un exemple de situation dans laquelle la condition d'atteinte illicite au secret des affaires n'est pas remplie[3].

Dans cette affaire, un CHU avait confié à un prestataire privé une mission d'assistance pour la passation de marchés d'assurance. Le 10 mai 2021, le CHU, assisté par ce prestataire, a lancé une consultation pour la passation d'un tel marché. L'une des sociétés candidates a demandé au juge des référés d'interdire l'accès de ce prestataire aux documents déposés par les candidats en alléguant qu'un risque existait qu'il les transmette à un autre soumissionnaire avec lequel, d'après elle, il entretiendrait des liens. Par une ordonnance du 9 juin 2021, le juge des référés a fait droit à sa demande et enjoint au CHU d'interdire par tout moyen l'accès du prestataire à l'ensemble des documents déposés par les soumissionnaires.

Saisi d'un pourvoi formé par le CHU, le Conseil d'État a annulé cette ordonnance. Il relève que, certes, les informations produites par les entreprises candidates à un marché public sont « couvertes par le secret des affaires ». Il indique toutefois que, dans le présent litige, le prestataire est tenu, dans le cadre de sa mission d'assistance, « à une obligation professionnelle de confidentialité ». Cette garantie conduit le Conseil d'État à estimer que le risque d'atteinte imminente au secret des affaires, alléguée par la société requérante, n'est pas caractérisé, et donc à rejeter la demande présentée par celle-ci.

1. CJA, art. R. 557-3.
2. CJA, art. R. 557-3.
3. CE 10 févr. 2022, Centre hospitalier universitaire de Pointe-à-Pitre/Abymes, req. n° 456503, *Lebon* ; *Contrats et Marchés publics* 2022, comm. 126, note Ph. Rees ; *JCP Adm.* 2022, n° 2166, Chron. O. Le Bot.

Le Conseil d'État a précisé que les informations produites par les entreprises candidates à un marché public sont « couvertes par le secret des affaires » au sens de la législation[1].

633. Jugement du référé « secret des affaires »

633.09 **Juge des référés.** L'examen de la demande relève du « juge des référés »[2]. Aucune autre précision n'est fournie.

633.10 **Instruction et jugement.** Aucune disposition ne fixe la procédure applicable au jugement d'un référé « secret des affaires ». Celui-ci s'effectue donc selon la procédure allégée applicable aux référés.

634. Décision rendue par le juge

634.09 **Pouvoirs.** En cas d'atteinte illicite au secret des affaires, le juge des référés peut « prescrire toute mesure provisoire et conservatoire proportionnée », y compris sous astreinte et peut notamment ordonner l'ensemble des mesures mentionnées à l'article R. 152-1 du code de commerce (interdire la réalisation d'un acte, interdire la mise sur le marché d'un produit, ordonner la saisie d'un produit, etc.)[3].

635. Voies de recours ouvertes contre la décision

635.09 **Cassation.** Les décisions rendues par le juge des référés du tribunal administratif « sont rendues en dernier ressort »[4]. Elles peuvent donc faire l'objet d'un recours en cassation mais non d'un appel.

1. CE 10 févr. 2022, Centre hospitalier universitaire de Pointe-à-Pitre/Abymes, req. n° 456503, préc.
2. CJA, art. R. 557-3.
3. CJA, art. R. 557-3.
4. CJA, art. L. 77-13-1.

LIVRE

7. Les procédures à l'initiative exclusive des autorités publiques

SECTION 0

Orienteur

700.00 Plan du livre.

700.09 **Spécificité du requérant.** Les procédures d'urgence exposées dans ce Livre se caractérisent par la qualité de leur auteur. Elles ne sont ouvertes qu'à certaines autorités publiques aux fins d'assurer, devant les tribunaux, la mission d'intérêt général qui leur a été confiée (contrôle de la légalité, défense des droits, respect de la loi « informatique et libertés », etc.).

TITRE

71. Le déféré-suspension

SECTION 0

Orienteur

710.00 Plan du titre.

Chap. 711. Suspension sur déféré préfectoral

Chap. 712. Suspension sur déféré d'autres autorités administratives

710.09 **Recours accessoires.** Comme pour le référé-suspension de droit commun, la demande de suspension sur déféré représente un recours accessoire à un recours principal en annulation ou en réformation[1]. Par suite, la demande de suspension présentée par le préfet (ou par une autre autorité) n'est recevable que si un recours principal, qui doit être recevable[2], a été formé par cette même autorité.

711. Suspension sur déféré préfectoral

SECTION 0

Orienteur

711.00 Plan du chapitre.

Sect. 1 Déféré-suspension de droit commun

Sect. 2 Déférés-suspension spéciaux

711.01 Textes applicables.

> Déféré-suspension de droit commun

CJA, art. L. 554-1, renvoyant à CGCT, art. L. 2131-6, al. 3.

> Déféré-suspension avec effet suspensif

CJA, art. L. 554-2, renvoyant à CGCT, art. L. 2131-6, al. 4 ; CGCT, art. L.O. 1113-4.

> Déféré-liberté

CJA, art. L. 554-3, renvoyant à CGCT, art. L. 2131-6, al. 5.

> Déféré-défense nationale

CJA, art. L. 554-4, renvoyant à CGCT, art. L. 1111-7.

> Déféré-référendum local

CGCT, art. L.O. 1112-3.

711.02 Jurisprudence de référence.

> Le déféré-suspension n'est recevable que s'il est introduit accessoirement à un recours principal

CE 22 nov. 1984, Allain, req. n° 64043, *Lebon* 382.

711.03 Bibliographie indicative.

> **Encyclopédies.** *Rép. contentieux administratif*, v° Collectivités locales (contrôle de la légalité des actes des), par Douence ; J.-M. Marchand, « Régimes spéciaux de suspension », *J.-Cl. Justice adm.*, fasc. n° 58.

> **Article.** R. Étien, « Le sursis de quarante-huit heures », *RD publ.* 1988. 743.

1. CE 22 nov. 1984, Allain, req. n° 64043, *Lebon* 382.
2. TA Strasbourg, 28 juin 1983, commissaire de la République du Haut-Rhin c/Cne de Kayserberg, *Lebon T.* 562.

711.06 Chiffres clés.
Le déféré-suspension de droit commun donne lieu à une vingtaine d'utilisations chaque année. Le délai moyen de jugement est d'environ trois semaines. Le taux de réussite atteint en moyenne les 60 %.
Pour le déféré-liberté et laïcité, on relève entre 1 et 4 utilisations chaque année, avec un pic à 12 en 2020 durant la crise-covid. Le délai moyen de jugement est de 5 jours. Le taux de réussite varie entre 0 et 100 % selon les années, l'échantillon étant trop faible pour être significatif.
Le déféré-PLM n'est quasiment pas mis en œuvre. Sur la période 2016-2021, on relève 1 utilisation en 2017, 4 en 2021 et aucune les autres années.

711.09 Acte d'une collectivité territoriale. La suspension sur déféré préfectoral s'insère dans les instruments dont dispose le préfet en matière de contrôle des actes des autorités décentralisées.

711.10 Faible utilisation. En pratique, les procédures de suspension sur déféré préfectoral sont relativement peu utilisées.

SECTION 1
Déféré-suspension de droit commun

711.21 Objet. Le déféré-suspension de droit commun vise à obtenir la suspension de l'exécution d'une décision administrative dans l'attente d'un jugement au principal sur sa légalité.

§ 1
Engagement du déféré-suspension de droit commun

711.31 Compétence. La demande doit être introduite devant le tribunal administratif dans le ressort duquel se trouve l'auteur de la décision contestée.

711.32 Actes concernés. La demande de suspension est ouverte contre toutes les décisions pouvant faire l'objet d'un déféré préfectoral, qu'elles soient ou non soumises à l'obligation de transmission[1]. La demande est irrecevable si elle est dirigée contre une simple déclaration ne comportant pas prise de décision[2] ou encore contre une décision qui n'est pas encore exécutoire faute d'être entrée en vigueur[3].

711.33 Demande conservant un objet. La demande de suspension n'est recevable, comme dans le cadre du référé-suspension (v. s^s^ n°s 221.71 s.), que si elle conserve un objet au jour où le juge statue[4].

711.34 Qualité du requérant. La demande peut être introduite exclusivement par le préfet (ou par un agent ayant reçu de celui-ci une délégation[5]). Lorsqu'un particu-

1. CE 16 déc. 1994, préfet du Haut-Rhin, req. n° 116654, *Lebon T.* 801 (sol. impl.) - CE 1er mars 2004, Cne de Cussac-Fort-Médoc, req. n° 260549, *Lebon T.*
2. TA Amiens, ord., 20 nov. 2008, préfet de l'Oise, req. n° 0803137, NP.
3. CE 1er févr. 1989, Cne de Briançon, req. n° 92875, *Lebon T.* 851 : à propos d'une délibération modifiant un plan d'occupation des sols qui ne devient exécutoire qu'un mois après sa transmission.
4. CE 14 janv. 1987, commissaire de la République du Dpt du Calvados, req. n° 77770, NP ; *RFDA* 1988. 71, note J.-P. Négrin.
5. TA Versailles, 1er avr. 1982, Wantiez, *Lebon* 480.

lier saisit directement le juge sans user de la faculté de demander au préfet de mettre en œuvre la procédure de déféré, sa demande s'analyse en un référé-suspension[1].

711.35 Délai pour agir. La demande de suspension peut, comme dans le cadre de l'article L. 521-1 du CJA, être présentée sans conditions de délai. Elle peut intervenir concomitamment à la demande principale ou ultérieurement à celle-ci. Les dispositions de la loi du 12 avril 2000 sur les droits des citoyens dans leurs relations avec les administrations relatives notamment aux obligations d'accuser réception des demandes et de les transmettre à l'autorité compétente pour en connaître, ne sont pas applicables aux demandes adressées par le représentant de l'État aux collectivités territoriales dans le cadre du contrôle de légalité[2].

§ 2

Condition d'octroi du déféré-suspension de droit commun

711.41 Unique condition : le doute sérieux. Le juge fait droit à la demande de suspension « si l'un des moyens invoqués paraît, en l'état de l'instruction, propre à créer un doute sérieux quant à la légalité de l'acte attaqué » (CGCT, art. 2131-6, al. 3). La condition est identique à celle prévalant en matière de référé-suspension et fait l'objet d'une approche identique (sur la signification de cette condition, v. s^{s} n°s 222.771 s.). Elle a par exemple été regardée comme remplie :

– dans le cas d'un arrêté d'un maire ordonnant la fermeture d'un site de spectacles jusqu'à la complète exécution des travaux de mise en sécurité du site[3] ;

– dans le cas d'une décision fixant la rémunération d'un collaborateur du maire à un montant presque deux fois supérieur au traitement indiciaire maximum prévu par les textes pour un emploi de cette catégorie[4] ;

– dans le cas d'une délibération par laquelle un conseil municipal décide de ne pas mettre en place le service minimum d'accueil à l'école primaire[5] ou de ne pas appliquer la réforme des rythmes scolaires[6] ;

– dans le cas d'un permis de construire délivré malgré l'avis défavorable du préfet[7].

711.42 Absence de condition d'urgence. Aucune condition d'urgence n'est exigée par les dispositions de l'article L. 2131-6 alinéa 3 du CGCT[8]. Par suite, commet une erreur de droit le juge des référés qui rejette une demande au motif que le préfet ne justifie pas de l'urgence à obtenir la mesure sollicitée[9].

1. V., sous l'état du droit antérieur à la loi du 30 juin 2000 : CE 20 févr. 1985, Botet, req. n° 61412, *Lebon* 522.
2. CE 1er juill. 2005, ville de Nice, req. n° 258509, *Lebon* ; *AJDA* 2005. 1488.
3. CE 1er mars 2004, C^{ne} de Cussac-Fort-Médoc, req. n° 260549, *Lebon T.*
4. CE 15 oct. 2004, C^{ne} de Pointe-à-Pitre, req. n° 266496, *Lebon T.* ; *BJCL* 2004. 776, concl. M.-H. Mitjaville.
5. CE 7 oct. 2009, C^{ne} du Plessis-Pâté, req. n° 325829, *Lebon T.* ; *AJDA* 2009. 1863.
6. TA Cergy-Pontoise, ord., 24 juin 2014, req. n° 1405335, NP ; *AJDA* 2014. 1294.
7. CE 30 déc. 2002, Jeandey, req. n° 239380, *Lebon T.* ; *RDI* 2003. 200, obs. P. Soler-Couteaux ; *BJDU* 2003. 34, concl. D. Piveteau.
8. CE 23 avr. 2003, C^{ne} de Roquebrune-Cap-Martin, req. n° 251946, *Lebon T.* 912.
9. CE 11 mars 2005, min. de l'Intérieur c/C^{ne} d'Avion, req. n° 276181, *Lebon* 101 ; *AJDA* 2005. 1198 ; *BJCL* 2005. 337, concl. F. Séners.

§ 3

Jugement du déféré-suspension de droit commun

711.51 **Application en principe de la procédure de droit commun.** Le Conseil d'État considère que les demandes introduites par le préfet au titre de l'article L. 554-1 du CJA obéissent, « notamment pour leur instruction [...] et l'exigence de tenue d'une audience publique préalable, au régime de droit commun des demandes de suspension de l'exécution des décisions administratives »[1]. Les règles d'instruction et de jugement des demandes régissant les référés d'urgence s'appliquent donc en principe aux demandes de suspension sur déféré (sur ces règles, v. ss nos 213.131 s.). Il en résulte que l'affaire est en état d'être jugée dès que la requête a été transmise à la collectivité défenderesse et que les parties ont été régulièrement convoquées à l'audience. Cette procédure permet, lorsque les circonstances le commandent, l'intervention d'une décision dans un délai de quelques jours[2]. Aucune disposition ne dispense la procédure de référé engagée par le préfet en vue d'obtenir la suspension d'un acte d'une collectivité territoriale, du respect des exigences de communication des mémoires prescrites à l'article R. 611-1 du CJA[3].

711.52 **Exclusion de certaines règles.** Les règles consubstantielles aux référés d'urgence ne peuvent s'étendre aux demandes de suspension sur déféré. Ainsi, la procédure de tri ne peut être mise en œuvre dans le cadre de cette procédure[4]. La faculté de réexamen prévue à l'article L. 521-4 et limitée aux seuls référés d'urgence (v. ss no 215.91) devrait, pour la même raison, être exclue.

§ 4

Décision du juge des référés

711.61 **Application en principe des règles de droit commun.** Les demandes introduites par le préfet au titre de l'article L. 554-1 du CJA obéissent, « notamment pour leur [...] jugement [...], au régime de droit commun des demandes de suspension de l'exécution des décisions administratives »[5].

711.62 **Deux particularités.** Deux dérogations à la procédure de droit commun de l'article L. 521-1 du CJA doivent être relevées. D'une part, le juge se voit impartir un délai de jugement d'un mois (CGCT, art. L. 2131-6, al. 3), délai regardé comme indicatif[6].

1. CE 23 avr. 2003, Cne de Roquebrune-Cap-Martin, req. no 251946, *Lebon T.* 912.
2. CE 7 oct. 2009, Cne du Plessis-Pâté, req. no 325829, *Lebon T.* ; *AJDA* 2009. 1863 : le préfet a saisi le tribunal administratif le 13 novembre 2008 d'une demande de suspension d'une délibération du conseil municipal en date du 13 octobre refusant la mise en place d'un service d'accueil dans les écoles de la commune en cas de grève, en invoquant la grève à venir le 20 novembre 2008. Cette demande de suspension a été communiquée à la commune le samedi 15 novembre à 15 h 30, en même temps que l'avis d'audience pour le lundi 17 novembre à 17 heures.
3. CE 23 juill. 2010, conseil régional de La Réunion, req. no 338367, *Lebon T.* ; *AJDA* 2010. 1514 ; *AJCT* 2010. 77, obs. S. Hul.
4. CE 11 mars 2005, min. de l'Intérieur c/Cne d'Avion, req. no 276181, *Lebon* ; *AJDA* 2005. 1198 ; *BJCL* 2005. 337, concl. F. Séners.
5. CE 23 avr. 2003, Cne de Roquebrune-Cap-Martin, req. no 251946, *Lebon T.* 912.
6. CE 13 mai 1987, Comité de sauvegarde du patrimoine de Montpellier, req. no 73110, NP.

D'autre part, l'article L. 2131-6 alinéa 3 du CGCT indique que le juge « fait droit » à la demande lorsque la condition d'octroi est satisfaite (et non pas « peut » ordonner la suspension comme cela est prévu pour l'article L. 521-1 du CJA).

§ 5

Voies de recours ouvertes contre la décision

A

Recours contre la décision du tribunal administratif

711.71 Appel. La décision rendue peut en principe faire l'objet d'un recours en appel devant la cour administrative d'appel territorialement compétente[1]. Le Conseil d'État saisi à tort d'une demande d'appel renvoie l'affaire à la cour administrative d'appel territorialement compétente[2]. L'appel est exclu, et le recours en cassation devient le seul possible lorsque la demande de référé porte sur une matière dans laquelle le tribunal statue en premier et dernier ressort[3].

B

Recours contre la décision de la cour administrative d'appel

711.81 Possibilité d'un pourvoi. La possibilité d'introduire un pourvoi en cassation contre la décision d'appel résulte des prévisions générales de l'article L. 821-1 du CJA, aux termes desquelles « les arrêts rendus par les cours administratives d'appel [...] peuvent être déférés au Conseil d'État par la voie du recours en cassation ».

711.82 Contrôle restreint de l'erreur de droit. Le juge de cassation procède à un contrôle retenu de l'erreur de droit sur la condition relative au doute sérieux. La jurisprudence *Communauté d'agglomération de Saint-Étienne Métropole*, relative au référé-suspension (v. ss nos 225.91 s.), se voit ainsi appliquée au déféré-suspension. Le Conseil d'État a ainsi estimé « qu'eu égard à l'office que lui attribuent l'article L. 554-1 du Code de justice administrative et l'article L. 2131-6 du Code général des collectivités territoriales », un juge des référés a pu, sans commettre d'erreur de droit, retenir, en l'état de l'instruction, comme de nature à créer un doute sérieux sur la légalité de la décision attaquée le moyen tiré de ce que la rémunération perçue par un collaborateur du maire était presque deux fois supérieure au traitement indiciaire maximum prévu par les textes pour un emploi de cette catégorie[4].

1. CE 14 mars 2001, Centre de gestion de la fonction publique territoriale du Vaucluse, req. n° 230487, *Lebon* 121 ; *AJDA* 2001. 465, Chron. M. Guyomar et P. Collin ; *D.* 2001. 1363, et les obs. - CE 9 avr. 2004, Cne de Bobigny, req. n° 265180, NP - pour ex., v. CAA Versailles, ord., 9 oct. 2015, Cne de Mantes-la-Ville, req. n° 15VE02893, NP.
2. CE 14 mars 2001, Centre de gestion de la fonction publique territoriale du Vaucluse, req. n° 230487, *Lebon* 121 ; *AJDA* 2001. 465, Chron. M. Guyomar et P. Collin ; *D.* 2001. 1363, et les obs.
3. CE 6 avr. 2007, min. de l'Intérieur c/Centre de gestion de la fonction publique territoriale des Hautes Alpes, req. n° 297812, *Lebon T.* ; *AJDA* 2007. 832 ; *Dr. adm.* 2007, comm. n° 143, obs. E. Glaser - CE 29 déc. 2014, SCI Mica, req. n° 375744, *Lebon T.* ; *AJDA* 2015. 12 ; *RDI* 2015. 146, obs. P. Soler-Couteaux.
4. CE 15 oct. 2004, Cne de Pointe-à-Pitre, req. n° 266496, *Lebon T.*

SECTION 2

Déférés-suspension spéciaux

§ 1

Déféré-suspension avec effet suspensif (urbanisme, contrats, expérimentation)

711.91 Objet. Le déféré-suspension avec effet suspensif n'est rien d'autre qu'un déféré-suspension de droit commun (v. s^{s} n°s 711.21 s.) qui, en raison des domaines dans lesquels il est formé, se voit reconnaître un effet suspensif sous certaines conditions de délai et pendant une période limitée.

711.92 Domaines concernés. Trois catégories d'actes sont concernées par l'effet suspensif du recours préfectoral :

- les actes pris par la commune en matière d'urbanisme (CGCT, art. L. 2131-6, al. 4) ;
- les actes pris par la commune en matière de marchés, de contrats de partenariat et de délégations de service public (CGCT, art. L. 2131-6, al. 4) ;
- les actes pris par une collectivité en matière d'expérimentation au titre de l'article 72 alinéa 4 de la Constitution (CGCT, art. L.O. 1113-4).

711.93 Mécanisme. L'effet suspensif résulte de l'exercice d'un déféré assorti d'une demande de suspension contre l'un des actes concernés. En outre, s'agissant des actes visés par l'article L. 2131-6 alinéa 6 du CGCT, l'effet suspensif ne joue que si la demande de suspension est formulée par le préfet dans les 10 jours qui suivent la réception de l'acte (aucune condition de délai n'est en revanche requise pour les actes relatifs à l'expérimentation).

Afin de limiter l'atteinte à la libre administration des collectivités territoriales, l'effet suspensif est limité dans le temps. À l'expiration d'un délai d'un mois, l'acte redevient exécutoire. Pour la même raison, l'effet suspensif ne joue pas lorsque la demande de suspension est présentée au stade de l'appel[1].

Il résulte des dispositions de l'article L. 2131-6 alinéa 6 du CGCT que la décision du juge du premier degré peut être contestée par un recours en appel devant la cour administrative d'appel[2].

La procédure obéit, pour le reste, au régime applicable au déféré-suspension de droit commun (sur ce régime, v. s^{s} n°s 711.21 s.).

711.94 Pratique. Le recours suspensif n'a encore jamais été mis en œuvre en matière d'expérimentation. Il a été très rarement utilisé à l'encontre des autres actes concernés (urbanisme et contrats).

§ 2

Déféré-liberté et laïcité

711.101 Objet. Le déféré-liberté et laïcité est une procédure d'extrême urgence permettant d'obtenir la suspension des actes locaux portant atteinte à une liberté ou au

1. CE 8 févr. 2017, min. du Logement et de l'Habitat durable c/C^{ne} de Chens-sur-Léman, req. n° 402417, *Lebon* ; *AJDA* 2017. 320 ; *Dr. adm.* 2017, comm. 33, note G. Eveillard.
2. CE 9 avr. 2004, C^{ne} de Bobigny, req. n° 265180, NP.

principe de laïcité. La première variante (« déféré-liberté ») existe depuis les lois de décentralisation de 1982, la seconde (« déféré-laïcité ») depuis 2021[1].

A

Engagement du déféré-liberté et laïcité

711.111 Compétence exclusive du préfet. La demande de déféré peut être introduite uniquement par le représentant de l'État[2]. L'exercice de cette voie de droit est exclu pour les particuliers.

711.112 Actes concernés. La demande peut être dirigée uniquement contre les actes d'une autorité décentralisée[3].

B

Conditions d'octroi du déféré-liberté et laïcité

711.121 Première condition : atteinte à une liberté ou au principe de laïcité. L'acte attaqué doit être « de nature à compromettre l'exercice d'une liberté publique ou individuelle, ou à porter gravement atteinte aux principes de laïcité et de neutralité des services publics » (CGCT, art. L. 2131-6, al. 5).

Ont été regardés comme portant de nature à compromettre l'exercice d'une liberté publique ou individuelle :

- l'arrêté municipal interdisant de manière générale et absolue, et sur une longue période, la circulation de tous véhicules sur une voie communale, y compris ceux des riverains[4] ;
- la décision interdisant toute circulation et tout stationnement des poids lourds sur l'ensemble des voies et chemins communaux et qui subordonne les dérogations individuelles à des demandes écrites et motivées[5] ;
- la décision interdisant des stands politiques pendant la durée d'une foire[6] ;
- l'arrêté ordonnant la fermeture d'un centre commercial[7] ;
- la décision de réquisition d'un logement[8] ;
- le refus d'un maire d'accueillir dans les classes primaires de la commune des enfants originaires d'une commune voisine dont l'école a fait l'objet d'un regroupement pédagogique[9] ;
- l'arrêté « couvre-feu » restreignant la circulation des mineurs la nuit[10].

1. L. n° 2021-1109, 24 août 2021 confortant le respect des principes de la République, *JO* 25 août 2021.
2. CE 8 juin 1995, Hoarau, req. n° 170043, *Lebon* 232 ; *AJDA* 505, Chron. J.-H. Stahl et D. Chauvaux.
3. CE 22 nov. 1984, Allain, req. n° 54359, *Lebon* 382.
4. TA Montpellier, ord., 31 mai 1983, préfet des Pyrénées-Orientales c/Cne de Colombier-Saugnier, *Lebon T.* 557.
5. CE 3 juill. 1998, Cne de la Bruguière, req. n° 197525, *Lebon* ; *D.* 1998. 227.
6. TA Orléans, ord., 3 oct. 1985, préfet d'Eure et Loire ; *RFDA* 1987. 201, note G. Melleray.
7. TA Nice, ord., 5 sept. 1986, commissaire de la République du Var, *Lebon T.* 425.
8. TA Paris, ord., 27 févr. 1987, commissaire de la République du Val de Marne, *Lebon T.* 621.
9. CE 26 sept. 1987, Cne de Maizière, req. n° 91588, *Lebon T.*
10. CE 29 juill. 1997, préfet du Vaucluse c/Cne de Sorgues, req. n° 189250, *Lebon T.* 695 ; *D.* 1997. 211 ; *RFDA* 1998. 383, note P.-L. Frier – CE, ord., 10 août 2001, Cne de Yerres, req. n° 237047, *Lebon T.* 1106.

N'ont pas été regardés comme étant de nature à compromettre l'exercice d'une liberté publique ou individuelle :

– l'arrêté organisant un concours de recrutement[1] ;

– la décision relative au gel d'équipements d'une centrale électrique[2] ;

– l'arrêté autorisant le propriétaire d'un terrain à créer un étang[3] ;

– l'arrêté organisant une foire commerciale de printemps sans qu'ait été pris l'avis de la commission départementale de sécurité[4] ;

– la décision interdisant temporairement à un aéro-club de poursuivre son activité sur un aérodrome[5].

S'agissant du principe de laïcité, celui-ci a été regardé comme méconnu dans le cas du règlement intérieur d'une piscine municipale autorisant le port du burkini[6].

711.122 Seconde condition : doute sérieux. L'atteinte à une liberté ou au principe de laïcité ne suffit pas pour que le juge fasse droit à la demande de suspension. Il faut également que l'atteinte soit illégale ou, plus exactement, que l'un des moyens invoqués par le préfet soit de nature à faire naître un doute sérieux sur la légalité de la décision attaquée. Cette condition n'est pas formellement énoncée à l'article L. 2131-6 alinéa 5 du CGCT. Elle résulte néanmoins de l'esprit de cette disposition, conçue comme une variante particulière du déféré-suspension de droit commun. Cette analyse avait été consacrée par la jurisprudence sous l'ancien état du droit[7]. Par suite, l'exigence d'un « moyen sérieux d'annulation » prévalant sous l'empire du sursis à exécution a été remplacée par la condition relative au doute sérieux sur la légalité de la décision attaquée (sur cette condition, v. s^s^ n°s 222.771 s.).

Ont été regardés comme satisfaisant à cette exigence, sous l'ancien état du droit :

– l'interdiction générale et absolue de circuler sur une voie communale[8] ;

– le détournement de pouvoir commis par un maire qui, en interdisant la circulation des véhicules lourds, utilisait ses pouvoirs de police pour s'opposer à la création d'une ligne électrique[9] ;

– l'arrêté prévoyant l'exécution forcée des mesures encadrant la circulation des mineurs la nuit alors que l'autorité administrative ne dispose pas d'un pouvoir d'exécution d'office dans un tel cas de figure[10].

1. CE 2 juill. 1982, C^ne^ de Sarcelles, req. n° 43545, *Lebon* 260.
2. CE 24 févr. 1983, Assemblée de Corse, req. n° 48822, *Lebon* 82.
3. CE 10 janv. 1985, Doret ; *AJDA* 1985. 366, note H. Périnet-Marquet.
4. TA Lille, ord., 16 mars 1998, préfet de la région Nord Pas de Calais, *AJDA* 1998. 630, note J.-P. Briseul.
5. CE, ord., 23 juill. 1987, commissaire de la République du Vaucluse c/C^ne^ de Saint Martin de Castillon, req. n° 89652, *Lebon T.*
6. CE, ord., 21 juin 2022, Ville de Grenoble, req. n° 464648, NP ; *JCP Adm.* 2022, n° 2237, note L. Eck ; *RFDA* 2022. 689, note J.-P. Camby et J.-E. Schoettl ; *Revue des droits de l'homme* oct. 2022, note V. Nicolas [en ligne].
7. CE 15 déc. 1982, C^ne^ de Garches, req. n° 47231, *Lebon* 417 ; *D.* 1983. 279, note J.-M. Auby ; *RD publ.* 1983. 211, note R. Drago ; *Rev. adm.* 1983. 144, note B. Pacteau.
8. TA Montpellier, ord., 31 mai 1983, préfet des Pyrénées-Orientales c/C^ne^ de Colombier-Saugnier, *Lebon T.* 557.
9. CE 3 juill. 1998, C^ne^ de la Bruguière, req. n° 197525, *Lebon*.
10. CE 29 juill. 1997, préfet du Vaucluse c/C^ne^ de Sorgues, req. n° 189250, *Lebon T.* 695 ; *D.* 1997. 211 ; *RFDA* 1998. 383, note P.-L. Frier.

Les restrictions nécessaires et proportionnées apportées à l'exercice des libertés sont en revanche admises. Ainsi, la condition tenant au moyen sérieux d'annulation n'a pas été regardée comme satisfaite :

– dans le cas d'un arrêté interdisant la vente ou la distribution gratuite de journaux et de tracts et la mise en circulation de pétition sur le marché le jour ou il a lieu, dès lors que la mesure est justifiée par le maintien de l'ordre et est destinée à faciliter la circulation du public[1] ;

– dans le cas d'une interdiction de survol du territoire communal limitée aux aéronefs répandant des produits chimiques[2].

711.123 Conditions plus faciles qu'en référé-liberté. Les conditions d'octroi du déféré-liberté sont plus faciles à satisfaire que celles du référé-liberté. En particulier, l'exigence d'une illégalité manifeste formulée à l'article L. 521-2 du CJA est conçue par l'article L. 554-3 comme une simple condition de doute sérieux sur la légalité de l'acte. Si le préfet a qualité pour former un référé-liberté (v. s[s] n° 231.43), il a tout intérêt à emprunter la voie plus facile du déféré-liberté. C'est uniquement dans l'hypothèse où la mesure liberticide résulte non pas d'un acte mais d'un comportement ou d'une carence (rendant irrecevable un déféré-liberté) que la voie du référé-liberté présentera pour lui un intérêt.

C

Jugement du déféré-liberté et laïcité

711.131 Qualité de juge des référés. La compétence pour examiner la demande revient au président du tribunal administratif ou au magistrat qu'il délègue (CGCT, art. L. 2131-6, al. 5). Les dispositions de l'article L. 511-2 du CJA relatives à la désignation des juges des référés sont applicables aux régimes spéciaux de suspension mentionnés au chapitre IV du livre V du Code de justice administrative. Elles sont notamment applicables au déféré-suspension de l'article L. 2131-6 du CGCT reproduites à l'article L. 554-1 du CJA[3].

711.132 Délai de jugement. Le juge se voit impartir un délai de 48 heures pour statuer (CGCT, art. L. 2131-6, al. 5).

711.133 Exigences de la contradiction. L'observation du délai de jugement de quarante-huit heures doit être conciliée avec le respect du principe du contradictoire[4]. Il suit de là que la communication du déféré au défendeur pour le mettre à même de présenter ses observations, doit être assortie d'un délai de réponse compatible avec le délai de 48 heures imparti au juge et approprié aux données de l'espèce. Ce n'est qu'à l'expiration de ce délai que le magistrat peut, nonobstant l'absence d'observations en défense, régulièrement statuer[5].

1. CE 15 déc. 1982, C[ne] de Garches, req. n° 47231, *Lebon* 417 ; *D.* 1983. 279, note J.-M. Auby ; *RD publ.* 1983. 211, note R. Drago ; *Rev. adm.* 1983. 144, note B. Pacteau.
2. TA Lyon, ord., 21 oct. 1987, commissaire de la République de l'Ardèche, *Lebon T.* 621.
3. CE 8 juill. 2011, Botella, req. n° 342113, *Lebon* ; *AJDA* 2011. 1410 : revenant sur CE, ord., 17 mai 2006, C[ne] de Wissous, req. n° 293110, *Lebon* 253 ; *AJDA* 2006. 1068.
4. CE, ord., 13 juill. 1999, C[ne] de Monétier-les-Bains, req. n° 210348, *Lebon* 246.
5. CE, ord., 13 juill. 1999, C[ne] de Monétier-les-Bains, préc.

D

Décision du juge du déféré-liberté et laïcité

711.141 Mesure de suspension. Le juge administratif suspend l'exécution de la décision attaquée dès lors que les deux conditions d'octroi sont satisfaites.

711.142 Injonction d'exécution. Le juge peut compléter la suspension du prononcé d'une injonction d'exécution au titre des articles L. 911-1 et L. 911-2 du CJA. Saisi d'une décision de refus, le juge peut prescrire de sa propre initiative les mesures qu'implique l'exécution de la mesure de suspension (v. ss no 224.172, pour le référé-suspension).

E

Voie de recours ouverte contre la décision

711.151 Appel. Les décisions rendues par le juge du premier degré peuvent faire l'objet d'un recours en appel. La compétence pour en connaître revient au président de la Section du contentieux du Conseil d'État ou au conseiller d'État qu'il délègue (CGCT, art. L. 2131-6, al. 5). Le juge d'appel statue dans un délai de 48 heures (CGCT, art. L. 2131-6, al. 5).

§ 3

Déféré-défense nationale

711.161 Objet. Le déféré-défense nationale vise à obtenir la suspension d'une décision locale susceptible de nuire aux installations de l'État intéressant la défense.

711.162 Engagement du déféré-défense nationale. Le déféré peut être introduit à l'encontre d'un acte d'une collectivité territoriale qu'il soit « soumis ou non à l'obligation de transmission » (CGCT, art. L. 1111-7, al. 1er). La demande principale en annulation comme la demande accessoire en suspension doivent être introduites devant le Conseil d'État, compétent en premier et dernier ressort (CGCT, art. L. 1111-7, al. 1er et 2). La demande principale doit être enregistrée dans les deux mois qui suivent la transmission ou la publication de l'acte en cause (CGCT, art. L. 1111-7, al. 1er). La demande de suspension peut être présentée simultanément ou postérieurement.

711.163 Condition d'octroi. L'unique condition d'octroi est la suivante : l'acte « est de nature à compromettre de manière grave le fonctionnement ou l'intégrité d'une installation ou d'un ouvrage intéressant la défense » (CGCT, art. L. 1111-7, al. 1er). Dans la mesure où le préfet peut demander l'annulation de l'acte litigieux « pour ce seul motif » (CGCT, art. L. 1111-7, al. 1er), il peut également en obtenir la suspension dès lors que cette unique condition est satisfaite, sans devoir justifier d'un moyen propre à faire naître un doute sérieux quant à sa légalité. La jurisprudence, extrêmement peu fournie du fait de la rareté des applications, permet néanmoins d'établir que n'entre pas dans le champ d'application de ces dispositions :

– l'arrêté d'un maire interdisant la circulation d'engins blindés sur le territoire de la commune[1] ;

1. CE 15 mars 1996, Cne de Busy, req. no 113884, *Lebon*.

– la délibération par laquelle un conseil municipal a accordé une subvention à une association anti-nucléaire[1].

§ 4

Déférés-référendum local

711.171 Objet. Les déférés-référendum local visent à obtenir la suspension d'un projet de référendum local décisionnel. L'article L.O. 1112-3 du CGCT ouvre au préfet deux référés distincts contre un tel projet qu'une collectivité locale envisage de soumettre à ses électeurs.

711.172 Déférés portant sur un projet de référendum décisionnel local. L'article L.O. 1112-3 du CGCT prévoit que l'assemblée délibérante de la collectivité territoriale, par une même délibération, détermine les modalités d'organisation du référendum local, fixe le jour du scrutin, qui ne peut intervenir moins de deux mois après la transmission de la délibération au représentant de l'État, convoque les électeurs et précise le projet d'acte ou de délibération soumis à l'approbation des électeurs (al. 1er). L'exécutif de la collectivité territoriale transmet au représentant de l'État dans un délai maximum de huit jours la délibération (al. 2). Le représentant de l'État dispose d'un délai de dix jours à compter de la réception de la délibération pour la déférer au tribunal administratif s'il l'estime illégale. Il peut assortir son recours d'une demande de suspension (al. 3).

711.173 Déféré-suspension « référendum local ». La première procédure ouverte au préfet à l'encontre d'un projet de référendum décisionnel local est calquée sur le déféré-suspension de droit commun. L'article L.O. 1112-3 alinéa 4 du CGCT prévoit que le président du tribunal administratif ou le magistrat délégué par lui « statue dans un délai d'un mois, en premier et dernier ressort, sur la demande de suspension ». Il ajoute qu'il est fait droit à cette demande « si l'un des moyens invoqués paraît, en l'état de l'instruction, propre à créer un doute sérieux quant à la légalité de l'acte attaqué ou du projet de délibération ou d'acte soumis à référendum ».

Ont été suspendues sur le fondement de ces dispositions :

– une délibération portant sur le droit de vote et d'éligibilité des résidents étrangers aux élections locales (alors que cette matière ne constitue pas une compétence de la commune) et prévoyant la participation au scrutin des résidents étrangers non ressortissants d'un État membre de l'Union européenne (alors que ceux-ci sont dépourvus du droit de vote pour les élections politiques)[2] :

– une délibération portant sur la question suivante, portant sur une mesure prise par l'État dans une matière relevant des compétences de l'État : « Approuvez-vous l'installation de nouveaux migrants, imposée par l'État, sans consultation du conseil municipal ? »[3].

Le juge statuant en dernier ressort, seul un recours en cassation peut être formé à l'encontre de sa décision.

1. CE 15 nov. 1995, Cne de Secondigny, req. n° 137500, NP ; *RFDA* 1996. 245, note M. Verpeaux.
2. TA Cergy-Pontoise, ord., 13 janv. 2006, préfet de la Seine-Saint-Denis, req. n° 0511416, NP ; *AJDA* 2006. 873, note M. Verpeaux ; *Coll. terr.* 2006, comm. n° 41, note J. Moreau.
3. TA Montpellier, ord., 6 déc. 2016, Préfet de l'Hérault, req. n° 1605527, NP.

711.174 Déféré-liberté « référendum local ». La seconde procédure ouverte au préfet à l'encontre d'un projet de référendum décisionnel local est calquée sur le déféré-liberté. L'article L.O. 1112-3 alinéa 4 du CGCT prévoit que lorsque la délibération organisant le référendum local ou le projet de délibération ou d'acte soumis à référendum « est de nature à compromettre l'exercice d'une liberté publique ou individuelle », le président du tribunal administratif ou le magistrat délégué par lui « en prononce la suspension dans les quarante-huit heures ».

Les voies de recours n'étant pas précisées, seul un recours en cassation semble pouvoir être formé à l'encontre la décision rendue, et ce malgré les similitudes avec la procédure du déféré-liberté.

712. Suspension sur déféré d'autres autorités administratives

SECTION 0

Orienteur

712.00 Plan du chapitre.

Sect. 1 Déféré contre les décisions des établissements publics de santé
Sect. 2 Déféré contre les contrats des établissements d'enseignement
Sect. 3 Déféré contre les actes des fédérations sportives
Sect. 4 Déféré des maires de Paris, Lyon et Marseille (« déféré PLM »)
Sect. 5 Déféré contre un permis de construire

712.01 Textes applicables.

> Déféré contre les décisions des établissements publics de santé

CJA, art. L. 554-6, renvoyant à CSP, art. L. 6143-4, dern. al.

> Déféré contre les actes contractuels des établissements d'enseignement

CJA, art. L. 554-7, renvoyant à L. n° 83-663, 22 juill. 1983, art. 15-12, II.

> Déféré du ministre des Sports contre les fédérations sportives

CJA, art. L. 554-8, renvoyant à C. sport, art. L. 131-20.

> Déféré des maires de Paris, Lyon et Marseille

CJA, art. L. 554-9, renvoyant à CGCT, art. L. 2511-23.

> Déféré contre un permis de construire

CJA, art. L. 554-10 (renvoyant à C. urb., art. L. 421-9 – abrogé – et qui devrait renvoyer à C. urb., art. L. 600-3).

712.09 Faible utilisation. Les déférés spéciaux ouverts à des autorités administratives autres que le préfet donnent lieu à un nombre extrêmement limité d'applications.

SECTION 1

Déféré contre les décisions des établissements publics de santé

712.11 Procédure. Les délibérations du conseil de surveillance et les décisions du directeur des établissements publics de santé peuvent faire l'objet d'une demande de suspension d'exécution de la part du directeur régional de l'hospitalisation (CSP, art. L. 6143-4, dern. al. : la rédaction de cette disposition n'ayant pas été réactualisée pour tenir compte de la loi du 30 juin 2000, elle évoque non pas la suspension de la décision mais le « sursis à exécution » de celle-ci). Les règles procédurales sont celles applicables au déféré-suspension de droit commun (v. s[s] n°s 711.51 s.).

712.12 Condition d'octroi. Par analogie avec le déféré-suspension de droit commun, le juge fait droit à la demande de suspension si l'un des moyens est de nature à faire naître un doute sérieux sur la légalité de la décision attaquée.

SECTION 2

Déféré contre les contrats des établissements d'enseignement

712.21 Actes concernés. Le déféré de l'article L. 554-7 du CJA peut être dirigé contre les actes des chefs d'établissement d'enseignement pris pour la passation ou l'exécution de conventions, et notamment de marchés. Ces actes sont exécutoires 15 jours après leur transmission au préfet, à la collectivité de rattachement et à l'autorité académique.

712.22 Qualité du requérant. Le déféré de l'article L. 554-7 du CJA est ouvert à deux autorités : la collectivité de rattachement d'une part, l'autorité académique d'autre part (L. n° 83-663, 22 juill. 1983[1], art. 15-12-II, al. 2).

712.23 Procédure et condition. En vertu des dispositions de l'article 15-12-II de la loi n° 83-663 du 22 juillet 1983, ce déféré particulier obéit aux règles de procédure et à la condition d'octroi prévues pour le déféré-suspension de droit commun (v. s[s] n°s 711.41 s.).

SECTION 3

Déféré contre les actes des fédérations sportives

712.31 Actes concernés. Le déféré de l'article L. 554-8 du CJA concerne les actes adoptés par les fédérations sportives en vertu de la délégation mentionnée à l'article 131-14 du Code du sport (C. sport, art. L. 131-20, al. 1er).

712.32 Qualité du requérant. Le déféré est ouvert au ministre chargé des sports (C. sport, art. L. 131-20, al. 1er).

712.33 Procédure et condition. Ce déféré particulier obéit aux règles de procédure et à la condition d'octroi prévues pour le déféré-suspension de droit commun (v. s[s] n°s 711.41 s.). Il est fait droit à la demande de suspension si l'un des moyens invoqués paraît, en l'état de l'instruction, propre à créer un doute sérieux quant à la légalité de l'acte attaqué (C. sport, art. L. 131-20, al. 2). Le juge statue sur cette demande dans un délai d'un mois (C. sport, art. L. 131-20, al. 3).

SECTION 4

Déféré des maires de Paris, Lyon et Marseille (« déféré PLM »)

712.41 Actes concernés. Le déféré PLM peut être dirigé contre les délibérations adoptées par les conseils d'arrondissement des villes de Paris, Lyon et Marseille.

1. *JO* 23 juill.

712.42 Condition d'octroi. Le juge fait droit à la demande si le requérant justifie d'un moyen propre à créer un doute sérieux quant à la légalité de la délibération attaquée.

712.43 Procédure proche du déféré-liberté. La procédure applicable a été calquée sur celle du déféré-liberté. La demande est examinée par le président du tribunal administratif ou un magistrat délégué dans un délai de 48 heures. Un appel peut être interjeté devant le Conseil d'État dans un délai de 15 jours. Le président de la Section du contentieux ou un magistrat délégué statue dans un délai de 48 heures.

SECTION 5

Déféré contre un permis de construire

712.51 Actes concernés. Le déféré de l'article L. 554-10 peut être dirigé contre un permis de construire.

712.52 Qualité du requérant. L'article L. 554-10 du CJA reconnaît la qualité pour agir :

- à l'État ;
- à la commune ;
- et à l'établissement public de coopération intercommunale.

712.53 Procédure et condition d'octroi. L'article L. 554-10 du CJA dispose que la demande de suspension « obéit aux règles définies par le premier alinéa de l'article L. 421-9 du Code de l'urbanisme ». Cet article ayant été abrogé par l'ordonnance n° 2005-1527 du 8 décembre 2005 (art. 15), il faut lire en réalité « article L. 600-3 » du Code de l'urbanisme (créé par cette même ordonnance : art. 21). La demande introduite sur le fondement de l'article L. 554-10 suit le régime procédural et les conditions d'octroi du déféré-suspension de droit commun[1] (v. ss nos 711.41 s.), avec suspension automatique des effets du permis attaqué (pendant un délai d'un mois) si la demande est formée dans les 10 jours suivant la réception de l'acte en préfecture (v. ss nos 711.91 s.).

1. V. en ce sens CAA Marseille, 21 juin 2007, Synd. d'agglomération nouvelle Ouest Provence, req. n° 06MA01896, NP - CAA Nantes, 21 juin 2007, Cne de Sauzon, req. n° 08NT02027, NP.

TITRE

72. Le référé « immeuble menaçant ruine » (mise en sécurité)

720.01 Texte applicable.

CJA, art. R. 556-1.

720.09 Origine. Le référé « immeuble menaçant ruine » a été institué par le décret nº 2006-1359 du 8 novembre 2006[1] (art. 4).

720.10 Objet. Le référé de l'article R. 556-1 du CJA vise à la désignation d'un expert lorsque le maire met en œuvre la procédure des bâtiments menaçant ruine, destinée à prévenir un danger imminent (CCH, art. L. 511-9[2]).

720.11 Fondement légal. L'article L. 511-9 du Code de la construction et de l'habitation prévoit que, préalablement à l'adoption de l'arrêté de mise en sécurité, le maire « peut demander à la juridiction administrative la désignation d'un expert afin qu'il examine les bâtiments, dresse constat de leur état y compris celui des bâtiments mitoyens et propose des mesures de nature à mettre fin au danger ». Il ajoute que l'expert « se prononce dans un délai de vingt-quatre heures à compter de sa désignation ».

Si le rapport de l'expert conclut à l'existence d'un « danger imminent », le maire ordonne les mesures provisoires nécessaires pour garantir la sécurité, notamment, l'évacuation de l'immeuble.

720.12 Procédure calquée sur le référé-constat. L'article R. 556-1 du CJA prévoit que, lorsque le maire saisi le juge des référés sur le fondement de l'article L. 511-9 du Code de la construction et de l'habitation, « il est statué suivant la procédure de référé prévue à l'article R. 531-1 » (sur cette procédure, v. s^s^ n°s 310.09 s.).

Il en résulte notamment que le juge n'est pas tenu de mettre en cause les défendeurs éventuels. si les dispositions du CCH et du CJA (CCH, art. L. 551-3, devenu art. L. 551-9 ; CJA, art. R. 531-1) « ne s'opposent pas à ce que le juge des référés mette en cause le propriétaire du bâtiment et les autres défendeurs éventuels avant de rendre son ordonnance, elles ne lui en font pas obligation »[3]. Le juge dispose ainsi d'une option : soit il statue sur la demande sans communiquer la requête à l'administration et au propriétaire, donc au seul vu des écritures du demandeur ; soit il transmet au préalable la requête à l'administration et au propriétaire, ce qui conférera à ceux-ci la qualité de partie[4]. En tout état de cause, le contradictoire interviendra nécessairement au stade des opérations d'expertise si un expert est désigné. En effet, comme l'indique le Conseil d'État, les dispositions précitées « imposent » au

1. *JO* 10 nov.
2. Anciennement art. L. 551-3.
3. CE 30 nov. 2021, Syndicat des copropriétaires du 65 avenue de la République, req. nº 439491, *Lebon T.* ; *JCP Adm.* 2022, nº 2061, Chron. O. Le Bot ; *Procédures* 2022, comm. 51, note S. Deygas.
4. CE 21 mars 2012, Garde des Sceaux, min. de la Justice et des Libertés c/Assafar, req. nº 353511, *Lebon*.

juge, s'il nomme un expert aux fins d'effectuer les missions prévues par l'article L. 511-3 du CCH, devenu son article L. 511-9, « de leur notifier immédiatement cette ordonnance, l'expertise devant avoir lieu en présence de ces défendeurs »[1].

720.13 **Voies de recours.** Le régime des voies de recours a été précisé dans un arrêt du 30 novembre 2021[2].

En premier lieu, lorsque le juge des référés a rejeté la demande d'expertise présentée par le maire et que la commune fait appel de son ordonnance devant le juge des référés de la CAA, le juge des référés statuant en appel n'est pas « tenu de mettre en cause le propriétaire du bâtiment et les autres défendeurs éventuels avant de rendre son ordonnance, y compris dans le cas où ceux-ci auraient été mis en cause en première instance ». En outre, il lui appartient, « s'il désigne un expert, de leur notifier son ordonnance » (p^{t} 4).

En deuxième lieu, lorsque le premier juge a fait droit à la demande d'expertise et que son ordonnance fait l'objet d'une voie de recours (appel, si l'auteur de l'appel a été constitué défendeur en première instance ; tierce opposition, si la requête ne lui a pas été communiquée), « le principe du caractère contradictoire de la procédure impose au juge » saisi de cette voie de recours, « de mettre en cause la commune avant de statuer ». En revanche, il « n'est [...] pas tenu de mettre en cause les autres personnes auxquelles avait, le cas échéant, été notifiée l'ordonnance ayant nommé l'expert ». Il lui appartient toutefois de leur notifier son ordonnance dans le cas où, parce qu'il se trouve ressaisi de la demande de la commune, « il rejette cette demande ou modifie la mission de l'expert » (p^{t} 5).

En troisième et dernier lieu, dans le cas où la commune fait appel d'une ordonnance du juge des référés du tribunal administratif ayant, à la demande d'un tiers-opposant, déclaré nulle et non avenue une précédente ordonnance ayant nommé un expert à la demande du maire, le principe du caractère contradictoire de la procédure « impose au juge des référés statuant en appel d'appeler à l'instance ce tiers-opposant ». Pour le reste, comme dans l'hypothèse précitée, le juge n'est pas « tenu de mettre en cause les autres personnes auxquelles avait, le cas échéant, été notifiée l'ordonnance ayant nommé l'expert, mais il lui appartient là encore, s'il désigne un expert, de leur notifier son ordonnance » (p^{t} 6).

1. CE 30 nov. 2021, Syndicat des copropriétaires du 65 avenue de la République, req. n° 439491, préc.
2. CE 30 nov. 2021, Syndicat des copropriétaires du 65 avenue de la République, req. n° 439491, préc.

TITRE

73. Le référé « sécurité des immeubles collectifs à usage principal d'habitation »

730.01 Texte applicable.

CJA, art. R. 556-1.

730.09 **Origine.** Le référé « sécurité des immeubles collectifs à usage principal d'habitation » a été institué par le décret nº 2006-1359 du 8 novembre 2006[1] (art. 4).

730.10 **Objet.** Le référé de l'article R. 556-1 du CJA vise à la désignation d'un expert lorsque le maire met en œuvre la procédure de sécurité des immeubles collectifs à usage principal d'habitation, procédure destinée à prévenir un danger lié à l'état des équipements communs de ces immeubles (CCH, art. L. 129-3).

730.11 **Fondement légal.** L'article L. 129-3 du Code de la construction et de l'habitation prévoit qu'en cas « d'urgence ou de menace grave et imminente », le maire, après en avoir informé les personnes visées au deuxième alinéa de l'article L. 129-1, selon les modalités prévues à cet article, « demande à la juridiction administrative de désigner un expert chargé d'examiner l'état des équipements communs dans un délai de vingt-quatre heures suivant sa désignation » et « de proposer des mesures de nature à mettre fin à l'imminence du danger s'il la constate ».

730.12 **Procédure calquée sur le référé-constat.** L'article R. 556-1 du CJA prévoit que, lorsque le maire saisi le juge des référés sur le fondement de l'article L. 511-3 du Code de la construction et de l'habitation, « il est statué suivant la procédure de référé prévue à l'article R. 531-1 » (sur cette procédure, v. s[s] n°s 310.09 s.).

1. *JO* 10 nov.

TITRE

74. Le référé audiovisuel

SECTION 0

Orienteur

740.00 Plan du titre.

740.01 Textes applicables.

CJA, art. L. 533-1, renvoyant à L. n° 86-1067, 30 sept. 1986, art. 42-10.

740.03 Bibliographie indicative.

> **Encyclopédies.** *Rép. contentieux administratif*, v° Référés (régimes spéciaux), par Giltard ; D. Maillard Desgrees du Loû, « Référé en matière de communication audiovisuelle », *J.-Cl. Justice adm.*, fasc. n° 57.

740.04 Question essentielle.

> Le président du CSA peut-il saisir le Conseil d'État sans mise en demeure préalable du diffuseur concerné ? v. s[s] n° 741.10

740.09 Origine. Le référé audiovisuel, également appelé « référé-communication audiovisuelle » ou encore « référé en matière de communication audiovisuelle » (expression employée par le CJA), a été institué par la loi n° 86-1067 du 30 septembre 1986 relative à la liberté de communication[1], modifiée par la loi n° 89-25 du 17 janvier 1989[2].

740.10 Objet. Le référé audiovisuel permet au président de la Section du contentieux de faire cesser, à la demande du président du Conseil supérieur de l'audiovisuel (le CSA ayant remplacé en 1989 la Commission nationale de la communication et des libertés), le manquement d'un diffuseur aux obligations fixées par la loi n° 86-1067 du 30 septembre 1986. L'existence de cette procédure représente une juridictionnalisation de la répression des manquements.

La loi du 30 septembre 1986 offre ainsi deux voies distinctes pour mettre fin au manquement d'un diffuseur à ses obligations :

- d'une part une procédure administrative conduisant au prononcé d'une sanction par le CSA (L. n° 86-1067, 30 sept. 1986, art. 42 à 42-7) ;
- d'autre part une procédure juridictionnelle conduisant au prononcé d'une mesure par le président de la Section du contentieux du Conseil d'État (L. n° 86-1067, 30 sept. 1986, art. 42-10).

Ces deux procédures étant distinctes[3], la circonstance que le président de la Section du contentieux a ordonné à une société de faire cesser la diffusion d'un service

1. *JO* 1er oct.
2. *JO* 18 janv.
3. CE 6 janv. 2006, S[té] Lebanese Communication Group, req. n° 279596, *Lebon* 1 ; *AJDA* 2006. 64.

sur ses satellites sur le fondement des dispositions de l'article 42-10 ne prive pas d'objet le recours dirigé contre la décision par laquelle le CSA résilie la convention conclue avec cette société[1].

740.11 Singularités de la procédure. Le référé audiovisuel présente plusieurs particularités. D'une part, il est initié par une personne publique, à l'encontre d'une personne privée. D'autre part, le juge se prononce sur le fond du litige et prend des mesures définitives, ce qui confère à cette procédure la nature d'un référé au fond.

741. Engagement du référé audiovisuel

741.09 Président du CSA. La demande peut être introduite uniquement par le président du Conseil supérieur de l'audiovisuel (L. nº 86-1067, 30 sept. 1986, art. 42-10, al. 1er). Ce pouvoir lui étant directement conféré par la loi, il n'a pas à produire une décision de l'organe délibérant du CSA qui l'habiliterait à agir[2]. La loi précise que ce pouvoir d'agir en justice, reconnu à « son président », a vocation à être mis en œuvre « pour l'exécution des missions du Conseil supérieur de l'audiovisuel » (L. nº 86-1067, 30 sept. 1986, art. 42-10, al. 1er).

741.10 Absence de formalité préalable. La demande du président du CSA est recevable sans avoir à procéder à une mise en demeure préalable du diffuseur concerné. Selon la jurisprudence, l'application des dispositions de l'article 42-10 n'est pas subordonnée à une procédure préalable de mise en demeure non suivie d'effet[3].

741.11 Diffuseurs concernés. La demande peut être dirigée à l'encontre de tout diffuseur entrant dans le champ d'application de la loi nº 86-1067 du 30 septembre 1986. Le référé audiovisuel peut ainsi être dirigé contre :

– les services de télévision dont l'exploitant est établi en France (L. nº 86-1067, 30 sept. 1986, art. 43-2) ;

– les exploitants des services de télévision qui utilisent une fréquence accordée par la France (L. nº 86-1067, 30 sept. 1986, art. 43-4) ;

– les exploitants des services de télévision qui, n'utilisant pas une fréquence accordée par un État membre de l'Union européenne ou partie à l'accord sur l'Espace économique européen, utilisent une capacité satellitaire relevant de la France (L. nº 86-1067, 30 sept. 1986, art. 43-4)[4].

1. CE 6 janv. 2006, Sté Lebanese Communication Group, préc.
2. CE, ord., 21 juin 1988, CNCL c/Sté d'exploitation de la cinquième chaîne « La Cinq », req. nº 97234, *Lebon* 250 ; *RD publ.* 1988. 1373, note Y. Gaudemet ; *RFDA* 1989. 259, note D. Truchet.
3. CE, ord., 16 mars 1988, CNCL c/Sté TF1, req. nº 95256, *Lebon* 124 ; *RD publ.* 1988. 1373, note Y. Gaudemet.
4. CE, ord., 20 août 2004, CSA, req. nº 269813, *Lebon* 357 – CE, ord., 13 déc. 2004, Président du CSA, req. nº 274757, *Lebon* 456 ; *AJDA* 2005. 206, note Y. Gounin ; *D.* 2005. 17 ; *JCP* 2005. 10021, note E. Derieux.

742. Conditions d'octroi du référé audiovisuel

742.09 Deux situations. L'article 42-10 de la loi n° 86-1067 du 30 septembre 1986 distingue les conditions d'octroi selon le type de mesure sollicitée.

742.10 Demande visant à faire cesser un manquement. Lorsque la demande a pour objet le prononcé d'une injonction à l'égard d'un diffuseur, le juge met en œuvre ses pouvoirs « en cas de manquement » de celui-ci « aux obligations résultant des dispositions » de la loi n° 86-1067 du 30 septembre 1986 (L. n° 86-1067, 30 sept. 1986, art. 42-10, al. 1er). La notion d'obligations résultant de la loi est entendue largement. Elle comprend :

- les obligations énoncées dans la loi de 1986 ;
- les obligations présentes dans les décrets d'application de la loi de 1986[1] ;
- les obligations contenues dans le cahier des charges[2] ;
- les obligations résultant des engagements pris par un service de télévision et figurant dans sa décision d'autorisation[3], par exemple des obligations relatives à la diffusion de messages publicitaires[4] ;
- les obligations qui résultent d'une convention passée avec le CSA[5] ;
- les obligations édictées par le CSA par voie de décision, par exemple la décision modifiant les fréquences attribuées[6].

Ont par exemple été regardés comme des manquements le fait :

- de dépasser la durée autorisée de diffusion des messages publicitaires[7] ;
- de ne pas respecter le pourcentage d'œuvres audiovisuelles d'origine européenne et d'expression originale française[8] ;
- de décider la diffusion d'un film érotique avant 22 h 30[9].

Le juge des référés ne peut mettre en œuvre ses pouvoirs que si le manquement s'est déjà produit au regard des obligations pesant sur le diffuseur. En conséquence, il ne saurait prescrire à un éditeur ou à un diffuseur de services des mesures lui enjoignant de se conformer à des obligations dont le fait générateur ne s'est pas encore concrétisé à la date où il statue[10].

1. CE, ord., 21 juin 1988, CNCL c/Sté d'exploitation de la cinquième chaîne « La Cinq », req. n° 97234, *Lebon* 250 ; *RD publ.* 1988. 1373, note Y. Gaudemet ; *RFDA* 1989. 259, note D. Truchet.
2. CE, ord., 16 mars 1988, CNCL c/Sté TF1, req. n° 95256, *Lebon* 124 ; *RD publ.* 1988. 1373, note Y. Gaudemet.
3. CE, ord., 16 mars 1988, CNCL c/Sté TF1, req. n° 95256, préc.
4. CE 7 déc. 1988, CNCL c/Sté La Cinq, req. n° 103064, *Lebon T.* 997.
5. CE, ord., 20 janv. 1989, CNCL c/Sté La Cinq, req. n° 102993, *Lebon* ; *D.* 1990. 104, note P. Huet.
6. CE, ord., 27 mars 2003, CSA c/M6, req. n° 254736, *Lebon* ; *JCP* 2003. 10189, note A. Cheminade : chaîne continuant d'émettre sur ses anciennes fréquences alors que celles-ci ont été réattribuées par décision du CSA.
7. CE, ord., 16 mars 1988, CNCL c/Sté TF1, req. n° 95256, *Lebon* 124 ; *RD publ.* 1988. 1373, note Y. Gaudemet.
8. CE, ord., 21 juin 1988, CNCL c/Sté d'exploitation de la cinquième chaîne « La Cinq », req. n° 97234, *Lebon* 250 ; *RD publ.* 1988. 1373, note Y. Gaudemet ; *RFDA* 1989. 259, note D. Truchet.
9. CE, ord., 20 oct. 1988, CNCL, req. n° 102815, *Lebon* 351.
10. CE, ord., 19 juill. 2006, Président du CSA, req. n° 294663, *Lebon T.* 1007 : impossibilité, en l'espèce, d'enjoindre à un opérateur à se conformer *pour l'avenir* à ses obligations de communication au CSA des documents comptables prévus dans la convention le liant à cet organisme.

742.11 Demande visant à empêcher une chaîne satellitaire de pouvoir émettre. Lorsque la demande a pour objet de faire cesser la diffusion, par un opérateur satellitaire, d'un service de télévision relevant de la compétence de la France, le juge ne peut mettre en œuvre ses pouvoirs que si « les programmes portent atteinte à l'un au moins des principes mentionnés aux articles 1er, 3-1 ou 15 » de la loi nº 86-1067 du 30 septembre 1986. Ces principes sont les suivants :

- respect de la dignité de la personne humaine, de la liberté et de la propriété d'autrui ;
- caractère pluraliste de l'expression des courants de pensée et d'opinion ;
- protection de l'enfance et de l'adolescence ;
- sauvegarde de l'ordre public ;
- non-discrimination ;
- absence d'incitation à la haine.

743. Jugement du référé audiovisuel

743.09 Qualité de juge des référés. La qualité de juge des référés appartient au président de la Section du contentieux du Conseil d'État (L. nº 86-1067, 30 sept. 1986, art. 42-10, al. 2). Conformément à une règle générale de procédure (v. ss nº 120.10), celui-ci a la faculté de renvoyer le jugement de l'affaire à une formation collégiale[1]. Dans le silence des textes, le président de la Section du contentieux s'est reconnu le pouvoir de déléguer à un autre conseiller d'État la qualité de juge de juge du référé audiovisuel[2]. Le juge « statue en référé » (L. nº 86-1067, 30 sept. 1986, art. 42-10, al. 2), ce qui signifie qu'il statue dans les meilleurs délais (d'un jour à deux mois en pratique) et selon la procédure simplifiée applicable aux référés.

743.10 Audience publique. Eu égard aux pouvoirs dévolus au président de la Section du contentieux, sa décision doit être rendue à l'issue d'une audience publique[3].

743.11 Interventions. Initialement interdites par la jurisprudence[4], les interventions ont été expressément admises par la loi nº 89-25 du 17 janvier 1989 modifiant la loi nº 86-1067 du 30 septembre 1986. Dans sa rédaction issue de ce texte, l'article 42-10 de la loi du 30 septembre 1986 prévoit, en son alinéa 3, que « toute personne qui y a intérêt peut intervenir à l'action introduite par le président du Conseil supérieur de l'audiovisuel ». Ont par exemple été admises les interventions :

1. CE 25 nov. 1994, Sté « La Cinq », req. nº 10810, *Lebon* 17 ; *AJDA* 1989. 85, Chron. A. Azibert et M. de Boisdeffre ; *D.* 1990. 104, note P. Huet.
2. CE, ord., 20 oct. 1988, CNCL, req. nº 102815, *Lebon* 351.
3. CE 25 nov. 1994, Sté « La Cinq », req. nº 10810, *Lebon* 17 ; *AJDA* 1989. 85, Chron. A. Azibert et M. de Boisdeffre ; *D.* 1990. 104, note P. Huet.
4. CE, ord., 21 juin 1988, CNCL c/Sté d'exploitation de la cinquième chaîne « La Cinq », req. nº 97234, *Lebon* 250 ; *RFDA* 1989. 259, note D. Truchet ; *RD publ.* 1988. 1373, note Y. Gaudemet.

– du Premier ministre (intervention recevable eu égard aux « responsabilités qui sont les siennes », notamment le contrôle de légalité des actes des autorités administratives dont le gouvernement est responsable devant le Parlement)[1] ;

– de l'union des communautés juives de France, à l'appui d'une action dirigée contre une chaîne diffusant des programmes à caractère antisémite (intervention recevable « eu égard au contenu de certains programmes diffusés par la chaîne Al Manar »)[2].

744. Décision du président de la section du contentieux

SECTION 0

Orienteur

744.00 Plan du chapitre.

Sect. 1 Prononcé d'une mesure
Sect. 2 Condamnation sous astreinte
Sect. 3 Effets de la décision

SECTION 1

Prononcé d'une mesure

§ 1

Mesures pouvant être prononcées en cas de demande visant à faire cesser un manquement

744.11 Trois types de mesures. En cas de manquement d'un diffuseur à ses obligations, le juge des référés peut, aux termes du premier alinéa de l'article 42-10 de la loi n° 86-1067 du 30 septembre 1986 :

– lui ordonner de se conformer à ses obligations ;
– lui ordonner de mettre fin à l'irrégularité ;
– lui ordonner de supprimer les effets de cette irrégularité.

En outre, le deuxième alinéa de cette disposition autorise le juge à « prendre, même d'office, toute mesure conservatoire » (L. n° 86-1067, 30 sept. 1986, art. 42-10, al. 2).

744.12 Illustrations. Le juge des référés du Conseil d'État a par exemple enjoint à une chaîne de télévision :

– de ne pas diffuser un film érotique avant 22 h 30[3] ;

– de se conformer à l'obligation de ne pas diffuser plus de 12 minutes de messages publicitaires pendant toute période d'une heure calculée à partir d'un moment quelconque[4] ;

1. CE, ord., 13 déc. 2004, Président du CSA, req. n° 274757, *Lebon* 456 ; *AJDA* 2005. 206, note Y. Gounin ; *D.* 2005. 17 ; *JCP* 2005. 10021, note E. Derieux.
2. CE, ord., 13 déc. 2004, Président du CSA, préc.
3. CE, ord., 20 oct. 1988, CNCL, req. n° 102815, *Lebon* 351.
4. CE, ord., 16 mars 1988, CNCL c/Sté TF1, req. n° 95256, *Lebon* 124 ; *RD publ.* 1988. 1373, note Y. Gaudemet.

– de se conformer au cours de l'exercice courant du 1er mars 1988 au 28 février 1989, en ce qui concerne la diffusion des œuvres audiovisuelles, aux obligations fixées par l'article 5 du décret du 26 janvier 1987 (ordonnance fixant en outre des échéances intermédiaires en précisant qu'au 1er décembre 1988, la part des œuvres d'origine européenne et celle des œuvres d'expression originale française dans le total des œuvres audiovisuelles diffusées depuis le 1er mars 1988 devra avoir atteint respectivement au moins 48 et 40 %)[1].

744.13 Mesures exclues. Il n'entre pas dans les pouvoirs du juge du référé audiovisuel :

– d'infliger des sanctions[2] ;

– de condamner le diffuseur à réparer pécuniairement tout ou partie des conséquences de ces manquements pour les tiers[3] ;

– de condamner le diffuseur à verser une contribution au compte de soutien à l'industrie des programmes[4].

§ 2

Mesures pouvant être prononcées en cas de demande visant à empêcher une chaîne satellitaire de pouvoir émettre

744.21 Mesures susceptibles d'être prises. En cas de diffusion, par un opérateur satellitaire, d'un service de télévision dont les programmes portent atteinte à l'un des principes mentionnés aux articles 1er, 3-1 ou 15 de la loi de 1986, le juge peut « faire cesser la diffusion » de ce service de télévision (L. n° 86-1067, 30 sept. 1986, art. 42-10, al. 1er). En outre, le juge « peut prendre, même d'office, toute mesure conservatoire » (L. n° 86-1067, 30 sept. 1986, art. 42-10, al. 2).

744.22 Illustrations. Alors même qu'elle avait conclu une convention avec le CSA, la chaîne Al Manar, utilisant les capacités satellitaires de la société Eutelsat, a continué à diffuser des programmes à connotation antisémite portant atteinte aux principes mentionnés aux articles 1er et 15 de la loi du 30 septembre 1986. Dans ces conditions, le président de la Section du contentieux, saisi par le président du CSA sur le fondement des dispositions de l'article 42-10 de la loi du 30 septembre 1986, a enjoint à la société Eutelsat de faire cesser dans les 48 heures la diffusion de la chaîne Al Manar sur ses capacités satellitaires[5].

1. CE, ord., 21 juin 1988, CNCL c/Sté d'exploitation de la cinquième chaîne « La Cinq », req. n° 97234, *Lebon* 250 ; *RFDA* 1989. 259, note D. Truchet ; *RD publ.* 1988. 1373, note Y. Gaudemet.
2. CE, ord., 21 juin 1988, CNCL c/Sté d'exploitation de la cinquième chaîne « La Cinq », req. n° 97234, préc.
3. CE, ord., 21 juin 1988, CNCL c/Sté d'exploitation de la cinquième chaîne « La Cinq », req. n° 97234, préc.
4. CE, ord., 21 juin 1988, CNCL c/Sté d'exploitation de la cinquième chaîne « La Cinq », req. n° 97234, préc.
5. CE, ord., 13 déc. 2004, Président du CSA, req. n° 274757, *Lebon* 456 ; *AJDA* 2005. 206, note Y. Gounin ; *D.* 2005. 17 ; *JCP* 2005. 10021, note E. Derieux : décision précédée d'une précédente ordonnance du juge des référés du Conseil d'État dans laquelle celui-ci accordait, à la demande de la chaîne, un délai de deux mois pour conclure une convention avec le CSA de nature à régler la difficulté relative au contenu de certains programmes (v. CE, ord., 20 août 2004, CSA, req. n° 269813, *Lebon* 357).

On mentionnera, pour information, l'ordonnance du juge du référé-suspension rejetant une demande tendant à la suspension de la décision du CSA mettant la société Eutelsat en demeure de cesser la diffusion de la chaîne de télévision Sahar 1[1].

SECTION 2

Condamnation sous astreinte

744.31 Fondement. Le troisième alinéa de l'article 42-10 de la loi n° 86-1067 du 30 septembre 1986 reconnaît au juge des référés le pouvoir de « prononcer une astreinte pour l'exécution de son ordonnance ».

744.32 Prononcé de l'astreinte. Le juge des référés a par exemple enjoint à une chaîne de télévision de ne pas dépasser la durée maximum de publicité par tranche horaire d'une heure, en précisant que tout dépassement constaté par le CSA après notification de son ordonnance donnera lieu à une astreinte, proportionnelle à la durée du dépassement et calculée sur la base de 2 500 euros par seconde[2]. De même a-t-il pu, en vue de prévenir tout manquement aux obligations relatives aux quotas de films français et européens devant être diffusés par une chaîne de télévision, indiqué que les manquements constatés à l'expiration de la période d'un an servant de référence, donneront lieu à une astreinte calculée de la façon suivante[3] :

- 1 500 euros par heure manquante, si les pourcentages de diffusion constatés atteignent entre 54 et 60 % pour les œuvres d'origine européenne, entre 45 et 50 % pour les œuvres d'expression originale française ;
- 3 000 euros par heure manquante si les pourcentages de diffusion constatés atteignent entre 42 et 54 % pour les œuvres d'origine européenne, entre 35 et 45 % pour les œuvres d'expression originale française ;
- 4 500 euros par heure manquante si les pourcentages de diffusion sont inférieurs à 42 % pour les œuvres d'origine européenne, à 35 % pour les œuvres d'expression originale française.

Le juge calcule le montant de l'astreinte à partir des résultats de l'entreprise. Plus ceux-ci sont élevés, plus le montant de l'astreinte devra être conséquent afin de surmonter une éventuelle résistance de l'entreprise. Ainsi, alors que deux chaînes de télévision avaient commis le même manquement (en continuant à émettre sur des canaux réattribués), le juge des référés a adapté le montant de l'astreinte à la capacité financière de chacune d'elles : 30 000 euros par jour de retard pour TF1, 15 000 euros par jour de retard pour M6[4].

1. CE, ord., 3 mars 2005, Sté Eutelsat, req. n° 277736, *Lebon T.* 1083 ; *AJDA* 2005. 838, note Y. Gounin.
2. CE, ord., 16 mars 1988, CNCL c/Sté TF1, req. n° 95256, *Lebon* 124 ; *RD publ.* 1988. 1373, note Y. Gaudemet.
3. CE, ord., 21 juin 1988, CNCL c/Sté d'exploitation de la cinquième chaîne « La Cinq », req. n° 97234, *Lebon* 250 ; *RFDA* 1989. 259, note D. Truchet ; *RD publ.* 1988. 1373, note Y. Gaudemet.
4. CE, ord., 27 mars 2003, CSA c/M6, req. n° 254736, *Lebon* ; *JCP* 2003. 10189, note A. Cheminade – CE, ord., 27 mars 2003, CSA c/TF1, req. n° 254737, *Lebon* ; *AJDA* 2003. 1454, note J.-P. Thiellay : refus de faire droit à la demande du CSA d'une astreinte d'un montant de 100 000 euros par jour de retard, cette somme, correspondant approximativement au quart du bénéfice journalier de TF1, étant jugée trop élevée.

Le pouvoir d'assortir son injonction d'une astreinte peut également être mis en œuvre lorsque le juge ordonne de faire cesser la diffusion d'une chaîne portant atteinte aux principes mentionnés aux articles 1er, 3-1 ou 15 de la loi de 1986[1].

744.33 Liquidation de l'astreinte. La liquidation de l'astreinte intervient en cas d'inexécution par le diffuseur de l'ordonnance de référé. Une chaîne de télévision ayant dépassé à deux reprises, de 11 et 37 secondes, la durée maximum de publicité, a été condamnée au versement d'une astreinte d'un montant de 73 000 euros[2]. Le taux de l'astreinte peut être modéré compte tenu des circonstances de l'espèce et notamment du caractère isolé des manquements constatés[3]. En revanche, le juge des référés refuse de faire droit aux demandes de clémence en cas de mauvais vouloir caractérisé[4]. Dans la mesure où la liquidation de l'astreinte ne constitue ni une sanction disciplinaire, ni une sanction professionnelle, elle n'est pas couverte par l'amnistie[5].

SECTION 3

Effets de la décision

744.41 Effet immédiat. En vertu du deuxième alinéa de l'article 42-10 de la loi no 86-1067 du 30 septembre 1986, la décision du juge des référés est « immédiatement exécutoire ».

745. Voies de recours ouvertes contre la décision

745.09 Absence de voies de recours prévues. L'ordonnance du juge des référés n'est susceptible ni d'un recours en appel, ni d'un recours en cassation.

745.10 Possibilité d'une voie de recours spéciale. Une voie de recours spéciale (tel un recours en rectification d'erreur matérielle, un recours en opposition ou une tierce opposition) pourrait être exercée à l'encontre de l'ordonnance de référé. Un recours en révision a été examiné par le Conseil d'État[6].

1. CE, ord., 13 déc. 2004, Président du CSA, req. n° 274757, *Lebon* 456 ; *AJDA* 2005. 206, note Y. Gounin ; *D.* 2005. 17 ; *JCP* 2005. 10021, note E. Derieux : astreinte de 5 000 euros par jour de retard.
2. CE, ord., 21 sept. 1988, CNCL c/TF1, req. n° 100192, *Lebon* 310 ; *D.* 1989. 124, note C. Debbasch.
3. CE, ord., 21 sept. 1988, CNCL c/TF1, préc.
4. CE 8 avr. 1994, CSA c/TF1, req. n° 150538, *Lebon* ; *AJDA* 1994. 370, Chron. C. Maugüé et L. Touvet ; *D.* 1996. 149, note D. Jean-Pierre : chaîne condamnée à verser la somme de 427 000 euros au Trésor public.
5. CE, ord., 21 sept. 1988, CNCL c/TF1, req. n° 100192, *Lebon* 310 ; *D.* 1989. 124, note C. Debbasch.
6. CE 25 nov. 1994, Sté « La Cinq », req. n° 110810, *Lebon* 17 ; *AJDA* 1989. 85, Chron. A. Azibert et M. de Boisdeffre ; *D.* 1990. 104, note P. Huet.

TITRE
75. Le référé-injonction en matière de communication électronique

750.01 Texte applicable.
CPCE, art. L. 36-11, VII.

750.09 **Origine.** Le référé-injonction en matière de communication électronique a été institué par la loi n° 2004-669 du 9 juillet 2004 relative aux communications électroniques et aux services de communication audiovisuelle[1].

750.10 **Objet.** Le référé-injonction en matière de communication électronique permet au président de la Section du contentieux, sur demande du président de l'Autorité de régulation des communications électroniques et des postes (Arcep), d'adresser des injonctions à un opérateur ayant manqué à ses obligations.

750.11 **Procédure calquée sur le référé audiovisuel.** La procédure applicable et les conditions de mise en œuvre sont similaires à celles prévues pour le référé audiovisuel (v. ss nos 740.11 s.).

Le juge des référés du Conseil d'État est saisi exclusivement par le président de l'Arcep.

Il peut mettre en œuvre ses pouvoirs lorsqu'« un manquement », constaté dans le cadre des dispositions de l'article L. 36-11 du Code des postes et des communications électroniques, est susceptible d'entraîner « un préjudice grave pour un opérateur ou pour l'ensemble du marché ».

Dans cette hypothèse, le président de la Section du contentieux du Conseil d'État « statuant en référé », peut « ordonner à la personne responsable de se conformer aux règles et décisions applicables et de supprimer les effets du manquement ». Le juge peut prendre, « même d'office », toute mesure conservatoire et prononcer une astreinte pour l'exécution de son ordonnance.

1. *JO* 10 juill.

TITRE

76. Les référés sur saisine du Défenseur des droits

SECTION 0

Orienteur

760.00 Plan du titre.

760.01 Textes applicables.

> Référé visant à l'obtention d'information

L. org. nº 2011-333, 29 mars 2011, art. 21 ; CJA, art. R. 557-1.

> Référé tendant à l'accès à des locaux administratifs

L. org. nº 2011-333, 29 mars 2011, art. 22 ; CJA, art. R. 557-2.

760.09 **Deux référés.** La loi organique nº 2011-333 du 29 mars 2011 relative au Défenseur des droits[1] a reconnu à cette autorité divers pouvoirs d'information et d'investigation. Lorsque la mise en œuvre de ces pouvoirs se heurte à une résistance de l'administration, le Défenseur des droits peut saisir le juge administratif d'une demande de référé qui a pour objet de surmonter le refus administratif (soit un refus de répondre à une demande d'information, soit un refus d'autoriser l'accès aux locaux). Le décret nº 2011-904 du 29 juillet 2011[2] a fixé la procédure applicable (v. respectivement art. 3-II et 10).

761. Référé visant à l'obtention d'informations

761.09 **Pouvoir d'information du médiateur.** L'article 18 alinéa 1er de la loi organique nº 2011-333 du 29 mars 2011 prévoit que « le Défenseur des droits peut demander des explications à toute personne physique ou morale mise en cause devant lui. À cet effet, il peut entendre toute personne dont le concours lui paraît utile ». Son article 20 alinéa 1er ajoute que « les personnes physiques ou morales mises en cause communiquent au Défenseur des droits, sur sa demande motivée, toutes informations et pièces utiles à l'exercice de sa mission ». Lorsque les demandes ainsi formulées ne sont pas suivies d'effet, « le Défenseur des droits peut mettre en demeure les personnes intéressées de lui répondre dans un délai qu'il fixe » (art. 21, al. 1er).

761.10 **Recours au juge en cas de résistance administrative.** Lorsque la mise en demeure adressée à une personne par le Défenseur des droits de répondre à une demande d'information « n'est pas suivie d'effet, il peut saisir le juge des référés

1. *JO* 30 mars.
2. *JO* 30 juill.

d'une demande motivée aux fins d'ordonner toute mesure que ce dernier juge utile » (L. org. n° 2011-333, 29 mars 2011, art. 21, al. 2).

761.11 Procédure calquée sur le référé-mesures utiles. L'article R. 557-1 du CJA prévoit que lorsque le juge administratif est saisi par le Défenseur des droits, sur le fondement de l'article 21 de la loi organique du 29 mars 2011, d'une demande en référé tendant au prononcé de toute mesure utile à l'exercice de la mission du Défenseur des droits, « il est statué suivant la procédure de référé prévue à l'article L. 521-3 » (sur cette procédure, v. ss nos 240.06 s.).

762. Référé tendant à l'accès à des locaux administratifs

762.09 Pouvoir de visite du Défenseur des droits. La loi organique n° 2011-333 du 29 mars 2011 reconnaît au Défenseur des droits le pouvoir de procéder à « des vérifications sur place dans les locaux administratifs [...] des personnes mises en cause » (art. 22-I). L'autorité compétente peut toutefois s'opposer à une vérification sur place « pour des motifs graves et impérieux liés à la défense nationale ou à la sécurité publique », à charge pour elle de « fournir au Défenseur des droits les justifications de son opposition » (L. org. n° 2011-333, 29 mars 2011, art. 22-II, al. 1er).

762.10 Recours au juge en cas de refus administratif. Lorsque l'autorité administrative s'oppose à une visite du Défenseur des droits dans ses locaux, celui-ci « peut saisir le juge des référés d'une demande motivée afin qu'il autorise les vérifications sur place. Les vérifications s'effectuent alors sous l'autorité et le contrôle du juge qui les a autorisées. Celui-ci peut se rendre dans les locaux administratifs durant l'intervention. À tout moment, il peut décider l'arrêt ou la suspension des vérifications » (L. org. n° 2011-333, 29 mars 2011, art. 22-II, al. 2).

762.11 Procédure en 48 heures calquée sur le référé-mesures utiles. L'article R. 557-2 alinéa 1er du CJA organise la procédure applicable. Lorsque le juge administratif est saisi par le Défenseur des droits d'une demande en référé tendant à ce qu'il autorise son accès à des locaux administratifs, « il est statué suivant la procédure de référé prévue à l'article L. 521-3. Le juge se prononce dans les quarante-huit heures ». La procédure est donc celle du référé-mesures utiles (sur cette procédure, v. ss nos 240.06 s.), sous réserve d'un délai de jugement fixé à 48 heures (et non pas « dans les meilleurs délais », comme cela est prévu pour le référé-mesures utiles de droit commun).

Les alinéas 2 et 3 de l'article R. 557-2 reprennent les dispositions de la loi organique relative à la présence du juge aux vérifications : « lorsqu'il a autorisé la visite, le juge peut, s'il l'estime utile, se rendre dans les locaux pendant l'intervention » (al. 2) ; « à tout moment, il peut décider la suspension ou l'arrêt de la visite » (al. 3).

TITRE

77. Le référé « informatique et libertés » visant à faire cesser un traitement liberticide

770.01 Texte applicable.

CJA, art. R. 555-1.

770.09 Origine. Le référé « informatique et libertés » visant à faire cesser un traitement liberticide a été institué par le décret n° 2005-1309 du 20 octobre 2005 (art. 81)[1]. Ce décret d'application met en œuvre les dispositions de la loi n° 2004-801 du 6 août 2004[2] ayant modifié la loi « informatique et libertés » en vue de reconnaître à certaines personnes ou autorités de pouvoir saisir le juge des référés d'une demande visant au prononcé d'une injonction destinée à contraindre au respect de cette loi.

770.10 Objet. Le référé « informatique et libertés » de l'article R. 555-1 du CJA vise à mettre fin à une atteinte grave et immédiate à des droits et libertés du fait de la mise en œuvre par l'administration d'un traitement informatique ou de l'exploitation de données à caractère personnel.

770.11 Fondement légal. Cette procédure est prévue par l'article 45-III de la loi n° 78-17 du 6 janvier 1978 relative à l'informatique, aux fichiers et aux libertés, dans sa rédaction issue de l'article 7 de la loi n° 2004-801 du 6 août 2004. Cette disposition prévoit qu'en cas d'« atteinte grave et immédiate » aux droits et libertés mentionnés à l'article 1er de la loi (respect de l'identité humaine, droits de l'homme, respect de la vie privée, libertés individuelles ou publiques), le président de la Cnil peut demander, par la voie du référé, à la juridiction compétente d'ordonner, le cas échéant sous astreinte, « toute mesure de sécurité nécessaire à la sauvegarde de ces droits et libertés ».

770.12 Procédure calquée sur le référé-liberté. L'article R. 555-1 du CJA a fixé les modalités de cette procédure lorsque la demande est dirigée contre une administration (État, collectivité territoriale, toute autre personne publique ainsi que toute personne privée chargée d'une mission de service public). Il prévoit que, dans ce cas de figure, « il est statué suivant la procédure de référé instituée par les dispositions de l'article L. 521-2 » (sur cette procédure, v. ss nos 230.06 s.).

Trois différences peuvent être observées par rapport à la procédure de référé-liberté. D'une part, la demande peut être introduite uniquement par le président de la Cnil. D'autre part, les conditions d'octroi sont différentes puisque l'article 45-III de la loi n° 78-17 du 6 janvier 1978 exige une « atteinte grave et immédiate » aux droits et libertés mentionnés à l'article 1er de la loi (sans formuler de conditions

1. *JO* 22 oct.
2. *JO* 7 août.

relatives à l'urgence ou à l'illégalité manifeste). Enfin, l'article 45-III autorise le juge à ordonner « toute mesure *de sécurité* nécessaire à la sauvegarde » des droits et libertés menacés, là où l'article L. 521-2 autorise le juge des référés à ordonner « toute mesure nécessaire à la sauvegarde » d'une liberté fondamentale.

LIVRE

8. Les autres référés particuliers

SECTION 0

Orienteur

800.00 Plan du livre.

800.09 **Développement.** Les référés spécialisés sont institués dans des matières ou des domaines où les procédures d'urgence de droit commun ne sont pas (ou n'étaient pas) adaptées. Leur nombre a tendance à augmenter.

TITRE

81. Le référé « informatique et libertés » visant à prévenir la dissimulation ou la disparition de données

810.01 Texte applicable.

CJA, art. R. 555-2.

810.09 Origine. Le référé « informatique et libertés » visant à faire prévenir la dissimulation ou la disparition de données un traitement liberticide a été institué par le décret nº 2005-1309 du 20 octobre 2005 (art. 81). Ce décret d'application met en œuvre les dispositions de la loi nº 2004-801 du 6 août 2004 ayant modifié la loi « informatique et libertés » en vue de reconnaître à certaines personnes ou autorités de pouvoir saisir le juge des référés d'une demande visant au prononcé d'une injonction destinée à contraindre au respect de cette loi.

810.10 Objet. Le référé « informatique et libertés » de l'article R. 555-2 du CJA vise à prévenir tout risque qu'une administration dissimule ou fasse disparaître des données personnelles concernant un individu.

810.11 Fondement légal. Cette procédure est prévue par l'article 39-I de la loi nº 78-17 du 6 janvier 1978 relative à l'informatique, aux fichiers et aux libertés, dans sa rédaction issue de l'article 7 de la loi nº 2004-801 du 6 août 2004. Cette disposition prévoit que « toute personne physique justifiant de son identité a le droit d'interroger le responsable d'un traitement de données à caractère personnel en vue d'obtenir : 1° La confirmation que des données à caractère personnel la concernant font ou ne font pas l'objet de ce traitement ». Elle précise, en son dernier alinéa, qu'« en cas de risque de dissimulation ou de disparition des données à caractère personnel, le juge compétent peut ordonner, y compris en référé, toutes mesures de nature à éviter cette dissimulation ou cette disparition ».

810.12 Procédure calquée sur le référé-mesures utiles. L'article R. 555-2 du CJA a fixé les modalités de cette procédure lorsque la demande est dirigée contre une administration (État, collectivité territoriale, toute autre personne publique ainsi que toute personne privée chargée d'une mission de service public). Il prévoit que, dans ce cas de figure, « il est statué suivant la procédure de référé instituée par les dispositions de l'article L. 521-3 » du CJA (sur cette procédure, v. s[s] n°s 240.06 s.). La seule différence avec la procédure du référé-mesures utiles concerne la condition d'octroi. La mise en œuvre des pouvoirs du juge n'est subordonnée, ni au caractère utile de la mesure sollicitée ni à l'urgence mais à un « risque de dissimulation ou de disparition des données à caractère personnel » concernant le requérant.

TITRE

82. Les référés en matière d'environnement (étude d'impact, enquête publique, évaluation environnementale)

SECTION 0

Orienteur

820.00 Plan du titre.

820.01 Textes applicables.

> Référé « étude d'impact »
CJA, art. L. 554-11, renvoyant à C. envir., art. L. 122-2.

> Référé « enquête publique »
CJA, art. L. 554-12, renvoyant à C. envir., art. L. 123-16.

> Référé « évaluation environnementale »
C. envir., art. L. 122-11 (anc. art. L. 122-12).

820.02 Jurisprudence de référence.

> Référé « étude d'impact » : une étude d'impact ne contenant aucun des éléments d'information exigés par la loi s'analyse en une absence d'étude d'impact
CE, sect., 29 juill. 1983, Cne de Roquevaire, req. no 38795, *Lebon* 353.

> Référé « enquête publique » : le juge des référés dispose de la faculté, à titre exceptionnel, de ne pas suspendre l'acte attaqué alors même que les conditions d'octroi sont réunies
CE, sect., 16 avr. 2012, Cne de Conflans-Sainte-Honorine, req. no 355792, *Lebon*.

> Référé « évaluation environnementale » : il revient au juge d'apprécier si l'administration se trouvait dans une situation l'autorisant à ne pas procéder à une évaluation environnementale
CE 19 juin 2015, Cne de Saint-Leu, req. no 386291, *Lebon*.

820.03 Bibliographie indicative.

> Encyclopédies. *Rép. contentieux administratif*, vo « Référés : régimes spéciaux », par M. de Monsembernard ; J.-M. Marchand, « Régimes spéciaux de suspension », *J.-Cl. Justice adm.*, fasc. no 58.

> Articles. Ch. Ballandras-Rozet, « Quelle effectivité pour les référés-environnement ? », RJE 2016. 253.

820.04 Questions essentielles.

> Référé « étude d'impact » : une étude d'impact très sommaire est-elle regardée comme une absence d'étude d'impact ? v. ss no 821.34

820.09 Trois référés. Des procédures particulières de suspension ont été créées par le législateur dans le domaine de la protection de l'environnement. Elles permettent d'obtenir la suspension d'une décision dans des conditions plus faciles qu'en référé-suspension. Ces procédures sont au nombre de trois :

- le référé « étude d'impact » ;
- le référé « enquête publique » ;
- le référé « évaluation environnementale ».

821. Référé « étude d'impact »

821.00 Plan du chapitre.

821.09 Origine. Le référé « étude d'impact » a été institué par la loi n° 76-629 du 10 juillet 1976 relative à la protection de la nature[1].

821.10 Objet. Le référé « étude d'impact » vise à obtenir la suspension d'une décision autorisant ou approuvant un projet d'aménagement dans l'hypothèse où l'étude d'impact requise par les textes n'a pas été réalisée.

821.11 Extension à certaines collectivités d'outre-mer. Le référé-étude d'impact connaît une procédure équivalente, issue de l'ordonnance n° 2009-536 du 14 mai 2009[2] (art. 16-III, cod. CJA, art. L. 554-14), qui s'applique uniquement aux collectivités d'outre-mer qu'il énumère : Nouvelle-Calédonie, Polynésie française, Saint-Barthélemy, Saint-Martin, Saint-Pierre-et-Miquelon, Wallis-et-Futuna. Les règles qui lui sont applicables sont identiques à celles du référé « étude d'impact » de l'article L. 554-11 du CJA.

SECTION 1

Engagement du référé « étude d'impact »

821.21 Qualité du requérant. Le référé « étude d'impact » est ouvert à toute personne justifiant d'un intérêt à agir.

821.22 Recours accessoire. Le référé « étude d'impact » représente un recours accessoire à une demande principale en annulation, laquelle doit être recevable. Les règles sont, sur ce point, identiques à celles applicables au référé-suspension (v. s^{s} n°s 221.121 s.).

821.23 Mise en œuvre avec un référé-suspension. Dans la mesure où elle présente le même objet que la procédure de suspension de droit commun, et a vocation à être fréquemment mise en œuvre en même temps que celle-ci, le Conseil d'État admet qu'une requête puisse contenir des conclusions fondées à la fois sur l'article L. 521-1 et sur l'article L. 554-11 du CJA[3].

1. *JO* 13 juill.
2. *JO* 15 mai.
3. CE 14 mars 2001, C^{ne} de Goutrens, req. n° 230134, *Lebon* 126 ; *AJDA* 2001. 465, Chron. M. Guyomar et P. Collin ; *D.* 2001. 1364, et les obs. ; *RFDA* 2001. 832, concl. D. Chauvaux ; *BJDU* 2001. 104, concl. D. Chauvaux ; *RD publ.* 2001. 15, concl. – CE 30 déc. 2002, Assoc. sauvegarde du patrimoine et du cadre de vie de Solerieux, req. n° 242324, NP – CE 13 juill. 2007, Sietom, req. n° 294603, *Lebon T.* ; *AJDA* 2007. 2210, note C. Cans – CE 15 juill. 2010, Comité de quartier Jean Bouin, req. n° 340558, NP.

Le juge examinera en premier lieu le « référé-suspension spécial » et, s'il n'est pas fondé, le « référé-suspension de droit commun »[1].

821.24 Acte attaqué. Il résulte des dispositions des articles L. 122-2 et L. 122-1 du Code de l'environnement que « la procédure de suspension prévue à l'article L. 122-2 du Code de l'environnement est susceptible de s'appliquer à l'ensemble des autorisations et des décisions d'approbation de projets d'aménagement soumis à étude d'impact »[2]. Un acte entre dans le champ d'application de la procédure « non seulement lorsque l'étude d'impact est systématiquement exigée par la réglementation en vigueur mais également lorsqu'elle aurait dû être réalisée au terme d'un examen au cas par cas »[3]. Il appartient au juge, afin de déterminer si la demande qui lui est présentée sur ce fondement entre dans les prévisions de l'article L. 122-12 du Code de l'environnement, d'apprécier « si, en l'état de l'instruction et eu égard à la portée de la décision litigieuse, une étude d'impact était nécessaire »[4].

La procédure peut ainsi être mise en œuvre à l'encontre d'un permis de construire soumis à étude d'impact[5].

En revanche, elle ne peut être mise en œuvre à l'encontre d'une décision dont la délivrance ou l'adoption n'avait pas à être précédée d'une telle étude[6]. Tel est le cas :

- lorsque le préfet fait usage des pouvoirs qu'il tient de l'article L. 514-2 du Code de l'environnement pour mettre en demeure un exploitant de régulariser sa situation et l'autorise à titre provisoire à poursuivre son activité pour des motifs d'intérêt général en assortissant cette autorisation de prescriptions : une telle autorisation provisoire, destinée à répondre à l'urgence de la situation dans un souci de continuité de l'exploitation, ne saurait être regardée comme devant être soumise à l'obligation de production d'une étude d'impact[7] ;
- lorsque la réglementation exige seulement une notice d'impact[8] ;
- lorsque la loi (en l'occurrence la loi sur l'eau) exige un document qui n'a pas les caractères d'une étude d'impact[9] ;
- lorsque l'acte attaqué n'a pas lui-même à être précédé d'une étude d'impact (par exemple un arrêté de cessibilité pris pour la réalisation de travaux qui, eux seuls, sont soumis à étude d'impact)[10].

1. V. p. ex., CE 6 juill. 2011, Groupement foncier agricole Habitation Chancel, req. n° 344746, NP.
2. CE 13 juill. 2007, Synd. intercommunal pour l'enlèvement et le traitement des ordures ménagères de la région de Tournan-en-Brie, req. n° 294603, *Lebon T.* 1004 ; *AJDA* 2007. 2210, note C. Cans.
3. CE 18 déc. 2015, Sté routière Chambard et min. du Logement, de l'Égalité des territoires et de la ruralité c/Cne de la Sône, req. n° 389238, *Lebon T.* ; *AJDA* 2015. 2468 (pt 9).
4. CE 18 déc. 2015, Sté routière Chambard et min. du Logement, de l'Égalité des territoires et de la ruralité c/Cne de la Sône, req. n° 389238, préc. (pt 9).
5. CE 13 juill. 2007, Synd. intercommunal pour l'enlèvement et le traitement des ordures ménagères de la région de Tournan-en-Brie, préc. – v. *a contrario*, CE 10 juin 2015, Brodelle, req. n° 386121, *Lebon* ; *AJDA* 2015. 1183 ; *RDI* 2015. 434, obs. P. Soler-Couteaux ; *RFDA* 2015. 993, concl. A. Lallet.
6. CE 7 août 2008, Assoc. des Terres minées, req. n° 312022, *Lebon T.* ; *AJDA* 2008. 1569 – CE 11 juin 2004, Cne de Biarritz, req. n° 263241, NP ; *AJDA* 2004. 1887, note P. Proot.
7. CE 7 août 2008, Assoc. des Terres minées, req. n° 312022, préc.
8. CE 24 juin 1987, min. de l'industrie c/Sté nouvelle des entreprises Lecat, req. n° 81835, NP.
9. CE 27 juill. 2005, min. de l'Équipement c/Lafitte, req. n° 273870, NP.
10. CE 9 oct. 1991, Crespel et Pinsault, req. n° 99389, *Lebon T.* 1061.

SECTION 2

Conditions d'octroi du référé « étude d'impact »

821.31 Unique condition. Le juge fait droit à la demande de suspension dès lors que l'acte attaqué n'a pas été précédé de l'étude d'impact exigée (C. envir., art. L. 122-2). Aucune autre condition n'est requise. L'absence d'étude d'impact suffit à obtenir la suspension de l'autorisation ou de la décision d'approbation du projet d'aménagement.

821.32 Condition établie par le demandeur. Le moyen tiré de l'absence d'étude d'impact ne présentant pas un caractère d'ordre public, le requérant doit lui-même l'invoquer[1]. Il lui appartient d'apporter la preuve de l'absence d'étude d'impact[2].

821.33 Absence d'étude d'impact au jour de la décision. Lorsqu'une étude d'impact a été réalisée et portée à la connaissance, en temps utile, de l'autorité chargée d'instruire la demande de permis de construire, la seule circonstance qu'elle n'ait pas figuré dans le dossier joint à la demande de permis de construire ne suffit pas à faire regarder comme remplie la condition tenant à l'absence d'étude d'impact[3]. Ainsi, la condition permettant la mise en œuvre de l'article L. 554-11 du CJA n'est pas satisfaite dans l'hypothèse où l'étude d'impact, adressée au préfet, a été communiquée par celui-ci au maire de la commune concernée, afin qu'elle puisse être consultée par le public lors de l'enquête publique prévue par la législation sur les installations classées pour la protection de l'environnement, le maire en ayant dès lors eu connaissance avant de délivrer le permis de construire[4].

821.34 Absence d'étude d'impact et insuffisance d'une étude d'impact. Une étude d'impact comportant tous les éléments requis par la législation et la réglementation, mais les développant de façon insuffisante ou les présentant de manière inadaptée, n'est pas regardée comme une absence d'étude d'impact et, par suite, ne permet pas la mise en œuvre de l'article L. 554-11 du CJA[5].

Les dispositions de l'article 122-2 du Code de l'environnement exigent une absence d'étude d'impact. Cette condition est satisfaite :

1. CE 30 nov. 1984, Sté des Ciments français, req. n° 55081, *Lebon* 390 ; *AJDA* 1985. 164, note J.C.
2. CE 6 juill. 2007, min. de l'intérieur c/Cne de Saint-Bon-Tarentaise, req. n° 298140, NP.
3. CE 13 juill. 2007, Synd. intercommunal pour l'enlèvement et le traitement des ordures ménagères de la région de Tournan-en-Brie, req. n° 294603, *Lebon T.* 1004 ; *AJDA* 2007. 2210, note C. Cans.
4. CE 13 juill. 2007, Synd. intercommunal pour l'enlèvement et le traitement des ordures ménagères de la région de Tournan-en-Brie, préc.
5. CE 28 sept. 1984, Rondeau, req. n° 35638, NP : si le document produit sous le nom de « fiche de renseignements pour l'ouverture d'une porcherie » ne comporte pas d'indications suffisantes pour permettre de le regarder comme satisfaisant aux prescriptions réglementaires, il traite néanmoins de questions qui trouvent normalement leur place dans toute étude d'impact – dans le même sens, v. CE 14 déc. 1992, Groupement foncier agricole du domaine des Plaines, req. n° 125570, NP : à propos d'une Zac – CE 22 oct. 1993, Assoc. des viticulteurs d'Alsace, req. n° 139364, NP : à propos d'un arrêté préfectoral déclarant d'utilité publique une déviation et emportant modification d'un plan d'occupation des sols.

– en l'absence totale d'étude d'impact[1], cette situation se produisant notamment lorsque l'administration a cru, à tort, en être dispensée[2] ;

– lorsque l'étude produite ne comporte, même de façon sommaire, aucun des éléments d'information requis par la loi[3].

SECTION 3

Jugement du référé « étude d'impact »

821.41 Alignement sur le référé-suspension. Les demandes introduites sur le fondement de l'article L. 554-11 du CJA obéissent, pour leur instruction, au régime de droit commun des demandes de suspension des décisions administratives[4]. En particulier, le juge des référés a la faculté, si le moyen tiré de l'absence d'étude d'impact lui apparaît manifestement mal fondé, de rejeter la demande selon la procédure de tri fixée par l'article L. 522-3[5] (sur cette procédure, v. s^s^ n°s 213.41 s.).

SECTION 4

Décision du juge du référé « étude d'impact »

821.51 Alignement sur le référé-suspension. Les demandes introduites sur le fondement de l'article L. 554-11 du CJA obéissent, pour leur jugement, au régime de droit commun des demandes de suspension des décisions administratives[6] (v. s^s^ n°s 223.09 s.).

821.52 Condition satisfaite. Lorsque la condition d'octroi est satisfaite, le juge des référés suspend l'exécution de la décision attaquée[7].

821.53 Condition non satisfaite. Lorsque la condition nécessaire à la mise en œuvre de l'article L. 554-11 du CJA n'est pas satisfaite et que le requérant a présenté dans la même requête des conclusions en référé-suspension, le juge se prononce dans la même décision sur la demande de suspension selon les dispositions de l'article 521-1 (urgence et doute sérieux)[8].

1. CE 19 juin 1985, Le Breton, req. n° 64249, *Lebon T.* 695 – CE 25 mai 2022, France Nature Environnement, req. n° 447898, NP.
2. CE 16 avr. 1982, min. de l'industrie c/C^ne^ d'Aubagne, req. n° 32789, *Lebon T.* 715 – CE 8 nov. 1989, Chaneac, req. n° 104156, NP ; *RDI* 1990. 70, obs. C. Morel et M. Laroque.
3. CE, sect., 29 juill. 1983, C^ne^ de Roquevaire, req. n° 38795, *Lebon* 353 ; *AJDA* 1983. 537, Chron. B. Lasere et J.-M. Delarue – v. dans le même sens, CE 15 juill. 2010, Comité de quartier Jean Bouin, req. n° 340558, NP : réservant « l'exception [...] où, en raison de sa gravité », « l'insuffisance d'une étude d'impact » « équivaut à une absence ».
4. CE 14 mars 2001, C^ne^ de Goutrens, req. n° 230134, *Lebon* 126 ; *AJDA* 2001. 465, Chron. M. Guyomar et P. Collin ; *D.* 2001. 1364, et les obs. ; *RFDA* 2001. 832, concl. D. Chauvaux ; *BJDU* 2001. 104, concl. D. Chauvaux ; *RD publ.* 2001. 15, concl.
5. CE 14 mars 2001, C^ne^ de Goutrens, req. n° 230134, préc.
6. CE 14 mars 2001, C^ne^ de Goutrens, req. n° 230134, préc.
7. V. p. ex. CE 25 mai 2022, France Nature Environnement, req. n° 447898, NP.
8. V. par ex. CE 30 déc. 2002, Assoc. sauvegarde du patrimoine et du cadre de vie de Solerieux, req. n° 242324, NP – CE 13 juill. 2007, Sietom, req. n° 294603, *Lebon T.* ; *AJDA* 2007. 2210, note C. Cans – CE 15 juill. 2010, Comité de quartier Jean Bouin, req. n° 340558, NP.

SECTION 5

Voies de recours ouvertes contre la décision

821.61 Alignement sur le référé-suspension. Les demandes introduites sur le fondement de l'article L. 554-11 du CJA obéissent au régime de droit commun des demandes de suspension des décisions administratives[1] (v. s^s n°s 225.09 s.). Elles peuvent donc faire l'objet d'une demande de réexamen[2] et d'un recours en cassation devant le Conseil d'État. La cour administrative d'appel saisie à tort doit transmettre le pourvoi au Conseil d'État[3].

821.62 Contrôle de cassation. Le juge de cassation vérifie la régularité externe et la régularité interne de l'ordonnance faisant l'objet du pourvoi. Au titre de la régularité interne, le juge de cassation contrôle l'exactitude matérielle des faits, l'absence de dénaturation et l'erreur de droit[4]. Il ne contrôle pas l'appréciation des faits, qui relève du pouvoir souverain du juge du fond.

822. Référé « enquête publique »

822.00 Plan du chapitre.

Sect. 1 Engagement du référé « enquête publique »
Sect. 2 Conditions d'octroi du référé « enquête publique »
Sect. 3 Jugement du référé « enquête publique »
Sect. 4 Décision du juge du référé « enquête publique »
Sect. 5 Voies de recours ouvertes contre la décision

822.09 Origine. Le référé « enquête publique » a été institué par la loi n° 83-630 du 12 juillet 1983 relative à la démocratisation des enquêtes publiques (dite « loi Bouchardeau »)[5].

822.10 Objet. Le référé « enquête publique » vise à obtenir la suspension d'une décision d'aménagement devant être précédée d'une enquête publique dans l'hypothèse où le commissaire-enquêteur a émis un avis défavorable.

822.11 Extension à certaines collectivités d'outre-mer. Le référé « enquête publique » connaît une procédure équivalente, issue de l'ordonnance n° 2009-536 du 14 mai 2009[6] (art. 16-III, cod. CJA, art. L. 554-14), qui s'applique uniquement aux

1. CE 14 mars 2001, C^{ne} de Goutrens, req. n° 230134, *Lebon* 126 ; *AJDA* 2001. 465, Chron. M. Guyomar et P. Collin ; *D.* 2001. 1364, et les obs. ; *RFDA* 2001. 832, concl. D. Chauvaux ; *BJDU* 2001. 104, concl. D. Chauvaux ; *RD publ.* 2001. 15, concl.
2. CE 21 déc. 2001, Établissement public pour l'aménagement de la région de La Défense (Epad) c/C^{ne} de Puteaux, req. n° 232084, *Lebon* 654 ; *RDI* 2002. 273, obs. P. Soler-Couteaux.
3. CE 21 déc. 2001, Établissement public pour l'aménagement de la région de La Défense (Epad) c/C^{ne} de Puteaux, req. n° 232084, préc.
4. CE 14 mars 2001, C^{ne} de Goutrens, req. n° 230134, *Lebon* 126 ; *AJDA* 2001. 465, Chron. M. Guyomar et P. Collin ; *D.* 2001. 1364, et les obs. ; *RFDA* 2001. 832, concl. D. Chauvaux ; *BJDU* 2001. 104, concl. D. Chauvaux ; *RD publ.* 2001. 15, concl. – CE 14 févr. 2003, Angelras, req. n° 248556, NP.
5. *JO* 13 juill.
6. *JO* 15 mai.

collectivités d'outre-mer qu'il énumère (Nouvelle-Calédonie, Polynésie française, Saint-Barthélemy, Saint-Martin, Saint-Pierre-et-Miquelon, Wallis-et-Futuna). Les règles qui lui sont applicables sont identiques à celles du référé « enquête publique » de l'article L. 554-12 du CJA.

SECTION 1

Engagement du référé « enquête publique »

822.21 Qualité du requérant. Le référé « enquête publique » est ouvert à toute personne justifiant d'un intérêt à agir.

822.22 Recours accessoire. Le référé « enquête publique » représente un recours accessoire à une demande principale en annulation, laquelle doit être recevable. Les règles sont, sur ce point, identiques à celles applicables au référé-suspension (v. s^{s} n°s 221.121 s.).

822.23 Mise en œuvre avec un référé-suspension. Dans la mesure où elle présente le même objet que la procédure de suspension de droit commun, et a vocation à être fréquemment mise en œuvre en même temps que celle-ci, le Conseil d'État admet qu'une requête puisse contenir des conclusions fondées à la fois sur l'article L. 521-1 et sur l'article L. 554-12 du CJA[1].

822.24 Actes attaqués. Le référé « enquête publique » peut être dirigé contre toute décision d'aménagement subordonnée à une enquête publique (CJA, art. L. 554-12). Entrent notamment dans le champ d'application de cette disposition :

– les projets de carte communale, dès lors que l'article R. 124-6 du Code de l'urbanisme soumet leur adoption à enquête publique[2] ;

– l'autorisation d'exploiter une ICPE[3] ;

– l'approbation d'un plan local d'urbanisme, soumis à enquête publique en vertu de l'article L. 123-10 du Code de l'urbanisme[4].

En revanche, ne peuvent faire l'objet d'un tel référé les actes dont l'adoption n'est pas subordonnée à une enquête publique préalable[5].

SECTION 2

Conditions d'octroi du référé « enquête publique »

822.31 Deux situations. La rédaction des deux alinéas de l'article L. 123-16 du Code de l'environnement amène à distinguer deux situations pour déterminer les conditions d'octroi d'une mesure.

1. CE 13 juin 2003, Assoc. de défense de la vallée du Loing, req. n° 252542, NP.
2. CE 19 mars 2008, min. des Transports c/Assoc. pour la sauvegarde du Gers, req. n° 305593, *Lebon T.* ; *AJDA* 2008. 674.
3. CE 18 oct. 2013, Centre national d'information indépendante sur les déchets, req. n° 366508, *Lebon T.* ; *AJDA* 2013. 2055.
4. CE 13 juill. 2007, Carrières et Matériaux, req. n° 298772, *Lebon T.* 1004 ; *AJDA* 2007. 1440 ; *RDI* 2007. 448, obs. P. Soler-Couteaux.
5. CE 11 juin 2004, C^{ne} de Biarritz, req. n° 263241, NP ; *AJDA* 2004. 1887, note P. Proot.

§ 1

Première situation : conclusions défavorables de l'enquête publique (C. envir., art. L. 123-16, al. 1er)

822.41 **Deux conditions.** Le premier alinéa de l'article L. 123-16 du Code de l'environnement prévoit que le juge administratif des référés, saisi d'une demande de suspension d'une décision prise « après des conclusions défavorables du commissaire enquêteur ou de la commission d'enquête », fait droit à cette demande si elle comporte « un moyen propre à créer, en l'état de l'instruction, un doute sérieux quant à la légalité de celle-ci ». Il résulte de cette disposition que deux conditions cumulatives sont exigées : des conclusions défavorables d'une part, un doute sérieux sur la légalité de la décision prise d'autre part.

822.42 **Première condition : conclusions défavorables.** Le commissaire-enquêteur ou la commission d'enquête doit avoir rendu un avis défavorable. Satisfont à cette condition :

- les conclusions défavorables ;
- les conclusions favorables assorties de réserves[1] ;
- les conclusions par lesquelles le commissaire-enquêteur subordonne son avis favorable à certaines conditions que l'auteur de la décision n'a pas prises en compte[2] ;
- un premier avis défavorable, alors même que le second avis émis est favorable[3].

En revanche, la condition n'est pas satisfaite :

- lorsque l'avis défavorable invoqué se rapporte à une autre décision que la décision contestée[4] ;
- lorsque l'avis favorable est accompagné de recommandations, lesquels ne sont que de simples vœux[5] ;
- lorsque les réserves dont est assorti l'avis favorable portent sur des questions étrangères à la législation prévoyant l'enquête publique[6].

1. CE 18 oct. 2013, Centre national d'information indépendante sur les déchets, req. n° 366508, *Lebon T.* ; *AJDA* 2013. 2055 – TA Grenoble, ord., 20 avr. 2007, Féd. Rhône-Alpes de protection de la nature, req. n° 0701073, NP ; *AJDA* 2007. 1473, note M. Dreifuss.
2. CE 13 mars 1989, Cne de Roussillon, req. n° 92144, *Lebon T.* 851.
3. CAA Lyon, 3 oct. 1996, req. n° 95LY01310, *Lebon T.* 1034 : lorsqu'une première enquête, régulière et suffisante, a donné lieu à un avis défavorable du commissaire-enquêteur, mais qu'une seconde enquête a été entreprise, nonobstant l'absence de circonstances de fait ou de droit nouvelles la justifiant, et a abouti à un avis cette fois favorable du commissaire-enquêteur au vu duquel a été prononcée la déclaration d'utilité publique, celle-ci doit, cependant, être regardée comme intervenue sur un avis défavorable du commissaire-enquêteur.
4. CAA Nantes, 25 juin 1997, SCI Gambardière, req. n° 95NT01557, NP : le moyen tiré du caractère défavorable de l'avis préalable à une déclaration d'utilité publique est inopérant au soutien d'une demande dirigée non contre la déclaration d'utilité publique prise après cet avis mais contre l'arrêté de cessibilité ultérieurement adopté.
5. CE 1er févr. 1995, Banet, req. n° 140298, NP : indiquant « qu'en exprimant diverses recommandations, relatives notamment à la nécessité de conserver autant qu'il est possible le cadre naturel, le commissaire enquêteur a formulé des vœux qui ne sauraient être assimilés, ni à des réserves, ni à des conditions auxquelles aurait été subordonné le caractère favorable de l'avis émis ».
6. CE 27 juill. 2005, min. de l'Équipement c/Lafitte, req. n° 273870, NP.

822.43 Seconde condition : doute sérieux. Le requérant doit faire état d'un moyen propre à créer un doute sérieux quant à la légalité de la décision attaquée[1] (sur cette condition, identique à celle employée à l'article L. 521-1 du CJA, v. s^s^ n°s 222.771 s.). La demande est rejetée si la condition relative au doute sérieux n'est pas satisfaite[2].

822.44 Absence de condition d'urgence. L'urgence n'est pas au nombre des conditions auxquelles est subordonné le prononcé d'une mesure de suspension sur le fondement de l'article L. 123-16 alinéa 1er du Code de l'environnement[3].

§ 2

Seconde situation : absence d'enquête publique ou absence de participation du public par voie électronique (C. envir., art. L. 123-16, al. 2 et 3)

822.51 Unique condition. Le deuxième alinéa de l'article L. 123-16 du Code de l'environnement prévoit que le juge des référés « fait également droit à toute demande de suspension d'une décision prise sans que l'enquête publique requise par le présent chapitre ait eu lieu ». Cette condition est suffisante, aucune autre exigence n'étant formulée par cette disposition. Le Conseil d'État considère « que l'absence d'une enquête publique, préalablement à une décision qui aurait dû en être précédée en application de la législation, est une condition suffisante pour faire droit à une demande de suspension présentée sur le fondement de l'article L. 123-12 » (C. envir., nouv. art. L. 123-16)[4]. L'unique condition d'octroi correspond à l'absence de réalisation d'une enquête publique dans une hypothèse où celle-ci était exigée, sans que le requérant ait à justifier de l'urgence ou à faire état d'un doute sérieux quant à la légalité de la décision attaquée.

Le troisième alinéa de l'article L. 123-16, ajouté par l'ordonnance n° 2016-1060 du 3 août 2016[5] (art. 3), pose que « l'alinéa précédent s'applique dans les mêmes conditions en cas d'absence de participation du public par voie électronique pour les documents mentionnés à l'article L. 123-19 ». Cela signifie que, pour les documents énoncés à l'article L. 123-19 du Code de l'environnement, lorsque la participation du public par voie électronique n'a pas été mise en œuvre, le juge des référés fait droit à toute demande de suspension sans que le requérant ait à justifier de l'urgence ou à faire état d'un doute sérieux quant à la légalité de l'acte attaqué.

1. V. par ex. CE 30 avr. 29 mars 2004, C^ne^ de Soignolles-en-Brie, req. n° 258563, *Lebon T.* 809 ; *AJDA* 2004. 1263, note S. Hul ; *RDI* 2004. 262, obs. L. Fonbaustier – CE 17 févr. 2014, C^ne^ de Mitry-Mory, req. n° 371008, NP.
2. CE 2 mai 2007, min. de l'Écologie, req. n° 295024, *Lebon T.* ; *AJDA* 2007. 948 – CE 31 juill. 2009, Assoc. Espérance Environnement, req. n° 318521, NP.
3. CE 29 mars 2004, C^ne^ de Soignolles-en-Brie, req. n° 258563, *Lebon T.* 809 ; *AJDA* 2004. 1263, note S. Hul ; *RDI* 2004. 262, obs. L. Fonbaustier.
4. CE 11 juin 2004, C^ne^ de Biarritz, req. n° 263241, NP ; *AJDA* 2004. 1887, note P. Proot.
5. Ord. n° 2016-1060, 3 août 2016, portant réforme des procédures destinées à assurer l'information et la participation du public à l'élaboration de certaines décisions susceptibles d'avoir une incidence sur l'environnement, *JO* 5 août.

SECTION 3

Jugement du référé « enquête publique »

822.61 Alignement sur le référé-suspension. La procédure applicable au référé « enquête publique » est celle régissant le référé-suspension[1] (v. s[s] n°s 223.09 s.).

SECTION 4

Décision du juge du référé « enquête publique »

822.71 Conditions remplies. Le juge « fait droit » à la demande de suspension, selon les termes de l'article L. 123-16 alinéa 1er du Code de l'environnement, dès lors que les conditions d'octroi sont satisfaites. Cette formule impérative était initialement analysée comme faisant peser sur le juge une obligation de suspendre lorsque les conditions sont réunies[2]. Mais depuis un arrêt de section de 2012, la suspension n'est plus de droit mais facultative dans un tel cas de figure. Le Conseil d'État reconnaît en effet au juge des référés le pouvoir, « à titre exceptionnel », de rejeter une demande satisfaisant aux deux conditions d'octroi, lorsque la suspension de la décision attaquée « porterait à l'intérêt général une atteinte d'une particulière gravité »[3]. Il a fait usage de cette faculté dans cet arrêt, considérant que la suspension des arrêtés attaqués, relatifs à la circulation aérienne en région parisienne, en raison de la « complexité de telles opérations et à la longueur des délais nécessaires à leur mise en œuvre », compromettrait « la continuité et la sécurité du trafic aérien » et porterait « à l'intérêt général une atteinte d'une particulière gravité ».

La prise en compte de l'intérêt à ne pas suspendre une décision peut se concevoir dans le cadre de la procédure du référé « enquête publique » dans la mesure où, en l'absence de condition d'urgence, le juge ne prend pas en compte d'éventuels motifs d'intérêt général au stade de l'appréciation des conditions d'octroi. La logique est la même que celle du bilan des urgences prévalant dans le référé-suspension (v. s[s] n°s 222.301 s.). La prise en compte de l'intérêt général intervient seulement à un autre stade : non pas au moment de l'appréciation des conditions mais à celui du prononcé de la suspension.

822.72 Conditions non remplies. Lorsque les conditions nécessaires à la mise en œuvre de l'article L. 554-12 du CJA ne sont pas satisfaites et que le requérant a présenté dans la même requête des conclusions en référé-suspension, le juge se prononce dans la même décision sur la demande de suspension selon les dispositions de l'article L. 521-1 du CJA (urgence et doute sérieux)[4].

1. Solution dégagée pour les voies de recours (CE 21 nov. 2001, Synd. départemental d'ordures ménagères de l'Aude, req. n° 233329, *Lebon T.* 1093) mais qui revêt une portée générale.
2. CE 29 mars 2004, C[ne] de Soignolles-en-Brie, req. n° 258563, *Lebon T.* 809 ; *AJDA* 2004. 1263, note S. Hul ; *RDI* 2004. 262, obs. L. Fonbaustier.
3. CE, sect., 16 avr. 2012, C[ne] de Conflans-Sainte-Honorine, req. n° 355792, *Lebon* ; *AJDA* 2012. 943, Chron. (critique) X. Domino et A. Bretonneau ; *RDI* 2012. 415, obs. P. Soler-Couteaux ; *Dr. adm.* 2012, comm. n° 59, obs. F. Melleray.
4. CE 13 juin 2003, Assoc. de défense de la vallée du Loing, req. n° 252542, NP.

SECTION 5

Voies de recours ouvertes contre la décision

822.81 **Recours en cassation.** Les ordonnances prises par le juge des référés du tribunal administratif sur le fondement de l'article L. 554-12 du CJA sont susceptibles de faire l'objet d'un recours en cassation devant le Conseil d'État[1].

822.82 **Contrôle de cassation.** Le juge de cassation vérifie la régularité externe et la régularité interne de l'ordonnance faisant l'objet du pourvoi. Au titre de la régularité interne, le juge de cassation contrôle l'exactitude matérielle des faits, l'absence de dénaturation et l'erreur de droit[2]. Il ne contrôle pas l'appréciation des faits (notamment le caractère favorable ou non de l'avis du commissaire-enquêteur), qui relève du pouvoir souverain du juge du fond[3].

823. Référé « évaluation environnementale »

823.00 Plan du chapitre.

823.09 **Origine.** Le référé « évaluation environnementale » a été institué par la loi n° 2010-788 du 12 juillet 2010[4] (art. 234).

823.10 **Objet.** Le référé « évaluation environnementale » vise à obtenir la suspension d'une décision d'approbation d'un plan ou d'un programme dans l'hypothèse où l'évaluation environnementale prescrite n'a pas été réalisée.

SECTION 1

Engagement du référé « évaluation environnementale »

823.21 **Qualité du requérant.** Le référé « évaluation environnementale » est ouvert à toute personne justifiant d'un intérêt à agir.

823.22 **Recours accessoire.** Le référé « évaluation environnementale » représente un recours accessoire à une demande principale en annulation, laquelle doit être rece-

1. CE 21 nov. 2001, Synd. départemental d'ordures ménagères de l'Aude, req. n° 233329, *Lebon T.* 1093.
2. V. par ex. CE 29 mars 2004, Cne de Soignolles-en-Brie, req. n° 258563, *Lebon T.* 809 ; *AJDA* 2004. 1263, note S. Hul ; *RDI* 2004. 262, obs. L. Fonbaustier : commet une erreur de droit le juge des référés qui soumet la demande de suspension à une condition d'urgence non prévue par l'article L. 123-12 du Code de l'environnement.
3. CE 21 nov. 2001, Synd. départemental d'ordures ménagères de l'Aude, req. n° 233329, *Lebon T.* 1093.
4. L. n° 2010-788, 12 juill. 2010, portant engagement national pour l'environnement, *JO* 13 juill., p. 12905.

vable. Les règles sont, sur ce point, identiques à celles applicables au référé-suspension (v. s[s] n°s 221.121 s.).

823.23 Mise en œuvre avec un référé-suspension. Par analogie avec la solution retenue pour le référé « étude d'impact » et le référé « enquête publique » (v. s[s] n°s 821.23 et 822.23), une même requête peut contenir des conclusions fondées à la fois sur l'article L. 521-1 du CJA et sur l'article L. 122-11 du Code de l'environnement[1].

823.24 Actes attaqués. Le référé « évaluation environnementale » peut être dirigé contre toute décision d'approbation d'un plan ou d'un programme visé à l'article L. 122-4 du Code de l'environnement.

SECTION 2

Conditions d'octroi du référé « évaluation environnementale »

823.31 Unique condition. Aux termes de l'article L. 122-11 du Code de l'environnement, le juge « fait droit » à la demande de suspension dès que l'absence d'évaluation environnementale requise « est constatée ».

L'unique condition d'octroi correspond ainsi à l'absence de réalisation d'une évaluation environnementale dans une hypothèse où celle-ci était exigée, sans que le requérant ait à justifier de l'urgence ou à faire état d'un doute sérieux quant à la légalité de la décision attaquée.

823.32 Cas où l'évaluation environnementale est requise. Une évaluation environnementale est requise « lorsque l'étude d'impact est systématiquement exigée par la réglementation en vigueur »[2].

Concernant les décisions de *modification* d'un document, l'évaluation environnementale n'est pas systématiquement requise. Ces décisions de modification peuvent, lorsqu'elles présentent un caractère mineur, être dispensées d'une nouvelle évaluation environnementale ou de son actualisation, après un examen au cas par cas de l'autorité administrative compétente (v., en matière de schémas départementaux des carrières, C. envir., art. L. 122-5 et R. 122-17-V). Pour déterminer si cette dispense a été décidée à bon droit (et, ainsi, si l'acte attaqué ne relève pas du référé « évaluation environnementale »), il appartient au juge des référés « d'apprécier si, en l'état de l'instruction et eu égard à la portée des modifications opérées, une évaluation environnementale était nécessaire »[3].

SECTION 3

Jugement du référé « évaluation environnementale »

823.41 Alignement sur le référé-suspension. À défaut de disposition spécifique et par analogie avec la solution retenue pour les référés « étude d'impact » et « enquête

1. V. (impl.) CE 19 juin 2015, C[ne] de Saint-Leu, req. n° 386291, *Lebon* ; *AJDA* 2015. 1240 ; *AJCT* 2015. 656, obs. M. Moliner-Dubost ; *BJCL* 2015. 718, obs. B. Poujade, concl. X. de Lesquen (p[t] 8).
2. CE 19 juin 2015, C[ne] de Saint-Leu, req. n° 386291, préc. (p[t] 6).
3. CE 19 juin 2015, C[ne] de Saint-Leu, req. n° 386291, préc. (p[t] 6).

publique » (v. s[s] n°s 223.09 s.), la procédure applicable au référé « évaluation environnementale » est celle régissant le référé-suspension.

SECTION 4

Décision du juge du référé « évaluation environnementale »

823.51 Condition remplie. Aux termes de l'article L. 122-11 du Code de l'environnement, le juge « fait droit » à la demande de suspension dès que l'absence d'évaluation environnementale requise « est constatée »[1].

Toutefois, le Conseil d'État estime que le prononcé de la suspension ne revêt pas un caractère automatique. Il affirme en effet que le juge saisi sur ce fondement « doit *en principe* faire droit aux demandes de suspension [...] dès lors qu'il constate l'absence de l'évaluation environnementale, lorsqu'elle est requise »[2]. Par la formule « en principe », il réserve la possibilité, déjà consacrée pour le référé « enquête publique » (v. s[s] n° 822.71), que le juge ne suspende pas l'acte attaqué alors même que l'évaluation environnementale requise n'a pas été réalisée. Une telle faculté n'a vocation à être mise en œuvre que de façon exceptionnelle, lorsqu'un motif impérieux d'intérêt général le commandera.

823.52 Condition non remplie. Lorsque les conditions nécessaires à la mise en œuvre de l'article L. 122-11 du Code de l'environnement ne sont pas satisfaites, le juge rejette la demande de suspension présentée sur ce fondement. Par analogie avec la solution retenue pour le référé « étude d'impact » (v. s[s] n° 821.53) et le référé « enquête publique » (v. s[s] n° 822.72), si le requérant a présenté dans la même requête des conclusions en référé-suspension, le juge se prononce dans la même décision sur la demande de suspension selon les dispositions de l'article L. 521-1 du CJA (urgence et doute sérieux).

SECTION 5

Voies de recours ouvertes contre la décision

823.61 Recours en cassation. Les ordonnances prises par le juge des référés du tribunal administratif sur le fondement de l'article L. 122-11 du Code de l'environnement sont susceptibles de faire l'objet d'un recours en cassation devant le Conseil d'État[3].

823.62 Contrôle de cassation. Le juge de cassation vérifie la régularité externe et la régularité interne de l'ordonnance faisant l'objet du pourvoi. Au titre de la régularité interne, le juge de cassation contrôle l'exactitude matérielle des faits, l'absence de dénaturation et l'erreur de droit.

1. V. p. ex. TA Grenoble, 6 août 2021, France Nature Environnement, req. n° 2104688, NP.
2. CE 19 juin 2015, C[ne] de Saint-Leu, req. n° 386291, préc. (p[t] 6).
3. V. p. ex., CE 19 juin 2015, C[ne] de Saint-Leu, req. n° 386291, préc. – CE 4 mai 2016, Pelletier, req. n° 396129, NP.

Sur ce dernier point, le juge de cassation exerce un contrôle entier de l'erreur de droit[1] et non pas le contrôle retenu mis en œuvre pour le référé-suspension de droit commun.

L'appréciation par laquelle le juge des référés estime qu'une évaluation environnementale n'est pas nécessaire, en application de l'article L. 122-5 du Code de l'environnement, préalablement à la modification mineure d'un document de planification est souveraine, sous réserve de dénaturation[2].

1. CE 19 juin 2015, C^ne^ de Saint-Leu, req. n° 386291, préc. – CE 4 mai 2016, Pelletier, req. n° 396129, préc.
2. CE 19 juin 2015, C^ne^ de Saint-Leu, req. n° 386291, préc. (p^t^ 6).

TITRE

83. Le référé *a priori* en matière de perquisition administrative (état d'urgence)

SECTION 0

Orienteur

830.00 Plan du titre.

830.01 Textes applicables.

L. n° 55-385, 3 avr. 1955, relative à l'état d'urgence, art. 11, al. 7 à 10.

830.02 Bibliographie indicative.

Articles. H. Bronnenkant (entretien), « Les réserves du SJA sur le référé *a priori* », *AJDA* 2016. 1540 ; O. Le Bot, « Prorogation de l'état d'urgence et mesures de lutte antiterroriste », *AJDA* 2016. 1914.

830.09 Objet. Le référé *a priori* en matière de perquisition administrative est une procédure propre à l'état d'urgence. Il a pour objet de soumettre à autorisation juridictionnelle préalable l'exploitation des données informatiques saisies à l'occasion d'une perquisition mise en œuvre sur le fondement de l'article 11 de la loi n° 55-385 du 3 avril 1955 relative à l'état d'urgence[1].

830.10 Origine. Le référé *a priori* en matière de perquisition administrative a été créé par la loi n° 2016-987 du 21 juillet 2016[2] « prorogeant l'application de la loi n° 55-385 du 3 avril 1955 relative à l'état d'urgence et portant mesures de renforcement de la lutte antiterroriste » (art. 5).

La possibilité de saisir des données informatiques à l'occasion des perquisitions administratives, telle que prévue par la loi du 21 novembre 2015 prorogeant la loi sur l'état d'urgence et renforçant l'efficacité de ses dispositions, avait été déclarée inconstitutionnelle[3]. La loi du 21 juillet 2016 a rétabli cette possibilité de saisie en l'assortissant des garanties requises par le Conseil constitutionnel et en soumettant l'exploitation de ces données à l'autorisation préalable du juge administratif des référés[4].

1. L. n° 55-385, 3 avr. 1955, instituant un état d'urgence et en déclarant l'application en Algérie, *JO* 7 avr., p. 3479.
2. L. n° 2016-987, 21 juill. 2016, prorogeant l'application de la loi n° 55-385 du 3 avril 1955 relative à l'état d'urgence et portant mesures de renforcement de la lutte antiterroriste, *JO* 22 juill.
3. Cons. const. 19 févr. 2016, n° 2016-536 QPC.
4. Les garanties instaurées ont été regardées comme suffisantes par le Conseil constitutionnel : v. Cons. const. 2 déc. 2016, n° 2016-600 QPC.

Un autre référé *a priori* a été introduit dans la loi sur l'état d'urgence par la loi n° 2016-1767 du 19 décembre 2016[1]. Il soumettait à autorisation préalable du juge des référés du Conseil d'État le renouvellement des assignations à résidence au-delà d'une année. Toutefois, la procédure a été déclarée inconstitutionnelle pour manquement à l'exigence d'impartialité et au droit au recours effectif[2].

SECTION 1

Engagement du référé *a priori*

830.21 Mise en œuvre d'une perquisition administrative. La procédure débute par la saisie de données informatiques. Une telle mesure n'est possible que si « la perquisition révèle l'existence d'éléments, notamment informatiques, relatifs à la menace que constitue pour la sécurité et l'ordre publics le comportement de la personne concernée » (L. n° 55-385, 3 avr. 1955, art. 11, al. 5).

Un « procès-verbal de saisie » est rédigé par l'agent sous la responsabilité duquel est conduite la perquisition (L. n° 55-385, 3 avr. 1955, art. 11, al. 6). Ce procès-verbal indique « les motifs » de la saisie et dresse « l'inventaire des matériels saisis » afin d'éviter toute contestation ultérieure à ce sujet. Une fois le procès-verbal établi, une copie de celui-ci « est remise aux personnes mentionnées au deuxième alinéa du présent I » (c'est-à-dire l'occupant du lieu perquisitionné ou à défaut deux témoins). Le sixième alinéa de l'article 11 ajoute que les éléments saisis « sont conservés sous la responsabilité du chef du service ayant procédé à la perquisition ». À ce stade, ils ne peuvent encore être exploités : ainsi que le précise cette disposition, « nul n'y a accès avant l'autorisation du juge ».

830.22 Saisine par le préfet. La loi dispose que « l'autorité administrative demande, dès la fin de la perquisition, au juge des référés du tribunal administratif d'autoriser » l'exploitation des données (L. n° 55-385, 3 avr. 1955, art. 11, al. 7). L'indicatif valant ici impératif, le préfet a l'obligation de saisir la juridiction dès que la perquisition est terminée. La loi instaure ainsi une saisine obligatoire, relativement rare en droit processuel[3]. Il n'est pas douteux que cette saisine obligatoire interviendra systématiquement dans les faits. D'une part, elle se trouve prescrite au préfet par la représentation nationale. D'autre part, il est dans son intérêt même d'y procéder : s'il a ordonné une perquisition, c'est pour en récolter les fruits et en particulier les données informatiques ; il demandera donc l'autorisation juridictionnelle de les exploiter.

830.23 Compétence territoriale. La loi pose que « le juge des référés est celui du tribunal administratif dans le ressort duquel se trouve le lieu de la perquisition » (L. n° 55-385, 3 avr. 1955, art. 11, al. 10).

1. *JO* 20 déc.
2. Cons. const. 16 mars 2017, n° 2017-624 QPC, *AJDA* 2017. 597 ; *D.* 2017. 1162, note P. Cassia ; *Constitutions* 2017. 194, Chron.
3. Pour d'autres exemples, voir notamment la saisine obligatoire du Conseil constitutionnel pour les lois organiques et les règlements d'assemblées prévue par l'article 61 de la Constitution ou, en contentieux administratif, la saisine obligatoire du tribunal administratif par le préfet pour les contraventions de grande voirie, CE 23 févr. 1979, Assoc. des amis des chemins de ronde, req. n° 04467, *Lebon* 75.

SECTION 2

Conditions d'octroi du référé *a priori*

830.31 Deux conditions. Le juge ne fait droit à la demande d'exploitation des données informatiques que si la saisie est régulière et que les éléments saisis sont susceptibles de contenir des données relatives à une potentielle menace pour la sécurité et l'ordre publics liée au comportement de l'intéressé.

830.32 Première condition : régularité de la saisie. Le juge se prononce d'abord sur la régularité de la saisie. L'exercice est relativement formel et nécessite peu d'appréciations. Le juge se limite à vérifier si la procédure a été correctement suivie (existence d'un ordre de perquisition, information du procureur de la République, présence d'un officier de police judiciaire, établissement d'un procès-verbal). On notera que le juge ne se contente pas de contrôler la régularité de la saisie *stricto sensu* mais étend son contrôle à la perquisition dans laquelle elle vient s'insérer[1].

Si la procédure est irrégulière, le juge refuse l'autorisation. Si elle est régulière, il se prononce sur la demande d'exploitation des données.

830.33 Seconde condition : possibilité de données relatives à une menace. La loi ne formule pas expressément de conditions relatives au contenu des données saisies. À défaut d'exigence expressément posée par la loi, le juge considère qu'il lui revient d'apprécier si les éléments saisis sont susceptibles « de contenir des données relatives à une potentielle menace pour la sécurité et l'ordre publics liée au comportement de l'intéressé »[2].

SECTION 3

Procédure du référé *a priori*

830.41 Renvoi aux dispositions du livre V. La loi prévoit que le juge « statue dans les formes prévues au livre V du Code de justice administrative » (L. n° 55-385, 3 avr. 1955, art. 11, al. 10), c'est-à-dire à juge unique (sauf renvoi à une formation de trois juges), par ordonnance, sans conclusions du rapporteur public et à l'issue d'une procédure accélérée (sur la procédure définie par le livre V, qui est celle applicable aux référés d'urgence, v. ss nos 212.09 s).

Les deux modes de jugement envisagés par le livre V peuvent être mis en œuvre. Le jugement interviendra le plus souvent suivant la procédure de l'article L. 522-1 du CJA, c'est-à-dire après instruction contradictoire. Ni la loi, ni les décisions rendues jusqu'à présent n'imposent la tenue systématique d'une audience. En l'état, il appartient donc au juge, comme en référé-mesures utiles, d'apprécier au cas par cas l'opportunité de convoquer les parties à une audience ou de statuer au seul vu de leurs écritures. Théoriquement, le jugement pourrait également intervenir suivant la procédure de tri de l'article L. 522-3, c'est-à-dire par ordonnance rendue sans ins-

1. V. CE, ord., 12 août 2016, min. de l'Intérieur c/M. B., req. n° 402348, NP ; *AJDA* 2016. 1606 : affirmant « que les opérations *de perquisition et de saisie administratives* se sont déroulées conformément aux règles de procédure définie par les dispositions précitées de l'article 11 de la loi du 3 avril 1955 ».
2. CE, ord., 12 août 2016, min. de l'Intérieur c/M. B., req. n° 402348, préc. (pt 4).

truction contradictoire. En pratique toutefois, ce mode de jugement ne devrait que rarement être mis en œuvre. En effet, les chefs de rejet admis par l'article L. 522-3 sont au nombre de quatre : incompétence manifeste, irrecevabilité manifeste, absence de bien-fondé manifeste et absence d'urgence. Les deux derniers n'ont pas de sens dans le cadre de cette procédure qui n'est subordonnée ni à l'urgence ni à une condition de fond expressément posée. Quant aux deux premiers, même s'ils peuvent être envisagés (par exemple en cas de saisine d'un tribunal administratif territorialement incompétent ou de demande introduite par un collaborateur du préfet n'ayant pas reçu de délégation de signature), il apparaît peu probable qu'ils se rencontrent en pratique.

830.42 **Instruction.** Pour former son opinion, le juge se décide « au vu des éléments révélés par la perquisition » (L. n° 55-385, 3 avr. 1955, art. 11, al. 7). Ces éléments correspondent concrètement au procès-verbal établi et, si le juge l'estime utile, aux données et matériels saisis.

Ces éléments sont débattus contradictoirement par les parties.

830.43 **Délai de jugement.** Aux termes du dixième alinéa de l'article 11 de la loi du 3 avril 1955, « le juge statue dans un délai de quarante-huit heures à compter de sa saisine ». Il ressort de cette formule que le délai de jugement se trouve, comme dans le contentieux des OQTF, décompté d'heure en heure[1].

SECTION 4

Jugement du référé *a priori*

830.51 **Formes de la décision.** Le juge du référé *a priori* statue par voie d'ordonnances.

830.52 **Deux décisions possibles.** Le juge peut refuser ou accepter la demande d'exploitation des données.

Il refuse l'autorisation si la saisie est irrégulière ou que les données collectées ne sont pas susceptibles de contenir des données relatives à une potentielle menace pour la sécurité et l'ordre publics liée au comportement de l'intéressé[2]. En ce cas, « les données copiées sont détruites et les supports saisis sont restitués à leur propriétaire » (L. n° 55-385, 3 avr. 1955, art. 11, al. 7).

À l'inverse, le juge autorise l'exploitation des données si les deux conditions de régularité de la saisie et de présence d'éléments relatives à une menace sont satisfaites[3]. La loi pose expressément, sur ce point, que « sont exclus de l'autorisation les éléments dépourvus de tout lien avec la menace que constitue pour la sécurité et l'ordre publics le comportement de la personne concernée » (L. n° 55-385, 3 avr. 1955, art. 11, al. 7). Cette disposition vise à limiter le champ de l'autorisation aux seuls éléments intéressant la sécurité publique et exclure ainsi l'accès des services de police aux informations concernant exclusivement la vie privée de l'intéressé. Cette

1. CE, ord., 5 août 2016, min. de l'Intérieur, req. n° 402139, *Lebon T.* (p^{t} 2).
2. V. p. ex., CE, ord., 5 sept. 2016, min. de l'Intérieur c/Doppler et Simmou, req. n° 403026, NP.
3. V. p. ex., CE, ord., 23 août 2016, min. de l'Intérieur c/Khelfaoui, req. n° 402571, NP – CE, ord., 23 sept. 2016, Benadji, req. n° 403675, NP.

précision a pour objet de tenir compte de la décision du Conseil constitutionnel ayant relevé que, dans sa rédaction alors applicable, l'article 11 permettait la copie de données « dépourvues de lien avec la personne dont le comportement constitue une menace pour la sécurité et l'ordre publics »[1].

La disposition en cause est toutefois susceptible de deux lectures. Selon la première, le juge accorde l'autorisation d'exploiter les données en laissant aux autorités le soin d'opérer elles-mêmes le tri entre celles qui relèvent de la sécurité publique et celles qui n'en relèvent pas. Selon une deuxième lecture, le juge opère lui-même ce tri et ne délivre l'autorisation que pour les données répondant à la condition posée. Cette seconde lecture offre à l'évidence davantage de garanties pour le respect de la vie privée. La première s'est toutefois imposée pour des raisons pratiques, le juge n'ayant ni le temps ni les compétences pour opérer une sélection au sein de données pouvant atteindre plusieurs téraoctets.

Au bout du compte, il délivre un blanc-seing à l'administration, à qui il fait toute confiance pour opérer la distinction entre les deux types de données. Le juge affirme certes dans ses ordonnances « que, conformément aux dispositions de l'article 11 de la loi du 3 avril 1955 dans sa rédaction issue de la loi du 21 juillet 2016, l'autorisation délivrée est limitée aux données relatives à la menace qu'est susceptible de constituer pour la sécurité et l'ordre publics le comportement de [l'intéressé], les éléments dépourvus de tout lien avec cette menace étant exclus de cette autorisation »[2]. Toutefois, cette formule représente davantage un souhait qu'un ordre à part entière, le juge n'ayant pas les moyens de s'assurer qu'il sera respecté. Faute d'exercer une supervision sur l'exploitation des données (comme le fait par exemple la Commission nationale de contrôle des techniques de renseignement en matière de renseignement), il disparaît une fois l'autorisation délivrée.

SECTION 5
Voies de recours ouvertes contre la décision

830.61 **Appel.** Les décisions du premier juge « sont susceptibles d'appel devant le juge des référés du Conseil d'État dans un délai de quarante-huit heures à compter de leur notification. Le juge des référés du Conseil d'État statue dans le délai de quarante-huit heures ». Il est prévu qu'en cas d'appel, « les données et les supports saisis demeurent conservés dans les conditions mentionnées au huitième alinéa du présent I » (L. nº 55-385, 3 avr. 1955, art. 11, al. 10). Cela signifie que l'exercice d'un appel emporte maintien du *statu quo* : les données ne sont ni détruites ni exploitées tant que la procédure n'est pas définitivement achevée.

1. Cons. const. 19 févr. 2016, nº 2016-536 QPC, *AJ pénal* 2016. 201, note O. Cahn.
2. V. CE, ord., 5 août 2016, min. de l'Intérieur, req. nº 402139, *Lebon T.* – CE, ord., 12 août 2016, min. de l'Intérieur c/M. B., req. nº 402348, NP ; *AJDA* 2016. 1606.

TITRE

84. Le recours Dalo (droit au logement opposable)

SECTION 0

Orienteur

840.00 Plan du titre.

840.01 Textes applicables.

CJA, art. L. 778-1, renvoyant à CCH, art. L. 441-2-3-1.

840.03 Bibliographie indicative.

> **Encyclopédie.** R. Graëffly, « Droit au logement », Jcl. adm., fasc. 219-16.
> **Articles.** P. Nguyên-Duy, « Premières applications de la loi Dalo », *AJDA* 2009. 129 ; P. Nguyên-Duy, « Droit au logement opposable : acte II », *AJDA* 2009. 518 ; P. Quilichini, « Le droit au logement opposable », *AJDI* 2007. 368.

840.04 Questions essentielles.

> L'administration peut-elle contester la légalité de la décision reconnaissant au requérant la qualité de demandeur prioritaire ? v. s[s] n° 844.12

> L'astreinte à laquelle est condamnée l'administration qui n'a pas mis à la disposition du demandeur un logement ou un hébergement est-elle versée à ce dernier ? v. s[s] n° 844.21

840.06 Chiffres clés.

Entre 6 000 et 8 000 demandes sont introduites chaque année au titre du recours Dalo (6?243 en 2017, 6?443 en 2018, 8?214 en 2019, 7?926 en 2020, 8?424 en 2021). Le taux de réussite est élevé, avoisinant les 80 %.

840.09 Origine. Le recours Dalo, également appelé référé « droit au logement », a été instauré par la loi n° 2007-290 du 5 mars 2007 instituant le droit au logement opposable et portant diverses mesures en faveur de la cohésion sociale (art. 9-II).

840.10 Objet. Le recours Dalo vise à contraindre l'État à loger les demandeurs reconnus comme prioritaires par une commission administrative spécialisée. La procédure est peu appréciée des juges[1], qui considèrent que le recours à la justice ne constitue pas la voie idoine pour régler le problème du logement[2].

1. V. R. Mulot, « Un an de contentieux du droit au logement opposable en période de pandémie et brèves réflexions sur la pertinence de l'existence même du DALO-injonction », *JCP Adm.* 2021, n° 2133.
2. V. ainsi B. Stirn, « Référés d'urgence et modernisation de la justice administrative. Regards sur la loi du 30 juin 2000 » (Colloque Sciences Po, 6 juin 2012), *Dr. adm.* 2010, étude 16, § 34 : « Il ne faudrait [...] pas supposer que toutes les situations peuvent être réglées par des outils juridiques. En effet, certains problèmes de fond – comme le manque de logements – ne pourront être résolus que par des politiques publiques et non pas des procédures juridictionnelles perfectionnées ».

841. Engagement du recours Dalo

SECTION 0

Orienteur

841.00 Plan du chapitre.

SECTION 1

Compétence

841.11 Compétence territoriale. La demande doit être introduite devant le tribunal territorialement compétent, c'est-à-dire celui dans le ressort duquel se trouve le préfet de département dont la carence est contestée.

SECTION 2

Recevabilité

841.21 Exercice d'une procédure préalable. Le recours Dalo ne peut pas être exercé à titre initial. Il doit être précédé d'une procédure administrative relative à la qualité du demandeur. Le requérant doit, avant de s'adresser au juge, avoir obtenu une décision favorable de la commission départementale de médiation.

Cette demande peut être formulée sans condition de délai. La commission doit statuer dans un délai de deux mois dans le cas d'une demande de logement, et six semaines dans celui d'un hébergement. Elle transmet au préfet la liste des demandeurs auxquels doit être attribué en urgence un logement (CCH, art. L. 441-2-3, II) ou un hébergement (CCH, art. L. 441-2-3, III).

Le taux de décisions favorables (reconnaissant aux intéressés la qualité de demandeur prioritaire) est passé de 45 % en 2008 à 29 % en 2015 en raison d'une lecture plus exigeante des critères d'admission par les commissions de médiation[1]. L'essentiel des demandes porte sur l'attribution d'un logement ; seules 10 % des demandes concernent l'accès à un hébergement.

841.22 Copie de la décision attaquée. Le deuxième alinéa de l'article R. 778-2 du CJA pose qu'à peine d'irrecevabilité, les requêtes doivent être accompagnées, « sauf impossibilité justifiée » :

- soit de la « décision de la commission de médiation dont se prévaut le requérant » ;
- soit, en l'absence de commission, d'une « copie de la demande adressée par le requérant au préfet ».

1. Comité de suivi de la loi Dalo, communiqué de presse, 4 mars 2016 (www.hclpd.gouv.fr/comite-de-suivi-de-la-loi-dalo-a152.html).

La juridiction saisie peut exiger du demandeur qu'il régularise sa demande en produisant la décision de la commission de médiation et, en l'absence de régularisation, « opposer l'irrecevabilité prévue au second alinéa de l'article R. 778-2 du Code de justice administrative ». En revanche, « elle ne peut exiger à peine d'irrecevabilité la production du document de notification comportant les mentions prévues par le premier alinéa du même article »[1].

841.23 Délai pour agir. Le premier alinéa de l'article R. 778-2 du CJA prévoit que le demandeur reconnu comme prioritaire par une commission de médiation dispose, à l'expiration du délai laissé à l'administration pour exécuter la décision de la commission de médiation, d'un délai de quatre mois pour saisir la juridiction administrative d'un recours tendant à ce que soit ordonné son logement ou son hébergement[2].

Aux termes de cette disposition, le délai n'est opposable au requérant que s'il a été informé, dans la notification de la décision de la commission de médiation ou dans l'accusé de réception de la demande adressée au préfet en l'absence de commission de médiation, « d'une part, de celui des délais mentionnés aux articles R. 441-16-1, R. 441-17 et R. 441-18 de ce code qui était applicable à sa demande et, d'autre part, du délai prévu par le présent article pour saisir le tribunal administratif ».

Il résulte des dispositions applicables que « le délai de quatre mois imparti au demandeur pour saisir le tribunal administratif en l'absence de proposition de logement court à compter de l'expiration du délai imparti au préfet ». Toutefois, « dans le cas où la décision de la commission lui serait notifiée après l'expiration du délai imparti au préfet, il y aurait lieu, afin de conserver un caractère effectif à la voie de droit ouverte par l'article L. 441-2-3-1 du Code de la construction et de l'habitation, de reconnaître au demandeur la possibilité de saisir le tribunal administratif dans un délai de quatre mois courant à compter de cette notification »[3].

Dans le cas particulier où la commission de médiation a prévu une mesure d'hébergement sans en spécifier la structure, le recours[4] :

- est ouvert dès l'expiration d'un délai de six semaines (CCH, art. R. 441-18) ;
- est fermé à l'expiration d'un délai de quatre mois (CJA, art. 778-2) ;
- et commence à courir à l'expiration d'un délai de trois mois à compter de la date de la décision de la commission, ou, si elle est plus tardive, à compter de sa notification.

841.24 Irrecevabilité des conclusions indemnitaires. Le juge du Dalo ne peut être saisi de conclusions mettant en cause la responsabilité de l'État à raison de sa carence dans la mise en œuvre du droit au logement opposable[5]. De telles conclu-

1. CE 30 déc. 2016, Bamba, req. n° 395706, *Lebon T.* ; *AJDA* 2017. 9.
2. CE 4 juill. 2014, Zaim Imim, req. n° 363042, *Lebon T.* ; *AJDA* 2014. 1416 ; *AJDI* 2015. 752, étude F. Zitouni.
3. CE 10 févr. 2017, min. du Logement et de l'Habitat durable c/Eon, req. n° 400470, *Lebon T.* ; *AJDA* 2017. 325 (pt 2).
4. CE 8 oct. 2020, Ministre de la cohésion des territoires c/M. Goncalves-Lopes, req. n° 431618, *Lebon T.*
5. CE 28 mars 2013, Maameri, req. n° 341269, *Lebon T.*

sions relèvent du juge du fond[1] : elles ne peuvent être utilement présentées devant le tribunal administratif, statuant comme juge de droit commun du contentieux administratif, que dans le cadre d'une requête distincte. En présence de telles conclusions, le juge du Dalo est tenu, en application de l'article R. 612-1 du CJA, d'inviter son auteur à les régulariser en les présentant dans le cadre d'une requête distincte[2]. Il ne peut en aller autrement que s'il apparaît que ces conclusions peuvent être rejetées par le tribunal comme irrecevables, notamment lorsqu'elles sont présentées au-delà du délai de recours[3].

841.25 Voie de droit exclusive. Les dispositions du CCH ouvrant un recours devant le juge du Dalo « définissent la seule voie de droit ouverte devant la juridiction administrative afin d'obtenir l'exécution d'une décision de la commission de médiation ». Par suite, des conclusions tendant à obtenir l'exécution d'une telle décision ne peuvent être présentées sur le fondement des articles L. 521-3[4] ou L. 521-2[5] du CJA.

842. Conditions d'octroi du recours Dalo

SECTION 0

Orienteur

842.00 Plan du chapitre.

Sect. 1 Conditions communes

Sect. 2 Condition supplémentaire propre à la demande de logement

SECTION 1

Conditions communes

842.11 Deux conditions. L'article L. 441-2-3-1 du CCH exige, d'une part, que le requérant justifie de la qualité de « demandeur prioritaire » et, d'autre part, qu'aucune solution de logement ou d'hébergement ne lui ait été proposée.

§ 1

Qualité du demandeur

842.21 Demandeur reconnu comme « prioritaire ». Le requérant ne peut valablement agir par la voie du référé « droit au logement » que si lui a été reconnue par la

1. Sur les critères pris en compte par celui-ci pour engager la responsabilité de l'État, v. CE 19 juill. 2017, Boumaraf, req. n° 402172, *Lebon T.* – CE 28 juill. 2017, Kabore, req. n° 397513, *Lebon T.* – CE 28 mars 2019, Chowdhury, req. n° 414630, *Lebon T.* – CE 24 juill. 2019, Benabbas, req. n° 421189, *Lebon T.* – CE 23 oct. 2019, Chikhi, req. n° 422023, *Lebon T.*
2. CE 28 mars 2013, Maameri, req. n° 341269, préc.
3. CE 2 avr. 2021, Sekbraoudine, req. n° 437799, *Lebon T.* ; *AJDA* 2021. 1812, note M. Chapouton.
4. CE 3 mai 2016, Lourdjane, req. n° 394508, *Lebon* ; *AJDA* 2016. 928.
5. CE, ord., 11 janv. 2017, Pasoon, req. n° 406154, *Lebon T.* ; *AJDA* 2017. 84 (pt 6).

commission départementale de médiation la qualité de demandeur prioritaire. Ainsi, l'intéressé doit avoir été reconnu :

– dans le cas d'un logement, « comme prioritaire et comme devant être logé d'urgence » (CCH, art. L. 441-2-3-1, I, al. 1er) ;

– dans le cas d'un hébergement, « comme prioritaire et comme devant être accueilli dans une structure d'hébergement, un établissement ou logement de transition, un hébergement-foyer ou une résidence hôtelière à vocation sociale » (CCH, art. L. 441-2-3-1, II, al. 1er).

842.22 Contestation d'un refus de cette qualité. Le demandeur qui s'est vu refuser cette qualité peut contester ce refus au moyen des procédures de droit commun, mais non par le biais du recours Dalo dont ce n'est pas l'objet[1].

§ 2

Absence de logement ou d'hébergement

842.31 Absence de mise en œuvre de la décision. La deuxième condition tient à l'absence de mise en œuvre de la décision de la commission dans un délai donné (trois mois, en matière de logement : CCH, art. R. 441-16-1 ; six semaines en matière d'hébergement : CCH, art. R. 441-18). Cela signifie, dans le cas d'une demande de logement, que le demandeur « n'a pas reçu [...] une offre de logement tenant compte de ses besoins et de ses capacités » (CCH, art. L. 441-2-3-1, I) et, dans le cas d'une demande d'hébergement, que le demandeur « n'a pas été accueilli [...] dans l'une des [...] structures » prévues (CCH, art. L. 441-2-3-1, II). Le point de départ du délai imparti au préfet pour faire une offre de logement au demandeur déclaré prioritaire par la commission de médiation est la date de la décision de cette commission[2].

A

Absence de logement

842.41 Proposition de logement adaptée. Dans le cas d'une décision de la commission départementale de médiation reconnaissant un droit à un logement, le juge doit s'assurer « que la demande de l'intéressé a été reconnue comme prioritaire et devant être satisfaite d'urgence par la commission et que ne lui a pas été offert un logement tenant compte de ses besoins et de ses capacités définis par la commission »[3]. L'exécution de la décision de la commission de médiation passe normalement par une proposition de logement faite par le préfet à l'intéressé. Si les circonstances le permettent, le préfet peut également mettre fin « par un autre moyen à la situation qui

1. CE 26 nov. 2012, min. de l'Écologie, du Développement durable, des Transports et du Logement c/Karia, req. n° 352420, *Lebon T.* ; *AJDA* 2012. 2294 ; *D.* 2013. 324, obs. O. Boskovic, S. Corneloup, F. Jault-Seseke, N. Joubert et K. Parrot : indiquant que les recours contre les décisions des commissions de médiation relèvent du contentieux de l'excès de pouvoir. V. par ex. TA Paris, ord., 4 sept. 2009, Bamba, req. n° 0910162, NP.
2. CE 10 févr. 2017, min. du Logement et de l'Habitat durable c/Eon, req. n° 400470, *Lebon T.* ; *AJDA* 2017. 325 (pt 2).
3. CE, avis, 21 juill. 2009, Idjhadi, req. n° 324809, *Lebon* 288 ; *AJDA* 2009. 1463 ; *RFDA* 2010. 157, concl. Y. Struillou ; *RFDA* 2010. 167, note V. Donier ; *JCP Adm.* 2009, n° 2277, note F. Zitouni.

avait motivé la décision de la commission », par exemple en accordant une aide financière permettant à l'intéressé de réaliser les travaux de nature à mettre fin à la situation d'insalubrité de son logement[1].

842.42 **Refus d'une proposition de logement par le demandeur.** Il résulte des dispositions organisant le droit au logement opposable « que le demandeur reconnu comme prioritaire par une décision de la commission de médiation peut perdre le bénéfice de cette décision s'il refuse, sans motif impérieux, une offre de logement ou d'hébergement correspondant à ses besoins et à ses capacités »[2]. La perte du bénéfice de la décision de la commission de médiation ne peut toutefois intervenir que si l'intéressé a été informé des conséquences d'un refus (ce dont il appartient à l'administration de justifier)[3].

Constitue par exemple un motif impérieux, justifiant légalement un refus :

- l'existence, dans l'immeuble où est situé le logement proposé, d'une situation habituelle d'insécurité qui, du fait d'une vulnérabilité particulière du demandeur ou d'autres éléments liés à sa situation personnelle, crée des risques graves pour lui ou pour sa famille[4] ;

- le fait, pour le demandeur, d'avoir été victime d'une agression au cours de la visite du logement qui lui a été proposé est également susceptible de justifier un refus dès lors que, eu égard à sa nature et aux circonstances dans lesquelles elle est intervenue, elle suscite des craintes légitimes d'être exposé à une situation d'insécurité[5].

Lorsque le préfet fait savoir au demandeur que le refus d'une offre de logement ou d'hébergement lui a fait perdre le bénéfice de la décision de la commission, « il doit être regardé comme informant l'intéressé qu'il estime avoir exécuté cette décision et se trouver désormais délié de l'obligation d'assurer son logement ou son hébergement »[6].

Dans une logique d'exception de recours parallèle, le demandeur qui reçoit une telle information « n'est pas recevable à saisir le tribunal administratif d'un recours pour excès de pouvoir dirigé contre la décision du préfet ». En effet, les dispositions de l'article L. 441-2-3-1 du Code de la construction et de l'habitation, par lesquelles le législateur a ouvert aux personnes déclarées prioritaires pour l'attribution d'un logement un recours spécial en vue de rendre effectif leur droit au logement, « définissent la seule voie de droit ouverte devant la juridiction administrative afin d'obtenir l'exécution d'une décision de la commission de médiation »[7].

Il entre dans l'office du juge du Dalo d'examiner si le refus par le demandeur d'une offre de logement qui lui a été faite « lui fait perdre le bénéfice de la décision de la commission de médiation ». Sur ce point, la circonstance que le préfet ait notifié à l'intéressé une décision de ne plus lui faire d'offre de logement ou d'hébergement « est, par elle-même, sans incidence sur la possibilité pour le juge de faire droit

1. CE 16 déc. 2016, Merabet, req. n° 388016, *Lebon* ; *AJDA* 2016. 2461 (p^t 2).
2. CE, avis, 1er juill. 2016, Slimani, req. n° 398546, *Lebon* ; *AJDA* 2016. 1369 (p^t 2).
3. CE 4 nov. 2015, Rifai, req. n° 374241, *Lebon T.* ; *AJDA* 2015. 2124 ; *AJDI* 2016. 667, Chron. F. Zitouni.
4. CE 10 févr. 2017, Redjem, req. n° 388607, *Lebon T.* ; *AJDA* 2017. 323.
5. CE 10 févr. 2017, Redjem, req. n° 388607, préc.
6. CE, avis, 1er juill. 2016, Slimani, req. n° 398546, *Lebon* ; *AJDA* 2016. 1369 (p^t 2).
7. CE, avis, 1er juill. 2016, Slimani, req. n° 398546, préc. (p^t 2).

à une demande d'injonction présentée sur le fondement de l'article L. 441-2-3-1 du Code de la construction et de l'habitation, même si cette notification mentionnait un délai de recours et que la demande d'injonction n'a pas été présentée dans le délai indiqué »[1]. Par une requalification des conclusions du requérant, une demande tendant à ce que le tribunal administratif « annule » la décision prise en ce sens par le préfet « doit être regardée comme tendant à ce qu'il soit enjoint au préfet d'exécuter la décision de la commission de médiation »[2].

B

Absence d'hébergement

842.51 Proposition d'hébergement. Dans le cas d'une décision de la commission départementale de médiation reconnaissant un droit à un hébergement, le juge doit s'assurer « que la demande de l'intéressé a été reconnue comme prioritaire par la commission et que ne lui a pas été proposée une place dans une structure d'hébergement, un établissement ou logement de transition, un logement-foyer ou une résidence hôtelière à vocation sociale »[3].

842.52 Caractéristiques de l'hébergement. Un « hébergement d'urgence » ne constitue pas un « hébergement » au sens des dispositions sur le Dalo. En effet, il résulte du texte de la loi du 5 mars 2007, éclairée par les travaux parlementaires qui ont précédé son adoption, « que la reconnaissance du droit à un hébergement par une décision d'une commission de médiation doit constituer, pour les demandeurs qui en bénéficient, une étape vers l'accès à un logement autonome ; que, par suite, l'hébergement attribué à des demandeurs reconnus comme prioritaires par une commission de médiation doit présenter un caractère de stabilité, afin, notamment, de leur permettre de bénéficier d'un accompagnement adapté vers l'accès au logement »[4]. Tel n'est pas le cas d'un hébergement se caractérisant par son instabilité et sa saisonnalité, tel un hébergement dans le cadre du dispositif hivernal d'urgence.

Il appartient au requérant qui entend obtenir un hébergement d'urgence d'agir par la voie du référé-liberté[5].

C

Obligation de résultat

842.61 Obligation pesant sur l'autorité préfectorale. La loi fait peser sur l'administration une obligation de résultat[6]. Par suite, la condition tenant à l'inexécution de la décision de la commission est regardée comme satisfaite dès l'instant où aucune offre de logement adéquate n'a été proposée, quand bien même le préfet aurait mis en œuvre tous les moyens dont il dispose.

1. CE, avis, 1er juill. 2016, Slimani, req. n° 398546, préc. (pt 3).
2. CE, avis, 1er juill. 2016, Slimani, req. n° 398546, préc. (pt 3).
3. CE, avis, 21 juill. 2009, Idjhadi, req. n° 324809, *Lebon* 288 ; *AJDA* 2009. 1463 ; *RFDA* 2010. 157, concl. Y. Struillou ; *RFDA* 2010. 167, note V. Donier ; *JCP Adm.* 2009, n° 2277, note F. Zitouni.
4. CE 22 avr. 2013, min. de l'Écologie, du Développement durable et de l'Énergie c/Pambindoni, req. n° 358427, *Lebon* ; *AJDA* 2013. 825 ; *AJDI* 2014. 500, étude F. Zitouni.
5. CE, ord., 11 janv. 2017, Pasoon, req. n° 406154, *Lebon T.* ; *AJDA* 2017. 84 (pt 6 *in fine*).
6. CE 15 févr. 2013, Koita, req. n° 336006, *Lebon T.* ; *AJDA* 2013. 375 ; *JCP Adm.* 2013, n° 2223, note O. Le Bot.

842.62 Comportement du demandeur. Un comportement de nature à faire obstacle à l'exécution par le préfet de la décision de la commission de médiation « peut délier l'administration de l'obligation de résultat qui pèse sur elle »[1]. Sont regardés comme un tel comportement :

– la fourniture par le demandeur de renseignements incomplets ou inexacts[2], sauf si les inexactitudes portent sur des éléments mineurs[3] ;

– le refus de suivre un accompagnement social alors que la commission de médiation a prescrit un tel accompagnement[4].

En revanche, ne constitue pas un tel comportement :

– la circonstance que l'intéressé n'ait pas actualisé son dossier auprès service intégré d'accueil et d'orientation (SIAO)[5] ;

– la circonstance que, postérieurement à la décision de la commission de médiation, le bénéficiaire de cette décision ait été radié du fichier des demandeurs de logement social, sauf si la radiation résulte de l'exécution même de la décision de la commission de médiation ou si les faits ayant motivé cette radiation révèlent, de la part de l'intéressé, une renonciation au bénéfice de cette décision ou un comportement faisant obstacle à son exécution par le préfet[6].

SECTION 2

Condition supplémentaire propre à la demande de logement

842.71 Persistance de l'urgence. Une troisième condition est propre au demandeur saisissant le juge administratif concernant une absence de logement. Le juge ne peut y faire droit que si la demande de logement « doit être satisfaite d'urgence » (CCH, art. L. 441-2-3-1, I, al. 6). Le Conseil d'État a déduit de cette formule, dans un avis *Idjihadi*, qu'il n'y a pas matière à ordonner le logement ou le relogement de l'intéressé « lorsque l'administration apporte la preuve que l'urgence a complètement disparu »[7].

Il a précisé que le simple *hébergement* de l'intéressé dans une structure d'accueil ne peut être regardé comme un *logement* de celui-ci et, par suite, ne fait pas disparaître l'urgence qui existe à lui procurer un logement correspondant à ses besoins et ses capacités[8].

De même, la circonstance que, postérieurement à la décision de la commission de médiation, l'intéressé est parvenu à se procurer un logement par ses propres

1. CE 15 févr. 2013, Koita, req. n° 336006, préc.
2. TA Montpellier, 18 mars 2009, Reyes, req. n° 0900821, NP – TA Nice, 31 mai 2011, Rebaudo, req. n° 1101128, NP.
3. CE 15 févr. 2013, Koita, req. n° 336006, *Lebon T.* ; *AJDA* 2013. 375 ; *JCP Adm.* 2013, n° 2223, note O. Le Bot.
4. CE 28 mars 2013, Youcef, req. n° 347794, *Lebon T.* ; *JCP Adm.* 2013, n° 2222, note O. Le Bot.
5. CE 16 juin 2016, Nhari, req. n° 383986, *Lebon T.* ; *AJDA* 2016. 1266.
6. CE 8 juill. 2020, Gliszczynski, req. n° 420472, *Lebon T.*
7. CE, avis, 21 juill. 2009, Idjihadi, req. n° 324809, *Lebon* 288 ; *AJDA* 2009. 1463 ; *RFDA* 2010. 157, concl. Y. Struillou ; *RFDA* 2010. 167, note V. Donier ; *JCP Adm.* 2009, n° 2277, note F. Zitouni.
8. CE 1er juin 2012, Njoh Dibobe, req. n° 339631, *Lebon T.* ; *AJDA* 2012. 1084 ; *JCP Adm.* 2012, note O. Le Bot.

recherches « ne saurait être regardée comme établissant que l'urgence a disparu lorsque, compte tenu des caractéristiques de ce logement, le demandeur continue de se trouver dans une situation lui permettant d'être reconnu comme prioritaire et devant être relogé en urgence ». Si tel n'est pas le cas, le juge peut néanmoins estimer que l'urgence perdure si le logement obtenu « ne répond manifestement pas aux besoins de l'intéressé », « excède notablement ses capacités financières » ou « présente un caractère précaire »[1].

843. Jugement du recours Dalo

843.09 **Qualité de juge des référés.** La compétence pour se prononcer sur la demande appartient au président du tribunal administratif ou au magistrat qu'il désigne (CCH, art. L. 441-2-3-1, I et II). Il statue seul sans conclusions d'un rapporteur public (CCH, art. L. 441-2-3-1, I et II). Conformément à une règle générale de procédure (v. s^{s} n° 120.10) il dispose de la faculté de renvoyer l'affaire à une formation collégiale (faculté expressément prévue dans le cas présent par l'article L. 441-2-3-1 du CCH).

843.10 **Délai de jugement.** Le magistrat compétent statue dans un délai de deux mois à compter de sa saisine (CCH, art. L. 441-2-3-1, I et II). Le non-respect de ce délai n'entache pas le jugement d'irrégularité[2].

843.11 **Procédure simplifiée.** Selon les dispositions de l'article L. 441-2-3-1 du CCH, le juge statue « en urgence ». Il faut entendre par là que le juge intervient selon la procédure applicable aux référés.

844. Décision du juge du recours Dalo

SECTION 0

Orienteur

844.00 Plan du chapitre.

Sect. 1 Présentation

Sect. 2 Astreinte

Sect. 3 Compatibilité avec la Convention européenne des droits de l'homme

Sect. 4 Responsabilité de l'État

1. CE 27 juin 2016, min. du Logement, de l'Égalité des territoires et de la Ruralité c/Navashankar, req. n° 384492, *Lebon T.* ; *AJDA* 2016. 1322 : précisant CE 23 déc. 2015, Belghoul, req. n° 379940, *Lebon T.* ; *AJDA* 2016. 5 ; *AJDI* 2016. 667, Chron. F. Zitouni.
2. CE 28 mars 2013, Youcef, req. n° 347794, *Lebon T.* ; *AJDA* 2013. 717 ; *JCP Adm.* 2013, n° 2222, note O. Le Bot.

SECTION 1

Présentation

844.11 Nature des décisions. Le juge du Dalo se prononce par voie de « jugement »[1].

844.12 Office du juge. Le juge du Dalo est un juge *de l'exécution* d'une décision administrative, en l'occurrence celle de la commission départementale de médiation. Il doit uniquement se prononcer sur le point de savoir si les conditions d'octroi posées par l'article L. 441-2-3-1 du CCH sont satisfaites, à l'exclusion de l'examen de toute question de légalité. Le Conseil d'État a ainsi indiqué « qu'eu égard à la nature de son office, il n'appartient pas au juge [...] d'apprécier la légalité des décisions des commissions départementales de médiation, tant à la demande de l'administration qu'à celle du demandeur de logement ou d'hébergement »[2]. En conséquence, le préfet ne peut utilement, dans le cadre d'un recours exercé par un demandeur de logement ou d'hébergement en vertu de l'article L. 441-2-3-1 du CCH, ni demander l'annulation, par la voie d'une demande reconventionnelle, ni exciper de l'illégalité de la décision de la commission départementale de médiation[3], quand bien même le préfet soutiendrait que celle-ci a été obtenue par fraude[4].

844.13 Injonction. Le juge prononce une injonction lorsque les conditions d'octroi sont satisfaites.

Dans le cas où la demande concerne l'accueil dans une structure d'hébergement, le juge « ordonne l'accueil dans l'une de ces structures » (CCH, art. L. 441-2-3-1, II, al. 4).

Dans le cas où le requérant saisi le juge d'une demande de logement, le juge « ordonne le logement ou le relogement de celui-ci par l'État » (CCH, art. L. 441-2-3-1, I, al. 7). Il peut néanmoins prévoir une mesure d'hébergement s'il estime « qu'elle est mieux adaptée à la situation de l'intéressé ». Indépendamment de cette possibilité, « il est loisible au juge, lorsqu'il ordonne que le demandeur soit logé ou relogé, d'ordonner également que, dans l'attente de l'attribution d'un logement, il soit pourvu à son accueil temporaire dans une structure d'hébergement, un établissement ou logement de transition, un logement-foyer ou une résidence hôtelière à vocation sociale ». Une telle mesure temporaire peut être décidée « en raison de la situation particulièrement précaire du demandeur de logement, notamment lorsque celui-ci n'est pas hébergé ou réside dans un logement dont les caractéristiques justifient la saisine de la commission de médiation sans délai »[5].

1. V. p. ex., CE 28 mars 2013, min. de l'Écologie c/Bisrette, req. n° 347913, *Lebon T.* ; *AJDA* 2013. 717 ; *AJDI* 2014. 500, étude F. Zitouni ; *AJDI* 2015. 752, étude F. Zitouni ; *JCP Adm.* 2013, n° 2222, note O. Le Bot.
2. CE, avis, 21 juill. 2009, Idjihadi, req. n° 324809, *Lebon* 288 ; *AJDA* 2009. 1463 ; *RFDA* 2010. 157, concl. Y. Struillou ; *RFDA* 2010. 167, note V. Donier ; *JCP Adm.* 2009, n° 2277, note F. Zitouni.
3. CE, avis, 21 juill. 2009, Idjihadi, req. n° 324809, préc.
4. CE 15 févr. 2013, Koita, req. n° 336006, *Lebon T.* ; *AJDA* 2013. 375 ; *JCP Adm.* 2013, n° 2223, note O. Le Bot.
5. CE 9 déc. 2016, min. du Logement, de l'Égalité des territoires et de la Ruralité c/Bellaouedj, req. n° 394766, *Lebon* ; *AJDA* 2016. 2410 (pt 3).

SECTION 2

Astreinte

844.21 Fondement. Le juge peut assortir son injonction d'une astreinte (CCH, art. L. 441-2-3-1, I, al. 7 ; art. L. 441-2-3-1, II, al. 4). Celle-ci obéit à un régime spécifique excluant « que le juge puisse prononcer, dans le cadre de cette procédure, une astreinte sur le fondement des dispositions générales de l'article L. 911-4 du Code de justice administrative »[1].

844.22 Montant. La loi indique que le montant de cette astreinte est déterminé « en fonction du loyer moyen » du type de logement considéré comme adapté aux besoins du demandeur par la commission de médiation (CCH, art. L. 441-2-3-1, I, al. 8 ; art. L. 441-2-3-1, II, al. 5).

Pour le Conseil d'État, ce référent ne constitue pas un plafond mais un critère que le juge peut manier, avec une certaine latitude, mais dont il ne peut s'écarter que de manière mesurée. Il indique que le législateur, en précisant que le montant de l'astreinte devait être déterminé en fonction du loyer moyen du type de logement adapté aux besoins du demandeur, « n'a pas entendu limiter le montant de cette astreinte au montant du loyer moyen de ce logement, mais permettre qu'elle soit modulée, selon les circonstances de l'espèce, en fonction de ce montant, calculé sur la même période que l'astreinte ». Il ajoute que l'astreinte prononcée, « qui peut être un multiple du montant de ce loyer moyen, ne saurait néanmoins s'écarter de cette référence de façon disproportionnée ». En particulier, l'hypothèse d'une astreinte dont le montant serait égal au coût pour l'État de la construction d'un logement social, calculé sur la même période, ne prendrait pas en compte de façon raisonnable cette référence au loyer moyen[2].

Le Conseil d'État a rejeté une QPC dirigée contre cette disposition, critiquant notamment un amoindrissement de l'office du juge par le législateur. Il estime « qu'en indiquant au juge des critères de détermination de l'astreinte dont il peut assortir l'injonction prévue à l'article L. 441-2-3-1, les dispositions du septième alinéa du I de cet article ne portent atteinte ni à l'indépendance des juridictions, ni au droit à un recours effectif et à un procès équitable »[3].

844.23 Liquidation. L'astreinte est liquidée en cas d'inexécution du jugement. La jurisprudence a fourni des précisions sur la notion d'exécution concernant le volet « logement » du Dalo. En ce domaine, l'injonction est regardée comme inexécutée s'il n'a pas été proposé au demandeur un logement correspondant aux caractéristiques déterminées par la commission de médiation[4]. Elle sera en revanche considé-

1. CE 10 févr. 2014, min. de l'Égalité des territoires et du Logement c/Vandeven, req. n° 361426, *Lebon T.* ; *AJDA* 2014. 377 ; *AJDI* 2015. 752, étude F. Zitouni.
2. CE, avis, 2 juill. 2010, Maache, req. n° 332825, *Lebon* 232 ; *AJDA* 2010. 1948, note S. Robert-Cuendet ; *AJDI* 2011. 421, Chron. F. Zitouni.
3. CE 18 juin 2010, Cisse, req. n° 337910, NP ; *AJDI* 2011. 421, Chron. F. Zitouni.
4. CE 28 mars 2013, min. de l'Écologie c/Bisrette, req. n° 347913, *Lebon T.* ; *AJDA* 2013. 717 ; *AJDI* 2014. 500, étude F. Zitouni ; *AJDI* 2015. 752, étude F. Zitouni ; *JCP Adm.* 2013, n° 2222, note O. Le Bot.

rée comme exécutée si la proposition – répondant à ces caractéristiques – a été refusée par l'intéressé « sans motif impérieux »[1]. À cet égard, le demandeur peut, au cours de l'instruction, « faire valoir tout élément, même nouveau, de nature à démontrer que le motif ayant justifié son refus présentait un caractère impérieux »[2]. Si l'intéressé a refusé sans motif impérieux une offre de logement adaptée mais n'avait pas été informé par le bailleur des conséquences d'un tel refus, le juge ne saurait considérer que l'administration se trouve déliée de l'obligation d'exécuter l'injonction prononcée[3].

Les modalités de versement et de liquidation de l'astreinte font l'objet d'un dispositif spécifique dérogatoire aux dispositions de droit commun. Celui-ci résulte de la loi de finances pour 2016[4], qui a inséré à l'article L. 441-2-3-1 du CCH une disposition ainsi rédigée : « tant que l'astreinte n'est pas liquidée définitivement par le juge, le versement de l'astreinte au fonds est effectué deux fois par an, le premier versement devant intervenir à la fin du sixième mois qui suit le mois à compter duquel l'astreinte est due en application du jugement qui l'a prononcée. Toute astreinte versée en application du jugement la prononçant reste acquise au fonds. Lorsque l'astreinte a été liquidée définitivement, le versement du solde restant dû, le cas échéant, est effectué dans le mois qui suit la notification de l'ordonnance de liquidation définitive » (CCH, art. L. 441-2-3-1, I, al. 9 et II, al. 7). Il résulte de cette disposition « que le législateur a entendu supprimer les liquidations provisoires de l'astreinte par le juge »[5]. Celui-ci n'a pas à intervenir à nouveau ; en outre, il ne dispose pas de la faculté de modérer ou de supprimer l'astreinte dans la mesure où toute astreinte versée au fonds l'est de façon définitive (v. les dispositions précitées, aux termes duquel « toute astreinte versée en application du jugement la prononçant reste acquise au fonds »). Il incombe désormais au préfet, « tant que l'injonction n'est pas exécutée, de verser spontanément l'astreinte au fonds dès qu'elle est due pour une période de six mois »[6]. Une obligation de versement automatique est ainsi instituée. L'astreinte est due de plein droit, tous les six mois, tant que la décision ordonnant le logement ou l'hébergement de l'intéressé n'est pas exécutée. Lorsque le représentant de l'État estime avoir exécuté l'injonction, « il lui appartient de demander au juge de constater cette exécution et de procéder en conséquence à une liquidation définitive de l'astreinte »[7].

844.24 Affectation. Le produit de l'astreinte est versé non pas au demandeur mais au Fonds national d'accompagnement vers et dans le logement (CCH, art. L. 441-2-3-1, I, al. 9 ; art. L. 441-2-3-1, II, al. 6).

1. CE 28 mars 2013, min. de l'Écologie c/Bisrette, req. n° 347913, préc.
2. CE 1er oct. 2014, Djamaa, req. n° 364055, *Lebon T.* ; *AJDA* 2014. 1919 ; *AJDI* 2015. 752, étude F. Zitouni.
3. CE 4 nov. 2015, Rifai, req. n° 374241, *Lebon T.* ; *AJDA* 2015. 2124 ; *AJDI* 2016. 667, Chron. F. Zitouni.
4. L. n° 2015-1785, 29 déc. 2015, de finances pour 2016, *JO* 30 déc., p. 24614.
5. CE 27 mai 2016, Niakaté, req. n° 396853, *Lebon T.* ; *AJDA* 2016. 1094 (pt 2).
6. CE 27 mai 2016, Niakaté, req. n° 396853, préc. (pt 2).
7. CE 27 mai 2016, Niakaté, req. n° 396853, préc. (pt 2).

SECTION 3

Compatibilité avec la Convention européenne des droits de l'homme

844.31 Conventionnalité du mécanisme. Pour le Conseil d'État, le recours Dalo, en ouvrant une voie de recours spécifique « devant un juge doté d'un pouvoir d'injonction et d'astreinte de nature à surmonter les éventuels obstacles à l'exécution de ses décisions, présente un caractère effectif, au regard des exigences découlant de l'article 6-1 de la Convention européenne de sauvegarde des droits de l'homme et des libertés fondamentales ». Il estime qu'il en va ainsi, alors même que l'astreinte éventuellement prononcée « est versée par l'État, non au requérant, mais au fond d'accompagnement dans et vers le logement »[1].

La Cour européenne des droits de l'homme n'a pas davantage critiqué, dans son principe, la circonstance que le produit de l'astreinte soit versé à un établissement public de l'État et non au requérant[2].

844.32 Inconventionnalité d'une inexécution prolongée. Dans l'arrêt *Tchokontio Happi*[3], la Cour européenne des droits de l'homme a condamné la France pour violation de l'article 6 § 1 de la Convention européenne des droits de l'homme. En l'espèce, le juge du Dalo avait ordonné le relogement de la requérante, de sa fille et de son frère par un jugement définitif du 28 décembre 2010. La Cour de Strasbourg, statuant en 2015, a constaté que cette décision n'avait toujours pas été exécutée. Elle en a déduit « qu'en s'abstenant, pendant plusieurs années, de prendre les mesures nécessaires pour se conformer à une décision judiciaire définitive et exécutoire, les autorités nationales ont privé les dispositions de l'article 6 § 1 de la Convention de tout effet utile » (§ 52).

Il en résulte que l'inexécution prolongée d'une décision du juge du Dalo, en ce qu'elle méconnaît le droit à une correcte exécution des décisions de justice, est constitutive d'une atteinte au droit à un procès équitable.

SECTION 4

Responsabilité de l'État

844.41 Devant le juge administratif. La carence de l'État à exécuter une décision du juge du Dalo peut engager sa responsabilité administrative. Le Conseil d'État en a admis le principe dès l'avis *Maache* en affirmant que l'inaction de l'État « est susceptible d'être sanctionnée, le cas échéant, par le juge saisi d'un recours en responsabilité »[4].

1. CE 27 mai 2016, Meslati, req. n° 397842, *Lebon T.* ; *AJDA* 2016. 1094 (p[t] 2) : confirmant CE, avis, 2 juill. 2010, Maache, req. n° 332825, *Lebon* 232 ; *AJDA* 2010. 1343 ; *AJDA* 2010. 1948, note S. Robert-Cuendet ; *AJDI* 2011. 421, Chron. F. Zitouni.
2. CEDH 9 avr. 2015, Tchokontio Happi c/France, req. n° 65829/12, *AJDA* 2015. 720 ; *D.* 2015. 805 ; *AJDI* 2016. 667, Chron. F. Zitouni ; *Dr. soc.* 2016. 697, étude J.-P. Marguénaud et J. Mouly ; *RDSS* 2015. 651, note D. Tharaud.
3. CEDH 9 avr. 2015, Tchokontio Happi c/France, req. n° 65829/12, préc.
4. CE, avis, 2 juill. 2010, Maache, req. n° 332825, *Lebon* 232 ; *AJDA* 2010. 1343 ; *AJDA* 2010. 1948, note S. Robert-Cuendet ; *AJDI* 2011. 421, Chron. F. Zitouni.

La demande de réparation relève du juge administratif de droit commun et non du juge du Dalo. Son régime est celui du droit commun de la responsabilité administrative. Il repose plus précisément sur la faute en raison de l'absence prolongée d'exécution d'un jugement.

Ses modalités ont été précisées par le Conseil d'État dans l'arrêt *Seyres* du 13 juillet 2016[1]. Le Conseil affirme que lorsqu'un demandeur a été reconnu prioritaire et devant être relogé en urgence, et que le juge administratif a ordonné son logement ou son relogement par l'État, « la carence fautive de l'État à assurer son logement dans le délai imparti engage sa responsabilité à l'égard du seul demandeur, au titre des troubles dans les conditions d'existence qu'elle a entraînés pour ce dernier ». Ces troubles doivent être appréciés en fonction « des conditions de logement qui ont perduré du fait de la carence de l'État », « de la durée de cette carence » et « du nombre de personnes composant le foyer du demandeur pendant la période de responsabilité de l'État »[2].

844.42 **Devant la Cour européenne des droits de l'homme.** Lorsque la Cour européenne des droits de l'homme condamne l'État français en raison de l'inexécution prolongée d'une décision du juge du Dalo, la décision de condamnation peut être assortie d'une condamnation de l'État à réparer le préjudice subi par le demandeur du fait de cette carence, sur le fondement de l'article 41 de la convention (satisfaction équitable).

845. Voies de recours ouvertes contre la décision

845.09 **Possibilité d'un pourvoi.** La possibilité d'introduire un pourvoi en cassation contre la décision du juge administratif statuant sur un recours Dalo résulte des dispositions générales de l'article L. 821-1 du CJA, aux termes desquelles « Les arrêts rendus par les cours administratives d'appel et, de manière générale, toutes les décisions rendues en dernier ressort par les juridictions administratives peuvent être déférés au Conseil d'État par la voie du recours en cassation »[3]. La cour administrative d'appel saisie à tort transmet la demande au Conseil d'État[4].

845.10 **Objet du pourvoi.** Le pourvoi perd son objet lorsque, postérieurement à son introduction, l'intéressé bénéficie d'une offre de logement et signe le bail correspondant[5].

845.11 **Éléments contrôlés.** Le juge de cassation contrôle la régularité externe et la régularité interne de la décision attaquée.

1. CE 13 juill. 2016, Seyres, req. n° 382872, *Lebon T.* ; *AJDA* 2016. 1483 ; *AJDA* 2016. 1998, concl. L. Marion (pt 2).
2. CE 16 déc. 2016, Gourine, req. n° 383111, *Lebon* ; *AJDA* 2016. 2461 (pt 2).
3. V. par ex. CE 1er juin 2012, Njoh Dibobe, req. n° 339631, *Lebon T.* ; *AJDA* 2012. 1084 ; *JCP Adm.* 2012, n° 2259, note O. Le Bot.
4. CE 15 févr. 2013, Koita, req. n° 336006, *Lebon T.* ; *AJDA* 2013. 375 ; *JCP Adm.* 2013, n° 2223, note O. Le Bot.
5. CE 10 oct. 2012, Perez, req. n° 339376, *Lebon T.*

Il sanctionne par exemple, au titre de l'erreur de droit, le jugement se fondant sur la circonstance que l'intéressé avait accepté une offre de logement lui ayant été faite dans le cadre de la procédure du droit au logement opposable pour estimer qu'il n'y avait pas lieu d'enjoindre au préfet d'exécuter la décision de la commission de médiation, sans rechercher si cette offre tenait compte des besoins et des capacités de l'intéressé ou si son acceptation avait fait disparaître l'urgence[1].

L'appréciation de la disparition ou du maintien de l'urgence lorsque le demandeur prioritaire a trouvé un logement relève de l'appréciation souveraine des juges du fond, sous réserve de dénaturation[2].

1. CE 23 déc. 2015, Belghoul, req. n° 379940, *Lebon T.* ; *AJDA* 2016. 5 ; *AJDI* 2016. 667, Chron. F. Zitouni.
2. CE 27 juin 2016, min. du Logement, de l'Égalité des territoires et de la Ruralité c/Navashankar, req. n° 384492, *Lebon T.* ; *AJDA* 2016. 1322 : précisant CE 23 déc. 2015, Belghoul, req. n° 379940, *Lebon T.* ; *AJDA* 2016. 5 ; *AJDI* 2016. 667, Chron. F. Zitouni.

TITRE

85. Le référé « évacuation des résidences mobiles »

SECTION 0

Orienteur

850.00 Plan du titre.

850.01 Textes applicables.

CJA, art. L. 779-1 ; art. R. 779-1 à R. 779-8.

850.06 Chiffres clés.

Cette procédure donne lieu à plusieurs dizaines de décisions par an.

850.09 Origine. Le référé relatif à l'évacuation des résidences mobiles des gens du voyage a été institué par la loi du 5 mars 2007 relative à la prévention de la délinquance (L. n° 2007-297, 5 mars 2007, art. 27, modifiant L. n° 2000-614, 5 juill. 2000, relative à l'accueil et à l'habitat des gens du voyage, art. 9). La disposition législative prévoyant cette procédure est codifiée à l'article L. 779-1 du CJA (L. n° 2011-1862, 13 déc. 2011, art. 52). La procédure est organisée par les articles R. 779-1 à R. 779-8 du CJA, issus du décret n° 2007-1018 du 14 juin 2007 et modifiés par le décret n° 2020-1245 du 9 octobre 2020.

850.10 Objet. Le référé « évacuation des résidences mobiles » vise à obtenir l'annulation en extrême urgence, et à travers un recours suspensif, d'une mise en demeure adressée par le préfet à des gens du voyage leur ordonnant d'évacuer une propriété sur laquelle se trouvent irrégulièrement installées leurs caravanes. Elle ne concerne pas les évacuations de campements, lesquels ne bénéficient pas d'un recours à caractère suspensif et, par suite, peuvent être contestées par la voie du référé-liberté[1].

850.11 Nature. Le référé « évacuation des résidences mobiles » constitue un référé au fond. Le juge statue en excès de pouvoir sur la légalité de la décision attaquée. La décision rendue présente un caractère définitif.

1. CE, ord., 5 avr. 2011, Ciurar, req. n° 347949, *Lebon T.* ; *AJDA* 2011. 1389, note J.-F. Calmette ; *D.* 2011. 1995, obs. P. Bonfils et A. Gouttenoire ; *AJCT* 2011. 250.

851. Engagement du référé « évacuation des résidences mobiles »

SECTION 0

Orienteur

851.00 Plan du chapitre.

Sect. 1 Compétence
Sect. 2 Recevabilité
Sect. 3 Effet suspensif du recours

SECTION 1

Compétence

851.11 Compétence territoriale. Le recours dirigé contre la décision d'évacuation doit être introduit auprès du tribunal dans le ressort duquel a son siège le préfet qui a pris cette décision.

SECTION 2

Recevabilité

851.21 Décision contestée. Le référé est dirigé contre une décision de mise en demeure de quitter les lieux mentionnée au II *bis* de l'article 9 de la loi n° 2000-614 du 5 juillet 2000 relative à l'accueil et à l'habitat des gens du voyage.

Cette disposition organise une procédure simplifiée et facilitée d'évacuation des gens du voyage illégalement stationnés. Alors que l'expulsion d'occupants sans titre suppose en principe l'intervention d'un juge (juge civil dans le cas de terrains privés, juge administratif en cas d'occupation du domaine public), la loi confie ici au préfet le pouvoir de procéder, après mise en demeure et sans autorisation juridictionnelle, à l'évacuation forcée des résidences mobiles concernées. L'article 9 concerne les communes qui assument leurs obligations en matière d'accueil des gens du voyage (avec, en contrepartie, le droit d'interdire le stationnement des résidences mobiles en dehors des aires d'accueil). L'article 9-1 étend la procédure d'évacuation après mise en demeure aux communes non inscrites au schéma départemental d'accueil des gens du voyage.

Le II de l'article 9 énonce les conditions auxquelles le préfet peut mettre en œuvre ses prérogatives. En cas de stationnement irrégulier, le propriétaire ou le maire peut demander au préfet de mettre en demeure les occupants de quitter les lieux. La mise en demeure ne peut intervenir que si le stationnement est de nature à porter atteinte à la salubrité, la sécurité ou la tranquillité publiques. La mise en demeure est assortie d'un délai d'exécution qui ne peut être inférieur à vingt-quatre heures. Elle est notifiée aux occupants et publiée sous forme d'affichage en mairie et sur les lieux. Le cas échéant, elle est notifiée au propriétaire ou titulaire du droit d'usage du terrain. Lorsque la mise en demeure de quitter les lieux n'a pas été suivie d'effets dans le délai fixé et n'a pas fait l'objet d'un recours dans les conditions fixées au II *bis*, le préfet peut procéder à l'évacuation forcée des résidences mobiles, sauf opposition du propriétaire ou du titulaire du droit d'usage du terrain dans le délai fixé pour l'exécution de la mise en demeure.

Eu égard aux garanties entourant sa mise en œuvre, le pouvoir reconnu au préfet est conforme à la Constitution[1] et la procédure juridictionnelle définie respecte le droit au recours[2].

851.22 Délai pour agir. Les requêtes doivent être introduites dans le délai d'exécution fixé par la décision de mise en demeure (CJA, art. R. 779-2, al. 1er ; L. nº 2000-614, 5 juill. 2000, art. 9, II *bis*). Le délai de recours n'est pas prorogé par l'exercice d'un recours administratif préalable (CJA, art. R. 779-2, al. 1er).

851.23 Qualité pour agir. Le recours est ouvert aux personnes destinataires de la décision de mise en demeure, ainsi qu'au propriétaire ou au titulaire du droit d'usage du terrain.

851.24 Formes de la requête et ministère d'avocat. L'article R. 779-1 du CJA prévoit que les requêtes sont présentées « selon les dispositions » du CJA applicables aux requêtes en annulation (sous réserve de la dérogation relative au délai de recours). Il s'ensuit notamment qu'elles sont dispensées du ministère d'avocat.

Lorsque la requête est adressée par Télérecours, son auteur signale son urgence en sélectionnant le type de procédure dans la rubrique correspondante (CJA, art. R. 779-2, al. 2).

851.25 Identification du requérant. Le recours formé contre l'arrêté préfectoral doit respecter les prévisions générales de l'article R. 411-1 du CJA aux termes desquelles « la requête indique les nom et domicile des parties ». En conséquence, est irrecevable la requête qui ne comporte pas le nom des requérants et ne permet pas de les identifier de manière exacte et complète[3].

SECTION 3
Effet suspensif du recours

851.31 Suspension de la mise en demeure. En vertu de l'article 9, II *bis* de la loi nº 2000-614 du 5 juillet 2000, l'introduction du recours « suspend l'exécution de la décision du préfet » à l'égard des requérants. Il en résulte que l'évacuation forcée des résidences mobiles ne pourra intervenir avant que le juge ait statué.

852. Conditions d'octroi du référé « évacuation des résidences mobiles »

852.09 Illégalité de la décision. Le référé « évacuation des résidences mobiles » visant à l'annulation de la décision attaquée, il revêt la nature d'un recours pour

1. Cons. const. 9 juill. 2010, nº 2010-13 QPC, *AJDA* 2010. 1398 ; *AJDA* 2010. 2324, note E. Aubin ; *D.* 2010. 2056, entretien S. Slama ; *D.* 2011. 1509, obs. A. Leborgne ; *Constitutions* 2010. 601, obs. O. Le Bot.
2. Cons. const. 27 sept. 2019, nº 2019-805 QPC.
3. TA Strasbourg, 11 mai 2009, Communauté des gens du voyage, req. nº 0902208, NP.

excès de pouvoir. Les moyens d'illégalité externe et d'illégalité interne invocables à l'appui d'un recours pour excès de pouvoir peuvent donc être opposés à la mise en demeure d'évacuer les lieux. L'arrêté peut notamment être annulé si l'atteinte à la sécurité publique et à la salubrité publique n'apparaît pas établie[1], s'il a été édicté en dehors des cas prévus par la loi[2] s'il est entaché d'une insuffisance de motivation[3] ou accorde aux intéressés un délai trop court pour libérer les lieux[4].

853. Jugement du référé « évacuation des résidences mobiles »

853.09 Qualité de juge des référés. La compétence pour examiner la demande appartient au président du tribunal ou au magistrat qu'il désigne à cet effet (L. n° 2000-614, 5 juill. 2000, art. 9, II *bis* ; CJA, art. R. 779-8). Sauf mention contraire dans la décision de désignation, les magistrats désignés à cet effet au titre de l'article R. 222-13 assurent également cette fonction (CJA, art. R. 779-8).

Le président du tribunal administratif ou le magistrat délégué statue seul et sans conclusions du rapporteur public. Conformément à une règle générale de procédure (v. ss n° 120.10), il dispose de la faculté de renvoyer l'affaire à une formation collégiale (faculté expressément prévue dans le cas présent par l'article L. 779-1 alinéa 2 du CJA).

853.10 Délai de jugement. Le juge statue dans un délai de 48 heures à compter de sa saisine (L. n° 2000-614, 5 juill. 2000, art. 9, II *bis*), ce délai courant à partir de l'heure d'enregistrement de la requête au greffe du tribunal (CJA, art. R. 779-3, al. 1er). Le délai de jugement est donc décompté d'heure en heure à compter de l'introduction du recours.

853.11 Convocation à l'audience. Eu égard au délai de jugement extrêmement bref imparti au juge administratif, l'article R. 779-4 du CJA prévoit que les parties sont convoquées « sans délai » et « par tous moyens ».

853.12 Instruction. Le juge statue au terme d'une procédure « écrite ou orale » (CJA, art. R. 779-5). L'instruction doit naturellement respecter le principe du contradictoire (ainsi que le rappelle l'article R. 779-5). L'instruction est close dans les conditions prévues par l'article R. 613-2 (CJA, art. R. 779-5), c'est-à-dire après l'audience au cours de laquelle les parties ont pu formuler leurs observations orales.

L'article R. 779-6 prévoit que les dispositions des articles R. 522-2, R. 522-4, R. 522-7, R. 522-9 du même code sont applicables. Il en résulte que :

– le juge peut rejeter de sa propre initiative une requête dont les conclusions sont entachées d'une irrecevabilité, même susceptible de régularisation ;

1. TA Nantes, 23 nov. 2012, Desbarres, req. n° 1210944, NP.
2. V. p. ex., TA Melun, 22 août 2016, Beautour, req. n° 1607020, NP : commune n'ayant pas créée d'aire d'accueil des gens du voyage.
3. TA Poitiers, 13 sept. 2011, Delage, req. n° 1101957, NP : arrêté n'indiquant pas clairement son fondement juridique.
4. TA Melun, 18 juin 2013, Holdebaum, req. n° 1303634, NP : arrêté annulé « en tant qu'il fixe un délai de 24 heures pour quitter les lieux ».

– la requête est notifiée au défendeur et les délais les plus brefs lui sont fournis pour présenter ses observations ; ils doivent être rigoureusement observés faute de quoi il est passé outre sans mise en demeure ;

– l'affaire est en état d'être jugée dès que la requête a été transmise au défendeur et que les parties ont été régulièrement convoquées à l'audience ;

– les moyens d'ordre public peuvent être communiqués par le juge lors de l'audience.

Lorsqu'elles sont faites par Télérecours, les communications et convocations sont réputées reçues dès leur mise à disposition dans l'application (CJA, art. R. 779-3, al. 2).

853.13 **Autres règles du droit commun.** Pour le reste, et de façon résiduelle, l'article R. 779-1 du CJA prévoit que les requêtes introduites sur le fondement de l'article L. 779-1 sont instruites « selon les dispositions du présent code applicables aux requêtes en annulation, sous réserve des dispositions » précédemment énoncées.

854. Décision du juge administratif

854.09 **Forme de la décision.** Le juge saisi sur le fondement de l'article L. 779-1 du CJA statue par voie de « jugements » (CJA, art. R. 779-8).

854.10 **Contenu de la décision.** Le juge annule la décision attaquée si elle est entachée d'illégalité. Il peut l'annuler partiellement, par exemple en tant qu'elle fixe un délai trop court aux intéressés pour évacuer les lieux[1]. L'article R. 779-6 du CJA rend applicable au référé « évacuation des résidences mobiles » les dispositions de l'article R. 522-11 du même code. Il en résulte que la décision doit comporter les mentions propres aux ordonnances (alors même que la décision rendue est qualifiée par le même décret de jugement) et, le cas échéant, indiquer qu'un moyen d'ordre public a été communiqué par le juge lors de l'audience.

854.11 **Prise d'effet de la décision.** L'article R. 779-6 du CJA rend applicable au référé « évacuation des résidences mobiles » les dispositions des articles R. 522-12 et R. 522-13. Il en résulte que le jugement prend effet à partir du jour où la partie qui doit s'y conformer en reçoit notification. En cas d'urgence, le juge peut décider que sa décision sera immédiatement exécutoire ; il en communique alors le dispositif aux parties, qui en accusent réception.

854.12 **Autres règles du droit commun.** Pour le reste, et de façon résiduelle, l'article R. 779-1 du CJA prévoit que les requêtes introduites sur le fondement de l'article L. 779-1 sont « jugées selon les dispositions du présent code applicables aux requêtes en annulation, sous réserve des dispositions » précédemment énoncées.

1. TA Bordeaux, 13 juill. 2012, Feugier, req. n° 1202423, NP – TA Melun, 18 juin 2013, Holdebaum, req. n° 1303634, NP.

855. Voies de recours ouvertes contre la décision

855.09 **Recours en appel.** La décision rendue peut faire l'objet d'un recours en appel dans un délai d'un mois (CJA, art. R. 779-7). Faute de disposition particulière, il relève de la compétence de droit commun des cours administratives d'appel[1]. Malgré l'absence de dispositions spécifiques, les règles régissant à l'instruction et le jugement de la demande devant le juge du premier degré lui sont également applicables.

855.10 **Recours en cassation.** L'arrêt de la cour administrative d'appel peut faire l'objet d'un pourvoi en cassation en application des dispositions générales de l'article L. 821-1 du CJA, aux termes desquelles « les arrêts rendus par les cours administratives d'appel et, de manière générale, toutes les décisions rendues en dernier ressort par les juridictions administratives peuvent être déférés au Conseil d'État par la voie du recours en cassation »[2].

1. V. par ex. CAA Versailles, 17 déc. 2009, Istfan, req. n° 07VE03227, NP – CAA Bordeaux, 22 juin 2015, Assoc. « La Vie du voyage », req. n° 13BX02170, NP.
2. Les délais fixés par le préfet pour évacuer les lieux, qui sont au maximum de quelques jours, privent d'intérêt l'exercice de cette voie de recours : le juge de cassation, saisi après l'exécution de la mesure, constatera l'absence d'objet du litige et prononcera le non-lieu à statuer.

TITRE

86. Le référé « suspension des professionnels de santé »

860.01 Texte applicable.

CSP, art. L. 4113-14, al. 5.

860.09 Origine. Le référé « suspension des professionnels de santé » a été institué par la loi n° 2002-303 du 4 mars 2002 relative aux droits des malades et à la qualité du système de santé, dite « loi Kouchner » (art. 45)[1].

860.10 Objet. Le référé « suspension des professionnels de santé » vise à contester la décision du directeur général de l'agence régionale de santé, prise à l'encontre d'un médecin, d'un chirurgien-dentiste ou d'une sage-femme, prononçant la suspension immédiate du droit d'exercer son activité sur le fondement de l'article L. 4113-14, al. 1er du Code de la santé publique.

860.11 Procédure d'extrême urgence. L'article L. 4113-14 alinéa 5 du Code de la santé publique indique que le praticien suspendu peut « exercer un recours contre la décision » de suspension « devant le tribunal administratif, qui statue en référé dans un délai de quarante-huit heures ». Le recours présente donc la particularité d'être jugée, en urgence, non pas devant un juge unique mais devant une formation collégiale.

860.12 Attente du décret d'application, possibilité d'un référé suspension ou liberté. À défaut de toute précision dans la loi en ce qui concerne, notamment, la nature des pouvoirs du juge des référés, les dispositions de l'article L. 4113-14 alinéa 5 du Code de la santé publique n'ont pu entrer en vigueur, en l'absence de définition de leurs modalités d'application par le décret en Conseil d'État prévu[2].

Dans l'attente, le praticien peut contester la mesure de suspension prise à son encontre, ou le refus d'abroger celle-ci, par les procédures d'urgence de droit commun que sont le référé-suspension et le référé-liberté[3].

1. *JO* 5 mars.
2. CE 30 mai 2011, Melki, req. n° 336838, *Lebon T.* ; *AJDA* 2011. 1119 - TA Strasbourg, ord., 3 août 2016, Ringeisen, req. n° 1604404, NP - CE 31 mars 2017, Ringeisen, req. n° 402374, *Lebon T.* ; *AJDA* 2017. 1031 (pt 2).
3. CE 31 mars 2017, Ringeisen, req. n° 402374, préc. (pt 2).

TITRE
87. Le référé-provision réquisition

870.01 Texte applicable.
CGCT, art. L. 2215, 4°, al. 7.

870.09 Droit à indemnisation en cas de réquisition. Dans sa rédaction issue de la loi n° 2003-239 du 18 mars 2003[1], l'article L. 2215-1, 4° du Code général des collectivités territoriales autorise le préfet à recourir à des réquisitions en cas d'urgence, « lorsque l'atteinte au bon ordre, à la salubrité, à la tranquillité et à la sécurité publiques l'exige et que les moyens dont dispose le préfet ne permettent plus de poursuivre les objectifs pour lesquels il détient des pouvoirs de police ». La réquisition ouvre droit à une indemnisation couvrant les frais matériels, directs et certains résultant de l'arrêté de réquisition.

870.10 Allocation d'une provision en référé. Le septième alinéa de l'article L. 2215-1, 4° du CGCT dispose que « dans les conditions prévues par le Code de justice administrative, le président du tribunal administratif ou le magistrat qu'il délègue peut, dans les quarante-huit heures de la publication ou de la notification de l'arrêté, à la demande de la personne requise, accorder une provision représentant tout ou partie de l'indemnité précitée, lorsque l'existence et la réalité de cette indemnité ne sont pas sérieusement contestables ». La condition d'octroi est identique à celle prévalant dans le référé-provision de droit commun (v. s^s n°s 332.09 s.). La procédure se caractérise en revanche par une plus grande célérité. Elle a donné lieu à 11 ordonnances rendues le même jour devant le tribunal administratif de Nantes[2].

1. *JO* 19 mars.
2. V. par ex. TA Nantes, ord., 12 nov. 2010, Évain, req. n° 107910, NP.

TITRE

88. Le référé-levée des mesures de consignation en matière environnementale

880.01 Texte applicable.

CJA, art. L. 555-2.

880.09 Origine. Le référé-levée des mesures de consignation en matière environnementale a été instauré par la loi n° 2008-757 du 1er août 2008 (art. 3)[1].

880.10 Objet. Ce référé a pour objet d'obtenir, à la demande du préfet ou de toute personne intéressée, la levée du caractère suspensif d'une opposition à un titre exécutoire pris en application de certaines mesures de consignation prévues par le Code de l'environnement (mesures de consignation prises en application de l'article L. 162-14 ou de l'article L. 541-3 du Code de l'environnement). La demande tend à ce que l'opposition formée par un exploitant contre un arrêté lui ordonnant de consigner une somme en vue de travaux au titre de la législation des installations classées soit privée du caractère suspensif qui s'attache aux oppositions formées contre des états exécutoires.

880.11 Procédure. La demande de levée est examinée « par le président du tribunal administratif ou le magistrat qu'il délègue, statuant en référé » (CJA, art. L. 555-2) dans un délai de 15 jours. Le juge peut « décider que le recours n'est pas suspensif, dès lors que les moyens avancés par l'exploitant ne lui paraissent pas sérieux » (C. envir., art. 514-1)[2].

Il appartient au juge des référés « de se prononcer en fonction du sérieux des moyens invoqués à l'encontre de l'arrêté contesté ». S'il accueille la demande de levée de l'effet suspensif de l'opposition formée par l'exploitant, le juge des référés « peut, compte tenu de la nature particulière de la procédure et de l'urgence qu'il y a à statuer, se borner à énoncer qu'aucun des moyens avancés par l'exploitant au soutien de sa demande d'annulation ou de réformation ne lui apparaît comme sérieux, dès lors que ceux-ci ont été dûment énumérés et analysés dans les visas de sa décision ». En revanche, pour rejeter la demande dont il est saisi, le juge « doit désigner le moyen que lui paraît sérieux »[3].

1. *JO* 2 août.
2. Pour des applications positives, v. CE 30 juill. 2003, Sté Orflam Plast, req. n° 237988, *Lebon T.* – TA Caen, ord., 16 juill. 2009, préfet du Calvados, req. n° 0901369, NP.
3. CE 30 juill. 2003, Sté Orflam Plast, req. n° 237988, préc.

TITRE

89. Le référé-suspension en matière de communication électronique

890.01 Texte applicable.

CPCE, art. L. 38-3.

890.09 Origine. Le référé-suspension en matière de communication électronique a été institué par la loi n° 2004-669 du 9 juillet 2004 relative aux communications électroniques et aux services de communication audiovisuelle[1].

890.10 Objet. Le référé-suspension en matière de communication électronique vise à obtenir la suspension de certaines décisions administratives prises par l'Arcep.

890.11 Procédure calquée sur le référé-suspension. Le régime procédural du référé-suspension en matière de communication électronique et ses conditions de mise en œuvre sont expressément alignés sur ceux du référé-suspension de droit commun. En ce sens, l'article L. 38-3 du Code des postes et des communications électroniques dispose que la décision contestée « peut faire l'objet d'une demande de suspension présentée conformément aux dispositions de l'article L. 521-1 du Code de justice administrative ». La demande est présentée devant le juge des référés du Conseil d'État. Elle est accessoire à un recours principal en annulation ou en réformation.

Le référé-suspension en matière de communication électronique présente trois différences par rapport au référé-suspension de droit commun. D'une part, il peut être dirigé uniquement contre une décision d'opposition prise en application de l'article L. 35-2 (opposition de l'Arcep à la mise en œuvre des tarifs du service universel) et de l'article L. 38-1 (opposition de l'Arcep à un tarif proposé par un opérateur réputé exercer une influence significative sur un marché de détail du secteur des communications électroniques). D'autre part, le juge se prononce dans un délai de quinze jours suivant l'enregistrement de la requête. Enfin, alors qu'il est saisi d'une « demande de suspension », le juge des référés peut également « ordonner toutes mesures nécessaires au rétablissement de la légalité ».

1. *JO* 10 juill.

LIVRE

9. Annexes

TITRE

91. Exemples de dossiers contentieux

910.00 Plan du titre.

910.09 **Exemple de dossier contentieux en matière de recours contre une OQTF.**

ARRÊTÉ PORTANT OBLIGATION DE QUITTER LE TERRITOIRE FRANÇAIS ET FIXANT LE PAYS DE DESTINATION

Le préfet du Var

Vu le Code de l'entrée et du séjour des étrangers et du droit d'asile, notamment ses articles L. 211-1 et L. 511-1

Vu la Convention européenne de sauvegarde des droits de l'homme et des libertés fondamentales.

Considérant que M. B., de nationalité tunisienne, est entré en France le 5 juillet 2007 sans être muni des documents exigés par l'article L. 211-1, 1° du Code de l'entrée et du séjour des étrangers et du droit d'asile.

Considérant que M. B. ne justifie d'aucune circonstance de nature à s'opposer à son éloignement du territoire français.

DÉCIDE :

Article 1er : M. B. est obligé de quitter le territoire français.

Article 2 : Le délai de départ volontaire mentionné à l'article L. 511-3-1 du Ceseda est refusé à M. B.

Article 3 : M. B. sera reconduit en Tunisie.

Pour le préfet du Var et par délégation, Monsieur C., chef du bureau des étrangers de la préfecture du Var.

REQUÊTE

Tribunal administratif de Toulon
Recours contre une OQTF (Ceseda, art. L. 512-1)

POUR : Monsieur B., demeurant 55 passage des Coupries, 83999 Goulaine sur Mer

DEMANDEUR

CONTRE : la décision du 5 mars 2022, par laquelle le préfet du Var a :

1°) ordonné la reconduite à la frontière de Monsieur B.

2°) fixé la Tunisie comme pays de destination.

DÉFENDEUR

FAITS

I. Arrivée en France

Monsieur B., de nationalité tunisienne, est né à Tunis (Tunisie) en 1995. Il est le troisième enfant d'une fratrie de six frères et sœurs. Son père est arrivé en France cette année-là, rejoint l'année suivante par son épouse et par ses trois plus jeunes enfants dans le cadre de la procédure de regroupement familial. Les trois aînés sont restés en Tunisie, où ils ont été élevés par leur grand-mère.

À la mort de celle-ci, Monsieur B., âgé de 22 ans, a gagné la France, sans passeport ni visa, pour y rejoindre ses plus jeunes frères et sœurs. Il travaille, depuis son arrivée, dans une entreprise de BTP.

En 2019, il a rencontré une jeune française, avec qui il vit maritalement depuis deux ans et qui attend de lui un enfant pour la fin de l'année.

II. Interpellation

Monsieur B., au regard de sa situation familiale, a cru être éligible à la délivrance d'une carte de séjour « vie privée et familiale ». Il s'est rendu le 5 mars 2022 à la préfecture du Var en vue d'y déposer une demande de carte de séjour temporaire sur le fondement de l'article L. 313-111, 7 ° du Ceseda.

Un fonctionnaire d'accueil de la préfecture a constaté que Monsieur B. était dans l'incapacité de présenter un quelconque document d'identité. Informé par cet agent, le chef du bureau des étrangers a fait interpeller Monsieur B. et prévenu le cabinet du préfet. Le préfet a demandé au chef du bureau des étrangers d'ordonner immédiatement le placement en rétention administratif de Monsieur B.

Il a ensuite pris à son encontre une obligation de quitter le territoire français, assorti d'une décision fixant la Tunisie comme pays de destination.

Monsieur B. demande l'annulation de ces deux décisions, qui lui ont été notifiées par voie administrative le 5 mars 2022, à 15 h 45.

DISCUSSION

Les décisions attaquées sont entachées d'illégalités externes et internes.

I. Sur la légalité externe

A. Incompétence

Les décisions contestées sont signées « Pour le préfet du Var et par délégation, Monsieur C., chef du bureau des étrangers de la préfecture du Var ».

Or, une délégation n'est utilement opposable à un administré que si elle est effectivement intervenue et si elle a fait l'objet d'une publicité régulière avant la signature de la décision sur la base de laquelle elle est prise.

En l'espèce, il n'est pas établi que Monsieur C., chef du bureau des étrangers de la préfecture du Var, ait reçu une délégation régulière du préfet. Il n'est pas davantage établi, dans l'hypothèse où cette délégation aurait été donnée, qu'elle ait été portée à la connaissance des administrés par une publication régulière.

Il en résulte que les décisions attaquées sont entachées d'incompétence.

B. Vice de forme

La décision portant obligation de quitter le territoire, et fixant le pays de renvoi, a la nature de mesures individuelles de police. Elles doivent donc, en application de l'article L. 211-2 du CRPA, faire l'objet d'une motivation. Ainsi que l'impose l'article L. 211-5 du CRPA, la motivation doit « comporter l'énoncé des considérations de droit et de fait qui constituent le fondement de la décision ».

Cette exigence n'est pas satisfaite en l'espèce.

Les *considérations de droit* se limitent à la mention de deux textes dans les visas : d'une part « le Code de l'entrée et du séjour des étrangers et du droit d'asile, notamment son article L. 251-1 » ; d'autre part « la Convention européenne de sauvegarde des droits de l'homme et des libertés fondamentales », sans autre précision.

Les motifs de droit ne comportent aucune référence à l'article L. 612-12 du Ceseda, relatif à la détermination du pays de renvoi. En outre, le préfet n'a pas précisé les articles de la Convention européenne des droits de l'homme sur lesquels se fondent ses décisions.

Les *considérations de fait* se limitent, en tout et pour tout, à deux éléments. Le préfet relève, d'une part, « que M. B., de nationalité tunisienne, est entré en France le 5 juillet 2017 sans être muni des documents exigés par le Code de l'entrée et du séjour des étrangers et du droit d'asile ». Il ajoute, d'autre part, « que M. B. ne justifie d'aucune circonstance de nature à s'opposer à son éloignement du territoire français ».

Cette motivation est stéréotypée, ne mentionnant aucune circonstance propre à l'espèce.

La motivation laconique retenue par le préfet ne satisfait pas aux exigences que fait peser le CRPA. L'obligation de quitter le territoire, comme la décision fixant le pays de renvoi, se trouvent en conséquence entachées d'un vice de forme substantiel.

C. Vice de procédure

Les décisions attaquées sont intervenues à la suite d'une procédure irrégulière. En effet, le requérant a été interpellé alors qu'il se présentait en préfecture pour demander la délivrance d'une carte de séjour.

Une telle pratique est condamnée par la jurisprudence au nom du principe de loyauté. Le Conseil d'État exclut, au titre de l'article 5 de la Convention européenne des droits de l'homme, qu'un étranger puisse être interpellé lorsqu'il se présente en préfecture pour y solliciter l'examen de sa situation au regard du droit au séjour (CE 7 févr. 2007, Ligue des droits de l'homme, req. n° 292607, *Lebon*).

Le manquement à l'exigence de loyauté est de nature à entacher d'illégalité la décision adoptée subséquemment.

II. Sur la légalité interne

A. Décision portant obligation de quitter le territoire français

La décision portant obligation de quitter le territoire français est entachée de deux vices d'illégalité interne.

1. Régularité de la situation du requérant au regard de son droit au séjour

Le requérant remplit les conditions pour obtenir un titre de séjour. Il ne pouvait, par suite, faire l'objet d'une OQTF.

Son droit au séjour résulte des articles L. 423-1 et suivants du Ceseda.

Monsieur B. satisfait aux exigences posées par ces articles dans la mesure où ses attaches familiales se trouvent en France et non pas dans son pays de naissance. Ses parents sont installés dans le pays depuis plus de 25 ans et sont tous deux titulaires de la carte de résident. Ses frères et sœurs vivent tous en France à l'exception de l'un d'eux, demeuré à Tunis, avec lequel le requérant n'entretient pas de relation. Depuis le décès de sa grand-mère, il n'a donc plus de lien familial avec la Tunisie.

Ses liens se trouvent désormais en France. Il vit, depuis deux ans, avec une femme de nationalité française. Elle attend un enfant de lui et le couple envisage de se marier l'année prochaine.

Monsieur B. exerce en outre son activité professionnelle en France. Cette activité est la principale source de revenus du couple.

Il en résulte que le requérant satisfait aux conditions posées par le Ceseda pour l'obtention d'une carte de séjour portant la mention « vie privée et familiale ».

Il ne pouvait, dans ces conditions, faire l'objet d'une mesure d'éloignement. Selon le Conseil d'État, « l'autorité administrative ne saurait légalement prendre une mesure de reconduite à l'encontre d'un étranger que si ce dernier se trouve en situation irrégulière au regard des règles relatives à l'entrée et au séjour » (CE 23 juin 2000, Diaby, req. n° 213584, *Lebon* 243). Il ajoute que « lorsque la loi prescrit que l'intéressé doit se voir attribuer de plein droit un titre de séjour, cette circonstance fait obstacle à ce qu'il puisse légalement faire l'objet d'une mesure de reconduite à la frontière » (CE 23 juin 2000, Diaby, préc.).

Monsieur B. devant, de plein droit, se voir attribuer un titre de séjour en application du Ceseda, il ne pouvait légalement faire l'objet d'une OQTF. La mesure d'éloignement prise à son encontre est donc entachée d'illégalité.

2. Violation de l'article 8 de la Convention européenne des droits de l'homme

La mesure d'éloignement prise à l'encontre du requérant porte atteinte à l'article 8 de la Convention européenne des droits de l'homme.

Cette disposition consacre en ces termes le droit à une vie privée et familiale : « Toute personne a droit au respect de sa vie privée et familiale » (al. 1er). Elle fixe aussi les conditions auxquelles ce droit peut être limité : « il ne peut y avoir ingérence d'une autorité publique dans l'exercice de ce droit que pour autant que cette ingérence est prévue par la loi et qu'elle constitue une mesure qui, dans une société démocratique, est nécessaire à la sécurité nationale, à la sûreté publique, au bien-être économique du pays, à la défense de l'ordre et à la prévention des infractions pénales, à la protection de la santé ou de la morale, ou à la protection des droits et libertés d'autrui » (al. 2).

Dans le cas présent, l'atteinte portée au droit à une vie familiale de Monsieur B. ne répond pas à l'exigence de nécessité. La présence de celui-ci sur le sol français ne constitue en aucun cas une menace pour l'ordre public.

En tout état de cause, la mesure n'apparaît pas proportionnée puisqu'elle prive le requérant de la possibilité de vivre avec sa femme et son enfant pour une simple irrégularité du séjour – laquelle est d'ailleurs en voie de règlement.

Dans une espèce comparable, le Conseil d'État a déclaré illégal un arrêté de reconduite à la frontière s'agissant d'un étranger vivant en concubinage depuis plusieurs années avec une ressortissante française et ayant reconnu un enfant à naître de cette union (CE 26 mars 2001, préfet de police c/Ashraf Uddin, req. no 214244, NP).

L'obligation de quitter le territoire prise à l'encontre de Monsieur B. porte, pour les mêmes raisons, une atteinte à l'article 8 de la Convention européenne des droits de l'homme. Elle se trouve, de ce chef, entachée d'illégalité.

B. Décision refusant la reconnaissance d'un délai de départ volontaire

L'article 2 de l'arrêté attaqué refuse d'accorder à Monsieur B. un délai pour exécuter de lui-même l'obligation de quitter le territoire.

Or, la suppression du délai de départ volontaire ne peut intervenir que dans trois hypothèses limitativement énumérées à l'article L. 612-2 du Ceseda. Ces trois hypothèses sont la menace pour l'ordre public, la fraude au titre de séjour et le risque de fuite.

Monsieur B. ne relève d'aucune de ces trois situations. L'absence de délai de départ volontaire encourt, de ce fait, l'annulation.

C. Décision fixant la Tunisie comme pays de renvoi

La décision fixant la Tunisie comme pays de destination de Monsieur B. est contraire à l'article L. 721-4 du Ceseda.

En vertu de cette disposition, « Un étranger ne peut être éloigné à destination d'un pays s'il établit que sa vie ou sa liberté y sont menacées ou qu'il y est exposé à des traitements contraires aux stipulations de l'article 3 de la Convention européenne de sauvegarde des droits de l'homme et des libertés fondamentales du 4 novembre 1950 ».

Or, dans le cas présent, le requérant risque d'être privé de liberté pour avoir quitté la Tunisie irrégulièrement, cette circonstance constituant une infraction pénale en droit tunisien.

III. Sur le placement en rétention

L'article L. 614-16 du Ceseda prévoit que « si l'obligation de quitter le territoire français est annulée, il est immédiatement mis fin aux mesures de surveillance [...] et l'étranger est muni d'une autorisation provisoire de séjour jusqu'à ce que l'autorité administrative ait à nouveau statué sur son cas ».

Il en résulte que si l'arrêté portant obligation de quitter le territoire est annulé, il appartiendra au président du tribunal administratif d'enjoindre au préfet du Var de mettre fin immédiatement à la rétention de Monsieur B. et de lui délivrer immédiatement une autorisation provisoire de séjour.

FRAIS IRRÉPÉTIBLES

Il serait inéquitable, dans les circonstances de l'espèce, de laisser à la charge de Monsieur B. les frais qu'il a dû exposer pour faire valoir ses droits en justice.

Monsieur B. s'estime donc fondé à demander, en application de l'article L. 761-1 du Code de justice administrative, le versement d'une somme de 1 500 euros.

CONCLUSIONS

Par ces motifs, et tous autres à produire, déduire ou suppléer, au besoin d'office, le requérant demande au président du tribunal administratif :

- d'annuler la décision du 5 mars 2022 par laquelle le chef du bureau des étrangers de la préfecture du Var a fait obligation à Monsieur B. de quitter le territoire français et fixer la Tunisie comme pays de destination ;
- d'enjoindre au préfet du Var de mettre immédiatement fin à la rétention de Monsieur B. et de lui délivrer une autorisation provisoire de séjour ;
- de condamner le préfet du Var à verser à Monsieur B. la somme de 1 500 euros au titre de l'article L. 761-1 du Code de justice administrative.

PRODUCTIONS

1. Décision du bureau des étrangers de la préfecture du Var en date du...
2. Copie des cartes de résident des parents et des frères et sœurs de Monsieur B.
3. Certificat de concubinage de Monsieur B. et Mlle C. établi par le maire de Goulaine sur Mer.
4. Certificat de grossesse de Mlle C.

Mémoire en défense

Tribunal administratif de Toulon
Mémoire en défense

Le préfet du Var

À Monsieur le président du tribunal administratif de Toulon
Sur la requête n° 2022-614

FAITS

Par une requête enregistrée le 7 mars 2022 Monsieur B. demande l'annulation de mon arrêté du 5 mars 2022 l'obligeant à quitter le territoire français et désignant la Tunisie comme pays de renvoi.

Monsieur B., né en Tunisie, indique qu'il s'est installé en France à l'âge de 22 ans. Suite au décès de sa grand-mère, qui l'a élevé, il y a rejoint ses parents ainsi que quatre de ses frères et sœurs.

En 2017, Monsieur B. est entré en France sans passeport ni visa. Il a exercé, semble-t-il irrégulièrement, une activité professionnelle. Il vit maritalement avec Mlle C., ressortissante française.

Le 5 mars 2022 il s'est présenté à la préfecture du Var pour, selon ses dires, y déposer une demande de carte de séjour sur le fondement de l'article L. 313-11, 7° du Ceseda. Monsieur B. étant dans l'incapacité de présenter à mes services un document d'identité, j'ai pris à son encontre, le jour même, un arrêté portant obligation de quitter le territoire français, et décidé que Monsieur B. serait renvoyé en Tunisie.

DISCUSSION

Aucun des moyens invoqués par Monsieur B. à l'appui de sa requête n'est susceptible de prospérer.

I. Sur la légalité externe

A. Incompétence

Par arrêté n° 2010-17 du 17 juin 2020, publié au *Bulletin officiel de la préfecture du Var*, j'ai régulièrement donné délégation à Monsieur C., chef du bureau des étrangers de la préfecture, pour signer en mon nom « tout arrêté et toutes décisions individuelles en matière de police des étrangers, sauf les arrêtés d'expulsion ».

Cet arrêté a été pris et publié antérieurement à la date de la décision attaquée. Par suite, le moyen tiré de l'incompétence de Monsieur C. manque en fait.

B. Vice de forme

La décision attaquée est suffisamment motivée.

D'une part, elle expose les circonstances de fait qui sont précisément à l'origine de l'arrêté litigieux, à savoir l'entrée en France de Monsieur B. « le 5 juillet 2017 sans être muni des documents exigés pour l'entrée en France par le Code de l'entrée et du séjour des étrangers et du droit d'asile ».

D'autre part, la décision adoptée vise les textes dont elle fait application, à savoir le Ceseda, notamment son article L. 251-1, et la Convention européenne des droits de l'homme. L'absence de référence à un article précis de ce texte signifie que la situation de Monsieur B. a été examinée au regard de l'ensemble des dispositions qu'il comporte.

Il résulte de ce qui précède que l'arrêté contesté satisfait aux prescriptions du CRPA.

C. Vice de procédure

Le requérant donne une interprétation dévoyée de l'arrêt du Conseil d'État du 7 février 2007 (req. n° 292607). Dans cet arrêt, le Conseil d'État ne condamne pas l'interpellation d'un étranger qui se rend à la préfecture pour le dépôt d'une demande de séjour. Il censure la pratique consistant, de la part de la préfecture, à convoquer un étranger en situation irrégulière en lui faisant croire que cette convocation a pour objet d'examiner sa situation en vue d'une éventuelle régularisation.

En l'espèce, Monsieur B. s'est présenté spontanément à la préfecture. L'administration n'a donc nullement manqué à son exigence de loyauté.

Par ailleurs, l'invocation de l'article 5 de la Convention européenne des droits de l'homme dans un pareil cas de figure apparaît en tout état de cause inopérante (CE 21 nov. 1994, Poposecu, req. n° 147193, *Lebon T.*).

II. Sur la légalité interne

A. Décision portant obligation de quitter le territoire français

1. Régularité de la situation du requérant au regard de son droit au séjour

Il n'est pas contesté que Monsieur B. est entré en France sans disposer des documents exigés et qu'il se trouve dans une situation irrégulière au regard des règles sur le droit au séjour des étrangers.

Monsieur B. se prévaut de la décision du Conseil d'État du 23 juin 2000, indiquant que « l'autorité administrative ne saurait légalement prendre une mesure de reconduite à l'encontre d'un étranger [...] lorsque la loi prescrit que l'intéressé doit se voir attribuer de plein droit un titre de séjour ». Il estime relever de cette situation en raison de ses liens familiaux avec des personnes résidentes en France.

Pour autant, les liens invoqués par l'intéressé ne sont pas de ceux donnant droit à une carte de séjour portant la mention vie privée et familiale. D'une part, Monsieur B. dispose d'attaches en Tunisie. Il a vécu dans ce pays jusqu'à l'âge de 22 ans. Son frère aîné y vit encore. D'autre part, la relation qu'il entretient avec Madame C. se fait en dehors des liens du mariage, et l'enfant à naître ne peut être regardé comme un « lien familial » au sens du Ceseda.

Par conséquent, Monsieur B. ne justifie pas de l'existence en France de liens familiaux suffisants pour se voir attribuer, sur le fondement du Ceseda, une carte de séjour au titre de la vie privée et familiale. Or, comme l'indique le Conseil d'État dans l'arrêt précité du 23 juin 2000, lorsque l'étranger qui prétend obtenir le bénéfice d'une carte de séjour temporaire ne remplit pas les conditions exigées pour sa délivrance, « le moyen tiré de ce que le préfet ne pouvait légalement prendre à son encontre l'arrêté attaqué [...] ne peut qu'être écarté ».

2. Violation de l'article 8 de la Convention européenne des droits de l'homme

Le moyen tiré de la violation de l'article 8 de la Convention européenne des droits de l'homme n'est pas fondé. En effet, Monsieur B. n'établit pas que sa relation avec Mlle C. ne pourrait pas se poursuivre en Tunisie.

En outre, l'arrêt du Conseil d'État du 26 mars 2001 n'est pas invoqué à bon escient. Certes, cette décision concernait un étranger dont la compagne attendait un enfant, mais l'intéressé était *déjà* père d'un enfant né de cette union. Le cas d'espèce est différent puisque Monsieur B. n'a, à ce jour, aucun enfant avec Mlle C.

B. Décision refusant la reconnaissance d'un délai de départ volontaire

Monsieur B. est entré illégalement en France et s'est maintenu dans le pays sans titre de séjour régulier. Son comportement passé laisse craindre un risque de fuite et justifie, par suite, de ne pas lui accorder un délai pour quitter le territoire français.

C. Décision fixant la Tunisie comme pays de renvoi

Le moyen tiré de la violation de l'article L. 721-4 du Ceseda est dépourvu de toute précision. Monsieur B. n'établit pas en quoi sa liberté serait menacée en cas de retour en Tunisie. En particulier, il n'établit pas que le fait de quitter irrégulièrement la Tunisie constituerait une infraction dans le droit pénal marocain et l'exposerait à une peine privative de liberté.

III. Sur le placement en rétention

Le placement de Monsieur B. sous la contrainte est la conséquence de l'absence de délai accordé pour quitter le territoire. Son maintien en rétention se trouve, par suite, justifié.

FRAIS IRRÉPÉTIBLES

La requête de Monsieur B. ne pouvant qu'être rejetée, ses conclusions fondées sur l'article L. 761-1 du Code de justice administrative ne pourront être accueillies.

CONCLUSIONS

Par ces motifs, et tous autres à produire, déduire ou suppléer, au besoin d'office, le préfet du Var demande au président du tribunal administratif :

- de rejeter la requête de Monsieur B.

910.10 Exemple de dossier contentieux en matière de référé-suspension contre un permis de construire.

ARRÊTÉ DE PERMIS

Ville de La Roquette sur Argens
Permis de construire

Nom du demandeur : Association « Foyer des jeunes »
Adresse du demandeur : 3 allée des lilas, 13999 La Roquette sur Argens
Nature des travaux : construction d'une maison d'accueil de 250 m²
Adresse des travaux : 9 chemin du lapin, 13999 La Roquette sur Argens

Le maire,
Vu la demande de permis de construire susvisée
Vu le Code de l'urbanisme
Vu le Code général des collectivités territoriales
Vu…

Arrête :
Article 1er : Le permis de construire est accordé pour les travaux décrits dans la demande présentée.
Fait à La Roquette sur Argens le 11 juillet 2019

REQUÊTE

Tribunal administratif de Marseille
Référé-suspension (CJA, art. L. 521-1)

POUR : Monsieur S., demeurant chemin du renard, 83999 La Roquette sur Argens

DEMANDEUR

CONTRE : l'arrêté du 11 juillet 2019 par lequel le maire de La Roquette sur Argens a délivré à l'association « Foyer des jeunes » un permis de construire une maison d'accueil

DÉFENDEUR

FAITS

Par arrêté du 11 juillet 2019, le maire de la commune de La Roquette sur Argens a délivré à l'association « Foyer des jeunes » un permis de construire une structure destinée à accueillir des primo-délinquants pour un séjour de rupture (PJ n° 1).

PROCÉDURE

Monsieur S. habite en face du terrain concerné par ce projet de construction. Il justifie, en sa qualité de voisin, d'un intérêt lui donnant qualité pour agir.

Il a formé, le 10 septembre 2019, un recours pour excès de pouvoir tendant à l'annulation de l'arrêté du 11 juillet 2019 (PJ n° 2).

Ce recours a été notifié à la commune de La Roquette sur Argens conformément aux dispositions de l'article R. 600-1 du Code de l'urbanisme (PJ n° 3).

DISCUSSION

L'article L. 521-1 du Code de justice administrative permet de suspendre l'exécution d'une décision administrative lorsque l'urgence le justifie et qu'il est fait état d'un moyen propre à créer un doute sérieux sur la légalité de la décision attaquée. Ces deux conditions cumulatives sont en l'espèce satisfaites.

I. Condition d'urgence

Le Conseil d'État a établi une présomption d'urgence s'agissant des demandes de suspension dirigées contre les permis de construire. Il considère que cette condition est présumée remplie (CE 27 juill. 2001, C^{ne} de Meudon, req. n° 231991, *Lebon T.* 1115 – CE 13 déc. 2004, C^{ne} de Cabriès, req. n° 280329, *Lebon T.*) au motif qu'une construction autorisée par un permis de construire présente un caractère difficilement réversible (CE 27 juill. 2001, C^{ne} de Tulle c/C^{ts} Dufour, req. n° 230231, *Lebon*).

La présomption d'urgence s'applique lorsque les travaux « vont commencer ou ont déjà commencé sans être pour autant achevés » (CE 9 juin 2004, Magniez, req. n° 265457, *Lebon T.* 821). En l'espèce, les travaux de construction autorisés par le permis litigieux ont commencé en novembre 2009, il y a près de cinq mois.

Les travaux progressent très rapidement, de sorte qu'il est urgent que leur suspension soit ordonnée. En effet, lorsque le jugement au principal interviendra, la construction sera entièrement achevée. Il ne sera plus possible de revenir en arrière dans la mesure où la destruction d'une maison s'avère en pratique impossible. La construction aura alors porté une atteinte irréversible au caractère de la zone dans laquelle elle est train d'être édifiée (v. les photographies prises par le requérant : PJ n° 4). Le préjudice sera irréparable.

II. Condition de doute sérieux quant à la légalité de l'acte attaqué

L'arrêté attaqué est illégal en ce qu'il est fondé sur une délibération qui est elle-même illégale.

La délibération municipale qui sert de fondement à l'arrêté litigieux a été adoptée par le conseil municipal de la commune de La Roquette sur Argens le 7 novembre 2018. Elle énonce que l'intérêt de la commune justifie la réalisation de la construction litigieuse au motif qu'elle permettra « d'éviter une diminution de la population communale ».

Cette délibération est entachée d'un vice d'illégalité externe et d'un vice d'illégalité interne.

A. Sur la légalité externe

L'acte attaqué est entaché d'un vice de forme substantiel en raison d'une insuffisance de motivation.

L'article L. 111-1-2 du Code de l'urbanisme dispose qu'« en l'absence de plan local d'urbanisme ou de carte communale opposable aux tiers, ou de tout document d'urbanisme en tenant lieu, seules sont autorisées, en dehors des parties actuellement urbanisées de la commune : [...] 4° Les constructions ou installations, *sur délibération motivée* du conseil municipal, si celui-ci considère que l'intérêt de la commune, en particulier pour *éviter une diminution de la population communale*, le justifie ».

Cette disposition exige qu'une « délibération motivée » soit adoptée par le conseil municipal, et ce au regard de « l'intérêt de la commune ». Or, la délibération du 7 novembre 2018 ne comporte aucune motivation spécifique puisqu'elle n'expose pas les circonstances précises justifiant, dans le cas d'espèce, de déroger à une règle générale. Elle se borne à reprendre mot pour mot le texte de l'article L. 111-1-2, 4° en indiquant, sans autre précision, qu'elle vise à « éviter une diminution de la population communale ».

La délibération litigieuse se trouve, en conséquence, entachée d'un vice d'illégalité externe.

B. Sur la légalité interne

L'article L. 111-1-2, 4° du Code de l'urbanisme prévoit qu'en l'absence de PLU, de carte communale ou de document en tenant lieu, de nouvelles constructions ne peuvent être autorisées en dehors des parties actuellement urbanisées de la commune que si « elles ne portent pas atteinte à la sauvegarde des espaces naturels et des paysages, à la salubrité et à la sécurité publique, qu'elles n'entraînent pas un surcroît important de dépenses publiques et que le projet n'est pas contraire aux objectifs visés à l'article L. 110 et aux dispositions des chapitres V et VI du titre IV du livre Ier ou aux directives territoriales d'aménagement précisant leurs modalités d'application ».

Les exigences posées par cette disposition ne sont pas satisfaites.

En premier lieu, la construction est de nature à porter une atteinte irréversible au site sur lequel elle est implantée. Les photographies jointes au dossier le montrent clairement (v. PJ n° 4).

En deuxième lieu, l'accueil de jeunes délinquants à La Roquette sur Argens risque d'occasionner une recrudescence de la criminalité sur le territoire communal.

En troisième lieu, le raccordement de cette construction au réseau public d'eau potable va générer un coût pour les finances locales dans la mesure où le réseau actuellement existant va devoir être prolongé pour les seuls besoins de celle-ci.

Pour ces raisons, la délibération qui sert de fondement à l'acte attaqué se trouve entachée d'illégalité pour violation de la loi. Le permis de construire, privé de base légale, se retrouve lui-même illégal.

FRAIS IRRÉPÉTIBLES

Il serait inéquitable, dans les circonstances de l'espèce, de laisser à la charge de Monsieur S. les frais qu'il a dû exposer pour faire valoir ses droits en justice.

Monsieur S. s'estime donc fondé à demander, en application de l'article L. 761-1 du Code de justice administrative, le versement d'une somme de 1 500 euros.

CONCLUSIONS

Par ces motifs, et tous autres à produire, déduire ou suppléer, au besoin d'office, le requérant demande au juge des référés du tribunal administratif de Marseille :

- de suspendre l'arrêté du 11 juillet 2019 par lequel le maire de la commune de La Roquette sur Argens a délivré à l'association « Foyer des jeunes » un permis de construire ;
- de condamner la commune à verser à Monsieur S. la somme de 1 500 euros au titre de l'article L. 761-1 du Code de justice administrative.

PRODUCTIONS

1. Copie de la décision attaquée
2. Copie du recours principal
3. Accusé de réception de la notification du recours principal
4. Photographies prises par le requérant

MÉMOIRE EN DÉFENSE

Tribunal administratif de Marseille
Mémoire en défense

POUR : la commune de La Roquette sur Argens, Hôtel de ville, place de l'Hôtel de ville, 83999 La Roquette sur Argens

DÉFENDEUR

CONTRE : Monsieur S., demeurant chemin du Renard, 83999 La Roquette sur Argens

DEMANDEUR

Requête n° 2019-203

FAITS

Par une requête enregistrée au tribunal administratif de Marseille le 1er avril 2020, Monsieur S. demande la suspension du permis de construire délivré le 11 juillet 2019 à l'association « Foyer des jeunes » par le maire de la commune de La Roquette sur Argens.

La demande de suspension est irrecevable. En outre, elle ne satisfait pas aux conditions d'urgence et de doute sérieux énoncées à l'article L. 521-1 du Code de justice administrative.

DISCUSSION

I. Principalement : sur la recevabilité

La demande de suspension introduite par Monsieur S. n'est pas recevable.

D'une part, Monsieur S. ne justifie pas d'un intérêt à agir. Il réside certes dans le voisinage de la construction litigieuse, mais celle-ci se trouve distante de plus de 500 mètres. En outre, il n'a aucune vue directe sur celle-ci. Il s'ensuit que Monsieur S. n'est susceptible d'être gênée d'aucune manière par la réalisation de cette construction.

D'autre part, le recours pour excès de pouvoir présenté par Monsieur S. à l'encontre du permis litigieux a certes été notifié à la commune mais, contrairement à ce qu'exigent les dispositions de l'article R. 600-1 du Code de l'urbanisme, il n'a pas fait l'objet d'une notification au bénéficiaire du permis. Il en résulte que la requête principale en annulation est irrecevable. L'irrecevabilité de la requête principale entraîne celle de la demande de suspension présentée accessoirement à celle-ci.

II. Subsidiairement : sur les conditions d'octroi

À titre subsidiaire, les conditions auxquelles est subordonné le prononcé d'une mesure de suspension ne sont pas satisfaites.

A. Urgence

La condition d'urgence exigée par l'article L. 521-1 du CJA n'est pas remplie, et ce à trois égards.

En premier lieu, la présomption d'urgence reconnue par le juge des référés, qui constitue une présomption simple, peut être renversée dans l'hypothèse où l'autorité qui a délivré le permis justifie « de circonstances particulières, qui peuvent tenir à l'intérêt s'attachant à ce que la construction projetée soit édifiée sans délai » (CE 9 févr. 2011, Chastanet, req. n° 338831, NP).

Conformément à la jurisprudence *préfet des Alpes maritimes*, qui invite à tenir compte de l'ensemble des intérêts en présence, il appartient au juge des référés de prendre en considération les exigences d'intérêt général de nature à s'opposer au prononcé d'une mesure de suspension (CE, sect., 28 févr. 2001, préfet des Alpes-Maritimes, req. n° 229562, *Lebon* 110). Or, en l'espèce, la structure concernée par la construction vise à accueillir des adolescents en vue de les écarter du chemin de la délinquance par un séjour de rupture les éloignant de leur lieu de résidence habituelle. Elle répond ainsi à un objectif de protection de l'ordre public et de réinsertion des enfants. Aucune structure de cette nature n'existe au niveau régional depuis la fermeture du foyer « L'arche », il y a deux mois. L'achèvement de la construction et la mise en service de la structure répondent donc à une exigence impérieuse d'intérêt général. L'urgence à exécuter le permis de construire attaqué apparaît ainsi plus importante que l'urgence à le suspendre (laquelle ne fait d'ailleurs l'objet d'aucune motivation spécifique de la part du demandeur).

En deuxième lieu, la présomption d'urgence établie par le Conseil d'État ne vaut que pour les éléments autorisés par le permis de construire et ne concerne pas l'aménagement intérieur de la construction. Or, dans le cas présent, les travaux autorisés par le permis sont, hormis la pose de l'enduit, terminés. La maison se trouve hors d'eau et hors d'air. Par conséquent, le demandeur ne peut invoquer le bénéfice de la présomption d'urgence habituellement reconnu dans l'hypothèse d'un recours contre un permis de construire (v., dans un cas similaire, CE 26 juin 2002, Demblas, req. n° 240487, *Lebon T.* 863).

En troisième et dernier lieu, le requérant a manifestement tardé à introduire sa demande de suspension. En effet, alors que le permis de construire a été accordé le 11 juillet 2019, Monsieur S. (qui a présenté sa demande d'annulation à l'extrême fin du délai de recours de deux mois) n'a introduit sa demande en suspension que cinq mois plus tard, le 1er avril 2010. Sa lenteur à agir par la voie du référé-suspension est de nature à faire obstacle à la reconnaissance de l'urgence (v. CE, ord., 15 nov. 2005, Sté Fiducial Audit, req. n° 286665, *Lebon T.* 1028 – CE 19 sept. 2006, Féd. de snowboard, req. n° 297407, NP). S'il y avait véritablement urgence, Monsieur S. n'aurait pas attendu aussi longtemps pour introduire sa demande sur le fondement de l'article L. 521-1.

B. Doute sérieux sur la légalité de l'acte attaqué

Les moyens développés par le requérant ne sont pas de nature à faire naître un doute sérieux sur la légalité du permis de construire.

1. Légalité externe

Le moyen tiré de l'insuffisance de motivation de la délibération du 7 novembre 2018 est inopérant. En effet, l'article L. 600-1 du Code de l'urbanisme, issu de la loi n° 94-112 du 9 février 1991, dispose que l'illégalité pour vice de forme et de procédure d'un schéma directeur, d'un schéma de cohérence territoriale, d'un plan d'occupation des sols, d'un plan local d'urbanisme, d'une carte communale ou d'un document d'urbanisme en tenant lieu, ne peut être invoquée par voie d'exception, après l'expiration d'un délai de six mois à compter de la prise d'effet du document en cause.

En l'espèce, la délibération du 7 novembre 2018 élargissant la zone de constructibilité revêt la nature d'un document d'urbanisme. Elle a été adoptée il y a plus de six mois. Par conséquent, le moyen tiré de l'insuffisance de motivation, qui constitue un vice de forme, ne saurait être utilement invoqué.

En tout état de cause, ce moyen s'avère infondé dans la mesure où la délibération litigieuse a été adoptée en se fondant sur les données propres à la commune de La Roquette sur Argens.

2. Légalité interne

Le moyen tiré de la violation de l'article L. 111-1-2, 4° du Code de l'urbanisme n'est pas fondé. Plus spécifiquement, les circonstances susceptibles, en vertu de ce texte, de s'opposer à la réalisation d'une construction en dehors des parties urbanisées de la commune, ne sont pas caractérisées en l'espèce.

Tout d'abord, la construction en cause, par les matériaux utilisés comme par son architecture générale, s'insère harmonieusement dans le paysage.

Ensuite, les menaces pour l'ordre public sont infondées. Les jeunes accueillis dans la structure seront encadrés par des professionnels qualifiés avec des mesures de surveillance particulièrement strictes, adaptées au public concerné.

Enfin, le coût du raccordement au réseau public d'eau potable sera limité puisque, par convention signée le 1er août 2009 avec la commune, l'association « Le foyer » a accepté de prendre à sa charge la moitié de celui-ci.

FRAIS IRRÉPÉTIBLES

La requête de Monsieur S. ne pouvant qu'être rejetée, ses conclusions fondées sur l'article L. 761-1 du Code de justice administrative ne pourront être accueillies.

Par ailleurs, il serait inéquitable de laisser à la charge de la commune les frais qu'elle a dû exposer pour faire valoir ses droits en justice. La commune s'estime donc fondée à demander, en application de l'article L. 761-1 du Code de justice administrative, le versement d'une somme de 2 000 euros.

CONCLUSIONS

Par ces motifs, et tous autres à produire, déduire ou suppléer, au besoin d'office, la commune de La Roquette sur Argens demande au juge des référés du tribunal administratif de Marseille :

- de rejeter la requête de Monsieur S. ;

- de condamner Monsieur S. à verser à la commune la somme de 2 000 euros au titre de l'article L. 761-1 du Code de justice administrative.

910.11 Exemple de dossier contentieux en matière de référé-suspension contre un acte de droit souple (contentieux économique).

REQUÊTE

Conseil d'État
Référé-suspension (CJA, art. L. 521-1)

POUR : la société Énergie verte, située au 15 rue de Grenelle, 75006 Paris

DEMANDEUR

CONTRE : la mise en garde édictée par la Commission de régulation de l'énergie (CRE) le 15 janvier 2017

DÉFENDEUR

FAITS

La Commission de régulation de l'énergie a mis en ligne sur son site internet, le 15 janvier 2017, une « mise en garde » relative aux entreprises produisant une électricité d'origine exclusivement éolienne ou solaire.

Dans cette communication, la CRE entend « attirer l'attention des consommateurs » sur les « risques » que peut représenter selon elle la conclusion d'un contrat de fourniture d'énergie avec ces entreprises.

Deux risques sont identifiés :
- d'une part une rupture d'approvisionnement ;
- d'autre part une brusque augmentation des tarifs.

La CRE fait également part de ses « interrogations » sur l'origine de l'électricité produite par ces entreprises. Elle estime qu'une partie de celle-ci pourrait provenir d'énergie fossile, notamment pour faire face aux pics de consommation.

DISCUSSION

La société Énergie verte s'estime recevable et fondée à demander la suspension de la mise en garde édictée par la Commission de régulation de l'énergie le 15 janvier 2017 (PJ 1).

I. Sur la recevabilité

Concernant la recevabilité, la demande de suspension est dirigée contre un acte qui a été rendu public il y a moins de deux mois (PJ 2) et à l'encontre duquel un recours au fond a été introduit (PJ 3).

Cette mise en garde relève en outre des actes susceptibles de faire l'objet d'un recours en application de la jurisprudence sur les actes de droit souple. Selon les arrêts *Fairvesta* et *Numericable*, « les avis, recommandations, mises en garde et prises de position adoptés par les autorités de régulation dans l'exercice des missions dont elles sont investies » peuvent faire l'objet d'un recours pour excès de pouvoir « lorsqu'ils sont de nature à produire des effets notables, notamment de nature économique, ou ont pour objet d'influer de manière significative sur les comportements des personnes auxquelles ils s'adressent » (CE, ass., 21 mars 2016, S^té^ NC Numericable, req. n° 390023 et CE, ass., 21 mars 2016, S^té^ Fairvesta International GmbH, req. nº 368082, *Lebon*). Ces conditions sont bien satisfaites en l'espèce. D'une part, la mise en garde contestée a été édictée par une autorité de régulation, en l'occurrence la CRE, dans l'exercice d'une mission dont elle est investie. D'autre part, cette mise en garde est de nature à produire des effets économiques notables : en faisant perdre aux consommateurs la confiance qu'ils peuvent avoir dans l'énergie verte, elle risque de conduire ceux-ci à s'en détourner massivement.

II. Sur les conditions posées par l'article L. 521-1 du CJA

Les conditions d'urgence et de doute sérieux posées par l'article L. 521-1 du CJA pour obtenir la suspension d'un acte administratif sont en l'espèce satisfaites.

La société requérante justifie d'une situation d'urgence dans la mesure où l'acte attaqué « préjudicie » à sa « situation » au sens de la jurisprudence *Confédération nationale des radios libres* (CE, sect., 19 janv. 2001, Confédération nationale des radios libres, req. nº 228815, *Lebon* 29). En effet, en indiquant aux consommateurs qu'ils s'exposent à un risque en se fournissant auprès d'une entreprise produisant de l'énergie d'origine éolienne ou solaire, la « mise en garde » de la CRE va conduire les consommateurs à ne plus faire appel à celles-ci. Pour les mêmes raisons, ces entreprises vont perdre la confiance des investisseurs. La société requérante, qui a pour activité exclusive la fourniture d'énergie verte, va ainsi subir de façon certaine une diminution de son chiffre d'affaires. Dans la mesure où elle constitue une entreprise récente et encore fragile (v. PJ 4) intervenant sur un marché dominé par de grandes multinationales, elle ne pourra pas résister à une diminution de son activité et se trouvera rapidement acculée à la faillite (v., par analogie, CE, ord., 14 févr. 2013, Lailler, req. nº 365459, *Lebon T.* - CE, ord., 5 févr. 2014, SAS Allocab, req. nº 374524, NP).

La mise en garde attaquée est par ailleurs entachée d'une double illégalité. D'une part, elle se trouve entachée d'incompétence dans la mesure où la CRE ne tient d'aucune disposition le pouvoir d'adresser des « mises en garde ». La décision attaquée excède donc les pouvoirs que le code de l'énergie confère à cette autorité administrative indépendante. D'autre part, la mesure contestée porte atteinte au principe de libre concurrence (CE 1er avr. 1998, Union hospitalière privée et Féd. intersyndicale des établissements d'hospitalisation privée, req. nº 188529, *Lebon* 114 - CE 5 oct. 1998, Féd. française des Pompes funèbres, req. nº 193261, *Lebon*). En vertu de ce principe, une personne publique ne peut prendre des actes ayant pour effet de provoquer des distorsions de concurrence. Tel est le cas en l'espèce, la mise en garde publiée par la CRE conduisant à désavantager les entreprises produisant de l'énergie verte par rapport aux entreprises fournissant une énergie d'origine fossile ou nucléaire.

CONCLUSIONS

Par ces motifs, et tous autres à produire, déduire ou suppléer, au besoin d'office, le requérant demande au juge des référés du Conseil d'État :

- de suspendre l'exécution de la mise en garde édictée par la Commission de régulation de l'énergie (CRE) le 15 janvier 2017 ;
- d'ordonner à la CRE de retirer ce communiqué de son site internet.

PRODUCTIONS

1. Mise en garde édictée par la Commission de régulation de l'énergie (CRE) le 15 janvier 2017.
2. Capture d'écran établissant la date de mise en ligne de cette décision.
3. Copie du recours au fond.
4. Bilan comptable de la société Énergie verte.

MÉMOIRE EN DÉFENSE

Conseil d'État
Mémoire en défense

La Commission de régulation de l'énergie
Sur la requête n° 2017-402
Le 5 mars 2017

DISCUSSION

I. Sur la recevabilité

La Commission de régulation de l'énergie (CRE) fait valoir, à titre principal, l'irrecevabilité de la requête.

En effet, les conditions d'ouverture du recours pour excès de pouvoir contre les actes de droit souple ne sont pas satisfaites dans le cas présent. Contrairement à ce que soutient la société requérante, la mise en garde attaquée n'est pas de nature à produire des effets économiques notables. La Commission se contente de faire part de ses « interrogations » et appelle les consommateurs à la vigilance. Cet appel à la prudence ne saurait s'interpréter comme une invitation faite aux consommateurs de se détourner des sociétés fournissant de l'énergie d'origine éolienne ou solaire.

En outre, la Commission n'a pas observé de recul du nombre de contrats conclus avec ces sociétés depuis la publication de cette mise en garde.

Ainsi, étant dépourvue d'effets « notables » au sens de la jurisprudence *Numericable* et *Fairvesta* (CE, ass., 21 mars 2016, Sté NC Numericable, req. n° 390023 et CE, ass., 21 mars 2016, Sté Fairvesta International GmbH, req. n° 368082, *Lebon*), l'acte attaqué n'est pas susceptible de faire l'objet d'un recours pour excès de pouvoir. La requête dirigée à son encontre se trouve par conséquent entachée d'irrecevabilité.

II. Sur les conditions posées par l'article L. 521-1 du CJA

À titre subsidiaire, la CRE estime que les conditions posées par l'article L. 521-1 du CJA ne sont pas satisfaites.

En premier lieu, l'urgence n'est pas caractérisée. La société requérante ne fournit aucune donnée chiffrée qui établirait une diminution du nombre de ses clients, et partant de son chiffre d'affaires en conséquence de la mise en garde contestée. Les incidences qu'elle allègue ne revêtent, par suite, qu'un caractère hypothétique.

En second lieu, aucun des moyens invoqués n'est de nature à faire naître un doute sérieux sur la légalité de la mise en garde édictée le 15 janvier 2017.

Le vice d'incompétence n'est pas fondé : la circonstance qu'aucun texte ne confère expressément à la CRE le pouvoir d'émettre des « mises en garde » ne signifie pas que cette autorité administrative indépendante en soi dépourvu. La Commission disposant du pouvoir de prendre des actes décisoires, elle peut à plus forte raison édicter des actes non décisoires.

Le moyen reposant sur la violation du principe de libre concurrence est également infondé. En effet, ainsi que cela a été souligné précédemment, l'acte attaqué est dépourvu d'incidence sur le comportement des consommateurs. Il n'est donc pas susceptible d'avantager les entreprises produisant des énergies d'origine fossile ou nucléaire au détriment de celles produisant une énergie d'origine éolienne ou solaire.

En tout état de cause, la CRE estime que ces moyens sont incompatibles avec l'office du juge saisi d'un recours contre un acte de droit souple. En effet, dans les arrêts *Fairvesta* et *Numericable*, le Conseil d'État a clairement appelé à un contrôle allégé sur ces actes en faisant le choix d'un contrôle « tenant compte de leur nature et de leurs caractéristiques, ainsi que du pouvoir d'appréciation dont dispose l'autorité de régulation ».

CONCLUSIONS

Par ces motifs, et tous autres à produire, déduire ou suppléer, au besoin d'office, la Commission de régulation de l'énergie demande au juge des référés du Conseil d'État :

– à titre principal, de rejeter comme irrecevable la requête de la société Énergie verte ;

– à titre subsidiaire, de rejeter la demande de suspension comme mal fondée.

910.12 Exemple de dossier contentieux en matière de référé-liberté contre une assignation à résidence (état d'urgence).

ARRÊTÉ PORTANT ASSIGNATION À RÉSIDENCE

Le ministre de l'Intérieur

Vu la loi n° 55-385 du 3 avril 1955 relative à l'état d'urgence, notamment son article 6

Vu le décret n° 2015-1475 du 14 novembre 2015 déclarant l'état d'urgence

Vu les lois n° 2015-1501 du 20 novembre 2015, n° 2016-162 du 19 février 2016 et n° 2016-629 du 20 mai 2016 prorogeant l'état d'urgence

Vu la décision du Conseil constitutionnel n° 2015-527 QPC du 22 décembre 2015

Considérant que par décret n° 2015-1475 du 14 novembre 2015, le Président de la République a déclaré l'état d'urgence sur le territoire national.

Considérant que l'état d'urgence a été prorogé jusqu'au 22 juillet 2016 par plusieurs lois (n° 2015-1501 du 20 novembre 2015, n° 2016-162 du 19 février 2016 et n° 2016-629 du 20 mai 2016).

Considérant le risque élevé de menace terroriste.

Considérant que Madame Sylvie C. s'est rendue au cours de l'été 2015 en Turquie, dans une zone proche de la frontière syrienne.

Considérant que Madame Sylvie C. entretient une relation avec un individu connu des services de police.

Considérant qu'au cours des derniers mois, Madame Sylvie C. a fait l'acquisition de produits susceptibles de servir à la fabrication d'engins incendiaires.

Considérant qu'il résulte de ce qui précède qu'il existe des raisons sérieuses de penser que son comportement constitue une menace pour la sécurité et l'ordre publics.

Arrête :

Article 1er : Madame Sylvie C. est assignée à résidence à compter de la notification de cet arrêté.

Article 2 : Madame Sylvie C. a l'obligation de se présenter à la gendarmerie de Milhaud trois fois par jour, le matin entre 7 h et 9 h, le midi entre 12 h et 14 h et le soir entre 17 h et 19 h. Cette obligation s'applique y compris les dimanches et jours fériés ou chômés.

Article 3 : Madame Sylvie C. remettra son passeport et sa carte d'identité à la gendarmerie de Milhaud.

Fait à Paris, le 9 juillet 2016

REQUÊTE

Tribunal administratif de Nîmes
Référé-liberté (CJA, art. L. 521-2)

POUR : Madame Sylvie C., résidant 45 rue Jean-Pierre Saez, 30540 Milhaud

DEMANDEUR

CONTRE : l'assignation à résidence prise à son encontre par le ministre de l'Intérieur le 9 juillet 2016

DÉFENDEUR

FAITS

Par arrêté du 9 juillet 2016, le ministre de l'intérieur a décidé mon assignation à résidence sur le fondement de l'article 6 de la loi n° 55-385 du 3 avril 1955 relative à l'état d'urgence.

Je demande par la présente requête qu'il soit mis fin à cette mesure en ce qu'elle porte une atteinte grave et manifestement illégale à mes libertés fondamentales.

DISCUSSION

Aux termes de l'article L. 521-2 du CJA, « saisi d'une demande en ce sens justifiée par l'urgence, le juge des référés peut ordonner toutes mesures nécessaires à la sauvegarde d'une liberté fondamentale à laquelle une personne morale de droit public ou un organisme de droit privé chargé de la gestion d'un service public aurait porté, dans l'exercice d'un de ses pouvoirs, une atteinte grave et manifestement illégale ».

Les conditions mises au prononcé d'une mesure de sauvegarde sont en l'espèce satisfaites.

I. Sur la condition d'urgence

Il résulte de la jurisprudence que la condition d'urgence est présumée satisfaite pour les recours en référé-liberté dirigés contre les mesures d'assignation à résidence prises au titre de la législation sur l'état d'urgence (CE, sect., 11 déc. 2015, Domenjoud, req. n° 395009, *Lebon*).

La décision attaquée ayant été prise sur le fondement de l'article 6 de la loi du 3 avril 1955 sur l'état d'urgence, la condition d'urgence doit en l'espèce être regardée comme remplie.

II. Sur l'exigence d'une atteinte grave et manifestement illégale portée à une liberté fondamentale

La mesure d'assignation à résidence porte atteinte à plusieurs de mes libertés reconnues comme fondamentales au titre de l'article L. 521-2 du CJA :

- ma liberté d'aller et venir (CE, ord., 2 avr. 2001, min. de l'Intérieur c/Cts Marcel, req. n° 231965, *Lebon* 167), dans la mesure où mes possibilités de déplacement sont entravées et que, mon passeport m'ayant été retiré, je ne peux plus me rendre à l'étranger ;
- ma liberté personnelle (CE, ord., 2 avr. 2001, min. de l'Intérieur c/Cts Marcel, req. n° 231965, *Lebon* 167) ;
- ma liberté d'entreprendre (CE, ord., 2 juill. 2003, Cne de Collioure, req. n° 257971, *Lebon T.* 930), dans la mesure où l'exercice de mon activité d'esthéticienne à domicile est rendu plus difficile par l'obligation de me présenter sur l'heure de midi à la gendarmerie.

Ces atteintes sont graves en raison de l'intensité de leurs effets sur ma situation personnelle.

Elles sont en outre manifestement illégales, et ce à plusieurs titres.

Premièrement, le principe du contradictoire n'a pas été respecté préalablement à l'édiction de l'arrêté d'assignation à résidence.

Deuxièmement, l'arrêté est insuffisamment motivé.

Troisièmement, l'assignation à résidence n'apparaît pas justifiée par une menace avérée de trouble à l'ordre public. Aucun des éléments sur lesquels elle repose n'est en effet de nature à établir une dangerosité :

- le déplacement effectué en Turquie durant l'été 2015 avait pour objet de participer à une mission humanitaire pour la construction d'une école ;
- les liens existants avec un individu connu des services de police établissent le cas échéant la dangerosité de cette personne, mais nullement celle de son entourage ;
- enfin les produits pouvant être utilisés pour la fabrication d'engins incendiaires n'ont pas été acquis à cette fin mais pour les besoins de mon activité professionnelle.

En tout état de cause, l'obligation de pointage trois fois par jour à la gendarmerie apparaît disproportionnée au regard de l'impact qu'elle produit sur ma situation professionnelle.

CONCLUSIONS

Par ces motifs, et tous autres à produire, déduire ou suppléer, au besoin d'office, je demande au juge des référés du tribunal administratif de Nîmes :

– à titre principal, de suspendre l'exécution de l'arrêté du ministre de l'intérieur du 9 juillet 2016 décidant mon assignation à résidence ;

– à titre subsidiaire, de lever l'obligation qui m'est faite de me présenter à la gendarmerie chaque jour sur l'heure de midi.

PRODUCTIONS

1. Arrêté du Premier ministre du 9 juillet 2016.

MÉMOIRE EN DÉFENSE

Tribunal administratif de Nîmes
Mémoire en défense

Le ministre de l'Intérieur
Sur la requête n° 2016-754
Le 13 juillet 2016

DISCUSSION

Le ministre de l'Intérieur conclut au rejet de la requête introduite par Madame Sylvie C. pour les motifs développés ci-dessous.

I. Sur la condition d'urgence

La présomption d'urgence établie par le Conseil d'État dans l'arrêt *Domenjoud* constitue une présomption simple (CE, sect., 11 déc. 2015, Domenjoud, req. n° 395009, *Lebon*). Elle peut ainsi être renversée lorsque les circonstances de l'espèce le justifient. Dans le cas présent, les éléments de fait sur lesquels s'appuie l'arrêté attaqué établissent sans conteste la dangerosité de la requérante. Aussi convient-il écarter en l'espèce la présomption établie.

Dans ces conditions, il appartient à la requérante d'établir elle-même les raisons pour lesquelles sa situation caractérise une situation particulière au sens de l'article L. 521-2 du Code de justice administrative. Faute de comporter le moindre élément sur ce point, sa requête doit être regardée comme n'établissant pas l'urgence à obtenir une mesure de sauvegarde de la part du juge des référés.

II. Sur la condition d'atteinte grave et manifestement illégale portée à une liberté fondamentale

L'invocation de la liberté personnelle n'apparaît pas opérante dans le cas présent dans la mesure où l'objet de cette liberté n'est pas atteint par une mesure d'assignation à résidence.

Quant à la liberté d'entreprendre, celle-ci n'est pas affectée de façon « grave », ainsi que l'exige le texte de l'article L. 521-2. L'exercice par Madame Sylvie C. de son activité d'esthéticienne se trouve seulement gênée, de façon très sensible, par l'obligation de présentation à la gendarmerie mais nullement empêchée par celle-ci.

En ce qui concerne les moyens développés, les deux premiers, reposant sur le vice de forme ou de procédure, ne sont pas opérants dans le cadre du référé-liberté (CE, ord., 12 sept. 2014, Assoc. « Tigers », req. n° 384405, NP [pt 4]). Le troisième, reposant sur le caractère non justifié et non proportionné de l'arrêté attaqué, s'avère pour sa part infondé. En effet, les éléments de fait ayant justifié l'assignation à résidence sont de nature à établir la dangerosité de la requérante. Quant à la fréquence de l'obligation de présentation au commissariat, celle-ci ne présente pas un caractère disproportionné au regard de la contrainte relativement réduite qu'elle génère pour Madame C., dont la zone d'activité professionnelle ne s'étend pas au-delà de 30 km de son domicile.

CONCLUSIONS

Par ces motifs, et tous autres à produire, déduire ou suppléer, au besoin d'office, le ministre de l'Intérieur demande au juge des référés du tribunal administratif de Nîmes :

- de rejeter la requête présentée par Madame Sylvie C.

910.13 Exemple de dossier contentieux en matière de référé-liberté contre l'interdiction d'un rassemblement.

REQUÊTE

Tribunal administratif de Paris
Référé-liberté (CJA, art. L. 521-2)

POUR : l'association « Marie-Jeanne, autrement », sis 9 rue Voltaire, 75011 Paris

DEMANDEUR

CONTRE : l'arrêté du 1er septembre 2020 par laquelle le préfet de police a interdit à l'association de tenir un rassemblement sur le Parvis des droits de l'homme le 4 septembre 2020.

DÉFENDEUR

FAITS

L'association « Marie-Jeanne, autrement » est une association loi 1901 fondée le 1er juillet 1999. Composée pour l'essentiel de médecins et autres professionnels de santé, elle s'est donné pour objectif, aux termes de l'article 1er de ses statuts, de « valoriser la recherche et l'information sur les usages médicaux du cannabis » (PJ n° 2).

Le 20 août 2020, le président de l'association a, conformément au décret-loi du 23 octobre 1935, déclaré au maire un rassemblement projeté par l'association sur le Parvis des droits de l'homme le 4 septembre 2020 à 14 h 00.

Ainsi que cela était indiqué dans la déclaration, l'objet du rassemblement est de diffuser des tracts d'information sur les usages médicaux du cannabis.

Par arrêté du 1er septembre 2020, le préfet de police de Paris a interdit ce rassemblement en mettant en avant une menace de trouble à l'ordre public.

DISCUSSION

L'article L. 521-2 du Code de justice administrative permet au juge des référés, saisi d'une demande justifiée par l'urgence, d'ordonner toute mesure de sauvegarde lorsqu'une personne publique porte une atteinte grave et manifestement illégale à une liberté fondamentale. Ces conditions sont cumulativement satisfaites en l'espèce. L'arrêté préfectoral attaqué :

- porte une atteinte grave à une liberté fondamentale ;
- une atteinte manifestement illégale ;
- qu'il est urgent de faire cesser.

I. Atteinte grave à une liberté fondamentale

L'interdiction faite à l'association de tenir un rassemblement sur le Parvis des droits de l'homme met en cause deux libertés fondamentales au sens de l'article L. 521-2 du Code de justice administrative : la liberté de réunion d'une part (CE, ord., 19 août 2002, Front national et Institut de formation des élus locaux [Iforel], req. n° 249666, *Lebon* 311), la liberté de manifestation d'autre part (CE, ord., 5 janv. 2007, min. de l'Intérieur c/Assoc. « Solidarité des Français », req. n° 300311, *Lebon T.*). L'interdiction du rassemblement porte atteinte à ces deux libertés fondamentales.

Cette atteinte peut être qualifiée de grave dans la mesure où elle empêche purement et simplement l'exercice de ces libertés. Les membres de l'association ne peuvent ni se réunir à l'endroit projeté, ni y manifester.

II. Atteinte manifestement illégale

L'atteinte portée à ces deux libertés fondamentales est « manifestement illégale », comme l'exigent les dispositions de l'article L. 521-2 du Code de justice administrative.

Selon des principes bien établis du droit public, l'autorité publique ne peut valablement porter atteinte à une liberté fondamentale que si la restriction apportée est à la fois nécessaire et proportionnée (v. respectivement CE 19 févr. 1909, Olivier, *Lebon* 181 et CE 19 mai 1933, Benjamin, *Lebon* 541 ; principes repris par la jurisprudence constitutionnelle : v. Cons. const. 13 mars 2003, Lopsi, n° 2003-467 DC, cons. 8 et 9). Ces exigences ne sont pas satisfaites dans le cas présent.

D'une part, l'interdiction du rassemblement n'obéit pas à une quelconque nécessité. L'ordre public ne se trouve menacé dans aucune de ses composantes. La sécurité publique n'est pas compromise par cette manifestation qui réunit, pour l'essentiel, des professionnels de santé. La santé publique n'est pas davantage menacée. Contrairement à ce qu'affirme le préfet, aucune consommation de cannabis n'est prévue lors de ce rassemblement.

D'autre part, à la supposer justifiée, la restriction apportée à ces libertés fondamentales apparaîtrait en tout état de cause disproportionnée. En effet, toute menace de débordement, à l'initiative de personnes extérieures à l'association, pourrait aisément être prévenue, et le cas échéant contenue par la présence dissuasive de forces de police.

Il résulte de ce qui précède que l'arrêté préfectoral attaqué méconnaît de manière évidente une jurisprudence constante. Il se trouve, en conséquence, entachée d'une illégalité manifeste.

III. Urgence à faire cesser l'atteinte

L'urgence à prononcer une mesure de sauvegarde est satisfaite à deux égards.

D'une part, l'urgence résulte nécessairement du constat d'une atteinte grave et manifestement illégale à une liberté fondamentale. Il est par hypothèse urgent de mettre fin sans délai à une telle atteinte.

D'autre part, le rassemblement doit se tenir dans deux jours, soit le 4 septembre. De l'imminence du rassemblement résulte également l'urgence de l'intervention juridictionnelle.

La condition d'urgence posée par l'article L. 521-2 du Code de justice administrative se trouve en conséquence remplie.

FRAIS IRRÉPÉTIBLES

Il serait inéquitable, dans les circonstances de l'espèce, de laisser à la charge de l'association « Marie-Jeanne, autrement », les frais qu'elle a dû exposer pour faire valoir ses droits en justice.

L'association s'estime donc fondée à demander, en application de l'article L. 761-1 du Code de justice administrative, le versement d'une somme de 1 500 euros.

CONCLUSIONS

Par ces motifs, et tous autres à produire, déduire ou suppléer, au besoin d'office, l'association requérante demande au juge des référés du tribunal administratif de Paris :

- de suspendre l'arrêté du préfet de police du 1er septembre 2020 ;
- de condamner le préfet de police à verser à l'association la somme de 1 500 euros au titre de l'article L. 761-1 du Code de justice administrative.

PRODUCTIONS

1. Arrêté du préfet de police de Paris du 1er septembre 2020
2. Statuts de l'association « Marie-Jeanne, autrement »

MÉMOIRE EN DÉFENSE

Tribunal administratif de Paris
Mémoire en défense

Le préfet de police
Sur la requête n° 2020-757

FAITS

Par arrêté en date du 1er septembre 2020, le préfet de police de Paris a décidé d'interdire un rassemblement, déclaré en préfecture le 20 août 2020, de l'association « Marie-Jeanne, autrement ».

Par une requête introduite le 2 septembre 2020, l'association, agissant par la voie de son président, a saisi le juge des référés de conclusions fondées sur l'article L. 521-2 du Code de justice administrative.

DISCUSSION

Les conditions auxquelles l'article L. 521-2 du Code de justice administrative subordonne le prononcé d'une mesure ne sont pas satisfaites en l'espèce.

I. Atteinte grave à une liberté fondamentale

La condition tenant à l'atteinte grave portée à une liberté fondamentale n'est pas remplie. En effet, l'association ne se voit pas interdire de manière générale toute possibilité de rassemblement. Celui-ci est seulement interdit à l'endroit précis et le jour donné où l'association avait prévu de le tenir. Il appartiendra à ses responsables, s'ils s'y croient fondés, de demander à la mairie la mise à disposition d'une salle municipale.

L'association ne se trouvant nullement privée de toute possibilité de se réunir et de manifester, l'arrêté attaqué ne porte en aucun cas une atteinte grave aux libertés de réunion et de manifestation.

II. Illégalité manifeste de l'atteinte

La condition relative à l'illégalité manifeste n'est pas satisfaite. En effet, cette décision, en droit comme en fait, s'avère parfaitement justifiée.

Elle répond à un impératif de nécessité. Contrairement à ce que soutient l'association, le rassemblement projeté fait peser une menace de troubles à l'ordre public. D'une part, il existe un risque sérieux, établi par les services de la préfecture, que des militants appartenant à des associations favorables à la légalisation du cannabis se joignent au rassemblement, avec des possibilités évidentes de débordement. D'autre part, l'article L. 3421-4 du Code de la santé publique prohibe l'incitation à l'usage de produits stupéfiants. Il en résulte que la tenue d'un rassemblement sur cette thématique, en vue de promouvoir la consommation de cannabis, est par elle-même contraire à l'ordre public. Enfin, la salubrité publique est également affectée par un tel rassemblement puisqu'elle tend à présenter sous un jour favorable la consommation de substances psychotropes.

III. Urgence

La condition d'urgence posée par l'article L. 521-2 du Code de justice administrative est appréciée de manière très stricte dans le cadre du référé-liberté (CE, ord., 28 févr. 2003, C^ne^ de Pertuis, req. n° 254411, *Lebon* 68). Seule une urgence « à 48 heures » peut justifier la mise en œuvre de cette procédure.

Tel n'est pas le cas en l'espèce, en raison en particulier de l'intérêt, pour la défense de l'ordre public, que l'arrêté contesté soit exécuté.

Dans le cadre du référé-liberté, le juge administratif réalise un bilan des urgences en confrontant l'ensemble des intérêts en présence (CE, ord., 10 août 2001, Assoc. « La Mosquée » et autres, req. n° 237004, *Lebon T.* 1133 - CE, ord., 21 nov. 2002,

Gaz de France, req. n° 251726, *Lebon* 408 – CE, ord., 30 oct. 2003, Sté Kentucky, req. n° 261353, NP). Il met en balance l'intérêt du demandeur et celui du défendeur.

Dans le cas présent, l'intérêt tiré de la préservation de la sécurité publique et de la santé publique prévaut sans conteste sur l'intérêt de l'association à tenir un rassemblement. L'urgence à exécuter la mesure d'interdiction apparaissant plus importante que l'urgence en suspendre l'exécution, la condition d'urgence posée par l'article L. 521-2 du Code de justice administrative ne saurait être regardée comme satisfaite.

FRAIS IRRÉPÉTIBLES

La requête de l'association requérante ne pouvant qu'être rejetée, ses conclusions fondées sur l'article L. 761-1 du Code de justice administrative ne pourront être accueillies.

CONCLUSIONS

Par ces motifs, et tous autres à produire, déduire ou suppléer, au besoin d'office, le préfet de police demande au juge des référés du tribunal administratif de Paris :

- de rejeter la requête de l'association « Marie-Jeanne, autrement ».

910.14 Exemple de dossier contentieux en matière de référé-mesures utiles (expulsion d'un occupant du domaine public).

REQUÊTE

Tribunal administratif de Nantes
Référé-mesures utiles (CJA, art. L. 521-3)

POUR : le centre hospitalier de Saint Maximin sur Loire, sis 9 allée des lilas, 44999, Saint Maximin sur Loire

DEMANDEUR

CONTRE : la société D., sis 9 allée des lilas, 44999, Saint Maximin sur Loire

DÉFENDEUR

FAITS

Par arrêté du 8 juillet 2020, le directeur du centre hospitalier de Saint Maximin sur Loire a retiré à la société D. l'autorisation d'occupation du domaine public hospitalier et d'exploitation de la cafétéria de l'hôpital qu'elle lui avait accordé deux ans plus tôt (PJ n° 1).

Cette mesure de retrait est intervenue à la suite d'une faute commise par la société D., laquelle ne s'est pas acquittée en temps utile de la redevance d'occupation domaniale pour les mois de mai et juin 2020.

La société D. ne disposant plus d'un titre valide pour se maintenir sur le domaine public, la commune demande au juge des référés d'ordonner son expulsion sur le fondement de l'article L. 521-3 du Code de justice administrative.

DISCUSSION

L'article L. 521-3 du Code de justice administrative subordonne le prononcé d'une mesure sur ce fondement à deux conditions cumulatives : l'urgence d'une part, l'utilité de la mesure d'autre part. Ces deux conditions étant en l'espèce satisfaites, le juge pourra ordonner sous astreinte l'évacuation de la dépendance indûment occupée.

I. Utilité de l'expulsion

Aucune disposition législative ou réglementaire ne confère à la commune de Saint Maximin sur Loire le pouvoir d'évacuer elle-même du domaine public un occupant sans titre. Par suite, la mesure sollicitée devant le juge des référés présente un caractère utile. L'expulsion de la société D. ne pouvant être obtenue par un autre moyen, et notamment par les moyens propres de la commune, la mesure qu'il est demandé au juge de prescrire satisfait par elle-même à l'exigence d'utilité.

II. Urgence de l'expulsion

Il est urgent, et ce à un double titre, que la société D. libère la dépendance du domaine public indûment occupée.

D'une part, une autorisation d'exploiter la cafétéria, en remplacement de la société D., a été délivrée a une autre société le 20 juillet 2020 (PJ n° 2). Cette autorisation commencera à produire ses effets à compter du 1er août 2020. Il est urgent que la dépendance litigieuse soit libérée à cette date, et même avant, afin de permettre au nouvel exploitant de s'y installer. Le Conseil d'État a reconnu l'urgence à libérer le domaine public dans un cas de figure identique (v. CE 28 mai 2001, Sté Codiam, req. n° 230692, *Lebon T.* 1136).

D'autre part, une partie de cette dépendance, autrefois utilisée comme entrepôt, doit être réaffectée à une nouvelle destination. Dans le cadre de la réorganisation du service de l'hôpital de jour, ce local d'une superficie de 40 m^2 est destiné, après travaux de mise en conformité, à accueillir une salle d'attente pour les patients de ce service. Il est pour cette raison urgent que la société D. libère la dépendance indûment occupée.

III. Mesure sollicitée

Les conditions d'octroi de l'article L. 521-3 étant remplies, le centre hospitalier demande au juge des référés d'ordonner l'expulsion de la société D. de la dépendance du domaine public sur laquelle elle se maintient malgré le retrait de son titre d'occupation.

Pour vaincre toute résistance de la société D., le centre hospitalier demande que cette injonction soit assortie d'une astreinte d'un montant de 300 euros par jour de retard, sur le fondement de l'article L. 911-3 du Code de justice administrative.

FRAIS IRRÉPÉTIBLES

Il serait inéquitable, dans les circonstances de l'espèce, de laisser à la charge du centre hospitalier de Saint Maximin sur Loire les frais qu'il a dû exposer pour faire valoir ses droits en justice.

Le centre hospitalier s'estime donc fondé à demander, en application de l'article L. 761-1 du Code de justice administrative, le versement d'une somme de 2 000 euros.

CONCLUSIONS

Par ces motifs, et tous autres à produire, déduire ou suppléer, au besoin d'office, le centre hospitalier de Saint Maximin sur Loire demande au juge des référés du tribunal administratif de Nantes :

- d'ordonner l'évacuation, sous astreinte de 300 euros par jour de retard, de la cafétéria indûment occupée par la société D. ;
- de condamner la société D. à verser au centre hospitalier la somme de 2 000 euros au titre de l'article L. 761-1 du Code de justice administrative.

PRODUCTIONS

1. Décision du directeur du centre hospitalier en date du 8 juillet 2020 retirant à la société D. l'autorisation d'occuper et d'exploiter la cafétéria de l'hôpital.
2. Décision du 20 juillet 2020 accordant à la société E. l'occupation et l'exploitation de la cafétéria de l'hôpital.

MÉMOIRE EN DÉFENSE

Tribunal administratif de Nantes
Mémoire en défense

POUR : la société D., sis 9 allée des lilas, 44999 Saint Maximin sur Loire

DÉFENDEUR

CONTRE : le centre hospitalier de Saint Maximin sur Loire

DEMANDEUR

Sur la requête n° 2020-60

FAITS

Par une requête enregistrée au greffe du tribunal administratif de Nantes le 21 juillet 2020, le centre hospitalier de Saint Maximin sur Loire demande au juge des référés d'ordonner, sous astreinte, sur le fondement de l'article L. 521-3 du Code de justice administrative, l'évacuation de la société D. de la cafétéria qu'elle occupe et exploite au sein de l'hôpital.

Les conditions auxquelles le législateur et le Conseil d'État subordonnent la mise en œuvre de cette disposition ne sont pas satisfaites en l'espèce. En particulier, ni la condition législative relative à l'urgence, ni la condition jurisprudentielle relative à l'absence de contestation sérieuse ne sont remplies.

I. Condition relative à l'urgence

La condition d'urgence à laquelle est subordonnée la mise en œuvre de l'article L. 521-3 du Code de justice administrative n'est pas remplie.

Cette condition s'apprécie en confrontant les intérêts du demandeur et ceux du défendeur (CE 9 juill. 2008, S[té] Rhône Vision Câble, req. n° 309878, *Lebon T.*). En l'espèce, le centre hospitalier fait valoir qu'il y a urgence à mettre une nouvelle société en situation d'occuper les locaux à compter du 1er août. Il convient de faire remarquer que l'intérêt des usagers du service public hospitalier ne gagnera rien à un changement d'exploitant de la cafétéria. Surtout, le prononcé de la mesure sollicitée privera la société D. de l'intégralité de ses ressources financières (v. en PJ n° 1 le bilan comptable des exercices 2018 et 2019, dont il ressort que les ressources de la société D. dépendent exclusivement de l'exploitation de la cafétéria de l'hôpital). Une décision du juge des référés faisant droit à la demande du centre hospitalier condamnerait de manière certaine la société D. au dépôt de bilan. L'intérêt qui s'attache à la survie de cette entreprise apparaît plus important que l'intérêt s'attachant à l'attribution de la dépendance à une nouvelle entreprise.

Une seconde considération est mise en avant par le centre hospitalier, tenant à la nécessité d'attribuer un local servant actuellement d'entrepôt au service de l'hôpital de jour. Ce motif ne saurait être retenu en faveur de l'urgence dans la mesure où la société D. a pris l'ensemble des mesures nécessaires pour libérer d'ores et déjà ce local afin que les travaux d'aménagement puissent y être réalisés.

II. Condition relative à l'absence de contestation sérieuse

Le Conseil d'État a ajouté aux conditions légales énoncées à l'article L. 521-3 du Code de justice administrative une condition jurisprudentielle tenant à l'absence de contestation sérieuse. Lorsque le juge des référés est saisi, sur le fondement de l'article L. 521-3, d'une demande d'expulsion d'un occupant du domaine public, « il lui appartient de rechercher si, au jour où il statue, cette demande [...] ne se heurte à aucune contestation sérieuse » (CE, sect., 16 mai 2003, SARL Icomatex, req. n° 249880, *Lebon* 228).

En l'espèce, la mesure par laquelle le centre hospitalier a retiré à la société D. son titre d'occupation du domaine public hospitalier est entachée d'illégalité. En effet, ce retrait est intervenu pour faute, au motif que la société D. n'aurait pas payé la redevance d'occupation pour les mois de mai et juin. Ce moyen manque en fait dans la mesure où la société D. a payé ces redevances (v. PJ n° 2, les virements réalisés au bénéfice du Trésor public les 5 juin et 5 juillet 2020). Elle les a certes payées avec plusieurs jours de retard, mais celui-ci résulte du retard pris par le centre hospitalier lui-même dans l'émission de ses titres exécutoires (v. PJ n° 3 : demandes de paiement de la redevance, émis les 1er juin et 1er juillet 2020).

En l'absence de toute faute commise par la société, le centre hospitalier ne pouvait valablement lui retirer son autorisation d'occuper le domaine public. Par suite, la demande tendant à ce que soit prescrite, en référé, son évacuation du domaine public, se heurte à une contestation sérieuse.

FRAIS IRRÉPÉTIBLES

La requête du centre hospitalier de Saint Maximin sur Loire ne pouvant qu'être rejetée, ses conclusions fondées sur l'article L. 761-1 du Code de justice administrative ne pourront être accueillies.

Par ailleurs, il serait inéquitable de laisser à la charge de la société D. les frais qu'elle a dû exposer pour faire valoir ses droits en justice. La société D. s'estime donc fondée à demander, en application de l'article L. 761-1 du Code de justice administrative, le versement d'une somme de 2 000 euros.

CONCLUSIONS

Par ces motifs, et tous autres à produire, déduire ou suppléer, au besoin d'office, la société D. demande au juge des référés du tribunal administratif de Nantes :

- de rejeter la requête du centre hospitalier de Saint Maximin sur Loire ;
- de condamner le centre hospitalier de Saint Maximin sur Loire à verser à la société D. la somme de 2 000 euros au titre de l'article L. 761-1 du Code de justice administrative.

PRODUCTIONS

1. Bilan comptable de la société D. pour les exercices 2018 et 2019
2. Virements à l'ordre du Trésor public les 5 juin et 5 juillet 2020
3. Demandes de paiement de la redevance, émis par le centre hospitalier les 1er juin et 1er juillet 2020

910.15 Exemple de dossier contentieux en matière de demande de constat.

REQUÊTE

Tribunal administratif de Lille
Référé-constat (CJA, art. R. 531-1)

POUR : Monsieur et Madame F., demeurant 55 rue Gambetta, 59999 Lille

DEMANDEUR

FAITS

Monsieur et Madame F. habitent depuis 20 ans au 55 rue Gambetta à Lille, près d'un stade municipal.

Le 15 mai dernier, des travaux ont été réalisés par des agents de la commune sur des canalisations situées dans l'enceinte du stade. Trois jours plus tard, Monsieur et Madame F. ont vu apparaître des traces d'humidité sur le mur Est de leur maison, situé côté stade.

DISCUSSION

I. Sur le bien-fondé de la mesure de constat

L'article R. 531-1 du Code de justice administrative permet d'obtenir du juge des référés la désignation d'un expert en vue de constater les faits qui seraient susceptibles de donner lieu à un litige devant la juridiction.

Ces conditions sont satisfaites en l'espèce. En effet, la mesure est utile. Elle permettra à Monsieur et Madame F. de se constituer des éléments de preuve dont ils auront besoin en cas d'exercice d'un recours indemnitaire devant le tribunal administratif sur le fondement du dommage de travaux publics.

II. Sur la mission de l'expert

Il est demandé au juge des référés de confier à l'expert la mission de constater :

- les travaux réalisés par la commune dans l'enceinte du stade ;
- les traces d'humidité apparues dans la maison de Monsieur et Madame F. ;
- l'évolution de ces traces d'humidité.

CONCLUSIONS

Par ces motifs, les requérants demandent au juge des référés :
- de désigner un expert afin qu'il constate les éléments mentionnés ci-dessus.

PRODUCTIONS

1. Photographie du mur Est de la maison
2. Photographie du site sur lequel ont été réalisés les travaux

910.16 Exemple de dossier contentieux en matière de référé-expertise.

REQUÊTE

Tribunal administratif de Rennes
Référé-expertise (CJA, art. L. 532-1)

POUR : la communauté de communes du Pays de Kerandouare, boulevard de la plage, 56999 Kerandouare sur Armor

DEMANDEUR

CONTRE : la société BTP Bzh, sis ZAC de la Laouve, 56699 Kerandouare sur Armor

DÉFENDEUR

FAITS

La communauté de communes du Pays de Kerandouare a acquis le 11 décembre 2010 un terrain sur le territoire de la commune de Kerandouare en vue de l'installation de son nouveau siège. Le permis de construire a été obtenu par l'établissement public le 5 mars 2011 pour la construction d'un immeuble de cinq étages. Les travaux ont été confiés à la société BTP Bzh. Ils ont débuté en mai 2011 et se sont achevés en septembre 2012.

La communauté de communes a réceptionné l'ouvrage le 8 octobre 2012 sans formuler de réserves. Les agents de l'établissement public ont commencé à s'y installer à partir du 15 octobre 2012.

À partir du mois d'avril 2019, des lézardes ont commencé à apparaître sur les murs extérieurs. La façade n'a cessé, depuis lors, de se détériorer.

DISCUSSION

Dans la perspective d'une éventuelle action indemnitaire dirigée contre la société BTP Bzh, la communauté de communes souhaite pouvoir se constituer des éléments de preuve.

Une telle action relèverait, à l'évidence, de la compétence de la juridiction administrative.

La désignation d'un expert serait utile dans le cas présent. Selon la formule jurisprudentielle, à la demande de la personne publique, qui met en cause la qualité de travaux de construction, « il appartient au juge des référés, saisi d'un litige engageant la responsabilité des constructeurs, d'ordonner les mesures d'expertise qui lui apparaissent utiles au regard du règlement du litige principal » (CE 22 juin 2005, Communauté d'agglomération nouvelle de Cergy-Pontoise, req. n° 266884, NP ; *RDI* 2006. 265, Chron. G. Leguay). Cette condition est satisfaite en l'espèce dans la mesure où un litige principal en responsabilité supposerait de connaître l'étendue des désordres et l'origine de ceux-ci.

Par suite, l'expert désigné par le juge des référés pourrait :

- constater et décrire les désordres affectant le siège de la communauté de communes du Pays de Kerandouare ;
- rechercher les causes de ces désordres ;
- proposer les mesures permettant d'y remédier et évaluer leur coût.

CONCLUSIONS

Par ces motifs, et tous autres à produire, déduire ou suppléer, au besoin d'office, la communauté de communes du Pays de Kerandouare demande au juge des référés du tribunal administratif de Rennes :

- de désigner un expert en vue de réaliser la mission précitée.

PRODUCTIONS

1. Marché public conclu avec la société BTP Bzh
2. Photographies des lézardes

MÉMOIRE EN DÉFENSE

Tribunal administratif de Rennes
Mémoire en défense

Sur la requête n° 2022-577

POUR : la société BTP Bzh, sis ZAC de la Laouve, 56699 Kerandouare sur Armor

DEMANDEUR

CONTRE : la communauté de communes du Pays de Kerandouare

DÉFENDEUR

FAITS

Par une requête enregistrée au greffe du tribunal administratif de Rennes le 11 décembre 2022, la communauté de communes du Pays de Kerandouare a demandé au juge des référés la désignation d'un expert sur le fondement de l'article R. 532-1 du Code de justice administrative.

DISCUSSION

La demande d'expertise présentée par la communauté de communes ne satisfait pas à la condition d'utilité auquel l'article R. 532-1 du Code de justice administrative subordonne la désignation d'un expert.

En effet, cette demande se rattache à une action principale irrecevable. L'établissement public a réceptionné l'ouvrage le 8 octobre 2012 et, à ce jour, n'a toujours pas engagé d'action en responsabilité contractuelle sur le fondement de la responsabilité décennale. Il en résulte que, depuis le 8 octobre 2022, la communauté de communes est irrecevable à agir sur ce fondement.

Or, le Conseil d'État estime qu'une demande d'expertise est dépourvue d'utilité lorsque la responsabilité d'un constructeur ne peut plus être recherchée en raison de l'expiration du délai de garantie décennale (CE 30 déc. 2002, Office public d'habitations de Nice et des Alpes-Maritimes, req. n° 241793, *Lebon* 509). Dans le cas présent, la demande d'expertise se rapporte à un recours au fond irrecevable dans la mesure où l'action en responsabilité est prescrite. Par suite, la mesure sollicitée ne présente pour le requérant aucune utilité. La demande n'expertise ne pourra donc qu'être rejetée.

CONCLUSIONS

Par ces motifs, et tous autres à produire, déduire ou suppléer, au besoin d'office, la société BTP Bzh demande au juge des référés du tribunal administratif de Rennes :

- de rejeter la requête présentée par la communauté de communes du Pays de Kerandouare.

910.17 Exemple de dossier contentieux en matière de demande de provision à titre initial.

REQUÊTE

Tribunal administratif de Strasbourg
Référé-provision (CJA, art. R. 541-1)

POUR : Monsieur G., demeurant 9 rue des vignes, 67999 Strasbourg

DEMANDEUR

CONTRE : le centre hospitalier universitaire de Saint Seurin sur Erdre, sis 13 boulevard Carnot, 67998 Saint Seurin sur Erdre

DÉFENDEUR

FAITS

Monsieur G., âgé de 46 ans, a été admis au CHU de Saint Seurin sur Erdre le 8 mai 2020 pour y subir une opération du genou. L'intervention s'est déroulée le 9 mai. Elle comportait une anesthésie générale.

Dans les jours qui ont suivi, Monsieur G. a ressenti des démangeaisons, d'abord localisées, puis qui se sont étendues. Durant les semaines suivantes, la gêne provoquée par ces démangeaisons est devenue insupportable.

Monsieur G. a consulté différents professionnels de médecine générale et spécialisée. La conclusion de deux d'entre eux est que Monsieur G. a contracté une maladie lors de son séjour à l'hôpital.

La demande d'indemnisation adressée au CHU il y a plus de deux mois est demeurée sans réponse. Monsieur G., sans attendre l'introduction puis l'issue d'une action en responsabilité contre l'établissement, souhaite obtenir le versement d'une provision pour le préjudice subi.

DISCUSSION

L'article R. 541-1 du Code de justice administrative permet au juge des référés d'accorder une provision au créancier qui l'a saisi lorsque l'existence de l'obligation qu'il invoque n'est pas sérieusement contestable.

Cette condition unique, tenant à l'absence de contestation sérieuse de l'obligation invoquée, est satisfaite en l'espèce.

En effet, l'affection dont souffre Monsieur G. lui ouvre droit à une réparation au titre de l'article L. 1142-1, II du Code de la santé publique. Aux termes de cette disposition, une infection nosocomiale ouvre droit à réparation à la condition d'être « directement imputable à des actes de prévention, de diagnostic ou de soins et [d'avoir] eu pour le patient des conséquences anormales au regard de son état de santé comme de l'évolution prévisible de celui-ci et [de] présente[r] un caractère de gravité, fixé par décret, apprécié au regard de la perte de capacités fonctionnelles et des conséquences sur la vie privée et professionnelle mesurées en tenant notamment compte du taux d'atteinte permanente à l'intégrité physique ou psychique, de la durée de l'arrêt temporaire des activités professionnelles ou de celle du déficit fonctionnel temporaire ».

Les exigences posées par ce texte sont remplies par Monsieur G.

Premièrement, la maladie cutanée dont il souffre est la conséquence directe des soins qu'il a subis au CHU de Saint Seurin sur Erdre. Les diagnostics établis par le médecin généraliste et le dermatologue consultés par Monsieur G. vont en ce sens (PJ n° 1). L'apparition de la maladie juste après l'intervention au CHU confirme qu'elle est la conséquence du séjour à l'hôpital.

Deuxièmement, la maladie subie par Monsieur G. atteint le niveau de gravité requis par l'article L. 1142-1 du Code de la santé publique. Monsieur G., terrassier, ne peut plus exercer d'activité professionnelle tant la gêne et les démangeaisons provoquées par la maladie sont importantes. À cette perte de revenus s'ajoute un trouble significatif dans les conditions d'existence.

Il résulte de ce qui précède que l'obligation d'indemnisation pesant sur le centre hospitalier n'est pas sérieusement contestable. Le Conseil d'État reconnaît qu'une personne ayant subi un préjudice en conséquence d'une hospitalisation est fondée à demander au juge des référés le versement d'une provision (CE, sect., 10 avr. 1992, CHG d'Hyères, req. n° 108294, *Lebon* 169).

Monsieur G. estime qu'il sera fait une juste indemnisation de ses préjudices par le versement de la somme de 90 000 euros. Il demande, en conséquence, le versement d'une provision correspondant à la totalité de ce montant.

CONCLUSIONS

Par ces motifs, et tous autres à produire, déduire ou suppléer, au besoin d'office, le requérant demande au juge des référés du tribunal administratif de Strasbourg :

- de condamner le centre hospitalier universitaire de Saint Seurin sur Erdre à verser à Monsieur G. une provision de 90 000 euros.

PRODUCTIONS

1. Lettres des Docteurs B. et C. sur l'origine de la maladie cutanée de Monsieur G.

MÉMOIRE EN DÉFENSE

Tribunal administratif de Strasbourg
Mémoire en défense

POUR : le centre hospitalier universitaire de Saint Seurin sur Erdre, sis 13 boulevard Carnot, 67998 Saint Seurin sur Erdre

DÉFENDEUR

CONTRE : Monsieur G., demeurant 9 rue des vignes, 67999 Strasbourg

DEMANDEUR

Sur la requête n° 2020-123

FAITS

Par une requête enregistrée au tribunal administratif de Strasbourg le 28 octobre 2020, Monsieur G. demande à ce que le centre hospitalier universitaire de Saint Seurin sur Erdre soit condamné au versement d'une provision d'un montant de 90 000 euros.

DISCUSSION

I. Principalement : sur la recevabilité

La demande de provision présentée par Monsieur G. est irrecevable car celui-ci ne justifie pas avoir, au préalable, saisi la Commission régionale de conciliation et d'indemnisation des accidents médicaux, des affections iatrogènes et des infections nosocomiales.

Faute pour Monsieur G. d'avoir accompli cette formalité avant la saisine du juge des référés, sa demande de provision est entachée d'irrecevabilité (v., en matière fiscale : CE, sect., 10 juill. 2002, SARL Grey Diffusion, req. n° 244411, *Lebon* 271).

II. Subsidiairement : sur le bien-fondé de la demande

Quand bien même la demande présentée par Monsieur G. serait jugée recevable, la créance dont se prévaut le requérant présente en tout état de cause un caractère sérieusement contestable.

Premièrement, les conditions d'engagement de la responsabilité du centre hospitalier sur le fondement de l'article L. 1142-1 du Code de la santé publique ne sont pas remplies.

D'une part, rien n'établit que l'infection dont souffre Monsieur G. serait la conséquence de son séjour dans l'établissement. Les éléments de preuve produits par ce dernier sont manifestement insuffisants pour établir un quelconque rôle de l'établissement dans la survenance de sa maladie. Au contraire, une enquête interne réalisée pour instruire la demande d'indemnisation de Monsieur G. a établi qu'aucun manquement aux règles de prévention des infections nosocomiales ne peut être relevé (PJ n° 1).

D'autre part, le préjudice invoqué par Monsieur G. ne s'exprime, selon ses propres termes, que par une « gêne ». Par conséquent, il n'atteint pas le seuil de gravité auquel l'article L. 1142-1 du Code de la santé publique subordonne le versement d'une réparation.

Deuxièmement, à supposer qu'une responsabilité publique soit encourue dans le cas présent, celle-ci relèverait non pas du centre hospitalier de Saint Seurin sur Erdre mais de l'Office national d'indemnisation des accidents médicaux, au titre de la solidarité nationale (v. CE 21 mars 2011, CH de Saintes, req. n° 334501, *Lebon*).

III. Très subsidiairement : sur le montant demandé

Dans l'hypothèse où le juge des référés regarderait la demande de provision comme recevable et fondée, le montant de celle-ci apparaît en tout état de cause excessif.

La gêne invoquée par Monsieur G. n'est pas de nature à empêcher ce dernier d'exercer son activité professionnelle. La seule forme de préjudice qui pourrait, le cas échéant, être retenue, serait d'ordre moral.

Il s'ensuit que si le juge décidait de faire droit à la demande de provision présentée par Monsieur G., il ne saurait condamner le centre hospitalier universitaire de Saint Seurin sur Erdre au paiement d'une provision supérieure à 5 000 euros.

FRAIS IRRÉPÉTIBLES

Il serait inéquitable, dans les circonstances de l'espèce, de laisser à la charge du centre hospitalier universitaire de Saint Seurin sur Erdre les frais qu'il a dû exposer pour faire valoir ses droits en justice.

Le centre hospitalier universitaire de Saint Seurin sur Erdre s'estime donc fondé à demander, en application de l'article L. 761-1 du Code de justice administrative, le versement d'une somme de 1 500 euros.

CONCLUSIONS

Par ces motifs, et tous autres à produire, déduire ou suppléer, au besoin d'office, le centre hospitalier universitaire de Saint Seurin sur Erdre demande au juge des référés du tribunal administratif de Strasbourg :

I. Sur la demande de provision :

– principalement, de rejeter la requête présentée par Monsieur G. comme irrecevable ;

– subsidiairement, de rejeter la requête présentée par Monsieur G. comme infondée ;

– très subsidiairement, de limiter le montant de la provision à la somme de 5 000 euros ;

II. Sur les frais irrépétibles :

– de condamner Monsieur G. à verser au centre hospitalier universitaire de Saint Seurin sur Erdre la somme de 1 500 euros au titre de l'article L. 761-1 du Code de justice administrative.

PRODUCTIONS

1. Rapport des professeurs H. et M. en date du 1er octobre 2020

910.18 Exemple de dossier contentieux en matière de demande de provision à titre incident.

Tribunal administratif de Melun
Référé-provision (CJA, art. R. 541-1)

POUR : la société H., sis 15 chemin du four, 77999 Aix sur Marne

DEMANDEUR

CONTRE : la commune d'Aix sur Marne, Hôtel de ville, place de l'hôtel de ville, 77999 Aix sur Marne

DÉFENDEUR

FAITS

La société H. tient un magasin alimentaire situé 15 chemin du four, dans le centre-ville d'Aix sur Marne. Les travaux de construction d'une nouvelle ligne de tramway ont conduit les autorités communales à fermer à la circulation une partie importante du centre-ville et à supprimer un parking public situé à proximité du magasin.

La société H. a vu sa fréquentation chuter, ce qui a engendré une baisse très importante de son chiffre d'affaires.

Le 17 juin 2020, la société H. a introduit un recours indemnitaire devant le tribunal administratif de Melun en vue d'obtenir la réparation de son préjudice sur le fondement du dommage permanent de travaux publics.

DISCUSSION

L'article R. 541-1 du Code de justice administrative permet au juge des référés d'accorder une provision au créancier qui l'a saisi lorsque l'existence de l'obligation qu'il invoque n'est pas sérieusement contestable.

En l'espèce, dans l'action au principal qui l'oppose à la société H., la commune ne conteste que l'étendue et non pas le principe de sa responsabilité. Alors que la société H. chiffre le montant des dommages à 40 000 euros, la commune a admis un préjudice de 25 000 euros dans un mémoire en défense produit le 5 mars 2021.

La responsabilité de la commune n'étant pas contestée, l'obligation de payer à la société H. la somme de 25 000 euros n'apparaît pas sérieusement contestable. Il s'ensuit que la société H. satisfait à l'unique condition d'octroi énoncée à l'article R. 541-1 du Code de justice administrative. Elle s'estime par conséquent fondée à demander au juge des référés que la commune d'Aix sur Marne soit condamnée à lui verser une provision d'un montant de 25 000 euros.

CONCLUSIONS

Par ces motifs, et tous autres à produire, déduire ou suppléer, au besoin d'office, la société H. demande au juge des référés du tribunal administratif de Melun :

– de condamner la commune d'Aix sur Marne à verser à la société H. une provision de 25 000 euros.

PRODUCTIONS

1. Requête indemnitaire de la société H.
2. Mémoire en défense produit le 5 mars 2021 par la commune d'Aix sur Marne

910.19 Exemple de dossier contentieux en matière de référé précontractuel.

REQUÊTE

Tribunal administratif de Pau
Référé précontractuel (CJA, art. L. 551-1)

POUR : la société Restauration très rapide (RTP), sis avenue des Belges, 64999 Luzerne sur l'Adour

DEMANDEUR

CONTRE : la commune de Luzerne sur l'Adour, place de l'hôtel de ville, 64999 Luzerne sur l'Adour

DÉFENDEUR

Luzerne sur l'Adour, le 15 juin 2022

FAITS

La commune de Luzerne sur l'Adour dispose dans son jardin des plantes d'un emplacement destiné à l'exploitation d'un restaurant. Le contrat d'occupation et d'exploitation conclu à cette fin en 2016 entre la commune et la société Les gourmets de Luzerne parvenant à son terme le 1er juillet 2022, la commune et la société Les gourmets de Luzerne ont décidé d'un commun d'accord de renouveler ce contrat pour une nouvelle durée de six ans. La presse s'est fait l'écho de la signature d'un nouveau contrat pour le 30 juin prochain.

DISCUSSION

I. Sur la recevabilité

La société RTP satisfait aux conditions de recevabilité auxquelles est subordonnée la mise en œuvre du référé précontractuel.

La première tient à la qualité du requérant. Selon l'article L. 551-10 du Code de justice administrative, les personnes habilitées à introduire un référé précontractuel « sont celles qui ont un intérêt à conclure le contrat et qui sont susceptibles d'être lésées par le manquement invoqué ». Tel est le cas du candidat potentiel.

Le juge s'attache, pour déterminer cette qualité, à la spécialité de l'entreprise requérante (CE 8 août 2008, région de Bourgogne, req. n° 307143, *Lebon T.*). En l'espèce, la société RTP présente la même spécialité que la société Les gourmets de Luzerne, à savoir une activité de restauration. Elle présente, de ce fait, un intérêt à contester la passation d'un nouveau contrat entre la société RTP et la commune de Luzerne sur l'Adour.

La seconde condition de recevabilité tient à la nature du contrat litigieux. Le contrat qu'envisagent de reconduire la commune de Luzerne sur l'Adour et la société RTP entre dans le champ du référé précontractuel dans la mesure où il sera, comme le précédent, susceptible de comporter des obligations de service public, à savoir l'accueil et l'orientation des visiteurs ainsi que l'entretien des abords du restaurant. Or, la passation des conventions de délégation de service public est soumise à des formalités de publicité et de mise en concurrence en application de l'article L. 1411-1 du CGCT. De telles conventions entrent, en conséquence, dans le champ du référé précontractuel (v. par ex. CE 20 oct. 2006, C^ne^ d'Andeville, req. n° 289234, *Lebon* 434). Tel est le cas en l'espèce, d'autant plus que le juge des référés est valablement saisi sur le fondement de l'article L. 551-1 du Code de justice administrative lorsque la procédure lancée est seulement susceptible d'aboutir à la signature d'une convention de délégation de service public, quand bien même la convention finalement conclue pourrait se limiter à une convention d'occupation du domaine public (CE 10 juin 2009, Port autonome de Marseille, req. n° 317671, *Lebon T.*).

II. Sur le bien-fondé de la demande

La procédure de passation du nouveau contrat d'occupation du restaurant du jardin des plantes de Luzerne sur l'Adour est entachée de plusieurs irrégularités.

Premièrement, aucune formalité de publicité n'a été mise en œuvre par la commune. La passation du nouveau contrat n'a donné lieu à aucune publication dans un recueil officiel, dans un journal d'annonce légale ni encore dans un journal spécialisé.

Deuxièmement, aucune mise en concurrence n'a été réalisée. La commune s'apprête à conclure le nouveau contrat avec le cocontractant sortant sans que d'autres entreprises aient été en mesure de soumissionner à sa passation.

Troisièmement, la passation est entachée de deux vices de procédure. D'une part, le conseil municipal n'a pas délibéré sur la conclusion d'un nouveau contrat avec la société Les gourmets de Luzerne. D'autre part, l'association des amis du jardin des plantes n'a pas été consultée alors qu'elle l'avait été préalablement à la signature du précédent contrat en 2016.

Il résulte de ce qui précède que les obligations de publicité et de mise en concurrence pesant sur la commune de Luzerne sur l'Adour ont été méconnues. Aussi la société RTP demande-t-elle au juge des référés :

- d'annuler la procédure de passation ;

- d'enjoindre à la commune de se conformer aux obligations qui s'imposent à elle en matière de publicité et de mise en concurrence.

CONCLUSIONS

Par ces motifs, et tous autres à produire, déduire ou suppléer, au besoin d'office, le requérant demande au juge des référés du tribunal administratif de Pau :

- d'annuler la procédure de passation du contrat d'occupation et d'exploitation du restaurant du jardin des plantes, entre la commune de Luzerne sur l'Adour et la société Les gourmets de Luzerne ;

- d'enjoindre à la commune de se conformer aux obligations qui s'imposent à elle en matière de publicité et de mise en concurrence.

MÉMOIRE EN DÉFENSE

Tribunal administratif de Pau
Mémoire en défense

POUR : la commune de Luzerne sur l'Adour, place de l'hôtel de ville, 64999 Luzerne sur l'Adour

DEMANDEUR

CONTRE : la société Restauration très rapide (RTP), sis avenue des Belges, 64999 Luzerne sur l'Adour

DÉFENDEUR

Requête n° 2022-05

FAITS

Par une requête enregistrée au tribunal administratif de Pau le 16 juin 2022, la société RTP demande au juge du référé précontractuel de mettre en œuvre ses pouvoirs à l'encontre de la procédure de passation du contrat d'occupation et d'exploitation du restaurant du jardin des plantes de la commune de Luzerne sur l'Adour.

DISCUSSION

I. Principalement : sur la recevabilité

Le contrat que la commune envisage de conclure avec la société RTP, actuel titulaire du contrat, n'entre pas dans le champ d'application du référé précontractuel.

En effet, le Conseil d'État considère qu'un contrat ayant pour seul objet l'occupation du domaine public n'est pas soumis, pour sa passation, à une obligation de publicité et de mise en concurrence (CE, sect., 3 déc. 2010, ville de Paris et Assoc. Paris Jean Bouin, req. n° 338272, *Lebon*). Par suite, il n'entre pas dans le champ d'application du référé précontractuel (CE 12 mars 1999, ville de Paris, req. n° 186085, *Lebon T. 778* – CE 19 janv. 2011, CCI de Pointe-à-Pitre, req. n° 341669, *Lebon T.*).

En l'espèce, contrairement à ce que soutient la société requérante, aucune obligation de service public ne pèse sur la société titulaire du contrat d'occupation et d'exploitation du restaurant du jardin des plantes. Les obligations mentionnées par la société dans sa requête ne sauraient s'analyser en des obligations de service public.

Il en résulte qu'en tant qu'il porte exclusivement sur l'occupation du domaine public, le contrat dont la commune envisage la signature ne relève pas du domaine de compétence du référé précontractuel. La requête est en conséquence entachée d'irrecevabilité.

II. Subsidiairement : sur le bien-fondé de la demande

Quand bien même le juge des référés déclarerait la requête recevable, les moyens invoqués à son soutien s'avèrent inopérants.

Tel est le cas, tout d'abord, des moyens tirés de l'absence de délibération du conseil municipal et de l'absence de consultation de l'association des amis du jardin des plantes.

Le premier moyen vise en réalité l'incompétence du maire faute d'autorisation en ce sens délivrée par l'organe délibérant. Il est de jurisprudence constante que le moyen tiré de l'incompétence du signataire du contrat ne peut utilement être invoqué à l'appui d'une demande en référé précontractuel (v. par ex. CE 21 juin 2000, Synd. intercommunal de la côte d'Amour et de la presqu'île guérandaise, req. n° 209319, *Lebon* 283).

Le second moyen est également inopérant car étranger aux obligations de publicité et de mise en concurrence. La jurisprudence est là aussi bien établie (CE 24 oct. 2008, Synd. intercommunal d'eau et d'assainissement de Mayotte, req. n° 300034, *Lebon T.* - CE 4 févr. 2009, Communauté d'agglomération du bassin de Thau, req. n° 311949, *Lebon T.* 828). Il en résulte que le vice de procédure tiré de l'absence de consultation d'une association de droit privé est en l'espèce inopérant, sans qu'il soit besoin de rechercher si un tel avis est prescrit par un quelconque texte.

Le moyen tiré de la méconnaissance des règles de publicité est également inopérant. Non seulement aucune obligation de cette nature ne pèse sur la personne publique préalablement à la conclusion d'un contrat d'occupation du domaine public (CE, sect., 3 déc. 2010, ville de Paris et Assoc. Paris Jean Bouin, req. n° 338272, *Lebon*). Mais en outre, en application de la jurisprudence *SMIRGEOMES*, à supposer que des manquements soient établis, ils ne sont de nature à être retenus par le juge des référés que si les manquements doit se prévaut l'entreprise requérante sont « susceptibles de l'avoir lésée ou risquent de la léser, fût-ce de façon indirecte en avantageant une entreprise concurrente » (CE, sect., 3 oct. 2008, Synd. mixte intercommunal de réalisation et de gestion pour l'élimination des ordures ménagères du secteur Est de la Sarthe [SMIRGEOMES], req. n° 305420, *Lebon* 324, concl. B. Dacosta). Le Conseil d'État considère que cette condition n'est pas satisfaite lorsque les manquements aux obligations de publicité invoqués par l'entreprise requérante ne l'ont pas empêché de présenter une offre (CE 10 juin 2009, Port autonome de Marseille, req. n° 317671, *Lebon T.* - CE 22 déc. 2008, Communauté d'agglomération Salon - Étang de Berre - Durance, req. n° 311268, NP). En l'espèce, il est constant que la société RTP a été informée, par la presse, de la procédure de passation. Son recours devant le juge des référés atteste également qu'elle a eu connaissance de cette procédure. Par suite, elle ne saurait utilement invoquer une lésion à raison d'un manquement à une obligation de publicité.

Le moyen tiré de la méconnaissance des règles de mise en concurrence est inopérant en application de la jurisprudence *ville de Paris* précitée (CE, sect., 3 déc. 2010, ville de Paris et Assoc. Paris Jean Bouin, req. n° 338272, *Lebon*). Aucune obligation de mise en concurrence ne pesant sur la personne publique préalablement à la conclusion d'une convention d'occupation du domaine public, un tel moyen ne saurait utilement être invoqué devant le juge du référé précontractuel.

Il résulte de ce qui précède que le juge des référés du tribunal administratif de Pau ne pourra que rejeter la requête présentée par la société RTP.

FRAIS IRRÉPÉTIBLES

Il serait inéquitable, dans les circonstances de l'espèce, de laisser à la charge de la commune de Luzerne sur l'Adour les frais qu'elle a dû exposer pour faire valoir ses droits en justice.

La commune s'estime donc fondée à demander, en application de l'article L. 761-1 du Code de justice administrative, le versement d'une somme de 2 000 euros.

CONCLUSIONS

Par ces motifs, et tous autres à produire, déduire ou suppléer, au besoin d'office, la commune de Luzerne sur l'Adour demande au juge des référés du tribunal administratif de Pau :

- de rejeter la requête de la société RTP ;
- de condamner la société RTP à verser à la commune la somme de 2 000 euros au titre de l'article L. 761-1 du Code de justice administrative.

910.20 Exemple de dossier contentieux en matière de référé contractuel.

MÉMOIRE EN DÉFENSE

Tribunal administratif de Paris
Référé contractuel (CJA, art. L. 551-13)

POUR : la société d'assurance « L'assurance radieuse »,
sis 9 boulevard Carnot, 75999 Paris

DEMANDEUR

CONTRE : l'Établissement pour le développement international des entreprises (EDIE), 1 place des ours, 75999 Paris

DÉFENDEUR

Paris, le 25 juillet 2022

FAITS

Par un avis d'appel public à la concurrence publié au *Journal officiel de l'Union européenne* le 20 février 2022, l'EDIE a lancé une procédure négociée, régie par les dispositions des articles 33 et suivants du décret n° 2005-1742 du 30 décembre 2015, en vue de la passation d'un marché d'assurance ayant pour objet de fournir une couverture sociale aux volontaires internationaux en entreprise affectés à l'étranger (VIE), pour un montant de 7 000 000 d'euros HT par an.

Par un courriel en date du 24 juin 2022 et un courrier en date du même jour, reçu le 29 juin 2022 par la société requérante, l'EDIE a informé la société d'assurance « L'assurance radieuse » du rejet de son offre (PJ n° 1). À la demande de cette dernière, l'EDIE a précisé, par un courrier du 4 juillet 2012, les motifs du rejet de son offre.

La société d'assurance « L'assurance radieuse » a introduit un référé précontractuel le 8 juillet 2022 tendant à l'annulation de la procédure de passation dudit marché et à ce que la procédure soit reprise au stade de la sélection des offres. Par une ordonnance en date du 21 juillet 2022, le juge des référés a rejeté sa requête comme étant irrecevable au motif que le marché avait été signé le 5 juillet 2022, soit avant la saisine du tribunal.

DISCUSSION

I. Sur la recevabilité du recours

Aux termes de l'article L. 551-14 du Code de justice administrative, les personnes habilitées à agir au titre du référé contractuel « sont celles qui ont un intérêt à conclure le contrat et qui sont susceptibles d'être lésées par des manquements aux obligations de publicité et de mise en concurrence auxquelles sont soumis ces contrats [...]. Toutefois, le recours régi par la présente section n'est pas ouvert au demandeur ayant fait usage du recours prévu à l'article L. 551-1 ou à l'article L. 551-5 dès lors que le pouvoir adjudicateur ou l'entité adjudicatrice a respecté la suspension prévue à l'article L. 551-4 ou à l'article L. 551-9 et s'est conformé à la décision juridictionnelle rendue sur ce recours ».

La première condition de recevabilité posée par cette disposition est satisfaite. En effet, en sa qualité de candidat évincé à la procédure de passation, la société d'assurance « L'assurance radieuse » justifie d'une qualité lui donnant intérêt à agir.

La seconde condition est également satisfaite. Selon la jurisprudence du Conseil d'État, les dispositions de l'article L. 551-14 du Code de justice administrative, qui prévoient que le recours contractuel n'est pas ouvert au demandeur ayant fait usage du référé précontractuel dès lors que le pouvoir adjudicateur a respecté la suspension prévue à l'article L. 551-4 et s'est conformé à la décision juridictionnelle rendue sur ce recours, n'ont pas pour effet de rendre irrecevable un recours contractuel introduit par un concurrent évincé qui avait antérieurement présenté un recours précontractuel alors qu'il était dans l'ignorance du rejet de son offre et de la signature du marché par suite d'un manquement du pouvoir adjudicateur au respect des dispositions précitées, qui prévoient l'obligation de notifier aux candidats le rejet de leurs offres et fixe un délai minimum de seize jours, réduit à onze jours dans le cas d'une transmission électronique, entre cette notification et la conclusion du marché (CE 10 nov. 2010, France Agrimer, req. n° 340944, *Lebon T.*).

En l'espèce, l'avis d'appel public à la concurrence a été publié au *Journal officiel de l'Union européenne* le 20 février 2012. La société requérante a déposé une offre, et a saisi le juge du référé précontractuel le 8 juillet 2012 d'une demande d'annulation de la procédure. Dans son mémoire en défense du 12 juillet 2012 produit dans l'instance de référé ainsi ouverte, l'EDIE a apporté l'information de ce que le marché avait été signé. Il en résulte que la société requérante ne pouvait savoir que le contrat avait été signé lorsqu'elle a introduit son référé précontractuel au tribunal. Dès lors, les dispositions du second alinéa de l'article L. 551-14 du Code de justice administrative ne faisaient pas obstacle à ce qu'elle introduise un référé contractuel sur le fondement de l'article L. 551-13 de ce code, après avoir été informée, par le mémoire en défense de l'EDIE dans le cadre de l'instance en référé précontractuel, de ce que le contrat avait été signé 5 juillet 2012.

Par ailleurs, la société requérante n'a pas été informée du délai de *standstill* que l'établissement public s'imposait entre la date d'envoi de la notification du rejet de l'offre et la conclusion du marché.

Il résulte de ce qui précède que la société d'assurance « L'assurance radieuse » est recevable à saisir le juge administratif de conclusions au titre du référé contractuel.

II. Sur le bien-fondé du recours

Pour justifier le rejet de la candidature de la société requérante, qui était le titulaire du marché depuis de nombreuses années, l'EDIE l'a informée, par courrier en date du 4 juillet 2022 que « parmi les critères techniques », il avait été constaté que l'offre de l'attributaire comportait « un apport méthodologique et un processus internalisés, propres à endiguer l'inflation médicale de populations expatriées » (PJ n° 2 : règlement de consultation). Toutefois, l'établissement public n'établit pas que ce critère extrêmement précis de sélection soit susceptible de se rattacher à l'un des sous-critères du critère technique indiqués dans le règlement de consultation. L'absence d'indications claires sur un critère, qui est apparu déterminant dans le choix de la société attributaire, alors que la note pondérée obtenue par la société requérante en ce qui concerne le critère du prix (valorisé à hauteur de 40 %), était de 4 contre 3,9 à la société qui a été retenue, a constitué à lui seul un manquement aux obligations de publicité et de mise en concurrence auxquelles était tenu l'EDIE.

Ce manquement a affecté les chances de la société requérante d'obtenir le marché d'assurance, au sens de l'article L. 551-18 du Code de justice administrative. Il s'ensuit que la société d'assurance « L'assurance radieuse » est fondé à demander au juge des référés, sur le fondement des articles L. 551-17 et suivants du Code de justice administrative :

- de prononcer la suspension du contrat pour la durée de l'instance ;
- de prononcer la nullité ou la résiliation du marché ;
- ou de décider de pénalités financières à hauteur de 20 % du montant HT du contrat global.

CONCLUSIONS

Par ces motifs, et tous autres à produire, déduire ou suppléer, au besoin d'office, la société d'assurance « L'assurance radieuse » demande au juge des référés du tribunal administratif de Paris :

- de prononcer la suspension du contrat pour la durée de l'instance ;
- de prononcer la nullité ou la résiliation du marché ;
- ou de décider de pénalités financières à hauteur de 20 % du montant HT du contrat global.

PRODUCTIONS

1. Courriel du 24 juin 2022 par lequel l'EDIE informe la société requérante du rejet de son offre
2. Règlement de consultation du marché

910.21 Exemple de dossier contentieux en matière de référé fiscal (levée de mesures conservatoires).

REQUÊTE

Tribunal administratif de Caen
Référé fiscal (LPF, art. L. 277, dernier alinéa)

POUR : Madame J., demeurant impasse Tournefort, 14999 Maisouville

DEMANDEUR

CONTRE : la décision du 12 janvier 2022 par laquelle le comptable public a pratiqué une saisie conservatoire sur les comptes de Monsieur G. en vue de recouvrer la somme de 134 700 euros

DÉFENDEUR

FAITS

Madame J. est redevable, au titre de l'année 2006, d'une somme de 80 503 euros (PJ n° 1), à laquelle se sont ajoutée des majorations et intérêts de retard, portant la somme due à 134 700 euros (PJ n° 2). Par décision du 12 janvier 2022, le comptable public a pratiqué une saisie conservatoire sur les comptes de Madame J. en vue de recouvrer la somme de 134 700 euros.

DISCUSSION

Madame J. demande au juge des référés la limitation de la saisie conservatoire à la somme de 80 503 euros correspondant aux droits qui lui étaient initialement réclamés.

I. Sur le montant réclamé

L'administration refuse de cantonner le montant de la saisie au montant des droits contestés et prétend que celui-ci doit être égal à 134 700 euros, correspondant non seulement au montant des droits contestés mais aussi à la majoration de 40 %, aux intérêts de retard et à la majoration de 10 %, en se fondant sur l'article L. 277 alinéa 4 du Livre des procédures fiscales.

La lecture retenue de cette disposition est erronée. En effet, conformément à l'article L. 277 alinéa 3 du Livre des procédures fiscales, le comptable public ne peut pratiquer une saisie conservatoire que si le contribuable n'a pas constitué de garantie correspondant au montant *des droits contestés*. Deux documents émanant de l'administration fiscale confirment cette interprétation : d'une part l'instruction 12 A-2-09 n° 9 du 24 septembre 2009, énonçant que la garantie se limite au seul montant des droits contestés, à l'exclusion de toute pénalité, amende ou intérêt de retard ; d'autre part une décision du Pôle de recouvrement spécialisé de la Normandie, en date du 15 juin 2021, indiquant que les garanties ne devaient être constituées qu'à hauteur de 80 503 euros (PJ n° 3).

Il résulte de ce qui précède que le montant de la saisie conservatoire doit être limité à cette somme. Une saisie d'un montant supérieur ouvre droit au prononcé d'une mesure par le juge du référé fiscal.

II. Sur les conséquences difficilement réparables

L'article L. 277 alinéa 5 du Livre des procédures fiscales permet au juge des référés d'ordonner la mainlevée ou la diminution des mesures conservatoires lorsque les mesures prises emportent des « conséquences difficilement réparables » sur la situation du redevable.

Tel est le cas en l'espèce. Le blocage injustifié de la somme de 54 187 euros constitue un préjudice pour la requérante car elle ne dispose que de cette épargne pour ses dépenses quotidiennes. La dégradation de ses conditions de vie qui en résulte ne pourra pas être indemnisée par l'éventuelle allocation de dommages-intérêts.

En conséquence, Madame J. demande au juge des référés la mainlevée partielle de la saisie conservatoire pratiquée le 10 janvier 2012 par le comptable public, afin qu'elle soit abaissée à la somme de 80 503 euros correspondant au montant des droits contestés.

CONCLUSIONS

Par ces motifs, et tous autres à produire, déduire ou suppléer, au besoin d'office, Madame J. demande au juge des référés du tribunal administratif de Caen :

– d'ordonner la mainlevée partielle de la saisie conservatoire pratiquée le 10 janvier 2012 par le comptable public, afin qu'elle soit abaissée à la somme de 80 503 euros.

PRODUCTIONS

1. Avis d'imposition de Madame J. au titre de l'année 2016
2. Titre exécutoire du 18 février 2021 portant la somme due au titre de l'année 2016 à 134 700 euros
3. Décision du Pôle de recouvrement spécialisé de la Normandie du 15 juin 2021

MÉMOIRE EN DÉFENSE

Tribunal administratif de Caen
Mémoire en défense

Le directeur régional des finances publiques de Normandie et du département de la Basse Normandie.

Sur la requête n° 2022-203

Le 12 avril 2022

FAITS

Selon avis de mise en recouvrement du 30 juin 2021, Madame J. est redevable d'une somme de 134 700 euros au titre de l'impôt sur le revenu de l'année 2006, à raison de 80 503 euros en droits, 32 201 euros de majorations et 9 660 euros d'intérêts de retard.

L'intéressée a formé, le 16 août 2021, une réclamation assortie d'une demande de sursis de paiement. Le comptable public lui a adressé, le 24 août 2021, une demande de constitution de garantie, conformément aux dispositions de l'article R. 277-1 du Livre des procédures fiscales, sur le montant des droits contestés s'élevant à la somme de 80 503 euros.

Madame J. n'ayant pas proposé de garantie dans le délai de quinze jours prévu par l'article R. 277-1 du Livre des procédures fiscales, le comptable a pratiqué, sur le fondement de l'article L. 277 alinéa 3 du Livre des procédures fiscales, une saisie conservatoire auprès du Crédit commercial de Basse Normandie pour la totalité de l'imposition contestée, soit 134 700 euros. Cette somme comprend le montant des droits contestés (80 503 euros), celui des pénalités d'assiette (41 861 euros), la majoration de recouvrement de 10 % (12 236 euros) et les frais de poursuite (100 euros). Si la réclamation d'assiette a été rejetée le 3 février 2022, la contestation de la saisie conservatoire, en date du 31 janvier 2012, a été rejetée par décision du 7 mars 2022.

Par requête du 22 mars 2022, présentée sur le fondement du dernier alinéa de l'article L. 277 du Livre des procédures fiscales, Madame J. demande au juge des référés la limitation de la saisie conservatoire à la somme de 80 503 euros correspondant aux droits qui lui sont réclamés.

DISCUSSION

Le directeur régional des finances publiques de Normandie et du département de la Basse Normandie conclut au rejet de la requête par les moyens suivants.

En ce qui concerne le montant de la saisie conservatoire, conformément aux articles L. 277 et R. 277-1 du Livre des procédures fiscales, le comptable public responsable du pôle de recouvrement a demandé de constituer des garanties pour le montant des droits contestés (80 503 euros). L'article L. 277 du Livre des procédures fiscales autorise le comptable à prendre des mesures conservatoires pour les impôts contestés (et non pas seulement sur les droits contestés), à défaut de constitution de garanties. C'est à tort que la requérante prétend que la saisie conservatoire devait porter uniquement sur le montant des droits contestés.

En ce qui concerne les conséquences difficilement réparables, si Madame J. soutient que le blocage supplémentaire de la somme de 54 197 euros entraîne pour elle une dégradation de ses conditions de vie, elle n'apporte aucun élément concret sur sa situation financière et patrimoniale permettant d'établir les conséquences difficilement réparables qu'entraînerait le maintien de la saisie conservatoire.

CONCLUSIONS

Par ces motifs, et tous autres à produire, déduire ou suppléer, au besoin d'office, le directeur régional des finances publiques de Normandie et du département de la Basse Normandie demande au juge des référés du tribunal administratif de Caen :

- de rejeter la requête de Madame J.

910.22 Exemple de dossier contentieux en matière de référé fiscal (suffisance des garanties).

REQUÊTE

Tribunal administratif de Clermont-Ferrand
Référé fiscal (LPF, art. L. 279)

POUR : Monsieur et Madame L., demeurant 12 rue Paul Bert, 63999 Clermont la Baume

DEMANDEURS

CONTRE : le refus de l'administration fiscale de regarder les garanties qu'ils ont offertes comme répondant aux conditions prévues à l'article L. 277 du Livre des procédures fiscales

DÉFENDEUR

FAITS

En réponse à une demande du comptable du pôle de recouvrement spécialisé de l'Auvergne de constituer des garanties à hauteur d'une somme de 87 465 euros dans le cadre de leur demande de sursis de paiement d'impositions complémentaires d'impôt sur le revenu auxquelles ils ont été assujettis au titre des années 2016 à 2018 (PJ n° 1), Monsieur et Madame L. ont proposé :

- une caution solidaire offerte par la mère de Monsieur L., à hauteur de 50 000 euros (PJ n° 2) ;
- accompagnée d'une affectation hypothécaire à hauteur de cette somme d'une parcelle lui appartenant sise à Friville, cadastrée section D 49, d'une valeur de 170 000 euros (PJ n° 3) ;
- ainsi qu'une inscription hypothécaire complémentaire à hauteur de 37 465 euros sur un immeuble situé à Boulonville, 73 chemin des Anges, cadastré AL 340, appartenant à la requérante et évalué entre 460 000 et 480 000 euros (PJ n° 4).

Par une lettre du 25 août 2020, le comptable chargé du recouvrement des impositions contestées a refusé les garanties proposées aux motifs qu'avant le dépôt de la réclamation contentieuse il avait inscrit, le 19 mai 2020, une inscription hypothécaire de premier rang pour la totalité de la créance sur l'immeuble de Boulonville, et qu'en outre, le bien proposé en affectation hypothécaire à hauteur de 50 000 euros, dont la valeur est sujette à l'obtention d'un certificat d'urbanisme, ne présente pas une garantie certaine pour l'État (PJ n° 5).

DISCUSSION

L'article L. 279 du Livre des procédures fiscales prévoit qu'en matière d'impôts directs et de taxes sur le chiffre d'affaires, lorsque les garanties offertes par le contribuable ont été refusées, le juge des référés, saisi par celui-ci, « décide dans le délai d'un mois si les garanties offertes répondent aux conditions prévues à l'article L. 277 et si, de ce fait, elles doivent être ou non acceptées par le comptable ».

Les conditions auxquelles les garanties proposées doivent être acceptées sont définies par l'article L. 277 du Livre des procédures fiscales.

S'agissant des règles de forme, le contribuable qui conteste le bien-fondé ou le montant des impositions mises à sa charge doit avoir « expressément formulé la demande dans sa réclamation et précisé le montant ou les bases du dégrèvement auquel il estime avoir droit ». Cette condition est satisfaite en l'espèce. À l'appui de leur réclamation présentée le 17 juin 2010, Monsieur et Madame L. ont expressément formulé une demande de sursis de paiement en précisant la partie de l'imposition qu'ils contestaient.

S'agissant des règles de fond, l'article L. 277 ajoute que « le sursis de paiement ne peut être refusé au contribuable que s'il n'a pas constitué auprès du comptable les garanties propres à assurer le recouvrement de la créance du Trésor ».

Les garanties proposées par Monsieur et Madame L. rentrent parfaitement dans le champ d'application de l'article R. 277-1 du Livre des procédures fiscales.

Par ailleurs, elles présentent un caractère suffisant pour garantir le Trésor.

Les garanties proposées comprennent, en premier lieu, une caution et une affectation hypothécaire de la parcelle de Friville, libre de toute occupation. Sa valeur, estimée à 170 000 euros, est plus de trois fois supérieure au montant garanti.

Les garanties s'étendent, en second lieu, à l'hypothèque légale sur le bien de Boulonville appartenant à l'un des époux, tous deux étant solidaires. Le fait que l'administration ait d'ores et déjà pris à titre conservatoire une inscription sur ledit bien et pour les mêmes impositions, ne peut priver le contribuable du droit de proposer cette inscription dans le cadre des garanties sollicitées au titre du sursis de paiement dès lors que l'immeuble est évalué à plus de 460 000 euros.

En conséquence, les requérants demandent au juge des référés de constater que les garanties qu'ils ont offertes répondent aux conditions prévues à l'article L. 277 du Livre des procédures fiscales.

CONCLUSIONS

Par ces motifs, et tous autres à produire, déduire ou suppléer, au besoin d'office, le requérant demande au juge des référés du tribunal administratif de Clermont-Ferrand :

– de constater que les garanties qu'ils ont offertes répondent aux conditions prévues à l'article L. 277 du Livre des procédures fiscales.

PRODUCTIONS

1. Demande du comptable du pôle de recouvrement spécialisé de l'Auvergne de constituer des garanties à hauteur d'une somme de 87 465 euros dans le cadre de la demande de sursis de paiement présentée par Monsieur et Madame L.

2. Caution solidaire offerte par la mère de Monsieur L., à hauteur de 50 000 euros (PJ n° 2)

3. Affectation hypothécaire à hauteur de 50 000 euros de la parcelle sise à Friville (PJ n° 3)

4. Inscription hypothécaire complémentaire à hauteur de 37 465 sur un immeuble situé à Boulonville, appartenant à la requérante (PJ n° 4)

5. Lettre du comptable public du 25 août 2020 (PJ n° 5)

Mémoire en défense

Tribunal administratif de Clermont-Ferrand
Mémoire en défense

Le directeur régional des finances publiques d'Auvergne et du département du Puy-de-Dôme

Sur la requête n° 2020-507

Le 21 septembre 2020

DISCUSSION

Le directeur régional des finances publiques d'Auvergne et du département du Puy-de-Dôme conclut au rejet de la requête des époux L.

Le comptable du pôle recouvrement spécialisé de l'Auvergne avait déjà inscrit le 19 mai 2020 sur l'immeuble situé à Friville une hypothèque légale de 1er rang garantissant la totalité de sa créance.

Le refus des deux garanties offertes par les requérants s'explique par le fait que le recouvrement forcé de leur dette s'avérerait plus complexe à mettre en œuvre et coûteux pour l'administration fiscale. En effet, la réalisation forcée de deux biens impliquerait, du fait de leur localisation, la saisie de deux juridictions différentes, et génératrices de frais importants à la charge de l'administration fiscale puisque celle-ci devrait supporter le paiement des honoraires des avocats chargés de l'engagement de ces actions.

CONCLUSIONS

Par ces motifs, et tous autres à produire, déduire ou suppléer, au besoin d'office, le directeur régional des finances publiques d'Auvergne et du département du Puy-de-Dôme demande au juge des référés du tribunal administratif de Clermont-Ferrand :

- de rejeter la requête de Monsieur et Madame L.

TITRE

92. Quelle procédure pour quelle situation ? Approche synthétique de 40 grands contentieux de l'urgence

920.00 Plan du titre.

920.09 Urbanisme.

> Le maire ne réagit pas à une construction sans permis (ce qui inclut une construction au-delà de ce qu'autorise le permis ou encore une construction réalisée sur la base d'un permis suspendu)

Procédure adaptée : référé-mesures utiles (CJA, art. L. 521-3)

Recevabilité :

- conditions générales : v. ss nos 241.31 s.

Conditions à satisfaire :

- les travaux irréguliers sont en cours de réalisation ; ils relèvent d'un cas de figure prévu par les articles L. 480-1 et L. 480-2 du Code de l'urbanisme.

>> conditions d'utilité (v., de manière spécifique, ss no 242.173) et d'urgence (v., de manière générale, ss nos 242.21 s.).

- le maire n'établit pas, en défense, que les travaux sont réguliers ou qu'ils ne relèvent pas d'un cas de figure prévu par les articles L. 480-1 et L. 480-2 du Code de l'urbanisme.

>> condition relative à l'absence de contestation sérieuse (v., de manière générale, ss nos 242.181 s.).

Pouvoirs du juge : le juge des référés peut enjoindre au maire de la commune d'appliquer l'article L. 480-1 du Code de l'urbanisme, c'est-à-dire de faire établir un procès-verbal constatant l'infraction aux règles d'urbanisme, de prendre un arrêté interruptif de travaux et d'en transmettre copie au procureur de la République (v. ss no 244.132).

> Un particulier souhaite attaquer un permis de construire

Procédure adaptée : référé-suspension (CJA, art. L. 521-1)

Recevabilité :

- conditions générales : v. s^s n°s 221.21 s.
- condition particulière : le demandeur n'a pas d'obligation de notifier la requête en référé-suspension (en revanche le recours principal doit l'être) : v. s^s n° 211.35.

Conditions à satisfaire :

- l'urgence est présumée : il suffit d'établir que les travaux autorisés par la construction ont commencé ou sont sur le point de commencer (sans être pour autant achevés).

>> condition d'urgence (v. s^s n° 222.461).

- le requérant doit établir que le permis de construire est entaché d'une illégalité plus que probable (en pratique le demandeur en référé reprend sur ce point les moyens qu'il a développés dans son recours au principal).

>> condition de doute sérieux quant à la légalité de la décision attaquée (v., de manière générale, s^s n°s 222.771 s.).

Pouvoirs du juge : le juge peut suspendre l'exécution du permis attaqué. Si les travaux n'ont pas encore débuté, ils ne peuvent commencer. S'ils ont débuté, ils doivent cesser, à défaut de quoi le maire est en situation de compétence liée pour établir un arrêté interruptif de travaux.

> L'acquéreur d'un bien se retrouve évincé par une collectivité publique faisant usage de son droit de préemption

Procédure adaptée : référé-suspension (CJA, art. L. 521-1)

Recevabilité :

- conditions générales : v. s^s n°s 221.21 s.

Conditions à satisfaire :

- l'urgence est présumée.

>> condition d'urgence (v. s^s n°s 222.421 s.).

- le requérant doit établir que la décision de préemption est entachée d'une illégalité plus que probable (en pratique le demandeur en référé reprend sur ce point les moyens qu'il a développés dans son recours au principal).

>> condition de doute sérieux quant à la légalité de la décision attaquée (v., de manière générale, s^s n°s 222.771 s.).

Pouvoirs du juge : le juge peut suspendre l'exécution de la décision de préemption.

920.10 Relations avec l'administration.

> Un particulier souhaite obtenir la communication d'une décision, d'un document ou d'un dossier administratifs

Procédure adaptée : référé-mesures utiles (CJA, art. L. 521-3)

Recevabilité :

- conditions générales : v. s^s n°s 241.31 s.

- condition particulière : le requérant est dispensé de toute démarche préalable auprès de la Cada (il peut saisir immédiatement le juge des référés) : v. s^s n° 241.36.

Conditions à satisfaire :
- l'obtention du document doit être nécessaire pour introduire (ou introduire en connaissance de cause) un recours devant la juridiction administrative.

>> conditions d'urgence et d'utilité (v. s^s n°s 242.61 et 242.141 s.).
- l'administration ne doit pas avoir opposé un refus à la communication de cette décision.

>> condition relative à l'absence d'obstacle à l'exécution d'une décision administrative (v., de manière générale, s^s n°s 241.51 s.).

Pouvoirs du juge : le juge des référés peut enjoindre à l'administration, sous astreinte, de communiquer dans un délai déterminé le document, la décision ou le dossier sollicité.

> Le propriétaire d'un logement se heurte à un refus ou une abstention du préfet d'exécuter une décision judiciaire prescrivant l'expulsion de ses locataires (ou plus largement d'occupants sans titre présents sur sa propriété)

Procédure adaptée : référé-liberté (CJA, art. L. 521-2)

Recevabilité :
- conditions générales : v. s^s n°s 231.31 s.
- condition particulière : il est possible de contester une simple abstention du préfet, en l'absence de toute décision expresse ou implicite (v. s^s n° 231.32).

Conditions à satisfaire :
- le requérant doit établir qu'il n'existe pas de menace avérée de trouble à l'ordre public et, par suite, que le refus du préfet n'est pas justifié.

>> condition d'atteinte grave et manifestement illégale à une liberté fondamentale (v., de manière générale, s^s n°s 232.21 s.).
- le requérant a un besoin urgent d'utiliser le logement ou le bâtiment occupé ; il ignorait que les lieux étaient occupés lorsqu'il a acquis le logement.

>> condition d'urgence (v., de manière générale, s^s n°s 232.381 s. ; v., de manière spécifique, s^s n° 232.432).

Pouvoirs du juge : le juge, statuant dans un délai très bref (de l'ordre de 4 à 5 jours) peut ordonner au préfet, sous astreinte, d'apporter le concours de la force publique afin que soit exécutée la décision du juge civil.

Option : le même résultat peut être obtenu par la procédure du référé-suspension (CJA, art. L. 521-1) en cas de refus du préfet (et non pas d'abstention). Le juge suspend la décision de refus et assortit cette mesure d'une injonction d'apporter le concours de la force publique. Toutefois, en raison du caractère irréversible d'une telle mesure, l'appréciation de la légalité de la conduite administrative ne sera guère plus favorable qu'en référé-liberté et le délai de jugement sera plus long.

> L'administration refuse de mettre une salle à la disposition d'une personne physique ou morale (association, parti politique, artiste...)

Procédure adaptée : référé-liberté (CJA, art. L. 521-2)

Recevabilité :

- conditions générales : v. s[s] n°s 231.31 s.

Conditions à satisfaire :

- le refus de l'administration n'est justifié ni par des motifs avérés de trouble à l'ordre public ni par des nécessités tirées de l'administration des propriétés communales. Il prive la personne physique ou morale intéressée de la possibilité de tenir sa réunion.

>> condition d'atteinte grave et manifestement illégale à une liberté fondamentale (v., de manière générale, s[s] n°s 232.21 s.).

Pouvoirs du juge : le juge peut enjoindre à l'administration de mettre la salle à la disposition du groupement ou de l'individu qui s'est vu opposer le refus.

Option : le référé-suspension (CJA, art. L. 521-1) peut être mis en œuvre dans une telle hypothèse mais le délai d'intervention du juge sera généralement plus long (3 à 4 semaines dans le cas du référé-suspension, contre 4 à 5 jours dans celui du référé-liberté).

920.11 Propriété publique.

> Une personne publique souhaite expulser du domaine public un occupant sans titre

Procédure adaptée : référé-mesures utiles (CJA, art. L. 521-3)

Recevabilité :

- conditions générales : v. s[s] n°s 241.31 s.
- condition particulière : si l'occupant ne peut être identifié (cas d'étudiants occupants les locaux d'une université, ou de militants occupants les arbres d'un jardin public), la requête est recevable même si elle n'est pas dirigée contre une personne nommément désignée (v. s[s] n° 241.103).

Conditions à satisfaire :

- l'administration doit établir la nécessité pour elle de récupérer les locaux occupés pour un usage précis et pressant (par exemple confier le local commercial occupé au nouveau contractant choisi pour l'exploiter ; garantir le fonctionnement normal du service public lorsque celui-ci est occupé à des fins protestatives ; héberger dans le logement de fonction occupé, un agent public qui en est dépourvu) ou encore en raison d'un danger ou d'une menace que les locaux font peser sur ses occupants.

>> conditions d'urgence et d'utilité (v. s[s] n°s 242.41 s. et 242.161 s.).

- le juge ne doit pas avoir de doute sur la légalité de la mesure administrative retirant à l'occupant son titre d'occupation ou refusant de le renouveler.

>> condition relative à l'absence de contestation sérieuse, si l'occupant fait valoir en défense l'illégalité de cette mesure (v. s[s] n°s 242.191 s.).

Pouvoirs du juge : le juge peut enjoindre, sous astreinte, d'évacuer la dépendance litigieuse dans un délai déterminé.

920.12 Fonction publique.

> Un candidat malheureux à un concours de la fonction publique souhaite contester ce concours

Procédure adaptée : référé-suspension (CJA, art. L. 521-1)

Recevabilité :

- conditions générales : v. s[s] n°s 221.21 s.
- condition particulière : le requérant ne peut pas attaquer le concours mais seulement une mesure décisoire prise pour les besoins de celui-ci (décision fixant l'organisation du concours, décision déclarant les candidats admis).

Conditions à satisfaire :

- le requérant doit établir le préjudice personnel (en termes de carrière, de rémunération et de choix de vie) résultant de l'éviction du concours ou de l'impossibilité de s'y présenter, ou encore l'urgence qu'il soit remédié aux irrégularités constatées alors que les candidats admis sont sur le point d'être nommés.

>> condition d'urgence (v. s[s] n° 222.541).

- le requérant doit établir que la décision attaquée, ou l'un des actes préparatoires intervenus au cours du concours, est entachée d'une illégalité plus que probable (en pratique le demandeur en référé reprend sur ce point les moyens qu'il a développés dans son recours au principal).

>> condition de doute sérieux quant à la légalité de la décision attaquée (v., de manière générale, s[s] n°s 222.771 s.).

Pouvoirs du juge : le juge peut suspendre les résultats du concours, la solution valant autant pour le candidat exclu que pour les candidats admis.

> Un fonctionnaire n'a pas perçu un traitement, une indemnité, une prime ou une pension auquel il a droit

Procédure adaptée : référé-provision (CJA, art. R. 541-1)

Recevabilité :

- conditions générales : v. s[s] n°s 331.31 s.

Condition à satisfaire :

- l'obligation pour l'administration de payer la somme en cause ne fait pas de doute, par exemple parce qu'elle est prévue par un texte.

>> caractère non sérieusement non contestable de la créance.

Pouvoirs du juge : le juge peut condamner l'administration à payer à son agent la totalité de la somme due.

> Un agent public se retrouve sanctionné pour la commission d'une faute

Procédure adaptée : référé-suspension (CJA, art. L. 521-1)

Recevabilité :

- conditions générales : v. s[s] n°s 221.21 s.

Conditions à satisfaire :

- la sanction a un impact très important sur le requérant (cette condition étant en particulier satisfaite lorsque la mesure prive l'intéressé ou son foyer d'une partie déterminante de ses ressources).

>> condition d'urgence (v. not. le cas d'une mesure de révocation s[s] n° 222.562).

- le requérant doit établir que la sanction est entachée d'une illégalité plus que probable, en raison par exemple de son caractère disproportionné par rapport à la faute, de l'insuffisance de la motivation ou de l'absence d'organisation d'une procédure contradictoire préalable (en pratique le demandeur en référé reprend sur ce point les moyens qu'il a développés dans son recours au principal).

>> condition de doute sérieux quant à la légalité de la décision attaquée (v., de manière générale, s[s] n°s 222.771 s.).

Pouvoirs du juge : le juge peut suspendre la mesure de sanction.

920.13 Droit des étrangers.

> Un étranger souhaite contester l'OQTF prise à son encontre

Procédure adaptée : procédure spécifique de contestation des OQTF (Ceseda, art. L. 512-1)

Particularité : l'introduction du recours suspend l'OQTF attaquée (v. s[s] n° 521.201)

Recevabilité :

- conditions générales : v. s[s] n°s 521.11 s.
- le délai pour agir est très bref : 30 jours pour une OQTF avec délai de départ volontaire ; 48 heures pour une OQTF sans délai de départ volontaire (v. s[s] n°s 521.61 s.).

Conditions à satisfaire :

- la décision doit être illégale (délégation de compétence irrégulière, absence de signature, insuffisance de motivation, violation du droit au respect de la vie privée et familiale...).

>> condition d'illégalité de l'OQTF (v. s[s] n°s 522.11 s.).

Pouvoirs du juge : le juge peut annuler l'OQTF et les décisions accessoires (notamment la décision fixant le pays de renvoi).

> Un étranger est frappé par une mesure d'expulsion

Procédure adaptée : référé-suspension

Recevabilité :

- conditions générales : v. s[s] n°s 221.21 s.

Conditions à satisfaire :

- l'urgence est présumée.

>> condition d'urgence (v. s[s] n° 222.274)

- le requérant doit établir que la décision d'expulsion est entachée d'une illégalité plus que probable, en raison par exemple de l'incompétence de son auteur, de l'insuffisance de motivation ou de l'atteinte portée au droit au respect de la vie familiale (en pratique le demandeur en référé reprend sur ce point les moyens qu'il a développés dans son recours au principal).

>> condition de doute sérieux quant à la légalité de la décision attaquée (v., de manière générale, s[s] n°s 222.771 s.).

Pouvoirs du juge : le juge peut suspendre l'exécution de la décision d'expulsion.

Option : le requérant pourra emprunter la voie du référé-liberté (CJA, art. L. 521-2, où la décision est rendue dans un délai très bref : au maximum 4 à 5 jours) si l'expulsion porte une atteinte *manifestement* disproportionnée à son droit de mener une vie familiale normale (ou se trouve entachée d'une autre atteinte manifestement illégale) et que l'intéressé redoute une application très rapide de la mesure (avant que le juge du référé-suspension, statuant habituellement en 3 à 4 semaines, n'ait pu rendre sa décision).

> L'administration refuse la délivrance d'un visa

Procédure adaptée : référé-suspension (CJA, art. L. 521-1)

Recevabilité :

- conditions générales : v. s^s n°s 221.21 s.

Conditions à satisfaire :

- le refus de visa doit porter gravement préjudice au requérant, celui-ci devant établir concrètement qu'il subira un dommage important s'il doit attendre l'intervention du jugement au fond.

>> condition d'urgence (v. s^s n° 222.572).

- le requérant doit établir que le refus de visa est entaché d'une illégalité plus que probable, en raison par exemple de l'atteinte qu'il porte au droit au respect de la vie familiale (en pratique le demandeur en référé reprend sur ce point les moyens qu'il a développés dans son recours au principal).

>> condition de doute sérieux quant à la légalité de la décision attaquée (v., de manière générale, s^s n°s 222.771 s.).

Pouvoirs du juge : le juge peut suspendre le refus de visa en assortissant cette mesure d'une injonction de réexaminer la demande de visa dans un délai déterminé.

Option : la voie du référé-liberté (CJA, art. L. 521-2) pourra être engagée avec succès lorsque, dans un cas particulier, le refus de visa porte une atteinte grave et manifestement illégale à une liberté fondamentale (par exemple le droit d'agir en justice : v. s^s n° 232.272).

> L'administration refuse la délivrance d'un titre de séjour

Procédure adaptée : référé-suspension (CJA, art. L. 521-1)

Recevabilité :

- conditions générales : v. s^s n°s 221.21 s.

Conditions à satisfaire :

- le refus de titre de séjour doit porter gravement préjudice au requérant, celui-ci devant établir concrètement la réalité du préjudice (impossibilité de suivre une formation universitaire, obstacle à un regroupement familial ou à l'exercice d'une activité professionnelle...).

>> condition d'urgence (v. s^s n° 222.573).

- le requérant doit établir que le refus de titre de séjour est entaché d'une illégalité plus que probable, en raison par exemple de l'atteinte qu'il porte au droit au respect de la vie familiale ou parce que l'étranger satisfait aux critères habituellement posés pour son obtention (en pratique le demandeur en référé reprend sur ce point les moyens qu'il a développés dans son recours au principal).

>> condition de doute sérieux quant à la légalité de la décision attaquée (v., de manière générale, s^s n°s 222.771 s.).

Pouvoirs du juge : le juge peut suspendre le refus de titre de séjour en assortissant cette mesure d'une injonction de réexaminer la demande de titre de séjour dans un délai déterminé. Dans l'attente de cette nouvelle décision, l'étranger doit être muni d'une autorisation provisoire de séjour (v. s^s n° 224.152).

> L'administration retire ou refuse de renouveler un titre de séjour

Procédure adaptée : référé-suspension (CJA, art. L. 521-1)

Recevabilité :

- conditions générales : v. s^s n°s 221.21 s.

Conditions à satisfaire :

- l'urgence est présumée.

>> condition d'urgence (v. s^s n° 222.574).

- le requérant doit établir que le refus de renouvellement ou le retrait du titre de séjour est entaché d'une illégalité plus que probable, en raison par exemple de l'atteinte qu'il porte au droit au respect de la vie familiale ou parce que l'étranger satisfait aux critères habituellement posés pour son obtention (en pratique le demandeur en référé reprend sur ce point les moyens qu'il a développés dans son recours au principal).

>> condition de doute sérieux quant à la légalité de la décision attaquée (v., de manière générale, s^s n°s 222.771 s.).

Pouvoirs du juge : le juge peut suspendre le refus de renouvellement du titre de séjour ou son retrait en assortissant cette mesure d'une injonction de réexaminer la demande de titre de séjour dans un délai déterminé. Dans l'attente de cette nouvelle décision, l'étranger doit être muni d'une autorisation provisoire de séjour (v. s^s n° 224.152).

> L'administration détermine le pays de renvoi d'un étranger condamné à une peine d'interdiction du territoire

Procédure adaptée : référé-suspension (CJA, art. L. 521-1)

Recevabilité :

- conditions générales : v. s^s n°s 221.21 s.

Conditions à satisfaire :

- la décision fixant le pays de renvoi doit porter gravement préjudice au requérant, par exemple parce que sa vie ou son intégrité est menacée dans ce pays.

>> condition d'urgence (v. s^s n° 222.576).

- le requérant doit établir que la décision fixant le pays de renvoi est entachée d'une illégalité plus que probable, en raison par exemple d'une violation de l'article 3 de la Convention européenne des droits de l'homme prohibant la torture ainsi que les traitements inhumains et dégradants (en pratique le demandeur en référé reprend sur ce point les moyens qu'il a développés dans son recours au principal).

>> condition de doute sérieux quant à la légalité de la décision attaquée (v., de manière générale, s^s n°s 222.771 s.).

Pouvoirs du juge : le juge peut suspendre la décision fixant le pays de renvoi.

> L'administration refuse d'enregistrer une demande d'asile

Procédure adaptée : référé-liberté (CJA, art. L. 521-2)

Recevabilité :

- conditions générales : v. s[s] n°s 231.31 s.

Condition à satisfaire :

- le requérant doit établir la réalité du refus administratif, qui est en soi manifestement illégal et porte par lui-même atteinte au droit d'asile, sauf si l'intéressé est à l'origine de cette carence (par exemple du fait d'un dossier incomplet).

>> condition d'atteinte grave et manifestement illégale à une liberté fondamentale (v. s[s] n° 232.191)

Pouvoirs du juge : le juge peut ordonner à l'administration d'enregistrer puis d'instruire la demande d'asile.

> L'administration refuse d'accorder au demandeur d'asile les garanties matérielles et prestations auxquelles il a droit

Procédure adaptée : référé-liberté (CJA, art. L. 521-2)

Recevabilité :

- conditions générales : v. s[s] n°s 231.31 s.

Condition à satisfaire :

- le requérant doit établir la réalité du refus administratif et son caractère manifestement illégal. Il sera considéré comme portant par lui-même atteinte au droit d'asile, sauf si l'intéressé est à l'origine de cette carence (par exemple du fait d'un dossier incomplet).

>> condition d'atteinte grave et manifestement illégale à une liberté fondamentale (v. s[s] n° 232.191).

Pouvoirs du juge : le juge peut ordonner à l'administration de fournir au demandeur d'asile les prestations matérielles auxquelles il a droit en termes de logement, de nourriture et d'habillement, ces prestations pouvant être délivrées en nature ou sous forme d'allocations financières ou de bons.

> L'étranger ayant déposé une demande de titre de séjour n'obtient pas de rendez-vous en préfecture

Procédure adaptée : référé-mesures utiles (CJA, art. L. 521-3)

Recevabilité :

- conditions générales : v. s[s] n°s 241.09 s.

Conditions à satisfaire :

- L'étranger ayant déposé un dossier complet n'a pu obtenir une date de rendez-vous sur le site internet de la préfecture, malgré plusieurs tentatives n'ayant pas été effectuées la même semaine.

>> conditions d'urgence et d'utilité (v. s[s] n° 232.191).

Pouvoirs du juge : le juge peut enjoindre au préfet de fixer une date de rendez-vous, le cas échéant avant une date qu'il détermine.

920.14 Permis de conduire.

> Un automobiliste se voit retirer son permis de conduire à la suite d'une perte de points

Procédure adaptée : référé-suspension (CJA, art. L. 521-1)

Recevabilité :

- conditions générales : v. s[s] n°s 221.21 s.

Conditions à satisfaire :

- le demandeur a besoin de son permis de conduire pour l'exercice de son activité professionnelle. Il ne dispose d'aucun moyen alternatif, telle que l'utilisation des transports en commun permettant de pallier l'absence de permis.

>> condition d'urgence (v. s[s] n°s 222.681 s.).

- le requérant doit établir que le retrait du permis ou la décision lui retirant des points est entaché d'une illégalité plus que probable (en pratique le demandeur en référé reprend sur ce point les moyens qu'il a développés dans son recours au principal).

>> condition de doute sérieux quant à la légalité de la décision attaquée (v., de manière générale, s[s] n°s 222.771 s.).

Pouvoirs du juge : le juge peut suspendre l'exécution de la mesure de retrait. Le demandeur se retrouve avec un permis de construire valide.

920.15 Contentieux social.

> Une personne sans logis se voit refuser un hébergement d'urgence

Procédure adaptée : référé-liberté (CJA, art. L. 521-2)

Recevabilité :

- conditions générales : v. s[s] n°s 231.31 s.

Conditions à satisfaire :

- le requérant, dépourvu de logement ou d'hébergement (remplissant donc les conditions légales pour obtenir un hébergement d'urgence), formule une demande d'hébergement qui est refusée, sans que l'administration ait mis en œuvre tous les moyens dont elle dispose pour mettre à sa disposition un hébergement.

>> condition d'atteinte grave et manifestement illégale à une liberté fondamentale (v. s[s] n° 232.301).

Pouvoirs du juge : le juge, statuant dans un délai très bref (le lendemain de l'introduction de la requête ou au plus tard dans les 3 à 4 jours qui suivent) peut ordonner à l'administration d'accueillir le demandeur dans une structure d'accueil d'urgence.

Option : une procédure propre à l'hébergement d'urgence est prévue dans le cadre du recours Dalo (CJA, art. 778-1). La voie du référé-liberté apparaît néanmoins plus rapide et plus efficace.

> L'administration ne propose pas de logement social à une personne à qui a été reconnue la qualité de demandeur prioritaire

Procédure adaptée : recours Dalo (CJA, art. L. 778-1)

Recevabilité :

- conditions générales : v. s[s] n°s 841.11 s.

Conditions à satisfaire :

- la commission départementale compétente a reconnu au requérant la qualité de demandeur prioritaire.

>> condition relative à la qualité du demandeur (v. s[s] n° 842.21).

- le requérant n'a pas, dans les trois mois, reçu une offre de logement tenant compte de ses besoins et de ses capacités.

>> absence de logement (v. s[s] n° 842.31).

- l'urgence à loger l'intéressé n'a pas complètement disparu (la preuve de cette disparition complète pesant sur l'administration).

>> persistance de l'urgence (v. s[s] n° 842.71).

Pouvoirs du juge : le juge peut ordonner à l'État, sous astreinte, de loger l'intéressé (toutefois le produit de l'astreinte en cas d'inexécution n'est pas versé au demandeur).

920.16 Contrats publics.

> Une entreprise candidate à un marché public ou à une convention de délégation de service public (ou encore à une concession de travaux ou un contrat de partenariat, ou plus largement à tout contrat dont la passation est soumise à une obligation de publicité et de mise en concurrence) est écartée de la procédure de passation en cours de celle-ci, ou ne peut pas présenter d'offre faute de publicité adéquate

Procédure adaptée : référé précontractuel (CJA, art. L. 551-1)

Recevabilité :

- conditions générales : la passation du contrat est soumise à des obligations de publicité et de mise en concurrence ; l'entreprise requérante a la qualité de candidat évincé ou de candidat potentiel (v. s[s] n°s 411.31 s. et 411.121 s.).
- condition particulière : l'entreprise doit agir *avant* la signature du contrat (v. s[s] n°s 411.161 s.).

Conditions à satisfaire :

- la collectivité publique a méconnu les obligations de publicité et de mise en concurrence qui s'imposent à elle pour la passation du contrat en cause (absence totale de publicité ; informations insuffisantes sur l'avis d'appel à la concurrence ; inégalité dans l'information des candidats ; objet imprécis ou irrégulier du contrat ; modification substantielle de l'objet du contrat en cours de procédure ; violation du règlement de consultation...).

>> manquement à une obligation de publicité ou de mise en concurrence (v. s[s] n°s 412.21 s.).

- l'entreprise requérante doit avoir été lésée par le manquement.

>> lésion du requérant (v. s[s] n°s 412.191 s.).

Pouvoirs du juge : le juge peut annuler totalement ou partiellement la procédure de passation, ordonner à la personne publique de respecter ses obligations en matière de publicité et de mise en concurrence, suspendre l'exécution de toute décision se rapportant à la passation du contrat et supprimer des clauses ou prescriptions destinées à figurer dans le contrat (v. s[s] n°s 414.11 s.).

> Une entreprise candidate à un marché public ou à une convention de délégation de service public qui a été signé (ou encore à une concession de travaux signée ou un contrat de partenariat signé, ou plus largement à tout contrat dont la passation est soumise à une obligation de publicité et de mise en concurrence et qui a été signé) a été écartée de la procédure de passation, ou n'a pas pu présenter d'offre faute de publicité adéquate

Procédure adaptée : référé contractuel (CJA, art. L. 551-13)

Recevabilité :

- conditions générales : la passation du contrat est soumise à des obligations de publicité et de mise en concurrence ; le contrat a été signé et l'entreprise agi dans un délai donné (v. s[s] n°s 421.21 s.).
- conditions relatives au requérant : le requérant a la qualité de candidat évincé ou de candidat potentiel ; il n'a pas agi ou n'aurait pu agir par la voie du référé précontractuel (v. s[s] n°s 421.31 s.).

Conditions à satisfaire :

- la collectivité publique a méconnu les obligations de publicité et de mise en concurrence qui s'imposent à elle pour la passation du contrat en cause (absence totale de publicité ; informations insuffisantes sur l'avis d'appel à la concurrence ; inégalité dans l'information des candidats ; objet imprécis ou irrégulier du contrat ; modification substantielle de l'objet du contrat en cours de procédure ; violation du règlement de consultation...).

>> manquement à une obligation de publicité ou de mise en concurrence (v. s[s] n°s 422.09 s.).

- l'entreprise requérante doit avoir été lésée par le manquement.

>> lésion du requérant (v. s[s] n°s 422.09 s.).

Pouvoirs du juge : le juge peut prononcer la nullité du contrat, la résiliation du contrat, la réduction de la durée du contrat ou prononcer une pénalité financière.

> L'administration attribue un contrat à un tiers

Procédure adaptée : référé-suspension (CJA, art. L. 521-1)

Recevabilité :

- conditions générales : v. s[s] n°s 221.21 s.
- condition particulière : le recours peut être dirigé contre un acte se rapportant à la formation du contrat (v. s[s] n°s 221.106 et 221.107).

Conditions à satisfaire :

- le requérant doit établir que l'attribution du contrat à un tiers menace sa propre existence ou encore que l'exécution du contrat par son titulaire portera atteinte au bon fonctionnement du service public.

>> condition d'urgence (v. s[s] n° 222.711)

- le requérant doit établir que la décision attribuant le contrat est entachée d'une illégalité plus que probable, par exemple parce que l'attributaire du marché ne dispose pas d'une capacité technique et financière suffisante pour l'assumer (en pratique le demandeur en référé reprend sur ce point les moyens qu'il a développés dans son recours au principal).

>> condition de doute sérieux quant à la légalité de la décision attaquée (v., de manière générale, s^s^ n°s 222.771 s.).

Pouvoirs du juge : le juge peut suspendre l'acte détachable du contrat ou l'exécution du contrat lui-même (v. s^s^ n° 221.106).

> Le titulaire d'un marché public souhaite obtenir le paiement d'une somme due par l'administration et qui ne lui a pas été versée

Procédure adaptée : référé-provision (CJA, art. R. 541-1)

Recevabilité :

- conditions générales : v. s^s^ n°s 331.31 s.

Conditions à satisfaire :

- le requérant doit justifier d'une obligation pour l'administration de le payer (au titre d'une stipulation du marché, en contrepartie d'une prestation ou de la livraison d'une marchandise, en application d'un ordre de service ou encore en conséquence d'une sujétion imprévue).

>> caractère non sérieusement non contestable de la créance (v. s^s^ n°s 332.141 s.).

Pouvoirs du juge : le juge peut condamner l'administration à payer la somme en cause à son cocontractant.

> Un cocontractant de l'administration voit son contrat résilié

Procédure adaptée : référé-suspension (CJA, art. L. 521-1)

Recevabilité :

- conditions générales : v. s^s^ n°s 221.21 s.

Conditions à satisfaire :

- la situation financière du requérant doit être gravement affectée par la mesure de résiliation

>> condition d'urgence (v. s^s^ n° 222.714).

- les vices invoqués paraissent d'une gravité suffisante pour conduire à la reprise des relations contractuelles et non à la seule indemnisation du préjudice résultant, pour le requérant, de la résiliation (en pratique le demandeur en référé reprend sur ce point les moyens qu'il a développés dans son recours au principal).

>> condition de doute sérieux quant à la légalité de la décision attaquée (v., de manière générale, s^s^ n°s 222.771 s. et, de manière spécifique, s^s^ n° 222.834).

Pouvoirs du juge : le juge peut suspendre l'exécution de la résiliation, ce qui emporte reprise des relations contractuelles dans l'attente du jugement au fond contre cette même mesure.

920.17 Responsabilité.

> Une personne a été victime d'un acte ou d'un agissement administratif lui ouvrant droit à des dommages et intérêts ; elle souhaite obtenir une avance sur les dommages et intérêts qui lui seront dus, voire le versement de l'intégralité de la réparation

Procédure adaptée : référé-provision (CJA, art. R. 541-1)

Recevabilité :

- conditions générales : v. s^s^ n°s 331.31 s.

Condition à satisfaire :

- le requérant se trouve dans une situation lui donnant droit au versement de dommages et intérêts (au titre de la responsabilité pour faute ou de la responsabilité sans faute de la puissance publique).

>> caractère non sérieusement non contestable de la créance (v. s[s] n°s 332.61 s.).

Pouvoirs du juge : le juge peut condamner l'administration à verser une partie de l'indemnité due, ou à la totalité de celle-ci si elle peut d'ores et déjà être déterminée de manière certaine (par exemple au vu d'un rapport d'expert).

> La victime d'un dommage causé par l'administration (notamment en matière de travaux publics) souhaite faire constater les faits dans la perspective d'une action indemnitaire

Procédure adaptée : référé-constat (CJA, art. R. 531-1)

Recevabilité :

- conditions générales : v. s[s] n°s 311.21 s.

Conditions à satisfaire :

- les faits constatés par l'expert pourront servir d'éléments de preuve à l'appui d'un recours en responsabilité devant la juridiction administrative. Ce recours n'a pas encore été formé (sinon c'est au juge du principal qu'il appartiendra de faire constater les faits, et non au juge des référés). Les faits n'ont pas été déjà constatés (sinon le constat ne présenterait aucun intérêt).

>> condition d'utilité (v. s[s] n°s 312.21 s.).

Pouvoirs du juge : le juge peut désigner un expert en vue qu'il décrive simplement les faits (sans en rechercher les causes, sans porter d'appréciation et sans déterminer les moyens qui seraient propres à remédier aux désordres constatés).

> La victime d'un dommage causé par l'administration (notamment en matière de travaux publics) souhaite qu'un expert en détermine l'ampleur, les causes et les moyens d'y remédier, et ce dans la perspective d'une action indemnitaire

Procédure adaptée : référé-expertise (CJA, art. R. 532-1)

Recevabilité :

- conditions générales : v. s[s] n°s 321.41 s.

Condition à satisfaire :

- les résultats de l'expertise pourront servir d'éléments de preuve à l'appui d'un recours en responsabilité devant la juridiction administrative. Ce recours n'a pas encore été formé (sinon c'est au juge du principal qu'il appartiendra d'ordonner l'expertise et non au juge des référés). Les informations concernées par l'expertise, le cas échéant, ne peuvent être obtenues par le demandeur lui-même. Aucune expertise n'ayant le même objet n'a encore été ordonnée.

>> condition d'utilité (v. s[s] n°s 322.09 s.).

Pouvoirs du juge : le juge peut désigner un expert en vue de déterminer l'origine des dommages, leur étendue, les moyens d'y remédier et le cas échéant à quel coût.

920.18 Fiscalité.

> Un contribuable qui conteste le montant de son imposition demande à bénéficier du sursis de paiement ; l'administration fiscale refuse en jugeant que les garanties offertes par ce dernier sont insuffisantes

Procédure adaptée : référé fiscal (LPF, art. L. 279)

Recevabilité :

- conditions générales : le requérant doit agir dans les 15 jours (v. s[s] n° 611.22) et consigner une somme correspondant au dixième des impositions contestées (v. s[s] n° 611.23).

Condition à satisfaire :

- le requérant doit établir que les garanties offertes sont suffisantes. Quelle que soit la forme qu'elles prennent (hypothèque, caution...), ces garanties doivent correspondre à la totalité de la somme contestée, de telle sorte que si la contestation a été élevée à tort, l'administration ait l'assurance que les impositions exigées lui seront bien payées.

>> condition de suffisance des garanties (v. s[s] n° 612.09).

Pouvoirs du juge : le juge peut déclarer suffisantes les garanties proposées. Le comptable public est alors obligé de les accepter. Le contribuable bénéficie du sursis de paiement de l'imposition contestée jusqu'à ce qu'il soit statué sur la contestation.

> Un contribuable qui conteste le montant de son imposition demande à bénéficier du sursis de paiement ; il omet de proposer des garanties. L'administration prend des mesures conservatoires à son encontre (par exemple une saisie sur son compte bancaire)

Procédure adaptée : référé fiscal (LPF, art. L. 277, dern. al.)

Recevabilité :

- conditions générales : v. s[s] n°s 611.31 s.

Conditions à satisfaire : les mesures prises à l'encontre du contribuable génèrent pour lui un préjudice difficilement réparable.

>> condition relative aux conséquences difficilement réparables (v. s[s] n° 612.10).

Pouvoirs du juge : le juge peut ordonner la levée des mesures prises ou la limitation de celles-ci.

> Un contribuable souhaite contester une décision d'imposition

Procédure adaptée : référé-suspension (CJA, art. L. 521-1)

Recevabilité :

- conditions générales : v. s[s] n°s 221.21 s.
- condition particulière : avoir au préalable formé un recours administratif devant l'administration fiscale (v. s[s] n° 221.142).

Conditions à satisfaire :

- le montant de l'imposition exigée est très difficilement supportable au regard des capacités financières du requérant.

>> condition d'urgence (v. s^s n°s 222.701 s.).

- le requérant doit établir que la décision d'imposition exigée est entachée d'une illégalité plus que probable, en raison par exemple d'une erreur sur les textes applicables, l'assiette de l'imposition ou le taux appliqué (en pratique le demandeur en référé reprend sur ce point les moyens qu'il a développés dans son recours au principal).

>> condition de doute sérieux quant à la légalité de la décision attaquée (v., de manière générale, s^s n°s 222.771 s.).

Pouvoirs du juge : le juge peut suspendre la décision d'imposition.

920.19 Environnement.

> Une décision d'aménagement a été adoptée sans que l'enquête publique requise par les textes ait été réalisée, ou alors que l'enquête publique réalisée a donné lieu à un avis défavorable du commissaire-enquêteur

Procédure adaptée : référé « enquête publique » (CJA, art. L. 554-12)
Recevabilité :

- conditions générales : identiques au référé-suspension (v. s^s n° 822.22).
- condition particulière : l'acte attaqué est une décision d'aménagement subordonnée à une enquête publique (v. s^s n° 822.24).

Conditions à satisfaire :

- si l'enquête publique n'a pas été réalisée : absence d'enquête publique (v. s^s n°s 822.41 s.).
- si l'enquête publique a été réalisée : conclusions défavorables du commissaire-enquêteur et doute sérieux sur la légalité de la décision d'aménagement (v. s^s n° 822.51).

Pouvoirs du juge : le juge peut suspendre la décision d'aménagement.

> Une collectivité publique a autorisé ou approuvé un projet d'aménagement sans que l'étude d'impact requise par les textes ait été réalisée

Procédure adaptée : référé « étude d'impact » (CJA, art. L. 554-11)
Recevabilité :

- conditions générales : identiques au référé-suspension (v. s^s n° 821.22).
- condition particulière : l'acte attaqué est soumis à l'exigence d'une étude d'impact préalable (v. s^s n° 821.24).

Condition à satisfaire :

- l'acte attaqué n'a pas été précédé de l'étude d'impact exigée.

>> absence d'étude d'impact (v. s^s n°s 821.31 s.).

Pouvoirs du juge : le juge peut suspendre l'exécution de l'acte autorisant ou approuvant le projet d'aménagement litigieux.

> L'administration fixe des périodes de chasse en contrariété avec les directives européennes

Procédure adaptée : référé-suspension (CJA, art. L. 521-1)
Recevabilité :

- conditions générales : v. s^s n°s 221.21 s.

Conditions à satisfaire :

- l'arrêté fixant la période de chasse aura, en raison des dates qu'il fixe ou des espèces qu'il concerne, une incidence sur une proportion significative des animaux composant l'espèce.

>> condition d'urgence (v. s[s] n° 222.691).

- le requérant doit établir que la décision fixant la période de chasse est entachée d'une illégalité plus que probable, en raison spécialement d'une méconnaissance des directives de l'Union européenne (en pratique le demandeur en référé reprend sur ce point les moyens qu'il a développés dans son recours au principal).

>> condition de doute sérieux quant à la légalité de la décision attaquée (v., de manière générale, s[s] n°s 222.771 s.).

Pouvoirs du juge : le juge peut suspendre la décision autorisant la pratique de la chasse.

> L'administration autorise une activité pouvant porter atteinte à l'environnement (par exemple l'ouverture d'une déchèterie)

Procédure adaptée : référé-suspension (CJA, art. L. 521-1)

Recevabilité :

- conditions générales : v. s[s] n°s 221.21 s.

Conditions à satisfaire :

- la mesure contestée risque de porter une atteinte irréversible à l'environnement.

>> condition d'urgence (v. s[s] n° 222.692).

- le requérant doit établir que la décision autorisant l'activité litigieuse est entachée d'une illégalité plus que probable, en raison par exemple du non-respect des prescriptions applicables à la protection de l'environnement ou de la méconnaissance des règles de forme et de procédure gouvernant son édiction (en pratique le demandeur en référé reprend sur ce point les moyens qu'il a développés dans son recours au principal).

>> condition de doute sérieux quant à la légalité de la décision attaquée (v., de manière générale, s[s] n°s 222.771 s.).

Pouvoirs du juge : le juge peut suspendre la décision autorisant l'activité litigieuse.

920.20 Économie.

> L'administration interdit à une personne d'exercer une activité économique ou lui retire une autorisation d'exercer

Procédure adaptée : référé-suspension (CJA, art. L. 521-1)

Recevabilité :

- conditions générales : v. s[s] n°s 221.21 s.

Conditions à satisfaire :

- l'impossibilité d'exercer place le requérant dans une situation financière très difficile en le privant l'intéressé ou son foyer d'une partie importante de ses ressources.

>> condition d'urgence (v. s[s] n° 222.603 pour une interdiction d'exercer et s[s] n° 222.596 pour le retrait d'une autorisation d'exercer).

- le requérant doit établir que la décision est entachée d'une illégalité plus que probable, par exemple parce qu'elle est intervenue en dehors des hypothèses où une telle mesure peut régulièrement intervenir ou faute d'une motivation suffisante (en pratique le demandeur en référé reprend sur ce point les moyens qu'il a développés dans son recours au principal).

>> condition de doute sérieux quant à la légalité de la décision attaquée (v., de manière générale, s[s] n°s 222.771 s.).

Pouvoirs du juge : le juge peut suspendre la décision qui interdit à une personne d'exercer une activité économique ou lui retire une autorisation d'exercer.

> L'administration prend une mesure ayant pour objet ou pour effet d'entraver ou d'interdire l'exercice d'une activité (fermeture d'un commerce, restriction de la circulation des véhicules qui pénalise une entreprise de transport, interdiction d'accoster à un port pénalisant une société de transports côtiers de passagers, obligation de réaliser des aménagements...)

Procédure adaptée : référé-suspension (CJA, art. L. 521-1)

Recevabilité :

- conditions générales : v. s[s] n°s 221.21 s.

Conditions à satisfaire :

- la mesure doit gravement affecter la situation financière de l'entreprise.

>> condition d'urgence (v. s[s] n°s 222.611 et 222.612).

- le requérant doit établir que la décision litigieuse est entachée d'une illégalité plus que probable (en pratique le demandeur en référé reprend sur ce point les moyens qu'il a développés dans son recours au principal).

>> condition de doute sérieux quant à la légalité de la décision attaquée (v., de manière générale, s[s] n°s 222.771 s.).

Pouvoirs du juge : le juge peut suspendre la décision litigieuse.

Option : la voie du référé-liberté (CJA, art. L. 521-2) peut être engagée avec succès si la mesure litigieuse porte une atteinte grave à la liberté d'entreprendre et est entachée d'une illégalité manifeste (v. s[s] n° 232.202).

TITRE

93. Tableau synthétique des différentes procédures

Procédure	Dispositions	Objet	Délai imparti pour statuer	Voies de recours
Référés d'urgence				
Référé-suspension	CJA, art. L. 521-1	Obtenir la suspension d'une décision administrative (contre laquelle un recours au principal est engagé)	Meilleurs délais	– Cassation dans les 15 jours – Réexamen (si le juge a fait droit à la demande de suspension) sans condition de délai
Référé-liberté	CJA, art. L. 521-2	Obtenir (par une suspension ou une injonction) la cessation d'une atteinte grave et manifestement illégale portée à une liberté fondamentale	48 heures	– Appel dans les 15 jours en cas de jugement après instruction et audience – Cassation dans les 15 jours en cas de jugement sans instruction ni audience (ordonnance de tri) – Réexamen (si le juge a fait droit à la demande de sauvegarde) sans condition de délai
Référé-mesures utiles	CJA, art. L. 521-3	Obtenir (par une injonction) toutes autres mesures justifiées par l'urgence	Meilleurs délais	– Cassation dans les 15 jours – Réexamen (si le juge a fait droit à la demande de mesure utile) sans condition de délai
Référés ordinaires				
Référé-constat	CJA, art. R. 531-1	Obtenir la désignation d'un expert afin qu'il constate des faits susceptibles de donner lieu à un litige devant la juridiction	Meilleurs délais	Appel devant la CAA dans les 15 jours
Référé-expertise	CJA, art. R. 532-1	Obtenir le prononcé de mesures d'instruction ou d'expertise	Meilleurs délais	Appel devant la CAA dans les 15 jours
Référé-provision	CJA, art. R. 541-1	Obtenir le paiement d'une obligation non sérieusement contestable	Meilleurs délais	Appel devant la CAA dans les 15 jours

Procédure	Dispositions	Objet	Délai imparti pour statuer	Voies de recours
Référés en matière de passation de contrats publics				
Référé précontractuel	CJA, art. L. 551-1	Obtenir l'annulation de la procédure de passation d'un contrat et, plus largement, une mesure permettant de sanctionner avant la signature du contrat le manquement d'une personne publique aux obligations de publicité et de mise en concurrence qui régissent sa passation	20 jours	Cassation dans les 15 jours
Référé contractuel	CJA, art. L. 551-13	Obtenir, après la signature d'un contrat, une mesure permettant de sanctionner le manquement de la personne publique aux obligations de publicité et de mise en concurrence qui régissent sa passation (suspension de l'exécution du contrat, nullité du contrat)	1 mois	Cassation dans les 15 jours
Procédures spécifiques au droit des étrangers				
Référé des refus d'entrée au titre de l'asile	CJA, art. L. 777-1	Obtenir l'annulation du refus d'autoriser un étranger à pénétrer sur le territoire français « au titre de l'asile » (refus le plus souvent opposé dans la zone d'attente d'un aéroport)	72 heures	Appel devant la CAA dans les 15 jours
Contestation des OQTF	Ceseda, art. L. 512-1 CJA, art. L. 776-1 et L. 776-2	Obtenir l'annulation d'une OQTF ainsi que des mesures qui lui sont liées	– 3 mois ou 6 semaines si l'étranger comparaît libre – 96 heures s'il est placé en rétention ou assigné à résidence	Appel devant la CAA dans un délai d'un mois

PROCÉDURE	DISPOSITIONS	OBJET	DÉLAI IMPARTI POUR STATUER	VOIES DE RECOURS
		RÉFÉRÉS PARTICULIERS EN MATIÈRE FISCALE		
Référé fiscal 1re variante (levée de mesures conservatoires)	CJA, art. L. 552-2	Obtenir la levée de mesures conservatoires prises à l'encontre du contribuable qui n'a pas proposé de garanties ou de garanties suffisantes pour la mise en œuvre du sursis de paiement	1 mois	Appel devant la CAA dans les 8 jours
Référé fiscal 2nde variante (suffisance des garanties)	CJA, art. L. 552-1	Obtenir la reconnaissance que les garanties proposées par le contribuable sont suffisantes pour la mise en œuvre du sursis de paiement	1 mois	Appel devant la CAA dans les 8 jours
Référé « flagrance fiscale »	CJA, art. L. 552-3	Obtenir qu'il soit mis fin à une procédure de flagrance fiscale diligentée à l'encontre d'un contribuable suspecté de fraude et aux saisies conservatoires mises en œuvre à son égard à la suite du procès-verbal de flagrance	15 jours	Appel devant la CAA dans les 8 jours
		PROCÉDURES À L'INITIATIVE EXCLUSIVE DES AUTORITÉS PUBLIQUES		
Référé « immeuble menaçant ruine »	CJA, art. R. 556-1	Obtenir la désignation d'un expert lorsque le maire met en œuvre la procédure des bâtiments menaçant ruine	Meilleurs délais	Appel devant la CAA dans les 15 jours
Référé « sécurité des immeubles collectifs à usage principal d'habitation »	CJA, art. R. 556-1	Obtenir la désignation d'un expert lorsque le maire met en œuvre la procédure de sécurité des immeubles collectifs à usage principal d'habitation	Meilleurs délais	Appel devant la CAA dans les 15 jours

PROCÉDURE	DISPOSITIONS	OBJET	DÉLAI IMPARTI POUR STATUER	VOIES DE RECOURS
PROCÉDURES À L'INITIATIVE EXCLUSIVE DES AUTORITÉS PUBLIQUES				
Référé audiovisuel	CJA, art. L. 533-1	Faire cesser, à la demande du président du CSA, le manquement d'un diffuseur aux obligations fixées par la loi	Meilleurs délais	
Référé-injonction en matière de communication électronique	CPCE, art. L. 36-11, al. 6	Faire cesser, à la demande du président de l'Arcep, le manquement d'un opérateur ayant manqué à ses obligations	Meilleurs délais	
Référé sur saisine du Défenseur des droits – 1re variante (référé visant à l'obtention d'informations)	L. org. n° 2011-333, 29 mars 2011, art. 21 ; CJA, art. R. 557-1	Obtenir, à la demande du Défenseur des droits, toute mesure utile à l'obtention d'informations détenues par l'administration	Meilleurs délais	Cassation dans les 15 jours
Référé sur saisine du Défenseur des droits – 2nde variante (référé tendant à l'accès à des locaux administratifs)	L. org. n° 2011-333, 29 mars 2011, art. 22 ; CJA, art. R. 557-2	Autoriser le Défenseur des droits à accéder à des locaux administratifs	48 heures	Cassation dans les 15 jours
Référé « informatique et libertés » visant à faire cesser un traitement liberticide	CJA, art. R. 555-1	À la demande du président de la Cnil, mettre fin à une atteinte grave et immédiate à des droits et libertés du fait de la mise en œuvre par l'administration d'un traitement informatique ou de l'exploitation de données à caractère personnel	48 heures	Appel devant le Conseil d'État dans les 15 jours

Procédure	Dispositions	Objet	Délai imparti pour statuer	Voies de recours
Procédures à l'initiative exclusive des autorités publiques				
Déféré-suspension de droit commun	CJA, art. L. 554-1	Obtenir la suspension d'un acte local à l'encontre duquel le préfet a introduit un déféré	1 mois	Appel devant la CAA dans les 15 jours
Déféré-suspension avec effet suspensif	CJA, art. L. 554-2	Obtenir la suspension automatique, pendant un délai d'un mois, d'une décision d'une collectivité locale intervenue en matière d'urbanisme, de contrats ou d'expérimentation		Appel devant la CAA dans les 15 jours
Déféré-liberté et laïcité	CJA, art. L. 554-3	Obtenir la suspension des actes locaux portant atteinte à une liberté ou au principe de laïcité	48 heures	Appel devant le Conseil d'État dans les 15 jours
Déféré-défense nationale	CJA, art. L. 554-4	Obtenir la suspension d'une décision locale susceptible de nuire aux installations de l'État intéressant la défense		
Déféré-suspension « référendum local »	CGCT, art. L.O. 1112-3	Obtenir la suspension d'un projet de référendum local décisionnel illégal	1 mois	Cassation
Déféré-liberté « référendum local »	CGCT, art. L.O. 1112-3	Obtenir la suspension d'un projet de référendum local décisionnel portant atteinte aux libertés	48 heures	Cassation
Déféré contre les décisions des établissements publics de santé	CJA, art. L. 554-6	Obtenir la suspension des délibérations du conseil de surveillance et des décisions du directeur des établissements publics de santé		Cassation

PROCÉDURE	DISPOSITIONS	OBJET	DÉLAI IMPARTI POUR STATUER	VOIES DE RECOURS
PROCÉDURES À L'INITIATIVE EXCLUSIVE DES AUTORITÉS PUBLIQUES				
Déféré contre les actes contractuels des établissements d'enseignement	CJA, art. L. 554-7	Obtenir la suspension des actes des chefs d'établissement d'enseignement pris pour la passation ou l'exécution de conventions, et notamment de marchés		Cassation
Déféré du ministre des Sports contre les fédérations sportives	CJA, art. L. 554-8	Obtenir la suspension des actes adoptés par les fédérations sportives en vertu de la délégation mentionnée à l'article 131-14 du Code du sport		
Déféré des maires de Lyon, Paris et Marseille	CJA, art. L. 554-9	Obtenir la suspension des délibérations adoptées par les conseils d'arrondissement des villes de Paris, Lyon et Marseille	48 heures	Appel devant le Conseil d'État dans les 15 jours
Déféré contre un permis de construire	CJA, art. L. 554-10	Obtenir la suspension d'un permis de construire		
AUTRES RÉFÉRÉS PARTICULIERS				
Référé « étude d'impact »	CJA, art. L. 554-11	Obtenir la suspension d'une décision autorisant ou approuvant un projet d'aménagement dans l'hypothèse où l'étude d'impact requise par les textes n'a pas été réalisée	Meilleurs délais	Cassation dans les 15 jours

PROCÉDURE	DISPOSITIONS	OBJET	DÉLAI IMPARTI POUR STATUER	VOIES DE RECOURS
		AUTRES RÉFÉRÉS PARTICULIERS		
Référé « enquête publique »	CJA, art. L. 554-12	Obtenir la suspension d'une décision d'aménagement devant être précédée d'une enquête publique dans l'hypothèse où le commissaire-enquêteur a émis un avis défavorable	Meilleurs délais	Cassation dans les 15 jours
Référé « évaluation environnementale »	C. envir., art. L. 122-11	Obtenir la suspension la suspension d'une décision d'approbation d'un plan ou d'un programme visé à l'article L. 122-4 devant être précédée d'une évaluation environnementale dans l'hypothèse où cette évaluation n'a pas été réalisée.	Meilleurs délais	Cassation dans les 15 jours
Recours Dalo (ou droit au logement)	CJA, art. L. 778-1	Obtenir une injonction visant à ce que soit exécutée la décision reconnaissant à l'intéressé la qualité de demandeur prioritaire pour un hébergement ou un logement	2 mois	Cassation
Référé « évacuation des résidences mobiles » (gens du voyage)	CJA, art. L. 779-1	Obtenir l'annulation en extrême urgence, et à travers un recours suspensif, d'une mise en demeure adressée par le préfet à des gens du voyage leur ordonnant d'évacuer une propriété sur laquelle se trouvent irrégulièrement installées leurs caravanes	72 heures	Cassation

PROCÉDURE	DISPOSITIONS	OBJET	DÉLAI IMPARTI POUR STATUER	VOIES DE RECOURS
		AUTRES RÉFÉRÉS PARTICULIERS		
Référé « suspension des professionnels de santé »	CSP, art. L. 4113-14, al. 5	Obtenir l'annulation de la décision du directeur général de l'agence régionale de santé, prise à l'encontre d'un professionnel de santé prononçant la suspension immédiate du droit d'exercer son activité sur le fondement de l'article L. 4113-14, al. 1er	48 heures	Cassation
Référé-provision réquisition	CGCT, art. L. 2215, 4°, al. 7	Obtenir l'indemnisation des mesures de réquisition de personnel prise par le préfet	48 heures	Cassation
Référé levée des mesures de consignation en matière environnementale	CJA, art. L. 555-2	Obtenir la levée du caractère suspensif d'une opposition à un titre exécutoire pris en application de certaines mesures de consignation prévues par le Code de l'environnement		
Référé-suspension en matière de communica-tions électroniques	CPCE, art. L. 38-3	Obtenir la suspension de certaines décisions administratives prises par pour l'Arcep et le prononcé de toute mesure permettant le rétablissement de la légalité	15 jours	Cassation dans les 15 jours
Référé « informatique et libertés » visant à prévenir la dissimulation ou la disparition de données	CJA, art. R. 555-2	Prévenir tout risque qu'une administration dissimule ou fasse disparaître des données personnelles concernant un individu	Meilleurs délais	Cassation dans les 15 jours

Procédure	Dispositions	Objet	Délai imparti pour statuer	Voies de recours
		Autres référés particuliers		
Référé *a priori* en matière de perquisitions administratives (état d'urgence)	L. n° 55-385, 3 avr. 1955, art. 11, al. 7 à 10 CJA, art. L. 77-13-1 et R. 557-3	Soumettre à autorisation juridictionnelle préalable l'exploitation des données informatiques saisies à l'occasion d'une perquisition mise en œuvre sur le fondement de l'article 11 de la loi du 3 avril 1955	48 heures Meilleurs délais	Appel dans les 48 heures Cassation dans les 15 jours
Référé « secret des affaires »		Assurer la préservation du secret des affaires à l'occasion d'une procédure administrative		

Principales abréviations utilisées

a.	autres (et –)
aff.	affaire
AJ fam.	*Actualité juridique Famille*
AJ pénal	*Actualité juridique Pénal*
AJCT	*Actualité juridique Collectivités territoriales*
AJDA	*Actualité juridique Droit administratif*
AJFP	*Actualité juridique Fonctions publiques*
al.	alinéa
anc.	ancien(s)
AP-HP	Assistance publique-Hôpitaux de Paris
APRF	arrêté préfectoral de reconduite à la frontière
arr.	arrêté
art.	article
ass.	assemblée
Assoc.	Association
BJCP	*Bulletin juridique des contrats publics*
BJDU	*Bulletin de jurisprudence de droit de l'urbanisme*
Bull. civ.	*Bulletin des arrêts de la Cour de cassation (chambres civiles)*
c/	contre
C. civ.	Code civil
C. com.	Code de commerce
C. envir.	Code de l'environnement
C. marchés	Code des marchés publics
C. pén.	Code pénal
C. pr. civ.	Code de procédure civile
C. rur.	Code rural
C. sport	Code du sport
C. urb.	Code de l'urbanisme
C. voirie rout.	Code de la voirie routière
CAA	Cour administrative d'appel

Cada	Commission d'accès aux documents administratifs
CASF	Code de l'action sociale et des familles
CCAG	Cahier des clauses administratives générales
CCAS	Centre communal d'action sociale
CCH	Code de la construction et de l'habitation
CCI	Chambre de commerce et d'industrie
CE	Conseil d'État
CEDH	Cour européenne des droits de l'homme
Ceseda	Code de l'entrée et du séjour des étrangers et du droit d'asile
CGCT	Code général des collectivités territoriales
CGI	Code général des impôts
CH	Centre hospitalier
CHU	Centre hospitalier universitaire
chron.	chronique
CHRU	Centre hospitalier régional universitaire
Cie	compagnie
circ.	circulaire
Civ. 1re	Cour de cassation, première chambre civile
Civ. 2^{e}	Cour de cassation, deuxième chambre civile
Civ. 3^{e}	Cour de cassation, troisième chambre civile
CJA	Code de justice administrative
CJCE	Cour de justice des Communautés européennes
CJF	Code des juridictions financières
CJUE	Cour de justice de l'Union européenne
CNDA	Cour nationale du droit d'asile
C^{ne}	Commune
coll.	collection
Coll. terr.	*Collectivités territoriales - Intercommunalité*
comm.	commentaire
concl.	conclusions
cons.	considérant
Cons. const.	Conseil constitutionnel
Constr.-Urb.	*Construction et urbanisme*
Contrats Marchés publ.	*Contrats et marchés publics*
Conv. EDH	Convention européenne de sauvegarde des droits de l'homme et des libertés fondamentales
CPAM	Caisse primaire d'assurance maladie
CSP	Code de la santé publique
C^{ts}	Consorts
D.	*Recueil Dalloz*
décr.	décret
dern.	dernier

Dict. perm. dr. étrangers	*Dictionnaire permanent droit des étrangers*
D[lle]	Demoiselle
Doc. fr.	La Documentation française
DP	*Recueil périodique et critique mensuel Dalloz* (années antérieures à 1941)
Dp[t]	Département
Dr. adm.	*Droit administratif*
Dr. envir.	*Droit de l'environnement (Annales de la voirie et de l'environnement)*
Dr. fisc.	*Droit fiscal*
DUP	déclaration d'utilité publique
EDCE	*Études et documents du Conseil d'État*
Envir.	*Revue Environnement (LexisNexis)*
ép.	épouse
EPCI	Établissement public de coopération intercommunale
EPIC	établissement public industriel et commercial
Ép[x]	époux
É[ts]	Établissements
ex.	exemple
fasc.	fascicule(s)
Féd.	Fédération
GACA	*Les Grands arrêts du contentieux administratif* (Dalloz)
Gaec	groupement agricole d'exploitation en commun
GAJA	*Les Grands arrêts de la jurisprudence administrative* (Dalloz)
Gaz. Pal.	*La Gazette du Palais*
GIP	Groupement d'intérêt public
IR	partie « Information rapide » (dans le *Recueil Dalloz*)
J.-Cl. Justice adm.	*Juris-Classeur Justice administrative*
JCP	*Juris-Classeur périodique, édition générale*
JCP Adm.	*Juris-Classeur périodique, édition Administration et collectivités territoriales*
JO	*Journal officiel*
JOUE	*Journal officiel de l'Union européenne*
jur.	partie « Jurisprudence » (dans divers recueils et revues)
L.	loi
L. org.	loi organique
Lebon (T.)	*Recueil des décisions du Conseil d'État (tables)*

LPA	*Les Petites affiches*
LPF	Livre des procédures fiscales
min.	ministre
Mlle	mademoiselle
Mme	Madame
mod.	modifié(e)
n$^{o(s)}$	numéro(s)
not.	notamment
nouv.	nouveau
obs.	observations
Ofpra	Office français de protection des réfugiés et apatrides
Oniam	Office national d'indemnisation des accidents médicaux, des affections iatrogènes et des infections nosocomiales
Opac	Office public d'aménagement et de construction
OPHLM	Office public d'habitation à loyer modéré
OQTF	obligation de quitter le territoire français
ord.	ordonnance de référé
p.	page(s)
PJ	pièce(s) jointe(s)
plén.	plénière
PLU	Plan local d'urbanisme
POS	Plan d'occupation des sols
préc.	précité(e)
RCA	*Responsabilité civile et assurances*
RD publ.	*Revue du droit public et de la science politique en France et à l'étranger*
RDI	*Revue de droit immobilier*
Rép. contentieux administratif	*Répertoire de contentieux administratif* (Dalloz)
RFDA	*Revue française de droit administratif*
RGDM	*Revue générale de droit médical*
RSDA	*Revue semestrielle de droit animalier*
RTD civ.	*Revue trimestrielle de droit civil*
RTD com.	*Revue trimestrielle de droit commercial*
s.	suivants (et -)
S.	*Sirey*
SA	Société anonyme

SARL	Société à responsabilité limitée
SCI	Société civile immobilière
SCP	Société civile professionnelle
secr. d'État	secrétaire d'État
Sdis	service départemental d'incendie et de secours
sect.	section
Sivom	Syndicat intercommunal à vocation multiple
SNC	Société en nom collectif
Somm.	partie « Sommaire » (dans divers recueils et revues)
SPIC	Service public industriel et commercial
s^{s}	sous
S^{té}	Société
synd.	syndicat
t.	tome
T. confl.	Tribunal des conflits
TA	Tribunal administratif
v.	voir
ZAC	Zone d'aménagement concerté

Index thématique alphabétique

* Les numéros renvoient aux paragraphes du corps de l'ouvrage
* Le signe « > » qui précède une entrée indique un renvoi

A

B

C

N

O

S

T

Z

PHOTOCOMPOSITION
SCM • Toulouse

MIXTE
Papier | Pour une gestion forestière responsable
FSC® C108412
FSC
www.fsc.org

720795 (I) - OSB - P 60 - SCM - JB
Achevé d'imprimer en janvier 2023 par CPI Bussière
18200 Saint-Amand Montrond
Dépôt légal : février 2023
N° d'impression : 2069575

Imprimé en France